Die Päpste und die Einheit der lateinischen Welt

Alfried Wieczorek · Stefan Weinfurter (Hg.)

DIE PÄPSTE
UND DIE EINHEIT DER LATEINISCHEN WELT

Antike – Mittelalter – Renaissance

Katalog zur Ausstellung

SCHNELL + STEINER

HISTORISCHES SEMINAR
FORSCHUNGSSTELLE
GESCHICHTE & KULTURELLES ERBE FGKE

rem
Reiss-Engelhorn-Museen

Publikationen der Reiss-Engelhorn-Museen Mannheim Bd. 78

Impressum Ausstellung

»Die Päpste und die Einheit der lateinischen Welt.
Antike – Mittelalter – Renaissance«

21. Mai 2017 bis 31. Oktober 2017
Reiss-Engelhorn-Museen, Museum Zeughaus

Gesamtleitung
Prof. Dr. Alfried Wieczorek

Projektleitung
Prof. Dr. Stefan Weinfurter
Prof. Dr. Alfried Wieczorek
Prof. Dr. Arnold Nesselrath (bis 18. Mai 2016)
Msgr. Dr. Matthias Türk (bis 18. Mai 2016)

Wissenschaftliche Koordinatoren
Prof. Dr. Michael Matheus
Prof. Dr. Bernd Schneidmüller

Wissenschaftliche Kuratorinnen
Alexandra Berend M.A.
Dr. Irmgard Siede
Dr. Viola Skiba

Wissenschaftliches Projektteam
Monika Becker
Carolin Gerber
Pia Gremmelspacher M.A.
Monika Lange M.A.
Dr. Gaëlle Rosendahl
Tanja Vogel M.A.
Dr. Christina Wawrzinek
Dr. Susanne Wichert
Stephanie Zesch M.A.

Organisation Leihgaben
Dr. Irmgard Siede
Dr. Viola Skiba
Prof. Dr. Stefan Weinfurter
Prof. Dr. Alfried Wieczorek

Ausstellungsmanagement und -aufbau
Eva-Maria Günther M.A. (Leitung)
Silvia Rückert, Dipl. Mus.

Leihverkehr und Transporte
Marianne Aselmeier M.A.
Vera Schauf M.A.

Restauratorisch-konservatorische Betreuung
Hans Becker, Dipl. Rest.
Gisela Gulbins, Dipl. Rest.
Bernd Hoffmann-Schimpf, Dipl. Rest., Leitender Restaurator
Annette Kirsch, Dipl. Rest.
Isabel Luft, Dipl. Rest.
Elke Michler M.A., Dipl. Rest., Leitende Restauratorin

Ausstellungsaufbau
Ulrich Debus
Giuseppe Presentato
Uwe Rehberger
Jean Lehr
Robert Leicht

Lichtsetzung
Uwe Rehberger

Medientechnik
Jean Lehr

Organisation Ausstellungsbetrieb
Arndt Zimmermann und Team

Ausstellungsgestaltung
Homann – Güner – Blum, Visuelle Kommunikation, Hannover

Digitale Rekonstruktionen
Faber Courtial – Atelier für digitale Produktion, Darmstadt

3D-Modelle
Dr. Doris Döppes
3D Culture Deutschland, Oestrich-Winkel

Trickfilme und Animationen
Eichfelder Artworks, Worms

Grafik und Corporate Design
Tobias Mittag

Presse- und Öffentlichkeitsarbeit/ Marketing
Claudia Paul M.A. und Magdalena Pfeifenroth M.A. (Leitung)
Yvonne Berndt M.A.
Julia Laukert M.A.
Cornelia Rebholz M.A.
Carolyn Stritzelberger M.A.
Norman Schäfer, Dipl.-Kult.wiss.
Elisa Ziegenbein M.A.

Koordination »Papstgeschichten«
Claudia Paul M.A.
Magdalena Pfeifenroth M.A.
Norman Schäfer, Dipl. Kult.wiss.
Elisa Ziegenbein M.A.

Museumsvermittlung
Sibylle Schwab M.A. (Leitung)
Viktoria Imhof M.A.
Kristin Knaack
Vera Schauf M.A.
Friederike Schülke

Führungsorganisation
Britta Bock

Ausstellungsfotografie
Lina Kaluza
Maria Schumann

Ausstellungrafik
Homann – Güner –Blum, Visuelle Kommunikation, Hannover

Ausstellungstexte
Dr. Viola Skiba
Dr. Irmgard Siede
Prof. Dr. Stefan Weinfurter

Übersetzungen der Ausstellungstexte
Charlotte Pattenden

Audioguide
Antenna Audio GmbH, Berlin

Wissenschaftliche Hilfskräfte
Mascha Funke
Andreas Greiner
Theresa Jäckh
Fabian Kneule
Nora Küppers
Katharina Lahme
Katharina Oldenhage
Clara von der Osten-Sacken
Anna Parrisius
Oliver Plate
Francesco Rosada
Giulia Worf

Skulpturenausstellung im Zeughausgarten
Künstler: Andreas Kuhnlein

Abbildung der vorderen Umschlagseite:
Arnolfo di Cambio, Papst Bonifaz VIII., Marmor,
um 1296/1300
(Vatikan, Vatikanpalast, Sala San Giovanni)

Abbildung Seite 2:
Münze Nikolaus V. mit dem Wappen des Papstes
(die gekreuzten Schlüssel) bekrönt von der Tiara

Impressum Ausstellungskatalog

»Die Päpste und die Einheit der lateinischen Welt.
Antike – Mittelalter – Renaissance«
Publikation der Reiss-Engelhorn-Museen 78

Herausgeber
Reiss-Engelhorn-Museen durch
Prof. Dr. Alfried Wieczorek
Prof. Dr. Stefan Weinfurter

Wissenschaftliche Redaktion und Lektorat
Dr. Claudia Braun
Luisa Reiblich
Dr. Viola Skiba (Koordination)
Prof. Dr. Stefan Weinfurter

Übersetzungen
Dr. Viola Skiba
Giulia Worf

Bildredaktion
Carolin Gerber
Stephanie Herrmann M.A.
Dr. Christina Wawrzinek

Wissenschaftliche Kartographie
Homann – Güner – Blum, Visuelle Kommunikation, Hannover

Verleger
Albrecht Weiland, Verlag Schnell und Steiner

Verlagslektorat
Elisabet Petersen

Covergestaltung
Tobias Mittag (Mannheim), Anna Braungart (Tübingen)

Layout und Satz
typegerecht berlin

Druck
Grafisches Centrum Cuno GmbH & Co. KG, Calbe

Bibliografische Information der Deutschen Nationalbibliothek:
Die Deutsche Nationalbibliothek verzeichnet diese Publikation
in der Deutschen Nationalbibliografie; detaillierte bibliografische
Daten sind im Internet über http://dnb.dnb.de abrufbar.

Weitere Informationen zum Verlagsprogramm erhalten Sie unter:
www.schnell-und-steiner.de

ISBN 978-3-7954-3086-3

Wir danken unseren Unterstützern und Förderern

Hauptförderer

Baden-Württemberg Stiftung
WIR STIFTEN ZUKUNFT

Förderer

Die Beauftragte der Bundesregierung für Kultur und Medien

EvS
ERNST VON SIEMENS KUNSTSTIFTUNG

20 Jahre Heinrich Vetter Stiftung

BERRANG

Mercedes-Benz
Niederlassung Mannheim-Heidelberg-Landau

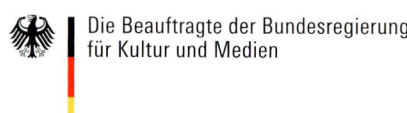

Unterstützt durch

Europäische Kommission

Marketingpartner

WIR SIND SÜDEN. BADEN-WÜRTTEMBERG

STADTMARKETINGMANNHEIM²

Kooperationspartner

engelhorn

SEIT 1679 EICHBAUM

Eis Fontanella
EISMANUFAKTUR MANNHEIM

LUISENPARK
Alles im grünen Bereich!

bbk barbis

KAPP
ARTISAN BOULANGER

MUSEUMS PASS MUSEES

Dorint
Kongresshotel Mannheim

Luschka + Wagenmann
Holz- und Trockenbaustoffhandel

VfR

Medienpartner

RNF
RHEIN-NECKAR FERNSEHEN

MANNHEIMER MORGEN
AUFGEWECKT IN DEN TAG

SWR2

Ein besonderer Dank gilt allen Partnern der Netzwerke zur Ausstellung »*Papstgeschichten im Südwesten*« und »*Mannheimer Papstgeschichten*«.

Wissenschaftlicher Beirat

Prof. Dr. Martin Baumeister, Deutsches Historisches Institut Rom (DHI)
Prof. Dr. Dr. h.c. Hugo Brandenburg, Emeritus Universität Münster, Pontificio Istituto di Archeologia Sacra, Rom
Prof. Dr. Ortwin Dally, Deutsches Archäologisches Institut Rom (DAI)
Msgr. Prof. Dr. Stefan Heid, Römisches Institut der Görres-Gesellschaft (RIGG)
Prof. Dr. Johannes Helmrath, Pontificio Comitato di Scienze Storiche
Prof. Dr. Hartmut Leppin, Universität Frankfurt
Prof. Dr. Volker Leppin, Universität Tübingen
Prof. Massimo Miglio, Istituto Storico Italiano per il Medioevo (ISIME)
Prof. Dr. Michael Matheus, Universität Mainz (Leitung)
Prof. Dr. Gert Melville, Pontificio Comitato di Scienze Storiche
Prof. Dr. Tanja Michalsky, Bibliotheca Hertziana – Max-Planck-Institut für Kunstgeschichte Rom
Prof. Dr. Alessandro Nova, Kunsthistorisches Institut in Florenz - Max-Planck-Institut
Sua Eccellenza Rev.ma Msgr. Sergio Pagano, Archivio Segreto Vaticano
Dott. Ambrogio M. Piazzoni, Biblioteca Apostolica Vaticana
Dr. Adalbert Roth, Biblioteca Apostolica Vaticana
Prof. Dr. Bernd Schneidmüller, Universität Heidelberg (Leitung)
Prof. Dr. Christoph Strohm, Universität Heidelberg
Prof. Dr. Günther Wassilowsky, Universität Frankfurt a. M.
Prof. Dr. Hubert Wolf, Universität Münster
Dott. Pietro Zander, Fabbrica di San Pietro
Dr. Norbert Zimmermann, Deutsches Archäologisches Institut Rom (DAI)

Kooperationspartner

Rom, Deutsches Archäologisches Institut (DAI)
Rom, Deutsches Historisches Institut (DHI)
Vatikanstadt, Römisches Institut der Görres-Gesellschaft (RIGG)
Rom, Istituto Storico Italiano per il Medioevo (ISIME)
Florenz, Kunsthistorisches Institut – Max-Planck-Institut
Mainz, Historisches Seminar der Johannes-Gutenberg-Universität

Dank an die Leihgeber und unterstützenden Institutionen

Avignon, Bibliothèque Municipale
Avignon, Musée Calvet, Musée Lapidaire
Avignon, Musée du Petit Palais
Avignon, Palais du Papes
Bamberg, Staatsbibliothek
Bamberg, Diözesanmuseum
Bamberg, Staatsarchiv
Basel, Historisches Museum
Basel, Universitätsbibliothek Basel
Berlin, Staatsbibliothek zu Berlin – Preußischer Kulturbesitz
Berlin, Skulpturensammlung und Museum für byzantinische Kunst
Berlin, Staatliche Museen zu Berlin – Ägyptisches Museum und Papyrussammlung
Brescia, Musei civici d'Arte e Storia
Colmar, Musée Unterlinden
Eichstätt, Diözesanarchiv
Einsiedeln, Stiftsbibliothek des Klosters Einsiedeln
Eisenach, Wartburg-Stiftung
Florenz, Biblioteca Medicea Laurenziana
Florenz, Galleria dell'Accademia
Florenz, Gallerie degli Uffizi – Tesoro dei Granduchi e museo delle porcellane di Palazo Pitti
Florenz, Gallerie degli Uffizi – Galleria Palatina
Florenz, Museo Nazionale del Bargello
Florenz, Museo di San Marco
Fulda, Vonderaumuseum
Genf, Bibliothèque de Genève
Gießen, Universitätsbibliothek
Hamburg, Staats- und Universitätsbibliothek
Heidelberg, Kurpfälzisches Museum
Heidelberg, Universitätsbibliothek
Heiligenkreuz, Stiftsbibliothek
Jena, Thüringer Universitäts- und Landesbibliothek
Karlsruhe, Badische Landesbibliothek
Karlsruhe, Badisches Landesmuseum
Konstanz, Rosgartenmuseum
Krefeld, Deutsches Textilmuseum
Limburg, Diözesanmuseum
London, Egypt Exploration Society
London, The British Library
Lüneburg, Museum Lüneburg
Lucca, Archivio Storico Diocesano di Lucca
Lucca, Biblioteca Statale
Lucca, Archivio di Stato
Mailand, Biblioteca Ambrosiana
Mainz, Bischöfliches Dom- und Diözesanmuseum
Mainz, Landesmuseum
Mainz, Römisch-Germanisches-Zentralmuseum
Mannheim, Kunsthalle
Mannheim, Universitätsbibliothek
Marburg, Hessisches Staatsarchiv
München, Ludwig-Maximilians-Universität Bibliothek
München, Bayerische Staatsbibliothek
München, Schuh Bertl
Nancy, Musée Lorrain
Namur, Musée diocésain et Trésor de la Cathédrale
Naumburg, Vereinigte Domstifter zu Merseburg und Naumburg und des Kollegiatstifts Zeitz
Orvieto, Comune di Orvieto
Orvieto, Museo Civico Archeologico »Claudio Faina« di Orvieto
Oxford, Sackler Library
Prag, Metropolitní Kapitula u Sv. Víta v Praze
Ravenna, San Giovanni Evangelista
Ravenna, Ufficio Beni Culturali Ecclesiastici
Rom, Biblioteca Universitaria Alessandrina
Rom, Galleria Nazionale d'Arte Antica di Palazzo Barberini
Rom, Museo G. Barracco
Rom, Musei Capitolini
Rom, Pontificio Istituto di Archeologia Cristiana
Rom, Museo di Roma, Palazzo Braschi
Rom, SS. Silvestro e Martino ai Monti
Siena, Archivo di Stato
Staatliche Museen zu Berlin, Münzkabinett
St. Gallen, Stiftsbibliothek
Stuttgart, Landesarchiv Baden-Württemberg
Stuttgart, Ministerium für Wissenschaft, Forschung und Kunst Baden-Württemberg
Stuttgart, Württembergische Landesbibliothek
Stuttgart, Landesmuseum Württemberg
Stuttgart, Ministerium für Wissenschaft, Forschung und Kunst
Toulouse, Archives départementales de la Haute Garonne
Trier, Stadtbibliothek Weberbach
Trier, Rheinisches Landesmuseum
Troyes, Médiathèque de Troyes Champagne Métropole
Utrecht, Centraal Museum
Venedig, Museo Archeologico Nazionale
Venedig, Biblioteca del Museo Correr
Vatikanstadt, Biblioteca Apostolica Vaticana
Vatikanstadt, Fabbrica di San Pietro
Vatikanstadt, Campo Santo Teutonico
Vatikanstadt, Musei Vaticani
Vercelli, Biblioteca Capitolare
Weimar, Thüringisches Hauptstaatsarchiv
Wien, Haus-, Hof- und Staatsarchiv
Wien, Kunsthistorisches Museum, Hofjagd- und Rüstkammer

Inhalt

Vorwort der Herausgeber

»Die Päpste und die Einheit der lateinischen Welt« von den Anfängen bis 1534 ist wahrlich ein großes Thema. Niemand hat, soweit wir sehen können, bisher dazu eine Ausstellung gezeigt, die auch nur annähernd den gesamten kulturgeschichtlichen Kontext und die religiösen, politischen, sozialen, rechtlichen und wirtschaftlichen Implikationen in einem Umfang präsentiert hätte, wie dies hier geschieht. »Papsttum« in Antike, Mittelalter und Renaissance ist keine Angelegenheit einer einfachen Institutionengeschichte, sondern umfasst und formt die Denk- und Ordnungsfiguren weiter Teile Europas. Die Wirkungen, die in diesen eineinhalb Jahrtausenden vom Mittelpunkt der römischen Kirche ausgingen, haben Europa bis heute geprägt.

Die Geschichte des Papsttums verläuft keineswegs geradlinig. Es dauerte fünf Jahrhunderte, bis seine Grundlagen aufgebaut waren, bis das rechtliche, ekklesiologische und organisatorische Gerüst geschaffen war. Diese frühe Epoche der jungen Kirche und des entstehenden Papsttums ist ein faszinierendes Ringen um Überlebensstrategien, um die Deutungshoheit in der kirchlichen Lehre und um die höchste Entscheidungskompetenz. Im Kern stand der Anspruch, über die Wahrheit der göttlichen Lehre zu wachen und die Verantwortung für das Seelenheil der gesamten Christenheit zu tragen. In diesem Sinn sahen sich die Päpste als Nachfolger des heiligen Petrus, der bald als erster Papst angesehen wurde. Als seine Erben verfügten die Päpste über die Schlüssel zum Himmel und über die Macht, über Gut und Böse zu entscheiden. Die Verehrung Petri und seines Grabdenkmals auf den Feldern am vatikanischen Hügel wurde schon im 2. Jahrhundert nach Christus zum Ausgangspunkt für die Überzeugung, dass dem Bischof von Rom eine Sonderrolle in der Kirche zukommt. Zum ersten Mal können die Besucher in dieser Ausstellung die Grabstätte Petri in Originalgröße in seinem Aussehen als Rekonstruktion auf Grund der neuesten Forschungen studieren. Hier steht man gleichsam vor dem Ursprung des Papsttums.

Darstellung einer Papstkrönung, 15. Jahrhundert (Bayonne, Musée Bonnat)

In sehr markanten weiteren Etappen erstreckt sich seine weitere Entwicklung bis in die Renaissance. In manchen dieser Etappen erlangten die Päpste größten Einfluss auf die Gestaltung des westlichen Europa. Unter ihrem Schutz entstanden neue Reiche. Überdies wurde ein hohes Maß an Vereinheitlichung und Vereindeutigung moralischer und rechtlicher Grundsätze erreicht. In anderen Etappen sehen wir das Papsttum schärfsten Angriffen und harscher Kritik ausgesetzt. 1409, als es drei Päpste zu selben Zeit gab, sank ihr Ansehen und ihre Autorität auf einen Tiefpunkt ab – und es fehlte nicht viel bis zu ihrer weitgehenden Bedeutungslosigkeit. Doch in einem atemberaubenden Kraftakt gelang es den Renaissancepäpsten, seit der Mitte des 15. Jahrhunderts Rom wieder zu einem glänzenden Mittelpunkt der Künste, der Architektur und der Wissenschaften zu machen. Zu den alten Wundern Roms kamen neue, die heute noch das Bild der Stadt bestimmen.

Aber dieser Glanz der Renaissance war brüchig. Schon bald nach 1500 kam das Ende. Die großen europäischen Mächte, an ihrer Spitze die Könige von Frankreich und der Habsburgische Kaiser, schlugen sich Jahrzehnte lang um die Herrschaft Italiens. Es kam zu schrecklichen Schlachten und Plünderungen, und am Ende wurde im Sacco di Roma 1527 Rom selbst der Verwüstung preisgegeben. Papst Clemens VII. (1523–1534) musste von der Engelsburg aus, in die er sich geflüchtet hatte, mitansehen, wie seine Stadt zertrümmert wurde. Gleichzeitig zerbrach die Einheit der Kirche, als sich die Reformation in Deutschland seit 1530 unaufhaltsam ausbreitete und der englische König Heinrich VIII. mit seinen Bischöfen die Zugehörigkeit zur lateineuropäisch-römischen Kirchengemeinschaft 1534 aufkündigte. Damit ist ein tiefer Einschnitt in der Geschichte des Papsttums markiert, der eine Neubestimmung und Neubegründung der päpstlichen Autorität verlangte und auch den Zeitraum unserer Ausstellung beschließt.

Eine Ausstellung zu diesen weiten europäischen Dimensionen erforderte eine intensive Vorbereitung. Dies erfolgte zum einen durch vier große internationale Kongresse, deren Ergebnisse in der Reihe »Die Päpste« vorliegen. Sie bilden das wissenschaftliche Grundgerüst für diese Ausstellung. Zum anderen war die Sachkompetenz zahlreicher Wissenschaftlerinnen und Wissenschaftler verschiedener Disziplinen, vor allem der Archäologie, der Kunstgeschichte, der Theologie und der Historie erforderlich. Die Experten der Architektur und der Beherrschung der virtuellen Computersimulation waren gefragt, als es darum ging, zum ersten Mal ein exaktes Bild von den alten Basiliken in Rom (St. Peter und St. Paul) auf der Grundlage neuester Forschungen zu erarbeiten und zu präsentieren. Hier sind wir den Herren Prof. Dr. Dr. h.c. Hugo Brandenburg und seinem Sohn Dr. Konstantin Brandenburg zu größtem Dank verpflichtet. Dank schulden wir dem gesamten wissenschaftlichen Beirat (Koordinierungsrat), der uns in mehreren Zusammenkünften in Rom wertvolle Anregungen und wegweisende Impulse gegeben hat. Unter den vatikanischen Institutionen möchten wir die treue Hilfe der Biblioteca Vaticana besonders hervorheben und ebenso die rasche und souveräne Unterstützung durch die neue Generaldirektorin der Musei Vaticani, Frau Prof. Dr. Barbara Jatta. Durch sie hat unsere Ausstellungsarbeit eine neue und besondere Beziehung zu den Vatikanischen Kulturabteilungen erfahren dürfen. Danken möchten wir dem Direktor des Deutschen Historischen Instituts in Rom, Herrn Prof. Dr. Martin Baumeister, dem Direktor des Deutschen Archäologischen Instituts in Rom, Herrn Prof. Dr. Ortwin Dally, und seinem Stellvertreter, Dr. Norbert Zimmermann, sowie der Direktorin der Hertziana in Rom, Frau Prof. Dr. Tanja Michalsky. Unser Dank gilt weiterhin namentlich Herrn Msgr. Prof. Dr. Stefan Heid vom Campo Santo Teutonico für sein großes Entgegenkommen wie auch Herrn Direktor Dr. Veit Probst von der Universitätsbibliothek Heidelberg. Zahlreiche weitere Leihgeber wären anzufügen, die in unserer speziellen Dankesliste genannt sind.

Eine Ausstellung dieser Dimension braucht aber noch viele weitere Helfer und Wegbegleiter. So war die Zusammenarbeit mit dem Designerbüro »Homann Güner Blum« (Hannover) von enormer Bedeutung für das Wechselspiel von Aussagegehalt und Aussagegestalt – ein außerordentlich reizvoller und ertragreicher Diskurs. Dem Studio für digitale Produktionen »FaberCourtial« (Darmstadt) verdankt die Ausstellung wichtige Filme über die Entwicklung der Stadt Rom. Die Zusammenarbeit mit dem Verlag Schnell & Steiner verdient besondere Hervorhebung. Nicht nur war die gemeinsame Bewältigung der Publikationen mit der Lektorin, Frau Elisabet Petersen, ein großes Vergnügen, sondern ist auch der unglaubliche Einsatz des Verlegers Herrn Dr. Albrecht Weiland, für unser Unternehmen gar nicht hoch genug einzustufen. Ihm können wir nur aus vollem Herzen unseren großen Dank zu Füßen legen für die Interventionen, die Herstellung wichtigster Kontakte und den stets kompetenten Rat in mitunter nicht einfachen Situationen oder thematischen Fragen.

Im eigenen Haus darf unser Dank nicht fehlen. Auch hier waren viele Hände, Augen und Köpfe beteiligt, die wir im Impressum aufführen. Doch haben unsere Kuratorinnen, Frau Alexandra Berend, Frau Dr. Irmgard Siede und Frau Dr. Viola Skiba, unseren besonderen Dank in höchstem Maße verdient. Ohne ihre Kreativität, ihren enormen Einsatz und ihre Kompetenz wäre diese Ausstellung gar nicht zustande gekommen. In gleicher Weise gilt dies für unsere Wissenschaftlichen Koordinatoren, Herrn Prof. Dr. Michael Matheus (Mainz) und Herrn Prof. Dr. Bernd Schneidmüller (Heidelberg), die von den ersten Planungen bis zur Vollendung das Projekt begleitet haben.

Großen Dank schulden wir allen unseren Förderern und allen, die uns immer zur Seite standen. Dazu zählen der Ministerpräsident des Landes Baden-Württemberg und Vorsitzende des Aufsichtsrats der Baden-Württemberg Stiftung, Herr Winfried Kretschmann, der Präsident der Europäischen Kommission, Herr Jean-Claude Juncker, und der Leiter der Vertretung der Europäischen Kommission in Deutschland, Herr Richard Nikolaus Kühnel. Dankbar sind wir Frau Staatsministerin Prof. Monika Grütters, der Beauftragten der Bundesregierung für Kultur und Medien, für großzügige Unterstützung. Ein weiterer großer Dank geht an Herrn Peter Hofmann von der Firma Berrang, an Herrn Bernhard Berrang, Herrn Raimund Gründler und Frau Dominique Maria Gründler, auf die wir immer zählen dürfen. Die Heinrich-Vetter-Stiftung mit Herrn Prof. Dr. Dr. h.c. mult. Peter Frankenberg an der Spitze möchten wir unter unseren Förderern hervorheben, ebenso die Ernst-von-Siemens-Kunststiftung mit Herrn Dr. Martin Hoernes und die Mercedes-Benz Niederlassung Mannheim-Heidelberg-Landau mit Herrn Andreas Koltermann. Dankbar durften wir Unterstützung entgegennehmen von der Karin und Carl-Heinrich Esser-

Stiftung sowie von der Petrolub AG durch Herrn Dr. Dr. h.c. Manfred Fuchs. Nicht zuletzt hat das große Entgegenkommen des Präsidenten der Universität Heidelberg, Herrn Prof. Dr. Dr. h.c. Bernhard Eitel, dazu beigetragen, dass durch die Einrichtung der »Forschungsstelle Geschichte und kulturelles Erbe« an seiner Universität wesentliche Voraussetzungen für die Arbeiten zur Ausstellung geschaffen wurden. Dafür und für die wohlwollende Begleitung unseres Projekts sind wir überaus dankbar.

Von größter Bedeutung waren für uns in den Anfängen unserer Arbeit, dass wir intensive Unterstützung erfahren durften durch den Erzbischof der für uns zuständigen Erzdiözese Freiburg, Herrn Dr. Robert Zollitsch, der als Vorsitzender der Deutschen Bischofskonferenz uns manche Tür geöffnet hat. Diese Förderung wurde auf der Ebene der Erzdiözese fortgesetzt durch seinen Nachfolger, Herrn Erzbischof Stephan Burger, und Herrn Monsignore Karl Jung in Mannheim. Unsere große Hoffnung, dass die Ausstellung im Anschluss an Mannheim auch im Vatikan zu sehen sein wird, hat sich leider nicht erfüllt. Zwar hatte der Präsident des Päpstlichen Rates zur Förderung der Einheit der Christen, Herr Prof. Dr. Kurt Kardinal Koch, am 14. Juli 2014 zu unserer großen Freude seine Bereitschaft erklärt, die Schirmherrschaft seitens des Heiligen Stuhls über die Ausstellung zu übernehmen. Aber dann stellte sich im Mai 2016 heraus, dass die Durchführung der geplanten Ausstellungsstation im Vatikan auf Grund der zu erwartenden Kosten einschließlich logistischer und sicherheitstechnischer Fragen für den Heiligen Stuhl leider nicht möglich war. In Folge dessen sah sich Herr Kardinal Koch zu unserem großen Bedauern nicht mehr in der Lage, seine Schirmherrschaft aufrechtzuerhalten. Die Ausstellung, so ist unsere Hoffnung, möge dennoch sein Wohlgefallen finden, und wir danken ihm sehr für seine Bemühungen und seine überaus anregende Mitwirkung an unseren wissenschaftlichen Veranstaltungen.

Dass der Präsident des Deutschen Bundestags, Herr Prof. Dr. Norbert Lammert, unserem Projekt vom Anfang bis zum Ende seine Schirmherrschaft bewahrt hat, ist uns eine große Ehre und verleiht dieser Ausstellung ein besonderes Ansehen. Herzlichen Dank!

Alfried Wieczorek und Stefan Weinfurter

Grußwort des Schirmherrn

Liebe Besucherinnen und Besucher,
liebe Leserinnen und Leser,

Museen erzählen, wer wir sind und wie wir die geworden sind, die wir sind. Indem Ausstellungen das kulturelle Bild der Nation oder einer Region in allen Schattierungen zeichnen, beantworten sie die heute besonders wichtige Frage nach unserer Identität. Dabei stellen sie neue Bezüge her zwischen Gedankenwelten und erzeugen immer wieder intellektuelle Reibung. Ihre vornehmste Aufgabe: Sie regen Besucher an, manchmal auch auf, und bieten zugleich den beruhigenden Blick auf Bekanntes und Bewährtes.

Kunst sei die irdische Schwester der Religion, hat der österreichische Schriftsteller Adalbert Stifter einmal bemerkt. Auch wer nicht religiös ist, wird den großen Einfluss von Glauben und Religion auf künstlerische Entwicklungen anerkennen – besonders in Christentum, Judentum und Islam. Wenn in diesem Jahr an die Reformation vor 500 Jahren erinnert wird, so ist dies Gelegenheit, auch auf die 1500 Jahre vor Martin Luthers erbittertem Streit mit dem Papsttum zu blicken: »Die Päpste und die Einheit der lateinischen Welt« stehen im Zentrum eines einmaligen Ausstellungsprojekts der Reiss-Engelhorn-Museen in Mannheim, das in Zusammenarbeit mit dem Vatikan entstanden ist.

Als Schirmherr wünsche ich dieser eindrucksvollen Rückschau auf die vorreformatorische Zeit, die historische Entwicklung sowie die religiöse und kulturelle Prägekraft des Papsttums ein neugieriges Publikum. Führen üblicherweise alle Wege nach Rom, so kann ab Mai nach Mannheim reisen, wer den frühen Bischöfen von Rom und ihrer Bedeutung in Antike, Mittelalter und Renaissance nachspüren möchte.

Prof. Dr. Norbert Lammert
Präsident des Deutschen Bundestages

Grußworte

Liebe Besucherinnen, liebe Besucher

»Du bist Petrus, der Fels, und auf diesen Felsen werde ich meine Kirche bauen«, so steht es im Inneren der Kuppel des Petersdoms in Rom. Bis heute gründet die Nachfolge der Päpste auf diesem Bibelzitat aus dem Matthäus-Evangelium. Im Laufe der Jahrhunderte wandelte sich das Papsttum vom antiken, noch eher lokal ausgerichteten Bischofsamt in Rom zu einer geistlichen Autorität der gesamten katholischen Welt und auch darüber hinaus.

Durch die Förderung einer blühenden Klosterlandschaft und mit ihrem politischen und geistlichen Einfluss haben die Päpste auch Wirkung auf unsere Geschichte in Baden-Württemberg entfaltet. Nicht zuletzt die Gründung der Heidelberger Universität mit ihrer hochkarätigen Bibliothek lässt sich auf den mittelalterlichen Papst Clemens VII. zurückführen. Der christliche Glaube prägt die Werte, die Identität und das Zusammenleben vieler Menschen unseres Landes bis zum heutigen Tag. Die Mehrheit unserer Feiertage hat christliche Wurzeln, kunstvolle Kirchen und Klöster prägen unsere Landschaft, zahllose Ehrenamtliche engagieren sich aus ihrem Glauben heraus für unser Gemeinwesen.

Angesichts der herausragenden Bedeutung des Papsttums für die Entwicklung der lateinischen Welt, aber auch angesichts seiner Rolle bei der Entstehung und Geschichte der Reformation und der konfessionellen Prägung des Christentums hat die Baden-Württemberg Stiftung der Ausstellung in Mannheim gerade auch im Hinblick auf das 500. Jubiläumsjahr der Reformation ihre Unterstützung zugesagt. Der umfassende Blick auf die päpstliche Historie von deren Anfängen in der Antike bis zum Vorabend der Reformation schärft das Bewusstsein nicht nur für die historische, sondern auch für die heutige gesellschaftliche und kulturelle Bedeutung der christlichen Kirche.

Mein Dank gilt den Mitarbeiterinnen und Mitarbeitern der Reiss-Engelhorn-Museen Mannheim sowie den Helferinnen und Helfern, die bei der Gestaltung und Umsetzung dieser Ausstellung mitgewirkt haben. Allen Besucherinnen und Besuchern wünsche ich einen inspirierenden Museumsbesuch in Mannheim.

Winfried Kretschmann
Ministerpräsident des Landes Baden-Württemberg

Liebe Besucherinnen und Besucher,

schon immer war Europa ein Ort großer Vielfalt, ein Kontinent im ständigen Austausch mit seinen Nachbarn, sich immer wieder neu erfindend. Auch wenn es widersprüchlich klingen mag: Heute ist es gerade diese Vielfalt, der Reichtum unterschiedlicher Sprachen und Kulturen, die Europas Identität ausmacht.

Darüber hinaus haben wir ein gemeinsames Fundament von Überzeugungen, das in der Antike gelegt und über die Jahrtausende gefestigt und erweitert wurde. Auch wenn die Zeiten längst vergangen sind, in denen Europa das »christliche Abendland« genannt wurde: Wesentliche Elemente unserer Vorstellung des Zusammenlebens sind von christlichen Werten geprägt. So ist die Geschichte der christlichen Kirchen auch die Geschichte Europas, und eine Ausstellung über das Papsttum lehrt uns so manches über seine Entstehung als kultureller und politischer Raum. Diese Geschichte zeigt uns, welch dunkle Zeiten Europa durchlebte, welche Krisen es erlitt, welche Leiden seine Menschen erfuhren, aber auch, welche lichten und leichten Momente. Deshalb lehrt uns die Ausstellung ebenfalls, dass wir nach einer Entwicklung, die zweitausend Jahre gedauert hat, auch eine Verantwortung für die Zukunft haben.

Die Ausstellung »Die Päpste und die Einheit der lateinischen Welt« fällt in eine Zeit, in der an mancher Gewissheit und manchem Konsens gerüttelt wird. Ziele, die sich unsere Eltern und Großeltern nach dem zweiten Weltkrieg setzten und die zur Gründung der Europäischen Union führten, werden infrage gestellt, und die Errungenschaften dieses großartigen Projektes als Selbstverständlichkeiten wahrgenommen.

Europa muss also aufs Neue seine Zukunft in die Hand nehmen. Es ist der Wertekanon, der uns Europäerinnen und Europäer eint und der unser Kompass ist, um die richtige Richtung für Europa einzuschlagen. Diese Ausstellung gibt uns, die wir zurückschauen können von der Höhe des Erreichten, Mut für die Zukunft, die immer schon eine ungewisse war und der wir nur dann mit Zuversicht begegnen können, wenn wir ein Verständnis unserer Herkunft haben.

Jean-Claude Juncker
Präsident der Europäischen Kommission

Dank für Rat und Unterstützung

Alberzoni, Maria Pia (Mailand)
Angeli, Monica Maria (Lucca)
Bartocci, Ilaria (Florenz)
Bauer, Franz Alto (München)
Becciu, Angelo (Vatikanstadt)
Behnke, Dina (Berlin)
Bellenger, Sylvain (Napoli)
Benoit, Martin (Avignon)
Berrang, Bernhard
Blaha, Dagmar (Weimar)
Böttcher, Nadine (Berlin)
Böttger, Jan (Berlin)
Boysen, Jacqueline (Berlin)
Brachwitz, Petra (Karlsruhe)
Brandenburg, Hugo (Münster/Rom)
Brandenburg, Konstantin (Rom)
Brintzinger, Klaus-Rainer (München)
Brunini, Marcello (Lucca)
Bürger, Thomas (Dresden)
Caburletto, Luca (Aquileia (UD))
Cambier, Hélène (Namur)
Claussen, Horst (Bonn)
Colomo, Daniela (Oxford)
Comastri, Angelo Cardinale (Vatikanstadt)
Connechen, Shona (London)
Cozzolino, Giorgio (Ravenna)
Dahl, Christoph (Stuttgart)
Daim, Falko (Mainz)
D'Alascio, Amalia (Vatikanstadt)
Della Fina, Giuseppe M. (Orvieto)
Denker Nesselrath, Christiane (Rom)
Di Corato, Luigi (Brescia)
Dresken-Weiland, Jutta (Regensburg)
Eissenhauer, Michael (Berlin)
Elster, Christiane (Rom)
Embach, Michael (Trier)
Esser, Carl-Heinrich (Mannheim)
Figlioli, Michele (Mailand)

Filippi, Giorgio (Vatikanstadt)
Finger, Heinz (Neuss)
Fischer, Hans-Peter (Vatikanstadt)
Fornasari, Giorgio (Ravenna)
Först, Ulrich (Dombauhütte Bamberg)
Frankenberg, Peter (Mannheim)
Franz, Daniel (Mannheim)
Fuchs, Manfred (Mannheim)
Gallé, Volker (Worms)
Gallo, Federico (Mailand)
Gedemer, Thomas (Freiburg)
Gemini, Fiorenza (Lucca)
Ghilardi, Lucio (Lucca)
Goulet, Anne (Toulouse)
Grammatica, de Maria Raffaella (Siena)
Graves, Carl (London)
Grewe, Holger (Ingelheim)
Gründler, Dominique Maria
Gründler, Raimund
Hartmann, Ralph (Mannheim)
Heckwolf, Heinz (Mainz)
Heid, Stefan (Vatikanstadt)
Heiligensetzer, Lorenz (Basel)
Hepp, Frieder (Heidelberg)
Herold, Inge (Mannheim)
Hilgenstock, Andreas (Mannheim)
Hofmann, Peter (Mannheim)
Hoernes, Martin (München)
Jatta, Barbara (Vatikanstadt)
Jung, Karl (Mannheim)
Jung, Norbert (Bamberg)
Just, Thomas (Wien)
Kalinowski, Anja (Bad Homburg)
Kelnar, Vladimir (Prag)
Kempkens, Holger (Bamberg)
Kloft, Mathias Theodor (Limburg)
Klühs, Michael (Berlin)
Knopp, Guido (Mainz)
Kocourek, Jana (Dresden)
Kreuzer, Ingrid (Stuttgart)
Krock, Andreas (Mannheim)
Kühnel, Richard (Berlin)
Kürzeder, Christoph (Freising)
Kuhn, Petra (Berlin)
Kuhnlein, Andreas (Unterwössen)
Larese, Annamaria (Venedig)
Lehmann, Karl Kardinal (Mainz)
Lengenfelder, Bruno (Eichstätt)
Leonardi, Timoty (Vercelli)
Licht, Tino (Heidelberg)
Lorenz, Ulrike (Mannheim)
Lozzi, Enrica (Rom)
Ludwig, Norbert (Berlin)
Martinez, Jean-Luc (Paris)
Melcher, Andrea (Stuttgart)
Metz, Thomas (Mainz/Koblenz)
Morales, Andrea (Rom)
Neumann, Roger (Berlin)
Nöth, Stefan (Bamberg)
Novello, Marta (Aquileia (UD))
Ohm, Matthias (Stuttgart)
Overgaauw, Eef (Berlin)
Pagnamenta, P. Justinus (Einsiedeln)
Paoli, Feliciano (Urbania)
Paolucci, Antonio (Vatikanstadt)
Parolin, Pietro Cardinale
(Vatikanstadt)
Pasini, Cesare (Vatikanstadt)
Pasquetti, Alfredo (Rieti)
Pfitzenmaier, Birgit (Stuttgart)
Piazzoni, Ambrogio (Vatikanstadt)
Piller, Gudrun (Basel)
Pirani, Federica (Rom)
Plattner, Georg (Wien)
Probst, Veit (Heidelberg)
Rauch, Christoph (Berlin)
Reuter, Marcus (Trier)
Rohrbach, Christian (Mainz)
Rosada, Francesco (Heidelberg)
Rose, Claudia (Stuttgart)
Rossini, Lorenzo (Ravenna)
Rückert, Peter (Stuttgart)
Schäfer, Tobias (Worms)
Schappert, Peter (Speyer)
Schreiner, Peter (München)
Schubert, Alexander (Speyer)
Schultes, Kilian (Heidelberg)
Schwarz, Ralf (Freiburg)
Seestern-Pauly, Martine
(Stiftung Friedenstein, Gotha)
Seiler, Thomas (Mannheim)
Sitar, P. Gerfried (St. Paul im Lavanttal)
Skocek, Nadja (Stuttgart)
Sonhüter, Beatrice (München)
Sprenger, Kai (Mainz)
Starbatty, Joachim (Tübingen)
Taegert, Werner (Bamberg)
Tamassia, Marilena (Florenz)
de Temple, Günther (Mainhausen)
Urciuoli, Aurelio (Rom)
Utro, Umberto (Vatikanstadt)
Viero, Monica (Venedig)
Wallenwein, Kirsten (Heidelberg)
Weber, Karl (Bad Homburg v. d. Höhe)
Wefers, Sabine (Jena)
Weiland, Albrecht (Regensburg)
Weinfurter, Sandra (Bologna)
Wemhoff, Matthias (Berlin)
Wilhelmy, Winfried (Mainz)
Zander, Pietro (Vatikanstadt)
Zappatore, P. Lucio Maria (Rom)
Zigahl, Regina (Stuttgart)
Zimmermann, Wolfgang (Karlsruhe)

Ansichten über das Papsttum. Eine Einführung

STEFAN WEINFURTER

Das Papsttum steht unverändert unter besonderer Beobachtung. Päpstliche Verlautbarungen, Stellungnahmen oder Kommentare finden weltweit hohe Aufmerksamkeit. Das Papsttum ist – zumindest in der europäischen Geschichte – die älteste, immer noch bestehende Institution. Aber kann man überhaupt von einer ›Institution‹, also einem ›Regelsystem‹, sprechen?[1] Kann man das Papsttum in allen seinen Facetten allein mit dieser Bezeichnung einfangen? Die einzigartige Dauerhaftigkeit jedenfalls ist eine überaus faszinierende Tatsache. Sie zieht das Interesse der Forschung und ebenso das der Öffentlichkeit auf sich. Wie ist dieses Phänomen zu erklären? Wie ist das Papsttum entstanden, wie hat es sich durch die wechselhaften Zeiten hindurch behauptet und welche Rolle spielte es in unserer Kultur? Diesen Fragen geht die Ausstellung *Die Päpste und die Einheit der lateinischen Welt* nach. Dabei werden 1.500 Jahre in den Blick genommen, die Zeit vom Apostelfürsten Petrus bis an die Tore der Reformation um 1530.

Es ist keine Frage, dass das Papsttum stets ein wichtiges Thema der Forschung war. Seit Jahrhunderten gibt es ambitionierte Unternehmungen, seine Geschichte in Epochen oder in Überblickswerken darzustellen – und es sind auf diesem Gebiet herausragende Werke entstanden.[2] Einer der leitenden und faszinierenden Gesichtspunkte lautete dabei, dass das Papsttum zu allen Zeiten von seiner Grundintention her gesehen übernational war – und es heute vielleicht mehr denn je ist. Es wölbt sich über Völker und Nationen, ist universal und damit, in heutiger Sprache formuliert, ›global‹. Dies dürfte ein wichtiges Motiv dafür sein, dass das Interesse an der Geschichte der Päpste in der modernen und ›jungen‹ Forschung – die auch ihrerseits den nationalen Rahmen gesprengt hat – einen noch höheren Stellenwert erlangt hat als in früheren Generationen. Papstgeschichte, das kann man so sagen, ist in der Geschichtswissenschaft seit geraumer Zeit hoch aktuell. Das internationale Interesse daran führte und führt die jungen Historikerinnen und Historiker in dichter Folge zu Kongressen und Symposien zusammen. Ausgedehnte und internationale Netzwerke, Forschungsverbünde und -schwerpunkte sind entstanden, die sich über ganz Europa und darüber hinaus erstrecken. Und man darf hinzufügen: Die neuen Erkenntnisse und Ergebnisse sind so wichtig, dass schon aus diesem Grund die Präsentation in einer Ausstellung gerechtfertigt ist. Die vier wissenschaftlichen Begleitbände[3] sollten die neue Forschungsbasis reflektieren.

Die Schlüsselübergabe durch Christus an Petrus, Fresko von Perugino, 1482 (Nordwand der Sixtinischen Kapelle)

1. Das Papsttum von außen

In der jüngeren Forschung wird heute gerne ins Feld geführt, dass sich das Papsttum keineswegs in einem steten Entwicklungsmodus voranbewegt habe. Ganz im Gegenteil, es habe sich im Grunde über Zufälle und Ereignisse, die von außen her eingewirkt haben, entwickelt.[4] Für solche wirkmächtigen äußeren Vorgänge, für bestimmte Rahmenbedingungen und ihre Veränderungen oder gar für epochale Umwälzungen in diesem Sinn gibt es durchaus Beispiele. Schon die Entstehung des Papsttums im 4. und 5. Jahrhundert kann hier angeführt werden. Nachdem in den ersten drei Jahrhunderten das Christentum sich gegen mannigfaltige Widrigkeiten und Anfeindungen behaupten und zunächst erste Grundlagen schaffen musste, kam mit der Anerkennung durch Kaiser Konstantin den Großen (306–337) der Einstieg in den Aufstieg. Um die Mitte des 4. Jahrhunderts, so wird man grob umschreiben können, begann sich das Papsttum auszuformen. Der Kaiser hatte 326 seine Hauptstadt nach Konstantinopel verlegt und den Bischof von Rom reich ausgestattet. Die ersten großen Basiliken entstanden, und in der zweiten

Hälfte des 4. Jahrhunderts begannen die Päpste damit, ihr theoretisch-ekklesiologisches Grundgerüst aufzubauen und in der Christenheit zu verankern. Um die Mitte des 5. Jahrhunderts wurde die Lehre vom ›Primat‹, das heißt, vom ersten Rang des römischen Bischofs in der Christenheit, in ein fast schon abschließendes Konzept gegossen. Um 500 folgten weitere Kernsätze. Sie stellten die päpstliche Autorität neben die höchste, die kaiserliche Gewalt, ja im Grunde schon darüber (›Zweigewaltenlehre‹), und sie brachten zum Ausdruck, dass Päpste von niemandem auf dieser Welt gerichtet werden dürften (›Nichtjudizierbarkeit‹). Für diese Positionsbestimmungen nutzten die Päpste in virtuoser Weise die römische Rechtstradition, wie Walter Ullmann in seiner Papstgeschichte gezeigt hat. Das kanonische Recht, also das Kirchenrecht, fußte auf der Grundlage des römischen Rechts. Damit begann die Präzision des römischen Rechtsdenkens in die europäisch-abendländische Welt einzufließen. Das Papsttum, so kann man sagen, war um 500 fast fertig – in der Theorie.[5]

Aber in der Realität blieb es in seiner Existenz immer gefährdet. Germanische Völker fielen in Italien ein und plünderten das Land und die Städte, auch Rom war bedroht. Der byzantinische Kaiser in Konstantinopel selbst suchte im 6. und 7. Jahrhundert immer wieder, die Macht in Rom und in Italien zurückzugewinnen. In der Stadt konkurrierten die Mächtigen um Einfluss auf das Amt. Vom Orient schließlich und von Afrika stürmten im 7. und 8. Jahrhundert die Muslime heran. Wieder, so könnte man sagen, kam die Rettung durch ein äußeres Ereignis. Karl der Große (768–814) schuf in der zweiten Hälfte des 8. Jahrhunderts ein gewaltiges Reich im westlichen Europa, das von der Elbe bis über die Pyrenäen und von Dänemark bis nach Rom reichte. Es gab damals kein größeres und mächtigeres Reich in Europa. In einer einzigartigen Konstellation verbündete sich der Papst mit Karl und krönte ihn am Weihnachtstag 800 in der Peterskirche in Rom zum Kaiser. Der Papst ›machte‹ sich einen Kaiser! Und dieser sollte fortan im Idealfall die römische Kirche und die Päpste schützen. Dies war in der Tat ein epochales Ereignis, wie die weitere Entwicklung erweisen sollte.

Um 900 setzte auf Grund römisch-italischer Wirren ein eklatanter Niedergang des päpstlichen Ansehens ein, das ›finstere Zeitalter‹ (*saeculum obscurum*) begann. Doch ein nächster ›Zufall von außen‹, der mit Otto dem Großen (936–973) verbunden ist, brachte die Wende. Otto hatte durch seinen Sieg über die Ungarn 955 in den Augen der Zeitgenossen die Christenheit gerettet. Mit seiner Krönung durch den Papst 962 in Rom wurde nicht nur das Kaisertum erneuert. Der neue Kaiser stellte bei dieser Gelegenheit auch eine mit Goldtinte beschriebene Urkunde aus (*Ottonianum*), mit welcher der weltliche Besitz, der spätere Kirchenstaat, detailliert aufgeführt wurde und so für alle Zeiten gesichert sein sollte. Fast ein Jahrhundert lang folgten nun Eingriffe von kaiserlicher Seite in Rom und an der Kurie der Päpste, die letztlich zur weiteren Festigung und Sicherung der päpstlichen Autorität führten.

Um die Mitte des 11. Jahrhunderts ist dann der Beginn einer Entwicklung von neuer Qualität und bahnbrechender Dynamik zu beobachten. Innerhalb einer Generation kam es zu einem gewaltigen Schub mit einer ebenso gewaltigen Wirkkraft, die nunmehr vom Papsttum selbst ausging. Man spricht von der ›papstgeschichtlichen Wende‹.[6] Es war die entscheidende Epoche in der Geschichte des Papsttums. Die Vorgänge hatten für Europa so immense Auswirkungen, dass man in der Forschung schon von der ersten europäischen Revolution gesprochen hat.[7] Die Ursachen für diese Entwicklung sind nicht leicht zu bestimmen. Man behilft sich mit der Formel von der ›Kirchenreform‹ und einer sich steigernden Frömmigkeitshaltung in der gesamten Christenheit. Doch diese Gesichtspunkte reichen nicht aus, um diesen Umbruch zu erklären. Reformen verschiedenster Art gab es schließlich zu allen Zeiten. Es muss sich im 11. Jahrhundert ein viel tiefer greifender Wandel in der Auffassung von der Ordnung der Gesellschaft durchgesetzt haben.

Soweit zu erkennen ist, kam allgemein die Überzeugung zum Tragen, dass es in der Gesellschaft bestimmte Gruppen gibt, denen verschiedene Aufgaben übertragen sind. Man könnte von einem arbeitsteiligen Prinzip sprechen. Zu diesen Aufgaben rechnete man die körperliche Arbeit, um auf diese Weise in einer Zeit steigender Bevölkerungszahlen die Ernährung der Menschen zu sichern. Dazu gehörte auch das Kriegshandwerk, um die Menschen nach außen und nach innen zu schützen. An der Spitze dieser Aufgaben aber stand die Seelsorge, um den Menschen den Weg in den Himmel zu öffnen.

Es war aber nicht nur die Arbeitsteilung an sich, die den großen Umschwung brachte. Es kam auch die Überzeugung der Menschen hinzu, jeder müsse seine ihm übertragene Funktion optimal erfüllen, denn nur dann könnten auch die anderen ›Stände‹ ihre Aufgaben möglichst gut erledigen. Dieses neue Gesellschaftssystem nennen wir die ›funktionale Dreiteilung‹ der Gesellschaft.[8] In Frankreich ist dieses neue Modell, das im Grunde aus der Antike übernommen wurde, schon um das Jahr 1000 erstmals zu fassen.[9] Diese neue Auffassung von der Gesellschaftsordnung brachte in der Tat im Verlauf des 11. Jahrhunderts eine außerordentliche Dynamik, eine Optimierung der Leistungen auf den verschiedenen Gebieten und eine enorme Effizienzsteigerung hervor. In der Agrarwirtschaft wurden neue Formen der Felderbestellung und der Dorfgenossenschaft entwickelt, was zu einer deutlichen Ertragssteigerung führte. Der Adel wiederum begann damit, seine Höhenburgen zu errichten und ständig einsatzbereite und kampferprobte Dienstmannen um sich zu scharen.

In diese Zusammenhänge nun sind auch die Veränderungen in der Kirche und die ›papstgeschichtliche Wende‹ zu stellen. Auch der Klerus wurde von der Idee ergriffen, seine Aufgaben so gut wie möglich zu erfüllen. Dieser Prozess trieb die Kirche und den Klerus dazu an, die christliche Welt mit der Wahrheit und den Gesetzen Gottes so zu erfüllen, dass überall Einheit und Einmütigkeit im Glauben erwachsen und herrschen sollte. Das Modell der Gemeinschaft (*vita communis*) und der Gedanke der Einheit (*unitas* und *unanimitas*) im Lebensentwurf der Menschen wurden nunmehr ungeheuer wichtig und von den Menschen auch angenommen. Jetzt wollte man die Einheit der lateinischen Welt in Europa verwirklichen – und die ›Reformpäpste‹ haben diesen Prozess mit aller Kraft befördert.[10] Die neuen Formen der lateinischen Einheitsorganisation lassen sich besonders gut am Beispiel des um 1100 entstehenden Zisterzienserordens ablesen, der mit dem Papsttum eine enge Verbindung einging.[11]

Dieses unglaublich ehrgeizige Programm erforderte einen gebildeten und vorbildlichen Klerus. Dies durchzusetzen, verlangte wiederum ein Papsttum mit unbestrittener Deutungs- und Entscheidungshoheit, mit einem entsprechenden Selbstverständnis und angemessenen Repräsentationsformen. Die Päpste mussten sich außerdem auf einen möglichst gut funktionierenden ›Apparat‹ stützen können, mit dem sie diese gewaltige Aufgabe der Lenkung der lateinischen Welt bewältigen konnten. Von nun an wurde das ›theoretische Papsttum‹ der Frühzeit in die Realität umgesetzt – mit allen Konsequenzen, mit einem gewaltigen Ausbau der Kurie, mit der weiteren Entwicklung des Kirchenrechts und dem Anspruch auf Gehorsam aller Menschen dem Papst gegenüber. Die Kardinäle und die päpstlichen Kapläne bildeten mächtige Kollegien aus, die großen Anteil am Kirchenregiment erlangten.[12] Papst Innocenz III. (1198–1216) sah sich zwischen Gott und Mensch gestellt, »geringer zwar als Gott, aber größer als der Mensch« (*minor Deo, sed maior homine*).[13] Im Jahre 1300 konnte Papst Bonifaz VIII. (1294–1303) sogar verkünden, dass sämtliche Königreiche Europas und auch das römisch-deutsche Kaisertum als eine Schöpfung des Apostolischen Stuhls anzusehen seien.[14]

Um 1300 neigte sich diese Epoche aber auch schon dem Ende zu. Wieder könnte man sagen, dass es äußere Umstände waren, die dem weiteren Blühen der päpstlichen ›Vollgewalt‹ in Kirche und Welt hinderlich waren. Das Erstarken der nationalen Monarchie in Frankreich war das erste Signal dafür, dass die alte Ordnung mit Papst und Kaiser an der Spitze ihre Kraft verlor. Der französische Druck und Einfluss wurden nunmehr so stark, dass sich die Päpste gezwungen sahen, Rom zu verlassen und in Avignon ihren neuen Sitz einzurichten. Von 1305/1309 bis 1417, über ein Jahrhundert lang, gab es einen Papst in Avignon. Dort entstanden eine straff zentralistische Kurienorganisation und eine päpstliche ›Palastherrschaft‹, und in mancher Hinsicht kann man im Papsttum von Avignon sogar eine »Erholung des Papsttums in der Fremde« sehen.[15] Aber die aus der unmittelbaren Petrusnachfolge entspringende Kraft, die im Grunde doch mit den Apostelgräbern verbunden war, verlor durch die Ferne Roms mehr und mehr an Ausstrahlung.

Als sich 1377/1378 auch in Rom wieder ein Papst niederließ und schließlich 1409 in Pisa noch ein dritter Papst gewählt wurde, lag das Papsttum kraftlos am Boden. Die Einheit der lateinischen Welt stand kurz davor zusammenzubrechen. Das Papsttum, das kann man gewiss so sagen, war nicht mehr in der Lage, eine Wende aus sich selbst heraus herbeizuführen. Das Konzil von Konstanz (1414–1418), das unter Aufbietung enormer politischer, militärischer, theologischer, wissenschaftlicher und finanzieller Kräfte nach unendlichen Mühen zustande kam, führte zum Sieg der korporativen Idee. Das bedeutet, dass man zu der Überzeugung gelangte, die höchste Entscheidungsinstanz in der Kirche sei nicht der Papst, sondern die repräsentative Versammlung der gesamten Christenheit, also vor allem der Kardinäle, Bischöfe und gelehrten Theologen. Der uns heute sehr modern anmutende Grundsatz, dass »dasjenige, was alle angeht, auch von allen gebilligt werden müsse« (*quod omnes tangit ab omnibus debet approbari*), fand in weiten Kreisen von Kirche und Welt Zustimmung und begann, den päpstlichen Primat in den Hintergrund zu drängen. Auf dieser Grundlage wurden 1417 schließlich alle drei Päpste entfernt und vom Konzil ein neuer Papst, Martin V., gewählt, der von Rom aus die Einheit der lateinischen Welt wieder herstellen sollte.[16]

Die Situation, in der sich dieser Papst befand, kann man allerdings nur als katastrophal bezeichnen. Rom war gleichsam zu einem Kuhdorf verkümmert. Große Teile der Stadt waren unbewohnt. Die einst so stolzen päpstlichen Basiliken waren baufällig geworden, auf ihren Stufen grasten die Ziegen. Längst hatten sich in Rom neue Herren ausgebreitet, und auch der Kirchenstaat befand sich in großen Teilen in fremden Händen. Es dauerte Jahre, bis Martin V. sich überhaupt wieder Zugang verschaffen konnte.

Und doch: In einem Kraftakt sondergleichen, der noch heute Bewunderung abverlangt, ist es den Päpsten von 1420 bis in das angehende 16. Jahrhundert, also den ›Päpsten der Renaissance‹, gelungen, die Autorität des päpstlichen Amtes wieder aufzubauen. Ja, man muss noch weiter gehen: Es ist ihnen gelungen, das Überleben des Papsttums zu sichern. Die europäischen Mächte erkannten das päpstliche Rom wieder als Vertragspartner an. Als 1493 und 1494 die neuentdeckte Welt aufgeteilt werden sollte, war auch die Autorität des Papstes wieder gefragt, der die Trennlinie zwischen dem spanischen und dem portugiesischen Interessensraum bestätigte.

Freilich, der Wiederaufbau Roms, der Kurie, des Vatikans, des Kirchenstaats – all dies konnte nur unter Einbeziehung von Macht und Besitz starker Adelsfamilien und mit großem militärischem und finanziellem Aufwand erreicht werden. Der sogenannte Nepotismus war in dieser Situation ein absolut notweniges Instrumentarium, um ein Höchstmaß an persönlicher als auch institutioneller Sicherheit zu gewährleisten. Das Papsttum entwickelte sich zu einer mittelitalienischen Macht mit all den Repräsentationsformen, welche die Epoche der Renaissance verlangte. Um 1500 bereits zeigte sich Rom als europäischer Mittelpunkt von Kunst und Architektur, und 1506 wurde mit dem Bau der neuen Peterskirche begonnen.[17]

Aber es war ein brüchiger Glanz. Als die europäischen Mächte, an ihrer Spitze Frankreich und Habsburg-Spanien, seit 1494, dann vor allem in den ersten Jahrzehnten des 16. Jahrhunderts über Italien herfielen, zeigte sich rasch, dass die Autorität der Päpste nicht mehr unantastbar war. 1527 musste Papst Clemens VII. von der Engelsburg aus, in die er sich geflüchtet hatte, mit ansehen, wie sein neues, prächtiges Rom unter den Schlägen der habsburgisch-spanischen Soldateska im *Sacco di Roma* versank. Das Jüngste Gericht, das der große Künstler Michelangelo ein paar Jahre später in der Sixtinischen Kapelle ins Bild setzte, wirkt wie ein verzweifelter Schrei des Papstes nach dem göttlichen Urteil. Fast zur selben Zeit trennten sich der englische König und seine Bischöfe von der römischen Kirche und schieden mit der anglikanischen Kirche aus dem Verbund der lateinisch-römischen Kirche aus. In Deutschland gab es eine ganz ähnliche Entwicklung mit der Reformation, die seit den 1530er Jahren zur ›Fürstenreformation‹ wurde und nicht mehr aufzuhalten war.[18] Nun zerbrach die Einheit der lateinischen Welt endgültig, nachdem sie kurz zuvor noch einmal unter dem Kraftakt der Renaissancepäpste hergestellt worden war. Eine ganz neue Standortbestimmung wurde infolgedessen für das Papsttum erforderlich, die mit dem Konzil von Trient (1545–1563) begann – doch dies ist nicht mehr Thema dieser Ausstellung.

Ist damit das Urteil über das Papsttum gesprochen? Bestätigt uns diese Perspektive ›von außen‹, von den äußeren Geschehnissen und Entwicklungen aus gesehen, dass das Papsttum ein Produkt von Zufällen war und ist? Können wir es uns demnach ersparen, nach einer inneren Logik und Konsequenz in der zwei Jahrtausende währenden Geschichte des Papsttums zu fragen? Das wäre, so meine ich, ein armseliges Ergebnis.

2. Das Papsttum von innen

Das Papsttum hat dieselben Wurzeln wie das Christentum selbst. Das bedeutet, dass es wie das Christentum von bestimmten Ideen geleitet wird. Dazu gehört das Streben nach Frieden und Einheit. Die Einheit der lateinischen Welt war von Beginn an einer der Grundpfeiler päpstlicher Bestrebungen und damit ein Kernelement des päpstlichen Amtes. Dass es immer wieder Papstschismen gab, vor allem das Große Abendländische Schisma von 1378 bis 1417, ist kein Gegenargument. Die Einheit verlangte auch die Einheitlichkeit der Werte und Normen, die Verbindlichkeit der *norma rectitudinis*, wie es in der Zeit Karls des Großen hieß.[19] Wie ein roter Faden durchziehen die Bemühungen der Päpste, diese Einheitlichkeit in der lateinischen Christenheit zu verwirklichen, die Jahrhunderte, auch wenn sie am Ende in diesem Punkt gescheitert sind.

Dabei bedienten sie sich der Instrumentarien, die sie von der antiken Kaiserherrschaft übernahmen. Dazu gehörte an erster Stelle das römische Recht. Die Rechtsfigur des ›Petruserbes‹, die sogenannte ›Erbentheorie‹, ist auf römischem Rechtsdenken gegründet. Sie besagt, dass es das Erbe des heiligen Petrus gibt, welches er seinen Nachfolgern, den Bischöfen von Rom, in einem formalen Rechtsakt vermacht hat. Jeder Papst ist seither unmittelbarer Erbe der von Christus auf Petrus übertragenen Funktionen. Dieses Erbe dauert demnach unabhängig von der jeweiligen Person des Papstes als eine eigenständige Größe fort. Von der Idee her gesehen heißt das: bis ans Ende der Welt.

Man kann mit Blick auf diesen Kernaspekt päpstlicher Amtsschöpfung wieder die Frage aufgreifen, ob hier eine ›Institution‹ geschaffen wurde. Es war in Wirklichkeit eine ungemein kraftvoll wirkende Idee, und an dieser Stelle darf man die Frage anfügen: Welche Kraft haben Ideen in der Geschichte? Wir werden nicht umhinkommen, sie in manchen Fällen als unglaublich stark zu bezeichnen. Noch dazu, wenn sie transzendental, also im göttlichen Willen, verankert sind! Gemäß dem göttlichen Willen steht dem Erben des Petrus nach frühesten päpstlichen Verlautbarungen die Binde- und Lösegewalt zu. So ist es im Matthäus-Evangelium (Mt 16,17–19) überliefert. Demnach wird im Himmel gebunden und gelöst, was Petrus auf Erden binden und lösen wird. Dass dieses Privileg keineswegs unbestritten war und ist und von den östlichen Patriarchen der Christenheit niemals anerkannt wurde, hat dem Anspruch keinen Abbruch getan. Es wurde das Fundament des päpstlichen Primats – und daraus erst konnte eine Institution entstehen! Mit anderen Worten: Das Papsttum beruht auf einem viel tiefer greifenden Ursprung, als es das Wort ›Institution‹ ohne eine solche Erklärung zum Ausdruck bringen könnte. In diesem Sinne soll der Begriff ›Institution‹ im Folgenden verstanden werden.

Wir sprechen vom Anspruch auf den Primat: Vielleicht sollte man aber weniger von einem ›päpstlichen Anspruch‹ als von einer ›päpstlichen Verpflichtung‹ ausgehen? Die Sorge um Frieden und Einheit in der christlichen Kirche und um Einheitlichkeit in den Glaubenswahrheiten der Christenheit war ein Auftrag, der den Päpsten aufgebürdet wurde.[20] Wir sollten heute nicht die Augen davor verschließen, welch ungeheure Last damit verbunden war. In den Quellen treffen wir durch alle Jahrhunderte hindurch auf entsprechende Äußerungen der Päpste. Mitunter können wir geradezu die Verzweiflung über diese schwere Bürde heraushören, von der sie niedergedrückt wurden. Vielleicht sind solche Worte in dem einen oder anderen Fall als Bescheidenheitstopos einzustufen, vor allem, wenn sie beim Amtsantritt oder während des Wahlverfahrens geäußert wurden. Doch wenn man die Schicksale der einzelnen Päpste näher in den Blick nimmt, wird rasch deutlich, wie beschwerlich und vor allem nicht selten gefährlich es war, dieses Amt zu übernehmen und auszuüben. Der Machtfaktor mag vielfach eine Rolle gespielt haben, um dieses Amt anzunehmen, aber viel häufiger scheint das Sendungs- und Pflichtbewusstsein der Amtsträger als moralischer Zwang entscheidend gewesen zu sein.

An dieser Stelle muss man ein weiteres Kernelement der christlichen Botschaft in den Blick nehmen. Das Christentum ist nicht nur eine Religion des Friedens, der Nächstenliebe und der Gemeinschaft, sondern auch der Wahrheit. Wer aber ist der Hüter der Wahrheit? Wer achtet darauf, dass in dem raschen Wandel, von dem die irdische Welt geprägt ist, die Wahrheit in ihrem Kern erhalten bleibt? Die Gemeinschaft der Patriarchen von Rom, Alexandria, Antiochia, Konstantinopel und Jerusalem? Diese Konstellation war schon im frühen Mittelalter durch die islamischen Eroberungen hinfällig geworden. Die Ökumenischen Konzilien? Auch sie verloren im 8. Jahrhundert ihre Wirkkraft. Die Reformkonzilien des 15. Jahrhunderts in Konstanz (1414–1418) und Basel (1431–1449), die erneut die Bewahrung der Wahrheit im korporativen System anstrebten, scheiterten am Ende durch die endlosen Debatten, die zu keinem Ergebnis führten. Die Päpste dagegen waren in der Regel zu raschen und eindeutigen Entscheidungen in der Lage – nach unserem heutigen Verständnis gewiss nicht demokratisch, aber effizient in einer Welt, in der Kommunikation, Reisen und Aushandlungen viel Zeit und Aufwand in Anspruch nahmen und nicht so einfach waren wie heute. Und man sollte auch nicht unterschätzen, dass in der internationalen Politik die Tatsache, mit den Päpsten entscheidungsfähige Verhandlungspartner zu haben, eine wichtige Rolle für die Mächtigen der Welt spielte.

Somit kommt bei der Frage nach der langen Dauer der päpstlichen Institution diesem Gesichtspunkt offenbar eine zentrale Bedeutung zu: Die Wahrheit, nach der man über Jahrhunderte gestrebt hat, benötigt eine eindeutige und nicht hinterfragbare Instanz, die damit ihrerseits ebenfalls unangreifbar sein muss.[21] Ob wir heute die ›Wahrheit an sich‹ überhaupt noch brauchen oder noch wollen, ob wir uns heute nicht längst auf eine Pluralität von Wahrheiten ausgerichtet haben, wäre eine ganz andere Frage.[22] Sie ist aber für die Zeit, um die es hier geht, irrelevant. Der aus dem Christentum erwachsende Grundtonus zielte bis in die Moderne hinein auf eine ›Wahrheitskultur‹.

Auch in anderer Hinsicht haben die Päpste zu allen Zeiten daran gewirkt, ihr Amt als eine feste, dauerhafte und gottgewollte Institution darzustellen. Sie brachten diese Idee durch bildliche Darstellungen zum Ausdruck, bei denen Christus selbst oder der heilige Petrus als Beschützer im Mittelpunkt stehen. Sie haben ihre frühen Vorgänger im Papstamt in den

Rang der Heiligkeit erhoben, um damit das Fundament ihrer Institution unangreifbar zu machen. Sie haben im frühen 6. Jahrhundert damit begonnen, mit einer eigenen offiziellen Papstgeschichtsschreibung (*Liber pontificalis*) die niemals unterbrochene Reihenfolge der Amtsträger zu dokumentieren, auch das ein Zeichen für den ewigen Bestand des Apostolischen Stuhls. Denselben Zweck verfolgten die langen Reihen der Papstbilder (Tondi), die im 5. Jahrhundert in den Basiliken von St. Peter und St. Paul angebracht und dann immer wieder fortgeführt wurden. Alle diese Beobachtungen lassen erkennen, dass die Demonstration der Dauerhaftigkeit des Papsttums gezielt über die Jahrhunderte hin betrieben wurde. Das Papsttum hat, so ist daran abzulesen, eine Reihe von Elementen der Verstetigung aus sich selbst heraus entwickelt, hat also immerhin dazu beigetragen, seinen Weg zur Institution zu bahnen.[23]

Auch die Tradition in theoretisch-ekklesiologischer Hinsicht sollte man nicht einfach abtun. Natürlich hat sich die papstgeschichtliche Wende des 11. Jahrhunderts auf das überkommene Kirchenrecht gestützt, vor allem auf die pseudoisidorischen Dekretalen, eine umfassende Sammlung von echtem und gefälschtem Kirchenrecht, die um 830 entstanden war. Dieses Recht greift auch auf die Ökumenischen Konzilien der Antike zurück, auf die päpstlichen Dekrete, die 385 einsetzen, und auf Verlautbarungen der Päpste und Kirchenväter. Das Fundament des Papsttums durchzieht auf diese Weise ebenfalls die Jahrhunderte. Dies macht ein weiteres Mal deutlich, dass beim Papsttum durchgehend die Elemente, die eine Institution kennzeichnen, aus einer eigenen, inneren Entwicklungsdynamik heraus aufgebaut wurden. In welche Richtung die Entwicklung jeweils lief, das freilich war immer auch abhängig von den äußeren Umstände und Einwirkungen. Beide Kräfte spielten also beim Papsttum zusammen, die äußeren wie die inneren Faktoren. Das gilt nicht nur für die Geschichte der ersten 1.500 Jahre, sondern auch für die neuere Geschichte und die Gegenwart.

3. Das Papsttum in seiner Wirkung auf die latein-europäische Kultur

Bei all diesen Überlegungen darf aber ein weiterer Gesichtspunkt nicht außer Acht gelassen werden. Nicht nur hat die ›Umwelt‹ auf die Entwicklung des Papsttums eingewirkt, sondern von nicht geringerem Ausmaß – vielleicht mit noch größerer Wirkkraft – waren auch die Impulse, die vom Papsttum auf die Gestaltung der lateinisch-europäischen Welt ausgegangen sind. Das gilt beispielsweise für die europäische Staatengemeinschaft. Unter dem Schutz des Papstes konnten um das Jahr 1000 die Reiche Ungarns und Polens entstehen, ja sogar das englische Königreich benötigte um 1200 den päpstlichen Schutz für seine weitere Existenz. Das normannische Reich in Süditalien wurde durch die päpstliche Anerkennung gesichert, und die Städte der Lombardei konnten die ›Verknechtung‹ durch die Stauferkaiser im 12. und 13. Jahrhundert nur mit päpstlicher Hilfe abwehren. Die ›päpstliche Autorität‹ (*auctoritas apostolica*): Sie diente nicht nur der Durchsetzung päpstlicher Anordnungen,[24] sondern war auch eine wirksame Waffe in der Hand der weltlichen und geistlichen Fürsten, ein starkes Instrument, sich in der harten Konkurrenz der Mächte zu behaupten.

Auch nicht übersehen dürfen wir die Tatsache, dass das Papsttum immer wieder als Frieden stiftende Autorität wirksam wurde.[25] Gegen Ende des 12. Jahrhunderts erlangte die päpstliche Gerichtsbarkeit in weiten Teilen Europas die Anerkennung als höchste Gerichtsinstanz. Sie wirkt wie ein Vorläufer des Europäischen Gerichtshofes. Eine Entscheidung durch das päpstliche Gericht galt als verbindlich, und zwar nicht nur für die große Politik, sondern auch für die vielen Probleme und Konflikte der ›kleinen Leute‹, die sich ebenfalls an Rom wandten, um Rechtssicherheit zu erlangen.[26]

Ebenfalls zu beachten sind die Impulse, die vom Papsttum auf dem Gebiet der Wissenschaften ausgegangen sind. Wir vergessen leicht, dass die Universitäten keine angloamerikanische Erfindung sind, sondern im Europa des hohen Mittelalters ihren Ursprung haben, und zwar unter maßgeblicher Förderung durch das Papsttum.[27] Rechtswissenschaften und Theologie standen am Beginn im Mittelpunkt, aber auch Philosophie und die sogenannten ›freien Künste‹ (*artes liberales*), die man heute mit den Geisteswissenschaften gleichsetzen könnte. Der Wissenschaftsorden der Dominikaner ist im 13. und 14. Jahrhundert sogar maßgeblich mit der Förderung der Päpste groß geworden, und nicht wenige Universitäten, die heute noch existieren wie diejenige in Köln, haben ihren Ursprung in einer Dominikanerschule. Dass die Wissenschaften sich im Laufe der Jahrhunderte in mancherlei Hinsicht gegen das Papsttum richteten und am Ende die dialektische Methode der Scholastik das Papsttum selbst in Frage stellte, ist ein besonders eindringlicher Beleg für die Wechselwirkung zwischen Wahrheitssuche und Papstkirche.

Am Ende soll neben diesen politischen und kulturellen Impulsen des Papsttums für die europäische Geschichte und

Gesellschaft der Aspekt der Wertegemeinschaft angesprochen werden. Die Vorstellung, dass Europa auf der Grundlage des ›Abendlandes‹ oder einer Wertegemeinschaft als eine Einheit aufgefasst werden kann, gilt heute in der Forschung zwar als überwunden,[28] zumal Europa weit über die lateinische Welt hinausreicht und stets auch von jüdischen sowie islamischen Impulsen bereichert wurde.[29] Es wird sogar die ›Nicht-Einheit‹ der Geschichte als Spezifikum der europäischen Geschichte betont.[30] Aber dass sich bestimmte westliche Werte über Jahrhunderte herausgebildet haben, die wir heute eher Menschenrechte nennen, steht außer Frage.[31] Unsere aufgeklärte Gesellschaft erkennt kaum noch, dass Grundwerte wie Gerechtigkeit, Fürsorge für den Nächsten, auch Menschenwürde und Gleichheit der Menschen im Christentum von Beginn an angelegt waren und dass sie auch mit unterschiedlicher Schwerpunktsetzung von den Päpsten immer wieder vertreten wurden. In dieser Hinsicht haben die Päpste die soziale Ordnung Europas beeinflusst, haben Formen und Muster menschlicher Beziehungen und als legitim geltende Ordnungsvorstellungen entwickelt, verbreitet und garantiert.

Im 11. und 12. Jahrhundert beispielsweise wurde mit kräftiger Unterstützung durch die Päpste das ›kommunische Lebensmodell‹ (*vita communis*) verbreitet, das heißt, das Ideal einer Gemeinschaft, in der Männer und Frauen gleichberechtigt miteinander leben, in der niemand über Eigentum verfügt, sondern alles allen gehört, jeder so viel bekommt, wie er zum Leben benötigt, alles in Liebe geregelt wird und alle ›ein Herz und eine Seele‹ sind (*cor unum et anima una*).[32] Es war das Ideal der Urkirche, wie es in der Apostelgeschichte beschrieben wird und wie es nach Auffassung der Reformpäpste von den Christen wieder übernommen und gelebt werden sollte. Dieser Anstoß führte zeitweise zu einer Massenbewegung in der mittelalterlichen Gesellschaft, in der zwischen Männern und Frauen, Reichen und Armen, Geistlichen und Laien kein Unterschied mehr sein sollte. Auch wenn diese Strömung wieder versiegte, blieben solche Ideen doch lebendig und haben in späteren Zeiten durchaus weitergewirkt.

Nicht unerwähnt darf freilich bleiben, dass die menschlichen Schwächen andererseits vielfach das Bild des Papsttums verdunkelt haben. Dass Päpste mitunter nicht anders gehandelt haben als weltliche Potentaten, dass Barmherzigkeit und Nächstenliebe nicht selten vermisst wurden und dass Päpste keineswegs immer in der Lage waren, ihre Aufgaben zu erfüllen, ist in die Wahrnehmung zu allen Zeiten eingeflossen und wurde von Päpsten auch selbst thematisiert. Man denke nur an die Worte Papst Hadrians VI. (1522–1523):

»Wir wissen, dass es an diesem Heiligen Stuhl seit einigen Jahren viele gräuliche Missbräuche in geistlichen Dingen und Exzesse gegen die göttlichen Gebote gegeben hat, ja, dass eigentlich alles pervertiert worden ist. So ist es kein Wunder, wenn sich die Krankheit vom Haupt auf die Glieder, das heißt, von den Päpsten auf die unteren Kirchenführer, ausgebreitet hat. Wir alle – hohe Prälaten und einfache Kleriker – sind abgewichen, ein jeder sah nur auf seinen eigenen Weg, und da ist schon lange keiner mehr, der Gutes tut, auch nicht einer.«[33]

Auch dieser Aspekt findet in der Ausstellung die angemessene Beachtung. Daraus sind immer wieder Vorbehalte gegen eine kritiklose Anerkennung der Leistungen der Päpste erwachsen – und auch dies gehört zu den Ansichten über das Papsttum. Bei aller Kritik sollte die Summe der Ansichten freilich zu einem angemessenen, fairen und wissenschaftlich begründeten Gesamtbild führen, wozu diese Ausstellung über »Die Päpste und die Einheit der lateinischen Welt« beitragen möchte.

Anmerkungen

1 Robert Seyfert, Das Leben der Institutionen: Zu einer Allgemeinen Theorie der Institutionalisierung, Velbrück 2011.

2 Im Folgenden eine Auswahl wichtiger neuerer Papstgeschichten: Harald Zimmermann, Das Papsttum im Mittelalter. Eine Papstgeschichte im Spiegel der Historiographie. Mit einem Verzeichnis der Päpste vom 4. bis zum 15. Jahrhundert (UTB Uni-Taschenbücher 1151), Stuttgart 1981; Werner Maleczek, Papst und Kardinalskolleg von 1191 bis 1216. Die Kardinäle unter Coelestin III. und Innocenz III. (Publikationen des Historischen Institutes beim Österreichischen Kulturinstitut in Rom I/6), Wien 1984; Horst Fuhrmann, Papstgeschichtsschreibung. Grundlinien und Etappen, in: Geschichte und Geschichtswissenschaft in der Kultur Italiens und Deutschlands, hg. von Arnold Esch und Jens Petersen, Tübingen 1989, S. 141–191; Bernhard Schimmelpfennig, Das Papsttum. Von der Antike bis zur Renaissance, Darmstadt 2009 (6. Aufl.); Rudolf Schieffer, Papsttum und mittelalterliche Welt, in: Geschichte in Wissenschaft und Unterricht 48, 1997, S. 580–589; Horst Fuhrmann, Die Päpste. Von Petrus zu Benedikt XVI., München 2012 (4. Aufl.); Thomas Frenz, Das Papsttum im Mittelalter, Köln/Weimar/Wien 2010; Klaus Herbers, Geschichte des Papsttums im Mittelalter, Darmstadt 2012; Klaus Herbers, Geschichte der Päpste in Mittelalter und Renaissance (Reclam Sachbuch), Stuttgart 2014.

3 Die Päpste. Amt und Herrschaft in Antike, Mittelalter und Renaissance (Die Päpste 1), hg. von Bernd Schneidmüller et al., Regensburg 2016; Die Päpste der Renaissance. Politik, Kunst und Musik (Die Päpste 2), hg. von Michael Matheus et al., Regensburg 2017; Die Päpste und Rom zwischen Spätantike und Mittelalter. Formen päpstlicher Machtentfaltung (Die Päpste 3), hg. von Norbert Zimmermann et al., Regensburg 2017; Die Päpste und ihr Amt zwischen Einheit und Vielheit der Kirche. Theologische Fragen in historischer Perspektive (Die Päpste 4), hg. von Stefan Weinfurter et al., Regensburg 2017.

4 Zuletzt Atria A. Larson, Introduction, in: A Companion to the Medieval Papacy. Growth of an Ideology and Institution (Brill's Companions to the Christian Tradition 70), hg. von Keith Sisson und Atria A. Larson, Leiden/Boston 2016, S. 1–16. Vorsichtiger im Urteil ist Thomas F.X. Noble, Narratives of Papal History, in: ebd., S. 17–33.

5 Hierzu grundlegend die Ausführungen von Walter Ullmann, Kurze Geschichte des Papsttums im Mittelalter (Sammlung Göschen 2211), Berlin/New York 1978, bes. S. 1–45; Kristina Friedrichs, Episcopus plebi Dei. Die Repräsentation der frühchristlichen Päpste (Eikoniká. Kunstwissenschaftliche Beiträge 6), Regensburg 2015.

6 Rudolf Schieffer, Motu proprio. Über die papstgeschichtliche Wende im 11. Jahrhundert, in: Historisches Jahrbuch 122, 2002, S. 27–41.

7 Karl Leyser, Am Vorabend der ersten europäischen Revolution. Das 11. Jahrhundert als Umbruchzeit, in: Historische Zeitschrift 257, 1993, S. 1–28.

8 Otto Gerhard Oexle, Deutungsschemata der sozialen Wirklichkeit im frühen und hohen Mittelalter. Ein Beitrag zur Geschichte des Wissens, in: Mentalitäten im Mittelalter. Methodische und inhaltliche Probleme (Vorträge und Forschungen 35), hg. von František Graus, Sigmaringen 1987, S. 65–117.

9 Otto Gerhard Oexle, Die funktionale Dreigliederung der »Gesellschaft« bei Adalbero von Laon, in: Frühmittelalterliche Studien 12, 1978, S. 1–54.

10 Johannes Laudage, Priesterbild und Reformpapsttum im 11. Jahrhundert (Beihefte zum Archiv für Kulturgeschichte 22), Köln/Wien 1984.

11 Florent Cygler, Das Generalkapitel im hohen Mittelalter. Cisterzienser, Prämonstratenser, Kartäuser und Cluniazenser (Vita regularis 12), Münster 2002.

12 Jochen Johrendt, Zwischen Autorität und Gehorsam: Papst und Kardinalskolleg im 13. Jahrhundert, in: Autorität und Akzeptanz. Das Reich im Europa des 13. Jahrhunderts, hg. von Hubertus Seibert, Werner Bomm und Verena Türck, Ostfildern 2013, S. 65–89.

13 Migne, Patrologia latina 217, Sp. 653–658.

14 Carl Mirbt und Kurt Aland, Quellen zur Geschichte des Papsttums und des Römischen Katholizismus. Bd. 1: Von den Anfängen bis zum Tridentinum, Tübingen 1967 (6., völlig neu bearb. Aufl.), Nr. 745, S. 458.

15 Herbers, Geschichte des Papsttums im Mittelalter (wie Anm. 2), S. 247–248.

16 Jürgen Dendorfer, Die Kurie kehrt zurück – das erneuerte Rom der Päpste und Kardinäle im Quattrocento, in: Rom – Nabel der Welt. Macht, Glaube, Kultur von der Antike bis heute, hg. von Jochen Johrendt und Romedio Schmitz-Esser, Darmstadt 2010, S. 103–115.

17 Christoph Luitpold Frommel, Der römische Palastbau der Hochrenaissance (Römische Forschungen der Bibliotheca Hertziana 21), Tübingen 1973.

18 Herrschaft und Glaubenswechsel. Die Fürstenreformation im Reich und in Europa in 28 Biographien (Heidelberger Abhandlungen zur mittleren und neueren Geschichte 24), hg. von Susan Richter und Armin Kohnle, Heidelberg 2016.

19 Stefan Weinfurter, Karl der Große. Der heilige Barbar, München 2013, S. 11–19 und 178–204.

20 Stefan Weinfurter, Wahrheit, Friede und Barmherzigkeit: Gedanken zur Mühsal der Päpste, in: Die Päpste. Amt und Herrschaft in Antike, Mittelalter und Renaissance (Die Päpste 1), hg. von Bernd Schneidmüller et al., Regensburg 2016, S. 469–484.

21 Stefan Weinfurter, ›Eindeutigkeit‹ als Merkmal der Kirchenreform im 11. Jahrhundert, in: Eichstätter Diözesangeschichtsblätter 1 (Jahrgang 2012/2013), 2014, S. 104–133; Stefan Weinfurter, Eindeutigkeit. Karl der Große und die Anfänge europäischer Wissens- und Wissenschaftskultur, in: König, Reich und Fürsten im Mittelalter. Abschlusstagung des Greifswalder ›Principes-Projekt‹ (Beiträge zur Geschichte der Universität Greifswald 12), hg. von Oliver Auge, Stuttgart 2017, S. 35–52.

22 Markus Hilgert, Von ›Listenwissenschaft‹ und ›epistemischen Dingen‹. Konzeptuelle Annäherungen an altorientalische Wissenspraktiken, in: Journal for General Philosophy of Science 40, 2009, S. 277–309; Volker Gerhardt, Der Wert der Wahrheit wächst. Die Unparteilichkeit der Wissenschaft als Parteilichkeit für die Erkenntnis der gemeinsamen Welt, in: Forschung & Lehre 19, 2012, S. 360–367.

23 Ähnlich das Ergebnis bei Bernhard Schimmelpfennig, Das Papsttum im hohen Mittelalter: Eine Institution?, in: Institutionen und Geschichte. Theoretische Aspekte und mittelalterliche Befunde (Norm und Struktur 1), hg. von Gert Melville, Köln/Weimar/Wien 1992, S. 209–229, S. 228: »Verstehen wir unter ›Institutionalisierung‹ die Verfestigung von Funktionsbereichen, so war das Papsttum ohne Zweifel in vieler Hinsicht eine Institution; allerdings dürfte deutlich geworden sein, daß das Ausmaß der Institutionalisierung hinsichtlich des Papstes, der Kardinäle sowie der verschiedenen Gruppen der Kurialen sehr unterschiedlich war.«

24 Gerd Althoff, Päpstliche Autorität im Hochmittelalter, in: Autorität und Akzeptanz. Das Reich im Europa des 13. Jahrhunderts, hg. von Hubertus Seibert, Werner Bomm und Verena Türck, Ostfildern 2013, S. 251–265.

25 Werner Maleczek, Das Frieden stiftende Papsttum im 12. und 13. Jahrhundert, in: Träger und Instrumentarien des Friedens im hohen und späten Mittelalter (Vorträge und Forschungen 43), hg. von Johannes Fried, Sigmaringen 1996, S. 249–332.

26 Ludwig Schmugge, Ehen vor Gericht. Paare der Renaissance vor dem Papst, Berlin 2008; Ludwig Schmugge, Warum wenden sich 6387 deutsche Paare an den Papst und welche Gnaden erbitten sie?, in: Kirchlicher und religiöser Alltag im Spätmittelalter, hg. von Andreas Meyer, Ostfildern 2010, S. 190–208.

27 Jürgen Miethke, Papsttum und Universitäten. Förderung, Lenkungsversuche und Indienstnahme (mit besonderer Berücksichtigung auf Paris) (Veröffentlichungen der Gesellschaft für Universitäts- und Wissenschaftsgeschichte 11), in: Universität, Religion und Kirchen, hg. von Rainer Schwinges, Basel 2011, S. 9–28; Werner Maleczek, Das Papsttum und die Anfänge der Universität im Mittelalter, in: Römische Historische Mitteilungen 27, 1985, S. 85–143.

28 Michael Borgolte, Wie Europa seine Vielfalt fand. Über die mittelalterlichen Wurzeln für die Pluralität der Werte, in: Die kulturellen Werte Europas, hg. von Hans Joas und Klaus Wiegandt, Frankfurt am Main ²2005, S. 117–163.

29 Bernd Schneidmüller, Grenzerfahrung und monarchische Ordnung. Europa 1200–1500, München 2011; Michael Borgolte, Europa entdeckt seine Vielfalt. 1050–1250, Stuttgart 2002.

30 Karin Hausen, Die Nicht-Einheit der Geschichte als historiographische Herausforderung. Zur historischen Relevanz und Anstößigkeit der Geschlechtergeschichte, in: Geschlechtergeschichte und Allgemeine Geschichte. Herausforderungen und Perspektiven (Göttinger Gespräche zur Geschichtswissenschaft 5), hg. von Hans Medick und Anne-Charlott Trepp, Göttingen 1998, S. 15–55.

31 Hans Joas, Die Entstehung der Werte, Frankfurt am Main 1997.

32 Stefan Weinfurter, Die Macht der Reformidee. Ihre Wirkkraft in Ritualen, Politik und Moral der spätsalischen Zeit, in: Religiöse Ordnungsvorstellungen und Frömmigkeitspraxis im Hoch- und Spätmittelalter. Kolloquium aus Anlass des 60. Geburtstags von Prof. Dr. Franz J. Felten am 14. und 15. Juli 2006, hg. von Jörg Rogge, Korb 2008, S. 13–39.

33 Hubert Wolf, Krypta. Unterdrückte Traditionen der Kirchengeschichte, München ²2015, S. 9–14, Zitat S. 9.

ETRVS
SED
ANN
XXV
MII
DVII

Liste der Päpste bis 1534

STEFAN WEINFURTER

Die Amtsdaten der frühen Bischöfe von Rom können nur ungefähr angegeben werden. Petrus gilt seit den frühesten römischen Listen als erster Bischof von Rom, obwohl diese Amtsbezeichnung nur legitimatorische Funktion hat. Einigermaßen sicheren Boden betritt man im 4. Jahrhundert. Dies ist auch die Zeit, von der an der Titel ›Papst‹ Verwendung findet. Immer wieder kam es vor, dass zwei oder gar drei Päpste gleichzeitig erhoben wurden und Konflikte um den Petrusstuhl ausbrachen. Es besteht keineswegs in allen Fällen Klarheit darüber, welcher dieser Päpste der legitime und wer als ›Gegenpapst‹ zu führen ist. Die Liste folgt weitgehend der bei Klaus Herbers, Geschichte des Papsttums (2012).

Die in der folgenden Liste angebotene Entscheidung entspricht im Allgemeinen der wissenschaftlichen Praxis und nimmt Rücksicht darauf, welcher der Kandidaten sich am Ende durchgesetzt hat. Bei einigen der Päpste ist die Ordnungszahl in Klammern gesetzt, weil sie bei späteren Päpsten noch einmal verwendet wurde. Einen Papst Johannes XX. hat es nie gegeben, dafür einen Papst Johannes XXIII. in der offiziellen Liste des Vatikans zweimal. Die Schreibweise kann bei manchen Papstnamen variieren. Hier werden diejenigen Varianten verwendet, die meines Erachtens auch international am besten verstanden werden. Die kursiv gesetzten Päpste gelten als heilig oder selig.

Petrus (gest. 64 oder 67?)
Linus (gest. 76/79?)
Anaklet I. (gest. 90/92?)
Clemens I. (92?–101?)
Evaristus (101?–107?)
Alexander I. (107?–116?)
Sixtus I. (116?–125?)
Telesphorus (125?–136?)
Hyginus (136?–142?)
Pius I. (142?–155?)
Anicetus (155?–166?)
Soter (166?–174?)
Eleutherius (174?–189?)
Viktor I. (189?–199?)
Zephyrinus (199?–217?)
Calixt I. (217?–222)
Hippolyt (217–235)
Urban I. (222–230)
Pontianus (230–235)
Anteros (235–236)
Fabianus (236–250)
Cornelius (251–253)
Novatian (251–258?)
Lucius I. (253–254)
Stephan I. (254–257)
Sixtus II. (257–258)
Dionysius (259/260–267/268)
Felix I. (268/269–273/274)
Eutychianus (274/275–282/283)
Caius (282/283–295/296)
Marcellinus (296–304)
Marcellus I. (307–308/309)
Heraclius (309/310)
Eusebius (308/309?–310?)
Miltiades (310/311–314)
Silvester I. (314–335)
Marcus (336)
Julius I. (337–352)
Liberius (352–366)
  Felix II. (355–358)
Damasus I. (366–384)
  Ursinus (366–367)
Siricius (384–399)
Anastasius (399–401)
Innocenz I. (401–417)
Zosimus (417–418)
Bonifaz I. (418–422)
  Eulalius (418–419)
Coelestin I. (422–432)
Sixtus III. (432–440)
Leo I. (der Große) (440–461)
Hilarius (461–468)
Simplicius (468–483)
Felix III. (483–492)

Rundbild (Tondo) mit dem Bildnis des Heiligen Petrus aus der Papstreihe in S. Paolo fuori le mura

Gelasius I. (492–496)
Anastasius II. (496–498)
Symmachus (498–514)
  Laurentius (498–506)
Hormisdas (514–523)
Johannes I. (523–526)
Felix IV. (526–530)
Bonifaz II. (530–532)
  Dioskur (530)
Johannes II. (533–535)
Agapet I. (535–536)
Silverius (536–537)
Vigilius (537–555)
Pelagius I. (556–561)
Johannes III. (561–574)
Benedikt I. (575–579)
Pelagius II. (579–590)
Gregor I. (der Große) (590–604)
Sabinianus (604–606)
Bonifaz III. (607)
Bonifaz IV. (608–615)
Adeodatus (Deusdedit) I. (615–618)
Bonifaz V. (619–625)
Honorius I. (625–638)
Severinus (640)
Johannes IV. (640–642)
Theodor I. (642–649)
Martin I. (649–653)
Eugen I. (654–657)
Vitalian (657–672)
Adeodatus II. (672–676)
Donus (676–678)
Agathon (678–681)
Leo II. (682–683)
Benedikt II. (684–685)
Johannes V. (685–686)
Konon (686–687)
  Petrus (686)
  Theodor (687)
  Paschalis (687–692?)
Sergius I. (687–701)
Johannes VI. (701–705)
Johannes VII. (705–707)
Sisinnius (708)
Konstantin I. (708–715)
Gregor II. (715–731)
Gregor III. (731–741)
Zacharias (741–752)
  Stephan (II.) (752)
Stephan II. (752–757)
Paul I. (757–767)
  Konstantin (II.) (767–768)
  Philipp (768)
Stephan III. (768–772)
Hadrian I. (772–795)
Leo III. (795–816)
Stephan IV. (816–817)
Paschalis I. (817–824)
Zinzino (824)
Eugen II. (824–827)
Valentinus (827)
Gregor IV. (827–844)
Sergius II. (844–847)
Leo IV. (847–855)
Benedikt III. (855–858)
  Anastasius Bibliothecarius (855)
Nikolaus I. (der Große) (858–867)
Hadrian II. (867–872)
Johannes VIII. (872–882)
Marinus I. (882–884)
Hadrian III. (884–885)
Stephan V. (885–891)
Formosus (891–896)
Bonifaz VI. (896)
Stephan VI. (896–897)
Romanus (897)
Theodor II. (897)
Johannes IX. (898–900)
Benedikt IV. (900–903)
Leo V. (903)
  Christophorus (903–904)
Sergius III. (903/904–911)
Anastasius III. (911–913)
Lando (913–914)
Johannes X. (914–928)
Leo VI. (928)
Stephan VII. (928–931)
Johannes XI. (931–935/936)
Leo VII. (936–939)
Stephan VIII. (939–942)
Marinus II. (942–946)
Agapet II. (946–955)
Johannes XII. (955–963)
Leo VIII. (963–965)
  Benedikt V. (964)
Johannes XIII. (965–972)
Benedikt VI. (973–974)
  Bonifaz VII. (974)
Benedikt VII. (974–983)
Johannes XIV. (983–984)
  Bonifaz VII. (2. Mal, 984–985)
Johannes XV. (985–996)
Gregor V. (996–999)
  Johannes XVI. (997–998)
Silvester II. (999–1003)
Johannes XVII. (1003)
Johannes XVIII. (1004–1009)
Sergius IV. (1009–1012)
Benedikt VIII. (1012–1024)
  Gregor (VI.) (1012)
Johannes XIX. (1024–1032)
Benedikt IX. (1032–1045)
Gregor VI. (1045–1046)
  Silvester III. (1045–1046)
  Benedikt IX. (2. Mal) (1045–1046)
Clemens II. (1046–1047)
  Benedikt IX. (3. Mal) (1047–1048)
Damasus II. (1048)
Leo IX. (1049–1054)
Viktor II. (1055–1057)
Stephan IX. (1057–1058)
  Benedikt X. (1058–1060)
Nikolaus II. (1058–1061)
Alexander II. (1061–1073)
  Honorius (II.) (1061–1064)
Gregor VII. (1073–1085)
  Clemens (III.) (1080–1100)
Viktor III. (1086–1087)
Urban II. (1088–1099
Paschalis II. (1099–1118)
  Theoderich (1100)
  Albert (1102)
  Silvester (IV.) (1105–1111)
Gelasius II. (1118–1119)
  Gregor (VIII.) (1118–1121)
Calixt II. (1119–1124)
  Coelestin (II.) (1124)
Honorius II. (1124–1130)

Innocenz II. (1130–1143)
  Anaklet II. (1130–1138)
  Viktor (IV.) (1138)
Coelestin II. (1143–1144)
Lucius II. (1144–1145)
Eugen III. (1145–1153)
Anastasius IV. (1153–1154)
Hadrian IV. (1154–1159)
Alexander III. (1159–1181)
  Viktor IV. (1159–1164)
  Paschalis III. (1164–1168)
  Calixt (III.) (1168–1178)
  Innocenz (III.) (1179–1180)
Lucius III. (1181–1185)
Urban III. (1185–1187)
Gregor VIII. (1187)
Clemens III. (1187–1191)
Coelestin III. (1191–1198)
Innocenz III. (1198–1216)
Honorius III. (1216–1227)
Gregor IX. (1227–1241)
Coelestin IV. (1241)
Innocenz IV. (1243–1254)
Alexander IV. (1254–1261)
Urban IV. (1262–1264)
Clemens IV. (1265–1268)
Gregor X. (1271–1276)
Innocenz V. (1276)
Hadrian V. (1276)
Johannes XXI. (1276–1277)
Nikolaus III. (1277–1280)
Martin IV. (1281–1285)
Honorius IV. (1285–1287)
Nikolaus IV. (1288–1292)
Coelestin V. (1294)
Bonifaz VIII. (1294–1303)
Benedikt XI. (1303–1304)
Clemens V. (1305–1314)
Johannes XXII. (1316–1334)
  Nikolaus (V.) (1328–1330)
Benedikt XII. (1334–1342)
Clemens VI. (1342–1352)
Innocenz VI. (1352–1362)
Urban V. (1362–1370)
Gregor XI. (1370–1378)

Großes Abendländisches Schisma:

Rom
Urban VI. (1378–1389)
Bonifaz IX. (1389–1404)
Innocenz VII. (1404–1406)
Gregor XII. (1406–1415)

Avignon
Clemens (VII.) (1378–1394)
Benedikt (XIII.) (1394–1417/1423)
Clemens (VIII.) (1423–1429)
Benedikt (XIV.) (1425–1430)
Benedikt (XV.) (1430)

Pisa
Alexander V. (1409–1410)
Johannes (XXIII.) (1410–1415)

Martin V. (1417–1431)
Eugen IV. (1431–1447)
  Felix V. (1439–1449)
Nikolaus V. (1447–1455)
Calixt III. (1455–1458)
Pius II. (1458–1464)
Paul II. (1464–1471)
Sixtus IV. (1471–1484)
Innocenz VIII. (1484–1492)
Alexander VI. (1492–1503)
Pius III. (1503)
Julius II. (1503–1513)
Leo X. (1513–1521)
Hadrian VI. (1522–1523)
Clemens VII. (1523–1534)

Christus, das Wort und die Wahrheit

Die frühen Christen, die Jesus als ›Gesalbten Gottes‹ (hebräisch Messias, lateinisch Christus) verehrten und die man heute gerne als ›Jesusbewegung‹ bezeichnet (Gerd Theißen), verstanden sich als jüdische Reformbewegung. Sie war in ihrer Zeit eine von mehreren jüdisch-apokalyptischen Widerstandsbewegungen gegen die römisch-imperiale Herrschaft. Jesus war Jude und seine Jünger waren Juden. Sie übernahmen die jüdische Auffassung, die Auserwählten Gottes zu sein, und sie waren ihrer Ansicht nach die wahren Juden. Erst nach Generationen setzte sich bei den Christen die Erkenntnis durch, dass sie keine Juden mehr seien. Sogar der Kirchenvater Augustinus († 354) beschäftigte sich noch mit Christen, die sich als Juden betrachteten (Brief 196).

Am Anfang dieser Gemeinschaft, aus der das Christentum entstehen sollte, stehen die Tugenden der Barmherzigkeit und der Nächstenliebe, die Hoffnung auf das nahe Friedensreich Gottes, eine ausgeprägte Besitzkritik und Gewaltlosigkeit. Besondere Bedeutung erlangte darüber hinaus das Wort der Verkündigung: »Ihr werdet die Wahrheit erkennen, und die Wahrheit wird euch frei machen.« Diese Worte werden im Johannes-Evangelium Jesus zugeschrieben (Joh 8,32). Die Botschaft von der einzigartigen Wahrheit des Christentums entwickelte gewaltige Kraft und Wirkung. Ebenso spricht Jesus zu den Jüngern: »Ich bin der Weg, die Wahrheit und das Leben. Niemand kommt zum Vater als nur durch mich« (Joh 14,6). Dieser Anspruch auf Wahrheit sollte die Entwicklung des Christentums und des Papsttums in fundamentaler Weise bestimmen. ›Wahrheit‹ wurde zum Kernelement der christlichen Botschaft und spielte in den gelehrten Diskussionen und in der Frömmigkeitsgeschichte über Jahrhunderte hinweg eine fundamental wichtige Rolle. Der große Theologe und Philosoph Anselm von Canterbury († 1109) schrieb ein Buch Über die Wahrheit (*De veritate*), in dem er darlegte, dass es ohne Wahrheit auch keine Gerechtigkeit unter den Menschen geben könne.

Der Weg der Wahrheit freilich war schmal. Er führe, wie Gregor von Nazianz († 390), einer der vier großen griechischen Kirchenlehrer, es beschrieb, »zwischen Abgründen hinweg, und von ihm abstürzen bedeutet unzweifelhaft den Absturz in die Pforten der Hölle« (Clauss 2015, S. 20). Das frühe Christentum brachte viele Gruppierungen und, wie man sie nannte, »falsche Brüder« hervor. Die Frage, wer zu den Auserwählten gehöre, wurde nach Jesu Tod von seinen Jüngern sehr kontrovers diskutiert. Ein falsches Wort genügte, um ausgeschlossen zu werden. Rasch konnte man zum Häretiker und Gotteslästerer werden, mit dem die anderen Christen nicht mehr verkehren durften, den sie nicht mehr in ihr Haus lassen durften, und den sie nicht einmal mehr grüßten. Wie aber konnte die Wahrheit erkannt werden? Wer konnte dafür garantieren? Die Gemeinschaft oder eine herausgehobene Autorität? Schon früh deuten sich die Wurzeln an, aus denen sich in vielen Stufen das Papsttum entwickeln konnte, das den Anspruch auf die Deutungshoheit über die christli-

che Wahrheit erhob und durchzusetzen suchte. Hinzu kam das Bedürfnis der Menschen zu allen Zeiten nach klaren Orientierungsmustern, die als ›Wahrheit‹ empfunden wurden. So konnte das Papsttum auch in der ›Moderne‹, das heißt seit dem 19. Jahrhundert – in einer Epoche sich ständig wandelnder und überholender Tagesmeinungen – als Hort ewiger Wahrheit angesehen werden, als »Petrusfelsen, an dem man sich in den Stürmen und Brandungen der Moderne festhalten konnte« (Hubert Wolf).

STEFAN WEINFURTER

Literatur: Clauss 2010 – Clauss 2015 – Theißen 1997 – Wolf 2017
Bild: Siegreicher Christus (Christus Victor), Mosaik in der Erzbischöflichen Kapelle in Ravenna

Antike

Petrus und Paulus im römischen Weltreich

Das römische Reich und Judäa

Eine wichtige Voraussetzung für die Ausbreitung des Christentums war das römische Reich selbst. Zur Zeit Jesu, der wohl zwischen 6 und 4 vor unserer Zeitrechnung (in Nazareth?) geboren und wahrscheinlich 30 oder 31 n. Chr. in Jerusalem gekreuzigt wurde, erstreckte sich das römische Reich über den gesamten Mittelmeerraum. Auch Palästina mit dem gesamten Vorderen Orient, Kleinasien und Nordafrika gehörten dazu. Das ausgezeichnete Straßen- und Verkehrssystem, die sprachliche und kulturelle Einheit und der wirtschaftliche Austausch begünstigten Reisen und Kommunikation über weite Entfernungen. Politisch war die Lage in Judäa unruhig. Die Juden wehrten sich gegen die römische Fremdherrschaft und die damit verbundene Steuerlast. Groß war die Sehnsucht nach dem »von Gott gesalbten König« (Messias), wie er in Psalm Salomo 17,21 im Alten Testament beschrieben ist: »Herr, lass ihnen entstehen ihren König, den Sohn Davids.« Mittelpunkt der ersten Christengemeinde war Jerusalem. Hier organisierte sich nach dem Tod Jesu die Urgemeinde – eine jüdische Reformergruppe von legendärer Eintracht. Doch mit der Zerstörung Jerusalems durch den Feldherrn und späteren Kaiser Titus im Jahre 70 n. Chr. verlor das Christentum sein anfängliches Zentrum.

STEFAN WEINFURTER

Literatur: Bernett 2007 – Clauss 2015 – Eck 2007

Bild: Das Römische Reich mit seinen zentralen Verkehrswegen und bedeutenden Verkehrsknotenpunkten

Londinium
Ravenna
Caesaraugusta
Massilia
Roma
Byzantium
Neapolis
Valentia
Pergamum
Nova Carthago
Carthago
Athenae
Corduba
Corinthus
Antiochia
Caesarea

Du bist Petrus der Fels

Petrus der Menschenfischer

Simon Petrus (hebräisch Kephas) war Fischer. Er gehörte zu den ältesten Jüngern Jesu, der zu ihm sagte: »Von nun an wirst du Menschen fischen« (Lk 5,10). Nach dem Tod Jesu leitete er zusammen mit Jakobus dem Älteren das zwölfköpfige Führungsgremium der Christengemeinde in Jerusalem. Erste Grundsatzentscheidungen auf dem ›Apostelkonzil‹ (46/48) in Jerusalem fanden unter seinem Vorsitz statt. Als es zu Verfolgungen der Gemeinde kam, verließ Petrus Jerusalem. Aufenthalte in Antiochia und Korinth sind bezeugt. Ob er jemals in Rom war und dort unter Kaiser Nero (54–68) im Jahr 64 oder um 67 hingerichtet wurde, wird bis heute in der Forschung diskutiert. Zumindest ist davon auszugehen, dass es seit der Mitte des 2. Jahrhunderts unter den Christen (auch außerhalb Roms) keinen Zweifel daran gab, dass Petrus in Rom gestorben und begraben ist. Es gilt zudem als archäologisch erwiesen, dass spätestens zu diesem Zeitpunkt auch sein Grabdenkmal (*tropaion*) am Vatikanischen Hügel unmittelbar am Zirkus Kaiser Neros inmitten heidnischer Grabmonumente existiert hat. Es ist derselbe Ort, an dem sich heute noch in der Peterskirche die *Confessio sancti Petri* befindet und das frühchristliche Grabmonument mit Resten der Roten Mauer (Muro Rosso) zu sehen ist.

Schließlich muss der sogenannte Erste Clemensbrief aus der Zeit kurz vor 100 n. Chr. erwähnt werden. Es handelt sich um einen authentischen Brief der Christengemeinde von Rom an die Gemeinde in Korinth – eine der wichtigsten Quellen des Urchristentums. Als Verfasser des Briefs tritt die römische Gemeinde auf: »Die Kirche Gottes, die zu Rom in der Fremde lebt, an die Kirche Gottes, die zu Korinth in der Fremde lebt.« Die Benennung nach Clemens, der vermutlich damals der oberste Presbyter in Rom war, kam erst später. Clemens war nach dem Urteil des bedeutenden Theologen Irenäus von Lyon († um 200 n. Chr.) der dritte Nachfolger des Petrus nach Linus und Anakletus in der Bischofsliste von Rom. In diesem Ersten Clemensbrief nun ist in Kapitel 5 die Rede vom Tod des Petrus (und ebenso des Paulus), nachdem er »vielerlei Mühsal ertrug« und »Zeugnis ablegte«. Auch mit dieser Quelle ist keine absolute Sicherheit zu erlangen, aber die Zusammenhänge legen es nahe, dass die römische Gemeinde von Vorgängen in Rom berichtet. Jedenfalls hat keine andere Gemeinde in der Christenheit gegen das Martyrium des Petrus in Rom eigene Ansprüche erhoben.

Die Schlüssel des Himmelreichs

Der Evangelist Matthäus (Mt 16,18–19) berichtet, Jesus Christus selbst habe dem Apostel Simon Petrus eine besondere Rolle zugeteilt: »Du bist Petrus [= der Fels, genauer der Stein] und auf diesem Felsen werde ich meine Kirche (*ekklesia*) errichten, und die Mächte der Unterwelt werden sie nicht überwältigen. Ich werde dir die Schlüssel des Himmelreichs geben. Was du auf Erden binden wirst, das wird auch im Himmel gebunden sein, und was du auf Erden lösen wirst, das wird auch im Himmel gelöst sein.« Der Begriff *ekklesia* als Bezeichnung für die Gesamtkirche und die Vorstellung von Kirche als einem Bau sind für die Zeit Jesu allerdings noch schwer vorstellbar. Außerdem fehlen sie in

den frühen Evangelien nach Markus und nach Lukas. Daher geht man in der Forschung vielfach von einer Entstehung der Worte erst in der griechischen Christenheit nach Jesus aus. Gleichwohl wurde der Auftrag mit der einzigartigen Machtfülle, die Petrus demnach übertragen bekam, von den römischen Bischöfen, den Nachfolgern Petri, in den folgenden Jahrhunderten übernommen (›petrinische Idee‹) und Schritt um Schritt zu einem Vorrang Roms in der christlichen Kirche ausgebaut.

STEFAN WEINFURTER

Literatur: Blaauw 2016 – Brandenburg 2016 – Heid 2011 – Jäggi 2016 – Luz 1990, S. 450–466 – Pesch 1980 – Walter 2017
Bild: Die Schlüsselübergabe, Szene aus dem Heidelberger Sachsenspiegel, Anfang 14. Jahrhundert (Heidelberg, Universitätsbibliothek, Cod. Pal. Germ. 164, fol. 19v)

AULA PUDORIS • HAEC EST QUAM CERNIS PIETAS QUAM POSSIDET OMNIS
US INCLYTA GAUDET • AUCTORENSQUE SUUM GENITORIS LAUDIBUS AEQUAT

Das Grabmal des Apostels Petrus, des ersten Vorstehers der römischen christlichen Gemeinde

HUGO BRANDENBURG

In der theologischen Auseinandersetzung zwischen den Konfessionen im 19. Jahrhundert wurde die katholische Tradition von Anwesenheit, Lehre und Märtyrertod des Apostels Petrus in Rom, auf die sich die Vorrangstellung des Bischofs von Rom als Papst und Oberhaupt der Kirche in der Nachfolge Petri als erstem Vorsteher der Gemeinde der Hauptstadt des römischen Reiches gründet, heftig bestritten, da sie nicht ausreichend dokumentarisch belegt sei. Nachdem sich im Laufe des 20. Jahrhunderts auch von Seiten prominenter protestantischer Theologen die Auffassung durchgesetzt hatte, dass wir zwar nicht, wie moderne Historiker es wünschen würden, gleichsam protokollarische zeitgenössische Dokumentationen haben, die von Leben, Lehre und Märtyrertod des Apostels in Rom berichten, aber dennoch genügend schriftliche Zeugnisse vorliegen, die nicht an dieser schon seit der Wende zum 2. Jahrhundert n. Chr. bei Clemens Romanus und Ignatius von Antiochien bewahrten Tradition zweifeln lassen. In jüngster Zeit ist jedoch von philologischer Seite in scharfsinnigen Untersuchungen diese Überlieferung wiederum in Frage gestellt worden. In Antwort auf diese Auffassungen hat sich in den letzten Jahren eine Reihe von Studien und Kongressen mit der Frage der Historizität von Aufenthalt und Märtyrertod Petri in Rom befasst. Nicht zuletzt auch aufgrund der jüngsten archäologischen Forschungen im Zusammenhang mit der schriftlichen Überlieferung sind sie zu dem Ergebnis gelangt, dass die antike Tradition im Wesentlichen nicht in Frage zu stellen ist.

Bereits um das Jahr 90 n. Chr., also wenig mehr als zwei Jahrzehnte nach dem wohl um das Jahr 64 oder 67 im Vatikanischen Circus unter Nero erfolgten Märtyrertod des Apostels Petrus, spricht Clemens Romanus in einem Sendschreiben an die christliche Gemeinde von Korinth von der Lehre und dem Martyrium des Apostels in Rom. Weitere Nachrichten, so die um 110 verfassten Briefe an die Epheser und die Römer des Ignatius, Bischofs der syrischen Metropole Antiochien, bestätigen diese Angaben und belegen, dass zu dieser Zeit bereits ein Gedenken des Apostels als Märtyrer bestand. Neben weiteren Nachrichten dieser Art wird in einem Traditionsstrang des 2. Jahrhunderts noch das Martyrium des Apostels im Circus des Caligula und Nero in den kaiserlichen Gärten am Vatikan erwähnt. Der Traktat eines römischen Theologen namens Gaius, der um das Jahr 200 n. Chr. verfasst wurde und in einem Auszug von dem Bischof Eusebius, einem Kirchenhistoriker des früheren 4. Jahrhunderts, überliefert ist, setzt sich mit der Sekte der Montanisten auseinander, einer häretischen, also nicht rechtgläubigen christlichen Religionsgemeinschaft. Dabei weist Gaius auf die *tropaia*, wörtlich ›Siegesmale‹, des Apostels Petrus am Vatikan und des Apostels Paulus an der Via Ostiense zwei Meilen vor den Toren der Stadt hin, die den Aufenthalt, die Lehre und den Märtyrertod der Apostel in Rom bezeugten. Die Montanisten hatten sich zur Verteidigung ihrer Rechtgläubigkeit auf das Grab des Apostels Philippus in Hierapolis in Phrygien berufen, das beweise, dass der Apostel dort die wahre Lehre Christi, der sie nach ihrer Überzeugung anhingen, gelehrt habe. Der Römer Gaius hält dem nun die für den rechtmäßigen Glauben gewichtigeren Zeugnisse der Gräber der beiden Apostel Petrus und Paulus in der Hauptstadt Rom entgegen. Wenn Gaius die Gräber der Apostel *tropaia* nennt, so beruht dies auf der christlichen Auffassung, dass Tod und Auferstehung Christi den Sieg über Tod und Sünde sowie die Gewährung des ewigen Lebens bedeuten, was ihrer besonderen Verdienste wegen auch den Märtyrern, die ihren Tod als Glaubenszeugen in der Nachfolge Christi erlitten hatten, unmittelbar zukam.

Das Grab des Apostels Philippus, auf das sich die Montanisten für die Rechtmäßigkeit ihrer Glaubensüberzeugung bezogen haben, wurde von italienischen Archäologen vor

Rekonstruktion der Petrusmemorie im Innern der konstantinischen Peterskirche

1 Hierapolis in Phrygien (Türkei). Grabbau des Apostels Philippus, Foto: Lehmann

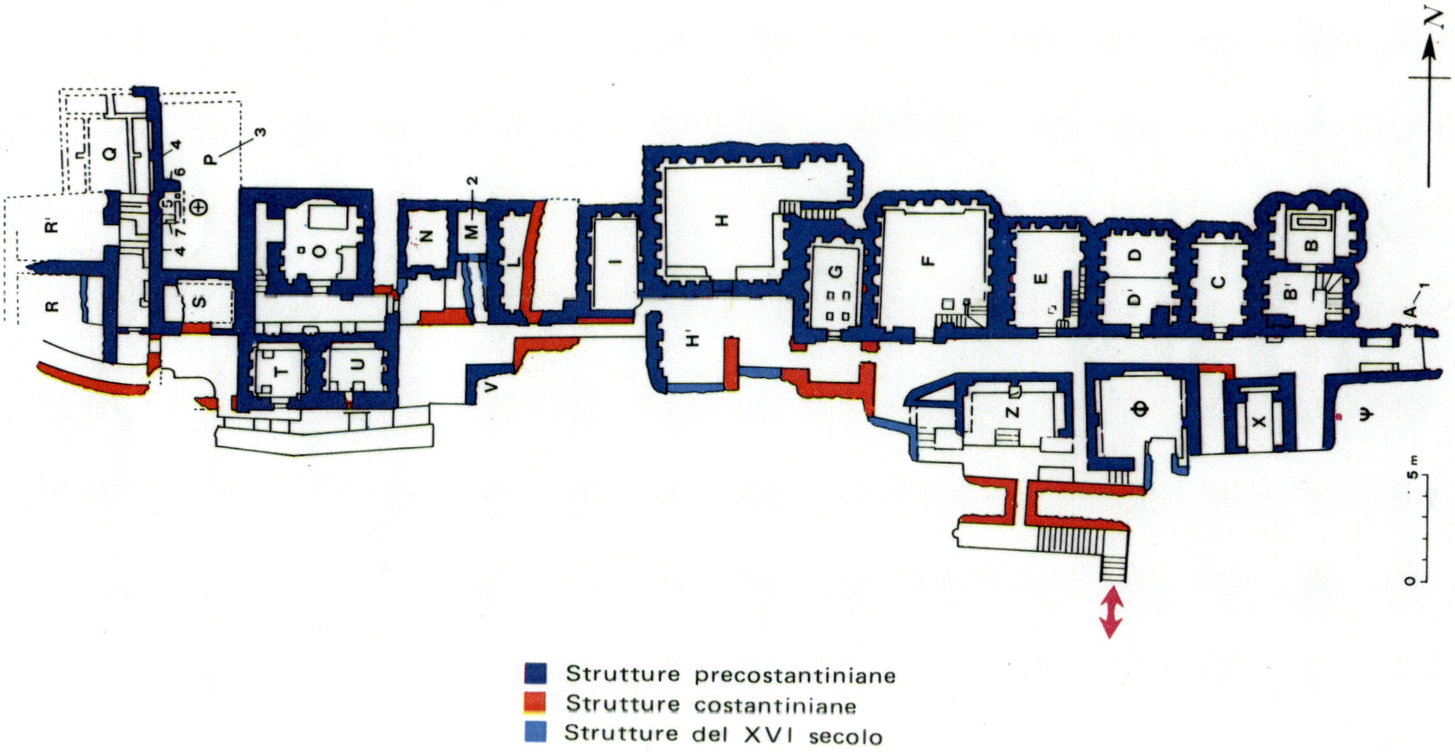

2 Heidnische Nekropole unter der Petersbasilika.

wenigen Jahren in Hierapolis in Phrygien wiedergefunden. Es handelt sich um einen in einer Nekropole außerhalb der Stadt gelegenen, üblichen römischen Grabbau, den man nach archäologischen Befunden zu urteilen wenigstens seit der Mitte des 2. Jahrhunderts n. Chr. als das Grab des Apostels angesehen hat (Abb. 1). Ungefähr zur gleichen Zeit, um 160–165 n. Chr., legte man, wie die Ausgrabungen von 1940–1949 ergeben haben, in Rom in einer heidnischen Nekropole am Vatikan außerhalb der Stadt in unmittelbarer Nähe des durch die Überlieferung bezeichneten Ortes des Martyriums des Apostels, des ehemaligen Circus der Kaiser Caligula und Nero, an einer Stützmauer zwischen heidnischen Grabbauten vermögender römischer Bürger ein bescheidenes Denkmal an, das die Erinnerung an das Grab des Apostels Petrus wahren sollte (Abb. 2a). Dass es sich um das von Gaius *tropaion* genannte Grabmal Petri handelte, das die Grabungen aufgedeckt haben, belegen die archäologischen Befunde. Sie dokumentieren den Erhalt und Ausbau dieses Grabmals in ungebrochener Folge von der Mitte des 2. Jahrhunderts bis hin zu der Zeit, als Kaiser Konstantin (312–337) das verehrte Monument um das Jahr 320 in eine monumentale Gedächtnisbasilika zu Ehren des Märtyrerapostels Petrus einschloss, indem er dieses bescheidene Gedächtnismal aufwendig mit Marmor verkleidete und unter einem von kostbaren Säulen getragenen Baldachin der Verehrung der Pilger und Gläubigen zugänglich machte (Abb. 3a und 3b). Dass die Apostel-

3a Längsschnitt der konstantinischen Petersbasilika mit der Nekropole, K. Brandenburg, A. Morales

4 Längsriss durch die heutige Petersbasilika und die heidnische Nekropole, Zeichnung: K. Gärtner.

gräber, das des Philippus in Hierapolis, das des Petrus am Vatikan sowie das des Paulus an der Via Ostiense in Rom, um oder kurz nach der Mitte des 2. Jahrhunderts mit einem Grabbau oder Grabmal ausgezeichnet wurden, hat seinen Grund darin, dass die christlichen Gemeinden im 2. Jahrhundert in den Metropolen des Reiches in der Auseinandersetzung um den rechten Glauben und der Abgrenzung gegenüber den Häresien durch ein sichtbares Zeichen, das die Anwesenheit und Lehre der Apostel bezeugte, die apostolische Glaubenslehre demonstrativ für sich beanspruchten. Der schon genannte Bischof Ignatius von Antiochien, Anfang des 2. Jahrhundert wegen seines Glaubens von den römischen Behörden zum Tode verurteilt und dazu nach Rom überstellt, spricht in seinen Sendschreiben an die Gemeinden in Ephesus und in Rom vom Martyrium Petri und Pauli in Rom und lässt dabei durchblicken, dass es um die Zeit der Abfassung dieser Briefe, um das Jahr 110 n. Chr., also wenige Jahrzehnte nach dem Märtyrertod der beiden Apostel, einen Totenkult an den Gräbern der Apostel in Rom gab (Abb. 4).

Die Grabungen von 1940, die nach dem Petrusgrab suchen sollten, begannen an der sogenannten Palliennische, die sich unter dem Altar Clemens VII. in der sogenannten Confessio der Grotten der Basilika befindet, einem beim Bau der heutigen Kirche im 15. und 16. Jahrhundert auf dem Bodenniveau der konstantinischen Basilika angelegten Untergeschoß. Man nahm an, dass man hier auf den Altar der konstantinischen Basilika über dem Grab Petri stoßen würde. Diese Annahme, die durch die seit dem Ausgang der Antike verbindliche Tradition der Einheit von Reliquiengrab und Altar bestimmt wurde, erwies sich als irrig. Vielmehr stieß man auf einen mit Pavonazzettomarmor und Porphyrplatten verkleideten Kubus von über 2,60 m Höhe, 2,60 m Breite und gut 1,50 m Tiefe, der nur als Grabmonument Petri in der konstantinischen Basilika zu deuten war und dessen Front nach Westen die sogenannte Palliennische einnahm. Die weiteren Untersuchungen in unmittelbarer Nähe des Monuments legten

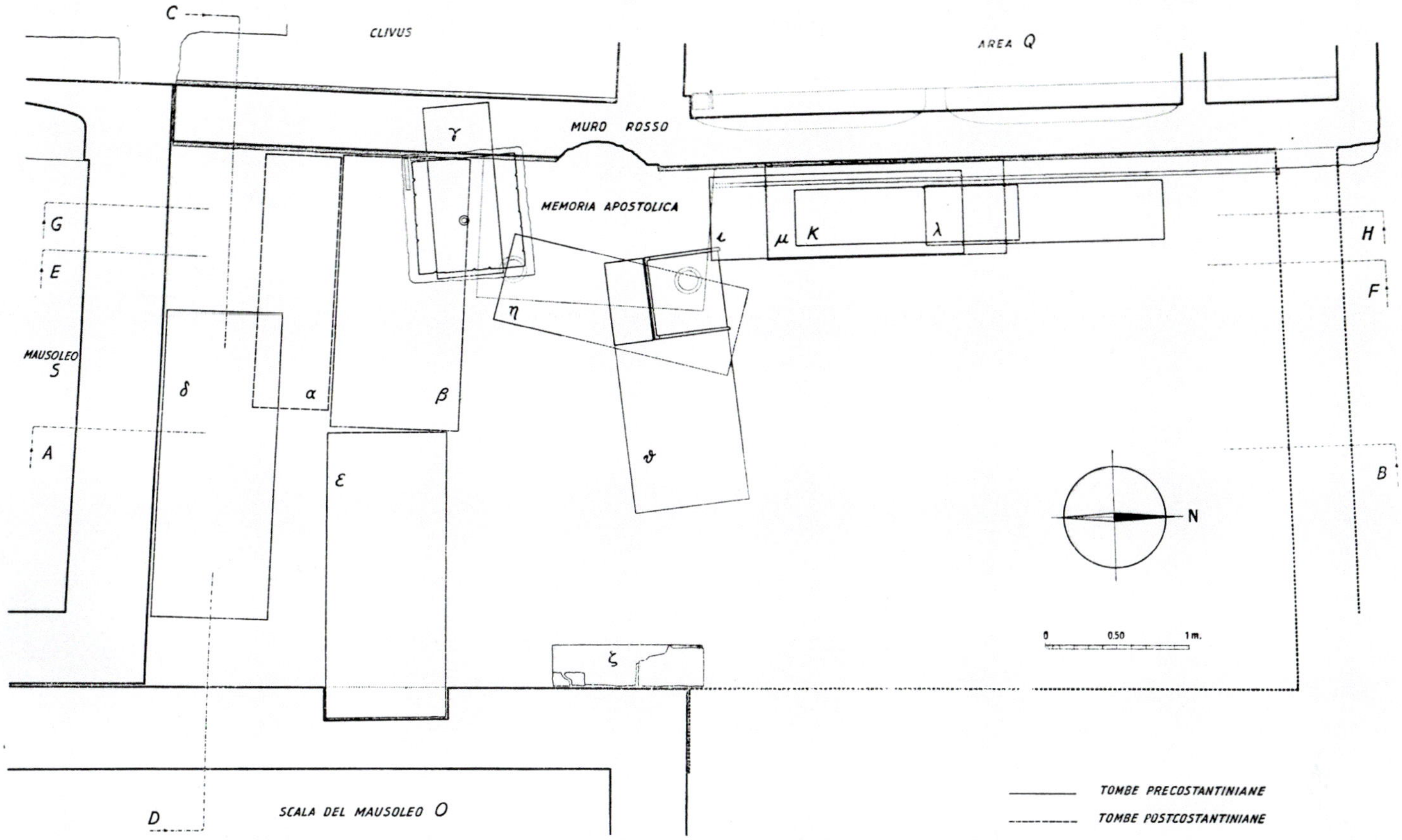

5 Die Stützmauer (»Rote Mauer«) am Grabfeld P (Campo P) mit der Nische des Petrusgrabmals und den umliegenden, teils älteren, teils jüngeren Gräbern (1. und 2. Hälfte 2. Jahrhundert).

Teile des Fußbodens der konstantinischen Basilika mit den Einlassspuren für die Sockel der kostbaren, tordierten, schon von der Papstchronik, dem *Liber Pontificalis*, als Geschenk Konstantins gerühmten Marmorsäulen frei, die nach Beschreibungen und Bilddokumenten den Baldachin über dem Monument vor der Apsis der Basilika trugen. Die nähere Untersuchung des Monuments, das den Beweis lieferte, dass man in konstantinischer Zeit an dieser Stelle das Petrusgrab voraussetzte, zeigte, dass es das Bruchstück einer Stützmauer, der von den Ausgräbern wegen ihres Verputzes sogenannten Roten Mauer, umschloss, das offenbar auf Veranlassung des kaiserlichen Bauherrn aus dem Bestand der Bebauung mit Grabmonumenten und deren Zugängen in der umliegenden römischen Nekropole herausgelöst worden war, während die übrigen Konstruktionen auf die Fußbodenhöhe der konstantinischen Basilika niedergelegt wurden. In diesem bewahrten Mauerteil befindet sich eine Nische, die offensichtlich wesentlicher Bestandteil des ursprünglichen Grabmals Petri war, zumal sie in der Palliennische noch in der späteren Verkleidung sichtbar ist. Die von Nord nach Süd verlaufende Rote Mauer aber, so ergaben die weiteren Untersuchungen im Umfeld der Nekropole unter der konstantinischen Basilika, stützte den Zugang einiger höher am Hang liegender Mausoleen über einem im Osten angrenzenden offenen Gräberfeld, dem sogenannten Campo P, ab, das im Süden und im Osten von Mausoleen des 2. Jahrhunderts gesäumt wurde (Abb. 5). In diesem Feld befinden sich einige wenige einfache ältere Bodengräber, die vor, aber hauptsächlich jüngere, die nach der Errichtung der Roten Mauer angelegt wurden. Sie sind teilweise nur mit Dachziegeln abgedeckt. Die Rote Mauer wird durch Stempel auf Ziegeln aus kaiserlichen Manufakturen, die beim Bau der nördlich hinter ihr liegenden und mit ihr zusammen errichteten Treppenanlage verwendet worden waren, in die Zeit um 160–165 n. Chr. datiert. Die weiteren Forschungen, die durch Nachuntersuchungen in den 1950er Jahren und jüngst unternommene Studien ergänzt wurden,

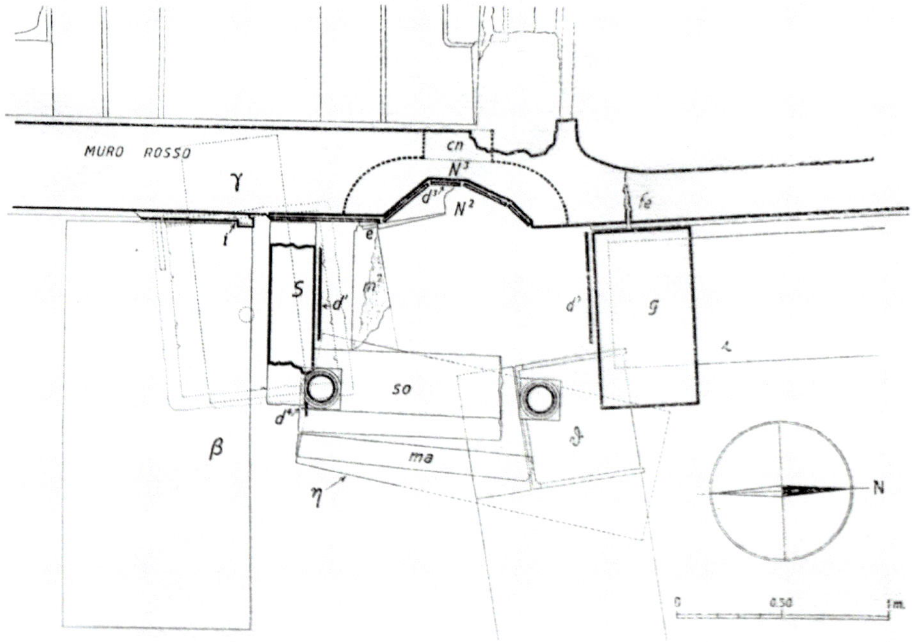

6 Plan des Grabmonumentes Petri an der Roten Mauer (Mitte und 2. Hälfte 3. Jahrhundert).

zeigen, dass die Nische beim Bau der Roten Mauer angelegt wurde. Man hat also bei der Errichtung der Mauer mit dieser Vorrichtung auf etwas hinweisen wollen, das in diesem Bereich vorhanden war oder vermutet wurde oder vielleicht in Gefahr war, überbaut zu werden, oder man wollte daran erinnern. Es liegt nahe, dass dies das Grab des Apostels war, von dem die Gemeinde wusste oder vermutete, dass es in diesem Bereich lag. Die bei den Untersuchungen vorgenommenen tieferen Grabungen unter der Nische haben keine sicher zu deutende Grablege gefunden. Sie müsste in größerer Tiefe als die von der Roten Mauer überbauten Gräber zu suchen sein, da sich das Niveau des Gräberfeldes ständig durch die den Hang herabfließenden Einschwemmungen erhöht hat. Hier ist zu bedenken, dass Petrus als Verbrecher hingerichtet wurde. Sein Leichnam wurde, wenn ihn nicht die Angehörigen ausgelöst haben, was möglich war, wohl in der Nähe der Hinrichtungsstätte, dem Circus, verscharrt oder in einem Massengrab bestattet. Die Erinnerung an das Grab oder das Umfeld der Bestattung wird sich zusammen mit einem Totenkult, wie wir ihn aus den oben zitierten Briefen des Ignatius von Antiochia erschließen können, erhalten haben. So wird die Gemeinde zur Erinnerung dieses einfache, im Wesentlichen zunächst nur aus einer Nische bestehende Denkmal in der zweiten Hälfte des 2. Jahrhundert angelegt haben, um die Erinnerung an den Märtyrer wach zu halten und um sichtbarlich mit dem Grabmal ein Zeichen für die durch den Apostel bezeugte Rechtgläubigkeit der römischen Gemeinde zu setzen (Abb. 6).

Dieses Grabmal, das man wohl als das historisch bedeutendste archäologische Denkmal überhaupt bezeichnen könnte, da es über 2000 Jahre hin eine lebendige Wirkungsgeschichte bis in unsere Tage bewahrt hat, versuchen die hier präsentierten Modelle in seinen Anfängen und in seiner Gestalt in frühkonstantinischer Zeit wiederzugeben, bevor es in die Gedächtnisbasilika inkorporiert wurde (Abb. 7a und 7b, 9a und 9b). Grundlage für die Erstellung der Modelle boten die Dokumentation in der Ausgrabungspublikation, auf die sich auch die entsprechenden Markierungen beziehen, und die ergänzenden oder kritischen Auseinandersetzungen damit von verschiedenen Autoren, die ihr folgten. Die Ausgrabungen, die den Kult nicht stören sollten, wurden unter den größten technischen Schwierigkeiten unter der heutigen Petersbasilika, deren Statik nicht gefährdet werden durfte, durchgeführt. Der verantwortliche Leiter war ein Monsignore und kein Archäologe. Weitere Mitarbeiter waren ein Architekt und Archäologe und drei in der Katakombenforschung ausgewiesene Archäologen. Die damals für archäologische Grabungen entwickelten modernen Forschungs- und Dokumentationsmethoden waren vor Ort noch nicht bekannt. So sind die Befundbeobachtung und die Dokumentation in der Ausgrabungspublikation lückenhaft und unzureichend. In den Beschreibungen und Zeichnungen werden

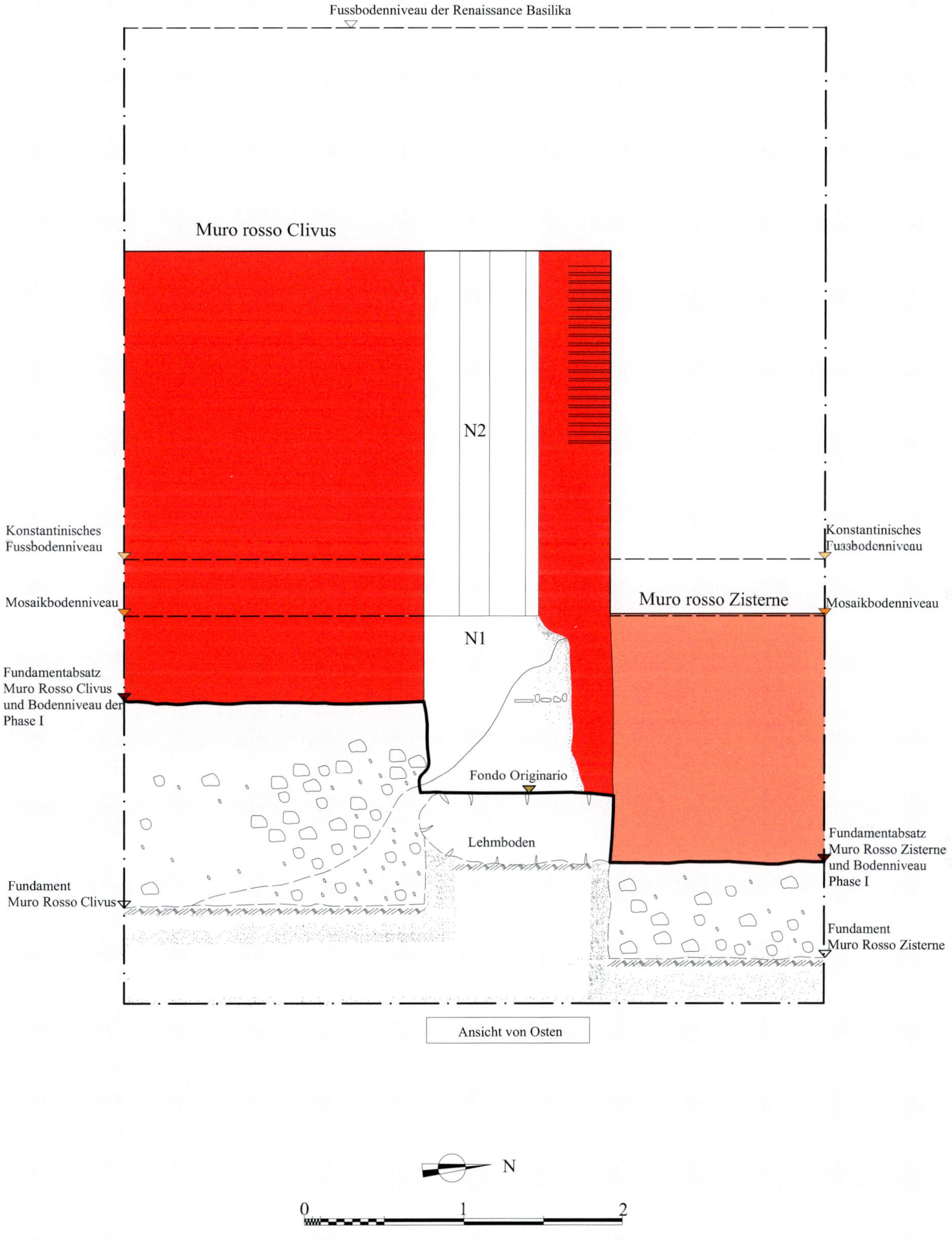

7a Ansicht I des Grabmonuments Petri (2. Hälfte 2. Jahrhundert), K. Brandenburg, A. Morales

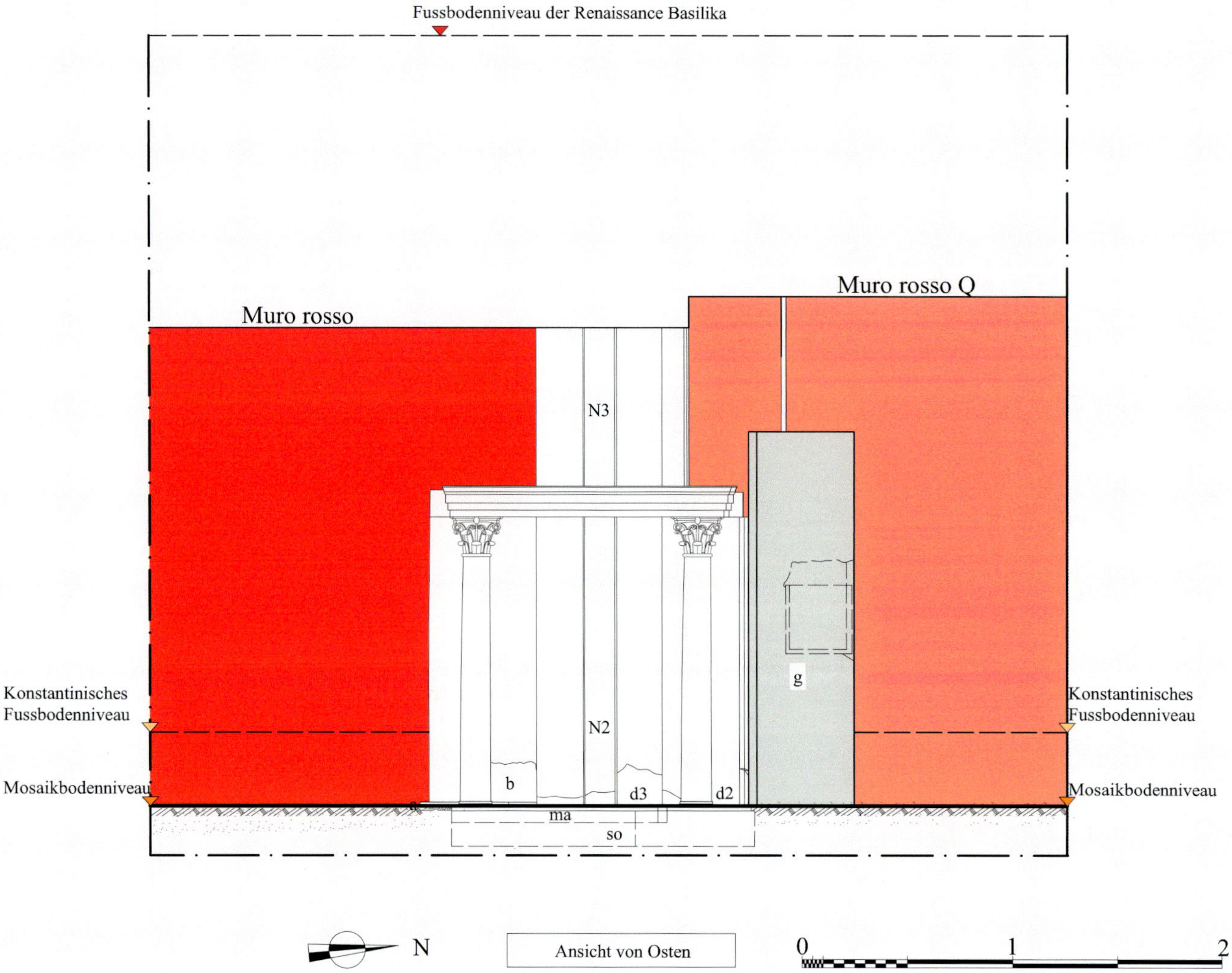

7b Ansicht II des Grabmonuments Petri (Ende 3./Anfang 4. Jahrhundert), K. Brandenburg, A. Morales

8 Basis der Ädikula des Grabmonuments Petri (3. Jahrhundert).

oft Befunde, Interpretationen und Ergänzungen nicht voneinander geschieden. Vor allem aber fehlen immer wieder genaue Maße und ein einheitlicher Nullpunkt, auf den alle Höhenmaße hätten bezogen werden müssen. So sind wichtige Daten häufig nur durch Kalkulation zu erschließen und zu einander in Beziehung zu setzen. Unter diesen Umständen wurde für die Erstellung der Modelle versucht, in einer kritischen Durchsicht der Dokumentationen und ihrer bisherigen Aufarbeitung sowie einer Überprüfung der Anga-

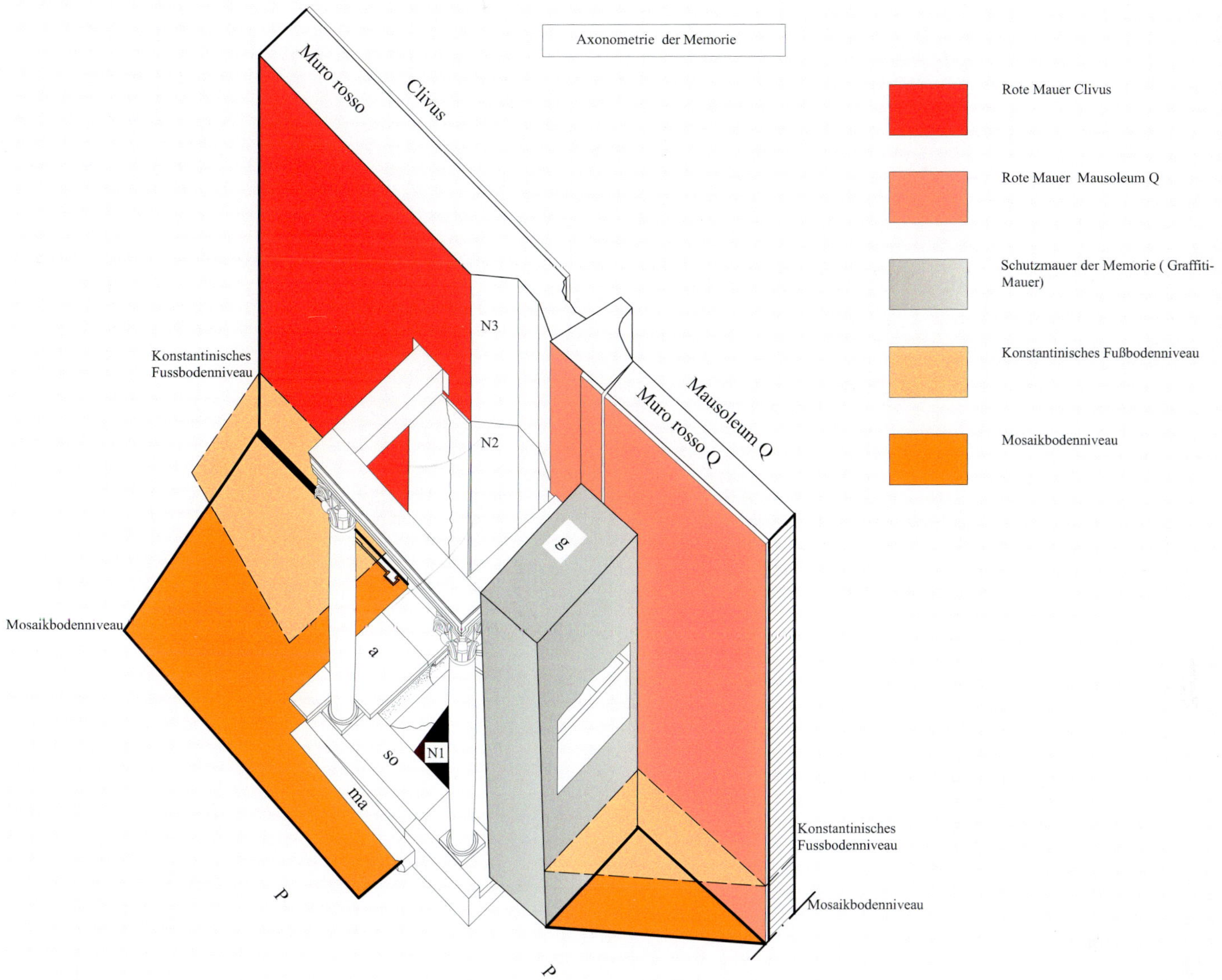

9a Axonometrie des Grabmals in frühkonstantinischer Zeit, K. Brandenburg

ben aufgrund bautechnischer und architektonischer Kriterien eine neue Grundlage zu erarbeiten. Die beiden Modelle des Petrusgrabes unterscheiden sich somit deutlich von den Rekonstruktionszeichnungen in der Grabungspublikation, die bis auf wenige Ausnahmen seither in den relevanten Veröffentlichungen immer wieder abgebildet worden sind. Im Folgenden können nur in aller Kürze die wesentlichen für die Erstellung der Modelle erarbeiteten oder übernommenen Daten dargelegt werden.

Ansicht I des Grabmals (Abb. 7a), die den Zustand um die Jahre 160–165 wiedergibt, zeigt die beim Bau der Mauer ausgesparte Nische, die das Denkmal charakterisiert. Zu den Befunden im Bereich der Fundamentierung aus Gussmauerwerk für die Rote Mauer unter der Nische ist zu bemerken, dass die dort angelegte Höhlung erst im Laufe des 3. Jahrhunderts auf der Suche nach dem Kultobjekt entstanden ist und somit eine Grablege nicht dokumentieren kann. Für das von den Ausgräbern angenommene Fenster im oberen Teil der Nische fehlen ausreichende Befunde. Da ein Fenster an dieser Stelle unter freiem Himmel nicht sinnvoll erscheint, ist die Rekonstruktion der Ausgräber in diesem Punkte zu berichtigen. Für die Fortsetzung der Nische (N 1) im Bereich der Fundamentierung der Roten Mauer gibt es nur unzureichende Befunde, da das Gussmauerwerk hier im Norden

9b Perspektivische Ansicht des Grabmals in frühkonstantinischer Zeit, K. Brandenburg, A. Morales

gegen das ansteigende Erdreich gegossen wurde und die Konturen nicht deutlich zu definieren sind. Die Nische, einschließlich N 1, könnte eine Höhe von insgesamt ca. 1,75 m gehabt haben, die ursprüngliche Höhe der Mauer aber dürfte um 2,20 m gelegen haben. Ob die Nische einen oberen Abschluss hatte, lässt sich nicht mehr ausmachen.

Ansicht II des Grabmals (Abb. 7b) stellt seinen Ausbau bis in frühkonstantinische Zeit dar. Im 3. Jahrhundert wurde die wohl niedrigere Mauer der ursprünglichen Zisterne (Q) im Norden erhöht, als die Anlage zu einem Grabplatz umgebaut wurde. Auch diese Mauer, die in der Ausrichtung um fünf Grad nach Westen abweicht, wurde rot getüncht. Der ursprüngliche Ansatz zwischen beiden Mauern ist, soweit sich das aus den Befundbeschreibungen erschließen lässt, durch einen Schlitz im Putz sichtbar. Auf dem Putz befand sich in der Nähe der Nische ein Graffito, der nach einer umstrittenen Lesung den nicht vollständig erhaltenen Namen Petri bewahrt hat. Das Datum des Umbaus der Zisterne ist durch Befunde nicht gesichert. Doch dürften diese Maßnahmen spätestens in der Mitte des 3. Jahrhunderts ausgeführt worden sein. Später, gegen Ende des 3. Jahrhunderts, wurde im rechten Winkel zu der Roten Mauer der Grabanlage Q eine von den Ausgräbern »g« genannte kurze, ca. 1,80 m hohe Mauer errichtet, die die Graffiti verdeckte, aber nicht bündig an die Mauer von Q anschloss. Da die Mauer oben breiter (0,90 m) als am Fuße (0,85 m) ist und keine Böschung nach Osten aufweist, ist die übliche Deutung als Stützmauer abzulehnen. Vielmehr sollte die Mauer die Einschwemmung von Wasser und Schlamm in den Grabbezirk P und vornehmlich an das Grabdenkmal des Apostels verhindern, dessen unterster Bereich bereits durch das eingeschwemmte Erdreich bedeckt worden war. Auf einem durch den Bodenanstieg wiederum erhöhten Niveau wurden ebenfalls gegen Ende des 3. Jahrhunderts vor der Nische zwei Säulchen aus Marmor aufgestellt, die einen Architrav getragen haben müssen. Ein in die Mauer einbindender Balken aus Travertin und weitere Fragmente haben sich zwar bei den Ausgrabungen gefunden, doch gehören sie wohl nicht zu dem ursprünglichen Bestand, sondern zu den Maßnahmen, die das Denkmal in das konstantinische Monument einschlossen. Die Kapitelle fehlen. Eine erhaltene kleine Basis zeigt die Einlassung für ein Schrankengitter (Abb. 8). Die Rekonstruktion der Ausgräber mit einer Travertinplatte über den Säulchen, die die Nische in eine obere und eine untere (N 2 und N 3) geteilt hätte, ist zu verwerfen, da sie für eine Säulenstellung völlig ungewöhnlich wäre und die längsrechteckigen Öffnungen in der Mauer in ca. 1,40 m Höhe zu beiden Seiten der Nische einen Architrav voraussetzen, dessen Profil sich allerdings mangels Befund nicht rekonstruieren lässt. Zur gleichen Zeit wurde innerhalb der Ädikula offenbar auf der Suche nach der Grabstätte ein Hohlraum angelegt, der später, wie Münzfunde belegen um 270, noch einmal vertieft wurde (der »fondo originario« der Ausgräber, vgl. Abb. 6a). Danach wurde schließlich ein Mosaikboden auf leicht erhöhtem Niveau um die Säulenstellung (Ädikula) verlegt und die Nische mit der Wand im Bereich der Ädikula mit Marmor verkleidet. In der Nische wurde auf gleicher Höhe ein Plattenboden eingezogen (Abb. 7b, 9a und 9b). Offenbar hatte man inzwischen durch eine Mauer am Hang im Norden des Grabplatzes P die Einschwemmungen unterbunden, sodass diese baulichen Maßnahmen nicht mehr gefährdet waren. Auf der Mauer »g« befinden sich auf der Nordseite Graffiti mit Anrufungen Christi und den Namen von Verstorbenen sowie Christogramme, die diese Kritzeleien in frühkonstantinische Zeit, also in den Zeitraum von 312 bis zum Beginn der Baumaßnahmen für die Petersbasilika um das Jahr 320, datieren (Abb. 8). Da die Mauer S unmittelbar im Süden der Ädikula auf dem Plattenboden aufsitzt und an die Marmorverkleidung neben der Nische anstößt, dürfte sie zum Schutz des Grabmals während der Bauarbeiten für die konstantinische Basilika errichtet worden sein.

10 Die Graffiti (gekritzelte Inschriften) mit Anrufungen Christi auf der Nordseite der Mauer »g« am Grabdenkmal Petri (frühkonstantinische Zeit zwischen den Jahren 312 und ca. 320 n. Chr.).

Literatur: Apollonj Ghetti et al. 1951, S. 107–144 (zu Petrus Aufenthalt in Rom und zum Petrusgrab) – Brandenburg 2013, S. 96–106 mit der voraufgehenden Literatur – Brandenburg/Ballardini/Thoenes 2015 – Brandenburg 2016, S. 39–76 (mit den Quellenbelegen und Stellungnahme zu den Kontroversen unter Berücksichtigung der voraufgegangenen Literatur) – Gnilka/Heid/Riesner 2010 (verb. italien. Ausgabe: 2014) – Heid 2011 – Kirschbaum 1974 (ergänzend, mit Korrekturen in Antwort auf kritische Studien) – Prandi 1963, S. 283–447 (zur Nachuntersuchung) – Thümmel 1999 (kritische Auswertung der Grabungsbefunde mit Berücksichtigung der älteren Literatur) – Vivaldi 2015, S. 311–357

Der Autor dankt insbesondere der Reverenda Fabbrica di San Pietro, Mons. Lanciani, dem Präsidenten der Fabbrica, und Prof. Dr. Pietro Zander für die liebenswürdige Bereitschaft, die Autopsie der Denkmäler zu gewähren und die Vorlagen für die Abbildungen bereitzustellen.

A.1.1.1

Münzen aus der Umgebung des Petrusgrabes

Denar Kaiser Heinrichs II.
Heiliges Römisches Reich, 1002–1024
Dm. 1,93 cm, Gewicht 0,79 g
Vatikanstadt, Biblioteca Apostolica Vaticana,
Tomba di San Pietro, 220

Tremisse Karls des Großen (Kopie)
Lucca, 773–814
Bronze, vergoldet (Reproduktion), Dm. 1,86 cm, Gewicht 2,08 g
Vatikanstadt, Biblioteca Apostolica Vaticana,
Tomba di San Pietro, 366

Irischer Penny
Irland, 989–1029
Dm. 1,80 cm, Gewicht 0,92 g
Vatikanstadt, Biblioteca Apostolica Vaticana,
Tomba di San Pietro, 404

Denar des Bischofs Konrad (Genf, Schweiz)
Schweiz, 1017–1031
Dm. 2,2 cm, Gewicht 1,06 g
Vatikanstadt, Biblioteca Apostolica Vaticana,
Tomba di San Pietro, 367

Denar Philipps I. von Frankreich
Frankreich, 1060–1108
Dm. 2,1 cm, Gewicht 1,22 g
Vatikanstadt, Biblioteca Apostolica Vaticana,
Tomba di San Pietro, 107

Denar Sanchos Ramírez (I.)
Spanien, 1063–1094
Dm. 1,90 cm, Gewicht 0,90 g
Vatikanstadt, Biblioteca Apostolica Vaticana,
Tomba di San Pietro, 417

Denar Ladislaus' I. von Ungarn
Ungarn, 1077–1095
Dm. 1,98 cm, Gewicht 0,71 g
Vatikanstadt, Biblioteca Apostolica Vaticana,
Tomba di San Pietro, 410

Denar Knuts des Heiligen
Dänemark, 1080–1086
Dm. 1,56 cm, Gewicht 0,77 g
Vatikanstadt, Biblioteca Apostolica Vaticana,
Tomba di San Pietro, 405

Penny Heinrichs I. von England
England, 1100–1135
Dm. 1,77 cm, Gewicht 1,35 g
Vatikanstadt, Biblioteca Apostolica Vaticana,
Tomba di San Pietro, 401

Denar Alfonsos III. von Portugal
Portugal, 1248–1279
Dm. 1,62 cm, Gewicht 0,72 g
Vatikanstadt, Biblioteca Apostolica Vaticana,
Tomba di San Pietro, 422

Grosso Johannas von Brabant
Niederlande, 1392–1406
Dm. 2,35 cm, Gewicht 0,88 g
Vatikanstadt, Biblioteca Apostolica Vaticana,
Tomba di San Pietro, 409

Rom, die Stadt der beiden Apostelfürsten, zahlloser Märtyrer und Sitz der römischen Kirche mit dem Papst an ihrer Spitze, stellte seit der Antike einen Anziehungspunkt für Pilger, Gesandte und Herrscher aus der gesamten christlichen Welt dar. Die Petrusmemorie, die bereits seit dem 2. Jahrhundert nach Christus als Verehrungsort nachweisbar ist und in konstantinischer Zeit von einer gewaltigen Basilika überbaut wurde, zählte zu den bedeutendsten Zielen in der Stadt, zu dem die Gläubigen eine besondere Beziehung herzustellen suchten. Diesen Umstand bezeugen nicht nur die Graffiti im Putz der Roten Mauer, sondern auch Funde aus dem Umfeld der Memorie. Neben Votivgaben handelt es sich dabei insbesondere um Münzen, deren Vielfalt und geographische wie auch zeitliche Streuung die kontinuierliche Bedeutung des Ortes widerspiegeln.

Eine Auswahl solcher Münzen ist hier ausgestellt und zeigt die Vernetzung des christlichen Europas, von Dänemark, England und Irland im Norden bis nach Spanien und Portugal im Süden, von Frankreich und den Niederlanden im Westen über das Reich nach Ungarn im Osten. Von überall her kamen Pilger und Besucher an die heilige Stätte und hinterließen Spuren ihrer Anwesenheit und Münzen ihrer jeweiligen Währung. In einigen Fällen traten auch die Münzherren selbst die lange Reise nach Rom an, um den Papst zu treffen und sich, wie Karl der Große oder Heinrich II., krönen zu lassen.

VIOLA SKIBA

Literatur: Unpubliziert

A.1.1.2

Die Capsella di Samagher mit der frühesten Darstellung der Petrusmemorie

Um 450

Ebenholz, Elfenbein, Silber; H. 18,5 cm, B. 20,5 cm, T. 16,01 cm

Venedig, Museo Archeologico Nazionale – Polo Museale del Veneto, Avori n. 279/52

Die Geschichte des Papsttums ist untrennbar mit der des Christentums sowie der Funktion und Wahrnehmung des Apostels Petrus verbunden. Obwohl die Päpste selbst ihr Amt bis auf den Apostelfürsten zurückführen, sind die Quellen zum Leben und Wirken der römischen Bischöfe, die den Titel *papa* erst im 4. Jahrhundert annahmen, äußerst lückenhaft. Irenäus von Lyon (130–202) ist der erste Autor, der eine Liste der ›Nachfolger des Petrus und Paulus‹ als Gründer der römischen Kirche überliefert und einen gewissen Vorrang der Kirche von Rom formulierte. Als Wirkungsort zweier Apostel und Ort, an dem beide das Martyrium erlitten haben sollen, konnte die Hauptstadt des römischen Reiches einen besonderen Anspruch für sich und ihre Kirche ableiten. Auch wenn die Anwesenheit und der Tod Petri in Rom heute nicht unumstritten sind, wurde bereits um die Mitte des 2. Jahrhunderts die *memoria Petri* zu Füßen des Vatikanhügels verehrt, ein Ort, der im Folgenden zum zentralen Bezugspunkt der petrinischen Lehre werden sollte, um welche die Bischöfe von Rom die Idee der apostolischen Sukzession und den eigenen Vorrang entwickelten. Während der ersten Jahrhunderte, in denen das Christentum noch keine anerkannte Religion war, diente das petrinische Monument der Verehrung und der Selbstvergewisserung für die Gläubigen. Es war daher nur logisch, dass Kaiser Konstantin diesen Ort wählte, um eine der ersten großen christlichen Basiliken in Rom zu errichten, die anschließend dem Apostelfürsten geweiht wurde. Konstantin verwandelte das eher bescheidene Monument der *memoria Petri* in einen Ort, der seiner Bedeutung angemessen erschien. Dazu ließ er in einem ungewöhnlichen Akt den größten Teil der Nekropole, die sich in der Umgebung der ursprünglichen *memoria* befand, zerstören, das Areal einebnen und eine imposante Basilika über dem Monument errichten, das sich nun im Zentrum des Bauwerks befand.

Trotz der Bedeutung der konstantinischen Basilika und des Ortes für die Verehrung des Apostels Petrus in dieser Zeit haben sich fast keine Abbildungen der Kirche und des Monuments über dem zentralen Verehrungsort Petri erhalten. In der Tat existiert sogar nur eine einzige Darstellung, die die *memoria Petri* in der ursprünglichen Form zeigt, die sie bis in die Zeit Papst Gregors des Großen (590–604) bewahrte: die sogenannte Capsella di Samagher.

Dieses Reliquienkästchen wurde zu Beginn des 20. Jahrhundert in Samagher (Kroatien) entdeckt, es dokumentiert eine zentrale Epoche in der Entwicklung der Kirche und des Papsttums. Das Reliquiar, das aus geschnitztem Elfenbein besteht und mit silbernen Beschlägen und Verzierungen versehen war, wurde vermutlich um die Mitte des 5. Jahrhunderts – möglicherweise in einer römischen Werkstatt – geschaffen und später nach Istrien gebracht. Alle Seiten und der Deckel tragen feine und detaillierte Elfenbeinschnitzereien. Während den Deckel eine heute leider lückenhafte *Traditio legis*-Szene schmückt, zeigen die vier Seiten szenische Darstellungen und Personengruppen, die in der Vergangenheit ganz unterschiedlich identifiziert und interpretiert wurden. Von besonderer Bedeutung ist die Rückseite, die eine Darstellung der *memoria Petri* zeigt. Zwei Personen – die vielleicht mit Kaiser Konstantin und seiner Mutter Helena, wahrscheinlicher aber mit einem Paar istrischer Christen zu identifizieren sind – sind bei der Verehrung des petrinischen Monuments unter der Pergola mit den charakteristischen gedrehten Säulen zu erkennen. Diese Säulen, die an den Tempel in Jerusalem erinnern sollten, inspirierten Jahrhunderte später Bernini bei der Konstruktion des monumentalen Baldachins für Neu-St. Peter. Die Darstellung auf dem Reliquiar, die einen wichtigen Beitrag zur Rekonstruktion des ursprünglichen petrinischen Monuments geleistet hat, dokumentiert, welche Sichtbarkeit die konstantinische *memoria Petri* in den ersten beiden Jahrhunderten hatte. In diesem Zustand bot sie den Gläubigen und Pilgern die Möglichkeit, sich der *Confessio Sancti Petri* zu nähern und einen direkteren Kontakt herzustellen, als dies später der Fall war.

Zusammen mit den übrigen Darstellungen, die wahrscheinlich Bezug auf das kulturelle und monumentale Erbe der heiligen Stätten in Rom nahmen, vermittelt die Darstellung der *memoria Petri* ein eindrückliches Bild einer Zeit, in der die Stadt immer mehr zur religiösen Hauptstadt der westlichen Christenheit wurde.

VIOLA SKIBA

Digital: http://vcg.isti.cnr.it/capsella/
Literatur: Bisconti 2009 – Guarducci 1978 – Kalinowski 2011 – Liverani 2005 – Longhi 2006 – Sediari 2012

A.1.1.3

Petrusfigur

Rom, Ende 4. Jahrhundert/
Anfang 5. Jahrhundert
Bronze; H. 9,8 cm
Berlin, Staatliche Museen zu Berlin,
Skulpturensammlung und Museum für
Byzantinische Kunst, 1

Die kleine Bronzefigur wird als heiliger Petrus gedeutet. Dafür sprechen Haupt- und Barthaar, die Bekleidung mit Tunika, Pallium und Sandalen, die *Adlocutio*-Geste und vor allem das Kreuz, das aus der Ligatur eines Kreuzes, zu verstehen als X (Chi), und dem P (Rho) als Abkürzung für den Namen Christi besteht. Zugleich erinnert das Kreuz an die Ikonographie der Märtyrer. Die Darstellung des heiligen Bonifatius auf dem Mainzer Bonifatiusstein z. B. folgt dieser Tradition des Märtyrers mit lateinischem Kreuz (vgl. Kat. Nr. B.1.2.1). Die *Adlocutio*-Geste und das Pallium sind ikonographische Elemente, die sich bereits bei den frühesten Kleinbronzen von Petrus als Sitzstatuette finden. Sie kommen aus der Tradition der antiken Philosophenstatue, spätantike Figuren des sitzenden *Palliatus* mit Redegeste wurden im östlichen Mittelmeerraum gefunden. Beide Elemente kennzeichnen auch die monumentale bronzene Petrusfigur im heutigen Petersdom, die Arnolfo di Cambio zugeschrieben wird und die aufgrund des Vorhandenseins der Kleinfigürchen wohl ein monumentales Vorbild in der Spätantike hatte. Dieser Typus der Sitzfiguren wird bis weit in die Neuzeit hinein tradiert.

Möglicherweise gehörte die kleine Bronzefigur zu einer Lampe, die vielleicht in Rom gefunden wurde. Da sie aus einer Privatsammlung stammt, sind die näheren Fundumstände allerdings nicht zu rekonstruieren. Die Annahme der Zugehörigkeit zu einer Bronzelampe basiert auf dem Vergleich mit einer Bronzestatuette des heiligen Paulus aus Cagliari. Die Petrusfigur zeigt eine ganz frühe Petrusikonographie und spiegelt das Bild, das man sich vom heiligen Petrus in den frühesten Jahrhunderten machte. Seit der Mitte des 2. Jahrhunderts war es in und außerhalb Roms anerkannte Meinung, dass Petrus in Rom verstorben und begraben sei.

IRMGARD SIEDE

Literatur: AK Credo, Paderborn 2013, S. 85, Kat. Nr. 65 – Fourlas 2006

A.1.1.4

Fragment eines stadtrömischen Sarkophags

Letztes Drittel 4. Jahrhundert
Marmor; H. 27 cm, B. 17 cm
Vatikanstadt, Erzbruderschaft zur Schmerzhaften Mutter Gottes beim Campo Santo der Deutschen und Flamen, A0162

Auf dem Fragment ist nur der nach links gewandte Oberkörper des mit Tunika und Pallium bekleideten Petrus erhalten. Die Figur hält sowohl in der rechten als auch in der linken Hand einen Schlüssel (dort ist er stark bestoßen) und ist daher eindeutig als Petrus zu benennen. Mit dem Satz »Ich werde dir die Schlüssel des Himmelreiches geben; was du auf Erden binden wirst, das wird auch im Himmel gebunden sein, und was du auf Erden lösen wirst, das wird auch im Himmel gelöst sein« (Mt 16,19) wird Petrus (und seine Nachfolger) ermächtigt, den Zugang zum Himmelreich zu öffnen oder zu schließen. Gegenüber von Petrus war die jetzt verlorene Gestalt Christi abgebildet.

Das Bildthema erschien erst seit den 370er Jahren auf frühchristlichen Denkmälern, meist auf Sarkophagen, und war nicht besonders häufig. Der Schlüssel wurde erst im zweiten Viertel des 5. Jahrhunderts zu einem Attribut des Petrus. Im 4. Jahrhundert war die Gestalt des Apostelfürsten den Zeitgenossen in anderen Szenen wichtiger, vor allem in Bildern aus den Erzählungen, die das Schicksal des Petrus in Rom schildern, und die deswegen häufig auftreten (s. Kat. Nr. A.1.1.5). Die Darstellung von Petrus mit dem Schlüssel (den Schlüsseln) betont die Rolle des Petrus und verweist sowohl auf die wachsende Beliebtheit des Apostelfürsten als auch auf seine Bedeutung als Helfer und Beistand im Jenseits.

JUTTA DRESKEN-WEILAND

Literatur: Dresken-Weiland 2011 a

A.1.1.5

Fragment eines stadtrömischen Friessarkophags

Erstes Drittel 4. Jahrhundert
Marmor; H. 20 cm, B. 36,5 cm
Vatikanstadt, Erzbruderschaft zur Schmerzhaften Mutter Gottes beim Campo Santo der Deutschen und Flamen, A0161

Das Fragment vom oberen Rand eines Friessarkophags zeigt eine der beliebtesten Szenenfolgen auf stadtrömischen Sarkophagen aus dem ersten Drittel des 4. Jahrhunderts. Dargestellt sind die Gefangennahme Petri und die Taufe seiner Bewacher im Gefängnis: Rechts sind der mit einer Kappe bedeckte Kopf und der Oberkörper eines der beiden Soldaten zu sehen, die Petrus festnehmen, am linken Rand ein Stück des Felsens, der Stab des Petrus und herabströmendes Wasser. Daneben füllt in flachem Relief der Kopf eines nach rechts blickenden Mannes den leeren Reliefgrund, er hat aber keine Funktion innerhalb des Geschehens. Es folgen der nach links gewandte Kopf und der Oberkörper des Petrus. Petrus hatte das Wasserwunder bewirkt, indem er an den Fels schlug. Die beiden Soldaten, die durch das strömende Wasser getauft werden, werden in der Regel kleinformatig dargestellt (vgl. den Sarkophag des Marcus Claudianus, Rom, Museo Nazionale Romano in Palazzo Massimo).

Das Quellwunder des Petrus wird nur in Texten erzählt, die nicht zum Neuen Testament gehören und erst viel später verfasst wurden. Die Geschichte war so geläufig, dass zuerst niemand daran dachte, sie aufzuschreiben. Ort des Geschehens ist der Mamertinische Kerker, in dem auch die Fons S. Petri lokalisiert wird. Die gut bezeugte und lokal verwurzelte Tradition des Martyriums Petri in Rom gab den Anlass zur Schaffung dieses Bildes. Auf Sarkophagen, die oft von Mitgliedern der Oberschicht in Auftrag gegeben wurden, wird es besonders häufig gezeigt. Die Wahl von Bildern mit Petrus in Rom bringt in besonderem Maß das Selbstverständnis dieser Elite zum Ausdruck, die sich als wichtig empfindet und sich folglich mit den Bildern des bedeutendsten Mann der Kirche in Rom umgibt, auf dessen Hilfe und Beistand im Jenseits sie hofft.

JUTTA DRESKEN-WEILAND

Literatur: Brandenburg 1967, Taf. 139 Nr. 867 – Dresken-Weiland 2011 b

A.1.1.6

Deckelfragment eines stadtrömischen Sarkophags

Zweites Drittel 4. Jahrhundert
Marmor; H. 18,8 cm, B. 17,2 cm, T. 4,8 cm
Vatikanstadt, Erzbruderschaft zur Schmerzhaften Mutter Gottes beim Campo Santo der Deutschen und Flamen,

Das Fragment zeigt die Reste von zwei in der frühchristlichen Kunst besonders beliebten Szenen. Links ist ein nach links blickender Apostel zu sehen, der von dem geheilten Gelähmten, der vor ihm mit seinem Bett auf dem Rücken davonschreitet (Mt 9,1–8, Mk 2,3–12, Lk 5,18–26), keine Notiz nimmt. Die Beine, die geflochtene Matratze und die daran befestigte Rückenlehne sind gut zu erkennen. Der Geheilte fasst mit der Rechten das Bett und hat die Linke vorgestreckt, als wolle er von seiner Heilung berichten und Gott loben und preisen, so wie im Lukas-Evangelium seine Freude beschrieben wird.

Nach rechts folgt die Gestalt eines bärtigen Apostels, der mit seinem vollen, runden Bart und dem zurückweichenden Stirnhaar Elemente der Haar- und Barttracht von Petrus und von Paulus verbindet. Er hält einen Korb mit Broten vor sich, auf dem noch die Hand Christi zu erkennen ist, dessen Figur in Frontalansicht in der Mitte zu ergänzen wäre. Wie aus zahlreichen Darstellungen bekannt ist, streckt Christus in diesen Szenen die andere Hand in einer symmetrischen Geste nach rechts aus und segnet einen Teller mit Fischen, den ein anderer Apostel hält. Die Vermehrung der Brote und der Fische ist das einzige Wunder Jesu, von dem alle vier Evangelien berichten (Mt 14,13–21, 15,32–39, Mk 6,32–44, 8,1–9, Lk 9,12–17, Joh 6,1–13).

Wegen des kleinen Formates ist anzunehmen, dass das Fragment von einem Sarkophagdeckel stammt. Ungewöhnlich sind allerdings das hohe Relief und die Darstellung dieser beiden Themen, die wegen ihrer Bedeutung in der Regel auf dem Sarkophagkasten abgebildet werden.

JUTTA DRESKEN-WEILAND

Literatur: Brandenburg 1967, Taf. 139, Nr. 860 – Dresken-Weiland 2010, S. 259–266 (Heilung des Gelähmten), S. 162–202 (Brotvermehrung)

Rom und seine Kulte um 100 n. Chr.

Ein Markt der Götter

Im römischen Reich gab es außer der jüdischen Religion mehr als dreihundert verschiedene Götterkulte – ein ›Markt der Götter‹. Dazu gehörten der ägyptische Isis- und Osiriskult, der Mithraskult und der offizielle Kult des ›unbesiegten Sonnengottes‹ (*Sol invictus*). In den meisten dieser Kulte ging es um die Fragen von Tod und Leben, Diesseits und Jenseits, Unterwelt und Oberwelt. Der noch einmal kurz zum Leben erweckte Osiris zeugte mit Isis einen Sohn, der dann mit seinem Vater die Reiche der Lebenden und der Toten versöhnte. Ein berühmter Isistempel wurde im Zentrum von Mainz gefunden. Mithras wiederum war ein ›Schöpfergott‹, ein junger Mann, der von einer väterlichen Gottheit ausgesandt wurde, um einen Stier zu erlegen. Dies gelang ihm in einem harten Kampf. Aus dem Blutopfer des Stiers entstand neues Leben: Wiedergeburt aus dem Tod! Die Mithrasverehrung erstreckte sich vom Schwarzen Meer bis nach Britannien und vom Nil bis an den Rhein. Zahlreiche Zeugnisse gibt es aus dem Gebiet um Mannheim, Ladenburg und Heidelberg sowie aus der Pfalz. Die Kraft des Mithraskultes war so stark, dass in der Forschung die Überzeugung geäußert wurde: »Wenn das Christentum aufgrund zufälliger Ereignisse in seiner Ausbreitung gehemmt worden wäre, wäre die westliche Welt mithrasgläubig geworden« (Ernest Renan).

In der Regel beließ das römische Reich den besiegten Völkern ihre Götter, denn Religion galt als Privatsache. Eine besondere Stellung nahm allerdings der Sonnengott ein. Er und die Mondgottheit Luna hatten einen gemeinsamen Tempel im Circus Maximus in Rom. Außerdem befand sich auf dem Quirinal noch ein eigener Sonnengott-Tempel. Im 1. Jahrhundert n. Chr. stieg der *Sol invictus* zum kaiserlichen Schutzgott auf. Kaiser Vespasian (69–79) ließ ihm 75 n. Chr. eine riesige Statue in Rom errichten. Unter den Kaisern Trajan (98–117) und Hadrian (117–138) wurde er auf Münzen abgebildet.

Der Kaiser als Gott

Auch der Kaiser selbst beanspruchte göttliche Verehrung. Augustus (27 v. Chr. – 14. n. Chr.) war als oberster ›Staatspriester‹ (*Pontifex maximus*) Herr über die religiösen Gesetze. Nach seinem Tod wurde er unter die Götter erhoben. Seine Nachfolger ließen sich schon zu Lebzeiten als Gottkönige verehren. Für sie wurden Tempel, Altäre und Standbilder errichtet, an denen die gesamte Bürgerschaft an bestimmten Tagen Opfer (häufig Rinder) zu bringen hatte. Damit war die Idee einer Integration aller Bürger des römischen Reichs verbunden. Auf den Vollzug dieser ›sakralen Handlung‹ im Kaiserkult wurde in Rom, der Hauptstadt, besonders geachtet. Jeder, der sich weigerte, gefährdete im Verständnis der Öffentlichkeit den Frieden mit den Göttern und damit den römischen Frieden. Nur bei den Juden, deren Religion wegen ihres hohen Alters eine Sonderrolle zugebilligt wurde, war die Verweigerung geduldet. Als auch die Christen es ablehnten, den Kaiser anzubeten, gerieten sie mit ihrem ›neuen Aberglauben‹, wie es hieß, zunehmend in die Kritik. Schließlich wurden sie als Feinde des öffentlichen Wohls, ja als ›Staatsfeinde‹ angesehen.

STEFAN WEINFURTER

Literatur: AK Imperium der Götter, Karlsruhe 2013–2014 – Clauss 2001 – Renan 1882, S. 390 – Ronning 2007 – Rüpke 2007 – Rüpke 2001
Bild: Der Kaiser bringt ein Opfer dar, steinernes Relief (Paris, Musée National du Louvre)

DIVO IVLIO

Filmische Rekonstruktionen der Stadt Rom

CHRISTINA WAWRZINEK

Das Herz der Kirche und des Papsttums schlug zu fast allen Zeiten in der Stadt Rom. Die ›ewige Stadt‹ war bereits eine Weltstadt, als der Apostel Petrus, zumindest der Legende nach, dort wirkte. Unter dem zunehmenden Einfluss des Christentums veränderte sich das Stadtbild, im Verlauf der folgenden Jahrhunderte war die urbane Entwicklung eng mit dem Schicksal des Papsttums verbunden. Abwesenheiten der Päpste wirkten sich zumindest mittelbar auf die Prosperität der Einwohner aus, umgekehrt zog mit ihrer Rückkehr, etwa aus Avignon, auch der Wohlstand wieder ein. Um zu zeigen, dass die Stadt Rom wie keine andere mit dem Papsttum verflochten war, werden in der Ausstellung an drei Stellen Rekonstruktionsfilme gezeigt, die einen Eindruck vom Stadtgebiet und den zentralen Orten zu unterschiedlichen Zeitpunkten bieten. Dabei liegt der Schwerpunkt stets auf der Veränderung der Stadtstruktur durch das Christentum im Allgemeinen und die Päpste im Besonderen.

Im ersten Film, der Rom zur Zeit Kaiser Neros zeigt, werden die Besucher zunächst mit einer ungewohnten Ansicht der Stadt konfrontiert: Als Petrus, wie die Christen glauben, Rom erreichte und dort als Märtyrer bei den von Nero befeuerten Christenverfolgungen im Jahr 64 oder um 67 seinen Tod fand, gab es das allseits bekannte Kolosseum noch nicht. An der Stelle des berühmten Amphitheaters stand zu jener Zeit noch eine monumentale Statue des Kaisers und zeugte vom Kult um seine Person. Das Christentum hatte im Stadtbild noch keinen Niederschlag gefunden. In der Zeit, in die der zweite Film führt, in der ersten Hälfte des 5. Jahrhunderts, hatte sich dies bereits geändert. Nun stellten die ersten großen Kirchen ein deutlich sichtbares Zeichen für die neue Staatsreligion dar. Der Lateran bildete damals das christliche Zentrum. Der letzte Film schließlich zeigt den Einfluss der Päpste auf die erneute Blüte Roms in der Renaissance. Von besonderer Bedeutung ist jetzt der Bau des neuen Petersdomes unter Papst Julius II., der seitdem das Bild der Stadt prägt. Das mit dem neuen Erstarken Roms einhergehende Repräsentationsbedürfnis zeigt sich im Stadtbild auch durch die zahlreichen neuen Palazzi der wohlhabenden Familien.

Das *Forum Romanum* zur Zeit Kaiser Neros

Eine zu jeder der in den Filmen dargestellten Zeiten bedeutende und umfangreiche Stadt wie Rom rekonstruieren zu wollen, ist ein anspruchsvolles Unterfangen. Schon seit Jahrhunderten gibt es zahlreiche Bemühungen, ihre frühere Gestalt wiedererstehen zu lassen. Eine wahre Flut von Erkenntnissen, Veröffentlichungen und bereits existierenden (Teil-) Rekonstruktionen von Stadtteilen und einzelnen Monumenten bildete daher die breite Grundlage für die Filme in der Ausstellung, war aber gleichzeitig auch eine große Herausforderung. Allein um für den Flug der Kamera im ersten Film – vom Vatikan über das Marsfeld bis zum Forum und dann in der Gegenrichtung vom Lateran zurück bis zum Vatikan – einen realistischen Gesamteindruck zu erzielen, mussten 156 Gebäude detailliert modelliert werden. Aussehen und Verbreitung zahlreich vorkommender Bauformen, also der Wohn- und Geschäftshäuser oder der in vorchristlicher Zeit großen oberirdischen Grabbauten, mussten recherchiert und im Stadtgebiet entsprechend gespiegelt werden. Wo immer es möglich war, flossen dabei neueste Forschungsergebnisse ein, sodass nahezu das ganze Stadtmodell in seinem Aufbau sowie der Position und Orientierung der Monumente mindestens dem Forschungsstand von 2012 entspricht.

Dennoch stößt jede Rekonstruktion an Grenzen. Trotz der umfangreichen Wissensgrundlage gibt es auch im Stadtgebiet von Rom ›blinde Flecken‹, entweder weil sie bis heute nicht untersucht werden konnten oder sich aus der fraglichen Zeit einfach keine Spuren erhalten haben. Viele Bauten, die einstmals das Stadtbild prägten, sind zwar aus schriftlichen Quellen bekannt, doch bezüglich genauem Aussehen oder Lage widersprechen sich bereits die Zeitzeugen. Auch die

1 Die Stadt Rom 67 n. Chr.

moderne Forschung ist sich keineswegs immer einig, wenn es um die Interpretationen der vorliegenden Zeugnisse geht. Doch bei einer Rekonstruktion müssen Entscheidungen für eine Variante getroffen werden, auch wenn stichhaltige Argumente für mögliche andere vorliegen.

Heutige Besucher Roms mögen den Eindruck gewinnen, eine zumindest teilweise noch antike Stadt vorzufinden. Doch seit den Zeiten Petri hat sich das Terrain grundlegend verändert. Durch Überflutungen des Tibers, tiefgreifende menschliche Eingriffe, aber auch schlicht als Folge der kontinuierlichen Besiedlung des Areals liegt die moderne Stadt deutlich über dem damaligen Straßenniveau. Daher konnten die zu Grunde gelegten LIDAR Scans von 2009, die die moderne Geländeoberfläche mit sehr hoher Genauigkeit abbilden, für die Rekonstruktionen nicht direkt übernommen, sondern mussten sorgfältig angepasst werden. Man kann sich diese Gelände-Scans als eine Art virtuelles Netz vorstellen, das über das Areal gelegt wurde. Dabei sind die ›Knotenpunkte‹ der verwendeten Scans innerhalb des acht Quadratkilometer großen Stadtgebiets nur jeweils fünf Meter voneinander entfernt, bei den Scans für das umgebende Gebiet jeweils 30 m. Da der Anblick der Stadt auch stark durch die Vegetation an ihren Rändern geprägt ist, mussten für weite Areale Gartenanlagen mit Baumalleen, Büschen und anderer künstlich geformter Flora erstellt werden.

Eine große Rolle für die Stadt Rom um die Zeitenwende spielte das berühmte Forum Romanum, zu dessen Entwicklung im ersten Jahrhundert in den letzten sechs Jahren umfangreiche neue Forschungsergebnisse vorgelegt wurden. Italienische, amerikanische, englische und deutsche Studien flossen in die neuen Rekonstruktionen mit ein. Aber auch die neuesten Erkenntnisse sind keineswegs unumstritten: So macht eine vorgeschlagene Rekonstruktion für das Tabularium zwar einen optisch ansprechenden Eindruck, die Statik der Aufbauten wird jedoch kontrovers diskutiert. Gleichzeitig ergeben sich erst bei der Rekonstruktion Ungereimtheiten bei bisher in der Forschung unbestritten angenommenen Lösungen: Bei einer bescheideneren Version des Tabulariums mit einfachem Dach und Innenhof wirkt die Dimension der Dachkonstruktion zu klein, ihr Nutzen stellt sich in dieser Form als fragwürdig heraus.

In späterer Zeit entwickelte sich der Vatikan im Zusammenhang mit dem Papsttum zum wichtigsten Stadtteil Roms. Doch gerade zur Bebauung des Hügels in der frühen Kai-

3 Die Stadt Rom im Jahr 445

2 Blick über das Forum Romanum zum Koloss des Nero

4 Blick über die Hügel Esquilin und Caelius mit den neuen Kirchenbauten Santa Maria Maggiore und Lateransbasilika

5 Die Stadt Rom unter Papst Julius II. Im Vordergrund das Forum Romanum.

6 Im Hintergrund ist die Baustelle für den neuen Petersdom erkennbar, der eines der Wahrzeichen der modernen Stadt Rom werden sollte.

serzeit weist die bisherige Forschung noch Lücken auf, da auch gerade wegen der kirchlichen Bauten an dieser Stelle die vorchristliche Bebauung bis heute nicht archäologisch untersucht werden konnte oder gar nicht mehr erhalten ist. Zwar gab es neue Forschungsergebnisse in den letzten Jahren, dennoch mussten die archäologischen Zeugnisse freier interpretiert werden, so kann die Rekonstruktion hier nur eine mögliche Version des ursprünglichen Stadtviertels darstellen. Zusätzliche Orientierung boten einige bei antiken Autoren überlieferte, kurze Beschreibungen, etwa in Suetons *Leben der römischen Kaiser* und in den *Annalen* des Tacitus.

Die Rekonstruktionsfilme wurden von der Firma Faber-Courtial in Darmstadt mit hohem technischem und personellem Aufwand erstellt. Um einen Eindruck von der dichten Besiedlung etwa in der spätantiken Stadt mit ihrer gewaltigen Ausdehnung zu gewinnen, wurden allein 46.000 Wohnhäuser im Areal platziert. Für die ersten beiden Filme zusammen haben im Durchschnitt zehn Mitarbeiter 80 bis 100 Tage lang gebaut, recherchiert und arrangiert. Dafür wurde zwischenzeitlich ein Festplattenspeicher von mehr als einem Terrabyte genutzt. Allein für das Laden der Szene, der Texturen und für die Lichtberechnung wurden mehr als 100 GB Arbeitsspeicher benötigt. Und die Computerberechnung der jeweiligen Stadtübersicht auf die angestrebte Bildgröße mit 8192 x 4609 Pixeln lastete die gesamte Rechnerkapazität für eine Stunde voll aus.

A.1.2.1

Büste des Kaisers Antoninus Pius (138–161)

Mitte 2. Jahrhundert
Weißer Marmor; H. 37 cm (mit Sockel 54,5 cm), B. 26,5 cm, T. 30,5 cm
Speyer, Historisches Museum der Pfalz

Antoninus Pius wurde 86 n. Chr. in Gallien geboren, wuchs aber in der Nähe von Rom auf, wo er die senatorische Laufbahn begann. Nachdem er sich in der Ämterlaufbahn bewährt hatte, designierte ihn Kaiser Hadrian (117–138) zu seinem Nachfolger, indem er ihn adoptierte und zum Caesar ernannte. Kurz zuvor nämlich hatten sich die Pläne des bereits schwer erkrankten Kaisers mit dem plötzlichen Tod seines Adoptivsohns Aelius Verus zerschlagen, der Herrscher musste sich nach einer Alternative für seine Nachfolge umsehen. Da sein Neffe, der spätere Marc Aurel, und auch Lucius, der Sohn des verstorbenen Aelius Verus, noch zu jung waren um Kaiser zu werden, entschied sich Hadrian für den bereits 51-jährigen Antoninus, von dem er eine stabile Übergangsregierung erwarten konnte. Die Zukunft sollte mit einer Adoption Marc Aurels und Lucius Verus durch Antoninus und eine Ehe von dessen Tochter mit Lucius Verus abgesichert werden. Zu diesem Zeitpunkt war nicht abzusehen, dass dem ›Übergangskaiser‹ Antoninus Pius die zweitlängste Herrschaft nach Augustus zugedacht war, eine Zeit, in der sich das römische Reich eines relativen Friedens erfreute.

Seinen Beinamen Pius, der Fromme, trug Antoninus erst seit der Vergöttlichung seines Vorgängers, die er noch im ersten Jahr seiner Herrschaft betrieb und die ihm selbst die Position eines *divi filius* verschaffte. Wegen seines Einsatzes für die Divination des Hadrian, der im neuen kaiserlichen Mausoleum – der späteren päpstlichen Feste und heutigen Engelsburg – beigesetzt wurde, verlieh ihm der Senat den Beinamen Pius.

Antoninus Pius tat sich während seiner 23-jährigen Regierungszeit nicht durch politische und militärische Großtaten hervor und pflegte einen eher zurückhaltenden Stil, der sich auch in der Gestaltung seiner Porträts niederschlug. Sein offizieller Porträttypus wurde während seiner gesamten Herrschaft nicht maßgeblich verändert. Dabei wurde der Kaiser stets mit Bart – eine Mode, die Hadrian eingeführt hatte –, buschigen Augenbrauen und lockigem Haupthaar dargestellt, seine Miene ist ernst und entrückt. Die Speyrer Büste, die erst vor wenigen Jahren wiederentdeckt wurde, gehört zum Typus Formia. Es ist unklar, ob der Kopf einst zu einer Statue gehörte oder stets als Büste vorgesehen war, doch handelt es sich um eine feine Arbeit, die im letzten Lebensjahrzehnt des Kaisers entstand.

VIOLA SKIBA

Literatur: Motschmann 2002, S. 42–45 – Remy 2005 – Remy 2012 – Stupperich 2009 – Wirulski 2010, S. 90–172 – Wegner 1939

A.1.2.2

Statuette der Göttin Isis-Thermutis

Ägypten, 2. Hälfte 2. Jahrhundert v. Chr.
Ton; H. 17,3 cm
Karlsruhe, Badisches Landesmuseum, H 849

Als sich das Christentum im römischen Weltreich zu behaupten begann und sich im Zuge dessen aus der Funktion des christlichen Gemeindevorstehers langsam das Papsttum herausbildete, stieß es auf eine Vielzahl von Kulten, die im Mittelmeerraum verbreitet und von dort zum Teil in den Norden und sogar bis an den Rhein gelangt waren: Neben Mithras, Sol invictus und den Muttergottheiten spielte Isis-Thermutis eine Rolle. Sie ist in der ägyptischen Mythologie eine Schutzgottheit für die Toten, doch auch die Göttin von Geburt und Wiedergeburt, von Magie und Natur. Sie lässt das Korn und alle Pflanzen wachsen, denn sie ist die Tochter von Schu (Erde) und Tefnut (Feuchtigkeit), beide zusammen bringen die Samen zum Keimen. Daher verschmolz sie in Dendera bzw. Theben mit der altägyptischen Erntegöttin Renenet (die Nährende), die die Griechen Thermutis nannten.

Die Tonstatuette im Badischen Landesmuseum Karlsruhe zeigt die Schlangengestalt, in der die Göttin Renenet meist dargestellt ist. Schlangen kommen in der ägyptischen Mythologie als wohlwollende Wesen vor, als mit Fruchtbarkeit und Nahrung verbundene Göttinnen. Renenet schützte auch die Häuser und vor allem die Scheunen mit den Getreidevorräten, da ›ihre‹ Schlangen Mäuse und Ratten verspeisen. Bei Erntefesten brachte man ihr Opfer dar. Die altägyptische Göttin war in der Ptolemäerzeit sehr beliebt, ihr Kult verbreitete sich weit wie der der Isis. Von Griechen und Römern wurde sie bis tief in die christliche Zeit hinein verehrt. Die Griechen stellten die Göttin als Schlange auf einem Thron mit Frauenoberleib und gelocktem Haar dar.

IRMGARD SIEDE

Literatur: Eilenstein 2011, S. 127–128 – Kurz 2013, S. 174, Nr. 92

A.1.2.3

Muttergöttin

Dhronecken, 3. Viertel 2. Jahrhundert
Roter Ton mit weißem Überzug; H. 15 cm
Trier, GDKE – Direktion Rheinisches Landesmuseum Trier

Neben Isis, Sol invictus und Mithras genossen Muttergottheiten im römischen Weltreich eine gewisse Verehrung. Im Rheinland spielen vor allem die beschützenden Muttergottheiten, die Matronen, eine nicht unerhebliche Rolle. Meist sind sie als Terrakottastatuetten erhalten, die als Weihegaben an Heiligtümer gestiftet wurden. Kennzeichnende Attribute sind Wickelkinder, Hunde, wie im Falle der Statuette in Trier, oder Früchte im Schoß der sitzenden, meist mit Tunika und Mantel bekleideten Frauen.

Sicher waren diese Gottheiten bis ins frühe Mittelalter hinein präsent. Ob sie wie die stillend dargestellten Muttergottheiten des Ostens, allen voran Isis, auf das Aufkommen der Bilder von Maria *lactans* Einfluss hatten, also ebenfalls auf die Ikonographie von Madonnendarstellungen im Rheingebiet wirkten, ist in der Forschung umstritten.

IRMGARD SIEDE

Literatur: AK Imperium der Götter, Karlsruhe 2013–2014, S. 46–47, Nr. 15 a

A.1.2.4

Platte mit griechischem Epitaph der Astér und Menorah

Rom, jüdische Katakomben von Monteverde (1904), Via Portuense;
Zweite Hälfte 3. Jahrhundert
Weißer Marmor; H. 6,7–11 cm, B. 19 cm, T. 1,7 cm, in moderner Zeit rot eingefärbte Buchstaben, H. 2–2,5 cm
Vatikanstadt, Musei Vaticani (Lapidario Ebraico), 30825

Das Symbol für die Unübertrefflichkeit des Judentums und die Zugehörigkeit zur jüdischen Religion, die Menorah, hier mit gebogenen Armen und einer dreifüßigen Basis dargestellt, beherrscht das Zentrum der Platte, indem es gleichsam den Namen der in der Katakombengrabnische bestatteten Person unterstreicht und ›erleuchtet‹. Der Name der Verstorbenen wird mit Ἀστήρ (Astér) angegeben, einem griechischen Männernamen, der – wie vielleicht in diesem Fall – auch für Frauen benutzt wurde, weil er dem hebräischen Frauennamen Esther entspricht, der auch in der Variante Asther bezeugt ist. Nicht zufällig sei, der Ansicht einiger zufolge, die Verbindung zwischen dem Namen, der ›Stern‹ oder ›Gestirn‹ bedeutet, und dem siebenarmigen Leuchter, der auf die Erschaffung der Welt in sieben Tagen und die Quelle des göttlichen Lichts (und der ewigen Hoffnung) verweist und dabei auch die Erinnerung an den brennenden Leuchter im Tempel von Jerusalem wachruft. Eine bewusste Verbindung, um an das erhoffte Leben nach dem Tod für die

1

2

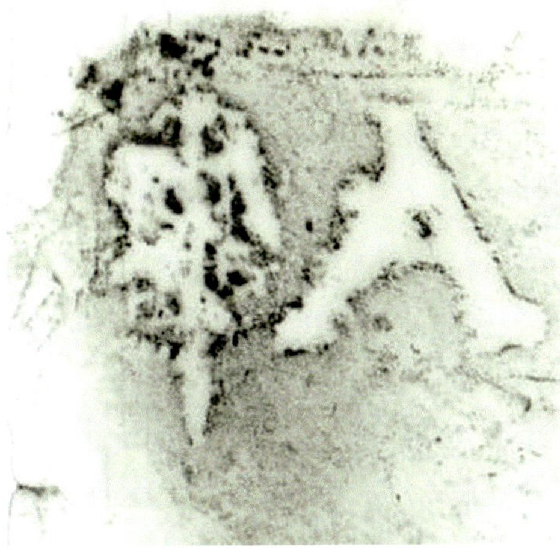

3

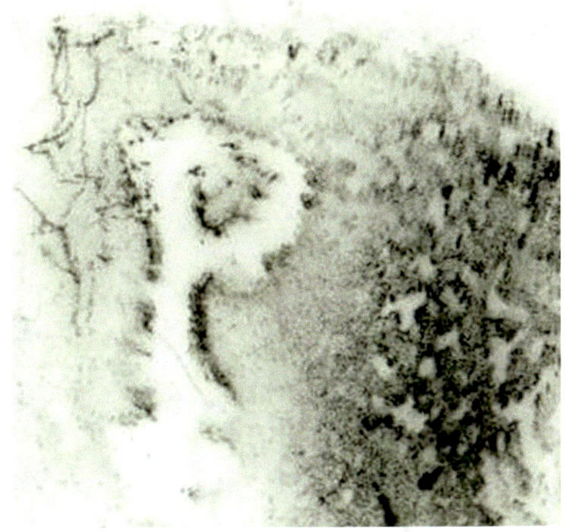

Verstorbene zu erinnern, die beinahe einem Gestirn am Himmelszelt gleicht.

Auf ihren Aufstieg in den Himmel könnte auch ein anderes Bild zur Linken des Namens verweisen (umgesetzt mit Strichen und Punkten in der Art des Pointillismus; Abb. 2), das bisher – wie es scheint – nicht identifiziert wurde. Ein zweites Motiv auf der rechten Seite, in der gleichen Technik gearbeitet, bleibt für den Moment unklar (Abb. 3): Vielleicht handelt es sich um einen Hermesstab, den gleichen, der sich zusammen mit einem Widder und einer (fast verschwundenen) Reisefeldflasche auch in einem ausgemalten Arkosol des Pegasus-Cubiculums (*cubicolo »dei Pegasi«*) der jüdischen Katakombe in der Vigna Randanini in Rom befindet. Es liegt einem Arkosol gegenüber, das mit einem Hahn auf der linken (dem Tier des Kampfes und somit einem Symbol der Unsterblichkeit) und einer Henne auf der rechten Seite geschmückt ist. Mit dem Stab wird die Figur des *Hermes Psychopompos* heraufbeschworen, der als »Führer der Seelen« diese in eine glückliche Existenz im Jenseits geleitet (Goodenough 1958; Laurenzi 2013).

Demnach handelt es sich nicht um eines der vielen stereotypisierten Elemente mit symbolischem Gehalt, die aus der römischen Grabmalerei und dem früchchristlich figurativen Repertoir geschöpft und zu dekorativen Zwecken benutzt wurden, sondern um ein aus der griechischen Kunst übernommenes Motiv – vergleichbar mit anderen Motiven und entsprechend einem Phänomen, das auch in der christlichen Kunst präsent ist –, das mit dem Wunsch eines Lebens nach dem Tod zusammenhängt.

Entsprechend scheinen die Tauben zu beiden Seiten der Menorah gewählt worden zu sein, obwohl sie nicht zu den häufigsten jüdischen Emblemen gehören und an zeitgenössische heidnische und christliche Inschriften erinnern, weil sie auf die Seele oder die Opfer und Gaben an Gott verweisen: links zwei von unterscheidlicher Größe (einigen zufolge, um zwischen Sohn oder Tochter und Elternteil zu unterscheiden), die zu beiden Seiten eines Baumes einander zugewandt sind, rechts eine weitere mit einem Henkel Trauben im Schnabel, davor eine kleine Amphore, die möglicherweise das Öl für den Leuchter enhält.

ROSANNA BARBERA

Quellen: Frey 1936, Bd. 1, S. 16, Nr. 306 – Noy 1995, S. 75, Nr. 91
Literatur: AK Jewish Presence in Ancient Rome, Jerusalem 1995, S. 85, Katalogbeitrag *Funerary Inscription of Aster* S. 122–123, Nr. 46 – Goodenough 1953 (Bd. 2, S. 9; Bd. 3, Abb. 729) – Goodenough 1958 (Bd. 8, S. 59, 62–63, 70, 74–75, 78–79, 82–83) – Bevilacqua 1997, S. 37–43, besonders S. 38 – Filippi 2000, S. 193–194, Nr. 12 – Laurenzi 2013, S. 57 Anm. 31, S. 58 – Mazzoleni 2013 – Negroni 2013, S. 155–319, bes. S. 208–209, Nr. 052 – Spinola 2001 a

A.1.2.5

Sol invictus

3./4. Jahrhundert
Silber, gegossen; H. 3,9 cm, max. B. 1,7 cm
Stuttgart, Landesmuseum Württemberg,
R 1990/1

Zu den heidnischen Kulten, die in den Kulturen der antiken Mittelmeerwelt verbreitet waren, gehörte neben dem des Mithras, der Isis und anderer Muttergottheiten sowie einigen weiteren auch der des *Sol invictus*. Der Gott ist im Allgemeinen an einem Strahlenkranz um den Kopf zu erkennen, er wird auch als Ganzfigur mit Strahlenkranz und Globus (vgl. Kat. Nr. A.2.1.2) oder in einer Quadriga stehend dargestellt. Im Falle der Stuttgarter Attasche umfangen sieben Strahlen sein Haupt, die Lockenpracht mutet orientalisch an. Er ist unbekleidet bis auf den über die linke Schulter laufenden Mantel. Die Büste entwächst einem Blätterkelch, der in Analogie zu den sieben Strahlen sieben Blätter zeigt. Dies ist bei Soldarstellungen häufiger der Fall. Für Kaiser Konstantin spielte Sol eine bedeutende Rolle als eine Art Allgottheit, die die Zeiten lenkt und alle Dinge erleuchtet. Hier ist die Figur als Attasche gearbeitet und war vermutlich an einem Gefäß befestigt. Solche Stücke gehörten zur luxuriösen Tafelausstattung in der Oberschicht.

Der Gedanke, dass die Sonne das All sei und der Sonnengott daher viele andere Gottheiten in sich vereine, dominierte während der Kaiserzeit das ganze römische Weltreich. Sol wurde als alles bewegender Schöpfergott gesehen. Von dieser Vorstellung ist der Weg in die christliche Kunst nicht weit: Der Sonnengott Sol behält parallel zur Ausbreitung des Christentums bis weit in das frühe Mittelalter hinein seine Bedeutung und wird von der christlichen Ikonographie rezipiert. Auf karolingischen Elfenbeinen mit der Kreuzigungsszene oder in der Buchmalerei wird Sol als Lenker einer Quadriga gezeigt und gibt gemeinsam mit dem Mondwagen den Darstellungen des Kreuzestodes Christi eine kosmische Bedeutung.

IRMGARD SIEDE

Literatur: AK Konstantin d. Gr., Trier 2007, CD Nr. I.13.82 – Kerscher 1988 – Löhr 2007

A.1.2.6

Mithras

3./4. Jahrhundert
Roter Sandstein; H. 84 cm,
max. B. 79,5 cm, T. 15–21 cm
Mannheim, Reiss-Engelhorn-Museen,
Haug 6

Der Mithraskult gehört zu den antiken Mysterienkulten, die den Eingeweihten Heil verhießen. Dies konnte eine Rettung aus allen Gefahren des irdischen Lebens sowie Schutz vor Krankheit und Misserfolg, aber auch das Heil der Seele nach dem Tod bedeuten. Mysterienreligionen schlossen anderweitige Glaubensinhalte nicht aus, im Gegensatz zu den Christen durften ihre Anhänger weitere und neue religiöse Vorstellungen annehmen, ohne die schon vorhandenen abzulegen. Im Mithraskult spielten der Jahresablauf, die Himmelskörper und die Sternbilder eine Rolle, aber auch Tiere und Wasser. Daher lagen die Mithräen oft unterirdisch in Wassernähe. Häufig waren es Räume mit Tonnengewölben und Bänken an den Längsseiten, auf denen das zeremonielle Mahl eingenommen wurde und von denen aus der wohl besonders beleuchtete Stein an der Stirnwand gut zu sehen war. Die ausschließlich männlichen Mitglieder der Kultgemeinschaft durchschritten gemeinsam diverse Stufen der Einweihung. Da das Kultgeschehen nicht kanonisch festgefügt war, variieren auch die Darstellungen auf den Mithrassteinen.

Der Mannheimer Stein zeigt die Tötung des Stieres, durch die Mithras zum Herrn über alle Dinge wurde. Über dem Stier ist der Rabe, das Symbol für eine Stufe der Einweihung, zu erkennen. Mithras trägt nur einen wehenden Umhang. Eine ebenfalls nackte Figur mit Mantel steht links über sieben Altären. Sie könnte Sol, den Sonnengott, darstellen. Hinter ihr befindet sich ein Löwe, vor den Altären windet sich eine Schlange um ein Wassergefäß. Eine kleine Figur bringt an einem kleinen Altar rechts unten ein Opfer.

Die Herkunft des Mannheimer Mithrassteins ist unbekannt. Eventuell war er in römischer Zeit in einem Mithräum in Ladenburg, Schriesheim oder Heddesheim

aufgestellt. Vor 1599 wurde er in dieser Region ausgegraben. 1613 ist er am Brunnen vor dem Mannheimer Rathaus angebracht worden, später war er kurzzeitig am Bischofshof in Ladenburg eingemauert, 1763 schließlich wurde er nach Mannheim zurückgebracht.

IRMGARD SIEDE

Literatur: Grünewald 2016, S. 130–131

Frühes Christentum und Christenverfolgung

Nächstenliebe, Eifer und Martyrium

Von Jerusalem und Judäa aus wurde das Christentum durch Apostel, Missionare, Kaufleute und Händler nach Kleinasien, Nordafrika und in die Großstädte des römischen Reichs (Antiochia, Alexandria, Ephesos, Smyrna, Karthago) getragen. In Rom ist eine christliche Gemeinschaft um 50 n. Chr. bezeugt. Gegen Ende des 1. Jahrhunderts schrieb die römische Gemeinde in dem bereits erwähnten Brief an die Christen von Korinth (Erster Clemensbrief), Petrus und Paulus hätten Martyrien erlitten und bis zum Tod gekämpft (5,1). Es liegt durchaus nahe, die Nachricht auf Rom zu beziehen.

Eine besondere Faszination ging von der christlichen Nächstenliebe und der sozialen Fürsorge aus. Fürsorge für den Nächsten als religiöses Programm war in der antiken Welt etwas unerhört Neues. Andererseits galten Christen als sonderbar. Man mochte sie nicht wegen ihrer hartnäckigen Verweigerungshaltung gegenüber den tradierten kulturellen Gepflogenheiten (z.B. Teilnahme an Gladiatorenspielen) und auch gegenüber manchen römischen Rechtsbestimmungen (z.B. Ehegesetzen). Außerdem wirkten ihr religiöser Ernst und Eifer für viele Menschen abschreckend. In den Tiefen der Katakomben sind bis heute die Räume und Zeichen ihres religiösen Lebens überliefert. Doch ist man heute vorsichtig mit der Annahme, es habe über längere Zeiträume hin eine gezielte Verfolgung von Christen durch den ›römischen Staat‹ gegeben. Erst die ›staatlichen Maßnahmen‹ um die Mitte des 3. Jahrhunderts brachten existenzielle Gefahr. Unter Kaiser Valerian (253–260) wurden der römische Bischof Sixtus II. (257–258) und mehrere Diakone der römischen Gemeinde getötet. 260 folgte eine über vierzigjährige Zeit der Duldung des Christentums, bevor unter Kaiser Diocletian (284–305) 303 noch einmal eine kurze und heftige Christenverfolgung und Kirchenzerstörung stattfanden. Mit den christlichen Opfern wurde eine neue Theologie des Martyriums geboren. Sie lautete: Die Wahrheit des christlichen Glaubens ist größer als das Leben! Auf diese Weise verlieh die Christenverfolgung dem jungen Christentum eine zusätzliche innere Festigkeit.

Pulsierende Vielfalt und feste Organisation

Das eigentliche Problem der jungen Christenheit lag darin, die vielen unterschiedlichen Gruppierungen, ihre religiösen Praktiken und theologischen Grundsätze zu vereinheitlichen. Dazu gehörte die Frage, wie sich der Gott des Alten Testaments und der Gott-Vater des Neuen Testaments zueinander verhalten. Waren es verschiedene Götter? Gehörte das Alte Testament überhaupt zu den Grundlagen des Christentums? War die Welt nicht bestimmt vom Kampf zwischen Licht und Finsternis, zwischen Gut und Böse, zwischen Materie und Geist? Auch ganz konkrete Probleme standen an: Darf ein Christ, der vor dem Kaiserbild geopfert hat, wieder in die Gemeinschaft aufgenommen werden?

Die Klärung solcher Fragen der Disziplin und Lehre verlangte nach fester Ordnung. Im Ersten Clemensbrief aus der Zeit kurz vor 100 n. Chr. wird dieses Problem in Kapitel 40 angesprochen. Man müsse all dies »ordnungsgemäß tun, was der Herr zu bestimmten Zeiten zu erfüllen angeordnet hat«. Gottesdienste und Opfer-

gaben dürften nicht ohne Ordnung vor sich gehen. Deshalb habe der Herr selbst dem »obersten Priester« (τῷ ἀρχιερεῖ) bestimmte Aufgaben zugeteilt, den »Priestern« ihren eigenen Platz angewiesen und den Leviten wieder andere Dienstleistungen zugedacht. Die Leitsprache der frühen Christengemeinden war griechisch, so dass sich auch die Amtsbezeichnungen der Kirche in der Hauptsache vom Griechischen herleiten.

Seit der zweiten Hälfte des 2. Jahrhunderts bildeten sich in den christlichen Gemeinden die Gruppen von Amtsträgern weiter aus, der ›Klerus‹ (κλῆρος = die durch göttliches Los bestimmte Gruppe). An der Spitze stand der ›Episkop‹ (der die Aufsicht hat), den wir heute Bischof nennen. Er führte die Gruppe der ›Presbyter‹ an, das sind die Ältesten, unsere heutigen Priester. Für die karitative Fürsorge waren die ›Diakone‹ (Diener) zuständig, denen die ›Subdiakone‹ zugeordnet waren. In Rom gab es um die Mitte des 3. Jahrhunderts neben dem Bischof bereits 46 Presbyter, sieben Diakone und sieben Subdiakone. Sie waren zuständig für 1.500 Witwen und Hilfsbedürftige. Man kann daraus schließen, dass die römische Christengemeinde damals mehrere zehntausend Personen umfasste. Zwischen 260 und 303 kam es zu einem deutlichen Aufschwung des Christentums im gesamten Reich. Damit verbunden war ein entsprechender Ausbau der Organisation mit einer regelrechten Laufbahn der kirchlichen Amtsträger, die sich an der staatlichen Ämterlaufbahn orientierte.

STEFAN WEINFURTER

Literatur: Brandenburg 1984 – Brennecke 1992 – Clauss 2008 – Clauss 2010 – Herrmann, E. 1980 – Müller, J. 2015 – Rothschild/Schröter 2013 – Vittinghoff 1984
Bild: Calixtus-Katakombe, Fisch und Brot, sog. »eucharistischer Fisch«

A.1.3.1

Erster Clemensbrief in koptischer Sprache

Ägypten, Weißes Kloster, 2. Hälfte/Ende des 4. Jahrhunderts
Papyrus; H. 24,5 cm, B. 12 cm
Berlin, Staatsbibliothek zu Berlin, Preußischer Kulturbesitz, Ms. or. fol. 3065

Es gibt in der frühen, außerbiblisch-christlichen Überlieferung kaum ein geschätzteres, aber auch umstritteneres Dokument als den Ersten Clemensbrief, der traditionell – nach der Zählung des Irenäus von Lyon († 180) – dem dritten Nachfolger des Petrus auf dem römischen Bischofsstuhl zugeschrieben wurde. Er wurde immer wieder als Beleg für die Anwesenheit und den Märtyrertod der Apostel Petrus und Paulus in Rom und damit als Nachweis des Vorrangs der römischen Gemeinde gegenüber den übrigen christlichen Kirchen herangezogen. Die Eindeutigkeit der entsprechenden Aussagen zum Tod der Apostelfürsten in Rom und zu einem daraus abgeleiteten römischen Primat ist dabei allerdings ebenso umstritten wie die genaue Datierung des Schreibens und die Autorschaft des Textes. Immerhin nennt der Brief ausdrücklich den Zweck der Nachricht sowie seinen Absender und Empfänger: »Die Kirche Gottes, die zu Rom in der Fremde lebt, an die Kirche Gottes, die zu Korinth in der Fremde lebt (…)«. In Korinth war es innerhalb der dortigen Gemeinde zu massiven Streitigkeiten gekommen, die sogar zur Absetzung der Presbyter geführt hatten. Vertreter der römischen Gemeinde sahen sich daraufhin berufen, den Brüdern und Schwestern im Glauben ins Gewissen zu reden und eine Beilegung des Konflikts herbeizuführen.

Bereits Irenäus von Lyon hatte in Clemens, den er als den dritten römischen Bischof nach Petrus einführte, den Autor des Briefes an die Korinther gesehen (Irenäus, *Adversus haereses*, III, 3,3). Eusebius von

Caesarea († 340) sollte sich in seiner *Historia ecclesiastica* auf Irenäus beziehen und den Kirchenhistoriker Hegesippus († um 180) als Garanten für den entsprechenden Aufstand in Korinth anführen. Verschiedene Passagen im Text des Clemensbriefes (Kap. 1,1; Kap. 5 und Kap. 6) deuten an, dass er in einer Zeit der Christenverfolgung – möglicherweise zum Ende der Regierungszeit Domitians (81–96) – entstanden sein muss, wobei Otto Zwierlein dies zuletzt in Frage stellte und für eine Datierung in die Zeit zwischen 120 und 125 eintrat.

Unabhängig von seiner zeitlichen Einordnung beweist das Schreiben einen engen Austausch zwischen den großen christlichen Gemeinden, die über eine gemeinsame grundlegende Struktur verfügten und um Einheit und Frieden bemüht waren. Ebenso klar ist die bedeutende Rolle, die den Apostelfürsten und ihrem Märtyrertod zugeschrieben wurde, auch wenn der direkte Rombezug im Text sicherlich kontrovers betrachtet werden kann. In Verbindung mit der späteren Tradition des Clemensbriefes handelt es sich bei dem Text demnach um eines der zentralen Dokumente zum frühen Christentum. Dieser Befund wird auch durch die reiche Überlieferungsgeschichte bestätigt, die bis ins 4. Jahrhundert zurückreicht. Die älteste Überlieferung des Textes stammt aus Ägypten und ist in koptischer Sprache abgefasst. Man geht davon aus, dass es sich dabei um die Abschrift einer koptischen Vorlage handelt, die aufgrund sprachlicher Befunde im Umfeld des Weißen Klosters (Oberägypten) entstanden sein muss.

Das aus 36 Blatt bestehende Papyrusmanuskript, das heute in Berlin aufbewahrt wird, ist nicht mehr ganz vollständig. Es fehlen fünf Blätter, die Teile der Kapitel 34 und 42 sowie die Kapitel 35–41 enthalten haben. Zusammen mit einem später entstandenen zweiten, äußerst fragmentierten koptischen Text, zwei griechischen, einer syrischen und einer lateinischen Abschrift stellt die Papyrushandschrift die kostbare textliche Grundlage des immer wieder neu interpretierten und diskutierten Ersten Clemensbriefes dar.

VIOLA SKIBA

Quellen: Der Erste Clemensbrief 1908 – Der Erste Clemensbrief 1998
Literatur: Lindemann 1992 – Vielberg 2011 – Zwierlein 2010 – Zwierlein 2013

A.1.3.2

Papyrusfragment der *Historia ecclesiastica* von Eusebius von Caesarea

Hermupolis (?), 4. Jahrhundert
Papyrus; H. 3,5 cm, B. 3,3 cm
Berlin, Staatliche Museen zu Berlin, Ägyptisches Museum und Papyrussammlung, P. 17076

Eusebius von Caesarea, der heute als der ›Vater der Kirchengeschichte‹ gilt, wurde um 260 in Palästina geboren. Er lebte und wirkte nahezu achtzig Jahre in der Region, in der er 313 zum Bischof von Caesarea aufstieg und um 340 starb. Mit seiner vor 303 begonnenen Kirchengeschichte schuf Eusebius sein bedeutendstes, wenn auch nicht einziges Werk, das noch heute als eine der wichtigsten, wenn nicht *die* wichtigste Quelle zum frühen Christentum und zur Entwicklung der Kirche gelten muss. In zehn Büchern berichtete Eusebius von den Anfängen und dem Aufstieg der Kirche bis in seine Gegenwart. Die Herrschaft Kaiser Konstantins, dem er eine eigene, panegyrisch angelegte Vita widmen sollte, bildete für ihn den krönenden Abschluss einer Entwicklung, die teleologisch betrachtet wurde und bei der die Durchsetzung des Christentums im römischen Reich als Produkt göttlicher Vorsehung angesehen wurde. Eusebius selbst dürfte seine Zeit als den Beginn einer neuen Epoche verstanden haben, in der eine Phase des Kampfes zu Ende ging und ein neues Zeitalter seinen Anfang nahm. Er übernahm die Rolle des Chronisten der schwierigen Zeiten, in denen er die Christenverfolgung durch Diokletian miterlebte und Zeuge des Märtyrertodes zahlreicher prominenter Christen wurde.

Der Wert der *Historia ecclesiastica* als historiographisches Opus wird dadurch gesteigert, dass Eusebius bei der Abfassung auf einen reichen Quellenschatz zurück-

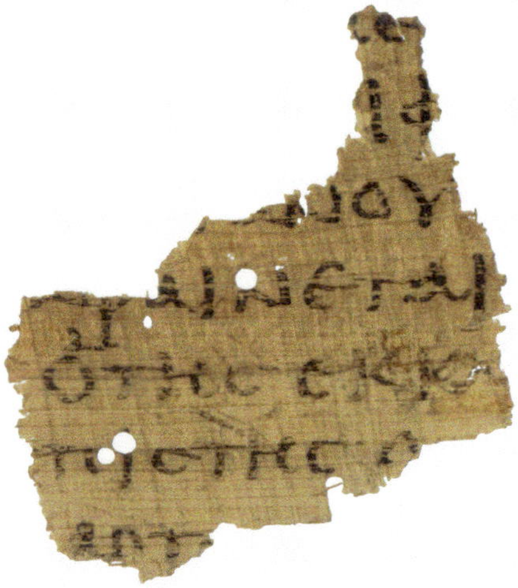

greifen konnte und eine große Anzahl von Urkunden und Texten in sein Werk übernahm – Dokumente, die meist nirgendwo sonst überliefert sind. Als Geistlicher und Bischof bewegte sich Eusebius zudem in Kreisen, die ihm Zugang zu Informationen und Kenntnisse verschafften, die einem Außenstehenden verschlossen gewesen wären. Schlüsselfiguren der Kirchengeschichte um 300 hat er auch selbst getroffen, wobei sein Fokus allerdings auf dem östlichen Mittelmeerraum lag. Trotzdem lieferte Eusebius auch eine ganze Reihe an Informationen zur Entwicklung der römischen Kirche, berichtete etwa vom Martyrium der Apostel Petrus und Paulus (Buch II, 25) oder den ersten Bischöfen von Rom (Buch III, 3; III, 13 und III, 15). Im fünften Buch (V, 6) zitierte er sogar die Papstliste des Irenäus von Lyon, die ihm eine lückenlose Aufzählung der römischen Bischöfe lieferte und auf die Ursprünge der Kirche im Gründungsakt der Apostel verwies.

Eines der frühesten Fragmente der *Historia Ecclesiastica*, das möglicherweise sogar zu einer Urschrift gehörte oder ihr zumindest zeitlich sehr nahesteht, wird heute in Berlin aufbewahrt. Bei dem Text des kleinformatigen Papyrusfragments handelt es sich um ein Bruchstück des 43. Kapitels des sechsten Buches der Kirchengeschichte (VI 43, 7–8. 11–12), in dem es ebenfalls um römische Vorgänge ging. Eusebius zitierte in seiner Schilderung weite Teile eines Briefes, den der Bischof Cornelius (251–253) – der heute als 21. Papst in der Liste der Päpste geführt wird – in der Angelegenheit der Häresie eines gewissen römischen Priesters namens Novatus an den Bischof von Antiochia, Fabius, schrieb. Der römische Bischof tritt hier zwar lediglich als eine Art *primus inter pares* auf, nahm aber im Verbund mit seinen Bischofskollegen regen Anteil an der Entwicklung und Formung der Kirche und des Christentums.

VIOLA SKIBA

Digital: http://ww2.smb.museum/berlpap/index.php/record/?result=0&Alle=17076
Quellen: Repertorium griech. christl. Papyri 1995, S. 199–200, KV 22
Literatur: Grant 1980 – Johnson 2014 – Louth 2004 – Müller, W. 1974, S. 405, Nr. 17 – O'Callaghan 1975 – Rizzi 2013 – Scarborough 2009 – Verdoner 2010

A.1.3.3

Loculusplatte mit der Geschichte des Jonas

Rom, Prätextatus-Katakombe, Via Appia, um 350–400
Weißer Marmor; H. 43 cm, B. 90 cm, T. 1,7 cm
Vatikanstadt, Musei Vaticani (Museo Pio Cristiano), 28592

Ein Meermonster, aus den Wellen auftauchend mit Schlangenkörper, Löwentatzen und einem Kopf mit weit geöffnetem Rachen, ähnlich dem eines Wolfes; zur Linken, ihm zugewandt, ein unbehaarter junger Mann, nackt, der die linke Hand mit geöffneter Handfläche zum Gesicht hebt in einer instinktiven Geste der Angst und der Verteidigung, während der rechte Arm in einer Bewegung des Zurückweichens vor der monströsen Figur nach hinten gestreckt ist, ebenso wie das linke Bein; oben eine Taube.

Das Ganze repräsentiert eine Variante einer Episode aus dem ikonographischen Jonas-Zyklus, dem gleichnamigen Buch (Gen 1,1–4,11) entnommen, Inspiration für eine Vielzahl von Szenen in der christlichen Kunst seit ihren Ursprüngen: jene, in der Jonas vom Monster auf den Strand zurückgeworfen wird (eine Szene, der gewöhnlich diejenige vorausgeht, in der der Prophet von den Matrosen ins Meer geworfen und von dem Fisch verschlungen wird, und gefolgt von der Darstellung des unter der Laube ruhenden Jonas).

Fremd ist die Taube, ein ›bildliches Echo‹ auf den Namen des Propheten (das hebräische Ionah bedeutet ›Taube‹) und zugleich symbolisches Abbild des übernatürlichen Friedens und der erhofften Rettung für die Seele des in der Grabstätte bestatteten Verstorbenen (vergleiche die Szene des ruhenden Jonas auf einem Sarkophag oder einer Verschlussplatte eines Grabes [*loculus*] im Museo Civico in Velletri, Dresken-Weiland 1998, Nr. 242.

Eine solche Errettung wird insbesondere durch die Präsenz des lebenden Jonas symbolisiert, im Licht seiner Beziehung zu Christus, die schon von den Worten des Matthäus-Evangeliums (Mt 12,39–40) betont wurde: »Eine böse und treulose Generation fordert ein Zeichen! Aber es wird ihr kein Zeichen gegeben werden als das Zeichen

des Propheten Jona. Denn wie Jona drei Tage und drei Nächte im Bauch des Fisches blieb, so wird auch der Menschensohn drei Tage und drei Nächte im Herzen der Erde bleiben.« Christus selbst antwortete nämlich auf die Bitte der Judäer um ein Zeichen, das ihn als den Messias zu erkennen gebe, indem er die Geschichte des Jonas als ›Symbol‹ und Präfiguration des eigenen Leidens und seiner Auferstehung interpretierte.

Auf die Auferstehung spielt auch gerade die Episode an, in der Jonas von dem Monstrum zurückgeworfen wird und aus der Dunkelheit des Fischbauches wieder ›aufersteht‹ ans Licht, vom Tod zum Leben. Dieser Symbolismus ist die Grundlage der Popularität des Zyklus in der antiken Welt, aber ebenso bedeutsam sind die Anspielungen auf die Barmherzigkeit Gottes und auf das Geschenk des Heils, dessen Spender Gott ist gegenüber allen, die sich bekehren, selbst wenn sie nicht zum Volk Israel gehören, mit offensichtlichem Verweis auf die Universalität der Kirche. Nachdem er Jonas befohlen hatte, seine Ermahnungen zu den Bewohnern der feindlichen, heidnischen Stadt Ninive zu bringen, und nachdem er gesehen hatte, wie die Stadt dem Propheten Glauben schenkte, erbarmte sich Gott und rettete sie, indem er die eigene universelle Gnade über das Urteil siegen ließ. Dieser Gnade – erinnerte Papst Franziskus in seinen Meditationen in der Kapelle der Domus Sanctae Marthae – oder jenem ›Zeichen des Jonas‹, angekündigt und versprochen vom Herrn selbst, muss man folgen, um sich zu retten, indem man ›das Jonas-Syndrom‹ bekämpft, die Krankheit, die die »böse Generation« derer befällt, die »nur Vertrauen in ihr persönliches Rechtsempfinden und ihre Werke haben« und die, genau wie Jonas, Widerstand leisten.

ROSANNA BARBERA

Quellen: ICVR V, 1971, nr. 15191
Literatur: Bonansea 2013, S. 226 – Calcagnini 2006, S. 62, Nr. 36 – DACL 1914, Bd. III.2, s.v. *colombe*, Sp. 2219–2220, Abb. 3130 – Dresken-Weiland 1998 – Ehler 2012, S. 144, Nr. I.7.1 – Ferrua 1962, S. 7–69, bes. S. 61, 67 – Piussi 2000 – Rocha Roque 1998 – Spinola 2001 b

A.1.3.4

Epitaph des »unschuldigen Kindes« Siddi, von Gott in ein neues Leben »gerufen«

Rom, Commodilla-Katakomben an der Via Ostiense 1723, erworben im Jahr 1854
431 (oder 408, je nachdem, welcher Konsul Anicius Auchenius Bassus, Vater oder Sohn, gemeint ist)
Weißer Marmor; moderne Rubrizierung; H. 19,5 cm, B. 58 cm, T. 2,5 cm (Buchstabenhöhe 0,6–1,7 cm)
Vatikanstadt, Musei Vaticani (Lapidario Cristiano), 32032

Innocus (:innocuus) puer nomine Siddi hic; bixit (:vixit) me(n)ses / quat(tu)or dies biginti (:viginti) quat(tu)or. Petitus in pace III Id(us) / Aprilis (:Apriles) Anicio Auchenio Bas(s)o consule.

(Hier [ruht] ein unschuldiges Kind mit Namen Siddi; es lebte vier Monate und vierundzwanzig Tage. Gerufen in Frieden am dritten Tag vor den Iden des Aprils [= 11. April], als Anicius Auchenius Bassus Konsul war [= 431 n. Chr.].)

Auf der kleinen Marmorplatte ist der Text der Grabinschrift für den kleinen Siddi (für Siddin, vielleicht ein afrikanischer Name: vgl. Solin 2012, S. 339) von dem dominierenden Einschub eines monogrammatischen Kreuzes unterbrochen. Es ist von einem stilisierten Lorbeerkranz umgeben und steht im Zentrum der Platte, deren gesamte Höhe es in Anspruch nimmt. Zwei naiv gezeichnete Tauben mit gebogenen Olivenzweigen wenden sich dem Kreuz zu. An den äußeren Enden des horizontalen Kreuzbalkens hängen, befestigt an kurzen Ketten aus Ringen, die ›apokalyptischen‹ Buchstaben Alpha und Omega, wobei Letzterer links steht. Der Text, der nach der bildlichen Darstellung eingraviert wurde, fügt sich in unzusammenhängender Weise in den verbliebenen Raum unterhalb der noetischen Tauben ein, möglicherweise weil er vom Steinmetz nicht richtig verstanden wurde (man bemerke den zweigeteilten Namen des Verstorbenen in der ersten Zeile).

Außer den linguistischen Unsicherheiten, die bei späten Inschriften üblich sind, beobachtet man hier neben anderen Widersprüchen und Fehlern den Gebrauch eines kleinen »h« anstelle des Großbuchstabens.

Die Grabinschrift ist bekannt (vgl. Janssens 1981) wegen der Verwendung des seltenen Ausdrucks *petitus in pace*, der sich auf den Tod eines kleinen Jungen bezieht, der zu neuem Leben gerufen wurde (gemeint ist von Gott), nachdem er nur wenige Monate auf Erden gelebt hat. Der Ausdruck *in pace*, charakteristisch für die christliche Epigraphik, bezeugt den festen Glauben der Eltern – die das Kleinkind wahrscheinlich in dem Grab bestatteten –, dass ihr Sohn nun im Frieden Christi ruhe, dessen Name in Form des Kreuzes wie ein *sphragis* (Siegel) der Zugehörigkeit (vielleicht auch durch die Taufe?) am Beginn jenes neuen Lebens in Gott (angedeutet auch vom Omega, das dem Alpha vorausgeht) erscheint, das mit seinem *dies natalis*, dem 11. April 431, beginnt.

UMBERTO UTRO

Quellen: ICUR II, 1935, Nr. 6081
Literatur: Janssens 1981, S. 89 – Marucchi 1910 a, S. 50, Taf. 49, 32 – Solin 2012 – Utro 2012 a

A.1.3.5

Aquarell

Bemalte Fotografie: Darstellung eines Mahls aus der Calixtus-Katakombe, Cubiculum A 6

H. 12,3 cm, B. 25,4 cm

Rom, Pontificio Istituto di Archeologia Cristiana, 24

Das Fresko in der Calixtus-Katakombe, das in das zweite Drittel des 3. Jahrhunderts datiert wird, zeigt sieben Personen, die auf einem halbmondförmig gebogenen Polster liegen. Der textile Charakter dieser Rolle ist durch die braunen und weißen, geraden und gewellten Linien gut zu erkennen. Zwei der Gestalten erheben einen Arm in einem dialogischen Gestus. Vor dem Polster sind zwei Platten zu erkennen, auf der rechten liegt ein Fisch, von der linken sind nur noch Reste ihrer Umrisse auszumachen. Das Stibadium wird links und rechts von geflochtenen Brotkörben eingerahmt, fünf auf jeder Seite sind zu sehen.

Diese Mahlszene, wie sie sich ähnlich auch in einigen angrenzenden Räumen erhalten hat, unterscheidet sich von gleichzeitigen paganen Mahldarstellungen durch das Fehlen von Dienern, eine ruhige Stimmung und die betonte Darstellung der Brotkörbe. Man hat deswegen angenommen, dass sich solche Bilder auf die Eucharistie beziehen. Vergleichbare Bilder kommen in anderen Katakomben nicht vor und sind in dieser Gestalt sehr selten.

Diese Fresken gehören zu den frühesten christlichen Malereien. Sie befinden sich in Grabräumen, die in der ältesten Region der Calixtus-Katakombe nebeneinander angelegt worden sind. Die Fossoren, die für die Anlage des unterirdischen Friedhofs zuständig waren, statteten diese Räume so für sich selbst aus. Während die kirchliche Elite in der nahegelegenen Papstgruft nichtchristliche, traditionelle Bildthemen bevorzugte, entschieden sich die Fossoren für diese Darstellungen der Eucharistie und für Bilder aus dem Alten und Neuen Testament. Die Initiative zur Schaffung einer christlichen Kunst ging hier und in anderen Gattungen von Laien aus, während Kleriker eher auf geläufige, aus der heidnischen Kunst vertraute Themen setzten.

JUTTA DRESKEN-WEILAND

Literatur: Dresken-Weiland 2010 – Nestori 1993, 106–107, Nr. 21–25 – Wilpert 1903, Taf. 15,2 – Zimmermann 2010

A.1.3.6

Aquarell

Bemalte Fotografie: Darstellung eines Eroten in der Domitilla-Katakombe
H. 25,6 cm, B. 19,2 cm
Rom, Pontificio Istituto di Archeologia Cristiana, 100

Das aquarellierte Foto des 0,76 x 0,68 m großen Freskos zeigt einen geflügelten Eroten, der in der rechten Hand einen Stab und in der linken ein Band hält, ein dünner Mantel hängt ihm von der linken Schulter. Seine ungezwungene Haltung und die Attribute weisen darauf hin, dass hier der Kontext eines fröhlichen Festes gemeint ist: Bänder und Girlanden schmücken in der Regel ein festliches Ambiente, der Stab gehört oft zu Personen aus dem Umkreis des Dionysos, sie schwenken ihn in dionysischer Festfreude.

Der Erot bildet den Mittelpunkt einer Gewölbedekoration in der Galerie der Sarkophage, dem ältesten Teil des sogenannten Flavier-Hypogäums, eines halbunterirdischen Grabbaus innerhalb der Domitilla-Katakombe. Die vier Nischen in der Galerie waren für die Aufstellung von Sarkophagen vorgesehen und mit Malereien ausgestattet, die sich mittels Vergleich mit anderen Fresken in das erste Drittel des 3. Jahrhunderts datieren lassen. Auch alle anderen Bilder in diesem Gang aus der gleichen Ausstattungsphase zeigen Weinranken, Eroten oder stilisierte Blüten, also Motive, wie sie in der antiken Kunst beliebt und weit verbreitet waren. Die Verwendung einer konventionellen Ikonographie erlaubt keinen Rückschluss auf das Bekenntnis der Bestatteten, da christliche Themen in dieser Zeit sehr selten anzutreffen sind und auch Christen Bilder und Motive aus ihrer heidnischen Umwelt benutzten.

Das Hypogäum gehört zu den sieben Kernen, die in vorkonstantinischer Zeit angelegt und später miteinander zur Domitilla-Katakombe verbunden wurden. Eine Erweiterung des Ganges wird in die zweite Hälfte des 3. Jahrhunderts datiert; die dort gefundenen Inschriften haben einen christlichen Charakter. Für Christen war es, wie aus schriftlichen Quellen bekannt, besonders wichtig, eine würdevolle Bestattung besonders für ärmere Mitchristen bereitzustellen, wobei sicher auch Nichtchristen in den unterirdischen Friedhöfen bestattet werden konnten. Verschiedene soziale Gruppen legten solche Friedhöfe an; hier ist es eine Familie, die ihr aufwendig geschmücktes Grab in einen Gemeinschaftsfriedhof einbrachte.

JUTTA DRESKEN-WEILAND

Literatur: Dresken-Weiland 2014 – Pani Ermini 1969 – Pergola 2006 – Wilpert 1903, Taf. 5,2

Paulus der Theologe

Paulus und die Heidenchristen

Paulus, der aus der Hafenstadt Tarsos in Kilikien stammte, war Zeltmacher und besaß das römische Bürgerrecht. Sein ursprünglicher jüdischer Name war Saul. Als Mitglied der Phärisäer, der jüdisch-religiösen Elite, trat er zunächst als heftiger Verfolger der Christen hervor. Doch auf dem Weg von Jerusalem nach Damaskus (vermutlich im Jahre 33) hatte er sein Bekehrungserlebnis. Schon nahe Damaskus habe ihn ein Licht vom Himmel umstrahlt und eine Stimme habe zu ihm gesagt: »Saul, Saul, warum verfolgst du mich?« Auf seine Frage »Wer bist du Herr?« sei ihm geantwortet worden: »Ich bin Jesus, den du verfolgst.« Diese unmittelbare Begegnung mit Jesus wurde von Paulus als nachträgliche Berufung unter die Apostel verstanden. Er war damit gleichberechtigt gegenüber den ›ursprünglichen‹ Aposteln in Jerusalem. Von nun an wurde er der bedeutendste und radikalste Verteidiger im jungen Christentum.

Möglicherweise gäbe es das Christentum ohne Paulus gar nicht. Seine Briefe gelten als die erste theologische Begründung der christlichen Kirche. Hier finden sich Ausführungen über die Lehre der Rechtfertigung und Gnade, über die christliche Freiheit, über die Kraft der Versöhnung (*reconciliatio*), aber auch zu konkreten Fragen wie zur Feier des Abendmahls und zur Stellung der Frau in der Gemeinde. Er führte die Gruppe derer an, die in den vierziger Jahren auf dem sogenannten ›Apostelkonzil‹ in Jerusalem das Modell der ›Heidenchristen‹ durchsetzen konnten. Das bedeutete, dass die zunächst noch von Petrus vertretene, frühe Ansicht der Jesusbewegung, man müsse zuerst Jude sein und die Beschneidung sei erforderlich, um die frohe Botschaft Christi empfangen zu können (›Judenchristen‹), aufgegeben wurde. Diese Entscheidung war für die weitere Ausbreitung und Geschichte des Christentums von fundamentaler Bedeutung.

Daher widmete sich Paulus bei seinen ›Missionsreisen‹ sowohl den Juden als auch den Nichtjuden an seinen zahlreichen Stationen (u. a. Philippi, Korinth, Ephesus) und hatte großen Erfolg. Wie es scheint, suchte er in den Synagogen der großen Städte oder im privaten Umfeld das persönliche Gespräch mit den Menschen, um sie für die Botschaft Christi zu gewinnen. In seinen Predigten verwies er auf den Kern des christlichen Glaubens: Jesus ist gestorben für unsere Sünden und wieder auferstanden. Mit seinem Gehorsam hat er die göttliche Gnade in die Welt gebracht, den Tod zu überwinden.

Um das Jahr 60 wurde Paulus als Gefangener nach Rom gebracht. Vermutlich erlitt er dort unter Kaiser Nero das Martyrium. Die Christengemeinde in Rom konnte daher neben Petrus auch den theologischen Begründer der Kirche in ihrer Stadt verehren und damit ihren Anspruch auf Vorrang in der Christenheit weiter verstärken.

STEFAN WEINFURTER

Literatur: Becker/Pilhofer 2005 – Marguerat 2013 – Meijer 2015

A.1.4.1

Acta Pauli

Fajûm (Ägypten), um 300
Papyrus; H. 26 cm, B. 20 cm
Hamburg, Staats- und Universitätsbibliothek Hamburg Carl von Ossietzky, P. Hamb. bil. 1

Während sich die Päpste bereits früh als Nachfolger Petri bezeichneten und aus dieser Funktion ihre Autorität und Amtsgewalt ableiteten, trat bald ein zweiter Apostelfürst an dessen Seite: Paulus. Bereits im 4. Jahrhundert war die römische Ikonographie geprägt von der *Concordia Apostolorum*, die die beiden Apostel Petrus und Paulus im Verbund zeigte. Paulus wurde neben Petrus die entscheidende Figur in der römischen Kirche, mit seinem Wirken, seinem Martyrium und seiner Grablege begründete sie ihren übergeordneten Rang gegenüber den anderen christlichen Patriarchaten. Rom hatte durch die Anwesenheit und das Sterben gleich zweier Apostel Anspruch darauf, als Erster unter den Sitzen zu gelten. Petrus und Paulus bildeten demnach im Verbund und durch ihren Märtyrertod in Rom die Basis für den päpstlichen Anspruch und das apostolische Selbstverständnis, in dem Petrus und Paulus zwei Facetten des Auftrags eines jeden Papstes darstellten.

Die Überlieferung zum Wirken des Paulus basierte auf verschiedenen Schriften, unter denen die sogenannten *Acta Pauli* (Πράξεις Παύλου) einen besonderen Platz einnehmen. Der zu den apokryphen Schriften zählende Text entstand etwa zwischen 185 und 195 und berichtet von den Taten des Apostels und seinen Reisen, die ihn von Damaskus schließlich nach Rom, an den Ort seines Martyriums, führen sollten.

Das vielleicht wichtigste und umfassendste Textzeugnis der *Acta Pauli* ist die Überlieferung im *Papyrus Hamburgensis bilingualis 1*, einem zweisprachig abgefassten Manuskript, das neben den Paulusakten auch verschiedene biblische Texte enthält und um das Jahr 300 in Ägypten angefertigt wurde. Die in griechischer und koptischer Sprache verfassten Texte belegen eine frühe zweisprachig-christliche Kultur im Fayum. Von den griechischsprachigen Paulusakten, die den Auftakt des Sammelbandes bilden, sind immerhin elf der ursprünglich etwa 48 Seiten der *Acta* erhalten, sie berichten von verschiedenen Episoden aus dem Leben des Paulus und seinen Wundertaten. Da das Martyrium des Völkerapostels trotz der fragmentarischen Überlieferung – die Abschrift enthält nur ein knappes Viertel des ursprünglichen Gesamtumfangs der *Acta Pauli* – Teil der Erzählung ist, zählt der *Papyrus Hamburgensis bilingualis 1* zu den umfassendsten Überlieferungen des Textes der Paulusakten und zu den wichtigen Zeugnissen für den Aufenthalt und das Sterben des Völkerapostels in Rom. Tatsächlich findet sich in den Paulusakten sogar der früheste Bericht überhaupt, der von der Enthauptung des Apostels in Rom unter Nero berichtet, eine Tatsache, die – wie auch im Falle des Petrus – immer wieder Anlass zur Diskussion gegeben hat.

VIOLA SKIBA

Quellen: Acta Pauli 1936 – Hamburger Papyrus Bil.1, 1989
Literatur: Schenke 1991 – Stork 2013 – Zwierlein 2013

A.1.4.2

Fragment eines stadtrömischen Säulensarkophags

Letztes Drittel 4. Jahrhundert
Marmor; H. 52 cm, B. 80 cm
Avignon, Musée du Petit Palais, Dépôt de la Fondation Calvet, 123

Der Sarkophag, von dem dieses Fragment aus Arles stammt, gehörte zu einer kleinen Gruppe, deren Bildprogramm von den Martyrien des Petrus und des Paulus erzählt. Die Architektur mit spiralförmig kannelierten Säulen, Kompositkapitellen, ornamentgeschmückten Rund- und Spitzbögen und Trauben pickenden Vögeln in den Zwickeln ist besonders aufwendig und geht in ihrer Üppigkeit über die schlichten Friessarkophage des ersten Jahrhundertdrittels hinaus.

Die Szene zeigt links die Gefangennahme des Paulus nach dem Bildschema der Gefangennahme des Petrus. Paulus steht wie Petrus zwischen zwei Soldaten. Der links neben ihm schaut ihn an und legt seine Rechte auf seinen Oberarm; die gestikulierende rechte Hand und der Blickkontakt weisen auf ein Gespräch hin, wie es auch bei der Gefangennahme des Petrus dargestellt wird. Den anderen Soldaten zeichnet ein oben gekrümmter Stab, der *vitis* (Weinstock), als Centurio aus. Paulus unterscheidet sich von Petrus durch seine Haar- und Barttracht – er trägt einen spitzen Bart und eine Stirnglatze – sowie durch eine Buchrolle, die auf die von ihm verfassten Briefe hinweist.

In der anschließenden Szene erscheint Petrus, der mit verhüllten Händen dem Herrscher Christus seine Reverenz erweist und von ihm die Schlüssel des Himmelreichs erhält (vgl. dazu Kat. Nr. A.1.1.4).

Dieses Fragment zeigt, dass Paulus nur gemeinsam mit Petrus dargestellt wird. Die Gefangennahme des Paulus ist ein sehr seltenes Bildthema; häufiger ist in der frühchristlichen Kunst die Darstellung des Mar-

tyriums der beiden Apostelfürsten in Rom. Auf Sarkophagen ist sie meist mit einem Bild kombiniert, das auf die Auferstehung Christi weist. Die Martyrien deuten auf die Gräber der Apostel in Rom und damit auf die mächtigen Schutzpatrone der Stadt. Petrus ist als der Fels, auf dem Christus seine Kirche bauen will, als Bewahrer der Schlüssel des Himmelreichs und als häufig im Neuen Testament erwähnte Gestalt den zeitgenössischen Christen wichtiger als Paulus, der hier mit einer Buchrolle als Intellektueller und als Autor wichtiger Texte des Neuen Testaments charakterisiert wird.

JUTTA DRESKEN-WEILAND

Literatur: Christern-Briesenick 2003, Nr. 154 Taf.40 Nr. 154; s. auch ein zugehöriges Fragment in Arles, ebd. Taf. 20, Nr. 55

A.1.4.3

Aquarell

Bemalte Fotografie: Wandnische in der Prätextat-Katakombe mit Darstellung des Papstes Liberius
H. 36,1 cm, B. 21,5 cm
Rom, Pontificio Istituto di Archeologia Cristiana, 465

Diese von Josef Wilpert sorgfältig dokumentierte, vollständig ausgemalte Wandnische wurde für eine Celerina, für eine Sp[erata] oder einen Sper[atus], für eine Fe[licitas] oder einen Fe[lix] und wohl noch eine weitere Person angelegt, deren Namen in der Lücke vor dem *in pace* angebracht worden sind. Die Bemalung wurde im späten 4. Jahrhundert angebracht, nachdem die vier Grabplätze belegt waren.

Der Bildschmuck der Nische bezieht die angrenzenden Wandflächen der Front mit ein und schließt an allen vier Seiten mit einer roten Rahmung ab. Auf der Front fallen zunächst die beiden stehenden, in Tunika und Pallium gehüllten Gestalten vor Girlanden auf. Die linke ist bärtig, die rechte, bartlos und grauhaarig, ist durch die Beischrift als Liber[i]us (352–366 Bischof von Rom) benannt. Zwischen den beiden ist die im alttestamentlichen Buch Daniel (13,1–64) berichtete Geschichte von Susanna und den beiden Alten dargestellt, wobei die Beteiligten als Tiere gestaltet sind: Susanna, von den Alten zu Unrecht des Ehebruchs beschuldigt, erscheint als Lamm (Beischrift *Susanna*), die Verleumder als Wölfe (Beischrift *senioris*).

Die Lünette auf der Rückwand des Arkosols zeigt zwei Lämmer, die sich einem dritten zwischen sich zuwenden. Sie stehen für zwei Apostel oder Heilige rechts und links von Christus. Darüber befinden sich zwei Tauben zu Seiten eines Christogramms, ein beliebtes Bildthema in der frühchristlichen Kunst. Während das Christogramm für den Namen Christi steht, erfahren die Tauben unterschiedliche Interpretationen, die als Seele der Verstorbenen ist die häufigste. In der Wölbung oben ist eine Christusbüste zu erkennen, rechts Paulus (Beischrift *Paulus*) und Petrus (zu ergänzen), links Sixtus II. (257–258 Bischof von Rom) mit der Beischrift *Sustus*. Neben ihm dürften noch weitere Gestalten gestanden haben.

Während die Darstellung von Gestalten aus dem Alten und Neuen Testament als Lämmer im späteren 4. Jahrhundert nicht selten vorkommt, erscheinen die Bischöfe Roms kaum in Katakombenmalereien. Sixtus II. (Sixtus I. wird in der römischen Bischofsliste als ein Bischof im 2. Jahrhundert geführt, über den man nichts weiß) wurde als Märtyrer verehrt, was seine Abbildung erklärt; seine beiden Diakone Felicissimus und Agapitus sind in der Prätextat-Katakombe bestattet und könnten neben ihm dargestellt gewesen sein. Liberius hingegen nimmt wegen seiner schwankenden Haltung im arianischen Streit eine weniger positive Rolle ein. Da es keine Anhaltspunkte für die Benennung der bärtigen Gestalt links von ihm gibt, muss offen bleiben, warum er im Bild erscheint. Es ist möglich, dass seitens der Bestatteten familiäre Beziehungen oder freundschaftliche Kontakte bestanden.

Auffällig an diesem Bildprogramm ist neben der Darstellung eines Papstes der große Raum, der den Gestalten von Aposteln und Heiligen gegeben wird. Ihre Verehrung gewinnt seit dem späteren 4. Jahrhundert weiter an Bedeutung. Die einzige erzählende Szene ist die mit Susanna zwischen den Alten, die von frühchristlichen Theologen unterschiedlich ausgelegt und neben anderen Aspekten auch auf die Bedrohung der Kirche durch Irrlehren bezogen wurde. Das Bild kann jedoch auch ganz allgemein als Hinweis auf die Bedeutung des Glaubens oder – wegen der Darstellung Susannas – auf eine weibliche Auftraggeberschaft verstanden werden.

JUTTA DRESKEN-WEILAND

Literatur: Bisconti 2011 – Wilpert 1903, Taf. 251

Der früheste Beleg für die Bezeichnung ›Papst‹

Marcellinus (296–304)

Cubiculum duplex cum arcisoliis et luminare [p?]
iussu papae sui Marcellini diaconus iste
Severus fecit mansionem in pace quietam
sibi suisque memor, quo membra dulcia somno
per loncum tempus factori et iudici servet.
Severa dulcis parentibus et famulisque
reddidit VIII febrarias virco kalendas,
quam dominus nasci mira sapientia et arte
iusserat in carnem, quod corpus pace quietum
hic est sepultum, donec resurgat ab ipso,
quique animam rapuit spiritu sancto suo
castam pudicam et inviolabile semper,
quamque iterum dominus spiritali gloria reddet
quae vixit annos VIIII et XI menses
XV quoque dies, sic est translata de saeculo.

Kommentar

Diese Inschrift bietet den ersten Beleg für den Titel ›Papst‹ in der römischen Kirche. Der Text stammt aus der Calixtus-Katakombe und befindet sich auf einem mehrfach gebrochenen Teil eines Schrankengitters. Dessen Maße betragen: H. 73 cm, B. 81 cm, T. 6 cm. Entstanden ist der Text spätestens im Jahr 304, dem Todesjahr von Marcellinus (296–304), denn auf seine Zustimmung hin wurde die Grabesstätte für das Mädchen Severa eingerichtet.

STEFAN WEINFURTER

Literatur: Dresken-Weiland 2012 – Dresken-Weiland 2014

Übersetzung

Als doppelte Ruhekammer mit Arkosolien (Grabesbögen) und einer Lichtöffnung
hat mit Bewilligung seines Papstes Marcellinus jener Diakon
Severus ein friedvolles Haus der Ruhe errichtet,
für sich und die Seinen zum Gedenken, wo er die süßen Glieder im Schlaf
für lange Zeit dem Schöpfer und Richter aufbewahrt.
Die von den Eltern und Dienern geliebte Severa
ist als Jungfrau am 25. Januar gestorben;
sie, welche der Herr mit wunderbarer Weisheit und Kunstfertigkeit versehen
ins Leben treten ließ. Dieser Leib ist in Frieden und Ruhe
hier begraben, bis er wieder auferstehen möge durch denselben,
der die Seele durch seinen Heiligen Geist an sich nahm,
die reine und keusche und stets unverletzliche,
die der Herr wiederum mit geistlichem Ruhm zurückgeben möge,
ihr, welche 9 Jahre und 11 Monate gelebt hat
und noch 15 Tage und so aus der Welt hinübergegangen ist.

Die Entstehung des Papsttums

Das Christentum wird römische Reichsreligion

Am 28. Oktober 312 siegte Konstantin der Große (306–337) über seinen Gegner Maxentius (306–312) in der Schlacht an der Milvischen Brücke (Tiberbrücke im Norden Roms). Es war ein weltgeschichtlicher Wendepunkt, denn von nun an begann die Umwandlung des Christentums in eine Reichsreligion. Ob Konstantin selbst Christ war, ist umstritten. Er verehrte offenbar sowohl den *Sol invictus* (»unbesiegter Sonnengott«) als auch Christus als Weltenherrscher. Seine Söhne und Nachfolger ließ er christlich erziehen, und mit dem griechischen Christogramm (*Chi-Rho* als Anfangsbuchstaben von Christos) schmückte er die Spitze seiner Heeresfahne (*labarum*). Von größter Bedeutung war, dass er im Jahre 313 zusammen mit Licinius, dem Kaiser des Ostens (308–324), die ›Mailänder Vereinbarung‹ (›Toleranzedikt‹) erließ. Damit gewährte er den Christen die freie Religionsausübung und die Wiedergutmachung aller Enteignungen und Schädigungen. In Rom ordnete er den Bau mehrerer großer Kirchen im Baustil der Basiliken an. Die außerordentliche kaiserliche Förderung bildete die Grundlage für die spätere Legende von der ›Konstantinischen Schenkung‹, wonach Konstantin selbst die staatlich-kaiserliche Autorität in Rom, Italien und den westlichen Provinzen auf Papst und Kirche übertragen haben soll. 324 wurde Konstantin Alleinkaiser und verlegte 326 seine Hauptstadt nach Konstantinopel. Dort entstand das glanzvolle ›Neu-Rom‹. Der kaiserliche Statthalter (*Exarch*) in Italien wählte Ravenna als seine neue Hauptstadt. Im alten Rom sank dagegen die Bevölkerungszahl bis zum Jahr 600 von annähernd einer Million auf etwa 50.000 Menschen ab. Weite Gebiete blieben nun unbewohnt oder nur dünn besiedelt. Die Einwohnerschaft konzentrierte sich auf das Marsfeld, St. Peter und den Lateran. Die öffentliche Administration, die Versorgung mit Lebensmitteln und Wasser sowie die Verteidigung der Stadt gingen weitgehend auf die kirchlich-päpstliche Leitung über. Auch die Rechtsprechung und die Gesundheitsfürsorge und sogar die Unterhaltung durch öffentliche Spiele fielen mehr und mehr unter die Zuständigkeit der Päpste.

STEFAN WEINFURTER

Literatur: Brandt 2006 – Clauss 2007 – Girardet 2009

Kaiser Konstantin (306–337)

Das Ja zum Christentum

Das Ja der kaiserlichen Regierung zur christlichen Kirche verband sich mit dem Ja der Kirche zur Politik und zur staatlichen Ordnung. Der ›Vielgötterkult‹ (Polytheismus) verlor seine Kraft. Der eine Gott (Monotheismus) der Christen ersetzte die vielen. Dieser Prozess war mit dem Dekret des Kaisers Theodosius I. vom 28. Februar 380 abgeschlossen: Die Glaubensgrundsätze von Rom und Alexandria wurden zur Religion des römischen Reichs erklärt (*in tali volumus religione versari, quam divinum Petrum apostolum tradidisse Romanis religio usque ad nunc ab ipso insinuata delcarat, quamque pontificem Damasum sequi claret et Petrum Alexandrie episcopum, virum apostolicae sanctitatis*, Quellen zur Geschichte des Papsttums 1967, Nr. 310). Von manchen Christen wie dem römischen Senator Firmicus Maternus um die Mitte des 4. Jahrhunderts wurde nun die Verfolgung der Heiden durch die Kaiser verlangt. In seinem Buch *De errore profanarum religionum* forderte er: »Beseitigt, beseitigt [...] die Tempel. Ihre Götter gebt den Flammen preis« (28, 6). Die römische Kirche begann damit, Strukturen der kaiserlichen Herrschaft nachzuahmen. Der römische Bischof stieg zu einem der höchsten kaiserlichen Beamten auf. Dank kaiserlicher Privilegien wurde der Klerus von Steuern befreit und konnte eine eigene Gerichtsbarkeit ausbilden (Privileg vom 23. Juni 318).

Das Rom der Kirchen

Unter Konstantin dem Großen begann in Rom ein kirchliches Aufbauprogramm, das auch von späteren Herrschern niemals mehr übertroffen wurde. Mit dem Lateranpalast erhielt der Papst erstmals eine prächtige Residenz auf kaiserlichem Privatbesitz. Daneben entstanden die Bischofskirche von Rom am Lateran (Kirche des Erlösers S. Salvator) und die Kirche S. Croce in Gerusalemme, die zunächst als Kapelle (*Sessorianum*) für Konstantins Mutter Helena gedacht war. Außerhalb der römischen Stadtmauern ließ Konstantin die Peterskirche am Vatikan neben dem neronischen Zirkus über dem Grabdenkmal des heiligen Petrus errichten. Ebenso gab er den Bau der Paulskirche ›vor den Mauern‹ (S. Paolo fuori le mura) über dem Grabdenkmal des heiligen Paulus an der Via Ostiense in Auftrag. Diese erfuhr 386 eine erhebliche Vergrößerung. Rom wurde zur Stadt der Kirchen.

STEFAN WEINFURTER

Quellen: Firmicus Maternus, De errore 1953 – Quellen zur Geschichte des Papsttums 1967
Literatur: AK Konstantin d. Gr., Trier 2007 – Bauer, F.A. 2006 – Brandenburg 2013 – Herrmann-Otto 2007
Bild: Kopf der Monumentalstatue Kaiser Konstantins (Rom, Musei Capitolini)

Die Petersbasilika am Vatikan

HUGO BRANDENBURG

Kaiser Konstantin errang im Jahre 312 an der Milvischen Brücke im Norden Roms über seinen Gegenspieler Kaiser Maxentius, der in Rom, der Hauptstadt des Reiches, sowie in Italien und Nordafrika regierte, einen entscheidenden Sieg, der ihn zum Herrscher über die westliche Hälfte des Reiches machte. In den Jahren nach der Schlacht, die er mit unterlegenen Kräften gewonnen hatte, ließ er Christus, dem Salvator, der Gottheit, die ihm nach seiner Auffassung den Sieg verliehen hatte, die große Lateranbasilika als Siegesmal errichten und übergab sie der christlichen Gemeinde und ihrem Vorsteher, dem Bischof von Rom, zur Nutzung.

Wenige Jahre später, unter Bischof Silvester (314–335), ließ Konstantin, wie die Papstchronik, der *Liber Pontificalis* (I, 178–177), vermeldet, im Norden außerhalb der Stadt eine weitere monumentale Basilika errichten. Sie wurde um das Jahr 320, wie wir aus den archäologischen Daten erschließen können, über einer römischen Nekropole erbaut, die sich von Ost nach West auf dem Hang des vatikanischen Hügels jenseits des Tibers hinzog. Hier lag inmitten heidnischer Mausoleen wohlhabender römischer Bürger ein unscheinbares Grabmal, das der Erinnerung an das Grab des Apostels Petrus gewidmet war. Der Tradition zufolge hatte dieser in Rom das Evangelium gelehrt und unter Nero im Jahr 64 oder 67 n. Chr. den Märtyrertod im Circus des Kaisers erlitten, der sich in unmittelbarer Nähe der späteren Grabbauten der Nekropole befand. Dieses Grabmal Petri wurde als Zeugnis der Lehrtätigkeit des Apostels in Rom und seines Märtyrertodes in die große Basilika einbezogen und der Verehrung der Gläubigen in der kaiserlichen Kirchenstiftung zugänglich gemacht.

Die »Heilige Säule« (Colonna Santa), eine der charakteristisch gedrehten Säulen, die beim Bau der konstantinischen Peterskirche verwendet wurden und in der frühsten Darstellung der Petrusmemorie zu sehen sind (siehe auch Rekonstruktion S. 40)

Der Anlass für die Errichtung der Basilika über dem Grab des Apostels, die die Zerstörung der nach römischem Recht sakrosankten Nekropole bedingte und einen enormen baulichen Aufwand notwendig machte, ist in der Bedeutung des Grabes des ersten der Apostel zu suchen, dem Christus verheißen hatte (Matth 16,18–19), dass er »auf diesem Stein« seine Kirche bauen wolle. Petrus hatte durch seinen Märtyrertod die Lehre Christi, dessen Tod und die Auferstehung zum ewigen Leben bezeugt (griechisch *martys*, Zeuge). So verkündeten das Grab des Apostels und die vom Kaiser darüber errichtete Gedächtnisbasilika in Rom stellvertretend das zentrale Glaubenszeugnis des Christentums, den Sieg Christi über den Tod durch die Auferstehung, das, wie der Bischof Eusebius von Caesarea vermerkt (Eusebius, *Vita Constantini* 3, 33–34), um das Jahr 326 durch die vom Kaiser gestiftete Memorialbasilika über dem Grab Christi in Jerusalem bekundet wurde.

Die von den vatikanischen Behörden in den Jahren 1940–1949 unternommenen Grabungen unter der heutigen Peterskirche, der frühneuzeitlichen Nachfolgerin der konstantinischen Petersbasilika, haben einen Teil einer römischen Nekropole aus dem 2. und 3. Jahrhundert freigelegt. Um die Jahre 160–165 wurde, wie die Befunde ergaben, inmitten der Grabmonumente an einer Stützmauer in der Nekropole ein unscheinbares Mal errichtet, das die Erinnerung an das Grab des Apostels an dieser Stelle sichern sollte: eine einfache Nische, die später, gegen Ende des 3. Jahrhunderts, mit einer Säulenstellung, kaum 1,40 m hoch, zu einer Art Ädikula erweitert wurde. Dieser bescheidene Ausbau sowie Graffiti aus frühkonstantinischer Zeit mit der Anrufung Christi in unmittelbarer Nähe des Grabmals bezeugen die ununterbrochene Verehrung des Ortes bis zum Bau der konstantinischen Gedächtnisbasilika. Eine Reihe von archäologischen Befunden zeigt, dass die Nekropole bis gegen das Jahr 318 und wohl auch noch während der ersten Bauarbeiten, die um 320 begannen, für Bestattungen genutzt wurde. Um dieses

1 Längsschnitt der konstantinischen Petersbasilika mit der überbauten Nekropole. Das Petrusgrabmal unter dem Baldachin vor der Apsis (K. Brandenburg, A. Morales)

Grabmal in die Basilika einbeziehen zu können, wurde die Nekropole mit einer Plattform überbaut und die Mausoleen in der Nähe der Gedenkstätte wurden niedergelegt. Auf dieser im Osten hoch aufragenden Überbauung, gleichsam einem Podium von gut 213 m Länge, deren Fundamentmauern teilweise neun Meter Höhe erreichten, wurde eine fünfschiffige Basilika mit Vorhof (Atrium) errichtet, der im Westen am Hang über dem Grab Petri ein Querhaus vorgelagert war (Abb. 1). In diesem Querhaus, gleichsam einem Schrein über dem verehrten Denkmal, stand das Grabmal Petri, kostbar mit Marmor verkleidet, vor der im Westen angeschlossenen Apsis. Eine große Freitreppe von ca. 30 Stufen vermittelte den Zugang aus der Tiberebene zum Atrium. Die heutige frühneuzeitliche Peterskirche lässt mit ihrer hohen Treppenanlage diese topographische Situation noch erkennen (Abb. 2).

Über die antike Basilika gibt es nur wenige Aufzeichnungen und keine Planunterlagen aus der Zeit vor dem 15. Jahrhundert. Die moderne Forschung kann sich für die Rekonstruktion der Basilika somit neben den Ergebnissen der Grabungen, die einige Fundamentmauern der Basilika aufgedeckt haben, vor allem die von den am Neubau beteiligten Architekten wie Bramante, Peruzzi oder G. B. da Sangallo überlieferten Bauzeichnungen und Maßangaben zur alten Basilika zunutze machen sowie die während des Neubaus angefertigten Veduten verschiedener Künstler, die auch die damals noch stehenden Teile des konstantinischen Baues wiedergeben. Besonders wertvoll sind die von T. Alfarano zwischen 1571 und 1582 und die von G. Grimaldi Anfang des 17. Jahrhunderts angefertigten Beschreibungen, denen Alfarano auch einen Plan der alten Basilika in ihrem spätmittelalterlichen Zustand beigefügt hat. Die kritische Durchsicht dieser Zeugnisse, die seit Anfang des letzten Jahrhunderts geleistet wurde, ihre synthetische Verarbeitung und vergleichende Forschungen erlauben uns heute ein gutes, wenn auch nicht in allem zuverlässiges Bild von der konstantinischen Basilika und ihrer ursprünglichen Ausstattung zu gewinnen.

Das von den Architekten Konstantins in einer schöpferischen Weiterentwicklung des Bautyps im Westen der Basilika angefügte Querhaus hatte die Bestimmung, einen würdigen Raum für die kultische Verehrung des Grabmals zu bieten. Das Querhaus überragte die Flucht der fünfschiffigen Basilika mit zwei niedrigeren Annexbauten. Es hatte insgesamt eine Länge von etwas über 90 m und entsprach damit in harmonischer Übereinstimmung der Länge der Basilika sowie auch der Länge des Atriums. Der eigentliche Baukörper des Querhauses aber hatte eine Länge von wenig über 63 m und entsprach damit wiederum der Breite von Langhaus und Atrium. In der Höhe setzte sich allerdings das Querhaus deutlich vom Langhaus der Basilika ab. Während die Basilika über dem Mittelschiff eine Firsthöhe von 37 m erreichte, lag die Firsthöhe des Querhauses bei ungefähr 30 m. Das Querhaus war damit deutlich als eigener Baukörper definiert, als Schrein über dem verehrten Denkmal. Dieser Bestimmung dürfte auch die große Zahl von 16 Fenstern entsprechen, die durch die Baubeschreibung des Alfarano überliefert ist (Abb. 2). Der Schrein am Grab des Apostels zeichnete sich so durch eine große Lichtfülle aus, die Im Zusammenspiel mit der überlieferten bunten Marmorverkleidung der Wände für einen besonders prächtigen Raumeindruck sorgte. Über dem mit Porphyr und Pavonazettomarmor verkleideten Grabmal erhob sich auf leicht erhöhtem Podium ein Baldachin, der von vier kostbar verzierten, tordierten Säulen aus kleinasiatischem Marmor getragen wurde. Diese Säulen aus kaiserzeitlicher Produktion hatte Konstantin, wie die Papstchronik eigens erwähnt, aus dem Ostteil des Reiches, »ex parte

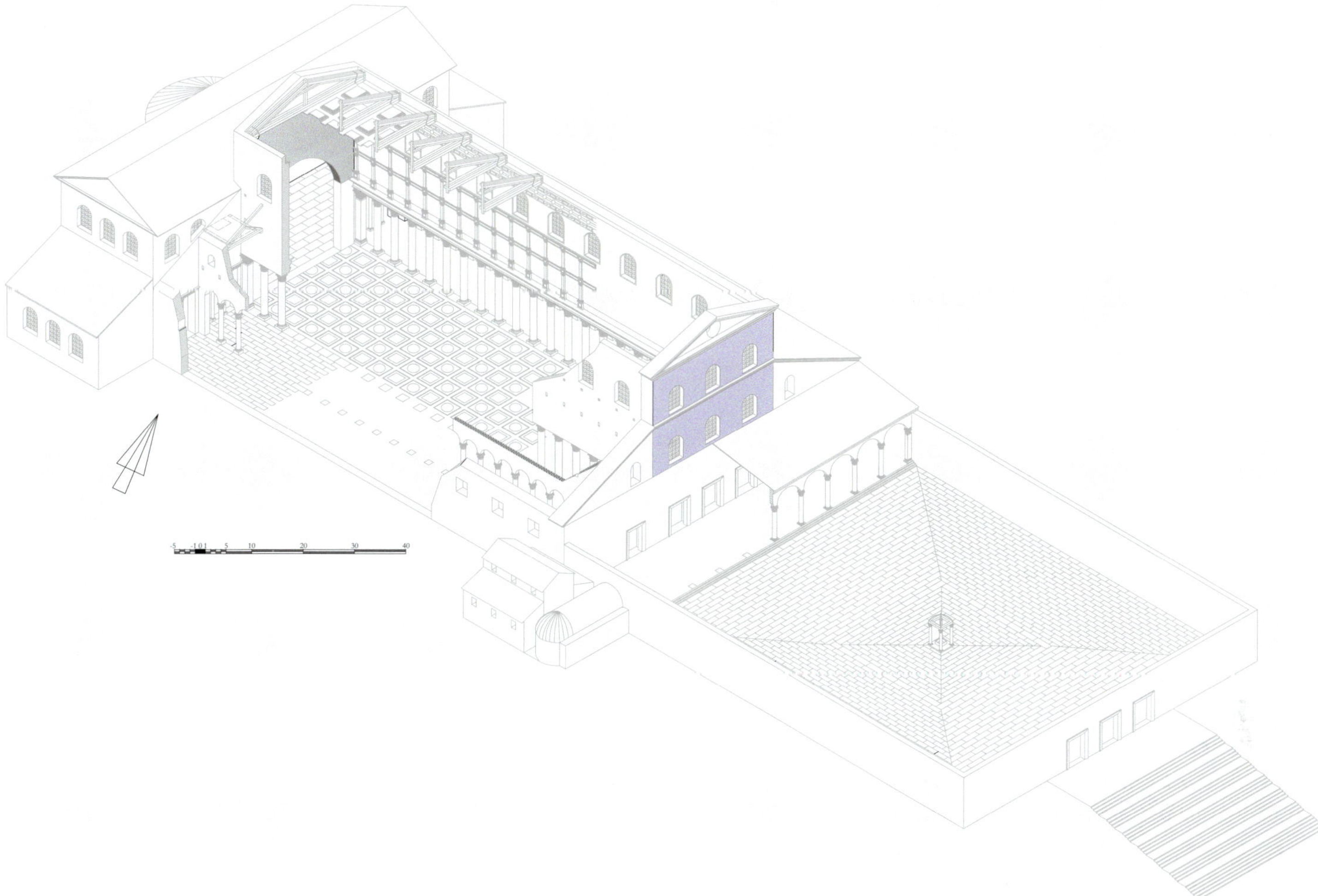

2 Die konstantinische Petersbasilika. Axonometrie (K. Brandenburg)

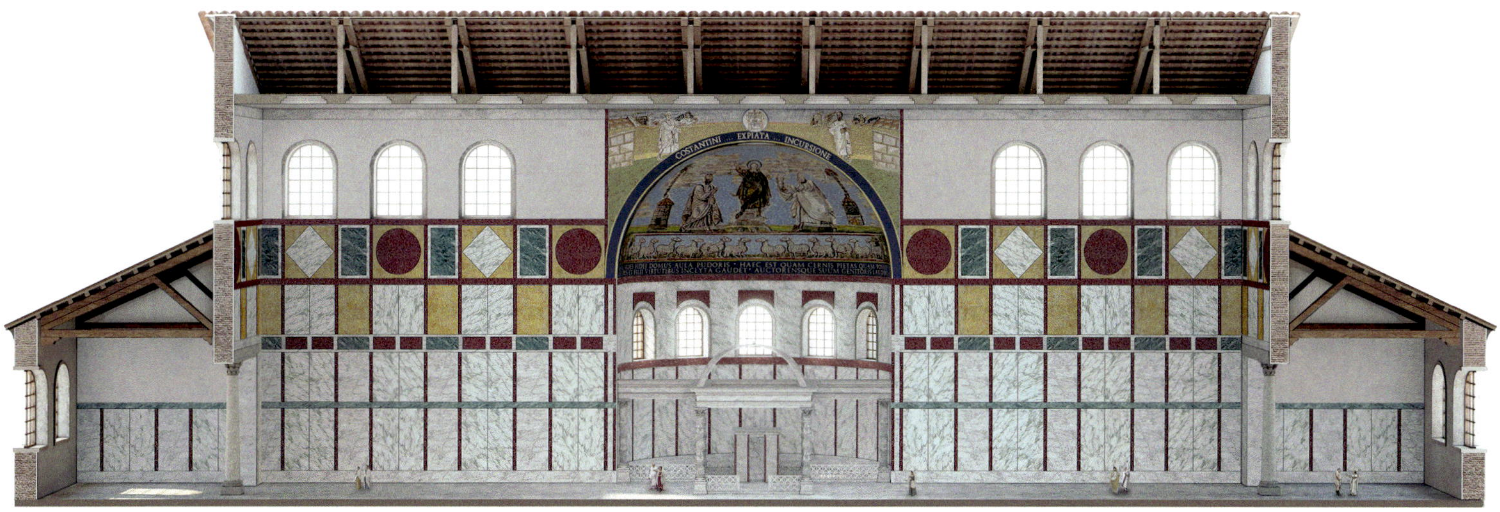

3 Querhaus der konstantinischen Petersbasilika. Das Petrusgrabmal unter dem Baldachin vor der Apsis (K. Brandenburg, A. Morales)

4 Die konstantinische Petersbasilika. Inneres (K. Brandenburg, A. Morales)

Graeca«, zur Ausschmückung des Grabmals beschaffen lassen, eine Angabe, die neuere Forschungen erhärten konnten (Abb. 3). Beim Bau der neuen Petersbasilika wurden diese Säulen bewahrt und in die Ädikulen der Kuppelpfeiler versetzt. Der Apsisbogen, der Grabmal und Baldachin rahmte, entsprach in den Maßen von 17 x 22 m den Maßen des Triumphbogens, mit dem sich das Querhaus zum Mittelschiff der Basilika öffnete und den Blick auf das Grabdenkmal vor der Apsis freigab, auf das die Basilika ausgerichtet war.

Das etwas über 90 m in der Länge messende Langhaus erreichte im Mittelschiff eine Höhe von 30 m. Da die Fundamentmauern bei den Ausgrabungen in Teilen festgestellt werden konnten, sind wir über die Auslegung der Basilika gut unterrichtet. Das Mittelschiff besaß eine lichte Weite von 23 m, die Seitenschiffe von ca. 8,50 m. Die Architravkolonnaden des Mittelschiffes hatten nach den Angaben der Renaissance-Architekten Säulen aus verschiedenen kleinasiatischen und griechischen Buntmarmoren und roten und grauen Graniten. Ihre Verteilung in der Kolonnade lässt sich weitgehend nach den genannten Angaben rekonstruieren: Die Schäfte waren paarweise über die Längsachse der Basilika und meist in Gruppen aufgestellt, eine Zusammenstellung, die deutlich von der Ausstattung mit jeweils einheitlichen Säulenschäften in der kaiserzeitlichen Architektur absticht. Der Bestand der Kapitelle, von dem sich nichts erhalten hat, umfasste Stücke korinthischer und kompositer Ordnung, die teilweise glatte (»unfertige« [?] nach den Berichten) Blätter, teilweise ausgearbeitete Blattkränze besaßen. Auch die Basen hatten unterschiedliche Formen und Maße: Attische Basen standen neben ionischen und neben nicht fertig ausgearbeiteten Stücken. Vor allem aber setzte sich der Architrav aus heterogenem Material zusammen. Grimaldi berichtet, dass auf einem Block eine hadrianische Bauinschrift zu lesen war, das Stück also offenbar wiederverwendet worden ist. Diese Nachricht gibt uns den wichtigen Hinweis, dass die Elemente der Baudekoration, die sich aus heterogenem Material zusammensetzte, im Wesentlichen den reich bestückten, meist unter kaiserlicher Verwaltung stehenden Marmormagazinen entnommen worden sind, die es in den Tiberhäfen gab und die bis in die Stadt hinein die Tiberufer säumten. Der Grund für dieses Verfah-

5 Die konstantinische Petersbasilika. Querschnitt am Triumphbogen. Das Mosaik mit dem auf der Weltkugel thronenden Christus, flankiert von Petrus und Paulus (K. Brandenburg, A. Morales)

ren lag offenbar in dem zeitlich knapp bemessenen Bauvorgang selbst, da die römische Gedächtnisbasilika wohl bis zur Einweihung der neuen Hauptstadt Konstantinopel im Jahre 330 fertiggestellt sein musste. Die Nebenschiffskolonnaden hatten bei gleichweiten Interkolumnien niedrigere Säulen, die uneinheitlich aus weißem Marmor und farbigen Graniten bestanden. Die weiteren und lichteren Interkolumnien der Seitenschiffkolonnaden bedingten Arkaden statt des Architravs und verbanden so die Nebenschiffe stärker miteinander.

Die Basilika war reich mit Mosaiken und Wandmalerei ausgestattet. In der Apsiskalotte befand sich ein Mosaik, das wohl die Präsentation der Heiligen Schriften als das neue Gesetz durch Christus an Petrus im Beisein von Paulus darstellte (vgl. Abb. 3, 4 und 5). Die zugehörige, in der Deutung umstrittene Inschrift, die von dem verdienstvollen, tugendhaften Vater und dessen Sohn als Stifter (*auctor*) spricht, ist sicher auf Konstantin, den Stifter der Basilika, und seinen Vater Constantius zu beziehen, zumal auch die Triumphbogen-Inschrift den Kaiser als Urheber der Basilika nennt. Die Apsisinschrift weist Konstantin als Stifter der Gedächtniskirche Petri und als legitimen Herrscher in der Nachfolge seines Vaters aus, der als Augustus Seniorherrscher des Reiches war. Der Apsisbogen trug ein Mosaik, dessen Darstellung wir nicht kennen, da es im 15. Jahrhundert bereits zerstört war. Die zugehörige, nur bruchstückhaft überlieferte Inschrift spricht von der siegreichen Abwehr eines Barbareneinfalls durch Konstantin. Auch hier ist die politische Bedeutung der Inschrift eindeutig. Konstantin bedankt sich bei der Gottheit für den ihm verliehenen Sieg. Aus der Darstellung auf einem elfenbeinernen Reliquienkästchen aus Samagher (Pola) [vgl. Kat. Nr. A.1.1.2], das in den Reliefs der Vorder- und Rückseite den Apsisbereich der Petersbasilika wiedergibt, lässt sich schließen, dass das Mosaik den leeren Herrscherthron mit den Insignien Christi (*Hetoimasia*) gezeigt hat, der von den Apostelfürsten Petrus und Paulus verehrt wurde. Diese Komposition wurde bezeichnenderweise in der Kirche S. Maria Maggiore in der Mitte des 5. Jahrhunderts ebenfalls am Triumphbogen wiederholt. Das Triumphbogen-Mosaik (Abb. 5) aber wurde von einer Inschrift begleitet, in der Konstantin die Basilika Christus dediziert, da sich unter Christi

6a Die konstantinische Petersbasilika. Die Fassade mit der Darstellung der Johannes-Apokalypse

siegreicher Führung die Welt (*mundus*) triumphierend zu den Sternen erhoben habe. Die Inschrift weist mit dieser eminent politischen Aussage die Basilika als Dankesgabe des Kaisers an Christus für die verliehenen Siege aus, durch die er das römische Reich unter seiner Herrschaft vereinigen konnte. Wie wir aus späteren Darstellungen aus dem 4. Jahrhundert schließen können, die offenbar durch das Mosaik in St. Peter angeregt worden sind, gab das Triumphbogen-Mosaik in einer signifikanten Komposition Christus auf der Weltkugel sitzend wieder, verehrt wiederum von den beiden Apostelfürsten Petrus und Paulus.

An den Hochwänden des Mittelschiffes befanden sich nach den Angaben Alfaranos und Grimaldis in doppelter Reihung Malereifriese, die Szenen aus dem Alten Testament auf der rechten Seite als Vordeutung oder Voraussage den Szenen aus dem Neuen Testament auf der linken Seite gegenüberstellten. In der Forschung werden diese Malzyklen, die im Mittelalter restauriert und übermalt wurden, allgemein Papst Leo I. (440–461) zugeschrieben. Der Bischof Paulinus von Nola und weitere schriftliche wie bildliche Zeugnisse belegen jedoch die Existenz solcher Malereien bereits für die zweite Hälfte des 4. Jahrhunderts. So ist anzunehmen, dass die Petersbasilika schon in konstantinischer Zeit mit diesen Zyklen geschmückt war, die schon für die große Paulsbasilika in Rom am Ende des 4. Jahrhunderts und dann im Mittelalter vielfach das Vorbild für solche Wanddekorationen in Kirchen waren. Der durch die grandiosen, in die Tiefe fluchtenden Kolonnaden, den reichen Baudekor und die Buntfarbigkeit der Dekoration bestimmte Raumeindruck wurde ergänzt durch einen Fußboden aus bunten Marmorplatten, darunter auch Porphyr, und eine vergoldete Kassettendecke (Abb. 4). Monumentalität und Pracht sollten nach einem Brief des Kaisers an den Bischof von Jerusalem, den uns Eusebius (*Vita Const.* 3, 29, 2 und 3, 30–34. Vgl. *historia ecclesiastica*, 10, 4, 20. 43–44) überliefert hat, die kaiserlichen Kirchenstiftungen auszeichnen: Sie sollten den öffentlichen Großbauten und Tempeln in den Städten des Reiches nicht nachstehen. Die Fassade der Basilika trug ein großes Wandbild oder eher ein Mosaik, das die Erscheinung Christi als Weltenherrscher am Ende der Tage nach dem Bericht der

6b Die konstantinische Petersbasilika. Digitale Rekonstruktion der Fassade mit der Darstellung der Johannes-Apokalypse (K. Brandenburg, A. Morales)

Apokalypse darstellte. Auch hier haben wir Indizien, dass dieses Bild nicht erst unter Leo I. geschaffen wurde, sondern bereits in konstantinischer Zeit die Fassade schmückte (Abb. 6a und 6b). Das große Atrium, in den Maßen dem Langhaus der Basilika gleichend, diente zur Sammlung und Reinigung am Brunnen vor dem Eintritt in die Kirche und auch um die Gläubigen bei großen Festen und ebenso bei großen Totenfeiern aufzunehmen, wenn beim Totenmahl, das von reichen Mitgliedern der Aristokratie zu Ehren ihrer Verstorbenen veranstaltet wurde, auch die Armen gespeist wurden (Abb. 2).

Die von Konstantin gestiftete grandiose Gedächtnisbasilika für den Märtyrerapostel Petrus, den Zeugen für die grundlegende Glaubenswahrheit des Christentums, des Sieges Christi über Tod und Sünde, war zugleich eine Dankesgabe an Christus für die dem Kaiser verliehenen Siege, durch die er das Reich unter seiner christlichen Herrschaft vereinigen konnte.

Literatur: Ausführliche Darstellungen mit Belegen und Literatur bei: Arbeiter 1988 – Blaauw 1994, S. 451–511 – Brandenburg 2013, S. 96–107 – Brandenburg/Ballardini/Thoenes 2015, S. 9–34 – Brandenburg 2017 (im Druck) – Krautheimer 1977, S. 165–292 – Tronzo 2001

A.2.1.1

Kopf von Kaiser Konstantin dem Großen († 337) oder von einem seiner Söhne

Rom, vor 330
Marmor; H. 32 cm, B. 26 cm, T. 28 cm
Rom, Musei Capitolini, MC 843

Der Kopf gilt als Porträt Konstantins oder als eines von einem seiner Söhne. Alle erhaltenen Porträts Konstantins wiederholen einen bestimmten Bildnistypus, der am besten im marmornen Kolossalkopf im Konservatorenpalast in Rom überliefert ist. Sie zeigen den Kaiser bartlos mit knochigem Gesicht, starkem Kinn, großen Augen und Hakennase. Tiefe Falten zwischen den Augenbrauen und auf der Stirn deuten Anstrengung und Konzentration des Herrschers an. Die Haare sind strähnig und zeigen eine Kurzhaarfrisur.

Der hier zu sehende Kopf wurde im Bereich der Ohren und der Haare überarbeitet, um eine günstigere Proportionierung des Gesichts zu erzielen. Aufgrund seines Stils und bestimmter ikonographischer Merkmale ist er vor 330 zu datieren und soll entweder den jugendlichen Konstantin oder einen seiner Söhne darstellen. In der Tat weicht die Wiedergabe der Haare von den gesicherten ›echten‹ Konstantinporträts ab.

Mit Kaiser Konstantin sind die konstantinische Wende bzw. der Aufstieg des Christentums zur wichtigsten Religion im Imperium Romanum verbunden. Dieser hatte Auswirkungen auf die Topographie Roms und den konstantinischen Kirchenbau. Ein monumentales Porträt des Kaisers in Bronze wurde im Lateran aufgestellt, der von der Zeit Konstantins I. an für viele Jahrhunderte der Sitz der Päpste war. Wie auch andere antike Bronzen wurde diese Porträtbüste von Papst Sixtus IV. 1471 dem Volk von Rom geschenkt und kam so auf das Kapitol.

Bei Bildnissen seiner selbst brach Konstantin mit der Tradition des antiken Kaiserporträts, viele sind überdimensional groß. Stilistisch ist eine gewisse Tendenz zur Abstraktion zu beobachten. Der Blick ist nicht auf ein Gegenüber gerichtet, sondern nach oben, was in Zusammenhang mit dem Aufstieg des Christentums gesehen wird. Daran soll der Marmorkopf erinnern, selbst wenn dieses 1877 auf dem Esquilin gefundene Porträt nicht in seiner ursprünglichen Aufstellung bekannt ist.

IRMGARD SIEDE

Literatur: AK Credo, Paderborn 2013, S. 68–70, Kat.-Nr. 50 (Claudio Parisi Presicce) – AK Konstantin d. Gr., Trier 2007, S. 117–136 – Bollettino dei Musei capitolini, N.S. 27, 2013, S. 206 – Ruck 2007, S. 238–243

A.2.1.2

Follis (Fragment) Konstantins des Großen (306–337)
Avers: Gepanzerte und drapierte Büste Konstantins mit Lorbeerkranz nach rechts, CONSTANTIN[VS P AVG]
Revers: Sol nach links mit Globus u. erhobener Hand, [SOLI INVIC-TO COMI]TI, im Abschnitt PLN, links im Feld Halbmond (Mzz.)
Münzstätte: Londinium, 313–317
Bronze/Silber; Dm. 18 mm
Mannheim, Reiss-Engelhorn-Museen, 998:9113

Follis Konstantins des Großen (306–337)
Avers: Gepanzerte und drapierte Büste Konstantins mit Lorbeerkranz nach rechts, IMP CONSTANT[INVS AVG]
Revers: Sol nach links mit Globus u. erhobener Hand, [SOLI INVIC-]TO COMIT[I], links bzw. rechts im Feld T|F (Mzz.)
Münzstätte: Treviri, 313–317
Bronze/Silber; Dm. 18 mm
Mannheim, Reiss-Engelhorn-Museen, 998:9114

Maiorina des Magnentius (350–353)
Avers: Gepanzerte und drapierte Büste des Magnentius nach rechts, [D N MAGNEN-TIVS P F] AVG
Revers: Christogramm zwischen A und Ω, [SA]L[VS] DD [NN] AVG ET CAES, im Abschnitt TRS
Münzstätte: Treviri, 353
Bronze/Silber; Dm. 23 mm
Mannheim, Reiss-Engelhorn-Museen, 998:9264

Maiorina des Magnentius (350–353)
Avers: Gepanzerte und drapierte Büste des Magnentius nach rechts
Revers: Christogramm zwischen A und Ω, [SALVS] DD NN AV[G ET CAES]
Münzstätte: unbekannt, 353
Bronze/Silber; Dm. 23 mm
Mannheim, Reiss-Engelhorn-Museen, 998:9267

Der Übergang von heidnischen Motiven hin zu christlichen Bildprogrammen vollzog sich in der spätantiken Münzprägung langsam, wobei umstritten ist, welche Darstellungen als die ersten christlichen Münzbilder gelten dürfen. Nichtsdestotrotz handelt es sich bei spätantiken Münzen um wichtige Primärquellen, die neben ihrer wirtschaftsgeschichtlichen Bedeutung auch als Zeugnisse für herrschaftliche Repräsentation und Selbstdarstellung relevant sind. So zeigen die Münzen Konstantins das Bild des Sonnengottes Sol, dessen zunehmende Verehrung seit dem späten 3. Jahrhundert n. Chr. einen wichtigen Vorläufer des Christentums darstellt. Bei dem in der Ausstellung gezeigten *Follis*-Fragment ist gut erkennbar, dass diese Bronzemünzen mit einer dünnen Silberschicht überzogen waren. Eine stark ausgeprägte christliche Symbolik weisen die Münzen des Magnentius auf, der sich gegen Constans zum Gegenkaiser erhob (350–353). Sie bilden das Christogramm ab, eine Verbindung der Buchstaben Chi und Rho, die auf Christus verweist, während die griechischen Buchstaben Alpha und Omega als Hinweis auf die biblische Apoka-

Solidus Valentinians I. (364–375)
Avers: Gepanzerte und drapierte Büste des Valentinian mit Rosettendiadem nach rechts, D N VALENTINIANVS P F AVG
Revers: Kaiser im Kriegsgewand mit Kreuzstandarte und Victoria, RESTITVTOR REIPVBLICAE, im Abschnitt ANTI mit Stern (Mzz.)
Münzstätte: Antiochia, 364–367
Gold; Dm. 21 mm
Mannheim, Reiss-Engelhorn-Museen, 998:9279

Solidus des Honorius (395–423)
Avers: Gepanzerte und drapierte Büste des Honorius mit Perlendiadem nach rechts, D N HONORI-VS P F AVG
Revers: Kaiser im Kriegsgewand, Fuß auf Gefangenen setzend, VICTORI-A AVGGG, im Abschnitt COMOB, links bzw. rechts im Feld R|V (Mzz.)
Münzstätte: Ravenna, 402–406
Gold; Dm. 20 mm
Mannheim, Reiss-Engelhorn-Museen, 998:9328

lypse zu betrachten sind. Der *Solidus* Kaiser Valentinians zeichnet sich durch ein Nebeneinander christlicher und heidnischer Symbolik aus. Er zeigt den Herrscher mit Kreuzstandarte, trägt aber mit der Siegesgöttin Victoria zugleich eine Darstellung, die der althergebrachten römischen Bilderwelt entstammt. Ähnlich verhält es sich mit dem unter Honorius geprägten *Solidus*, der mit dem siegreichen Kaiser, der auf einen am Boden liegenden Gefangenen tritt, ein Motiv abbildet, das bereits im Altertum in einer langen Tradition stand. Darüber hinaus handelt es sich bei den durch Konstantin eingeführten *Solidi* um eine ›geldgeschichtliche Erfolgsgeschichte‹, denn noch Jahrhunderte später wurden derartige Nominale verwendet.

DANIEL FRANZ

Literatur: Beinhauer/Chantraine 1983 – Bruun 1966 – Kent 1981 – Kent 1994 – Pearce 1951 – Radnoti-Alföldi 1978

A.2.1.3
Wellenranke

Trier, Basilika, erste Hälfte bis Mitte 4. Jahrhundert
Weißer Marmor; B. 31 cm, H. 18 cm
Trier, GDKE – Direktion Rheinisches Landesmuseum Trier, ohne Inv.-Nr.

Das Fragment aus weißem Marmor zeigt eine fünfblättrige Blüte, die von einem Akanthusblatt eingefasst wird, darüber einen Fries und einen Viertelrundstab. Dieses architektonische Bauteil lässt an Großbauten aus der Zeit Konstantins des Großen (zwischen 270 und 288–337) denken. Möglich wäre, dass die Wellenranke einen Fries oder einen Architrav oder ein anderes Bauteil geschmückt hat; eine genaue Verortung ist nicht möglich.

Kirchliche und weltliche Großbauten dienten der Herrschaftsrepräsentation. Konstantin hat die Orte für solche Projekte bewusst ausgewählt: Rom, Jerusalem, Konstantinopel und Trier. Die im 4. Jahrhundert unter Konstantin dem Großen errichtete Trierer Basilika war keine Kirche, sondern eine römische Palastaula bzw. die Audienzhalle der Kaiser. Sie ist zugleich der einzige nördlich der Alpen erhaltene Großbau der Spätantike. Aus der Funktion der Herrschaftsrepräsentation erklärt sich die sorgfältige und qualitativ hochwertige Ausführung der Bildhauerarbeiten auf dem Marmorfragment.

IRMGARD SIEDE

Literatur: AK Konstantin d. Gr., Trier 2007, Nr. I.15.50 (DVD) – Koethe 1937 – Schwinden 2012

A.2.1.4

Votivlampe mit Widmungsinschrift für den heiligen Papst Silvester

6. Jahrhundert (?)
Silber;
Rom, Basilica die SS. Silvestro e Martino ai Monti

Silvester I. (314–335) gehört zu den schillerndsten Figuren der Papstgeschichte in der Spätantike. Obwohl über sein Leben und Wirken nur sehr wenig bekannt ist, galt er über die Jahrhunderte hinweg als Identifikationsfigur und als ein Papst, in dessen Tradition sich seine Nachfolger auf der *Cathedra Petri* sahen. Ihr Bild von diesem Pontifex war allerdings schon damals mehr von Legenden als Fakten geprägt. Als Zeitgenosse Kaiser Konstantins des Großen (306–337), der den Aufstieg des Christentums unter diesem Herrscher und den Beginn der Erfolgsgeschichte der Kirche miterlebt hatte, musste ihm eine herausragende Rolle zukommen. Dies galt insbesondere, weil die Anerkennung des Christentums durch die Herrscher des römischen Reiches keine ›Einbahnstraße‹ war, sondern auch ein Bekenntnis der Kirche zum ›Staat‹ erforderte. Obwohl diese bedeutenden Vorgänge der Herrschaft Kaiser Konstantins zugeordnet werden können, bleibt die Figur des römischen Bischofs seltsam im Dunkeln. Für eine echte und fundierte Würdigung seines Einflusses und seiner eigenen Initiativen fehlen schlicht und ergreifend verlässliche Informationen. Und dennoch war die Bedeutung seines Pontifikats enorm und stark symbolisch aufgeladen. Dieser Umstand ist allerdings weniger seinen persönlichen Handlungen als vielmehr den Legenden zu verdanken, die sich um seine Person rankten und ihm einen außergewöhnlichen Einfluss zusprachen. Demnach war Silvester der Protagonist kirchlicher und politischer Ereignisse von weitreichender Bedeutung, die den Gang der Geschichte bis ins moderne Zeitalter prägten.

Eines der wenigen Objekte, das direkt mit der Person Silvesters verbunden ist und die frühe Verehrung dieses Papstes belegt, ist eine kostbare Votivlampe, die heute in der den Heiligen Silvester und Martin geweihten Kirche SS. Silvestro e Martino ai Monti in Rom aufbewahrt wird. Die aus Silberblech gefertigte Lampe aus dem 6. Jahrhundert trägt eine Widmungsinschrift mit Bezug auf Papst Silvester, die ihn bereits mit dem Titel eines Heiligen (*sanctus*) belegt: *Sancto Silvestro ancilla sua votum [solvit]* (»Dem heiligen Silvester erfüllt seine Dienerin ihr Gelübde«). Spätestens zwei Jahrhunderte nach seinem Tod erfuhr Silvester demnach eine besondere Verehrung und galt als Heiliger. Die von ihm errichtete Hauskirche am Esquilin (*titulus Equitius*), wo Papst Symmachus (498–515) später eine dem heiligen Martin von Tours gewidmete Basilika erbauen ließ, entwickelte sich zu einem Verehrungsort des Papstes. Papst Hadrian I. (772–795) ließ die Kirche später restaurieren und weihte sie neben Martin auch dem heiligen Silvester.

VIOLA SKIBA

Quellen: Liber pontificalis 1886, S. 170–201, bes. S. 290–291 Anm. 125 – Liber pontificalis 1898, S. 47–72
Literatur: Accorsi 2002 – Coccia, E. 1963 – Scorza Barcellona 2000

Damasus (366–384) und die Fundamente des Petrusamtes

»Unwürdiger Erbe« des heiligen Petrus

Mit Damasus (366–384) beginnt die Epoche, in der die Grundlagen des Papsttums entstanden sind. Sie reicht bis etwa 500. Der Titel *papa* kommt von dem griechischen Wort πάπας für ›Vater‹ und bildet den Kern der Amtsbezeichnung ›Papst‹. Im 12. Jahrhundert erklärte der Rechtsgelehrte Petrus Lombardus das Wort dann anders: Es sei eine Kurzform von *pater patrum*, bedeute also ›Vater der Väter‹ (*Sententiae in IV libros distinctae*, lib. IV, dist. 24, cap. 11). Bei einem römischen Bischof ist der Titel *papa* als Fremdbezeichnung erstmals für Marcellinus (296–304) überliefert. Als Eigenbezeichnung findet er sich zum ersten Mal bei Siricius (384–399). Darin schlägt sich ein gesteigertes Amtsbewusstsein nieder, das im 4. und 5. Jahrhundert seinen Aufschwung erlebte. Fast alle Elemente des päpstlichen Amtes wurden in dieser Zeit ausgebildet. Ein wichtiger Anstoß dafür war die Konkurrenz mit dem Patriarchen von Konstantinopel. Dieser beanspruchte als Kirchenführer mit Sitz in der neuen Reichshauptstadt am Bosporus, dem politischen Zentrum also, den höchsten Rang. Die römische Papstidee hingegen besagte in ihrem Kern, dass jeder Papst Erbe der von Christus auf Petrus übertragenen Funktionen wurde. Zwar konnte er nicht die persönlichen Eigenschaften und Verdienste des Apostels übernehmen und blieb somit ein ›unwürdiger Erbe‹. Doch führte er das Amt und die Gewalt des Petrus fort und war in diesem Sinne ›apostolisch‹ (*apostolicus*). Der römische Bischofsstuhl wurde zum ›apostolischen Stuhl‹ (*sedes apostolica*). Es ging um die ›Rechtspersönlichkeit‹ des heiligen Petrus, die jeder Papst unmittelbar – ohne einen Mittelsmann – übernahm. Für die Entstehung dieses Amtsgedankens war das römisch-rechtliche Denken von großer Bedeutung.

Der Primat der römischen Kirche

Im 4. Jahrhundert entstand die Formel vom ›Primat‹ der römischen Kirche. Der Begriff wurde erstmals verwendet in den Akten der römischen Synode von 382: »dass die heilige römische Kirche (…) durch die evangelische Stimme unseres Herrn und Erlösers den Vorrang (*primatum*) erhielt«. Und weiter: »Der erste Stuhl des Apostels Petrus (*prima Petri apostoli sedes*) gehört also der römischen Kirche, und er hat keinen Makel und keine Runzel oder etwas Derartiges.« Keine andere Formel sollte fortan eine ähnlich große Bedeutung erlangen wie der ›Primat der römischen Kirche‹. Diesen Vorrang suchten die Päpste seit Damasus (366–384) gegenüber den Patriarchen von Antiochia, Alexandria, Jerusalem und Konstantinopel fest zu verankern. Die Kirchen in Italien, Gallien, Spanien, Afrika und Sizilien seien in Abhängigkeit von Petrus entstanden, so argumentierte Papst Innocenz I. (401/402–417). Deshalb schuldeten sie der römischen Kirche Gehorsam.

Zur Durchsetzung ihres Anspruchs bedienten sich die Päpste der römischen Rechtspraxis. Sie begannen damit, die kaiserlichen Rechtserlasse durch eigene Rechtsentscheidungen nachzuahmen, die ›Dekretalen‹ genannt wurden. Von Papst Siricius (384–399) stammt die früheste erhaltene Dekretale, die vom 10. Februar 385. Die souveräne Art des Umgangs mit diesem Instrument einer päpstlichen Grundsatzentscheidung legt nahe, dass die päpstlichen Dekretalen bereits von seinem Vorgänger Damasus eingeführt worden waren. Kennzeichnend für diese Verlautbarungen sind der juristische Grundton und die Verwendung von Befehlsworten (*decrevimus, iubemus, statuimus*). Damit signalisierten sie eine aus dem päpstlichen Amt fließende Rechtsgewalt und Vollmacht. Schon die Päpste des 4. Jahrhunderts also beanspruchten in ihren Dekretalen dieselbe Autorität und Verbindlichkeit, wie sie von den Konzilsbeschlüssen (Dekreten) ausging. Für das spätere Kirchenrecht erlangten die Dekretalen größte Bedeutung.

Außerdem wurde ein angeblicher Brief von Papst Clemens I. an den »Herrenbruder« Jakobus (wohl ein leiblicher Bruder Jesu) verbreitet. Der Brief, ein griechisches Dokument aus dem 3. Jahrhundert, wurde um 406 von dem Mönch und Theologen Rufinus von Aquileia († 411/412) überarbeitet und ins Lateinische übersetzt. Darin teilt Clemens mit, Petrus habe ihn persönlich als Nachfolger im Papstamt eingesetzt (»ihm übertrage ich die mir vom Herrn gegebene Gewalt zu binden und zu lösen«). Damit wurde der Rechtsanspruch des ›Nachfolgers‹ durch eine letztwillige Verfügung des Vorgängers abgesichert. Dies war die Grundlage für die sogenannte ›Erbentheorie‹ als rechtliche Grundlage des römischen Primats, die Papst Leo I. (440–461) vervollständigen sollte.

Großen Einfluss auf das Rechtsdenken der Kirche hatte die neue, auf Jahrhunderte verbindliche Übersetzung der griechischen Bibel ins Lateinische (*Vulgata*), die auf Veranlassung von Damasus durch den Kirchenvater Hieronymus vorgenommen wurde. Mit ihr flossen römisch-rechtliche Begriffe (darunter die Binde- und Lösegewalt) in das religiöse Denken. ›Schwerwiegende Fälle‹ sollten fortan der richterlichen Gewalt des Papstes vorbehalten sein und damit Einheitlichkeit und Einheit der christlichen Gemeinschaft sichergestellt werden. Zugleich wurde der Kampf gegen abweichende Lehrmeinungen (Häresien) eröffnet, unter denen die Lehre des Arius († 336) eine große Rolle spielte.

STEFAN WEINFURTER

Literatur: Maccarrone 1991 – Mordek 1991 – Reutter 2009 – Ubl 2007 – Wojtowytsch 1981 – Zeckiel-Eckes 2013

A.2.2.1

Goldglas mit Simon und Damasus, Petrus und Florus

Rom, nicht identifizierte Grabstätte, Sammlung Kardinal Gaspare Carpegna (1625–1714)
Um 366–399
Grünliches geblasenes Glas, durchscheinend mit Goldauflage in zwei Schichten; D. 10,4 cm
Vatikanstadt, Musei Vaticani, 60783

Das Glasgefäß (Kelch oder Teller), von dem sich nur der Boden erhalten hat, gehörte einst zur Sammlung des Kardinals Gaspare Carpegna (1625–1714) und stammt wie viele andere Objekte dieser Kollektion aus den alten frühchristlichen Friedhöfen der Stadt Rom, für die Carpegna als Kardinalvikar zwischen 1671 und 1714 verantwortlich war.

Der Glasboden ist mit einem Kreis aus einander gegenüberstehenden Dreiecken geschmückt. Sein Inneres teilt eine Horizontale in zwei Register, in denen sich jeweils zwei Brustbilder von Männern mit jugendlichen Zügen befinden. Alle vier Personen sind mit einer Tunika und einem *pallium omophorium* bekleidet. Die Zwischenräume sind mit stilisierten Kronen und Blättern gefüllt. Die Bildunterschriften (Simon, Damas, Petrus und Florus) erlauben im unteren Register den Apostel Petrus und im oberen Papst Damasus (366–384) zu erkennen, der den Märtyrerkult stark gefördert und sich um die Anlage und Monumentalisierung der Märtyrergräber bemüht hat. Oftmals ließ er diese Grablegen auch mit selbstverfassten metrischen Inschriften versehen, die in eleganten Lettern, *damasiani* oder *filocaliani* genannt, verfasst wurden, die zu diesem Zweck eigens von Furius Dionysius Philocalus, einem berühmten Kalligraphen und Autor des Chronographen von 354, geschaffen worden sind.

Schwieriger ist es dagegen, die anderen beiden Figuren, die sich so auch auf anderen Gläsern – häufig im Verbund mit Papst Damasus – wiederfinden, in diesen spätantiken Kontext einzuordnen. Das vorliegende Glas lässt sich am besten mit einem vergoldeten Glasboden (Morey/Ferrari 1959, S. 25, Nr. 106, Taf. XVIII) vergleichen, der wiederum Damasus und Petrus zeigt, zusammen mit Paulus und Pastor, vielleicht dem von Prudentius erwähnten spanischen Märtyrer. Es scheint demnach, als stünden diese beiden Glasobjekte – die in der zweiten Hälfte des 4. Jahrhunderts n. Chr. in derselben römischen Werkstatt geschaffen wurden – im Kontext des Märtyrerkultes, der von Papst Damasus gefördert und von seinem Nachfolger Papst Siricius (384–399) noch weiter ausgebaut wurde. Im Rückschluss müssten also auch Simon und Florus Märtyrer sein, die vielleicht im 4. Jahrhundert verehrt wurden, obwohl uns darüber keine weiteren Informationen vorliegen. Außer einigen unbedeutenderen Märtyrern namens Florus, die jedoch nur schwer mit dem Glas in Verbindung zu bringen sind, sind keine weiteren dieses Namens bekannt. Auf der Grundlage einer älteren Hypothese (die Faedo schon 1978 verworfen hat) wurde vorgeschlagen, dass die auf dem Glas abgebildeten Personen keine Märtyrer, sondern Freunde oder Begleiter von Papst Damasus seien (Priester, Diakone oder ähnliches), die sich zusammen mit dem geliebten Papst hätten darstellen lassen (Utro 2003). Eine weitere These besagt hingegen, dass es eine Verbindung zwischen Papst Damasus oder einem Mitglied seines Kreises und der Produktion und Verbreitung der ›damasianischen‹ Goldgläser gegeben haben könnte (Grig 2004).

CLAUDIA LEGA

Literatur: Buonarroti 1716, Taf. XIX Nr. 3 – Faedo 1978, bes. S. 1032–1039 – Grig 2004, bes. S. 209–215 – Lega 2011 – Morey/Ferrari 1959, S. 25, Nr. 107, Taf. XVIII – Nüsse 2008, bes. S. 227, Abb. 5 Nr. 107, S. 247, Abb. 26 Nr. 107 – Utro 2003

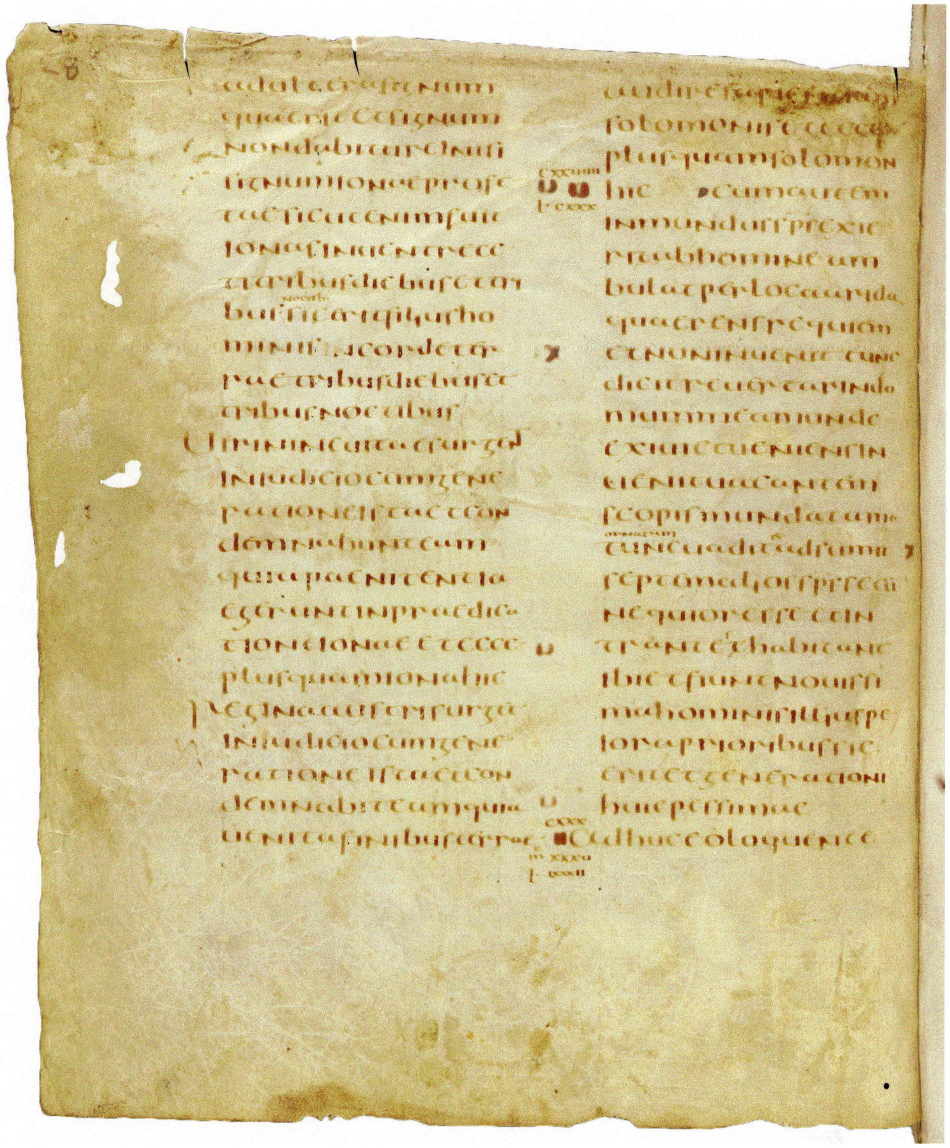

A.2.2.2

Älteste Bruchstücke der *Vulgata*-Übersetzung der Evangelien

Matthäus-Evangelium Kapitel 12, Verse 39–46
Oberitalien, 400/420
Pergament; diese Seite H. 20,5/21 cm, B. 17,7 cm (110 Einzelblätter, aus mindestens 15 Handschriften geborgen)
St. Gallen, Stiftsbibliothek, Cod. Sang. 1395, S. 28

Papst Damasus I. (366–384) beauftragte um 382/383 einen seinen Vertrauten, den Kirchenvater Hieronymus († 420), mit der Revision des lateinischen Textes der vier Evangelien. Wegen der großen Verschiedenheit der in sogenannten *Vetus-Latina*-Fassungen vorliegenden lateinischen Texte waren die Wünsche nach einem zuverlässigen und verbindlichen lateinischen Evangelientext immer stärker geworden. Es gebe, spottete Hieronymus in seiner Vorrede zur Neufassung, ebenso viele Übersetzungen wie Handschriften. Der vielseitig gebildete Hieronymus griff dabei vor allem auf die griechischen Evangelientexte zurück. Angepasst an die sprachlichen Gepflogenheiten seiner Zeit, schuf er eine Neufassung der Evangelien, die sich von den altlateinischen Texten merklich unterschied. Auch die übrigen Teile des Neuen Testamentes wurden von Hieronymus berichtigt. Indessen griff er dort nicht so stark in den Text ein wie bei den Evangelien. Nach dem Tod von Papst Damasus zog sich Hieronymus nach Bethlehem zurück und revidierte dort auch die alttestamentlichen Bücher, für die er vor allem auf die hebräischen und griechischen Urtexte zurückgriff.

Es vergingen jedoch einige Jahrhunderte, bis sich diese Neufassung der Bibel des Hieronymus gegenüber den älteren, altlateinischen Texten endgültig durchsetzte und zur maßgeblichen Bibelversion des Mittelalters und der frühen Neuzeit wurde. Wichtige Repräsentanten der alten Kirche wie Cassiodor oder Papst Gregor I. benutzten noch beide Übersetzungen nebeneinander. Und selbst im 9. Jahrhundert waren vereinzelt noch altlateinische Bibeltexte im Gebrauch.

Mit Beginn der wissenschaftlichen Bibelforschung im 16. und 17. Jahrhundert erhielt die hieronymianische Bibelübersetzung den

Namen *Vulgata*; das Wort bedeutet ›verbreitet‹. Der erste Bibeldruck von Johannes Gutenberg ist ebenfalls eine *Vulgata*-Fassung.

In der Stiftsbibliothek St. Gallen sind 110 kleinere und größere fragmentarische Einzel- oder Doppelblätter aus der ältesten erhaltenen Abschrift der vier Evangelien (Matthäus, Markus, Lukas, Johannes) überliefert. In textgeschichtlicher Hinsicht bilden sie einen der wertvollsten Schätze der ehemaligen Klosterbibliothek. Die Fragmente datieren wahrscheinlich noch aus der Lebenszeit des Hieronymus und dürften im ersten oder zweiten Jahrzehnt des 5. Jahrhunderts in Oberitalien, vielleicht in Verona, geschrieben worden sein. Die Blätter geben ungefähr die Hälfte des gesamten Evangelientextes wieder. Sie stammen aus einer spätantiken Pergamenthandschrift, die im frühen Mittelalter ins Kloster St. Gallen gelangte und irgendwann zwischen dem 9. und 15. Jahrhundert auseinandergenommen worden sein muss. Man verfügte im Kloster ja jetzt über besser lesbare Evangelientexte. Die Blätter dürften längere Zeit wenig beachtet in der damals in einem Turm befindlichen Bibliothek des Klosters weiterhin aufbewahrt worden sein. Um 1461 wurden sie dann anlässlich einer größeren Neubindungs- und Reparaturaktion von Handschriften zur Hinterklebung von Buchrücken oder zur Verstärkung von Fälzen verwendet oder als Spiegelblätter auf Innenseiten von Buchdeckeln geklebt.

Gegen Ende des 18. Jahrhunderts erkannten die gelehrten St. Galler Bibliothekare Johann Nepomuk Hauntinger (1756–1823) oder Ildefons von Arx (1755–1833) den Wert dieser Textfragmente. Sie lösten sie aus zahlreichen Büchereinbänden heraus und vereinigten sie in einem Sammelband (Cod. Sang. 1395) wieder miteinander. Im 20. Jahrhundert bargen die Handschriftenforscher Paul Lehmann, Alban Dold und Bernhard Bischoff bei ihren akribischen Untersuchungen weitere Blätterfragmente und -streifen aus dieser frühesten Abschrift der *Vulgata*-Fassung der Evangelien.

Die erhaltenen Fragmente sind unterschiedlich groß: Die Bandbreite erstreckt sich von Schnipseln von wenigen Quadratzentimetern Größe bis zu fast vollständig erhaltenen Blättern. Teilweise ist die Schrift verblasst, andere Blätter sind noch sehr gut lesbar; das feine Pergament ist im Lauf von 16 Jahrhunderten brüchig geworden.

Weitere Fragmente aus dieser oberitalienischen Evangelienhandschrift des frühen 5. Jahrhunderts finden sich heute auch andernorts (Vadianische Sammlung St. Gallen, Zentralbibliothek und Staatsarchiv Zürich, Stift St. Paul im Lavanttal).

Die Abbildung zeigt eine Textpassage aus dem Matthäus-Evangelium (Mt 12,39–46). Die ersten Zeilen der linken Spalte, geschrieben in einer regelmäßigen spätantiken Halbunzialschrift mit bräunlich-olivfabener Tinte, lesen sich wie folgt: *adultera signum / quaerit: et signum / non dabitur ei, nisi / signum ionae profe / tae, sicut enim fuit /* ([Das böse und] ehebrecherische [Geschlecht] verlangt ein Zeichen; aber es wird ihm kein Zeichen gegeben werden als das Zeichen des Propheten Jonas. Denn gleichwie [Jonas drei Tage und drei Nächte in dem Bauch des Fisches] war …). Es ist dies Teil einer Antwort Jesu auf eine Forderung von Schriftgelehrten und Pharisäern nach einem Zeichen.

KARL SCHMUKI

Literatur: AK Im Anfang war das Wort, St. Gallen 2012, S. 16–17 – Berger 1893 – Berschin 1986 – Bischoff 1941 – Cimelia Sangallensia 2000, S. 16–17 – Dold 1941 – Turner 1931

A.2.2.3

Hieronymus: *De viris illustribus* (Auszug)

Reichenau (?), 10. Jahrhundert
Pergament; H. 26,1 cm, B. 19,5 cm
Karlsruhe, Badische Landesbibliothek, Aug. perg. 183, fol. 1r

Sophronius Eusebius Hieronymus gehört nicht nur zu den Heiligen und Kirchenvätern, sondern auch zu den bedeutendsten Gelehrten der frühen Kirche. Noch während der fundierten Ausbildung, die er in Rom erhielt, ließ er sich taufen und wurde Christ. Nach ausgiebigen Reisen in verschiedenen Teilen des römischen Imperiums, die ihn unter anderem nach Trier führten, und weiteren Studien ließ sich Hieronymus zum Priester weihen und trat 382 in den Dienst des römischen Bischofs. Zu diesem Zeitpunkt hatte er sein literarisches Wirken längst begonnen. Nach einer Übersetzung der Kirchengeschichte des Eusebius ins Lateinische, ihrer Fortsetzung und ausgedehnten exegetischen Studien wurde er schließlich aufgrund seiner Gelehrsamkeit und seiner Sprachkenntnisse von Papst Damasus (366–384) damit beauftragt, die Bibel ins Lateinische zu übersetzen.

In dem seinem eigenen Schaffen gewidmeten Kapitel von *De viris illustribus* taucht die Bibelübersetzung zwar nur inmitten der Aufzählung und ohne besondere Betonung

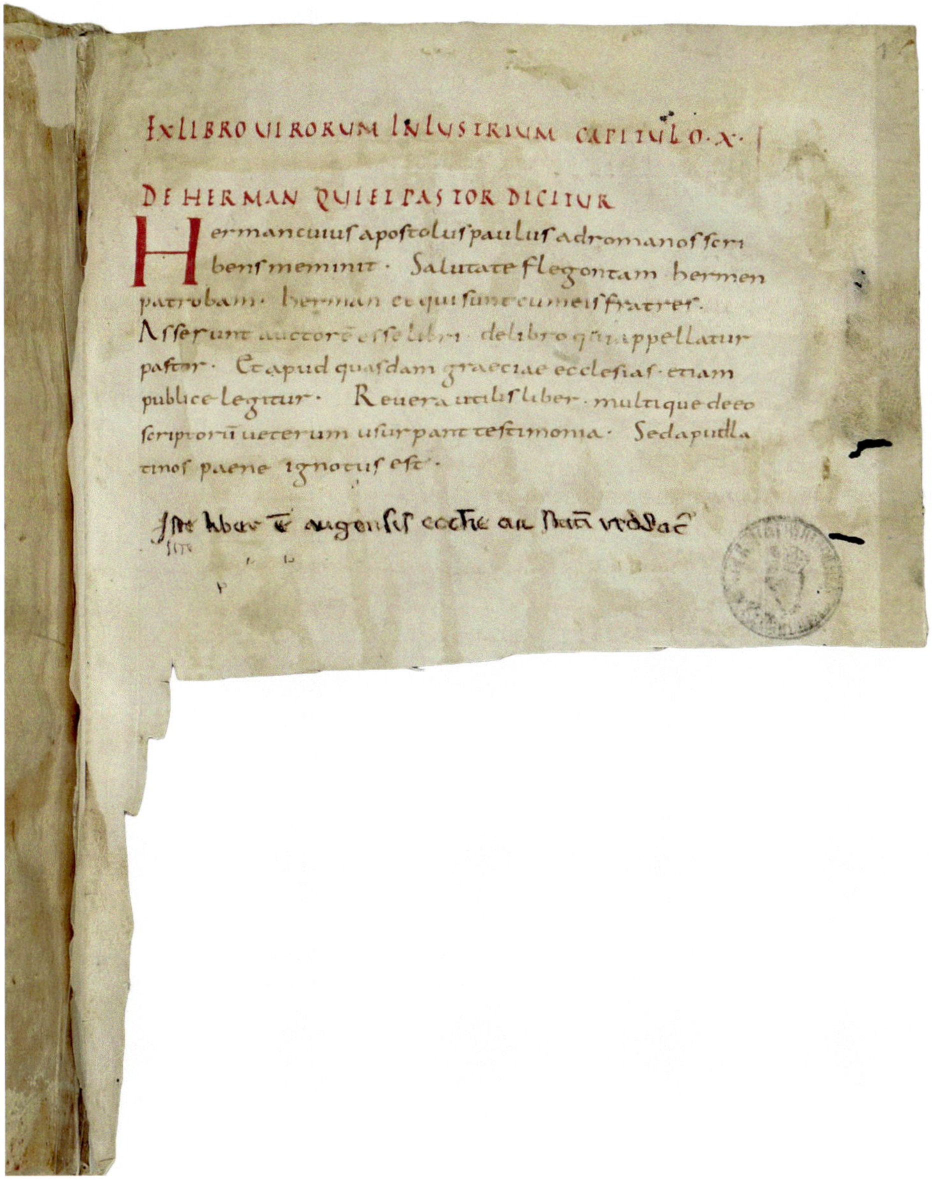
IN LIBRO UIRORUM INLUSTRIUM CAPITULO · X ·

DE HERMAN QUI ET PASTOR DICITUR

Herman cuius apostolus paulus ad romanos scri
bens meminit · Salutate flegontam hermen
patrobam · herman et qui sunt cum eis fratres.
Asserunt auctorē esse libri · de libro qui appellatur
pastor · Et apud quasdam graeciae ecclesias · etiam
publice legitur · Reuera utilis liber · multique de eo
scriptorū ueterum usurpant testimonia · Sed apud la
tinos paene ignotus est ·

auf (*Novum Testamentum Graece fidei reddidi, Vetus juxta Hebraicam transtuli*), doch sollte diese monumentale Aufgabe einen Meilenstein für die Entwicklung der römischen Kirche und des Papsttums darstellen, die bis dahin griechisch dominiert waren. Neben einer Latinisierung der christlichen Botschaft, die im Westen eine bessere Fassbarkeit gewährleistete, gelang es dem Gelehrten überdies, die Sprache der Bibel in die Kultur des römischen Reiches zu übersetzen, indem er römische Rechtsbegriffe verwendete und damit eine ganz neue Verbindlichkeit und Klarheit schuf.

Nach dem Tod von Papst Damasus soll es der Legende nach Bestrebungen gegeben haben, Hieronymus zu seinem Nachfolger zu wählen, was seine Gegner jedoch zu verhindern gewusst hätten. Der Gelehrte verließ im Jahr 385 schließlich Rom und begab sich erneut auf Reisen, die ihn ins Heilige Land führten. Auch literarisch war er weiter äußerst produktiv, überarbeitete und erweiterte seine Übersetzungen, schrieb theologische Kommentare und Abhandlungen.

Um das Jahr 392 begann Hieronymus mit der Arbeit an einem Werk, das heute unter dem Titel *De viris illustribus* bekannt ist und in 135 Kapiteln ebenso viele kurze Biographien von christlichen Autoren umfasst. Das abschließende Kapitel ist Hieronymus selbst gewidmet und gibt nach den Angaben zu seiner Herkunft (*Hieronymus patre Eusebio natus, oppido Stridonis, quod a Gothis eversum, Dalmatae quondam Pannoniaeque confinium fuit*) und einer Datierung (*in praesentem annum, id est, Theodosii principis decimum quartum, haec scripsi*) die zahlreichen Werke des Autors wieder. Diese Aufzählung belegt die enorme Schaffenskraft des Hieronymus, die zum Zeitpunkt der Abfassung von *De viris illustribus* noch lange nicht erschöpft war. Mit seinem Werk stellte sich Hieronymus einerseits in die Tradition eines Cicero, der ebenfalls Autorenbiographien zusammengestellt hatte, und bemühte sich andererseits um den Nachweis der Vielzahl gelehrter christlicher Literaten, was offenbar immer wieder in Frage gestellt worden war. Beide Aspekte betonte Hieronymus ausdrücklich in seinem Prolog zu *De viris illustribus*, der dem Flavius Dexter gewidmet war, der den Gelehrten offenbar zu seiner Arbeit angeregt hatte.

VIOLA SKIBA

Digital: http://digital.blb-karlsruhe.de/blbhs/content/titleinfo/2461363
Quellen: Handschriften Bamberg 1966, S. 463–465 – Handschriften Karlsruhe V, 1970, S. 423 – Hieronymus, De viris illustribus 2011
Literatur: AK Bayerns Kirche im Mittelalter, München 1960, S. 42, Nr. 210 – AK Credo, Paderborn 2013, S. 113–114, Nr. 85 – Gamberale 2013

A.2.2.4

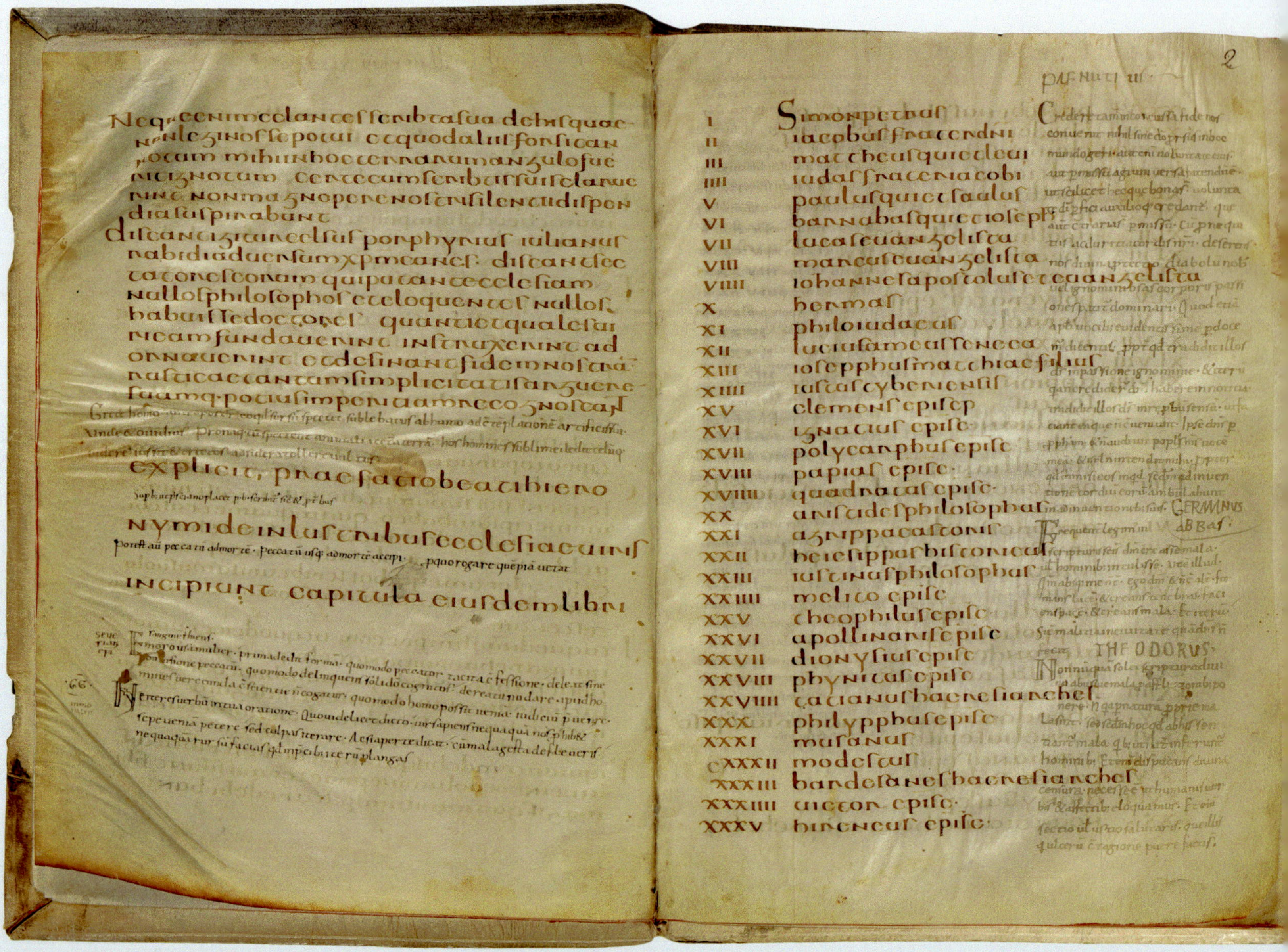
Neq(ue) enim te latent scriptura sua de his quae
non legi nosse potui et quod aliis forsitan
notum mihi in hoc terrarum angulo fuerit ignotum. Certe cum scriptura tua claru-
erint non magnopere nostri silentii dispen-
dia suspirabunt.
Discant igitur celsus porphyrius iulianus
rabidi adversum xpm canes. Discant sec-
tatores eorum qui putant ecclesiam
nullos philosophos et eloquentes nullos
habuisse doctores quanti et quales viri eam fundaverint instruxerint ad-
ornaverint et desinant fidem nostram
rusticae tantum simplicitatis arguere
suamq(ue) potius imperitiam recognoscant.

EXPLICIT PRAEFATIO BEATI HIERONYMI DE INLUSTRIBUS ECCLESIAE VIRIS

INCIPIUNT CAPITULA EIUSDEM LIBRI

I Simon petrus
II iacobus frater d(omi)ni
III mattheus qui et levi
IIII iudas frater iacobi
V paulus qui et saulus
VI barnabas qui et ioseph
VII lucas evangelista
VIII marcus evangelista
VIIII iohannes apostolus et evangelista
X hermas
XI philo iudaeus
XII lucius anneus seneca
XIII iosepphus matthiae filius
XIIII iustus tyberiensis
XV clemens episcop(us)
XVI ignatius episc(opus)
XVII polycarphus episc(opus)
XVIII papias episc(opus)
XVIIII quadratus episc(opus)
XX aristides philosophus
XXI agrippa castor
XXII hegesippus historicus
XXIII iustinus philosophus
XXIIII melito episc(opus)
XXV theophilus episc(opus)
XXVI apollinaris episc(opus)
XXVII dionysius episc(opus)
XXVIII pinytus episc(opus)
XXVIIII tatianus haeresiarches
XXX philypphus episc(opus)
XXXI musanus
XXXII modestus
XXXIII bardesanes haeresiarches
XXXIIII victor episc(opus)
XXXV hireneus episc(opus)

GERMANUS ABBAS
THEODORUS

2

A.2.2.5

A.2.2.4

Sophronius Eusebius Hieronymus (347–420): *De viris illustribus*

Bei Neapel (wohl aus Kloster San Pietro in Castellum Lucullanum), nach 540
Pergament; H. 29,1 cm, B. 21 cm, 138 Blatt
Bamberg, Staatsbibliothek, Msc. Patr. 87, fol. 1v/2r

Die Handschrift aus Ziegenpergament ist das älteste vollständig erhaltene Buch in Bamberg. Sie gehört zu den Stücken, die wahrscheinlich unter Heinrich II. an die Bamberger Dombibliothek kamen, und ist ein besonderes Dokument der spätantiken Schriftkultur: Geschrieben wurde in einer hervorragenden Halbunziale; die *Incipit*- und *Explicit*-Vermerke sind in einer *Capitalis Quadrata* gehalten, die Inschriften nachgebildet ist.

Spätantike Codices haben sich nur selten vollständig erhalten: Die älteste erhaltene Abschrift der *Vulgata* des Hieronymus aus dem 5. Jahrhundert ist nur noch fragmentarisch überliefert (vgl. Kat. Nr. A.2.2.2). Der Erhaltungszustand der *Historiae Adversos Paganos* von Paulus Orosius in einem Codex des 5. Jahrhunderts in der Biblioteca Medicea Laurenziana in Florenz (vgl. Kat. Nr. A.2.2.5) hingegen ist vorzüglich.

Der Codex aus Bamberg enthält auf fol. 1v–33r ein von Hieronymus angelegtes Verzeichnis der griechischen und lateinischen Kirchenschriftsteller. Zu Recht konnte sich Hieronymus als Pionier sehen, verfasste er doch den ersten derartigen Katalog in lateinischer Sprache. Er kannte die Kirchengeschichte des Eusebius, aber auch noch weitere antike Literatur. Sein *De viris illustribus* bezieht sich auf die Idee Plutarchs und Suetons, literarische Porträts von berühmten Männern in einem Werk zu versammeln – übrigens eine Idee, die Petrarca in seinem lateinischen Werk *De viris illustribus* wieder aufgreift. Die Kurzbiographien des Hieronymus reichen von Petrus bis zu Hieronymus und betreffen damit auch die Wurzeln des Papsttums. Wie in der Kunst damals Bildnisse in Serien beliebt waren, so werden auch in der Literatur Viten als Serie präsentiert.

Der Priester Gennadius von Marseille hat dies Werk von Hieronymus fortgesetzt. Außerdem befindet sich in dem Manuskript aus Bamberg Augustinus' *De haeresibus*, dessen Explizit in einer päpstlichen Kursive des 8. Jahrhunderts geschrieben ist. Daher muss der Band damals in Rom gewesen sein.

IRMGARD SIEDE

Quellen: Handschriften Bamberg 1966, S. 463–465
Literatur: AK Credo, Paderborn 2013, S. 113–114, Nr. 85 (Werner Taegert)

A.2.2.5

Paulus Orosius: *Historia adversum Paganos*

Ravenna, um 550
Pergament; H. 26 cm, B. 23 cm, II+189+I Blatt
Florenz, Biblioteca Medicea Laurenziana, Ms. Plut. 65.1, fol. 13v/14r

Der in kalligraphischer Unziale geschriebene Codex gehört zu den wenigen spätantiken Handschriften, die überhaupt in so gutem Zustand überliefert sind. Der 418 verstorbene christliche Geschichtsschreiber Paulus Orosius stand in engem Kontakt zu den Kirchenvätern. 413/414 besuchte er zunächst Augustinus, dann den Kirchenvater Hieronymus, um über die Priscillianer aufgeklärt zu werden. Auf Anregung von Augustinus schrieb Orosius die *Historia adversum Paganos*, deren Aussage letztlich war, dass mit dem Erstarken des Christentums die Welt nicht schlechter wurde, sondern genau das Gegenteil eintrat, da der christliche Heilsplan die Geschichte bestimmt.

Der Kampf gegen die Heiden und gegen die Häresie mit Unterstützung der Kirchenväter ist bei der Grundlegung des Petrusamtes ein ganz wesentlicher Faktor. Papst Damasus (366–384) gab daher eine *ad fontes* gehende Neuübersetzung der lateinischen Bibel bei dem Kirchenvater Hieronymus in Auftrag, die sogenannte *Vulgata*. Sie sollte im christlichen Abendland die allein gültige Ausgabe sein und blieb bis weit ins Mittelalter hinein die verbindliche Bibelausgabe. So trug die *Vulgata* viel zum Werden des lateinischen Abendlandes bei. Solche spätantiken Codices wie *De viris illustribus* (vgl. den in Neapel nach 540 geschriebenen und in Bamberg verwahrten Codex von *De viris illustribus*, Kat. Nr. A.2.2.4) und die *Vulgata* (vgl. die älteste bekannte und erhaltene Vulgata aus St. Gallen, Kat. Nr. A.2.2.2) sind das Umfeld des Orosius-Codex. Solche Werke müssen zum Bestand der frühen päpstlichen Bibliothek gehört haben. Vermutlich gab es im 6. und 7. Jahrhundert am Lateran sogar bereits ein Scriptorium, da uns die Quellen überliefern, dass ein Lateranschreiber die Transkription der Akten des VI. Ökumenischen Konzils in den Jahren 680–681 vornahm. Sicher gab es damals eine eigene päpstliche Bibliothek: Eine solche ist für Papst Martin I. (648–651) überliefert, denn im Jahr 648 besorgte sich Teofilakt aus dieser Bibliothek Werke der Kirchenväter und Schriften über Häretiker – vielleicht nahm er auch in einen Orosius Einblick.

IRMGARD SIEDE

Literatur: Manfredi 2010 b

A.2.2.6

Ambrosius, Bischof von Mailand, Kirchenvater: *De fide ad Gratianum contra perfidiam Arrianorum*

Kloster St. Gallen, zweite Hälfte 9. Jahrhundert
Pergament; H. 23 cm, B. 17,5 cm, 285 Seiten
St. Gallen, Stiftsbibliothek, Cod. Sang. 95

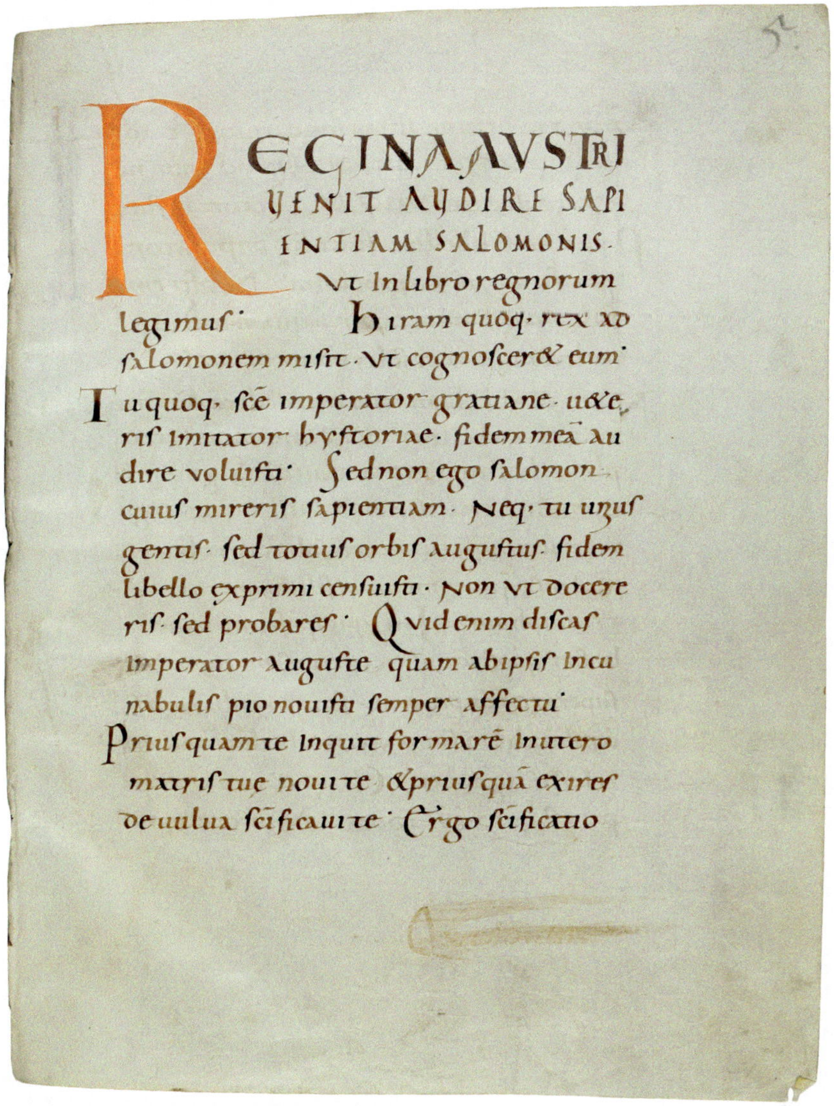
REGINA AUSTRI
UENIT AUDIRE SAPI
ENTIAM SALOMONIS.
ut in libro regnorum
legimus· hiram quoq· rex ad
salomonem misit. ut cognosceret eum·
Tu quoq· sce imperator gratiane. uete
ris imitator hystoriae. fidem meã au
dire uoluisti· Sed non ego salomon
cuius mireris sapientiam· Neq· tu unius
gentis· sed totius orbis augustus. fidem
libello exprimi censuisti· Non ut docere
ris· sed probares· Quid enim discas
imperator auguste quam a bipsis incu
nabulis pio nouisti semper affectu·
Priusquam te inquit formare in utero
matris tue noui te &priusquã exires
de uulua scificaui te· Ergo scificatio

Inmitten einer glänzenden Karriere als römischer Hofbeamter wurde der aus einer vornehmen römischen Familie stammende Ambrosius (* 333/334 in Trier, † 397) im Jahr 374 überraschend zum Bischof von Mailand ernannt, dies auf Drängen des weströmischen Kaisers Valentinian I. (364–375). In seinem neuen Amt beteiligte er sich in starkem Maße an den theologischen Kontroversen seiner Zeit, gewann dabei zunehmend an Einfluss und entfaltete auch eine breitgefächerte schriftstellerische Tätigkeit.

Im Auftrag des jungen weströmischen Kaisers Gratian (375–385) verfasste Ambrosius in zwei Etappen zwischen 377 und 380 die dogmatische Schrift *De fide ad Gratianum contra perfidiam Arrianorum*. In diesem in fünf Bücher gegliederten Werk wandte sich der Mailänder Bischof vehement gegen die sich damals wieder im Aufwind befindenden Vertreter des Arianismus, die die wahre Göttlichkeit von Gottsohn und damit auch die Dreifaltigkeit Gottes als Irrlehre ablehnten. Kaiser Gratian, der in diesem Arianismus-Streit vorerst eine schwankende Haltung vertrat, wurde nach dem Studium der Schrift des Ambrosius zum überzeugten Trinitarier, ging in der Folge auch massiv gegen die Arianer vor und verbot deren Gottesdienste. Unter dem Einfluss des Ambrosius und zusammen mit dem oströmischen Kaiser Theodosius I. machte Gratian die katholisch-orthodoxe Kirche zur Staatsreligion im römischen Reich, außerdem legte er im Jahr 382 die Ehrenbezeichnung und die Insignien des *pontifex maximus* (oberster Priester) ab, jenen Ehrentitel, den seit Leo I. (440–461) und Gregor I. (590–604) die Päpste tragen.

Das Werk *De fide* wurde in Spätantike und Frühmittelalter breit rezipiert; heute sind 87 mittelalterliche Handschriften mit diesem Text überliefert. Eine sorgfältige Abschrift davon stammt aus dem Kloster St. Gallen und datiert wahrscheinlich aus dessen Blütezeit im letzten Viertel des 9. Jahrhunderts. Sie ist die Kopie einer in Italien geschriebenen Handschrift aus dem frühen 6. Jahrhundert, die sich 875/900 im benachbarten Kloster Reichenau befand und heute im Stift St. Paul im Lavanttal überliefert ist. Gemäß neuesten Forschungen geht diese ganz frühe Abschrift aus St. Paul auf einen ›Hyparchetyp‹ (Ambrosius, *De fide* 2003–2005, S. 93) zurück. Aus nicht bekannten Gründen enthält die noch in einem originalen karolingischen Einband erhaltene St. Galler Handschrift nur die ersten vier Bücher des wirkungsmächtigen Werks des Mailänder Bischofs und Kirchenvaters.

KARL SCHMUKI

Quellen: Ambrosius, De fide 2003–2005
Literatur: Bardenhewer 1923 – Gunther 1973

A.2.2.7

Vigilius von Thapsus: *Altercatio Athanasii contra Arrium, Sabellium vel Fotinum hereticos*

Kloster St. Gallen, zweite Hälfte 9. Jahrhundert
Pergament; H. 27,5 cm, B. 19,5 cm, 170 Seiten
St. Gallen, Stiftsbibliothek, Cod. Sang. 90

Athanasius von Alexandria (um 298–373) begleitete den dortigen Bischof Alexander zum ersten Konzil von Nicäa (325). Er hatte sich in starkem Maße gegen die Lehre des Presbyters Arius († 336) ausgesprochen, der zu lehren begonnen hatte, dass Jesus Christus erst später von Gottvater geschaffen worden sei. Der Sohn Gottes sei also nicht wesensgleich mit Gottvater, sondern nur wesensähnlich. Der Streit um diese Frage (und ihre Erweiterung um die nach der Dreifaltigkeit Gottes) dauerte auch nach dem Konzil an, jahrzehnte- und vereinzelt gar jahrhundertelang. Athanasius wurde später selbst Bischof und Patriarch von Alexandria und profilierte sich als einer der vehementesten Vertreter der trinitarischen Lehre, indem er beispielsweise vier dogmatisch-polemische Reden gegen die Arianer verfasste.

Bischof Vigilius von Thapsus († um 490) – der Ort lag im Norden des heutigen Tunesien – war im Jahr 484 Teilnehmer an einer Synode von Karthago, auf der Vertreter des Arianismus und der trinitarischen Lehre erneut die Frage um die Dreifaltigkeit Gottes diskutierten. Im Umfeld dieser Synode verfasste Vigilius eine Disputation, in der er in einer Art von fiktivem Gerichtsprozess den Kirchenvater Athanasius anachronistisch mit Arius, Sabellius (3. Jahrhundert) und Photinus (von Sirmium, † 376), zwei weiteren Anti-Trinitariern, diskutieren ließ. Weil das Werk in den meisten Abschriften wie in jener aus der Stiftsbibliothek St. Gallen (*Incipit Altercatio Athanasii contra Arrium Sabellium vel Fotinum hereticos*) anonym überliefert ist, schrieb man es während des gesamten Mittelalters und bis in die Mitte des 17. Jahrhunderts dem dezidierten Anti-Arianer Athanasius zu.

Die ausgestellte Abschrift der *Altercatio Athanasii* stammt aus dem Kloster St. Gallen und wurde von einem Mönch namens Rifine geschrieben, der als Schreiber von Urkunden vor allem in den 870er Jahren nachweisbar ist. Im hinteren Teil überliefert die Handschrift übrigens eine der ältesten erhaltenen Abschriften der *Altercatio Luciferiani et Orthodoxi* des Kirchenvaters Hieronymus. In dieser Schrift wendet sich der Kirchenvater gegen die Luciferianer, die Anhänger des verstorbenen Bischofs Lucifer von Cagliari († 371). Als anti-arianische Schriften sind die *Altercatio* des Vigilius von Thapsus und jene des Hieronymus nicht selten im selben Band überliefert, so etwa auch in einer französischen Abschrift aus dem 9. Jahrhundert in der Bibliothèque Carnegie von Reims (Ms. 385).

KARL SCHMUKI

Quellen: Vigilii Tapsensis contra Arianos 1863 – Vigilius von Thapsus 1999 – Vigilio di Tapso 2005

Prologus

INCIPIT ALTERCATIO [nis] ATHANASII CONTRA ARRIUM SABELLIUM UEL FOTINUM HERETICOS

CUM IN MANUS STRENUI LEC
TORIS BEATISSIME PAPA MATERNE LIBER
iste a catholico sacerdote & probatissime
uitę beato athanasio conscriberetur id est
sabellium fotinum & arrium disputatur per
uenerit. ilico respondebit; & quomodo fieri
potest. ut cum sancto athanasio successore beati
alexandri episcopi arrius habuerit conflictum..
Cum constet eum sicut in historia ecclesiastica
legitur turpissima morte. id est exemplo iudę
traditoris domini nostri ihesu christi fusum fuisse. ut quod
foeda mente conceperat. foedo terminaret
fine; Sed illud recolat quod in chronica sua beatę
memorię sulpicius seuerus posuit dicens;
Duo arrii tamquam duę serpentes. ex uno ore

Petrus, Paulus und die Heiligen

Die Eintracht der Apostelfürsten

Der Vorrang des Petrus als Inhaber der Schlüssel des Himmels verband sich mit der Idee des Paulus, dass auf ihm die Sorge für alle Kirchen ruhe. Die beiden ›Apostelfürsten‹ wurden zum Symbol für die Verantwortung der römischen Päpste für die gesamte Christenheit, auch wenn in der Realität die Zuständigkeit Roms auf das westliche Reich beschränkt blieb. Papst Damasus I. (366–384) widmete ihnen eine Inschrift an der Via Appia in Rom. Sie lautet: »Du, der du nach den Namen von Petrus und Paulus fragst, solltest erkennen, dass hier einst die Heiligen wohnten. Der Osten schickte die Jünger, was wir gern bekennen. Wegen des Verdienstes ihres Blutes folgten sie Christus durch die Sterne und gelangten in den himmlischen Schoß und in das Reich der Frommen. Und Rom kam es zu, sie als seine Bürger zu beanspruchen. Dies will, ihr neuen Sterne, Damasus zu eurem Lob verkünden« (*Epigrammata Damasiana*, Nr. 20). Manche Dichter dieser Zeit (Prudentius) feierten Petrus und Paulus als Erneuerer Roms und rückten sie an die Stelle von Romulus und Remus. Es entwickelte sich eine spezielle Ikonographie für eine gemeinsame Darstellung von Petrus und Paulus (*Concordia apostolorum*), denen Christus selbst sein Gesetz anvertraut (*Traditio legis*). Auch andere christliche Märtyrer wurden diesem Bild hinzugefügt. Hinzu kam ein sprunghaft ansteigender Reliquienkult. Damit übernahm Rom die Rolle der Treuhänderin der christlichen Heiligkeit. Die gesamte Stadt mit allen ihren – nunmehr christlich konnotierten – Siegesmonumenten wurde zum Mittelpunkt der Christenheit umgedeutet.

STEFAN WEINFURTER

Quellen: Epigrammata Damasiana 1942
Literatur: Angenendt 1997 – Diefenbach 2007 – Huskinson 1982 – Klauser 1974 – Pietri 1961
Bild: Goldglas mit »Concordia Apostolorum« (Vatikanstadt, Musei Vaticani, Inv. 60768)

A.2.3.1

Putzfragment mit eingeritzter Inschrift

Zweite Hälfte 3. – Anfang 4. Jahrhundert
Putz mit roter Wandfarbe; H. 9,8 cm, B. 8,8 cm, T. 3 cm
Erzbruderschaft zur Schmerzhaften Mutter Gottes beim Campo Santo der Deutschen und Flamen, H 0006

Das Fragment zeigt eine dreizeilige lateinische Inschrift auf einer *tabula ansata*: *Petre et Paul(e in)/ mente abet(e) Urbium et /Z(oen?)* (Petrus und Paulus, habt Urbius und Z(oe?) in euren Gedanken!). Der Text belegt die Verehrung der Apostel Petrus und Paulus, die hier angerufen werden, sich um das jenseitige Schicksal der beiden Verstorbenen Urbius und Z(oe?) zu kümmern. Während der Name Zoe geläufig ist, ist Urbius nur aus der Provinz Dakien, dem heutigen Rumänien bekannt, was – wie andere Namen auch – darauf hinweist, dass diese Verehrungsstätte auch von Ortsfremden besucht wurde. Ferner ist das Graffito ein Zeugnis für die Bedeutung des Gebetes für Verstorbene, die im 3. Jahrhundert auch aus anderen Quellen bekannt ist.

Das Graffito stammt aus einer unter der Kirche S. Sebastiano an der Via Appia ergrabenen Anlage, einem Hof mit einer Laube (*triclia*) an einer Seite, in deren Putz lateinische und griechische Inschriften eingeritzt waren, die Petrus und Paulus und das Abhalten von Totenmählern und Gedenkfeiern für die Verstorbenen erwähnen. Bei diesen Feiern wurde gegessen und getrunken, so dass sich eine entsprechende Atmosphäre entwickeln konnte.

Die Verehrung der beiden Apostel Petrus und Paulus an der Via Appia reicht wahrscheinlich bereits in die Mitte des 3. Jahrhunderts zurück. Dass viele Besucher ihren Wunsch nach Fürbitte in dauerhafter Form als Ritzinschrift hinterließen – hier sogar von einer Rahmung in Form einer *tabula ansata* umgeben –, wurde offensichtlich toleriert. Graffiti sind an zahlreichen heiligen Stätten anzutreffen.

JUTTA DRESKEN-WEILAND

Literatur: Binsfeld 2006 – Brandenburg 2013, S. 66–70

A.2.3.2

Epitaph des kleinen Asellus mit Darstellungen von Petrus und Paulus

Rom, Katakombe von S. Ippolito,
Ende des 4. Jahrhunderts
Weißer feinkörniger Marmor mit grauen Äderungen; H. 18,5 cm, B. 86,2 cm, T. 3,2 cm; Buchstabenhöhe 4,2–2,6 cm
Vatikanstadt, Musei Vaticani (Lapidario Cristiano), 28596

(chrismon) / Petrus // Pau/lus // Asellu (:Asello) benem{b}ere/nti qui vi{c}xit annu (:annos) / sex mesis (:menses) octo dies / XXCII (Christus; Petrus; Paulus; dem verdienstvollen Asellus, der sechs Jahre, acht Monate und achtundzwanzig Tage lebte)

Die aus zwei Fragmenten bestehende Platte verschloss ursprünglich eine Grabnische und wurde *in situ* zu Beginn des 18. Jahrhunderts in der römischen Katakombe von S. Ippolito an der Via Tiburtina gefunden (Boldetti 1720).

Das Textschema entspricht dem üblichen Muster der Begräbnisinschriften mit dem Namen des Toten im dedikatorischen Dativ, gefolgt von dem üblichen *elogium* mit dem Adjektiv *benemerens* und der Formel zu den Lebensdaten. Der Text ist ungleichmäßig geschrieben, insbesondere die numerischen Angaben, die sowohl in Buchstaben als auch in Zahlzeichen ausgedrückt werden. Zu bemerken ist auch die graphische Wiedergabe der Zahl 28, die mithilfe eines *episemon* (das der Zahl VI entspricht) statt in der Form XXVIII dargestellt ist.

Es ist gut möglich, dass der Name des Kindes (›Eselchen‹) zur Kategorie der sogenannten Erniedrigungsnamen gehört, die häufig von Christen benutzt wurden und eine Anspielung auf das Reittier Jesu bei seinem Einzug in Jerusalem sind (s. besonders Joh 12,14–15).

Vom lexikalischen Standpunkt aus sind vor allem die fehlerhaften Schreibweisen bemerkenswert, wie beispielsweise die Einfügung des labialen »b« nach dem nasalen »m« von *benemerenti*, und linguistische Phänomene, die auch auf die gesprochene Sprache zurückzuführen sind, wie zum Beispiel die Veränderung des dunklen Vokals in *Asellu* (u anstelle von o) oder auch in *annu(s)*, wo der Wegfall des letzten Zischlautes erkennbar ist, ebenso die Verdoppelung des Gutturallautes in *vicxit* (als ein Phänomen der Hyperkorrektur), der Wegfall des Nasallautes und der Austausch zwischen den Vokalen -e/-i in *mesis*.

Die Grabinschrift für den kleinen Verstorbenen wird links durch eine interessante Darstellung von Petrus und Paulus ergänzt. Die beiden Apostel sind jeweils mit der klar ausgeprägten und detaillierten Physiognomie gezeichnet, die am Ende des Friedensjahrhunderts bereits in ihrer mittlerweile kanonischen Form verbreitet war: Petrus hat einen rundlichen Kopf und volles, kurzes Haar an Haupt und Bart, während Paulus lichteres Haar und einen spitz zulaufenden Bart hat. Die Gesichter tragen tiefe Stirnfalten und blicken starr und feierlich, was durch die erweitert gezeichneten Pupillen erreicht wird. Beide Personen scheinen mit Tunika und Pallium bekleidet zu sein. Ihre Identität wird ferner durch die Beischrift neben jedem Gesicht bestätigt, eingeleitet von einem Christogramm oben im Zentrum.

Die bildliche Präsenz von Petrus und Paulus und ihre ausgeschriebenen Namen beschwören Fürsprache und Schutz der im Rom des späten 4. Jahrhunderts so verehrten zwei Apostel für den kleinen Asellus.

UMBERTO UTRO

Quellen: ICUR I, 1922, Nr. 1513 – ICUR VII, 1983, Nr. 20018
Literatur: Acampora 2009 – Boldetti 1720, S. 193 – Lega/Mazzoleni 1997 – Spinola 2000 b – Utro 2010

A.2.3.3

Goldglas mit der Krönung von Petrus und Paulus

Rom, nicht identifizierte Grabstätte,
Zweite Hälfte oder letzte Jahrzehnte des 4. Jahrhunderts
Grünliches geblasenes Glas, durchscheinend mit Goldauflage in zwei Schichten;
Dm. 8 cm
Vatikanstadt, Musei Vaticani, 60761

Der Boden eines seit 1762 dokumentierten Glaskelchs oder Tellers wurde wahrscheinlich im 17. oder 18. Jahrhundert im Bereich eines der frühchristlichen Friedhöfe Roms gefunden, was durch die vollständige Entfernung der Gefäßwände und den charakteristischen Bruch entlang des äußeren Randes des Gefäßfußes bestätigt zu sein scheint. Die Blattgolddekoration zwischen den zwei grünlichen Glasschichten zeigt innerhalb eines kreisrunden Rahmenbandes die mit einer Bildlegende versehenen und einander zugewandten Büsten von Petrus und Paulus. Beide sind mit einer Tunika und dem Pallium bekleidet und erheben die rechte Hand im Gestus der *adlocutio*. Während die Körper dem Betrachter zugewandt sind, zeigen die Köpfe das Profil. Die Gesichter der Apostelfürsten entsprechen der standardisierten traditionellen Ikonographie: Petrus trägt einen kurzen, abgerundeten Bart und kurzes, lockiges Haar, während Paulus einen langen, spitz zulaufenden Bart hat. Im Gegensatz zu den üblichen Darstellungen trägt er sein volles Haar allerdings in einer helmartigen Frisur, die charakteristisch für die Figuren auf den Werken eines Künstlers ist, die Lucia Faedo in dem von ihr katalogisierten Bestand »Bottega 7« zusammengefasst hat und zu denen auch unser Goldglas gehört. Zwischen den Aposteln und flankiert von zwei Füllkreisen ist ein im Verhältnis kleinerer, junger und bartloser Christus zu sehen, der mit einer Tunika und dem Pallium bekleidet ist und mit ausgestreckten Armen je einem Apostel eine stilisierte Krone aufs Haupt setzt. Das verbreitete ikonographische Thema der *concordia apostolorum* – die Visualisierung der Versöhnung zwischen den Heiligen Petrus und Paulus nach einer Zeit zahlreicher ideologischer Gegensätze, von denen in den apokryphen Schriften erzählt wird (*epistola de morte apostolorum Petri et Pauli ad Thymoteum*; *Passio sanctorum apostolorum Petri et Pauli*) – ist hier mit dem Motiv der *coronatio* verbunden, die als Symbol für die Glorie des von den Aposteln erlittenen Martyriums zu verstehen ist, mit dem sie Zeugnis von ihrem Glauben abgelegt haben. Es handelt sich hier um denselben »unverderblichen Kranz«, jene »Krone der Gerechtigkeit«, auf die Paulus im ersten Brief an die Korinther (1 Kor 9,25–27) und im zweiten an Timotheus (2 Tim 4,7–8) anspielt; jene Krone, die der Herr allen verleihen wird, »die sehnsüchtig auf sein Erscheinen warten«. Dieses ikonographische Motiv, das ursprünglich konkret mit den beiden Apostelfürsten verbunden war, entwickelte sich mit der Zeit zu einem Bildnistypus, bei dem Christus auch andere Paare von Heiligen oder Märtyrern und Ehepaare krönt, die ihre Verbindung im christlichen Glauben feiern.

Die Herstellung des vorliegenden Stückes wurde aufgrund der verwendeten Technik und des Schmuckstils einer speziellen städtischen Glaswerkstatt zugeordnet, die im späten 4. Jahrhundert (Faedo 1978, S. 1059–1063) oder während der zweiten Hälfte des 4. Jahrhunderts aktiv war (Nüsse 2008, S. 238).

CLAUDIA LEGA

Quellen: Biblioteca Apostolica Vaticana, ms. *Arch. Bibl.* 70, f. 21r n. 127 – Biblioteca Apostolica Vaticana, ms. *Arch. Bibl.* 72, f. 22r n. 127 – Biblioteca Apostolica Vaticana, ms. *Arch. Bibl.* 73, f. 6v

Literatur: De Rossi 1878/1894, f. 66r n. 285 – Faedo 1978, bes. S. 1031, 1061–1063, Taf. XLVIII – Garrucci 1858, S. 35, Taf. XIII, n. 1 – Garrucci 1864, S. 97, Taf. XIII, n. 1 – Garrucci 1876, S. 152, Taf. CLXXXII, n. 1 – Leclercq 1923, bes. Sp. 1836–1837 n. 178 – Lega 2007 – Lega 2008 – Morey/Ferrari 1959, S. 16, n. 66, Taf. XI – Nüsse 2008, bes. S. 238, 242 Abb. 17, S. 248 Abb. 23b – Perret 1851–1855, Bd. IV, Taf. XXVI n. 43 – Sotomayor 1962, S. 257–258, nr. 490 – Testini 1969, S. 319, nr. 189 Abb. 24 – Utro 2001–2002, bes. S. 200, 202, Abb. 6 – Utro 2006 – Vattuone 2000 – Vopel 1899, n. 336 = 182,1, S. 8, 12–13, 52, 108 – Zanchi Roppo 1969, S. 179–181 nr. 211

PETRVS
PAVLVS

A.2.3.4

Marmorfragment mit Christus zwischen Petrus und Paulus

Rom (?), um 400
Weißer Marmor; H. 23 cm, B. 40 cm, T. 14,7 cm
Vatikanstadt, Musei Vaticani (Museo Pio Cristiano), 31456

Das annähernd quaderförmige Marmorfragment wurde zum Zeitpunkt des Ankaufs für das Museo Cristiano durch Benedikt XIV. (1757) von Bartolomeo Cavaceppi teilweise überarbeitet. Es präsentiert sich auf der Oberseite und der dekorierten Schauseite gut ergänzt, während es auf den übrigen Seiten nur auf ziemlich unregelmäßige Weise grob mit einer Art Meißel bearbeitet worden zu sein scheint. Bei einer kürzlich vorgenommenen Restaurierung wurde festgestellt, dass sich in einer leicht dezentralen Position auf der Standfläche ein tiefes rundes Loch befindet, das der Aufnahme eines Türscharniers diente. Ihm ist eine rechteckige Vertiefung vorgelagert, die dem Zapfen eines Holzrahmens zugewiesen werden kann: Wegen ihrer Position und Machart sind diese Elemente wahrscheinlich auf eine Zweitverwendung des Stückes zurückzuführen, was wiederum neue Fragen hinsichtlich seiner ursprünglichen Natur ebenso wie hinsichtlich seiner architektonischen Wiederverwendung aufwirft.

Im Zentrum der dreiteiligen Szene auf der Vorderseite ist die Figur des in eine Tunika und das Pallium gekleideten Christus, der auf einem mit einer Fußbank versehenen Sitz thront. Er ist mit jugendlichen Zügen dargestellt, bartlos, mit Nimbus und mit langem, vollem und gewelltem Haar, das ihm auf die Schultern fällt. In der linken Hand hält er ein offenes Buch, eine Anspielung auf die heiligen Schriften, während die Rechte im Redegestus erhoben ist.

Zu beiden Seiten treten akklamierend Petrus und Paulus in Erscheinung, die entsprechend der kanonischen Ikonographie charakterisiert sind: Petrus, zur Rechten, ist mit eng anliegendem Haupthaar und kurzem, kompakten Bart dargestellt, während Paulus, zur Linken, sich durch auffällige Geheimratsecken und den langen, spitz zulaufenden Bart auszeichnet. Beide halten eine Schriftrolle in ihrer linken Hand.

Die Szene, angelehnt an die von der Monumentalkunst inspirierten großen theophanischen Darstellungen, überführt die ikonographische Tradition des lehrenden Christus zwischen den Schülern in die gehobene Form der *Maiestas Domini*: Das eigentümliche kompositorische Schema nimmt im hieratischen Aufbau die kaiserlichen Darstellungen des thronenden Herrschers, umgeben von seinen Würdenträgern, wieder auf und wiederholt sich ab der zweiten Hälfte des 4. Jahrhunderts in zahlreichen Beispielen sowohl in der Malerei als auch in der Skulptur.

Der Heiligenschein über dem Kopf Christi und der *codex* (das ›Buch‹) in seinen Händen anstelle des älteren *volumen* (der Schriftrolle) erlauben die Einordnung des Werkes ins ausgehende 4., wenn nicht sogar in den Beginn des folgenden Jahrhunderts. Es ist demnach als wichtiger ikonographischer Reflex auf die Bestrebungen der triumphierenden Kirche in der Folge der Religionspolitik des Kaiser Theodosius (379–395) zu verstehen. Dieser hatte das Christentum zur offiziellen Religion des römischen Reichs gemacht.

ALESSANDRO VELLA

Literatur: Dresken-Weiland 1998, S. 28, Nr. 89 – Ficker 1890, S. 67–68 – Garrucci 1879, S. 151, Taf. 401, 9 – Gennaccari 1996 – Gennaccari 1997, S. 833–854 (bes. S. 844–845, Abb. 7) – Marucchi 1898, S. 37 – Marucchi 1910a, S. 16, Taf. XVIII, 7 – Marucchi 1922, S. 123 – Patitucci Uggeri 2010, S. 96–98, Abb. 59 – Spinola 2000 a – Utro 2007 – Utro 2009 – Utro 2013 – Wilpert 1929, S. 52–53, Taf. XLII, 3

A.2.3.5 (nicht in der Ausstellung)

Relief mit Darstellung der Apostel Petrus und Paulus

Aquileia, 1901 einige hundert Meter außerhalb der Kirche S. Felice gefunden, Mitte bis zweite Hälfte 4. Jahrhundert
Kalkstein; H. 57 cm, B. 66 cm, T. 14 cm
Aquileia, Museo paleocristiano

Das nicht vollständig ausgearbeitete Relief zeigt die einander zugewandten Köpfe von Petrus (links) und Paulus (rechts). Seit der Mitte des 4. Jahrhunderts sind die beiden Apostelfürsten an ihrer Haar- und Barttracht eindeutig zu erkennen: Petrus trägt volles Haar und einen runden Bart, Paulus hat eine Stirnglatze und einen spitzen Bart. Paulus hält mit seiner Rechten seinen Mantel von innen fest, ein Motiv, das ähnlich bei der berühmten Statue des griechischen Dichters Sophokles zu finden ist und wohl als Zeichen von Eleganz und Intellektualität interpretiert werden darf. Ob Petrus eine ähnliche Bewegung vollführen sollte, lässt sich wegen der Unfertigkeit des Reliefs nicht entscheiden, ebenso wenig, ob das Relief in diesem Zustand entsorgt oder so (wo auch immer) angebracht wurde. Die unvollständige Ausarbeitung von Reliefs ist im 4. Jahrhundert auch an Sarkophagen anzutreffen und wurde offensichtlich seitens der Auftraggeber akzeptiert.

Die einander zugewandten Apostel erscheinen als Büsten oder als sitzende Gestalten vor allem auf den etwa gleichzeitigen, in die zweite Hälfte des 4. oder das beginnende 5. Jahrhundert datierten, vorwiegend in Rom hergestellten Goldgläsern. Das Motiv ist seit dem 2. Jahrhundert in der kaiserzeitlichen Münzprägung belegt: Zwei sich gegenüber sitzende Herrscher reichen sich die Hand, dazu die Beischrift *concordia* (Einigkeit). Obwohl Petrus und Paulus bereits seit der Mitte des 3. Jahrhunderts gemeinsam an der Via Appia verehrt (s. Kat. Nr. A.2.3.1) und am 29. Juni gemeinsam gefeiert wurden, setzte ihre gemeinsame Darstellung erst seit der Mitte des 4. Jahrhunderts ein. Ihre Bilder dienten dazu, an die Präsenz der Apostel und ihrer Gräber in Rom zu erinnern und damit die Sonderrolle der Stadt und ihre Führungsposition zu unterstreichen sowie den Anspruch auf den Primat zu untermauern. Auch in theologischen Texten der zweiten Hälfte des 4. und des frühen 5. Jahrhunderts wird die *concordia* der Apostelfürsten erwähnt und diskutiert, sie war ein wichtiges Thema dieser Zeit.

JUTTA DRESKEN-WEILAND

Literatur: Cuscito 2006 – Huskinson 1982 – Pietri 1961

A.2.3.6

Plakette mit Petrus und Paulus *in concordiam*

Rom, Katakombe von Pontianus;
ehemals Sammlung Carpegna
Zweite Hälfte des 4. Jahrhunderts (?)
Bronze, getrieben und ziseliert;
Dm. 5,9 cm, Dicke 0,2 cm
Vatikanstadt, Musei Vaticani, 60978

Die Bronzeplakette, die vormals zur Antikensammlung des Kardinals Gaspare Carpegna (1625–1714) gehört hat, ist in der Pontianus-Katakombe an der Via Portuense gefunden worden.

Das winzige Original ist auf einer modernen Bronzescheibe montiert und entlang des äußeren Randes der reliefierten Borte, die die Darstellung umgibt, grob gebrochen: Die heutige runde Form scheint demnach nicht die ursprüngliche zu sein. Aussagekräftige Vergleiche mit einer Bronzeplakette aus den Katakomben von S. Agnese und mit einem in den Vatikanischen Museen aufbewahrten Abdruck (der wahrscheinlich von einer heute verlorenen Plakette aus Metall hinterlassen wurde) im Mörtel, mit dem eine Grabnische (*loculus*) in der Gordianus-Katakombe verschlossen war, die ähnliche Darstellungen wie die hier untersuchte aufweisen und quadratisch sind (eine der unteren Ecken des Abdruckes ist stumpf), lassen die Existenz einer gemeinsamen Gießform vermuten. Die Vergleichsstücke zeigen außerdem, welche Form die Plakette aus der Pontianus-Katakombe einmal gehabt haben muss. Auf ihr sind innerhalb der Borte, die mit Knospen und vielleicht Lemniskaten, also Bändern, geschmückt ist (man erahnt trotz Korrosion Einzelheiten des Laubwerks, der Knospen an der Spitze und im unteren Teil, der die beiden Bänder verbindet), die reliefierten Brustbilder der Heiligen Petrus und Paulus, im Profil und einander zugewandt, zu sehen. Der erste (Petrus) zur Linken hat volles Haar und einen spitz zulaufenden Bart, der aber nur wenig kürzer ist als der des zweiten (Paulus) zur Rechten, der sich durch eine ausgeprägte Kahlheit und einen langen Spitzbart auszeichnet. Das kleine Christogramm oben zwischen den Figuren symbolisiert Christus, der die beiden Apostel im Glauben vereint, während der mit Knospen geschmückte Kranz, der sie umgibt, auf den Ruhm verweist, den sie durch das Martyrium erlangt haben.

Dieses ikonographische Modell, das Petrus und Paulus als Repräsentanten der *ecclesia ex circumcisione* und der *ecclesia ex gentibus* gegenüberstellt, entstand unter Rückgriff auf die herrscherliche (imperiale) Propaganda, die *concordia principum*, und wurde ab dem Ende des 4. Jahrhunderts auf zahlreichen Gegenständen verwendet, um dem Konzept der *concordia apostolorum*, der Versöhnung zwischen den Heiligen Petrus und Paulus nach einer Zeit zahlreicher ideologischer Gegensätze, von denen die apokryphen Schriften berichten, sichtbaren Ausdruck zu verleihen (s. Kat.-Nr. A.2.3.3). Die *concordia* von Petrus und Paulus – Symbol der *fides* der eine, Symbol der *doctrina* der andere – verstanden als *gemina ecclesiae forma* und komplementär, bezog sich auf die Einheit der *Ecclesia*.

Das gemeinsame Martyrium in Rom hatte beide zu Bürgern und Helden der Stadt gemacht: Am 29. Juni, ihrem Gedenktag, feierte man die Einheit der Christen, aber auch die der Stadt Rom, erneuert und neugegründet in der neuen Religion.

Durch die beachtenswerten Vergleiche mit einem *solidus* von Kaiser Julianus Apostata (361–363 n. Chr.) konnte die Plakette in die Zeit ab der zweiten Hälfte des 4. Jahrhunderts n. Chr. datiert werden (von Cecchelli wird sie dagegen in die Zeit des Diokletian datiert).

CLAUDIA LEGA

Literatur: Cecchelli 1951–1952, S. 122–123 – Cornini 2011 a – De Rossi 1887, S. 130–133, Taf. X, 2 – Goffredo 2000, S. 214 Nr. 60–61 – Lega 2009 a, S. 199 Nr. 70 – Testini 1969, bes. S. 261, 301 n. 65, Abb. 12

A.2.3.7
Aurelius Prudentius Clemens:
Peristephanon II
Bobbio, 6./9. Jahrhundert
Pergament; H. 23 cm, B. 15 cm
Mailand, Veneranda Biblioteca Ambrosiana, D 36 sup. (neu S.P. II 67), fol. 70v

Gezeigt im Austausch mit:

Aurelius Prudentius Clemens:
Peristephanon
10. Jahrhundert
Pergament; H. 24,5 cm, B. 26 cm
Karlsruhe, Badische Landesbibliothek, 1375

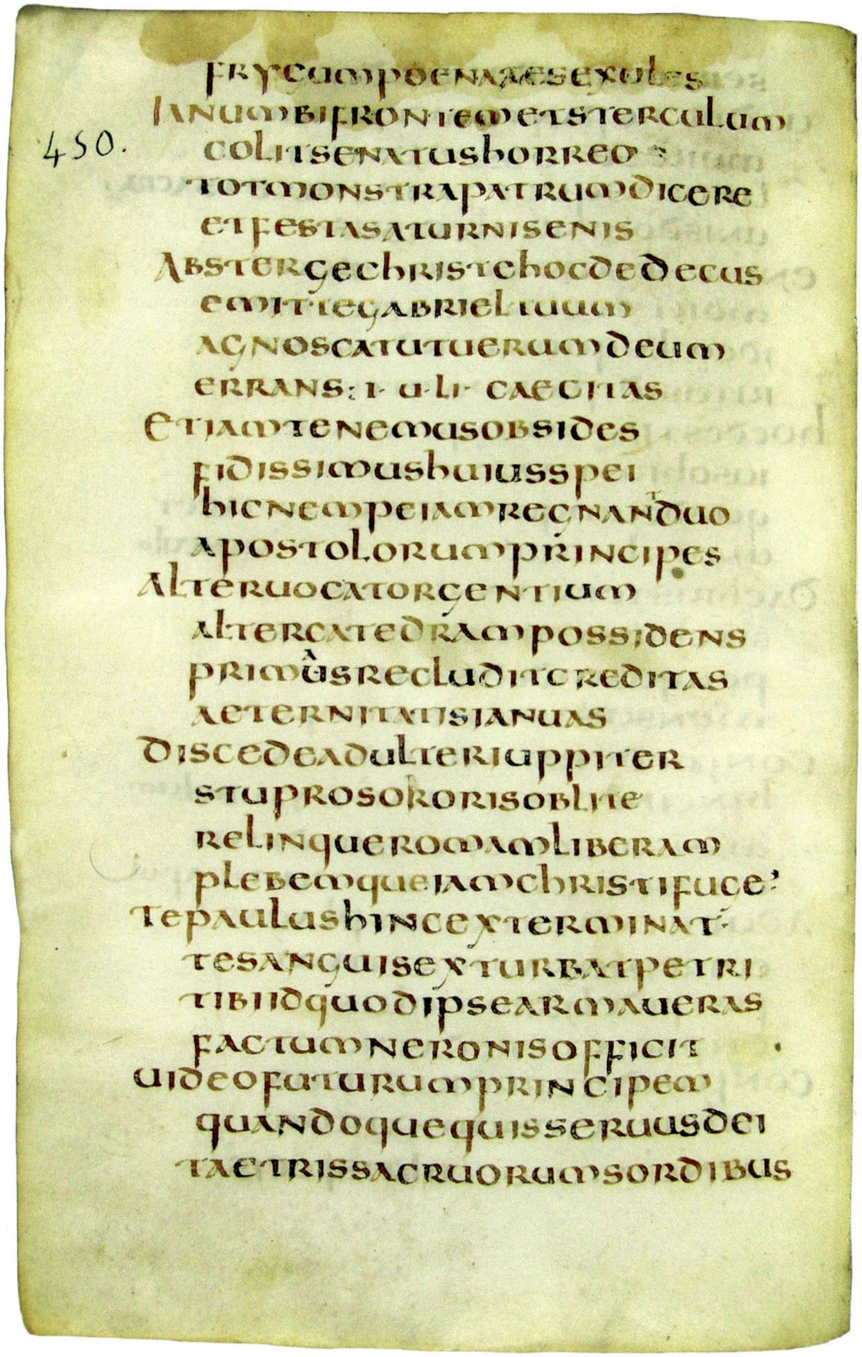
frygum poenae exules
ianum bifrontem et sterculum
colit senatus horreo
tot monstra patrum dicere
et festa saturni senis
absterge christe hoc dedecus
emitte gabrielem tuum
agnoscat ut uerum deum
errans i. u. li. caecitas
etiam tenemus obsides
fidissimus huius spei
hic nempe iam regnan duo
apostolorum principes
alter uocator gentium
alter catedram possidens
primus recludit creditas
aeternitatis ianuas
disce de adulter iuppiter
stupro sororis oblite
relinque romam liberam
plebemque iam christi fuge
te paulus hinc exterminat
te sanguis exturbat petri
tibi id quod ipse armaueras
factum neronis officit
uideo futurum principem
quandoque qui seruus dei
taetris sacrorum sordibus

Aurelius Prudentius Clemens wurde im Jahr 348 in der Provinz Hispania Tarraconensis, wahrscheinlich in Saragossa oder Calahorra, geboren. Er erhielt eine gute und fundierte Ausbildung und studierte vermutlich Rechtswissenschaften, da er sich später in diesem Bereich einen Namen machte. Schon früh muss er die Aufmerksamkeit des Kaisers erregt haben, denn Theodosius I. (379–395) setzte ihn gleich zweimal als Provinzgouverneur ein und rief ihn schließlich an den kaiserlichen Hof nach Mailand. Dort stieg er rasch in den Kreis des *ordo proximus* auf, was ihn als Vertrauensperson des Kaisers auswies und ihm einen gehobenen Rang im Umfeld des Hofes zuwies.

Zu einem nicht näher zu bestimmenden Zeitpunkt muss Prudentius jedoch eine spirituelle Krise durchgemacht haben, die ihn schließlich dazu veranlasste, sich zurückzuziehen und seine öffentlichen Ämter aufzugeben. Stattdessen wandte er sich der christlichen Poesie zu und begann sein literarisches Schaffen, das ihn in den Rang eines der bedeutendsten christlichen Dichter in lateinischer Sprache aufsteigen ließ.

Seinem sozialen Hintergrund und seinem hohen Bildungsgrad ist es zu verdanken, dass Prudentius für seine Dichtung auf einen Schatz an Wissen und eine profunde Kenntnis der klassischen antiken Werke in Lyrik und Prosa zurückgreifen konnte. Trotz seiner christlichen Überzeugungen lehnte Prudentius eine generelle Verteufelung des heidnischen Erbes ab und betrachtete das Christentum als Fortsetzung und Weiterentwicklung der antiken Kultur, derer er sich bediente, um eine neue, verfeinerte Form des christlichen Selbstverständnisses zu entwickeln. Diese besondere Beziehung zur antiken Welt und ihrem reichen kulturellen und poetischen Erbe zeigt sich deutlich in seinem 405 veröffentlichten Werk. Im

Vorfeld hatte Prudentius eine Reise nach Rom unternommen, wo er sich längere Zeit aufhielt (401–403) und das alte Zentrum des römischen Reiches und der westlichen Christenheit kennen und schätzen lernte. In der Ewigen Stadt verfasste der Dichter schließlich einen Teil seines *Peristephanon* (Krone der Märtyrer), das dem Lob der Apostelfürsten und ausgewählter Märtyrer gewidmet ist. Diese heterogene Sammlung von 14 Hymnen stellt ein Meisterwerk der martyrologischen Literatur dar und feiert das Leben und Sterben vorwiegend römischer und spanischer Märtyrer.

Während der zwölfte Hymnus der Passion Petri und Pauli gewidmet ist, steht das Martyrium des Laurentius in Rom im Mittelpunkt des zweiten Hymnus. Gerade an diesem Hymnus lässt sich hervorragend beobachten, wie Prudentius die Idee von der antiken *Roma aeterna* und ihrer Kultur weiterentwickelte und mit dem Konzept des christlichen Roms als *caput mundi* verband, das seine herausragende Position dem Wirken der christlichen Märtyrer verdankte. Der Dichter betonte die Führungsrolle der Stadt im christlichen Erdkreis und begründete sie mit der Präsenz und der »Herrschaft« der beiden Apostelfürsten Petrus und Paulus. Während Gott dem einen die Bekehrung und Ansprache der Völker anvertraut habe, sei der andere im Besitz der Cathedra und verfüge im göttlichen Auftrag über die Schlüssel zum Himmel: *[...] hic nempe iam regnant duo / apostolorum principes, // alter vocator gentium, / alter cathedram possidens / primam recludit creditas / aeternitatis ianuas* (Prudentius, *Peristephanon II*, 459–464). Durch ihr Blut hätten die beiden Apostelfürsten die Stadt von der Herrschaft der antiken Götter befreit, ohne dabei die Größe und das antike Erbe zu zerstören, das vielmehr aufgenommen und verbessert worden sei.

Es ist nicht bekannt, an welchen Kreis sich Prudentius genau mit seinem Werk richten wollte. Das hohe kulturelle und sprachliche Niveau lässt vermuten, dass der Dichter an ein gebildetes Publikum dachte, das er an das antike Erbe erinnern wollte und das er einlud, es zu nutzen. Die große Zahl von späteren Abschriften des Werks, das unter den Zeitgenossen noch eine geringe Verbreitung gefunden hatte, zeigt, welche Bedeutung Prudentius spätestens seit karolingischer Zeit erlangte. Die älteste Überlieferung der Dichtungen des Prudentius geht auf das 6. Jahrhundert zurück und wurde von dem Iren Dungalus Scotus ins Kloster Bobbio gebracht. Neben fast allen Hauptwerken des Dichters umfasst die Handschrift auch zwei *Carmina*, die Papst Damasus (366–384) – eines davon Pseudo-Damasus – zugeschrieben werden. Aus restauratorischen Gründen wurden bereits im 9. Jahrhundert zahlreiche Seiten, nicht aber die in der Ausstellung gezeigten, ersetzt.

Bei der Handschrift aus Karlsruhe handelt es sich dagegen um ein Fragment von vier Blättern aus dem späten 10. Jahrhundert, das Fragmente aus dem V., dem VII. und dem X. Hymnus umfasst und dessen Herkunft unbekannt ist. Die sorgfältige Ausführung der Abschrift und die roten Farbreste an den Initialen sowie deren Gestaltung belegen jedoch, dass die Fragmente einst Teil einer kostbaren Ausgabe des Textes gewesen sein müssen.

VIOLA SKIBA

Digital: http://digital.blb-karlsruhe.de/blbhs/content/titleinfo/3324919
Quellen: Inventory Western Manuscripts Bd. 2, 1986, S. 163–166
Literatur: Gruber 1995 – Kuhlmann 2012 – McCarthy 1982 – Roberts 1993 – Schmidt, Chr. 2003 – Stricker 2004 – Thraede 1973

A.2.3.8
Öllampe mit der Darstellung einer Büste, vielleicht der des Apostels Petrus

Porto (1868?), Ausgrabungen des Fürsten Alessandro Torlonia (im Gebiet der frühchristlichen Basilika), zweite Hälfte 5. Jahrhundert
Afrikanischer Ton; H. 5,1 cm (4 cm ohne Griff), B. 8,2 cm, L. 14 cm, Dm. Spiegel 4,3 cm, Dm. Boden 4,7 cm
Vatikanstadt, Musei Vaticani, 62220

Die Öllampe wurde zusammen mit anderen, teilweise sehr wertvollen Objekten in Porto bei Ostia (Rom) an einem nicht mehr näher zu bestimmenden Ort gefunden. Dies geschah in der zweiten Hälfte des 19. Jahrhunderts im Rahmen der Ausgrabungen unter der Leitung des Fürsten Torlonia in der Umgebung eines Gebäudekomplexes, der fälschlicherweise von G. B. de Rossi dem *xenodochium Pammachi* zugeschrieben wurde, aber vielmehr einer christlichen Basilika (vielleicht dem ersten und ältesten Bischofsitz in Porto) zuzuordnen ist. Diese befand sich in einem Areal, das von einer bedeutenden spätantiken *domus* besetzt und bis zum Beginn des 13. Jahrhunderts in Benutzung war. An gleicher Stelle befand sich schon vor dem Ende des 4. Jahrhunderts und vor der Basilika in absidialer Form ein Gebäude, das vermutlich bereits ab der Mitte des 4. Jahrhunderts ähnliche Funktionen hatte. Die Lampe, die Gebrauchsspuren am Rande des Dochtloches aufweist, gehört zur Gruppe der *africane classiche* (Form Provoost 9B; Pohl 1a; Atlante, Form X A1a; Barbera/Petriaggi 1993, Form 6). Diese wurde vom Beginn des 5. bis zum 7. Jahrhundert (und möglicherweise auch länger) in Tunesien produziert und war besonders ab der Mitte des 5. Jahrhunderts im gesamten westlichen Mittelmeerraum weit verbreitet. Lampen dieser Gruppe hatten eine besondere, stark standardisierte Form und zeichneten sich

durch ihren reichen Dekor mit christlichen Motiven aus, was sie zu wichtigen Trägern bei der Verbreitung des ideologisch-religiösen christlichen Glaubensmodells machte. Ebenso wie andere Öllampen desselben Typs, die an verschiedenen Orten des Mittelmeerraums überliefert sind, ist das vorliegende Stück auf der Oberseite mit zwei symmetrischen Bändern versehen, die mit jeweils sechs knospenbesetzten Dreiecken und einer tropfenförmigen Knospe am äußersten Ende geschmückt sind. Im Zentrum des Rundes befindet sich das Brustbild eines bärtigen Mannes – in Dreiviertelansicht, bekleidet mit Tunika und Pallium, die rechte Hand möglicherweise im Gestus der *adlocutio* –, der mit dem Apostel Petrus identifiziert werden könnte. Diese Benennung basiert auf einem Vergleich mit anderen zeitgenössischen Monumenten und der Datierung der Öllampe, die in eine Zeit einzuordnen ist, in der die physiognomischen Merkmale der petrinischen Ikonographie (stämmige Figur, sehr ausdrucksstarke und ausgeprägte Züge, ein großes ovales Gesicht, volles und eng am Kopf anliegendes Haar, kurzer und gewellter Bart) schon längst kanonisiert worden waren. Auf der Höhe der Schultern des Brustbildes befinden sich zwei Löcher zum Einfüllen des Öls.

Das knospenbesetzte Dreieck im Dekor (EAA, *Atlante forme ceramiche*, Taf. LVI [b], 66, Stempelabdruck 41, im Stil Hayes D) ermöglicht nicht nur die Eingrenzung des Herstellungsortes auf Zentraltunesien, sondern auch die der Datierung auf die Zeit zwischen der Mitte des 5. und der ersten Hälfte des 6. Jahrhunderts (Barbera/Petriaggi 1993, S. 359 Motiv 14A). Ebenfalls auf Zentraltunesien, auf die ältere Produktion und höhere Qualität (Hayes IIA), würde auch der Stempel aus zwei konzentrischen Kreisen auf dem Boden, im Innern des runden, reliefierten Fußes, hinweisen (vgl. Hayes 1980 S. 141 Nr. 561; Franchi 1992, S. 111, 113).

CLAUDIA LEGA

Literatur: Barbera/Petriaggi 1993 – Coccia, St. 1993 – De Rossi 1868, S. 33–44, bes. S. 34 – De Rossi 1868, S. 77–79, bes. S. 77 – De Rossi [1878–1894], Bl. 6 r–v Nr. 30; Bl. 1r, 281 r. Nr. 967 – EAA, Atlante forme ceramiche 1981 – Franchi 1992 – Hayes 1980 – Lega 2003 a – Lega 2006 – Paleani 1993 – Paroli 2005 – Utro 2001 – Utro 2005

A.2.3.9

Zwei Tonlampen mit der Darstellung eines Schafträgers

2.–3. Jahrhundert

B 0131: L. 11,5 cm, B. 8,4 cm, H. 4,5 cm;
B 0132: L. 8,9 cm, B. 7,4 cm, H. 3,7 cm

Erzbruderschaft zur Schmerzhaften Mutter Gottes beim Campo Santo der Deutschen und Flamen, B 0131 und B 0132

Die beiden Lampen mit runder Schnauze (sie ist beim zweiten Stück abgebrochen) entsprechen einem im ganzen Mittelmeerraum verbreiteten Typ. Auf ihren Schultern sind sie mit Weinranken geschmückt, während die Spiegel einen stehenden Schafträger zeigen, der Vorder- und Hinterbeine eines auf seinen Schultern liegenden Schafes festhält. Bilder aus dem Hirtenleben erfreuen sich seit dem 3. Jahrhundert, unabhängig von der religiösen Präferenz, als konventioneller Dekor besonderer Beliebtheit und bringen die Vorstellung eines glücklichen und sorgenfreien Lebens zum Ausdruck. Wegen des neutestamentlichen Gleichnisses vom guten Hirten, der ein verlorenes bzw. verirrtes Schaf sucht (Mt 18,12–14; Lk 15,3–7) und der Selbstbezeichnung Christi als eines guten Hirten (Joh 10,1–18) hat man in der Vergangenheit häufig versucht, Hirtenbilder als Bilder Christi zu deuten. Eine sichere Identifizierung des Schafträgers als der gute Hirte Christus ist nur dann möglich, wenn gleichzeitig andere christliche Bilder oder Symbole dargestellt werden. Da die beiden Lampen, die sich nicht genauer als ins 2. oder 3. Jahrhundert

datieren lassen, nur den Schaftträger zeigen, ist eine Deutung als ein Bild aus dem idyllischen Hirtenleben wahrscheinlicher, auch wenn ein Christ in dem Schaftträger hier den guten Hirten erkennen konnte.

Ein gutes Beispiel für die Deutungsmöglichkeiten des Schaftträgers bietet eine in der Domitilla-Katakombe gefundene Gemme (heute im Museo Sacro der Vatikanischen Museen), die aufgrund der Form des goldenen Ringes, in den sie noch gefasst ist, und aufgrund ihres Stils in das späte 2. Jahrhundert datiert werden kann. Diese Gemme gehört damit zu den ältesten erhaltenen Denkmälern frühchristlicher Kunst; sie ist jünger als die architektonische Gestaltung des Petrusgrabes um 160 und deutlich älter als die ersten christlichen Katakomben, die um 200 angelegt wurden. Ihre Bedeutung wurde bisher nicht erkannt.

Die Gemme zeigt rechts einen Hirten neben einem Baum, mit der Linken hält er den Hirtenstab und wendet sich seinen Schafen zu; der erhobene rechte Arm weist darauf hin, dass der Hirte mit seinen Schafen spricht. Ein solcher Redegestus ist für Hirtenfiguren höchst ungewöhnlich und unterscheidet diese von ähnlichen Bildern. Links neben ihm windet sich ein Delphin um einen Anker. Der stehende Hirte wie auch der Delphin erscheinen einzeln auf heidnischen Gemmen und sind nicht typisch für christliche. Gemmen mit Hirten gehören meist in die zweite Hälfte des 3. Jahrhunderts, so dass das Hirtenbild hier, im späten 2. Jahrhundert, mit Absicht ausgewählt wurde. Delphin und Anker sind zur Zeit der Entstehung der Gemme selten dargestellte und daher hier ebenfalls bewusst verwendete Motive. Der Delphin bzw. der Fisch ist ein Symbol für Christus, das nach Meinung der Forschung in der zweiten Hälfte des 2. Jahrhunderts, wohl eher gegen dessen Ende, von griechischsprachigen Christen ›erfunden‹ wurde. Das griechische Wort für Fisch ΙΧΘΥΣ lässt sich deuten als aus den Anfangsbuchstaben zusammengesetzt von »Ἰησοῦς Χριστὸς, Θεοῦ Υἱὸς, Σωτὴρ«, Jesus Christus, Sohn Gottes, Retter. Die Verbindung des sprechenden Hirten und des Delphins mit Anker legt nahe, dass beide gemeinsam vor dem Hintergrund einer christlichen Sinngebung ausgewählt wurden. Dies war somit ein kreativer Akt, den der Gemmenschneider oder der Besteller des Rings vollzog. An diesem Ring aus dem späten 2. Jahrhundert lassen sich die Anfänge einer christlichen Kunst bzw. einer christlichen Ikonographie fassen.

JUTTA DRESKEN-WEILAND

Literatur: Lampen: AK Frühchristliche Kunst aus Rom, Essen 1962, 102 Nr. 168–169 mit Abb. – Dresken-Weiland 2010, S. 77–95
Gemme: Spier 2007, S. 62, Nr. 409 Taf.48 – Henig 2008

Die großen Konzilien: Nicäa 325, Ephesos 431, Chalcedon 451

Jesus Christus: gottgleich oder gottähnlich?

Die Freiheit der Entfaltung dank der kaiserlichen Anerkennung förderte die Entstehung einer Reihe von Sonderlehren in der Kirche. Dazu gehörte die Beantwortung der Frage, welche Art von Gottheit Jesus Christus habe und wie er sich in seinem göttlichen Wesen zu Gott-Vater verhalte. Wie konnten die beiden eine Einheit sein? Und wie war der Heilige Geist einzuordnen? War er ebenfalls ein Sohn Gottes? Waren Christus und der Geist Brüder? So entstanden heftige Debatten, die von verschiedenen Gruppen mit großer Wucht geführt wurden. Starke Wirkung entfaltete die Lehre des Presbyters Arius (260–336). Für ihn war allein Gott-Vater ungezeugt, ewig, unsterblich, weise, unveränderlich und der Ursprung aller Dinge. Der Sohn, Jesus Christus, dagegen sei seinem Vater nur ›wesensähnlich‹ (griechisch: ὁμοιούσιος [*homoiusios*]). Kaiser Konstantin berief zur Klärung der Frage 325 eine Konzilsversammlung der Bischöfe (Synode) nach Nicäa in Kleinasien ein. Dort wurde als Glaubensbekenntnis festgelegt, Jesus Christus sei ›wahrer Gott aus wahrem Gott‹ und ›wesensgleich‹ (griechisch: ὁμοούσιος [*homousios*]) mit dem Vater. Zugleich sei er als Mensch auf die Erde herabgestiegen, habe gelitten und sei am dritten Tag auferstanden. Auf den Konzilien in Ephesos 431 und Chalcedon 451 wurde diese Zwei-Naturen-Lehre (Gott und Mensch) von Nicäa bestätigt und vertieft. Wer eine andere Meinung vertrat, galt als Häretiker. Der Papst in Rom stand bei diesen Entscheidungen zunächst nicht im Mittelpunkt, aber er stellte sich von Anfang an auf die Seite von Nicäa und wurde zum stärksten Verteidiger der Lehre von der Wesensgleichheit und den zwei Naturen Jesu Christi.

STEFAN WEINFURTER

Literatur: Lange 2012 – Schatz 2008

A.2.4.1

Papyrusfragment mit einem Fragment des Glaubensbekenntnisses von Nicäa (325)

Oxyrhynchus (Ägypten), 5. Jahrhundert
Papyrus; H. 7,9 cm, B. 12,3 cm
London, The Egypt Exploration Society

Das erste ökumenische Konzil der Kirchengeschichte fand 325 im kleinasiatischen Nicäa statt. Es war von Kaiser Konstantin (306–337) einberufen worden, der, nachdem er sich gegen Licinius durchgesetzt hatte, der Alleinherrscher über das römische Reich geworden war. Mit der Einberufung des Konzils reagierte er auf die andauernden Konflikte unter den christlichen Bischöfen, die sich besonders an der Lehre des Arius (250–336) entzündet hatten. Der Presbyter aus Alexandria vertrat nämlich die Ansicht, dass Jesus Christus nicht als göttlich anzusehen sei. Vielmehr sei er von Gott erschaffen und diesem – als sein Sohn – untergeordnet. Für seine Überzeugung war er bereits von einer Bischofsversammlung in Alexandria verurteilt worden, doch Arius und seine Anhänger wollten sich dieser Entscheidung nicht fügen und stellten die Doktrin der Dreieinigkeit weiterhin in Frage. Die daraus resultierenden Unruhen veranlassten den Kaiser, der um die Herstellung der Ordnung im Reich bemüht war, einen Schlichtungsversuch zu wagen. Als dieser scheiterte, berief er eine allgemeine Kirchenversammlung in das für alle gut zu erreichende Nicäa ein, der er selbst vorsaß. Eine große Zahl Bischöfe – Eusebius spricht im 3. Buch seiner Lebensbeschreibung des Konstantin (*Vita Constantini*) von über 250 – fand sich schließlich in Kleinasien ein, wobei Papst Silvester altersbedingt nicht persönlich teilnahm, sondern Vertreter schickte (*Vita Constantini*, III, 7). Die Sitzungen fanden in der Hauptkirche und dem kaiserlichen Palast statt und wurden vom Kaiser geleitet, der zur Eröffnung des Konzils zu Frieden und Einheit innerhalb der Kirche aufrief. So berichtet es zumindest Eusebius, der als Bischof von Caesarea persönlich an der Veranstaltung teilgenommen hatte (*Vita Constantini*, III, 12). Nach lebhaften Diskussionen und Stellungnahmen der unterschiedlichen Parteien, einschließlich Arius selbst, entschied das Konzil, dessen Lehre erneut zu verdammen und ein gemeinsames und allgemeingültiges Glaubensbekenntnis zu verabschieden. In diesem Bekenntnis wurde ausdrücklich festgelegt, dass Jesus Christus »eines Wesens mit dem Vater« sei (ὁμοούσιον τῷ Πατρί / *unius substantiae cum Patre)*. Obwohl der Begriff homoousios (ὁμοούσιος = wesensgleich) nicht unumstritten war, einigte man sich schließlich auf ihn, da er eindeutig die arianische Lehre zurückwies. Das Bekenntnis wurde zum Symbol für die neu hergestellte Orthodoxie der Kirche.

Nur wenige Handschriften überliefern das Glaubensbekenntnis von Nicäa. Eines der ältesten, wenn nicht sogar das älteste Fragmente des Textes wurde unter den *Oxyrhynchus Papyri* gefunden, einem immer noch nur teilweise ausgewerteten, riesigen Fundkomplex, der Ende des 19. Jahrhunderts in Ägypten entdeckt wurde. Der Text des Glaubensbekenntnisses auf beiden Seiten des Papyrusfragments ist zwar nur bruchstückhaft erhalten, doch eindeutig identifizierbar und beginnt mit dem ersten Wort des Credos »wir glauben« (πιστεύομε[ν]).

VIOLA SKIBA

Digital: http://www.papyrology.ox.ac.uk/POxy/
Quellen: Conciliorum oecumenicorum 2006 – Oxyrhynchus Papyri 1927
Literatur: Ayres 2014 – Pollard, T.E. 1960

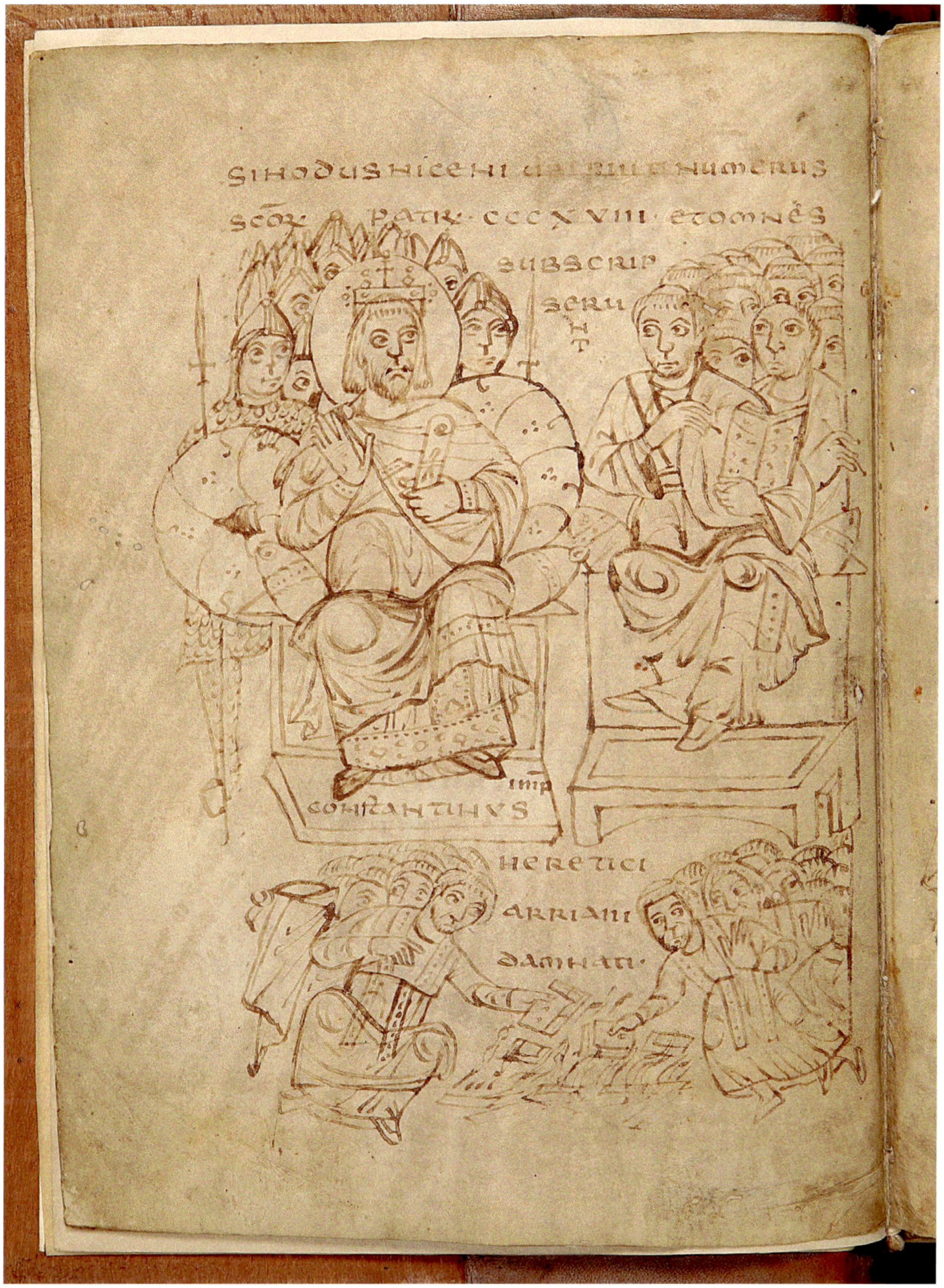

A.2.4.2

Collectio canonum et conciliorum

Pavia, 2. Viertel des 9. Jahrhunderts
Pergament; H. 27,2 cm, B. 19,5 cm;
ff. II + 225 + II
Vercelli, Biblioteca Capitolare di Vercelli,
ms CLXV, fol. 2v

Die Handschrift, ein Kompendium frühmittelalterlichen Kirchenrechts, ist einspaltig in der karolingischen Minuskel des nördlichen Italiens, in unregelmäßigen Buchstaben und mit vorkarolingischen Elementen, abgefasst. Drei Kopisten waren an der Fertigung des Manuskripts beteiligt. Eine Passage, die einer Antifon für die Liturgie zu Ehren von S. Siro entnommen ist (fol. 53) und aus der Feder des zweiten Schreibers stammt, lässt vermuten, dass die Handschrift in Pavia angefertigt wurde, da Siro der Schutzpatron dieser Stadt ist. Der Band fasst die Kanones und die Konzile der alten Kirche zusammen und ordnet sie nach einem funktionalen chronologischen Prinzip, das den bedeutendsten damals verfügbaren Sammlungen entnommen war. Man erkennt daher Teile, die der *Collectio canonum Dionysio-Hadriana* (fol. 5v–116v) oder dem apokryphen *Constitutum Silvestri* (ff. 117r–122r) entnommen sind, man findet einige Passagen der *Capitula ad presbyteros parochiae suae* des Bischofs Theodulf von Orléans (fol. 122v–124r), die *Concordia canonum* des Cresconius (fol. 124r–192v) und die seltene *Breviatio canonum* des Fulgentius Ferrandus (fol. 193r–203v). Es folgen die Texte einiger früher Konzilien sowie päpstliche und bischöfliche Briefe (fol. 203v–219r). Den Abschluss bildet eine kurze kanonistische Sammlung mit dem Titel *Pro causa iniustae excommunicationis* (fol. 220r–224v).

Die Dekoration der Handschrift ist, mit Ausnahme einiger zoomorpher oder anthropomorpher Initialen und kurzer Texte in bisweilen rubrizierter Unziale, im Wesentlichen auf einen einzigartigen Zyklus von sechs Zeichnungen beschränkt, der sich am Beginn des Bandes befindet. Es handelt sich um eine äußerst interessante illustrierende Bildfolge in mehreren untereinander angeordneten Registern mit kurzen Bildlegenden in Unziale, die dem Betrachter die

Deutung der politisch, historisch und religiös aufgeladenen Bilder der Konzilsgeschichte ermöglichen.

Es finden sich Darstellungen der Auffindung des wahren Kreuzes durch Helena, der Mutter Konstantins (fol. 2r), des Konzils von Nicäa von 325 mit dem thronenden Konstantin (fol. 2v), der Heiligen Petrus und Paulus (fol. 3r), des Konzils von Konstantinopel im Jahre 381 mit Theodosius (fol. 3v–4r), des Konzils von Ephesos 432 mit dem thronenden Theodosius II. (fol. 4v) und der *Maiestas Domini*, die von Konstantin und Helena angebetet wird (fol. 5r).

Die jeweilige Dimension der thronenden Herrscher im Vergleich zu den Wachen und den Repräsentanten des Klerus kann als eine erneuerte karolingische Ideologie gelesen werden, der zufolge die geistliche Gesetzgebung in letzter Instanz von der kaiserlichen Autorität legitimiert werden müsse. Stilistisch gesehen lassen sich die Miniaturen am ehesten mit denen des Egino-Codex (Berlin, Staatsbibliothek, Philipps 1676) und den Fresken der Kapelle des S. Lino in S. Nazaro in Mailand vergleichen.

Der Umstand, dass sich die Handschrift in Vercelli befindet, könnte mit der Person des Erzpriesters der Kathedrale von S. Eusebio, Eistolfo, zu tun haben, dessen Namen in einem archivarischen Dokument des Archivio Capitolare von 951 auftaucht und dessen Monogramm zusammen mit seinem Namen auf dem fol. 225r zu finden ist. Wahrscheinlich war der Band schon im 14. Jahrhundert Teil der kapitularen Sammlung der Kathedrale, als er im Inventar der Bibliothek, die in Pulte unterteilt war, unter dem Titel *Antiqui canones sanctorum patrum* genannt wird. Ein weiterer Beweis dieser Lagerung ist das Vorhandensein von Löchern für die sichernde Kette am unteren Originaldeckel, der 1978 bei der kompletten Neubindung des Bandes durch die Restaurierungswerkstatt des Klosters von Praglia ersetzt wurde.

TIMOTY LEONARDI

Literatur: Bischoff 1980, S. 197 – Crivello 2005 – Ferraris 1995 – Gavinelli 2007 a – Gavinelli 2007 b

A.2.4.3

Fragment mit *Canones Apostolorum*; *conciliorum Ancyrani* (314) et *Nicaeni* (325)

9. Jahrhundert
Pergament; H. 23,9 cm, B. 15,5 cm
Karlsruhe, Badische Landesbibliothek,
Aug. Fr. 146

Die Entwicklung und Formierung des Christentums verlief zu Beginn weit weniger homogen, als man heute vielleicht annimmt. Für die Ausdifferenzierung der christlichen Glaubenslehre und -praxis spielten die (ökumenischen) Konzilien des 4. und 5. Jahrhunderts eine wichtige, wenn nicht sogar die entscheidende Rolle. Hier kamen Vertreter der unterschiedlichen christlichen Gemeinden und Glaubensrichtungen zusammen, um zu diskutieren und zu entscheiden, was als rechtgläubig und was als häretisch anzusehen sei.

Der Durchbruch der christlichen Religion erfolgte unter Kaiser Konstantin (306–337), der nicht nur das Christentum offiziell anerkannte, sondern der im Jahr 325 auch das erste große ökumenische Konzil nach Nicäa einberief. Schon vor Nicäa hatte es allerdings eine kleinasiatische Generalsynode in Ancyra gegeben, die gemeinhin auf das Jahr 314, also nur ein Jahr nach den Mailänder Vereinbarungen, datiert wird. Von dieser frühen Synode sind zwar Teilnehmerlisten und Kanones erhalten, doch ist nicht bekannt, wie die Beratungen im Detail verliefen. Die ältesten Überlieferungen der 25 Konzilskanones lassen vermuten, dass es bei der Versammlung primär um disziplinarische und organisatorische Fragen ging, beispielsweise den Umgang mit abtrünnig gewordenen christlichen Amtsträgern und Gläubigen, die wieder ihre geistlichen Ämter ausüben oder in die Gemeinschaft zurückkehren wollten. Dabei wurde festgelegt, dass klar zwischen den echten und den nur scheinbar Reumütigen unterschieden werden sollte. Darüber hinaus wurde beschlossen, dass Gewaltausübung oder auch nur deren Androhung

sowie andere Strafsanktionen nicht ohne Weiteres als Entschuldigung für ›Fehltritte‹ zu akzeptieren seien, sondern dass diese durch teilweise harte Bußleistungen ›bereinigt‹ werden mussten. Damit äußerten sich die kleinasiatischen Bischöfe deutlich strenger, als dies der römische Bischof 254 in einem vergleichbaren Fall getan hatte. Der Bischof von Rom war hier auch gar nicht in Erscheinung getreten, entsandte jedoch einen Stellvertreter nach Nicäa, wohin alle christlichen Bischöfe vom Kaiser eingeladen worden waren. Bei dieser Versammlung, dem ersten echten ökumenischen Konzil, ging es um fundamentale Fragen der Doktrin (vgl. Kat. Nr. A.2.4.1). Außer einem verbindlichen Bekenntnis (vgl. Kat. Nr. A.2.4.4) verkündete das Konzil noch eine Reihe weiterer Entscheidungen, die beispielsweise die Bischofswahlen (Kanon 4), die Exkommunikation (Kanon 5), das richtige und moralisch einwandfreie Betragen von Geistlichen und die Standardisierung des Osterfestes betrafen. Auch wenn das Konzil von Nicäa (325) nur den Beginn eines langen Prozesses darstellte, in dem sich die christliche Konfession entwickelte, darf seine Tragweite nicht unterschätzt werden. Seine Beschlüsse wurden während des gesamten Mittelalters immer wieder rezipiert und seine Kanones in zahlreichen Handschriften, wie etwa dem vorliegenden Handschriftenfragment aus dem 9. Jahrhundert, überliefert.

VIOLA SKIBA

Digital: http://digital.blb-karlsruhe.de/blbhs/content/titleinfo/29826 [zuletzt abgerufen am 15.12.2016]

Quellen: Handschriften Karlsruhe 1914, S. 495–496 – Handschriften Karlsruhe 1971, S. 595–601

A.2.4.4

Freisinger Canones

Bodenseeraum/Freising, um 800
Pergament; H. 29,5 cm, B. 22,5 cm, 239 Bll.
München, Bayerische Staatsbibliothek,
Clm 6243

Die Ende des 8. Jahrhunderts offenbar im Kloster Reichenau angelegte und an ihrem neuen Bestimmungsort Freising um 800 redigierte und erweiterte Handschrift umfasst mehrere kirchenrechtliche Sammlungen, die zwischen dem 5. und 8. Jahrhundert entstanden sind. Sie zeugt von dem im agilolfingischen Bayern des späten 8. Jahrhunderts neuartigen rechtlichen Interesse und dem wachsenden Bedarf an kanonistischen Texten.

Die mit 179 folio umfangreichste und eine der ältesten Sammlungen der historischen Ordnung, die sogenannte *Collectio Frisingensis prima*, enthält wegweisende Beschlüsse der alten Kirche in theologischen und dogmatischen Fragen, vor allem bedeutender Konzilien im 4. und 5. Jahrhundert wie Nicäa I (325), Sardika (343), Konstantinopel I (381) und Karthago (419), sowie zahlreiche Briefe und Einzelfallentscheidungen (Dekretalen) römischer Päpste von Damasus I. (366–384) bis Gelasius I. (492–496). Die Berücksichtigung früher griechischer Konzilkanones (u. a. Ankyra [314], Nicäa I [325], Konstantinopel I [381]) deutet auf einen nordafrikanischen Ursprung (um 425?) der Sammlung hin, die vor 500 in Rom abschließend kompiliert wurde. Der Teil mit den Akten des Konzils von Nicäa wird durch eine historische Erörterung über das Konzil, die Stellung der römischen Kirche und den Vorrang der fünf Bischofssitze von Rom, Alexandria, Antiochia, Jerusalem und Ephesus eingeleitet. Diese lateinisch-sprachige, sogenannte größere Vorrede (*Praefatio magna*) verlieh der Sammlung zudem »eine spezifisch römische, auf die Petrustradition bezogene Tendenz« (P. Landau). Vereinzelte Spuren der Überlieferung belegen, dass die Sammlung über mehrere Zwischenstationen – Rom (um 500), Trient (580), Chur (700–750) und die Reichenau (780?) – in den nordalpinen Raum gelangte.

In Freising erfuhr die Handschrift um 800 eine intensive Bearbeitung und wurde durch den Zusatz einer zweiten Kanonessammlung sowie weiterer konziliarer Texte zu einem umfassenden Repertorium des Kirchenrechts ausgestaltet. Diese sogenannte *Collectio Frisingensis II*, ein Auszug aus der um 600 in Lyon kompilierten systematischen *Collectio Vetus Gallica*, diente vor allem praktischen Bedürfnissen; sie enthielt Bestimmungen zur Lebensführung des Klerus.

HUBERTUS SEIBERT

Quellen: Handschriften München 2000, S. 70–78
Literatur: Esders/Mierau 2000 – Landau 1995, S. 137–160, bes. S. 142–143 u. S. 148–151 – Maassen 1956, S. 40–41 u. S. 476–486 – Mordek 1975, S. 147–150 u. 618–633

IN NOM(INE) D(OMI)NI IHU XPI INCIP(IT) CANONES

Beatissimo silues
tro in urbe roma
apostolicae sedis
antestite. Cons
tantino quoq; aug(usto) filici
nio caesare consolibus,
Propter insurgentes he
reses fides catholica ex
posita ē apud nicaea by
thiniae. quae sc̄a & reue
rentis sima romana con
placitur & ueneratur
ecclesia, Quippe quam
CCCXVIII patres. medi
antib; uictore atq; iuben
tio. religiosis simis roma
nae sedis pr̄byteris. inspi
rante dō prodes truenda
arriui uenena ptulerunt,
Nam & nonnullae regulae
subnixe sunt. quas memo
ria suscipiens confir
mauit ecclesia, Scien
dū sanae ē ab omnib; ca
tholicis. qnm sc̄a ecclesi
a romana nullis synodi
cis decretis praelata ē.
Sed euangelica uoce dn̄i
& saluatoris n̄ri prima

tum obtenuit. ubi dix(it) be
ato apostolo petro, Tu es
petrus & sup hanc petram
aedificabo ecclesiā meā,
Et portae inferni non p̄
ualebunt aduersus eā. &
tibi dabo claues regni cae
lorum, Et quae cumq; li
gaueris sup terrā erunt
ligata & in caelo. & quae
cumq; solueris sup terram
erunt soluta & in caelo,
Adhibita ē etiā societas in e
adem romana urbe. be
atissimi apostoli pauli
uasis electionis. qui uno
die unoq; tempore glo
riosa morte cum petro
sub principe nerone ago
nizans coronatus ē, & am
bo pariter sc̄am ecclesiā
romanam xp̄o dn̄o conse
crarunt, Aliis quoq; omni
bus urbib; in uniuerso mun
do. sua p̄sentia atq; uene
rando triumpho p̄tulerunt,
Et licet pro omnib; assidua
aput dm̄ omnium sc̄orum
fundatur oratio, his tam

Leo I. der Große (440–461) und die ›Fülle der Macht‹

»Nichts gegen den Willen der römischen Kirche«

Unter Papst Leo dem Großen (440–461) fand die Idee, der Papst sei der unmittelbare Erbe des heiligen Petrus, ihre stärkste Ausprägung. Das Amt selbst rückte in den Vordergrund, der Papst wurde zum ausübenden Werkzeug der Wirksamkeit des heiligen Petrus (›Petrinologie‹). Leo selbst fasste 446 in einem Brief an den Bischof Anastasius von Thessaloniki (14, cap. 1, Migne, *Patrologia latina* 54, Sp. 671B; *Regesta pontificum Romanorum I*, 2016, Nr. 918) die päpstliche Gewalt in den juristischen Begriff der ›vollständigen Fülle der Macht‹ (*plenitudo potestatis*). Ihr Kern war die rechtsprechende Gewalt (*potestas iurisdictionis*) zu lösen und zu binden. Diese von Gott verliehene Gewalt lebte, so Leo I., in den Nachfolgern des Petrus im Amt des römischen Bischofs weiter, weil sie dessen Erben seien (›Erbentheorie‹). Entscheidend war demnach das Amt, unabhängig davon, wer dieses Amt ausfüllte. Durch ein kaiserliches Edikt vom 17. Juli 445 wurde zudem bestätigt, dass in der westlichen Kirche »nichts gegen oder ohne den höchsten Willen der römischen Kirche geschehen« dürfe. Alle diese Erklärungen galten damals zwar nur für den Westen des Reichs, denn der Papst wurde als ›Patriarch des Westens‹ angesehen. Aber der Anspruch war auf allgemeine Gültigkeit ausgelegt.

»Petrus hat durch Leo gesprochen«

Die Rettung Roms im Jahre 410 vor der Zerstörung durch die westgotischen Krieger Alarichs sei dem heiligen Petrus zu verdanken, so predigte Leo dem Volk. Auch die Schadensbegrenzung, die der Papst selbst durch Verhandlungen beim Hunnenkönig Attila 452 erreichen konnte, führte er auf die Hilfe von Petrus zurück. Drei Jahre später, 455, musste er schließlich Geiserich, den Anführer der Vandalen, besänftigen, um die Plünderung Roms in Grenzen zu halten. Wieder habe ihm der heilige Petrus zur Seite gestanden. Auf dem Konzil von Chalcedon von 451 ließ er einen ›dogmatischen Brief‹ zur Lehre von den zwei Naturen Jesu Christi verlesen. Dieser führte zu begeisterter Zustimmung der Konzilsväter und zu den berühmten Worten: »Der heilige Petrus hat durch Leo gesprochen.« Daraus entstand die fortan in der rechtgläubigen Kirche gültige Formel: »Ein und derselbe ist Christus, der in zwei Naturen unvermischt, unveränderlich, ungetrennt und unteilbar erkannt wird.« Auch für die Osterfestberechnung suchte Leo eine verbindliche Grundlage zu schaffen. Die besondere Nähe zum heiligen Petrus brachte Leo dadurch zum Ausdruck, dass er sich als erster Papst am Eingang zur Peterskirche bestatten ließ. Auch seine Nachfolger fanden nun bis auf wenige Ausnahmen bis 913 dort ihre letzte Ruhestätte. Ebenso widmete sich Leo I. der Kirche des heiligen Paulus, denn, so heißt es in einer seiner Predigten, Petrus und Paulus gemeinsam hätten durch ihr Martyrium Rom zum Mittelpunkt des Erdkreises gemacht. Die Paulskirche ›vor den Mauern‹ Roms (S. Paolo fuori le mura) ließ er restaurieren und erhob sie zu einem besonderen Erinnerungsort des Papsttums. Über den Säulen der Kirche wurde die Reihe aller Päpste, beginnend bei Petrus, in Rundbildern (Tondi) angebracht. Diese ›Amtsgenealogie‹ der Päpste, in der ihre Beziehung zum Apostelfürsten ohne irgendeine Unterbrechung zum Ausdruck gebracht wurde, sollte als Zeugnis der Rechtmäßigkeit ihrer Gewalt wirken. Das Papsttum zeigt sich auf diese

Weise bildlich als Summe aller Päpste und damit als eine transpersonale Institution. Beim Brand der Paulskirche 1823 konnten nur die Bilder der früheren Päpste gerettet werden. Auch in St. Peter und in der Laterankirche waren solche Päpstereihen angebracht worden, die jedoch nicht mehr erhalten sind.

STEFAN WEINFURTER

Quellen: Regesta Pontificum Romanorum I, 2016, Nr. 918
Literatur: Borgolte 1995 – Friedrichs 2015 – Klinkenberg 1952 – Maccarrone 1960 – Moorhead 2015
Bild: Papst Leo I. »der Große«, 8. Jahrhundert, Fresko in S. Maria Antiqua, Rom

Die Paulsbasilika an der Via Ostiense

HUGO BRANDENBURG

Die Papstchronik (*Liber Pontificalis I*, S. 178 ff.) berichtet, Konstantin habe auch über dem Grab des Apostels Paulus an der Via Ostiense in der Nähe der Stätte seines Martyriums in den Marschlanden des Tiber eine Basilika errichtet. Grabungen in den Jahren 2003–2006 unter der heutigen Paulsbasilika aus der Mitte des 19. Jahrhunderts haben die Apsis dieser konstantinischen Gedächtniskirche wiederentdeckt (Abb. 1). Da diese nach Westen gerichtete Apsis lediglich einen Durchmesser von 7,50 m aufweist, hat die Basilika selbst eine Länge von allenfalls 20 m gehabt, war also im Verhältnis zur Petersbasilika nur ein recht kleiner Bau. Der Grund dafür mag neben den schwierigen Baubedingungen in der sumpfigen Tiberebene die Eile gewesen sein, mit der nicht nur die Paulsbasilika, sondern auch der Bau der Petersbasilika abgeschlossen werden musste, da nach der Einweihung der neuen Hauptstadt Konstantinopel die Bautätigkeit des Kaisers vor allem dem Ausbau der neuen Hauptstadt galt. Die Kirche hatte das Grab des Apostels Paulus zu schützen, das der Theologe Gaius um das Jahr 200 zusammen mit dem Petrusgrab am Vatikan bezeugt und an der Via Ostiense lokalisiert hatte.

Im Spätherbst des Jahres 386 erließen die drei regierenden Kaiser Theodosius, Valentinian und Arkadius ein Dekret, das den Vorbereitungen zum Neubau der Paulsbasilika galt. Dieser Erlass der Kaiser gibt uns einen Einblick in die Bauvorbereitungen einer kaiserlichen Kirchenstiftung. Die Kaiser weisen den Stadtpräfekten Sallustius in Rom an, sich wegen der Vergrößerung der Paulsbasilika mit den Vorstehern der christlichen Gemeinde und ihrem Bischof, gemeint ist Papst Damasus, in Verbindung zu setzen. Die bestehende Basilika sei zu klein, um die große Menge der Gläubigen und Pilger, die das Grab des Apostels besuchten, aufzunehmen, sodass sich die Kaiser entschlossen hätten, ihn durch einen größeren und aufwendigeren Neubau zu ersetzen. Um die zukünftige Basilika nicht in ihrer Größe zu behindern und damit die Architekten den Bau so anlegen könnten, wie es die Tiberebene erlaube, solle nach Zustimmung durch den Senat und das römische Volk eine Straße verlegt werden, damit nichts die Pracht des großzügig auszulegenden Gebäudes behindere. Die Fassade der großen Basilika aber, vermerken die Kaiser ausdrücklich, solle die Intentionen der Bauherren zum Ausdruck bringen. Schließlich fordern die Herrscher die Baupläne und einen ausführlichen Kostenvoranschlag zur Begutachtung und Genehmigung an.

Die Paulsbasilika, eine der letzten großen kaiserlichen Stiftungen in der alten Hauptstadt, übertraf die Petersbasilika an Größe. Sie bestand bis zum Jahre 1823, als ein Großbrand die Dächer und Teile des Langhauses zerstörte. Doch können wir uns dank alter Ansichten, Zeichnungen und Nachrichten sowie einer Bauaufnahme mit Planunterlagen aus dem frühen 19. Jahrhundert ein gutes Bild von der antiken Basilika machen. Neuere archäologische Untersuchungen und Sondagen ergänzen dieses Bild vor allem hinsichtlich der Lage des Grabes, der liturgischen Einrichtungen und der Ausstattung der antiken Basilika, die in der Auslegung und in den Maßen, nicht aber in der klassizistischen Stilhaltung der Baudekoration und der Formgebung der Ausstattung, weitgehend dem Neubau aus der Mitte des 19. Jahrhunderts entsprochen hat (Abb. 2). Um genügend Platz für einen monumentalen Kirchenbau zu erhalten, wurde die Ausrichtung des Baues verändert und die Apsis nach Osten verlegt sowie in dem sumpfigen Land ein Podium für den neuen Kirchenbau angelegt, das die konstantinische Basilika überbaute (Abb. 3). Nach dem Vorbild der Petersbasilika lag das Querhaus der Basilika über der Apsis der vorausgehenden konstantinischen Kirche mit dem Apostelgrab. Da das Grab aber zu tief lag, um in die neue Basilika inkorporiert werden zu können, wurden die Gebeine des Apostels gehoben und

2 St. Paul, das Innere der heutigen Basilika (19. Jahrhundert), Foto: H. Brandenburg

1 Konstantinische Paulskirche, Rest der Apsis, Foto: H. Brandenburg

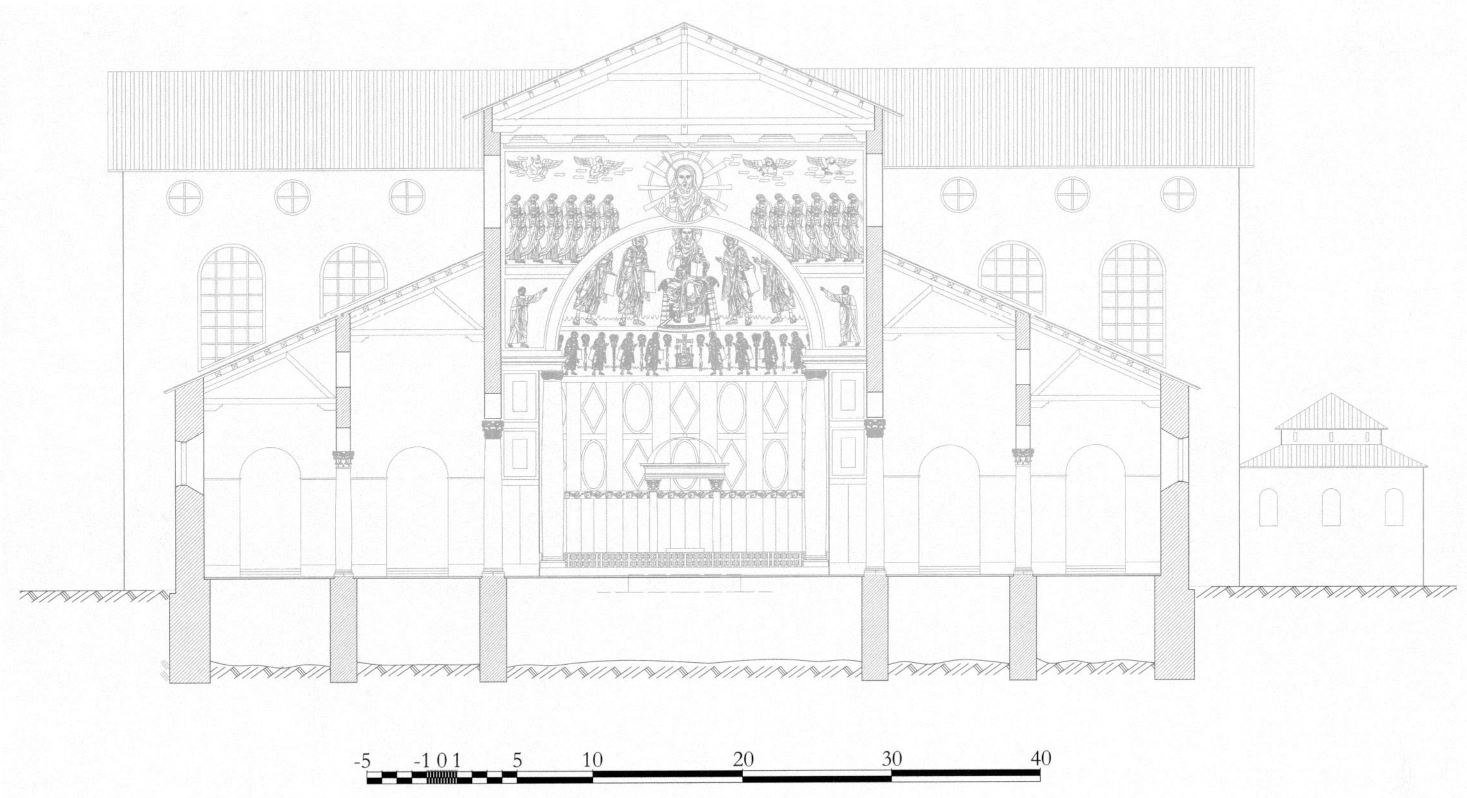

3 St. Paul. Axonometrie der Theodosianischen Basilika, Zeichnung: K. Brandenburg

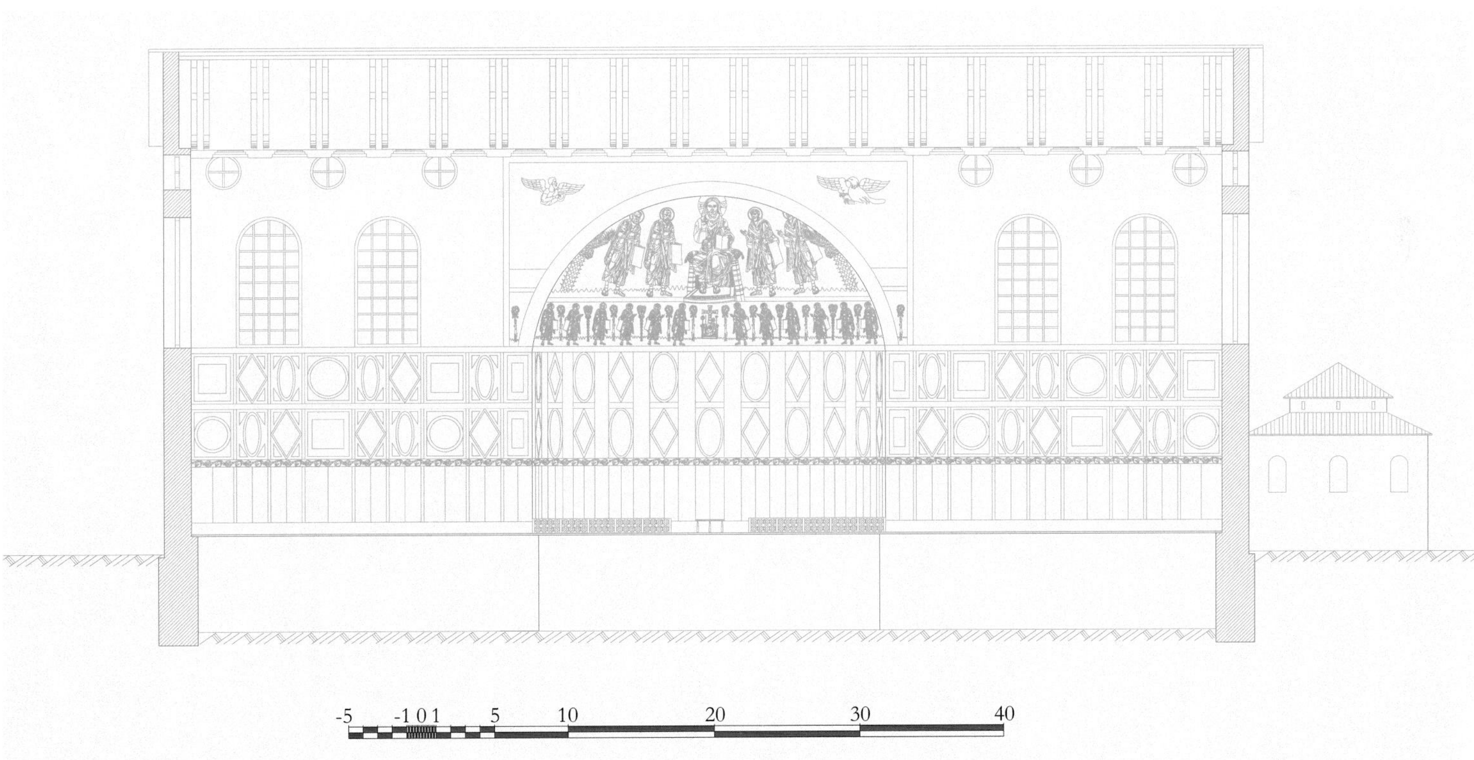

4 St. Paul. Axonometrie des Querhauses der Theodosianischen Basilika, Zeichnung: K. Brandenburg

5 St. Paul. Inneres der Theodosianischen Basilika, K. Brandenburg. A. Morales

in einem Sarkophag geborgen, der auf dem erhöhten Boden des Querhauses am Triumphbogen über dem ursprünglichen Grab für die Verehrung der Gläubigen zugänglich aufgestellt und wohl mit den noch erhaltenen Marmorplatten mit der Inschrift PAULO APOSTOLO MART(YRI] verkleidet wurde (Abb. 4: vgl. Kat. Nr. A.2.5.1). Nach den erhaltenen Weihinschriften des zuständigen Beamten und Bauaufsehers sowie des Papstes Siricius (384–399) wurde das Querhaus im Jahre 390 geweiht und dem Kult übergeben.

Die Basilika hatte monumentale Dimensionen: Sie maß insgesamt 128 m in der Länge, das Langhaus allein 90 m, das Atrium 66 m. Die Breite des Querhauses betrug 65 m. Das Querhaus trat mit 71 m Länge im Gegensatz zu St. Peter nur leicht über die Flucht des Langhauses hinaus. Die Breite des Querhauses von 24 m entsprach in harmonischer Abstimmung der Breite des Mittelschiffes und der Weite der Apsis. Die Höhe des Apsisbogens von 24 m entsprach der des Triumphbogens. Gegenüber der Höhe von 30 m des Mittelschiffes erreichte das Querhaus nur 26 m. Dadurch war es als eigener Baukörper abgesetzt, wenn auch nicht so markant wie in St. Peter. Insgesamt präsentierte sich der Bau kompakter, geschlossener und in seinen Teilen harmonischer abgestimmt. Im Langhaus der fünfschiffigen Basilika standen 80 weiße Marmorsäulen, 40 im Mittelschiff und ebenso viele in den Seitenschiffen. Die Größe des Baues und der Aufwand seiner Ausstattung manifestierten die Bedeutung des Kultes sowie Macht und Rang der Stifter und Herrscher, wie es in dem Dekret gefordert war.

Da bei gleicher Länge in den Kolonnaden je zwei Säulen weniger als in der Petersbasilika standen, waren die Interkolumnien weiter als in der Petersbasilika, was zur Folge hatte, dass kein Architrav verwendet werden konnte, sondern Bögen die Säulen überspannten. Diese technisch bedingte Neuerung veränderte den Raumeindruck: Nicht mehr fluchtende Säulenreihen, sondern rhythmisierte Kolonnaden bestimmten den Eindruck, die Schiffe öffneten sich stärker zueinander und ergaben damit ein einheitlicheres Raumgebilde (Abb. 5). Dem entsprach auch die Aufstellung des

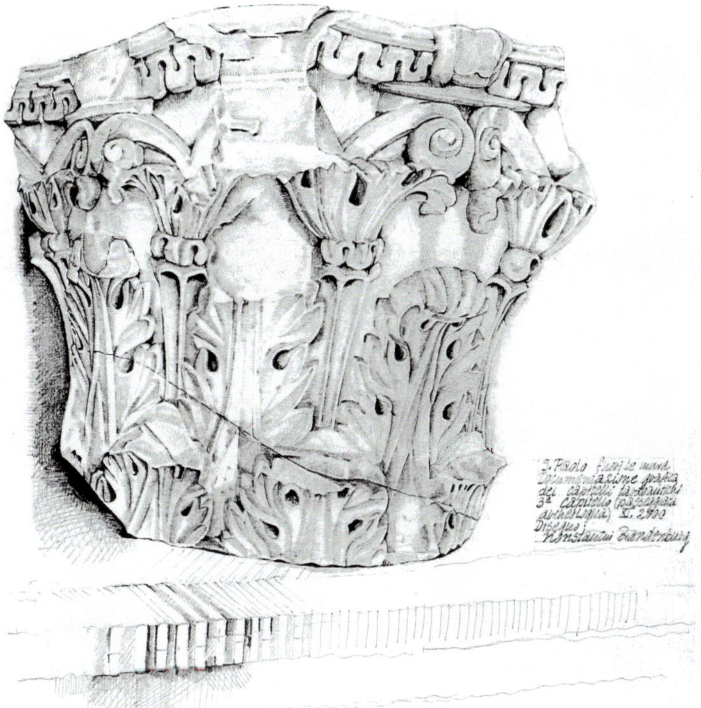

6a St. Paul, korinthisches Kapitell aus dem Mittelschiffs, Zeichnung: K. Brandenburg

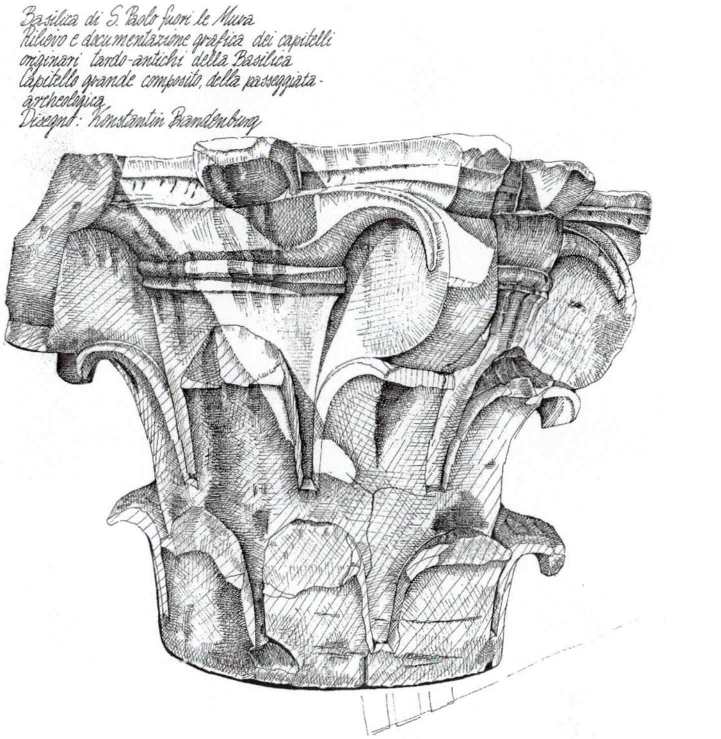

6b Komposites Vollblattkapitell aus den Nebenschiffen, Zeichnung: K. Brandenburg.

Sarkophags, der auf dem erhöhten Boden des Querhauses unmittelbar am Triumphbogen den Gläubigen näher gerückt und stärker in die bischöfliche Liturgie integriert war, da der Altar zwischen ihm und der Apsis stand. Für den Bau wurden in der Bauhütte eigens aus weißem Marmor Kapitelle der kompositen und der korinthischen Ordnung hergestellt, die paarweise im Wechsel in den Mittelschiffskolonnaden nach dem Vorbild von St. Peter eingesetzt wurden, ebenso wie in den Nebenschiffskolonnaden, nur dass hier die Kapitelle in bewusster Abstufung die vereinfachte Version der Vollblattkapitelle waren (Abb. 6a und 6b). Die Baudekoration aus weißem Marmor unterstützte die durch die weiten Kolonnaden bedingte helle Weite des Raumes. Die Hochwände des Mittelschiffes zierten wie in St. Peter Malereizyklen mit Szenen des Alten Testaments auf der südlichen Obergadenwand und Szenen aus dem Leben und Wirken Pauli auf der nördlichen Seite. Sie sind der Erbauungszeit zuzuweisen. Entsprechend sind am Sockel des Triumphbogenmosaiks rechts Petrus und links Paulus mit der signifikanten Beischrift *magister gentium* (Lehrer der Völker) dargestellt. Das Mosaik darüber gibt nach dem Bericht der Apokalypse die Erscheinung des Herrn am Ende der Tage wieder, verehrt von den Vier Lebewesen und den 24 Ältesten der Apokalypse, eine Darstellung, die schon die Fassade der Petersbasilika zierte (Abb. 7). Auch dieses Mosaikbild, das von Leo I. mit Hilfe der Augusta Galla Placidia restauriert und in der Basilika des 19. Jahrhunderts neu gefasst wurde, ist der Vollendung der Ausstattung der Basilika unter Kaiser Honorius (395–425), dem Sohne des Theodosius, zuzuweisen, wie die Inschriften am Bogen vermelden.

Auf der Innenfassade waren nach Zeichnungen des 17. und 19. Jahrhunderts Passionsszenen zwischen den Fenstern und darunter die Evangelistensymbole zu sehen. Da das Passionsthema inhaltlich der Erscheinung Christi am Ende der Tage (Auferstehung) auf dem Triumphbogen gegenübergestellt ist, dürften die mittelalterlich übermalten und veränderten Malereien im Kern doch auf die Erbauungszeit, also die Zeit um 400, zurückgehen. Das Apsismosaik ist unter Papst

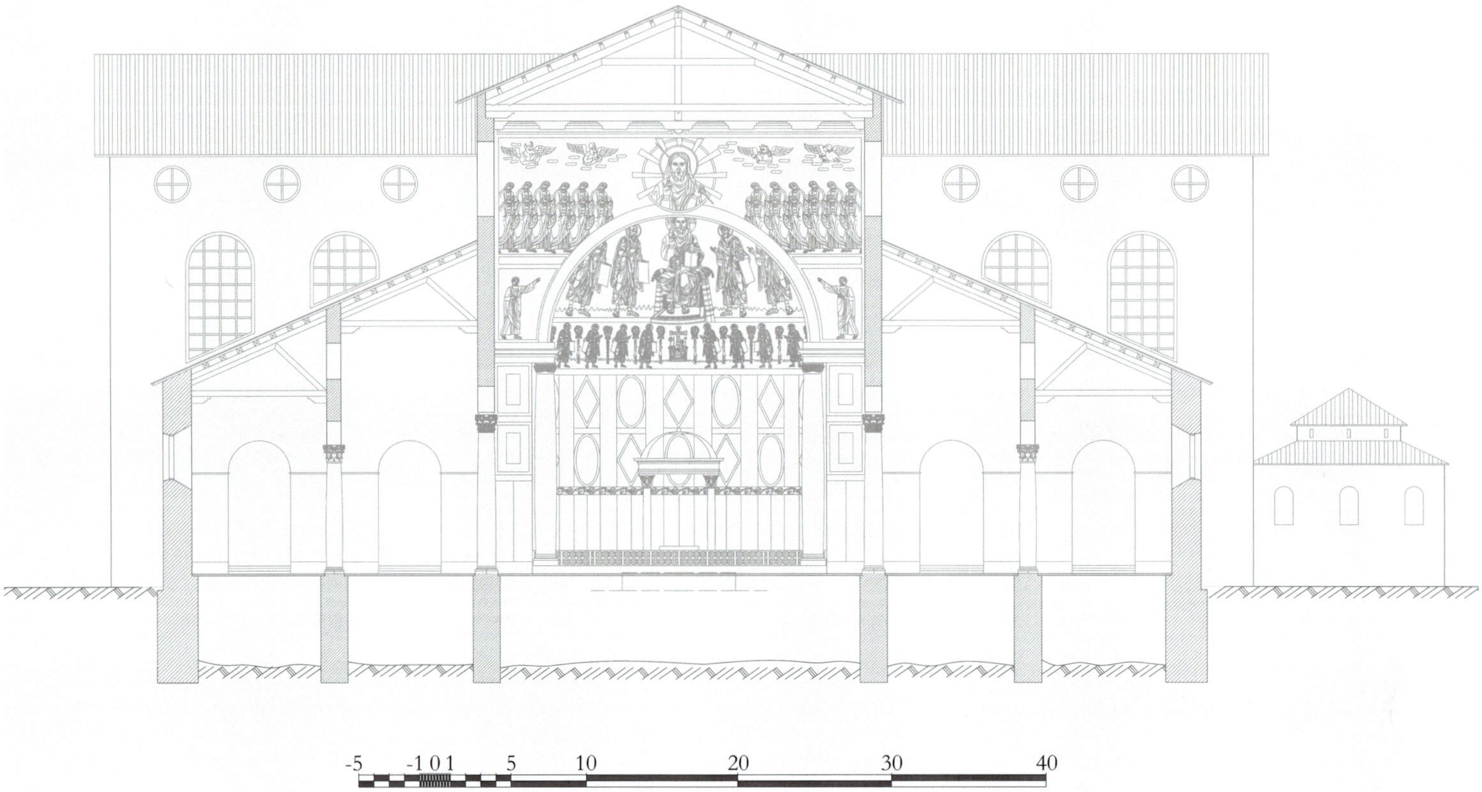

7 St. Paul, Schnitt durch die Theodosianische Basilika am Triumphbogen

Honorius III. (1216–1227) umgestaltet und im 19. Jahrhundert restauriert worden.

Die Gründung der Paulsbasilika durch die drei Kaiser hatte ebenfalls eine eminent politische Bedeutung. Hatte Konstantin durch die Weihinschrift auf dem Triumphbogen der Petersbasilika Christus die Kirche dediziert, da unter Führung Christi die Welt (*mundus*) sich zu den Sternen erhoben habe, so dediziert die Weihinschrift der Paulsbasilika die Kirche dem Apostel Paulus, dem *doctor mundi*, dem Lehrer der Welt. Wiederum eine eminent politische Aussage: Hatte die Weihinschrift der Petersbasilika die Christianisierung der Welt verkündet, so wird in der Weihinschrift der Paulsbasilika das Thema wieder aufgenommen, in dem die historische Aufgabe des römischen Reiches, die Völker zu befrieden und unter einer gemeinsamen Sprache und Kultur zu vereinen, wie der Dichter Vergil es formuliert hatte, nun vollendet wird durch den Anspruch, die Völker unter der Leitung des *doctor mundi, magister gentium*, des Lehrers der Welt und der Völker, Paulus, zu christianisieren.

Literatur: Weitere Ausführungen, Belege sowie ausführliche Literaturangaben bei folgenden Autoren (Auswahl): Andaloro 2006a, S. 366–408 – Andaloro 2006b, S. 97–121 – Brandenburg 2002 – Brandenburg 2005/2006 – Brandenburg 2009 – Brandenburg 2013, S. 121–138 – Filippi 2006 – Krautheimer 1977, S. 93–164 – Liverani 2012 – Nicolai 1815

8 St. Paul, Apsisbereich der Theodosianischen Basilika, K. Brandenburg, A. Morales

9 St. Paul, Theodosianische Basilika mit Atrium und Säulenstraßen, K. Brandenburg, A. Morales

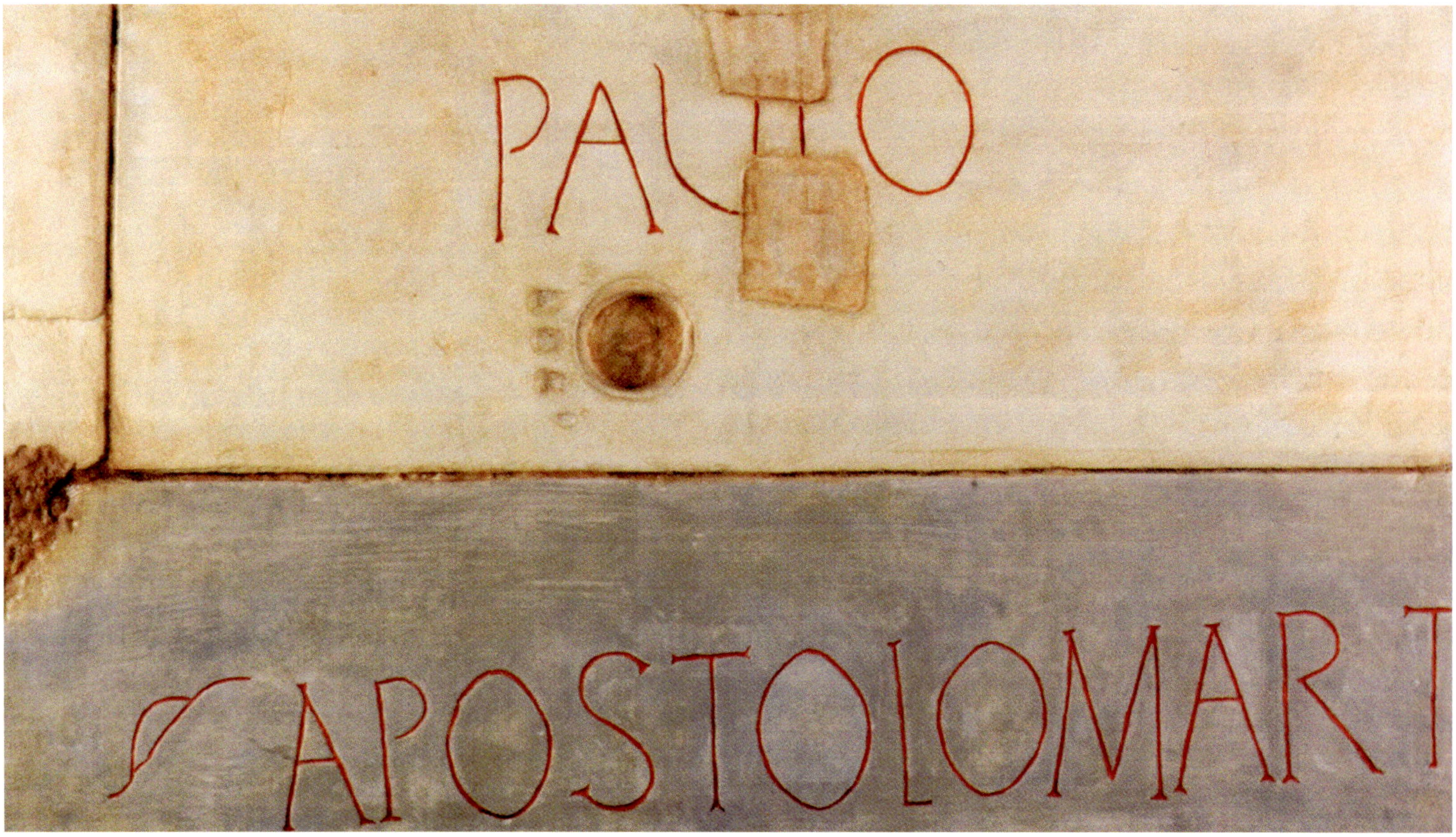

A.2.5.1

Abdruck der Widmungsinschrift des Paulusgrabes/-altars

Prokonnesischer Marmor (ausgestellt: Gipsabdruck), 1. H. 73 cm, B. 195 cm, T. 7,5 cm; 2. 54,5 cm, 215 cm, T. 7,5 cm; Höhe der Buchstaben 1. 21,5–24 cm; 2. 21,5–26 cm; runde Öffnung Dm. 14 cm; viereckige Öffnungen 21 cm x 18 cm bzw. 17 cm x 19 cm
Vatikanstadt, Musei Vaticani, 57071

Inschrift: *PAULO / APOSTOLO MART*[yri / ---?]
(Altar/Grab gewidmet) dem Paulus / Apostel und Märtyrer / ?)

Zwei rechteckige Platten bilden die Grundfläche des Hauptaltars der päpstlichen Basilika St. Paul vor den Mauern. Sie sind offensichtlich Spolien. Dies beweisen sowohl ihre Lage als auch die drei Öffnungen, die in die Oberfläche eingelassen wurden und den Text der ersten Platte teilweise beschädigt haben. Eine Öffnung ist rund und hat vier seitliche Einlassungen für das Scharnier eines Metalldeckels, zwei sind rechteckig. Die erste Platte hat eine leicht erhöhte, flache Kante; entlang des unteren Randes verläuft eine Reihe kleiner, blinder Löcher, die auf der Oberfläche verteilt sind und an die Verzapfung metallischer Elemente denken lassen, die wohl zu einer vorherigen Verwendung gehört haben.

Die Inschrift wurde 1838 von dem Architekten Virginio Vespignani entdeckt und veröffentlicht, als der Hauptaltar während des Wiederaufbaus der Basilika nach dem Feuer von 1823 entfernt worden war (Collezione 1845, S. 107–118; ICUR II, 1935, nr 4775). Obwohl ein Teil des Textes im Bereich der Öffnungen *ab antiquo* am Boden der für rituelle Zwecke bestimmten Einlassung des Hochaltars sichtbar war, blieb die Existenz der Inschrift lange unbekannt.

Die Schriftlinien liegen asymmetrisch zu den Platten bzw. der von ihnen gebildeten Mittellinie. Die Inschrift ist in Kapitalschrift von bescheidener Qualität ausgeführt, mit dreieckigen und schwalbenschwanzförmigen Serifen sowie unregelmäßigen Buchstaben mit vertikaler Entwicklung. Verwendet wurde das unziale *V*, das P ist leicht geöffnet, vor dem Wort *apostolo* befindet sich eine Hedera (Efeublatt). Es kann nicht mehr festgestellt werden, ob das Wort *MART* – für *MARTYRI* – schon von Anfang an oder erst seit der Wiederverwendung der Platte verkürzt war.

Die Inschrift stellt – zusammen mit dem Sarkophag des Apostels, der bei derselben Gelegenheit entdeckt, aber noch nicht als solcher erkannt und auch nicht in den Studien und folgenden Publikationen so bezeichnet wurde – das bedeutendste Zeugnis für die Verehrung und liturgische Bedeutung des Paulusgrabes dar.

1983 stellte Francesco Tolotti (1906–1998) erstmals die Vermutung an, dass die beiden Platten mit der Inschrift, aber noch ohne die Öffnungen, ursprünglich standen und die äußere Verkleidung eines älteren, quaderförmigen Monuments gebildet haben. Diese Hypothese wurde 2003 durch die Wiederentdeckung des großen Sarkophags – aus prokonnesischem Marmor und ähnlich groß wie der von Tolotti vermutete Block – direkt unter den beiden Platten bestätigt. Ursprünglich dienten die beiden Platten also als Verkleidung der kurzen und der langen Seite eines Altars, der das Apostelgrab umschloss. Die Inschrift hatte die doppelte Funktion, den genauen Ort des Märtyrergrabs zu markieren und andererseits den *versus orientem* (nach Osten) schauenden Gläubigen anzuzeigen, dass der Altar Paulus gewidmet war. Das einfache und prägnante Formular der Inschrift findet seine Entsprechung in anderen römischen Märtyrerinschriften, die eher Widmungs- als Grabcharakter tragen, etwa jener Inschrift, die Papst Damasus (366–384) für das Grab des Märtyrers Januarius in der Prätextatus-Katakombe verfasste (ICUR V, 1971, nr 13871).

Der archäologische Kontext, zu dem die Inschrift gehört, spricht für eine Datierung in die Zeit der Innenausstattung und Weihe der sogenannten Dreikaiserbasilika (390). Der Dativ des Apostelnamens und die mutmaßlich symmetrische Anordnung der Inschrift auf drei Seiten des Altars lassen annehmen, dass ursprünglich auch ein Text auf der kurzen Altarseite gegenüber der PAVLO-Platte stand. Er dürfte den Namen des Stifters enthalten haben. Dieser war aller Wahrscheinlichkeit nach *Siricius episcopus* (384–399) der auch in der Widmungsinschrift auf dem oberen Abschluss der ersten Säule des linken Seitenschiffs (Kat. Nr. A.2.5.2) genannt wird. Der Stil der Buchstaben und die mittelmäßige Qualität, verglichen mit den von Papst Damasus in Auftrag gegebenen Inschriften, entsprechen dem unordentlichen Bild der künstlerischen und architektonischen Produktion, die charakteristisch für diese Epoche ist.

Zur Zeit Leos des Großen (440–461) wurde das Altargrab des Paulus auseinandergenommen, nur zwei der gravierten Platten, aus denen die Struktur bestand, wurden aufbewahrt und wiederverwendet. Sie wurden waagerecht aneinandergelegt und bildeten so die Mensa für einen neu konstruierten Altar, der auf einem höheren Niveau über dem vorherigen errichtet wurde. Die beiden Platten wurden so arrangiert, dass man in anderer Reihung den Wortlaut der ursprünglichen Widmung beibehielt. Es verschwand allerdings der mutmaßliche Stiftername Siricius. Die neue Orientierung der Inschrift erlaubt es jenen (Klerikern), die sich im Presbyterium von Osten her dem Altar nähern, sie *versus populum* zu lesen. Jetzt wurde in der PAVLO-Platte eine kreisförmige Öffnung angebracht, die es ermöglichte, durch einen senkrechten Kommunikationsschacht die trichterförmige Öffnung (*cataracta*) im Sarkophagdeckel zu erreichen, die bereits zur Herstellung von Berührungsreliquien (*brandea*) genutzt wurde.

Zur Zeit Gregors des Großen (590–604) wurde schließlich direkt über der Mensa des vorherigen Altars ein neuer Altar errichtet. Das Teilstück mit der Inschrift *APOSTOLO MART* wurde vollständig überdeckt. Lediglich *PAVLO* blieb vom Zugangstürchen zu der kleinen Kammer unter der Westseite des Altares aus verkehrt herum lesbar. Jetzt wurden bei dem kreisförmigen Schacht für liturgische Handlungen und zu Verehrungszwecken zwei weitere viereckige Öffnungen angebracht.

GIORGIO FILIPPI

Quellen: ICUR II, 1935, nr 4775 – ICUR V, 1971, nr 13871
Literatur: Collezione 1845, S. 107–118

A.2.5.2
Abguss der Inschrift Papst Siricius' (384–399) anlässlich der Weihe der theodosianischen Paulusbasilika

Prokonnesischer Marmor
(Original, ausgestellt: Gipsabdruck),
Säule: H. 694 cm, Dm. 93,5 cm;
Buchstabenhöhe: 8,5–11,5 cm;
christologisches Symbol: H. 21,4 cm
Vatikanstadt, Musei Vaticani, 57782

Inschrift: *SIRICIVS EPISCOPVS* – alpha – christologisches Symbol – omega – *TOTA MENTE DEVOTVS* (Bischof Siricius, ergeben von ganzem Herzen).

Diese Inschrift, eingraviert in den oberen Abschluss der ersten Säule des linken Kirchenschiffs, wurde um das Jahr 1740 bei einer Säuberung der Kolonnade der Basilika von S. Paolo fuori le mura entdeckt. Ein Text auf der Säulenbasis war schon seit dem 17. Jahrhundert bekannt (ICUR II, 1935, nr 4778 a; ILCV 1857). Auf der Mitte des Schafts war eine dritte Inschrift, *EPISCOPVS DEVOTVS* (ICUR II, 1935, nr 4778 b) zu lesen, die später bei der Überarbeitung der Säule verschwunden ist.

Nach dem Feuer von 1823 befahl Papst Gregor XVI., der 1838 selbst dabei war, als die Architekten das wertvolle Stück in seiner Gänze auf den Boden legten (Moroni XII, 1841, S. 205–206), dass die Säule mit der zugehörigen Basis in der wiederaufgebauten Basilika aufbewahrt werden solle. Diese Säule, die am Schaft überarbeitet wurde, so dass nur die oberste Inschrift intakt blieb, wurde im gregorianischen Portikus wiederverwendet.

Die Inschrift ist graphisch schlecht ausgeführt, weil sie an Ort und Stelle unter beschwerlichen Bedingungen angebracht worden ist, was die ungenaue Zeilenführung und die bescheidene Qualität der Buchstaben beweisen.

Das Monogramm, das dem Text vorausgeht, soll den göttlichen Schutz für das Mo-

nument bewirken. Es ist umgeben von den apokalyptischen Buchstaben Alpha (α) und Omega (ω), womit Christus als Anfang und Ende der Welt bezeichnet wird. Das Monogramm kann auf verschiedene Arten gelesen und interpretiert werden: als *tau rho*, als Kontraktion von (σ)τ(αυ)ρ(ος), weshalb es auch Staurogramm oder monogrammatisches Kreuz genannt wird, oder als *palma et laurus* oder auch als Initiale des Namens Pet(rus).

Der Beitrag Papst Siricius' (384–399) für die Weihe der neuen, großen Basilika, die den konstantinischen Vorgängerbau ersetzte – an den im *Liber Pontificalis* nicht erinnert wird (I, 40) –, drückt in sehr prägnanter Weise die tiefe Verehrung und Fürbitte des Pontifex gegenüber Paulus, dem Mitbegründer der Kirche von Rom, aus.

In der einzeiligen Inschrift, die entlang des Umfangs der Basis der gleichen Säule verläuft (ICUR II, 1935, nr 4778 c), die heute in der Passeggiata Archeologica aufbewahrt wird, ist das Datum des 18. November 390 angegeben. In der Kehle sind drei Arbeitswerkzeuge, die Axt, der Meißel und die Kelle, eingraviert, welche die drei Kategorien von Arbeiterschaften symbolisieren – Zimmermann, Steinmetz und Maurer –, die am Bau der Basilika beteiligt waren.

Das erneute Studium der Inschrift brachte in dem lückenhaften und fragmentarischen Textende neue Elemente zutage, die den Namen »Fl(avius) Anastasius« ergeben, der wahrscheinlich die Arbeiten beaufsichtigte und das Amt des *tribunus praetorianus* ausübte:

((alpha)) ((tau rho)) ((omega)) Columna Paul(i) a[postol(i)]; natale X[IIII kal(endas) dec(embris), consulatu d(omini) n(ostri)] Valentin[i]ani Aug(usti) IIII et Neoteri v(iri) c(larissimi); administrante Fl(avio) Filippo, vir[o clarissimo; – c. 6 – curato]re Fl(avio) Anastasio [v(iro) c(larissimo), t]rib(uno) praetoria[no].

(Kolonnade (der Basilika) des Apostels Paulus; Geburtstag der Basilika am 14. Tag vor den Kalenden des Dezember (18. November), im vierten Jahr des Konsulats des Valentinianus Augustus und des Senators Neoterus (390); unter der Verwaltung des Senators Flavius Filippus [---]; unter dem Verwalter Flavius Anastasius, Senator und Praetorianertribun)

Die Fertigstellung der Basilika unter Kaiser Honorius, Sohn des Theodosius, die in der Mosaikinschrift, die sich heute oberhalb des Triumphbogens befindet (ICUR II, 1935, nr 4780), verkündet wird, findet womöglich eine Bestätigung durch den Dichter Prudentius (*Peristephanon* XII).

GIORGIO FILIPPI

Quellen: ICUR II, 1935, nr 4778 a, 4778 b, 4778 c – ILCV 1925, nr 1857
Literatur: Filippi/Docci 2012 [2014] – Moroni 1840–1861, hier Bd. XII (1841)

A.2.5.3

Henkelkrug mit Medaillons

Herkunft unbekannt; ehemals im Besitz von M. Antonio Sabbatini, dann in der Sammlung Albani; 5. Jahrhundert
Silber, getrieben, teils vergoldet; H 18,7 cm, D. 7 cm (Bauch), D. 5,5 cm (Boden)
Vatikanstadt, Musei Vaticani, 60861

Der Silberkrug, der sich einst im Besitz von M. Antonio Sabbatini befand, einem für das Jahr 1693 dokumentierten Antiquitätenhändler, ist 1723 von Francesco Bianchini erstmals als Teil der Sammlung des Kardinals Alessandro Albani bezeugt worden. Seine Herkunft ist unbekannt, aber seit den vierziger Jahren des 20. Jahrhunderts wurde er fälschlicherweise einem Silberschatz zugeordnet, der auf dem Caelius gefunden und 1757 für das Museo Cristiano erworben wurde (Lega 2003; die falsche Zuordnung findet sich noch bei Brenk 2005). Auf das 18. Jahrhundert geht vermutlich die Stuckfüllung im Inneren zurück, die das fragmentierte Stück festigen und fehlende Teile (den Fuß und einen Teil des Bauches auf Höhe des Henkelansatzes) ergänzen sollte. Der Henkel ist dünn, der Deckel war einst oben mit einer kleinen Kette versehen, von der nur wenige Elemente übrig sind.

Der Gefäßkörper ist mit einem getriebenen, ziselierten und teils vergoldeten christlichen Motiv geschmückt, das in parallel verlaufende, jeweils durch schnurartige Verzierungen voneinander abgetrennte Segmente aufgeteilt ist. Das zentrale Band zeigt fünf Medaillons mit kordelartigem Rahmen, in denen das Brustbild Christi zwischen denen von Petrus und Paulus sitzt. Die Apostelfürsten sind unter Rückgriff auf die traditionelle Ikonographie dargestellt und um weitere zwei Apostel mit jugendlichem und bartlosen Gesicht, die nicht identifizierbar sind, ergänzt. Die Zwischenräume füllen jeweils zwei, oberhalb und unterhalb platzierte, erhabene kleine Kreise. Der Heiland, mit einem leicht dreiviertel nach rechts gewandten Antlitz, trägt langes Haar bis auf die Schultern und einen Heiligenschein, der mit den griechischen Buchstaben X (*chi*) und P (*rho*), den Initialen von Χριστός (Christus), bezeichnet ist. Alle Figuren sind mit Tunika und Pallium bekleidet und in Vorderansicht zu sehen. Die Apostel aber haben den Kopf in Richtung des Zentralbildes, des göttlichen Bildnisses, gewendet (Petrus und Paulus sind im Profil dargestellt, die anderen beiden Apostel in Dreiviertelansicht). Im oberen Band sind zwischen zwei lateinischen Kreuzen zwei symmetrisch angeordnete Taubenpaare zu sehen, die sich in Richtung des lateinischen Kreuzes auf der Vorderseite wenden. Das untere Band ist mit dem mystischen Lamm zwischen vier einander spiegelbildlich gegenüberstehenden Schafen geschmückt.

Christus zwischen den Aposteln in Medaillons erinnert an die Stirnseite des Deckels der *lipsanoteca* aus Brescia, die ins 4. Jahrhundert datiert wird. Die stilistische Wiedergabe der Figuren und die Verzierungen der beiden letzten beschriebenen Bänder weisen jedoch große Ähnlichkeiten mit den Dekorationen der Capsella von Samagher (Kat. Nr. A.1.1.2) auf, die auf die Zeit kurz vor der Mitte des 5. Jahrhunderts zurückgeht und auf die auch die verkürzte Form des Apostelkollegs verweist. Auch die Form des Kreuzes und des Christogramms, das den Heiligenschein Christi kennzeichnet, würden für eine Einordnung ins 5. Jahrhundert sprechen. Von dieser fast einhelligen Datierung weichen jedoch Cecchelli, der den Krug wegen seiner Plastizität und des Fehlens des klassizistischen Akademismus der theodosianischen Epoche ins 4. Jahrhundert datiert, und Brenk ab, der ihn für ein Produkt der theodosianischen Zeit hält.

CLAUDIA LEGA

Literatur: Árnason 1938 – Bianchini 1723, S. 179, Taf. zw. S. 178–179, Nr. 2, erwähnt S. 179 – Brenk 1999, S. 69–84, bes. S. 82–83 – Brenk 2005 – Cecchelli 1951–1952 – Goffredo 2000 – Lega 2003 b, S. 77–105, bes. 83–85, 88–90 – Lega 2009 b – Volbach 1958, Taf. 121

A.2.5.4
Zeitzer Ostertafel a

Italien, Rom (?), Mitte des 5. Jahrhunderts
Pergament; H. ca. 44 cm, B. ca. 30 cm
Berlin, Staatsbibliothek zu Berlin, Preußischer Kulturbesitz, Ms. Lat. Qu. 289, fol 1r

Es war nur zwei Päpsten vergönnt, den Beinamen ›der Große‹ zu erhalten: Leo I. (440–461) und Gregor I. (590–604). Beide haben die Entwicklung des Papsttums und der Kirche in wesentlichem Maße geprägt und beeinflusst. Leo I. trug zwar nicht ausschließlich, aber maßgeblich zur Grundlegung des päpstlichen Primats bei. Er knüpfte dabei an die Maßnahmen seiner Vorgänger an und entwickelte die Idee der apostolischen Sukzession und der daraus abgeleiteten Ansprüche weiter. Unter ihm übernahmen die römischen Bischöfe den Titel *Pontifex maximus*, den einst die obersten römischen Priester getragen und den die römischen Kaiser später in ihre Titulatur übernommen hatten. Leo der Große befasste sich auch mit ganz praktischen Dingen wie der Berechnung eines einheitlichen Ostertermins, die immer wieder zu Problemen geführt hatte. In Nicäa war 325 nämlich neben zahlreichen drängenden theologischen Fragen entschieden worden, dass Ostern in allen Kirchen am selben Tag gefeiert werden sollte (»So drang ein einheitlicher Glaube durch, und für das Osterfest einigten sich alle auf denselben Zeitpunkt.« Eusebius, *Vita Constantini*, III,14). Obwohl der Wortlaut des Beschlusses nicht bekannt ist, wurde damals offenbar festgelegt, dass der Bischof von Alexandria das für alle verbindliche Datum bekannt zu geben habe und der Bischof von Rom dieses im Westen verbreiten solle. Begründet wurde die Reihenfolge allerdings weniger mit einem Vorrang des Bischofs von Alexandria als vielmehr mit der besonderen Fachkenntnis alexandrinischer Gelehrter. Papst Leo I. hatte dies noch 453 in einem Brief an den Kaiser ausdrücklich betont, in dem er gleichzeitig auch seine Unzufriedenheit mit der Berechnung des Osterdatums für das Jahr 455 zum Ausdruck brachte (*Epistola Papas Leonis ad Marcianum Imperatorem*).

Berechnet wurden die Daten mithilfe von Ostertafeln (*tabula paschalis*), über die allerdings bis ins 8. Jahrhundert zwischen Ost und West keine Einigung bestand. Die Schwierigkeit bestand in der Harmonisierung des Sonnenjahrs mit den am Mond orientierten Monaten. Immer wieder gab es Versuche, die Berechnungen zu verbessern und zu vereinheitlichen. Die Fragmente der sogenannten Zeitzer Ostertafel, die durch einen Zufall überliefert sind, stellen aller Wahrscheinlichkeit nach einen im Auftrag Papst Leos I. entstandenen Versuch dar, die

Abweichungen zwischen Mondkalender und Sonnenjahr zu reduzieren. Überliefert sind Teile der Vorrede und Teile der Berechnungszyklen unter dem Pontifikat Leos und dem seiner Nachfolger. Lösen sollte das Problem des Ostertermins allerdings erst Dionysius Exiguus, der 525 von Papst Johannes I. (523–526) beauftragt wurde, eine neue Tafel zu entwerfen, und der letztendlich die christliche Zeitrechnung revolutionierte.

VIOLA SKIBA

Digital: http://digital.staatsbibliothek-berlin.de/werkansicht/?PPN=PPN685286266
Quellen: *Epistola Papas Leonis ad Marcianum Imperatorem* in: Migne, PL 54, 1055A–1058B
Literatur: AK Zeitzer Ostertafel, Zeitz 2005 – Krusch 1933 – Overgaauw 2009 – Overgaauw/Stewing 2012 – Schmid 1907 – Strobel 1977 – Strobel 1984

A.2.5.5

Zeitzer Ostertafel b

Vermutlich Rom, wohl 447
Pergament; H. ca. 44 cm, B. ca. 30 cm
Naumburg, Vereinigte Domstifter zu Merseburg und Naumburg und des Kollegiatstifts Zeitz, Frgm. Ms. perg. lat. 1a-c

Die Fragmente heißen Zeitzer Ostertafel, da sie in Zeitz im frühen 19. Jahrhundert in einer Bologneser Dekretalenhandschrift aus der Zeit um 1430 (Mscr. Fol. 33) entdeckt wurden. Diesen Codex hatte vielleicht der Naumburger Bischof Peter von Schleinitz während seines Studiums in Italien in der ersten Hälfte des 15. Jahrhunderts erworben. Die noch erhaltenen und bekannten Blätter der Ostertafel sind auf Zeitz und Berlin verteilt, denn 1861 wurden zwei Doppelblätter nach Berlin verkauft. In Zeitz selbst haben sich Pergamentstreifen eines dritten Doppelblattes erhalten, die mit einer blauen Flüssigkeit behandelt wurden, um sie lesbar zu machen. Sie wurden im Juni 2005 entdeckt. Vermutlich blieben sie in dem Codex, als vor 1837 die Doppelblätter herausgelöst wurden.

Die spätantike Handschrift enthielt etwas für die frühe Kirche elementar Wichtiges: Grundlagen zur Berechnung des Ostertermins. Bis ins 8. Jahrhundert wurde Ostern in manchen Jahren in Irland, Alexandrien und Rom an unterschiedlichen Tagen gefeiert. Bei der Zeitzer Ostertafel erfolgte die Berechnung des Ostertermins auf der Basis der Schilderung der Leiden Christi und der Auferstehung im Neuen Testament. Ab dem 5. Jahrhundert dachte man, dass Ostern immer auf den ersten Sonntag nach dem ersten Vollmond nach der Tag- und Nachtgleiche im Frühjahr fiel. Da der Mondmonat nicht mit dem Sonnenjahr übereinstimmt, folgte man 84-Jahr-Zyklen. Tabellarisch wurden diesen Terminen Listen der Päpste und Kaiser zugeordnet, bis 447 sogar noch die der beiden jährlich wechselnden Konsuln – ein Denken, das eine Parallele in bildlichen Papstreihen (vgl. Kat. Nr. B.5.2.9) findet.

Papst Leo I. der Große (440–461) oder ein anderer hoher kirchlicher Amtsträger in seiner Umgebung war wohl der Auftraggeber dieser Ostertafel: Bis in diese Zeit reicht die Liste der Konsuln. Auch die Unziale ist in die Zeit um 450 zu datieren und in Italien (Rom) zu verorten. Nachdem auf dem Konzil von Nicäa nicht alle Probleme des Osterdatums gelöst werden konnten, bemühte man sich unter Leo erneut um eine korrekte Ermittlung. 454 übernahm der Papst schließlich den in Alexandria errechneten Ostertermin. Für Leo war Ostern das große Erlösungsfest. Der richtige Ostertermin war für den Verlauf des Kirchenjahres hoch bedeutend, aber nicht minder auch für die Einheit der Kirche in West und Ost.

IRMGARD SIEDE

Literatur: AK Otto der Große, Magdeburg 2012, S. 265–267 Nr. II. 31 a–b – Overgaauw/Stewing 2005

Gelasius I. (492–496) und die Zwei-Gewalten-Lehre

Die *Magna Charta* des Papsttums

Um 500 führten Konflikte mit dem Kaiser in Konstantinopel dazu, das Verhältnis von Papsttum und Kaisertum in der politischen Gesamtordnung der damaligen Welt zu bestimmen. In einem Brief von 494 teilte Papst Gelasius I. (492–496) dem Kaiser in Byzanz mit: »Es gibt, erhabener Kaiser, grundsätzlich zwei, von denen die Welt regiert wird: die geheiligte Autorität der Päpste (*auctoritas sacrata pontificum*) und die königliche Gewalt (*regalis potestas*).« Die päpstliche Autorität stehe jedoch höher, weil sie beim Jüngsten Gericht auch für die Könige Rechenschaft ablegen müsse. Der Kaiser wisse doch, dass er vor den Vorstehern der göttlichen Dinge fromm den Nacken beuge und von ihnen die Mittel seines Heils erwarte (*Regesta Pontificum Romanorum I*, Nr. 1277, S. 221). Damit nahm Gelasius I. Bezug auf das Lukas-Evangelium (Lk 22,38), wo die Apostel sagen: »Herr, siehe, hier sind zwei Schwerter«, und Jesus antwortet: »Es ist genug.« Zwei Schwerter – zwei Gewalten. Diese Sätze lösten über die Jahrhunderte eine derartige Wirkung aus, dass man sie als *Magna Charta* des mittelalterlichen Papsttums bezeichnet hat. Der höchste Führungsanspruch in der Welt lag nun, jedenfalls der Theorie nach, beim Papst. Auch wenn die Päpste als ›Staatsbeamte‹ der kaiserlichen Macht in der Realität noch weitgehend ausgeliefert waren und bis ins 8. Jahrhundert hinein dem Hof in Konstantinopel bei ihrem Amtsantritt eine Wahlanzeige und ihr Glaubensbekenntnis zur Kontrolle übersenden mussten, enthielt die Idee der zwei Gewalten enormes Potential. Von hier war es nur noch ein kleiner Schritt zu einer gefälschten Konzilserklärung, die unter Papst Silvester I. (314–335) stattgefunden haben soll. Diese gefälschten Beschlüsse wurden im Jahr 501 unter Papst Symmachus (498–514) vorgelegt: »Niemand soll den höchsten Sitz richten, denn alle Sitze wünschen, dass ihnen vom höchsten Sitz Gerechtigkeit widerfahre. Weder der Kaiser noch der gesamte Klerus, weder Könige noch das Volk sollen über ihn zu Gericht sitzen« (*Nemo enim iudicabit primam sedem, quoniam omnes sedes a prima sede iustitia desiderant temperari. Neque ab Augusto neque ab omni clero neque a regibus neque a populo iudex iudicabitur.*) (Mirbt/Aland, Quellen, 6. Aufl., Nr. 468, S. 230). Bereits im 6. Jahrhundert wurden die ›Symmachianischen Fälschungen‹ in Italien in die kirchlichen Rechtssammlungen aufgenommen und gehörten im 9. Jahrhundert zum Kirchenrecht.

Wie sehr sich das Papsttum nunmehr als eine feste, transpersonale Größe verstand, schlug sich auch darin nieder, dass um 530 die erste Geschichte der Päpste entstand, der *Liber pontificalis*. Angefangen bei Petrus, wurden – in weitgehend legendenhaften Schilderungen – bis zu Papst Felix IV. (526–530) Name, Herkunft, Regierungsdauer, Entscheidungen und Anordnungen der Päpste und sonstige Ereignisse festgehalten. Das Buch wurde im Skriptorium am Lateran bis zu Papst Stephan VI. (885–891) fortgeschrieben und dann im 12. Jahrhundert weitergeführt. Damit entstand, wie in der Bilderreihe in der Paulskirche, eine ›Genealogie der Päpste‹, die durch die lückenlose Rückführung auf Petrus die Legitimität der Institution bekräftigte.

STEFAN WEINFURTER

Literatur: Bauer, F.A. 2004 – Girardet 1994 – Herbers 2003 – Knabe 1936 – Ullmann 1981 – Vacca 1993
Bild: Darstellung der Schwerterübergabe, Fresko in der ehemaligen Klosterkirche St. Georg zu Prüfening

A.2.6.1

Liber Pontificalis

12./13.–14. Jahrhundert
Pergament; H. 26,6 cm, B. 17,2 cm
Trier, Stadtbibliothek, Hs 1342a/85 4°,
fol. 1r–92v

Die Geschichte des Papsttums ist während der ersten Jahrhunderte untrennbar mit der Geschichte des Christentums und der Formierung der Kirche verbunden. Die Quellen und Informationen zum Leben und Wirken der ersten ›Päpste‹, die bis ins 4. Jahrhundert hinein diesen Titel noch gar nicht trugen, sind äußerst dürftig. Irenäus von Lyon (130–202) war der erste Autor, der eine Liste der ›Nachfolger Petri und Pauli‹ als Gründer der römischen Kirche überlieferte und der daraus einen gewissen Vorrang ableitete (*Adversus haereses*, III, cap. 2). Erst im Laufe des 4. Jahrhunderts wurde die Idee der päpstlichen Suprematie und des Primats des apostolischen Stuhls von Rom entwickelt. Papst Damasus (366–384) war der erste Pontifex, der sich des Verses Matthäus 16,18 bediente, um die allumfassende Autorität des Heiligen Stuhls zu begründen und auf die Worte Jesu zurückzuführen.

Damasus wird auch die Anfertigung einer ersten Version des berühmten *Liber pontificalis*, einer chronologisch angelegten Sammlung von Papstbiographien, die bis ins 9. Jahrhundert fortgeführt wurde, zugeschrieben, was allerdings auf einem gefälschten Briefwechsel zwischen Papst Damasus und dem Presbyter Hieronymus basiert. Tatsächlich entstand die erste Redaktion des *Liber* wahrscheinlich zu Beginn des 6. Jahrhunderts. Außer Basisinformationen wie Name, Herkunft und Amtszeit enthielten die Papstbiographien auch Details zu Bauvorhaben – der *Liber* ist tatsächlich eine der bedeutendsten Quellen für die Geschichte vieler römischer Kirchen –, durchgeführten Ordinationen und wichtigen Ereignissen oder Entscheidungen. Am Ende sind stets die Grablege und die Dauer der Sedisvakanz bis zur Wahl des Nachfolgers vermerkt. Das Werk hat den Charakter einer offiziellen ›Hofgeschichtsschreibung‹ des Papsttums und griff auf die Idee der apostolischen Sukzession zurück, die auf diesem Weg zusätzlich verankert wurde.

Die Entscheidung für die Abfassung des *Liber pontificalis* ist vermutlich den Wirren des laurentianischen Schismas zu verdanken. Nach dem Tod von Athanasius II. war es im Streit über die Haltung zur Ostkirche, die damals von der des Westens getrennt war, zu einer Doppelwahl gekommen. Die beiden Kandidaten, Symmachus und Laurentius, vertraten unterschiedliche Strömungen: Laurentius die philoorientalische, Symmachus die absolute Suprematie Roms und den Antimonophysitismus. Beide Prätendenten konnten schließlich davon überzeugt werden, sich dem Urteil Theoderichs des Großen (474–526) zu unterwerfen, der zugunsten von Symmachus entschied. Es ist demnach wenig überraschend, wenn in der offiziellen Geschichtsschreibung des Papsttums, dem *Liber pontificalis*, Symmachus als 53. Pontifex in der Reihe der Päpste, die mit Petrus beginnt, im besten Licht erscheint und *beatus Symmachus* genannt wird.

Die ausgestellte Handschrift aus dem 12./13. Jahrhundert umfasst neben einer *Gesta Trevirorum* auch die *Gesta Romanorum Pontificum*, wie der *Liber Pontificalis* zumeist genannt wurde. Die Ausgabe zählt zu den bedeutendsten Textzeugnissen des *Liber Pontificalis* und belegt die breite Rezeption des Werkes.

VIOLA SKIBA

Digital: http://dfg-viewer.de/show/?tx_dlf%5Bid%5D=http%3A%2F%2Fzimks68.uni-trier.de%2Fstmatthias%2FT1342a%2FT1342a-digitalisat.xml&tx_dlf%5Bpage%5D=57&tx_dlf%5Bdouble%5D=0&cHash=768bf2acb92cb2bcb050339b23a5010d [21.02.2017]

Quellen: Handschriften Trier 1914, S. 14–15 – Liber Pontificalis 1886, bes. S. 47, CLXXVIII – Liber Pontificalis 1898

Literatur: Becker 1996, S. 126, Nr. 90 – Deliyannis 2014 – Geertman/Blaauw 2004 – Herbers 2003

regis. Hic fecit confessionem beati laurentii martyris ex argento. que pensat libras c. Eodem tempore multi clerici et presbyteri se a communione ipsius erexerunt. eo quod communicasset sine consilio episcoporum uel presbyterorum uel cleri. uniuerse cuncte ecclesie catholice. diacono tessalonicensi. nomine fotino. qui communis erat acatio. et quia uoluit occulte reuocare acatium et non potuit. qui nutu diuino percussus est. Hic fecit ordinationes unam in urbe roma. per mensem decembris. presbyteros xii. diaconos iiii. episcopos per diuersa loca. numero xvi. Qui etiam sepultus est in basilica beati petri apostoli. xiii kalendas decenbris. et cessauit episcopatus dies quattuor.

De Simacho pp. Capitulum LIII.

SIMMACHUS natione sardus. ex patre fortunato. sedit annos xv. menses vii. dies xxvii. Hic fuit temporibus theoderici regis et anastasii augusti a die kalendarum augusti. hic ordinatus est sub intentione uno die cum laurentio. simmachus in basilica constantiniana. laurentius in basilica beate marie. Ex qua causa separatus est clerus. et diuisus senatus. alii cum simmacho. alii cum laurentio. Et facta intentione. hoc constituerunt partes ut ambo ad rauennam pergerent ad iudicium regis theoderici. Qui dum ambo introissent rauennam. hoc iudicium equitatis inuenit. ut qui primo ordinatus fuisset. uel ubi pars maxima cognosceretur. ipse sederet in sede apostolica. quod tamen equitas in simmachum inuenit. cognitio ueritatis. et factus est presul simmachus. Eodem tempore papa simmachus congregauit sinodum. et constituit laurentium in nucerinam ciuitatem episcopum intuitu misericordie. Post annos uero iiii. zelo ducti aliqui ex clero et alii ex senatu maxime festus et probinus iterum

Mittelalter

Das Ausgreifen des Papsttums in die europäische Welt

Die Päpste in »byzantinischer Gefangenschaft«

Der in Konstantinopel residierende Kaiser Justinian I. (527–565) verfolgte das Ziel, das römische Reich unter Einschluss der weströmischen Gebiete in Italien wiederherzustellen. Mit ihm beginnt die Geschichte des Reichs von »Byzanz« (so der alte Name von Konstantinopel). In Glaubensgrundsätzen zeigte sich Justinian unerbittlich und sah sich als Stellvertreter Christi und gottgewollter Herrscher des Universums. Über den 519 formulierten Anspruch (›Unionsformel‹) des Papstes auf den ›Lehrprimat‹ (*primatus magisterii*), dass nämlich allein die römische Kirche den reinen und wahren Glauben bewahre, setzte er sich hinweg. Die Wahl des Papstes wurde immer mehr unter die kaiserliche Aufsicht gezogen (kaiserlicher Erlass von 555). Erst nach der Bestätigung des Kaisers oder seines Bevollmächtigten durfte die Weihe erfolgen. Hinzu kamen die Bedrückungen durch die Ostgoten und die Langobarden, die in Italien ihre Reiche ausbreiteten. Das Ansehen des Papsttums drohte zu sinken, und die Päpste waren im 6. und 7. Jahrhundert immer wieder Bedrängnissen und Gewaltakten ausgesetzt. Dennoch gelang es ihnen, in den Besitz reicher und großräumiger Landgüter (*Patrimonium Petri*) zu gelangen und sie in römischer Tradition durch eine erstklassige Verwaltung zu organisieren.

Das Europa der Päpste

Den ersten Schritt zu einer Wende kann man unter Papst Gregor I. dem Großen (590–604) ansetzen. Er steht für den Übergang von der antiken Welt ins Mittelalter. Das zwischen dem 4. und 6. Jahrhundert einsetzende Mönchtum (Benedikt von Nursia) wurde von ihm gefördert. Er selbst legte großen Wert auf eine moralisch untadelige Lebensführung und verfasste Schriften und Predigten für das ›einfache‹ Christenvolk. Vor allem griff er mit seinen Missionsunternehmen in Bereiche aus, die dem Kaiser in Konstantinopel nicht unterstanden oder diesen nicht interessierten: Britannien, Gallien, Spanien. Der römische Papst begann damit, sich in Europa einen neuen Einflussbereich außerhalb der römischen Kaiserherrschaft zu erschließen. Die Eroberung weiter christlicher Gebiete im Mittelmeerraum (Vorderer Orient, Afrika) durch die Muslime im 7. und 8. Jahrhundert verlieh dem Christentum einen zusätzlichen Schub in Richtung Westen und Norden Europas. Damit setzte zugleich ein Prozess der Abkehr des Papsttums von Ostrom ein. Die Konflikte mit den Kaisern in Byzanz verschärften sich. 662 besuchte zum letzten Mal ein byzantinischer Kaiser die Stadt Rom, und 711 war zum letzten Mal ein Papst in Byzanz. Im 8. Jahrhundert kam es schrittweise zu einer Annäherung der Päpste an eine neue europäische Großmacht, das Frankenreich. Als entscheidender Vermittler wirkte dabei Bonifatius, dessen Ziel es war, die fränkische Kirche nach den römisch-christlichen Grundsätzen umzugestalten. Mit der Kaiserkrönung Karls des Großen zu Weihnachten 800 fand die neue Ausrichtung des Papsttums nach West- und Mitteleuropa ihren ersten Höhepunkt.

STEFAN WEINFURTER

Literatur: Chadwick 2003 – Moorhead 2015 – Pinggéra 2017 – Schreiner 2005

Papst Gregor der Große (590–604) und sein Ausgreifen in den Norden

»Knecht der Knechte Gottes«

Papst Gregor der Große ist einer der bedeutendsten Päpste. Er wird sogar als ›Vater Europas‹ bezeichnet. Neben Ambrosius, Hieronymus und Augustinus gilt er in der lateinischen Kirche als der vierte Kirchenvater. Mit ihm wurde der enge Rahmen, in dem sich das Papsttum bis dahin bewegt hatte, aufgebrochen. Er stammte aus einer altrömischen Adelsfamilie, war hochgebildet, juristisch und diplomatisch versiert und ausgesprochen durchsetzungsfähig. Seine Epoche betrachtete er als eine Zeit des Niedergangs, der allgemeinen Zerstörung und Verwüstung, als eine Welt im Greisenalter, die einer starken rettenden Hand bedurfte. Aus seiner persönlichen moralischen Integrität (›Mönchspapst‹) und seiner Armenfürsorge schöpfte er hohes Ansehen. Er nannte sich als erster Papst »Knecht der Knechte Gottes« (*servus servorum Dei*), eine Bezeichnung, die fortan zum traditionellen Titel der Päpste wurde. Gregor signalisierte mit dieser Demutsformel zugleich die Überlegenheit über den Patriarchen von Byzanz. Dieser, Johannes IV. Nesteutes (582–595), bezeichnete sich als »Patriarch der Gesamtkirche« (*oikumenikos*), was in den Augen Gregors überheblich war. Gleichzeitig betonte Gregor seine Legitimation als Nachfolger Petri durch die Umgestaltung der Petrusmemorie. Er ließ den Chorraum in der Peterskirche erhöhen, so dass das Grabdenkmal tiefer zu liegen kam, und durch eine ringförmig angelegte Krypta (›Ringkrypta‹ mit *Confessio sancti Petri*) umgeben. Damit entstand eine besondere Aura des Raums. Überdies verstand es Gregor, die Effizienz der päpstlichen Verwaltung mit Kanzlei, Registratur und Haushaltsführung zu steigern.

Papst für das Volk

Gregor förderte die christliche Mission und die Vermittlung der heiligen Schriften mit größtem Einsatz. Anhänger heidnischer Götter (*idolorum cultores*) sollten mit strengem Eifer verfolgt werden. Wenn sie sich weigerten, den christlichen Glauben anzunehmen, müssten diejenigen unter ihnen, die Sklaven sind, mit Schlägen und Martern (*verberibus cruciatibusque*) gezüchtigt werden. Die Freien aber sollten »durch strengste Kerkerhaft zur Einsicht gebracht werden, wie es angemessen ist, damit jene, die sich weigern, die Worte der Erlösung anzunehmen, welche sie aus den Gefahren des Todes erretten können, durch körperliche Qual (*cruciatus corporis*) dem erwünschten gesunden Glauben zugeführt werden«. (MGH. Epistolae 2, S. 192; *Regesta Pontificum Romanorum* I, 2016, Nr. 2848). So schrieb er dem Bischof von Sardinien in einem Brief (Nr. IX 204) vom Juli 599. Es sind die ersten Empfehlungen eines Papstes zu einer gewaltsamen Bekehrung in der Geschichte des Christentums.

Um dem christlichen Volk die christliche Lehre näherzubringen, verfasste Gregor zahlreiche Texte in gut verständlicher Sprache und zur erbaulichen Belehrung (Jenseitsvisionen). Dazu zählt auch die Lebensbeschreibung des Mönchsvaters Benedikt von Nursia († 547?). Der ›gregorianische Choral‹ allerdings stammt sicher nicht aus seiner Zeit, obgleich dies schon im 9. Jahrhundert behauptet wurde. Gregors Anleitungen für Priester (*Regula pastoralis* = Regelbuch für den Seelsorger), von denen er das Eingeständnis unendlicher menschlicher Schwäche verlangte, fanden im Mittelalter große Verbreitung. Ganz besonders setzte er sich für die Versorgung des römischen Volkes mit Getreide ein, das er von den päpstlichen Besitzungen auf Sizilien heranbringen ließ. In kircheneigenen Speichern in Rom am linken Ufer des Tibers unterhalb des Aventin wurde es gelagert und von dort aus von den sieben Regionar-Diakonen verteilt.

Das politische Überleben

Gregor der Große und seine päpstliche Herrschaft waren schärfsten Angriffen durch die Langobarden ausgesetzt. Immer wieder erbat er vergebens Hilfe aus Byzanz. Er musste eigenständig handeln und die Kontakte mit dem Langobardenkönig Agilulf und dessen Frau Theudelinde in selbständiger Strategie gestalten. 593 erreichte er einen Frieden, der mit der gewaltigen Tributzahlung von 500 Goldpfund verbunden war. Die Langobardenkönigin konnte er für das Christentum gewinnen und dadurch die Christianisierung des ganzen Volkes einleiten. Für Italien und das Papsttum war dies eine Frage des politischen Überlebens.

Die Mission der Angelsachsen

Von größter Wirkung für die weitere Geschichte Europas war die von Gregor 596/597 in Gang gesetzte Mission der Angelsachsen. Das Unternehmen stand unter der Leitung des römischen Priors Augustinus, der erster Bischof von Canterbury wurde. Bereits ein Jahrhundert später, um 700, hatte sich das ganz auf Petrus, den Schlüsselträger des Himmels, hin orientierte Christentum in England zu solcher Kraft entwickelt, dass angelsächsische Missionare auf das Festland kommen konnten und das fränkische Reich weitgehend auf die römisch-päpstliche Autorität und die römisch-christlichen Normen ausrichteten.

STEFAN WEINFURTER

Literatur: Eich 2016 – Hack 2012 – Jenal 1988 – Jenal 1995 – Leppin 2000 – Riché 1996

B.1.1.1

Diptychon des Boethius

Westrom, 487 und 7./8. Jahrhundert (?)
Elfenbein, geschnitzt, Innenseiten bemalt;
H. je Tafel 35 cm, B. je Tafel 12,6 cm
Brescia, Fondazione Brescia Musei,
MR 5769

Viele der anlässlich der Neuernennung eines Jahreskonsuls geschnitzten Elfenbeindiptycha hatten ein Nachleben in christlich-liturgischem Kontext bis weit ins Mittelalter hinein. Richard Delbrueck konnte über 30 solcher Elfenbeine aus der Zeit um 500 zusammenstellen. Sie wurden damals zunächst an Freunde und Kollegen des Konsuls verschenkt; später fanden sie eine Weiterverwendung in kirchlichem Kontext, z. B. auf Bucheinbänden. Vermutlich kam das Brescianer Elfenbeindiptychon als Geschenk des Langobardenkönigs Desiderius (757–774) in das Frauenkloster S. Giulia in Brescia und gehörte dort zur Gründungsausstattung.

Das ikonographische Programm des Diptychons spiegelt seine Geschichte: Die Außenseite zeigt einen Konsul mit Zepter und Mappa. Nach der Inschrift handelt es sich um Nonius Arrius Manlius Boethius, der 487 zum Konsul des weströmischen Reiches ernannt wurde und Vater des bekannten Philosophen Anicius Manlius Severinus Boethius war.

Elfenbein war ein überaus kostbares und rares Material. Daher wurde es sorgsam verwahrt und neuen Funktionen zugeführt. Auf den Brescianer Platten wurden Namen zahlreicher Personen eingetragen, um dieser in der Liturgie zu gedenken. Von hier war der Schritt zu den Malereien mit christlichen Themen auf der Innenseite gering: Vermutlich hat Desiderius die Darstellungen beauftragt. Der linke Flügel zeigt die Auferweckung des Lazarus, der rechte eine Kirchenvätertriade mit Halbfiguren von Hieronymus, Augustinus und Papst Gregor dem Großen (590 – 640), die durch *tituli* zu identifizieren sind. Die Malereien stehen ganz in spätantik-byzantinischer Tradition. Damit ist das Bild auf dem Elfenbein als älteste erhaltene Darstellung Papst Gregors anzusehen.

Mit Gregor erreichte das Papsttum einen Höhepunkt: Aufgrund seines administrativen Geschicks festigte er die Position des Papstes als Stadtherr in Rom. Zudem war er sehr gebildet und dem benediktinischen Mönchtum gegenüber sehr offen. Eventuell sollte er deshalb auf dem Geschenk für das Kloster S. Giulia abgebildet werden.

IRMGARD SIEDE

Literatur: AK Krone und Schleier, Bonn 2005, S. 262 Nr. 134 – Delbrueck 1929, S. 103 – 106 Nr. 7 – Ladner 1984, S. 18

NARMANIBOETHIVSVCETINL
EXPPPVSECCONSORDETPATRIC

B.1.1.2

Die einzige Überlieferung der frühesten Vita Papst Gregors des Großen

Anonymous von Whitby:
Liber Beati Gregorii
Kloster St. Gallen, frühes 9. Jahrhundert
Pergament; H. 24,5 cm, B. 17 cm,
199 Seiten
St. Gallen, Stiftsbibliothek, Cod. Sang 567,
S. 75–110

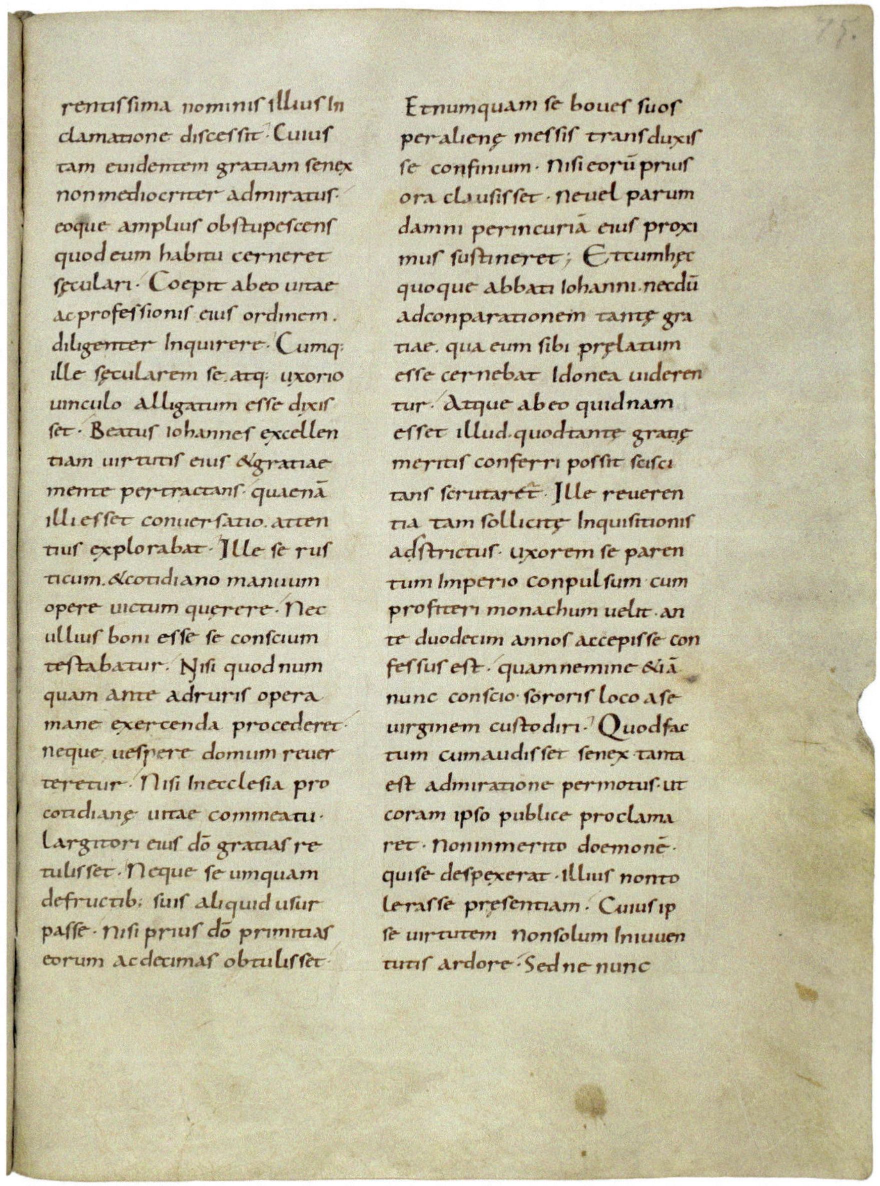

Das Leben Papst Gregors des Großen (590–604) ist in drei Fassungen einer Vita festgehalten worden. Die erste schuf um 704/714, ein Jahrhundert nach Gregors Tod, ein nicht namentlich bekannter Mönch – vielleicht auch eine Nonne – im nordenglischen Doppelkloster Whitby. Von dort stammt auch der erste namentlich bekannte angelsächsische Dichter, Caedmon. Die Abtei, die eine weibliche und eine männliche Abteilung umfasste und von einer Äbtissin geleitet wurde, war um 657 von König Oswiu gegründet worden und wenig später, 664, bereits Schauplatz der für die englische Kirchengeschichte wichtigen Synode von Whitby. Die Klostergebäude wurden 867 durch die Dänen zerstört.

Die Lebensgeschichte Gregors in etwas fehlerhaftem Latein gilt als erste Biographie der Literaturgeschichte Englands und ist nur in dieser einen Überlieferung aus dem Kloster St. Gallen erhalten geblieben. Dass gerade im weit entfernten England die erste Gregorvita entstand, könnte mit Gregors Einsatz für die angelsächsische Mission zusammenhängen. Das Werk enthält jedenfalls die ursprünglichste Fassung jener Anekdote, wonach Gregor auf dem Markt von Rom Angeln angetroffen habe, die Engeln glichen und die ihn zur Mission Englands anregten. Und so wird die Geschichte erzählt:

»Man erzählt sich unter den Gläubigen, dass vor seinem [Gregors] Pontifikat Leute unseres Volkes [der Angeln] nach Rom kamen, die hellhäutig und hellhaarig waren. Als er von ihrer Ankunft hörte, wollte er sie sehen. Er nahm ihren Anblick in seinen gütigen Sinn auf und fragte, verwundert über ihre neue und ungewohnte Erscheinung und – was das wichtigste ist – weil Gott ihn im Inneren mahnte, aus welchem Volk sie seien. Man sagt nämlich, es seien schöne Knaben gewesen; manche berichten, es waren lockige, stattliche junge Männer. Als sie antworteten: ›Angeln [*Anguli*] heißen die, zu denen wir gehören‹, sagte er: ›Engel [*angeli*] Gottes‹ Dann fragte er: ›Wie heisst der König jenes Volkes?‹ Und sie sagten: ›Aelli‹ Da sagte er: ›Alleluia. Denn das Lob Gottes muss dort erklingen.‹ Schliesslich fragte er nach dem Namen des Stamms, aus dem sie waren. Und sie sagten: ›Deire‹ Da sagte er: ›Vom Zorn [*de ira*] Gottes sollt ihr zum Glauben fliehen‹.«

CORNEL DORA

Quellen: Earliest life of Gregory the Great 1985
Literatur: Dora 2000

B.1.1.3

Gregor der Große: *Regula pastoralis*

Rom, Ende des 6. / Beginn des 7. Jahrhunderts
Pergament; H. 28,8, B. 23 cm
Troyes, Médiathèque du Grand Troyes, Ms 504

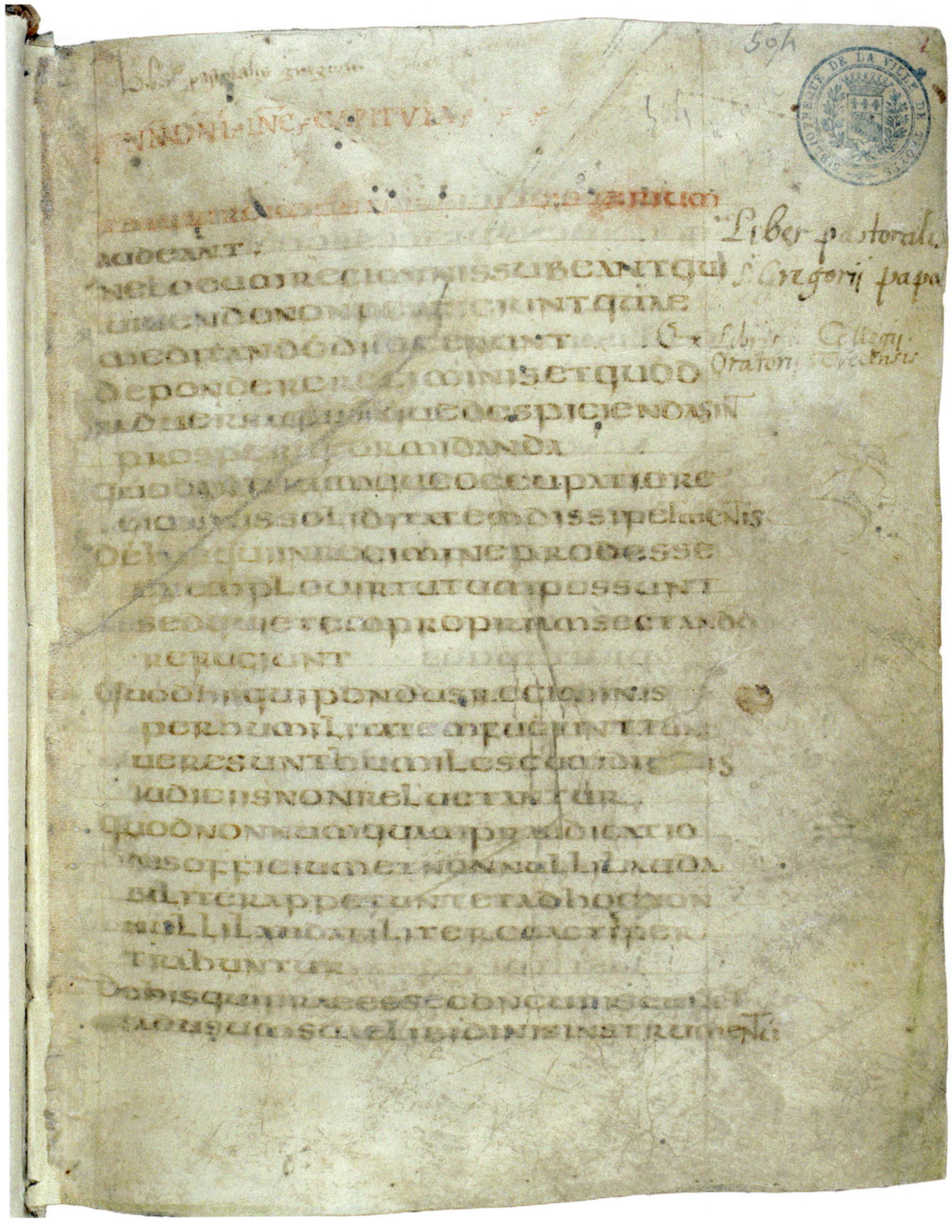

Gregor der Große (590 – 604) wurde in einer schwierigen Phase an die Spitze der römischen Kirche gewählt. Trotz der zahlreichen Aufgaben, denen er sich gegenübersah und von denen das päpstliche Register, das er erstmals anlegen ließ (*Registrum epistolarum*), zeugt, widmete sich Gregor intensiv seiner schriftstellerischen Tätigkeit. Nach eigener Aussage schrieb er bereits kurz nach seinem Amtsantritt einen *Liber regulae pastoralis* (*librum regulae pastoralis, quem in episcopatus mei exordio scripsi*, Brief vom Juli 595 an den Bischof von Sevilla, *Registrum epistolarum* V, 53), der sich mit der richtigen Ausübung des Hirtenamtes auseinandersetzte und damit auf einen Schwerpunkt des gregorianischen Pontifikats verwies: die Seelsorge. Das Werk, das sich großer Popularität erfreute und auf Wunsch des Kaisers auch ins Griechische übersetzt wurde, zerfällt – wie Gregor bereits in seinem einleitenden Widmungsschreiben an den Bischof von Ravenna Johann ankündigte – in vier Teile (*Quadripartita vero disputatione liber iste distinguitur*). Im ersten Teil stehen die Voraussetzungen des Hirten, vor allem die moralischen, im Vordergrund, im zweiten (*De vita pastoris*) seine Lebensführung, im dritten die richtige Art, die ›Herde‹ zu betreuen (*Qualiter Rector bene vivens debeat docere et admonere subditos*). Dabei müsse nämlich etwa zwischen den verschiedenen ›Zielgruppen‹ unterschieden und auf die besonderen Bedürfnisse der ›Schafe‹ eingegangen sowie die richtige Ansprache gewählt werden (*Quanta debet esse diversitas in arte praedicationis. Aliter namque admonendi sunt viri, atque aliter feminae. Aliter juvenes, aliter senes. Liber Regulae pastoralis*, III, 1). Gregor gibt sodann zahlreiche Beispiele und bietet Anleitungen für den Umgang mit bestimmten Gruppen. Im abschließenden Kapitel des dritten Teils widmet er sich dagegen dem stimmigen Verhältnis zwischen Wort und Tat des Predigers, das unbedingt beachtet werden muss: *Sed inter haec ad ea quae jam superius diximus, charitatis studio retorquemur, ut praedicator quisque plus actibus quam vocibus insonet, et bene vivendo vestigia sequacibus imprimat potius, quam loquendo quo gradiantur ostendat* (*Liber Regulae pastoralis*, III, 50). Der vierte und mit einem einzigen Kapitel kürzeste Teil des *Liber* ist ganz dem Prediger und seiner inneren Haltung gewidmet. Sie sollte stets von der Kontemplation begleitet sein, damit der Prediger nicht zum Stolz verleitet werde.

Mit seiner *Regula pastoralis* dokumentierte Gregor nicht nur das eigene Interesse an Predigt und Seelsorge, sondern unternahm auch den Versuch, ihre Qualität zu verbessern. Außerdem schuf er eines der bedeutendsten priesterlichen Lehrbücher, das noch Jahrhunderte später abgeschrieben und rezipiert wurde. Eines der ältesten noch existierenden Manuskripte des Textes geht aber sogar noch auf die Zeit um 600 und damit den Pontifikat Gregors des Großen zurück. Die Handschrift dürfte in Rom im Umfeld der Kurie entstanden und wenig später einer Revision unterzogen worden sein. Es ist sogar im Bereich des Möglichen, dass die Korrekturen im Text von Gregor selbst oder zumindest auf seine direkte Anweisung hin ausgeführt wurden.

VIOLA SKIBA

Quellen: Grégoire, Règle pastorale 1992 – Handschriften Troyes o.J. – Registrum epistolarum Gregorii 1891–1899
Literatur: Boesch Gajano 2000 – Floryszczak 2005 – Manfredi 2010 a, S. 45

B.1.1.4

Papst Gregor der Große (590–604): *Homilien in Evangelia*

Nordalpin / Italien (?), um 900
Pergament; H. 23 cm, B. 22 cm, III+153+III Blatt
Florenz, Biblioteca Medicea Laurenziana, Ms. Plut 19 dext. 7, fol. 94v/95r

Kirchliche Autoritäten vor allem des Früh- und Hochmittelalters empfahlen die Benutzung der Kirchenväter-Homilien. Mit Homiliar ist ein liturgischer Buchtyp gemeint, der Auslegungen der in der Messe vorgetragenen biblischen Lesungen enthält (von Griechisch ὁμιλεῖν = vertraut miteinander reden).

Papst Gregor der Große war unter denjenigen, die solche Schriftauslegungen verfassten, sicher der am meisten bewunderte des Mittelalters. Das umfangreichste Werk Papst Gregors ist sein aus 35 Büchern bestehender Hiob-Kommentar, der auf Predigten zurückgeht, die Gregor vor Mönchen hielt. Die 22 *homiliae in Ezechielem*, die Gregor 593 in der Lateranbasilika vortrug und 601 publizierte, vermitteln augustinisches Denken. Die breitesten Kreise sprach Gregor jedoch mit seinen 40 eher volkstümlich gehaltenen *homiliae in Evangelia* an, die 590–592 entstanden und je eine Evangelienperikope auslegen. Diese wurden überarbeitet und im Jahr 593 in zwei Codices mit je 20 Homilien zusammengestellt. Der Florentiner Codex ist eine der sieben ältesten erhaltenen Handschriften der ersten Edition der Homilien 1–20 und daher überlieferungsgeschichtlich von besonderem Wert. Fol. 94v/95r zeigt die *Explicit*-Zeile der größeren bzw. das *Incipit* der kleineren Homilien, die jeweils eine Abgrenzung der beiden Teile darstellen.

Besonders in karolingischer Zeit wurden mit den Kirchenväter-Homilien vorbildliche Predigtsammlungen angelegt: Mönchen sollten ausgewählte Vätertexte für die geistliche Lesung im Stundengebet dienen, karolingischen Seelenhirten sollten sie Vorbilder bei den Messen an Sonn- und Feiertagen sein. Ein berühmtes Homiliar schuf Paulus Diaconus 786 nach seinem Aufenthalt am fränkischen Hof 782–785 im Zuge der Liturgiereform Karls des Großen. Diese durch Paulus Diaconus redigierte Synthese aus Kirchenväterhomilien diente der Vereinheitlichung des Gottesdienstes.

IRMGARD SIEDE

Digital: http://www.bml.firenze.sbn.it/gregorio/eng/preview/scheda10.html
Literatur: AK Gregorio Magno, Florenz 2006, Nr. 10

EXPLICIUNT OMELIAE MAIORES
INCIPIUNT OMELIAE MINORES BEATI GREGOR
PAPAE URBIS ROMAE
SEQ SCI EVG SECDM LUCAM

B.1.1.5

Gregor der Große: *Dialogi*

Nordostfrankreich (Kloster Corbie oder Kloster Luxeuil?), um 700
Pergament; H. 20,5 cm, B. 14 cm, 84 Seiten
St. Gallen, Stiftsbibliothek, Cod. Sang 214

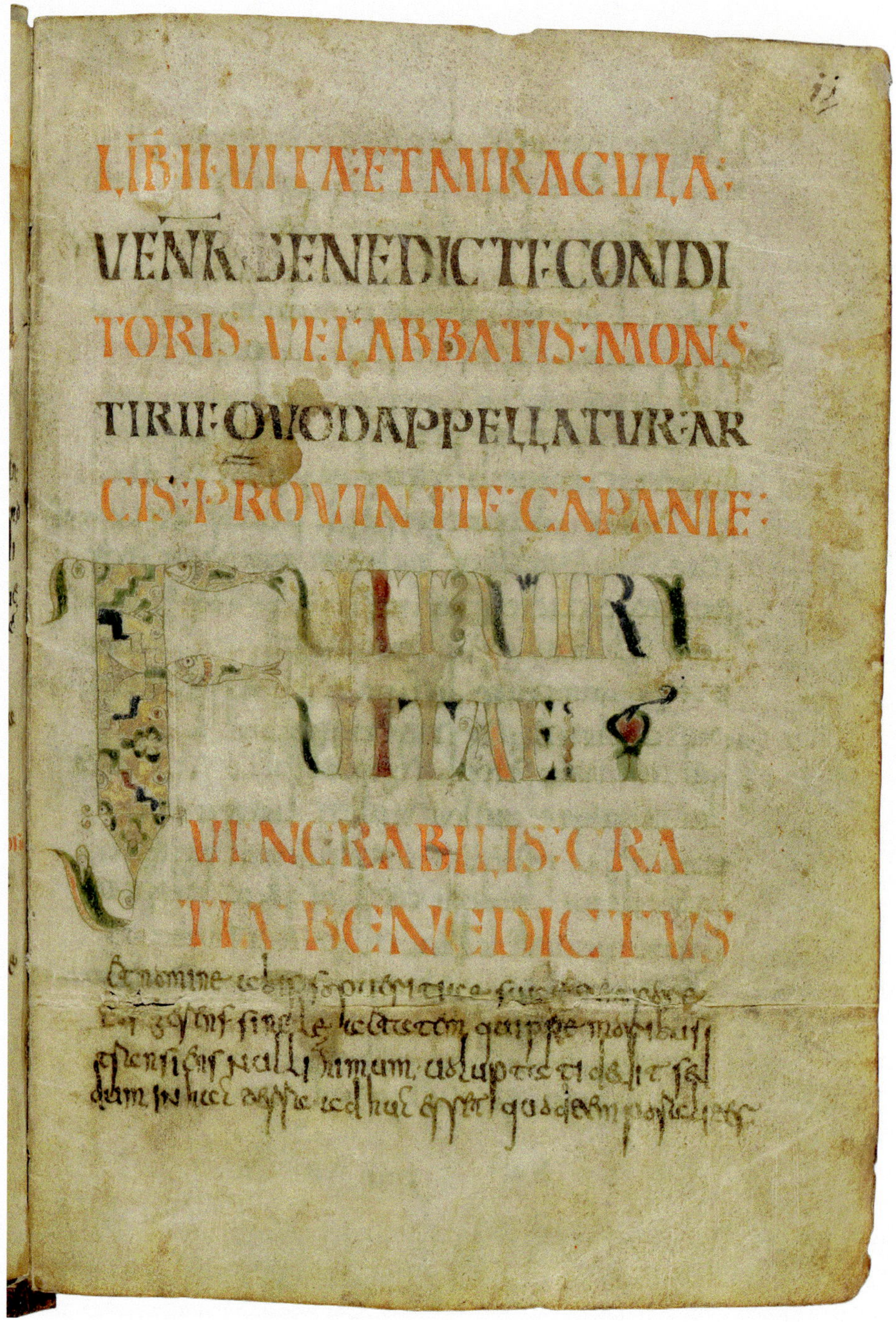

Gregor der Große (590–604) ist der erste Papst, der ein schriftstellerisches Werk von Bedeutung hinterlassen hat, und der letzte bis zu Innocenz III. (1160–1216; Papst 1198–1216). Dabei stehen drei Werke im Vordergrund: Zum einen die *Moralia in Job,* ein Riesenwerk mit dem Kommentar zum alttestamentlichen Buch Hiob, das für Moral, Askese und Mystik in den Klöstern bedeutend wurde. Dann die *Cura Pastoralis* mit Ratschlägen für die seelsorgerliche Praxis und schliesslich die *Dialogorum Libri IIII*, die viele Heiligenviten enthalten. Diese drei Werke wurden im Mittelalter vielfach überliefert.

In seinem 593/594 entstandenen geistlichen Erbauungsbuch der Dialoge, die formal als Gespräch des Autors mit seinem Diakon Petrus gestaltet sind, stellt Gregor mit Hilfe der Lebensgeschichten und Wunder zahlreicher Heiliger das Wirken Gottes in der Welt dar. Der wichtigste Teil ist das zweite Buch, das sich ausschließlich mit dem Leben und den Wundern des heiligen Benedikt befasst. Benedikt war als Gründer des wichtigsten mittelalterlichen Mönchsordens und aufgrund seiner vergleichsweise pragmatischen und humanen Gesinnung von enormer Bedeutung für die Entwicklung der Kirche im Frühmittelalter und weit darüber hinaus. Gregor berichtet über Benedikts Einkleidung als Ordensmann, über Versuchungen und Anschläge, seine Erfolge als Abt, die missionarische Tätigkeit, über Wunder sowie schließlich über den Tod des Heiligen.

Wohl vor allem wegen des Benediktslebens, das in den Klöstern oft als Tischlesung diente, waren Gregors Dialoge im Mittelalter weit verbreitet. Eine der frühesten erhaltenen Abschriften ist das 42 Blätter umfassende Fragment Cod. Sang. 214 der Stiftsbibliothek St. Gallen. Möglicherweise kam es um das Jahr 747 oder wenig später nach St. Gallen, als das Kloster unter Abt Otmar (719–759) die Benediktsregel einführte. Auffallend ist die schwer leserliche Schrift, eine merowingische Minuskel von Anfang oder Mitte des 8. Jahrhunderts, möglicherweise aus Corbie oder Luxeuil. In Luxeuil hatte Gallus, der Gründerheilige des Klosters, zusammen mit seinem Lehrer Columban gewirkt, bevor er um 612 als Eremit in die Gegend von St. Gallen kam.

CORNEL DORA

Literatur: Ochsenbein 1997

B.1.1.6
Messantiphonar aus dem Kloster St. Gallen

Kloster St. Gallen, 1050/1070
Pergament; H. 26,1 cm, B. 18,5 cm,
436 Seiten
St. Gallen, Stiftsbibliothek, Cod. Sang. 376

Im frühen Mittelalter schrieb man Papst Gregor dem Großen (590 – 604) die Einführung und Verbreitung des später nach ihm benannten einstimmigen gregorianischen Chorals zu. Der Verfasser einer beliebten *Gregorvita*, Johannes Hymmonides (auch Johannes Diaconus, † 880/882), erzählt darin (Buch II, cap. 6 – 9), dass der Heilige Geist selbst in Gestalt der Taube, seines Symbols, dem Papst diese Gesänge eingegeben habe. Tatsächlich ist die Entstehung der gregorianischen Gesänge weitestgehend ungeklärt, aber die Musikwissenschaft ist sich darin einig, dass der Papst weder für die Komposition noch die Reformierung des gregorianischen Chorals in Frage kommt. Vielmehr dürfte dieser aus der Begegnung des römischen Chorals mit der fränkischen Liturgie hervorgegangen sein.

Die Szene mit der Taube des Heiligen Geistes aus der *Vita Gregorii* des Johannes Diaconus ist als Eingangsminiatur in den Gradualteil eines prachtvoll illuminierten Messantiphonars aus dem Kloster St. Gallen gezeichnet. St. Gallen gilt unter Fachleuten als eine der wichtigsten Stätten für die Überlieferung des gregorianischen Gesangs. Das sorgfältig geschriebene und repräsentativ mit Initialen und (einstmals) fünf Miniaturen geschmückte Messgesangbuch, das »als wohlkomponierte Einheit aller Gesangsteile der Messe und aller zeitrechnerischen Hilfsmittel« (Euw 2008, S. 536) Kalendar, Computus, Tropar, Graduale und Sequentiar enthält, datiert aus der Zeit nach 1050.

In pontifikaler Gewandung thront der Papst vor einem blauen Vorhang, die Füße auf einen Fußschemel, ein Suppedaneum, gestellt. Die rechte Hand hat er vor der Brust angewinkelt, in der Linken hält er ein Buch. Die Taube flüstert ihm die Melodien der gregorianischen Gesänge ins Ohr. Die Miniatur ist von einer Goldleistenrahmung mit mäandrischer Füllung umgeben. Auf der gegenüberliegenden Seite der Handschrift beginnen die Gradualgesänge zum Beginn des Kirchenjahrs am ersten Adventssonntag mit einer vergoldeten A-Initiale (*Ad te levavi animam meam*). Über den beiden Seiten läuft ein (schwierig zu lesender) Schriftbalken mit Diebsverwünschung *Auferat hunc Gallo librum per secula nemo / pena vindicte rapientem nam ferit ipse* (Niemand möge dieses Buch dem heiligen Gallus in allen Jahrhunderten wegnehmen, denn er selbst wird den Räuber mit der Strafe der Vergeltung belegen!). Solche Verwünschungen sollten potentielle Diebe davon abhalten, das Buch dem Eigentümer zu entwenden.

KARL SCHMUKI

Literatur: Euw 2008, Bd. 1, S. 262 – 270 und 534 – 553

B.1.1.7

Die Benediktsregel: Grundlage des westeuropäischen Mönchtums

Benedikt von Nursia: *Regula Sancti Benedicti*
Kloster St. Gallen, um 820
Pergament; H. 24 cm , B. 17 cm, 285 Seiten
St. Gallen, Stiftsbibliothek, Cod. Sang. 914, S. 1–172

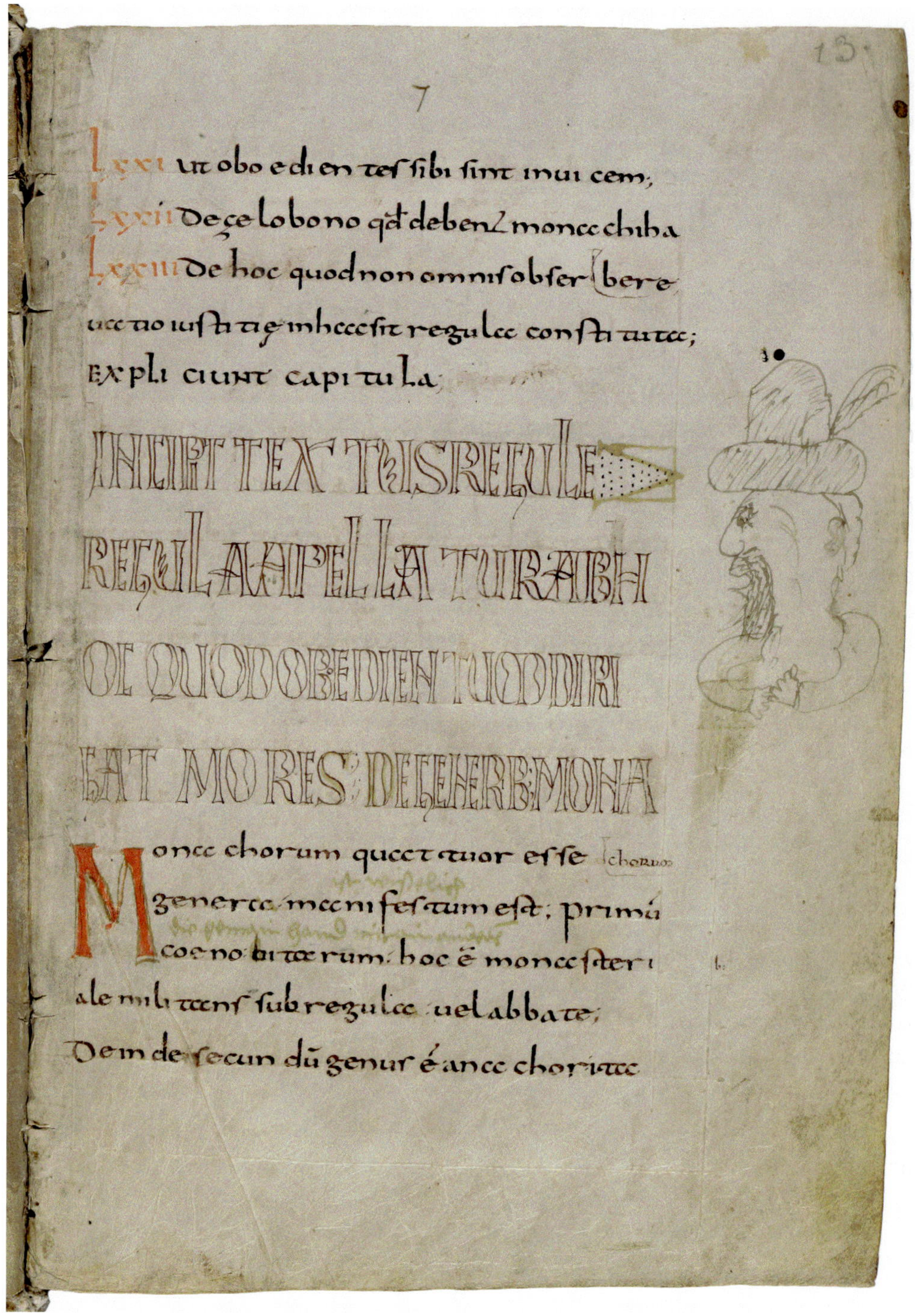

Die Benediktsregel wirkte im Frühmittelalter als wichtiges Scharnier zwischen der Sphäre der Kirche und derjenigen des Staats. Verfasst wurde sie von Benedikt von Nursia (um 480 – 547) um das Jahr 529. Ursprünglich eine kirchliche Norm, die das Zusammenleben in einer Mönchsgemeinschaft regelte, wurde die Benediktsregel ab dem 8. Jahrhundert zum vielleicht grundlegendsten Text des gesellschaftlichen, religiösen und kulturellen Aufbauprogramms Karls des Großen und seiner Nachfolger.

Als christlicher König und Kaiser erneuerte Karl sein Reich mit Hilfe der Klöster und arbeitete nachhaltig mit der Kirche zusammen. Dabei nutzte er nicht nur ihre Organisationskompetenz, sondern auch ihre humane Gesinnung. Karl unterhielt enge Beziehungen zu den Päpsten seiner Regierungszeit, insbesondere zu Hadrian I. (772 – 795) und Leo III. (795 – 816). Umgekehrt regulierte er die Arbeit der Kirche ganz ungeniert, in seinen Kapitularien und mit seinen politischen Aktivitäten.

Die berühmte St. Galler Benediktsregel, Cod. Sang. 914, enthält nicht nur die authentischste Fassung dieses grundlegenden Texts, sondern auch Informationen darüber, wie sich Karl der Große darum bemühte: Um eine solide textliche Basis für seine Klosterpolitik zu schaffen, bestellte Karl schon im Jahr 787 in Montecassino eine Abschrift der besten dort noch erhaltenen Handschrift der Benediktsregel. Von diesem sogenannten Reichsexemplar, das in Aachen aufbewahrt wurde, erstellten die Reichenauer Mönche Grimalt und Tatto 817 eine exakte Abschrift für ihren Lehrer, den gelehrten Reichenauer Bibliothekar Reginbert. Davon machten dann etwas später vermutlich St. Galler Mönche die vorliegende Kopie. Weil alle Vorexemplare verloren sind, verbleibt die St. Galler Handschrift als beste Zeugin.

Unter dem Sohn und Nachfolger Karls des Großen, Ludwig dem Frommen, wurde die Benediktsregel auf den Synoden von Aachen (816–819) für Klostergemeinschaften verbindlich gemacht. Als Folge davon gab es in Westeuropa bis zum Aufkommen der Bettelorden im 13. Jahrhundert im Wesentlichen nur benediktinische Klöster. Auch der von Bernhard von Clairvaux (um 1090–1153) gegründete Zisterzienserorden basierte auf der Benediktsregel.

Benediktinische Ideen und Konzepte waren somit von genereller Bedeutung. Die umsichtig konzipierten und teilweise aus Stein gebauten Klosteranlagen waren nicht nur kultische und kulturelle Zentren, sondern auch Musterbetriebe für die Landwirtschaft, das Handwerk und die Krankenfürsorge.

CORNEL DORA

Quellen: Regula Benedicti 1983
Literatur: Schmuki 2000 – Traube 1898

B.1.1.8
»Wir haben gesündigt, Herr, schone uns!« St. Galler *Peccavimus*-Fragment als Beispiel für die irische Bußkultur und Kunst

Irland, zweite Hälfte 8. Jahrhundert
Pergament; H. 19,5 cm, B. 12,5 cm, zwei Seiten
St. Gallen, Stiftsbibliothek, Cod. Sang 1395, S. 426/427

Im seit dem Jahr 433 durch Patrick christianisierten Irland entstand eine kirchliche Kultur mit einigen Besonderheiten. Diese lassen sich vor allem in der Kultur der Klöster belegen, in denen neben den üblichen Mönchsidealen (Armut, Keuschheit, Gehorsam) der Askese besonderes Gewicht gegeben wurde. Askese wurde als Abtötung des Leibs und des Eigenwillens verstanden. Verfehlungen wurden streng bestraft und die Bußkultur hatte einen hohen Stellenwert, was die seit dem 6. Jahrhundert entstehenden irischen Bußbücher eindrücklich belegen.

Peccauimus Domine, peccauimus, parce nobis (Wir haben gesündigt, gesündigt, Herr, schone uns). So beginnt dieses irische Einzelblatt, das in der Stiftsbibliothek St. Gallen – einer der wichtigsten Stätten für die Überlieferung früher irischer Manuskripte – erhalten geblieben ist. Das Gebet wird auf der Rückseite fortgesetzt und geht dann in eine Litanei über, in der um das Gebet und die Fürbitte der Heiligen gefleht wird. Gebet und Litanei finden sich ähnlich auch im etwas jüngeren Stowe Missal (Library of the Royal Irish Academy, Dublin, Ms. D.II.3). Es dürfte sich somit um die erste Seite eines Sakramentars handeln, das im Gottesdienst verwendet wurde.

Das Blatt ist typisch für die frühmittelalterliche Buchkunst Irlands. Sie setzte besonders im Bereich der Initialkunst Maßstäbe, die im 9. Jahrhundert für die Weiterentwicklung der Buchmalerei auf dem Kontinent wegweisend waren. Typisch für die irische Buchkunst sind die mit Bandgeflecht, Vögeln und weiteren Tieren gefüllten Rahmen. Stilistisch verbinden sich hier verschiedene irische Einflüsse. Aufgrund der leer gebliebenen Rahmen unter der Schrift ist anzunehmen, dass es unvollendet geblieben ist.

CORNEL DORA

Literatur: AK Irische Buchkunst, St. Gallen 1990, S. 37–38 – Duft/Meyer 1953, S. 76–78, 103–104 ►

Bonifatius und die Grundlegung des »päpstlichen« Europa

Gesandter (Legat) des apostolischen Stuhls

Mit Bonifatius († 754/755) verbindet man die ›christliche Grundlegung Europas‹. Er, ein gelehrter angelsächsischer Priestermönch, kam aus dem Kloster Nursling bei Southampton in Südengland. Sein Ziel war, die Regeln der römisch-päpstlichen Kirche auf dem Festland zu verbreiten und zur Grundlage der gesamten Lebensordnung zu machen. 719 und 722 ließ er sich von Papst Gregor II. (715–731) eine entsprechende Vollmacht als Missionsbischof ausstellen. Gleichzeitig gelobte er, für »die Einheit des Glaubens und der Kirche« zu kämpfen (Brief 16). Als mit Zacharias ein neuer Papst (741–752) auf den Stuhl Petri kam, schrieb er ihm Mitte 742: »Gleichsam auf den Knien zu Euren Füßen liegend richten wir inständigst die herzliche Bitte an Euch, dass wir, die wir kraft der Machtfülle des heiligen Petrus der ergebene Diener und unterwürfige Schüler Eures Vorgängers waren, so auch Eurer Frömmigkeit gehorsame und der kirchlichen Rechtssatzung unterworfene Diener werden dürfen. Wir haben den sehnlichen Wunsch, den katholische Glauben und die Einheit der römischen Kirche durch unseren Dienst zu verbreiten und nicht darin nachzulassen, jeden Zuhörer und Schüler, den mir Gott in diesem Auftrag zuführt, zum Gehorsam gegenüber dem Apostolischen Stuhl anzuhalten und fügsam zu machen« (Brief Nr. 50). In manchen Dingen war Bonifatius noch strenger als der Papst. So legte er ihm 743 dringend ans Herz, die »abscheulichen Neujahrsfeiern« in Rom beim heiligen Petrus zu verbieten (Brief Nr. 51).

Mit den Machthabern des fränkischen Reichs, den karolingischen Hausmeiern, arbeitete er eng zusammen. Nach dem Bericht der karolingischen Hausüberlieferung (›Fränkische Reichsannalen‹) soll der erste König aus diesem Geschlecht, Pippin, 751 in Soissons von Bonifatius sogar die Königsweihe erhalten haben. Im rheinischen Raum, zuerst in Köln, dann in Mainz, richtete er sein Aktionszentrum ein und suchte vor allem in Thüringen, Friesland, Hessen und Bayern die Richtlinien und Gesetze der römischen Kirche durchzusetzen. Aber auch die gesamte fränkisch-gallische Kirche wurde von seinem Wirken durchdrungen. So sollten ein System von Erzbistümern (Metropolen) und ihnen zugeordneten Bistümern (Suffraganbistümer) mit festen Grenzen eingeführt und Bischofsversammlungen (Synoden) abgehalten werden. Auch in Einzelfragen (Priesterehe, Ehehindernisse, Wiederholung der Taufe) holte Bonifatius immer wieder »die Anweisung und Entscheidung des apostolischen Stuhls« (*praeceptum et iudicium apostolicae sedis*) ein. Die Normen der christlichen Ordnung sollten eindeutig und ›römisch‹ sein. Papst Zacharias nannte ihn 748 »Gesandter des apostolischen Stuhls« (*legatus sedis apostolicae*). Das von Bonifatius 744 gegründete Kloster Fulda wurde zum Modell einer Mönchsgemeinschaft nach der Regel des heiligen Benedikt, die als »römische« Mönchsregel angesehen wurde. Durch seinen Märtyrertod bei der Mission der Friesen 754 oder 755 erlangten Bonifatius' Handlungen und Maßnahmen heiligmäßigen Rang.

STEFAN WEINFURTER

Literatur: Felten/Jarnut/Padberg 2007 – Schieffer, R. 2007 b – Schieffer, Th. 1972

B.1.2.1

Priesterstein mit der wahrscheinlich ältesten bekannten Darstellung des heiligen Bonifatius

Mainz, um 850
Kalkstein; H. 108 cm, B. 54 cm, T. 29 cm
Mainz, Bischöfliches Dom- und Diözesanmuseum, PS 146

Der um 675 im englischen Wessex geborene Bonifatius gehört zweifellos zu den bedeutendsten Persönlichkeiten der Kirchengeschichte in Nordeuropa. Wynifrith, wie Bonifatius mit bürgerlichem Namen hieß, war bereits früh in den geistlichen Stand und in ein Kloster eingetreten. Sein missionarisches Interesse veranlasste ihn schließlich zu einer ersten Romreise, wo er einen päpstlichen Auftrag und eine Vollmacht für die Mission zu erlangen trachtete – offenbar mit Erfolg. Im Auftrag Papst Gregors II. (715–731), der ihm den Namen Bonifatius verlieh, war er ab 719 als Missionar in Germanien tätig, was ihm den Beinamen ›Apostel der Deutschen‹ einbrachte. Bonifatius sorgte in den folgenden Jahrzehnten nicht nur für eine Etablierung des christlichen Glaubens im Sinne der römischen Kirche, sondern bemühte sich auch um die Ausrichtung der Christenheit auf Rom und die Vermittlung der apostolischen Autorität des Papstes. Im Anschluss an eine erste großangelegte Mission in Friesland und weiteren Regionen reiste Bonifatius 722 auf päpstliche Einladung hin ein zweites Mal nach Rom, wo ihn Gregor II. zum Bischof weihte. Versehen mit einem weiteren päpstlichen Auftrag ging Bonifatius wieder nach Norden, wo er in den folgenden Jahren weiter missionierte und am Aufbau einer Kirchenstruktur arbeitete. Wann immer es weitreichendere Entscheidungen zu treffen oder kirchliche Praktiken zu etablieren galt, wandte sich der Bischof an Rom und erbat Anweisungen vom Nachfolger der Apostelfürsten. 732 wurde Bonifatius von Gregor III. (731–741) zum Erzbischof ernannt. Im Folgenden gründete er neben einer Reihe von Bistümern, darunter Würzburg und Erfurt, 744 auch das Kloster Fulda, das er zu seinem Begräbnisort bestimmte. Im selben Jahr übernahm er die Leitung des Erzbistums Mainz, ohne seine missionarische und ordnende Tätigkeit oder seinen engen Kontakt mit den Päpsten in Rom aufzugeben.

Um die Mitte des 8. Jahrhunderts machte sich der fast achtzigjährige Bonifatius noch einmal auf den Weg zu den Friesen, möglicherweise bereits mit der Absicht, den Märtyrertod zu erleiden. Bei Dokkum (Nordfriesland) wurde er schließlich zusammen mit einer Reihe von Gefährten erschlagen. Sein Leichnam wurde seinem Wunsch entsprechend nach Fulda überführt und dort bestattet.

Der Legende nach soll der Körper des Bonifatius zuvor jedoch in Mainz gewaschen, das mit Blut vermischte Wasser aufgefangen und anschließend als Reliquie verehrt worden sein. Hrabanus Maurus († 856), der ein Jahrhundert nach Bonifatius der Kirche von Mainz vorstand, setzte seinem Vorgänger ein Denkmal, dessen Inschrift heute nur noch handschriftlich überliefert ist. Vor wenigen Jahren ist es gelungen, den sogenannten Priesterstein als Teil des einstigen Reliquien-Grabdenkmals zu identifizieren. Der an vier Seiten reliefierte Stein ist nicht nur mit Inschriftenelementen versehen, die man Hrabanus Maurus zuordnen kann, sondern zeigt darüber hinaus auch eine männliche Figur, die mit Bonifatius identifiziert wird. Die eindeutig als Priester zu erkennende Gestalt hält einen Kreuzstab und ein geöffnetes Buch, auf dessen Seiten die Worte [V]E/[N]i/TE / [B]E/NE/DIC/TI zu lesen sind. Eine Reihe von Charakteristika des Mannes, etwa die Geheimratsecken, das schüttere Haar und der fehlende Nimbus, stimmen mit der Bonifatiusikonographie überein, weshalb das Bild heute als eine der frühesten Bonifatiusdarstellungen gilt. Der Stein wäre demnach ein Teil des heute verschwundenen Grabdenkmals zu Ehren des heiligen Bonifatius gewesen.

VIOLA SKIBA

Digital: DIO 1, Mainz, SN1, Nr. 1 (Rüdiger Fuchs, Britta Hedtke, Susanne Kern), in: http://www.inschriften.net/mainz/inschrift/nr/dio001-sn1-0001.html [04.11.2016]
Literatur: Blänsdorf 2009, S. 125 – Felten/Jarnut/Padberg 2007 – Kotzur/König 2008, S. 22, Nr. 13 – Nichtweiß/Haarländer 2005 – Schulze-Dörrlamm 2004 – Schulze-Dörrlamm 2005 – Wilhelmy 1999

B.1.2.2

Kapitell

Fulda, 9. Jahrhundert
Sandstein; H. ca. 40 cm
Fulda, Vonderau Museum, II A 177

Das ausladende Kapitell aus Kalkstein zeigt eingravierten Palmettenschmuck, Eckvoluten, einen Schaftring und einen Abakus. Entfernt erinnert es an die ionische Säulenordnung und verrät stilistisch eine straffe klassizistische Schulung der karolingischen Baumeister. Durch die Verbindung von Schaftring und Abakus könnte man es auch als Kämpferkapitell bezeichnen.

Das Benediktinerkloster Fulda wurde 744 im Auftrag von Bonifatius (geboren in England als Wynifrith, im Deutschen Winfried) gegründet. Es entwickelte sich rasch zu einem bedeutenden Zentrum der Christianisierung. Bereits 751 erhielt das Kloster ein besonderes Privileg, da es von Papst Zacharias direkt dem Heiligen Stuhl unterstellt wurde. Bonifatius, gestorben 754, wurde im Kloster Fulda begraben. Der Bedeutung Fuldas entsprechend wurde die Kirche mehrfach erweitert und mit besonderem Bauschmuck versehen. Die dreischiffige Basilika mit Querhaus, die 791–814 unter Abt Ratgar errichtet wurde, ging als »Ratgar-Basilika« in die Baugeschichte ein. Aus dem Bereich der Klausur des Klosters Fulda stammt das ionisierende Kapitell, das Teil des Bauschmuckes war. Bei der Nähe der Abtei zum karolingischen Hof verwundert die Orientierung an Vorbildern aus der Antike nicht.

Kloster Fulda als Wirkungsort von Winfried-Bonifatius spielte eine wichtige Rolle bei der von Papst Gregor dem Großen (590–604) initiierten Missionspolitik in Europa. Als die Muslime immer weitere Gebiete im westlichen Mittelmeer zu erobern drohten, versuchte das Papsttum zunehmend, die Christenheit im Westen zu sichern. Bonifatius trieb die Christianisierung des westlichen Europas voran und orientierte sich dabei an päpstlich-römischen Vorgaben. 719 und 722 war er in Rom. Winfried wurde von Papst Gregor II. (715–731) zum Bischof geweiht und zu einem Legaten in Missionsangelegenheiten in Germanien erhoben. Er ließ sich in Bonifatius umbenennen. Die Bedeutung seiner Stellung und seiner Mission sollte sich in der baulichen Gestalt von Kloster Fulda bis weit in die karolingische Zeit hinein spiegeln.

IRMGARD SIEDE

Literatur: AK Bonifatius, Fulda 2004, u. a. S. 26ff. – AK Otevři zahradu rajskou, Prag 2014, S. 120, Kat. Nr. III.8 – Stasch 1995

Der lange Weg zur Ablösung von Ostrom

Der Papst und die Neuschöpfung des westlichen Königtums

Bereits seit dem 5. Jahrhundert hatte es immer wieder Spannungen zwischen Konstantinopel (Byzanz) und Rom um den Vorrang in der christlichen Kirche gegeben. Gegen die andrängenden germanischen Völker, insbesondere die Langobarden, konnten die Päpste kaum Hilfe aus dem Osten erhoffen. Schon Papst Gregor II. (715–731) beschwerte sich beim Kaiser darüber, »dass du uns überhaupt nicht verteidigen kannst«. Im Gegenteil, die päpstlichen Besitzungen (*Patrimonium Petri*) in Italien waren durch byzantinische Forderungen selbst bedroht. 731/732 ließ Kaiser Leon (717–741) die Einkünfte der päpstlichen Patrimonien in Sizilien und Kalabrien beschlagnahmen, was einer Enteignung entsprach. Hinzu kam, dass infolge der Expansion der Muslime und ihrer Eroberungen um das Mittelmeer im 7. und 8. Jahrhundert die blühenden christlichen Gemeinden in Syrien und Palästina (Damaskus 635, Jerusalem 638), in Nordafrika (Alexandria 642, Hippo Regius und Karthago 698) und in Spanien (Toledo 712) zerschlagen wurden. Die Verantwortung für die westliche Christenheit verengte sich zunehmend auf Rom. In dieser schwierigen Situation boten sich mit den Machthabern des Frankenreichs neue Partner an. Die Franken waren das erste germanische Volk, das um 500 das Christentum nicht nach der Lehre des Arius, sondern von Beginn an in der römischen Variante übernommen hatte. Die Kontakte verdichteten sich, als Pippin, der erste König aus dem Karolingerhaus, die Segnung für sein Königtum durch den Papst erhielt. Um das Königsrecht der alten Dynastie, der Merowinger, auszuschalten, reiste Papst Stephan II. (752–757) persönlich über die Alpen, um dem neuen König am 28. Juli 754 in Saint-Denis durch die Salbung die von Gott verliehene Legitimität zu bestätigen (*gratia dei rex* = König von Gottes Gnaden). Damit war der Typus des durch den Papst autorisierten Herrschers geschaffen, der sich zum Schutz der römischen Kirche verpflichtete. Gleichzeitig verstärkte sich die Loslösung des Papsttums von Byzanz. Papst Hadrian I. (772–795) war es dann, der die Bindung an den Kaiser von Konstantinopel endgültig durchtrennte. Er muss eine eindrucksvolle Persönlichkeit gewesen sein. Jedenfalls ist er der erste Papst, bei dem im offiziellen Papstbuch (*Liber Pontificalis*) die Vornehmheit des Geschlechts und die Schönheit seiner Erscheinung hervorgehoben werden (*nobilissimi generis prosapia ortus atque potentissimis Romanis parentibus editus, elegans et nimis decorabilis persona, Liber Pontificalis I*, 1886, S. 486). Er ließ die Verehrung des byzantinischen Kaisers in Rom vollkommen einstellen, und auf die Münzen, die unter ihm in Rom geprägt wurden, ließ er sein eigenes Bildnis setzen.

Mit dem Herrscher des fränkischen Reichs, Karl dem Großen, hingegen ging Hadrian I. ein enges Bündnis ein und übergab ihm eine Sammlung mit den Gesetzen der Kirche (*Collectio Dionysio-Hadriana*). Er war es auch, der in einem Brief von 790/791, der an Karl den Großen gerichtet war, dem karolingischen Hof den Rechtssatz aus den ›Symmachianischen Fälschungen‹ mitteilte: dass über einen Papst niemand Gericht halten dürfe (*Codex Carolinus*, Nr. 94, S. 634, Z. 33–34: *utpotae* [sic!] *quae de omnibus eclesia* [sic!] *fas habeat iudicandi, neque cuiquam liceat de eius iudicari iudicio*). In Rom selbst kann man in seiner Amtszeit, im späten 8. Jahrhundert, einen Bauboom feststellen. Kirchen und

sonstige Gebäude wurden erneuert und Märtyrergräber, auch in den Katakomben, prachtvoll ausgestattet. Nun kamen die Besucher aus dem Norden in Scharen nach Rom und entwickelten ein neues Bewusstsein vom Mittelpunkt des westlichen Christentums. Die ausdrückliche Akzeptanz der römischen Autorität erreichte im Frankenreich um die Mitte des 9. Jahrhunderts einen ersten Höhepunkt.

STEFAN WEINFURTER

Quellen: Codex Carolinus 1882, S. 468–657
Literatur: Hartmann 2008 – Scholz 2006 – Scholz 2012
Bild: Elfenbein-Diptychon mit Personifikationen der Roma und der Constantinopolis, um 500 (Wien, Kunsthistorisches Museum, akg-images)

B.1.3.1

Denar. Papst Hadrian I. (772–795)

Avers: HADRI-ANVS PAPA. Brustbild Hadrians I. von vorn, daneben I – B
Revers: VICTOR-IA DNN. Stufenkreuz zwischen R – m unter zwei Kugelkreuzchen, unten CONOB
Münzstätte Rom, geprägt 772–795
Silber; Dm. 1,7 cm, Gewicht 0,90 g
Berlin, Staatliche Museen zu Berlin, Münzkabinett, Objektnr 18237817, Acc. 1879/100

Nach dem Abzug der Byzantiner aus Norditalien im 8. Jahrhundert, wo sie als Enklave das Exarchat Ravenna besaßen, übernahmen die Päpste die byzantinische Münzstätte in Rom. Der erste Papst, der mit eigenen Münzen hervortrat, war Hadrian I. (772–795). Während sich seine ersten Prägungen aus der Zeit von 772 bis 781 am byzantinischen Gewichtsstandard orientierten, folgten die päpstlichen Münzen ab 781 dem fränkischen Gewichtsstandard. Das vorliegende Stück entspricht im Wert dem karolingischen Denar. Das Münzbild greift auf byzantinische Vorbilder zurück. Goldene Solidi der oströmischen Kaiser dienten als Vorbild, aus der Spätzeit Konstantins V. (741–775) ist auch die Reverskennung R-M für die Münzstätte Rom bekannt, ebenso wie das DN(N) am Ende der Umschrift für *dominus noster*. Für die Buchstaben I-B auf der Vorderseite lassen sich keine eindeutigen Erklärungen finden. Eventuell ist *Iesus Basileus* gemeint.

CHRISTIAN STOESS

Literatur: Berman 1991, S. 33 Nr. 10 – CNI XV, S. 63 Nr. 4 – Grierson/Blackburn 1986, Nr. 1032 mit Kommentar auf S. 638 – Kluge 2007, Nr. 738 (dieses Stück) – Serafini 1910, S. 4 Nr. 1–3

B.1.3.2

Dokumentation der Restaurierung der Mosaiken im Baptisterium des Lateran: betende Madonna (*Madonna orante*)

Luigi Mercatali und Giorgio Pianigiani, 1946–1948
Abdruck in Gips, Ölmalerei; H. 91 cm, B. 133 cm
Vatikanstadt, Musei Vaticani, 25317

Die Halbkuppel und der Apsisbogen der Kapelle von S. Venanzio im Baptisterium des Lateran haben die Mosaikdekorationen bewahrt, die, wie der *Liber Pontificalis* berichtet, zu Ehren der Märtyrer von Salona von Papst Johannes IV. (640–642) in Auftrag gegeben wurden (*Liber Pontificalis* 1886, S. 330; Dyggve 1951; Marin 2009; Mackie 2003, S. 212–230; Detoni 2006). Die Auftraggeberschaft des aus Dalmatien stammenden Papstes ist durch die goldene Inschrift auf blauem Grund an der Basis des Apsidialbogens bezeugt (De Rossi 1899; ILCV 1925, Nr. 1786a; Ferrua 1981, S. 42). Vermutlich wurde die Arbeit unter seinem Nachfolger Theodor I. (642–649) zum Abschluss gebracht.

Das ikonographische Programm des Mosaiks entwickelt sich auf zwei Ebenen: Dem klassisch epiphanischen Schema römischer Prägung folgt im Register darunter eine dichte Folge von Personen, unter denen sich auch die Märtyrer von Salona und die beiden Päpste befinden, die das Werk hatten ausführen lassen. Stilistisch stellt das Mosaik eine Verbindung zwischen Elementen römischer Tradition und schon merklich byzantinischen Neuerungen dar (Grisar 1899; Grabar 1928, S. 30–31; Matthiae 1967, S. 191–201; Lazarev 1967, S. 98; Bovini 1971; Matthiae 1987, S. 60; Andaloro 1991, S. 601–602; Kitzinger 1992, S. 147; Themelly 1999; Giesser 2014).

Die hier präsentierte Kopie reproduziert mit ›fotografischem Schnitt‹ ein Brustbild, die betende Madonna, die sich im Original im unteren Register im Zentrum der Halbkuppel befindet. Zusammen mit drei anderen Kopien (heute in den Depots der Vatikanischen Museen, Inv. 25303, 25305, 25312), vielen kommentierten Fotografien sowie diversen Graphiken und Reliefs (ASMV, ALRP, Allegati grafici, un. 6 fasc. 3) gehört sie zu der wichtigen Dokumentationsarbeit im Vorfeld der Restaurierung des Mosaiks, die von den Vatikanischen Werkstätten (*Laboratori Vaticani*) in den Jahren 1946–1948 durchgeführt wurde (Redig De Campos 1950, S. 402–405; Curzi 1998; Bericht in ASMV ALRP, prot. 2914).

Die Technik des Gipsabdrucks wurde im Jahr 1928 auf Wunsch Biagio Biagettis, des Technischen Direktors der Restaurierungswerkstatt der Vatikanischen Museen (Heid/Dennert 2012, S. 180–181; Cecchini 2015), von der Werkstatt Francesco Mercatellis entwickelt (Prisco 2008, S. 237; Devreux/Felice 2009), um den Zustand der Mosaiken der Basilika S. Maria Maggiore zu dokumentieren.

Die Mosaikkopien in bemaltem Gips sind das Ergebnis zweier hochgradig spezialisierter Arbeitsschritte: Formung und malerische Wiedergabe der Polychromie, die Steinchen für Steinchen vor dem Original vorgenommen werden müssen (wie es der ersten einer Reihe von Rechnungen entnommen werden kann, die auf unsystematische Art und Weise den 37 Mosaiken entsprechen, die mit dem Auftrag Biagettis in Verbindung gebracht werden können. Das hier präsentierte ist eine der letzten Arbeiten in diesem Komplex: ASMV, ARLP, Ausgaben für das Personal, un. 06B, fasc. 1928; eine Auswahl dieser Gruppe von Kopien wird bei Acconci/Milella 2002; Bertelli/Montevecchi 2011 vorgestellt).

In S. Venanzio finden wir im Auftrag von Biagetti dieselben Künstler am Werk, die schon in S. Maria Maggiore aktiv gewesen waren (ASMV; ARLP; Personalregis-

ter, un. 06E, fasc. *Lavori fuori dello Stato: Palazzo Penitenzieri-Battistero Lateranense–Scala Santa–S. Onofrio al Granicolo etc. 1943–1949*): für die Restaurierung Pio Mattia, Vertreter der berühmten Mosaizistenfamilie (Milana 2007, S. 368); für die Dokumentation den Abformer Luigi Mercatali, Francescos Sohn, und den Graphiker Giorgio Pianigiani (Comanducci 1962, S. 1433–1434; Milana 2007, S. 369).

Die Kopien von San Venanzio zeigen, dass nach Jahren des Experimentierens die Technik des Gipsabgusses im Umfeld des Vatikans der 1940er Jahre als eine dokumentarische Praxis verstanden wurde, die sich für die Wiedergabe der für Wandmosaiken typischen Dreidimensionalität durchsetzte.

MATTEO POLA

Abkürzungen der Archivalien: ASMV, ARLP = Archivio Storico dei Musei Vaticani, Archivio del Laboratorio di Restauro Pitture dei Musei Vaticani
Quellen: ILCV 1925 – Liber Pontificalis 1886

Literatur: Acconci/Milella 2002 – Andaloro 1991 – Bertelli/Montevecchi 2011 – Bovini 1971 – Cecchini 2015 – Comanducci 1962, S. 1433–1434 – Curzi 1998 – De Rossi 1899 – Detoni 2006 – Devreux/Felice 2009 – Dyggve 1951 – Ferrua 1981 – Fiorentini Roncuzzi 1971 – Giesser 2014 – Grabar 1928 – Grisar 1899 – Heid/Dennert 2012 – Kitzinger 1992 – Lazarev 1967 – Mackie 2003 – Marin 2009 – Matthiae 1967 – Matthiae 1987 – Menna 2006 – Milana 2007 – Prisco 2008 – Redig de Campos 1950 – Spain 1983 – Themelly 1999

Petruskaisertum – Der Papst schafft sich einen Kaiser

Kaiser »auf den Wink des heiligen Petrus«

Um 800 erstreckte sich das fränkische Reich Karls des Großen (768–814) über weite Teile Westeuropas, es reichte von der Spanischen Mark und den Pyrenäen bis zur Elbe und von Rom bis an die dänische Grenze. In der Tradition des Bonifatius ließ Karl mit der ›Allgemeinen Belehrung‹ (*Admonitio generalis*) von 789 eine umfassende Ordnung für die Religion, die Politik und das gesellschaftliche Leben seines Reichs ausarbeiten und verbreiten. Auch sie war ganz auf die römischen Normen und Vorgaben (*apostolicae ecclesiae rectitudo*) bezogen.

Darüber hinaus suchte Papst Leo III. (795–816) bei Karl dem Großen Schutz vor den Machtintrigen im römischen Adel. Beim Treffen der beiden in Paderborn im Jahre 799 scheint die Kaiserkrönung vorbereitet worden zu sein. Ein Jahr später, am 23. Dezember 800, wurde auf einer von Karl dem Großen angesetzten Synode in Rom die Rechtmäßigkeit der umstrittenen Amtswürde Papst Leos III. bestätigt. Dies erfolgte durch einen ›Reinigungseid‹, bei dem der Papst selbst eidlich versicherte, dass er die ihm vorgeworfenen Vergehen nicht begangen habe. Damit war die Angelegenheit geklärt, und damit war zum ersten Mal der Rechtssatz aus der Zeit von Papst Symmachus (498–514), nach dem ein Papst von niemandem gerichtet werden dürfe, in einem hochpolitischen Prozess zur Anwendung gebracht worden.

Von dem Papst, der sich damit selbst gereinigt hatte, wurde Karl am Weihnachtstag (25. Dezember) 800 im Petersdom in Rom »auf den Wink des heiligen Petrus« von Leo III. zum Kaiser gekrönt. Diesem Akt darf man gewiss weltgeschichtliche Bedeutung zuschreiben. Damit wurde ein vollkommen neuartiges Kaisertum geschaffen, dessen Legitimation aufs engste mit dem heiligen Petrus und seiner Kirche verknüpft wurde (›Petruskaisertum‹). Unmittelbaren Niederschlag hat diese Idee im berühmten Mosaik der Empfangshalle (*Triclinium*) am Lateranpalast gefunden: Hier ließ Papst Leo III. in den Jahren 797/798 darstellen, wie er und der künftige Kaiser Karl vom heiligen Petrus die Zeichen ihrer Macht erhalten. Das Papsttum hatte sich damit endgültig aus der griechisch-byzantinischen Unterordnung befreit und sich seinen eigenen Kaiser für die lateinische Welt geschaffen. Da sich aber der neue Kaiser des Westens auch in der Tradition des römischen Kaisertums sah, stand von Anfang an die Frage im Raum, wer über die kirchlichen Glaubenswahrheiten (Bilderstreit, korrektes Glaubensbekenntnis, göttliche Dreifaltigkeit) zu befinden hatte: der Kaiser oder der Papst? Darüber sollte es im weiteren Verlauf des Mittelalters noch zu erbitterten Konflikten kommen.

Pseudoisidorische Fälschungen: Rechtsfundament aus Corbie

Das päpstliche Ansehen wuchs, als Papst Leo IV. (847–855) 849 afrikanische Muslime in einer Seeschlacht bei Ostia vernichtend schlagen konnte und den Bereich um den Petersdom durch eine starke Mauer befestigen ließ (›Leo-Stadt‹). Papst Nikolaus I. (858–867) benutzte erstmals das kurz zuvor in den 830er Jahren im fränkischen Kloster Corbie an der Somme (östlich von Amiens) angefertigte, umfassende, hochgelehrte und in späteren Jahrhunderten höchst wirkungsvolle Fälschungskompendium der ›Pseudoisidorischen Dekretalen‹. Diese Rechtssammlung wird im Text selbst einem »Isidor Mercator«, gemeint ist Isidor von Sevilla, zugeschrieben. Vor kurzem ist es der Forschung gelungen, als Autor und ›Konstrukteur‹ den Mönch Radbert von Corbie, den späteren Abt (843 – ca. 850), zu bestimmen. Diese Sammlung enthält teilweise echte, meist aber dem Geist der Zeit entsprechend gefälschte Papstbriefe und Konzilsbeschlüsse aus dem 1. bis 7. Jahrhundert und wurde zur wichtigsten Grundlage des späteren Kirchenrechts. Auf diese Weise trugen die ›Pseudoisidorischen Fälschungen‹ in erheblichem Maß zur rechtlichen und kulturellen Vereinheitlichung des lateinischen Europa bei. Der Anstoß für ihre Entstehung ging nicht von den Päpsten aus, sondern sie sollten den fränkischen Bischöfen die Möglichkeit geben, sich unter Berufung auf die päpstliche Autorität gegen Könige und Erzbischöfe zu wehren. Daher wird in diesen Texten die päpstliche Gewalt mit großem Abstand und unantastbar als »Haupt der Kirche« (*caput ecclesie*) über alle anderen gestellt. Im Sinne dieses Anspruchs suchte Nikolaus I. kurze Zeit später in der Ostkirche seine Autorität durchzusetzen, wurde freilich seinerseits von einer Synode in Konstantinopel 867 zum Ketzer erklärt (›Photianisches Schisma‹). Der neuartige päpstliche Rang entfaltete auch im Westen Wirkung. Mit Nikolaus I. saß zum ersten Mal 863 ein Papst über einen König, Lothar II. (855–869), zu Gericht. Vordergründig ging es um Eheangelegenheiten, im Kern aber um den Fortbestand des lothringischen Mittelreichs, das durch die päpstliche Entscheidung vernichtet wurde.

In der lateinischen Christenheit entwickelte sich im 9. Jahrhundert eine starke Verehrung des heiligen Petrus. Besonderes Interesse wurde auch den römischen Heiligen entgegengebracht. Es entstand ein reger Reliquienhandel, und mit den Reliquien der Heiligen bildete sich ein weites Netz der Rombeziehungen heraus. Rom wurde überdies im 9. Jahrhundert zum Zentrum der Pilger.

STEFAN WEINFURTER

Literatur: Bauer, F. A. 1997 – Fried 2013 – Harder 2014 – Herbers 1996 – Herbers 2011 – Larson 2016 – Röckelein 2002 – Schieffer, R. 2001 – Schieffer, R. 2004 – Weinfurter 2013 – Zechiel-Eckes 2001 – Zechiel-Eckes 2002

B.1.4.1

Kopie der rechten Stirnseite des Trikliniumsmosaiks im Lateran

Rom, nach 1595

Papier, aquarelliert; H. 29,5 cm, B. 21,3 cm

Vatikanstadt, Biblioteca Apostolica Vaticana, Vat. Lat. 5407, fol. 186

Ein Speisezimmer war in der Antike meist mit drei Liegen, Klinen genannt, eingerichtet, davon leitet sich die auch später noch gebräuchliche Bezeichnung Triklinium ab. Im Lateranpalast gab es einen repräsentativen Speisesaal, etwa für das Festmahl nach einer Krönung in Alt-St. Peter, der schon früh mit reichem Raumschmuck versehen war. Das heutige Mosaik datiert ins 18. Jahrhundert.

Aus mehreren Kopien bzw. Nachzeichnungen ist bekannt, was früher hier zu sehen war: Ein frontal thronender heiliger Petrus mit rundem Nimbus, der Papst Leo III. – dargestellt mit dem rechteckigen Nimbus der Lebenden – eine Art Pallium überreicht und König Karl – ebenfalls mit dem rechteckigen Nimbus der Lebenden – die Fahne übergibt. Durch die Mosaikinschriften waren die Figuren eindeutig zu identifizieren. Wer im Triklinium speiste, nahm eine klare Hierarchie in diesem Bild wahr: Papst Leo ist frontal und auf der besseren Seite Petri gezeigt, nämlich rechts von ihm, während König Karl in Dreiviertelansicht wie ein Bittsteller auf der weniger bedeutenden Seite kniet, nämlich zur Linken Petri. Leo ist wie Petrus mit dem nach byzantinischer Art geschlungenen Pallium bekleidet, Karl trägt als Krieger Waffen und Helm. Die Bewaffnung des fränkischen Herrschers spielt auf dessen Schutzfunktion für das Papsttum an. Thema der Darstellung ist also die Übertragung der geistlichen Macht auf den Papst und die der weltlichen auf den König durch den heiligen Petrus, oder umgekehrt ausgedrückt: Die Vorstellung des Petruskaisertums findet in dieser Szene ihren bildlichen Ausdruck.

Unter den Nachzeichnungen gilt die des Augustiners Onofrio Panvinio im Barb. Lat. 2738, fol. 104r als die getreueste, da Panvinio um 1570 die Originale noch vor der Zerstörung der Mosaiken durch Papst Sixtus V. (1571–1590) hatte studieren können. Die Zeichnungen im Vat. Lat. 5407 wurden von oder für den spanischen Kirchenhistoriker Alfonso Ciacconio unter Zuhilfenahme von vorangehenden Skizzen ausgeführt, was typisch für das antiquarische Arbeiten im 16. Jahrhundert ist. Bei den Figuren gibt es allerdings Ungereimtheiten; sie sind zu groß und nicht mehr dem Fußschemel Petri zugeordnet. Die Beschriftung geht vielleicht auf Ciacconio selbst zurück. Die im Vatikan erhaltene Rekonstruktion für Ciacconio hatte im Europa des späten 16. Jahrhunderts große Verbreitung. Die Inschriften, die dort wiedergegeben sind, wurden zur Datierung herangezogen. Da Karl als König bezeichnet wird, muss Leo die Mosaiken kurz nach dem Gipfeltreffen in Paderborn, noch vor der Kaiserkrönung Karls, in Auftrag gegeben haben.

IRMGARD SIEDE

Literatur: AK 799, Paderborn 1999, Bd. 1, S. 48–50, Kat. Nr. II. 10 – AK Carlo Magno a Roma, Rom 2001, S. 178–179, Kat. Nr. 36

Die Grabplatte für Papst Hadrian I. (772–795), gestiftet von Karl dem Großen

Als Papst Hadrian I. zu Weihnachten, am 25. Dezember, des Jahres 795 starb, verlor Karl der Große einen Partner, mit dem er Jahrzehnte lang eng zusammengearbeitet hatte. Bei der Nachricht vom Tod seines päpstlichen Freundes soll der Frankenherrscher in Tränen ausgebrochen sein, als hätte er einen Bruder oder den am meisten geliebten Sohn verloren, so berichtet Einhard in seiner Lebensbeschreibung Karls des Großen. Die Lorscher Annalen fügen hinzu, dass er alle Christen seines Reichs aufgefordert habe, für Hadrian zu beten.

In der Tat war es Papst Hadrian I., der den Wechsel vom Kaiser in Konstantinopel hin zum fränkischen Herrscher des Westens endgültig vollzogen hatte. In allen politischen Konflikten vertrat er stets die Interessen Karls. Auch gab er ihm die Gesetze der römischen Kirche an die Hand (*Collectio Dionysio-Hadriana*), die zur Grundlage der kirchlichen und gesellschaftlichen Ordnung im Frankenreich werden sollten. Dies bedeutete den endgültigen Siegeszug der römisch-päpstlichen Autorität in Westeuropa, der verbunden war mit der Kaiserkrönung Karls im Jahr 800 unter Hadrians Nachfolger, Papst Leo III. (795–816).

Die neue Einigkeit von höchster priesterlicher und weltlicher Gewalt wollte Karl der Große nach dem Tod Hadrians I. im Zentrum der römischen Kirche sichtbar verewigen. Dafür stiftete er eine aufwendige Grabplatte (Epitaph) aus schwarzem Marmor für den toten Papst. Sie befindet sich heute an der Mauer der Säulenhalle der Peterskirche in Rom und kann von jedem Besucher betrachtet werden. Die darauf angebrachte Inschrift in goldenen Buchstaben wurde von dem damals berühmtesten Gelehrten im Frankenreich, von Alkuin, formuliert, zweifellos freilich in enger Abstimmung mit Karl dem Großen. Sie lautet folgendermaßen:

Hic pater ecclesiae, Romae decus, inclytus auctor,
Hadrianus requiem papa beatus habet;
Vir cui vita deus, pietas lex, gloria Christus,
Pastor apostolicus, promptus ad omne bonum.
Nobilis ex magna genitus iam gente parentum,
Sed sacris longe nobilior meritis.
Exornare studens devoto pectore pastor
Semper ubique suo templa saerata Deo.
Ecclesias donis populos et dogmate sancto
Imbuit et cunctis pandit ad astra viam.
Pauperibus largus nulli pietate secundus
Et pro plebe sacris pervigil in precibus
Doctrinis opibus muris erexerat arces,
Urbs caput orbis honor inclyta Roma, tuas.
Mors cui nil nocuit, Christi quae morte perempta est,
Ianua sed vitae mox melioris erat.
Post patrem lacrimans Karolus haec carmina scribsi,
Tu mihi dulcis amor, te modo plango, pater.
Tu memor esto mei, sequitur te mens mea semper,
Cum Christo teneas regna beata poli.
Te clerus, populus magno dilexit amore,
Omnibus unus amor, optime presul, eras.
Nomina iungo simul titulis, clarissime, nostra:
›Hadrianus-Carolus‹, rex ego tuque pater.
Quisque legas versus, devoto pectore supplex:
›Amborum mitis‹, dic, ›miserere deus‹.
[…]

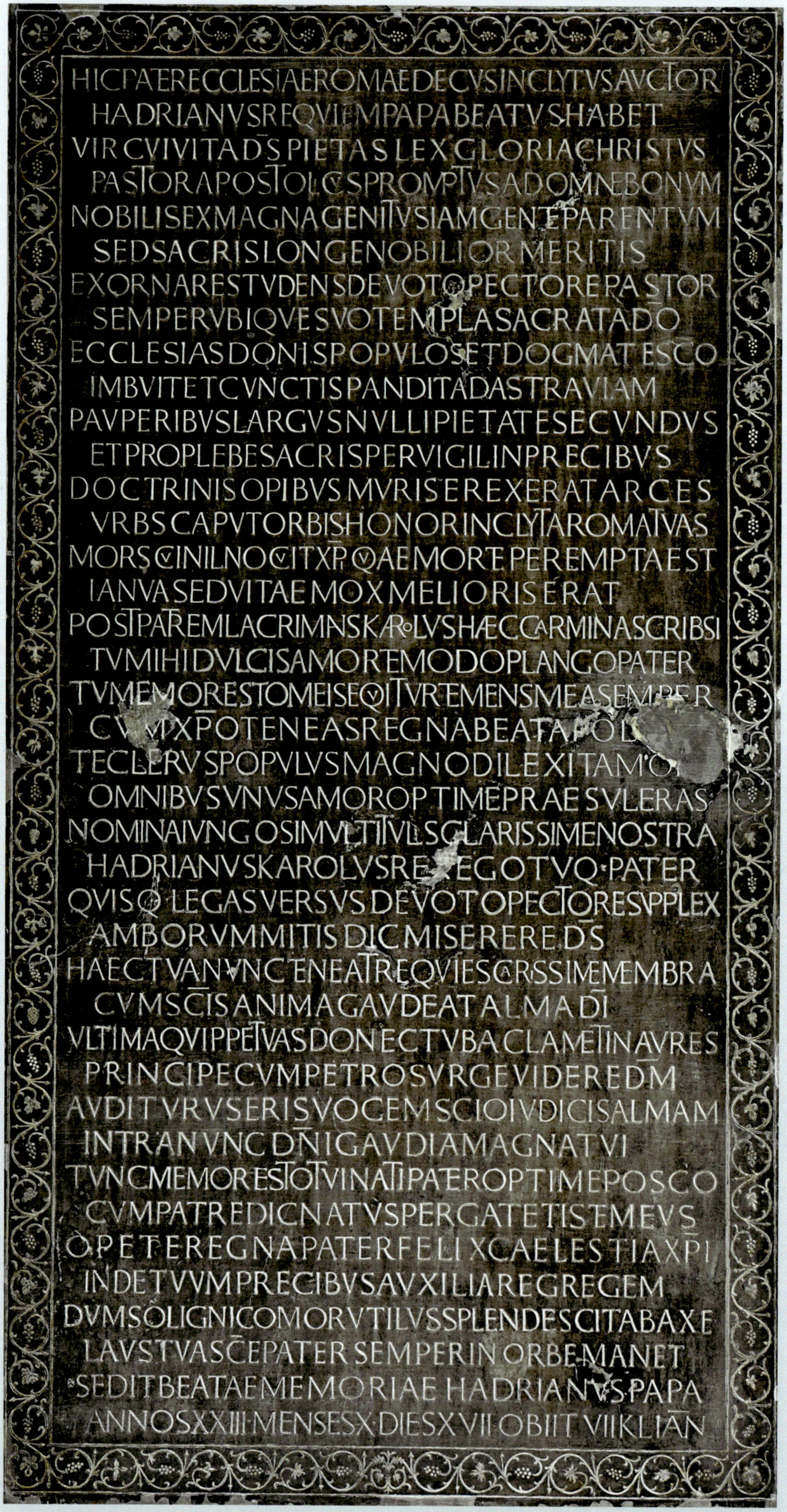
HICPATERECCLESIAEROMAEDECVSINCLYTVSAVCTOR
HADRIANVSREQVIEMPAPABEATVSHABET
VIRCVIVITADSPIETASLEXGLORIACHRISTVS
PASTORAPOSTOLICVSPROMPTVSADOMNEBONVM
NOBILISEXMAGNAGENITVSIAMGENTEPARENTVM
SEDSACRISLONGENOBILIORMERITIS
EXORNARESTVDENSDEVOTOPECTOREPASTOR
SEMPERVBIQVESVOTEMPLASACRATADO
ECCLESIASDONISPOPVLOSETDOGMATESCO
IMBVITETCVNCTISPANDITADASTRAVIAM
PAVPERIBVSLARGVSNVLLIPIETATESECVNDVS
ETPROPLEBESACRISPERVIGILINPRECIBVS
DOCTRINISOPIBVSMVRISEREXERATARCES
VRBSCAPVTORBISHONORINCLYTAROMATVAS
MORSCVINILNOCVITXPIQVAEMORTEPEREMPTAEST
IANVASEDVITAEMOXMELIORISERAT
POSTPATREMLACRIMANSKAROLVSHAECCARMINASCRIBSI
TVMIHIDVLCISAMORTEMODOPLANGOPATER
TVMEMORESTOMEISEQVITVRTEMENSMEASEMPER
CVMXPOTENEASREGNABEATAPOLI
TECLERVSPOPVLVSMAGNODILEXITAMORE
OMNIBVSVNVSAMOROPTIMEPRAESVLERAS
NOMINAIVNGOSIMVLTITVLISCLARISSIMENOSTRA
HADRIANVSKAROLVSREXEGOTVQ·PATER
QVISQ·LEGASVERSVSDEVOTOPECTORESVPPLEX
AMBORVMMITISDICMISEREREDS
HAECTVANVNCTENEATREQVIESCARISSIMEMEMBRA
CVMSCISANIMAGAVDEATALMADI
VLTIMAQVIPPETVASDONECTVBACLAMETINAVRES
PRINCIPECVMPETROSVRGEVIDEREDM
AVDITVRVSERISVOCEMSCIOIVDICISALMAM
INTRANVNCDNIGAVDIAMAGNATVI
TVNCMEMORESTOTVINATIPATEROPTIMEPOSCO
CVMPATREDICNATVSPERGATETISTEMEVS
OPETEREGNAPATERFELIXCAELESTIAXPI
INDETVVMPRECIBVSAVXILIAREGREGEM
DVMSOLIGNICOMORVTILVSSPLENDESCITABAXE
LAVSTVASCEPATERSEMPERINORBEMANET
SEDITBEATAEMEMORIAEHADRIANVSPAPA
ANNOSXXIIIMENSESXDIESXVIIOBIITVIIKLIAN

Übersetzung

Der Vater der Kirche, die Zierde Roms, der erlauchte Schöpfer,
der barmherzige Papst Hadrian hat hier seine letzte Ruhe.
Ein Mann, dem Gott das Leben war, das Gesetz die Frömmigkeit, Christus der Ruhm,
der apostolische Hirte, bereit für alles Gute.
Edel war er schon wegen seiner Abstammung aus berühmtem Geschlecht der Vorfahren,
Aber noch viel edler war er wegen seiner heiligmäßigen Verdienste.
Als Hirte war er mit frommem Herzen bemüht,
immer und überall die seinem Gott geweihten Kirchen zu schmücken.
Die Gotteshäuser erfüllte er mit Geschenken und die Völker mit der heiligen Lehre
Und öffnete allen den Weg zu den Sternen.
Zu den Armen war er freigebig, in der Frömmigkeit stand er keinem nach
Und für das Volk wachte er immer in heiligen Gebeten.
Durch Lehren, mit Schätzen und Mauern hat er Deine Burgen errichtet,
berühmtes Rom, Hauptstadt und Ehre der Welt.
Ihm schadete der Tod nicht, der durch den Tod Christi vernichtet worden ist.
Vielmehr war ihm der Tod die Tür zum besseren Leben.
Tränen über den Vater vergießend, habe ich, Karl, sodann diese Verse verfasst,
Du, meine süße Liebe, Dich beweine ich nunmehr, o Vater.
Behalte mich in Deinem Gedächtnis, mein Sinnen folgt Dir beständig nach,
Zusammen mit Christus regiere Du nun die heiligen Reiche am Himmelszelt.
Dich hat der Klerus und das Volk mit großer Liebe verehrt,
Allen warst Du die einzige Liebe, der beste Bischof.
Unsere Namen, oh Ruhmvollster, verknüpfe ich zu einer Einheit:
›Hadrian-Karl‹, ich der König und Du der Vater.
Wer auch immer diese Verse lesen wird, er möge mit demütigem Herzen bitten:
›Gütiger Gott, erbarme Dich beider‹.
[…]

Niemals wieder wurde von einem Herrscher einem Papst ein derart hingebungsvolles und verehrungsvolles Gedicht gewidmet. Es berührt in seinem Ton den Leser noch heute und lässt erahnen, welch wichtige Rolle das römisch-lateinische Fundament für die neue Ordnung und die neue Einheit im Frankenreich spielen sollte.

STEFAN WEINFURTER

Quellen: MGH. Poetae latini aevi Carolini I, S. 113–114 – Schneider 1933, Nr. 30, S. 25–26
Literatur: Hartmann 2008 – Montini 1957, S. 134 – Scholz 1997 – Weinfurter 2013, S. 205–224
Bild: Grabplatte Papst Hadrians I.

B.1.4.2

Cathedra Petri

Hofwerkstatt Karls des Kahlen, um 870
Eichenholz, Elfenbein, geschnitzt;
H. 140 cm, B. 85 cm, T. 65 cm
Vatikanstadt, Basilica di San Pietro in Vaticano (Kopie aus dem 20. Jahrhundert im Römisch-Germanischen Zentralmuseum in Mainz)

Als Papst Leo III. (795–816) gleich nach seiner Wahl eine Anzeige an Karl den Großen mit der Bekräftigung der beiderseitigen Allianz schickte und sich der Frankenkönig seinerseits zum Schutzherrn der Kirche erklärte, entstand ein enges Bündnis zwischen Papst und Herrscher. Die Krönung Karls des Großen zum Kaiser auf den Wink des heiligen Petrus am Weihnachtstag des Jahres 800 in Alt-St. Peter war die Geburtsstunde des sogenannten Petruskaisertums: Der Nachfolger Petri bzw. allein die römische Kirche hatte die Befugnis zur Kaiserkrönung; der Kaiser wiederum verstand sich als Schutzherr Roms und der Päpste. Daher übergaben seit Karl dem Großen Herrscher dem heiligen Petrus immer wieder kostbarste Geschenke anlässlich ihrer Krönung. Als ein solches könnte der Thronsitz Karls des Kahlen in den Petersdom gelangt sein.

Dieses Geschenk spielte im Zeremoniell der Papsterhebung aber keine Rolle: Hierfür kam der silbergeschmückte Marmorthron in der Hauptapsis von Alt-St. Peter zum Einsatz. Vielmehr wurde der hölzerne Thron unmittelbar dem Apostel zugeschrieben und spätestens seit dem 12./13. Jahrhundert als eine Reliquie Petri verehrt. Möglicherweise saß der Papst an Petri Stuhlfeier, am 22. Februar, auf dieser *Cathedra*, einem Fest zum Gedenken an die Übertragung der Lehrautorität des Apostels Petrus auf die Päpste.

In den Jahren 1657 bis 1666 schuf Gian Lorenzo Bernini in der Hauptapsis des Petersdoms einen stilisierten, überlebensgroßen Marmorthron als gewaltiges Reliquiar für den karolingischen Stuhl, den Papst Alexander VII. 1666 dorthin verbringen ließ: die *Cathedra Sancti Petri*.

Der Stuhl wurde erst 1968 wieder zugänglich und rief eine Fülle an Publikationen hervor. Der Thron aus Eichenholz mit eingelegten Elfenbeinreliefleisten und -platten steht in der Tradition der gleichfalls mit Elfenbeinplatten belegten Maximinskathedra in Ravenna. Stilistisch sind die Elfenbeine der *Cathedra Sancti Petri* der Hofwerkstatt Karls des Kahlen und der Zeit um 870 zuzuordnen. Die Rückwand des Throns ist wie ein Tempelgiebel gestaltet, ähnlich wie bei der Abbildung des Herrschers in der Bibel von S. Paolo fuori le mura. Die obere Querleiste dieser Lehne zeigt in der Mitte ein Bildnis Karls des Kahlen. Daraus wurde geschlossen, dass Karl den Sitz dem Papst bei seiner Krönung 875 geschenkt habe (oder Karls Sohn kurz danach, als der Papst im Frankenreich zu Besuch war).

Der Kastensitz zeigt 18 Bilder, unter anderem von den zwölf Taten des Herkules. Wie Rebecca Müller kürzlich annahm, ist der Herkuleszyklus vor der Folie einer panegyrischen Tradition zu verstehen. Die Vorstellung, dass der Papst einst an Petri Stuhlfeier auf dieser *Cathedra* mit den Taten des Herkules gesessen hat, wirkt wie eine Ironie des Schicksals, wenn man bedenkt, dass die gleiche Bildsprache die Landsknechte beim Sacco di Roma anspornte: Herkules im Kampf mit dem nemeischen Löwen ist auch auf dem Harnisch des Landsknechts Frundsberg zu sehen (vgl. Kat. Nr. C.2.4.3)!

IRMGARD SIEDE

Literatur: Bojcov 2007, bes. S. 305 ff. – Maccarrone 1981 – Schimmelpfennig 1973 a – Schramm 1983, S. 172–173 – Staubach 1993

B.1.4.3

Denar. Papst Leo III. (795–816) und Kaiser Karl der Große (768/800–814)

Avers: + SCS PETRVS. Leo Pa(pa) als Monogramm, umlaufend Name des heiligen Petrus
Revers: + CARLVS. IMP-Monogramm, darum Königsname
Münzstätte Rom, geprägt 800–814
Silber; Dm. 2,4 cm, Gewicht 1,85 g
Berlin, Staatliche Museen zu Berlin, Münzkabinett, Objektnr 18202745, Acc. 1905/76 (aus Sammlung Ercole Gnecchi)

Seit der Kaiserkrönung Karls des Großen im Jahr 800 ist auf den päpstlichen Münzen auch der Kaiser als Schutzherr Roms und der Päpste genannt. Leo III. übernimmt den auf der Frankfurter Synode von 793/794 festgelegten Gewichtsstandard der *denarii novi* zu 1/240 Karlspfund (408–409 g). Bis zum Ende der Herrschaft der Kaiser aus karolingischem Haus dokumentieren die Münzen aus Rom, die auf der einen Seite den Papst, auf der anderen Seite den Kaiser nennen, das Zusammenwirken der beiden Gewalten.

CHRISTIAN STOESS

Literatur: AK 799, Paderborn 1999, Nr. II.18 (dieses Stück) – Berman 1991, Nr. 14 – Depeyrot 1998, Nr. 867 D – Kluge 2007, Nr. 213 (dieses Stück) – Kluge 2014, Nr. 258 (dieses Stück) – Serafini 1910, S. 5 Nr. 1

B.1.4.4

Die *Admonitio generalis*

Südwestdeutschland, erstes Viertel 9. Jahrhundert
Pergament; H. 18–18,5 cm, B. 11–11,5 cm, 46 Blätter
St. Gallen, Stiftsbibliothek, Cod. Sang. 733, S. 15–64

Die *Admonitio generalis* (Allgemeiner Mahnerlass) zählt zu den wichtigsten Schriften aus der Zeit Karls des Großen (748–814). Der königliche Erlass entstand in der Königspfalz in Aachen im Winter 788/789 und wurde am 23. März 789 in seiner Endausfertigung verkündet. Die Gruppe von Gelehrten, die den Text verfassten, wurde von Alkuin von York († 804) angeführt, den man wohl als den Gebildetsten im damaligen westlichen Europa bezeichnen kann. Zahlreiche sprachliche und sachliche Partien in der *Admonitio generalis* kann man auch in anderen seiner Schriften finden.

Dieser Erlass Karls des Großen war der Versuch, die Bevölkerung im fränkischen Großreich – dem größten Herrschaftsbereich im damaligen Europa – zu einer gottgefälligen Gemeinschaft umzuformen. Die Gesetze der römischen Kirche sollten die Grundlage für eine neue staatliche und moralische Ordnung bilden. Damit wollte Karl, der die Bücher von Augustinus »Über das Gottesreich« (*De civitate Dei*) kannte, sein Reich einem Gottesreich auf Erden möglichst weit annähern. Um die Texte der heiligen Schriften, die Beschlüsse der Päpste, der Konzilien und die Belehrungen der Kirchenväter richtig verstehen zu können, setzte der karolingische König eine umfassende Bildungsreform in Gang, mit der die antiken Bildungs- und Wissenschaftsmethoden wiederbelebt werden sollten (Karolingische Renaissance).

Das Kirchenrecht hatte ihm Papst Hadrian I. (772–795) bereits 774 in einer Sammlung mit Briefen Papst Gregors des Großen, dem Glaubensbekenntnis und den Beschlüssen der Ökumenischen Konzilien von Nicäa (325), Konstantinopel (381) und Chalcedon (451) (*Collectio Dionysio-Hadriana*) in Rom überreicht. Dieses ›Grundgesetz‹ wurde mit der *Admonitio Generalis* in konkrete Handlungsanleitungen umgesetzt. In 80 Kapiteln wurden den Bischöfen und Priestern, den Mönchen und Nonnen, den Grafen und Richtern und allen Menschen im Reich der Auftrag erteilt, sich die römisch-christlichen Grundsätze, Verhaltensvorschriften und Wertekategorien (Frieden, Eintracht, Einmütigkeit und christliches Liebesgebot) anzueignen und sie zu befolgen. An jeder Pfarrkirche sollten die Kinder darin unterrichtet werden, was auch Lesen und Schreiben mit einbezog. Es ist heute schwer abzuschätzen, inwieweit dieses Programm umgesetzt wurde. Karl der Große selbst war von den Ergebnissen jedenfalls sehr enttäuscht. Aber man darf andererseits auch nicht unterschätzen, wie sehr damit das Ansehen und die Autorität der römisch-päpstlichen Kirche und der Päpste in weiten Teilen Europas zu blühen begannen. Rom war fortan im ›Abendland‹ als Quelle und Hüter der als gut und richtig angesehenen Lebensordnung im Grundsatz anerkannt.

STEFAN WEINFURTER

Digital: http://www.cesg.unifr.ch.
Quellen: Mordek/Zechiel-Eckes/Glatthaar 2012
Literatur: AK Karl der Große und seine Gelehrten, St. Gallen 2004, S. 56, S. 58–59 – Buck 1997 – Fried 2013, S. 309–319 – Mordek 1995, S. 676–680 – Weinfurter 2013, S. 180–186

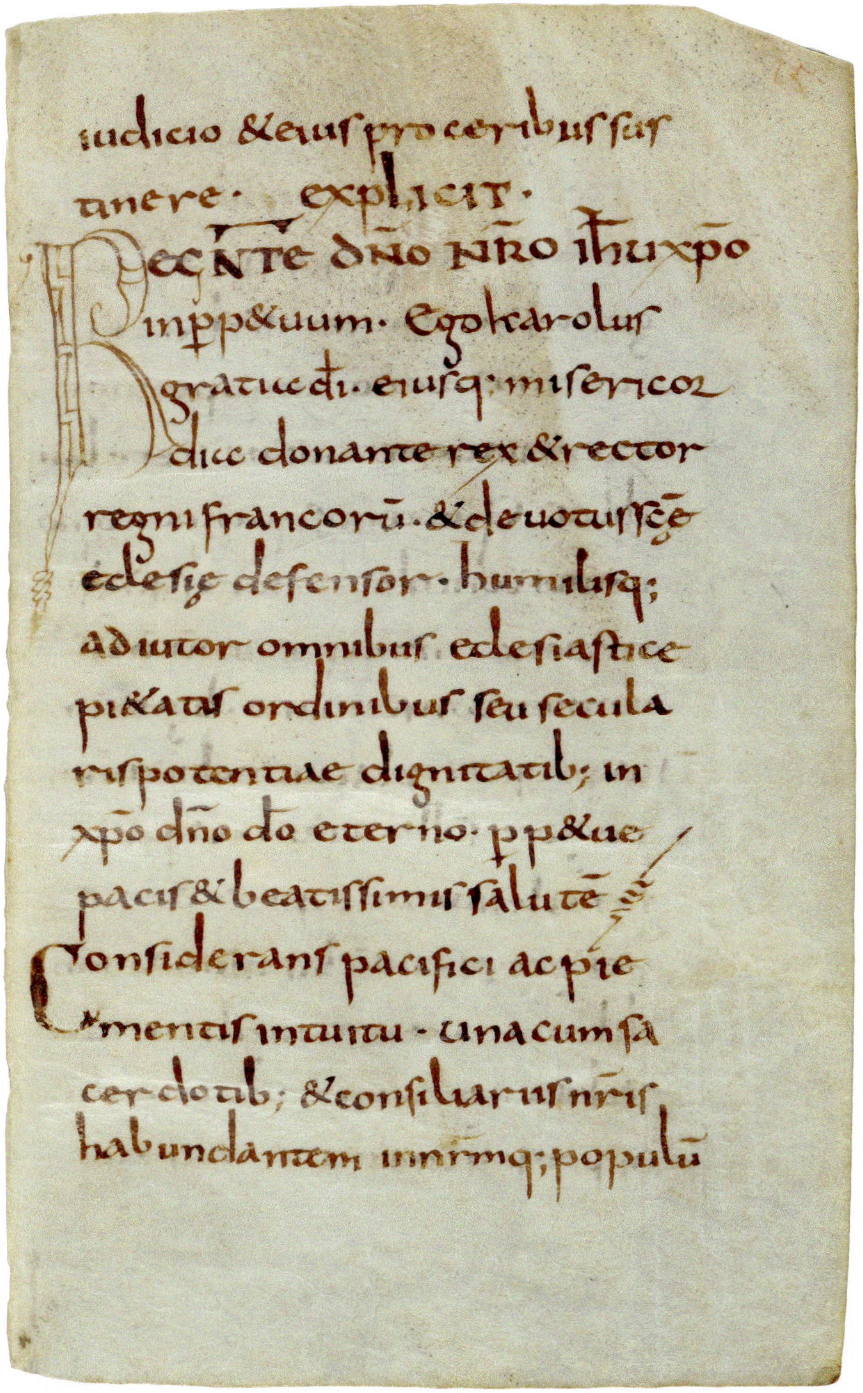
iudicio & eius proceribus sus
tinere. EXPLICIT.
REGNANTE DNO NRO IHU XPO
in pp & uum. Ego karolus
gratia di. eiusq; misericor
dia donante rex & rector
regni francoru. & deuotus sce
eclesie defensor. humilisq;
adiutor omnibus eclesiastice
pietatis ordinibus seu secula
ris potentiae dignitatib; in
xpo dno do eterno. pp & ue
pacis & beatissimus salute.
Considerans pacifici ac pie
mentis intuitu. una cum sa
cerdotib; & consiliarius nris
habundantem innrmq; populu

B.1.4.5

Platte eines Ziboriums

Portus (Fiumicino, Rom), 795–816
Weißer Marmor; H. 80 cm, B. 148 cm, T. 9 cm
Vatikanstadt, Musei Vaticani (Museo Pio Cristiano), 31338

Die beiden aneinander passenden Fragmente von der Bogenplatte aus der Front eines Ziboriums sind an den Kanten und dem linken unteren Ende leicht lückenhaft. Zwei Bohrlöcher in der Auflagefläche nahmen ursprünglich die Metallzapfen zur Befestigung der Kapitelle an der Basis des Bogens auf. Auf der Rückseite schufen zwei vertikale Absätze die Verbindung mit den seitlichen Platten des Ziboriums, während oben eine horizontale Vertiefung Platz für ein Deckenelement bot. Drei gleichmäßig entlang der Laibung des Bogens verteilte Löcher konnten ebenso viele Haken zur Hängung von Lampen oder Vorhängen aufnehmen.

Die Front der Platte ist im Vergleich zu dem klassisch dreiteiligen Muster, das viele früh- und hochmittelalterliche Ziborien charakterisiert, eher einfach dekoriert: In einem einheitlichen, von einer flachen Zierleiste begrenzten Feld breitet sich ein Flechtbandmuster mit zweispitzigen Knoten aus, das an ausgesparten Stellen durch zwei ›rotierende Rosetten‹ zwischen einander zugewandten Lilienblüten ergänzt wird.

In einem Band entlang der Bogenlaibung verläuft zwischen zwei einfachen gravierten Linien eine Inschrift, die an die Ausführung des Werkes erinnert: *+Salbo beatissimo d(omi)n(o) n(ostro) Leone tertii (!) papae (!) Stephanus indignus episc(opus) fecit+* (Zur Zeit unseres seligen Herrn, Papst Leo dem Dritten, machte (dies) der unwürdige Bischof Stefan)

Laut Lanciani, dem man häufig grundlos misstraut hat, stammt die Ziboriumsplatte aus den zwischen 1865 und 1866 durchgeführten Grabungen im Bereich der städtischen Basilika von Porto (Portus), die in der Vergangenheit fälschlicherweise als »Xenodochium des Pammachius« bezeichnet wurde. Die Erwähnung des Pontifikats Leos III. (795–816) in der Dedikationsinschrift des Stückes liefert einen klaren chronologischen Hinweis, der seine Entsprechung in der Anwesenheit eines Bischofs von Porto mit Namen Stefan beim römischen Konzil von 826 findet. Auf den Auftrag desselben Bischofs geht unter anderem auch die Fertigstellung eines zweiten Ziboriums in Porto (Portus) zurück, auch dieses versehen mit der Unterschrift des Prälaten. Von diesem Ziborium, das möglicherweise in der gleichen Werkstatt wie das vorherige gefertigt wurde, wurden drei Platten – eine von ihnen fragmentarisch – bei der suburbikarischen Basilika von S. Ippolito all'Isola Sacra aufgefunden.

Der Eifer, der die religiöse Bautätigkeit in Portus zur Zeit des Episkopats Stefans kennzeichnete, scheint darüber hinaus von einer dritten Inschrift bestätigt zu werden, die den Namen des Bischofs enthält. Auch sie stammt aus dem Umfeld von S. Ippolito, einem Heiligtum, dem Papst Leo III. übrigens zwei kostbare Altartücher zum Geschenk gemacht hat.

ALESSANDRO VELLA

Quellen: Silvagni 1943, Taf. XV, 1
Literatur: Ballardini 2008, S. 225–246, bes. S. 236–237, Abb. 31 – Ficker 1890, S. 30 – Filippi 2001 – Gray 1948, S. 38–162, bes. S. 110, Taf. XVIII, 2 – Grossi-Gondi 1918, S. 149–179 (bes. 152, Taf. XXXII, 1) – Kautzsch 1939, S. 1–73, bes. S. 42 Abb. 71 – Lanciani 1866, S. 100–103, bes. 101–102 – Marucchi 1898, S. 12 – Marucchi 1910 a, S. 10 Taf. IV.3 – Marucchi 1922, S. 115 – Mazzoleni 1995, S. 301–309, bes. S. 306, Abb. 36 – Nuzzo 2013, S. 493–520, bes. S. 498 – Pani Ermini 1974, S. 115, Abb. 3 – Pani Ermini 1976, S. 337–344, bes. S. 338, Abb. 341 – Paroli/Violante 2013, S. 377–476, bes. S. 443 u. 454, Abb. 144 – Rohault de Fleury 1883, S. 18–19 – Roth-Rubi/Sennhauser 2015, S. 37 – Testini 1971–1972, S. 219–236, bes. S. 232–233, Abb. 11 – Testini 1975, S. 43–132, bes. S. 105–108

B.1.4.6

Schrankenplatte

Rom, 731–741
Marmor; H. 114,5 cm, B. 66 cm, T. 8 cm, Gewicht 88 kg
Berlin, Staatliche Museen zu Berlin, Skulpturensammlung und Museum für Byzantinische Kunst, 6588

Die Platte zeigt stilisierte Palmen mit Früchten unter Arkaden. Die Arkadenbögen ruhen auf gedrehten Säulen und sind mit einem Wellenband verziert, also mit einem recht aufwendigen dekorativen Apparat versehen worden. Aufgrund von Bearbeitung, Gesteinsart und Darstellungen wurde die Berliner Platte von Eugenio Russo als ein Abschnitt der Chorschrankenanlagen in Alt-St. Peter identifiziert. Zwei weitere Bruchstücke der Schranke entdeckte Russo in den Grotten von St. Peter, die Teile legen nahe, dass die Schranke einst circa zwei Meter lang gewesen sein muss. Seit frühchristlicher Zeit wurde in den Kirchen der Raum für die Laien von dem für die Kleriker durch oft ornamental verzierte Brüstungsplatten, sogenannte Chorschranken, abgetrennt. In Alt-St. Peter wurde das konstantinische Presbyterium mehrfach erneuert. Eine erste Erneuerung wird Papst Gregor dem Großen (590–604) zugeschrieben, eine weitere konnte Russo mit Papst Gregor III. (731–741) in Verbindung bringen: Über dem Grab Petri wurde ein Ziborium errichtet, die Einfassung des Chorbereichs erfolgte durch die Anbringung von Schranken, die zwischen die wiederverwendeten konstantinischen Säulen eingefügt wurden, deshalb sollten sie wohl auch das Motiv der gedrehten Säulen aufnehmen.

Wie ein Teil eines Ziboriums mit einer Bauinschrift Papst Leos III. (795–816) nahelegt, richtete wohl auch Leo sein Augenmerk auf die Gestaltung des Presbyteriums. Auch diese Platte ist daher bei Rekonstruktionsfragen mit zu beachten.

Zur Funktion der Chorschranke passend, ist das Berliner Stück mit Palmen unter einstmals vier Arkaden dekoriert. In der christlichen Ikonographie, vor allem in frühchristlichen Mosaiken, ist das Palmenmotiv seit dem 4. Jahrhundert als Symbol für das Paradies bzw. zur Kennzeichnung des himmlischen Ortes verbreitet. Palmen sind daher für Chorschranken ein passendes Motiv.

1910 wurde das Fragment von Ludwig Pollak in Rom erworben.

IRMGARD SIEDE

Digital: online-Datenbank http://www.smb-digital.de/eMuseumPlus?service
Literatur: AK 799, Paderborn 1999, S. 617–619, Kat. Nr. IX. 6 – AK Karl der Große, Orte der Macht, Aachen 2014, S. 136 Nr. 163, 164 – Russo 1985

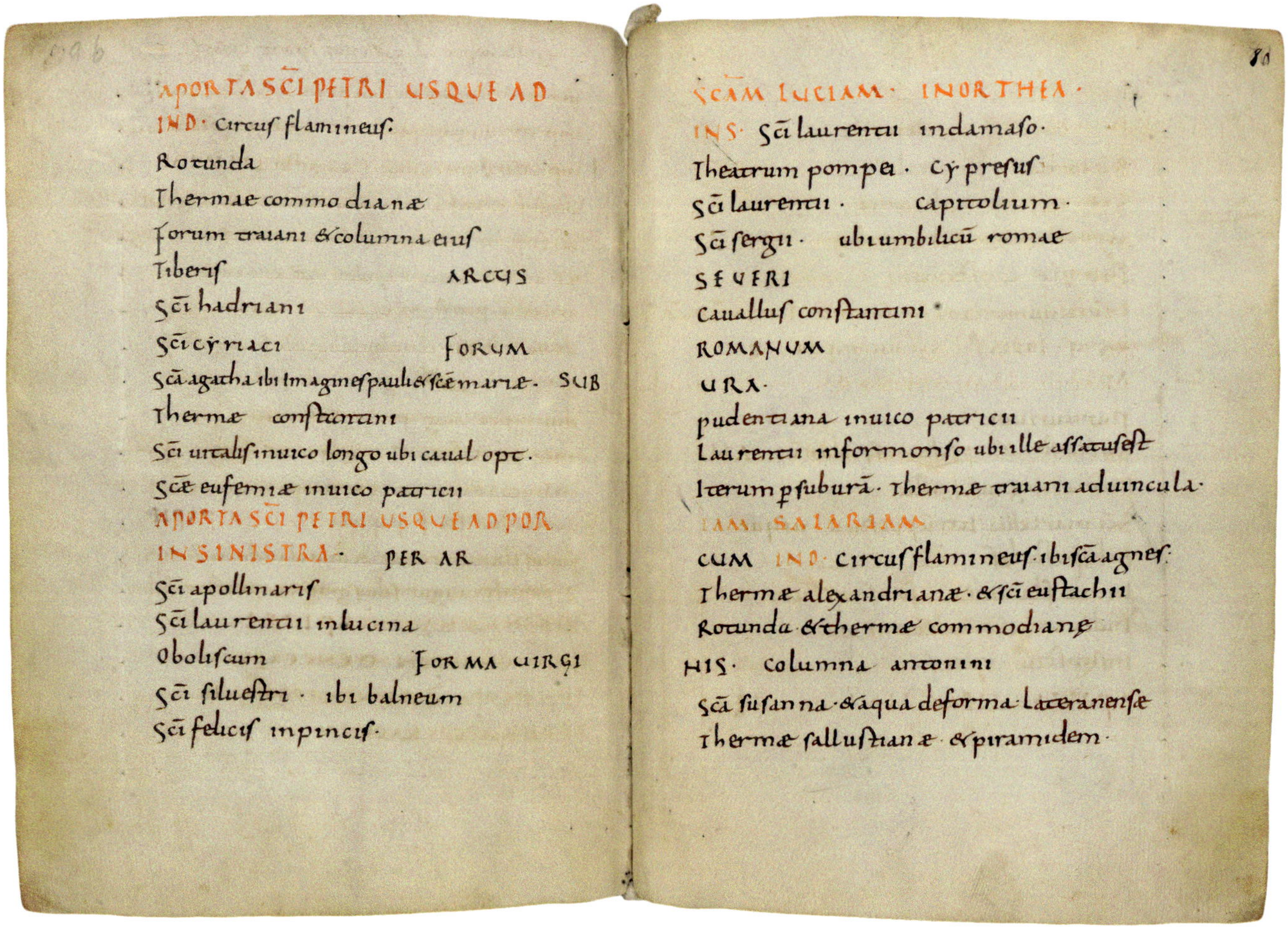

B.1.4.7

Das Einsiedler Itinerar mit den *Inscriptiones Urbis Romae* und dem *Itinerarium Urbis Romae*

9./10. Jahrhundert
Pergament; H. 18 cm, B. 12,5 cm
Einsiedeln, Kloster Einsiedeln, Stiftsbibliothek, KBE, Codex 326 (1076)

Eine noch heute gängige Redewendung lautet »alle Wege führen nach Rom«. Auch wenn sie häufig gar nicht im direkten Bezug auf die italienische Hauptstadt verwendet wird, verweist sie doch auf die Bedeutung der ›ewigen Stadt‹ (*Roma aeterna*) als Zentrum der christlich-lateinischen Welt. Tatsächlich war Rom bereits im frühen Mittelalter Ziel von Gläubigen und Pilgern, die entlang der alten römischen Straßen aus allen Teilen der christlichen Welt lange und gefahrvolle Reisen auf sich nahmen, um die Stadt der Märtyrer und die Grablege der Apostelfürsten zu besuchen. Auch wenn man es aus moderner Sicht vielleicht vermuten würde, waren diese Rompilger aber alles andere als unvorbereitet, wenn sie ihre weite und beschwerliche Reise antraten. Sie wussten vielmehr recht genau über die profane und sakrale Topographie der Stadt Bescheid, hatten Informationen, die über detaillierte Reiseberichte und -führer tradiert und verbreitet wurden. Solche Zeugnisse gewähren noch heute, mehr als tausend Jahre später, einen Blick auf das mittelalterliche Rom, seine Topographie und seine Sakrallandschaft.

Eines der eindrücklichsten Zeugnisse dieser Reiseliteratur entstand um 800 im Skriptorium eines unbekannten Klosters, von wo aus es bereits im Mittelalter ins Kloster Einsiedeln gelangte, nach dem es heute benannt ist: das *Itinerarium Einsidlense*. Die karolingische Sammelhandschrift umfasst neben den *Inscriptiones Urbis Romae* ein *Itinerarium Urbis Romae*, das einen ganz neuen Blick auf die Stadt eröffnet, da es im Unterschied zu anderen Rompilgerführern neben dem sakralen auch das profan-pagane Rom berücksichtigt. Auf zwölf Routen erschließt sich dem Leser des *Itinerariums* die städtische Architektur, wobei eine Besonderheit des Textes in seinem Aufbau zu sehen ist. Der Buchfalz symbolisiert nämlich den Weg des Pilgers, Reisenden und Lesers, so dass alles, was zur Linken der Straße liegt, jeweils auf der linken (*verso*-)Seite der Handschrift beschrieben wird, während das, was rechter Hand zu sehen ist, auf der *recto*-Seite verzeichnet ist. Bögen, Brücken oder andere architektonische Strukturen, die den Weg überspannen, sind über den Falz hinweg gezeichnet. Auf diese Weise entstand nicht nur ein dynamischer und lebendiger Eindruck der Stadt, sondern auch eine erste systematische Beschreibung der Bebauung Roms in einer Zeit, die von der Entstehung des Petruskaisertums und der *renovatio Romani imperii* Karls des Großen geprägt war.

VIOLA SKIBA

Digital: http://www.e-codices.unifr.ch/de/list/one/sbe/0326

Literatur: Bauer, F.A. 1997 – Bauer, F.A. 1999 – Erhart/Zettler 2015 – Santangeli Valenzani 1999 – Santangeli Valenzani 2001 – Santangeli Valenzani 2014 – Walser 1987

B.1.4.8

Petruslied

Bayern, um 900
Pergament; H. 32,5 cm, B. 25 cm, 158 Blatt
München, Bayerische Staatsbibliothek,
Clm 6260, fol. 158v

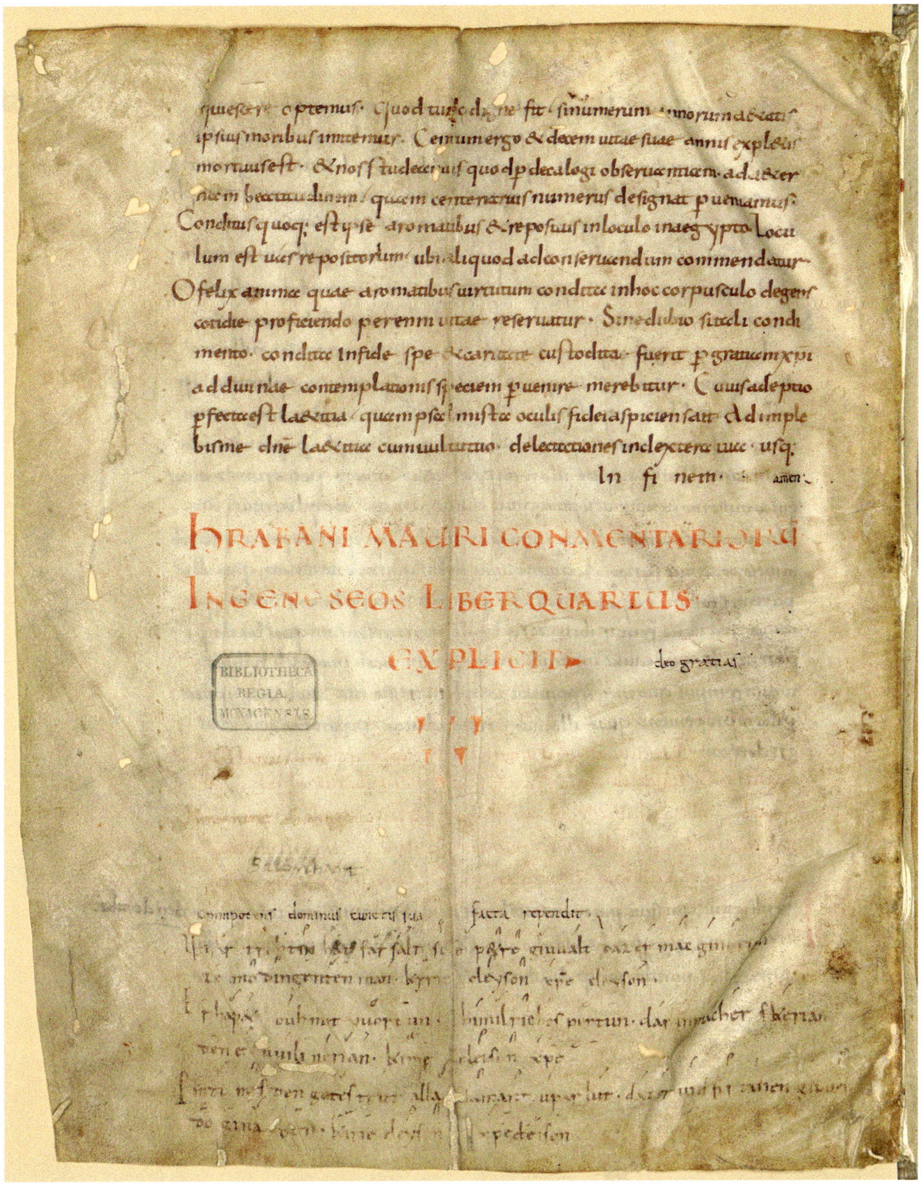

Frühe Kirchengründungen nördlich der Alpen wurden sehr oft Petrus geweiht. Manchmal kamen an diese Kirchen auch Reliquien dieses Heiligen. Bald gab es Darstellungen von ihm, in denen sein häufigstes Attribut die Schlüssel sind. Daher erstaunt es nicht, dass sich früh eine eigene Liturgie für die Petrusfeste ausbildete. In diesen Kontext gehört das Petruslied. Es gilt übrigens als das älteste überlieferte Kirchenlied in deutscher Sprache und umfasst drei Strophen. Die erste bezieht sich auf die Schlüsselübergabe an Petrus durch Christus, die zweite benennt Petrus als den Himmelspförtner und in der dritten wird die Bitte an Petrus als Gottvertrautem gerichtet, sich der Sünder zu erbarmen. Daher dürfte dies Lied für Prozessionen gedacht gewesen sein, in denen die Kleriker die Strophen sangen und das mitmarschierende Volk die Eleisonrufe vortrug. Da Neumen in den Codex eingetragen sind, konnte die Melodie rekonstruiert werden. Die drei Strophen werden aus je zwei Langversen gebildet, die ihrerseits aus zwei vierhebigen Reimpaaren bestehen. Diese Gedichtform wird als sogenannte Leisen bezeichnet, da am Ende jedes Reimpaares ein Eleisonruf steht.

Der Pergamentcodex, in dem das Petruslied singulär auf dem letzten Blatt überliefert ist, hat eine Freisinger Provenienz. Er enthält den Genesiskommentar des Fuldaer Abtes und späteren Mainzer Erzbischofs Hrabanus Maurus. Das Petruslied ist ein Nachtrag aus der Zeit um 900 oder dem frühen 10. Jahrhundert. Da seine Sprache bayerisch gefärbt ist, hat man auf eine bayerische Entstehung geschlossen. Es dürfte in Freising niedergeschrieben worden sein.

Kirchenmusik zu Festen des Apostelfürsten hat eine bis heute reichende Tradition, über die Motette von Palestrina *Tu es Petrus* über Mendelssohn-Bartholdy und Liszt bis zum heutigen Kirchengesangbuch (z. B. Gotteslob der Erzdiözese Freiburg Lied Nr. 901).

IRMGARD SIEDE

Literatur: AK Tu es Petrus, Regensburg 2006, S. 90–92

B.1.4.9

Diptychon mit den ›Porträts‹ der Heiligen Petrus und Paulus

Rom, Ende des 8. Jahrhunderts (nach einem Prototyp des 4. Jahrhunderts?)
Provenienz: Rom, Patriarchio Lateranense (Cappella di San Lorenzo), Schatz des *Sancta Sanctorum*; seit 1907 im Museo Cristiano der Biblioteca Apostolica Vaticana
Enkaustische Malerei auf Holz; H. 8,4 cm, B. 5,7 cm
Vatikanstadt, Musei Vaticani (Museo Cristiano), 61911

Die beiden Täfelchen mit den ›Porträts‹ von Petrus und Paulus stammen aus der Kapelle des *Sancta Sanctorum* im Patriarchio des Laterans. Dort wurden sie in einem einfachen, undekorierten Kästchen aus Kupfer aufbewahrt, das Leo III. (793–816) im Inneren der *arca cypressina* in der Predella des frühmittelalterlichen Altares platziert hatte, der von Nikolaus III. (1277–1280) anlässlich des Neubaus der Kapelle erneuert wurde. Die Täfelchen lagen ursprünglich übereinander und bildeten eine Schachtel oder ein winziges Kassettenreliquiar, wobei »der Flügel mit dem Porträt des Heiligen Paulus dazu bestimmt war, innerhalb einer Schiene zu laufen, die auf dem Flügel mit dem Porträt des Heiligen Petrus eingekerbt war, und die in der Folge ausgebrochen ist und von der lediglich ein Rest im unteren Teil übriggeblieben ist« (Morello 1996).

Sowohl die besondere Beschaffenheit des Stücks (mit den nach innen gerichteten Porträts) als auch der nur ganz schmale Zwischenraum, (der es nicht erlaubte, andere Objekte in den Hohlraum zwischen den Platten einzufügen), deuten darauf hin, dass die Verwahrung der beiden sehr verehrten *effigies* den erklärten Zweck des Reliquiars darstellte. Die Entdeckung geronnener Reste einer harzhaltigen Substanz (eine Mischung aus Wachs und Balsam für die rituelle Salbung von Bildern) außen auf den Tafeln belegt die Wertschätzung, die sie schon seit frühster Zeit genossen. Die Salbung versiegelte allerdings auch im Lauf der Zeit den Gleitmechanismus und richtete ungewollt die bereits erwähnten Schäden an.

Während einer der Untersuchungen, denen das Reliquiar in regelmäßigen Abständen unterzogen wurde, mussten die Platten mit den Darstellungen der Apostelfürsten bei dem Versuch einer Öffnung, die durch die Verhärtung des Wachses mittlerweile schwierig geworden war, sogar aufgebrochen werden. Dabei kam es zu einem Bruch der Verbindungsstücke und aus diesem Grund liegen die Ikonen in ihrer jetzigen Form vor. Die Historiker diskutieren noch darüber, ob und in welchem Maße die beiden Darstellungen mit dem von der römischen Kirche traditionell beanspruchten Besitz der wahren Ebenbilder der beiden Jünger (und indirekt mit der mittelalterlichen Legende der Präsentation der entsprechenden ›Porträts‹ vor Konstantin durch Papst Silvester) zusammenhängen. Doch hat sich mittlerweile die Meinung durchgesetzt, dass es sich bei den Täfelchen, die wir hier betrachten, um spätere Kopien nach Prototypen handelt, die in der Zeit zwischen dem 6. Jahrhundert und dem Pontifikat Leos III. (als die Kopien selbst im Austausch mit den verlorenen Originalen in dem Kasten unter dem Altar abgelegt wurden) ruiniert oder zerstört worden sind. Eine Datierung der Bilder gegen das Ende des 8. Jahrhunderts (geschaffen vielleicht nach Vorlagen aus dem 4. Jahrhundert) erscheint derzeit die wahrscheinlichste Annahme zu sein.

GUIDO CORNINI

Quellen: Liber Pontificalis 1886, Bd. 1, S. 511–512, LXVIII [353]
Literatur: Andaloro/Romano 2006 b, Bd. 1, S. 26, S. 225–230 – Bergman 1998 – Cecchelli 1951–1952, Bd. 1, S. 634–643 – Cempanari 2003 – Cornini 2009 – Grisar 1907, S. 183–184 – Grisar 1908, S. 118–119 – Lauer 1906, S. 20 – Mangano 2013 – Morello 1991 – Morello 1996 – Morello 1997 – Ragghianti 1968, Sp. 512 – Synodica 1997, S. 15–23 – Utro 2000 – Volbach 1941, S. 20

B.1.4.10

Drei Päpste auf einem Bild

Pseudo-Klementinen
Kloster Einsiedeln, 950/970
Pergament; H. 31 cm, B. 24 cm, 234 Seiten
St. Gallen, Stiftsbibliothek, Cod. Sang 86

Der Papst war von Beginn an nicht nur Leiter der Kirche, sondern auch Hüter des Lehramts. In dieser Funktion war er eine wesentliche Autorität in allen Auseinandersetzungen um den rechten Glauben. Ein frühes Zeugnis dafür sind die sogenannten Pseudo-Klementinen. Sie sind wohl um 230 in griechischer Sprache entstanden, gehen aber in ihrem Kern möglicherweise ins 2. Jahrhundert zurück. Um 400 übersetzte Rufinus von Aquileia das Werk ins Lateinische. Der Inhalt berichtet über die religiöse Kontroverse zwischen Petrus als erstem Papst und Simon Magus, der als erster Häretiker der Kirche gilt. Petrus wird auch in der Funktion als Lehrer seines Nachfolgers Clemens dargestellt, sinnbildlich für die Weitergabe der Lehrkompetenz von Papst zu Papst.

Die Handschrift der Stiftsbibliothek St. Gallen, die um 950/970 im Kloster Einsiedeln geschaffen wurde, zeigt auf ihrem Titelbild gleich drei Päpste: Petrus, Clemens und Gaudentius. Papst Petrus sitzt als Glaubenslehrer oben in der Mitte auf der *Cathedra*, links ist der inhaltlich auf seiner Seite stehende, spätere Papst Clemens mit seinen Gefährten zu sehen, rechts der gegnerische Simon Magus, der sich mit seinen Anhängern von Petrus und vom rechten Glauben abwendet. Unten rechts ist das Volk dargestellt, links Rufinus von Aquileia, der Übersetzer des Werks, der sein Buch Papst Gaudentius überreicht – so lautet jedenfalls die Beischrift. Gleich drei Päpste auf einem Bild sind eine Seltenheit. Der Haken ist nur, dass es einen Papst Gaudentius nie gab.

CORNEL DORA

Literatur: Euw 1985

B.1.4.11

Papst Nikolaus I. und Kaiser Karl der Kahle im *Chartularum Prumiense*

10.–12. Jahrhundert, Miniatur: ca. 1106
Pergament; H. 27 cm, B. 20 cm, T. 6,5 cm
Trier, Stadtbibliothek, Hs 1709, fol. 74v

Die Benediktinerabtei von Prüm gehörte zu den bedeutendsten und mächtigsten Klöstern der Karolingerzeit. Als Hauskloster pflegte die Abtei ein enges Verhältnis zu den karolingischen Herrschern, welche die dortigen Mönche nach Kräften förderten. Zahlreiche Urkunden und Privilegien aus dieser Zeit, die wie ein Schatz gehütet wurden, belegen das Engagement der Karolinger für Prüm. In diesem Kontext ist die Entstehung des »Goldenen Buches von Prüm« (*Liber aureus*) zu sehen, das heute als die wichtigste Urkundensammlung der karolingischen Epoche gilt.

Während sich der Name »Goldenes Buch« auf den im 12. Jahrhundert geschaffenen, vergoldeten und gravierten Einband bezieht, sind Teile der Handschrift um einiges älter. Die Mönche von Prüm hatten nämlich bereits zwischen dem Ende des 9. und dem Beginn des 10. Jahrhunderts damit begonnen, ein Kopialbuch anzufertigen, in dem die Besitzstände und Privilegien des Klosters erfasst und damit auf Dauer gesichert werden sollten. Beginnend mit dem Stiftungsakt der Abtei durch Bertrada und Charibert vom 23. Juni 721 wurden alle wichtigen Urkunden des Klosters – 116 an der Zahl – abgeschrieben und für die Nachwelt festgehalten. Diese Praxis wurde bis zum Beginn des 12. Jahrhunderts fortgesetzt. Der Abschluss der Arbeiten an dem Kopiar wird in die ersten Jahre des 12. Jahrhunderts datiert, da das Buch zu diesem Zeitpunkt durch Abt Wolfram († nach 1106) den bereits erwähnten neuen Einband und eine neue Ausstattung erhielt. Mit diesen Maßnahmen wollte der Abt die Position Prüms als Königskloster mit besonderer Herrschernähe festigen und sich gegen die Stürme eines Herrscherwechsels (damals von Heinrich IV. zu Heinrich V.) absichern. In dieser Situation war ein Rückgriff auf die Tradition besonders wichtig, was sich auch in der Auswahl des Bildprogramms für den Einband niederschlug. Die Neugestaltung der Handschrift beschränkte sich allerdings nicht auf den neuen Einband. Außerdem wurden den Urkundenabschriften noch weitere Elemente (Abtsliste, Liste der Trierer Erzbischöfe, genealogische Tafel der Karolinger und ihrer Erben, Herrschermedaillons) hinzugefügt.

Am prächtigsten ist eine ganzseitige, farbig gefasste Miniatur auf fol. 74v, die Karl den Kahlen (843–887) zusammen mit Papst Nikolaus I. (858–867) zeigt. Diese Auswahl dürfte sich auf zwei wichtige, in der Handschrift dokumentierte Akte beziehen, die das Kloster in besonderer Weise privilegierten und denen damit die gebührende Bedeutung zugemessen wurde. Zum einen handelt es sich um eine Urkunde Karls des Kahlen vom 12. August 845, mit der der König dem Kloster für alle in seinem Reich gelegenen Besitzungen Königsschutz und Immunität gewährte. Zum anderen um ein Dekret Papst Nikolaus' I., durch das dem Kloster Freiheit gegenüber jeder bischöflichen Jurisdiktion zugebilligt wurde. Auch wenn sich dieses Dokument heute als Fälschung erwiesen hat, darf sein historischer Wert nicht unterschätzt werden.

Beide Akte hatten grundsätzlichen und weitreichenden Charakter und mussten jedem Prümer Abt als besonders wertvoll erscheinen. Zugleich konnte man sich durch das Nebeneinanderstellen von Herrscher und Papst in einer Darstellung gleichermaßen auf die oberste geistliche und die oberste weltliche Macht berufen und das eigene Selbstverständnis stärken. Das Widmungsbild ist damit weit mehr als eine nur schmückende Illustration. Vielmehr muss es als eine subtile Botschaft betrachtet werden, die vom Betrachter durchaus verstanden wurde.

VIOLA SKIBA

Quellen: Goldenes Buch von Prüm 1997 – Goldenes Buch von Prüm 2013
Literatur: Embach 2013, S. 202, Nr. 92

B.1.4.12

Die pseudoisidorischen Fälschungen mit dem *Constitutum Constantini*

Ende des 9. Jahrhunderts
Pergament; H. 35 cm, B. 27 cm
Lucca, Archivio Storico Diocesano di Lucca, Biblioteca Capitolare Feliniana, nr. 123 Plut II

»Weh Konstantin, wie großes Unheil zeugte / deine Bekehrung nicht, doch jene Schenkung, / die du dem reichen Papst gemacht!« (Ahi, Constantin, di quanto mal fu matre / non la tua conversion, ma quella dote / che da te prese il primo ricco patre!) (Inferno XIX, 115–117). Mit diesen Versen bezog sich Dante im 19. Gesang seiner *Divina Comedia* auf die sogenannte Konstantinische Schenkung oder auch *Constitutum Constantini*, die lange als Grundlage und Rechtfertigung für den Kirchenstaat und zahlreiche Vorrechte der Päpste fungierte. Die ›Schenkung‹ war mit einer während des Mittelalters stark rezipierten Legende um Kaiser Konstantin (306–337) und Papst Silvester I. (314–335) verbunden. Der an Lepra erkrankte Kaiser habe nämlich nach einer Version von Petrus und Paulus den römischen Bischof zu sich rufen lassen, damit er ihn taufe und heile. Nachdem dies geschehen sei, habe er ihm zum Dank umfangreiche Zugeständnisse und Geschenke gemacht.

Die Legende und eine detaillierte Aufzählung der angeblich von Konstantin gemachten Schenkungen fanden Eingang in die pseudoisidorischen Dekretalen, eine umfangreiche und äußerst einflussreiche Sammlung kirchenrechtlicher Fälschungen, die im 9. Jahrhundert im Frankenreich entstand. Neben zahlreichen gefälschten Papstbriefen umfasst die Sammlung angebliche Konzilsdokumente, Rechtsentscheide und Gesetzestexte, die allesamt in die Zeit vor dem 9. Jahrhundert datiert wurden. Als Herausgeber der Sammlung wurde ein gewisser Bischof Isidor Mercator benannt, der sich im Prolog selbst als Urheber bezeichnet, aber offensichtlich nie existiert hat.

Während des gesamten Mittelalters sollten die Dekretalen immer wieder als Bezugspunkt und Begründung für Entscheidungen und Ansprüche der Päpste dienen, deren Autorität und übergeordnete Stellung in den Texten zweifelsfrei zum Ausdruck kamen. Grundsätzliche Aussagen über den Primat des römischen Sitzes wurden so bereits den frühen Päpsten in den Mund bzw. in die Feder gelegt und damit eine mächtige Tradition begründet, von der die Päpste in späteren Jahrhunderten stark profitieren sollten, auch wenn sie nicht selbst für die Fälschungen verantwortlich waren. Im 11. Jahrhundert unterstützten die Fälschungen die rechtliche Fundierung des selbstbewusster werdenden Papsttums und fanden später teilweise Eingang ins Kirchenrecht des *Decretum Gratiani*. Erst im 17. Jahrhundert sollte die Dekretalensammlung – und damit erst Jahrhunderte nachdem dieser Nachweis für die Konstantinische Schenkung bereits erbracht worden war – endgültig als Fälschung entlarvt werden.

VIOLA SKIBA

Digital: http://www.pseudoisidor.mgh.de [09.02.2017]
Quellen: Bischoff 2004, S. 131, Nr. 2522 – Constitutum Constantini 1968 – Handschriften Lucca 2015, S. 257–259
Literatur: Fuhrmann 1972–1974 – Harder 2014 – Keefe 2012, S. 260–262 - Zechiel-Eckes 2001 – Zechiel-Eckes 2002

ut omnes iussu tuo per totum orbem ecclesiae restaurentur. Te autem
ipsum in hac parte purifica. ut relicta omni superstitio
ne idolorum deum unum et uerum qui solus est uerus adores
et excolas ad eius uoluntatem attingas. Exurgens igitur
a somno protinus iuxta id quod a sanctis apostolis admonitus sum peregi.
Aduocatoque eodem percipuo et magnifico patre et illumina
tore nostro siluestro uniuersali papa. omnia a sanctis apostolis
mihi praecepta dixi uerba. Sciscitantique eum sumus
qui isti dii essent petrus et paulus. Ille uero non eos deos ut
diceret. sed apostolos saluatoris nostri domini ihesu christi. Et rursum
interrogare coepimus eundem beatissimum papam. utrum ipsorum
apostolorum imaginem expressam haberet. ut ex pictura disce
remus hoc esse quod reuelatio docuerat. Tunc isdem
uenerabilis pater imaginem eorundem apostolorum per diaconem
suum exhiberi praecepit. Quas dum aspicerem et eorum quos
in somno uideram figuratos in ipsis imaginibus cogno
uissem uultus. ingenti clamore coram omnibus satrapibus
meis confessus sum eos esse quos in somno uideram. Ad
haec beatissimus isdem siluester pater noster urbis romae
episcopus. indixit nobis penitentiae tempus intra palatium nostrum
lateranense in uno cilicio. ut omnia quae a nobis impie perac
ta atque iniuste disposita fuerant. uigiliis ieiu
niis. atque lacrimis et orationibus. apud dominum deum nostrum
ihesum christum saluatorem impetrarem. Deinde per manus
impositionem clericorum usque ad ipsum praesulem ueni. Ibi
que abrenuntians satanae pompis et operibus eius et
uniuersis idolis manufactis. credere me in deum
patrem omnipotentem factorem caeli et terrae. uisibilium et in
uisibilium et in ihesum christum filium eius unicum dominum nostrum qui
natus est de spiritu sancto et maria uirgine spontanea uo
luntate coram omni populo professus sum. Benedictoque
fonte illic me trina mersione unda salutis puri
ficauit. Positoque me in fontis gremio manum de
caelo me contingentem propriis uidi oculis. de qua
mundus exurgens ab omni me leprae squalore mun
datum agnoscite. De signatione septiformis spiritus sancti

Ad [illegible] siluestrum papam.

u Leuatoque me de uenerabili fonte. indutoque uestibus
candidis. septiformis spiritus sancti in me consignationem ad
hibuit beati chrismatis unctionem et uexillum sanctae crucis
in mea fronte liniuit dicens. Signat te deus sigillo fidei suae
in nomine patris et filii et spiritus sancti in fidei consignatione.
Cunctusque clerus respondit amen. Et adiecit praesul. Pax tibi.
Prima itaque die post perceptum sacri baptismatis mysterium
et post curationem corporis mei a leprae squalore. agno
ui non esse alium deum nisi patrem et filium et spiritum sanctum quem beatis
simus siluester papa praedicat. trinitatem in unitate. unitatem
in trinitate. Nam omnes dii gentium quos usque actenus
colui daemonia opera hominum manufacta comprobantur.
Etenim quantam potestatem isdem saluator noster suo apostolo beato
petro contulerit in caelo ac terra. lucidissime nobis idem uenera
bilis pater edixit. dum fidelem eum in sua interrogatione inue
niens ait. Tu es petrus et super hanc petram aedificabo
ecclesiam meam. et portae inferi non praeualebunt aduersus eam.
Aduertite potentes. et aure cordis intendite quid
bonus magister et dominus suo discipulo adiunxit inquiens.
Et tibi dabo claues regni caelorum. quodcumque ligaueris super
terram erit ligatum et in caelis. Et quodcumque solueris super terram
erit solutum et in caelis. Mirum est hoc ualde et gloriosum
in terra ligare et soluere. et in caelo ligatum et solutum esse.
Et dum haec praedicante beato siluestro agnoscerem beneficiis
ipsius beati petri integre me sanitati esse per

Incipiunt excerpta quaedam ex sinodalibus gestis
sancti siluestri papae. De magno concilio contra
calixtum et fotino sabellioque atque sequa
cibus eorum damnatis et [illegible] habita
ubi damnatus callistus arrius [illegible] et fotinus
atque sabellius.

1 Temporibus sancti siluestri papae et constantini piissimi
augusti. factum est magnum concilium in nicea bithiniae et con
gregati regulari eius domini siluestri papae uocatione
sunt ccc.xviii. episcopi catholici qui exposuerunt fidem integram

Die Legende von der Päpstin Johanna

Lust am Fabulieren

Zwischen Leo IV. (847–855) und Benedikt III. (855–858) soll es eine Päpstin Johanna gegeben haben. Sie wird zum ersten Mal rund vierhundert Jahre später in der ersten Hälfte des 13. Jahrhunderts erwähnt, ihre Geschichte wurde vor allem durch die Papst-Kaiser-Chronik des Dominikaners Martin von Troppau († 1278) verbreitet. Ein schönes und überaus kluges Mädchen, Tochter einer angelsächsischen Frau und eines »abscheulichen Knappen des Grafen von Erfurt«, soll in Ingelheim am Rhein geboren und in Mainz aufgewachsen sein. Die Liebe zu ihrem Lehrer, einem Mönch, sei der Grund gewesen, dass auch sie sich die Mönchskutte anlegte und fortan Bruder Johannes nannte, um ihrem Geliebten im Kloster Fulda nahe sein zu können. Nach intensiven Studien in England und Athen sei sie nach Rom gekommen und habe dort eine Professur erworben. Die Kardinäle seien von dem hübschen ›Gelehrten‹ so entzückt gewesen, dass sie ihn schließlich nach dem Tod Leos IV. zum Papst gewählt hätten. So habe sie nun länger als zwei Jahre das Papstamt bekleidet. Aber das Liebesverhältnis zu einem päpstlichen Sekretär sei nicht ohne Folgen geblieben. Bei der Niederkunft eines Knaben während einer Prozession zum Lateran sei Johanna gestorben und an Ort und Stelle begraben worden.

Der Stoff wird bis in die Gegenwart immer wieder in Büchern und Filmen gerne aufgenommen, obwohl bereits Ignaz von Döllinger 1863 (»Papstfabeln des Mittelalters«) abschließend nachgewiesen hat, dass es sich um eine erfundene Geschichte handelt. In den frühesten Nachrichten hatte das Mädchen noch gar keinen Namen und wurde in das späte 11. Jahrhundert gesetzt. Andere, wie der Verfasser der »Erfurter Minoritenchronik«, datieren sie in die Zeit um 897. Schließlich wurde der Beginn ihres Pontifikats in das Jahr 855 verlegt. Aber zwischen dem Tod Leos IV. und dem zwei Monate später gewählten Benedikt III. ist gar kein Platz. Gerne wird als Beleg für die Existenz der Päpstin die Tatsache angeführt, dass sogar der Humanist und päpstliche Bibliothekar Bartolomeo Platina sie in seinen 1475 fertiggestellten »Lebensbeschreibungen der Päpste« *(Vitae pontificum)* erwähnte. Doch man sollte auch hinzufügen, dass er eigens vermerkte, er habe diese Nachrichten bei »unsicheren und obskuren Autoren« (*incertis tamen et obscuris auctoribus*) gefunden. Schon zuvor hatte Enea Silvio Piccolomini, der spätere Papst Pius II. (1458–1464), begründete Zweifel an der historischen Existenz der Päpstin formuliert.

STEFAN WEINFURTER

Literatur: Döllinger 1991 – Gössmann 2000 – Herbers 1988 – Kerner 1998 – Kerner/Herbers 2010 – Schimmelpfennig 2004

B.1.5.1

Die Päpstin in der Reimchronik des Jans Enikel

Passau (?), um 1420
Papier und Pergament; H. 30,5 cm, B. 21,4 cm
Heidelberg, Universitätsbibliothek, Cod. Pal. germ. 336, fol. 203r

»Ein fraw was pabst« – die Inschrift über dem Porträt verkündet klar den Skandal. Im Bild scheint dieser Betrug noch unerkannt: Auf dem Haupt die Tiara, gehüllt in liturgische Gewänder, über den Arm als Symbol der höheren Weihen den streifenförmigen Manipel gelegt, findet sich hier nichts Verräterisches über das falsche Geschlecht dieses Papstes.

Nicht viele setzten die Päpstin so behutsam ins Bild wie der unbekannte Maler, der um 1420 die kolorierte Federzeichnung wohl für Kurfürst Ludwig III. von der Pfalz schuf. Die drastischsten Darstellungen setzten ab dem 15. Jahrhundert ihr bitteres Ende in Szene, wie die Betrügerin schwanger von einem Geliebten auf einer Prozession vor der römischen Kirche S. Clemente von Wehen überrascht worden sein soll. Blutverschmiert stürzt auf ihnen das Neugeborene aus den geschlitzten Prunkgewändern des falschen Papstes zu Boden.

Aber nicht nur der Illustrator der Heidelberger Handschrift, auch die bereits um 1280 entstandene und in fast 40 Manuskripten des 14. und 15. Jahrhunderts überlieferte Reimchronik, die Jans Enikel mit seinen 171 Zeichnungen schmückte, hatte sich in ihren Versen über die Päpstin noch sehr bedeckt gehalten. Zwar wird ihr Tun scharf moralisch verurteilt, doch die Umstände ihrer Entlarvung bleiben verborgen und selbst die Schwangerschaft ist nur angedeutet. Der Dichter, ein Wiener Patrizier (sein Name ist wohl als »Jan der Enkel« seines berühmteren Großvaters gleichen Namens zu deuten), nennt in seiner Weltgeschichte nicht einmal ihren Namen und ihre Lebenszeit. Damit ist sein Werk zu den frühen Legendenerzählungen um den Päpstinnenmythos zu rechnen, die kurz nach 1250 mit der Metzer Universalchronik des Jean de Mailly einsetzten. Nach der heutigen Forschung lassen sie kaum auf eine historische Figur hinter dem Mythos schließen. Wahrscheinlich griffen die Texte lokalrömische Sagenbildungen um steinerne Überreste des spätantiken Mithraskultes auf, die unter und bei S. Clemente bis heute dicht bezeugt sind und die man offenbar im 13. Jahrhundert missverstand.

Erst nach Jans Enikel sollte der Skandal um die Päpstin durch einen anderen Autor zum Publikumserfolg werden: Martin von Troppau gab ihr in seiner Chronik der Päpste und Kaiser, einem der historiographischen ›Bestseller‹ des späten Mittelalters, nicht nur den bis heute am meisten benutzten Namen Johanna. Er erfand auch die Datierung der Ereignisse ins 9. Jahrhundert, in der Papstreihe nach Leo IV., die Länge ihres Pontifikats von zwei Jahren, sieben Monaten und vier Tagen sowie die delikate Episode um die unerhörte Niederkunft während einer Prozession. Mit seiner Version war außerdem die unmissverständlich frauenfeindliche Stoßrichtung dieser Erzählung vorgegeben, die das Interesse an ihr auch in späteren Jahrhunderten befeuerte. Erst im 20. Jahrhundert erfolgte – am durchschlagendsten mit dem Roman von Donna Cross aus dem Jahr 1996 – eine positive Umwertung der Päpstin zur Gallionsfigur des Feminismus.

CARLA MEYER-SCHLENKRICH

Digital: http://digi.ub.uni-heidelberg.de/diglit/cpg336/0416 [7.1.2017]
Quellen: Jansen Enikels Werke 1900
Literatur: Imhoff 2011

Wie es darzu cham
Das man jn ze Babst nam
Das hat man mir chund getan
Da von will ich ewch wissen lan
Er was des ersten ain Spilar
Aller tugend was er lär
Wann er wol gelert was
Das er wol schraib und lass
Was man vor jm zalt
Dew new e und die allt
Chund er gar an massen vil
Da von ich nicht verswigen wil
Jch wöll den lawten thun bechant
Wie er Babst ward und pabst genant
Er was ain arem flarig man
Wann der würffel gewan jm an
Das er was gutts also lar
Das ich es nicht gesagen tar
Zu ainen zeiten er gedacht
Das jn zu der pabsthait pracht
Er dacht jn seinem Synn
Wie lang sol ich arem sein
Jch will dem tewffel geben
Sel leib und mein leben
Da mit er an ain gewik gie
Er Sprach warumb oder wie
Sol ich arem hie bestan
Jch will dem tewffel mein Sel lan
Vor angst was jm hais
Er umb raiss sich jn aine chrais
Und chufft den tewffel dar
Dar cham er offenbar getrat

Rom, Papst und Kaiser um die Jahrtausendwende

Licht in das ›finstere Jahrhundert‹

Der Aufstieg der römisch-päpstlichen Macht und Autorität führte um 900 zu Begehrlichkeiten und Kämpfen im römischen Adel um das Amt. Berichte über Intrigen und Gerüchte von ›Weiberherrschaft‹ (›Senatorin‹ Marozia als angebliche Geliebte von Papst Sergius III. [904–911]) gingen um. 955 übernahm der erst etwa 17-jährige Regent Roms (*princeps*) zusätzlich auch die Papstwürde und änderte seinen Namen Octavian in Johannes XII. (von diesem Zeitpunkt an wurde es üblich, dass ein neugewählter Papst auch einen neuen Namen annahm). Diese Vorgänge deuten an, wie sehr das Papsttum in diesen Jahrzehnten zum Spielball der römischen Adelsparteien geworden war. Für diese Epoche ist das Wort vom ›finsteren Jahrhundert‹ (*saeculum obscurum*) entstanden. Erst mit der Kaiserkrönung Ottos des Großen (936–973) am 2. Februar 962 in der Peterskirche in Rom wurde die Wende eingeleitet. Damit war die Idee der Erneuerung eines christlich-römischen Reichs (*renovatio imperii*) mit Kaiser und Papst an der Spitze verbunden. Als sich päpstlicher Widerstand zeigte, ließ Otto der Große am 4. Dezember 963 Papst Johannes XII. auf einer Synode absetzen – die erste Absetzung eines Papstes durch einen römisch-deutschen Kaiser.

Die enge Verbindung der ottonischen Kaiser mit Rom hielt auch unter seinem Sohn und Nachfolger Otto II. (973–983) an. Dieser wurde sogar im Petersdom bestattet, wo sein Grab heute noch existiert. Den Höhepunkt erlangte die Erneuerungsidee unter Otto III. (983–1002), der die kaiserliche Residenz auf dem Palatin wiederherstellen ließ und Rom zum Mittelpunkt seiner Herrschaft ausgestalten wollte. Papst und Kaiser sollten fortan in Eintracht die lateinische Welt regieren und ihre Schutzhoheit in Kirche und Welt zusammenführen. Die Besetzung des päpstlichen Amtes wurde freilich in zunehmendem Maße unter die Kontrolle der römisch-deutschen Kaiser gezogen, was dazu führte, dass mit dem wohl aus Worms stammenden Gregor V. (996–999) erstmals ein ›deutscher‹ Papst und mit Silvester II. (999–1003), dem Lehrer Ottos III., ein ›Franzose‹ den Thron bestiegen. Von 1046 an, nachdem Kaiser Heinrich III. (1039–1056) auf der Synode von Sutri drei Päpste hatte absetzen lassen, bildete sich sogar eine Folge von ›deutschen‹ Päpsten. Mit ihnen und den Helfern, die sie aus dem Reich mitbrachten, wurden die alten Strukturen am päpstlichen Hof aufgebrochen und erste Impulse für die moralische, wissenschaftliche und personelle Erneuerung von außen in das Zentrum der lateinischen Christenheit getragen.

STEFAN WEINFURTER

Literatur: Arnold 1981 – Görich 2010 – Hehl 1991 b – Hehl 2008 – Johrendt 2004 – Scholz 2006 – Zimmermann, H. 1991

Päpste und ottonische Kaiser

Die Anfänge des Kirchenstaats

Otto der Große (936–973) eroberte 951 Italien und festigte mit seinem Sieg über die Ungarn 955 das sich neu formierende ostfränkisch-deutsche Reich. Am 2. Februar 962 setzte ihm, dem fünfzigjährigen Sachsen, der etwa 24-jährige Papst Johannes XII. im Petersdom in Rom die Kaiserkrone aufs Haupt. Damit wurde das kaum noch existierende westliche Kaisertum in der Tradition Karls des Großen wiederbelebt. Der junge Papst erhoffte sich Schutz für seine eigene Machtstellung in Rom und Italien, und der neue Kaiser suchte das Ansehen des Papsttums wiederherzustellen. Zu diesem Zweck stellte Otto der Große am 13. Februar 962 das sogenannte *Ottonianum* aus, eine Prunkurkunde in goldener Schrift. Mit ihr wurden dem heiligen Petrus und seinem Nachfolger, dem Papst, umfangreiche Besitzungen und Rechte in Italien zugesichert. Als Grundlage diente die sogenannte ›Konstantinische Schenkung‹ (*Constitutum Constantini*), eine vermutlich unter Papst Hadrian I. (772–795) gefälschte Urkunde. Sie gibt vor, dass bereits Kaiser Konstantin der Große (306–337) dem Papst Silvester I. (314–335) die Herrschaft über die Stadt Rom, weite Gebiete Italiens und der Provinzen des Westens sowie die Insignien des westlichen Kaisertums überlassen habe. Hinzu kommt, dass sich König Pippin (751–768), Kaiser Karl der Große (768–814) und Kaiser Ludwig der Fromme (814–840) zum Schutz des ›Vermögens Petri‹ (*Patrimonium Petri*) bereit erklärt und damit zum Aufbau des späteren ›Kirchenstaats‹ beigetragen hatten. Entscheidend für alle späteren päpstlichen Besitzansprüche wurde jedoch das *Ottonianum* von 962, in dem alle Städte, Herrschaftsgebiete, Inseln und Ländereien einzeln aufgeführt sind. In der Urkunde wird freilich auch die »Obergewalt« (*potestas*) des Kaisers genannt, dem über die sachgemäße Nutzung der päpstlichen Besitzungen jährlich Bericht zu erstatten sei. Außerdem sollte ein neu gewählter Papst vor der Papstweihe den Gesandten des Kaisers die ordnungsgemäße Amtsführung geloben. So enthielt das *Ottonianum* den Keim für Jahrhunderte andauernde Konflikte, denn die Päpste beriefen sich auf das verbriefte Besitzrecht, die Kaiser dagegen auf ihre ›Obergewalt‹. Dieses kaiserliche Vorrecht bezogen sie, wie Otto III. (983–1002), auch auf die Stadt Rom selbst.

Im Zuge der neuen Verbindung von Kaiser und Papst orientierten sich auch die Erzbischöfe von Köln, Trier und Mainz stärker als zuvor an der römischen Kirche. Jeder von ihnen strebte danach, sich seinen Vorrang (›Präeminenz‹) und die Stellvertreterschaft (›Vikariat‹) durch die päpstliche Autorität bestätigen zu lassen. Ihre besondere Nähe zum Papsttum brachten sie durch Symbole zum Ausdruck. Dazu gehörte die Gestaltung ihres Bischofsstabes durch die schmückende Figur des heiligen Petrus.

Kaiser Heinrich II. (1002–1024) lenkt das »Haus Gottes«

Heinrich II. (1002–1024), der über die väterliche Linie zum Königshaus der Ottonen gehörte, übte größten Einfluss auf Kirche und Papsttum aus. Papst Benedikt VIII. (1012–1024) aus dem römischen Adelsgeschlecht der Tuskulaner stimmte seine Entscheidungen mit ihm ab. 1014 krönte er ihn in Rom zum Kaiser und hoffte auf

kaiserliche Unterstützung gegen die Angriffe vonseiten des byzantinischen Kaisers, der Süditalien wieder in Besitz nehmen wollte. Um der Verehrung des Kaisers Ausdruck zu verleihen, begab sich der Papst 1020 persönlich über die Alpen nach Bamberg, um dort mit ihm über die Ordnung der Kirche und die Disziplin der Priester zu verhandeln. In seinem Gefolge befand sich ein Kaufmann aus Bari, der Heinrich II. den berühmten Sternenmantel schenkte. Der Papst ordnete sich wie ein Reichsbischof in die Reichskirche ein. Von besonderer Bedeutung ist die Entscheidung Heinrichs II. von 1014, das über Jahrhunderte umstrittene *filioque* für das Glaubensbekenntnis der römischen Kirche als verbindlich zu erklären. Damit wurde die lang anhaltende Gegenwehr der Päpste beendet, die sich dieser Anordnung fügten. Für die Einheit von Ost- und Westkirche entstand damit freilich eine geradezu unüberwindbare Hürde, denn im Osten blieb das *filioque* ausgeschlossen. Heinrich II. suchte, ähnlich wie Karl der Große, die göttlichen und kirchlichen Gesetze zur Grundlage für die gesamte gesellschaftliche Ordnung in seinem Herrschaftsbereich zu erheben. Sein Reich bezeichnete er als ›Haus Gottes‹ (*domus Dei*), und mit der Gründung des Bistums Bamberg schuf er dafür einen neuen herrscherlichen Mittelpunkt. In ihm waren alle wichtigen Heiligen des Reichs vereint, um sie wie für eine Verklammerung seiner Herrschaft wirksam werden zu lassen. Heinrich II. ist der einzige römisch-deutsche Kaiser, der mit Zustimmung eines legitimen Papstes (Eugen III.) 1146 unter die Heiligen erhoben wurde (›Heiligsprechung‹).

STEFAN WEINFURTER

Literatur: Becher 2012 – Görich 1995 – Görich 2010 – Hehl 1991 a – Hermann, K.J. 1973 – Hoffmann 1986, S. 10 u. S. 170–171 – Huppertz-Wild 2016 – Laudage 2012 b – Miethke 2007 a – Miethke 2007 b – Müller, Harald 2012 – Noble 1984 – Weinfurter 2002 c – Weinfurter 2012 b

Bild: Der Kaiser als Weltenherrscher im Evangeliar Ottos III. , um 1000(München, bayerische Staatsbibliothek, Clm 4453, fol. 24r

Das *Privilegium Ottonianum* vom 13. Februar 962

Grundbuch des ›Kirchenstaats‹

Otto der Große wurde am 2. Februar 962 in der Peterskirche in Rom von Papst Johannes XII. zum Kaiser gekrönt. Damit wurde das Kaisertum Karls des Großen, das sehr an Bedeutung verloren hatte, wieder belebt. Der Papst versprach sich Schutz vom mächtigsten Herrscher in Europa, der mit seinem Sieg über die Ungarn bei Augsburg am 10. August 955 zum Retter der Christenheit aufgestiegen war. Otto seinerseits erhielt am 12. Februar 962 die päpstliche Bestätigung für die Errichtung des Bistums Merseburg zu Ehren des heiligen Laurentius, dessen Festtag der 10. August ist und der nun als Siegesheiliger im Reich verehrt wurde. Außerdem gestattete der Papst die Umwandlung des Moritzklosters in Magdeburg zum Sitz eines Erzbistums, wodurch ein lang gehegter Wunsch Ottos in Erfüllung ging. Den größten Gewinn freilich konnte der Papst für sich verbuchen: Ihm wurde von Otto dem Großen der gesamte päpstliche Besitz sowie die päpstlichen Besitzansprüche durch eine prachtvolle, purpurgefärbte und mit Goldtinte geschriebene Urkunde für alle Zeiten zugesichert. Wir nennen diese Urkunde *Privilegium Ottonianum*.

Dieses Privileg wurde nach dem Vorbild byzantinischer Prunkurkunden gestaltet und an den Rändern verziert. Aus miteinander verklebten Pergamentstreifen zusammengesetzt, hat die Urkunde eine Länge von 101 und eine Breite von 40 cm. Über ihre Herstellung ist in der Forschung viel gerätselt worden. Heute ist man der Meinung, dass das noch unbeschriebene große Pergamentblatt im Kloster Fulda vorbereitet und nach Rom mitgenommen wurde. Der Abt von Fulda, Hatto, befand sich im Gefolge Ottos des Großen. Das wiederum bedeutet, dass man sich schon vor der Romreise auf diesen Akt der Bestätigung der päpstlichen Besitzungen eingestellt hatte, dass dies offenbar eine Bedingung für die Kaiserkrönung war. Bereits im Herbst 960 war eine päpstliche Delegation bei Otto I. vorstellig geworden. Sie erbat Hilfe gegen den ›Tyrannen‹ Berengar, den Markgrafen von Ivrea, der sich offenbar Gebiete und Orte angeeignet hatte, die der Papst beanspruchte. Die Gesandten aus Rom hatten »Briefe und Beweisstücke« (*litteris et rerum signis*) vorgelegt (Liutprand von Cremona), um die Ansprüche und Rechte des Papstes zu verdeutlichen. Unter diesen »Beweisstücken« dürfte sich auch die gefälschte Konstantinische Schenkung befunden haben. In dieser berühmten Fälschung aus der Zeit Papst Hadrians I. (772–795) wird ausgeführt, dass Kaiser Konstantin der Große (306–337) dem Papst Silvester I. (314–335) die kaiserlichen Insignien sowie die Macht und Herrschaft über Rom und die Provinzen Italiens und des westlichen Kaiserreichs übertragen haben soll. Von der Delegation wurde – so darf man annehmen – die Absicherung der päpstlichen Besitzungen verlangt und als Gegenleistung dafür die Kaiserkrönung zugesagt. Auf dieses ›Geschäft‹ stellte man sich am ottonischen Hof ein.

Der Text der Besitzbestätigung ist mit großer Wahrscheinlichkeit aber erst in Rom auf das lange Pergamentblatt geschrieben worden. Dies kann man daraus erschließen, dass die untere Hälfte der Urkunde zu mehr als einem Drittel leer geblieben ist. Man wusste also bei der Herstellung des Blattes noch nicht, wie lang der Text werden würde. Erst nach einer Feinabstimmung mit dem Papst und seinen Beratern war der Entwurf fertig. Der Abt von Fulda hatte seinen Schreiber in Rom dabei, der nun mit Goldtinte und in ›Schönschrift‹ (Kalligraphie) den Text niederschrieb.

Die Besitzungen, die im *Ottonianum* aufgeführt werden, reichen von Istrien bis Sizilien. Dazu gehörten der Dukat von Rom, die Pentapolis, der Exarchat von Ravenna, die Herzogtümer Spoleto und Benevent, die gesamte Sabina, große Teile Tusziens und Kalabriens sowie die Inseln Sizilien und Korsika. Kaiser Otto der Große ließ aber auch einen Passus einfügen, mit dem ihm noch eine Kontrolle über diese Gebiete zustand. Es heißt dort, eine Papsterhebung sei nur dann gültig, wenn sich der Neugewählte dem Kaiser oder dessen Stellvertreter mit einem Eid (*promissio*) verpflichtet, seine Aufgaben gewissenhaft zu erfüllen. Außerdem sollten päpstliche Gesandte jährlich über die Amts- und Herrschaftsführung dem Kaiser Bericht erstatten.

Dennoch galt diese Urkunde fortan den Päpsten als entscheidender Besitznachweis und damit als die Grundlage des ›Kirchenstaats‹. Otto der Große, so darf man vermuten, legte die prunkvolle Urkunde am 13. Februar 962, dem Aschermittwoch des Jahres, in Form einer Rolle am Grabmonument des heiligen Petrus (*Confessio sancti Petri*) nieder. Dieser feierliche Akt begründete gleichzeitig die Rechtsgültigkeit der Bestimmungen. Der heilige Petrus selbst sollte fortan diese Urkunde bewachen. Wenn die Päpste auf der Flucht waren, nahmen sie die Rolle mit, so wie Innocenz IV. (1243–1254) bei seiner Flucht nach Lyon im Jahre 1244. Eine Abschrift, die auf dem Konzil von Lyon 1245 erstellt wurde, ließ der Papst durch hochrangige Konzilsteilnehmer beglaubigen und in der Sammlung päpstlicher Rechtstitel an die erste Stelle setzen. Heute wird die Prunkurkunde unter der Signatur AA. Arm. I-XVIII, 18 im Archivio Segreto Vaticano aufbewahrt.

Quellen: MGH Constitutiones I, S. 23–27, Nr. 12 – MGH D O I. 235 – Papsturkunden 1984
Literatur: Battelli 1954 – Brühl 1977, S. 3–21, hier S. 12 – Drabek 1976, S. 67–72 – Hahn 1975 – Hoffmann 1986, S. 10, 170–171 – Hoffmann 2001 b – Laudage 2001, S. 181–182, 193–194, 198–199 – Schramm/Mütherich 1981, S. 140, Nr. 65, Abb. 276 – Sickel 1883 – Stengel 1960, S. 218–248 – Weinfurter 2012 b – Zimmermann, H. 1962–1963, S. 147–190 – Zimmermann, H. 1984 a

Privilegium Ottonianum, lateinischer Text (Zeilenzählung entsprechend dem Original)

1) *In nomine domini dei omnipotentis patris et filii et spiritus sancti. Ego Otto, dei gratia imperator augustus, una cum Ottone glorioso rege filio nostro*
2) *divina ordinante providentia spondemus atque promittimus per hoc pactum confirmationis nostrę tibi beato Petro principi et clavigero*
3) *regni cęlorum et per te vicario tuo domno Iohanni summo pontifici et universali XII^{mo} pape, sicut a predecessoribus vestris usque nunc in vestra potestate*
4) *atque dicione tenuistis et disposuistis: civitatem Romanam cum ducatu suo et suburbanis suis atque viculis omnibus et territoriis eius, montanis*
5) *ac maritimis, litoribus ac portubus. Seu cunctis civitatibus, castellis, oppidis ac viculis Tuscię partibus, id est Portum, Centumcellas, Cerem, Bledam,*
6) *Marturianum, Sutriam, Nepem, castellum Gallisem, Ortem, Polimartium, Ameriam, Tudam, Perusiam cum tribus insulis suis, id est maiore et minore, Pulvensim,*
7) *Narniam et Utriculum, cum omnibus finibus ac territoriis ad suprascriptas civitates pertinentibus. Nec non exarchatum Ravernatem sub integritate*
8) *cum urbibus, civitatibus, oppidis et castellis, quę pię recordationis domnus Pippinus et domnus Karlus excellentissimi imperatores,*
9) *predecessores videlicet nostri, beato Petro apostolo et predecessoribus vestris iam dudum per donationis paginam contulerunt, hoc est civitatem*
10) *Ravennam et Emeliam: Bobium, Cesenam, Forumpopuli, Forumliui, Fauentiam, Immolam, Bononiam, Ferrariam, Comiiaclum et Adrianis atque Gabellum*
11) *cum omnibus finibus, territoriis atque insulis terra marique ad supradictas civitates pertinentibus. Simul et Pentapolim, videlicet*
12) *Ariminum, Pensaurum, Phanum, Senogalliam, Anconam, Ausimum, Humanam, Hesim, Forumsimpronii, Montemfeltri, Urbanum et territorium*
13) *Balnense, Callis, Luciolis et Eugubium cum omnibus finibus ac territoriis ad easdem civitates pertinentibus. Eodem modo territorium Sabinense, sicut a domno*
14) *Karlo imperatore antecessore nostro beato Petro apostolo per donationis scriptum concessum est sub integritate. Item in partibus Tuscię Longobardorum*
15) *castellum Felicitatis, Urbem Ueterem, Balneum Regis, Ferenti, Uiterbum, Orchem, Marcam, Tuscanam, Suanam, Popolonium, Roselles cum suburbanis atque viculis*
16) *omnibus et territoriis ac maritimis, oppidis ac viculis seu finibus omnibus. Itemque a Lunis cum insula Corsica, deinde in Suriano, deinde in monte Bardonis,*
17) *deinde in Berceto, exinde in Parma, deinde in Regia, exinde in Mantua atque in Monte Silicis atque provincia Uenetiarum et Istria nec non et*
18) *cunctum ducatum Spolitanum seu Beneventanum una cum ęcclesia sanctę Cristinę posita prope Papiam iuxta Padum quarto miliario. Item in partibus Campanię*
19) *Soram, Arces, Aquinum, Arbinum, Teanum et Capuam. Nec non et patrimonia ad potestatem et ditionem vestram pertinentia, sicut est patrimonium Beneventanum*
20) *et patrimonium Neapolitanum atque patrimonia Calabrię superioris et inferioris – de civitate autem Neapolitana cum castellis et terri-*
21) *toriis ac finibus et insulis suis sibi pertinentibus, sicuti ad easdem aspicere videntur – nec non patrimonium Sicilię, si deus nostris illud tradiderit*
22) *manibus. Simili modo civitatem Gaietam et Fundim cum omnibus earum pertinentiis. Insuper offerimus tibi, beate Petre apostole, vicarioque tuo*

Privilegium Ottonianum in deutscher Übersetzung (Zeilenzählung gemäß dem Original)

1) Im Namen des allmächtigen Herrn Gottes, des Vaters, des Sohnes und des Heiligen Geistes. Ich Otto, von Gottes Gnaden Imperator Augustus, verspreche und gelobe zugleich im Namen meines Sohnes, des ruhmreichen Königs Otto,
2) nach göttlicher Vorhersehung durch diesen Vertrag unserer Bestätigung Dir, dem heiligen Apostelfürsten Petrus, der die Schlüssel
3) zum himmlischen Königreich führt, und durch Dich Deinem Stellvertreter, dem Herrn Papst Johannes XII., dem obersten und universalen Papst, alles, wie Ihr es seit Euren Vorgängern bis heute in Eurer Gewalt
4) und Rechtsprechung gehabt und verwaltet habt: die Stadt Rom mit ihrem Herzogtum und ihren Vorstädten und mit allen ihren Dörfern und Ländereien, mit Bergen
5) und Gewässern, mit Stränden und Häfen. Ferner mit allen Städten, Burgen, befestigten Orten und Dörfern in der Region von Tuszien, nämlich Porto, Civitavecchia, Cerveteri, Bieda,
6) Monteranno, Sutri, Nepi, die Burg Gallese, Orte, Bomarzo, Amelia, Todi, Perugia mit ihren drei Inseln – das heißt, mit der größeren, der kleineren und der Insel Polvese –,
7) Narni und Otricoli, mit allen Gebieten und Ländereien, die zu den genannten Orten gehören. Außerdem das ungeschmälerte Exarchat von Ravenna
8) mit den Städten, Ortschaften, befestigten Siedlungen und Burgen, wie der Herr Pippin und der Herr Karl, beide seligen Angedenkens, die hervorragenden Kaiser,
9) unsere Vorgänger, diese dem heiligen Apostelfürsten Petrus und Euren Vorgängern schon vor langer Zeit mittels einer Schenkungsurkunde übertragen haben, das sind die Stadt
10) Ravenna und die Emilia: Bobbio, Cesena, Forlimpopoli, Forli, Faenza, Imola, Bologna, Ferrara, Comacchia, Adria und Gavello
11) mit allen Gebieten, Ländereien und Inseln, Gewässern und Seegebieten, die zu diesen Städten gehören. Dazu auch die Pentapolis, nämlich
12) Rimini, Pesaro, Fano, Sinigaglia, Ancona, Osimo, Umana, Iesi, Fossombrone, Montefeltre, Urbino und den Landbesitz
13) von Castrovalva, Cagli, Luceoli und Gubbio mit allen zu diesen Städten gehörenden Ländereien und Besitzungen. Auf die gleiche Weise das Sabinerland, so wie es von dem Herrn
14) Kaiser Karl, unserem Vorgänger, dem heiligen Apostel Petrus ungeschmälert mittels seiner Schenkungsurkunde überlassen worden ist. Ebenso im langobardischen Tuszien
15) die Burg Cittá di Castello, Orvieto, Bagnorea, Ferentino, Viterbo, Orchia, Marta, Toscanello, Sovana, Populonia, Roselle mit ihren Vorstädten und allen Dörfern,
16) den Ländereien und Küstenstrichen, den befestigten Orten und Dörfern und dem gesamten Gebiet. Dazu das Gebiet von Luni mit der Insel Korsika, dann in Sarzana, dann auf dem La Cisa-Pass,
17) dann in Berceto, von dort aus in Parma, dann in Reggio, von dort in Mantua und Monselice sowie die Provinz Venetien und Istrien und
18) das gesamte Herzogtum von Spoleto und Benevent zusammen mit der Kirche Santa Cristina bei Pavia am Po beim vierten Meilenstein. Außerdem in der Region Campanien
19) Sora, Arce, Aquino, Arpino, Teano und Capua. Vor allem auch die Besitzungen, die zu Eurer Macht und Verfügung gehören, nämlich die Herrschaft von Benevent
20) und die Herrschaft von Neapel sowie die Herrschaften im oberen und unteren Kalabrien – von der Stadt Neapel mit Burgen und Län-
21) dereien und Liegenschaften und ihren Inseln, die zu ihr gehören und wie sie offensichtlich dazugehören – und auch der Besitz Siziliens, wenn Gott ihn in unsere Hände geben sollte.
22) Ebenso auch die Städte Gaeta und Fondi mit allem, was dazugehört. Außerdem übertragen wir Dir, heiliger Apostel Petrus, und Deinem Stellvertreter,

23) domno Iohanni papę et successoribus eius pro nostrę animę remedio nostrique filii et nostrorum parentum de proprio nostro regno civitates et oppida cum

24) piscariis suis, id est Reatem, Amiternum, Furconem, Nursiam, Baluam et Marsiam et alibi civitatem Teramnem cum pertinentiis suis. Has omnes suprascriptas

25) provincias, urbes et civitates, oppida atque castella, viculos ac territoria simulque et patrimonia pro remedio animę nostrę et filii nostri sive parentum

26) nostrorum ac successorum nostrorum et pro cuncto a deo conservato atque conservando Francorum populo iam dictę ecclesię tuę, beate Petre apostole, et per te vicario tuo

27) spiritali patri nostro domno Iohanni summo pontifici et unversali papę eiusque successoribus usque in finem seculi eo modo confirmamus, ut in suo deti-

28) neant iure, principatu atque dicione. Simili modo per hoc nostrę delegationis pactum confirmamus donationes, quas pię recordationis domnus

29) Pippinus rex et postea domnus Karlus excellentissimus imperator beato Petro apostolo spontanea voluntate contulerunt, nec non et censum vel pensionem seu

30) ceteras dationes, quę annuatim in palacium regis Longobardorum inferri solebant sive de Tuscia sive de ducatu Spoletano, sicut in suprascriptis do-

31) nationibus continetur et inter sanctę memorię Adrianum papam et domnum Karlum imperatorem convenit, quando idem pontifex eidem de suprascriptis ducatibus,

32) id est Tuscano et Spolitano, suę auctoritatis preceptum confirmavit, eo scilicet modo, ut annis singulis predictus census ad partem ęcclesię beati Petri apostoli

33) persolvatur, salva super eosdem ducatus nostra in omnibus dominatione et illorum ad nostram partem et filii nostri subiectione. Ceterum, sicut diximus, omnia superius

34) nominata ita ad vestram partem per hoc nostrę confirmationis pactum roboramus, ut in vestro permaneant iure, principatu atque ditione et neque a nobis

35) neque a successoribus nostris per quodlibet argumentum sive machinationem in quacumque parte vestra potestas imminuatur aut a vobis inde aliquid subtrahatur

36) de suprascriptis videlicet provintiis, urbibus, civitatibus, oppidis, castris, viculis, insulis, territoriis atque patrimoniis nec non pensionibus atque censibus,

37) ita ut neque nos ea facturi simus neque quibuslibet ea facere volentibus consenciamus, sed potius omnia, quę superius leguntur, id est provintie, civitates, urbes,

38) oppida, castella, territoria et patrimonia atque insulas censusque et pensiones ad partem ęcclesię beati Petri apostoli atque pontificum in sacratissima

39) sede illius residentium nos, in quantum possumus, defensores esse testamur, ad hoc, ut ea in illius ditione ad utendum et fruendum atque disponendum

40) firmiter valeant optineri. Salva in omnibus potestate nostra et filii nostri posterorumque nostrorum, secundum quod in pacto et constitutione ac promissionis firmitate

41) Eugenii pontificis successorumque illius continetur: id est, ut omnis clerus et universi populi Romani nobilitas propter diversas necessitates et pontificum

42) inrationabiles erga populum sibi subiectum asperitates retundendas sacramento se obliget, quatinus futura pontificum electio, quantum

43) uniuscuiusque intellectus fuerit, canonice et iuste fiat; et ut ille, qui ad hoc sanctum atque apostolicum regimen eligitur, nemine consentiente consecratus fiat

23) dem Herrn Papst Johannes, und seinen Nachfolgern zum Heil unserer Seele und der Seelen unseres Sohnes und unserer Vorfahren aus unserem eigenen Reich folgende Städte und befestigten Orte
24) mit den dazugehörenden Fischereirechten, nämlich Rieti, Amiterno, Furcone, Norcia, Valva und Marsica und in einer anderen Gegend die Stadt Teramo mit allem, was dazugehört. Alle diese aufgeführten
25) Provinzen, Stadtburgen und Städte, befestigten Orte und Burgen, Dörfer und Ländereien und dazu die Herrschaften bestätigen wir zum Heil unserer Seele und der Seelen unseres Sohnes, unserer Vorfahren
26) und Nachfolger und für das ganze bisher und künftig von Gott bewahrte Volk der Franken Deiner schon genannten Kirche, heiliger Apostel Petrus, und durch Dich Deinem Stellvertreter,
27) unserem geistlichen Vater, dem Herrn Johannes, dem höchsten Bischof und universalem Papst, und seinen Nachfolgern, bis zum Ende der Welt in der Weise, dass sie verbleiben sollen
28) in ihrem Recht, ihrer Herrschaft und ihrer Gewalt. In gleicher Weise bestätigen wir durch diesen unseren Verleihungsvertrag die Schenkungen, die der Herr
29) König Pippin seligen Angedenkens und später Herr Karl, der erlauchte Kaiser, dem heiligen Apostel Petrus ganz freiwillig übergeben haben, insbesondere den Zensus, die Steuern und
30) andere Abgaben, die sonst jährlich zum Palast des Langobardenkönigs geliefert wurden, wie die von Tuszien und vom Herzogtum Spoleto – so, wie es in den oben genannten
31) Schenkungsurkunden enthalten ist und wie es zwischen Papst Hadrian seligen Angedenkens und dem Herrn Kaiser Karl beschlossen wurde, als ihm dieser Papst hinsichtlich der genannten Herzogtümer,
32) nämlich Tusziens und Spoletos, in einer Urkunde seinen Machtanspruch bestätigte –, und zwar auf die Weise, dass der genannte Zensus jährlich beim heiligen Apostel Petrus
33) abgeliefert wird, unbeschadet unserer Oberherrschaft über die genannten Herzogtümer und deren Untertanenpflicht gegenüber uns und unserem Sohn. Im Übrigen bekräftigen wir, wie wir gesagt haben, alles oben
34) Genannte durch diesen unseren Schenkungsvertrag zu Euren Gunsten in dem Sinne, dass alles in Eurer Rechtsprechung, Herrschaft und Gewalt bleiben soll und weder von uns
35) noch durch unsere Nachfolger durch irgendeinen Grund oder irgendeine Machenschaft in irgendeiner Weise Eure Macht vermindert werden oder Euch irgendetwas weggenommen werden darf
36) von den oben angeführten Provinzen, Burgstädten, Städten und befestigten Orten, Burgen, Dörfern, Inseln, Ländereien und Herrschaften oder Steuern und Abgaben,
37) so dass weder wir selbst so etwas tun werden noch irgendjemandem zustimmen, der solches beabsichtigen sollte; sondern dass wir im Gegenteil bezeugen, alles, was oben aufgeführt worden ist, also Provinzen, Städte, Burgstädte,
38) befestigte Orte, Burgen, Ländereien und Herrschaften sowie Inseln, Steuern und Abgaben zu Gunsten der Kirche des heiligen Apostels Petrus und der Päpste, die auf dem heiligsten
39) Stuhl des Apostels thronen, nach allen unseren Kräften zu verteidigen mit dem Ziel, dass alles fest in seiner Gewalt und Verfügung und zu seinen Gunsten
40) verbleibe. Dies gilt unbeschadet unserer und unseres Sohnes sowie unserer Nachfolger Obergewalt, so wie es im Vertrag, in der Verordnung und in der Bestätigung des Versprechens
41) Papst Eugens und seiner Nachfolger enthalten ist: dass nämlich der gesamte Klerus und der Adel des ganzen römischen Volkes wegen verschiedener Unzuträglichkeiten und der von den Päpsten
42) geübten ungerechtfertigten Härten gegen das ihnen unterstellte Volk in einem Eid sich verpflichtet haben, dass die künftige Wahl der Päpste, soweit
43) es ein jeder beurteilen kann, kanonisch und gerecht ablaufen soll, und dass der zum heiligen und apostolischen Amt Berufene nicht mit der Zustimmung von irgendjemandem zum Papst geweiht wird,

44) pontifex, priusquam talem in presentia missorum nostrorum vel filii nostri seu universę generalitatis faciat promissionem pro omnium satisfactione atque futura

45) conservatione, qualem domnus et venerandus spiritalis pater noster Leo sponte fecisse dinoscitur. Preterea alia minora huic operi inserenda previdimus,

46) videlicet ut in electione pontificum neque liber neque servus ad hoc venire pręsumat, ut illis Romanis, quos ad hanc electionem per constitutionem sanctorum

47) patrum antiqua admisit consuetudo, aliquod faciat impedimentum. Quod si quis contra hanc nostram institutionem ire presumpserit, exilio tradatur.

48) Insuper eciam, ut nullus missorum nostrorum cuiuscumque impeditionis argumentum componere in prefatam electionem audeat, prohibemus. Nam et hoc omnimodis

49) instituere placuit, ut, qui semel sub speciali defensione domni apostolici sive nostra fuerint suscepti, impetrata iuste utantur defensione;

50) quod si quis in quemquam illorum, qui hoc promeruerint, violare presumpserit, sciat se periculum vitę suę esse incursurum. Illud etiam confirmamus, ut domno

51) apostolico iustam in omnibus servent oboedientiam seu ducibus ac iudicibus suis ad iusticiam faciendam. Huic enim institucioni hoc necessario

52) adnectendum esse perspeximus, ut missi domni apostolici seu nostri semper sint constituti, qui annuatim nobis vel filio nostro renunciare valeant, qualiter singuli

53) duces ac iudices populo iusticiam faciant, hanc imperialem constitucionem quomodo observent. Qui missi decernimus, ut primum cunctos

54) clamores, qui per negligentiam ducum seu iudicum fuerint inventi, ad notitiam domni apostolici deferant, et ipse unum e duobus eligat: aut statim

55) per eosdem missos fiant ipse necessitates emendate aut misso nostro nobis renunciante per nostros missos a nobis directos emendentur.

56) Hoc ut ab omnibus fidelibus sanctę Dei ęcclesię et nostris firmum esse credatur, propriae manus signaculo et nobilium optimatum nostrorum subscriptionibus

57) hoc pactum confirmationis nostrę roboravimus et bullę nostrę inpressioni adsignari iussimus. † Signum domni Ottonis serenissimi imperatoris

58) ac suorum episcoporum, abbatum et comitum. † Adaldagi Hamaburgiensis ęcclesię archiepiscopi. Signum Hartbeti Curiensis ęcclesię episcopi.

59) Signum Drvogonis Osnabruguensis ęcclesię episcopi. Signum Votonis Argentenensis ęcclesię episcopi. Signum Otuuini Hiltinesemensis ęcclesię episcopi.

60) Signum Landuuarti Mindonensis ęcclesię episcopi. Signum Otgeri Nemetinensis ęcclesię episcopi. Signum Gezonis Tortunensis ęcclesię episcopi.

61) Signum Hucberti Parmanensis ęcclesię episcopi. Signum Vuidonis Mutunensis ęcclesię episcopi. Signum Hattonis Fuldensis monasterii abbatis.

62) Signum Gunthariі Herolfesfeldensis monasterii abbatis. Signum Eberharti comitis. Signum Gunthariі comitis. Signum Burgharti comitis.

63) Signum Vtonis comitis. Signum Cvonrates comitis. Signum Ernustes. Signum Thietheres, Ricdages, Liupen, Hartuuiges, Arnolues, Inghilthies,

64) Burchartes, Retinges. Anno dominice incarnationis DCCCCLXII, indictione V, mense februarii, XIII. die eiusdem mensis. Anno vero domni Ottonis

65) imperii invictissimi imperatoris XXVIIo facta est hęc pactio, feliciter.

44) bevor er nicht in Gegenwart der Gesandten von uns oder unseres Sohnes und der gesamten Allgemeinheit öffentlich ein derartiges Versprechen abgibt über die Gerechtigkeit für alle und die künftige

45) Beachtung der Anliegen, wie dies unser Herr und verehrungswürdiger geistlicher Vater Leo aus freien Stücken bekanntlich getan hat. Außerdem haben wir in diese Urkunde auch andere, kleinere Bestimmungen aufnehmen lassen,

46) nämlich dass bei der Papstwahl weder ein Freier noch ein Knecht es so weit zu treiben wage, jenen Römern, denen durch die Bestimmung der heiligen

47) Väter das alte Recht zu dieser Wahl zusteht, irgendeine Schwierigkeit zu bereiten. Wenn aber jemand es wagen sollte, gegen diese unsere Verfügung zu verstoßen, wird er mit der Verbannung bestraft werden.

48) Darüber hinaus verbieten wir noch, dass irgendeiner unserer Gesandten es wage, sich irgendeinen Vorwand zur Behinderung der Wahl auszudenken. Dann wurde auch dies nachdrücklich

49) angeordnet, dass Menschen, die einmal in den besonderen Schutz des apostolischen Herrn oder in unseren aufgenommen worden sind, diesen einmal erlangten Schutz auch von Rechts wegen genießen sollen;

50) wenn jemand es wagen sollte, irgendeinen von denen, welche das verdient haben, zu verletzen, dann soll er wissen, dass er sich in Gefahr von Leib und Leben begibt. Auch bestätigen wir, dass dem apostolischen Herrn

51) in allen Stücken gerechter Gehorsam zu leisten ist und auch seinen Herzögen und Richtern zur Wahrung der Gerechtigkeit. Notwendigerweise müssen wir diesem Erlass noch folgenden Artikel

52) hinzufügen, dass es ständige Gesandte des apostolischen Herrn und von uns geben soll, die jährlich uns oder unserem Sohn darüber berichten sollen, wie die einzelnen

53) Herzöge und Richter dem Volk Gerechtigkeit verschaffen und wie sie diese kaiserliche Urkunde beachten. Diese Gesandten, so lautet unser Beschluss, sollen zuerst alle

54) Klagen, die aus der Pflichtvergessenheit der Herzöge und Richter ermittelt werden, zur Kenntnis des apostolischen Herrn bringen, und dieser möge dann in jedem Fall eines von beiden tun: Entweder sollen

55) diese Missstände durch diese Gesandten selbst sofort abgestellt werden, oder aber, falls uns einer unserer Gesandten Bericht erstattet, durch Gesandte, die von uns dann geschickt werden.

56) Damit nun dies alles von allen Getreuen der heiligen Kirche Gottes und von unseren Getreuen als rechtskräftig anerkannt wird, haben wir durch das Zeichen unserer Hand und durch die Unterschriften unserer vornehmsten Großen

57) diese Vertragsurkunde bestätigt und sie mit dem Aufdruck unseres Siegels versehen lassen. Handzeichen des Herrn Otto, des erlauchten Kaisers,

58) und seiner Bischöfe, Äbte und Grafen: Zeichen des Adaldag, Erzbischof der Kirche von Hamburg. Zeichen des Hartbert, Bischof der Kirche von Chur.

59) Zeichen des Drogo, Bischof der Kirche von Osnabrück. Zeichen des Udo, Bischof der Kirche von Straßburg. Zeichen des Otwin, Bischof der Kirche von Hildesheim.

60) Zeichen des Lantward, Bischof der Kirchen von Minden. Zeichen des Otgar, Bischof der Kirche von Speyer. Zeichen des Gezo, Bischof der Kirche von Tortona.

61) Zeichen des Hukbert, Bischof der Kirche von Parma. Zeichen des Wido, Bischof der Kirche von Modena. Zeichen des Hatto, Abt des Klosters Fulda.

62) Zeichen des Gunthar, Abt des Klosters Hersfeld. Zeichen des Grafen Eberhard. Zeichen des Grafen Gunthar. Zeichen des Grafen Burkhard.

63) Zeichen des Grafen Udo. Zeichen des Grafen Konrad. Zeichen von Ernst. Zeichen von Dieter, Rikdag, Lupen, Hartwich, Arnolf, Ingiltis,

64) Burkhard, Reting. Im Jahre der Geburt des Herrn 962, in der 5. Indiktion, im Monat Februar, am 13. dieses Monats. Im 27. Jahr der Herrschaft des Herrn Otto,

65) des siegreichsten Kaisers, wurde dieser Vertrag geschlossen. Mit Glück und Segen.

STEFAN WEINFURTER

B.2.1.1

Die Konstantinische Schenkung

Abschrift der gefälschten Urkunde in einem Pergamentcodex mit kirchenrechtlichen Texten (ca. 1000, 11. Jahrhundert); H. 27,2 cm, B. 19,5 cm. Rest der Handschrift: H. 33 cm, B. 22 cm
Bamberg, Staatsbibliothek Bamberg, Msc. Can. 4, aufgeschlagen fol. 6v–7r

Die Konstantinische Schenkung (*Constitutum Constantini*) gehört zu den berühmtesten Fälschungen der Geschichte. In einer vermeintlichen Urkunde berichtet Kaiser Konstantin I. der Große (306–337) zunächst über seine Heilung von schwerer Krankheit und über seine christliche Taufe durch Silvester I., Bischof von Rom und Papst (314–335). Dieses Bekehrungserlebnis wurde in der mittelalterlichen Silvesterlegende breit tradiert. Berühmt ist die bildliche Ausgestaltung in der Silvesterkapelle, die Papst Innocenz IV. (1243–1254) in die römische Basilika S.S. Quattro Coronati einfügen ließ.

In zweiten Teil seiner angeblichen Urkunde gewährte Kaiser Konstantin dem römischen Papst und dessen Amtsnachfolgern den Prinzipat über alle Patriarchate und über sämtliche christlichen Kirchen auf Erden. Dieser Vorrang erwuchs aus dem Wirken der beiden Apostelfürsten Petrus und Paulus in Rom. Ihre Gräber schmückte der Kaiser kostbar aus. In seinem Lateranpalast stiftete er eine hochheilige Kirche als Haupt aller Kirchen. Den Palast, der allen Palästen voranstehe, die kaiserlichen Abzeichen und herausragende Vorrechte überließ Konstantin dem Papst und seinen Amtsnachfolgern, dazu die Stadt Rom, ganz Italien und »alle Provinzen der westlichen Regionen«. Weil ein Kaiser im geistlichen Zentrum der Welt keine Herrschaft mehr ausüben solle, habe Konstantin die Hauptstadt des Reichs von Rom in den Osten nach Konstantinopel verlegt.

Die anachronistische Schenkung wurde zwischen der Mitte des 8. und der Mitte des 9. Jahrhunderts auf den Namen Konstantins des Großen gefälscht. Zweck war die Sicherung von Rang und Unabhängigkeit der Päpste beim Zugriff der fränkischen Herrscher auf die wiedererrichtete römische Kaiserwürde des Westens. In kontroversen Debatten um Entstehungszeit und -ort der Fälschung wurden Argumente für eine Herstellung in Rom, vielleicht zur Zeit Papst Hadrians I. (772–795), oder in westfränkischen Klöstern um 830 vorgetragen. Auffällig ist der Überlieferungszusammenhang mit den pseudoisidorischen Dekretalen, einer kirchenrechtlichen Sammlung, die im mittleren 9. Jahrhundert in Westfranken zur Begründung des päpstlichen Vorrangs gefälscht wurde.

Dieser Kontext wird auch in der ausgestellten Handschrift deutlich. Ihre Textteile entstanden um 1000 und im 11. Jahrhundert in Oberitalien und gelangten in die Dombibliothek des von Heinrich II. 1007 gestifteten Bistums Bamberg. Vor die pseudoisidorischen Dekretalen (fol. 17r–140r) und weitere kanonistische Texte (fol. 146v–149r) stellte man einen Papstkatalog, eine Liste der Mailänder Erzbischöfe bis zu Arnulf II. († 1018) und ein Inhaltsverzeichnis, von unterschiedlichen Händen geschrieben. In diesen ersten Teil wurde ein um 1000 von zwei weiteren Händen geschriebenes (kleineres) Heft von vier Blättern eingefügt (fol. 3r–6v). Es enthält die Konstantinische Schenkung und ein Sicherheitsversprechen Kaiser Ottos an den Papst vor dem Romzug.

Gegenüber anderen Überlieferungen bietet das hier aufgeschlagene Blatt der Konstantinischen Schenkung (fol. 6v) in roter Tinte die scheinbar originale Unterschriftszeile des Kaisers: »Und mit eigener Hand unterschreibe ich so« (ET PROPRIA MANU SUBSCRIBO SIC). Vielleicht diente hier die prächtige Ausfertigung eines vermeintlichen Originals als Vorlage, das die Kurie den ottonischen Kaisern zur Bekräftigung ihres Vorrangs und ihrer Eigenständigkeit vorlegte. Ein anderer Schreiber fügte noch den Sicherheitseid an, den Kaiser Otto durch seine Getreuen vor dem Einzug in Rom schwören ließ. Hier gelobte der Kaiser, dass er den Papst nicht schädigen, die römische Kirche schützen, die päpstliche Herrschaft in Rom respektieren sowie entfremdeten Besitz im Land des heiligen Petrus zurückgeben wolle.

Schon Kaiser Otto III. äußerte 1001 Zweifel an der anhaltenden Gültigkeit der Konstantinischen Schenkung. Dagegen führten die Päpste dieses Dokument seit dem 11. Jahrhundert als Basis ihres Primats und ihrer weltlichen Herrschaft ins Feld. Im 15. Jahrhundert wies Nikolaus von Kues auf die formale Unechtheit der Urkunde hin, während der italienische Humanist Lorenzo Valla mit vorwiegend philologischen Argumenten den Fälschungsnachweis führte. Die Reformatoren nutzten diese Kritik an der Konstantinischen Schenkung im 16. Jahrhundert für den Vorwurf, dass der Primat des Bischofs von Rom auf Lügen beruhe.

BERND SCHNEIDMÜLLER

Quellen: Constitutum Constantini 1968 (kritische Edition der Konstantinischen Schenkung) – Handschriften Bamberg 1995, S. 121–122 (Handschriftenbeschreibung)
Literatur: Fried 2007 – Fuhrmann 1966 – Hartmann 2006 – Hoffmann 2001 a – Müller, Harald 2006

obtestamur p hoc nrm imperiale constitutū omīs nros successores imperatores. ut cunc
tos optimates. satrapes etiam. amplissimū senatū. et uniuersum ppłm in toto orbe t̄rar̄
nunc et in posterum cunctis retro temporib; imperio nrō subiacentē. nulli eorum
quoquo m̄ licere. hęc que a nobis imperiali sanctione sacrosc̄ę romanę eccłę. ut
eius omnib; pontificib; concessa sunt refragari aut confringere ut in quoquā conuellere.
Siquis aut quod n̄ credim; in hoc temerator aut contemptor extiterit. et inis condem
nationib; subiaceat innodatus. et sc̄os dī principes aptor̄ petrum & paulū sibi in
p̄senti et futura uita sentiat c̄trarios. atq; in inferno inferiori concrematus. cū
diabolo et omib; deficiat impiis. Huius u̇ imperialis decreti nri paginam
p̄priis manib; roborantes. sup uenerandū corpus beati petri principis aptor̄ po
suimus. ibiq; eidē dī apto spondentes nos cuncta inuiolabilit̄ c̄seruaturos.
& nris successorib; imperatorib; c̄seruanda in mandatis relinq. beatissimo
siluestro patri nrō summo pontifici. et uniuersali pape. eiusq; p eū cunctis suc
cessorib; pontificib; dn̄o dō & saluatori nrō ihu xp̄o annuente. tradidim;
perenniter atq; feliciter possidenda.

ET PROPRIA MANU. SUBSCRIBO SIC

Diuinitas uos c̄seruet p multos annos. Scissimi patres ac beatissimi.
Datū romę sub die tertio kalendar; aprelii. dn̄o nrō flauio Constantino
Augusto quater. & Gallicano uiris clarissimis consulib;.

IURAMENTŪ AD FACERE FECIT SUOS FIDELES OTTO AUGUSTUS ANTE QUĀ ROM[AM] ADIRET.

Tibi dōno iohi pape ego rex otto p mittere & iurare facio p patrē & filiū
& sp̄m scm̄. & p hoc lignū uiuifice crucis. & p has reliquias scōr̄. Ut si per
mittente dō romā uenero. scām romanā ecclām & te rectorē ipsius
exaltabo scdm meū posse. & nūquā uitā aut mēbra neq; ipsū honorē
quē nunc habes & p me habiturus eris mea uoluntate aut meo con
sensu aut meo c̄silio aut exortatione pdes. & in roma nullū placitū
neq; ordinationē faciā de omnib; quę ad te ut ad tuos romanos
ptinent sine tuo c̄silio. & qcqd de terra sci PETRI ad nrām po
testatē uenerit tibi reddam. Cuicūq; autē regnū italicum
c̄misero. iurare tibi faciā illū. ut adiutor tui sit ad defen
dendā terrā sci petri scdm suū posse.

B.2.1.2

Registrum Gregorii mit Klageversen auf den verstorbenen Kaiser Otto II.

983/984

Pergament; H. 37,5 cm, B. 29,5 cm

Trier, Stadtbibliothek, Hs 171a/1626a

Gregor der Große (590–604) gehört zweifellos zu den bedeutendsten und zu den am meisten rezipierten Päpsten des Mittelalters. Seit dem 7. Jahrhundert wurden seine zahlreichen Schriften und Verlautbarungen immer wieder abgeschrieben, kommentiert und verbreitet. Im 10. Jahrhundert ließ der Trierer Erzbischof Egbert (977–993) eine Sammlung der Briefe Gregors anlegen und kostbar ausstatten. Egbert verdankte seine Position an der Spitze eines der bedeutendsten und ältesten Erzbistümer der Christenheit nicht nur seiner vornehmen Herkunft, sondern vor allem seiner Verbindung zu Kaiser Otto II. (973–983), der ihn 976 zu seinem Kanzler machte und ihm im Jahr darauf den Trierer Erzstuhl verschaffte. Egbert nutzte seine herausragende Stellung nicht nur für politische Einflussnahmen, sondern war darüber hinaus auch aktiv an den geistigen und künstlerischen Entwicklungen der Zeit beteiligt.

Zu Otto II. hatte er ein enges Verhältnis und begleitete ihn und Theophanu nach Italien, wo er 983 am Reichstag in Verona teilnahm und die Königswahl des dreijährigen Otto III. unterstützte. Der frühe Tod Ottos II. und der ausbrechende Thronstreit beendeten allerdings die politische Dominanz des Erzbischofes, der nach Deutschland zurückkehrte und sich anderen Interessen zuwandte. Um diese Zeit herum beauftragte er in Trier auch die Fertigung des eingangs erwähnten *Registrum Gregorii* (*Ekbertus fieri iussit Presul Treuirorum*), von dem heute bedauerlicherweise nur mehr einige Einzelblätter existieren.

Der Abschrift der Papstbriefe Gregors des Großen wurde ein Widmungsgedicht Egberts vorangestellt, das mit goldener Tinte auf Purpur geschrieben ist und in dem der Erzbischof den Tod Ottos II. betrauert und die Leistungen des Herrschers würdigt. Zugleich stellte Egbert aber auch die besondere Verbindung seines Bistums mit dem heiligen Petrus heraus, der nicht nur als Gründer der römischen Kirche, sondern mittelbar auch als der von Trier gilt und dem die Handschrift gewidmet ist. Egbert, der sich selbst als engen Vertrauten des Herrschers (*compater imperatoris*), bezeichnete, nutzte das Gedicht, um die Regierung Ottos II. – unter Rückgriff auf Vergil – als ›Goldenes Zeitalter‹ zu preisen, und knüpfte damit an die ottonische Vorstellung der *Renovatio Imperii* an. Der Herrscher ist im Gedicht der »Vater des Vaterlandes« (*pater patriae*), der »Pfleger der Gerechtigkeit« (*Iustitiae cultor*) und der Friedensbringer.

Am Ende berichtete Egbert auch vom Tod des Kaisers und dessen Beisetzung nahe beim heiligen Petrus, der hier erneut direkt angesprochen wird: *Decessit Romae tua ad atria, Petre, sepultus / Vivat ut aetherei susceptus in atria regni.* Die Nähe zum Apostelfürsten erhöht den Verstorbenen zusätzlich, dem schon im Leben die Tugenden eines idealen Herrschers zugeschrieben worden waren. So gab Egbert einerseits seiner persönlichen Nähe zu Otto II., andererseits der Herrschaftskonzeption der Ottonen Ausdruck.

VIOLA SKIBA

Quellen: MGH. Poetae latini medii aevi V, 2, S. 429
Literatur: Embach 2012 – Embach 2013, S. 56–57, Nr. 23 – Hoffmann 1986 – Nordfalk 1985 – Ronig 1993 – Ronig 1994

TEMPORIBVS QVONDĀ TRANQVILLA PACE SERENIS
CAESARIS OTTONIS ROMANA SCEPTRA TENENTIS
ITALIAE NEC NON FRANCORVM IVRA REGENTIS.
HOC IN HONORE TVO SCRIPTV̄ PETRE SCĒ VOLVMEN
AVRO CONTECTVM GĒMIS PVLCHERRIME CŌPTVM
EKBERTVS FIERI IVSSIT PRESVL TREVIRORVM
MAGNIFICI FVERAT QVI COMPATER IMPERATORIS.
EIVS ET IN TOTA CVNCTIS GRATISSIMVS AVLA
QVI PATER ET PATRIĀ IMPERIALI REXIT HONORE
IVSTICIAE CVLTOR QVI PACIS SEMPER AMATOR
EXTITIT ET CLARIS QVI FVLSIT VBIQ; TRIVMPHIS.
AVREA QVAE PERHIBENT ISTO SVB REGE FVERE
SAECVLA· SIC PLACIDA POPVLOS IN PACE REGEBAT
DETERIOR DONEC PAVLATIM AC DECOLOR AETAS
ET BELLI RABIES ET AMOR SVCCESSIT HABENDI
SCEPTRIGER IMPERIV̄ QVI POSTQVĀ STRENVE REXIT
DECESSIT ROMAE TVA AD ATRIA PETRE SEPVLTVS
VIVAT VT AETHEREI SVSCEPTVS IN ATRIA REGNI

B.2.1.3

Brunnen aus dem Hof von San Bartolomeo all'Isola in Rom

Rom, um 1000 (?) oder 12. Jahrhundert
Marmor; H. 100 cm, Dm. 40 cm
Rom, San Bartolomeo all'Isola (Abguss: Mannheim, CES)

Um die Wende vom 1. zum 2. Jahrtausend, als im Einklang mit Ottos *Renovatio*-Ideen Papst und Kaiser von Rom aus gemeinsam agierten, hatte die über dem antiken römischen Aeskulapheiligtum errichtete Kirche S. Bartolomeo all'Isola große Bedeutung. Otto III. hatte in Rom Adalbert von Prag kennengelernt und sich mit dessen Ideen des asketischen Mönchtums auseinandergesetzt. Dieser Einfluss prägte Otto derart, dass er sich zur Errichtung einer Kirche auf der Tiberinsel entschloss, der er Reliquien vom heiligen Bartholomäus schenkte. Kaum war Adalbert von den Pruzzen ermordet worden, erfolgte seine Heiligsprechung durch Papst Silvester II. Eine Armreliquie Adalberts gelangte nach Rom auf die Tiberinsel.

Der Brunnen, der heute am Choreingang in der Kirche S. Bartolomeo steht, befand sich zuvor in der Mitte des Zisternenhofes vor der Kirche. Der ursprüngliche Standort ist ungeklärt. Die vier Figuren, die in die Trommel einer vielleicht antiken Säule gehauen wurden, sind durch Arkaden getrennt. Dargestellt sind: Christus, an Inschrift, Buch und Kreuznimbus zu erkennen; daneben Papst Silvester II., erkennbar an Bischofsstab, Buch, liturgischer Kleidung, Pallium und Inschrift; Otto III., kenntlich an Rüstung, Herrschermantel, Krone, Sphaira und Stab. Die vierte Person stellt den heiligen Bartholomäus dar, eindeutig durch das Attribut des Messers und das lange Haar zu identifizieren. Selbst wenn die Datierung der Reliefs kontrovers ist, erinnert das Bildprogramm des Brunnens auf spannende Weise an die Zeit, als Papst und Kaiser gemeinsam von Rom aus die Welt regieren wollten.

IRMGARD SIEDE

Literatur: AK Europas Mitte um 1000, Mannheim 2001, S. 500 Kat. Nr. 25.01.04 – Claussen 1994 – Dercks 2009

B.2.1.4

Epitaph Papst Gregors V. (996–999)

Rom, nach Februar 999
Marmor; H. 80 cm, B. 238 cm
Vatikanstadt, Fabbrica di San Pietro
(Abguss: Mannheim, CES)

Brun von Kärnten bestieg im jungen Alter von nur 24 Jahren als Papst Gregor V. und zugleich als erster ›Deutscher‹ die *Cathedra Petri*. Seine Eltern waren Otto von Kärnten, der 978 zum Herzog erhoben wurde, und dessen Gemahlin Judith von Kärnten, die in der Saliergruft im Wormser Dom begraben ist. Selbst wenn nicht bekannt ist, wo Brun geboren wurde, gilt es als sicher, dass er in Worms im Bereich des heutigen Paulusstifts in der ehemaligen Salierburg erzogen wurde. Auf Betreiben Ottos III. wurde Brun zum Papst gekrönt. Otto wollte in Anlehnung an das Vorbild Kaiser Konstantins und Papst Silvesters I., dass Papst und Kaiser gemeinsam die Welt regieren. Doch der Pontifikat Gregors V. war kurz; der Papst verstarb vermutlich an Malaria.

Die Inschrift dieses Epitaphs benennt die Herkunft Papst Gregors, seine Ausbildung in Worms und seine Sprachgewandtheit. Außerdem wird sein schönes Aussehen hervorgehoben. Wie in zeitgenössischen Bischofsviten wird berichtet, dass Gregor sich der Armenfürsorge gewidmet habe. Dabei habe er sich an der Zahl der Apostel orientiert. All dies zeichnet den Papst als einen Bischof Roms aus, gleich den frühchristlichen Märtyrerpäpsten, und erklärt, weshalb Papst Gregor V. in der Nähe von Papst Gregor I. dem Großen in Alt-St. Peter bestattet wurde. Durch die fortlaufende Capitalis, die kaum einzelne Worte abgrenzt, wird zudem auch stilistisch ein Bezug zum frühen Christentum hergestellt. Die Inschrift befindet sich heute in den vatikanischen Grotten unter der Peterskirche.

IRMGARD SIEDE

Quelle: MGH Poetae latini V,1, S. 337-338
Literatur: AK Europas Mitte um 1000, Mannheim 2001, S. 475 Kat. Nr. 24.01.03

B.2.1.5

Gedicht von Leo von Vercelli in kanonistischer Sammelhandschrift

Süditalien, zweites Viertel 10. Jahrhundert / Oberitalien, 998–999
Pergament; H. 25 cm, B. 16 cm, 115 Blätter
Bamberg, Staatsbibliothek Bamberg, Msc. Can. 1, fol. 13v

Es ist bemerkenswert, wie um das Jahr 1000 Kaiser und Papst im Versuch zusammenwirkten, ein starkes universales Rom wiederherzustellen. Ein höchst bedeutendes Zeugnis für diese Idee der weltlichen Erneuerung Roms befindet sich in der vorliegenden kanonistischen Sammelhandschrift unter den Nachträgen in beneventanischer Schrift: Auf fol. 13v befindet sich ein mit Neumen versehenes Gedicht auf Papst Gregor V. (996–999) und Kaiser Otto III. Verfasser war Ottos enger Vertrauter und Berater Bischof Leo von Vercelli, er hat das Gedicht auch selbst eingetragen; es handelt sich also um einen Autograph Leos. In dem Lied, aufgrund der Neumen zum öffentlichen Vortrag bestimmt, fleht Leo um die Erneuerung Roms und eine Ausdehnung der eng miteinander verbundenen weltlichen und geistlichen Herrschaft. Daher ist das Gedicht im Kontext zu sehen mit der Grabplatte Papst Gregors V. (vgl. Kat. Nr. B.2.1.4). Der hochgebildete Bischof aus Vercelli, der oft am Hofe Ottos weilte, verfasste Reichs- und Kirchengesetze, sammelte aber auch selbst Bücher. Vermutlich stammt auch Can. 1 aus seinem Besitz, zumindest durfte er den Codex als Arbeitsexemplar nutzen. Über Leo gelangte der Codex später an Heinrich II. und kam so über die Bamberger Dombibliothek in die Staatsbibliothek.

Der zweite, spätere Teil der Sammelhandschrift ist eine textliche Quelle für die Leichensynode. Er enthält Abhandlungen über den Prozess und die Gültigkeit der Weihen des Papstes Formosus (891–896). Die Darstellung von fol. 113r zeigt diesen vermutlich vor einem Altar. Johannes VIII. hatte Formosus noch als Bischof gebannt. Später hatte Stephan VI. Formosus sogar exhumieren lassen, da dieser während seines Pontifikats verschiedentlich nicht rechtmäßig gehandelt habe. Der Leiche wurde ein Prozess gemacht (die sogenannte Leichensynode), sie wurde verstümmelt und schließlich in den Tiber geworfen.

IRMGARD SIEDE

Literatur: AK Kaiser Heinrich II., Bamberg 2002, S. 322 Nr. 153 (Gude Suckale-Redlefsen) – AK Otto der Große, Magdeburg 2012, S. 680–681 V.70 (Heinrich Dormeier)

B.2.1.6

Der Trierer Teil des Petrusstabes

Spätantike oder Frühmittelalter
(4. Jahrhundert ?)
Fassung Wilhelm Rauscher, Fulda 1914/1924 (Kopie des Kölner Elfenbeinknaufs) und Johann Michael Wilm, München 1953
Holz, Silber vergoldet, Messing vergoldet, roter Samt, Bergkristalle; Smaragde, Elfenbeinknauf (verfärbt); Maße: Reliquie L. ca. 135 cm, oben Dm. 2,5 cm
Fassung L. 162 cm, Knauf Dm. 5,5
Limburg, Diözesanmuseum / Domschatz
D2/2

Eine seit dem 9. Jahrhundert nachweisbare Legende erzählt, dass der heilige Petrus Missionare ins nördliche Gallien ausgesandt habe: Eucharius, Valerius und Maternus. In Ehl (Dompeter) im Elsass sei Maternus gestorben, und seine Gefährten seien voll Trauer zurückgekehrt. Mit dem von Petrus übergebenen Bischofsstab Roms hätten Eucharius und Valerius ihren Gefährten jedoch wieder zum Leben erweckt. Während Eucharius und Valerius nacheinander die *Cathedra* des Petrusdomes in Trier innehatten, habe Maternus mit apostolischem Eifer erst den Bischofsstuhl in Tongern-Maastricht und dann den Petrusdom in Köln begründet, in der Trierer Version war er dann noch der dritte Nachfolger des Eucharius in Trier. Sicher haben Eucharius und Valerius im Trier des 3. Jahrhunderts amtiert.

Die Legende um die Trierer und Kölner Gründerbischöfe führte im 10. Jahrhundert zu einem erbitterten Streit um ein spätantikes oder karolingisches Langzepter (möglicherweise das Zepter, das auf den Miniaturen von Kaiser Lothar und Karl dem Kahlen zu sehen ist), das von Brun von Köln im 10. Jahrhundert in seine Bischofsstadt übertragen wurde. Trier und Köln reklamierten in der Folge den Stab, der mit dem Trierer Silvesterdiplom dazu führte, dass der Papst bis heute wegen des ›Petrusstabes in Gallien‹ keinen Bischofsstab führt. Unter dem Trierer Erzbischof Egbert von Holland einigten Trier und Köln sich in einem Kompromiss. Sie erhielten jeweils eine Hälfte des Stabes, Trier die obere und Köln die untere samt der Bekrönung in Silber und Elfenbein.

Für die Trierer Hälfte wurde 980 eine prachtvolle Hülle gefertigt. Mit der Säkularisation 1802 kam der Trierer Stab, von dem im 14. Jahrhundert Karl IV. für Prag noch ein Stück abgeschnitten hatte, in den Limburger Domschatz. Der Kölner Stab verblieb dort, erhielt jedoch nach Beschädigungen im 20. Jahrhundert in der Holzstruktur ein völlig unterschiedliches Aussehen, das Cordez, der die älteren Quellen nicht studierte und auch sonst mangelhaft recherchierte, zur Vermutung einer Nichtidentität führte. Die Quellen des 19. Jahrhunderts liefern bis heute die einzige klare Aussage zum Aussehen des Limburger Stabes: »Die eigentliche Reliquie besteht aus festem gelben Holze [...] und ist mit einem schützenden Wachstuch überzogen« (Aus'm Weerth 1866, S. 15). Der Direktor des Bonner Provinzialmuseums wies schon damals darauf hin, dass die Limburger Spitze mit einem Zapfen nicht in die Elfenbeinbekrönung passe, wohl aber in den vermittelnden Silberaufbau, der nach jüngeren Forschungen in das 8. Jahrhundert gehört.

Der heutige Holzstab ist aus verschiedenen Hölzern zusammengefügt und teilweise mit Goldmanschette, Bergkristall und Edelsteinen verkleidet. Er wird von einer Kopie des Kölner Elfenbeinknaufs bekrönt. Die Spitze steigt polygonal aus einem flachen Nodus auf und bildet die Manschette, in die der konische Holzstab (die eigentliche Reliquie) eingesetzt ist. Der Stab endet in einer abwechselnd mit hellen und dunklen Edelsteinen besetzten Goldmanschette, die die Verbindung zum mit rotem Samt umwickelten Reliquienstab darstellt. Die Halsmanschette fasst das obere Drittel des Reliquienholzes. Der untere Manschettenteil

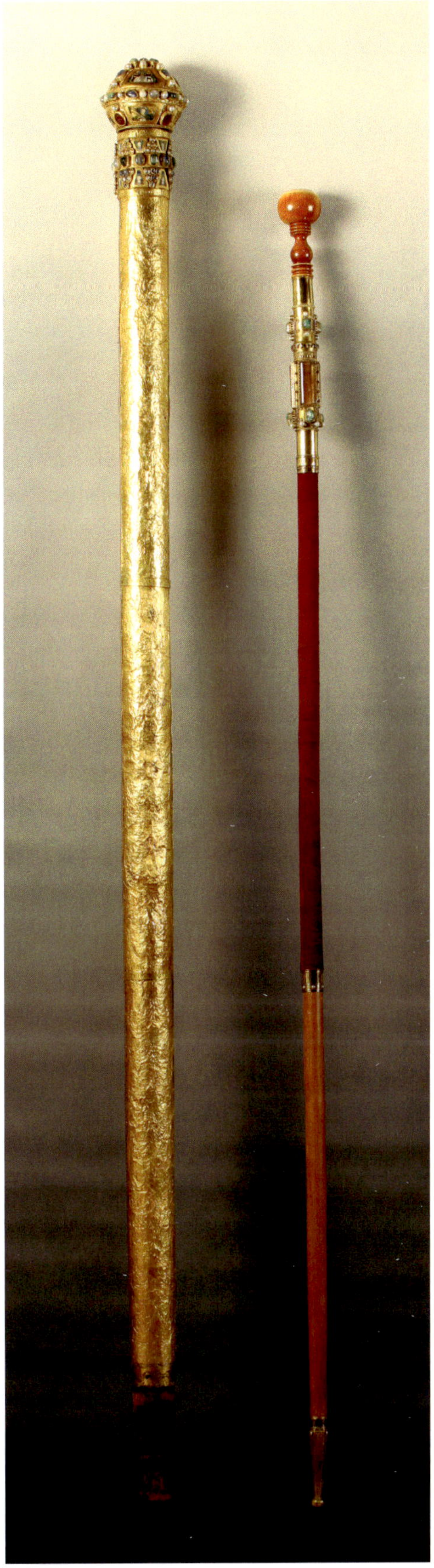

hat ein umlaufendes punziertes Ornament mit vier Edelsteinen, die hochrechteckig auf Perldrahtarkaden angeordnet und an den unteren Kanten rechts und links von Perlen gerahmt sind. Darüber befinden sich hochrechteckige Sichtöffnungen mit Bergkristall.

Die Reliquie des Petrusstabes festigte in den beiden ältesten deutschen Bistümern die Tradition, eine Petrusgründung zu sein und sich als romähnlich, wenn nicht gar romgleich zu rühmen. Eine Tradition, die im mittelalterlichen Trier mit der Trebetasage dazu führte, eine Gründung Triers 1.300 Jahre vor Rom zu postulieren. Der Petrusstab wird heute noch bei der Inthronisation oder Bischofsweihe des Limburger und manchmal auch des Trierer Bischofs benutzt, zuletzt am 18. September 2016 bei der Bischofsweihe von Georg Bätzing in Limburg.

MATTHIAS KLOFT

Quellen: Inschriften Trier 2006, Nr. 53, S. 102–108
Literatur: AK Der heilige Leib, Frankfurt 2007, Nr. D 10, S. 183–186 – AK Otto der Große, Magdeburg 2001, S. 305–310, Nr. IV 8.1 – Aus'm Weerth 1866, S. 15–23 – Cordez 2015 – Kloft 2016, S. 98–102

B.2.1.6.a

Goldhülle für einen Teil des Petrusstabes

Stab: spätantik; Goldhülle: Prag, wohl 1354
Holz, Goldschmiedearbeit; H. 19 cm
Prag, Arcibiskupství Pražské,
Domschatz, Nr. 42

Aus einem Brief Kaiser Karls IV. wissen wir, dass der Kaiser bei seinem Besuch in Trier im Februar 1354 an verschiedene Reliquien gelangte. Angeblich hatte er in seinem weiten Ärmel eine Säge versteckt, mit der er sich während seines Aufenthalts ein Stück Petrusstab abgeschnitten haben soll. Eine prominente Delegation überführte die Reliquien im März 1354 nach Prag. Hier wurde für das Petrusstabstück eine goldene Hülle angefertigt, in die gotische Fenster eingeschnitten waren. Das neue Reliquiar wurde in den Adalbertsstab integriert. Sicherlich wollte Karl IV. damit ein Zeichen setzen – entsprechend der Mahnung Bernhards von Clairvaux an Papst Eugen III. – und den heiligen Adalbert in die apostolische Sukzession einreihen.

Bistümer mit besonderen Vorrechten betonten oftmals ihre lückenlose Sukzession ab Petrus, sie führten die Abfolge ihrer Bischöfe bis auf Petrus zurück, indem sie berichteten, dass der Bischofssitz vom heiligen Petrus selbst gegründet worden sei. Daraus wurde ein besonderer Status abgeleitet. Diese Vorstellung sollte wohl nun auf den heiligen Adalbert übertragen und damit letztlich dem Bistum Prag Alter und besondere Bedeutung gegeben werden.

Denn beim Trierer Petrusstab behauptet eine über den gesamten Schaft reichende Inschrift, dass dieser Stab von Petrus selbst geschickt und von dem Petrusschüler Bischof Eucharius an das Bistum Trier übergeben worden sei. Für Trier galt der Petrusstab als Legitimation für die Primatsstellung seines Bistums (*primatus sedendi in synodis galliae et germaniae*). Im Trierer Silvesterdiplom, einem Reskript einer angeblichen Papsturkunde aus dem 4. Jahrhundert, waren Primat und Stab miteinander verknüpft.

Egbert gelang im Jahr 980 die Rückführung des halben Trierer Petrusstabs, den Erzbischof Brun von Köln als Verweser der Metzer Diözese dort entwendet hatte. Egbert ließ für diese Hälfte eine kostbare Hülle anfertigen; der Stab sollte damit zugleich Reliquiar und Insignie sein (vgl. Kat. Nr. B.2.1.6).

IRMGARD SIEDE

Literatur: AK Schatzkunst Trier, Trier 1984, S. 150 Nr. 92 – Jopek 1984, S. 19 – Ronig 1993, Bd. 1, S. 11, 38-39 – Westermann-Angerhausen 1973

B.2.1.7 (nicht in der Ausstellung)

Johannes Diaconus: Vita Gregors des Großen

Farfa (?), 11. Jahrhundert
Pergament, Federzeichnung; H. 32,7 cm, B. 20,5 cm, 137 fols.
Windsor, Eton College Library, Ms. 124, fol. 122r

Der Codex enthält die Vita Papst Gregors des Großen von Johannes Diaconus. Eine Miniatur zeigt das Begräbnis des Papstes im Atrium von Alt-St. Peter im Jahr 604. Während links der Leichnam des Papstes in einen antiken Striegelsarkophag gebettet wird, ist rechts die Verbrennung von häretischen Büchern zu sehen. Auf einer Kanzel steht ein Prediger. Weiter sind Kleriker mit Vortragekreuzen am Sarkophag auszumachen.

Um den Ort des Begräbnisses wiedererkennbar zu machen, gab der Buchmaler die Fassade von Alt-St. Peter wieder, so wie sie damals aussah. Die Mosaikdekoration mit der Darstellung der 24 Ältesten entstand im Pontifikat Papst Leos des Großen (440–461). Die Mosaiken stifteten Konsul Marinianus und seine Ehefrau Anastasia auf Bitten Leos. Ob damals anstelle des *Agnus Dei* ein Christusmedaillon angebracht war, wird in der Forschung diskutiert. Im 11. Jahrhundert befand sich an der Stelle ein mosaizierter Clipeus mit dem Lamm Gottes, was auch theologisch stimmig ist: Nach Apk 5,8 bringen die Ältesten ihr Räucherwerk dem Lamm und nicht Christus dar.

Möglicherweise entstand die Zeichnung des Gebäudes aus der Erinnerung, da die zweite Reihe der baulich nachweisbaren Obergadenfenster von St. Peter in der Darstellung fehlt. Die Symbole der Evangelisten wären zwischen der zweiten Serie dieser Fenster zu platzieren. Im 13. Jahrhundert wurde das Fassadenmosaik erneuert, jedoch unter Erhalt der alten Ikonographie. Vor dem Abriss des Langhauses hatte Domenico Tasselli da Lugo in seinem Album von ca. 1605–1619 das Mosaik noch einmal dokumentiert. Das meiste in diesen Aquarellkopien stimmt mit dem Programm des 11. Jahrhunderts überein.

Für Karolinger und Ottonen spielte Alt-St. Peter mit dem Petrusgrab bei der Kaiserkrönung, für Bestattungen, im päpstlichen Stationsgottesdienst, etc. eine wichtige Rolle. Sollte die Lokalisierung des Codex mit der Gregorsvita nach Farfa stimmen, so entstammt er einem Scriptorium mit besonderem Kontakt zu dem von den Ottonenherrschern bevorzugten Scriptorium der Reichenau. Dies wird an der Darstellung des Daches der Vorhalle deutlich: Es ist ein sogenanntes Schleifchendach wie in der Reichenauer Buchmalerei, die auf die Buchkunst in Farfa wirkte. Die Miniatur gibt einen Eindruck davon, wie Alt-St. Peter bis ins 11. Jahrhundert hinein aussah und welches Bildprogramm den Papst auf dem Weg in die Peterskirche empfing.

IRMGARD SIEDE

Literatur: AK 799, Paderborn 1999, Bd. 2, S. 611–613, Kat. Nr. IX-3 (U. Nilgen) – AK Bernward von Hildesheim 1993, Bd. 2, S. 118–120, Kat. Nr. III-5 (U. Nilgen) – AK Carlo Magno a Roma, Rom 2001, S. 194, fig. 42 – Andaloro 2008, S. 31 – Korteweg 1985

B.2.1.8

Urkunde Papst Benedikts VIII. (1012–1024) für Kaiser Heinrich II.

[Rom, 14.] Februar 1014
Südliches Pergament; H. 56,5, B. 44,7 cm, Bleibulle an Hanfschnur anhängend
Bamberg, Staatsarchiv Bamberg, Bamberger Urkunden 68

Papst Benedikt VIII., ursprünglich Theophilakt aus der Familie der Tusculaner und Kardinal von Porto, krönte im Februar 1014 (*a presenti duodecima indictione*) König Heinrich II. und dessen Frau Kunigunde in Rom zum römisch-deutschen Kaiser. Der Papst, der Heinrich gegenüber eine große Affinität zeigte, urkundete noch am Tag der Kaiserkrönung im Lateran (*in sancta Romana ecclesia*) einen Gütertausch mit Heinrich über drei Höfe in Weilbach (*Hollembah*, südlich von Antiesenhofen, Oberösterreich), Antiesenhofen (*Antesna*, Oberösterreich) und das bereits im Jahr 816 erwähnte Winhöring (*Uuineringa*, Ldkr. Altötting) mit allen Pertinenzen, Knechten und Mägden, Kolonen, die beide (*utrasque*) im Herzogtum Bayern (*Uaiobariae*) gelegen und päpstliches Patrimonium waren, gegen einen Königshof (*curtis regalia* [!]), genannt *Colle calvus* bei Terano (*Terma*) im Herzogtum Spoleto und der Grafschaft Narni. Die drei Höfe hatte Papst Agapit II. (946–953) dem Erzbistum Salzburg gegen einen jährlichen Zins überlassen, was Otto I. im Jahr 953 und Papst Johannes XII. 962 bestätigt hatten. Der jetzige Tausch erfolgte auf Bitten des Papstes, der Winhöring und seine beiden Höfe wegen nicht geleisteter Zinszahlungen durch das Erzbistum Salzburg vom Heiligen Stuhl dafür wieder eingezogen hatte. Heinrich wiederum gab die Villikationen 1018 zum Präbendalgut des Domkapitels, das sie mehr als 400 Jahre besaß.

Die Bedrohung des päpstlichen Staates durch die Byzantiner in Unteritalien veranlasste Benedikt im Jahr 1020, in Bamberg das Osterfest zu feiern und den Kaiser um Hilfe zu bitten. Im Rahmen der zu Ostern stattfindenden Nationalsynode erneuerte der Kaiser die Privilegien des Papstes auf die Besitzungen in Italien mit Ausnahme der wieder genannten drei Höfe, die Bischof Eberhard I. als Eigenkirchenherr des Domstifts in Bamberg übertragen wurden, und verfügte die in Deutschland einmalige Exemtion des Bistums Bamberg, dessen Bischöfe bisher von den Erzbischöfen von Mainz als Mainzer Suffragane geweiht worden waren, indem er es direkt dem Schutz der römischen Kirche und dem Papst gegen ein jährlich zu reichendes, gesatteltes weißes Pferd an den Bischof von Bamberg unterstellt.

Die Urkunde Benedikts VIII. ist die älteste überlieferte Papsturkunde nördlich der Alpen. Das *Bene valete* am Ende scheint vom Papst eigenhändig eingetragen zu sein, Rota und Monogramm fehlen noch, die Datumszeile befindet sich noch oberhalb am Ende des Textes. Allerdings finden sich auch »eigenartige Schriftzeichen« (Leo Santifaller), ein Komma und zwei ss rechts neben dem Bene valete, eine Interpunktion mit antikem Vorbild, die für Papsturkunden ganz offensichtlich nicht erst durch Leo IX. 1049 eingeführt worden ist und 1092 letztmalig erscheint.

STEFAN NÖTH

Quellen: Bamberg Regesten 1932, Nr. 111 – Bamberg Urbare 1969/1986 – Regesta Imperii II,5, 1998, Nr. 1128
Literatur: Santifaller 1973, S. 29

✠ BENEDICTUS EPS SERVUS SERVORUM DI. DILECTISSIMO

in domino nostro spirituali filio. Heinrico divina favente clementia romanorum imperatori augusto. uobis inpp. Quoniam [illegible]

[illegible]

[illegible] vocabulo Hollenbach [illegible] cum omnibus earum pertinentiis [illegible] servos et ancillas [illegible]

colonos et colonas [illegible]

[illegible]

[illegible] commutationum [illegible]

[illegible]

[illegible] commutationum [illegible]

[illegible] duodecima indictione [illegible] Unde [illegible]

[illegible] vocabulo Hollenbach [illegible] cum omnibus earum pertinentiis [illegible]

[illegible] et colonas [illegible]

[illegible]

[illegible] cum omnibus earum pertinentiis [illegible]

[illegible]

[illegible] commutationum [illegible]

[illegible]

[illegible] notarii regionarii et scriniarii sancte romane ecclesie in mense februario indictione [illegible] duodecima.

BENE VALETE. SS.

B.2.1.9

Perikopenbuch Heinrichs II.

Reichenau, wohl 1007–1012
Pergament; H. 42,5 cm, B. 32 cm
München, Bayerische Staatsbibliothek, Clm 4452 (Faksimile), fol. 152v

Das Perikopenbuch Heinrichs II. ist eine der kostbarsten Handschriften, die im Scriptorium der Klosterinsel Reichenau geschrieben und illuminiert wurden. Es enthält die Evangelienlesungen in der Abfolge des Kirchenjahres, die sogenannten Perikopen, die während der Messe gelesen oder gesungen wurden. Den Festtagsperikopen gehen zugehörige ganzseitige Bildseiten voran, die den Inhalt der jeweiligen Lesung veranschaulichen. Zehn Initialzierseiten und 28 ganzseitige Miniaturen machen den Codex zu einer wahrhaftigen Prachthandschrift. Zu hohen Kirchenfesten, wie Weihnachten, Ostern oder Pfingsten, gibt es jeweils eine Miniatur-Doppelseite. Die Malereien werden der Reichenauer Liuthargruppe zugeordnet: Typisch für diese malerische Gruppe sind die Flächigkeit, die Monumentalität, die Goldgründe und die expressive Gestik.

Höchstwahrscheinlich schenkten Heinrich II. und Kunigunde das Perikopenbuch 1012 dem Bamberger Dom anlässlich seiner Weihe. Da Petrus einer der Hauptpatrone des Doms ist, wurde und wird der 29. Juni, das Hochfest der Apostelfürsten Peter und Paul, besonders begangen. Die zugehörige Perikope auf fol. 153r ist Mt 16,13–19. Sie ist die biblische Begründung für die Autorität des Papstes als Nachfolger Petri. Fol. 152v zeigt die Schlüsselübergabe an Petrus durch Christus: Petrus trägt in der Miniatur einen Nimbus und ist der Gruppe der elf Apostel vorangestellt; von Christus erhält er die Schlüssel des Himmelreichs, die das Symbol sind für die Binde- und Lösegewalt, die Petrus übertragen wird. In der Darstellung ist der Schlüssel als Ligatur der Buchstaben ›PFTR‹, wie seit karolingischer Zeit beliebt, gezeigt, und Petrus nimmt entsprechend der hohen Bedeutung des Auftrags die Schlüssel in der Geste der Ehrfurcht mit verhüllten Händen entgegen.

Vielleicht spielte bei der Wahl des Petruspatroziniums in Bamberg auch der Gedanke eine Rolle, dass Papst und Kaiser von Rom aus die Welt regieren wollten und Heinrich II. Bestätigungsurkunden für den Kirchenstaat ausstellte.

IRMGARD SIEDE

Quellen: Perikopenbuch Heinrichs II. 1994
Literatur: AK Pracht auf Pergament, München 2012, S. 176–181 (mit älterer Literatur) – AK Zierde für ewige Zeit, München 1994, S. 128

Heinrich III. (1039–1056) und Clemens II. (1046–1047)

Darf ein Bischof Papst werden?

Um 500 bereits war von einem unbekannten Autor, den wir Pseudo-Dionysius nennen, die Vorstellung von der hierarchischen Ordnung in der Kirche entwickelt worden. Der Begriff ›Hierarchie‹ (= heilige Herrschaftsordnung) besagte, dass die Macht vom höchsten Wesen, von Gott, auf die tieferen Ränge und Ämter herabsteigt. An oberster Stelle sahen sich die Päpste als Nachfolger Petri. Aber so eindeutig war die Frage auch um die Jahrtausendwende noch nicht entschieden. Der Papst besaß als Bischof von Rom denselben Weihegrad wie alle anderen Bischöfe. Waren also im Hinblick auf den Weihegrad nicht alle Bischöfe als Nachfolger der Apostel gleichrangig?

Wie stark diese Idee der Gleichrangigkeit wirksam war, zeigt die in der ersten Hälfte des 11. Jahrhunderts noch gültige Regel, dass ein Bischof nicht zur Papstwürde aufsteigen durfte (›Translationsverbot‹). Man stellte sich die Bindung eines Bischofs zu seiner Diözese wie das Sakrament einer Ehe vor, und der Wechsel auf den Bischofsstuhl von Rom wurde als Bigamie gewertet. Dieser Grundsatz der Gleichheit im Rang hatte 150 Jahre zuvor sogar zu einem makabren Ereignis geführt, zur sogenannten ›Leichensynode‹ von 897 in Rom. Damals wurde die Leiche des 896 verstorbenen Papstes Formosus (891–896) wieder ausgegraben, in päpstliche Gewänder gekleidet und auf den Papstthron gesetzt. Formosus war vor seiner Papstwahl Bischof von Porto gewesen. Deshalb wurde er nun in Gestalt seiner Leiche angeklagt, aus Begierde nach der Papstwürde seine ursprüngliche Braut, das Bistum Porto, eigenmächtig verlassen und daher einen unerlaubten Bistumswechsel begangen zu haben. Daraufhin wurde Formosus nachträglich abgesetzt, die von ihm gespendeten Weihen wurden für ungültig erklärt, und zur Demonstration dessen wurden ihm die Finger der rechten Weihehand abgeschnitten. Dann zog man ihm die päpstlichen Gewänder aus und warf die Leiche am Ende in den Tiber.

Diesen Hintergrund muss man beachten, um die Tragweite der Ereignisse des Jahres 1046 einordnen zu können. Als sich der salische Kaiser Heinrich III. (1039–1056) auf der Synode von Sutri (einige Kilometer nördlich von Rom) 1046 über dieses Gebot hinwegsetzte und den Bamberger Bischof Suidger zum neuen Papst Clemens II. (1046–1047) bestimmte, geriet dieser in schwerste Gewissensnöte. Was da mit ihm geschah, musste er als schlimmes Unrecht ansehen. Seine Briefe zeugen von seiner unendlichen Trauer darüber, dass er die Bischofskirche von Bamberg, seine »allersüßeste Braut« (*dulcissimia sponsa*) mit der »Mutter« (Bischofskirche von Rom) betrogen habe. Wenigstens im Tod wollte er mit seiner »Braut« wieder vereint sein, und dementsprechend wurde er im Dom zu Bamberg begraben. Erst mit der ›papstgeschichtlichen Wende‹ wurde das Translationsverbot 1059 aufgehoben.

STEFAN WEINFURTER

Literatur: Gresser 2007 – Laudage 1999 – Schmale 1979 – Scholz 1992

Das Clemensgrab in Bamberg

CHRISTINA WAWRZINEK

Der Bamberger Dom beherbergt das einzige echte Papstgrab nördlich der Alpen. »Echt« muss in diesem Zusammenhang betont werden, da auch Papst Benedikt V. einige Zeit im Norden, in Hamburg, beigesetzt war. Allerdings war dies keine dauerhafte Grablege, denn sein Leichnam wurde 998 nach Rom gebracht und im Petersdom endgültig bestattet. In Bamberg dagegen sind das Grab und die ursprünglich darin liegenden sterblichen Überreste des Papstes noch heute erhalten, wenn auch nicht mehr in der ursprünglichen Zusammenstellung.

Am 24. Dezember 1046 wurde Suidger, der Bischof von Bamberg, in Rom zum Papst gewählt. Clemens II. gab jedoch sein Bistum nie auf und bestimmte den Bamberger Dom testamentarisch zu seiner Grablege. Als er nach nur kurzer Amtszeit am 9. Oktober 1047 verstarb, überführte man den Leichnam und bestattete ihn wunschgemäß in Bamberg. Ein Brand im Jahr 1185 erforderte einen Neubau des Doms, für den auch die Grabanlage, wohl um 1230, neu geschaffen wurde.

Im heutigen Zustand ist dies eine marmorne Tumba, ein freistehender Sarkophag, auf einem Sockel aus Sandstein. Der Sockel und sechs um ihn angeordnete Säulenbasen sind mit pflanzlichen Motiven verziert. Ob die Basen jemals einen Aufbau getragen haben, ist unbekannt, vielleicht war er geplant und wurde nicht ausgeführt. Die Verwendung unterschiedlicher Materialien an einem Denkmal ruft diverse Erklärungsansätze hervor, zumal weder die Form der Marmortumba noch ihr Bildschmuck gängigen Deutungsmustern zuzuordnen sind. Auf den Längsseiten finden sich in flachem Relief allegorische Figuren der vier Kardinaltugenden Mäßigkeit, Gerechtigkeit, Klugheit und Tapferkeit sowie eine, die den Paradiesfluss darstellt. Auf einer Schmalseite hält ein bärtiger Mann einen mit einem Lamm verzierten Schild und ein Schwert an der Klinge. Diese Attribute lassen sich weder mit Christus noch mit einem Heiligen eindeutig in Verbindung bringen. Auf der anderen Schmalseite nähert sich ein Engel dem wohl auf dem Sterbebett liegenden Papst Clemens II. Zum ungewöhnlichen Bildprogramm kommt noch die eigenwillige Ausgestaltung: Da die Platten der Tumba keine Randprofilierung aufweisen, reichen die Reliefs bis ganz an die Ränder, was sie eigentümlich auf der Fläche ›schwimmen‹ lässt.

An der Wand des heutigen Doms ist eine stehende Figur befestigt, die als Papst Clemens II. erkannt wird. Das Kissen hinter dem Kopf und der Faltenwurf der Ärmel verraten aber, dass es sich dabei ursprünglich um eine Liegefigur gehandelt hat. Der jugendlich wirkende Clemens II. hält in der linken Hand ein geschlossenes Buch, die Rechte ist zum Segensgestus erhoben. Unter seinen Füßen windet sich ein Drache. Die Figur besteht aus Sandstein und war ursprünglich reich bemalt und vergoldet, auch im aktuellen Zustand besteht kein Zweifel an der hohen Qualität der künstlerischen Arbeit.

Während die Tumba sich im Westchor des Doms befindet (Abb. 1), ist die Figur (Abb. 2) fast am anderen Ende des Gebäudes, im nördlichen Seitenschiff des Ostchors, an einem Pfeiler montiert. Warum diese beiden Teile des Papstgrabes derart weit voneinander entfernt sind und wann die Liegefigur an der Wand angebracht wurde, ist unbekannt und wird in der Forschung kontrovers diskutiert. Die Datierung von Tumba und Deckel ist ebenfalls unsicher.

Dagegen ist unstrittig, dass die Inschrift auf dem Deckel, die Name und Sterbedatum Clemens' II. nennt, nicht mittelalterlich ist. Im 17. Jahrhundert wurden mehrere Grabplatten im Dom nachträglich mit Grabinschriften versehen. In diesem Zusammenhang erhielt wohl auch das Clemensgrab eine solche.

Bereits im 18. Jahrhundert wurde das Grab geöffnet und der gute Erhaltungszustand seines Inhalts festgestellt. Vollständig oder zumindest nahezu komplett waren zum Beispiel eine Kasel und ein Paar Strümpfe, daneben wurden auch Metallgegenstände wie die Fragmente eines Grabkel-

1 Sarkophag Clemens' II. im Bamberger Dom

2 Arbeitsfoto der ausgedruckten Tumba in der Werkstatt, noch ohne Sandstein- bzw. Marmoroberfläche.

3 Blick durch den Bamberger Dom mit der Tumba Clemens II. im Vordergrund

ches entdeckt, sogar von den Haaren des Papstes haben sich bis heute Reste erhalten. Nachdem die Tumba im Zweiten Weltkrieg aus Sicherheitsgründen abgebaut und eingelagert worden war, entschied man sich beim Wiederaufbau 1947, die Textilien und Grabbeigaben nicht wieder zu bestatten, sondern zu restaurieren und auszustellen.

Im Kontext mit dem Leben und Wirken Clemens' II. bietet sich nun in der Päpste-Ausstellung die einmalige Gelegenheit, die Bestandteile des Papstgrabes in Bamberg in einen räumlichen Zusammenhang zu bringen, wie es ihn nirgendwo sonst gibt – auch in Bamberg selbst nicht. Für die Ausstellung wurden Tumba und Clemensfigur dreidimensional eingescannt und aus Styrodur ausgefräst (Abb. 2). Ihre Oberflächen sind realitätsnah gestaltet, um die unterschiedlichen Materialien des Originals deutlich erkennen zu lassen. Die Ergebnisse dieser Arbeiten bilden den Mittelpunkt der Präsentation. Die Figur, die nun tatsächlich als Liegefigur gesehen werden kann, wie ursprünglich gedacht, liegt dabei nicht direkt auf dem Tumbadeckel, sondern ›schwebt‹ ein wenig darüber. So werden die zahlreichen Unsicherheiten thematisiert, die mit diesem Komplex bis heute verbunden sind. Vermutlich gehörten Tumba und Figur zur Ausstattung eines Grabmals, doch in welcher Beziehung zueinander sie ursprünglich genau standen, ist nach wie vor Gegenstand lebhafter wissenschaftlicher Diskussion. So erhebt auch die Präsentation in der Ausstellung nicht den Anspruch einer Rekonstruktion des mittelalterlichen Zustands der gesamten Grabanlage. Die vielen offenen Fragen, die bisher Raum für unterschiedlichste Rekonstruktionsansätze boten, sollen und können hier keineswegs als beantwortet gelten. Es geht vielmehr darum, dem Besucher zu ermöglichen, die erhaltenen Überreste räumlich zusammengeführt als Ensemble wahrnehmen zu können und vielleicht sogar neue Überlegungen in der Forschung anzustoßen. Denn erstmals sind Tumba, Figur und Grabfunde in einen unmittelbaren Objektzusammenhang gebracht.

B.2.2.1

Textilien aus dem Sarkophag Papst Clemens' II. im Bamberger Dom

Im Jahr 1942 musste die um 1230 entstandene Grabtumba Papst Clemens' II. auf dem Westchor des Bamberger Doms für die kriegsbedingte Kunstgutsicherung abgebaut werden, den Grabinhalt barg man *in toto* und verwahrte ihn während des Kriegs in einem versiegelten Holzsarg im benachbarten Nordwestturm des Doms. Bei der Wiederaufstellung des Grabmals 1947 entschied man sich, die Textilien zu entnehmen. Seit ihrer Restaurierung in den Jahren von 1949 bis 1959 durch das Bayerische Landesamt für Denkmalpflege in den Werkstätten des Bayerischen Nationalmuseums München stellen sie einen der Höhepunkte in der Dauerausstellung des Diözesanmuseums dar und zählen zu den herausragenden Zeugnissen hochmittelalterlicher Textilien.

Der außergewöhnlich gute Erhaltungszustand der nahezu vollständigen liturgischen Bekleidung eines Bischofs schließt im Vergleich zu anderen Grabfundkomplexen aus, dass Papst Clemens II. bei der ersten Bestattung im Bamberger Dom damit bekleidet gewesen war. Die mumifizierende Behandlung des Leichnams für die Überführung vom Sterbeort im Kloster San Tommaso bei Pesaro nach Bamberg, die naturwissenschaftlich nachgewiesen werden konnte, hätte eine Entfernung der Bekleidung ohne Beschädigung der Textilien sicher erschwert. Die wenigen bei der Bergung entstandenen Fotos zeigen jedoch die einzelnen Bekleidungsteile in weitgehend intaktem Zustand.

Die durch den Neubau des abgebrannten Doms ab ca. 1190 notwendig gewordenen Umbettungen des Toten bis zur letzten Bestattung in der Marmortumba um 1230 stellen die Frage nach dem Zeitpunkt einer möglichen Zugabe der liturgischen Bekleidung bzw. von bestimmten Teilen davon und in der Folge auch nach deren Alter. Offen muss ferner bleiben, ob man für die letzte Beisetzung des Papstes ältere Paramente aus dem Dombestand verwendete oder gänzlich neue aus zeitgenössischen modernen Geweben anfertigte.

Pontifikalstrümpfe (*Caligae*)

Byzanz (?), erste Hälfte 11. Jahrhundert (?)
Seidengewebe, monochrom und farbig gemustert; H. 58 cm, B. 31 cm
Bamberg, Diözesanmuseum, 2728/3-10

Die kniehohen Strümpfe aus ehemals wohl weißem oder ecru-farbenem Seidengewebe bestehen aus Fußteil, Sohle und Schaft, der hinten mit einer Naht geschlossen ist. Dem oberen Rand und einer kleinen Öffnung in der rückseitigen Naht sind schmale Besatzstreifen aus einem kleingemusterten dunkelblauen Seidengewebe aufgesetzt, aus einem weiteren, dunkelblau und rot gemustertem Seidengewebe wurden die hier angenähten schmalen Bindebänder gefertigt. Die Besatzstreifen zeigen ein nur in Teilen zu rekonstruierendes Muster aus Punktbandkreisen mit vierfachem Herzornament im Zentrum, umgeben von palmettartigen Blüten in Kreisrahmen, die mit Schaftringen verbunden sind. Das Muster der Bindebänder besteht aus aneinandergesetzten Sechsecken mit eingestelltem, fünfteiligem Blatt- oder Baumornament, umgeben von Ranken mit eingerollten Blattenden.

Die Deutlichkeit und klare Ablesbarkeit des Musters auf Schaft- und Fußteilen, das in glänzenden Partien vor mattem Grund steht, werden durch die Gewebebindung bedingt: In versetzten Kreisen stehen abwechselnd adossierende Greifen und Panther, die einander, nach hinten blickend, die Köpfen zuwenden. Die Tiere tragen Punktbänder am Hals, ihre Gelenke sind mit kleinen Scheiben, die Hinterbeine mit sternförmigen Rosetten belegt.

Die Rahmen der großen Kreise erscheinen wie ein Ausschnitt aus einem kleinteiligen Fliesenmuster: Die durch sternförmige Aufteilung entstandenen Segmente einer Raute laufen nach außen in eingerollten Enden aus und füllen die Fläche nahezu vollständig aus. In den Zwickeln zwischen den Kreisen stehen, reihenweise wechselnd, sich zugewandte Vogelpaare mit ausgebreiteten Flügeln und solche, die unter einem stilisierten Baum, nach hinten blickend, an den Blättern zu picken scheinen. Auch die Vogelpaare sind akzentuiert durch Punktbänder am Ansatz der Flügel und der langen Schwänze. Das Greifen-Panther-Muster liegt mit leichten Abwandlungen auch am Pluviale aus dem Papstgrab vor, hier jedoch in

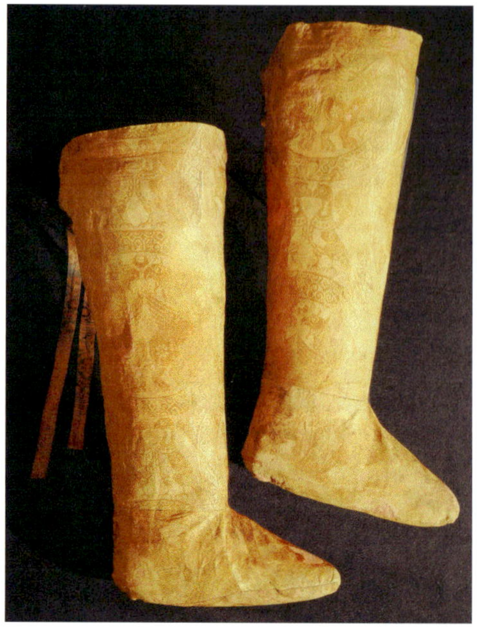

Samit-Bindung, durch die die Zeichnung dezenter und nicht so klar darstellt wird wie durch die Proto-Lampas-Bindung der *Caligae*.

Liturgische Fußbekleidung lässt sich bereits im 6. Jahrhundert nachweisen und wurde wohl zunächst von allen Klerikern getragen, seit dem 11. Jahrhundert sind Pontifikalstrümpfe und -schuhe Papst und Bischöfen vorbehalten.

Stola

Italien/Süddeutschland (?), erste Hälfte 11. Jahrhundert (?)
Seidengewebe mit Goldstickerei, Goldborte; L. 308 cm, B. 5,8 cm
Bamberg, Diözesanmuseum, 2728/3-36

Das schmale, lange Band zeigt ein achsensymmetrisches Muster mit aufeinanderfolgenden fünfeckigen Doppelrahmen, in denen unter einem Bäumchen zwei zueinander gewandte kleine Vögel stehen. Zwischen den Rahmen liegen linear stilisierte Ranken mit dreigelappten Blättern.

Vögel und Blätter des durch die Gewebebindung erzeugten Musters sind nachträglich mit Goldfäden in Anlegetechnik ausgestickt und hervorgehoben. Für die Binnenflächen verwendete man rotbraune, für die Augen der Vögel grünblaue Seidenfäden. Entlang der Kanten verlaufen schmale Randleisten in Gold mit diagonaler Musterung.

Hergestellt wurde das für die erforderliche Länge abgepasst gewebte Band schon im Hinblick auf die Verwendung als Stola: Das Muster kehrt in der Mitte um, sodass die Vögel beim Tragen der Stola auf beiden Hälften in richtiger Sichtweise zum Betrachter stehen.

An einem Ende des Bandes hat sich eine Goldborte mit daran befestigten Seidenfransen erhalten. Sie zeigt ebenfalls Vögel in offenen, sechseckigen Ranken, dazwischen kleine eingerollte Blätter.

Zwei Palliumskreuze

Byzanz, erste Hälfte 11. Jahrhundert
Seidengewebe, monochrom gemustert;
ca. H. 9 cm, B. 8 cm
Bamberg, Diözesanmuseum, 2728/3-16

Die insgesamt vier erhaltenen dunkelblauen Kreuze waren einst dem Palliumsband aus weißem Wollköper aufgesetzt, das weitgehend vergangen ist und von dem sich nur an einem der Kreuze ein kleines Fragment erhalten hat (nicht ausgestellt). Das Seidengewebe aus monochrom gemustertem Samit zeigt gleichmäßige Rauten, denen reihenweise wechselnd eine viergeteilte Herzblume in Punktbandkreis und ein Vierpass mit Blattmotiven und großem Mittelkreis eingestellt sind.

Da den Bamberger Bischöfen das Pallium erst 1053 an Suitgers Nachfolger Bischof Hartwig (1047–1053) verliehen wurde, gilt das aus dem Grab geborgene Pallium als bischöfliche Insignie Papst Clemens´ II. als Bischof von Rom, war also direkt mit seiner Person verbunden und wurde auch mit ihm bestattet. Es könnte sich somit um eine der ältesten textilen Beigaben aus dem Papstgrab handeln.

Medaillon mit *Agnus Dei* (*Tassellus*) und Stulpe (*Pugnalia*) von den Handschuhen

Italien/Süddeutschland (?), erste Hälfte 11. Jahrhundert (?)
Medaillon: Seidengewebe mit Gold- und Seidenstickerei; Dm. 4,8 cm
Stulpe: Goldborte, Seidengewebe; L. 27 cm, B. 3,4 cm
Bamberg, Diözesanmuseum, 2728/3-27 und 3-28

Das Medaillon wie die beiden Stulpen (nur eine ausgestellt) waren ursprünglich Bestandteile der Pontifikalhandschuhe, deren Material – vermutlich handelte es sich um Leinen – vergangen oder bei der Bergung der Textilien nicht erkannt worden war. Auch fehlt der *Tassellus* des zweiten Handschuhs.

Das kreisrunde Medaillon zierte ursprünglich die Oberseite eines der Handschuhe. Das seidene Trägermaterial ist flächig ausgestickt mit Goldfäden (Goldlahn um Seidenseele), deren rote und grünblaue Haltefäden in linearer Verdichtung das *Ag-*

nus Dei mit der Siegesfahne darstellen, umlaufend die Inschrift + AGNVS DEI (Lamm Gottes) in Majuskeln. Auf dem zweiten *Tassellus* ist die Darstellung der *Dextera Dei* zu vermuten, wie sie von vollständigen Handschuhpaaren bekannt ist.

Die in Brettchentechnik gewebten Goldborten der Besatzstreifen, die vermutlich den unteren Abschluss der Handschuhe bildeten, zeigen ein Muster aus quadratischen Kreuzen, die sich durch überschneidende Diagonalen ergeben, in den Randleisten verlaufen Zick-Zack-Bänder. Das Seidengewebe des Futters ist mit violetten und schwarzblauen Streifen gemustert.

Der Fund des *Tassellus* aus dem Grab Clemens' II. untermauert die Überlegung, dass zumindest Teile des sogenannten Papstornats erst bei der letzten Umbettung um 1230 der Bestattung zugefügt worden sein können. Im 11. Jahrhundert gehörten zwar Handschuhe zur liturgischen Bekleidung eines Bischofs oder Papstes, Appliken entwickelten sich jedoch erst im 12. Jahrhundert, vorgeschrieben wurden sie von Papst Innocenz III. (amt. 1198–1216) um 1200.

Fragmente der *Fanones* der Mitra

Italien (?), erste Hälfte 11. Jahrhundert (?)
Seidengewebe, Gold- und Fransenborte;
L. ca. 16 cm, B. 5,5 cm
Bamberg, Diözesanmuseum, 2728/3-14

Im Fundkomplex der stark fragmentierten Bänder fanden sich mehrere helle Haarsträhnen, was ihre Identifikation als *Fanones* oder Infeln einer Mitra nahelegt. Von den abgepasst gewebten Bänder hat sich fast ausschließlich das jetzt goldbraune Schussmaterial aus Seide erhalten, die Kettfäden aus Leinen sind bis auf geringe Spuren vergangen. Den unteren Abschluss bilden schmale Goldborten in Brettchentechnik und lange rotbraune Seidenfransen. Das Kopfteil der Mitra war vermutlich aus Leinen gefertigt, einem Material, das einem schnelleren Zersetzungsprozess als Seide unterworfen ist. Bedauerlicherweise kann so über die Form der Mitra nichts ausgesagt werden.

Das erst kürzlich nachgewiesene Leinen für die Kette der Infeln liefert einen weiteren Hinweis auf die Zugabe von Teilen der liturgischen Bekleidung bei der Umbettung Papst Clemens' II. in die Marmortumba um 1230. Gewebte Bänder in der vorliegenden Materialkombination sind für die erste Hälfte des 11. Jahrhunderts bisher nicht nachzuweisen. Auch die ebenfalls aus dem Papstgrab geborgenen sogenannten Besatzstreifen, deren ursprüngliche Bedeutung noch nicht geklärt ist, weisen diese Materialkombination auf.

Grabkelch

Süddeutschland (?), erste Hälfte 11. Jahrhundert
Silber; Kuppa: H. 2,8 cm, Dm. 4 cm;
Fuß: H. 2,3 cm, Dm. 4,2 cm
Bamberg, Diözesanmuseum, 2728/3-29

Die geringe Größe und die schlichte Ausführung weisen den Kelch als sogenannten Grabkelch aus, der dem Toten als Zeichen seines Priesteramtes mit ins Grab gegeben wurde. Erhalten haben sich die Kuppa und der Fuß, die zum Kelch rekonstruiert wurden. Am Nodus könnte ein Perlrand vermuten werden, wie er von zeitgleichen Grabkelchen bekannt ist. Nicht erhalten hat sich die dazugehörige Patene.

Haare von Papst Clemens II.

Hellbraune Menschenhaare, 1047
Bamberg, Diözesanmuseum, 2728/3-32

Schon bei der ersten bezeugten Öffnung des Sarkophags im Jahre 1731 protokollierte Subkustos Johannes Graff: »Man befand das Haupt, auf dessen Vorderen Theil noch viele Licht-gelbe Haar zu sehen ...«

SIBYLLE RUSS

Literatur: Baumgärtel-Fleischmann 1997 – Blöcher 2012, S. 186 – Braun, J. 1907 – Kempkens 2015 – Müller-Christensen 1960 – Ruß 2015 – Schorta 1998 – Schorta 2001, S. 172–176, Nr. 20–23

B.2.2.2

Urkunde Papst Clemens II. (1046–1047) für die Bamberger Kirche

24. September 1047
Südliches Pergament; H. 64 cm, B. 44 cm, Bleibulle an roter Seidenschnur anhängend
Bamberg, Staatsarchiv Bamberg, Bamberger Urkunden 112

Suidger entstammte einem hochfreien Geschlecht aus Sachsen, dem derer von Horneburg und Morsleben. Er war Domkanoniker von Halberstadt und wurde von König Heinrich III., der einen ihm vertrauten ›Fremden‹ einem Kandidaten aus dem fränkischen Adel für den Bischofsstuhl in Bamberg vorzog, dort 1040 zum Bischof geweiht. Nach der Beseitigung des Schismas durch die Synode von Sutri (1046), auf der Heinrich III. drei konkurrierende Päpste absetzen ließ und die Abhängigkeit des römischen Stuhles von stadtrömischen Parteien und Adelsfraktionen beendete, wurde Suidger in der Synode in Rom unter Zustimmung von Klerus und Volk als Papst nominiert und als Clemens II. am 25. Dezember 1046 inthronisiert. Am gleichen Tag krönte er Heinrich III. zum Kaiser.

Clemens verließ Bamberg sehr ungern, fühlte sich jedoch von den Umständen und der Not der römischen Kirche dazu gezwungen. Sein Bistum vernachlässigte er allerdings auch als Papst nicht. Seine Urkunde veranschaulicht die enge Beziehung zum Bistum Bamberg, das er als seine süßeste Braut bezeichnet. Kein Gatte empfände für seine Gattin eine so reine Treue und glühende Liebe wie er für Bamberg. Die Trennung bereite ihm großen Kummer; nichts könne die Verbindung zwischen ihnen lösen (*Tanti numinis nutus te suam carissimam filiam Babenberc nobis in sponsam legitimam desponsavit, et caste regere quantum in nobis fuit sua propitiatione donavit. Certe nulli marito circa uxorem fides purior et amor ardentior, quam circa te nobis. Nec umquam vel in mentem venit te destituere et alii adherere. ...Avulsum me tunc a tuo gratissimo latere sponsa dulcissima, quis dolor apprehenderit, quis moeror confecerit, quo*

BENE VALETE

nescio pacto liceat exprimi cum nobis omnem modum videretur transgredi).

Zugleich konfirmierte er den von Heinrich II. und seinen Vorgängern, Johann XVIII. und Benedikt VIII., verliehenen apostolischen Schutz für die Bamberger Kirche und untersagte jedwede Beeinträchtigung und Alienierung der von Kaiser Heinrich II. vor allem von den Bischöfen von Würzburg und Eichstätt verliehenen oder eingetauschten Güter – dies galt auch für solche, die in Zukunft noch zu erwerben wären, durch irgendwelche – zur Bestärkung seiner Urkunde eigens angeführte Machthaber – Kaiser, Könige, Herzöge, Erzbischöfe, Bischöfe, Äbte oder sonst wen. Auffallend ist die Datumszeile unter dem *Bene valete* von Clemens eigener Hand, die das Pontifikatsjahr und das Regierungsjahr des Kaisers nennt: *anno domini Clementis sanctissimi et universalis papae I°, domni Heinrici tertii imperatoris similiter I, indictione I*[a].

Nach seinem frühen Tod 1047, der weitergehende kirchliche Reformen verhinderte, wurde Clemens II. nach Bamberg überführt, wo er heute im Peterschor des Doms in einer antikisierenden Tumba aus dem 13. Jahrhundert begraben liegt. Es ist das einzige Papstgrab nördlich der Alpen und Symbol dafür, dass Bamberg »dem ersten Rom« (Leo IX. 1052) ebenbürtig ist, wie es schon Heinrich II. 1007 vorschwebte, sowie für die mittelalterliche Einheit von Kirche und Reich.

STEFAN NÖTH

Quellen: Bamberg, Regesten 1932, Nr. 239 – Regesta Imperii III,5,2, 2011, Nr. 380
Literatur: Baumgärtel-Fleischmann 1997 – Zimmermann, G. 1997

B.2.2.3

Urkunde Papst Clemens' II. (1046–1047) für das Kloster Fulda

Rom, 31. Dezember 1046
Pergament; H. 42 cm, B. 62 cm, Bleibulle anhängend
Marburg, Hessisches Staatsarchiv, Bestand Urk. 75 Nr. 98

Mit Clemens II. (1046–1047) bestieg 1046 der erste einer Reihe von ›deutschen‹ Päpsten die *Cathedra Petri*. Er fügte sich seiner Wahl allerdings nur widerstrebend, da das Amt des Oberhaupts der römischen Kirche den Wechsel seines Bistums mit sich brachte, was wiederum dem Translationsverbot widersprach. Nur die große Not der römischen Kirche, so Clemens, habe ihn dazu veranlasst und gezwungen, nach Rom zu gehen. Das Ziel des Papstes musste es demnach sein, positive Veränderungen herbeizuführen und die Reform der Kirche voranzutreiben. Sein Pontifikat währte jedoch nicht lange. Bereits etwas weniger als zehn Monate nach seiner Wahl starb Clemens II. Trotz dieser knapp bemessenen Zeit setzte der Papst einige Maßnahmen ins Werk, die der Konsolidierung und Stärkung der Position der römischen Kirche dienen sollten. Dazu zählte ein Privileg für das Kloster Fulda, das zwar dessen Besitzungen und Stellung bestätigte, zugleich aber einige Vorrechte zurücknahm, die ihm einst zugestanden worden waren, etwa der Gebrauch von Sandalen, Pontifikalstrümpfen und einer Dalmatik. Seine Entscheidung begründete der Pontifex damit, dass derlei Privilegien nicht einmal vom Kloster von S. Paolo fuori le mura in Anspruch genommen würden, das – wenn dies auch nicht explizit ausgesprochen wird – im Rang weit über den anderen Klöstern stehe und die Grablege eines Apostelfürsten für sich in Anspruch nehmen könne. Außerdem sei die Nutzung der genannten Zeichen ohnehin den Kardinälen (Bischöfe, Presbyter und Diakone) vorbehalten und nur unter Zwang erlaubt worden, was es nun zum Wohl der römischen Kirche zurückzunehmen gelte. Clemens II. betonte ausdrücklich, dass das Verbot der Nutzung von Sandalen, Strümpfen und Dalmatik nicht allein Fulda treffe, sondern überall durchgesetzt werden solle: *Usum autem sandaliarum, calligarum ac dalmaticarum, qui sacris canonibus tuo ordini interdicitur apostolica auctoritate non solum tibi tuisque successoribus in perpetuum, verum etiam cunctis viventibus ac victuris omnium monasteriorum abbatibus in orbe terrarum consistentium abradendum omnino iubemus.*

Der Papst setzte hier ein Signal, das nicht unterschätzt werden darf. Die Hierarchie in Gesellschaft und Kirche fand immer auch ihren visuellen Ausdruck und wurde mit Zeichen und Symbolen allgemein kundgetan. Der Entzug von Vorrechten, die eine Superiorität ausdrücken, wie es in diesem Fall geschah, entsprang dem Wunsch, das innerkirchliche hierarchische Gefüge neu zu konfigurieren und den der römischen Kirche zustehenden Vorrang wiederherzustellen.

VIOLA SKIBA

Quellen: Codex diplomaticus Fuldensis 1850, S. 357–358, Nr. 748 – Germania Pontificia IV/IV 1978, S. 380, Nr. 68 – Regesta Imperii III,5,2, 2011, Nr. 355
Literatur: Braun 1907, S. 396–397 – Lübeck 1947

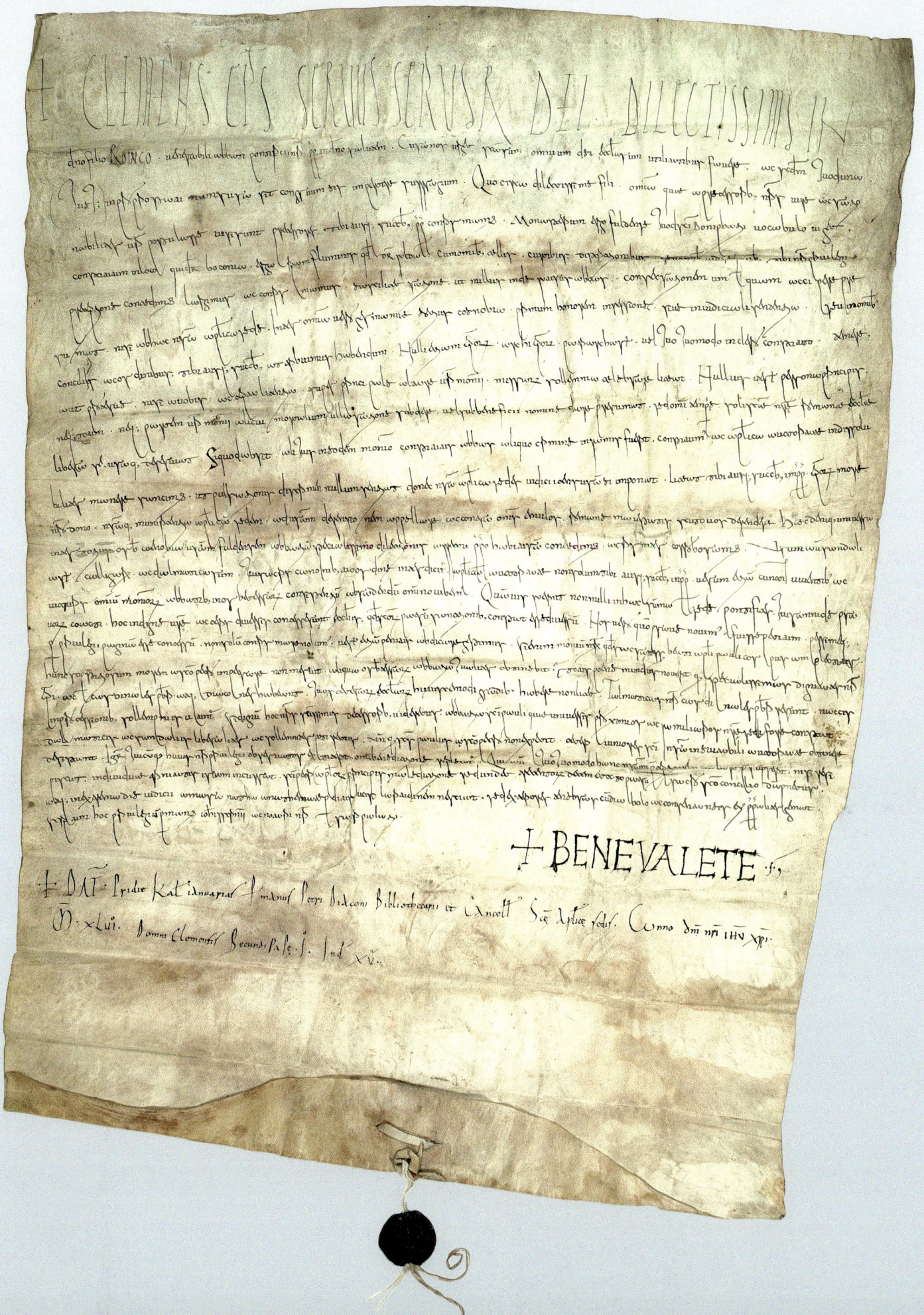

+ CLEMENS EPS SERVUS SERVORUM DEI. DILECTISSIMO IN

[illegible]

+ BENEVALETE

+ DAT. Pridie Kal. ianuarias per manus Petri Diaconi Bibliothecarii et Cancell. Sce Aplice Sedis. Anno dni nri IHV XPI M.XLVI. Domni Clementis Secundi Pape .I. Ind. XV.

Die papstgeschichtliche Wende

Der Papst wird universal

Um die Mitte des 11. Jahrhunderts, mit dem ›deutschen‹ Papst Leo IX. (1049–1054), der auf einem Hoftag in Worms für sein Amt bestimmt worden war, beginnt eine neue Epoche. Sie wird als ›papstgeschichtliche Wende‹ (Rudolf Schieffer) bezeichnet. Gemeint ist damit, dass von nun an die Päpste in kraftvoller Weise ihren in der Theorie längst vorbereiteten Vorrang in die Realität umzusetzen suchten. In den Jahrhunderten zuvor wurden Päpste vorzugsweise aktiv, wenn sie gerufen oder angerufen wurden. Mit der Wende um die Mitte des 11. Jahrhunderts verfolgten die Päpste fortan das Ziel, die westliche Kirche aus eigener Initiative wirkungsvoll zu leiten. Nun wurde aus dem Bischof von Rom wirklich der universale Stellvertreter Christi (*vicarius Christi*) in der gesamten Kirche. Der große Reformer dieser Zeit, Petrus Damiani, der Kardinalbischof von Ostia († 1072), war es, der 1064 erstmals die Bezeichnung ›universaler Bischof‹ (*episcopus universalis*) für den römischen Papst verwendete. Das bedeutete, er sei Bischof aller Kirchen der Christenheit. Nikolaus II. (1058–1061) trug als erster Papst nachweislich eine Tiara als neues Hoheitszeichen. Mit dem Papstwahlgesetz von 1059 ging das Wahlrecht für die Papstwahl vom römischen Klerus und Volk auf die Kardinäle über. Ihre Gruppe wurde damals angeführt von den Bischöfen (›Kardinalbischöfe‹) der sieben römischen Suffraganbistümer (Ostia, Albano, Porto, Silva Candida, Palestrina, Sabina und Tusculum), also der Diözesen, die in der Kirchenprovinz von Rom zusammengefasst waren. Zu den Kardinälen gehörten außerdem die 28 Priester der innerhalb der Stadtmauern gelegenen Kirchen (›Kardinalpriester‹) und die römischen ›Diakone‹, die für die sozialen und karitativen Aufgaben zuständig waren (›Kardinaldiakone‹). Mit diesem ganz speziellen Wählerkreis wurde das Papstamt als eine eigene hierarchische Ebene über das Bischofsamt gestellt.

»Der wahre Kaiser ist der Papst«

Hinzu kam, dass die Päpste fortan – wie alle anderen kirchlichen Amtsträger – von weltlichen Einflüssen unabhängig sein sollten (*libertas ecclesiae* = Freiheit der Kirche). Aus Sorge für das Seelenheil der Menschen und in dem Bestreben, die Wahrheit der römisch-kirchlichen Lehre überall verbindlich zu machen, verlangten die Päpste seit Gregor VII. (1073–1085) absoluten Gehorsam von allen Christen. Sie sahen es als ihre Amtspflicht an, über sämtliche Bischöfe Aufsicht auszuüben und sie im Bedarfsfall zur Rechenschaft zu ziehen. Legaten trugen von nun an die päpstlichen Entscheidungen in alle Gebiete der Kirche und sollten auf diese Weise zur Integration der Gesamtkirche beitragen. Den Priestern wurde aufgetragen, für eine untadelige Lebensgestaltung das Vorbild der Urkirche zu beachten und nach Möglichkeit in Armut und klösterlicher Gemeinschaft zu leben. Daraus entstanden wirkungsvolle Reformbewegungen (Augustinerchorherren, Prämonstratenser), die zusammen mit den Reformmönchen (Cluniazenser, Zisterzienser) die lateinische Kirche mit Hunderten von Klöstern überzogen. Diese Epoche ist schließlich auch geprägt vom Kampf zwischen Kaiser und Papst um die höchste Deutungs- und Entscheidungsmacht in Kirche und Welt. Diesen Kampf, der mit Papst Gregor VII. und dem ›Gang nach Canossa‹ (1076/1077) einsetzte, konnten die Päpste 1177 mit der Unterwerfung Kaiser Friedrich Barbarossas in Venedig für sich entscheiden. Dementsprechend entstand im 12. Jahrhundert der Satz: »Der wahre Kaiser ist der Papst.«

STEFAN WEINFURTER

Literatur: Engels 1997 – Fuhrmann 1985 – Laudage 1984, S. 185–206 – Laudage 2012 a – Schieffer, R. 2002 – Schieffer 2007 a – Schludi 2014 – Weinfurter 2012 a – Zey 2012 – Zey 2016

Leo IX. (1049–1054) – Auftakt für eine universale Papstkirche

Ein neuartiger päpstlicher Zugriff

Mit Papst Leo IX. (1049–1054) begann das Papsttum, die Völker und Reiche zu überwölben und sich zu einer lateineuropäischen Gestaltungsmacht auszuformen. Die Käuflichkeit der Kirchenämter (›Simonie‹ – abgleitet von Simon Magus, der gemäß der Apostelgeschichte 8,9–25 den Aposteln die Gaben des Heiligen Geistes abkaufen wollte), die Priesterehe (›Nikolaitismus‹ – zurückgehend auf eine in der Apokalypse 2,6 und 15 erwähnte libertinistische Sekte) und der Besitz von Kirchen in der Hand von Laien waren schon zuvor immer wieder in Kritik geraten, galten aber von nun an als besonders schlimmes Übel in Kirche und Gesellschaft. Mit Hilfe einer lothringischen Gruppe von Reformern, die mit hohen Kardinalsämtern versehen wurden, sollte der römisch-päpstliche Primat durchgesetzt werden. Mit seinem Namen knüpfte Leo IX. ausdrücklich an Papst Leo den Großen (440–461) an, der den Gedanken des päpstlichen Primats erstmals zu einer festen Rechtsfigur geformt hatte. Schon 1049 ließ er verlauten, dass nur ihm der Titel eines *primas et apostolicus* der Universalkirche zustehe. Dekretalen und Legaten wurden zu den wichtigsten Instrumenten der neuen päpstlichen Politik, und auch der Papst persönlich begann mit einer intensiven Reisetätigkeit in die verschiedenen Reiche (›Reisepapst‹). Dabei kam er auch nach Mainz, Worms, Speyer und Trier. Auf regelmäßigen römischen Konzilien im Lateran (›Lateransynoden‹) und beratenden Sitzungen des Papstes mit den Kardinälen (›Konsistorien‹) wurde von nun an der Umbau der Kurie und der Kirche in Rom sowie in der gesamten Christenheit vorangetrieben.

In der für die politischen Geschäfte wichtigen Kanzlei vollzog sich eine Trennung zwischen päpstlicher und stadtrömischer Behörde. Außerdem wurden die päpstlichen Briefe und Urkunden (›Privilegien‹) mit neuen, amtssymbolischen Zeichen (*Rota, Bene valete*) versehen, die denen in kaiserlichen Urkunden nachempfunden waren. Das Zeichen der *Rota* gleicht der Darstellung eines Erdenkreises, und darauf weist auch die Umschrift mit der Devise hin, die Leo IX. für seine Urkunden wählte: »Der Gnade Gottes voll ist die Erde« (*misericordiae Dei plena est terra*). Der päpstliche Zugriff auf die gesamte Christenheit, ja auf die gesamte Welt, wurde auf diese Weise zeichenhaft in den Urkunden zum Ausdruck gebracht. Auch die Schrift der Urkunden wurde modernisiert. An die Stelle der alten, sehr speziellen päpstlichen Kurialschrift rückte mehr und mehr die im westlichen Europa weit verbreitete und der heutigen ›lateinischen Schrift‹ ähnliche Minuskelkursive. Kurze Zeit später erhielten auch die päpstlichen Bleisiegel (›Bullen‹) mit den Köpfen der Heiligen Petrus und Paulus ihre endgültige Gestaltung. Der neuartige päpstliche Zugriff auf die gesamte religiöse und politische Ordnung im lateinischen Europa setzte sich unter Leos IX. Nachfolgern fort. Dieser Prozess brachte eine hoch motivierte und gelehrte Reformelite hervor, der sich weite Kreise des Adels anschlossen. Andererseits entstand auch heftige Kritik bei Bischöfen und Äbten und bei den römisch-deutschen Königen und Kaisern. Die neue päpstliche Amtsführung wurde in diesen Kreisen als anmaßend und unbarmherzig empfunden. Die menschliche Natur des Papstes mit ihren irdischen Schwächen, so führte der Anonymus von York um 1100 aus, verbiete sogar den bedingungslosen Gehorsam ihm gegenüber.

Scharfer Widerstand kam auch aus der orthodoxen Kirche des Ostens. Der Patriarch von Konstantinopel, Michael Kerullarios (1043–1058), demonstrierte seine Unabhängigkeit dadurch, dass er die lateinischen Klöster und Kirchen in seiner Stadt beschlagnahmen und schließen ließ. Zugleich erklärte er den westlichen Brauch, bei der Kommunion ungesäuertes Brot zu reichen, als ketzerisch. Nur der Gebrauch von gesäuertem Brot, wie es im Osten üblich war, stimme mit den kirchlichen Gesetzen überein. Überdies war ein Streit darüber ausgebrochen, ob Süditalien und Sizilien zur griechischen oder zur römischen Kirche gehörten. Von päpstlicher Seite kamen scharfe Entgegnungen, und die Formulierungen steigerten sich hier wie dort zu beleidigender Sprache. Humbert, der Kardinalbischof von Silva Candida († 1061), war päpstlicher Wortführer und leitete die Gesandtschaft, die im Sommer 1054 in Konstantinopel eintraf. Sofort kam es zu persönlichen Spannungen, weil der Patriarch das Auftreten der römischen Delegierten als höchst arrogant empfand und er diesen auf den Versammlungen einen nachrangigen Platz zuwies. Am Ende wurden alle Gespräche abgebrochen, und Humbert legte am 16. Juli 1054 auf dem Hauptaltar der Hagia Sophia eine Papstbulle nieder, mit der Michael Kerullarios mit dem Kirchenbann belegt wurde. Am 20. Juli verfluchte der Patriarch seinerseits die Gesandten aus Rom, die inzwischen wieder abgereist waren. Obwohl diese gegenseitigen Bannbullen nur die beteiligten Personen betrafen, waren sie dennoch das Signal für eine grundsätzliche Trennung von Ost- und Westkirche.

STEFAN WEINFURTER

Literatur: Bischoff/Teck 2006, S. 33–60 – D'Agostino 2008 – Dahlhaus 1996 – Fees 2016 – Johrendt 2001 – Jordan 1957 – Larson/Sisson 2016 – Nicol 1962 – Schmieder 2005 – Summerlin 2016 – Whalen 2007

LEO EPISCOPVS SERVVS SERVORVM DEI · HARTVVIGO BABENBERGENSI EPISCOPO
DNI
LEO P

B.3.1.1

Urkunde Papst Leos IX. (1049–1054): Bestätigung der Privilegien des Bistums Bamberg

Trebur, 6. November 1052
Pergament; H. 78 cm; B. 46,5 cm; Bleibulle an gelber Seidenschnur anhängend
Bamberg, Staatsarchiv Bamberg, Bamberger Urkunden 120

Leo IX. wurde Ende 1048 in Worms auf Wunsch Kaiser Heinrichs III. zum Papst vorgeschlagen. Als Bruno Graf Dagsburg in Egisheim im Elsass geboren, zählte er zu den bedeutendsten der deutschen Päpste des Mittelalters. Er nahm die von Cluny ausgehende Kirchenreform auf und bereitete den Weg für Gregor VII. Unmittelbar nach seiner Wahl am 12. Februar 1049 im Lateran erließ er auf den Reformsynoden in Rom, Pavia, Reims und Mainz Verfügungen gegen Simonie, Laieninvestitur und Priesterehe (Nikolaitismus). Er reformierte gleichzeitig die innerkirchliche Verwaltung und strukturierte die Kanzlei nach dem Vorbild der kaiserlichen neu. Er führte das *Motu-proprio*-Prinzip ein, also vom Papst selbst veranlasste Schreiben aus eigenem Antrieb ohne vorhergehendes Gesuch. Der Urkundenstil weist deutliche Unterschiede zu dem seiner Vorgänger auf.

Leo IX., der nur wenige Monate seines Pontifikats in Rom verbrachte und anhand dessen Itinerar von einem neuen ›Reise-Papsttum‹ gesprochen wird, schlichtete 1052 in Trebur einen Rechtsstreit zwischen den Bischöfen von Bamberg und Würzburg. Dabei bestätigte er Bischof Hartwig von Bamberg die Privilegien des Bistums, die Gründung, die Erwerbungen, Güter, Gewänder (*pallia*), Gegenstände, verbot jeden gewaltsamen Angriff (*insectatio*) auf die Stadt Bamberg, auf Burgen und Dörfer, erneuerte die Immunität (*Nullus ibi comes aut iudex placitum seu districtionem aliquam facere vel tenere audeat … Nulla in aliqua dignitate posita magna parvaque persona per violentiam irruat.*) und unterstrich die unmittelbare Schutzstellung des Bistums unter den Römischen Stuhl (für die Exemtionsfrage strittig: *in canonicis causis tantummodo*). Er gestattete zugleich den Domkanonikern aus Liebe zu seinem Vorgänger Clemens, dessen Leichnam von den römischen Grenzbezirken (*a Romanis finitimis*) nach Bamberg überführt worden war, dass einer von ihnen den Papst im Kirchengebet vertreten (*unum nostra vicissitudine regere fratrem*) und sie alle Mitren tragen könnten, aber nur, wenn sie an den Hauptfesten Weihnachten, Ostern, Pfingsten, am Tag des heiligen Georg, am Tag der Kirchweihe, am Tag der Heiligen Petrus und Paulus, an Mariä Himmelfahrt, am Sterbetag des Papstes Clemens (heiliger Dionysius) und am Jahrtag des Bistumsgründers Heinrich am Grab des Papstes wachten, damit diese apostolische Auszeichnung nicht entwertet werden würde.

Die Urkunde weist die von Leo IX. eingeführte Rota auf, zwei konzentrische Kreise, deren äußerer die Devise des Papstes trägt (*Misericordia Domini plena est terra*), wogegen das Innenfeld quadriert ist mit den Buchstaben L - E - O - P(apa). Das sonst ausgeschriebene *Bene valete* ist zu einem Monogramm kontrahiert; auf der rechten Seite finden sich die »eigenartigen Schriftzeichen« (Santifaller) aus antiken Vorbildern. Die Datumszeile ist an das Ende der Urkunde gewandert.

STEFAN NÖTH

Quellen: Bamberg, Regesten 1932, Nr. 258 – Regesta Imperii III,5,2, 2011, n. 1012
Literatur: Santifaller 1973, S. 29

B.3.1.2

Urkunde Leos IX. (1049–1054)

Fulda, 13. Juni 1049
Pergament; H. 47 cm, B. 71 cm, kein Siegel (Bulle) anhängend
Marburg, Hessisches Staatsarchiv, Urk. 75, 100

Als Bruno von Egisheim 1049 auf Wunsch Kaiser Heinrichs III. zum Papst gewählt wurde und als Leo IX. (1049–1054) die *Cathedra Petri* bestieg, sollte dies der Auftakt tiefgreifender Veränderungen für die römische Kirche und das Papsttum sein. Durchdrungen vom Geist der Kirchenreform bekämpfte Leo IX. die Laieninvestitur, die Simonie (Ämterkäuflichkeit) sowie den Nikolaitismus (Priesterehe) und setzte sich für urkirchliche Ideale ein. Gleichzeitig begann er jedoch auch mit einer stärkeren Erfassung der Christenheit, in dem er jene Regionen bereiste, die fern des direkten Einflussbereichs von Rom lagen.

Ein in Fulda ausgestelltes Dokument belegt die neue Mobilität des Papsttums, das mit Leo IX. zu einem regelrechten ›Reise-Papsttum‹ geworden war. Der Pontifex bereiste von Mai/Juni bis Dezember 1049 das Reich nördlich der Alpen und Frankreich. Im Juni machte er in Fulda Station, wo er einige Privilegien zugunsten des Klosters *pro magno nostro amore et nimia dilectione quam circa vos* [angesprochen ist hier der Abt Egbert] *habemus et habere deinceps cupimus* erneuerte und erweiterte. Damit reagierte der Papst auf ein Gesuch des Abtes, der um die Bestätigung der Besitzungen und Vorrechte des Klosters gebeten hatte. Neben dem Besitz am römischen Andreaskloster nahe der Basilika S. Maria Maggiore betraf dies die Exemption des Klosters Fulda, das Zehnt- und Oblationsrecht, die Abtswahl

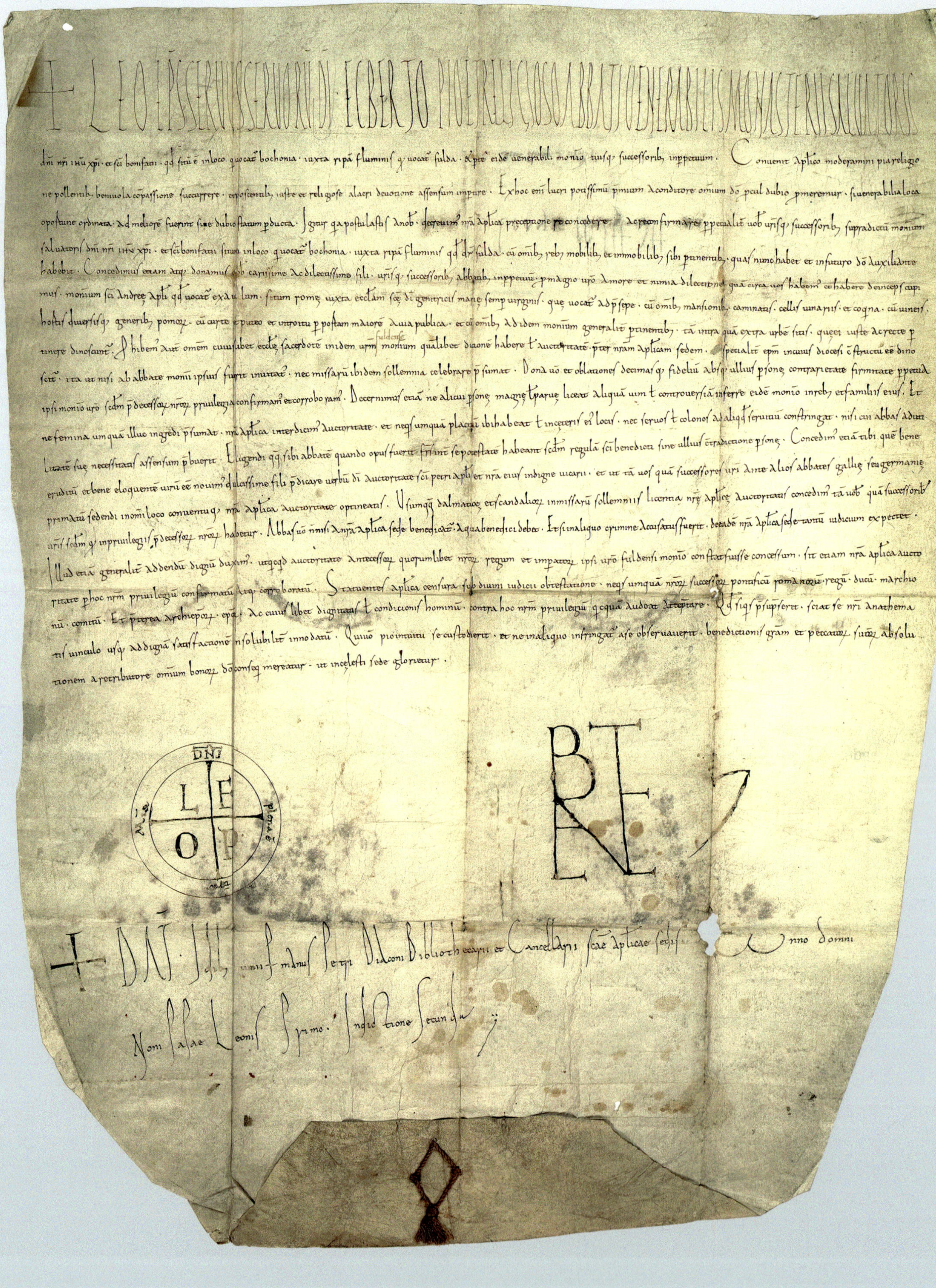

gemäß der Benediktsregel, das Seelsorgerecht, den Gebrauch der Pontifikalien und den Primat in Gallien und Germanien (*ante alios abbates Galliae seu Germaniae primatum sedendi*). Darüber hinaus ordnete er die Konsekration des Abts in Rom an und bestätigte dessen ausschließliche Judizierbarkeit durch den apostolischen Stuhl.

VIOLA SKIBA

Digital: https://arcinsys.hessen.de/arcinsys/detailAction.action?detailid=v4816670
Quellen: Codex diplomaticus Fuldensis 1850, S. 359–360, Nr. 750 – Germania Pontificia, IV/ IV 1978, S. 381–382, Nr. 70 – Regesta Imperii III, 5,2, n. 569
Literatur: Euw/Schreiner 1991, Bd. 2, S. 321–325 – Frech 2006

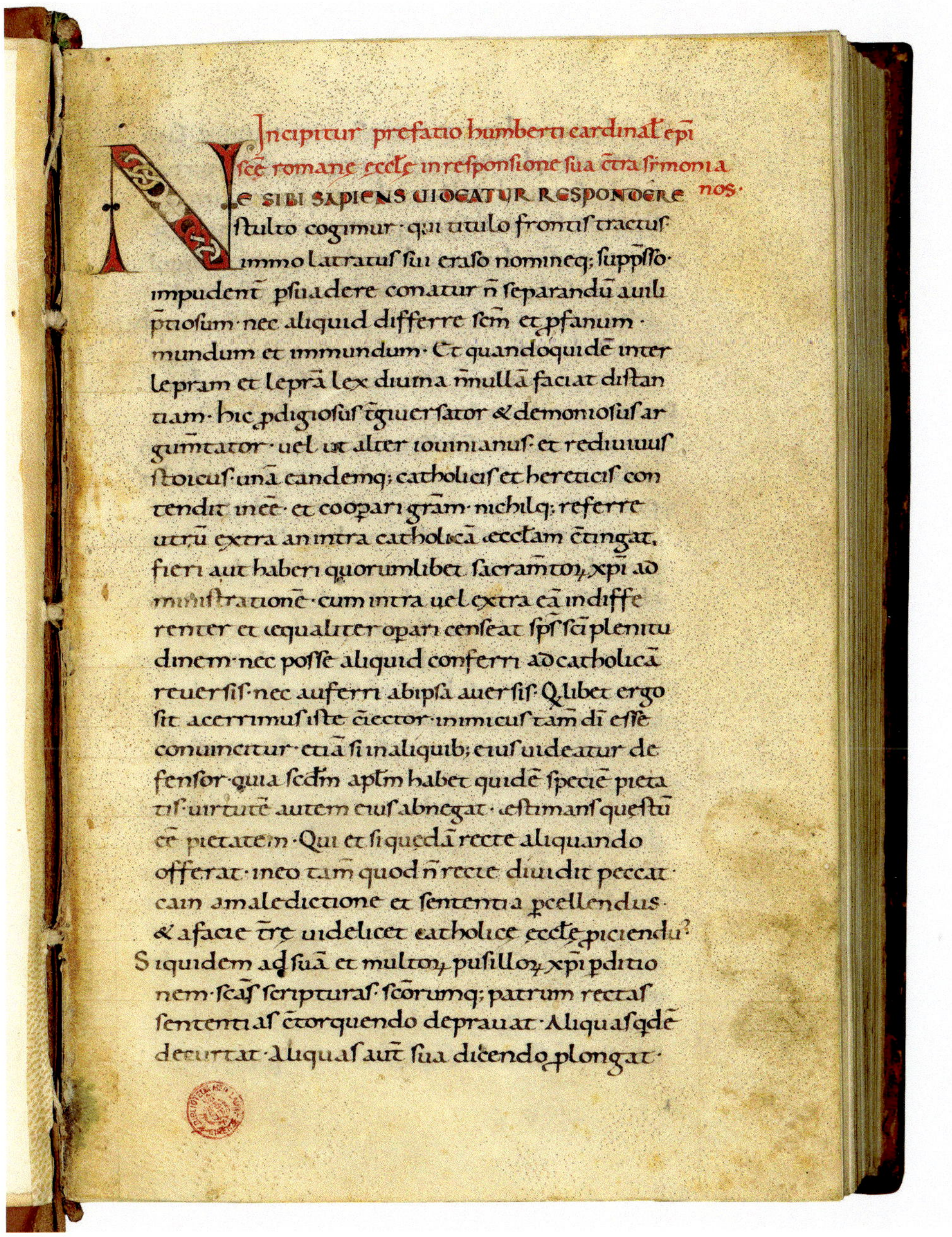

B.3.1.3
Humbert von Silva Candida: *Libri tres adversus simoniacos*

Mittelitalien, drittes Viertel 11. Jahrhundert
Pergament; H. 25 cm, B. 17 cm, 153 Blätter
Florenz, Biblioteca Medica Laurenziana, Ms. Plut. 19.34

Humbert von Silva Candida († 1061) ist eine der herausragenden Gestalten in der frühen Kirchenreform des 11. Jahrhunderts und ein Wegbereiter der ›papstgeschichtlichen Wende‹. Die Reformen Papst Gregors VII. (1073–1085) wurden von ihm in entscheidender Weise angeregt. Er begann als Mönch im Kloster Moyenmoutier in den Vogesen, wo er die Grundsätze der Klosterreform von Cluny kennen lernte. Dort und später im Kloster St. Asper (Toul) verfasste er bereits eine Reihe von Werken, die ihn als großen Gelehrten ausweisen. Von Beginn an stehen seine Angriffe auf die Ausbeutung der Klöster und der Kirche durch den Adel im Mittelpunkt. Er forderte die Freiheit der Kirchen vom Einfluss der Laien (*libertas ecclesiae*). Auch die unzureichende religiöse Strenge in der Lebensführung seiner Mitbrüder prangerte er an.

Als Bischof Brun von Toul unter dem Namen Leo IX. (1049–1054) zum Papst erwählt wurde, nahm er Humbert mit nach Rom und ernannte ihn 1051 zum Kardinalbischof von Silva Candida. Humbert wurde als päpstlicher Kanzler und Bibliothekar sowie als politischer Gesandter der wichtigste Vertrauensmann des Papstes. Im Streit mit der Ostkirche führte er die päpstliche Delegation an, die am 16. Juli 1054 auf dem Hauptaltar der Hagia Sophia die Erklärung niederlegte, mit welcher der Patriarch von Konstantinopel, Kerullarios, exkommuniziert wurde – das Signal für den Bruch zwischen Ost- und Westkirche. Die Radikalität seiner Reformansichten zeigt sich insbesondere in seinem Werk *Libri tres adversus simoniacos* (Drei Bücher gegen die Simonisten). Das erste Buch entstand um 1055 in Rom, die beiden anderen 1057/1058 in Montecassino, wohin er sich kurzfristig vor den Gegnern in Rom in Sicherheit brachte. Hier verurteilte er die

Simonie als eine der schlimmsten Ketzereien. Mit Simonie war der Brauch gemeint, dass für die Übernahme eines geistlichen Amts Geld oder sonstige Aufmerksamkeiten eine Rolle spielten. Der Name war von dem Magier Simon im Neuen Testament abgeleitet, der den Aposteln Geld geben wollte, um wie sie Wunder bewirken zu können. Ein durch Simonie in sein Amt gelangter Kleriker war für Humbert ein Häretiker, dessen geistliche Handlungen und Weiheakte er als ungültig erachtete. Er ging sogar soweit, auch jede Einsetzung eines Geistlichen durch einen Laien (›Laieninvestitur‹) als Simonie zu verurteilen. Damit waren die extremen Positionen der Kirchenreform formuliert worden, die in den folgenden Jahren – auch innerhalb der Reformerkreise – zu heftigen Kontroversen führten. Die hier ausgestellte Handschrift aus Florenz ist die einzige, in der uns die Schrift Humberts erhalten blieb.

STEFAN WEINFURTER

Quellen: Humbert von Silva Candida 1891, S. 95–253
Literatur: AK Canossa 1077, Paderborn 2006, S. 246, Nr. 355 – Blumenthal 1986 – Kandler 1971 – Laudage 1984, S. 169–184 – Schieffer, R. 1991

B.3.1.4

Sammelhandschrift mit zahlreichen Texten Humberts von Silva Candida und Papst Leos IX. (1049–1054)

13. Jahrhundert
Pergament; H. 25 cm, B. 17,5 cm
Rom, Biblioteca Universitaria Alessandrina, Ms. 169

Am 16. Juni 1054 gab es in Konstantinopel ein dramatisches Ereignis, dessen weitreichende Bedeutung damals noch nicht abzusehen war. Der päpstliche Legat Humbert von Silva Candida begab sich zur Kathedrale der Stadt, die der heiligen Sofia geweiht war, und legte dort eine aus Rom mitgebrachte Exkommunikationsbulle auf den Hauptaltar. Heute gilt dieser Akt als Beginn des Morgenländischen Schismas, das allerdings eine lange Vorgeschichte hatte und 1054 von keiner der beiden Kirchen beabsichtigt worden war.

Die Wurzeln des Konflikts zwischen Ost und West lagen viel tiefer und waren mit der Kultur und dem Selbstverständnis der Päpste und dem der Patriarchen von Konstantinopel verbunden. Daneben existierten zahlreiche theologische Differenzen. Das Problem des *filioque*, der Ikonoklasmus und die Verwendung von gesäuertem Brot während der Messe trennten beide Seiten in fundamentaler Weise. Doch es waren auch politische Faktoren, wie die Gründung eines römischen Kaisertums, die die Divergenz zwischen Ost und West begünstigten. Die byzantinischen Kaiser befanden sich jedoch in einer derartigen Position der Stärke, dass sie die neuen Herrscher des Westens tolerieren konnten, ohne sie als gleichrangig anzuerkennen. Diese Haltung spiegelte sich auch im Verhältnis der Ost- zur Westkirche wider, die als kulturell hoffnungslos unterlegen galt. Im 11. Jahrhundert wandelte sich die Situation allerdings grundlegend. Im Westen begann die Kirchenreform, und die Ankunft der Normannen in Süditalien läutete eine neue Phase im Verhältnis zwischen Ost und West ein. Das Reformpapsttum strebte eine Standardisierung und Neuorganisierung der Kirche an, die mit einer Ausrichtung auf Rom verbunden war. Alle Gläubigen und alle Kirchenoberen hatten dem Papst zu gehorchen und die Entscheidungen des Heiligen Stuhls anzunehmen.

Zugleich hatte seit 1043 mit Michael Kerullarios ein neuer Patriarch den Sitz von Konstantinopel inne, der nicht gewillt war, die universalistische Ausrichtung des Papsttums anzuerkennen. Er gab die Politik der Toleranz gegenüber den Lateinern auf und verbot ihren Ritus, was die Schließung aller lateinischen Kirchen Konstantinopels im Jahre 1052 zur Folge hatte. Darüber hinaus ließ er ein Sendschreiben an den Papst und die gesamte kirchliche Obrigkeit des Westens verfassen, in dem zahlreiche Praktiken ihrer Kirche aufs Schärfste verurteilt wurden. Die Antwort ließ nicht lange auf sich warten. Es entstanden zahlreiche Traktate und Schriften gegen den Patriarchen und die ›Irrtümer‹ der griechischen Kirche. Besonders Humbert von Silva Candida tat sich durch die Verteidigung von päpstlicher Autorität und lateinischem Ritus hervor. Als Leo IX. schließlich entschied, eine Delegation nach Konstantinopel zu entsenden, fiel seine Wahl auf Humbert als Legat. In diplomatischer Hinsicht erwies sich dies als unglücklich, da nun 1054 zwei starke, unflexible und Kompromissen abgeneigte Charaktere aufeinandertrafen. Trotz der Versuche des byzantinischen Kaisers, die Lage zu entspannen, eskalierten die Konflikte.

Die Handschrift aus den Beständen der Biblioteca Alessandrina in Rom versammelt einige der wichtigsten Schriften Humberts von Silva Candida und Leos IX. im Kontext der Auseinandersetzungen mit der östlichen Kirche, in denen die Positionen der römischen Kirche zusammengefasst sind. Neben dem ersten Brief Leos an den Patriarchen von Konstantinopel und Leo von Ochrida (fol. 115v–128r) enthält der Codex auch die lateinische Übersetzung des bereits genannten Sendschreibens, das auf Veranlassung von Michael Kerullarios von Leo von Ochrida an den Bischof Johannes von Trani geschrieben wurde, aber an alle lateinischen Bischöfe und den Papst gerichtet war (fol. 145v–155v). Trotz der umgekehrten Reihenfolge in der Sammelhandschrift ist der erste Brief Leos IX. an Michael Kerulla-

rios und Leo von Ochrida eine Antwort auf das Sendschreiben gegen die lateinische Kirche. Der päpstliche Brief stammt aus der Feder Humberts von Silva Candida, einem der engsten Mitarbeiter des Papstes. Der Kardinal ist auch der Autor zweier *libelli*, die ebenfalls in den Codex ms. 169 aufgenommen wurden: die *Rationes de Sancti Spiritus processione a Patre et Filio* (fol. 155v–160r) und die *Contradictio adversus Nicetam* (fol. 145v–155v), die gleichfalls mit dem Konflikt um die Orthodoxie von Ost- und Westkirche verknüpft waren.

VIOLA SKIBA

Quellen: Narducci 1887, S. 107–108
Literatur: D'Agostino 2008, bes. S. 93–94 – Nicol 1962 – Michel 1924–1930 – Rizzotto 2009 – Whalen 2007

B.3.1.5

Pontifikale Gundekarianum

Eichstätt, um 1072
Pergament; H. 41 cm, B. 31 cm, 257 Blätter
Einband hellbraunes Kalbsleder über Holzdeckel (15. Jahrhundert)
Eichstätt, Diözesanarchiv, Codex B 4, fol. 18r

Das *Pontifikale Gundekarianum* wurde von Bischof Gundekar II. von Eichstätt (1057–1075) ›diktiert‹ (*constat ipsum dictare*, Anonymus von Herrieden). Einige Abschnitte hat er eigenhändig eingetragen (u.a. verstorbene Reichsbischöfe, zu Bischöfen erhobene Eichstätter Kanoniker, Rechtstexte). Im Kern enthält das Buch Anleitungen zu liturgischen Handlungen (*Ordines*), zu Konsekrationen und Benediktionen, die dem Bischof vorbehalten sind. Aber die Zielsetzung Gundekars ging weit darüber hinaus. Ihm kam es darauf an, in der Zeit der Kirchenreform ein Zeichen dafür zu setzen, dass die althergebrachte kirchliche Ordnung nicht verändert werden müsse, weil sie die Rechtgläubigkeit enthalte.

In Eichstätt war man eng mit dem Kaiserhof der Salier verbunden. Die hohe gegenseitige Wertschätzung zeigte sich darin, dass Kaiser Heinrich III. (1039–1056) den Eichstätter Bischof Gebhard (1042–1057) im Jahr 1055 zum Papst bestimmte. Dieser nannte sich Viktor II. (1055–1057) und signalisierte mit diesem Namen den Sieg der Kirche im Zusammenwirken von Kaiser und Papst. Doch nach seinem Tod setzte sich in Rom rasch die Gruppe der radikalen Reformer durch, die die Kooperation mit dem

Kaiser und den sakralen Charakter der Kaiserwürde vehement ablehnten. Das Bistum Eichstätt drohte in die Ungläubigkeit abzugleiten, zumal in Rom der besonders kompromisslos eingestellte Archidiakon Hildebrand, der spätere Reformpapst Gregor VII. (1073–1085), die Politik an der päpstlichen Kurie immer stärker bestimmte. Über ihn entstand damals in Eichstätt der Satz: »Wenn du jemals die Papstwürde erlangen solltest, wirst du die ganze Welt ins Unglück stürzen!« (Anonymus von Herrieden). Nun kam es für den Eichstätter Bischof Gundekar II. darauf an, deutlich zu machen, dass seine Kirche in jeder Hinsicht rechtgläubig war, auch wenn man sich von den Reformern distanzierte. Aus diesem Grund hat er in das *Pontifikale Gundekarianum* die gesamte Reihe der Eichstätter Bischöfe in Bildern und mit kurzen Beschreibungen eintragen lassen.

So wie sich die Päpste auf Petrus zurückleiteten, so führten sich die Eichstätter Bischöfe auf den heiligen Willibald, den Bistumsgründer, zurück. Insgesamt sind es zwölf Heilige, die an den Beginn des Bistums gestellt werden, darunter der heilige Bonifatius. Die lückenlose, später bis ins 16. Jahrhundert fortgesetzte Amtsfolge sollte die Integrität der Amtsträger vor Augen stellen. Ein kunstvoll gestaltetes Kreuz mit der Devise Gundekars II. und die von Papst Leo dem Großen (440–461) übernommene Definition des rechten Glaubens sollten die richtige Einstellung des Eichstätter Bistums unterstreichen. Hinzu kam, dass man mit Viktor II. einen in seiner Zeit durchaus angesehenen Papst vorweisen konnte. Die bildlichen Darstellungen sind mit schön gestalteten Initialen versehen: Buchstaben aus goldenen, rotumrandeten Bändern, ausgefüllt mit blauer und grüner Deckfarbe. Die stilistischen Merkmale könnten auf Beziehungen zu den Skriptorien von Regensburg und Tegernsee verweisen. Beim Bildnis, das auf fol. 18r Papst Viktor II. zeigt (untere Reihe Mitte), fällt auf, dass in späterer Zeit seine Kopfbedeckung, bei der Entstehung des Bildes noch die phrygische Mütze, durch eine hohe, spitze Tiara ersetzt wurde: Das Erscheinungsbild des Papstes hatte sich inzwischen geändert und musste daher im *Pontifikale Gundekarianum* angepasst werden.

STEFAN WEINFURTER

Quellen: Pontifikale Gundekarianum 1990
Literatur: AK Canossa 1077, Paderborn 2006, S. 47–50, Nr. 36 – AK Die Salier, Speyer 2011, S. 104–105, Nr. 51 – Weinfurter 2010 a, S. 53–92

B.3.1.6 (nicht in der Ausstellung)

Taufbecken (?) mit einer Darstellung Papst Alexanders II. (1061–1073)

12. Jahrhundert (?)
Marmor; H. 105 cm, B. 35 cm
Fidenza, Museo del Duomo di Fidenza, S 1

Das 11. Jahrhundert war eine Zeit der Um- und Aufbrüche in der Geschichte des Papsttums und wurde nicht umsonst als ›papstgeschichtliche Wende‹ bezeichnet. Die Figuren der einzelnen Päpste bleiben trotzdem oft seltsam im Dunkeln. Selbst von Gregor VII., der immerhin als einer der bedeutendsten Päpste der Geschichte gilt, gibt es kaum Darstellungen. Sein Vorgänger, Alexander II. bleibt als Person ähnlich im Verborgenen. In Fidenza existiert allerdings ein eindrucksvolles Marmorbecken mit einem Abbild dieses bedeutenden Papstes, der sein Banner an Wilhelm den Eroberer geschickt hatte, bevor dieser Richtung England aufbrach.

Das Becken, möglicherweise einst Teil eines Taufbeckens, ist auf der Außenseite vollständig mit sorgfältig gearbeiteten Figuren dekoriert. Die Serie verschiedener Szenen, die möglicherweise mit dem Taufritus in Verbindung stehen, gruppiert sich um eine zentrale Szene. Ihren Mittelpunkt bildet die Figur Papst Alexanders II., der in seinen Händen eine teilweise entrollte Schriftrolle mit der Aufschrift ISTITVCIO. ALEXANDRI PP.II. hält. Dieser Verweis auf eine ›Einrichtung‹ (*institutio*) des Papstes bezieht sich auf die Erteilung verschiedener Privilegien zugunsten der Kirche von Borgo San Donnino (heute: Fidenza). Auf diese Weise reklamierten der Klerus und das Volk der Stadt eine besondere Verbindung zum Pontifex für sich, die durch seine Gunstbezeigung unterstrichen wird.

In der Tat dürfte Alexander II., der viel Zeit auf Reisen verbrachte und auch während seines Pontifikats immer wieder zwischen Rom und Lucca, seiner alten Bischofsstadt, hin und her reiste, mehrfach in Borgo San Donnino Station gemacht haben. Es ist außerdem wahrscheinlich, dass die Stadt, die sich gegen die Unterordnung unter den Bischofssitz von Parma wehrte, auch während des Cadalus-Schismas auf Alexanders Seite stand. Cadalus, oder Honorius II., wie er sich als Gegenpapst nannte, war vor seiner Wahl Bischof von Parma gewesen. So erhoffte sich Borgo San Donnino von seinem Gegner Unterstützung bei den eigenen Unabhängigkeitsbestrebungen.

Die genauen Vorgänge lassen sich heute ebenso wenig rekonstruieren wie die Privilegierung, auf die die Szene um Alexander II. und der Ausdruck INSTITUCIO verweisen. Möglicherweise ging es um ein Privileg in Verbindung mit der Taufe, zumal die Abfolge der Szenen mit dem Taufritus in Verbindung gebracht wurde. Kalkreste auf einer Seite des Beckens, die bei der Restaurierung genauer untersucht wurden und auf über längere Zeit fließendes Wasser hinweisen, lassen vermuten, dass es als eine Art Taufbrunnen fungierte. Eine erhöhte Positionierung des Beckens hätte auch die Sichtbarkeit der Dekoration begünstigt und die Darstellung noch prominenter erscheinen lassen.

VIOLA SKIBA

Digital: http://www.museoduomofidenza.it/ing/ricerca-museo.asp?Museo=specifico&IDOpera=2670 [13.12.2016]

Literatur: Gregori 2003 – Gregori 2007, S. 177–179, Nr. 41 – Gregori 2008, S. 297–300 – Negri/Mattei 2011, S. 71

Gregor VII. (1073–1085) und der römische Erdkreis

»Gehorsam ist besser als Opfer«

Wohl kein anderer Papst des Mittelalters hat eine derartige Wirkung hervorgebracht wie Gregor VII. (1073–1085). Die Überzeugung, vor Gott die Verantwortung für das Seelenheil aller ihm anvertrauten Menschen zu tragen und diesem Auftrag gerecht werden zu müssen, hat ihn zu höchstem Eifer angetrieben. Er machte sich das Wort des Reformkollegen Petrus Damiani zu eigen: »Der Papst soll sich als Vater des Erdkreises betrachten, aber auch nie müde werden, so vielen Söhnen ein Vorbild zu sein« (Petrus Damiani 1064). Unermüdlich suchte er die Forderungen der Kirchenreform im gesamten »römischen Erdkreis« (*orbis Romanus*), wie er den Raum der lateinischen Kirche nannte, durchzusetzen. Immer wieder erließ er Verbote des Ämterkaufs (›Simonie‹), der Einsetzung von Klerikern durch Laien (›Laieninvestitur‹) und des Zusammenlebens von Klerikern mit Frauen (›Nikolaitismus‹). Erzbischöfe, Bischöfe und Äbte, die ihm nicht gehorchten oder römische Vorgaben missachteten, suspendierte er vom Amt und zitierte sie vor sein Gericht nach Rom. Ebenso forderte er unbedingten Gehorsam von den Königen und Herrschern der lateinischen Welt. Gehorsam, so sein Standpunkt, sei wertvoller als Opfer bringen (*melior est oboedientia quam victime*, 1 Könige 15,22). Die göttliche Wahrheit und die kirchlichen Gebote duldeten seinem Verständnis nach keinen Kompromiss. Im äußersten Fall war in seinen Augen im Sinne von Augustinus auch der Einsatz von Gewalt legitim. Er trachtete danach, die Kirche von jeglichen weltlichen Einflüssen und Abhängigkeiten zu befreien, beanspruchte aber dennoch die Aufsicht über die ›Welt‹. In seinem Brief vom 25. August 1076 an Bischof Hermann von Metz führte er aus, dass »der heilige apostolische Stuhl auf Grund der ihm von Gott übertragenen höchsten Gewalt (*principalis potestas*) nicht nur über Geistliches entscheidet, sondern auch über Weltliches«. Alle diese päpstlichen Pflichten und Kompetenzen fasste er selbst 1075 in 27 prägnanten und berühmten Leitsätzen zusammen (*Dictatus papae*). Hier findet sich auch der Satz, dass der Papst sogar Kaiser absetzen könne. Diesen Anspruch verwirklichte Gregor VII. im Februar 1076, als er den römisch-deutschen König Heinrich IV. absetzte, sodass dieser im Winter 1076/1077 zum Gang nach Canossa und zum Gehorsamsversprechen gezwungen wurde.

»Ich habe die Gerechtigkeit geliebt«

Wie sehr dieses Handeln und die Forderung nach absolutem Gehorsam andererseits auch in kirchlichen Kreisen als ›unbarmherzig‹ beurteilt wurden, zeigt die Geschichte der Eichstätter Bischöfe. Sie berichtet von den Worten, die Papst Leo IX. an Hildebrand, den späteren Gregor VII., gerichtet haben soll: »Wenn Du jemals, was Gott verhüten möge, den päpstlichen Stuhl besteigst, wirst Du die ganze Welt ins Unglück stürzen.« Und der geistliche Autor fügte hinzu: »Wie richtig diese Prophezeiung war, hat sich, o Schmerz, in unseren jammervollen Zeiten schon mehr als billig und recht bewahrheitet.« Seinen Namen ›Hildebrand‹ deutete man sogar um in ›Höllenbrand‹ (*ticio infernalis*). Am Ende wurde Gregor VII. von seinen Gegnern aus Rom vertrieben. Seine letzten Worte in seinem Exil in Salerno sollen gelautet haben: »Ich habe die Gerech-

tigkeit geliebt, deshalb sterbe ich in der Verbannung.« Dieser Satz, ob authentisch oder nicht, zeigt die tiefe Überzeugung von der Notwendigkeit seines Tuns. Trotz seines persönlichen Scheiterns haben seine Ideen und Handlungen zu intensiven Diskussionen über das Verhältnis von Kirche und Welt, von Papst und Kaiser, von Wahrheit und Gewohnheit und von Gut und Böse in der christlichen Lebensordnung geführt. Insbesondere suchte fortan das römische Zentrum die Aufsicht über die ›kirchliche Peripherie‹ zu führen.

STEFAN WEINFURTER

Quellen: Geschichte der Eichstätter Bischöfe 1987
Literatur: Althoff 2013 – Fuhrmann 1991 – Hartmann 2016 – Johrendt/Müller, Harald 2008 – Johrendt/Müller, Harald 2012 – Laudage 2006 a – Mierau 2010 – Schieffer, R. 1978 – Schieffer, R. 2010 – Weinfurter 2006 – Weinfurter 2014
Bild: Darstellung Papst Gregors VII. in einer Initiale seiner Vita, 1190/1210 (Heiligenkreuz, Stiftsbibliothek, Cod. Csc.12, fol. 181v)

B.3.2.1

Exultet-Rolle

Montecassino, 1058–1087
(unter Abt Desiderius)
Pergament-Rotulus; H. 79 cm, B. 29 cm
London, The British Library,
Add. MS 30337, fol. 3 und fol. 4

Einzelblatt einer *Exultet*-Rolle mit der Darstellung eines thronenden Papstes

Montecassino, 1075–1090
H. 75,3 cm, B. 28,5 cm
Vatikanstadt, Biblioteca Apostolica Vaticana, Facs. Barb. Lat. 592, sez. 5° (Faksimile)

Die *Exultet*-Rolle wurde während der Regierung des Abtes Desiderius (1058–1087), des späteren Papsts Viktor III., in Montecassino geschaffen. Die Zusammenstellung des bei der Herstellung verwendeten Textes ging auf eine Anweisung Papst Stephans IX. (1057–1058) zurück. Er hatte 1058 bestimmt, dass – zur Förderung der Kirchenreform – der alte Ambrosianische Gesang aufgegeben werden sollte, der noch immer in Süditalien Verwendung fand, wo sich die Römische Liturgie bis dahin nicht hatte durchsetzen können.

Zu dieser Zeit war das Kloster Montecassino eines der bedeutendsten und mächtigsten religiösen Häuser des Südens und verfügte über ein hervorragendes und einflussreiches Skriptorium. Unter Abt Desiderius nahmen Einfluss und Reichtum nochmals zu, Montecassino wurde zu einem Zentrum der Produktion von Urkunden, Manuskripten und reformerischer Literatur. Desiderius, der aus der Familie der Herzöge von Benevent stammte, war gut vernetzt und unterhielt Beziehungen zu bedeutenden Vertretern der Kirchenreform, wie Humbert von Silva Candida, Leo IX. und Friedrich von Lothringen, der sein Vorgänger als Abt von Montecassino war und als Stefan IX. schließlich die *Cathedra Petri* bestieg. Unter der dreißigjährigen Regierung des Desiderius, der als *restaurator et renovator* des Klosters bezeichnet wurde, entwickelte sich Montecassino zur Speerspitze der Kirchenreform. Dabei nutzte der Abt intensiv die Möglichkeiten des Skriptoriums seines Klosters. Über 70 Manuskripte – patristische und liturgische, aber auch klassische Werke, wie die von Cicero, Seneca und Tacitus – wurden in dieser Zeit kopiert.

Eines der wichtigsten Ziele des Reformpapsttums bestand in der Standardisierung von liturgischer und religiöser Praxis. Als Ideal galt dabei die römische Kirche, die ein für alle Mal als Zentrum des *orbis christianus* oder *romanus* etabliert werden sollte. Nach dieser Vorstellung fungierte der Papst als oberste Autorität in allen Fragen des Glaubens, der Moral, der religiösen Praxis und des kanonischen Rechts. Die Entscheidung, den römischen Kult in Süditalien durchzusetzen und andere Glaubenspraktiken zu verbieten, war Teil dieses groß angelegten Reformprogramms. Dazu bedurfte es der Standardisierung von Gebetsbüchern und anderer liturgischer Texte.

Unter der Regierung des Desiderius wurden mindestens drei *Exultet*-Rollen in Montecassino angefertigt, die in der Osterliturgie Verwendung fanden. Die reich illustrierten Rollen enthielten den Text einer Hymne, die von einem Diakon zur Preisung der Osterkerze gesungen wurde. Während der Messe rollte der in eine weiße Dalmatik gekleidete Diakon die *Exultet*-Rolle von einem Ständer ab. Dabei sah die Gemeinde nach und nach die Illustrationen, die gegenläufig zum Text angeordnet waren. Während der Rotulus Barb. Lat. 592 der Vatikanischen Bibliothek fragmentarisch überliefert und in Einzelblätter zerlegt ist, ist die Rolle der British Library noch intakt. Sie besteht aus zwölf zusammengenähten Pergamentblättern, von denen elf mit insgesamt 13 Miniaturen versehen sind. Auf dem dritten Blatt des Rotulus ist eine Personifikation der *Mater Ecclesia*, der Mutter Kirche, zu sehen, auf deren einer Seite eine Gruppe von Klerikern und auf deren anderer eine Gruppe von Laien steht. Das Bild des vierten Blattes von Add. 30337 ist dagegen direkt an die Zeremonie des *Exultet* gebunden und zeigt den Diakon bei der Verlesung – oder besser beim Singen – der Rolle. Das ausgestellte Blatt des Barb. Lat. 592 zeigt dagegen einen thronenden Papst.

VIOLA SKIBA

Digital: http://www.bl.uk/manuscripts/FullDisplay.aspx?ref=Add_MS_30337 [09.12.2016]
Quellen: Die Exultetrolle 1988
Literatur: AK Exultet, Montecassino 1994 – Baldass 1954 – Kelly 1996 – Ladner 1983 – Picasso 1992 – Speciale 1991 – Zuppelli 2008

B.3.2.2

Honorius Augustodunensis: *Opera exegetica* – Auslegung des *Canticum Canticorum*

Benediktbeuren, drittes Viertel 12. Jahrhundert
Pergament; H. 29 cm, B. 19,5 cm
München, Bayerische Staatsbibliothek, Clm 4550, fol 1v

Honorius Augustodunensis (Ende 11. Jahrhundert – ca. 1150, Herkunft ungesichert) war Benediktinermönch und wirkte in der ersten Hälfte des 12. Jahrhunderts in England (u.a. Canterbury) und Deutschland (u.a. Regensburg). Er verfasste mehr als 30 theologische und enzyklopädische Werke sowie Streitschriften zur gregorianischen Kirchenreform, in denen er Missstände der Kirche anprangerte. Vor allem seine Lehrbücher, die sich an reformwillige Kleriker richteten und theologische bzw. philosophische Grundlagen vermittelten, erfuhren eine weite Verbreitung in ganz Europa. Sein Hohelied-Kommentar, dem die gezeigte Zeichnung vorangestellt ist, entstand in seiner letzten Schaffensphase (ab 1126) als Inkluse in Regensburg.

Die Handschrift exegetischer Werke Clm 4550 aus dem Kloster Benediktbeuren umfasst Honorius' Hohelied-Kommentar (*Expositio in Cantica Canticorum*, fol. 1r–106v, *Sigillum sanctae Mariae*, fol. 122r–130r) und den Traktat *Neocosmus sive Expositio in Hexaemeron* (fol. 122r–130r). Sie gehört zur bayerisch-österreichischen Gruppe des illustrierten Hohelied-Kommentars und enthält als einzige den kompletten Zyklus von vier Illustrationen.

Der Codex beinhaltet vier farbige Federzeichnungen in Rot und Braun, von denen einzig die als Titelbild dem Text vorangestellte auf fol. 1v ganzseitig ausgeführt ist. Sie stellt die mystische Vermählung des Bräutigams und der Braut im Hohelied dar, die Christus (*sponsus*) und die Kirche

(*sponsa*) symbolisieren. Beide thronen gekrönt vor der Stadtkulisse des himmlischen Jerusalem. Rechts neben dem Brautpaar schwebt unter einem Baum eine weibliche Figur, die die erlöste Menschheit symbolisiert, was durch das auf sie tropfende Blut Christi verdeutlicht wird. An verschiedenen Stellen der Zeichnung sind zudem Zitate aus dem Hohelied eingefügt.

Mit der Ausdeutung des Hohelieds und insbesondere der Gleichsetzung von Braut und Kirche befassten sich zahlreiche Autoren des 12. Jahrhunderts. In Honorius' Hohelied-Kommentar wird der Vergleich besonders detailliert ausgestaltet und auch als Vermählung Christi mit der ganzen Menschheit gedeutet. Die drei übrigen Federzeichnungen im Codex stellen die Braut als Menschheit in Gestalt der *filia Babylonis* (Heidentum), der *Sunamitis* (sich vor dem Gericht bekehrende Synagoge) und *Mandragora* (Rest der Menschheit, der sich beim Gericht bekehrt) dar. Sie beziehen sich auf drei der vier Bücher des Werks, in denen Honorius die Vermählung durch vier Zeitalter des Erlösungsprozesses hindurch ausdeutet.

VERENA SCHENK ZU SCHWEINSBERG

Quellen: Handschriften München 1988, S. 139–140, Nr. 196 – Handschriften München 1994, S. 72–74
Literatur: AK Bayerns Kirche im Mittelalter, München 1960, S. 13–14, Nr. 42 – Gillen 1942

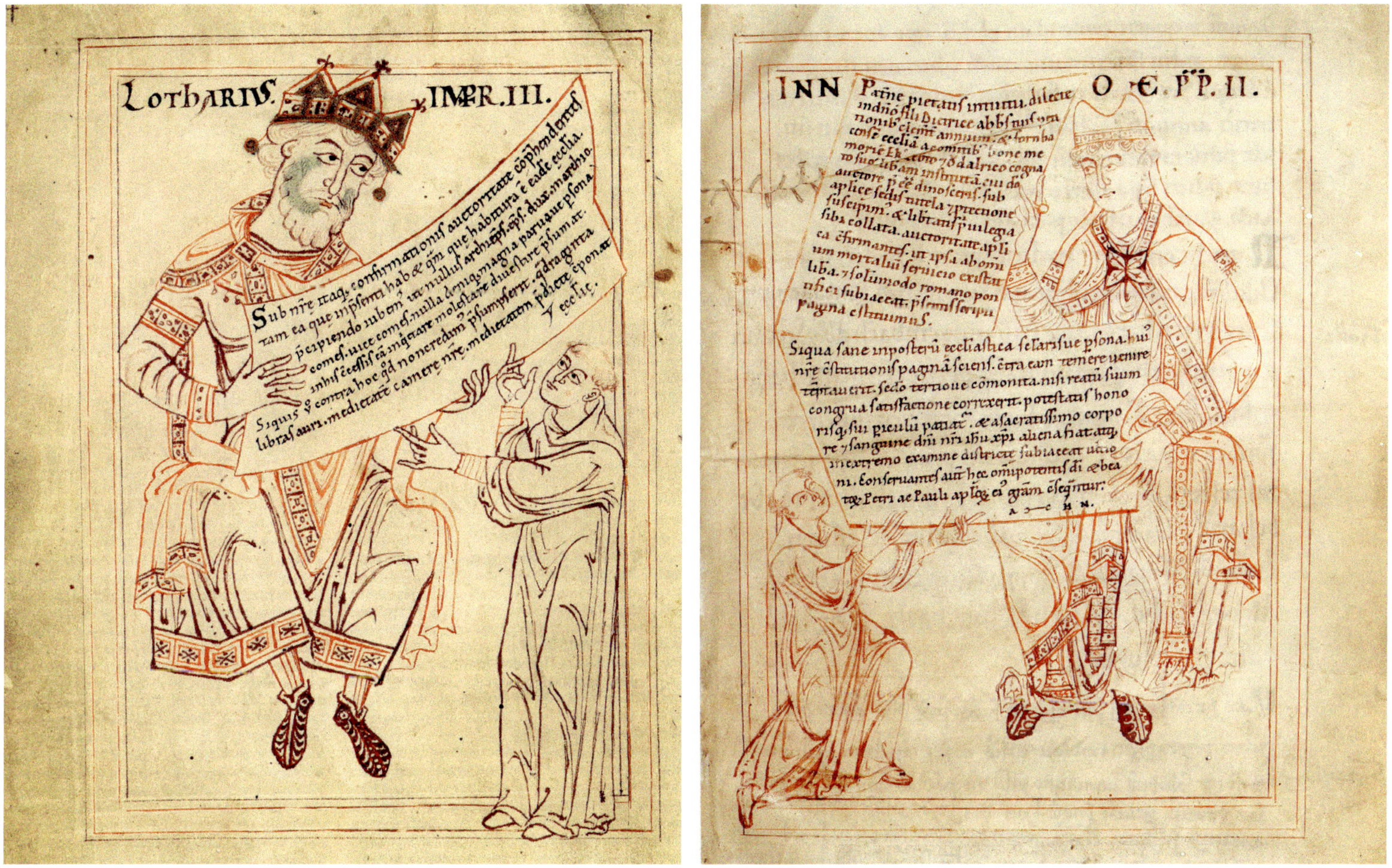

B.3.2.3 (nicht in der Ausstellung)

Das Traditionsbuch von Vornbach

Drittes Viertel 12. Jahrhundert
Pergament; H. 27,5 cm, B. 19,5 cm, 69 Bll.
München, Bayerisches Hauptstaatsarchiv,
KL Formbach 1, fol. 4v/5r

Die 1158 im Mannesstamm aussterbenden Grafen von Lambach-Formbach-Pütten zählten zu den frühesten adligen Anhängern und Förderern der gregorianischen Reformbewegung in Bayern im 11. Jahrhundert. Ihre reformreligiöse Haltung manifestierte sich vor allem in der Gründung und Dotierung eines Reformklosters sanblasianischer Observanz nahe ihres ersten Stammsitzes Vornbach, dessen Ausstattung mit Freiheitsrechten (freie Abts- und Vogtwahl, Selbstinvestitur des Abts) und der Übertragung an die römische Kirche.

Im Zuge einer administrativen und religiösen Neuordnung ließ Abt Wernhard (1147–1163) offenbar um 1150 nach älteren Vorlagen ein neues, repräsentatives Traditionsbuch anlegen, das vorrangig die Schenkungen wertvoller Güter an das Kloster und deren adlige Stifter kommemorierte. Die genuin rechtliche Funktion des Traditionsbuches erweiterte Wernhard um eine liturgisch-memoriale: Er stattete es mit einem Bilderzyklus von vier ganzseitigen Federzeichnungen auf einer eigenen Lage aus, die der Handschrift vorgebunden ist. Jeweils zwei Miniaturen stehen sich auf einem Verso- und einem Rectoblatt gegenüber. Stilistisch verweisen die in roter und violetter Tinte gezeichneten Figuren mit ihren fein ziselierten Gewändern auf Vorlagen aus dem Salzburger Raum (Salzburger Antiphonar).

Das erste Bildpaar (p. 2–3) – der thronende Christus umgeben von drei weltlichen Personen (den Klostergründern) vis-à-vis der um den Thron der Gottesmutter samt Jesuskind versammelten drei Äbte – rekurriert auf die Gründung des Klosters und dessen durch die Patronin Maria vermittelten gottgewollten religiösen Auftrag.

Das zweite Diptychon (p. 4–5) zeigt in spiegelbildlicher Anordnung einen weltlichen und einen geistlichen Herrscher, die beide jeweils einem Mönch als Vertreter des Klosters ein Schriftstück überreichen. Inschriftliche Titulaturen und signifikante Herrschaftszeichen wie Mantel, Armspangen, goldfarbene Krone bzw. Stola, Mitra und Ring weisen sie als Kaiser und Papst, als Lothar III. (1125–1137) und Innocenz II. (1130–1143) aus. Beide amtieren in rechtlicher Funktion und interagieren mit dem Empfänger, wie die dargestellte herrscherliche Übergabe des Schriftdokuments an den Mönch sinnfällig zum Ausdruck bringt. Diese erinnert an die Privilegien Lothars III. und Innocenz' II. für Vornbach von 1136 und 1139, die die klösterlichen Vorrechte und den Besitzstand bestätigten und den Rechtsstatus als *abbatia libera* garantierten. In die Darstellung sind wörtliche Passagen aus beiden Urkunden eingerückt, die Einblicke in die Vorstellungswelt von Abt und Konvent gewähren. Ihr Kernanliegen war der umfassende Schutz des Klosterguts, das es mit Hilfe der herrscherlichen Androhung geistlicher und weltlicher Strafen vor jeglicher Beeinträchtigung zu bewahren galt.

Das Bild von Kaiser und Papst übernahm damit zugleich die rechtssichernde Funktion eines Siegels und wirkte als Medium der Kommunikation; es vergegenwärtigte die Person seines Ausstellers und verbürgte die unbefristete rechtliche Geltung seines Privilegs.

HUBERTUS SEIBERT

Literatur: AK Aus 1200 Jahren, München 1985, S. 84–85, Nr. 40 – AK Grenzenlos, Asbach 2004, Nr. 2.4.1 S. 93 (Egon Boshof) – AK Verbündet Verfeindet Verschwägert, Burghausen 2012, Bd. 1, Nr. 81a, S. 132–133 (Monika Loibl, Richard Loibl) – Chrambach 1987, S. 174–265 – Sauer 1993, S. 66–88 u. 337–343 mit Abb. 4–7

B.3.2.4
Magnum Legendarium Austriacum: Paul von Bernried, Vita Gregors VII.

Heiligenkreuz, um 1190/1210
Pergament; H. 42 cm, B. 30,5 cm, 327 Blatt
Heiligenkreuz, Kunstsammlung der Zisterzienserabtei Stift Heiligenkreuz, Cod. 12, fol. 181v

Die Handschrift ist ein Band des *Magnum Legendarium Austriacum*. Sie enthält ausführliche Heiligenviten der entsprechenden Tagesheiligen. Bei den Zisterziensern weicht der Gedenktag für Papst Gregor VII. von seinem Todestag ab: Am 26. Mai wird seiner gedacht, er verstarb aber am 25. Mai 1085 im Exil in Salerno. Auf fol. 181v setzt die Legende von Papst Gregor VII. ein: *Eodem die vita Gregorii Septimi*. In der figurierten I-Initiale ist seiner liturgischen Gewandung nach ein Erzbischof dargestellt: Es sind Albe, Dalmatik, Kasel, darüber das Pallium und eine zweihörnige Mitra mit Bändern zu erkennen. In der einen Hand hält der Kleriker das Pastorale, in der anderen ein Schriftstück. Auffallend ist der rote Farbton seiner Kasel. Die bläulich schimmernden Bereiche der Miniatur sind den Leinwandtextilien von Albe und Mitra vorbehalten. Durch die grüne Füllung der Haste hebt sich die Figur gut von ihrem Grund ab. Die Darstellung gilt als eine der ältesten Papst Gregors VII., wenn man die nicht in einem narrativen Kontext stehenden Bildnisse des Papstes beachtet.

Die Vita wurde 1128 von Paul von Bernried verfasst, der einen Teil seines Lebens im Chorherrenstift Bernried am Starnberger See verbracht hat. In Rom hatte Paul eifrig Material zu Gregor VII. gesammelt, und er informierte sich über ihn anhand des Briefregisters des Papstes. Daneben benutzte Paul für die Vita Werke anderer Autoren. Die Vita gibt einen guten Einblick in Gregors kirchenpolitisches Denken. Paul von Bernried stellt den Papst in der Legende als unerschütterten Kämpfer für die Reform der Kirche dar. Gregor war es, der den *Dictatus Papae* (vgl. Kat. Nr. B.3.2.5) aufsetzen ließ: einen 27-Punkte-Katalog, in dem der Vorrang der geistlichen vor der weltlichen Macht erläutert wird. Möglicherweise haben die Buchmaler daher bei der Darstellung Gregors VII. ikonographisch nicht auf einen Papst Bezug genommen, sondern ihn als Erzbischof gezeichnet.

IRMGARD SIEDE

Quellen: Pippal 1999 ff.
Literatur: AK Die Salier, Speyer 2011, Bd. 1, S. 73, Bd. 2, S. 148–159 – Simader 2007, S. 327–377, hier S. 356–357 – Struve 1989

egressi sunt. diuinā scripturā habentes [illegible]
que dicit. Cū psequent͛ uos in ciuitate ista.
fugite in aliam. Nunciat͛ ḡ iniqs iudicib scōs
di aperᵹisse. Tunc comes assumit unā cū spicu
latorib ex pcepto impiissimi diocleciani i
patoris. subsequit͛ eos. Beatissimi ū mrēs
ascenso uehiculo iunctis mulab cū secede
re uoluissent ⁊ n̄ longe ab urbis menib i͛t͛
agerent ⁊ unū animal de subiunctis subi
to corruisset in locū qui appellat͛ ad aq̄s
gradatas. ita illic sunt a psecutorib ɔphen
si. Ergo dū beatos mrēs psecutor urgeret
uehicula ɔscenderīt. n̄ ut fugerent s; ut ad
martyriū cicī puenirent. non ut latitaret
s; ut se xpianos cunctis transeuntib ma
nifestarent. Ac ū ubi uehiculi apparatu
disposito p aggerē publicū graditur. illic
n̄ fuga dicenda ē s; pfectus. Scī enī uiri
hoc facto uelut in triumphali curru po
siti ɔtestabant͛ dicentes. Ecce psecutor. ec
ce pficiscim͛. ecce pcedim͛. qd resides. qd mo
raris. subsequere nr̄a uestigia. noluim͛ enī ui
deri inuiti duci ad penā. qui pcedere nos p
fitemur ad glām. Tunc sisinni͛ comes hec au
diens iussit beatos mrēs ɔphendi ⁊ hortat͛
eos ut thura ioui offerant. Beati autē mrēs
dixerīt se nūquā demoniis īmolaturos. s;
omīpotenti dō qui fecit celū ⁊ terrā mare
⁊ omīa que in eis sunt. Nam omīa ydola
siue qui ea colunt. cū eisdē ibunt in ig
nē eternū. Tunc sisinni͛ comes hec au
diens ualde iratus ē ⁊ iussit spiculatorib
ut si ioui thura n̄ ponerent. capitali sen
tentia plecterentur. Beatissimi ū mrēs
cantiani unā cū pto pedagogo suo gau
dentes ⁊ psallentes ducebantur a spicu
latorib;. Tunc beati famuli dī expansis
manib; ad celū orationē fuderīt dnō di
centes. Dnē ihu xpē qui pseuerantib in tuo
nomine te patrē ⁊ matrē ēē dixisti ⁊ p tēpa
lib futura. ⁊ p perituris etiā dare pmisisti.
te obsecram͛ amator pure ɔscientie. ut re
spicias de sūmitate celoꝝ ad hanc horā ut
suscipias animas nr̄as in pace ⁊ int͛ scōs
⁊ electos tuos collocari pcipias. ut cognos
cant omīs quia tu es dś solus benedictus
in sc̄la. Et cū ɔplessent orationē. ponentes
genua susceperunt gladiū ⁊ acceperunt co
ronas sempitnas. Et ecce sanguis eoꝝ tāq̄
lac omib; uidentib apparuit. Quo tēpore
beat͛ zoilus uenabilis pbr colligens beati
simoꝝ mrm̄ corpa ɔdiuit aromatib pre
ciosis ⁊ in loculo secreto collocauit. q̄ ⁊ ipe
scōs zoilus p aliquantū tēpis preiit ad dnm̄.

Scā petronelle uirḡ sup͛ in passione Nerei
⁊ achillei reqre.

Eodem die:

Vita Gregorij septimi.

[G]REGORIVS Septi
mus sup͛ quē uere primi
gregorii requieuit sp̄c na
cione tuscus. patrē habuit
nomine bonicū ⁊ ipse hil
tebrandi sortit͛ ē nomī in
baptismo uocabulū. n̄ sine
ḡndi psagio futuroꝝ. Hilte
brandus enī teutonice lin
gue uernacula nuncupa
tione pustionē significat
cupiditatis tṁene. qualem
psalmista s̄ diuinit͛ imp
tiri pcatur dicēs. Ure me dn̄e
⁊ tēpta me ure renes meos
⁊ cor meū. Apte ū in baptis
mo datū ē hoc nomī dicen
te iohē baptista. Ego quidē uos baptizo in
aqua in penitentiā. qui autē uenturus est
post me fortior me ē. cui͛ non sū dign͛ cal
ciamēta portare. ipse uos baptizabit in sp̄u
scō ⁊ igni. De hoc igne ipse saluator ait. Ig
nē ueni mittē in terrā ⁊ qd uolo n̄ ut arde
at. Quō ḡ uir iste igniuo eloquio dn̄i repul
surus erat a domo dn̄i ignita iacula inimici.
ei n̄ incongrue ptulit incendiū appellatione
qd exhibiturus erat feruentissima caritatis
& ueritatis attestatione. Habem͛ adhuc fir
miores in eo diuini feruoris pmonstrationes.
ex quib eū quondā helye pphē assimilauim͛.
cū forte ysidoꝝ de ortu ⁊ obitu patrū legere
mus. Ibi enī si memoria n̄ fallit caput helye
recens nati globo ignis tradit͛ illustratū ad
psignandū uidelicet diuine emulationis
ardorē. quo tandē inflamand͛ erat contra puari
cationes pessimoꝝ regū. atq; seductiones
pseudo pphaꝝ. Simili modo ⁊ gregorii siue
hiltebrandi paruuli uestib scintille ignis
uise sunt emicuisse ad pnotandū sine dubio
scī zeli feruorē. quo ⁊ ipse igniend͛ erat ētra
grauissimas violentias heinriciane uesanie ⁊ ɔtra in
tolerabiles effrenationes sacdotalis incon
tinentie. Hanc autē scintillarū uisionē
sepi͛ ostensā pmit͛ in eo cluniacensis mona
sterii pater. scs maiol͛ fert͛ annotasse. atq;
illud beati Johis baptiste adaptasse. Iste pu
er magn͛ corā dnō erit. Denīq; ut cunctas
uisiones ignis quas de eo cōpim͛ sine int͛
missione ɔmemorem͛. uisa ē etiā de ipsi͛ ca
pite quodā tēpe flama pcedere. ad expssio
nem similitudinē helye. si etatī fulcirent

B.3.2.5

Dictatus Papae

Clairvaux, 12. Jahrhundert
Pergament; H. 28,5 cm, B. 22 cm, 142 Blätter
Troyes, Médiathèque du Grand Troyes, Ms. 952, Clairvaux G 60, fol. 49v–50r

An der Kurie wurden ›Register‹ geführt, in die ausgehende Briefe und Urkunden der Päpste in Abschriften übernommen wurden. Papst Gregor VII. (1073–1085) hat an mehreren Stellen seines Registers von ihm diktierte Bemerkungen oder Stellungnahmen eintragen lassen mit dem Vermerk *dictatus papae*. Einer dieser Einträge ist unter diesem Namen berühmt geworden, nämlich der, den der Papst am 3. oder 4. März 1075 diktiert hat (Original im Archivio Segreto Vaticano, Reg. Vat. 2, fol. 80v–81r). Er gilt als Schlüsseltext für das Selbstverständnis des Papsttums und als Leitprogramm für die papstgeschichtliche Wende.

In 27 kurzen und präzisen Sätzen hat Gregor VII. in diesem *Dictatus papae* den Vorrang des Papstes in Kirche und Welt formuliert. Vieles übernahm er aus früheren kirchenrechtlichen Sammlungen, vor allem den pseudoisidorischen Fälschungen. Schon der erste Satz reicht weit zurück: »Dass die römische Kirche vom Herrn allein gegründet worden ist.« Auch der Satz drei gehört zum Bestand päpstlicher Autoritätstradition: »Dass er allein Bischöfe absetzen und wieder einsetzen kann.« Dies trifft ebenso auf Satz neun zu: »Dass alle Fürsten allein des Papstes Füße küssen.« Satz 21 legt alle ›größeren Rechtsfälle‹ (*maiores causae*) innerhalb der Kirche allein in die Zuständigkeit des Papstes, ein Anspruch, der schon auf dem Konzil von Sardika 343 formuliert worden war. Satz 19 geht auf die ›symmachianischen Fälschungen‹ aus der Zeit um 500 zurück: »Dass er von niemandem gerichtet werden darf.« Andere Sätze dagegen waren neu und zeugen von atemberaubender Kühnheit. Dazu gehört Satz 23: »Dass der römische Papst, wenn er kanonisch geweiht wurde, durch die Verdienste des heiligen Petrus unzweifelhaft heilig ist.« Ebenso hatte bislang noch niemand so explizit behauptet, wie es in Satz sieben heißt: »Dass es dem Papst allein erlaubt ist, falls erforderlich neue Gesetze zu erlassen.« Geradezu ungeheuerlich musste Satz zwölf anmuten: »Dass es ihm erlaubt ist, Kaiser abzusetzen.« Dasselbe gilt für Satz 27, wonach der Papst das Recht besitze, die Treueide der kaiserlichen Untertanen zu lösen.

Der *Dictatus papae* war wohl als eine private Selbstvergewisserung Papst Gregors VII. gedacht und wurde nicht veröffentlicht. Dennoch ist er ein wichtiges Zeugnis für die Weiterentwicklung und Festigung des päpstlichen Primats in Kirche und Welt. Dass er überdies keineswegs völlig unbekannt blieb, zeigen einige Abschriften in Kirchenrechts-Sammlungen, darunter die hier ausgestellte aus dem Zisterzienserkloster Clairvaux aus dem 12. Jahrhundert.

STEFAN WEINFURTER

Quellen: Register Gregors VII. 1920–1922, S. 201–208, Nr. II, 55a
Literatur: AK Canossa 1077, Paderborn 2006, S. 16, Nr. 7 – AK Die Salier, Speyer 2011, S. 76–77, Nr. 28 – Fuhrmann 1989 – Weinfurter 2006, S. 101–118

propter immutabili sententia sancte synodi et irreuocabili consensu omnium circumsedentium fratrum. Dionisium quondam dictum episcopum absque ulla umquam spe reconciliationis ab omni episcopali honore deposuimus, et in perpetuum negandam sibi audientiam decreuimus. Et quicumque sibi fidelitatem iurauerunt, ne ei hoc decreto sint ab omni uinculo sacramenti absoluimus. Dabimus et operam ut omnes fideles sancti petri adiuuent uos in expellendo lupo et ordinando pastore. Qui res uestras diripuit, et corpora animasque sequentium se in foueam sue cecitatis tenebrosam mittit. Viri uos ciues dei confortamini. quia deus nobiscum est et licet aduersentur nobis turrite urbes et chananea et gigantea corpora filiorum enan. dux tamen iesus cum socio intrepidus, uiam promissionis ingreditur. Erit enim ipse gigas ad currendam uiam qui dicit confidite ego uici mundum. Quod si aliquis pro defensione iusticie moriatur ex uobis, precibus apostolorum petri et pauli ab omnibus peccatis liberetur. Data roma v. non. mar. indic. xiii.

Gregorius episcopus s. s. dei. Laudensis ecclesie filiis salutem et a. b. Gaudemus dilectionem uestram pio religionis affectu, quos audiuimus aduersus detestandam symoniacam heresim et presbyterorum fornicationem diuine legis zelo succensos laudabiliter insurgere. Gaudeamus quoque super fratre et coepiscopo nostro pastore domino opizone qui se in tantum uobis eiusdem zelo pietatis feruere detexit, ut ad hec perficiendum sancte huius sedis obnixe flagitasset auxilium. Quapropter hortamur uos ut filios karissimos monemus, quatenus in his pestibus detestandis symoniaca uidelicet heresi et fornicatione ministrorum sacri altaris conterendis, et penitus extirpandis cum iam dicto pastore uestro fratre nostro ad omnipotentis dei seruitium ecclesie honorem totaque pariter salute ut pusilli insistatis. In ordinandis quoque recte et canonice ecclesiis eius uestris laboribus auxilium prebeatis. Immo in cunctis que ipse ad dei honorem utramque salutem agere disponit ei obedientes obtemperetis ut sancte matris uestre ecclesie apud uos munditia polleat. quam christus sine macula et ruga castam sibi copulauit sponsam. Hec autem quicumque seruauerit de omnipotentis dei gratia confidentes presumat apostolicam benedictionem se habere cognoscat. Qui uero in his que prefati sumus ei obsistere temptauerit, eumque in omnibus que dei sunt non adiuuerit, contremiscat se diuine animaduersionis apostolice maledictionis ultionem incurrere pro gratia et benedictione quas non curat habere. De amministratione uero altaris quod super corpus beati bassiani confessoris situm omnino precipimus ut nullus ei amministrare presumat qui ut precio uendere inuenitur ecclesiam. ut qui fornicator est. aut turpis lucri sectator. Data rome. v. non. mart. indic. xiii.

Dictatus pape.

Quod romana ecclesia a solo domino sit fundata.

Quod solus romanus pontifex iure dicatur uniuersalis.

Quod ille solus possit deponere episcopos vel reconciliare.

Quod legatus eius omnibus episcopis presit in concilio etiam inferioris gradus et aduersus eos sententiam depositionis possit dare.

Quod cum excommunicatis ab illo inter cetera nec in eadem domo debemus manere.

Quod absentes papa possit deponere.

Quod illi soli licet pro temporis necessitate nouas leges condere, nouas plebes congregare, de canonica abbatiam facere et econtra, diuitem episcopatum diuidere et inopes unire.

Quod solus possit uti imperialibus insigniis.

Quod solius pape pedes omnes principes deosculentur.

Quod illius solius nomen in ecclesiis recitetur.

Quod hoc unicum est nomen in mundo.

Quod illi liceat imperatores deponere.

Quod illi liceat de sede ad sedem necessitate cogente episcopos transmutare.

Quod de omni ecclesia quocumque uoluerit clericum ualeat ordinare.

Quod ab illo ordinatus alii ecclesie preesse potest, sed non militare, et quod ab aliquo episcopo non debet superiorem gradum accipere.

Quod nulla synodus absque precepto eius debet generalis uocari.

Quod nullum capitulum nullusque liber canonicus habeatur absque illius auctoritate.

Quod sententia illius a nullo debeat retractari et ipse omnium solus retractare possit.

Quod a nemine ipse iudicari debeat.

Quod nullus audeat condempnare apostolicam sedem appellantem.

Quod maiores cause cuiuscumque ecclesie ad eam referri debeant.

Quod romana ecclesia numquam errauit nec in perpetuum scriptura testante errabit.

Quod romanus pontifex si canonice fuerit ordinatus meritis beati petri indubitanter efficitur sanctus testante sancto ennodio papiensi episcopo ei multis sanctis patribus fauentibus sicut in decretis beati symachi pape continetur.

Quod illius precepto et licentia subiectis liceat accusare.

Quod absque synodali conuentu possit episcopos deponere et reconciliare.

Quod catholicus non habeatur qui non concordat romane ecclesie.

Quod a fidelitate iniquorum subiectos possit absoluere.

Gregorius episcopus s. s. dei. Manasse remensi archiepiscopo salutem et a. b. Si te pastorali regiminis cura preditum oportuit sollicitum reddere clericorum catalaunensis ecclesie causa totiens ad nos relata iam dudum competentem terminum accepisset. Sed quoniam negligentia tua et episcopi predicte ciuitatis inobedientia huc usque protracta est. necesse nobis fuit clericis tam diu afflictis succurrere et inobedientis contumaciam apostolice auctoritatis uigore contundere. Multis enim modis prefatus catalaunensis episcopus nostre iussioni parere contempsit. Primo enim uocatus ad synodum uenire neglexit. Deinde nostro presentialiter de restitutione beneficiorum clericorum precepta suscipiens obaudire despexit. Litteris deinde nostris ammonitus tamen que precipimus adimplere spreuit. Quam obrem propter tam enormem inobedientie temeri-

Der *Dictatus Papae* von 1075

Im ›Register‹ Papst Gregors VII. (1073–1085) wurden die Briefe, Privilegien oder Verlautbarungen, die in der päpstlichen Kanzlei ausgefertigt und ausgesendet worden sind, in Abschrift eingetragen. Das Original des kompletten Registers befindet sich im Vatikanischen Geheimarchiv (Archivio Segreto Vaticano) unter der Signatur Reg. Vat. 2. An mehreren Stellen wurden zwischen die Abschriften auch ›Diktate des Papstes‹ eingeschoben, in der Regel kurze päpstliche Bemerkungen oder Kommentare. Mit diesen Äußerungen kommen wir also sehr nahe an die Vorstellungen und das Selbstverständnis des Papstes heran. Das berühmteste dieser ›päpstlichen Diktate‹ wird einfach als *Dictatus papae* schlechthin geführt. Gregor VII. hat es am 3. oder 4. März 1075 eintragen lassen (Reg. Vat. 2, fol. 80v–81r).

Dieses Diktat besteht aus 27 Sätzen, in denen die Autorität des Papsttums zusammengefasst ist. Sie lauten:

1. *Quod Romana ecclesia a solo Domino sit fundata.*
2. *Quod solus Romanus pontifex iure dicatur universalis.*
3. *Quod ille solus possit deponere episcopos vel reconciliare.*
4. *Quod legatus eius omnibus episcopis presit in concilio etiam inferioris gradus et adversus eos sententiam depositionis possit dare.*
5. *Quod absentes papa possit deponere.*
6. *Quod cum excommunicatis ab illo inter cętera nec in eadem domo debemus manere.*
7. *Quod illi soli licet pro temporis necessitate novas leges condere, novas plebes congregare, de canonica abbatiam facere et e contra, divitem episcopatum dividere et inopes unire.*
8. *Quod solus possit uti imperialibus insigniis.*
9. *Quod solius papę pedes omnes principes deosculentur.*

Deutsche Übersetzung

1. Dass die Römische Kirche vom Herrn allein gegründet worden ist.
2. Dass allein der Römische Bischof zu Recht universal genannt wird.
3. Dass er allein Bischöfe absetzen und wieder einsetzen kann.
4. Das sein Legat allen Bischöfen übergeordnet ist, auch wenn er einen geringeren Weihegrad innehat, und dass er gegen diese ein Absetzungsurteil aussprechen kann.
5. Dass der Papst Abwesende absetzen kann.
6. Dass wir mit denen, die von ihm exkommuniziert worden sind, unter anderem nicht im selben Haus bleiben dürfen.
7. Dass ihm allein erlaubt ist, wenn die Zeit es verlangt, neue Gesetze zu erlassen, neue Gemeinden zu gründen, aus einem Kanonikerstift eine Abtei zu machen und umgekehrt, ein reiches Bistum zu teilen und arme Bistümer zusammenzulegen.
8. Dass er allein kaiserliche Herrschaftszeichen gebrauchen darf.
9. Dass alle Fürsten allein die Füße des Papstes küssen.

10. *Quod illius solius nomen in ecclesiis recitetur.*
11. *Quod hoc unicum est nomen in mundo.*
12. *Quod illi liceat imperatores deponere.*
13. *Quod illi liceat de sede ad sedem necessitate cogente episcopos transmutare.*
14. *Quod de omni ecclesia quocunque voluerit clericum valeat ordinare.*
15. *Quod ab illo ordinatus alii ecclesię preesse potest, sed non militare; et quod ab aliquo episcopo non debet superiorem gradum accipere.*
16. *Quod nulla synodus absque precepto eius debet generalis vocari.*
17. *Quod nullum capitulum nullusque liber canonicus habeatur absque illius auctoritate.*
18. *Quod sententia illius a nullo debeat retractari et ipse omnium solus retractare possit.*
19. *Quod a nemine ipse iudicari debeat.*
20. *Quod nullus audeat condemnare apostolicam sedem apellantem.*
21. *Quod maiores causę cuiuscunque ecclesię ad eam referri debeant.*
22. *Quod Romana ecclesia nunquam erravit nec imperpetuum scriptura testante errabit.*
23. *Quod Romanus pontifex, si canonicę fuerit ordinatus, meritis beati Petri indubitanter efficitur sanctus testante sancto Ennodio Papiensi episcopo ei multis sanctis patribus faventibus, sicut in decretis beati Symachi pape continetur.*
24. *Quod illius precepto et licentia subiectis liceat assusare.*
25. *Quod absque synodali conventu possit episcopos deponere et reconciliare.*
26. *Quod catholicus non habeatur, qui non concordat Romanę ecclesię.*
27. *Quod a fidelitate iniquorum subiectos potest absolvere.*

10. Dass allein sein Name in den Kirchen genannt wird.
11. Dass dieser Name einzigartig ist in der Welt.
12. Dass ihm erlaubt ist, Kaiser abzusetzen.
13. Dass ihm erlaubt ist, Bischöfe von einem Sitz auf einen anderen zu versetzen, falls es nötig ist.
14. Dass er in jeder Kirche, wo auch immer, einen Kleriker weihen kann.
15. Dass ein von ihm Geweihter einer anderen Kirche vorstehen, aber nicht dienen kann; und dass er von keinem Bischof einen höheren Weihegrad empfangen darf.
16. Dass keine Synode ohne seine Anordnung eine allgemeine genannt werden darf.
17. Dass kein Rechtssatz und kein Buch ohne seine Autorisation für kanonisch gelten dürfen.
18. Dass sein Urteil von niemandem widerrufen werden darf und er selbst als einziger die Urteile aller aufheben kann.
19. Dass er selbst von niemandem gerichtet werden darf.
20. Dass keiner es wage, denjenigen zu verurteilen, der an den apostolischen Stuhl appelliert.
21. Dass die wichtigeren Streitfälle einer jeden Kirche an ihn übertragen werden müssen.
22. Dass die Römische Kirche niemals geirrt hat und auch in Zukunft gemäß dem Zeugnis der Heiligen Schrift niemals irren wird.
23. Dass der Römische Papst, sofern er kanonisch eingesetzt worden ist, durch die Verdienste des heiligen Petrus unzweifelhaft heilig wird, nach dem Zeugnis des heiligen Bischof Ennodius von Pavia, dem viele heilige Väter beipflichteten, so wie es in den Dekreten des heiligen Papstes Symmachus steht.
24. Dass es auf seine Anordnung und seine Erlaubnis hin den Untergebenen gestattet ist, Anklage zu erheben.
25. Dass er ohne eine synodale Versammlung Bischöfe absetzen und wieder einsetzen darf.
26. Dass derjenige nicht für rechtgläubig gehalten wird, der mit der Römischen Kirche nicht übereinstimmt.
27. Dass er Untergebene vom Treueid gegenüber bösen Sündern lösen kann.

Fast alle diese Positionen waren nicht neu, aber in dieser Konzentration von gewaltiger Wucht. Sowohl innerhalb der Kirche als auch gegenüber den weltlichen Machthabern besitzt der Papst demnach einen unantastbaren Vorrang und kann seinerseits im Grunde unbegrenzt in kirchliche und weltliche Angelegenheiten eingreifen. Für seine Entscheidungen gibt es keine legitime Kontrollinstanz auf Erden. Noch Jahrhunderte später war Kaiserin Maria Theresia von Österreich so erzürnt darüber, dass sie forderte, der Name Gregors VII. müsse aus dem römischen Brevier gestrichen werden. Man muss allerdings berücksichtigen, dass diese Sätze zunächst nicht publiziert wurden und eher als ein Instrument päpstlicher Selbstvergewisserung dienten. Sie sind aber auch dann ein Beleg für den neuartigen Zugriff des Papstes auf die Ordnung in Kirche und Welt.

Später ist eine erweiterte und verschärfte Fassung entstanden, gewissermaßen ein zweiter *Dictatus papae* (*Dictatus* von Avranches oder *Propriae auctoritates* genannt), möglicherweise noch unter Gregor VII. selbst – aber auch Papst Viktor III. (1086–1087) oder Papst Calixt II. (1119–1124) kommen in Frage. Auch er zeugt von den Bemühungen, die Autorität, die Kompetenzen und den Rang des Papstes in präzise und eindeutige Formeln zu fassen.

STEFAN WEINFURTER

Quellen: Register Gregors VII, 1920–1922, Nr. II 55a, S. 201–208
Literatur: Fuhrmann 1977 – Fuhrmann 1989 – Kempf 1975 – Löwenfeld 1891 – Mordek 1972 – Mordek 1974 – Pape 2006 – Schieffer, R. 1986

ut ipse aliquem cognoscat non multo ver[e] amare eum, qui illos qui sibi in iniquitatibus obsecuti sunt favet. Quod si deo inspirante voluerit
resipiscere, quicquid potest non moliatur, semper tamen ad recipiendum eum in sanctam communionem prout vestra nobis caritas consuluerit paratos invenietis.

Decretum Gregorii pape qui et Hildebrandus. CLXV.

Anno ab incarnatione domini millesimo LXXVIII, pontificatus vero domni Gregorii pape septimi
anno V, celebravit ipse domnus papa Rome synodum in ecclesia domini Salvatoris que dicitur Constantiniana. Ubi interfuerunt
archiepiscopi et episcopi diversarum urbium numero fere centum necnon et abbatum ac diversorum ordinum clericorum et laicorum innumerabilis multitudo.
In qua apostolica constituta corroborantur, multa que corrigenda erant correxit et que corroboranda firmavit. Inter cetera namque in fine
synodalis absolutionis hec annexuit et perpetue memorie posteris scribenda mandavit ita dicendo: Quoniam multos peccatis
nostris exigentibus pro causa excommunicationis perire cottidie cernimus, partim ignorantia, partim et nimia simplicitate,
partim timore, partim etiam necessitate, devicti misericordia anathematis sententiam ad tempus prout possumus oportune temperamus.
Apostolica namque auctoritate anathematis vinculo hos subtrahimus, videlicet uxores, liberos, servos, ancillas seu mancipia
necnon rusticos et servientes et omnes alios qui non adeo curiales sunt ut eorum consilio scelera perpetrentur, et illos qui ignoranter excommunicatis communicant, seu illos qui communicant cum eis qui communicant excommunicatis. Quicumque autem orator sive peregrinus aut viator
in terram excommunicatorum devenerit, ubi non possit emere vel non habet unde emat, ab excommunicatis licentiam damus accipiendi.
Et si quis de excommunicatis non pro sustentatione superbie sed humanitatis causa aliquid ei dare voluerit, fieri non prohibemus. Actum

Epistola H. regis.

H. dei gratia rex A. gratiam, salutem et dilectionem. In maximis negotiis maximis [Actum] Rome V. Non. Mart. CXLIV.
maximorum opus est consiliis, que et facultatem habeant exitus et voluntate non careant initii. Neque enim bene cupiunt bene consulere
et velit et possit, quia nec liber rei perfectum nec facultas sine voluntate nec voluntas sine facultate prodit. Quod utrumque
tu fidelissime, ut arbitramur, equaliter possides; ut enim vere dicamus, licet maximo tibi maxima non desit facultas, maiori tamen adhuc
maxima facultate, si bene te novimus, si fidem tuam diligenter notavimus, in nostram et regni utilitatem exuberat voluntas.
De preteritis enim fidelitatis exhibitis in futuris certi sumus spe de fideliter exhibendis. Tue autem dilectioni committimus ne spe nostra minor sit
fide tua, qui de nullius regni principum fidelitate quam tua speramus maiora. Attamen quod hoc in tempore opportuno tua cum facultate
voluntas, que non tam nostra vero et honor coepiscoporum fratrumque tuorum in unum et tocius oppresse ecclesie exoptat necessitas. Nec enim hanc oppres-
sionem ignoras. Tantum vide ne oppresse ecclesie solacium subtrahas, sed regno et sacerdotio condoleas. Quod utrumque sicut hucusque ecclesia est ex-
altata, ita nunc humiliatur heu utroque viduata. Nam dum unus utrumque sibi vendicavit, utrumque dissipavit, nec in uno profuit, qui in
neutro prodesse voluit nec potuit. Et ne diutius notati nomine te suspendamus, accipe quem dicimus: Hildebrandum scilicet monachum
habitu, qui dicitur apostolicus, non pastoris curas sed invasoris violentia apostolice sedi presidentem et de sede pacis catholice
unice pacis vinculum dissipantem, ut tamen ipsi in promptu est scire. Ut enim de pluribus pauca referamus: regnum et sacerdotium deo
nesciente sibi usurpavit, in quo piam dei ordinationem contempsit, qui non in uno sed in duobus, duo id est regnum et sacerdotium principaliter consi-
stere voluit, sicut ipse Salvator in passione sua de duorum gladiorum sufficientia typice intelligi innuit. Cui cum diceretur: Domine
ecce gladii duo hic, respondit: Satis est, significans hac sufficienti dualitate spiritualem et carnalem gladium in ecclesia esse gerendum,
quibus omne nocivum foret amputandum, videlicet sacerdotali ad obediendum regi pro deo, regali vero gladio ad expugnandos inimi-
cos Christi exterius, ad obediendum interius omnem hominem docens fore constringendum, ut ita de alio in alium tenderetur caritate, dum nec sacerdotium
regnum nec sacerdotium regni honore privaret. Hanc dei ordinationem qualiter Hildebrandica insania confudit, tu ipse nosti.
Nam nullum eius iudicio licet esse sacerdotem, nisi qui hoc a fastu suo mendicaverit. Me quoque, quem deus in regnum, non autem ad sacerdotium vocavit,
quia me de deo et non de ipso regnare velle vidit, qui ipse me regem non constituit, regno me privare studuit, minitans
regnum et animam se mihi tollere, quorum neutrum illi deus concesserit. Hec et his similia cum sepius in nostram vero ipse nostri contumeliam struxe-
rit, si tamen adhuc sufficere credit, quin de die in diem nova et inexquisita confusionis genera nobis ingerat, ut in nuntiis nostris argumentum dedit. Nam carta exponere non sufficit qualiter eosdem nuntios tractaverit, quos indignius nimium affecit, quos crudeliter eos incar-
ceravit et incarceratos nuditate, frigore, fame, siti et plagis contrivit, sicque demum nostrorum exemplo per medium civitatis eductos omnibus spectaculum prebere iusserit, ita ut eundem cum Decio tyranno insanire et sanctos cremare credas et dicas. Unde non pigeat te karissime, ne pigeat omnium nostrum, scilicet et mee et coepiscoporum tuorum petitioni satisfacere, ut in pentecoste Wormaciam venias
et ibi plura quidem que pauca docet cartula a ceteris principibus audias, et quid agendum sit doceas. Rogat per dilectionem coepiscoporum et monitu pro
ecclesie utilitatem obligat vero nostre et tocius regni honorem.

Epistola H. regis contra Hildebrandum. CLXIII.

Heinricus non usurpative sed pia dei ordinatione rex Hildebrando iam non apostolico sed falso monacho. Hanc talem pro confusione tua
salutationem promeruisti, qui nullum in ecclesia ordinem preteristi, quem confusionis, non honoris, maledictionis, non benedictionis parti-
cipem non feceris. Ut enim de multis pauca et egregia loquamur, rectores sancte ecclesie, videlicet archiepiscopos, episcopos, presbiteros, non solum tangere

B.3.2.6

Rundschreiben Heinrichs IV. mit Entwurf der Zwei-Schwerter-Lehre

Zweite Hälfte/Ende 12. Jahrhundert
Pergament; Holzeinband, mit Leder überzogen (frühneuzeitlich);
H. 24 cm, B. 17 cm; 97 Blätter
München, Bayerische Staatsbibliothek,
Clm 4594, fol. 45r

Trotz einer engen Verschränkung von geistlicher und weltlicher Gewalt kann gerade das Mittelalter als Epoche gelten, in der die Grundlagen für eine spätere, wenngleich in Deutschland nicht vollständige, Trennung von Kirche und Staat gelegt wurden. Vereinfachend können zwei Sichtweisen mittelalterlicher Gelehrsamkeit auf die problematische Abgrenzung priesterlicher von kaiserlicher/königlicher Gewalt unterschieden werden.

Eine erste Perspektive, die sogenannte Gelasianische Zweigewaltenlehre, wurde im 5. Jahrhundert durch Papst Gelasius I. während des Akakianischen Schismas gegenüber Kaiser Anastasios I. formuliert. 494 unterschied Gelasius die *auctoritas sacrata pontificum* und die *regalis potestas*, die gemeinsam, aber unter Superiorität der geistlichen Gewalt die Welt regieren. In den folgenden Jahrhunderten sollten diese Gedanken zwar im Gedächtnis des kanonistischen Diskurses erhalten bleiben, jedoch erst im sogenannten Investiturstreit faktische Wirksamkeit gewinnen, als sie insbesondere durch Papst Gregor VII. zur Fundierung des hierokratischen Geltungsanspruchs der papalen Gewalt in Anschlag gebracht wurde.

Das hier ausgestellte Exponat ist hingegen der zweiten Perspektive, der sogenannten Zwei-Schwerter-Lehre, zuzuordnen. Nachdem Heinrich IV. durch Gregor VII. 1076 gebannt worden war, galt es für den König und seinen Anhang, die eigene, ›antigregorianische‹ Parteiung geschlossen zu halten und zu weiteren Unterstützungsleistungen zu motivieren. Ein Rundschreiben lud die adressierten Bischöfe für Pfingsten 1077 zu einem Hoftag nach Worms. Dieses Rundschreiben hat sich abschriftlich unter anderem in der hier vorliegenden Bamberger Briefsammlung des *Codex Udalrici* erhalten. Bedeutend ist der rhetorisch geschliffene Text aufgrund seiner typologisch-allegorischen Auslegung von Lk 22,38 (»Herr, siehe, hier sind zwei Schwerter. Er aber sprach zu ihnen: Es ist genug.«) durch Gottschalk von Aachen, ein Mitglied der königlichen Kanzlei, zum Zweck einer – aus königlicher Sicht – vernünftigen Abgrenzung von weltlicher und geistlicher Gewalt: »Denn ein einzelner hat, als er sich beide Gewalten anmaßte, beide zerstört, und er, der nicht beiden nützen wollte und konnte, war nicht einmal einer von Nutzen«. »Hildebrand der Mönch« (Gregor VII.) habe »das Band des unteilbaren Friedens« zerrissen und sich weltliche und geistliche Gewalt ohne Gottes Willen angemaßt. Damit habe Gregor die göttliche Ordnung missachtet, auf die »der Erlöser während seiner Passion selbst hingewiesen hat, als er die beiden Schwerter, die zugleich Sinnbilder sind, als ausreichend bezeichnete«. Mit diesen beiden Schwertern sollte in der Kirche »alles Schädliche weggeschnitten werden; er [Christus] lehrte nämlich, dass jeder Mensch vermittels des geistlichen Schwertes zum Gehorsam gegenüber dem König, der an Gottes Statt regiert, gezwungen werden sollte, mit dem weltlichen, königlichen Schwert dagegen nach außen hin zur Vertreibung der Feinde Christi, im Inneren aber zum Gehorsam gegenüber der geistlichen Gewalt«. Dieses Verhältnis der beiden höchsten Gewalten sollte von einmütiger Kooperation geprägt sein, »ohne dass die weltliche Gewalt der Achtung seitens der geistlichen und die geistliche Gewalt der Achtung seitens der weltlichen beraubt würde«.

Die beiden Schwerter konnten jedoch auch anders interpretiert werden: Bernhard von Clairvaux und andere führten etwa Mt 26,52 an (»Da sagte Jesus zu ihm [Petrus]: Steck dein Schwert in die Scheide.«) um nachzuweisen, dass der Papst als Nachfolger Petri auch über das weltliche Schwert verfüge und es der weltlichen Gewalt nur widerrufbar überlassen habe – eine Deutung, die durchaus Rezipienten, etwa im Schwabenspiegel – fand. Ab 1300 verlor die Zwei-Schwerter-Lehre zur Begründung des Verhältnisses von geistlicher und weltlicher Gewalt zunehmend an Bedeutung.

STEFAN BURKHARDT

Quellen: Quellen Geschichte Heinrich IV 2000, Nr. 13, S. 68–73
Literatur: Goez 1998 – Schieffer, R. 1998 – Schieffer, R. 2006 – Sieber-Lehmann 2015, S. 83–84

B.3.2.7

Donizo: *De principibus Canusensis, vita Matildis*

1234

Pergament; H. 21 cm, B. 15,5 cm

Lucca, Biblioteca Statale di Lucca, ms. 2508, fol. 28r

Der Bußgang Heinrichs IV. nach Canossa ist noch heute im kollektiven Gedächtnis verankert und mit der Vorstellung eines sich vor dem Papst erniedrigenden Herrschers verbunden. Die Exkommunikation Heinrichs durch Papst Gregor VII. 1076 und die damit verbundene Exkommunikation und Lösung der Untertanen des Königs von ihrem Treueid war ein erster Höhepunkt im Machtkampf zwischen Papst und römisch-deutschem König gewesen, in dem ›Canossa‹ eine weitere Etappe darstellte. Seine Gegner hatten Heinrichs IV. schwierige Situation nach der Exkommunikation genutzt. Dem Salier blieb im Winter 1076/77 nur eine Chance, sein Königtum zu retten: Er musste die Vergebung des Papstes erlangen. Es kam zu jener legendären Begegnung 1077, als Heinrich IV. im Büßergewand vor Gregor VII. trat. Aber warum spielte sich die Szene gerade dort ab und welche Rolle spielte Mathilde von Canossa? Als Großherzogin der Toskana und Herrscherin über riesige Gebiete war sie eine der mächtigsten Fürstinnen ihrer Zeit. Gregor VII. war es gelungen, die Freundschaft und Unterstützung Mathildes und ihrer Mutter Beatrix zu gewinnen und zu kultivieren, was ihm äußerst nützlich war, als er sich von den Parteigängern Heinrichs bedroht sah. Der Salier wiederum war mit Mathilde verwandt, so war sie als Mittlerin zwischen Papst und Herrscher in einer idealen Position. Als sich Gregor VII. nach Canossa, einer Feste Mathildes, zurückzog, um der Gefangennahme durch Anhänger des Saliers zu entgehen, war dies der naheliegendste Ort, um die Versöhnung des Papstes mit dem König zu erreichen. Mathilde und Hugo von Cluny, der Taufpate Heinrichs, spielten dabei eine wichtige Rolle.

Dies wurde auch von zeitgenössischen Chronisten wie Donizo gewürdigt, der die Vorgänge von Canossa in seinem Hauptwerk *De principibus Canusinis*, besser bekannt als *Vita Mathildis*, gebührend behandelte. Dieses zwischen 1111 und 1115 geschriebene Poem besteht aus zwei Büchern mit jeweils 20 Kapiteln, es feiert die Fürstin und ihre Vorfahren. Der Autor war ein Mönch in Canossa und Abt von S. Apollonio. Das Poem war nicht als historiographisches Werk gedacht, trägt aber durch seine detaillierte Schilderung zur Rekonstruktion der Vorgänge bei. Das Werk, dessen Original (BAV, Vat. lat. 4922) im Vatikan aufbewahrt wird, ist mit zahlreichen illustrierenden Miniaturen versehen, von denen eine die Ereignisse von 1077 betrifft. 1234 wurde das Original der *Vita Matildis* von den Mönchen von Frassinovo abgeschrieben und nach dem Vorbild des Vat. lat. 4922 ausgestattet, wobei sich der Kopist allerdings einige Varianten und persönliche Interpretationen gestattete. Dies betrifft auch die Darstellung zu 1077, die einzige ganzseitige Abbildung. Auf fol. 28r sieht man eine kostbar gekleidete, thronende Mathilde, flankiert von Hugo von Cluny und Heinrich IV. Gegenüber der Vorlage erscheint Mathilde hier noch dominanter und im Zentrum der Szene. Heinrich IV. ist kniend und in flehender Haltung dargestellt. Der Hintergrund mit einem Tor und zwei Türmchen verweist auf die Burg von Canossa, vor der der König hatte warten und seinen Bußakt absolvieren müssen. Es ist demnach die symbolische Visualisierung des Treffens, das die Rolle der Herzogin in den Vordergrund stellt und wie auch im Text der Dichtung den Papst in den Hintergrund treten lässt. Gregor nimmt dort eine fast passive Rolle ein. Mathilde ist diejenige, die den Frieden auf Bitten des Königs und Hugos von Cluny herbeiführt, worauf auch die Miniatur und ihr Titel (*Rex rogat abbatem, matildim supplicat atque*, der König fragt den Abt und bittet Mathilde) hinweisen. Dem Betrachter bleibt kein Zweifel daran, wem Heinrich IV. seine Absolution verdankte und wer die neben dem Papst wichtigste Persönlichkeit in Canossa war.

VIOLA SKIBA

Literatur: Andreoni 1994, S. 11–12, Nr. 3 – Cecchi 1971 – Crivello 2006, S. 54, Nr. 41 – Dabbene 2003 – Frugoni 2003, S. 41–62, S. 59 Nr. I, 2 – Lazzari 2006, S. 57–92 – Oldoni 2008, S. 345–346, VI.2 – Russo 1996 – Zanichelli 1991, S. 664

REx rogat abbatem· matildim supplicat atque·

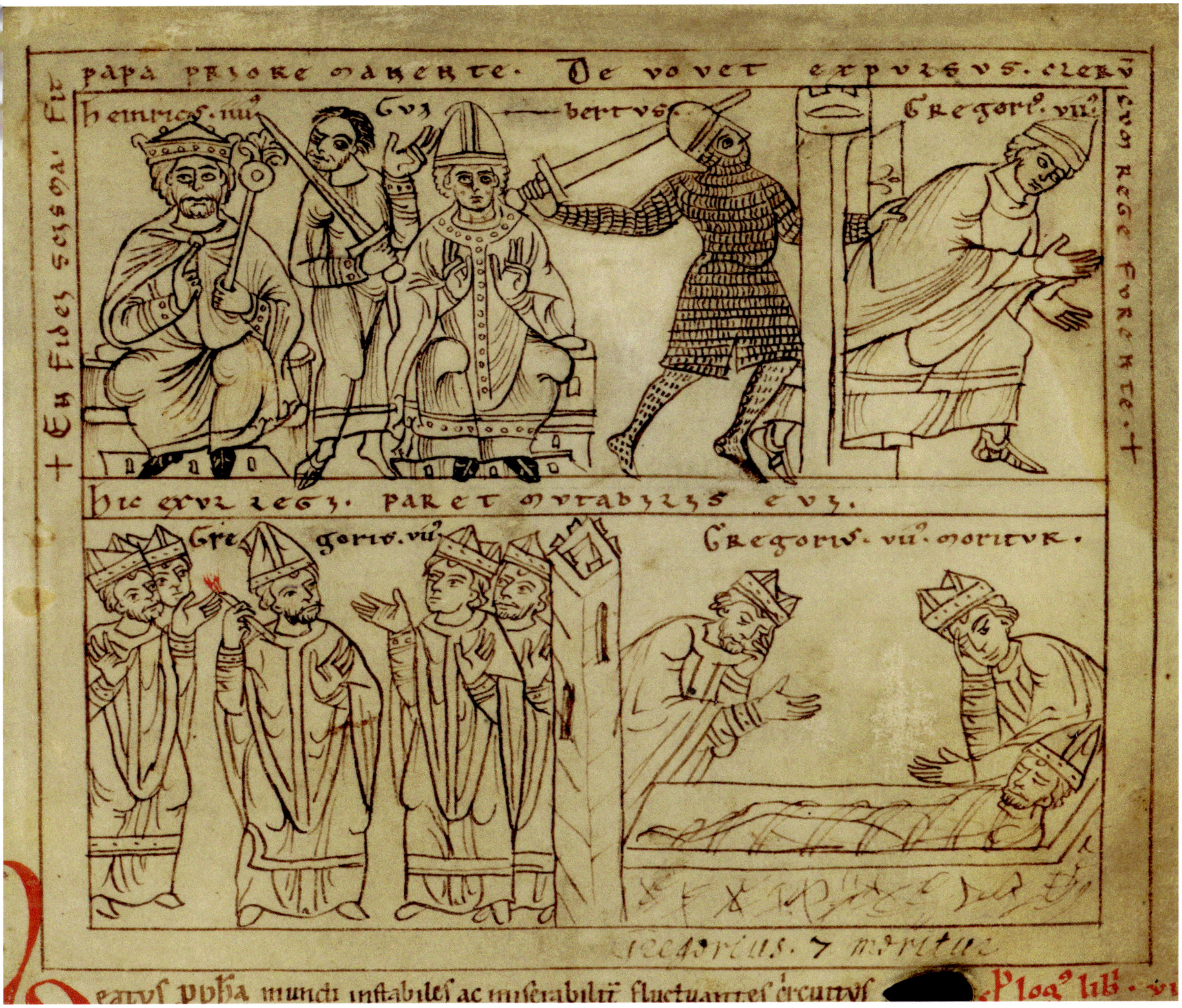

B.3.2.8

Otto von Freising: *Chronica sive Historia de duabus civitatibus*

Südwestdeutschland (?), 1157–1185
Pergament; H. 24,5 cm, B. 16,5 cm
Jena, Thüringer Universitäts- und Landesbibliothek Jena, Ms. Bos. q. 6, fol. 79r

Otto von Freising war nicht nur Zisterzienser und Bischof, sondern auch ein Mitglied des Hochadels. Als Enkel Kaiser Heinrichs IV. mütterlicherseits und Onkel Kaiser Friedrichs I. Barbarossa war er mit den politischen Vorgängen im Reich bestens vertraut. Von Jugend an für die Kirche bestimmt, genoss er eine entsprechende Ausbildung. Nach seinem Eintritt in den Zisterzienserorden wurde Otto 1138 Abt des Klosters Morimund. Er sollte jedoch nicht lange in Lothringen bleiben, da er noch im selben Jahr zum Bischof von Freising ernannt wurde. 1157 beauftragte der Kaiser seinen Onkel mit einer Lebensbeschreibung, den *Gesta Friderici*, die Otto allerdings nicht mehr vollendete. Die *Gesta* waren nicht sein erstes literarisches Werk. Zwischen 1143 und 1146 hatte er bereits eine Chronik verfasst, die die Weltgeschichte von ihren Anfängen (der Erschaffung Adams) bis in seine Gegenwart darstellen sollte. Damit reihte sich Otto in eine lange mittelalterliche Tradition ein, in der sich Universalchroniken großer Beliebtheit erfreuten – und doch stellt die *Chronica sive Historia de duabus civitatibus* einen Sonderfall dar. Wie bereits der Titel andeutet, orientiert sie sich am *De civitate Dei* des Augustinus, in der der »göttliche Staat« dem weltlichen Staatswesen gegenübergestellt wurde. In der »Chronik oder Geschichte der zwei Staaten« Ottos klingt diese Betrachtungsart der Welt und ihrer Zeitalter erneut an. In sieben Büchern beschrieb Otto eine Art theologischer Weltgeschichte, die im achten Buch in einer Darstellung des Jüngsten Gerichtes gipfelt. Im Gegensatz zu Augustinus hielt Otto eine Form der *Civitas Dei* auf Erden allerdings für möglich und ein Ziel, auf das es von geistlicher wie von weltlicher Seite hinzuwirken galt.

Eine der frühesten und kostbarsten Abschriften der *Chronica* wird heute in Jena aufbewahrt. Die Handschrift entstand zwischen 1157 und 1185 und ist illustriert. Vierzehn halb- bis ganzseitige Federzeichnungen in zwei bis drei Registern leiten jeweils die ersten sieben Bücher der Chronik ein. Sie werden durch Beschriftungen und Tituli erläutert. Auf fol. 79r, zu Beginn des sechsten Buches, zeigen vier Abbildungen in zwei Registern Szenen aus den letzten Jahren Papst Gregors VII. (1073–1085). Im oberen Register ist links der Salier Heinrich IV. zu sehen, wie er neben dem Gegenpapst Clemens III. thront, der ihn am 31. März 1084 in Rom zum Kaiser gekrönt hatte, während Gregor VII. den Vorgängen ohnmächtig hatte zusehen müssen. Auf der rechten Seite des oberen Registers wird Gregor VII. von einem Bewaffneten aus der Stadt vertrieben. Tatsächlich war der Papst 1084 gezwungen gewesen, nach Salerno ins Exil zu gehen, von wo aus er Heinrich erneut exkommunizierte und wo er Ende Mai 1085 starb. Diese Ereignisse schildert das untere Register. Links ist Gregor im Kreis der von ihm einberufenen Synodalversammlung bei der Verkündung des Kirchenbanns zu sehen, während er rechts bereits im Sarg liegt und von zwei Bischöfen betrauert wird: *Gregorius VII moritur* ist darüber zu lesen.

VIOLA SKIBA

Digital: http://www2.uni-jena.de/philosophie/altertum/mlat/otto_v~1.htm
Quellen: Handschriften Jena 2009, S. 79–85 – Otto von Freising, Chronica 1912
Literatur: AK Canossa 1077, Paderborn 2006, S. 238, Nr. 349 – Kratzsch 2001 – Lammers 1963 – Meier 2005 – Nagel 2005 – Nagel 2012 – Nilgen 1994

Das Wormser Konkordat

Wer darf Bischöfe in ihr Amt einsetzen?

Diese Frage war von hoher politischer Brisanz. Vor allem für den römisch-deutschen König und Kaiser war es wichtig, zuverlässige kirchliche Amtsträger als Stützen seiner Herrschaft zu haben, weil große Teile der königlichen Güter und Rechte in den Besitz der Kirche übergegangen waren. Die Reichsbischöfe führten zusammen mit dem König die Reichsgeschäfte und waren Bestandteil der politischen Ordnung. Hinzukam, dass von den Bischöfen die Stellung des Königs als geweihter Vertreter des himmlischen Königs immer wieder in kirchlichen Zeremonien in das Bewusstsein der Menschen gerückt wurde. Der König und die Bischöfe bildeten eine Gemeinschaft der ›Geweihten des Herrn‹. Deshalb galt es als Recht des Königs, bei der Auswahl neuer Bischöfe seinen Einfluss geltend zu machen und sie auch mit Ring und Stab in ihr Amt einzusetzen (zu ›investieren‹).

Mit Gregor VII. kam die Wende. Er und seine Nachfolger sahen im König nicht mehr den Stellvertreter Christi, sondern einen Laien. Von nun an sollte der König auf Betreiben der Reformpäpste von der Besetzung von Bischofsstühlen ausgeschlossen werden, was zu heftigen Debatten und Auseinandersetzungen führte (›Investiturstreit‹). Erst langsam entwickelte sich die Auffassung, dass beim Bischofsamt der geistliche Bereich (*Spiritualia*) und die weltliche Machtstellung (*Temporalia*) zu unterscheiden und zu trennen seien. Von Papst Paschalis II. (1099–1118) kam 1111 sogar der Vorschlag, die Bischöfe sollten ganz auf ihre vom König stammenden Rechte und Besitzungen (*Regalia*) verzichten und diesem damit das Hauptargument für die Investitur entziehen. Im Amt des Bischofs, so wird damit deutlich, sollte die Trennung von Kirche und Welt vollzogen werden. Der völlige Verzicht kam nicht zustande, weil die Bischöfe sich mit Macht dagegen wehrten. Dennoch ist es beachtenswert, dass dieser radikale Vorschlag zur Trennung von Kirche und Welt vom Papst ausging.

In England (Vertrag von Westminster) und Frankreich (Vereinbarung von Saint-Denis) konnte man bereits 1107 zu einer Lösung dieses Problems kommen. Im römisch-deutschen Reich, wo Kaiser Heinrich V. auf seinem Investiturrecht zunächst beharrte, kam es erst 1122 im Wormser Konkordat zu einer entsprechenden Regelung. Die Erhebung eines neuen Bischofs sollte gemäß dieser Regelung über eine freie Wahl durch Klerus und Volk (nicht durch den Papst!) erfolgen. Dem König wurde allerdings das Recht zugestanden, die deutschen Bischöfe noch vor der Bischofsweihe mit den Regalien zu investieren, sie also in das weltliche Fürstenamt einzusetzen. Dieser Akt wurde als Belehnung gedeutet, sodass die Fürstbischöfe zu Lehnsfürsten des Königs wurden. Im Laufe des 12. Jahrhunderts ging das Recht der Bischofswahl auf die Domkapitel über, bevor dann schließlich seit etwa 1300 die Besetzung von Bischofsstühlen in der lateinischen Kirche weitgehend von der päpstlichen Kurie aus geregelt wurde (›Provisionsrecht‹ des Papstes).

STEFAN WEINFURTER

Literatur: Dendorfer 2010 a – Laudage 2006 b – Schieffer, R. 1981 – Schilling 2002 – Zey 2000 – Zey 2011 – Zey 2017

B.3.3.1

Das ›Wormser Konkordat‹ 1122

11./12. Jahrhundert
Abschrift in einem Pergamentcodex mit historischen und kirchenrechtlichen Texten;
H. 32 cm, B. 22 cm
Vatikanstadt, Biblioteca Apostolica Vaticana, Ms. Vat. lat. 1894, fol. 9r

Am 23. September 1122 legten drei Legaten Papst Calixts II. (1119–1124) und der römische Kaiser Heinrich V. (1105/06–1124) auf den Wiesen vor Worms den epochalen Streit zwischen Päpsten und Kaisern um den Vorrang auf Erden, um Befehlsgewalt und Gehorsamspflicht wie um die Investitur der Bischöfe im römisch-deutschen Reich bei. Der Friedensschluss wurde durch den Austausch einer Papst- und einer Kaiserurkunde bekräftigt. Die Kaiserurkunde wird als wichtiges Original im Vatikanischen Geheimarchiv bewahrt, während die Papsturkunde nur in Kopien überliefert ist. Die hier gezeigte Abschrift beider Vertragsurkunden aus dem 12. Jahrhundert steht in einer bedeutenden Sammelhandschrift mit rechtlichen und historischen Texten.

Die Bezeichnung als ›Wormser Konkordat‹ entstammt der Begrifflichkeit neuzeitlicher Verträge zwischen Kirche und Staat (Gottfried Wilhelm Leibniz, 1693). Doch bereits die Zeitgenossen sprachen von der Wiederherstellung von Eintracht, nachdem sich die Streitparteien über Jahrzehnte mit Bannflüchen gegenseitig ins Verderben gewünscht hatten.

Im Kompromiss sparte man maximale Forderungen aus. Beide Urkunden versprachen Freundschaft und Frieden. Daraus erwuchs eine pragmatische Regelung der Bischofseinsetzung. Kaiser Heinrich V. übertrug der Kirche die Investitur mit Ring und Stab und sicherte kanonische Wahlen, freie Weihen und die Restituierung entfremdeter Kirchengüter zu. Damit verzichtete der Herrscher auf geistliche Investitursymbole wie auf die direkte Einsetzung der Erzbischöfe und Bischöfe. Diese wurden fortan von den Domkapiteln gewählt.

Papst Calixt II. verbot den Verkauf bischöflicher Ämter und jede königliche Gewaltanwendung. Er erlaubte aber die königliche Präsenz bei geistlichen Wahlhandlungen und – nach Beratung mit dem Metropoliten und den Mitbischöfen – die herrscherliche Entscheidung bei strittigen Bischofswahlen.

Für die Bindung zwischen König und Bischof wurden die päpstlichen Definitionen der Regalienleihe wichtig (weltliche Herrschaftsrechte des Bischofs). Das Kirchenrecht hatte gerade zwischen geistlichen und weltlichen Amtsbefugnissen des Bischofs zu unterscheiden gelernt (Spiritualien und Temporalien). Danach durfte der König in Deutschland durch Zepterübertragung nach der Bischofswahl die Regalien als Voraussetzung für die Bischofsweihe verleihen. In Italien und Burgund war dies erst nach der Weihe und damit nach dem endgültigen Eintritt ins Bischofsamt vorgesehen, eine Einschränkung der königlichen Gestaltungskraft. Damit differenzierte sich die Herrschaftsgewalt der römischen Könige in ihren drei Reichen weiter aus. Bedeutsam war die unklar formulierte päpstliche Bestimmung, dass ein deutscher Bischof bei der Regalienleihe dem Herrscher das leisten soll, »was er Dir aufgrund dessen rechtens schuldet«. Viele erblicken darin das Zugeständnis des feudalen Lehnseids, dessen Ableistung einem Geistlichen gegenüber einem Laien nach Kirchenrecht eigentlich untersagt war.

Der Ausgleich von 1122 bekräftigte die symbolische Herauslösung des Bischofsamts aus dem königlichen Zugriff. Faktisch erhielt sich der königliche Einfluss auf viele Personalentscheidungen, während sich die Herrschaftsrechte geistlicher Fürsten in der feudalisierten Reichskirche weiter ausformten.

BERND SCHNEIDMÜLLER

Quellen: Codices Vaticani latini 1912, S. 387–390 – Pax Wormatiensis 1893, Nr. 107–108, S. 159–161
Literatur: AK Canossa 1077, Paderborn 2006, S. 110–111 (R. Schieffer) – AK Die Salier, Speyer 2011, S. 79–80 (E. Goez) – Classen 1973 – Dendorfer 2010 a – Märtl 1986 – Minninger 1978 – Schilling 2002 – Zey 2000

Priuilegium Calixti pp. secundi.

Ego Calixtus eps seruus seruorum di. Tibi dilecto filio H. dei gra romanorum imperatori augusto. Concedo electiones epor et abbatum teutonici regni qui ad regnum pertinent in presentia tua fieri absque symonia. et aliqua uiolentia. ut si qua inter partes discordia emerserit. metropolitani et comprouincialium consilio uel iudicio. saniori parti assensum et auxilium prebeas. Electus autem regalia absque omni exactione per sceptrum a te recipiat. et que ex his iure tibi debet faciat. Ex aliis uero partibus imperii consecratus. infra vi. menses. regalia absque omni exactione per sceptrum a te recipiat. et que ex his iure tibi debet faciat. Exceptis omnibus que ad romanam ecclesiam pertinere noscuntur. De quibus uero mihi querimoniam feceris. et auxilium postulaueris. secundum officii mei debitum auxilium tibi prestabo. Do tibi ueram pacem. et omnibus qui in parte tua sunt uel fuerunt tempore huius discordie.

Preceptum Heinrici quarti imperatoris.

In nomine sancte et indiuidue trinitatis. Ego H. Romanorum imperator augustus. pro amore dei. et sancte Romane ecclesie. et domini pape Calixti. et pro remedio anime mee. Dimitto deo et sanctis apostolis dei. Petro et Paulo. sancteque catholice ecclesie. omnem inuestituram per anulum. et baculum. et concedo in omnibus ecclesiis que in regno uel imperio meo sunt. canonicam fieri electionem. et liberam consecrationem. Possessiones et regalia beati Petri. que a principio huius discordie. usque ad hodiernam diem. siue tempore patris mei. siue etiam meo ablata sunt. que habeo. eidem sancte romane ecclesie restituo. que autem non habeo. ut restituantur fideliter iuuabo. Possessiones etiam omnium aliarum ecclesiarum. et principum. et aliorum tam clericorum quam laicorum. que in guerra ista amisse sunt. consilio principum uel iustitia. que habeo reddam. que autem non habeo. ut restituantur fideliter iuuabo. Et do ueram pacem domino pape Calixto. sancteque romane ecclesie. et omnibus qui in parte ipsius sunt uel fuerunt. et in quibus sancta romana ecclesia mihi auxilium postulauerit. fideliter iuuabo. et de quibus mihi fecerit querimoniam. debitam sibi faciam iustitiam. Hec omnia acta sunt consensu. et consilio principum. quorum nomina subscripta sunt. Adelbertus archieps Mog. Fridericus. coloniensis archieps. H. ratisbonensis epc. O. babenbergensis epc. Bruno spirensis eps. H. aug. epc. G. traiectensis. Uolfst. Hersuelt abbas uuldensis. H. dux. Fridericus dux.

Octavianus Augustus Regnauit annos. lvi. Uixit ann. lxxv. Obiit morte communi. In oppido campanie atelle.

Tiberius. Regnauit. ann. xxiii. Uixit ann. lxxviii. Obiit morte communi. In campania.

Gaius caligula. Reg. ann. iii. Uix. Ann. xxviiii. Interfectus est in palatio.

Claudius. Reg. ann. xiiii. Uixit annos. lxiiii. Obiit morte communi.

Nero. Reg. ann. xiiii. Uix. ann. xxxi. Interfectus est ab urbe miliario. iiii. In uilla liberti sui.

Galba. Reg. mensibus. vii. Occisus est in foro rome.

Otho. Reg. diebus. xcv. Uix. ann. xxxvii. Ipse se interfecit in italia apud bedriacum.

Vitellius. Reg. menses. viii. dies. i. Uix. annos. lvii. Occisus est a uespasiani ducibus.

Uespasianus. Reg. ann. viiii. Uix. annos. lxviii. Obiit profluuio uentris prope sabinos.

Titus. Reg. ann. ii. menses. viii. Uix. annos. xli. obiit in ea uilla qua et pater eius.

Domitianus. Reg. ann. xv. Uix. annos. xxv. Interfectus est suorum coniuratione in palatio.

Nerva. Reg. anno. i. menses. iiii. Uix. ann. lxxi. Obiit morte communi.

Traianus. Reg. anno. xviiii. romę.

In Papst Alexander III. (1159–1181) »Gott verehren«

Die Füße des Papstes küssen

Der große Aufbruch des Papsttums brachte im 11. und 12. Jahrhundert vielfältige Bewegung in die lateineuropäische Geschichte. Vor allem gingen die Päpste 1107 eine enge Bindung mit der französischen Krone ein, die fortan zur besonderen Schutzmacht des Papsttums aufstieg. Normannische Könige wie Roger II. 1130 stellten ihre Reiche unter den Schutz des Papstes. Die skandinavische Kirche befreite sich mit päpstlicher Unterstützung aus der Abhängigkeit vom römisch-deutschen Reich. Die ›päpstliche Autorität‹ (*auctoritas apostolica*) wurde zur Formel höchster Garantie für Freiheit, Unabhängigkeit und Eigenständigkeit von Kirchen, Klöstern und Königreichen unter dem großen Dach der lateinischen Papstkirche. Immer häufiger wurde das päpstliche Urteil in Konflikten und Rechtsstreitigkeiten gesucht. Am Ende des 12. Jahrhunderts war die päpstliche Kurie schließlich zu einer Art von oberstem Gerichtshof geworden. Aber die Frage, welche Rolle bei diesen Umwälzungen noch dem Kaisertum zukommt, stand lange im Raum. Kaiser Friedrich I. Barbarossa (1152–1190) war entschlossen, die kaiserliche Autorität im Sinne des antiken Kaisertums zu erneuern. Infolge dessen kam es zu einem erbitterten Kampf mit Papst Alexander III. (1159–1181), der fast zwei Jahrzehnte andauerte und in den ganz Oberitalien und weitere europäische Mächte (vor allem England und Frankreich) hineingezogen wurden. Die Unterstützung von Gegenpäpsten durch den kaiserlichen Hof führte zu einer schwerwiegenden Kirchenspaltung (›Schisma‹). Am Ende freilich musste sich Barbarossa 1177, beginnend am 24. Juli, vor der Markuskirche in Venedig in einer dreiwöchigen Demutsinszenierung dem Papst unterwerfen. Künftig wollte er ihm wie einem Vater gehorchen, ja sogar »in Alexander Gott verehren«. Er »küsste die Füße des Papstes, dann die Knie«, wie ein englischer Beobachter notierte. Es war ein wesentlicher Schritt zu einer deutlichen Herabsetzung des latein-europäischen Kaisertums. Um künftig Schismen mit zwei Päpsten gleichzeitig zu verhindern, ließ Alexander III. auf dem Dritten Laterankonzil von 1179 beschließen, dass eine Wahl künftig nur bei einer Zweidrittelmehrheit der Kardinäle gültig sein sollte.

STEFAN WEINFURTER

Literatur: Clarke/Duggan 2012 – Görich 2005, S. 70–91 u. 337–343 – Görich 2011 – Laudage 1997 – Laudage 2009 – Müller, Harald 2016 – Weinfurter 2002 a – Weinfurter 2002 b

B.3.4.1

Sachsenspiegel, Heidelberger Bilderhandschrift

Um 1300 (vermutl. 1295–1304)
Pergamentcodex; H. 30 cm, B. 23,5 cm
Heidelberg, Universitätsbibliothek,
Cod. Pal. germ. 164, fol. 22r

Der Papst mit Hirtenstab und Mitra, der Kaiser/König mit Schwert und Krone, beide in freundschaftlicher Umarmung auf einem Thron sitzend: Die kolorierte Federzeichnung symbolisiert das Miteinander von geistlichem und weltlichem Gericht. Der Text des Sachsenspiegels nennt das Bündnis zwischen Kaiser Konstantin dem Großen und Papst Silvester I. und folgert daraus: »Ebenso sollen weltliches Gericht und geistliches zusammenwirken; was dem einen widersteht, dass man es mit dem anderen zwinge, gehorsam zu sein und seiner Rechtspflicht nachzukommen.« (Landrecht, III 63 § 1) Die bildliche Eintracht von Papst und Kaiser/König steht in Kontrast zur Konkurrenz zwischen den universalen Gewalten in den Entstehungszeiten von Text (1220–1235) und Bilderhandschrift (um 1300).

Der Sachsenspiegel, geschrieben in mittelniederdeutscher Sprache, versammelt in zwei Büchern das Recht der Sachsen vor allem im ländlichen Lebensbereich (Landrecht) wie in adligen Beziehungsgeflechten (Lehnrecht). Eike von Repgow (belegt in Urkunden zwischen 1209–1233, vermutlich aus Reppichau/Sachsen-Anhalt) verfasste den Rechtstext auf Anregung Graf Hoyers von Falkenstein. Aus der reichen handschriftlichen Überlieferung stechen vier aufwendig illuminierte Bilderhandschriften des 14. Jahrhunderts hervor (heute in Heidelberg, Wolfenbüttel, Oldenburg, Dresden). Unter ihnen gilt die Heidelberger als die älteste. Im Spätmittelalter erlangte der Sachsenspiegel mit dem Magdeburger Recht weite Verbreitung vor allem im nördlichen und östlichen Europa.

Eike von Repgow betont das Alter des von Gott gegebenen und von den Vorfahren überlieferten Rechts. Mit dem Hinweis auf die Rechtssetzung durch die christlichen Kaiser Konstantin den Großen und Karl den Großen sollte der Sachsenspiegel an die Seite des von Kaiser Justinian I. kodifizierten römischen Rechts treten. Beschrieben wird auch die Wahl des römisch-deutschen Königs durch die Erzbischöfe von Köln, Trier, Mainz, den Pfalzgrafen bei Rhein, den Herzog von Sachsen und den Markgrafen von Brandenburg. Eike verwirft das Wahlrecht des Königs von Böhmen, weil dieser kein Deutscher sei. Die sechs Wahlfürsten sollen dem Papst die rechtmäßige Wahl anzeigen und den König auf dem Romzug begleiten. Der Herrscher erlangt Gewalt und Namen als König aus Wahl, Weihe und Aachener Thronsetzung. Mit der päpstlichen Weihe erhält er dann »Gewalt über das Reich und kaiserlichen Namen« (Landrecht, III 52 § 1 – diese Passage im Heidelberger Codex verloren).

Die Bilderhandschrift entstand vermutlich im nordöstlichen Harzvorraum. Eine Datierung zwischen 1295 und 1304 wurde anhand der Wappenzeichnungen wahrscheinlich gemacht. Der Codex kam im letzten Drittel des 16. Jahrhunderts aus dem Besitz des Augsburger Patriziers Ulrich Fugger in die Bibliotheca Palatina. Erhalten sind nur 30 von ursprünglich etwa 90 Blättern.

BERND SCHNEIDMÜLLER

Digital: http://digi.ub.uni-heidelberg.de/diglit/cpg164 [02.01.2017]
Quellen: Sachsenspiegel 2009–2010
Literatur: Naß 1986 – Schmidt, R. 1986 – Sieber-Lehmann 2015

B.3.4.2

Miniatur der Schwerterübergabe in einer Ausgabe des Sachsen- und Schwabenspiegels

Anfang 14. Jahrhundert
Pergament; H. 36,5 cm, B. 27,5 cm
Heidelberg, Universitätsbibliothek,
Cod. Pal. Germ. 167, fol. 18r

Das bedeutendste und bekannteste Rechtsbuch des Mittelalters ist zweifellos der Sachsenspiegel, der erstmals in der ersten Hälfte des 13. Jahrhunderts bestehendes Recht kompilierte und so die Grundlage für die Entwicklung einer Rechtstradition unabhängig vom römischen Recht schuf. Wenig später entstand mit dem sogenannten Schwabenspiegel ein weiteres grundlegendes Land- und Lehnrechtsbuch, das in vielen Bereichen auf den Sachsenspiegel zurückgriff, vor allem in Süddeutschland große Verbreitung erfuhr und das Rechtswesen grundlegend beeinflusste. Immer wieder wurden in den folgenden Jahrhunderten neue Abschriften beider Spiegel angefertigt und zum Teil mit prächtigen Miniaturen versehen. Ein besonderes Exemplar, das eine Kombination beider Spiegel enthält, befindet sich in den Beständen der Heidelberger Universitätsbibliothek. Die Handschrift umfasst in wechselnder Folge Texte aus dem Sachsen- und aus dem Schwabenspiegel, wobei interessanterweise die Texte des Schwabenspiegels in einer kleineren Schriftgröße geschrieben wurden. Diese Besonderheit ist unterschiedlich interpretiert worden, doch scheint es am wahrscheinlichsten, dass die Erklärung im größeren textlichen Umfang des Schwabenspiegels zu suchen ist.

Auf fol. 18 widmen sich beide Spiegel der Zwei-Schwerter-Lehre. Dem Text ist eine Miniatur vorangestellt, die Christus zeigt, wie er dem Kaiser zu seiner Linken und dem Papst zu seiner Rechten je ein Schwert überreicht. Oberhalb der beiden seitlichen Figuren ist

W
Die erste is grûna. Di andere werle di is ceu goslêr
geleit. Walhusen is di dritte. Alstete di vierde.
Merseburk di vumfte. Siben vanlen sin ouch
in deme lande ceu sachsen. daz herzogentum
ceu sachsen. di phalencze. di marke ceu bran
denburk. di langraueschaft ceu doringen.
di marke ceu misne. di marke ceu lusicz. di
graueschaft ceu asschersleue. Ouch sin ceuei
ertzebischtum ceu sachsen in deme lande. unde
vumfzen andere. Deme von meideburc is
vnder tan der bischof von nuwenburc. vnd der von
merseburc. vnd der von misne. vnd der von brandeburc.
vnd der von hauelberc. Der bischof von mencze
hat vier vnder tanen ceu sachsen in deme lande. den
bischof von halberstat. den von hildensem. den
von verden. den von padelburne. der bischof von
osenbrucke. vnd der von minden. vnd der von
munstere. sint vnder tan dem von kolne. Deme
erczebischofe von bremen is vnder tan der von
lubeke. der von ceuerin. vnd der von razeburc.
Constantin der kunic gab deme pabeste silvestre .lxiii.
werltlich gewette ceu deme geistlichen
sechzic schillinge mite ceu dwingene alle die
die di gote nicht bezzern en wollen mit de
ne lîbe. daz man si dar ceu dwinge mit deme
gute. Sus sal werltlich gerichte. vnd geist
lich vber ein tragen. swaz so deme einen wi
der stat. daz man iz mit deme anderen dwin
ge gehorsam ceu wesene. vnd recht ceu tûne.

B.3.4.2

◀ B.3.4.1

zudem ein Spruchband angebracht, dessen Aufschrift die Personen näher bezeichnet. Auf Seiten des Papstes ist dort *Sanctus Petrus papa* zu lesen, während der Schriftzug oberhalb des Kaisers ausradiert wurde. Dieser Darstellung folgen die beiden Texte der Spiegel, die sich von ihrer Gewichtung allerdings deutlich unterscheiden, so dass die Miniatur eindeutig dem Sachsenspiegel zuzuordnen ist. Dort wird nämlich erläutert, dass Gott den Menschen zwei Schwerter zur Verteidigung der Christenheit gegeben habe, deren eines – das geistliche – dem Papste ausgehändigt worden sei, während das andere – das weltliche – an den Kaiser übergeben wurde. Beide Gewalten seien gemeinsam für die Pflege des Rechts verantwortlich und sollten sich gegenseitig unterstützen. Der Text des Schwabenspiegels gibt hingegen eine etwas andere Interpretation der Zwei-Schwerter-Lehre wieder, bei der der Papst der Empfänger beider Schwerter war. Erst mittelbar gelangte der Kaiser durch die Weitergabe in den Besitz des weltlichen Schwertes. Die Gewichtung des Vorgangs ist damit zugunsten der Autorität des Papstes verschoben, der dem Kaiser übergeordnet ist.

VIOLA SKIBA

Digital: http://digi.ub.uni-heidelberg.de/diglit/cpg167/0045, http://www.ub.uni-heidelberg.de/digi-pdf-katalogisate/sammlung2/werk/pdf/cpg167.pdf
Literatur: Zimmermann 2003, S. 386–388

B.3.4.3

Bonincontro Bovi: Die geheime Reise Alexanders III. nach Venedig

1370–1425
Pergament; H. 27,6 cm, B. 20,4 cm
Venedig, Biblioteca del Museo Correr, Correr 1497, fol. 25v–30r

Nach den ersten Auseinandersetzungen zwischen der obersten geistlichen und weltlichen Gewalt während des Pontifikats Gregors VII. flammte der Konflikt um die Mitte des 12. Jahrhunderts erneut auf. 1138 war der Staufer Konrad zum römischen König gewählt worden. Mit ihm, oder besser mit seinem Nachfolger, übernahm die staufische Dynastie das Ruder des Imperiums und kämpfte mit aller Macht für den *honor imperii* und alles, was sie damit verband. Von Anfang an vertrat Friedrich I. Barbarossa eine Position der Stärke und Unabhängigkeit gegenüber dem Papsttum. Schon vor seiner Kaiserkrönung zeichneten sich die ersten Konflikte ab. Der Anspruch des Papstes auf den Stratordienst des Herrschers wurde als erniedrigend und als eine Zumutung empfunden. Nur mit Mühen gelang es, die Wogen zu glätten. Doch der Friede war nicht von Dauer. Die Einigung des Papstes mit den Normannen und die Anerkennung der Eroberung Wilhelms I. von Sizilien ließen die Konflikte wiederaufbrechen.

Symptomatisch war der Aufruhr auf einem Hoftag in Besançon (1157), bei dem ein päpstlicher Brief oder vielmehr die Übersetzung einer Passage daraus ins Deutsche für einen Eklat gesorgt hatte. Der Papst hatte im Zusammenhang mit der Kaiserkrönung das Wort *beneficium* gebraucht, das der kaiserliche Kanzler Rainald von Dassel bei seiner Verlesung mit ›Lehen‹ übersetzt hatte. Demnach wäre der Kaiser nichts als ein Vasall des Papstes: welcher Affront gegen den *honor imperii*. Das Problem der Zuordnung von geistlicher und weltlicher Gewalt sollte auch weiterhin das Verhältnis zwischen Papst und Kaiser prägen. Mit der Wahl Alexanders III. (1159–1181) auf die *Cathedra Petri* und der Unterstützung eines Gegenpapstes durch den Kaiser eskalierte der Konflikt schließlich. Alexander III. exkommunizierte Friedrich und den Gegenpapst Viktor IV. und beharrte auf der Superiorität und der Nichtjudizierbarkeit des Heiligen Stuhls. Es begann ein Schisma, dass erst nach mehreren Gegenpäpsten 1177 beigelegt wurde, als Friedrich I. Barbarossa gezwungen war, sich dem Papst in Venedig öffentlich und vor Repräsentanten der gesamten Christenheit in einem vielschichtigen symbolischen Akt zu unterwerfen.

Die vermutlich ältesten bildlichen Darstellungen zu diesen Vorgängen sind in einer venezianischen Handschrift zu finden. Es handelt sich um eine volkssprachliche und illustrierte Ausgabe der *Hystoria de discordia et persecutione quam habuit Ecclesia cum imperatore Federico Barbarossa tempore Alexandri tercii summi pontificis et demum de pace facta Veneciis et habita inter eos*, die sich allerdings auf die Rolle Venedigs konzentriert. Auf Vermittlung des Dogen Sebastiano Ziani kam nämlich am 24. Juli 1177 der ›Frieden von Venedig‹ zustande, als Teil dessen die Unterwerfungszeremonie des Kaisers zu betrachten ist.

Die Erzählung ist von elf Miniaturen begleitet, die vor allem die Rolle des Dogen in den Vordergrund stellen. Unter anderem sind das erste Treffen zwischen Papst und Doge (fol. 26r) und das Zusammentreffen zwischen dem Kaiser und Alexander III. auf dem Markusplatz (fol. 29r, s. Abb.) dargestellt.

VIOLA SKIBA

Digital: http://www.nuovabibliotecamanoscritta.it/Generale/ricerca/AnteprimaManoscritto.html?codiceMan=8605&tipoRicerca=AN&urlSearch=nome%3DForl%C3%AC%26tipoRicerca%3DAN%26urlSearch%3DpagCorrente%3D724.7%26totElementi%3D13675&codice=&codiceDigital= [08.12.2016]
Quellen: Sanudo 1900, S. 370–411
Literatur: Dellermann 2005 – Pertusi 1965 – Urbani de Gheltof 1877

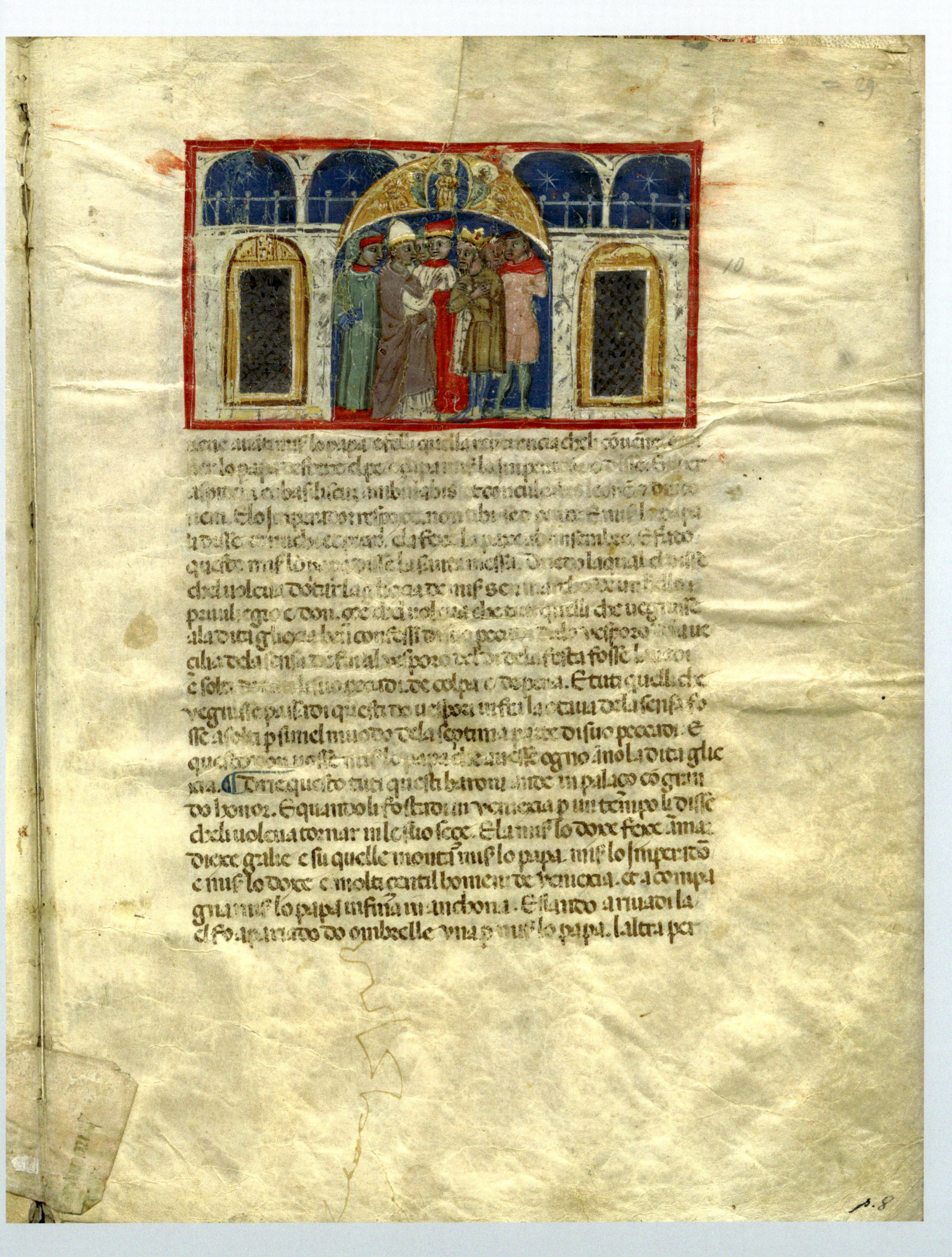

vene davanti mis lo papa e feli quella reverencia che li convene. e
per lo papa [...] el pre[...] ca papa mis lo imperador e disse. S[...]
[...] e basilisco ambulabis et conculcabis leonem et dra-
conem. E lo imperador respose. non tibi sed petro. E mis lo papa
li disse. et mihi et petro. E da sera lo papa [...] insembre. E fato
questo mis lo [...] disse la santa messa. Dreto laqual el disse
che li voleva donar la gracia de mis s. marcho de un bellor
privilegio e don. che che li voleva che tuti quelli che vegnisse
ala dita glexia ben confessi [...] al vespero [...] la vi-
gilia dela sensa de fin al vespero del [...] dela festa fosse liberi
e solti [...] suo peccadi de colpa e de pena. E tuti quelli che
vegnisse poi [...] questo [...] infin la octava dela sensa fosse asolti per simel muodo dela septima parte di suo peccadi. E
questo don volse mis lo papa che avesse ogno anno la dita glie-
xia. Dreto questo tuti questi baroni andoe in palacio con gran-
do honor. E quando li fo stadi in venecia per un tempo li disse
che li voleva tornar in lo so sege. E la mis lo doxe fexe armar
diexe galie e su quelle montà mis lo papa. mis lo imperador
e mis lo doxe e molti gentil homeni de venecia. et acompa-
gna mis lo papa infina in ancona. E siando arivadi la
el fo aparado do ombrelle una per mis lo papa. laltra per

Der Lateran – päpstlicher Mittelpunkt in Rom

Mutter aller Kirchen und kaiserlicher Papstpalast

Im 12. Jahrhundert suchten die Päpste, ihren Sitz in Rom noch mehr als zuvor kaiserlich auszugestalten. Dabei spielte der Lateran eine bedeutende Rolle. Hier befand sich der kaiserliche Bischofspalast mit der einst von Kaiser Konstantin dem Großen errichteten Kirche. Sie war von Beginn an als ›Salvator-Kirche‹ dem Retter der Menschen, Jesus Christus, geweiht. Nicht der Petersdom, sondern die Laterankirche war und ist bis heute die eigentliche römische Bischofskirche. Noch heute gilt sie als ›Mutter und Haupt aller Kirchen der Stadt Rom und des Erdkreises‹. Ein erster Schritt zum Ausbau des Laterans als ›kaiserlicher Sitz‹ des Papstes erfolgte bereits unter Papst Calixt II. (1119–1124). Er ließ neue Empfangs- und Beratungsräume errichten und mit Fresken ausschmücken, auf denen der Sieg der Reformpäpste über die ›kaiserlichen‹ Gegenpäpste dargestellt war. Erstmals zeigt sich hier der Papst in einem monumentalen, frontalen Thronbild. Dies war jetzt die angemessene Darstellung für die päpstliche Herrschaft. Die große Veränderung wird besonders deutlich, wenn man diese Fresken mit dem Trikliniumsmosaik vergleicht, auf dem Papst Leo III. (795–816) vor Petrus kniet. Um die Mitte des 12. Jahrhunderts wurde die päpstliche Stadtherrschaft allerdings durch eine starke kommunale Bewegung unterbrochen. Ihr Führer, Arnold von Brescia († 1155), wollte die altrömische Senatorenrepublik wieder beleben und mit dem Armutsgebot der Reformbestrebungen (›Kanonikerreform‹) der Zeit verbinden. Kleriker mit weltlichem Eigentum, auch der Papst, sollten verdammt werden, so habe er verlauten lassen, und die Kurie sei »ein Haus der Geschäfte und eine Höhle der Diebe«. 1155 wurde er mit Hilfe des Ritterheeres Kaiser Friedrich Barbarossas festgenommen und erhängt. Allmählich konnten die Päpste die Herrschaft über Rom mit dem Sitz am Lateran zurückgewinnen und bis zum Ende des 12. Jahrhunderts sichern.

In der Laterankirche fanden unter der Leitung der Päpste die großen Reformkonzilien dieser Epoche statt (›Laterankonzilien‹ von 1123, 1139, 1179 und 1215). Auch eine neue Papstgrablege bildete sich damals am Lateran aus: Zehn von 16 ›legitimen‹ Päpsten wurden im 12. Jahrhundert in der Salvatorkirche bestattet.

Mittelpunkt der Papsterhebung

Schließlich war der Lateran der Ausgangspunkt bei der Erhebung eines neuen Papstes. Der Neugewählte, dem der erste der Kardinaldiakone einen roten Mantel umlegte und eine rote Mitra aufs Haupt setzte, wurde sogleich zur Lateranbasilika geführt. Dort wurde er ›inthronisiert‹, indem er sich zunächst auf den Patriarchenthron hinter dem Hauptaltar der Lateranbasilika niederließ und dort die Huldigung der Kardinäle und hohen Amtsträger entgegennahm. Anschließend begab er sich in die Eingangshalle der Basilika und nahm dort Platz auf dem durchlöcherten Marmorsessel (*sedes stercorata* = ›Kotstuhl‹ als Symbol für die menschliche Hinfälligkeit). Bei dieser Gelegenheit wurde gesungen: »Den Geringen erhebt er aus dem Staub, aus dem Kot erhebt er den Armen.« Danach begab er sich zum Lateranpalast und setzte sich nacheinander auf zwei vor der Silvesterkapelle aufgestellte, antike steinerne Sitze aus wertvollem rötlichem Marmor (*Rosso antico*). Auch

diese Stühle waren in der Sitzfläche kreisrund durchbrochen und stammten ursprünglich aus römischen Bädern. Indem sich der neue Papst auf diesen Stühlen niederließ, nahm er Besitz von seinem Amt und der damit verbundenen Herrschaft. Er erhielt die Schlüssel der Basilika und des Palastes. Der rote Gürtel mit zwölf Edelsteinen, der ihm umgelegt wurde, nahm Bezug auf die zwölf Apostel. Hier auch wurde ihm der Richterstab überreicht. Erst in einem zweiten Akt am Tag darauf erfolgten im Petersdom die Papstkrönung durch den vornehmsten Kardinaldiakon und die Weihe durch den Kardinalbischof von Ostia, der den ersten Rang unter den Kardinälen einnahm. Beim Verlassen von St. Peter trug der neue Papst in älterer Zeit (8. Jahrhundert) eine kegelförmige Mütze (*Phrygium*), später die Krone (*Tiara*), die für Papst Nikolaus II. (1058–1061) erstmals nachgewiesen ist. Sie war ursprünglich das Zeichen der weltlichen Herrschaft (*corona que vocatur regnum*) und entwickelte sich mit der Zeit zu einem mehrstöckigen Amtszeichen der päpstlichen Vollgewalt. Unter der Krone ritt der neue Papst dann auf einem großen, weißen und scharlachfarbig bedeckten Pferd unter dem Jubel der Menge durch die Stadt zurück zum Lateran.

STEFAN WEINFURTER

Literatur: Elze 1952 – Fuhrmann 1958 – Gussone 1978 – Herde 1981 a – Herklotz 2002 – Melloni 2002 – Paravicini Bagliani 1997 – Schilling 1998 – Schimmelpfennig 1990 – Schmitz-Esser 2004 – Schmitz-Esser 2010 – Stroll 2004

Bild: Kaiser Konstantin übergibt Papst Sylvester die kaiserlichen Insignien, 13. Jahrhundert, Fresko in der Sylvesterkapelle von SS. Quattro Coronati, Rom

Der Lateran

VIOLA SKIBA

Fragt man heute nach einem Ort, der die römisch-katholische Kirche und das Papsttum repräsentiert und ihr Zentrum darstellt, lautet die Antwort fast unweigerlich »der Vatikan« oder »der Petersdom«. Nur wenigen ist bewusst, dass es sich bei S. Pietro nicht um die Hauptkirche Roms im Sinne der Bischofskirche des römischen Bischofs handelt, sondern dass diese Stellung seit dem 4. Jahrhundert von der Lateranbasilika eingenommen wird. Sie war es, nicht die Peterskirche, die den Titel der Haupt- und Mutterkirche (*Sacrosancta Lateranensis ecclesia omnium urbis et orbis ecclesiarum mater et caput*) der Christenheit führte und lange Zeit zusammen mit dem angrenzenden Lateranpalast den Päpsten als Residenz diente.

Die Geschichte der Laterankirche beginnt in der Zeit, in der das Christentum aus dem Schatten trat und sich in Rom zu etablieren begann, sie ist eng verbunden mit der Person Kaiser Konstantins. Der Name geht auf die römische Familie der Laterani zurück, die ursprünglichen Eigentümer der am äußeren Rand der Stadt gelegenen Ländereien. Sie hatten ihren Besitz – laut den *Annales* des Tacitus – im Jahre 65 im Zuge der Aufdeckung der Pisonischen Verschwörung an den Kaiser abtreten müssen. Am Anfang des 3. Jahrhunderts nutzte Kaiser Septimius Severus (193–211) einen Teil des Gebietes für die *equites singulares Augusti*, den berittenen Teil der Leibgarde. Ein großer militärischer Komplex, die *Castra nova equitum singularum*, wurde errichtet und bis in die Zeit des Kaisers Maxentius, des letzten großen Gegners Kaiser Konstantins, intensiv genutzt. Nach dem Sieg an der Milvischen Brücke (312) über Maxentius befahl Konstantin die Zerstörung der Kasernen. Statt ihrer ließ er dort eine erste christliche Monumentalbasilika mit zugehörigem Baptisterium errichten, die im Jahr 324 (oder 318) geweiht wurde. Die Kirche war Christus dem Erlöser gewidmet und wird daher in den Quellen oft als Salvatorbasilika bezeichnet. Die Johannespatrozinien – die Kirche ist nämlich neben dem Salvator sowohl Johannes dem Täufer als auch Johannes dem Evangelisten geweiht –, die den heutigen Sprachgebrauch prägen (S. Giovanni in Laterano), folgten erst im 9. und 12. Jahrhundert. Für viele Jahrhunderte residierten die Päpste primär bei ihrer Bischofskirche, die im Zentrum ihrer Herrschaftskonzeption stand und ihr Ausdruck verlieh. Der Legende nach soll dort Konstantin die Taufe durch Papst Silvester erhalten und den Grundstein für den Aufstieg des Papsttums gelegt haben. Diese Symbolik und die Bedeutung der Basilika veranlasste eine Reihe von Päpsten, die Lateranbasilika für ihre Grablege zu wählen und die Ausstattung des gesamten Komplexes voranzutreiben. Trotz vieler Renovierungen und Verschönerungen bewahrte die Kirche allerdings bis zum Ende des Mittelalters ihren ursprünglichen Charakter, der bewusst nicht angetastet werden sollte. Programmatische Darstellungen, die Mosaikgestaltung des Trikliniums, die Inschrift an der Fassade und die Nutzung des Laterans für Konzile, Papst-Kaiser-Treffen und Zeremonien zeigen die zentrale Bedeutung des Komplexes lange vor dem Ausbau des Vatikanischen Palastes und der Verlegung der Residenz auf die andere Tiberseite.

Das Innere der Lateransbasilika (Rekonstruktion). Wandbild von Filippo Gagliardi (um 1650), S. Martino ai Monti, Rom

B.3.5.1

Dogmate papali – Die Architrav-Inschrift der ehemaligen Vorhalle der Lateranskirche

DOGMATE PAPALI DATUR AC SIMUL IMPERIALI
QUOD SIM CUNCTARUM MATER CAPUT ECCLESIARUM
HINC SALVATORIS CELESTIA REGNA DATORIS
NOMINE SANCXERUNT CUM CUNCTA PERACTA FUERUNT
SIC SUMUS EX TOTO CONVERSI SUPPLICE VOTO
NOSTRA QUOD HEC AEDES TIBI CHRISTE SIT INCLITA SEDES

Durch päpstlichen und zugleich kaiserlichen Grundsatzbeschluss wurde bestimmt,
Dass ich die Mutter und das Haupt aller Kirchen sei.
Mit dem Namen des Retters (Salvators), der die himmlischen Reiche schenkt,
heiligten sie mich daraufhin, nachdem alles vollendet war.
So sind wir Bekehrte und erflehen mit inniger demütiger Bitte,
Dass dieses unser Haus Dir, Christus, ein herrlicher Sitz sei.

Steht man heute vor der eindrucksvollen Fassade der Lateranbasilika, kann man unterhalb des Balkons eine lateinische Inschrift lesen, die wie kaum eine zweite die Stellung der päpstlichen Bischofskirche beschreibt. Diese bezeichnet sich dort selbst als Mutter und Haupt aller Kirchen und verleiht damit zugleich dem Anspruch des Bischofs von Rom Ausdruck, für alle Kirchen Verantwortung zu tragen. Darüber hinaus wird auch ein Bezug zu Kaiser Konstantin hergestellt. Der Legende nach, die sich im Mittelalter zu einer Überzeugung verfestigt hatte, hatte Konstantin im Zuge seiner berühmten Schenkung nämlich verfügt, dass die römische Kirche über allen Kirchen des Erdkreises stehen und als solche verehrt werden solle: *Interea nosse volumus [...] quam sacrosanctam ecclesiam caput et verticem omnium ecclesiarum in universo orbe terrarum dici, coli, venerari ac praedicari sancimus, sicut per alia nostra imperialia decreta.* (*Constitutum Constantini*, Kap. 13).

Dieser – für den mittelalterlichen Leser als bekannt vorauszusetzende – Zusammenhang sowie der Verweis auf das Salvator-Patrozinium berührten den Kern des päpstlichen Selbstverständnisses, der immer wieder bekräftigt wurde. An der Wende vom 12. zum 13. Jahrhundert erfuhr der Lateran einen als programmatisch zu verstehenden Ausbau, der durch die Anbringung der genannten Inschrift in leoninischen Hexametern an prominenter Stelle eine Begründung erhielt. Das nach längerem Exil nach Rom zurückgekehrte Papsttum brachte gegenüber der Stadt Rom und den immer mächtiger werdenden Stauferherrschern seine herausgehobene Stellung in der Welt zum Ausdruck. Teile der mittelalterlichen Inschrift, die bei der Neugestaltung der Fassade wiederverwendet wurden, haben die Zeit überdauert und werden heute im Kreuzgang von S. Giovanni in Laterano aufbewahrt.

VIOLA SKIBA

Literatur: Claussen 2008 – Herklotz 1989

B.3.5.2

Gemme mit reitendem Papst

Italien, zweite Hälfte 12. Jahrhundert
Heliotrop (›Blutjaspis‹); Dm. 2,8 cm
Florenz, Gallerie degli Uffizi, Tesoro dei Granduchi, inv. Gemme del 1921, no. 319

Die Gemme zeigt über der rätselhaften Inschrift INAEMA einen reitenden Papst im kompletten Ornat mit Mitra und *Cappa Urbea* und mit Segensgeste. Die Papstprozession ist nach rechts gerichtet (die seitenverkehrte Abbildung bei Wentzel und Traeger resultiert daraus, dass bei beiden ein Gipsabdruck der Gemme die Bildvorlage war). In der Darstellung wird dem Papst ein Vortragekreuz vorangetragen, wie es seit dem Frühmittelalter belegt ist, und das *soliculum* (Sonnenschirm) hinterher. Ging der Papst auf Reisen, so trug ein Reiter vor ihm den Schirm. Das *soliculum* war rot und gelb gestreift, wie auch eine Miniatur mit Bonifaz VIII. zeigt (vgl. Kat. Nr. B.4.4.4).

Die Gemme hat wohl als die älteste Darstellung eines reitenden Papstes zu gelten und trägt somit ein neues Bildmotiv. Ikonographisch geht der Cameo sicher auf den *ordo* des 12. Jahrhunderts zurück, der in den *Liber Censuum* aufgenommen wurde, aber schon im 8. Jahrhundert eine imperiale Ausstattung erfuhr. Ein solcher Umzug eines reitenden Papstes ist nach der Inthronisation im Lateran durch die Stadt Rom denkbar: Er hat die *Maiestas* des Papstes zum Thema. Daher trägt das Pferd Brustschmuck und Schabracke. Ungewöhnlich ist nur, dass der Papst hier die Mitra statt der Tiara trägt. Gab es doch unter Papst Nikolaus II. (1058–1061) bereits zwischen dem Gebrauch des Frygiums als Zeichen der imperialen und dem der Mitra als Zeichen der kirchlichen Gewalt einen Unterschied. Ein Papst auf dem Weg vom Lateran zur Messe in S. Maria Maggiore trug z. B. beim Ritt die Tiara. Vielleicht wollte der Auftraggeber der Gemme den Papst durch die Mitra als im Besitz der obersten geistlichen und durch den Schirm als im Besitz der weltlichen Gewalt zeigen. Elemente dieser Prozession kommen später immer wieder vor; die bekannteste dieser Darstellungen ist sicher die aus dem 13.Jahrhundert stammende in der Silvesterkapelle in SS. Quattro Coronati in Rom.

Stilistisch begegnen derartig scharf in Strichlagen wie Strohbündel geschnittene Zeichnungen seit dem 11. Jahrhundert auf orientalisch beeinflussten Gemmen.

IRMGARD SIEDE

Literatur: Gennaioli 2007, S. 478 – Träger 1970, S. 5–9, Abb. 1 – Wentzel 1953–1956, bes. S. 260, 241 Abb. 4

Wie wird der Papst um 1200 gewählt und eingesetzt?

Der *Ordo Romanus XII* des Cencius Camerarius von 1192

QUOMODO DEBEAT SUMMUS PONTIFEX ELIGI; ET SIVE ELIGATUR IN URBE, SEU ELECTUS ET CONSECRATUS, VEL ELECTUS ET NON CONSECRATUS AD URBEM ACCEDAT, QUID FACIENDUM POSTMODUM SIT.

1. Mortuo Romano pontifice et sepulto, omnes cardinales ad propria revertuntur secundum antiquam [consuetudinem]. Secunda vero die conveniunt in ecclesia, et missa mortuorum cantata, omnes similiter secundum consuetudinem antiquam recedunt. Tertia autem die iterum omnes in ecclesia congregati et missa sancti Spiritus ibidem primitus celebrata, tractant de electione; et perscrutata omnium cardinalium voluntate ab aliquibus de ipsis, in quem maior et melior pars convenerit cardinalium prior diaconorum ipsum de pluviali rubeo ammantat, et eidem electo nomen imponit; ipsumque deinde duo de maioribus cardinalibus adextrant usque ad altare, ubi prostratus adorat, primicerio cum scola cantorum et cardinalibus cantantibus Te Deum laudamus. Quo facto, ab episcopis cardinalibus ad sedem ducitur post altare, et in ea, ut dignum est, collocatur. In qua dum sedet electus, recipit omnes episcopos et cardinales et quos sibi placuerit ad pedes, postmodum ad osculum pacis.

2. Surgensque de sede ducitur a cardinalibus ad sedem lapideam, per porticum, que sedes dicitur stercorata, que est ante porticum basilice Salvatoris patriarchatus Lateranensis; et in ea eumdem electum ipsi cardinales honorifice ponunt, ut vere dicatur: Suscitans de pulvere egenum, et de stercore erigens pauperem, ut sedeat cum principibus, et solium glorie teneat. Post aliquantulam horam, stans iuxta eamdem sedem electus accipit de gremio camerarii tres pugillatas denariorum, et proicit dicens : Argentum et aurum non est mihi ad delectationem; quod autem habeo, hoc tibi do. Tunc autem accipit ipsum electum prior basilice Salvatoris patriarchatus Lateranensis, cum uno de cardinalibus vel uno de fratribus suis. Venientibus autem per eumdem porticum iuxta ipsam basilicam Salvatoris adclamatur: Domnum Celestinum sanctus Petrus elegit. Sicque ducitur ab illis usque ad gradus porte, que videlicet porta est introitus palatii venientibus de ecclesia ad palatium ipsum; ibique iudices eumdem electum accipientes, ducunt eum per palatium usque ad basilicam sancti Silvestri.

3. Ubi vero ventum est ante basilicam ipsam,super cuius arcum, qui sustentatur de duabus columpnis porfireticis, est ymago quedam Salvatoris que a quodam Judeo percussa olim in fronte sanguinem emisit, sicut hodie cernitur, idem electus sedet ad dexteram in sede porfiretica, ubi prior basilice sancti Laurentii de palatio dat ei ferulam, que est signum regiminis et correctionis, et claves ipsius basilice et sacri Lateranensis palatii; quia specialiter Petro principi apostolorum data est potestas claudendi et aperiendi, et ligandi atque solvendi, et per ipsum apostolum omnibus Romanis pontificibus. Et cum ipsa ferula et clavibus accedit ad alteram sedem similem et eiusdem lapidis; et tunc reddit eidem priori tam ferulam quam et ipsas claves. In qua dum aliquantula mora pausat, cingitur ab eodem priore zona rubea de serico, in qua dependet bursa purpurea, in qua sunt xii sigilla pretiosorum lapidum et muscus. Qui siquidem electus illis duabus sedibus sic sedere debet, ac si videatur inter duos lectulos iacere, id est ut accumbat inter principis apostolorum Petri primatum, et Pauli doctoris gentium predicationem. In zona notatur continentia castitatis, in bursa gazophylacium, quo paupe-

Die *sedes stercoraria*, heute im Kreuzgang der Lateransbasilika, spielte einst eine Rolle im Krönungszeremoniell des Papstes.

res Christi nutriantur et vidue. In xii sigillis xii apostolorum potestas designatur; muscus includitur ad percipiendum odorem, ut ait apostolus: Christi bonus odor sumus Deo. In qua secunda sede dum sedet electus, recipit omnes officiales palatii ad pedes, et postea ad osculum. Et deinde sedens ibidem recipit de manu camerarii denarios argenteos valentes x sol. provenienses et proicit eos super populum; hoc facit tertio, dicendo: Dispersit, dedit pauperibus, iustitia eius manet in seculum seculi.

4. Istis peractis, ducitur per ipsam porticum sub yconas Apostolorum, que per mare Romam venerunt nullo ductore, et intrat basilicam sancti Laurentii, in quam postquam peregerit prolixam ante proprium et speciale altare orationem, pergit ad papalem cameram ubi cum pro sua voluntate pausaverit, pergit ad mensam.

5. Post hec autem in proxima die dominica electus cum omnibus ordinibus sacri palatii et nobilibus Romanis vadit ad ecclesiam beati Petri, et [ad] altare maius, prout in ordine continetur, ab episcopo Hostiensi specialiter et aliis episcopis de curia consecratur; hoc addito, quod si forte episcopus Hostiensis presens non fuerit, archipresbyter Hostiensis seu Velletrensis interesse debet consecrationi. Qua consecratione finita, prior sancti Laurentii sacri palatii ponit palleum super altare, quod ipse prior propria manu debet parare ; et statim archidiaconus cum secundo diacono dant in manu pontificis, et solus archidiaconus dicit pontifici: Accipe palleum, plenitudinem scilicet pontificalis officii, ad honorem omnipotentis Dei et gloriosissime virginis eius Genitricis, et beatorum apostolorum Petri et Pauli et sancte Romane ecclesie, et nichil aliud. Statimque ipse archidiaconus cum priore basilicario aptat idem palleum super pontificem, intromissis spinulis aureis tribus, ante et retro et sinistro latere, in capite quarum sunt innixi tres iacinthini lapides ; et sic ornatus accedit pontifex ad altare, et ibi celebrat honorifice missam. Et notandum quod laudes ab archidiacono cum cardinalibus, subdiaconis et scriniariis, epistola latina cum greca, et evangelium latinum cum greco, et omnes alie sollempnitates tunc fiunt, sicut in feria secunda post Pascha.

6. Missa autem celebrata, revertitur ad palatium coronatus cum processione et honore arcuum, representatione legis a Judeis, et turribulorum a clericis Romanis, et iactubus totidem et tanta quantitate factis, sicut in predicta secunda feria post Pascha. Sciendumque quod cardinales omnes, greci, primicerius cum scola cantorum, prefectus, senatores, iudices et advocati, scriniarii, prefecti navales, scola Crutium et cappellani tale presbyterium et taliter datum accipiunt quale in die Pasche superius nominatum recipiunt; subdiaconi autem singuli singulos melequinos habent, quod tamen non fit in aliqua predictarum sollempnitatum. Non dantur etenim eis, sicut ibidem scriptum plenius invenitur, etiam si xxx vel amplius essent, nisi xii melequini. Universe etiam scole palatii, clerici Romani pro turribulis, Judei pro representatione legis, arcus, tale presbyterium recipiunt et taliter, quale datur in coronationibus omnibus aliis domni pape. Pincerna insuper et marescalcus tam de comestione, quam de aliis donariis remunerantur similiter, excepto quod capita porcorum aptata non habent, neque claretum. Familia quoque et curiales presbyterium habent iuxta camerarii voluntatem.

7. Si vero electio facta est in ecclesia sancti Petri, post nominationem ducitur electus a duobus cardinalibus cantando Te Deum laudamus ad altare; ubi prostratus postquam adoraverit, ponitur in sede post altare, et ibi episcopos et cardinales et quos sibi placuerit, recipit ad pedes et postmodum ad osculum pacis. Et proxima die dominica sequenti consecratur ibidem, cantata missa cum sollempnitatibus superius nominatis; et coronatus revertitur ad palatium, factis omnibus aliis, sicut est superius per ordinem enarratum. Antequam autem intret palatium, descendit ad sedem stercoratam, ibique sedens, prout moris est, et faciens iactum ter replicatum, sicut superius dictum est, accipitur a cardinalibus, et ducitur per porticum ipsam ad ecclesiam basilice Lateranensis; et ascendens sedem post altare, recipit canonicos eiusdem ecclesie ad pedes et deinde ad osculum pacis. Quo facto, pergit per palatium usque ad sedes sancti Silvestri; ibique sedet, et facit omnia in eodem loco et in antea, sicut dictum est superius ordinatim.

8. Si autem extra urbem fuerit electus et non consecratus, omnia fiunt ordine supradicto, sive fiat descensus et consecratio eiusdem electi in ecclesia sancti Petri, seu in ecclesia Lateranensi idem electus descendat. Quod si electus et consecratus fuerit extra urbem et a parte Lateranensi venerit ad urbem, omnes clerici Romani occurrunt ei extra urbem induti cum crucibus et turribulis in processione; et sic intrat ecclesiam Lateranensem, et fiunt alia omnia sicut superius est narratum: hoc excepto, quod cum descenderit ad sedem stercoratam et per porticum vadens ecclesiam Lateranensem intraverit, non statim ascendit ad altare seu ad sedem; sed veniens inferius in choro maiori ante cruces, finito Te Deum laudamus, dicit: Adiutorium nostrum in nomine Domini, etc. Sit nomen Domini, etc. Benedictio Dei omnipotentis, Patris et Filii et Spiritus sancti descendat super vos et maneat semper. Hoc facto, ducitur ad altare, et prostratus orat. Qui postquam oraverit, sedem maiorem ascendit, et ibi canonicos eiusdem ecclesie ad pedes recipit et ad osculum pacis. Si vero descenderit ad ecclesiam sancti Petri consecratus, omnia fiunt sicut in ecclesiam Lateranensem, hoc excepto, quod ibi non est sedes stercorata. Et proxima die sequenti, celebrata missa, non coronatus revertitur ad palatium. Antequam intret ecclesiam, descendit ad sedem stercoratam, ibique sedens, prout moris est, et faciens iactum, sicut superius est enarratum, accipitur a priore Lateranensi et cum uno cardinali, et ducitur per porticum ad ecclesiam; et omnia facit sicut superius est denotatum.

9. Sciendum vero quod presbyterium scolarum non ita datur sicut fuisset consecratus in urbe. De presbyterio enim eorum tunc medietas resecatur, exceptis Judeis et clericis urbis et adextratoribus. Preterea senatores urbis domnum papam debent adextrare, sive venerit consecratus, sive non consecratus, a porta civitatis usque ad locum ubi fuerit descensus, sive descenderit ad ecclesiam Lateranensem, sive ad ecclesiam beati Petri; in remuneratione cuius servitii xl solidos pro equo debent habere. Verumtamen scola adextratorum debent habere xx solidos.

Übersetzung

Wie der Papst gewählt werden muss, sei es, er wird in der Stadt gewählt oder gewählt und geweiht, oder er kommt als Gewählter und noch nicht Geweihter in die Stadt und was dann zu tun ist.

1. Wenn der Römische Bischof gestorben und begraben ist, begeben sich alle Kardinäle gemäß alter Sitte in ihre Häuser. Am zweiten Tag kommen sie in der Kirche zusammen und, nachdem die Totenmesse gesungen ist, kehren alle wieder gemäß der alten Gewohnheit zurück. Am dritten Tag aber versammeln sich alle erneut in der Kirche und, nachdem zuerst die Messe des Heiligen Geistes dort gefeiert worden ist, beginnen die Verhandlungen über die Wahl. Nachdem der Wille aller Kardinäle erfragt worden ist von einigen aus ihren Reihen, wird dem, auf den sich der größere und bessere Teil der Kardinäle einigt, vom Prior der Diakone das rote Pluviale umgelegt, und dem Gewählten wird der Name gegeben. Daraufhin geleiten ihn zwei der höhergestellten Kardinäle an beiden Seiten bis zum Altar, wo er sich ehrfürchtig auf dem Boden ausbreitet, während der *Primicerius* mit der *Schola* der Sänger und mit den Kardinälen den Gesang *Te Deum laudamus* anstimmt. Ist dies beendet, wird er von den Kardinalbischöfen zum Thron hinter dem Altar geleitet und auf diesen, wie es würdig ist, gesetzt. Während der Gewählte auf diesem Thron sitzt, nimmt er alle Bischöfe und Kardinäle und alle, wie er es bestimmt, zu seinen Füßen auf und dann zum Friedenskuss.

2. Sobald er sich vom Thron erhoben hat, wird er von den Kardinälen durch die Vorhalle zum Steinthron geleitet, der Kotstuhl genannt wird, der sich vor der Eingangshalle der Basilika des Salvators des Lateran-Patriarchats befindet: Auf diesen setzen die Kardinäle den Gewählten in ehrenvoller Weise, so dass wahrhaftig gesagt werden kann: »Er hebt den Geringen empor aus dem Staub und erhöht den Armen aus dem Kot, damit er sitze unter den Fürsten und den Thron des Ruhms innehabe« (1 Sam 2,8). Nach einer gewissen Zeit stellt sich der Gewählte neben diesen Stuhl und nimmt aus dem Schoß des Kämmerers drei Handvoll Denare, verstreut sie und sagt: »Silber und Gold erfreuen mich nicht; was ich aber habe, das gebe ich Dir.« Den Gewählten nimmt daraufhin der Prior der Salvatorbasilika des Lateran-Patriarchats in Empfang, zusammen mit einem der Kardinäle oder einem von seinen Brüdern. Sobald sie dann durch die Torhalle neben der Salvatorbasilika kommen, wird gerufen: »Den Herrn Coelestin hat der heilige Petrus erwählt!« Und so wird er

von ihnen geführt bis zu den Stufen der Pforte, und diese Pforte ist nämlich der Eingang zum Palast für diejenigen, die von der Kirche zu diesem Palast gehen. Dort empfangen die Richter den Gewählten und führen ihn durch den Palast bis zur Basilika des heiligen Silvester.

3. Sobald man aber vor dieser Basilika angekommen ist, auf deren Bogen, der von zwei Porphyrsäulen getragen wird, sich ein Bildnis des Salvator befindet, das von einem gewissen Juden durchbohrt einst nach vorne Blut verströmte, so wie man es heute sieht, setzt sich der Gewählte auf der rechten Seite auf einen Porphyrstuhl, wo ihm der Prior der Basilika des heiligen Laurentius vom Palast (= die Kapelle *Sancta Sanctorum*) den Stab überreicht, der das Zeichen der Herrschaft und der Strafgewalt ist, sowie die Schlüssel dieser Basilika des heiligen Lateranpalastes, weil speziell Petrus, dem Apostelfürsten die Macht des Schließens und Öffnens und des Bindens und Lösens gegeben ist, und durch den Apostel selbst allen Römischen Bischöfen. Und mit diesem Stab und den Schlüsseln schreitet er zu dem anderen Stuhl, der ähnlich ist und aus demselben Stein; und dort gibt er dem Prior sowohl den Stab als auch die Schlüssel zurück. Während er auf ihm einige Zeit verweilt, wird ihm von demselben Prior ein roter Seidengürtel umgelegt, an dem eine purpurfarbene Tasche hängt, in der sich zwölf Siegel aus Edelsteinen und Moschus befinden. Und zwar muss der Gewählte auf diesen zwei Stühlen so sitzen, als scheine er zwischen zwei Betten zu liegen, das heißt, dass er sich niederlässt zwischen den Apostelfürsten auf den Primat des Petrus und auf die Predigt des Lehrers der Völker, Paulus. Mit dem Gürtel wird die Enthaltsamkeit der Keuschheit ausgedrückt, mit der Tasche der Schatz, mit dem die Armen Christi und die Witwen genährt werden. Mit den zwölf Siegeln wird die Macht der zwölf Apostel bezeichnet; der Moschus wird hinzugefügt, um Wohlgeruch aufzunehmen, wie der Apostel sagt: »Christi Wohlgeruch sind wir für Gott« (2 Kor 2,15). Während auf diesem zweiten Stuhl der Gewählte sitzt, nimmt er alle Amtsträger des Palastes zu seinen Füssen auf und anschließend zum Kuss. Und dann nimmt er im Sitzen aus der Hand des Kämmerers Silberdenare entgegen im Wert von zehn Schillingen in der Währung von Provins (Messestadt und Münzstätte des Grafen der Champagne) und wirft diese unter das Volk. Dies macht er dreimal, indem er sagt: »Er hat verteilt, den Armen gegeben, seine Gerechtigkeit bleibt bestehen in Ewigkeit.«

4. Wenn dies vollbracht ist, wird er durch dieselbe Vorhalle geführt unter den Apostelbildern, »die über das Meer nach Rom gekommen sind ohne einen Führer«, und er betritt die Basilika des heiligen Laurentius (= *Sancta Sanctorum*), in der er vor dem eigenen und speziellen Altar ein langes Gebet verrichtet, dann eilt er in das päpstliche Gemach, wo er sich, so lang er will, erholt, und begibt sich zu Tisch.

5. Danach aber, am nächsten Sonntag, schreitet der Gewählte mit allen Geistlichen des Heiligen Palastes und mit den römischen Adligen zur Kirche des heiligen Petrus, und am Hauptaltar, so wie es im *Ordo* enthalten ist, wird er vom Bischof von Ostia im Speziellen und von anderen Bischöfen der Kurie geweiht; dies sei hinzugefügt, dass für den Fall, dass der Bischof von Ostia nicht anwesend ist, der Erzpriester von Ostia oder von Velletri der Weihe beiwohnen müssen. Sobald die Weihe vollzogen ist, legt der Prior von Sankt Laurentius aus dem Heiligen Palast das Pallium auf den Altar, das derselbe Prior mit eigenen Händen bereithalten muss; und sogleich übergeben es der Archidakon zusammen mit dem Zweiten Diakon in die Hand des Papstes, und allein der Archidiakon spricht zum Papst: »Empfange das Pallium, die Fülle nämlich des päpstlichen Amtes, zur Ehre des allmächtigen Gottes und der ehrwürdigsten Jungfrau, seiner Mutter, und der heiligen Apostel Petrus und Paulus und der heiligen Römischen Kirche«, und nichts anderes. Und sogleich legt derselbe Archidiakon zusammen mit dem Prior der Basilika dieses Pallium über den Papst, angebracht mit drei goldenen Spangen vorne, hinten und an der linken Seite, an deren Oberseite drei violette Steine eingelassen sind; und so geschmückt schreitet der Papst zum Altar und feiert dort in ehrwürdiger Weise die Messe. Und es ist zu beachten, dass die Laudes (Lobgesänge) vom Archidiakon gemeinsam mit den Kardinälen, Subdiakonen und Skriniaren (Kanzleischreibern), die lateinische mit der griechischen Epistel und das lateinische Evangelium mit dem griechischen und alle andere Feierlichkeiten dann so ablaufen, wie am Montag nach Ostern.

6. Sobald die Messe aber gefeiert ist, kehrt der Gekrönte in einer Prozession und geehrt durch Triumphbögen, mit der Ausstellung des Gesetzes von den Juden und dem Schwenken von Weihrauchgefäßen von den römischen Klerikern und mit ebenso vielen und so großen Wurfgeschenken, wie sie am genannten Montag nach Ostern stattfinden, zum Palast zurück. Man muss auch wissen, dass alle Kardinäle, die Griechen, der *Primicerius* mit der *Schola* der Sänger, der Präfekt, die Senatoren, die Richter und Advokaten, die Schreiber, die Vorsteher der Schifffahrt, die *Schola* der Kreuze und die Kapläne eine solche Gratifikation und ein solches Geschenk erhalten, wie sie es am oben genannten Ostermontag bekommen; die einzelnen Subdiakone aber sollen jeweils eine arabische Münze erhalten, was bei den zuvor genannten Feierlichkeiten sonst nicht vorkommt. Allerdings werden Ihnen, so wie man ebendort ausführlicher geschrieben findet, auch wenn sie 30 oder mehr sind, nur zwölf arabische Münzen gegeben. Auch sämtliche Scholen des Palastes, die römischen Kleriker für die Weihrauchgefäße, die Juden für die Darbietung des Gesetzes, und die Bogenträger erhalten eine solche Gratifikation und ein solches Geschenk, wie sie bei allen anderen Krönungen des Herrn Papstes verteilt werden. Der Mundschenk darüber hinaus und der Marschall werden mit einem Mahl, wie es den anderen Geschenken im Wert gleichkommt, belohnt, mit Ausnahme dessen, dass sie keine gefüllten Schweinsköpfe und auch keinen Honigwein haben sollen. Auch die Familia und die Kurialen sollen die Gratifikation bekommen gemäß der Entscheidung des Kämmerers.

7. Falls aber die Wahl in der Kirche des heiligen Petrus erfolgt ist, wird der Gewählte nach der Nomination von zwei Kardinälen unter dem Gesang *Te Deum laudamus* zum Altar geleitet. Dort wird er, der sich auf dem Boden ausgestreckt und gebetet hat, auf den Stuhl hinter dem Altar gesetzt, und dort empfängt er die Bischöfe und Kardinäle und wen immer er will zu seinen Füßen und danach zum Friedenskuss. Und am folgenden Sonntag wird er dort geweiht, nachdem die Messe gesungen wurde mit den oben beschriebenen Feierlichkeiten; und der Gekrönte kehrt zum Palast zurück, nachdem sich alles so abgespielt hat, wie es oben dem *Ordo* gemäß dargelegt wurde. Bevor er aber den Palast betritt, begibt er sich zum Kotstuhl, und während er dort sitzt, so wie es Brauch ist, und das Werfen der Denare dreimal wiederholt hat, so wie es oben beschrieben ist, wird er von den Kardinälen in Empfang genommen und durch die Torhalle in die Kirche der Lateranbasilika selbst geleitet; und wenn er den Stuhl hinter dem Altar bestiegen hat, nimmt er die Kanoniker dieser Kirche zu seinen Füßen auf und dann zum Friedenskuss. Danach eilt er durch den Palast bis zum Thron des heiligen Silvester; dort lässt er sich nieder und macht alles an demselben Ort und der Reihe nach, so wie es oben angeordnet wurde.

8. Wenn er aber außerhalb der Stadt Rom gewählt wurde und noch nicht geweiht ist, verläuft alles nach dem obengenannten *Ordo*, sei es die Prozession und die Weihe des Gewählten in der Kirche des heiligen Petrus, oder sei es, dass derselbe Gewählte zur Kirche am Lateran schreitet. Wenn er aber außerhalb der Stadt gewählt und geweiht wurde und von der Seite des Laterans zur Stadt kommt, eilen ihm alle römischen Kleriker in einer Prozession außerhalb der Stadt entgegen, versehen mit Kreuzen und Weihrauchgefäßen; und so betritt er die Kirche des Laterans, und es spielt sich alles so ab, wie oben dargelegt, mit Ausnahme dessen, dass, wenn er sich zum Kotstuhl begibt und durch die Torhalle schreitend die Kirche des Lateran betritt, er nicht sogleich zum Altar emporsteigt oder zum Thron, sondern weiter unten im Hauptchor vor die Kreuze tritt, und, sobald das *Te Deum laudamus* beendet ist, spricht: »Unsere Hilfe ist im Namen des Herrn«, und so weiter. »Der Name des Herrn sei«, und so weiter, »Der Segen des Herrn, des Vaters und des Sohnes und des Heiligen Geistes möge über uns kommen und für immer bleiben.« Wenn dies geschehen ist, wird er zum Altar geführt, breitet sich auf dem Boden aus und betet. Nach dem Gebet setzt er sich auf den Hauptthron, und dort nimmt er die Kanoniker dieser Kirche zu seinen Füßen auf und zum Friedenskuss. Wenn er aber als schon Geweihter zur Kirche des heiligen Petrus zieht, erfolgt dort alles so wie in der Kirche des Lateran, mit Ausnahme dessen, dass es dort keinen Kotstuhl gibt. Und am nächsten Tag, sobald die Messe gefeiert ist, kehrt der noch nicht Gekrönte zum Palast zurück. Bevor er die Kirche betritt, besteigt er den Kotstuhl, und dort

sitzend, wie es Brauch ist, und das Geld um sich werfend, so wie es oben berichtet wurde, wird er vom Prior des Lateran zusammen mit einem der Kardinäle in Empfang genommen und durch die Vorhalle zur Kirche geführt; und alles verläuft wieder so, wie es oben dargelegt ist.

9. Man muss auch wissen, dass die Gratifikation für die Scholen nicht in der Weise erteilt wird, wenn er bereits geweiht in die Stadt gekommen ist. Von ihrer Gratifikation wird nämlich dann die Hälfte weggenommen, mit Ausnahme derjenigen für die Juden, die Stadtkleriker und für die, die als Eskorte zur Rechten des Papstes gehen. Außerdem müssen die Senatoren der Stadt den Herrn Papst zur Rechten eskortieren, sei es dass er als Geweihter kommt, sei es, dass er noch nicht geweiht ist, und zwar vom Tor der Stadt bis zu dem Ort, an den sich begeben hat oder noch begeben wird – zur Kirche des Lateran oder zur Kirche des heiligen Petrus. Zur Belohnung für diesen Dienst sollen sie elf Schillinge pro Pferd bekommen. Doch die Schola der Eskorte soll 20 Schillinge bekommen.

Kommentar

Wahl, Weihe und Inthronisation des Papstes umfassen ein komplexes Ritual, das sich zwischen dem Lateran und der Peterskirche abspielte. Die eigentlich Wahl wird nur kurz angesprochen: Es handelte sich um eine ›Kompromisswahl‹, bei der die Kardinäle die Entscheidung einem Wahlgremium übertragen hatten. Der rote Mantel, der dem Papst nach der Wahl im Lateran umgelegt wurde, wird sodann besonders hervorgehoben. Besondere Bedeutung kam den Geschenken und den Gratifikationen (Presbyterien) zu, die der Papst immer wieder an die verschiedenen Amtsträger, Gruppen und bestimmte Bevölkerungsteile, darunter auch die römischen Juden, zu vergeben hatte. Bemerkenswert ist auch die Reihe der Stühle und Throne, auf denen der Papst während des Zeremoniells Platz zu nehmen hatte. Zunächst wird der Patriarchenthron in der Laterankirche erwähnt, der eigentliche Stuhl also des Bischofs von Rom. Dann folgt der sogenannte ›Kotstuhl‹ aus Marmor, der vor der Basilika aufgestellt war (siehe Abbildung zu Beginn des Beitrags). Er ist noch erhalten und befindet sich heute im Kreuzgang der Basilika. Sein Sitz war durchlöchert, was darauf hinweist, dass er im 2. oder 3. Jahrhundert als Badesessel verwendet wurde und das Wasser durch das kleine Loch ablaufen konnte. Den Namen ›Kotstuhl‹ erhielt er wegen des Gebets nach 1 Sam 2,8, das gesprochen wurde, wenn der Papst auf diesem Stuhl saß. Schließlich gab es noch zwei weitere antike Stühle in der Vorhalle der Silvesterkapelle vor dem Lateranpalast. Sie waren aus überaus wertvollem Marmor (*Rosso antico*) gearbeitet und wiesen ebenfalls kleine Löcher in der Sitzfläche auf. Auf diesen Stühlen sitzend, übernahm der neue Papst symbolisch die weltliche und geistliche Herrschaft durch entsprechende Zeichen und Insignien.

Die einzelnen Elemente dieses Rituals haben sich im Laufe der Jahrhunderte erheblich verändert, so dass wir nicht von einem festen Ablauf der Papsterhebung sprechen können. So sind auch mehrere Stufen sogenannter *Ordines* überliefert, das heißt, von Papsterhebungs-Ordnungen mit Anleitungen für die zu vollziehenden Schritte, die niemals ganz übereinstimmten. Manche Abläufe sind allerdings über größere Zeiträume gleich geblieben. Dazu gehört, dass die Papstwahl im Prinzip im Lateran, also in der Hauptkirche des Papstes als Bischof von Rom, erfolgte, die Weihe und Krönung dagegen in der Peterskirche. Wenn die politische Lage es erforderte, konnte die Wahl freilich auch in der Peterskirche oder außerhalb Rom erfolgen.

Die hier vorgestellte Papsterhebungs-Ordnung, der sogenannte *Ordo Romanus* XII, dessen Originalüberlieferung sich in einer Handschrift der Vatikanischen Bibliothek (Cod. Vat. Lat. 8486) befindet, bezieht sich auf die Wahl von Papst Coelestin III. (1191–1198), die der Autor selbst miterlebt hat. Der Name dieses Papstes, der als über 85-jähriger am 21. März 1191 gewählt worden war, wird im Text erwähnt. Da dieser erst noch am 30. März die Priesterweihe nachholen musste, verzögerten sich Krönung und Papstweihe bis Ostern, dem 14. April 1191. Am darauf folgenden Ostermontag krönte Coelestin III. den Staufer Heinrich VI. zum Kaiser.

Geschrieben wurde der Text 1192 von dem päpstlichen Kämmerer Cencius (*Cencius camerarius*), der sich dabei auf ältere *Ordines* stützte. Der *Ordo Romanus XII* ist Teil eines größeren Werks dieses Autors. Auch der *Liber Censuum Romane Ecclesiae* befindet sich in dieser Handschrift, das ›Buch der Einkünfte der römischen Kirche‹. Damit sollten die Kurie und der ›Kirchenstaat‹ auf eine feste finanzielle Grundlage gestellt werden. Sicherung und Festigung der Verwaltungsstrukturen, der Ordnungsverfahren, der Besitzungen und der universalen Ansprüche des Papsttums waren die Ziele dieser Arbeit des Cencius. Darüber hinaus enthält die Handschrift noch zwei kurze Papstchroniken, Abschriften von Papsturkunden, Notizen über die Rechte der römischen Kirche und einen *Ordo* für die Kaiserkrönung (sogenannter *Cencius II*). Cencius war als Kämmerer (seit 1188) der oberste Finanzverwalter an der Kurie, was ihm großen Einfluss in Rom verschaffte. 1216 wurde er unter dem Namen Honorius III. (1216–1227) sogar selbst zum Papst erhoben und lenkte für gut ein Jahrzehnt die Geschicke der römischen Kirche.

STEFAN WEINFURTER

Quellen: Liber Censuum Bd. 1, 1905, S. 311–313
Literatur: Baaken 1985 – Eichmann 1951 – Claussen 2006 – Gussone 1978 – Paravicini Bagliani 1997 – Schimmelpfennig 1970 – Schimmelpfennig 1973 b – Schimmelpfennig 1990 – Schmidt, T. 1980 – Skiba 2016 a – Zoepffel 1871
Bild: Jerusalem wird von den Heiden erobert, Christus beobachtet dies und weint, Miniatur aus dem Evangeliar Ottos III. (München, BSB, Clm 4453, fol. 188v)

Papst und Kreuzzug

Was ist eigentlich ein Kreuzzug?

Die religiöse Aufbruchsstimmung, die mit der papstgeschichtlichen Wende zusammenhängt, ergriff weite Teile der christlichen Bevölkerung. Der Kampf für Christus in der Welt war nicht nur die Leitlinie für das Papsttum selbst, sondern wurde überhaupt zum Merkmal guter christlicher Lebensführung. Dies erklärt die Begeisterung der Menschen, als Papst Urban II. (1088–1099) auf dem Konzil von Clermont am 27. November 1095 seine ›Kreuzzugspredigt‹ hielt. Streng genommen gab es den Begriff Kreuzzug damals aber noch gar nicht, vielmehr ging es zunächst um Hilfe für die christlichen Ostkirchen in Kleinasien. Der Kaiser von Byzanz hatte den Papst um Hilfe gebeten, als türkisch-muslimische Seldschuken Gebiete im Osten seines Reichs erobert hatten (Schlacht bei Manzikert von 1071). In weiteren Aufrufen Urbans spielte dann auch die Rückgewinnung Jerusalems aus muslimischer Herrschaft eine Rolle. Jerusalem war schon davor über Jahrhunderte das Ziel von Pilgerfahrten gewesen, sodass man die nun beginnenden Kriegszüge als »bewaffnete Pilgerfahrten« zur Befreiung des Grabes Christi verstanden hat. Der vom Papst in Aussicht gestellte Ablass von den Sündenstrafen verstärkte den Enthusiasmus der Kreuzfahrer. 1099 wurde die durch innerislamische Konflikte geschwächte Stadt Jerusalem erobert. Mit Anspielungen auf alttestamentliche Schilderungen der Zerstörung von Jericho wurde in den Berichten und Chroniken der christlichen Welt die Einnahme Jerusalems gefeiert (»Blut bis zu den Knöcheln der Pferde«). Im Anschluss daran entstanden das lateinische Königreich Jerusalem und weitere Herrschaften westlicher Fürsten in Palästina. Neue, von den Päpsten geförderte ›Ritterorden‹ (Templer, Johanniter) sollten die Verbindung zwischen West und Ost sowie den Schutz der neuen lateinischen Kirchen sichern.

Weil rechtmäßige ›Kreuzzüge‹ nur von den Päpsten in Gang gesetzt werden konnten, bildete sich um 1200 ein spezielles päpstliches ›Kreuzzugsprogramm‹ heraus. Dieses verlangte im Grunde den ständigen Kampf mit den Ungläubigen im Heiligen Land und die Befreiung der ›heiligen Stätten‹ des Christentums. Der Eifer für die Verbreitung der römischen Kirche im Osten, Machtstrategien (vor allem Venedigs) im östlichen Mittelmeer, Handelsinteressen und Beutegier machten schließlich auch vor dem christlichen Byzanz nicht halt. Infolge dessen wurde Konstantinopel im Jahre 1204 mit nachträglicher päpstlicher Billigung von Kreuzfahrern erobert und geplündert. Anschließend wurde dort ein bis 1261 bestehendes ›lateinisches Kaisertum‹ errichtet. Teile der Ostkirche wurden auf diese Weise für geraume Zeit der päpstlichen Aufsicht unterworfen. Dennoch ist die Kreuzzugsgeschichte seit der Mitte des 12. Jahrhundert von andauernden Misserfolgen des christlichen Lagers gekennzeichnet. Bis zum Ende des 13. Jahrhunderts (1291 Fall der Stadt Akkon mit Tötung aller christlichen Einwohner) gingen sämtliche Eroberungen wieder verloren.

STEFAN WEINFURTER

Literatur: Burkhardt 2014 – Hehl 1994 – Hehl 2004 – Rist 2016
Bild: Jerusalem wird von den Heiden erobert, Christus beobachtet dies und weint, Miniatur aus dem Evangeliar Ottos III. (München, BSB, Clm 4453, fol. 188v)

B.3.6.1

Pilgerberichte aus dem Heiligen Land

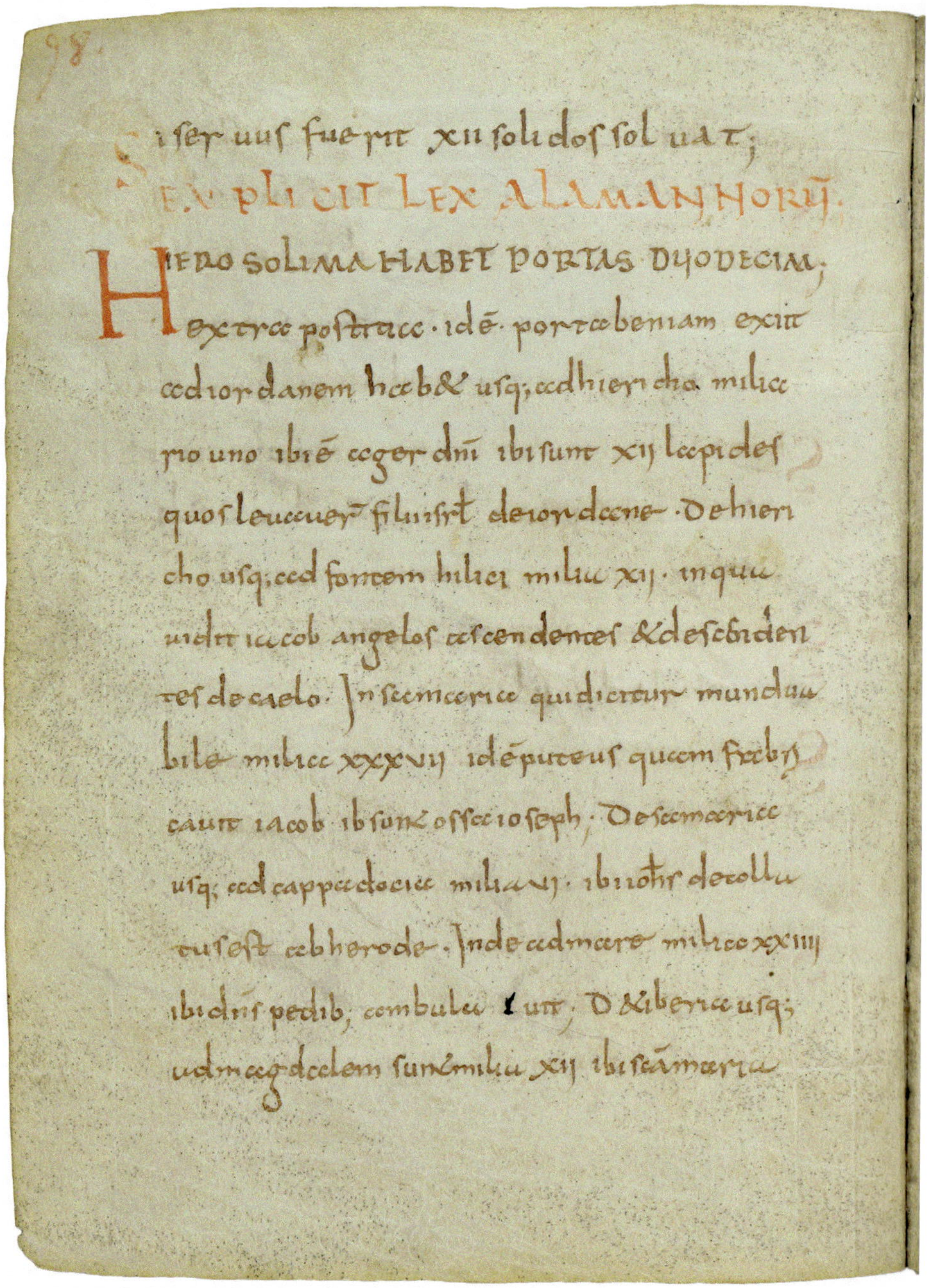

Bericht einer Pilgerreise von Bordeaux nach Jerusalem:

Itinerarium Burdigalense
Bayern, wohl Freising, 800/825,
in St. Gallen später ergänzt
Pergament; H. 19 cm, B. 14,5 cm,
194 Seiten
St. Gallen, Stiftsbibliothek, Cod. Sang. 732,
S. 104–114

Bericht eines Pilgers aus Piacenza über seine Reise ins Heilige Land:

Itinerarium Antonini Placentini
Kloster St. Gallen, um 800
Pergament; H. 15 cm, B. 8,6 cm, 657 Seiten
St. Gallen, Stiftsbibliothek, Cod. Sang. 133,
S. 602–657

Der Wunsch, die Stätten der Bibel aufzusuchen, an den Geburtsort, die vielen Wirkungsstätten und an den Sterbeort von Jesus zu reisen, ist fast so alt wie das Christentum selbst. Während des gesamten Mittelalters übte dieser Gedanke eine immens starke Anziehungskraft auf christliche Pilger aus: Man wollte jene Stätten wirklich sehen, an denen sich die Heilsgeschichte Christi zugetragen hatte. Angetrieben auch von Neugier und Abenteuerlust, machten sich viele Christen auf den langen und beschwerlichen Weg ins Heilige Land. Die zurückgekehrten Heiliglandfahrer berichteten über ihre Erlebnisse, und manche von ihnen schrieben ihre Eindrücke nieder.

Die älteste erhaltene Schilderung einer Reise ins Heilige Land findet sich im *Itinerarium Burdigalense*. Ein unbekannter Pilger aus Bordeaux nahm in den Jahren 333/34 den beschwerlichen Landweg dahin. Anfangs und am Ende nennt er nur die Reisestationen und dürre Distanzangaben, doch im Heiligen Land selbst wird der Pilger bedeutend gesprächiger und informativer und beschreibt ausführlich die Heiligtümer und Gedenkstätten, die er in Jerusalem und Umgebung besucht.

Dieses Itinerarium ist nur in vier frühmittelalterlichen Handschriften überliefert. Das Exemplar der Stiftsbibliothek St. Gallen ist unvollständig und setzt erst mit dem inhaltsreichen Bericht über den Besuch von Jerusalem ein (p. 104–113: *De uirtutibus Hierusalem*). Das *Itinerarium Burdigalense* ist von Exzerpten aus zwei weiteren frühen Heiliglandberichten umgeben, dem um 550 entstandenen *Breviarium de Hierosolyma* (p. 100–104) und dem Bericht *De situ terrae sanctae* eines nicht näher bekannten Archidiakons Theodosius (518/530; p. 98–100 und p. 113–114b). Die Heiliglandexzerpte

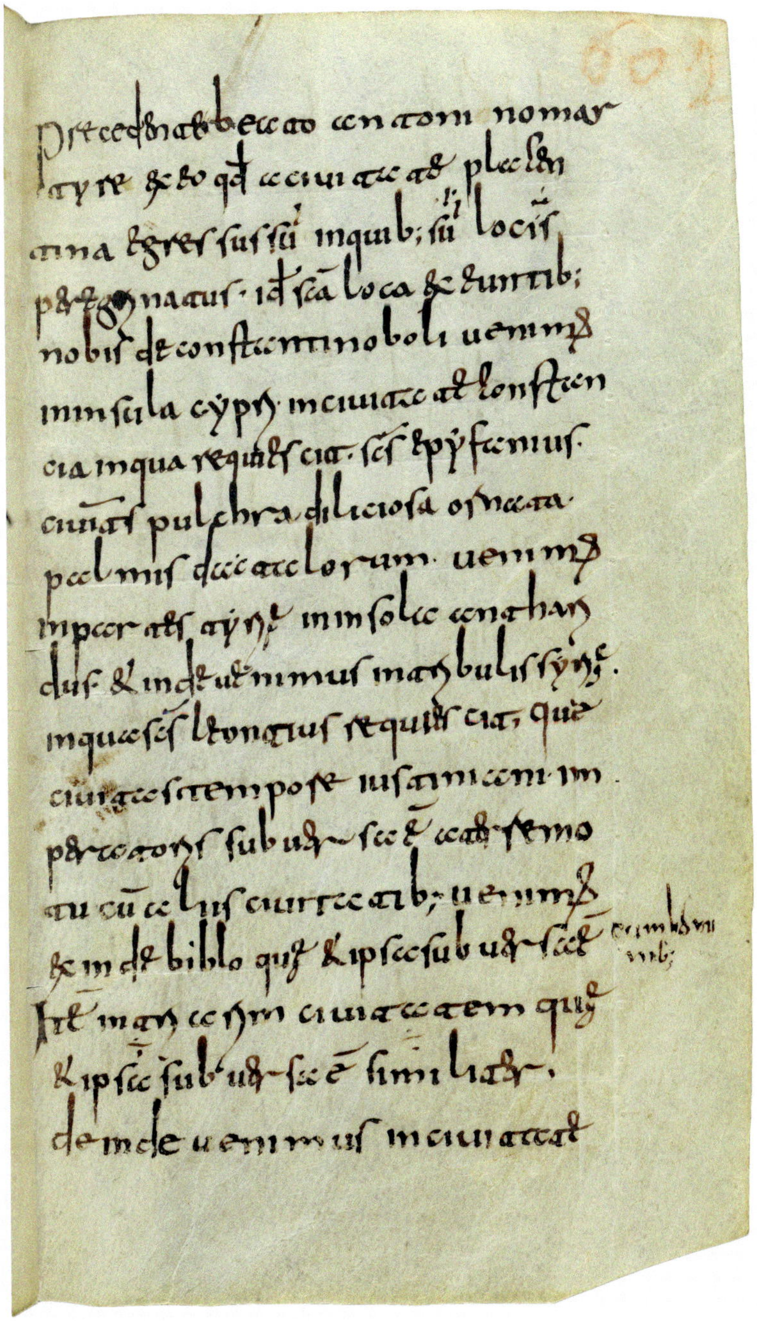

sind Bestandteil einer Sammelhandschrift, die in ihrem Kern um 815/825 im bayerischen Freising entstanden ist und bald schon ins Kloster St. Gallen gelangte. Dort wurde sie mit verschiedenen Texten ergänzt, darunter auch mit einer Papstliste, die von Petrus bis zu Sergius II. (844–847) reicht und bisweilen auch Ereignisse aus deren Pontifikat vermerkt.

Um 570 verfasste ein unbekannter Mann aus Piacenza eine Schilderung seiner Reise ins Heilige Land. Fälschlicherweise wurde er Antoninus genannt (*Antonini Placentini Itinerarium*), weil der Bericht mit den Worten »Praecedente beato Antonino« einsetzt. Erzählt wird von der Fahrt von Konstantinopel via Zypern ins Heilige Land. Jerusalem und seine heiligen Stätten nehmen im Text einen zentralen Platz ein. Nach einem Abstecher zum Berg Sinai und weiter nach Alexandria führt der Weg wieder nach Jerusalem zurück. Der mit einer großen Zahl von spätlateinischen Ausdrücken und Formulierungen gespickte Bericht endet mitten auf dem Rückweg in der syrischen Wüste.

Der in einer schwer lesbaren, ligaturenreichen vorkarolingischen Schrift verfasste kleinformatige Sammelband überliefert (p. 602–657) die ältere von nur zwei Abschriften des sprachlich ziemlich verwilderten Textes (*recensio prior*). Dieser wurde zur Zeit Karls des Großen sprachlich in eine *recensio altera* verfeinert.

KARL SCHMUKI

Quellen: Itineraria et alia Geographica 1965 (Itinerarium Burdigalense, S. 1–26; Itinerarium Antonini Placentini, S. 129–174)
Literatur: AK Karten und Atlanten, St. Gallen 2007, S. 38–39 – Donner 2002, S. 35–67 (Der Pilger von Bordeaux) und S. 226–295 (Der Pilger von Piacenza) – Milani 1977 – Maag, Alemannische Minuskel, 2014, S. 124 u. 199

B.3.6.2

Illustrierte Geschichte des ersten Kreuzzuges (1095/96–1099)

Robert von Reims: *Historia Hierosolymitana* (in deutscher Übersetzung)
Nordostschweiz (Glarus?), 1465
Papier; 31,5 x 22 cm, 286 Seiten
St. Gallen, Stiftsbibliothek,
Cod. Sang. 658, S. 3–163

Der Aufruf von Papst Urban II. (1088–1099) auf der Synode von Clermont im November 1095, den unterdrückten und bedrängten Christen im Heiligen Land Hilfe zu leisten, war wohl einer der folgenschwersten Appelle eines römischen Kirchenoberhaupts. Der Papst war einer Bitte des byzantinischen Kaisers Alexios I. nachgekommen, der sich Unterstützung im Kampf gegen die muslimi-

schen Seldschuken wünschte. Die Heiden würden, so Alexios und Urban, diejenigen Stätten schänden, an denen Christus gelebt und gelitten habe. Die Resonanz auf diesen Aufruf war überwältigend, auch weil Urban II. den Teilnehmern an der Befreiung des Heiligen Landes einen vollständigen Sündennachlass versprach. Der erste Kreuzzug (1095/96 –1099) setzte viele Menschen, nicht nur kampffähige, in Bewegung. Die nach harten Kämpfen relativ erfolgreiche Mission zu den heiligen Stätten der Christenheit und die Gründung von Kreuzfahrerstaaten riefen im gesamten Abendland große Euphorie hervor, wohingegen man sich auf Seiten der Muslime entsetzt über die Gräueltaten der Kreuzfahrer zeigte. Fast 200 Jahre lang blieb das Thema Kreuzzug sehr aktuell; immer wieder versuchten Christen, Jerusalem und die Wirkungsstätten von Jesus in die Hand zu bekommen.

Vor allem dieser erste Kreuzzug hatte auch eine rege historiographische und literarische Tätigkeit zur Folge. Eine der populärsten Schilderungen der Ereignisse verfasste dabei zwischen 1112 und 1118 Robert von Reims (*Robertus monachus*). Seine *Historia Hierosolymitana* ist in beinahe hundert mittelalterlichen Handschriften überliefert. Sie beginnt mit dem Aufruf von Papst Urban II. 1095 und endet mit der Schlacht bei Askalon im Jahre 1099. Von der Beliebtheit des Werks, vor allem auch im deutschen Sprachraum, zeugt der Umstand, dass fünf voneinander unabhängige Übersetzungen in die deutsche Sprache existieren.

Eine Abschrift der zweiten anonymen Übersetzung ins Deutsche, geschrieben 1465 im Raum Glarus in der Ostschweiz, hat sich in St. Gallen erhalten. Sie ist mit 22 kolorierten Federzeichnungen illustriert, die Hälfte davon war doppelseitig angelegt. Die Bilder zeigen wichtige Episoden des Vorrückens der Kreuzritter, vor allem Belagerungen, blutige Schlachten und thronende Würdenträger, vor denen Boten, Bittsteller oder Unterhändler erscheinen. Die erste Illustration (p. 11) zeigt Papst Urban II. auf der Synode von Clermont. Der Papst, erhöht sitzend und mit blauer Tiara, erhält im Brief von Kaiser Alexios I. eben Kunde von den Untaten der Nicht-Christen im Heiligen Land.

Das Interesse an den Kreuzzugsereignissen war zur Abfassungszeit der Handschrift (1465) wegen der ›Türkengefahr‹ von neuem aktuell, weil osmanische Truppen 1453 Konstantinopel eingenommen hatten und auch Mitteleuropa von Muslimen bedroht schien.

KARL SCHMUKI

Quellen: Historia Hierosolymitana 1972 – Historia Iherosolimitana 2013, bes. S. LXX
Literatur: Cimelia Sangallensia 2000, S. 166 –167 – Fuchs 1990

B.3.6.3

Die Rückkehr vom Kreuzzug

Portieux, Abtei von Belval (Lothringen),
Ende des 12. Jahrhunderts
Kalkstein; H. 111 cm, B. 40 cm, T. 30 cm,
Gewicht 170 kg
Nancy, Palais des Ducs de Lorraine –
Musée Lorrain, D.2004.0.2

Kaum eine Bewegung hat die mittelalterliche Gesellschaft und ihr späteres Bild mehr geprägt und mehr Menschen aus allen gesellschaftlichen Schichten in Bewegung gesetzt als die Kreuzzüge oder besser, die – durchaus auch, aber nicht nur – bewaffnete ›Pilgerschaft‹ ins Heilige Land. Zahlreiche Berichte und Chroniken dokumentieren den wechselhaften Erfolg der Kreuzzüge, die in verschiedener Intensität das christliche Leben und das Wirken des Papsttums bestimmten.

Eine ganz besondere Art des Zeugnisses bietet eine Skulpturengruppe, die Ende des 12. Jahrhunderts entstand und im Kloster von Belval aufbewahrt wurde. Sie zeigt einen Kreuzfahrer in Umarmung mit einer weiblichen Gestalt, vermutlich seiner Gattin. Die männliche Gestalt ist bärtig, eher einfach gekleidet und durch ein Kreuz auf der Brust als *crucesignatus*, also als »mit dem Kreuz Bezeichneter«, gekennzeichnet. In der Hand trägt sie einen Stab, der vielleicht als Wander- oder Pilgerstab zu verstehen ist. Dies könnte auf die Ursprünge der Pilgerschaft ins Heilige Land – denn als solche wurden auch die erst später so genannten Kreuzzüge angesehen – verweisen. Das Heilige Land (*Terra Sancta*) als Geburts-, Wirkungs- und Sterbeort Jesu Christi übte nämlich bereits seit der Spätantike und durch das gesamte Mittelalter hindurch eine starke Anziehungskraft auf christliche Pilger aus aller Welt aus. Viele machten sich auf die lange und beschwerliche Reise, um die heiligen Stätten zu besuchen, wobei sich ihre Beweggründe kaum von denen der

späteren ›Kreuzfahrer‹ unterschieden. Auch sie befanden sich auf einer Pilgerreise, und bei weitem nicht alle *crucesignati* waren bewaffnete Kämpfer oder überhaupt Männer.

Das Paar der Skulpturengruppe, das demnach auch ganz allgemein für die Kreuzfahrer stehen könnte, wurde in der Vergangenheit verschiedentlich gedeutet und identifiziert. Während Dom Calmet in den beiden Gérard I. de Vaudémont (ca. 1057–1108) mit seiner Gattin Helvide de Dabo – einer Nichte Papst Leos IX. – zu erkennen glaubte, vermutete Michel Antoine, dass es sich um dessen Sohn, den Grafen Hugues I. de Vaudémont (1108–1155) und eine seiner beiden Frauen handeln könnte. Hugues I. befand sich nämlich nachweislich für längere Zeit im Heiligen Land, wohin er den französischen König Ludwig VII. begleitet hatte. In beiden Fällen überrascht jedoch die bescheidene Ausstattung des Kreuzfahrers. Zu erklären wäre dies einerseits als Zeichen der Bescheidenheit oder andererseits als Darstellung der Heimkehr des Kreuzfahrers, dessen Äußeres die Strapazen des Unternehmens verrät.

VIOLA SKIBA

Digital: https://musee-lorrain.nancy.fr/fr/collections/les-oeuvres-majeures/le-retour-du-croise-41 [29.11.2016]
Literatur: AK Die Kreuzzüge, Mainz 2004, S. 324–325, Nr. 9 – Chiesi 2015 a – Müller-Dietrich 1968, S. 114–119

B.3.6.4

Die ›Krone von Namur‹, Reliquienkrone

Maas-Gebiet(?) / Paris(?), Anfang des 13. Jahrhunderts
Gold, Edelsteine (Saphire, Smaragde, Rubine, Topase, Amethyste), Perlen, roter Samt
Namur, Musée diocésain et Trésor de la cathédrale Saint Aubain, nº 4

Seit ihrer Wiederentdeckung für die Geschichts- und Kunstgeschichtswissenschaft durch Ernst Aus'm Weerth im Jahre 1864 wird über die sogenannte Krone von Namur und das passende Futteral diskutiert.

Die achteckige Krone besteht aus acht Goldplatten, geschmückt mit geschliffenen und ungeschliffenen Edelsteinen und Perlenreihen, bekrönt von je einem Aufsatz in Form von fleurs de lys. Bedeutend sind schmal-längliche, kapselartige Behälter, die an der Stirn- und der Nackenplatte angebracht sind und einst als Reliquiendepositorien Partikel der Dornenkrone aufgenommen haben.

Diese Reliquien erlauben uns eine genauere Einordnung des Entstehungszusammenhangs und Verwendungskontextes der Krone. Die Partikel stammen wohl von jener Reliquie, die die Kreuzfahrer bei der Eroberung Konstantinopels während des vierten Kreuzzuges 1204 erbeutet hatten und die 1237 durch den letzten lateinischen Kaiser von Konstantinopel über Umwege an den französischen König Ludwig IX. verkauft werden sollte. Um 1206 übersandte der zweite lateinische Kaiser, Heinrich (1206–1216), seinem Bruder, Markgraf Philipp I. von Namur (1196–1212), etliche Reliquien aus dem Bukoleon-Palast in Konstantinopel. Darunter befanden sich auch Partikel der Dornenkrone (*de spinis corone D[omi]n[i]*). Ein Reliquienbehältnis für sie wird zu diesem Zeitpunkt nicht erwähnt. 1218 erfasst ein Inventar der Stiftskirche Saint-Aubain – der heutigen Kathedrale von Namur – jedoch eine »Corona D[omi]ni spinea«. Teile der Forschung sehen dies als einen Hinweis darauf, dass für die Splitter ein Reliquiar in Kronenform angefertigt worden war. Die eigentliche Dornenkrone befand sich zu diesem Zeitpunkt noch immer in Konstantinopel.

Die kunstgeschichtliche Einordnung der Krone von Namur widerspricht diesem Quellenbefund nicht grundsätzlich. Form, Stil und Technik legen eine Herstellung in Traditionslinien nahe, die dem Maas-Sabre-Gebiet zuzuordnen sind. In jüngerer Vergangenheit wurde durch Robert Didier eine Herstellung der Krone um 1225/1230 in Paris vorgeschlagen. Er begründet diese These zum einen mit ihrem Dekor (das für Paris spräche), zum anderen mit der Datierung des ebenso wie die Krone erhaltenen, wohl originalen, achteckigen Futterals. Letzteres sei in Limoges um 1225/1230 entstanden, während die Krone zeitgleich in Paris geschaffen worden sei. Diese Einordnung ist jedoch nicht zwingend. Jacques Toussaint und Jacques Jeanmart ordnen das Futteral in die Zeit um 1200 ein, Winfried Wilhelmy verweist darauf, dass Krone und Futteral nicht zeitgleich angefertigt worden sein müssen. Letztlich gibt es keine schwerwiegenden Gründe, die gegen eine Herstellung von Krone und Futteral zwischen 1206 und 1218 in der Maasregion sprechen.

Die Krone könnte wegen des mit rotem Samt gepolsterten Reifs im Inneren und aufgrund ihres Durchmessers als festliche Kopfbedeckung gedient haben. Die Forschung schloss jedoch bereits frühzeitig eine Verwendung als Markgrafenkrone durch Philipp von Namur aus. Eine Krone dieser Art konnte in der ersten Hälfte des 13. Jahrhunderts faktisch nur von Königen oder Kaisern getragen werden. Es ist zwar nicht auszuschließen, dass sie für Philipp angefertigt wurde, als absehbar war, dass

er einst seinen Bruder Heinrich als lateinischen Kaiser von Konstantinopel beerben würde. Allerdings schlug Philipp das Erbe 1216 zugunsten seines Schwagers Peter von Courtenay aus. Die Krone könnte zwar nun von Peter für seine Krönung am 9. April 1217 durch Honorius III. in S. Lorenzo fuori le mura verwendet und danach als Stiftung nach Namur zurückgesandt worden sein. Allerdings findet sich für solche Spekulationen kein Fundament in den Quellen.

Ebenso möglich, aber unbeweisbar ist die Annahme, dass die Krone im Auftrag Kaiser Heinrichs als eine Art ›Hauskrone‹ der lateinischen Kaiser um 1207 in der europäischen Heimat Heinrichs angefertigt und nach seinem Tod 1216 als Stiftung nach Namur gebracht worden sei. Obwohl nach 1204 in Konstantinopel selbst sicherlich kein Mangel an Kronen herrschte, ist die Anfertigung von Kronen westlicher Form für die lateinischen Kaiser nicht ganz unwahrscheinlich: Auch das Siegelbild der lateinischen Kaiser blieb lange Jahre ›westlich‹ beeinflusst. Darüber hinaus berichtet der byzantinische Chronist Akropolites, der überstürzt fliehende lateinische Kaiser Balduin II. habe bei der Rückeroberung von Konstantinopel durch Michael VIII. Palaiologos 1261 unter anderem »eine Krone, die ihrer Form nach lateinisch war, mit Edelsteinen verziert und über dem Haupt mit einem purpurroten kleinen Stein versehen« zurückgelassen.

Dennoch scheint es vor dem Hintergrund des materiellen Befundes und der Quellenlage am wahrscheinlichsten, dass es keinen Umweg über Konstantinopel gab: Vielmehr handelt es sich bei dem ausgestellten Stück wohl um ein besonders prächtig ausgestattetes, ›voll funktionsfähiges‹ Reliquiar, das bald nach 1206 in Folge der Übersendung der Dornenkronen-Partikel angefertigt wurde.

STEFAN BURKHARDT

Literatur: Aus'm Weerth 1864 – Didier 2003, bes. S. 350–353 – Jeanmart 2010 – Krohm/Müller 2002 – Toussaint 1996 – Wilhelmy 2004

B.3.6.5

Fragmente vom einstigen Fußbodenmosaik der Kirche S. Giovanni Evangelista mit Szenen aus dem vierten Kreuzzug

Die Einnahme Konstantinopels und die Hinrichtung von Gefangenen

ca. 1213
Marmor, Zement, Glasfluss, Holz
Ravenna, San Giovanni Evangelista

Bittender oder Bote vor einem Bischof, möglicherweise Alexios Angelos vor Innocenz III.

ca. 1213
Marmor, Zement, Glasfluss, Holz
Ravenna, San Giovanni Evangelista

Der vierte Kreuzzug (1202–1204) kann als eines der mittelalterlichen Ereignisse von wahrhaft weltgeschichtlicher Bedeutung gelten. Er vollendete auf tragische Weise die Spaltung der Christenheit in eine lateinisch geprägte westliche und eine griechisch geprägte östliche Kirche, die bis heute fortdauert. Die erheblichen Zerstörungen in Konstantinopel und die Friktionen im politischen Gefüge der Ägäis bzw. des östlichen Mittelmeerraumes, die mit dem Kreuzzug einhergingen, schwächten das byzantinische Reich so stark, dass es trotz einer noch zweihundert Jahre fortdauernden Geschichte keine Stellung als mediterrane Großmacht, sondern allenfalls regionale Bedeutung beanspruchen konnte.

Die Ereignisse dieses Kreuzzuges waren so zunächst nicht absehbar gewesen: Nach dem eher mäßig verlaufenen dritten Kreuzzug rief Papst Innocenz III. 1198 erneut zur Unterstützung des Heiligen Landes auf. Größere Kontingente machten sich aus Frankreich, Deutschland und Italien auf den Weg. Eine Gesandtschaft der Kreuzfahrer handelte mit Venedig einen umfangreichen Vertrag über einen Seetransport des Heeres aus; die Gegenleistung der Kreuzfahrer sollte in mehr als 80.000 Mark Silber bestehen. Allerdings trafen 1202 weitaus weniger als die erwarteten Kreuzfahrer in Venedig ein; es war abzusehen, dass sie ihre Verpflichtungen gegenüber der Seestadt nicht erfüllen konnten. Die Führer des Kreuzzuges einigten sich mit dem venezianischen Meliorat darauf, zur Tilgung der Schulden zunächst die zwischen Venedig und dem König von Ungarn umstrittene, christliche Stadt Zara für die Serenissima zurückzuerobern, was bis Ende 1202 geschah.

In Zara traf um diese Zeit Alexios Angelos, ein byzantinischer Thronprätendent, ein. Der junge Alexios bot dem versammelten Heer 200.000 Silbermark und weitere Unterstützung für den Kreuzzug an, wenn ihm die Kreuzfahrer helfen würden, sich als Kaiser in Konstantinopel durchzusetzen. Trotz heftiger Diskussionen und des Widerstands Innocenz' III. stimmten die Führer des Kreuzzuges schließlich zu. 1203 konnte Alexios den Thron besteigen. Bald wurde

jedoch deutlich, dass Alexios IV. seine Verpflichtungen gegenüber den Kreuzfahrern nicht einhalten konnte oder wollte. Die Spannungen waren schon merklich gestiegen, als Alexios gestürzt und ermordet wurde. Der neue byzantinische Kaiser lehnte jegliche Zusammenarbeit mit den Kreuzfahrern ab. In der Folge beschlossen die Führer des Kreuzfahrtunternehmens und die Venezianer im März 1204 in einem Vertrag die Eroberung der Stadt, die Einsetzung eines lateinischen Kaisers und die Aufteilung des byzantinischen Reiches. Im April 1204 wurde die Stadt erobert und geplündert.

Im Mai 1204 wurde Graf Balduin von Flandern zum ersten lateinischen Kaiser gewählt und gekrönt. Kurze Zeit später wurde Thomas Morosini zum lateinischen Patriarchen von Konstantinopel gewählt. Thomas hielt sich zu diesem Zeitpunkt im Kloster Porto bei Ravenna auf. Aus der Ravennater Kirche S. Giovanni Evangelista stammen die ausgestellten, um 1213 gefertigten Mosaiken, die als einzige zeitgenössische bildliche Darstellungen des vierten Kreuzzuges gelten dürfen. Sie wurden bei der Restaurierung der Kirche im 18. Jahrhundert dem Fußboden entnommen. Neben diversen Allegorien zeigen die Mosaiken Szenen der verschiedenen Stationen des Kriegszuges: möglicherweise die Bitte des jungen Alexios vor Innocenz III. um Unterstützung, Darstellungen von Kreuzfahrern in langen Kettenpanzern, bewaffnet mit Drachenschilden, Lanzen und Schwertern, die Erstürmung von Befestigungsanlagen unter Zuhilfenahme von Schiffen und Leitern, die Gefangennahme bzw. Hinrichtung von Bewohnern der Städte Konstantinopel und wohl Zara sowie maritimgeschichtlich interessante Darstellungen venezianischer Schiffe. Die fragmentarischen Erzählungen des Bildprogramms decken sich nicht nur mit den Schilderungen der schriftlichen Quellen, etwa der Geschichtswerke des Gottfried de Villehardouin, des Robert de Clari und des Niketas Choniates. Einige dieser Darstellungen mögen auch die Gemälde von Domenico Tintoretto und von Andrea Vicentino in der Sala del Maggior Consiglio im Dogenpalast in Venedig inspiriert haben.

STEFAN BURKHARDT

Quellen: Grabler 1958 – Chroniken Vierter Kreuzzug 1998
Literatur: Burkhardt 2014 – Ligalo 2008 – Lilie 2004 – Taddi 2006

Kirchenrecht, Universalismus und päpstliche Herrschaft

Die zwei Naturen des Papstes

Das 13. Jahrhundert zeigt das Papsttum auf dem Höhepunkt seiner Wirkkraft. Unter Papst Innocenz III. (1198–1216) stieg das Wort ›Vollgewalt‹ (*plenitudo potestatis*) auf zur offiziellen Bezeichnung der päpstlichen Souveränität. Auch die räumliche Ausdehnung dieser Gewalt wurde von Innocenz III. eindeutig definiert: »Petrus herrschte über alle Dinge in ihrer Länge und ihrer Breite, denn er war Stellvertreter dessen, dem die ganze Erde gehört mit allem, was sie enthält, und mit allen, die auf ihr leben.« Der Titel ›Stellvertreter Christi‹ (*vicarius Christi*), der 1057 erstmals formuliert worden war (Petrus Damiani) und dessen sich auch schon Papst Eugen III. (1145–1153) bedient hatte, gehörte von nun an zum festen Formular der päpstlichen Kanzlei. Der Theologe und Kanonist Huggucio von Pisa († 1210) bestätigte die Exklusivität dieses Titels für den Papst: »Ihm allein hat Christus Autorität verliehen. Daher kann allein der Papst Stellvertreter Christi genannt werden« (Maccarrone 1983, S. 106). Unter Innocenz IV. (1243–1254) findet sich sogar die Formel ›Stellvertreter Gottes‹ (*vicarius Dei*). Der Papst sah sich aufgerufen, »die Person Christi zu repräsentieren« (*gerere personam Christi*), ja noch mehr: Er wurde zu einem auf Erden lebenden Abbild Christi. Daher entwickelte sich unter Rechtsgelehrten die Auffassung: »So wie Christus zwei Naturen hat, so auch sein Stellvertreter. Jeder Papst hat in einer gewissen Weise Teil an den beiden Naturen Christi: an der göttlichen, was das Geistliche angeht, an der menschlichen, was das Weltliche betrifft« (Alvarus Pelagius, 1275–1352).

»Wo der Papst ist, da ist Rom«

Um die beiden Naturen deutlich zu trennen, wurde auch die Hinfälligkeit des Papstes als Mensch betont und damit andererseits die christologische Grundlage des Papsttums noch verstärkt. Diese Verbindung des päpstlichen Amtes mit Christus führte dazu, dass der Papst in der Bedeutung für die Kirche an die Stelle der Apostelgräber trat. Papst und Kurie rückten so sehr in den Mittelpunkt, dass der Rechtsgelehrte Heinrich von Susa (*Hostiensis*) († 1271) um die Mitte des 13. Jahrhunderts den Grundsatz aufstellen konnte: »Wo der Papst ist, da ist Rom« (*Ubi papa, ibi Roma*). Die römische Kirche ging in der Person des Papstes auf, und das Papsttum war nicht mehr an die Stadt gebunden, sondern an die Person des Papstes. Diese ungemein kraftvoll wirkende theologische und rechtliche Stellung des Papstes erhielt durch die neu entstehenden Universitäten (Paris, Bologna) feste Fundamente. Die umfangreichen Kompendien für das Kirchenrecht wurden jetzt zu einem ersten Abschluss gebracht (*Liber extra* von 1234, *Liber Sextus* von 1298). Der lange Zeit an der Kurie weilende Poet Heinrich von Würzburg brachte diesen Stand um 1265 auf den Punkt: »‹Papst› ist ein kurzes Wort, aber die Macht dieses Wortes erleuchtet Erdenkreis und Himmelszelt« (*Papa brevis vox est, sed virtus nominis huius perlustrat quicquid arcus uterque tenet.* Grauert 1912, S. 91). Doch – auch solche Stimmen wurden laut – »wer sich Christus anzieht, bei dem müssen auch in besonderer Weise Christi Werke aufleuchten«, sonst sei er nichts anderes als der Antichrist. So schrieb der englische Theologe Robert Grosseteste, Bischof von Lincoln (1235–1253), besorgt in einer Denkschrift von 1250 an Papst Innocenz IV.

STEFAN WEINFURTER

Literatur: Erwin 2009, S. 37–48 – Grauert 1912 – Maccarrone 1983 – Paravicini Bagliani 1994 a – Paravicini Bagliani 1994 b – Southern 1992

Von Innocenz III. (1198–1216) bis Innocenz IV. (1243–1254)

»Geringer als Gott, aber größer als jeder Mensch«

Die großen Päpste des 13. Jahrhunderts waren einerseits durchdrungen von Weltverachtung. »Geboren ist der Mensch zur Arbeit, zur Angst, zum Schmerz und, noch elender, zum Tod«, so schrieb Innocenz III. noch vor seiner Papstzeit in seinem Buch *Vom Elend des menschlichen Daseins*. Der Mensch sei umgeben von Nacktheit, Verwesungsgestank und Vergänglichkeit – auch der Papst. Andererseits sahen er und seine Nachfolger allein in der Institution der Kirche und des Papsttums den Weg, das dunkle Elend der Welt durch den göttlichen Glanz zu überwinden. Nur so fließe dem Menschen Würde zu. Auch verstand sich Innocenz III. in der Nachfolge Christi, »der durch seinen Kreuzestod Gott mit den Menschen versöhnt hat«, dazu verpflichtet, als Friedensstifter in der gesamten Christenheit zu wirken. Der Auftrag für den Papst wuchs damit so gewaltig an, dass er sich zwischen Gott und die Menschen gestellt sah: Der Papst sei geringer als Gott, aber größer als jeder Mensch, so predigte Innocenz III. bei seinem Amtsantritt 1198. Dieser Anspruch führte zu einem großen Ausbau der Kurie und der päpstlichen ›Herrschaftsinstrumente‹. Um die gesamte christliche Welt zu ordnen, veranstaltete Innocenz III. 1215 das Vierte Laterankonzil vor der riesigen Kulisse von über 1.200 Bischöfen, Äbten und Prälaten. Das Papsttum entwickelte sich zum Brennpunkt der europäischen Politik und der Kreuzzugspropaganda. Der ›Kirchenstaat‹ wurde gesichert und ausgebaut. Auch die nachfolgenden Päpste, Honorius III. (1216–1227), Gregor IX. (1227–1241) und Innocenz IV. (1243–1254), nahmen stärksten Einfluss auf die politischen Ereignisse in Europa. Es gelang ihnen, die Wahl des römisch-deutschen Königs seit etwa 1200 von der päpstlichen Zustimmung (*approbatio*) abhängig zu machen. Die Begründung dafür lautete, der Papst, der das Kaisertum an den römisch-deutschen König übertrage, habe die Pflicht, bereits bei der Königswahl die Würdigkeit des Kandidaten zu überprüfen. Mit unbeugsamer Konsequenz führten diese Päpste den Kampf gegen den Stauferkaiser Friedrich II. (1212–1250), der nochmals die Gleichrangigkeit der beiden Schwerter (›Zwei-Schwerter-Lehre‹) betonte und die Herrschaftsrechte in Italien für sich forderte. Schließlich ging Innocenz IV. so weit, den Kaiser am 17. Juli 1245 auf dem Ersten Konzil von Lyon als ungehorsamen Ketzer und Kirchenverfolger abzusetzen. Dem Konzil maß Innocenz IV. dabei keine rechtliche Bedeutung mehr zu, sondern begründete seinen Schritt mit der päpstlichen Binde- und Lösegewalt: »Die Anwesenheit des Konzils dient nur der Feierlichkeit, denn auch ohne Konzil würde der Urteilsspruch allein des Papstes zur Verurteilung des Kaisers genügen! (…) Er allein besitzt die vollkommene Gewalt.« (Miethke/Bühler 1988, S. 111–112).

STEFAN WEINFURTER

Literatur: Frenz 2000b – Frenz 2009 – Maleczek 1996 – Meyer 2016 – Miethke 2000 – Miethke/Bühler 1988 – Skiba 2016 a – Watt 1964 – Weinfurter 2010 – Weiß 2016

B.4.1.1

Mosaikfragment des Apsismosaiks von S. Pietro: Papst Innocenz III. (1198–1216)

Rom, S. Pietro in Vaticano, Beginn des 13. Jahrhunderts
Stein; H. 72,5 cm, B. 47 cm
Rom, Museo di Roma – Palazzo Braschi, MR 5650

Mosaikfragment des Apsismosaiks von S. Pietro: Eine Personifikation der *Ecclesia Romana*

Rom, S. Pietro in Vaticano, Beginn des 13. Jahrhunderts
Stein, H. 75 cm, B. 59,5 cm
Rom, Museo di scultura antica Giovanni Barracco, MB 209

Innocenz III. gehört zweifellos zu den bedeutendsten Päpsten des Mittelalters. Mit seinem Pontifikat begann eine neue Etappe in der Geschichte des Papsttums, eine Zeit, die von einem neuen Universalismus und der *plenitudo potestatis*, der päpstlichen Vollgewalt, geprägt war. Neue Formen der Repräsentation und des Ausdrucks unterstützten die päpstlichen Ansprüche und machten sie für alle sichtbar. Innocenz III., der mit nur 37 Jahren die *Cathedra Petri* bestiegen hatte, war nicht nur jung, gebildet und gut vernetzt, sondern auch ein Meister der päpstlichen Selbstinszenierung. Das Vierte Laterankonzil von 1215, das seinen Pontifikat krönen sollte, bot Innocenz III. eine Bühne, die er zu nutzen wusste. Im Spätjahr 1215 war Rom fraglos der Mittelpunkt der christlichen Welt, in dem über entscheidende gesellschaftliche, politische und religiöse Fragen entschieden wurde.

Auch wenn das Konzil im Lateran stattfand, der als Bischofskirche und -palast das Symbol und Herz der römischen Kirche darstellte (*cunctarum mater caput ecclesiarum*), verlor der Lateran während des Pontifikats Innocenz' III. gegenüber S.

Pietro zunehmend an Bedeutung. Symbol dieser Schwerpunktverlagerung waren die baulichen Veränderungen, die der Papst im Innern der Peterskirche durchführen ließ. Innocenz III. gab beispielsweise eine Restaurierung des Apsismosaiks in Auftrag, die mit einigen Veränderungen verbunden war. Die neue Komposition, die von der byzantinischen Kunst beeinflusst war, brachte das neue Selbstverständnis des Papstes zum Ausdruck und sollte die Basilika bis zu ihrem Abriss im 16. Jahrhundert schmücken. Nur wenige Fragmente des Apsismosaiks wurden gerettet, doch ist die ursprüngliche Gestaltung dank einiger Abzeichnungen aus dem 16. und 17. Jahrhundert überliefert. In der oberen Zone befand sich eine *Maiestas Domini* mit Christus auf dem Thron, flankiert von den Apostelfürsten Petrus und Paulus, zu seinen Füßen entspringen die Paradiesströme. In einer separaten unteren Zone war ein Lämmerfries zu sehen, während im Zentrum das Gotteslamm auf dem Thron stand. Zu beiden Seiten dieses Throns – korrespondierend zur Position der Apostelfürsten bei Christus – befanden sich zwei stehende Figuren: eine Personifikation der bekrönten römischen Kirche (*Ecclesia Romana*) und Papst Innocenz III., der auf diese Weise der päpstlichen *plenitudo potestatis* Ausdruck verlieh. Es war das erste Mal, dass sich ein Papst in einer solchen Rolle und an solch zentraler Stelle darstellen ließ.

Die Köpfe dieser beiden Figuren, der der Kirche und der des Papstes, wurden beim Abriss von Alt-St. Peter gerettet und nach Poli gebracht, wo sie in der Familienkapelle der Conti di Segni, der Familie von Innocenz III., aufbewahrt wurden.

VIOLA SKIBA

Literatur: Iacobini 1989 – Ladner 1970, S. 56–68 – Margiotta 1988 – Nota Santi/Cimino 1999, S. 106–107 – Romanini 1991, S. 240–245 – Schmitt 2000, bes. S. 22–26/27 – Strinati 1999 a – Strinati 1999 b – Wilpert 1916, S. 361–367

Sinceritati vestre tunc scribere non sufficiens. singula
que in urbe   satis superque ammiratione
digna videntur. Notum vobis facio. quod tot
linguarum genera. tot venerabilium personarum ag
mina. que ex omni natione que sub celo est.
ad presens apud sedem apostolicam confluxerunt.
nec oculus quidem vidit. nec auris audivit.
nec in cor hominis ascendisse creditur. Parti
namque et medi et elamite. cum hiis habi
tant therosolimam et cetera. Sperans tamen quod super hui
usmodi vobiscum conferendis tandem aliquando ve
niet narrationibus hora. Tempestiva nimis. In
primis ea que maxime audire deposcitis.
videlicet de sollempnitate concilii. et in ipso
gestis et institutis. benignitati vestre prout
visu comprehendi secundum ordinem edisseram.
Segnius enim irritant animos demissa
per aurem. que sunt oculis subiecta fidelibus.
In die festi beati martini inchoatum est concilium.
Dominus papa apud lateranum in ecclesia salvatoris que con
stantiniana dicitur. summo diluculo intimus
suis solum in cardinalibus. archiepiscopis et episcopis. eodem
die missam in primis celebravit. Qua celebrata et
episcopis cum abbatibus ad differentiam episcoporum non infu
latis. per sedes proprias dispositis milia iii. immo
decies. c. m. tam clerici quam populi. inter gremium
ecclesie iam dicte admittuntur. Quam plurimis
itaque intromissis et in eadem ecclesia cum sit am
plissima nullo fere loco vacante. dominus papa
homo super homines discretus. et vere spiritu
sapientie et intellectus adimpletus. cum suis
cardinalibus et ministris in eminentiori loco
constitutus. hunc ympnum. Veni creator et cetera.
inchoavit. Quo sollempniter ac devote digne
nec sine lacrimis pre spirituali gaudio emanan
tibus decantato. dominus papa huiusmodi collectam
subiunxit. Actiones nostras quesumus domine et cetera.
De quo pro dolor propter populi tumultum ipsius que
nemo compescere valuit intelligere potui. propter
quod tamen potui investigare non desivi donec
ipsum optinui et scripto commendavi. In eodem
sermone inter cetera. Pro redemptione terre sancte
plurimum exhortatus est. Deinde patriarcha
therosolimitanus sermonem undique ipsum arripu
it. Asseruit quod dominus papa in eodem sermone. quod
si principes consulerent ad terram sanctam pluribus se
laborem vellet assumere. Sunt autem in preparatio
nem navium. insuper peregrinorum ab urbe profi
cientium promisit expendere. Hec in prima die
concilii et hiis similia in latere ecclesie sunt prolata.
Sequenti die in maiori palatio de patriar
cha apud constantinopolim statuendo quod
ecclesie romane numquam hactenus licuit.
multumque diuque sermo tractabatur. Tercia vero die
lite que inter compostellanum et tolletanum
episcopos super optinendo primatu huc usque du
ravit. dominus papa diuinitus et rationabiliter inde
diffinire conabatur. primo modum vero pluribus
diebus tractatum est de comite de tolose. qui
propter hereticos aliquando infra sua commorantes
et ob hoc de heresi accusatus. per regem francie
castella et magnam partem terre amisit. immo
penitus per pravos et signatos qui contra eum
destinati fuerant est destructus. Unde quia
idem comes cum uxore sua aliquando que est soror
uxoris domini friderici nostri regis. extitit
presens et crucesignatus est. dominus papa xl. marcas
ultra mare perpetuo mansurus de omnibus
reditibus quos deus contulerat sibi. ei assig
navit in sustentacionem. Comitisse vero
quicquid tenuit de rege francie ultra ior
danem assignavit. ut dicitur regem francie per
excommunicationis sententiam intendebat
compellere ut quietem ei dimitteret. Comes
vero de munfort totam terram residuam de mani
bus domini pape ac beati petri tenebit. filius enim
adhuc existens in curia per
gratiam domini pape exspectans. Multa talium
que hic pretereo. ut potero non etiam in plenarie
fama referente cognovi. que veris ad
dere sepe falsa solet. suaque mobilitate
vigens vires acquirit eundo. Prima dominica
post martinum quia adeo non cuperet in tanta
gloria summus pontifex ad consecrandam ecclesiam
beate marie que ad oleum fundentem

B.4.1.2

Augenzeugenbericht des Vierten Laterankonzils mit einer der frühesten Überlieferungen der Konstitutionen

Zisterzienser Kloster Haina, 13. Jahrhundert
Pergament; H. 34,5 cm, B. 25 cm
Gießen, Universitätsbibliothek (Sondersammlungen), Ms. 1105, fol. 47r–60v

1215 fand in Rom eines der wichtigsten Großereignisse des Mittelalters statt. Innocenz III. (1198–1216), der als einer der bedeutendsten Päpste dieser Epoche gilt, hatte die gesamte christliche Welt zu einem Konzil, dem Vierten Laterankonzil, geladen. Hunderte Kirchenobere, aber auch weltliche Große mit ihrem Anhang kamen. Auf dem Programm standen die Lösung politischer Fragen, der Umgang mit der Häresie und die Verabschiedung eines großangelegten kirchlichen Reformprogramms.

Trotz der Bedeutung und Größe des Konzils, der Aufmerksamkeit, die es erregte und des Stellenwertes, den die Zeitgenossen ihm beimaßen, sind wir erstaunlich wenig über seinen genauen Ablauf und seinen Rahmen informiert. Es sind vor allem zwei Chronisten, die diese Lücke – mit unterschiedlichen Schwerpunkten und Stärken – füllen: Richard von S. Germano und ein unbekannter deutscher, möglicherweise aus Mainz stammender Kleriker. Der anonyme Geistliche fasste seinen Bericht im Frühjahr 1216 in die Form eines Briefes, der vermutlich als eine Art Report für einen oder mehrere deutsche Prälaten gedacht war, die selbst nicht am Konzil teilgenommen hatten.

Der Brief, der im Original nicht erhalten ist, wurde später in eine Handschrift kopiert und geriet dann für lange Zeit in Vergessenheit. Zusammen mit dem Augenzeugenbericht umfasst die Handschrift auch eine der frühesten und besten Überlieferungen der Konzilskanones (fol. 47r-58v). Danach folgt eben jener Augenzeugenbericht auf fol. 59r-60v. Der Autor unterscheidet darin zwischen Ereignissen, die er selbst miterlebt hat, und solchen, die er nur vom Hörensagen zu schildern wusste, versucht aber, letztere genau zu beschreiben. Interessant sind dabei Einzelheiten wie etwa, dass die Laterankirche am Martinstag, zur Eröffnung des Konzils, so voll gewesen sei, dass kein Platz mehr darin war – und das, obwohl die Basilika riesig ist. Darüber hinaus sei es so laut gewesen, dass der Autor nicht einmal den Papst habe verstehen können und sich den Text seiner Eröffnungspredigt erst später habe besorgen müssen.

Von Innocenz III. selbst war der Kleriker offensichtlich tief beeindruckt; ihn beschrieb er als *homo super homines discretus et vere spiritu sapientie et intellectus adimpletus*. Auch die Statuten, die vom Konzil verabschiedet wurden, nahm er als Werk des Papstes (*constitutiones domini pape*) wahr. Daneben gibt der Text zahlreiche Details – insbesondere liturgischer und zeremonieller Natur – wieder, die sonst nirgends überliefert sind und die den Autor (und/oder die Empfänger des Briefes) zusammen mit den behandelten politischen Fragen offensichtlich am meisten interessierten. Eindrücklich führen vor allem nebenbei eingestreute Informationen vor Augen, welche Prominenz das Konzil und die in Rom zusammengeströmten Massen im Spätjahr 1215 gehabt haben müssen. Da berichtet unser Augenzeuge etwa, dass zum Dedikationsfest der Kirche der Apostelfürsten so viele Menschen aus allen Teilen der Welt zusammengeströmt seien, dass selbst der Papst kaum zur Peterskirche vorgedrungen sei. Auch nach dem Ende des Konzils hätten sich die Massen nicht gleich zerstreut, sondern viele seien über den Advent oder sogar bis ins nächste Frühjahr geblieben, um weitere Angelegenheiten an der Kurie zu erledigen.

VIOLA SKIBA

Quellen: Conciliorum Oecumenicorum 1973 – Conciliorum oecumenicorum 2013 a
Literatur: Bolton 1991 – Garcia y Garcia/Kuttner 1964 – Schäfer 2000

B.4.1.3

Mosaikfragment mit einer Darstellung Papst Gregors IX. (1227–1241)

Rom, S. Pietro in Vaticano, Fassade, zweites Viertel 13. Jahrhundert
Stein; H. 67 cm, B. 49,5 cm
Rom, Museo di Roma – Palazzo Braschi, MR 5651

Hugolin, der spätere Gregor IX., war nicht nur ein Verwandter von Innocenz III. (1198–1216), sondern auch sein Vertrauter und enger Mitarbeiter. Der Papst promovierte ihn bald nach seiner eigenen Wahl zum Kardinalbischof von Ostia. Nach dem Tod Innocenz' III. blieb er einer der wichtigsten und einflussreichsten Kardinäle an der Kurie. Als der Nachfolger Innocenz' III., Papst Honorius III. (1216–1227), starb, wurde Hugolin selbst zum Papst gewählt und setzte sich direkt in die Tradition seines Vorgängers Innocenz, dessen Selbstverständnis und Programm er übernahm. Diese Haltung fand ihren Ausdruck in baulichen Veränderungen an der Peterskirche, die immer mehr zum sichtbaren Symbol päpstlichen Selbstverständnisses wurde. Während Innocenz die Apsis neugestaltet hatte, ließ Gregor IX. die Fassade der Basilika renovieren und mit einer musivischen Dekoration versehen, in deren Bildprogramm er persönlich in Erscheinung trat. Eine Darstellung des thronenden Heilands, die schon für die Zeit vor der Neugestaltung durch Gregor IX. dokumentiert ist, wurde erweitert. Zu Füßen Christi wurde die Figur eines knienden Papstes hinzugefügt, begleitet von einer Madonna, die als seine Fürsprecherin bei Christus auftrat. Von der gesamten Szene existiert heute noch der Kopf des Papstes, der zusammen mit dem Haupt Innocenz' III. und dem der *Ecclesia* (Kat. Nr. B.4.1.1) beim Abriss von Alt-St. Peter gerettet und nach Poli, einem Herrschaftsschwerpunkt der Conti di Segni und damit der Familie Innocenz' III. und Gregors IX., transportiert wurde. Neben dem Kopf des Evangelisten Lukas (Kat. Nr. B.4.1.4) und dem der Madonna ist das Mosaik mit dem Kopf Gregors IX. heute eines der wenigen Fragmente, die den Abriss von Alt-St. Peter überlebt haben.

VIOLA SKIBA

Literatur: Gandolfo 1989 – Strinati 1999 c

B.4.1.4

Mosaikfragment: männlicher Kopf (heiliger Evangelist Lukas)

Römischer Mosaizist, Rom, um 1230
Steine aus gefärbten oder vergoldetem Glas und Kalkstein; H. 85,6 cm, B. 67 cm
Vatikanstadt, Musei Vaticani (Pinacoteca Vaticana), MV 44915

Das Mosaikfragment mit dem heiligen Lukas, das 1981 von den Vatikanischen Museen erworben wurde, hat eine lange Geschichte, die sich über die Jahrhunderte erstreckt. Ursprünglich gehörte es zu dem im 13. Jahrhundert entstandenen Mosaik an der alten Fassade der mittelalterlichen Basilika von St. Peter im Vatikan. Es wurde schließlich abgenommen, um dann in einem römischen Palast eingemauert zu werden, wobei es seinen ursprünglichen Charakter und seine Identität verlor und in eine Darstellung des heiligen Paulus umgedeutet wurde.

Im Jahre 1945 bemerkte Maltese im sogenannten Borromeo-Raum im Palazzo Altemps in Rom ein Mosaikfragment mit der Darstellung eines »männlichen Kopfes mit Bart«, das in den Putz eingebettet und mit einem Brustbild und einem Nimbus in Seccomalerei ergänzt worden war, es galt als heiliger Paulus. Er erkannte, dass es sich um ein altes Fragment handelte. Aber auf Grund der schlechten Lichtverhältnisse sowie der späteren Übermalungen konnte er lediglich die Vermutung anstellen, dass es sich um das Werk eines lokalen Mosaizisten aus dem 11.–12. Jahrhundert handele. Im Folgenden wurde das Fragment abgenommen und 1981 unter der Leitung von Mancinelli restauriert. Dabei wurde die Datierung berichtigt und das Werk einem römischen Mosaizisten des 13. Jahrhunderts zugeordnet.

Als Ghidoli (1990a, S. 135) den Stil des ›männlichen Kopfes‹ mit dem der Fresken der Kapelle des heiligen Gregors im Kloster Sacro Speco in Subiaco aus der Zeit

Gregors IX. (1127–1241) verglich, stellte sie eine Gemeinsamkeit der stilistischen Chiffren fest. Sie erkannte, dass sich die großen Dimensionen des Kopfes damit erklären ließen, dass er einst Teil eines monumentalen Mosaiks gewesen war, und außerdem, dass es sich um eine Arbeit von hoher Qualität handelte, die von römischen Mosaizisten der Zeit Gregors IX. ausgeführt worden war. Die Wissenschaftlerin betonte außerdem, dass das Mosaikfragment flach sei und demnach – wegen der fehlenden Krümmung – nicht zu einer Apsis gehört habe, sondern vielmehr Teil eines Fassadenmosaiks gewesen sei. Diesem Profil entsprach das Mosaik der alten Fassade der Petersbasilika, die zur Zeit Gregors IX. neu gestaltet und dann 1606 zerstört wurde. Dieses Mosaik wird von einigen Zeichnungen bezeugt, u.a. denen von Giacomo Grimaldi (Iacobini 1997, Abb. 20, S. 99) und denen von Domenico Tasselli di Lugo von ca. 1605–1619 (Iacobini 1997, Abb. 1, S. 91). Das Mosaik zeigte einen thronenden Christus zwischen der Jungfrau Maria und dem heiligen Petrus mit einem vor dem Thron knienden Papst Gregor IX., dazu im oberen Bereich die Symbole der Evangelisten. Zwischen den Fenstern der Fassaden befanden sich die vier Evangelisten und unter dem Gesims in der Mitte und an den Seiten die 24 Ältesten der Apokalypse zwischen den aus Bethlehem und Jerusalem hinausziehenden Lämmern. Die Analyse der Zeichnungen ermöglichte es, in dem Fragment das Gesicht des heiligen Lukas zu erkennen. Dieses Mosaikbild stellt zusammen mit zwei weiteren Fragmenten – dem Kopf der Jungfrau Maria (Moskau, Pushkin Museum) und dem Porträt Gregors IX. (Rom, Museo di Roma, Palazzo Braschi, vgl. Kat. Nr. B.4.1.3) – die letzten Überreste des Mosaiks aus dem 13. Jahrhundert dar.

Als die Fassade abgerissen wurde, wurden einige Fragmente gerettet und für die Verehrung bewahrt, so der Kopf vom heiligen Lukas, der in die Hände von Giovanni Angelo Altemps gelangte und in einem Raum seines Palastes eingemauert wurde, wo die Erinnerung an seine Herkunft schließlich in Vergessenheit geriet.

Aus stilistischen Gründen hat Iacobini (1991, S. 274–275) vorgeschlagen, dass die römischen Mosaizisten, die zur Zeit Honorius' III. (1216–1227) unter der Leitung venezianischer Künstler am Apsismosaik von S. Paolo fuori le mura aktiv waren, dieselben gewesen seien, die nach 1227 das Apsismosaik von St. Peter für Gregor IX. ausgeführt hätten.

Obwohl er die Herkunft des vatikanischen Fragments von der alten Fassade von St. Peter ebenfalls für gesichert hält, weist Monciatti (1997, S. 521) auf die stilistischen Unterschiede zwischen dem Gesicht des heiligen Lukas und dem der Jungfrau und Gregors IX. hin, die er mit der unterschiedlichen Ausbildung der ausführenden Mosaizisten im Bereich der vatikanischen Baustelle erklärt. Laut Queijo (2012, S. 115) wurden auch Handwerker mit nicht optimaler Ausbildung beschäftigt, um die Arbeiten in akzeptabler Zeit zum Abschluss zu bringen

ADELE BREDA

Literatur: Ghidoli 1990 a, S. 135–138, bes. S. 135 – Ghidoli 1990 b – Iacobini 1991, S. 237–319, bes. S. 274–275 – Iacobini 1997 – Maltese 1945 – Mancinelli 1989 – Monciatti 1997, S. 509–530, bes. S. 521 – Queijo 2012

Reformorden, Häresie und Inquisition

Armut, Recht und Wahrheit

Die westliche Welt im ausgehenden 12. und beginnenden 13. Jahrhundert war geprägt von einer reformerischen Aufbruchsstimmung, die sich insbesondere um die Schulen in Paris entwickelte. Hinzu kam eine Welle von reformerischen Bewegungen. Diese richteten sich zunächst nicht so sehr gegen das Papsttum. Vielmehr warfen sie den Bischöfen und dem Ortsklerus vor, die Seelsorge zu vernachlässigen und Reichtümer anzuhäufen. Allerorten entstanden Sekten und Gruppierungen, die gegen die Fülle der kirchlichen Gesetze und Verordnungen (›Dekretalen‹) und die hierarchische Verfestigung Widerstand leisteten und als Ketzer eingestuft wurden. Rasch breiteten sich die Armutsbewegungen der Waldenser und der Humiliaten in Italien oder der Katharer/Albigenser in Südfrankreich aus. Sie entzogen sich der Amtskirche und suchten in der Rückbesinnung auf die Urkirche und in der Armut die Gleichheit der Menschen. Gegen diese Strömungen wurde erstmals 1184 auf einer Synode in Verona ein Dekret erlassen mit den Richtlinien, nach denen Aussagen, Ansichten oder bestimmte Ausdrücke als ketzerisch erklärt werden konnten. Zugleich wurden Strafen festgesetzt. Weltliche Autoritäten sollten fortan die kirchlichen Amtsträger in der Bekämpfung der Ketzer unterstützen. Es war das erste allgemeine Ketzergesetz, dem weitere folgten. Bald danach, um 1200, ordnete Papst Innocenz III. die Überprüfung des eigenen Klerus an. Dies waren die Anfänge der ›Inquisition‹ (von *inquirere* = untersuchen), die ein Nachforschen auch ohne Anklage ermöglichte. Hier sind die Wurzeln der modernen Staatsanwaltschaft zu greifen. Die ›Inquisition‹ und ihre Verhörstrategien verbanden sich mit der Ketzerbekämpfung. Rechtshistorisch wurde diese Entwicklung als großer Fortschritt gewertet, weil dem bisherigen Gottesurteil durch Feuer- oder Wasserprobe ein rationalisiertes Verfahren gegenübergestellt wurde. Hinzu kam schließlich die Anwendung der Folter. Sie war in weltlichen Gerichtsverfahren schon unter Kaiser Friedrich II. 1232 eingeführt worden und wurde 1252 durch die päpstliche Bulle *Ad extirpanda* legalisiert. Auch die Folter als vermeintliches Mittel der Wahrheitsfindung galt unter den Juristen als großer Fortschritt im Bemühen um Gerechtigkeit. Die großen Reformorden der Franziskaner und der Dominikaner, die in dieser Zeit entstanden, konnten sich vom Verdacht der Häresie frühzeitig befreien. Die Armutsbewegung des Franz von Assisi unterwarf sich ausdrücklich der Hierarchie der Amtskirche und erlangte von Papst Honorius III. 1221/1223 die Bestätigung der Ordensregel. Dominikus wiederum begründete die Gemeinschaft der in Armut lebenden und gelehrten Prediger. Sie wurde 1216/1217 ebenfalls von Honorius III. bestätigt und entwickelte sich rasch zu einer bedeutenden Stütze der Päpste in der Seelsorge und im Kampf gegen die Häresie.

STEFAN WEINFURTER

Literatur: Felten 2011 – Kolmer 1982 – Oberste 2007 – Segl 1993 – Skiba 2016 a – Skiba 2016 b

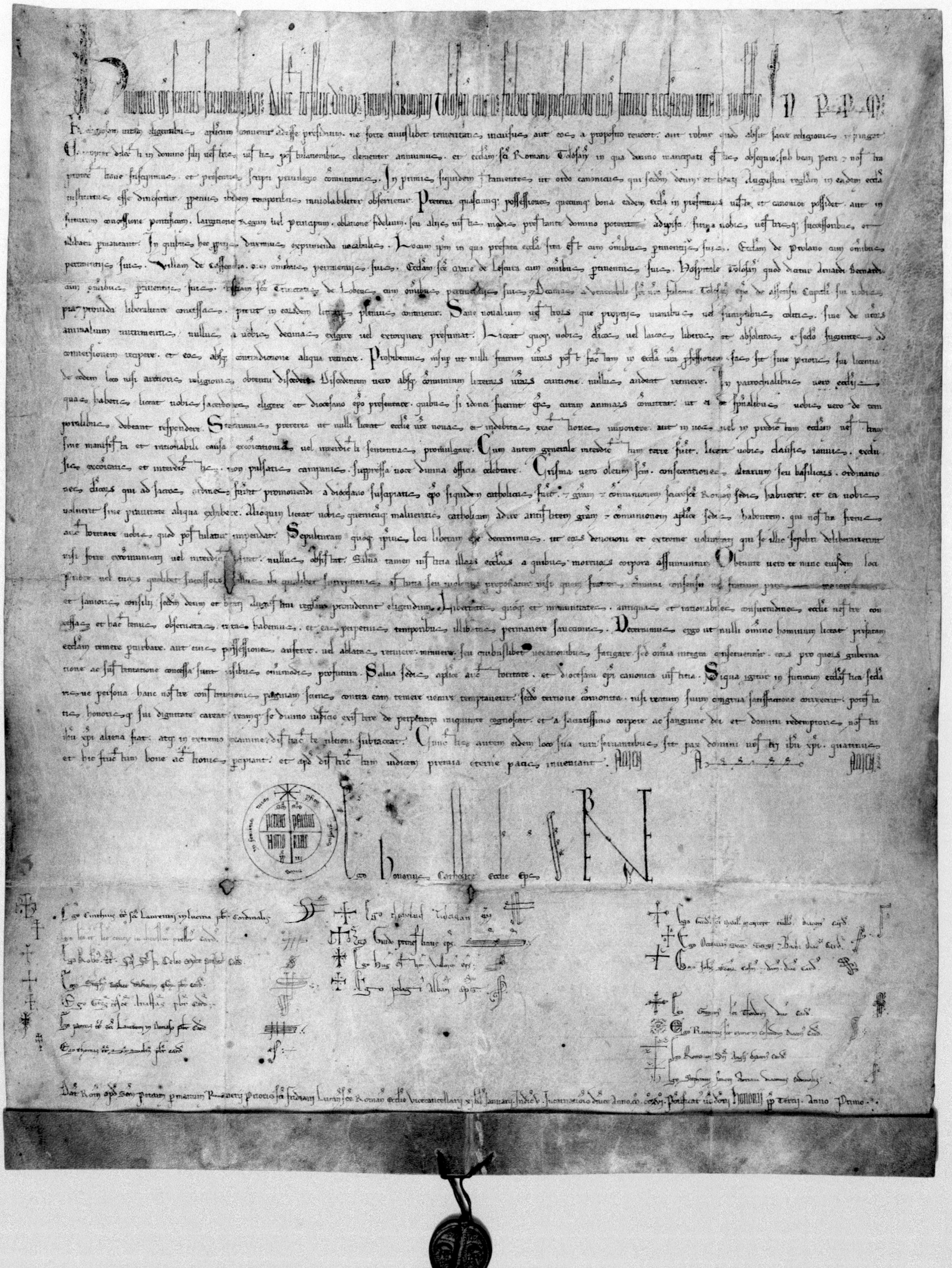

Honorius episcopus servus servorum dei. Dilectis filiis priori sancti Romani Tolosani eiusque fratribus tam presentibus quam futuris regularem vitam professis IN PERPETUUM.

Religiosam vitam eligentibus apostolicum convenit adesse presidium, ne forte cuiuslibet temeritatis incursus aut eos a proposito revocet, aut robur quod absit sacre religionis infringat. Ea propter dilecti in domino filii vestris iustis postulationibus clementer annuimus, et ecclesiam sancti Romani Tolosani in qua divino mancipati estis obsequio, sub beati Petri et nostra protectione suscipimus et presentis scripti privilegio communimus. In primis siquidem statuentes ut ordo canonicus qui secundum deum et beati Augustini regulam in eadem ecclesia institutus esse dinoscitur, perpetuis ibidem temporibus inviolabiliter observetur. Preterea quascumque possessiones, quecumque bona eadem ecclesia in presentiarum iuste et canonice possidet aut in futurum concessione pontificum, largitione regum vel principum, oblatione fidelium, seu aliis iustis modis prestante domino poterit adipisci, firma vobis vestrisque successoribus et illibata permaneant. In quibus hec propriis duximus exprimenda vocabulis. Locum ipsum in quo prefata ecclesia sita est cum omnibus pertinentiis suis. Ecclesiam de Prolano cum omnibus pertinentiis suis. Villam de Coffendo cum omnibus pertinentiis suis. Ecclesiam sancte Marie de Lesina cum omnibus pertinentiis suis. Hospitale Tolosanum quod dicitur Arnaldi Bernardi cum omnibus pertinentiis suis. Ecclesiam sancte Trinitatis de Tolosa cum omnibus pertinentiis suis. Decimas a venerabili fratre nostro Fulcone Tolosano episcopo de assensu capituli sui vobis pia provida liberalitate concessas, prout in eiusdem litteris plenius continetur. Sane novalium vestrorum que propriis manibus vel sumptibus colitis, sive de vestrorum animalium nutrimentis, nullus a vobis decimas exigere vel extorquere presumat. Liceat quoque vobis clericos vel laicos liberos et absolutos e seculo fugientes ad conversionem recipere et eos absque contradictione aliqua retinere. Prohibemus insuper ut nulli fratrum vestrorum post factam in ecclesia vestra professionem fas sit sine prioris sui licentia de eodem loco nisi arctioris religionis obtentu discedere. Discedentem vero absque communium litterarum vestrarum cautione nullus audeat retinere. In parrochialibus vero ecclesiis quas habetis liceat vobis sacerdotes eligere et diocesano episcopo presentare, quibus si idonei fuerint episcopus curam animarum committat, ut ei de spiritualibus, vobis vero de temporalibus debeant respondere. Statuimus preterea ut nulli liceat ecclesie vestre novas et indebitas exactiones imponere, aut in vos vel in predictam ecclesiam vestram sine manifesta et rationabili causa excommunicationis vel interdicti sententias promulgare. Cum autem generale interdictum terre fuerit, liceat vobis clausis ianuis, exclusis excommunicatis et interdictis, non pulsatis campanis, suppressa voce divina officia celebrare. Crisma vero, oleum sanctum, consecrationes altarium seu basilicarum, ordinationes clericorum qui ad sacros ordines fuerint promovendi, a diocesano suscipiatis episcopo, siquidem catholicus fuerit et gratiam et communionem sacrosancte Romane sedis habuerit, et ea vobis voluerit sine pravitate aliqua exhibere. Alioquin liceat vobis quemcumque malueritis catholicum adire antistitem gratiam et communionem apostolice sedis habentem, qui nostra fretus auctoritate vobis quod postulatur impendat. Sepulturam quoque ipsius loci liberam esse decernimus, ut eorum devotioni et extreme voluntati qui se illic sepeliri deliberaverint, nisi forte excommunicati vel interdicti sint, nullus obsistat, salva tamen iustitia illarum ecclesiarum a quibus mortuorum corpora assumuntur. Obeunte vero te nunc eiusdem loci priore vel tuorum quolibet successorum, nullus ibi qualibet surreptionis astutia seu violentia preponatur, nisi quem fratres communi consensu vel fratrum pars consilii sanioris secundum deum et beati Augustini regulam providerint eligendum. Libertates quoque et immunitates antiquas et rationabiles consuetudines ecclesie vestre concessas et hactenus observatas ratas habemus, et eas perpetuis temporibus illibatas permanere sancimus. Decernimus ergo ut nulli omnino hominum liceat prefatam ecclesiam temere perturbare, aut eius possessiones auferre, vel ablatas retinere, minuere, seu quibuslibet vexationibus fatigare, sed omnia integra conserventur eorum pro quorum gubernatione ac sustentatione concessa sunt usibus omnimodis profutura. Salva sedis apostolice auctoritate et diocesani episcopi canonica iustitia. Si qua igitur in futurum ecclesiastica secularisve persona hanc nostre constitutionis paginam sciens contra eam temere venire temptaverit, secundo tertiove commonita, nisi reatum suum congrua satisfactione correxerit, potestatis honorisque sui dignitate careat, reamque se divino iudicio existere de perpetrata iniquitate cognoscat, et a sacratissimo corpore ac sanguine dei et domini redemptoris nostri Iesu Christi aliena fiat, atque in extremo examine districte ultioni subiaceat. Cunctis autem eidem loco sua iura servantibus sit pax domini nostri Iesu Christi, quatinus et hic fructum bone actionis percipiant, et apud districtum iudicem premia eterne pacis inveniant. AMEN. AMEN. AMEN.

Sanctus Petrus. Sanctus Paulus. Honorius PP. III. — Perfice gressus meos in semitis tuis.

Ego Honorius Catholice Ecclesie Episcopus.

BENE VALETE

Ego Cinthius tituli sancti Laurentii in Lucina presbiter cardinalis.
Ego Leo tituli sancte Crucis in Ierusalem presbiter cardinalis.
Ego Robertus tituli sancti Stephani in Celio monte presbiter cardinalis.
Ego Stephanus basilice duodecim apostolorum presbiter cardinalis.
Ego Gregorius tituli sancte Anastasie presbiter cardinalis.
Ego Petrus tituli sancti Laurentii in Damaso presbiter cardinalis.
Ego Thomas tituli sancte Sabine presbiter cardinalis.

Ego Nicholaus Tusculanus episcopus.
Ego Guido Prenestinus episcopus.
Ego Hugo Hostiensis et Velletrensis episcopus.
Ego Pelagius Albanensis episcopus.

Ego Guido sancti Nicholai in carcere Tulliano diaconus cardinalis.
Ego Octavianus sanctorum Sergii et Bachi diaconus cardinalis.
Ego Iohannes sanctorum Cosme et Damiani diaconus cardinalis.
Ego Gregorius sancti Theodori diaconus cardinalis.
Ego Rainerius sancte Marie in Cosmydyn diaconus cardinalis.
Ego Romanus sancti Angeli diaconus cardinalis.
Ego Stephanus sancti Adriani diaconus cardinalis.

Datum Rome apud sanctum Petrum per manum Ranerii prioris sancti Fridiani Lucani sancte Romane ecclesie vicecancellarii, XI kalendas Ianuarii, indictione quinta, incarnationis dominice anno MCCXVI, pontificatus vero domni Honorii pape III anno primo.

B.4.2.1

Religiosam Vitam: Bestätigungsbulle Papst Honorius' III. für die Dominikaner

Rom, 22. Dezember 1216
Pergament; H. 72 cm, B. 57,7 cm
Toulouse, Archives départementales de Haute-Garonne, 112 H 1

Am 22. Dezember 1216 bestätigte Papst Honorius III. (1216–1227) mit der Bulle *Religiosam vitam* den Orden der Dominikaner und traf damit eine nachhaltige Entscheidung für die weitere Entwicklung der Kirche. Dies geschah in einer Zeit religiöser Aufbruchsstimmung, die auch das Papsttum erfasst hatte. Die Päpste dieser Epoche zeigten sich flexibler bezüglich der Integration von unkonventionelleren religiösen Bewegungen, während gleichzeitig die Organisation der Kirche und die Definition des ›wahren Glaubens‹ gestrafft wurden.

Als Dominikus, der bereits auf viele Jahre der praktischen Arbeit in Häresiebekämpfung und Predigertätigkeit zurückblicken konnte, 1215 gemeinsam mit dem Bischof von Toulouse an Innocenz III. herantrat, suchte er die päpstliche Unterstützung für seine *praedicatio* in Südfrankreich. Der Papst schickte ihn jedoch zunächst mit der Anweisung zu seinen Brüdern zurück, eine etablierte Regel für die Gemeinschaft zu wählen und dann zurückzukehren. Dominikus gehorchte, er und seine Mitstreiter entschieden sich für die Regel des heiligen Augustinus.

Als er nach Rom zurückkehrte, hatte ein Wechsel auf der *Cathedra Petri* stattgefunden. Honorius III. zeigte jedoch große Bereitschaft, die Bewegung der predigenden Brüder um Dominikus zu unterstützen. Der neue Papst hegte Sympathie für Predigt und Seelsorge, er verfasste selbst eine Predigtsammlung, in der er diese Tätigkeiten zu den wichtigsten Aufgaben des Papstes und der Kirche erklärte. Am 22. Dezember 1216 bestätigte Honorius III. den neuen Orden zunächst mit einer Standardbulle, die dem Formular *Religiosam vitam eligentibus* folgte. Der Text war, wie in solchen Dokumenten üblich, sehr allgemein gehalten und an »Dominikus, den Prior von St. Romain in Toulouse, und seine Brüder« gerichtet. Die Bulle trägt die Unterschrift Honorius' III., seine Rota mit der Devise des Papstes und die Unterschriften der in Rom anwesenden Kardinäle, die nach den drei *Ordines* gruppiert sind.

Zu diesem Zeitpunkt war noch nicht abzusehen, wie schnell sich die kleine Gemeinschaft von Brüdern entwickeln und verbreiten sollte, doch war der erste Schritt zu ihrer Etablierung getan. Nur vier Wochen später erfolgte mit einer weiteren Bulle der nächste: *Gratiarum omnium* vom 21. Januar 1217 bestätigte den besonderen Charakter des ›Predigerordens‹ (*ordo fratrum predicatorum*), der nun erstmals auch diese Bezeichnung erhielt. In den nächsten Jahren folgten weitere unterstützende Maßnahmen seitens des Heiligen Stuhls, die die Verbindung zu den Dominikanern stärkten, die zu einem wahrlich päpstlichen Orden wurden, auf den die Kirchenspitze gerne zurückgriff.

VIOLA SKIBA

Quelle: Monumenta Diplomatica S. Dominici 1966, S. 71–76, Nr. 77
Literatur: Skiba 2016 a, S. 137–139 – Vicaire 1952 – Zutshi 2004, S. 269–286

B.4.2.2

Die *Regula bullata* und das Testament des heiligen Franziskus

Landshut, 1482
Papier; H. 14,5 cm, B. 10 cm
München, Universitätsbibliothek der LMU München, 8° Cod. Ms. 142, fol. 2r–10r

1209 kam es in Rom zu einer legendären Begegnung: Franziskus aus Assisi traf auf Papst Innocenz III. und beeindruckte dabei den Pontifex offenbar. Der *poverello* war mit elf Gefährten nach Rom gereist, um für seine Lebensweise (*propositum vitae*) die päpstliche Erlaubnis zu erbitten. Die kleine Gemeinschaft hatte bereits die Unterstützung des Bischofs von Assisi gewonnen, hoffte nun aber noch auf eine Bestätigung durch den Papst, was ihr größere Freiheit gewähren würde. Obwohl Innocenz III. die Bewegung als solche nicht bestätigte oder eine schriftliche Zusage dafür machte, honorierte er doch ihre Ernsthaftigkeit und ihre Ziele und gewährte ihr die Chance, zu wachsen und ihrer Vision zu folgen. Damals war noch nicht abzusehen, welchen Erfolg und welchen Umfang die Gemeinschaft einst haben sollte.

Franziskus selbst hatte niemals vorgehabt, einen ›Orden‹ zu gründen, sondern vielmehr versucht, jede Form der Einengung und Verpflichtung zu vermeiden. Doch bald sah er sich mit Problemen konfrontiert, die mit der schnellen Expansion seiner Bruderschaft zusammenhingen und die eine gewisse Regulierung unvermeidlich machten. Trotz gegenteiliger Überzeugungen entschied sich Franziskus schließlich dafür, ein Mindestmaß an Organisation und Ordnung einzuführen.

Mittlerweile besetzte ein anderer Papst die *Cathedra Petri:* Honorius III. (1216–1227). Er hegte wie sein Vorgänger große Sympathien für echten religiösen Eifer, für die Predigt und die Seelsorge und erkannte die Notwendigkeit, der Bewegung eine

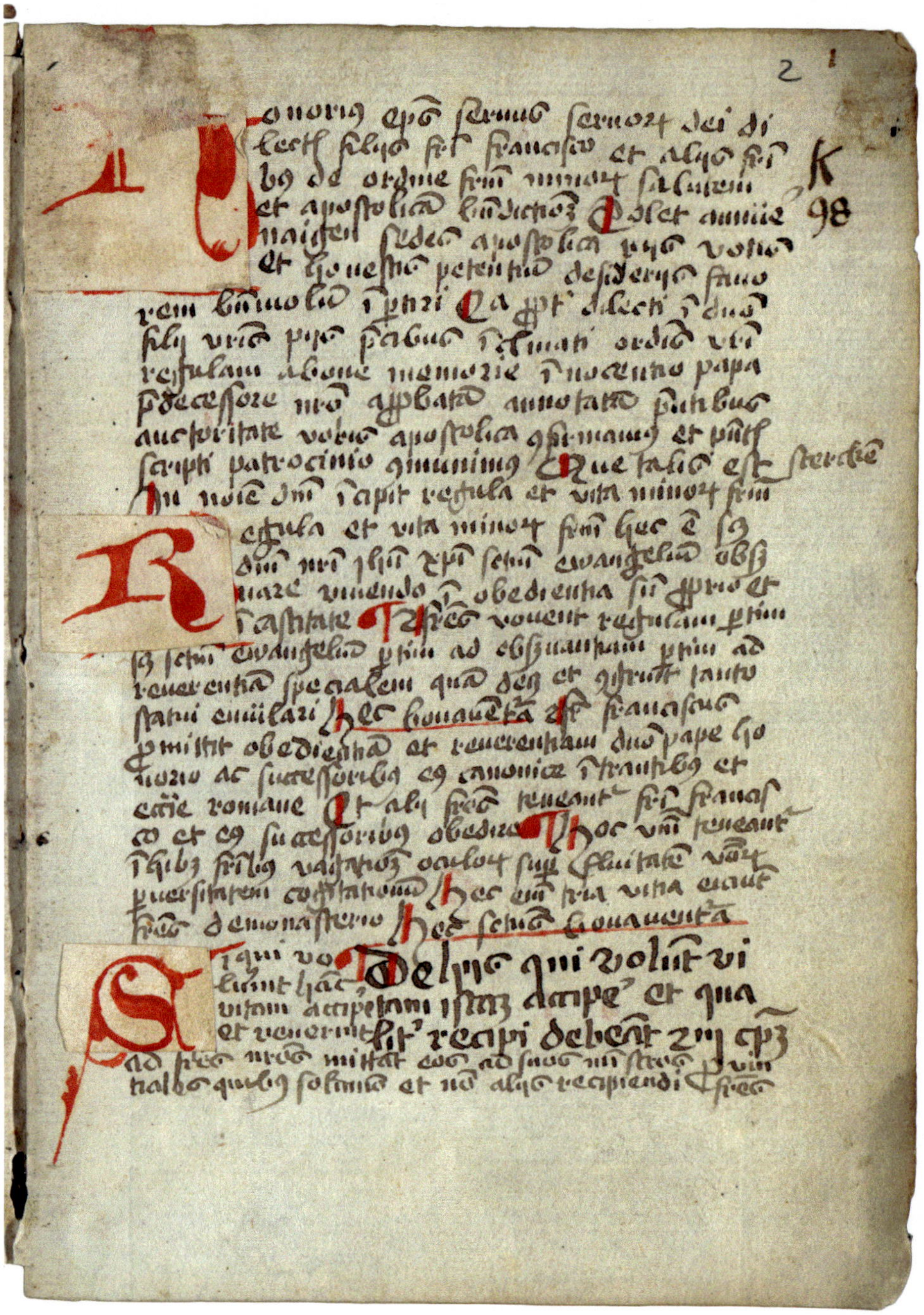

geordnete Grundlage zu geben und eine entsprechende Regel zu bestätigen. Diese musste entworfen und dem Pontifex vorgelegt werden. Es erwies sich als nicht einfach, einen Text abzufassen, der den Anforderungen der Kirche und der Vision des Franziskus gleichermaßen genügte. Erst nach mehrjähriger Arbeit konnte Honorius III. die von Franziskus geschriebene Regel mit der Bulle *Solet annuere* vom 29. November 1223 absegnen.

Der knapp gehaltene Text umfasst zwölf Kapitel. Besondere Betonung liegt auf der Armut, der Predigt und nicht zuletzt auf dem Gehorsam der Brüder gegenüber der römischen Kirche. Trotz dieser Konzession an die Forderung nach einer Ordnung seiner Bewegung blieb sich Franziskus bis zuletzt treu und lehnte eine zu starke institutionelle Bindung seines Ordens an die kirchliche Hierarchie ab. Er hielt nicht nur eine Besetzung hoher Kirchenämter mit Franziskanern für unvereinbar mit ihrem Selbstverständnis, sondern verbot seinen Brüdern in seinem Testament auch ausdrücklich, Privilegien zum eigenen Schutz oder zur Unterstützung ihres Auftrages von der Kurie zu erbitten.

In der vorliegenden Sammelhandschrift aus dem 15. Jahrhundert sind die wichtigsten Dokumente der Entwicklung des franziskanischen Ordens zusammengestellt. Neben den zentralen Schriften wie der von Bonaventura glossierten Regel (fol. 2r–8v) und dem Testament des Franziskus (fol. 8v–10r) wurden auch zahlreiche päpstliche Bullen (fol.10r–29v), zum Teil in deutscher Übersetzung (fol. 38r–84r), in die Handschrift aufgenommen.

VIOLA SKIBA

Quellen: Handschriften München, UB 1968, S. 224–225 – Handschriften München, UB 1989, S. 111–114 – Handschriften München, UB 2011, Textbd. S. 105, Tafelbd. Abb. 304

B.4.2.3

Der Traum Papst Innocenz' III. (1198–1216)

Taddeo Gaddi, 1335–1340
Gemälde in Tempera und Gold auf Holz (Walnuss); H. 48 cm, B. 43 cm
Florenz, Galleria dell'Accademia di Firenze, 8595

Die Schilderungen zur Person und dem Wirken des heiligen Franziskus sowie von der Gründung seiner Gemeinschaft sind reich an Legenden und wundersamen Begebenheiten. Immer wieder habe der charismatische Heilige seine Glaubensfestigkeit unter Beweis gestellt und andere von sich und seiner Berufung überzeugt. Eine der bekanntesten Legenden in diesem Zusammenhang, die zugleich den damaligen Papst betrifft, ist die vom Traum des Innocenz III. Diese Erzählung, die interessanterweise nahezu zeitgleich in der dominikanischen Hagiographie (mit Dominikus als ihrem Protagonisten) auftaucht, steht im Zusammenhang mit der Papstaudienz des Franziskus und der Bestätigung seines *propositum vitae*, die auf das Jahr 1209 datiert wird. Der Legende zufolge habe Innocenz III. zunächst zurückhaltend auf das Ansinnen des *poverello* reagiert. In der Nacht aber habe er einen Traum gehabt, in dem er sah, wie die Kirche, repräsentiert von der Lateranbasilika, zusammenzustürzen drohte und von Franziskus gestützt und vor dem Zusammenbruch bewahrt worden sei. Diese Vision habe ihn schließlich von der Bedeutung des *poverello* und seiner Brüder überzeugt.

Schon bald war die Legende Teil der franziskanischen Hagiographie und Ikonographie. Die vielleicht bekannteste Darstellung des Traums des Innocenz wurde vermutlich von Giotto für die Kirche S. Francesco in Assisi geschaffen. Ein Schüler Giottos – und Vasari zufolge sein bester –, Taddeo Gaddi, schuf 40 Jahre später einen weiteren berühmten Zyklus von Szenen aus dem Leben des heiligen Franziskus. Dieser umfasst 28 kleine Tafeln, die für die Sakristei der Basilika von S. Croce in Florenz geschaffen wurden und parallel Geschichten aus dem Leben Christi und dem des Franziskus erzählen, sie einander gegenüberstellen und miteinander in Zusammenhang setzen. Drei Szenen zeigen den Heiligen in Interaktion mit den Päpsten Innocenz III. und Honorius III. Die erste erzählt vom Traum des Papstes. Rechts im Bild liegt der schlafende, mit der Tiara und dem roten Mantel bekleidete Innocenz ausgestreckt auf einem Bett. Hinter seinem Lager steht eine bärtige Gestalt, durch Physiognomie und Heiligenschein als Petrus zu erkennen, die vom Betrachter aus gesehen nach links deutet. Dort ist der mit einer einfachen braunen Kutte bekleidete Franziskus zu sehen, der mit der rechten Hand die herabstürzende Fassade und das Dach einer Kirche stützt und auffängt.

VIOLA SKIBA

Digital: www.polomuseale.firenze.it/inv.1890/scheda.asp?position=1&ninv=8595 [16.01.2017]
Literatur: Chiodo 2003 – Labrola 1998 – Vauchez 2002 – Vauchez 2004

B.4.2.4

Schreiben Gregors IX. an den Bischof von Worms, Heinrich II. von Saarbrücken

Perugia, 3. September 1229
Pergament; H. 26,2 cm, B. 20,8 cm
Heidelberg, Universitätsbibliothek, Urk. Lehmann 232

Das kurze Schreiben Papst Gregors IX. gewährt einen aufschlussreichen Einblick in die zeitgenössische Wahrnehmung der noch jungen Bettelorden der Dominikaner und Franziskaner. Darin forderte Gregor IX. den Bischof von Worms nachdrücklich dazu auf, den in der Wormser Kirchenprovinz ansässigen Dominikanern und Franziskanern besseren und umfassenderen Schutz zu gewähren. In Ermangelung einer ausreichenden bischöflichen Protektion seien diese »geliebten Söhne«, so die päpstliche Argumentation, in der Vergangenheit wiederholt öffentlichen Beschimpfungen und Spottgesängen ausgesetzt gewesen; die Verursacher dieser Schande verurteilte Gregor IX. gar scharf als »Söhne Belials«. Da sowohl Dominikaner als auch Franziskaner beim Heiligen Stuhl eine besondere Achtung genössen, seien sie mit aller Kraft zu unterstützen. Komme der Bischof den genannten Verpflichtungen jedoch nicht nach, so seien der Propst, Dekan und Kantor von Worms dazu befugt, dieses Mandat an Stelle des Bischofs durchzusetzen.

Mit dieser Argumentation fügt sich die Urkunde, die am 3. September 1229 in Perugia ausgestellt wurde, gut in die päpstliche Bettelordenspolitik jener Zeit ein: Ähnlich wie schon sein Vorgänger Honorius III. (1216–1227) unterstützte auch Gregor IX. (1227–1241) die Bettelorden maßgeblich. So wurden nicht nur Franziskus und Dominikus, die Gründer beider Ordensgemeinschaften, während seines Pontifikats heiliggesprochen; immer wieder sprach Gregor IX. den Dominikanern und Franziskanern auch wichtige Rechte, wie z. B. die Befugnis zur Predigt und Beichte, zu. Diese besondere Verbindung zu den Bettelorden kommt im Schreiben an den Bischof von Worms sowohl inhaltlich als auch in der starken Wortwahl zum Ausdruck. Überdies kündet die Urkunde von den ständigen Auseinandersetzungen, mit denen die in Worms wenige Jahr zuvor angesiedelten Mendikanten (Franziskaner 1221, Dominikaner 1229) konfrontiert waren: Wie vielerorts hatte der zwischen lokalem Klerus und Bettelbrüdern ausgefochtene Streit um die Pfarrrechte und die damit zusammenhängenden Einkünfte Anlass zu diesen Konflikten gegeben und schließlich auch zu einer Beteiligung der Bevölkerung geführt. Vor dem Hintergrund dieser bewegten Ereignisse illustriert die Urkunde Gregors IX. eindrucksvoll, wie direkt die Kurie in örtliche Kirchenbelange eingriff und sich nachdrücklich für eine dauerhafte Etablierung der Dominikaner und Franziskaner engagierte.

JULIA BURKHARDT

Digital: http://www.ub.uni-heidelberg.de/digi-pdf-katalogisate/sammlung30/werk/pdf/lehm232.pdf
Quellen: Steiger 2012
Literatur: Berger 1994 – Gregorio IX e gli ordini mendicanti 2011 – Lehmann 1841

Gregorius eps servus servorum dei. Venerabili fratri .. Warmatien. Epo. salt et aplicam ben. Nec novum e
peccatis exigentibus nec insolitum qd abhominantur impii viros iustos eo qd non est conventio lucis ad tene
bras nec xpi ad belial participatio potest esse. Verum et si perversi difficile corrigantur ut a pravitatibus resi
piscant sunt tamen ne iustis noceant cohibendi. ut malorum timore sublato iusti tranquilla devotione letentur.
proficiendo sibi per vite meritum et aliis per exemplum. Intelleximus siquidem nec possumus sine a
maritudine preterire. qd quidam filii belial tue dioc habentes odio disciplinam dilectos filios fres ordinum pre
dicatorum et minorum impie persequuntur. in detractionem eorum non solum linguas laxando maliloquas. sed
etiam famosas immo infames inponendo publice cantiones in animarum suarum periculum et contemptum ecclastice
honestatis. qd te nunquam decuit sustinere. cum prius pene quam culpe timor talium ad nram audiam perve
nisset. Ne igit saltem amodo inexcusabilis habearis. si tales desieris castigare. fraternitatem tuam rogamus
et monemus attente per aplica tibi scripta precipiendo mandantes. quatinus dictos fratres habens ob re
verentiam aplice sedis et nram propensius commendatos. ipsos ab huiusmodi molestiis iniuriis contume
liis et conviciis tuearis. ita quod viros religiosos videaris diligere et nos devotionem tuam possi
mus merito commendare. Alioquin dilectis filiis .. preposito. .. Decano et .. Cantori Warmatien. ecclie dam
litteris in mandatis ut te in execucione mandati nri cessante id sublato appellationis obstaculo exequantur.

Die Entwicklung der Kurie und der Rechtskultur

Glieder des päpstlichen Leibes

Im 13. Jahrhundert wuchsen Papst und Kardinäle immer enger zu einer Führungsgemeinschaft zusammen. Es entstand die Vorstellung, dass beide zu einem Leib vereint, ja dass die Kardinäle gleichsam in die Person des Papstes eingegliedert seien. Schon Innocenz III. nannte sie »Glieder unseres Leibes« (*membra corporis nostri*), und der Gelehrte Heinrich von Susa († 1271) bezeichnete sie »gleichsam als die Eingeweide des Papstes« (*tamquam invisscerati*). Honorius III. (1216–1227) ließ Übergriffe auf die Kardinäle im Jahre 1225 sogar als Majestätsverbrechen ahnden (MGH. Epistolae saec. XIII, Bd. 1, Nr. 287). Ein gehöriges Maß an Ironie dürfte bei Heinrich von Würzburg mitspielen, als er sie um 1265 mit Veilchen, Rosen und Lilien verglich. Ihre äußeren Kennzeichen seien die Magerkeit des Antlitzes, eine gewisse Mattigkeit in der Körperhaltung und eine Durchgeistigung in der ganzen Erscheinung (Grauert 1912, S. 89):

Si dicam, quod sint viole, non menciar ex hoc.
Nam celo similis vita colorat eos.

Forte rosas dicisse placet? mirabile non est.
Vulnera nam Christi pectore semper habent.
Lylia candoris nivei dixisse licebit,

Nam carnis stimulo ponere frena solent. (…)
Vestibus incedunt communibus, attamen illud,
Quod caput insignit, ut rosa verna rubet.

In vultu macies, in corpore languor, in ipso

Gestu nescio quid spirituale sedet.

Wenn ich sagte, sie wären Veilchen, würde ich nicht lügen.
Denn dem Himmel ähnlich schmückt sie ihr Leben.
Oder sollte man besser von Rosen sprechen? Das wäre nicht unangebracht.
Denn stets tragen sie auf der Brust die Wunden Christi.
Man darf auch von strahlenden Lilien, weiß wie Schnee, sprechen,
Denn die Reize des Fleisches pflegen sie zu zügeln. (…)
In gewöhnlichen Gewändern schreiten sie einher, mit Ausnahme dessen,
Was das Haupt ziert und wie eine Frühlingsrose in roter Farbe erstrahlt.
Im Antlitz mager, in der Gestalt gebeugt, zeigt sich in ihrer
Gesamten Haltung, so möchte ich sagen, eine gewisse Durchgeistigung.

Sie übten jedenfalls über das ›Konsistorium‹ (regelmäßige Besprechungen mit dem Papst) immer größeren Einfluss auf die Leitung der Kirche aus. Um die Mitte des Jahrhunderts, unter Innocenz IV., erlangten sie die ehrende Auszeichnung, rote Hüte zu tragen. Erst gegen Ende des 15. Jahrhunderts kam als exklusives Vorrecht die rote Farbe für die Kardinalskleidung hinzu. Die Kardinäle bildeten den Mittelpunkt einer sich rasch ausformenden kurialen Organisation am Sitz des Papstes. Der Begriff ›römische Kurie‹ (*curia Romana*) geht zwar schon auf das Jahr 1089 zurück, aber im 13. Jahrhundert erfolgte Schritt um Schritt der Ausbau zu einer gewaltigen Behörde. Auf der Grundlage eines umfangreichen Verzeichnisses (*Liber censuum*) – 1192 angelegt von dem Kämmerer Cencius, dem späteren Papst Honorius III. – wurden von der Finanzabteilung (*camera apostolica*) Gelder aus dem ›Kirchenstaat‹ und den päpstlichen Besitzungen eingesammelt. Das war zwar kein ganz neues Verfahren, doch begann nun eine systematischere und geordnetere Praxis, die eine Erfassung der gesamten lateinischen Christenheit anstrebte. Hinzu kamen die Lehnszinsen abhängiger Reiche (England, Neapel, Sizilien) und die jährlichen Abgaben der Bischofskirchen (›Peterspfennig‹). Weitere Einnahmen strömten aus Kanzleitaxen, denn alles, was man in Rom erbat, kostete Geld. Eine weitere wichtige Abteilung, die im 13. Jahrhundert eingerichtet wurde, bildete die ›Pönitentiarie‹. Sie war zuständig für die Buß-, Ablass- und Dispensangelegenheiten. Bis zum Ende des 13. Jahrhunderts war schließlich auch die päpstliche Justizbehörde (seit dem 14. Jahrhundert *Sacra Romana Rota* genannt) voll ausgebildet. Die Fülle der Geschäfte verlangte eine große Zahl von kurialen Beamten. Vieles brauchte nun seine Zeit, so dass das Wort umging, die römische Kurie habe »bleierne Flügel und eiserne Füße« (*alas plumbeas et pedes ferreos*, Grauert 1912, S. 165; Determinatio compendiosa 1909, S. 62–63).

Vor allem war ein fester rechtlicher Rahmen erforderlich, der im 13. Jahrhundert durch die Ausformung des Kirchenrechts geschaffen wurde. Die Rechtsgelehrten verfassten Kommentare (Glossen) zu einzelnen Bestimmungen des Kirchenrechts, und die Päpste selbst ergänzten die Gesetze durch eigene Verlautbarungen und Anordnungen (Dekretalen). Daraus entstanden die großen Rechtsbücher des *Corpus Iuris Canonici* (Gesamtwerk des kanonischen Rechts), das bis 1917 in Geltung blieb. Die Päpste selbst waren juristisch geschult und förderten die Entwicklung der Universitäten in Paris, Bologna und anderen Orten. In der Regel war für jede Universitätsgründung im Mittelalter die Anerkennung durch den Papst erforderlich – die durch Kaiser Friedrich II. gegründete Universität von Neapel war eine der Ausnahmen.

STEFAN WEINFURTER

Quellen: Determinatio compendiosa 1909
Literatur: Dendorfer/Lützelschwab 2013 – Grauert 1912 – Killermann 2009 – Landau 1992 – Salonen 2016a – Salonen 2016 b

.XIIII. Incipit liber censuum Romane ecclesie a Centio camerario compositus secundum antiquorum patrum regesta et memorialia diversa. Anno incarnationis dominice M. C. XC. II. pontificatus Celestini pape III anno II.

Cum ecclesie Romane censuum opus tam vetere ac longo tempore a quibusdam aliis ordinatum, tam redundare opus fuerit et necesse, Ego Centius quondam felicis recordationis Clementis pape III nunc vero domini Celestini pape III camerarius sancte Marie Maioris urbis canonicus, breviter et aperte respondeo. Ad cum felicis memorie Eugenius primo et Adrianus pape successor ipsius et quidam alii deinde quedam memorialia simpliciter tamen nec inventione scripta seu ordinata in scriptis de censibus redegissent, et post eos sine successores eorum per memorialia ipsa que certe vel non vera [illegible] seu de[illegible] esse dinoscuntur, que etiam civitates, castella, ville vel domus speciales seu qui reges, duces, principes [illegible] proprietatem beati Petri et sancte Romane ecclesie possiderent, censuales esse vel quantum debent persolvere instruere [illegible] non valerent, eidem Romane ecclesie detrimentum incumbebat non modicum et iacturam. Ad utrique occurrens videns me de facili posse remedium huic dampno prestare, recognoscens etiam personam meam a sancta Romana ecclesia primis [illegible] inabilis educatam, promotam in annis et [illegible] vigilantem atque vehementi meditatione motus, census ipsos sicut in thomis cartaciis et voluminibus regestorum antiquorum pontificum Romane ecclesie et modernorum et aliorum librorum quorumdam seu memorialium veterum inveni, et si non omnes producens in medium, certis regnis, provinciis, episcopatibus atque locis a prefatis tam patribus sanctis prenotatis constitutos, in quantum facultas permisit, ut inferius annotabitur, inserui. Novos census qui meo tempore in Romana fuerint ecclesia constituti vel amodo statuentur in hoc volumine studiose depingens, ex hoc successoribus meis prestans materiam universis, qualiter de cetero usque ad exitum mundi census illos qui suis de novo temporibus statuentur in eodem volumine sufficientibus ut estimo spatiis adaptato. Sicut ego per dilectissimum meum W. Rofio sancti Iohannis Aughiacensis de Stetania clericum, eiusdem camere ac cancellarie domini pape scriptorem feci conscribi, ipsi faciant et notari. Ut si quandoque, quod sepe contingit, a quibus debentur census ipsi per proprios nuntios ad apostolicam sedem non fuerint destinati, ille qui Romane ecclesie pro temporis pontifex preerit, postquam per camerarium suum qui census recipit ipsi innotuerit quod a talibus censum habuit et a talibus non recepit, propriis nominibus computatis, ab illis qui non persolverint sine dubitationis scrupulo per suum legatum vel nuntium census ipsos repetere valeat seu per quemlibet alium ad hoc specialiter destinatum. Quedam enim [illegible] a sancta Romana ecclesia sunt remote, quod eosdem annis singulis possunt nullatenus visitare. Ab urbe igitur tanquam a capite mundi exordium assumam et deinde episcopatibus [illegible] adiacentibus ipsi.

B.4.3.1

Liber Censuum

1192

Pergament; H. 35,8 cm, B. 28 cm, T. 7 cm

Vatikanstadt, Biblioteca Apostolica Vaticana, Cod. Vat. 8486

Das Verhältnis der Kirche zu weltlichen Gütern und Finanzen war und ist fast seit Beginn äußerst widersprüchlich. Den apostolischen Idealen, denen die Kirchenoberen und nicht zuletzt die Päpste immer wieder nachzueifern suchten, entsprachen Gemeinschaftseigentum und Armut, Bescheidenheit und eine kommunische Lebensweise. Dennoch riefen gerade finanzielle Fragen immer wieder Kritik an der römischen Kirche hervor, dies begann nicht erst mit der Reformation. Schon Jahrhunderte früher hatte man die Gier und Unersättlichkeit der römischen Kurie beklagt und erkannt, dass päpstliche Entscheidungen durchaus auch von der Höhe finanzieller Zuwendungen abhängen konnten. Obwohl die römische Kirche schon sehr früh Grundbesitz anhäufte und das *Patrimonium Petri* stetig erweiterte, sollte es bis zum Ende des 12. Jahrhunderts dauern, bis sich langsam eine echte Finanzverwaltung entwickelte, wenn auch zunächst in sehr rudimentärer Form. Dabei stellte die Entstehung des sogenannten *Liber Censuum*, des Zinsbuches der römischen Kirche, eine wichtige Etappe dar.

Die Rückkehr des Papsttums nach Rom beendete 1188 die jahrelange Auseinandersetzung mit der Kommune der Stadt und war in diesem Zusammenhang von entscheidender Bedeutung. Der Römer Paolo Scolari, seit 1187 als Clemens III. Papst, schloss einen Vertrag mit dem römischen Senat, der finanzielle Aufwendungen miteinschloss und Anlass gab, die desaströse pekuniäre Situation der römischen Kirche in Augenschein zu nehmen. Der päpstliche Kämmerer Cencius, der spätere Papst Honorius III., begann mit der Sichtung und Ordnung der Besitztümer. Im Jahr 1192 – so die Angabe von Cencius selbst im Vorwort des *Liber Censuum* – wurde schließlich ein Zinsbuch zusammengestellt, in das ein Verzeichnis zinspflichtiger Kirchen, Städte oder auch Personen aufgenommen wurde. Daneben wurden die Besitzstände der Kirche, exemte Bistümer und Klöster und wichtige Dokumente, die finanzielle Fragen betrafen, erfasst.

Im Vergleich zu anderen zeitgenössischen Verwaltungsdokumenten war das Zinsbuch äußerst rudimentär und lückenhaft, doch immerhin der Anfang einer geregelteren Finanzverwaltung. Es war ohnehin auf Fortführung und Ergänzung angelegt, wie Cencius in seinem Vorwort betonte. Der Originalcodex des *Liber* und die Vielzahl seiner Nachträge machen deutlich, dass er eifrig benutzt wurde. Darum und aufgrund weiterer zeitgenössischer Zusätze, wie einer *Mirabilia urbis Romae*, dem *Ordo Romanus XII*, verschiedener Chroniken, Urkundenabschriften und einem Kaiserkrönungsordo (Cencius II), gehört der Cod. Vat 8486 zu den bedeutendsten Zeugnissen der Papstgeschichte an der Wende zum 13. Jahrhundert.

VIOLA SKIBA

Quellen: Liber Censuum 1910–1952
Literatur: Elze 1956/57 – Fabre 1883 – Fabre 1892 – Montecchi Palazzi 1984 – Pfaff 1957 – Schmidt, T. 1980

TRITAVVS. VI. TRITAVIA.
ATTAVVS. V. ATTAVIA.
ABAVVS. IIII. ABAVIA.
PROAVVS. III. PROAVIA.
AVVS. II. AVIA.
PATER. I. MATER.
PATER. I. MATER.
FRATER. II. FILIVS. II. FILIA. II. SOROR.
NEPOS. II. NEPTIS.
PRONEPOS. III. PRONEPTIS.
ABNEPOS. IIII. ABNEPTIS.
ADNEPOS. V. ADNEPTIS.
TRINEPOS. VI. TRINEPTIS.

TRITAVVS.
TRITAVIA.
ATTAVVS.
ATTAVIA.
Abpatruus. Abamita.
ABAVVS.
ABAVIA.
Abauunculus. Abmatertera.
Proauus.
Proauia.
AVVS.
AVIA.
PATER.
MATER.
Patruus. Amita.
Auunculus. Matertera.
FRATER.
FILIVS.
FILIA.
SOROR.
NEPOS.
NEPTIS.
PNEPOS
PNEPTIS
ABNEPOS
ABNEPTIS
ADNEPOS
ADNEPTIS

B.4.3.2

Decretum Gratiani mit Glossen (nicht in der Ausstellung)

um 1160
Pergament; H. 45 cm, B. 31,5 cm,
I + 342 Bll.
München, Bayerische Staatsbibliothek,
Clm 13004

Decretum Gratiani mit Glossen

um 1335/40
Pergament; II + 341 Bll., H. 49 cm,
B. 29,5 cm
München, Bayerische Staatsbibliothek,
Clm 23552 (Abbildung rechts)

Mit der umfassenden Sammlung und systematischen Ordnung des kanonischen Rechts seiner Zeit in 3.800 Kapiteln, dem *Decretum*, schuf der Bologneser Rechtslehrer Gratian um 1140 – ohne jeden offiziellen, gar päpstlichen Auftrag – ein bahnbrechendes Werk, das rasch zu der bis 1917 geltenden, normativen Aufzeichnung (Kodifikation) des europäischen Kirchenrechts aufstieg. Die vielfältigen Widersprüche zwischen den kirchlichen Rechtstexten und Autoritäten löste er argumentativ auf, indem er sie mit Hilfe der scholastischen Sic-et-Non-Methode einander gegenüberstellte und sodann systematisch zu einer neuen Einheit (*concordia*) zusammenführte.

Das ursprünglich in zwei Bereiche gegliederte Dekret (der dritte Teil regelt die Weihe und Sakramente) behandelt im ersten Teil nach einleitenden definitorischen Abschnitten zu den Rechtsarten und kirchlichen Rechtsquellen grundlegende Rechtsfragen, die die Ordination und verschiedenen kirchlichen Ämter (vor allem die Eigenschaften und Wahlen ihrer Amtsträger nach ihrer jeweiligen Stellung in der kirchlichen Hierarchie) betreffen. Der zweite Teil umfasst 36 fiktive Rechtsfälle (*causae*), die als Grundlage und Muster für die daran illustrierten Rechtsverfahren und diskutierten Rechtsprobleme dienen. Gratians Werk erfuhr nicht nur eine schnelle und weite Verbreitung, seine Texte wurden vielmehr schon früh – durch um den Haupttext angeordnete Erläuterungen – kommentiert (Glossierung) und durch Zierinitialen und figürliche Elemente illustriert.

Die hier präsentierte Handschrift (Clm 13004), die um 1160 im Kloster St. Peter in Salzburg entstand und viele Miniaturen im Stil der Salzburger Malerschule aufweist, gelangte offenbar bereits um 1165 in das Reformkloster Prüfening bei Regensburg. Zusammen mit dem Schäftlarner Exemplar (Clm 17161) gehört sie zu den frühesten Gratian-Codices in Bayern und im römisch-deutschen Reich. Neben zahlreichen »Initialen in kolorierter Federzeichnung« (E. Klemm) werden hier die Inhalte von insgesamt 21 Rechtsfällen im zweiten Teil des Dekrets durch figürliche Darstellungen, durch Bischofs-, Kleriker- und Laienbüsten ausgeschmückt. Zwei ganzseitige, gegenüber angeordnete Tafeln zur Bestimmung des Grades der Blutsverwandtschaft (fol. 308v/309r) illustrieren die Causa 35 über das Eherecht.

Die zweite, um 1335/40 in Bologna angefertigte, illuminierte Dekrethandschrift (Clm 23552), die spätestens im 15. Jahrhundert nach Freising gelangte, enthält das Dekret mit der *Glossa ordinaria* des Bartholomäus Brixiensis. Aufgrund ihrer meisterhaften paläographischen und künstlerischen Gestaltung zählt sie zu den kostbarsten und am prächtigsten ausgestatteten Gratian-Codices. Davon zeugen neben zahlreichen Fleuronnée-Initialen vor allem 299 Ornament- und 319 historisierte Initialen in Deckfarben und Gold sowie 39 Miniaturen; allein drei von ihnen sind mit einem ganzseitigen Titelschmuck verbunden. Die künstlerische Ausstattung hat als ein Gemeinschaftswerk des aus Padua stammenden sogenannten Illustratore und des »Maestro della Crocifissione D« zu gelten (U. Bauer-Eberhardt).

HUBERTUS SEIBERT

Quellen: Handschriften München 1980, Nr. 103, S. 74–75 mit Abb. VII, S. 199–202 – Handschriften München 2011, Nr. 213, S. 234–238 mit Abb. S. 216–220
Literatur: AK Pracht auf Pergament, München 2012, Nr. 67 S. 288–291 – Fried 1990 – Landau 2008, S. 22–54, bes. S. 48–49 – Stelzer 1982, S. 28–29, 60–61 u. 190

B.4.3.3

Der *Liber Extra* Papst Gregors IX. (1227–1241)

Bolognesischer Buchmaler, Bologna, 1239
Pergament; H. 43,5 cm, B. 26,5 cm
Florenz, Biblioteca Medicea Laurenziana, Ms. Plut. III sin. 9

Das 13. Jahrhundert war eine Zeit großer Veränderungen und Neuanfänge für das Papsttum. Sie fanden ihren Ausdruck in den Reformen des Vierten Laterankonzils und in der Reorganisation der kurialen Ämter, der Kanzlei, der kirchlichen Finanzen und des Kirchenstaats. Zunehmend wurde für den Apostolischen Stuhl das kanonische Recht zu einem wichtigen Regierungsinstrument. Es mag daher nicht überraschen, dass viele der seit dem 13. Jahrhundert auf die *Cathedra Petri* gewählten Päpste Recht und Theologie an den großen Universitäten ihrer Zeit, Bologna und Paris, studiert hatten. Es war die Zeit der ›Juristenpäpste‹, die ihrerseits versuchten, das kanonische Recht zu reformieren, zu reorganisieren und zu kodifizieren.

Eine der bedeutendsten Rechtssammlungen wurde im Jahr 1230 von Papst Gregor IX. (1227–1241) in Auftrag gegeben. Der Papst, der in Paris und Bologna studiert hatte und in dem Ruf stand, ein fähiger Politiker und Jurist zu sein, hatte beschlossen, einen eigenen Beitrag zur Systematisierung des Rechts zu leisten. Massen an päpstlichen Sentenzen, Rechtssätzen und Entscheidungen hatten sich angesammelt und mussten organisiert und zugänglich gemacht werden. Sein Beitrag war aber nur ein weiterer, wenn auch extrem wichtiger Schritt in einem langen Prozess, der bereits ein Jahrhundert zuvor begonnen hatte und sich auch nach ihm fortsetzen sollte. Im Jahr 1230 befahl Gregor IX. dem Dominikaner Raimund von Peñafort, einem Doktor beider Rechte, der zugleich päpstlicher Kapellan und Beichtvater war, eine Sammlung an Dekretalen zusammenzustellen, die alle vorherigen ersetzen sollte. Raimund machte sich an die Arbeit und konnte dem Papst bereits vier Jahre später das Ergebnis, die *Nova Compilatio decretalium*, vorlegen. Gregor IX. schickte daraufhin die Sammlung zusammen mit einer päpstlichen Bulle (*Rex pacificus*) an die Universitäten von Bologna und Paris und befahl ihre exklusive Nutzung. In den folgenden Jahrzehnten und Jahrhunderten wurde die Rechtssammlung unzählige Male abgeschrieben, kommentiert und intensiv genutzt.

Eine der ältesten Überlieferungen des *Liber Extra*, so der gebräuchliche Name der Dekretalensammlung Gregors, und die älteste Ausgabe mit *Glossa ordinaria* wird heute in Florenz aufbewahrt und entstand nur wenige Jahre nach dem Ende der Arbeit Raimunds am *Liber*. Die auf 1239 datierte Handschrift besitzt nur eine Miniatur zu Beginn des Textes, die den thronenden Papst beim Diktat zeigt. Ein vor ihm sitzender Mönch, Raimund von Peñafort, hat ein aufgeschlagenes Buch vor sich und ist im Begriff, das Diktat Gregors, die Dekretalen, darin niederzuschreiben. Die Darstellung bezieht sich auf die Entstehung der Dekretalensammlung und unterstreicht deren Entstehung in direktem päpstlichem Auftrag.

VIOLA SKIBA

Quellen: Decretales pictae 2012
Literatur: AK Duecento, Bologna 2000, S. 166–168, Nr. 38 – Bertram 2008, bes. S. 60

GREGORIUS episcopus seruus seruorum dei uniuersis doctori-
bus et scolaribus salutem et apostolicam benedictionem. Rex pacificus pia miseratione disposuit sibi subditos fore pu-
dicos, pacificos et modestos. Sed effrena-
ta cupiditas sui prodiga, pacis emula,
mater litium, materia iurgiorum, tot
cotidie noua litigia generat, ut nisi
iustitia conatus eius sua uirtute repri-
meret, et questiones ipsius implicatas
explicaret, ius humani federis litigato-
rum abusus extingueret, et dato libello
repudii concordia extra mundi fines
exularet. Ideoque lex proditur, ut appetitus
noxius sub iuris regula limitetur,
per quam genus humanum, ut honeste
uiuat, alterum non ledat, ius suum cui-
que tribuat, informatur. Sane diuer-
sas constitutiones et decretales epistolas pre-
decessorum nostrorum in diuersa dispersas uolumina, quarum aliquae propter nimiam similitudinem, et quaedam propter contrarietatem, nonnul-
le etiam propter sui prolixitatem confusionem in-
ducere uidebantur, aliquae uero uagaban-
tur extra uolumina supradicta, que tamquam incerte in iudiciis uacillabant,
ad communem et maxime studentium utilitatem, per dilectum filium fratrem Raymundum
capellanum et penitentiarium nostrum, illas in
unum uolumen resecatis superfluis prouidimus
redigendas, adicientes nostras constitutiones et decretales epistolas, per quas nonnulla
que in prioribus erant dubia declarantur.
Volentes igitur ut hac tantum compilatione
uniuersi utantur in iudiciis et in
scolis, districtius prohibemus ne quis pre-
sumat aliam facere absque auctoritate sedis apostolice spe-
cialis. De fide catholica et summa trinitate.

Innocentius iii. in concilio generali.

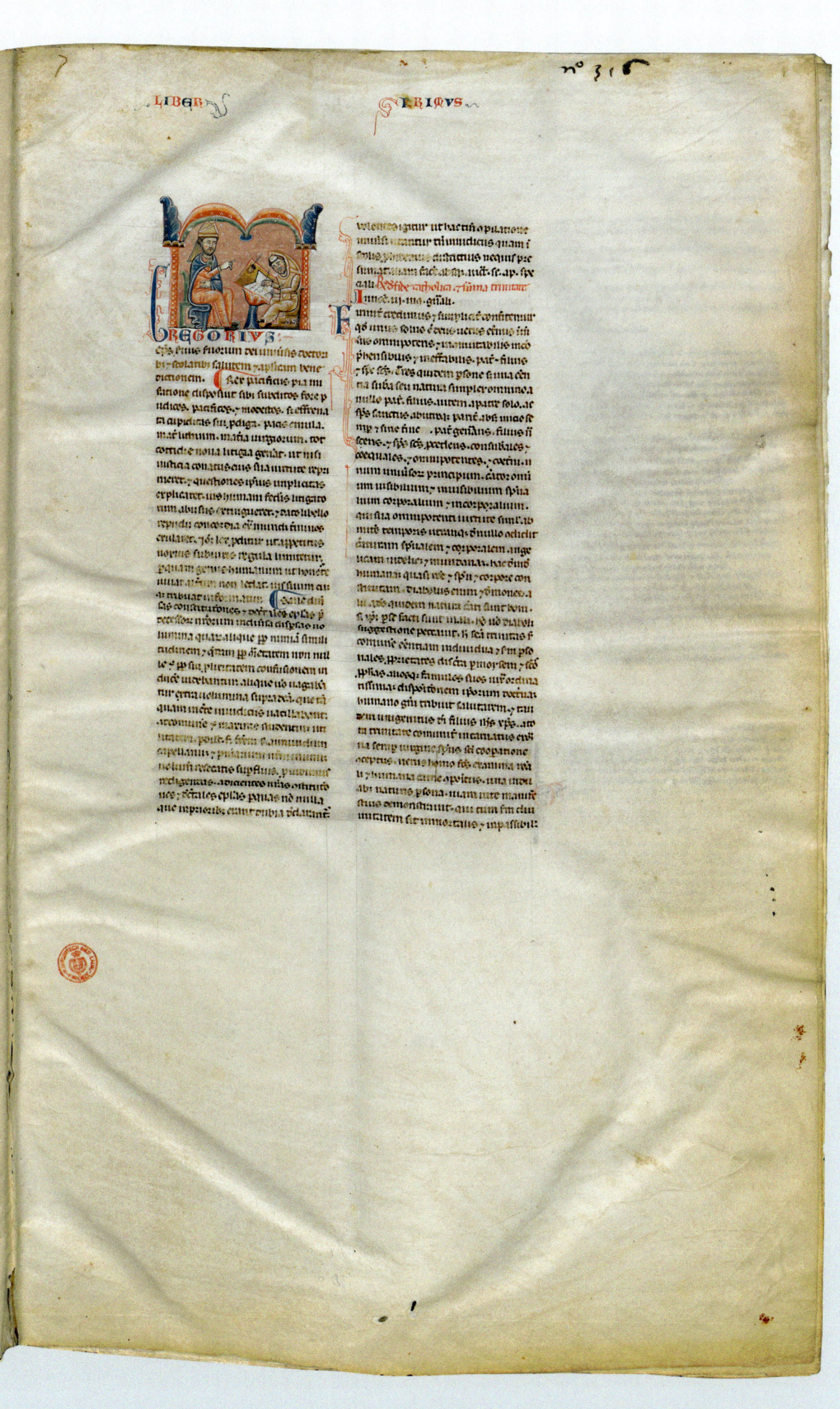

FIRMITER credimus et simpliciter confitemur
quod unus solus est uerus deus, eternus, im-
mensus, omnipotens et incommutabilis, incom-
prehensibilis et ineffabilis, pater et filius
et spiritus sanctus. Tres quidem persone sed una essen-
tia, substantia seu natura simplex omnino. A
nullo pater, filius autem a patre solo, ac
spiritus sanctus ab utroque pariter, absque initio semper et sine fine. Pater generans, filius na-
scens, et spiritus sanctus procedens, consubstantiales et
coequales, et coomnipotentes, et coeterni. U-
num uniuersorum principium, creator omnium uisibilium et inuisibilium, spiritua-
lium et corporalium, qui sua omnipotenti uirtute simul ab
initio temporis utramque de nichilo condidit
creaturam, spiritualem et corporalem, ange-
licam uidelicet et mundanam, ac deinde
humanam quasi communem ex spiritu et corpore con-
stitutam. Diabolus enim et demones a-
lii a deo quidem natura creati sunt boni,
sed ipsi per se facti sunt mali. Homo uero diaboli
suggestione peccauit. Hec sancta trinitas secundum
communem essentiam indiuidua, et secundum perso-
nales proprietates discreta, per moysen et sanctos
prophetas aliosque famulos suos iuxta ordina-
tissimam dispositionem temporum doctrinam
humano generi tribuit salutarem. Et tandem unigenitus dei filius ihesus christus, a
tota trinitate communiter incarnatus, ex maria semper uirgine spiritus sancti cooperatione
conceptus, uerus homo factus, ex anima ratio-
nali et humana carne compositus, una in duobus naturis persona, uiam uite manife-
stius demonstrauit. Qui cum secundum diui-
nitatem sit immortalis et impassibilis,

B.4.3.3

Bonifaz VIII.: *Liber Sextus decretalium*

Italien (?), 14. Jahrhundert
Pergament; H. 45,2 cm, B. 29,8 cm
Trier, Stadtbibliothek,
Hs 880/2362 2°, fol. 1r

Das von Gregor IX. begonnene Werk zur Kodifizierung und Verbreitung des kanonischen Rechts und der päpstlichen Gesetzgebung wurde von seinen Nachfolgern, etwa Innocenz IV. (1243–1354), fortgeführt. Im Jahr 1298 entschied sich schließlich Papst Bonifaz VIII. (1294–1303) zu einem weiteren wichtigen Schritt. Mit der Bulle *Sacrosancte* vom 3. März 1298 verkündete er, den fünf Büchern des *Liber Extra* ein sechstes Buch, den sogenannten *Liber Sextus*, hinzufügen zu wollen. Diese Sammlung sollte die nach 1234 ausgestellten Dekretalen berücksichtigen und war als Ergänzung und Vervollständigung des *Liber Extra* gedacht. Vorausgegangen war eine Bitte der Universität Bologna, eine aktualisierte Fassung päpstlicher Rechtsvorschriften vorzulegen. Bonifaz VIII. war selbst bestens rechtlich geschult und gehörte vor seinem Pontifikat zu den angesehensten Juristen an der Kurie. Er hatte sich mit der Frage eines Papstrücktrittes und dessen Rahmenbedingungen (Rücktritt Coelestins V.) und anderen schwierigen rechtlichen Fragen befasst und galt als versierter Jurist. Entsprechend zugänglich zeigte er sich dem Anliegen der Rechtsschulen und beauftragte drei Juristen mit der Zusammenstellung des Materials. Auch der *Liber Sextus* wurde fleißig rezipiert und kommentiert. Die wohl verbreitetste Glosse stammt von Iohannes Andreae (ca. 1270–1348), die in viele Handschriften des Rechtsbuches mit aufgenommen wurde.

Eine kostbare Ausgabe des *Liber Sextus* mit der Glosse Iohannes Andreae aus dem 14. Jahrhundert wird heute in der Stadtbibliothek in Trier aufbewahrt. Die *recto*-Seite des ersten Folios, auf der der Text mit der Nennung des Papstes *Bonifacius Episcopus servus servorum Dei* beginnt, ist mit einer kostbaren Miniatur verziert, die die Übergabe des Rechtsbuches durch den thronenden Papst zeigt. Bonifaz hat die rechte Hand zum Segen erhoben und wendet sich drei Geistlichen zu seiner Rechten zu, wobei er mit der linken Hand das Buch mit Dekretalen in die Hand einer knienden tonsurierten Person legt. Hinter dem Papst sind drei hohe Geistliche – ein Bischof und zwei Kardinäle – zu sehen, die der Übergabe beiwohnen und die vermutlich die Kurie repräsentieren.

VIOLA SKIBA

Quellen: Handschriften Trier 1919, S. 19
Literatur: Embach 2013, S. 92–93, Nr. 40

B[onifacius] Episcopus servus servorum dei dilectis fil[iis]

Papst Bonifaz VIII. (1294–1303) – Grenzen der päpstlichen Macht

Dem römischen Papst untertan sein?

Die Organisation der römischen Kurie entfaltete in der zweiten Hälfte des 13. Jahrhunderts größte Wirksamkeit. Das Papsttum erlangte in der lateinischen Welt ein so hohes Ansehen, dass der Dominikaner Tolomeo da Lucca († 1326) als erster damit begann, eine eigene, von der Kaisergeschichte unabhängige Papstgeschichte zu schreiben. Für ihn, der längere Zeit am päpstlichen Hof in Avignon weilte, galt Christus selbst als der erste Papst. Einen Dualismus von Kirche und Reich gab es für ihn nicht, vielmehr war das Reich Christi mit den Päpsten als den Statthaltern die einzige gültige Ordnung auf Erden. Damit entstand Kirchengeschichte als Weltgeschichte, in der andere weltliche Reiche keine Rolle mehr spielten. Die alte Vorstellung von den zwei Mächten, dem Kaisertum und dem Papsttum, als den beiden Führungsinstanzen in der Welt behielt allerdings, vor allem nördlich der Alpen, weiterhin ihre Bedeutung und wurde in Hunderten von Schriften (›Martinianen‹ nach Martin von Troppau genannt) oder auch in großformatigen Bildrollen verbreitet.

Politisch waren die Päpste immer wieder darum bemüht, eine Verständigung mit der Ostkirche zu erreichen – freilich unter der Führung Roms. Vor allem Papst Gregor X. (1271–1276) strebte dies an. 1274 kam es auf dem von ihm einberufenen Zweiten Konzil von Lyon endlich zu einer Union mit der Ostkirche durch die Zugeständnisse des byzantinischen Kaisers Michael VIII. (1259–1282). Die griechische Gesandtschaft erkannte den päpstlichen Primat sogar an. Aber der Widerstand der Christen in Konstantinopel gegen die römischen ›Ketzer‹ war so stark, dass dieses Unternehmen rasch wieder scheiterte.

Ein weiterer Beschluss des Zweiten Konzils von Lyon von 1274 hatte dagegen Bestand: Um die Wahl eines neuen Papstes zu beschleunigen, wurde das ›Konklave‹ beschlossen. Die Kardinäle wurden für die Zeit der Wahl in abgesperrten Räumen versammelt. Zudem wurden ihnen für die Dauer der Entscheidungsfindung die Einkünfte gesperrt. Dennoch war der Erfolg begrenzt, denn es keimten Entwicklungen in der lateineuropäischen Welt auf, die es den Kardinälen erschwerten, rasche Einigungen herbeizuführen.

Von größter Bedeutung waren die Anfänge der naturwissenschaftlichen Forschungen. Intensiv wurde in den ›Nachtischgesprächen‹ in den 1260er Jahren im Palast des Papstes über die Lehre des Aristoteles diskutiert. In seiner ›Physik‹, mit der man sich in diesem Jahrhundert beschäftigte, hatte dieser die Ewigkeit der Welt gelehrt. Die Welt habe niemals einen Anfang gehabt, ein Standpunkt, der in den päpstlichen Gesprächsrunden nicht gebilligt werden konnte (Grauert 1912, S. 95–99 u. 125–136).

Zu den umwälzenden geistigen Prozessen gehörte auch der neue Gedanke, dass der Mensch ein Naturwesen sei, ein Individuum, das durch sein natürliches Wesen bestimmt wird. Hier sind die Wurzeln für den späteren Humanismus zu sehen. So kam schon im späten 13. Jahrhundert die Forderung auf, ein künftiger Papst müsse vor allem ganz persönliche, moralische Kriterien erfüllen. Die subjektive Beurteilung der Person des Papstes begann stärker als zuvor eine Rolle zu spielen. Ein erstes Ergebnis war – nach einem 27 Monate dauernden Wahlvorgang – die Wahl des Papstes Coelestin V. (1294, gestorben 1296). Er galt als so fromm, dass er den Beinamen ›Engelspapst‹ erhielt. Als er erkannte, dass er seinem Amt nicht gewachsen war, trat er fünf Monate später davon zurück.

Sein Nachfolger Bonifaz VIII. (1294–1303) vertrat dagegen die traditionelle Auffassung von der ›Vollgewalt‹ des Papstes in der gesamten Welt. Er knüpfte an die vorangegangenen Entwicklungen an, wonach der gesamte ›abendländische‹ Klerus von der römischen Kurie abhängig sei und die Einkünfte der Kirchen nach Möglichkeit nach Rom gezogen werden sollten. Die Besetzung der kirchlichen Stellen sollten der kurialen Entscheidung unterstellt werden. Die Theorie vom päpstlichen Universaleigentum an allem Kirchengut hatte sich kräftig ausgebildet. In einer großen Enzyklika hatte zwar schon Kaiser Friedrich II. 1239 diese Vorgänge als kirchliche Grenzüberschreitung angeprangert (MGH. Constitutiones II, Nr. 215), aber die Kraft des römischen Zentralismus wirkte dennoch ungebrochen weiter.

Ganz in diesem Geiste ließ Bonifaz VIII. eindrucksvolle Statuen von sich herstellen, trat in prächtigen Gewändern (Tiara, roter Mantel, weiße Albe) auf und bereitete eine großartige Grablege für sich vor. Mit dem von ihm verkündeten ersten ›Heiligen Jahr‹ 1300 erstrahlte der päpstliche Glanz wieder in der gesamten Christenheit – auch wenn die Initiative für das Jubeljahr gar nicht vom Papst, sondern von den Kanonikern von St. Peter ausging, die auf diese Weise ihre Bedeutung gegenüber der Laterankirche stärken wollten.

Bonifaz VIII. ging aber noch weiter: Sämtliche Könige und Königreiche wie auch das römisch-deutsche Kaisertum erklärte er am 13. Mai 1300 als eine Schöpfung des Apostolischen Stuhls (Quellen zur Geschichte des Papsttums 1967, Nr. 745: Der apostolische Stuhl, »durch den die Fürsten herrschen und die Mächtigen Recht sprechen, die Könige regieren und die Gesetzgeber über die Gerechtigkeit entscheiden [...]; und was immer an Ämtern, Auszeichnungen, Würden und Ansehen das Römische Kaiserreich oder Königreich innehat, fließt aus seiner Gnade, seinem Wohlwollen und seiner Erlaubnis [...]«). Bereits am 25. Februar 1296 hatte er an die Geistlichen aller Länder eine Bulle mit weitreichendem Inhalt (*Clericis laicos*, Quellen zur Geschichte des Papsttums 1967, Nr. 743) gerichtet. Er verbot darin allen Geistlichen, an Fürsten oder sonstige weltliche Herren irgendwelche Abgaben oder Steuern zu zahlen. Den »Kaisern, Königen oder Fürsten, Herzögen, Grafen oder Baronen, Potestaten, Capitanei oder Beauftragten und Vorstehern« verbot er, solche Steuern zu verlangen. Diese Anordnung löste erheblichen Widerstand und einen Prozess aus, der am Ende zur deutlichen Begrenzung der päpstlichen Ansprüche führte. Vor allem König Philipp IV. von Frankreich (1285–1314) reagierte mit heftigem Protest und untersagte nun seinerseits jegliche Ausfuhr von Wertsachen aus Frankreich. Die Kirche in Frankreich sowie ihre

Geistlichkeit erklärte er zu Gliedern seiner souveränen Monarchie. Eine Autorität über sich erkannte er nicht an. Damit wurde die Steuererhebung der italienischen Bankiers für den Papst empfindlich beeinträchtigt.

Als die Konflikte mit dem König von Frankreich weiter eskalierten, erließ Bonifaz VIII. schließlich am 18. November 1302 die berühmte Bulle *Unam sanctam* (»An die eine heilige Kirche ... müssen wir glauben«). In ihr waren alle bis dahin formulierten Grundsätze der päpstlichen Weltordnung und Weltherrschaft zusammengefasst. Die Bulle endet mit Worten, die von dem großen Dominikaner-Theologen Thomas von Aquin (1225–1274) stammen: »dass es für jede menschliche Kreatur absolut heilsnotwenig ist, dem römischen Papst untertan zu sein«.

Diese Ereignisse lassen deutlich erkennen, dass das Papsttum mit Bonifaz VIII. an einen Wendepunkt angelangt war. Im Kampf mit dem Kaisertum war das Papsttum seit langem geübt, es benötigte das Kaisertum geradezu, um die eigene höchste Autorität in einer Welt der zwei Gewalten deutlich zu machen. Aber nun entwickelten sich in der Epoche um 1300 andere ›staatliche‹ Ordnungsmodelle. Es war der beginnende Aufstieg der nationalen Monarchien in England und Frankreich. Zu diesen neuen Mächten, die für sich die absolute Unabhängigkeit von jeder anderen Gewalt, vor allem von der des Kaisers, beanspruchten, fand das Papsttum im Grunde keine gleichwertige Beziehungsgrundlage. Ohne den Universalismus des Kaisertums wurde auch derjenige des Papsttums fragwürdig. Der König von Frankreich nahm sogar für sich in Anspruch, den Papst absetzen zu können. Als dieser mit der ›Exkommunikation‹ (Ausschluss aus der Kirche) drohte, wurde Bonifaz VIII. in der Nacht vom 7. auf den 8. September 1303 in Anagni (›Attentat von Anagni‹) von einem italienisch-französischen Trupp gefangengenommen. Zwar gelang rasch die Befreiung, aber einen Monat später starb der Papst als gebrochener Mann.

STEFAN WEINFURTER

Literatur: Ehlers 2009 – Grauert 1912 – Herde 1981 b – Johrendt 2010 – Paravicini Bagliani 2003 b – Sieber-Lehmann 2015 – Wieruszowski 1933

Der Thronverzicht Coelestins V. Miniatur auf dem ersten Blatt der *Constitutiones ordinis Coelestinorum* (Frankreich, 14. Jahrhundert, Bibliothèque municipale d'Avignon, Ms. 727, fol. 1)

Mit Coelestin V. bestieg 1294 ein ganz anderer Typ Papst als seine Vorgänger die *Cathedra Petri*. Pietro del Morrone, der heute als Heiliger gilt und den Beinamen ›Engelspapst‹ trägt, hatte um 1264 einen Eremitenorden gegründet, der sich später nach ihm Coelestiner nannte. Nach dem Tod Nikolaus' IV. wurde der schon damals im Ruf der Heiligkeit stehende Pietro zum Papst gewählt. Er nahm das Amt zwar zunächst an, war der Aufgabe der Kirchenleitung aber von Anfang an nicht gewachsen. Nach wenigen Monaten, im Dezember 1294, entschloss er sich zur Abdankung, eine Entscheidung, die sein Nachfolger Bonifaz VIII. maßgeblich unterstützte. Diese Abdankung ist in dieser Titelminiatur der Konstitutionen des Coelestiner-Ordens dargestellt: Coelestin, nun wieder in eine einfache braune Kutte gekleidet, legt das päpstliche Gewand mit der linken Hand nieder, im Hintergrund ist der Thron zu sehen, darauf die Tiara, davor die päpstlichen Schuhe. Mit diesen Zeichen der päpstlichen Macht lässt Pietro del Morrone seinen Pontifikat hinter sich.

VIOLA SKIBA

B.4.4.1

Büste Papst Bonifaz' VIII. (1294–1303)

Bildhauer (Original): Arnolfo di Cambio
(um 1245–1302/1310)
Rom (Basilika von St. Peter), um 1300
Marmor (Original); Höhe der ganzen Figur:
120 cm, Höhe der Tiara: ca. 40 cm
Vatikanstadt, Fabbrica di S. Pietro (Kopie)

Die älteste Papstbüste stellt Bonifaz VIII. (1294–1303) dar. Dass es sich um ein Werk des berühmtem Bildhauers Arnolfo di Cambio handelt, der auch die Grabstatue von Bonifaz VIII. (heute in den Vatikanischen Grotten) ausgeführt hat, wird aktuell von der Forschung aufgrund von stilistischen Elementen nicht angezweifelt. Die Rückseite zeigt, dass sie an einer Wand angebracht war, was von einem Zeitgenossen bestätigt wird: In der Version seiner Chronik, die mit dem Jahr 1304 endet, schreibt Siegfried von Ballhausen († nach 1306), dass der Papst die Büste, »aus Marmor und mit Gold verziert«, in seiner Grabkapelle »auf einer Wand« neben dem Grabmal aufstellen ließ. Die Büste wurde zu Anfang des 17. Jahrhunderts in die Vatikanischen Grotten, dann von Paul VI. (1963–1978) in die päpstlichen Gemächer verbracht. Sie ist insgesamt sehr gut erhalten, drei Finger der rechten Hand sind abgebrochen, so auch die Spitze der Tiara, die mit einem großen Edelstein besetzt war (der Rubin ist durch das Inventar des päpstlichen Schatzes vom Jahr 1295 bezeugt). Der Papst scheint realistisch und in Lebensgröße (die Büste ist einen Meter hoch) wiedergegeben zu sein. Die Gesichtszüge ähneln denen von mehreren anderen Statuen von Bonifaz VIII. Die Büste weist allerdings die Merkmale des Bonifaz-Typus in ihrer reinsten Form auf.

Der Papst ist beim Segnen mit der rechten Hand gezeigt, dies ist eine Neuerung in der Selbstdarstellung der mittelalterlichen Päpste. Die päpstliche Geste gleicht ikonographisch der Segnungsgeste Christi. Mit der linken Hand hält der Papst die Schlüssel Petri, auch dies eine ikonographische Neuerung. Der Papst trägt ein Pluviale mit gestickter und edelsteinverzierter Borte und Agraffe, darunter das weiße Gewand (*alba*). Seine Tiara besteht aus drei unterschiedlichen Reifen, der untere ist diademartig; darüber befinden sich zwei Kronreifen. Eine Tiara aus drei Reifen ist erst unter Bonifaz VIII. bezeugt. Sie besticht durch ihre außergewöhnliche Höhe, die der in allen anderen Bildnissen dieses Papstes gleicht. Die Höhe hat eine symbolische Bedeutung, weil sie ungefähr dem Maß einer Elle entspricht. Sie will also das Ellenmaß der Spitze der Arche Noah darstellen, wie sie in der Genesis (6,16) beschrieben ist. Diese Interpretation, die aus Schriften des Papstes und des Kardinals Jacobus Caetani Stefaneschi herausgelesen werden konnte, wird von Egidius Romanus (1247–1316), dem Theologen des Papstes, bestätigt. Bonifaz VIII. selbst hat in der berühmtesten Bulle seines Pontifikats (*Unam sanctam*) die Arche Noahs als Symbol für die Einheit der Kirche bezeichnet. Die Höhe der bonifazianischen Tiaren verkörpert also die Idee vom Papst als Haupt der Kirche.

AGOSTINO PARAVICINI BAGLIANI

Literatur: Ladner 1970 c – Paravicini Bagliani 2009 a – Paravicini Bagliani 2009 b – Rash 1987 – Romano 2006

Miles eques. clerq3 canes sua thuā mittāt
Pōtifica. primū laterani templa nouellū
Suscipit patrē. ɔfestim pn̄cipis aula
Claui geri petri gaudēs suscepit euntez;
hic loc. hic thalami. sedes quoq3 festa sacerdotis;

R. 3

Forma quomō patus fuit. pp. a. C.

Iam qz dies sacro ppē celebrāda triūpho
Exoritur. titan celum pgare serenus
Cepat. atq iubar plebi clarius ab ortu
i. pnouerat — Nā sol tūc erat i aquario.
Portitor agnorat deuicta aquari estu.
Et pat aurora roseo uelamine fulgēs.
Ingredit sac templa pet. mātoq3 relicto.
Induit niueā cona sucincta amictu3.
Velaturq3 caput. texto radiāte monili
haut faciem. solito colli circūdare nitida
Pōtificis. fuluo micat · carbūcul' auro
al' infixus.
Insitus. īuarie fulgēt in pectore gēme.

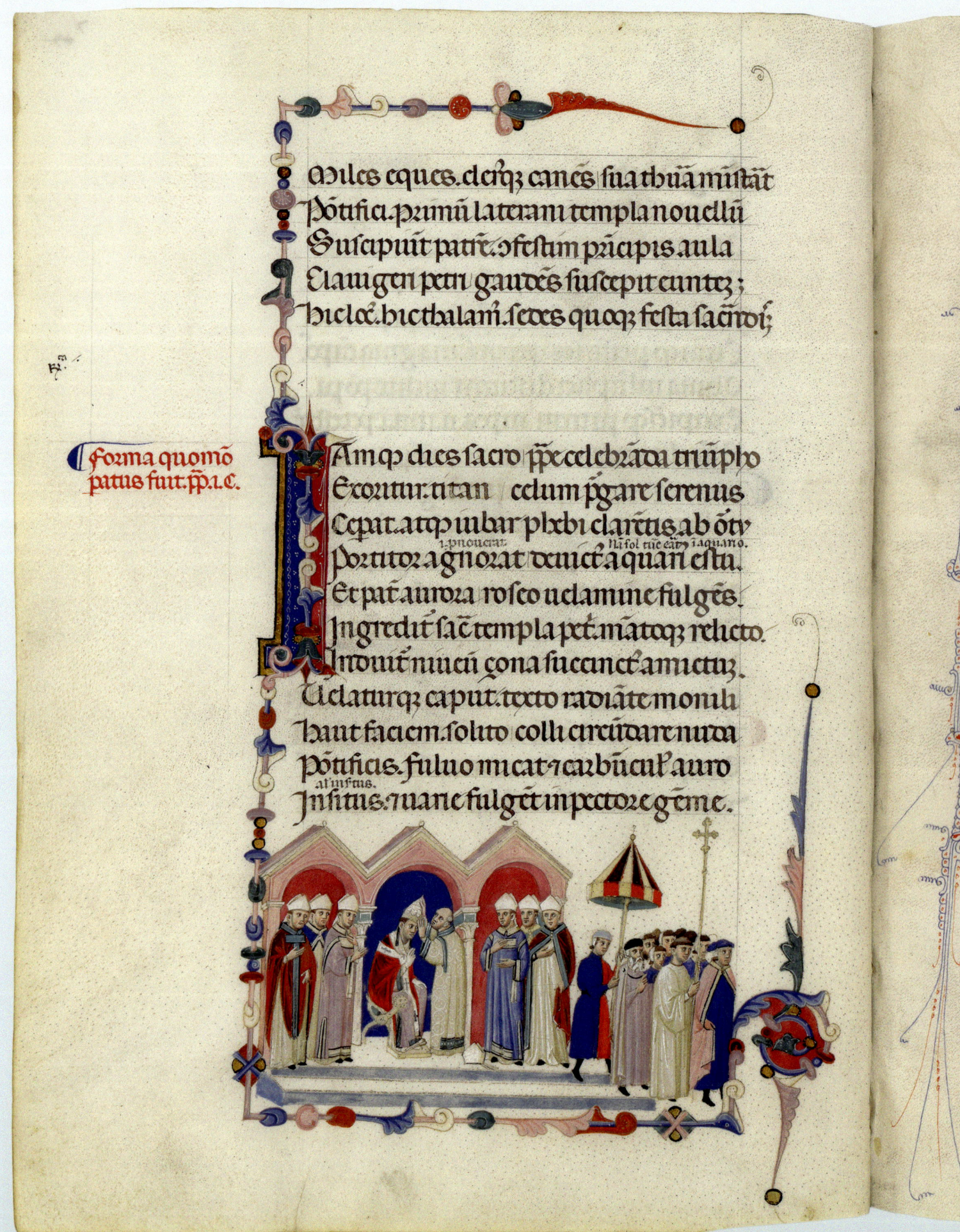

B.4.4.2

De coronatione (*De electione et coronatione sanctissimi patris domini Bonifatii papae octavi*)

Rom (?), um 1300 (1298–1300/1301)
Pergament; H. 31,1 cm, B. 22,4 cm
Vatikanstadt, Biblioteca Apostolica Vaticana, Vat. lat. 4933

Bei der auf fol. 7v am Seitenende aus einer I-Initiale erwachsenden Miniatur in Jacobus Gaietani Stefaneschis *De coronatione* handelt es sich um die älteste Darstellung einer päpstlichen Krönung als reales Ereignis. Sie zeigt Papst Bonifaz VIII., sitzend auf einem Faldistorium und bekleidet mit einem roten Mantel, hellvioletter Dalmatika, weißem Pallium sowie weißen Handschuhen und Schuhen. Ein mit reich verzierter Dalmatika bekleideter Geistlicher, Matteo Rosso Orsini, setzt ihm als Prior der Kardinaldiakone die Tiara auf, zu seinen Füßen steht die päpstliche Mitra. Das Ritual vollzieht sich unter freiem Himmel vor einer Säulenhalle mit drei Bögen, dem Eingang der mittelalterlichen Peterskirche, mit dem Papst im Zentrum und weiteren Mitgliedern der Kurie zu beiden Seiten. Zur Rechten befindet sich eine weitere Personengruppe, an deren Spitze ein Kreuz und an deren Ende ein Seidenschirm (Padiglione, *umbraculum*) getragen wird. Hierbei handelt es sich um die Begleitung des Papstes auf seiner Prozession zum Lateran, zu der möglicherweise auch der Vorgänger des Gekrönten, der abgedankte Coelestin V., gehörte, den manche Forscher in dem bärtigen Mann mit schwarzer Kopfbedeckung unter dem Seidenschirm erblicken möchten.

Die Darstellung zeigt den Papst inmitten seines Hofs bei seiner feierlichen Krönung, die in allen Details getreu des vorgeschriebenen Ablaufs gestaltet ist und jegliche Zweifel an der Rechtmäßigkeit Bonifaz' VIII. zerstreuen sollte. Die Tiara ist noch einkronig, weist also noch nicht die später von Bonifaz selbst geschaffene mehrkronige Form auf. Die Darstellung der päpstlichen Krönung findet sich in einer wertvollen und aufwendig gestalteten, 18 Seiten umfassenden Handschrift, die wenige Jahre nach Beginn des Pontifikats entstand und von Stefaneschi dem neuen Papst, der ihn zum Kardinal erhoben hatte, gewidmet wurde. Sie ist Teil seines *Opus metricum*, das sukzessive entstand und in Hexametern den Pontifikat Coelestins V., die Wahl und Krönung Bonifaz' VIII. und die Kanonisation Coelestins beschreibt. Zusammen mit der eng verwandten Handschrift Vat. lat. 4932 stellt sie die ältere Redaktion des Werkes dar, 1304 befand sie sich im Nachlass Bonifaz' VIII. Später gelangte sie nach Avignon (wahrscheinlich bis 1375, sicher 1411) und wurde wohl im 16. Jahrhundert wieder nach Rom zurückgebracht. 1612 war sie sicher wieder in der Biblioteca Vaticana, wo sie ihre heutige Signatur erhielt.

ANDREAS BÜTTNER

Quellen: Monumenta Coelestiniana 1921, S. 85–109, hier S. 92–93
Literatur: AK Bonifacio VIII, Rom 2000, Nr. 75, S. 138 – AK Habemus Papam, Rom 2006, Nr. 64, S. 104–106 – Condello 1987 – Ehrle 1890, S. 31 – Ladner 1970 b – Maddalo 1983 – Maier 1967 – Paravicini Bagliani 2005, S. 76–77, S. 112

B.4.4.3

Statue Papst Bonifaz' VIII. von der Porta Maggiore in Orvieto

Ramo di Paganello (aktiv 1281–1328) oder seine Werkstatt (?), 1297–1303
Marmor; H. 180 cm, B. 68 cm, T. 50 cm
Orvieto, Museo Civico Archeologico »Claudio Faina« di Orvieto

Wie kein Papst vor ihm betrieb Bonifaz VIII. einen Kult um die eigene Person, der in verschiedenen Formen der Selbstdarstellung, nicht zuletzt in der Skulptur, seinen Ausdruck fand. Die Empfänglichkeit dieses Papstes für Personenkult eröffnete einigen Städten Italiens neue Möglichkeiten, ihre Beziehungen zu ihm durch die Errichtung von Ehrenzeichen zu verbessern. In Orvieto haben sich bis heute sogar zwei Statuen erhalten, die zu Ehren Bonifaz' VIII. aufgestellt wurden. Der Auftrag für die beiden Skulpturen ist gut dokumentiert und steht in Verbindung mit den politischen Ereignissen dieser Zeit. Orvieto hatte gute Gründe, eine Versöhnung mit dem Papst anzustreben, der die Stadt mit dem Interdikt belegt und ihres Bischofsitzes beraubt hatte, um sie für die Invasion des Val di Lago im Jahre 1296 zu strafen. Nach der Rückgabe der umstrittenen Besitzungen und dem Erreichen einer Einigung im Jahr darauf erhielt die Kommune Absolution. Man beließ es allerdings nicht dabei, sondern versuchte außerdem, die Beziehungen zu ihm zu verbessern. Die Kommune entschied sich zu einer mehrgleisigen Strategie und wählte bereits im Juli des Jahres 1296 Bonifaz VIII. für sechs Monate zum *Capitano del popolo*, was im Jahr darauf sogar verlängert wurde.

Als der Papst 1297 beschloss, sich für einige Monate in Orvieto niederzulassen, kam man dort überein, die Gelegenheit zu

nutzen. Noch vor der Ankunft des Pontifex entschied der Rat, den Papst durch die Errichtung zweier Statuen an den wichtigsten Toren der Stadt zu ehren. Der Ratsbeschluss vom 4. April 1297 ist gut dokumentiert und enthält genaue Angaben zu den zu schaffenden Monumenten (*ad similitudinem ipsius sanctissimi patris*) und den vorgesehenen Aufstellungsorten. Mit der Ausführung wurde die Werkstatt des Künstlers Ramo di Paganello beauftragt, der in diesen Jahren auch an der Dombauhütte der Stadt aktiv war. Die Arbeiten wurden in kurzer Zeit zum Abschluss gebracht und die Statuen an der vorgesehenen Stelle an den beiden Haupttoren der Stadt aufgestellt, wo sie für Jahrhunderte verblieben, was ihren heutigen Zustand und die Verwitterung erklärt. Die Statue von der Porta Postierla hat durch einen Akt des Vandalismus inzwischen sogar ihren Kopf eingebüßt.

Trotz des ausdrücklichen Wunsches des Rates, zwei Statuen zu errichten, die Bonifaz ähneln sollten, erscheint die Umsetzung doch eher repräsentativ als naturalistisch gewesen zu sein, denn es sind keine persönlichen Züge des Pontifex erkennbar. Auch bei diesem Bildnis ging es demnach mehr um die Betonung der Bedeutung des Papstes als um seine realistische Darstellung. Beide Figuren, von denen die von der Porta Maggiore in der Ausstellung zu sehen ist, haben eine thronende Position und erheben jeweils die – heute verlorene – rechte Hand, vermutlich im Segensgestus. Während nicht bekannt ist, was die Statue an der Porta Postierla einst in ihrer linken Hand hielt, hält die von der Porta Maggiore links ein geschlossenes Buch, das auf den Knien des Papstes ruht. Möglicherweise handelt es sich dabei um den berühmten *Liber Sextus* (Kat. Nr. B.4.3.4), den Bonifaz VIII. 1298 erstellen ließ.

VIOLA SKIBA

Literatur: D'Achille 2000 – Duprè Theseider 2000 – Gardner 1987 – Riccetti 2005 – Waley 2013

B.4.4.4

Giacomo Grimaldi: Papst Bonifaz VIII. (1294/95–1303) zeigt sich auf der Loggia des Lateran dem Volk

Ende des 16. Jahrhunderts
Aquarell auf Papier; H. 44 cm, B. 30 cm
Mailand, Veneranda Biblioteca Ambrosiana, ms. F. inf. 227, fol.3r.

Am 24. Dezember 1294, nach der letzten historischen Abdankung eines Papstes vor Benedikt XVI., wurde in Neapel ein neuer Papst gewählt, der den Namen Bonifaz VIII. annahm. Von Anfang an widmete er sich mit großer Energie der Konsolidierung und dem Ausbau des päpstlichen Primats. Der universale Suprematieanspruch des Papstes fand seinen Ausdruck nicht nur in der berühmten Bulle *Unam sanctam*, sondern auch in neuen Formen der Selbstdarstellung, die Bonifaz VIII. für sich entwickelte. Wie kein Pontifex vor ihm nutzte er Bilder und Symbole, um sein Verständnis vom päpstlichen Amt und seiner Bedeutung zu verdeutlichen und zu unterstützen. Bonifaz erwies sich aber auch an anderer Stelle als Impulsgeber. Im Jahr 1300 rief er beispielsweise das erste Heilige Jahr aus und verkündete mit der Bulle *Antiquorum habet* einen vollständigen Ablass für alle Pilger, die während dieses Jahres die großen römischen Basiliken besuchten. Diesem Ereignis, also der Verkündung des Heiligen Jahres, wird häufiger und fälschlicherweise das einzig verbliebene Fragment eines Freskenzyklus zugeschrieben, der sich einst an der Wand der Benediktionsloggia im Lateran befand und der im Auftrag Bonifaz' VIII. entstanden ist. Als die Loggia im Zuge des Umbaus der Basilika abgerissen wurde, wurde ein Teil des Freskos gerettet und ins Innere der Laterankirche transferiert, wo es noch heute zu sehen ist. Eine Zeichnung in einer Handschrift Giacomo Grimaldis (1568–1623) (*Instrumenta translationum*) ermöglicht eine Rekonstruktion des Gesamtbildes und der zentralen Szene des Freskenzyklus, der auch eine Darstellung der Taufe Konstantins und des Baus der Basilika umfasste. Die Zeichnung zeigt Bonifaz VIII., flankiert von zwei Geistlichen und begleitet von zahlreichen Kurialen, auf der Loggia des Lateran. Er trägt ein rotes Gewand und ist im Begriff, der unterhalb versammelten Menge seinen Segen zu spenden. Es handelt sich dabei jedoch nicht um die Verkündung von *Antiquorum habet*, die am Vatikan stattfand, sondern vermutlich um einen der zahlreichen Akte, die zum Ritus einer Papsterhebung und -krönung gehörten. Im Zuge dieses Zeremoniells nimmt der Papst nämlich den Lateran als seine Bischofskirche ›in Besitz‹ und wird in seine weltliche Macht eingesetzt. Diese Interpretation des gezeigten Vorgangs stützen sowohl die abgebildeten Symbole als auch die Kleidung des Papstes, die mit denen in den *ordines* zur Papstkrönung übereinstimmen.

VIOLA SKIBA

Literatur: Gandolfo 1999 – Maddalo 1983 – Maddalo 1998–1999 – Maddalo 2000 – Maddalo 2006 – Niggl 1971 – Paravicini Bagliani 2000 – Paravicini Bagliani 2003 a – Romanini 1983 – Trivellone 1999

B.4.4.5

Diasper – Fragment einer Kasel

Italien, wohl Lucca, um 1300
Abgeleitete Leinwandbindung mit zweifädiger Hauptkette und Grundschuss, lanciert und broschiert; Z-gedrehte Hauptkette, zweifach genommen, ungedrehte Bindekette, Häutchengold (S-gedreht, Leinenseele), ungedrehte Seide im Schuss; 0,5 cm breite originale Webkante; H. 43 cm, B. 30 cm
Krefeld, Deutsches Textilmuseum, 00045

Ursprünglich strahlte das Seidengewebe in Weinrot und Gold – heute ist die Farbe verblasst und das Gold dunkel geworden. Dennoch ist das Fragment ein Zeugnis für textilen Luxus, herausragende technische Fertigkeiten sowie für den Technologie- und Motivtransfer zwischen Orient, Spanien und Italien im 13. Jahrhundert. Es war Teil eines liturgischen Gewandes, dessen Dekor für den Betrachter auf dem Kopf stand. Der Dekor war sehr beliebt und wurde häufig aufgelegt, dabei entstanden Variationen in Details und Farbstellungen. Die Fläche ist mit regelmäßig wiederkehrenden, gegenständigen Falken und Hirschkühen, spitzovalen Medaillons mit Rankenfriesen sowie Rankenwerk gefüllt. (Die Greifvögel und Paarhufer werden meist als Adler / Papagei und Gazelle bezeichnet, doch entspricht ihre Physiognomie nicht diesen Arten. Hier wird von Falke und Hirschkuh ausgegangen, die Herleitung aber an anderer Stelle diskutiert.) Die Motive sind als Verweise auf antike Vorstellungen von Wohlleben und paradiesischen Zuständen zu deuten.

Nach Karel Otavský entstand der Dekor in Nordsyrien bzw. Mesopotamien, wanderte in der zweiten Hälfte des 13. Jahrhunderts nach Spanien und später nach Lucca in Italien. Brigitte Tietzel geht jedoch davon aus, dass er erst in Spanien entstand, bevor er in Lucca perfektioniert wurde.

Unabhängig davon ist festzuhalten, dass luccesische Werkstätten eine Schlüsselstellung in der Herstellung derartiger Diasper-Gewebe einnahmen. Ihre Wertschätzung zeigt sich unter anderem an ihrer Nennung in Inventarlisten wie dem päpstlichen Inventar von 1295. Nicht eindeutig geklärt ist allerdings, ob die Verwendung der Bezeichnung *diasprum* sich auf die Webtechnik oder auf die Farbstellung dieser Gewebe bezieht.

ANNETTE PAETZ GEN. SCHIECK

Literatur: Otavský/Wardwell 2011, S. 173–176 Nr. 56 (zugehöriges Fragment mit weiterführender Literatur); S. 170–173 Nr. 55, S. 184–185 Nr. 60 (Vergleiche in anderer Farbstellung) – Tietzel 1984, S. 194–197 Nr. 42 (mit weiterführender Literatur), S. 198–199 Nr. 43 (vgl. Variante des Motivs), S. 27–33 (zu Diasper-Geweben), S. 34–44 (zur Mustergruppe) – Wilckens 1994, bes. S. 128–138 (Konstruktionszeichnungen von Kaseln)

B.4.4.6

Bulle *Clericis laicos* Papst Bonifaz' VIII.

Rom, 25. Februar 1296
Pergament; ca. H. 40 cm, B. 62 cm, mit Bleibulle
Wien, Österreichisches Staatsarchiv, Haus-, Hof- und Staatsarchiv, AUR 1296 II 25

Im Jahre 1294 bestieg nach dem Rücktritt des im Ruf der Heiligkeit stehenden Papstes Coelestin V. ein Mann von ganz anderem Charakter die *Cathedra Petri*: Bonifaz VIII. Dieser Papst erfüllte das Papsttum mit neuem Selbstbewusstsein und einer universalen Verantwortung.

Durch seine herrische Art und sein autokratisches Selbstverständnis geriet der Papst allerdings schon bald in Konflikt mit weltlichen Herrschern, insbesondere mit dem französischen König Philipp IV. ›dem Schönen‹. Der Streit eskalierte schließlich über die Frage der Besteuerung des Klerus. Am 24. Februar 1296 erließ der Papst die Bulle *Clericis laicos*, die sich mit den Fragen der Zulässigkeit einer Investitur durch Laien und der Besteuerung von Geistlichen befasste. Der Text der Verlautbarung beginnt mit den programmatischen Worten »Schon das Altertum lehrt, dass Laien die Feinde des Klerus sind« (*Clericis laicos infestos oppidò tradit antiquitas*). Im Weiteren verurteilte Bonifaz VIII. jede Form der Besteuerung des Klerus, befahl, diese in Zukunft zu unterlassen und drohte bei Zuwiderhandlung mit der Verhängung der Exkommunikation. Die päpstlichen Sanktionen betrafen jedoch nicht nur die Laien, sondern auch die mit ihnen kooperierenden Geistlichen. Jeder Prälat und andere Geistliche, die den unrechtmäßigen Forderungen weltlicher Autoritäten nachgäben und diese – ohne ausdrücklichen Befehl des Apostolischen Stuhls – erfüllten, mache sich nämlich ebenfalls schuldig. Ihnen untersagte der Papst unter Berufung auf den dem Nachfolger Pet-

Bonifatius episcopus servus servorum dei ad perpetuam rei memoriam

ri geschuldeten Gehorsam und unter Androhung der Absetzung, irgendwelche Zahlungen zu leisten. Bereits der Akt der Zahlung oder der Entgegennahme entsprechender Abgaben sollte automatisch die Exkommunikation aller Beteiligten nach sich ziehen. Eine Lösung vom Bann sollte überdies nur mit ausdrücklicher Erlaubnis des Pontifex möglich sein. Am Ende seines Schreibens ließ Bonifaz VIII. außerdem alle Welt wissen, dass jeder, der gegen das päpstliche Mandat verstoße oder es missachte, nicht nur den Unmut des Pontifex, sondern auch den Zorn Gottes und der Apostelfürsten auf sich ziehen werde.

Den Herrschern, Fürsten und sonstigen weltlichen Autoritäten musste dieses scharf formulierte päpstliche Verbot als ein Eingriff in die jeweiligen Herrschaftsrechte erscheinen. Der französische König gedachte einer solchen, als Anmaßung begriffenen Haltung Bonifaz' VIII. entschieden zu begegnen und verhängte seinerseits ein Verbot, Zahlungen nach Rom zu leisten und weiterzuleiten, wodurch er die Kurie eines bedeutenden Teils ihrer Einnahmen beraubte. Bonifaz war schließlich im Juli 1297 gezwungen, teilweise einzulenken und die Bestimmungen aus *Clericis laicos* abzumildern. An seinem Selbstverständnis und einer vor Konfrontationen nicht zurückschreckenden Haltung änderte dies allerdings nichts, die fortgesetzte Auseinandersetzung mit dem französischen König sollte schließlich in der Bulle *Unam sanctam* vom 18. November 1302 gipfeln.

VIOLA SKIBA

Digital: http://monasterium.net/mom/AT-HHStA/SbgE/AUR_1296_II_25/charter?q=Bonifaz%20VIII
Quellen: Regesta Pontificum Romanorum II, 1875, Reg. 24291 – Registres de Boniface VIII 1884, Sp. 584–585, Nr. 1567 – Mirbt/Aland, Quellen S. 457
Literatur: Izbicki 1989 – Jamme 2015 – Santifaller 1967

Die Bulle *Unam Sanctam* (18. November 1302) von Papst Bonifaz VIII.

Die Grundsatzerklärung von Papst Bonifaz VIII. vom 18. November 1302 wird gerne als ›die berühmteste päpstliche Bulle des Mittelalters‹ bezeichnet. In der Tat formuliert sie in äußerst zugespitzter Schärfe den päpstlichen Vorrang in der Welt:

Ad perpetuam rei memoriam. Unam sanctam ecclesiam catholicam et ipsam Apostolicam urgente fide credere cogimur et tenere, nosque hanc firmiter credimus et simpliciter confitemur, extra quam nec salus est nec remissio peccatorum, sponso in Canticis proclamante: »Una est columba mea, perfecta mea. Una est matris sue, electa genetricis sue«, que unum corpus misticum representat, cuius capud Christus, Christi vero Deus. In qua »unus Dominus, una fides, unum baptisma«. Una nempe fuit diluvii tempore arca Noe, unam ecclesiam prefigurans, que in uno cubito consumate, unum Noe videlicet gubernatorem habuit et rectorem, extra quam omnia subsistentia super terram legimus fuisse deleta. Hanc autem veneramur et unicam, dicente Domino in propheta: »Erue a framea, Deus, animam meam, et de manu canis unicam meam.« Pro anima enim, id est pro se ipso capite simul oravit et corpore, quod corpus unicam scilicet ecclesiam nominavit, propter sponsi, fidei, sacramentorum et caritatis ecclesie unitatem. Hec est tunica illa Domini inconsutilis, que scissa non fuit, sed sorte provenit. Igitur ecclesie unius et unice unum corpus, unum capud, non duo capita, quasi monstrum, Christus videlicet et Christi vicarius Petrus, Petrique successor, dicente Domino ipsi Petro: »Pasce oves meas«. Meas, inquit, et generaliter, non singulariter has vel illas: per quod commisisse sibi intelligitur universas. Sive ergo Greci sive alii se dicant Petro eiusque successoribus non esse commissos, fateantur necesse est se de ovibus Christi non esse, dicente Domino in Ioanne: »Unum ovile et unicum esse pastorem.«

In hac eiusque potestate duos esse gladios, spiritualem videlicet et temporalem, evangelicis dictis instruimur. Nam dicentibus Apostolis: »Ecce gladii duo hic«, in ecclesia scilicet, cum apostoli loquerentur, non respondit Dominus, nimis esse, sed satis. Certe qui in potestate Petri temporalem gladium esse negat, male verbum attendit Domini proferentis: »Converte gladium tuum in vaginam«. Uterque ergo est in potestate ecclesie, spiritualis scilicet gladius et materialis. Sed is quidem pro ecclesia, ille vero ab ecclesia exercendus. Ille sacerdotis, is manu regum et militum, sed ad nutum et patientiam sacerdotis. Oportet autem gladium esse sub gladio, et temporalem auctoritatem spirituali subici potestati. Nam cum dicat Apostolus: »Non est potestas nisi a Deo; que autem sunt, a Deo ordinata sunt«, non autem ordinata essent, nisi gladius esset sub gladio, et tanquam inferior reduceretur per alium in suprema. Nam secundum beatum Dyonisium lex divinitatis est infima per media in suprema reduci. Non ergo secundum ordinem universi, omnia eque ac immediate, sed infima per media et inferiora per superiora ad ordinem reducuntur. Spiritualem autem et dignitate et nobilitate terrenam quamlibet precellere potestatem, oportet tanto clarius nos fateri, quanto spiritualia temporalia antecellunt. Quod etiam ex decimarum datione et benedictione et sanctificatione, ex ipsius potestatis acceptione, ex ipsarum rerum gubernatione, claris oculis intuemur. Nam, veritate testante, spiritualis potestas terrenam potestatem instituere habet et iudicare, si bona non fuerit. Sic de ecclesia et ecclesiastica potestate verificatur vaticinum Hieremie: »Ecce constitui te hodie super gentes et regna« et cetera que sequuntur.

Ergo, si deviat terrena potestas, iudicabitur a potestate spirituali; sed, si deviat spiritualis minor, a sua superiori; si vero suprema, a solo Deo, non ab homine poterit iudicari, testante Apostolo: »Spiritualis homo iudicat omnia, ipse

Die Befreiung Bonifaz' VIII. nach dem Attentat von Anagni in der *Nuova Cronica* des Giovanni Villani, Florenz, um 1350, Vatikanstadt, Biblioteca Apostolica Vaticana, ms Chigi L. VIII. 296, fol. 176r)

Mit dem sogenannten ›Attentat von Anagni‹ kulminierte am 7. September 1303 der Konflikt zwischen Papst Bonifaz VIII., dem französischen König Philipp IV. und italienischen Gegnern des Papstes. Die Ansprüche des Pontifex und das Selbstverständnis des Königs von Frankreich waren unvereinbar, und auch in Italien hatte sich Bonifaz VIII. Feinde gemacht. Als er im Sommer 1303 wieder einmal in seiner Geburtsstadt Anagni weilte, entschloss sich eine Koalition seiner Gegner, die Gelegenheit zu nutzen. Bewaffnete Truppen unter der Führung der Colonna, einem mächtigen römischen Adelsgeschlecht, und des französischen Kanzlers Guillaume de Nogaret stürmten die päpstliche Residenz und nahmen Bonifaz VIII. gefangen. Die Bürgerschaft von Anagni machte dem Treiben zwar bald ein Ende und befreite den Papst, doch Bonifaz VIII. starb nur wenige Wochen später als gebrochener Mann in Rom. Giovanni Villani schrieb im 8. Buch seiner Chronik ausführlich über den Pontifikat Bonifaz' VIII. und schilderte auch die Gefangennahme und Befreiung des Papstes in Anagni (Kap. 63); zu diesem Text gehört die gezeigte Miniatur.

VIOLA SKIBA

autem a nemine iudicatur«. Est autem hec auctoritas, et si data sit homini, et exerceatur per hominem, non humana, sed potius divina potestas, ore divino Petro data, sibique suisque successoribus in ipso, quem confessus fuit petra firmata, dicente Domino ipsi Petro: »Quodcumque ligaveris« et cetera. Quicumque igitur huic potestati a Deo sic ordinate resistit, Dei ordinationi resistit, nisi duo, sicut Maniceus, fingat esse principia, quod falsum et hereticum iudicamus, quia, testante Moyse, non in principiis, sed »in principio coelum Deus creavit et terram«. Porro subesse Romano pontifici omni humane creature declaramus, dicimus, diffinimus et pronunciamus omnino esse de necessitate salutis. Dat. Laterani, XIIII kalendas decembris, anno octavo.

Deutsche Übersetzung:

Eine heilige katholische und apostolische Kirche müssen wir im Gehorsam des Glaubens gläubig annehmen und festhalten. Und wir haben den festen Glauben an sie und bekennen sie aufrichtig. Außerhalb von ihr gibt es kein Heil und keine Vergebung der Sünden, wie es im Hohelied deutlich verbürgt ist: »Eine ist meine Taube, meine Fromme, eine ist ihrer Mutter die Liebste, die Auserwählte ihrer Mutter.« Sie verkörpert den einen mystischen Leib, dessen Haupt Christus ist, Christi aber Gott. In ihr »ist ein Herr, ein Glaube, eine Taufe.« Zur Zeit der Sintflut gab es, auf die eine Kirche vorausweisend, eine Arche Noahs, die – »nach oben in einer Elle vollendet« (1 Mos 6,16) – einen Steuermann und Leiter hatte, nämlich Noah. Alles, was auf Erden nicht in ihr war, wurde, so lesen wir, vernichtet. Diese aber verehren wir als einzige, wie der Herr im Psalmisten (David) spricht (Ps 22,21): »Oh Herr, errette meine Seele vom Schwert, mein einziges Gut von den Hunden.« Für die Seele nämlich, das heißt, für sich selbst, für Haupt und Leib hat er gebetet, weil er den Leib nämlich die einzige Kirche genannt hat, wegen des Bräutigams, des Glaubens, der Sakramente und der Liebe für die Einheit der Kirche. Diese ist jene Tunika des Herrn aus einem Stück, die nicht zerrissen ist, über die das Los fiel (Joh 19,23–24). Von dieser einen und einzigen Kirche also gibt es nur einen Leib und ein Haupt, nicht zwei Häupter wie bei einem Ungeheuer, Christus nämlich und Christi Stellvertreter, Petrus, und Petri Nachfolger; sagt doch der Herr zu Petrus selbst: »Weide meine Schafe« (Joh 21,17). »Meine« sagt er, und meint das insgesamt, nicht nur im Einzelnen diese oder jene. Daraus ersieht man, dass er ihm alle anvertraut hat. Sagen also die Griechen oder andere, sie seien Petrus und dessen Nachfolgern nicht anvertraut, so müssen sie auch bekennen, dass sie nicht zu den Schafen Christi gehören; denn der Herr sagt bei Johannes: »Es gibt nur eine Herde und einen Hirten« (Joh 10,16).

Dass sich in dieser seiner Gewalt zwei Schwerter befinden, ein geistliches und ein weltliches, das lehren uns die Worte des Evangeliums (Lk 22,38). Denn als die Apostel sagten (Lk 22,38): »Siehe, hier sind zwei Schwerter«, nämlich in der Kirche, als die Apostel so sprachen, da antwortete der Herr nicht: »Es ist zu viel!« sondern: »Es ist genug!« Wer nun sagt, das weltliche Schwert befinde sich nicht in der Hand von Petrus, der achtet wahrlich schlecht auf das Wort des Herrn, der da sagt: »Stecke dein Schwert in die Scheide!« (Mt 26,52). Beide Schwerter also hat die Kirche in ihrer Gewalt, das geistliche und das weltliche. Dieses aber ist für die Kirche zu führen, jenes von ihr. Jenes gehört dem Priester, dieses ist zu führen von der Hand der Könige und Ritter, aber nur wenn und solange der Priester es will. Ein Schwert aber muss dem anderen untergeordnet sein, und die weltliche Macht muss sich der geistlichen fügen. Denn da der Apostel sagt: »Es ist keine Obrigkeit außer von Gott, wo aber Obrigkeit besteht, ist sie von Gott eingesetzt« (Röm 13,1), wären sie nicht geordnet, wenn nicht ein Schwert unter dem anderen stünde und gleichsam das niederstehende durch das andere nach oben geführt würde. Denn gemäß dem heiligen Dionysius ist es ein Gesetz der Göttlichkeit, dass das Unterste über die Mitte bis zum Obersten geführt wird. Gemäß der Ordnung des Universums ist daher nicht insgesamt alles gleich und in der Mitte, sondern das Unterste wird über die Mitte und das Geringere über das Höhere zur Ordnung gebracht. Dass aber die geistliche Macht an Würde und Rang jede weltliche überragt, müssen wir umso freier bekennen, als überhaupt das Geistliche mehr wert ist als das Weltliche. Das ersehen wir auch deutlich aus der Bezahlung der Zehnten, aus der Segnung, aus der Heiligsprechung, aus der Übernahme der Macht selbst und aus der Leitung der weltlichen Angelegenheiten. Denn in Wahrheit: Die geistliche Macht hat die weltliche einzusetzen und ist Richterin über sie, wenn sie nicht gut ist. So bewahrheitet sich über die Kirche und die kirchliche Gewalt die Weissagung des Propheten Jeremia: »Siehe, ich habe Dich heute über Völker und Reiche gesetzt« (Jer 1,10), und das übrige, was folgt.

Wenn also die weltliche Macht in die Irre geht, so wird sie von der geistlichen gerichtet werden; irrt die geistliche auf einer niederen Stufe, so wird sie gerichtet werden von der, die über ihr steht; irrt aber die höchste, so wird sie allein von Gott gerichtet werden können, nicht aber von einem Menschen, wie der Apostel bezeugt: »Der geistliche Mensch richtet alles, er selbst aber wird von niemandem gerichtet« (1 Kor 2,15). Es ist aber diese Macht, auch wenn sie einem Menschen gegeben ist und von einem Menschen ausgeübt wird, keine menschliche, vielmehr eine göttliche, nach Gottes Wort dem Petrus gegeben, ihm und seinen Nachfolgern in Christus, zu dem er sich als »Fels« bekannte und bestätigt wurde, als der Herr zu Petrus selbst sagte: »Was Du auf Erden binden wirst, und so weiter« (Mt 16,19). Wer sich also dieser von Gott so geordneten Gewalt widersetzt, der widerstrebt der Ordnung Gottes, außer er würde, wie Manichäus, heuchlerisch behaupten, es gäbe zwei Ursprünge, was wir als falsch und häretisch verurteilen, weil, wie Moses bezeugt (Gen 1,1), nicht in den Anfängen, sondern »im Anfang Gott Himmel und Erde erschaffen hat«. So erklären, sagen, bestimmen und verkünden wir, dass es für jede menschliche Kreatur für das Seelenheil unbedingt notwendig ist, dem römischen Papst untertan zu sein. Ausgestellt am Lateran, im 8. Jahr unseres Pontifikats.

Kommentar

Diese überaus scharfen Formulierungen muss man vor dem Hintergrund des heftigen Konflikts des Papstes mit König Philipp IV. von Frankreich (1285–1314) verstehen. Die Auseinandersetzungen begannen damit, dass Bonifaz VIII. Ende 1301 den König darüber informierte, er werde die französischen Bischöfe nach Rom rufen und mit ihnen über die Missstände im Königreich Frankreich verhandeln. Dazu zählte er die Ausbeutung des Klerus durch den König, die Umleitung der kirchlichen Einkünfte in die königliche Kasse, ein allgemeines Ausfuhrverbot und die eigenmächtige Gefangennahme eines Bischofs. Außerdem ließ er den König wissen, dieser werde bei Ungehorsam gegenüber dem Apostolischen Stuhl aus der katholischen Gemeinschaft ausgeschlossen. Im Kern ging es um die Frage, ob der König nicht nur weltlicher Herr in seinem Reich, sondern auch Herr in kirchlichen Angelegenheiten Frankreichs sei. Bonifaz VIII. hatte seine Meinung dazu bereits in einem Brief an die deutschen Kurfürsten vom 13. Mai 1300 klar formuliert: Herzöge, Fürsten, Könige und Kaiser erhalten ihre Gewalt aus der Hand des Papstes (MGH. Constitutiones IV/1, Nr. 105). Heftig wurde in diesen Jahren unter den Gelehrten über die Frage der Gewaltenteilung debattiert. Als der französische König vielen seiner Bischöfe die Teilnahme an der Bischofsversammlung im November 1302 in Rom verwehrte, verfasste Bonifaz VIII. am 18. November die Bulle *Unam sanctam*.

Die Bulle behandelt fast zur Hälfte die Frage der Unterordnung des Staates unter die Kirche. Die Betonung der Einheit der Kirche und der Einheit des Hauptes sollte absolute Klarheit darüber herstellen, wer über die Gelder in der Kirche und über die Vergabe der Pfründen zu entscheiden habe. Päpstliche Entscheidungen werden als unumstößlich deklariert. Die königliche Souveränität sollte in dieser Hinsicht begrenzt sein. Die Stellung des Papstes als kirchlicher Monarch kollidierte damit in extremer Weise mit der monarchischen Souveränität des Königs. Um eine diplomatische Verständigung nicht zu gefährden, hielt Bonifaz VIII. die Veröffentlichung der Bulle zunächst zurück. Erst nach dem endgültigen Scheitern der Verhandlungen ließ er sie im August 1303 in sein Register eintragen und damit bekannt machen.

Bemerkenswert ist, dass die Bulle und damit der in ihr ausgeführte päpstliche Standpunkt noch 1500 als Teil der *Extravagantes communes* in das Kirchenrecht aufgenommen wurden. Auf dem Fünften Laterankonzil ließ Papst Leo X. (1513–1521) am 19. Dezember 1516 die Bulle ausdrücklich erneuern und bestätigen: »Da wegen des Seelenheils feststeht, dass alle Gläubigen Christi dem römischen Papst untertan sind, so wie wir durch das Zeugnis der Heiligen Schrift und der heiligen Väter belehrt werden und wie es durch die Festlegung des Papstes Bonifaz VIII. seligen Andenkens, unseres Vorgängers, welche mit den Worten *Unam sanctam* beginnt, bestimmt wurde: ›So erneuern und bestätigen wir mit der Zustimmung des gegenwärtigen Konzils diese Festlegung zum Seelenheil dieser Gläubigen, zur Verdeutlichung der höchsten Autorität des römischen Papstes und seines Sitzes und für die Einheit und Macht der Kirche, seiner Braut‹ (*Et cum de necessitate salutis existat omnes Christi fideles romano pontifici subesse prout divinae scripturae et sanctorum patrum testimonio edocemur, ac constitutione felicis memoriae Bonifacii papae VIII similiter praedecessoris nostri, quae incipit: »Unam sanctam«, declaratur: pro eorumdem fidelium animarum salute, ac romani pontificis et huius sanctae sedis suprema auctoritate, et ecclesiae sponsae suae unitate et potestate, constitutionem ipsam, sacro praesenti concilio approbante, innovamus et approbamus …, Conciliorum oecumenicorum* 2013b, S. 1440).

STEFAN WEINFURTER

Quellen: Registres de Boniface VIII 1906, Nr. 5382, S. 888–890
Literatur: Miethke 2001 – Miethke/Bühler 1988, S. 121–124 – Paravicini Bagliani 2003, S. 332–334 – Ubl 2004 – Ullmann 1974

Vom ›Exil in Avignon‹ bis zum Konzil von Basel (1305–1449)

Der Papst und die Spaltung der Christenheit

Nach dem Tod Bonifaz' VIII. verschärften sich die Auseinandersetzungen mit dem König von Frankreich, der einen Ketzerprozess gegen das Oberhaupt der Kirche anstrebte, noch weiter. In den folgenden Wirren war die Wahl des Erzbischofs von Bordeaux zum Papst 1305 der Versuch, eine friedliche Einigung herbeizuführen. Clemens V. (1305–1314), wie sich der neue Papst nannte, umgab sich sogleich mit französischen Kardinälen, kehrte Italien den Rücken und blieb mit seinem kurialen Apparat schließlich in Südfrankreich. 1309 richtete er seine Residenz in Avignon ein. Durch großes Entgegenkommen gegenüber dem König von Frankreich (Vernichtung des Templerordens, dessen Besitzungen großenteils der französischen Krone zuflossen) und durch den Einsatz der südfranzösischen Familien, aus denen die Päpste nun kamen, gelang es ihm und seinen Nachfolgern, den neuen päpstlichen Sitz zu festigen. Mit dem Papstpalast in Avignon entstand ein neues und pompöses, wenn auch kleinräumiges Zentrum, das neue Formen der zentralistischen Organisation entwickelte. Die heutige Forschung sieht daher in dieser Phase des Papsttums in Avignon weniger einen Niedergang als vielmehr einen letzten Höhenflug vor der endgültigen Schwächeperiode im Großen Abendländischen Schisma (1378–1417). Es ist sogar die Rede von der »Erholung in der Fremde« (Klaus Herbers).

Die dennoch offenkundige, einseitige Bevorzugung des Königs von Frankreich und das kompromisslose Vorgehen gegen den römisch-deutschen König, der sich nach der Wahl der Prüfung durch den Papst unterziehen musste, förderten den Unmut in den ›deutschen Landen‹. In England drückte sich das gesteigerte Nationalgefühl 1351/1352 unter König Eduard III. (1327–1377) durch eine papstfeindliche Gesetzgebung aus (Statuten ›Provisors‹ und *Praemunire*). Die moralische, geistige und autoritative Führungsrolle des Papsttums nahm zusehends Schaden. Große Geister dieser Zeit wie Dante Alighieri († 1321), Marsilius von Padua († 1342/43), Wilhelm von Ockham († 1347) und Francesco Petrarca († 1374) sprachen dem Papst nun ganz offen das Recht ab, sich in die weltliche Ordnung einzumischen. Seine »Fülle der Gewalt« (*plenitudo potestatis*), so wurde argumentiert, beziehe sich allein auf die Seelsorge und das Hirtenamt.

Rom hingegen sank herab zu einem großen Dorf, wo auf den Stufen der Peterskirche die Ziegen grasten. Schließlich wurde der Wunsch nach Erneuerung des apostolischen Sitzes in Rom in der Christenheit so stark, dass Papst Gregor XI. (1370–1378) unter dem Einfluss von Katharina von Siena († 1380) mit der Kurie am 17. Januar 1377 wieder in Rom einzog. Aber schon ein Jahr später, 1378, kehrte ein Teil der Kardinäle mit einem Gegenpapst nach Avignon zurück. Es war der Beginn des ›Großen Abendländischen Schismas‹, einer Kirchenspaltung, die bis 1417 andauerte. Die lateinische Welt wurde in größte Unruhe versetzt, und nur unter Aufbietung gewaltiger Kräfte konnte ihre kirchliche Einheit auf dem Konzil von Konstanz (1414–1418) wieder hergestellt werden. Es war aber auch die Zeit, in der neue Theorien über die kirchliche Hierarchie und neue Gesellschaftsmodelle entstanden, die größte Wirkung entfalteten und in mancher Hinsicht als Wegbereiter der Reformation erscheinen.

STEFAN WEINFURTER

Literatur: Basse 2008 – Basse 2011 – Müller, Heribert 2012 b – Müller, Heribert 2012 c – Röhrkasten 2008 – Rollo-Koster/Izbicki 2009 – Vones 1998 – Weiß 2008 – Willershausen 2014

Avignon

Wendepunkt des Papsttums

Der Wechsel der Päpste von Rom nach Avignon bedeutete einen tiefen Einschnitt in der Geschichte des Papsttums. Die deutliche Abhängigkeit vom französischen König beeinträchtigte die päpstliche Souveränität. Der unmittelbare Bezug zu den Apostelfürsten und ihren Grabmonumenten war zerbrochen. In Rom gab es keinen residierenden Bischof mehr, die Stadt verlor ihren Glanz. Dies weckte die Sehnsucht nach einer Erneuerung der alten römischen Republik, die insbesondere von dem Volkstribunen Cola di Rienzo († 1354) genährt wurde. Wesentliche Elemente der Begründung für die päpstliche Vorrangstellung rückten damit in den Hintergrund.

In Avignon entwickelte sich eine üppige Hofhaltung. Clemens V. (1305–1314) wohnte noch bei den Dominikanern. Johannes XXII. (1316–1334), selbst von 1310 bis 1313 Bischof von Avignon, machte sodann den Bischofspalast zur neuen Papstresidenz. Zeitweise wurde der Bischofsstuhl von Avignon gar nicht mehr besetzt, um die bischöflichen Einkünfte in die päpstliche Kasse umzuleiten. Benedikt XII. (1334–1342) ließ den großen, befestigten Wohnsitz für die Kurie und ihre Behörden errichten. Es waren Bauwerke von wehrhaftem Charakter (*Palais vieux*) mit gewaltigen Türmen (*Tour du Pape, St-Jean, Trouillas*). Im groß angelegten Konsistorium spiegelte sich die steigende Bedeutung der Kardinäle, die seit der Mitte des 14. Jahrhunderts die Papstwahl von Zusagen abhängig machten (›Wahlkapitulationen‹). Nun entstand die prächtige päpstliche Kapelle, die von Clemens VI. (1342–1352) nochmals vergrößert und verschönert wurde. Dieser Papst ließ zudem im Süden einen neuen Palast errichten (*Palais neuf*), geeignet für ein glanzvolles Hofleben nach französischem Vorbild. Die Universität von Avignon (gegründet 1303) erlebte mit ihrem Schwerpunkt auf römischem und kanonischem Recht einen großen Aufschwung. 1348 kaufte Clemens VI. die Stadt, in der sich Bankiers, italienische Kaufleute, Künstler, Handwerker und Tagelöhner angesiedelt hatten. Auch die Kardinäle errichteten prächtige Paläste und erhielten erhebliche Anteile an den Einkünften.

Ein Kennzeichen dieser Phase war schließlich der Zermürbungskrieg zwischen dem Papst in Avignon und dem römisch-deutschen König. Es ging um die päpstliche Mitsprache bei der Königswahl sowie um Rechte und Einkünfte in Italien. In der Goldenen Bulle von 1356, mit der die Ordnung des Reichs und der Ablauf der Königswahl geregelt wurden, fand der Papst keine Erwähnung mehr. In der Tat war das der Beginn einer Entwicklung, an deren Ende sich auch das Kaisertum von der Legitimation durch das Papsttum trennte.

STEFAN WEINFURTER

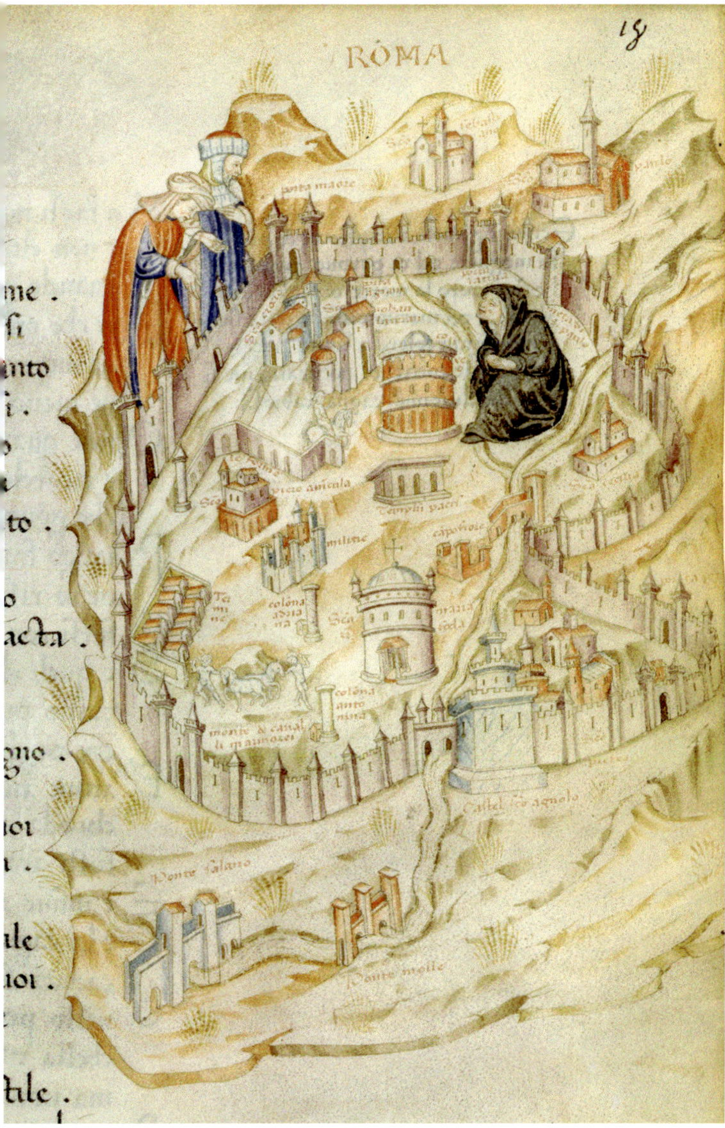

Allegorische Darstellung Roms als trauernde Witwe im *Dittamondo* des Fazio degli Uberti, (Mailand 1447, Paris, Bibliothèque nationale de France, Ms lt. 81, fol. 18r)

Als sich der französische Papst Clemens V. (1305–1314) nach seiner Wahl aufgrund von Unruhen in Rom entschloss, in Frankreich zu bleiben und seine Residenz 1309 nach Avignon zu verlegen, was das Papsttum in den direkten Einflussbereich des französischen Königs Philipp des Schönen brachte, war noch nicht abzusehen, dass die Päpste für fast siebzig Jahre dort bleiben würden und welche Konsequenzen dies für ihre eigene Bischofsstadt haben sollte. Während Avignon eine ungeheure Blüte erlebte und sich zu einem neuen kulturellen und ökonomischen Zentrum entwickelte, führte die Abwesenheit der Päpste in Rom zum Niedergang.

Vom Zentrum des christlichen Erdkreises, von dem aus die Päpste viele Jahrhunderte regiert hatten, war Rom mit einem Schlag zur ›Peripherie‹ päpstlicher Herrschaft geworden. Rom und der Kirchenstaat wurden nun aus der Ferne und mithilfe von Legaten regiert. Dies musste in Italien zwangsläufig als unhaltbarer Zustand verstanden werden, weswegen dort auch Begriffe wie ›Avignonesische Gefangenschaft‹ oder ›Babylonisches Exil‹ für das Avignonesische Papsttum geprägt wurden. Rom litt nicht nur ideell, sondern auch kulturell und ökonomisch stark unter dem Verlust. Bausubstanz verfiel, die Einwohnerzahl sank rapide, die Zahl der Pilger und Reisenden nahm ab. In Italien wurde diese Entwicklung mit Sorge betrachtet und der Niedergang lebhaft diskutiert.

Ein Bild für den Verfall und den Bedeutungsverlust Roms bietet eine Handschrift des *Dittamondo* aus der Feder des Florentiner Dichters Fazio degli Umberti, die im Jahr 1447 angefertigt und von Andrea Morena da Lodi kommentiert wurde. Fazio degli Umberti verfasste sein unvollendet gebliebenes Opus zwischen 1355 und 1364 und beschrieb darin eine imaginäre Reise durch die damalige Welt, die ihn von Italien durch Griechenland, Germanien, Frankreich und Spanien nach Südeuropa und Afrika führte, dort bricht das Werk und damit auch die Reise ab. Der Dichter stellte sich in die Tradition von Dante und Petrarca und orientierte sich an zahlreichen antiken Vorbildern. Tatsächlich wählte er sogar einen von ihnen, den Autor der *De mirabilibus mundi*, Gaius Julius Solinus, der auch Solin oder Polyhistor genannt wird, als Wegbegleiter und Führer.

Auf fol. 18r befindet sich neben dem Text eine Illustration, welche die beiden Reisenden – den Autor und Solin – vor den Mauern Roms zeigt. Innerhalb der Mauern der schematisch dargestellten Stadt, die auch ohne Beschriftung durch eine Reihe berühmter Monumente und Bauten zu identifizieren ist, sitzt eine schwarz gekleidete Gestalt, die Personifikation der Roma. Haltung und Kleidung kennzeichnen sie als Trauernde, die den Verfall der ewigen Stadt beklagt. Jeder zeitgenössische Betrachter wird die Bildsprache und den historischen Hintergrund der Szene verstanden haben: Rom leidet unter der Abwesenheit des Papsttums, das sie wie eine trauernde Witwe zurückgelassen und dem Verfall preisgegeben hat. Die Auswirkungen des Aufenthalts der Päpste in Avignon auf Rom und den Kirchenstaat könnten kaum eindrücklicher dargestellt werden.

VIOLA SKIBA

Literatur: Felten 2002 – Hausberger 1985 – Rehberg/Modigliani 2004

Avignon. Sitz des Papstes im 14. Jahrhundert

STEFAN WEINFURTER

Der Aufenthalt von Papst und Kurie seit 1309 in Avignon bedeutet einen Höhepunkt im Ablöseprozess des Papsttums von Rom. Schon im 13. Jahrhundert hielt sich der Pontifex häufig außerhalb Roms auf. Viterbo, Anagni, Orvieto, Perugia und Rieti wurden zu päpstlichen Residenzstädten. Mit dem Umzug nach Avignon wechselten die Päpste freilich ihren Hauptsitz. Schon Clemens V. (1305–1314) hielt sich seit 1309 vorübergehend (insgesamt 160 Tage) hier auf. Avignon in der Provence war damals noch ein mittelgroßer Bischofssitz mit etwa 5.000 bis 6.000 Einwohnern. Die Stadt lag unmittelbar an der Grenze zwischen Frankreich und dem zum Heiligen Römischen Reich gehörenden Königreich Burgund (›Arelat‹ genannt nach der Hauptstadt Arles). Die eigentliche Gründung des neuen päpstlichen Zentrums in Avignon setzte dann mit Papst Johannes XXII. (1316–1334) ein.

Johannes war von 1310–1312 Bischof von Avignon gewesen und kehrte als Papst an seinen alten Bischofssitz zurück. Den dortigen Bischof, einen Verwandten, ernannte er zum Kardinal und Bistumsverwalter (Administrator). Danach war der Bischofsstuhl oft jahrelang nicht mehr besetzt.

Die Stadt liegt verkehrsgünstig an der Einmündung der Durance in die Rhône, so dass auch der Wasserweg zum Mittelmeer offen und eine problemlose Versorgung mit großen Mengen an Gütern gewährleistet waren. Hinzu kam, dass sich hier wichtige Straßen kreuzten und die ›Brücke von Avignon‹ über die Rhône schon früh eine bedeutende wirtschaftspolitische Rolle spielte. Stadtherr von Avignon war zunächst der Graf der Provence, der zugleich König von Neapel und vor allem Lehnsmann des Papstes war. Damit hatte er auch die Aufgabe, den Papst zu beschützen. 1348 kaufte Clemens VI. (1342–1352) die Stadt und die umliegende Grafschaft von Königin Johanna I. von Neapel, die auch Gräfin der Provence war. Damit sollten die Grundlagen für einen neuen ›Kirchenstaat‹ an der Rhône gelegt werden.

Die alte Bischofsresidenz neben der Kathedrale Notre-Dame-des-Doms befand sich auf einem Felsenhügel, der einen weiten und strategisch vorteilhaften Rundblick erlaubte. Die zunächst noch bescheidenen Gebäude wurden bereits unter Johannes XXII. vergrößert. Sein Nachfolger Benedikt XII. (1334–1342) ließ dann eine große Anlage neu errichten, die heute als ›alter Palast‹ (*palais-vieux*) bezeichnet wird. Noch gewaltiger wurde schließlich die Anlage, die von Papst Clemens VI. begonnen wurde. Unter ihm entstanden im Süden und Westen die ersten Gebäude des ›neuen Palastes‹ (*palais-neuf*), eines Prachtbaus, der für große höfische Feste und Gelage bestens geeignet war. Der Papstpalast von Avignon wurde schrittweise bis auf das Doppelte erweitert. Durch den Zuzug der meist aus Südfrankreich stammenden Kardinäle und Kurialen, der Händler, Bankiers und Handwerker stieg die Bevölkerungszahl in der Stadt sprunghaft an, sie betrug um die Mitte des 14. Jahrhunderts annähernd 35.000 Personen. Avignon wurde zu einem intellektuellen, künstlerischen, kulturellen und wirtschaftlichen Zentrum Europas.

Die neue päpstliche Residenz brachte auch ein neues Zeremoniell und den Typus einer ›Palastherrschaft‹ hervor. Umzüge, liturgische Prozessionen und Kirchenfeste wurden innerhalb der Mauern des Palastes vollzogen und gefeiert und nicht mehr wie in Rom über die ganze Stadt verteilt. Diese Konzentration auf den Papstpalast wird auch daran erkennbar, dass Johannes XXII. Avignon während seiner gesamten Amtszeit kein einziges Mal verlassen hat. Auch seine Nachfolger gingen mit Reisen nach außen sehr zurückhaltend um, und jede Rückkehr war mit einem üppigen Festgelage verbunden. Für den Hof in Avignon sind wir gut unterrichtet über die Einkäufe und den Verbrauch von Lebensmitteln aller Art, vor allem von Spezereien (*species*), d.h. von Genussmitteln aus ›Übersee‹. Der Aufwand, so ist zu erkennen, war erheblich.

Mit Beginn des Großen Abendländischen Schismas 1378 stagnierte der Aufschwung der Stadt. Nach dem Tod Benedikts XV. (1430), des letzten Papstes in Avignon, wurde sie durch einen päpstlichen Beauftragten geleitet und blieb ein wichtiger Stützpunkt der Päpste im Westen Europas.

Rekonstruktion des Papstpalastes in Avignon

B.5.1.1

Schlussstein

Avignon, 14. Jahrhundert
Kalkstein; H. 45 cm, B. 72 cm, T. 76 cm
Avignon, Palais des Papes, 1730

Während ihrer langen Abwesenheit von Rom waren die Päpste über Jahrzehnte hinweg sehr darum bemüht, den Papstpalast in Avignon als würdige und angemessene Residenz auszubauen und auszustatten. Bis heute verrät der Palast seine Herkunft aus der Festungsarchitektur. Am besten konnte die Burg durch mobile Wandbehänge, Mobiliar, Wandmalereien und Baudekor, z. B. in Form von skulptural gestalteten Schlusssteinen, das Aussehen einer Residenz bekommen. Die Bereiche, die Papst Clemens VI. (1342–1352) ausbauen ließ, so das *Palais nouveau* im Südwesten, sind mit zahlreichen, aufwendig gemeißelten rosettenförmigen Gewölbeschlusssteinen ausgestattet. Clemens VI. hatte sich bemüht, Avignon zu einem ›zweiten‹ Rom auszubauen.

Schlusssteine wurden rasch bevorzugter Ort der Bauzier. Zum einen konnten sie als Einzelstück und verhältnismäßig kleiner Stein recht gut bearbeitet und versetzt werden. Außerdem erschloss sich die Gotik die organische Natur, die auf das Ornament übertragen wurde: So wurden Gewölberippen gleichsam Stiele und Schlusssteine Blütenrosetten. Zum anderen erhielten die Schlusssteine symbolische Bedeutung aufgrund der Bibelstellen im Alten Testament zum Tempelbau. Daher wurde der Schlussstein gern mit Christus verglichen bzw. Christusdarstellungen kamen auf Schlusssteine.

Der vorliegende Schlussstein zeigt die Rippenansätze: war er versetzt, war das Gewölbe stabil. Als Dekor besitzt er Blattwerk. Solche rosettenartige Steine stehen in Avignoneser Lokaltradition, wie ein Schlussstein der Kapelle Saint-Nicolas auf der Saint-Bénézet-Brücke in Rosettenform belegt.

IRMGARD SIEDE

Literatur: AK Monument de l'Histoire, Avignon 2002, S. 219 Nr. 50

B.5.1.2

Liegefigur Papst Urbans V. (1362–1370)

Avignon, Saint-Martial, um 1370
Alabaster; H. 167 cm, B. 104 cm, T. 58 cm
Avignon, Musée du Petit Palais, Inv. Calvet N. 231 A

Die Skulptur stammt vom Papstepitaph Urbans V. in Saint-Martial zu Avignon. Erhalten hat sich nur die Platte mit der Liegefigur; es ist davon auszugehen, dass sie auf einer Tumba lag. Ob ein zusätzliches Bildprogramm vorhanden war, das zu Ruhm und Ehre des Verstorbenen gereichen sollte, muss offenbleiben. Entsprechend der Funktion als Epitaph ist der Papst in vollem Ornat mit Tiara gezeigt. Die Augen sind geschlossen, der Kopf liegt auf einem Kissen, die Hände sind vor seinem Bauch gefaltet.

Dieses Grab war aber nur ein Kenotaph, errichtet, weil Urban der Gründer dieses dem Limoger Heiligen geweihten Stiftes war. Der heilige Martialis, der Apostel Galliens, wurde im 3. Jahrhundert vom Papst dorthin gesandt und gilt als erster Bischof von Limoges. Später galt Martialis als Schüler Petri: Dies stellte Matteo Giovannetti in seinen berühmten Fresken von 1344/1345 im Papstpalast in Avignon dar. Es war sicher kein Zufall, dass das französische Papsttum sich auf diesen Heiligen bezog.

Während des Avignoneser Exils kamen vor allem Kandidaten aus dem französischen Adel auf den Stuhl Petri. Bevor Guillaume de Grimoard als Urban V. Papst wurde, war er seit 1361 Abt des Klosters Saint-Victoire in Marseille gewesen. Damit die Mönche für ihn beten konnten, sollte sein Körper in dieser Abtei begraben werden. Saint-Victoire wurde allerdings im Zuge der französischen Revolution komplett zerstört.

IRMGARD SIEDE

Literatur: AK Monument de l'Histoire, Avignon 2002, S. 203 Nr. 20

B.5.1.3

Pontifikale

Italien, 1290–1300
Pergament, Deckfarbenmalerei;
H. 31,1 cm, B. 23,9 cm, 261 Blatt
Avignon, Bibliothèque municipale d'Avignon, ms. 203, fol. 149r

Das liturgische Zeremoniell für das Kirchenoberhaupt in der Zeit des sogenannten Avignoneser Exils musste nach dem Grundsatz *ubi papa, ibi Roma* selbstverständlich ein römisches sein. Daher nahm der Papsthof bei seinem Umzug von Rom nach Avignon im frühen 14. Jahrhundert Ritusanweisungen aus dem päpstlichen Buchbestand aus Rom mit. Um 1300 war am päpstlichen Hof bereits eine ganze Serie prachtvoller Pontifikalia entstanden. Wie Patricia Stirnemann gezeigt hat, waren in dieser Zeit vor allem Buchmaler aus Umbrien in Rom tätig. Sie statteten in prächtiger, runder Bastarda geschriebene Codices mit Buchschmuck aus. Dieser bestand in historisierten Initialen, die das im Text beschriebene Zeremoniell verbildlichen, und Ranken mit Drôlerien.

Eine solche Ausstattung zeigt auch das Pontifikale ms. 203. Wichtige Abschnitte des *Ordo* sind von figurierten Initialen eingeleitet, z. B. fol. 1r oder 149r. An fol. 149r lässt sich exemplarisch das Ausstattungssystem beschreiben: Zum Gebet *Oremus* der Rubrik *Praefatio calicis consecrandi [...]* gibt es ein historisiertes O, das einen Priester mit Pallium in Orantenhaltung vor einem Altar zeigt. Der Kelch ist nicht dargestellt, was aber mit der von Stirnemann rekonstruierten Herstellung der Buchmalereien übereinstimmt. Hinter dem Priester ist ein textiler Behang zwischen zwei Türmchen ausgespannt, so als ob der Buchmaler sich vorstellte, dass dieses Gebet auf der Reise an einem mobil inszenierten Altar hätte gesprochen werden sollen. Die buchmalerische Ausstattung spiegelt die Hierarchie der *Vasa sacra*. Die *Praefatio* zur Weihe der Patene auf fol. 149r ist nur von einer fleuronnierten Initiale begleitet.

Es gibt aber sicher auch einen inhaltlichen Grund, weshalb dieses Pontifikale nach Avignon kam. Nicht jedes Pontifikale enthält den *Ordo* für die Krönung des Kaisers, ms. 203 sehr wohl. In Avignon wollte man für alle Arten von Weihehandlungen gerüstet sein. Hingegen ist der *Ordo* für die Weihe des Papstes nur verstümmelt enthalten: Wir finden lediglich das Gebet des Bischofs von Albano.

Das Pontifikale ms. 203 ist im Inventar der Bücher der päpstlichen Kapelle in Avignon von 1353 verzeichnet. 1369 war es nach dem Inventar aus diesem Jahr jedoch in einem anderen Raum unter der Michaelskapelle verwahrt.

IRMGARD SIEDE

Literatur: AK Monument de l'Histoire, Avignon 2002, S. 208, Nr. 31 – Bilotta 2012, S. 167–170, Taf. 56

B.5.1.4

Päpstliches Zeremoniale mit weiteren liturgischen Texten

Kardinal Stefaneschi, erste Hälfte 14. Jahrhundert
Pergament, Deckfarbenmalerei;
H. 31,7 cm, B. 20,8 cm, 284 Blatt
Avignon, Bibliothèque municipale d'Avignon, ms. 100, fol. 9v

Avignon wurde im 14. Jahrhundert zu einem ›zweiten Rom‹ ausgebaut. Daher war eine Kapelle des Papstpalastes den Apostelfürsten Peter und Paul geweiht; daher sollte der Papst in Avignon wie in Rom in Erscheinung treten können, z.B. indem er von einem Balkon aus Dinge verkündete; daher musste die Liturgie die orthodoxe der römischen Kurie sein. Einer der Kardinäle, die mit nach Avignon umzogen waren und das liturgische Zeremoniell Roms genau kannten, war Kardinal Giacomo Gaetano Stefaneschi, der Auftraggeber des berühmten Giotto-Altars in Alt-St. Peter (heute in der Pinacoteca Vaticana). Bevor Stefaneschi 1341 verstarb, hatte er die liturgische Ordnung der päpstlichen Kapelle für die Sonntage und andere hohe Kirchenfeste schriftlich fixiert. Ms. 100 enthält neben den Ritusanweisungen Stefaneschis auch einen Kalender und Vorlagen für liturgische Gesänge wie Kyrie, Gloria, Credo, Antiphonen und Gebete. Der Buchmaler war Nicolaus magister. Der Codex stammt unmittelbar aus dem päpstlichen Buchbestand und ist überaus wertvoll für die Rekonstruktion des liturgischen Zeremoniells am Avignoneser Papsthof. Anschließend gelangte er in den Besitz des Kapitels von Notre-Dame. Auch hier wurde ms. 100 noch verwendet, da z.B. das Fest der Kirchweihe von Notre Dame in Avignon zum 8. Oktober nachgetragen wurde (fol. 5v).

Sicherlich täuscht das heutige, eher leergeräumt wirkende Erscheinungsbild des Papstpalastes. Wie auch in anderen Residenzen ist von einer auf zeremonielle Belange ausgerichteten Raumfolge und einem beweglichen Mobiliar, bestehend aus Tischen, Stühlen, Bänken, Truhen, und von einem aufwendigen mobilen textilen Apparat mit Teppichen, Kissen und Wandbehängen sowie einem umfangreichen Buchbesitz auszugehen. Davon hat sich nur wenig erhalten, sodass die skulpturalen Fragmente, die die Zerstörungen des 19. Jahrhunderts überlebt haben, und die Handschriften oftmals die einzigen authentischen Zeugnisse in diesen Räumlichkeiten darstellen.

IRMGARD SIEDE

Literatur: AK Monument de l'Histoire, Avignon 2002, S. 208, Nr. 32 – Bilotta 2012, S. 144–147, Taf. 42 – Dykmans 1961

B.5.1.5

Chormantelschließe mit Heiligenfigur

Avignon, 14. Jahrhundert
Silber, vergoldet, transluzides Email;
Dm. ca. 6,9 cm
Florenz, Museo Nazionale del Bargello,
708 C

Nachdem ab dem 13. Jahrhundert das Pluviale, auch Rauch- oder Chormantel genannt, zunehmend an die Stelle der Kasel trat, begann die Entwicklung der kostbaren Mantelschließen. Der vorn offene Radmantel musste geschlossen werden. Dafür kamen rasch runde Schließen auf, die aufwendig verziert wurden. Zurückgehend auf die Vorstellungen vom Brustschmuck des Aaron, der das Gewand des Hohepriesters mit den zwölf Edelsteinen vor der Brust trägt, erhielten die Schließen aufwendigen Schmuck mit Email, Edelsteinen oder Perlen. Die vorliegende Chormantelschließe zeigt eine Heiligenfigur und ist mit transluzidem Email versehen. Bei dieser Form des Emails wird die verschiedenfarbige durchsichtige Schmelzmasse auf reliefartig gravierte Silbergründe aufgebracht. Durch das Durchscheinen des Silbers entstand ein Licht-Schatten-Effekt, der um 1300 in Mode kam und Kennzeichen der französisch-burgundischen Hofkunst wurde. Solche Kunstfertigkeit durfte am Papsthof nicht fehlen. Die Bedeutung der Schließe wird auch daran erkennbar, dass bei Liegefiguren der Papsttumben in Avignon solche Mantelschließen wiedergegeben wurden. Die Einkleidung des Papstes war mit einem eigenen Zeremoniell versehen, wie das sogenannte Pontifikale von Papst Bonifaz IX. belegt (vgl. Kat. Nr. B.5.1.3).

IRMGARD SIEDE

Literatur: Capitanio/Collareta 1987, S. 21 Nr. 18

B.5.1.6

Ludwig IV. im Höllenschlund

Erfurter Raum, 1350 – 1370
Pergament/Federzeichnung;
H. 34,9 cm, B. 25,2 cm
London, The British Library,
Ms. Add. 15243, fol. 34r

In der Apokalypse des Johannes endet der Kampf zwischen Gut und Böse damit, dass ein Engel mit einem Schlüssel und einer Kette aus dem Himmel herabsteigt, den Teufel auf tausend Jahre fesselt und die Hölle verschließt (Apk. 20,1–3). Die vorliegende Handschrift zeigt diese Szene im Bild, allerdings mit aufschlussreichen Anpassungen: Der Teufel ist nicht allein im Abgrund, er ist umgeben von drei Figuren, von denen eine, wie er selbst auch, gekrönt ist. Darüber hinaus wird die Hölle nicht von einem Engel, sondern vom Apostel Petrus verschlossen. Die gekrönte Figur neben dem Teufel weist durch das jugendliche Aussehen, die gekrümmte Nase und die herabgezogenen Mundwinkel große Ähnlichkeit mit den Bildnissen Kaiser Ludwigs IV. auf, die durch Prunkurkunden seiner Kanzlei verbreitet wurden. Die beiden anderen Figuren tragen traditionelle Kopfbedeckungen italienischer Gelehrter und können damit als die italienischen Franziskaner identifiziert werden, die den Kaiser beraten haben.

Die zwischen 1350 und 1370 entstandene Handschrift enthält somit einen direkten Kommentar zum Zeitgeschehen: Im Oktober 1347 war Kaiser Ludwig IV. verstorben, während er sich im Kirchenbann befand. Damit war er vom Papst aus der christlichen Gemeinschaft ausgeschlossen und verdammt worden. Wie der Engel in der Johannisapokalypse den Teufel, hatte der Nachfolger Petri den Kaiser damit in die Hölle gesperrt, was durch dessen Tod akut geworden war.

Die heute in London liegende Handschrift gehört zu einer Gruppe von Armenbibeln und Apokalypsen-Handschriften, die in oder um Erfurt herum entstanden sind. Konkret werden das Skriptorium des dortigen Benediktinerklosters oder das der Augustinereremiten diskutiert. Die 14 erhaltenen kolorierten Federzeichnungen in der Handschrift (fol. 27/28 wurden entfernt, daher fehlen zwei Zeichnungen) stehen in einer Tradition, die im 12. Jahrhundert im französisch-flämischen Gebiet entstanden ist. Die gezeigte Darstellung ist jedoch einzigartig: In keiner anderen Apokalypsendarstellung wird der Engel durch Petrus ersetzt, und es ist keine weitere bildliche Polemik gegen Ludwig IV. aus dem Reich nördlich der Alpen bekannt. Da die Darstellung den biblischen Text auf aktuelles Geschehen hin ausdeutet, entspricht sie dem vermuteten Verwendungszweck der Handschrift als Predigthandbuch und illustriert die Binde- und Lösegewalt des Papstes sowie die Verdammung Ludwigs IV.

MANUEL KAMEZIN

Literatur: Redzich 2010, S. 172–173, 597–599 – Suckale 1993, S. 161

B.5.1.7

Defensor pacis. Als Vorsatzblatt verwendetes Fragment von Marsilius von Padua

Süddeutschland, 14. Jahrhundert
Pergament; H. 23 cm, B. 31 cm
Heidelberg, Universitätsbibliothek,
Cod. Sal. XIV,26

Knapp 20 Jahre nach der Auseinandersetzung zwischen Bonifaz VIII. und dem französischen König bahnte sich ein neuer Konflikt zwischen einem weltlichen Herrscher und dem Stellvertreter Christi auf Erden an: Ludwig IV. ›der Bayer‹ und Johannes XXII. fochten einen erbitterten Streit um das päpstliche Approbationsrecht des deutschen Königs aus. Der Konflikt zwischen König und Papst veranlasste Marsilius von Padua, einen Traktat zur Bewältigung der zahlreichen Krisen des 14. Jahrhunderts zu verfassen, den *Defensor Pacis*.

In seiner politiktheoretischen Abhandlung, die auf den Lehren des Aristoteles basiert, argumentiert Marsilius gegen die Usurpation weltlich-politischer Kompetenzen durch die Kirche und den Papst. Diesen steht laut *Defensor* keine gesetzgebende Macht zu, sondern die Gesetze sollen von der Gesamtheit der Bürger oder ihrem gewichtigeren Teil, dem *legislator humanus*, erlassen werden. Den Einfluss der Kirche reduziert Marsilius auf das Jenseits. Ihre Rechtsgrundsätze erlangen erst dann Gültigkeit, wenn sie vom *legislator humanus* in Kraft gesetzt werden. Als höchste Instanz in Glaubensstreitigkeiten betrachtet er das allgemeine Konzil, dessen Beschlüssen auch der Papst Folge zu leisten habe.

Mit diesen Thesen zog sich Marsilius den Unmut des Papstes zu. In der Bulle *Licet iuxta doctrinam* verurteilte Johannes XXII. die Verfasser des 1324 vollendeten *Defensor*, zu denen er auch den Pariser Averroisten und langjährigen Freund Marsilius', Johannes

von Jandun, zählte, als ›Erzketzer‹. Marsilius suchte spätestens 1326 Zuflucht am Hof Ludwigs IV., wo er dann dem Kreis der königlichen Berater angehörte. Vermutlich nahm er ebenfalls an der Kaiserkrönung Ludwigs 1328 in Rom teil.

Der *Defensor Pacis* entfaltete zeitgenössisch sowie in der späteren Rezeption eine starke Wirkkraft. Von seiner Popularität zeugen die über 30 Handschriften, die das Werk überliefern. Das heute in der Universitätsbibliothek Heidelberg aufbewahrte Fragment wurde als fliegendes Doppelblatt in einem frühen Druck der *Glossa magistralis* des Petrus Lombardus entdeckt. Die Auswirkungen des *Defensor* lassen sich im kirchenpolitischen Handeln Ludwigs IV., vor allem wohl bei der Durchführung der Kaiserkrönung, erkennen. Auch in der Zeit des Großen Abendländischen Schismas und auf den Reformkonzilien des 15. Jahrhunderts war die Schrift weit verbreitet. So wurden die Argumente des Marsilius von Gelehrten wie Jean Gerson, Dietrich von Nieheim und Nikolaus von Kues aufgegriffen.

MONA KIRSCH

Literatur: Godthardt 2011 – Miethke 2008, S. 204–247, S. 316 – Miethke 2014 – Moreno Riaño/Nederman 2012

B.5.1.8

Aurelius Augustinus: *Confessiones*

Florenz, um 1350
Pergament; H. 18,5 cm, B. 13,3 cm, II+149+II Blatt
Florenz, Biblioteca Medicea Laurenziana, Plut. 12.23, fol. 1v

Die Handschrift enthält auf fol. 2r–63r eine Abschrift der *Confessiones*, der autobiographischen Betrachtungen des Kirchenvaters Aurelius Augustinus. Es folgen auf den fol. 107v–121v die *Soliloquia* des Augustinus und auf fol. 137r–145r das Augustinus zugeschriebene Manuale. An figürlichem

Buchschmuck gibt es nur auf fol. 2r eine figurierte Initiale mit einer Darstellung des heiligen Augustinus mit Buch vor Goldgrund. Der Heilige wird mit Mitra und Pastorale gezeigt.

Der Codex war zunächst in der Bibliothek des Humanisten und langjährigen Kanzlers von Florenz, Coluccio Salutati (1331–1406). Dies zeigt der Besitzvermerk auf fol. 145v. Codex Plut. 12.23 enthält Anmerkungen aus der Feder Salutatis, der Francesco Petrarca begegnet war. Möglicherweise regte dieser die Beschäftigung mit den Bekenntnissen des Augustinus an. Vermutlich wurden daher auf fol. 1v Anmerkungen Petrarcas zu den *Confessiones* eingetragen. Petrarca soll diese stets bei sich gehabt haben. Als er an den Papsthof nach Avignon kam, trug er das Werk am Gürtel und soll damit sogar den Mont Ventoux bestiegen haben. Auf dessen Gipfel habe er seine dichterische Berufung bei der Lektüre des Augustinus erkannt, so die Überlieferung. Diese Bergtour war ein Weg nach innen. Petrarca wurde so zum Vorbild für die humanistische Beschäftigung mit Augustinus und Avignon zum Ausgangspunkt dafür. Daher ist die Handschrift ein spannendes Dokument für den Einzug des Humanismus am Papsthof in Avignon und ihre Rezeption in Florenz. Salutati hielt das Kirchenväterstudium für wertvoll, da deren Schriften zahlreiche Zitate von antiken Autoren enthielten.

In S. Spirito in Florenz entstand ein Zentrum, wo in der Nachfolge Petrarcas die Werke des Augustinus besonders studiert wurden.

Vermutlich gehörte der Codex Cosimo de' Medici und ist mit der Nr. 49 seines Inventars von 1418 zu identifizieren. So gelangte er in die Laurenziana.

IRMGARD SIEDE

Literatur: AK Gli umanisti e Agostino, Florenz 2001–2002, S. 133–135 Nr. 13 – Hardt 2003, S. 132, 136, 138–139

B.5.1.9

Die heilige Katharina von Siena befreit im Konvent von S. Domenico in Siena die kleine Lorenza von der Besessenheit durch den Teufel

Florentinischer Maler, Florenz, zwischen 1440 und 1450
Feld einer Predella, Tempera auf Holz; H. 34,5 cm, B. 46 cm
Vatikanstadt, Musei Vaticani (Pinacoteca Vaticana), MV 40327

Anfänglich wurde die Tafel von Berenson (1936, S. 285) dem sogenannten Meister von S. Miniato zugeschrieben, untere dessen Namen ein *corpus* von florentinischen Arbeiten aus der ersten Hälfte des 15. Jahrhunderts zusammengefasst wird. Die Tafel, einst Teil der Predella eines zerlegten und verlorenen Altarsbildes, wurde allerdings aus stilistischen Gründen nahezu umgehend wieder aus diesem Katalog gestrichen und einem zeitgleich arbeitenden, unbekannten florentinischer Meister zugeordnet. Als von unbekannter Herkunft wurde das Werk 1880 in einem Inventar der Apostolischen Vatikanischen Bibliothek beschrieben (Descemet 1880, vetr.O, XIII, 117); 1909 gelangte es schließlich in die Vatikanische Pinakothek.

Das Gemälde zeigt die heilige Katharina Benincasa (1347–1380), bekannter als Katharina von Siena, eine dominikanische Tertiarierin, bei der Durchführung eines Exorzismus. Sie segnet ein Mädchen mit dem Kreuzzeichen, während der Dämon – hier in Goldfarbe, mit Hörnern, Fledermausflügeln und Adlerkrallen – in Richtung Himmel entflieht.

Den Quellen zufolge war Katharina eine *singular gratia [...] contro le potestà infernali* (Einzigartige Gabe [...] gegen die teuflischen Kräfte) gewährt worden, weswegen sie als *patrona sopra i pessimi inimici demoni* (Patronin gegen die schlimmsten feindlichen Dämonen) betrachtet wird, wie der selige Raimund von Capua, Beichtvater der Heiligen und ab 1380 Generalmeister des Dominikanerordens, in seiner *Legenda Maior* (II, 36, S. 149) schrieb. Er erzählte ausführlich die Geschichte der kleinen Lorenza, Tochter des Notars Michel di ser Monaldo, die mit acht Jahren zusammen mit ihrer Schwester ins dominikanische Kloster von Siena gegeben wurde, wo die Mädchen unbeschwert lebten (*Legenda Maior* II, XXXV, S. 143–146). Plötzlich aber habe Lorenza unter teuflischen Qualen gelitten und der böse Geist habe durch sie »in lateinischer Sprache [...] auf tiefgründige und schwierige Fragen« geantwortet und »geheime Sünden, verborgene Zustände und die Beschaffenheit der Herzen der Menschen enthüllt«. Die entsetzten Schwestern brachten das Kind zu seiner Familie zurück. Die Eltern baten die Heilige einzuschreiten, und sie befreite die Kleine. Als Lorenza erneut in den Bann des Dämons geriet, verjagte die Heilige ihn endgültig mit dem Kreuzzeichen auf die Kehle des Mädchens, wo sich der Teufel eingenistet und »dort gewisse Bewegungen und deutliche Anschwellungen verursachte« hatte, wie auf unserer Tafel zu sehen ist.

Katharina trat sehr jung dem dominikanischen Tertiarier-Orden der Mantellatinen bei, einer Gruppe frommer Frauen aus dem Laienstand, insbesondere Witwen, die ein Keuschheits-, Armuts- und Gehorsamsgelübde ablegten und sich dem Gebet und der Armen- sowie Krankenfürsorge widmeten (1363). Im vatikanischen Gemälde trägt die Heilige die Tracht der Mantellatinen, der Name rührt vom charakteristischen schwarzen Mantel über einem weißen Gewand her. Diese Kleidung kennzeichnet die Heilige bis ins 15. Jahrhundert, danach wird sie im Gewand der Dominikanerinnen des Zweiten Ordens dargestellt (Cartotti Oddasso 1963, S. 1036).

Ihrer charismatischen Figur ist die Förderung und Anerkennung des Dritten Ordens (der bis dahin noch nicht vom Papst anerkannt war) geschuldet. Katharina starb in

Rom 1380 im Alter von nur 33 Jahren und wurde von ihrem Landsmann Pius II. 1461 heiliggesprochen. Das Zeugnis ihres Lebens und ihre Gedanken fanden auch in jüngerer Zeit Anerkennung: Pius XII. erklärte sie zur Schutzpatronin Italiens (1939), Paul VI. erhob sie zur Kirchenlehrerin (1970) und Johannes Paul II. ernannte sie zur Schutzpatronin Europas (1999).

ADELE BREDA

Digital: http://catalogo.fondazionezeri.unibo.it Eintrag 11600, in dem die Malerei dem Maestro di San Miniato zugeordnet und die Episode des Exorzismus der Lorenza identifiziert wird.

Literatur: Berenson 1936, S. 283–285 – Cartotti Oddasso 1963, bes. S. 1041 – Descemet 1880, Vetrina O, XIII, 117 – Nocentini 2013 – Raimondo da Capua 1608

Sc̄ssimꝰ dn̄s nr̄ sūmꝰ pontifex.
Bonifatius nonꝰ fecit fieri hunc
librū. ad honorē ꝛ gl'iā scē
trinitatis sui pontificatus

B.5.1.10

Sogenanntes Pontifikale Bonifaz' IX. (1389–1404)

Rom, 1389–1404
Pergament, Deckfarbenmalerei, Blattgold; H. 32,5 cm, B. 23,5 cm, 44 Blatt
Einband aus braunem Kalbsleder mit Goldprägung
Vatikanstadt, Biblioteca Apostolica Vaticana, Vat. Lat. 3747, fol. 39v (Faksimile)

Immer wieder taucht in den Bordüren der Buchmalereien des Codex das Wappen der Familie Tomacelli auf, deren Abkömmlinge um 1400 mehrmals die Abtswürde in Montecassino bekleideten. Da dieses Wappen in Vat. Lat. 3747 mit der Tiara bekrönt ist, muss das Pontifikale für den Papst aus dieser Familie bestimmt gewesen sein: Bonifaz IX. Der in Neapel Gebürtige ist in der Kurpfalz am ehesten bekannt, da er im Heiligen Jahr 1400 König Ruprecht von der Pfalz in Rom zum Kaiser krönen wollte. Ritusanweisungen für solche und andere Zeremonien stehen im Allgemeinen in den Pontifikalhandschriften. Im hier vorliegenden Codex sind ab fol. 1r ausführliche Angaben und entsprechende Orationen zur Einkleidung des Papstes niedergelegt. Diese Texte sind von reichem und äußerst detailgetreuen Bildschmuck begleitet, Anweisungen zum Anlegen von Albe (fol. 14r), Amikt (fol. 15v), Stola (fol. 16v), Tunika (fol. 17v), Dalmatik (fol. 18r), Manipel (fol. 18v) und Kasel (fol. 19v). Daher ist das Buch einerseits eine ungewöhnliche Pontifikalhandschrift, andererseits eine Quelle für die liturgische Gewandung des Papstes in der damaligen Zeit par excellence. Im Gegensatz zum Pontifikale mit den dem Pontifex vorbehaltenen Weihehandlungen ist in Vat. Lat. 3747 der Vorbereitung der Messe großer Raum gegeben.

Stilistisch lassen die qualitätvollen Buchmalereien noch manche Frage offen: Einerseits sind Ähnlichkeiten mit dem Malstil eines in der Diözese Alatri geschriebenen Missales festzuhalten, andererseits weisen die Drachen und Vögel in den Bordüren eher Bezüge zur Toskana auf, insbesondere zu Buchmalereien des 14. Jahrhunderts aus dem Pisaner Raum.

Das hier aufgeschlagene fol. 39v mit der Miniatur zur *Benedictio coram populo* erinnert sehr an das Fresko im Lateran, das Papst Bonifaz VIII. auf der Lateranloggia im Heiligen Jahr 1300 zeigt und das durch eine Kopie in einem Mailänder Codex in der Ausstellung präsent ist (vgl. Kat. Nr. B.4.4.4).

IRMGARD SIEDE

Literatur: AK Biblioteca Apostolica Vaticana, Köln 1992, S. 230–233, Nr. 47

B.5.1.11

Giovanni Sercambi: *Le Croniche di parte de' facti di Lucha*

Faksimile des ersten Bandes der Sercambi-Chronik (1164–1400)
Anfang des 15. Jahrhunderts
Pergament; H., 27,7 cm, B. 20 cm
Lucca, Biblioteca Capitolare Feliniana, Archivio di Stato, ms. 107

Eine der bekanntesten und bedeutendsten spätmittelalterlichen, in der italienischen Volkssprache abgefassten Chroniken stammt aus der Feder Giovanni Sercambis (1348–1424). Er schrieb sein zweibändiges Werk um das Jahr 1400 in Lucca. Während der erste Teil von den Ereignissen in Italien und insbesondere in Lucca zwischen 1164 und 1400 berichtet, widmet sich der zweite, unvollendete Teil ausführlich den Vorgängen zwischen 1400 und 1423. Giovanni starb nämlich selbst bei jener Pestepidemie, von der er mehrfach berichtet hatte und die sehr viele Opfer forderte. Beide Bände, die die Stadt Lucca niemals für längere Zeit verließen, liegen heute noch im autographen Original vor. Der erste Band ist zudem mit zahlreichen Illustrationen von der Hand des Autors versehen, die die Erzählung lebendig werden lassen.

Die Chroniken sind das größte und detaillierteste Werk Sercambis, der von 1368 bis zu seinem Tod dem führenden politischen Zirkel seiner Geburtsstadt angehörte und daher über Informationen aus erster Hand verfügte, die Eingang in die Beschreibungen seiner Chronik fanden. Giovanni war noch jung, als er in den 1370er Jahren mit seiner politischen Arbeit begann. In den folgenden vierzig Jahren hatte er zahlreiche politische Ämter inne, war Diplomat und übernahm verantwortungsvolle Aufgaben im Dienst der Stadt. 1397 wurde er sogar zum *gonfaloniere di giustizia* gewählt, zum obersten Magistraten Luccas. Er war demnach eine bedeutende Persönlichkeit im gesellschaftlichen Leben der Stadt. Sercambi widmete sich allerdings nicht nur der Politik, sondern auch der Literatur und eben

der Historiographie. Er hinterließ einen Kommentar zu Dantes *Paradiso* und eine *nota* in Briefform an die Guinigi. In den ersten Jahren des 15. Jahrhunderts schrieb er außerdem einige Novellen, für die das Werk Giovanni Boccaccios als Vorbild diente. Als er mit seinen Novellen begann, hatte er den ersten Teil seiner Chroniken bereits vollendet und zunächst nicht vor, seine Arbeit fortzusetzen. Nach dem Staatsstreich von 1400 nahm er sein Werk dann jedoch wieder auf und arbeitete bis zum Tod am zweiten Band der Chronik. Die beiden kostbaren Bände sind die Endrevision des Textes, Sercambi widmete sie einem Mitglied der Familie Guinigi, dem er eng verbunden war.

Der erste Band ist mit 540 gezeichneten und aquarellierten Miniaturvignetten in unterschiedlichem Format versehen, die das Geschehen illustrieren. In zahlreichen Szenen sind auch verschiedene Päpste als Akteure zu sehen, auch wenn sie zwischen 1309 und 1377 im fernen Avignon statt in Rom residierten. Die Rückkehr des Papsttums in die ewige Stadt musste für einen italienischen Chronisten demnach von großer Bedeutung sein. In der Tat widmete Sercambi diesem Thema ein eigenes Kapitel mit der Überschrift »Wie Papst Gregor nach Rom zurückkehrte« (Bd. 1, Kap. CCXLIX). Der Autor berichtet von der Rückkehr Gregors XI. aus Avignon: »[…] fu di piacere della divina potentia che il predicto papa andasse a possedere la sedia di san Pietro in Roma; et come fu piacere di Dio, il prefato santissimo papa andò a Roma & quine quello che alla sua santità si spectava tucto mise in effecto«. Das Kapitel ist von einer kleinen Miniatur begleitet, die den Papst zusammen mit einigen Kardinälen beim Einzug in die Stadt zeigt. Auf derselben Seite sieht man außerdem eine Darstellung des Todes von Urban V., des Vorgängers von Gregor, und eine Szene der Papstwahl.

VIOLA SKIBA

Digital: http://www.archiviodistatoinlucca.beniculturali.it/fileadmin/template/allegati/biblioteca/sercambi.pdf [20.02.2017]
Quellen: Sercambi, Croniche 1892 – Sercambi, Croniche 2015
Literatur: AK Giovanni Sercambi, Lucca 1991 – Banti/Cristiani Testi 1978 – Brogi 2012 – Chiesi 2015 b – Gargiulo 1999 – Osheim 2007

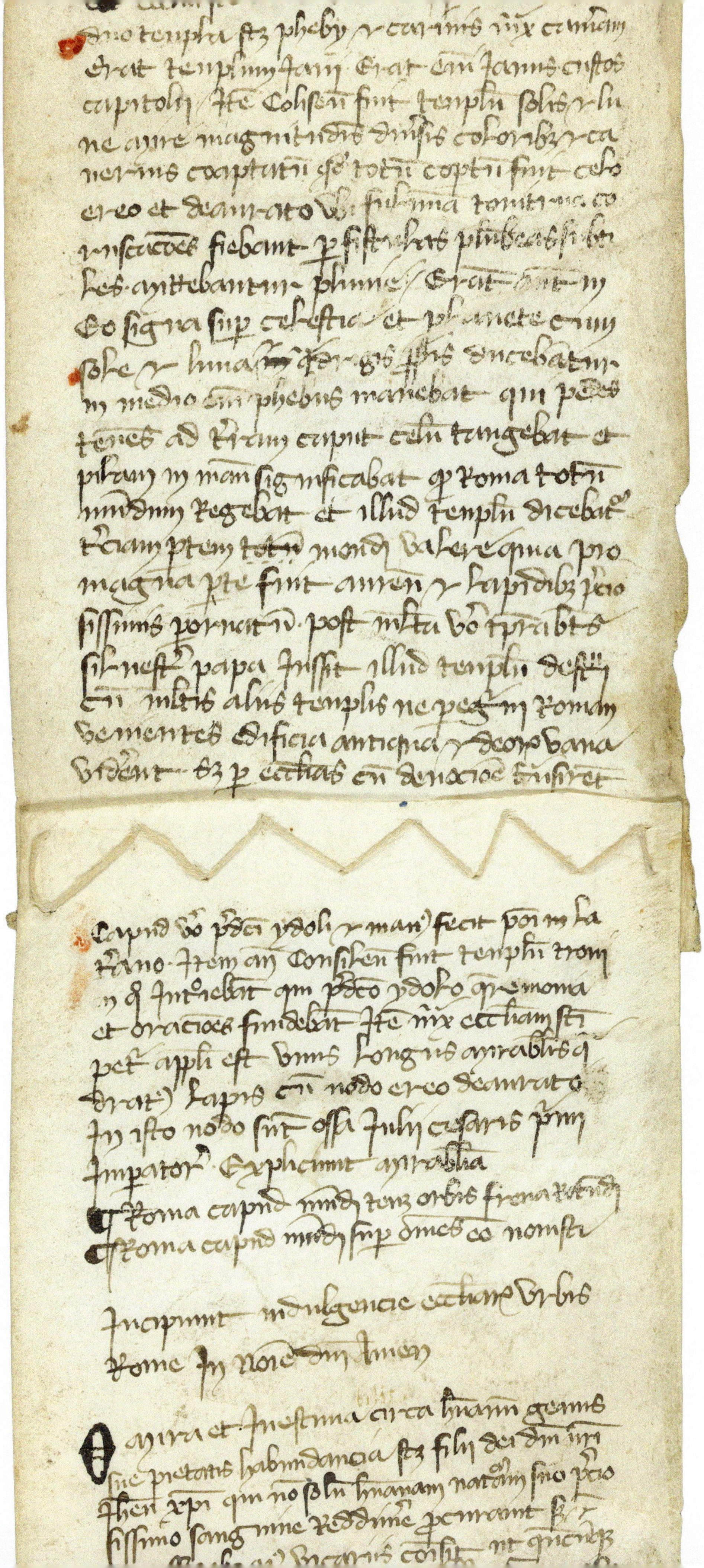

B.5.1.12

Rotulus mit den *Mirabilia Romae* und den *Indulgentiae ecclesiarum urbis Romae*

Provenienz unbekannt, gegen 1400
Pergament; L. 419,5 cm, B. 11,5 cm,
6 zusammengenähte Blätter
St. Gallen, Stiftsbibliothek,
Cod. Sang. 1093

Das antike wie auch das christliche Rom üben seit Jahrhunderten eine gewaltige Anziehungskraft und Faszination auf die gesamte christliche Welt aus, bis auf den heutigen Tag. Von überall her reisen Scharen von Menschen dorthin, früher in oftmals mühseliger Art und Weise. Sie wollen die erhaltenen Bauten und Baureste des antiken Rom sehen und bestaunen; sie wollen aber auch an jenen Ort pilgern, an dem das Oberhaupt der abendländischen Kirche, der Papst, seinen Amtssitz hat, und diejenigen Stätten sehen, wo die beiden Apostelfürsten Petrus und Paulus und eine große Zahl von Märtyrern und Heiligen gewirkt haben.

Über die Sehenswürdigkeiten von Rom wurden schon früh Texte verfasst, Anleitungen geschrieben dafür, was man sich in Rom ansehen sollte. Der am weitesten verbreitete Pilgerführer waren die zwischen dem 9. und dem 12. Jahrhundert verfassten *Mirabilia Romae* (Wunderwerke Roms). Verzeichnet sind darin antike Bauwerke der Stadt wie Mauern, Türme oder Brücken. Es werden Legenden erzählt, die sich auf die Bauten beziehen, etwa aufs Kapitol oder aufs Pantheon, und in einer Art von Stadtrundgang listet der unbekannte Verfasser in topographischer Anordnung Tempel und Paläste auf. Der Text der *Mirabilia Romae* wurde im Lauf der Jahrhunderte immer wieder aktualisiert und den baulichen Veränderungen angepasst.

Gemeinsam mit den *Mirabilia Romae* sind aus dem Spätmittelalter meist auch die *Indulgentiae ecclesiarum urbis Romae* (Ablässe der Kirchen der Stadt Rom) überliefert. Es war dies eine Art von christlich-zeitgenössischem Pilgerführer, in dem die Kirchen Roms, vor allem die sieben Hauptkirchen, vorgestellt werden. Für die einzelnen Kirchen sind in der Regel die Reliquien genannt, die sich dort befinden, und es werden die Ablässe aufgezählt, die beim Besuch erworben werden können: »In der Kirche San Martino ai Monti, wo der heilige Papst Silvester [I.] ruht, zusammen mit dem heiligen Papst Martin [I.], gibt es 800 Jahre Ablass auf Veranlassung des Papstes Sergius des Jüngeren [II.] ...«.

Einige wenige der sehr zahlreich überlieferten, mittelalterlichen Handschriften mit den *Mirabilia Romae* und den *Indulgentiae ecclesiarum urbis Romae* sind nicht in Buchform, sondern als Rotulus, als Buchrolle, erhalten, darunter auch eine Abschrift in der Stiftsbibliothek St. Gallen. Grund dafür dürfte die Handlichkeit der Rolle gewesen sein, die wesentlich bequemer auf Reisen mitgenommen werden konnte als ein gebundenes Buch mit zwei Holzdeckeln. Der gegen 1400 geschriebene St. Galler Rotulus ist beinahe 4,20 Meter lang. Sechs schmale Pergamentstreifen von 11,5 cm Breite und 60 bis 80 cm Länge wurden mit dem Text der beiden Werke beschrieben und kunstvoll aneinandergenäht. Der Text ist ohne Buchschmuck niedergeschrieben; einzig die ersten Buchstaben am Beginn einzelner Abschnitte sind etwas kunstvoller ausgestaltet. Wo diese Buchrolle Cod. Sang. 1093 geschrieben wurde, ob sie sich je auf der Reise nach Rom im Gepäck eines Pilgers befand und wenn ja, wann, ist nicht bekannt.

KARL SCHMUKI

Quellen: Mirabilia Urbis Romae 2014
Literatur: AK Schafe für die Ewigkeit, St. Gallen 2013–2014 S. 22–23 – Miedema 1996 – Miedema 2001 – Miedema 2003 – Miedema 2014

Papst oder Konzil? Das Konstanzer Konzil (1414–1418)

Der Papst soll dem Konzil gehorchen

1378 begann das ›Große Abendländische Schisma‹. Dieselben Kardinäle wählten zuerst den Italiener Urban VI. (1378–1389), der in Rom blieb, und danach, wenige Monate später, den Franzosen Clemens VII. (1378–1394), mit dem sie wieder nach Avignon zurückkehrten. Die beiden Päpste und deren Nachfolger bannten sich gegenseitig. Die Christenheit spaltete sich in zwei Lager. Die Königreiche von England, Aragon, Kastilien und Navarra hielten an Avignon fest. Italien, das römisch-deutsche Reich, Ungarn, England, Polen und Skandinavien erkannten Urban VI. an. Wer konnte diese unglaubliche Verwirrung, an der die Ordnung der römischen Christenheit zu zerbrechen drohte, beenden?

Die bedeutendsten Gelehrten der Zeit beschäftigten sich mit dieser Frage. Eine wichtige Rolle spielte dabei der aus Gelnhausen stammende Theologe Konrad von Gelnhausen († 1390), der in zwei grundlegenden Texten (*Epistola brevis* und *Epistola concordiae*) ausführte, dass die Einheit der lateinisch-christlichen Kirche nur durch ein Allgemeines Konzil wieder hergestellt werden könne (*Via concilii*). Der heute sehr modern anmutende Grundsatz, dass »das, was alle angeht, auch von allen entschieden werden müsse«, trat immer mehr in den Vordergrund (*Quod omnes tangit, ab omnibus debet approbari*). Der Gedanke der Repräsentation durch ein allgemeines Konzil setzte um 1400 einen intensiven theologisch-wissenschaftlichen Diskurs in Gang, den wir mit dem Begriff ›Konziliarismus‹ fassen. Auch die Kardinäle wurden davon ergriffen und versuchten, diesen Weg zu gehen. Auf dem Konzil von Pisa wählten sie 1409 einen neuen Papst. Da die beiden anderen Päpste diese Wahl aber nicht anerkannten, hatte die Christenheit fortan drei Päpste – Zeichen eines absoluten Tiefpunkts in der Entwicklung des Papsttums.

Unter dem Schutz König Sigmunds (1410–1437) und unter einem gewaltigen Einsatz der Kräfte in der westlichen Christenheit kam schließlich das Konzil von Konstanz (1414–1418) zustande. Hier sollten die Einheit der Kirche und erforderliche Reformen erreicht sowie Häresien bekämpft werden. Der tschechische Reformator und Prager Theologieprofessor Jan Hus sowie sein Begleiter Hieronymus, die in einem Ketzerprozess zum Tod auf dem Scheiterhaufen verurteilt wurden, waren Opfer dieser unbarmherzigen ›Säuberungsaktion‹ des Konzils. Um die erforderliche Autorität der Konzilsentscheidungen abzusichern, wurde am 6. April 1415 das Dekret *Haec sancta* [*synodus*] (Diese heilige Synode) verabschiedet: Jeder, und sei es der Papst, sei verpflichtet, »dem Konzil in den Angelegenheiten, die den Glauben, die Beseitigung des gegenwärtigen Schismas und die Reform der Kirche an Haupt und Gliedern betreffen, zu gehorchen«. Zwei der drei Päpste wurden schließlich abgesetzt, und einer trat von seinem Amt zurück. Somit konnte am 11. November 1417 von den Konzilsvätern (nicht allein von den Kardinälen!) mit Martin V. (1417–1431) ein allgemein anerkannter Papst gewählt werden. Es war der erste Schritt zur Wiederherstellung der päpstlichen Autorität.

STEFAN WEINFURTER

Literatur: Brandmüller 1997 – Braun et al. 2013 – Miethke 1996 – Müller, Heribert 2012 b – Payan 2009 – Prügl 2017 – Signori/Studt 2014 – Studt 2004

B.5.2.1

Ulrich von Richental: frühe Druckausgabe der Chronik des Konstanzer Konzils

Augsburg: Anton Sorg, 2. September 1483
Papier: H. 28,7 cm, B. 20,3 cm
Heidelberg, Universitätsbibliothek, Q 2060 qt. INC

Ulrich von Richental: frühe Druckausgabe der Chronik des Konstanzer Konzils

Augsburg: Anton Sorg, 1483
Papier, Federzeichnung; H. 29,5 cm, B. 20,5 cm
Konstanz, Rosgartenmuseum, D.1

Eines der wichtigsten Ereignisse für die abendländische Christenheit im 15. Jahrhundert war zweifellos das Konzil von Konstanz, das am 5. November 1414 in der Stadt am Bodensee begann und bis zum 22. April 1418 andauerte. Für knapp dreieinhalb Jahre wurde Konstanz zum Zentrum der *Christianitas*, und es strömten Menschen aus allen Teilen der damals bekannten Welt in die Stadt, um die drängendsten Probleme der Kirche zu lösen. Dazu zählte vor allem die Überwindung des Großen Abendländischen Schismas, das seit 1378 die Kirche und die gesamte Christenheit spaltete. Die Wiederherstellung der Kircheneinheit, die *causa unionis*, musste eines der wichtigsten Anliegen sein. Seit 1409 gab es nämlich nicht nur zwei Päpste, sondern gleich drei Kandidaten, die für sich in Anspruch nahmen, das rechtmäßige Kirchenoberhaupt zu sein.

Daneben waren aber auch noch andere Probleme zu lösen, welche die kirchliche Lehre und die Bekämpfung der Ketzerei (*causa fidei*) betrafen, sowie innerkirchliche Reformen (*causa reformationis*) anzugehen.

Der Bedeutung des Konzils als Großereignis trug die Liste der Teilnehmer, aber auch seine Rezeption Rechnung. Eines der wichtigsten Dokumente in diesem Zusammenhang ist die Bilderchronik von Ulrich von Richental, die die wichtigsten Konzilsereignisse festhielt und einem breiten Publikum bekannt machen sollte. Die Darstellung rückt dabei immer wieder bestimmte Persönlichkeiten in den Vordergrund, die an dem Geschehen ihren Anteil hatten. Von den drei konkurrierenden Päpsten war allein der als Gegenpapst geltende Johannes XXIII. in Konstanz anwesend (fol. 90r). Bereits wenige Monate später wurde er allerdings gezwungen, der eigenen Absetzung zuzustimmen und ein Versprechen abzugeben, die Konzilsstadt nicht zu verlassen. Als er dennoch zu fliehen versuchte, wurde er in Heidelberg bzw. Mannheim gefangen gesetzt. Es sollte noch bis November 1417 dauern, bis die Kircheneinheit mit der Wahl Martins V. wiederhergestellt werden konnte. Das Konzil sollte dieses Ereignis nicht lange überdauern.

Die Konstanzer Konzilschronik dokumentiert die wichtigsten Ereignisse, vom Dank Johannes' XXIII. an den Rat der Stadt (fol. 15v), seinem Unfall bei der Anreise (fol. 20r) über die Übergabe der Goldenen Rose an den römischen König (fol. 26r), die Verurteilung und Verbrennung von Jan Hus und Hieronymus von Prag (fol. 33v/34r bzw. 38v) bis hin zur Versorgung der im Konklave Eingeschlossenen mit Viktualien (fol. 58v), der Papstkrönung (fol. 63r) und schließlich dem Umritt Martins V. (fol. 77v/78r).

Damit zählt die Konstanzer Konzilschronik zu den wertvollsten Dokumenten eines der spektakulärsten Großereignisse des späten Mittelalters, das von enormer Tragweite für die Kirchengeschichte und die weitere Entwicklung der europäischen Kultur sein sollte. Die Verbreitung der Chronik, die in mehreren kostbar illuminierten Handschriften und zahlreichen frühen Drucken vorliegt, belegt das Interesse an den Vorgängen in Konstanz, die in der gesamten christlichen Welt rezipiert wurden.

VIOLA SKIBA

Digital: Heidelberger Ausgabe unter: http://katalog.ub.uni-heidelberg.de/cgi-bin/titel.cgi?katkey=67444925&sess=ca45a71cab24dcf8a2d61ed8f55128e6&query=si%3A391102354%20-%28fac_teil%3Aezblf%29&sort=0&format=html 15.12.2016], http://www.gesamtkatalogderwiegendrucke.de/docs/M38152.htm [15.12.2016]
Quellen: Richental-Chronik 2010
Literatur: Konrad 1993, S. 131–133 – Schenk 2000 – Wacker 2002, S. 253–264

[illegible marginal note]

Sacrosancta etc. statuit et decrevit quod futurus summus pontifex per dei gratiam de proximo assumendus cum hoc sacro concilio vel deputandis per singulas nationes debeat reformare ecclesiam in capite et curia Romana secundum equitatem et bonum regimen ecclesie antequam hoc concilium dissolvatur super materiis articulorum videlicet in hoc adiecto quod facta per nationes deputatione predicta liceat aliis de licentia pape libere ad propria remeare.

Post adventum illius episcopi Vintoniensis orta est magna suspicio in animos multorum et etiam rumor fuit pluries quod ille episcopus Vintoniensis finxerit se ire Jherusalem et non velit et vere quoniam tempus hiemis non patitur navigationem nullique aut pauci in hieme presumunt navigare ad tam remotas partes et quod per regem Anglie commentatum et compositum sit quod ita fingeret et veniret ad concilium ut esset papa et ad hoc fiebat per eius medium ista concordia ut acquireret gratiam et laudem in hoc concilio aliquam etiam maiorum prelatorum et mediatores fuerunt requisiti ut in hoc concilio consentirent et iurarent aliqui cardinales intendebant quod collegium episcopo mitteret cardinales ad visitandum eum alii dicebant non debere fieri et ex hiis orta est etiam suspicio

Suspicio

Die sabbati nona octobris anno etc. xvii et concilii tertio sessio fuit celebrata cum solemnitate per dictum hostiensem et fuerunt pronunciata decreta reformationis que sequuntur

De celebrandis conciliis [illegible] annos [illegible]

Frequens generalium conciliorum celebratio agri dominici precipua cultura est que vepres spinas et tribulos heresum errorum et scismatum extirpat excessus corrigit deformata reformat et vineam domini ad frugem uberrime fertilitatis adducit. Illorum vero neglectus dispergit atque fovet. Hec preteritorum temporum recordatio et presentium consideratio ante oculos nostros ponunt. Eapropter hoc edicto perpetuo sancimus decernimus atque ordinamus ut amodo generalia concilia celebrentur ita quod primum a fine huius concilii in quinquennium immediate sequens, secundum vero a fine immediate sequentis concilii in septennium et deinceps de decennio in decennium perpetuo celebrentur in locis quae summus pontifex per mensem ante finem cuiuslibet concilii approbante et consentiente concilio vel in eius defectum ipsum concilium deputare et assignare teneatur ut sic per quandam continuationem semper aut concilium vigeat aut per termini pendentiam expectetur.

[illegible marginal note]

[illegible marginal note]

Quem terminum liceat summo pontifici de fratrum suorum sancte Romane ecclesie cardinalium consilio ob emergentes forte casus abbreviare sed nullatenus prorogare. Locum autem pro futuro concilio deputatum absque evidenti necessitate non mutet sed si forte casus aliquis occurreret quo necessarium videretur ipsum locum mutari puta obsidionis guerrarum pestis aut similis, tunc liceat summo pontifici de predictorum fratrum aut duarum partium ipsorum consensu atque subscriptione alium locum prius deputato loco propinquiorem et aptum sub eadem tamen natione surrogare nisi idem vel simile impedimentum per totam illam nationem vigeret tunc ad aliquem alium viciniorem alterius nationis locum aptum huiusmodi concilium poterit convocare ad quem prelati et alii qui ad concilium solent convocari accedere teneantur ac si a principio locus iste fuisset deputatus quam tamen loci mutationem vel termini abbreviationem teneantur per annum ante prefixum terminum publicare et intimare ut ad ipsum concilium celebrandum predicti possint statuto termino convenire. Si vero quod absit in futurum scisma oriri contingeret et convenire ita quod duo vel plures pro summis pontificibus se gererent a die quo ipsi duo vel plures insignia pontificatus publice assumpserint seu ministrare ceperint, intelligatur ipso iure terminus concilii tunc forte ultra annum pendens ad annum proximum breviatus ad quem omnes prelati et ceteri qui ad concilium ire tenentur sub penis iuris et aliis per concilium imponendis absque alia vocatione conveniant necnon imperator ceterique reges vel principes vel personaliter aut per solemnes nuntios tamquam ad commune incendium extinguendum per viscera misericordie dei nostri Jesu Christi exhortati conveniant et quilibet ipsorum se pro Romano pontifice gerentium infra mensem a die qua scientiam habere potuerint alium vel alios assumpsisse papatus insignia vel in papatu administrasse teneantur [illegible] sub interminatione maledictionis eterne et amissionis iuris si quod forte sibi quesitum esset in papatu quam ipso facto incurrat et ultra hoc ad quaslibet dignitates active et passive sit inhabilis concilium ipsum ad terminum anni predictum in loco prius deputato celebrandum indicere et publicare et per suas litteras competitori vel competitoribus ipsum vel ipsos provocando ∞ ad iam et ceteris prelatis ac principibus quantum in eo fuerit intimare necnon termino prefixo sub penis predictis ad locum con-

∞ provocantes adie notitie predicte teneantur litteras [illegible] destinare [illegible] competitoribus et ceteris prelatis et principibus [illegible] et [illegible] et alios [illegible] concilii celebrandi ad locum assignatum

dictus summus pontifex legitime et solemniter per annum [illegible]

[illegible marginal notes]

B.5.2.2
Frequens: Dekret des Konstanzer Konzils

Spätes 15. Jahrhundert
Papier; H. 33 cm, B. 21 cm, T. 6,5 cm
Vatikanstadt, Biblioteca Apostolica Vaticana, Vat. lat. 4984, fol. 191v–193v

Das Dekret *Frequens* wurde in der 39. Sitzung des Konstanzer Konzils am 9. Oktober 1417 gemeinsam mit einer Reihe weiterer Reformbestimmungen beschlossen, die der neu gewählte Papst bestätigen sollte. Seit dem Ausbruch des Großen Abendländischen Schismas 1378 erhoben zunächst zwei, nach dem Konzil von Pisa 1409 sogar drei Päpste Anspruch auf die *Cathedra Petri*. Eine Lösung für die verfluchte Dreiheit begann sich auf dem Konzil von Konstanz abzuzeichnen, das 1414 unter dem Schutz König Sigismunds zusammengetreten war. Nach dem Rücktritt Gregors XII. und der Absetzung Benedikts XIII. und Johannes' XXIII. war der Weg frei für die Neuwahl eines alleinigen Papstes. Neue Konflikte entzündeten sich jedoch an der Frage, ob der Reform oder der Wahl eines neuen Stellvertreters Petri der Vorzug zu gewähren sei sowie nach welchen Modalitäten die Wahl vollzogen werden sollte. In dieser Krisensituation wurde *Frequens* erlassen, um angesichts der drohenden Entzweiung die Einheit der Kirche und ihre Reform durch das Konzil zu sichern. Um die Kirche von innen zu stärken und sie gegen Häresien, Irrtümer und ein neues Schisma zu wappnen, schrieben die Konzilsväter daher die regelmäßige Abhaltung allgemeiner Konzilien fest. Die nächste Zusammenkunft sollte fünf Jahre nach dem Ende des *Constantiense* stattfinden, dieser sollte sieben Jahre später das nächste Konzil folgen; danach war regelmäßig alle zehn Jahre eine Generalsynode vorgesehen. Über Ort und Zeitpunkt der nächsten Versammlung hatte der Papst zu befinden, wobei in einer Notsituation die Zeitspanne bis zum folgenden Treffen zwar verkürzt, niemals aber verlängert werden durfte. In der sich *Frequens* unmittelbar anschließenden Bestimmung *Si vero* wurde die Periodizität künftiger Konzilien abgesichert. Sollte nämlich erneut ein Schisma die Kirche spalten, so wurde die Frist bis zum nächsten Konzil auf ein Jahr verkürzt.

Von der intensiven Beschäftigung mit *Frequens* auch nach dem Ende des Konzils zeugt der Codex Vaticanus Latinus 4984 der Biblioteca Apostolica aus dem späten 15. Jahrhundert. Der Besitzer kommentierte die Handschrift mit zahlreichen Randbemerkungen. Gemeinsam mit *Haec Sancta* gehört *Frequens* zu den am meisten diskutierten Beschlüssen der Konstanzer Zusammenkunft. In der älteren Forschung wurde *Frequens* häufig gemeinsam mit *Haec sancta* betrachtet und in Einklang mit dem Superioritätsdekret des Konzils als Versuch gedeutet, eine Art parlamentarisches oder konstitutionelles Kontrollorgan gegenüber dem Papst zu etablieren. Mittlerweile wird der historische Kontext des Konzilsbeschlusses stärker in den Vordergrund gestellt. Das allgemeine Konzil sollte als Reformorgan und zum Schutz gegen ein erneutes Schisma in der Verfassung der Kirche verankert werden. Der langfristige Erfolg blieb *Frequens* jedoch verwehrt. Das Konzil von Basel war die letzte Zusammenkunft, die nach dem in Konstanz festgesetzten Zeitrahmen für ein allgemeines Konzil stattfand.

MONA KIRSCH

Quellen: Dekrete ökumenische Konzilien 2000, S. 438–440
Literatur: Brandmüller 1990 – Braun, K.-H. 2013 – Stump 1990

B.5.2.3
Konrad von Witzenhausen: Konstanzer Konzilsakten

1423
Papier, Pergament; H. 45 cm; B. 31 cm; T. 7,5 cm
Vatikanstadt, Bibliotheca Apostolica Vaticana, Vat. Lat. 1335

Die umfangreiche und in lateinischer Sprache verfasste Handschrift *Vaticanus Latinus* 1335 aus dem Jahr 1423 stammt aus der Feder von Konrad von Witzenhausen. Er hielt in ihr die Konstanzer Konzilsakten fest. Möglicherweise handelt es sich bei den darin enthaltenen Texten um eine Abschrift der von Papst Martin V. angelegten Sammlung. Wichtig ist diese Handschrift aber nicht allein wegen ihres Inhalts, der Konzilsakten, sondern auch wegen der Rezeption des Textes durch Papst Sixtus IV (1414–1484). Das Amt des Papstes übte Sixtus von 1471 bis zu seinem Tod aus. Über die Bibliothek Papst Eugens IV. (1383–1447), der in der Zeit von 1431 bis 1447 der römischen Kirche vorstand, gelangte die Handschrift in den Besitz Sixtus' IV. Materiale, autographe Spuren bezeugen, dass sich dieser mit dem Text auseinandersetzte: Er fügte in die Handschrift nicht allein sein Wappen auf der ersten Folioseite ein. Zusätzlich versah er sie auch mit zahlreichen Randbemerkungen. Die Besonderheit an dieser Handschrift ist eine solche, die seine Haltung gegenüber dem Konstanzer Konzil zum Ausdruck bringt. So bewertete Sixtus das Konzil mit folgenden Worten: *Papa est supra concilium, quemadmodo est rex super consilium suum.* (Der Papst steht über dem Konzil, wie ein König über seinem Hofrat.) Dieser Eintrag bringt unverblümt Sixtus' eigenes Verhältnis zum Konzil zum Ausdruck:

Inni Anno quito. Qua lcone fca et per pfatum magrm Job copleta Jde dns Francisc Car
dinalis surgens et stans ut supra cedulaz ipam pmaz resumens legit eius residuuz
Cui residui tenor talis e. Et subinde cuz venerabilibz fribz nris sce Roman ectie Car
dinalibz et nra Curia ad hanc ciuitatez Constantien venim tpe constituto et nuc
per dei gram hic existes cuz h sacri Synodi Concilio intendim insistere ad pacez
exaltaton et reformaton ectie ac tranquillitatez ppli xpiani.

Et quia in hac re tam ardua no e ppris virib aliquid presumenduz sed dei adiu
torio confidenduz Jdeo a cultu dino inchoantes hoc sacro approbante Cocilio ordiaz
q hac ipa die spetial missa ad hoc constituta dicet sicuti p dei gram nuc celebrata
e qua etia missam costituim in hac et in singulis alijs ectijs collegiatis secularib
et regularibz hui Ciuitat semel in ebdomada videlz feria quita hoc sacro Concilio
durate collegialiter celebrari et ut eo feruenti huic sacre celebratoi fideles insi
stant quo amplioni gre mune senserit se refectos omib vere penitentibz et con
fessis videlz sacerdotib dcas missas celebratib pro singulis missis Annu vnu int
essentib vero Quadraginta dies de iniunctis sibi penitetijs in dno relaxam Adu
ius etiaz misse celebraton exhortamur venerables fres nros sce Roman ectie Car
dinales necno patriarchas Aepos Epos ac dilcos filios Abbates Ceterosqz sacer
dotes constitutos ut et ipi ad impetranduz predcm diuinuz auxiluz cuz deuoton
singulis septian predcam missaz celebret semel quib celebrantib et celebratoni
interessentib siles indulgetias elargimur Exhortamur etia in dno oms z singlos
qui xpi noie gloriatur ut ad obtineduz optatiz consumaton tante rei diligeter
insistant oronib ieiunijs elemosinis et alijs pijs operib vt deus ex nra et ipor
huilitate placatus dignetur felicez exituz huic sacre congregatoi zcedere.

Praeterea considerantes q precipuuz agenduz in Concilio scdm laudabiles obsuatias
antiquor concilior esse de hijs que concernut Catholicaz fidez et attendes q talia
p suaz arduitatez exigant diligentiaz tpris suffitiens ac studiuz exhortam et ceps
hntes peritiaz sacraz littaz ut diligeter secuz et cuz alijs illa contigerit atqz tractet
que eis videbutur ad hac rem vtilia et oportua et qprimuz qmode potiunt illa ad
nram et hmoi sacre Synodi notitiaz pducant vt tpre oportuo possint ea detmi
nare que videbutur teneda ul repudienda p vtilitate et incremeto ipius catho
lice fidei et spaliter contingit circa nonullos errores qui a certis tporibz dicitur
in nonullis ptib pullulasse et marie circa illos qui ortu dicit habuisse a quodi
Johanne dicto Vicleff.

In super etiaz exhortam omes Catholicos hic congregatos et alios ad hanc sacra
Synoduz venturos ut uelint diligeter cogitare et prosequi et ad nos et eandez
sacraz Synoduz perducere ea per que possit etiaz et congregatio catholicor debi
taz reformaton et optataz tranquillitatez in deo uniate pduci ncatu naqz iten
tone et voluntatis e ut omes hac dcta congregati cuz omoda libertate posset di
cere consulere facere omia et singula que p pmissa putauerit ptinere.

Ut autez notuz sit modus qui in hui sacre Synodi processu suand e tam quo
ad ea que dicenda et determinanda erut que etia quomo ad gestuz et mor et
copositon putamus in hoc reducenduz ad obseruatias antiquor patrux q marie
colliguntur ex Canon Tholosan Concilij Cui tenorez hic ducim inserenduz.

In loco benedicton consedem dni sacerdotes nullus debet aut in discretis vocibus
per strepe aut quibuslibet tumultibz perturbare nullus cuz fallatijs vanis l risi
bus et qd e deterius obstinatis disceptatonibz tumultuos debet voces effundere sic
eniz ut ait aplus putat se religiosuz esse no refrenas linguaz suaz sed seducens cor
suuz hui vana e religio cultuz eniz suuz iustitia perdit quado silentia iuditij ob
strepantiuz turbo confundit dicente ppha Erit cultus iustitie silentium debet ergo
quidqd aut consedentiuz cosultatonibz agit aut ab accusantiuz pte zponit sit mi
tissima verbor relaton pferri ut nec contentiosis vocibz sensus audie conturbet
et iuditij vigorez de tumultu eneruet. Quicuqz g in Couentu Concilij hec q pmis
sa sut violenda crediderit et contra hec interdicta aut tumultuz aut ztumelijs
ul risib Conciliuz perturbauerit iuxta dine legis edcm quo pcipit eice derisorez et
exibit cuz eo in ignie cuz omi dedecore de concessiou abstractus a coi cetu recedat z
triuz diez excoicaton sniam ferat.

Et quia contingere pot q aliqui ex consedentib no erut in dcis sedib debit collocati z
eodez sacro approbante concilio decernim q ex Sessione hi nulli ectie l p fuidi generet.

Quia uo ad persecuton hui Concilij requirutur certi ministri et offitiales Jdeo hoc sa
cro approbante Concilio deputam infrascriptos videlz dilcos filios Aragonium de

[Margin notes:]

Ipa ordinat q semel per sacerdotes i septiana dicat missa et audietib z dicentib zcedit idulgetias.

Nota q pp statuit q concilium approbat io ppa est sup concilium qpadmodum rex q statuit est sup consilium suu quod facta p rege approbat.

Ipa exhortat omes hntes peritias scriptuar q ipis vacant diligeter in hoc sac coi.

bonum erat. sz pparati homines ad hoc pressert.

bonum fuit. sz no deponit papam que solus ds h3 iudicare.

Datur modus processus concilij scdm canon Tholosan.

bonum si fecissent. oppositum fecerunt clamates contra capitulum et omes infamias aducetes. q no fuerit facta i consensus sctorum pprm in qbus caritatis et scte i omibus precedebat.

Qz ex Session ul locaton psonar nulli ectie l p sde pcudi tiuz generetur.

Deputatio prothonotarior concilij et alior offitiarior.

de facto e nomen de oratoribus principum.

Als Papst erkannte er die Superiorität des Konzils nicht an, sondern betrachtete sich als ihm übergeordnet. Die Beschlüsse des Konzils sah er als für das Papsttum nicht mehr gültig und verbindlich an und lehnte den Primat des Konzils vor dem Papst ab. Mit dieser Randbemerkung wird die Handschrift zu einem wertvollen Zeugnis aus der zweiten Hälfte des 15. Jahrhunderts für die Rezeption und Beurteilung des Konstanzer Konzils aus Sicht des Papsttums.

CHARLOTTE KEMPF

Literatur: AK Konstanzer Konzil, Konstanz 2014, S. 255, Nr. 194b

B.5.2.4

Angebliches Mantelfragment des tschechischen Reformators Jan Hus

15. Jahrhundert (?)
Wolle; H. 8,2 cm, B. 8 cm
Colmar, Musée Unterlinden, 2011.0.85

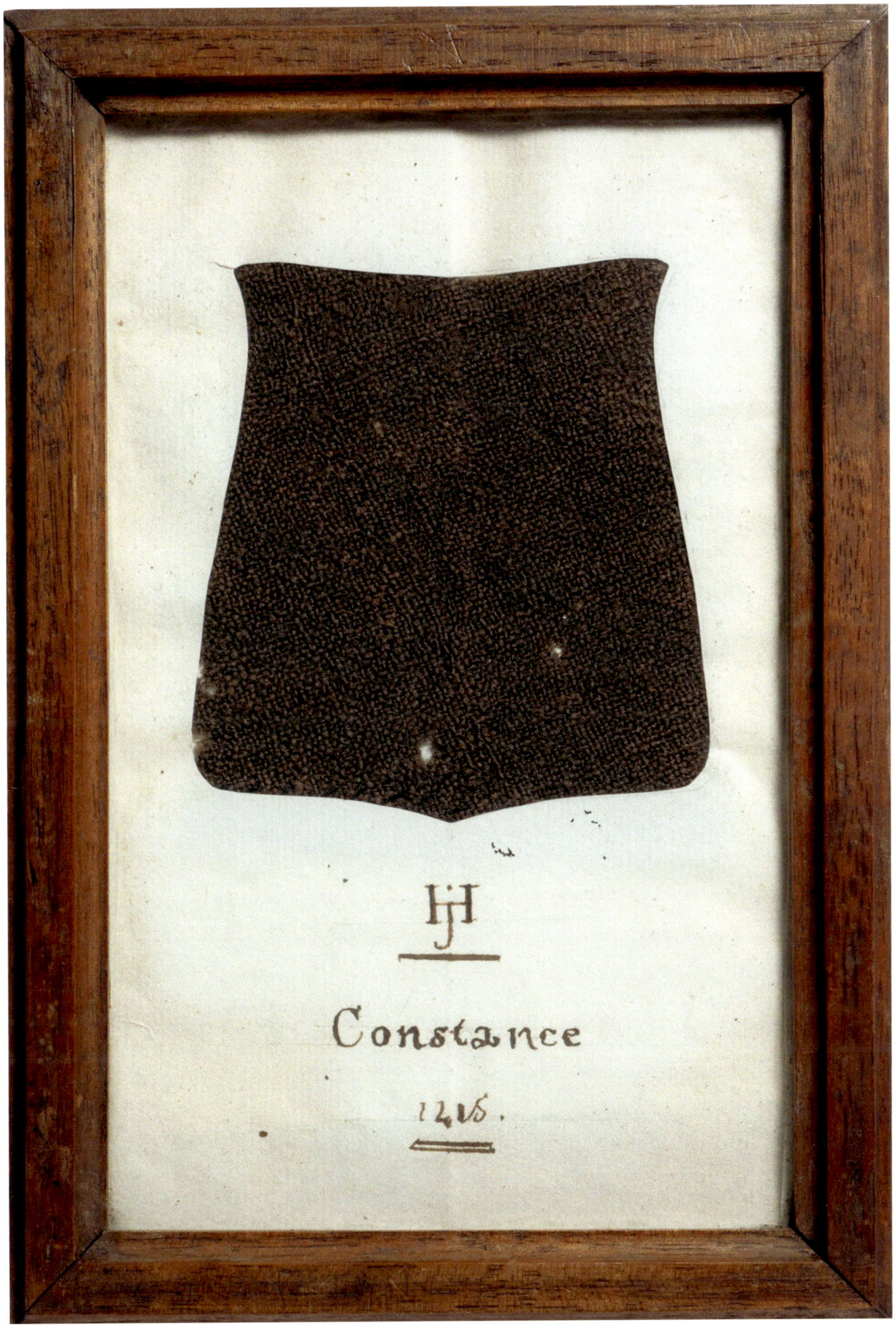

Am 6. Juli 1415 starb Jan Hus in Konstanz den Feuertod. Dies war das Ende der *causa* Hus und eines Streits um Glaubenswahrheiten, der Jahre zuvor seinen Anfang genommen hatte. Der Fall Jan Hus berührte und verband außerdem zwei jener Konflikte, die zur Einberufung des Konstanzer Konzils geführt hatten. Neben der Beendigung des Großen Abendländischen Schismas sollte sich das Konzil nämlich mit der *causa fidei* und der *causa reformationis* beschäftigen.

In diesem Zusammenhang kam man nicht umhin, sich mit den Überzeugungen des tschechischen Priesters Jan Hus auseinanderzusetzen, der immer mehr an Einfluss gewann, aber die Lehren der römischen Kirche grundsätzlich in Frage stellte. Beeinflusst von John Wycliff lehnte er nicht nur jeden politischen Machtanspruch der Kirche, den verbreiteten Nepotismus und die Ämterkäuflichkeit ab, sondern auch die Verehrung von Heiligen, den Reliquienkult, die Beichte und die traditionelle Transsubstantiationslehre. Die Kirche in einer hierarchischen Struktur mit dem Papst an der Spitze widersprach vollständig seinem Verständnis von der Gemeinschaft der Gläubigen. Seine Überzeugungen mussten Jan Hus zwangsläufig in Konflikt mit der kirchlichen Obrigkeit bringen. Bereits im ersten Jahrzehnt des 15. Jahrhunderts wurde Hus in Prag erstmals angeklagt und mit einem Predigtverbot belegt. 1410 wandte er sich daher an die Kurie und appellierte gegen das Urteil. Er hatte allerdings keinen Erfolg, wurde gebannt und musste Prag, wo er gegen die Praxis der Ablässe eingeschritten war, verlassen. Da das Verfahren gegen Hus aber voller Fehler gewesen war, beschloss man, den Fall im Rahmen des Konstanzer Konzils neu aufzurollen. Hus wurde vorgeladen, wobei ihm freies Geleit versprochen wurde. Trotz zahlreicher Warnungen fand sich Hus in der Stadt am Bodensee ein, wo er schon bald in Haft genommen und immer wieder befragt wurde. Als er es trotz vielfacher Drohungen ablehnte, von seinen Irrlehren Abstand zu nehmen und sich zu unterwerfen, wurde ihm als verstocktem Häretiker der Prozess gemacht, der mit einem Todesurteil endete. Außerhalb der Stadt wurde er auf einem Scheiterhaufen verbrannt und seine Asche über den Fluten des Rheins verstreut.

Den Anhängern des Reformators blieben keine körperlichen Reliquien zur Verehrung. Man behalf sich daher mit Objekten, die mit seinem Wirken, vor allem aber mit seinem Leidensweg in Verbindung standen oder zumindest nachträglich mit diesem in Verbindung gebracht wurden. Dazu zählte auch ein wollenes Stofffragment, das mit Jan Hus in Zusammenhang stehen soll und als Teil seines Mantels gilt. Der Wahrheitsgehalt dieser Zuschreibung lässt sich allerdings nur schwer nachvollziehen, da das Fragment im 19. Jahrhundert bereits gerahmt und entsprechend beschriftet (H(us)J(an) / Constance / 1415) in den Bestand des Musée d'Unterlinden gelangte, ohne dass sich seine Vorgeschichte aufklären ließ. Man geht allerdings davon aus, dass der Stoff aus dem 15. Jahrhundert stammt, was zumindest eine sehr frühe Verehrung belegt und die enorme Faszination von Jan Hus und seinem traurigen Ende offenbart.

VIOLA SKIBA

Literatur: AK Jan Hus 1415–2015, Tabor 2015, Nr. G5.4.1, S. 205–206 und S. 229–230 – De Paepe 2014 – Fudge 2013

B.5.2.5

Holznagel, angeblich aus dem Gefängnis des Jan Hus in Gottlieben

Gottlieben TG, Anfang 15. Jahrhundert
Eichenholz; L. 26,6 cm
Basel, HMB – Historisches Museum Basel, 2013.265

Die Bedeutung des eigentlich unspektakulären Holznagels ergibt sich aus seinem mutmaßlichen Nutzungszusammenhang: So handelt es sich angeblich um einen Nagel aus dem Holzbau jenes Gefängnisses auf Schloss Gottlieben (Thurgau), in dem der böhmische Reformator Jan Hus im Frühjahr 1415 inhaftiert war. Die im 13. Jahrhundert errichtete Burg und Festung Gottlieben fungierte während des Konzils als Residenz, Verwaltungssitz sowie als Gefängnis der Bischöfe von Konstanz. Jan Hus wurde im März 1415 aus seinem Konstanzer Gefängnis nach Gottlieben verlegt und verbrachte dort eine etwa dreimonatige Haft. Im Juni 1415 wurde er wieder zurück nach Konstanz gebracht, dort als Ketzer verurteilt und auf dem Scheiterhaufen verbrannt. Obgleich dem zeitgenössischen Bericht des Chronisten Peter von Mladoniowitz zu entnehmen ist, dass Jan Hus in einem der Türme von Gottlieben gefangen gehalten worden war, ist umstritten, ob das im Westturm des Schlosses erhaltene hölzerne Blockgefängnis, das bis heute als ›Hus-Kerker‹ gilt, sein tatsächlicher Haftort war. Auch die dem Holznagel beigelegten Schriftstücke lassen dessen genaue Zuordnung nur vage zu: So sei der Holznagel 1730, als das Gefängnis von Jan Hus in Gottlieben ab- und wenig später auf der Insel Reichenau wieder aufgebaut worden sei, dem ursprünglichen Holzbau entnommen worden. Diese Darstellung ist jedoch insofern problematisch, als das Gefängnis in Schloss Gottlieben nie abgebaut wurde, sondern sich nach wie vor im dortigen Westturm befindet und zu einem wichtigen Ort für das Gedenken an Jan Hus avanciert ist; denkbar ist aber, dass sich im Ostturm der Anlage ein weiteres Gefängnis befunden hat, das 1730 abgebrochen wurde.

Seit der Mitte des 19. Jahrhunderts lässt sich der Nagel im Besitz verschiedener Schaffhausener Pfarrer nachweisen. Auf diesem Wege gelangte er wohl auch an den Basler Pfarrer Johannes Burckhardt (1798–1869), der mit Amalia Carolina Peyer von Schaffhausen verheiratet war und von 1834 bis 1869 als Pfarrer in Schaffhausen wirkte. Burckhardt nahm den Nagel mit nach Basel, wo er 1920 aus dem Nachlass seiner Familie an das Historische Museum Basel übergeben wurde. Angesichts des Mangels an Überresten aus dem Umfeld des Jan Hus scheint die Frage der Echtheit des Objekts in seiner Geschichte eine wohl eher untergeordnete Rolle gespielt zu haben – dem Holznagel kam gleichsam Reliquienstatus zu.

JULIA BURKHARDT

Literatur: Egger 2013 – Egger 2014 – Gügel 2014 – Just 2013 – Kindschi Garský 2016

B.5.2.6

Sogenanntes Messbuch für Papst Martin V. (1368–1431)

Konstanz, um 1450–1460
Pergament, Deckfarbenmalerei;
H. 38 cm, B. 28 cm, 23 Blatt
Konstanz, Rosgartenmuseum,
Hs 5, fol. 11v

Der wenig bekannte Codex enthält ein künstlerisch nicht unbedeutendes Kanonbild (fol. 11v), also eine zum *Canon Missae* gehörige Kreuzigungsdarstellung. Durch die Farbigkeit und die feinen Abstufungen der Farbtöne besteht enge Verwandtschaft zu einem Altarfragment mit Kreuzigung im Ulmer Museum (Inv.-Nr. 1963.8991). Aufgrund der Ähnlichkeiten zwischen beiden Werken geht man von einer Datierung um die Mitte des 15. Jahrhunderts aus und von einer Konstanzer Entstehung. Da das sogenannte Messbuch zudem über einen Anhang mit Urkundenabschriften verfügt, ist ein weiterer Bezug zu der Bodenseestadt gegeben. Künstlerisch bedeutende Werke wurden immer wieder, manchmal sogar bereits wenige Jahre nach ihrer Entstehung, mit bedeutenden Persönlichkeiten verbunden. An Papstbesuche wollte man schon immer auch durch Objekte, Inschriften oder Bilder erinnern. Ein bedeutender Gast, der anlässlich des Konzils (1414–1418) nach Konstanz kam, war Martin V. So hat man mit ihm einen Altarornat aus der Barbarakapelle im Kreuzgangsbereich des Konstanzer Münsters verbunden, bestehend aus Kelch, Stab und Messbuch. Da in das Missale auf fol. 18v eine Totenmesse eingetragen ist, wurde es sicher bei Totenfeiern oder zum liturgischen Gedenken verwendet. In Konstanz an Martin zu erinnern, steht in einem besonderen Kontext, da mit seiner Erhebung zum Papst das Große Abendländische Schisma endete.

Selbst wenn die Verbindung des Missales zu diesem Papst historisch nicht verifizierbar ist, könnte Martin V. ein ähnliches Buch benutzt haben: Wissen wir doch, dass Konzilsteilnehmer Gegenstände zum persönlichen liturgischen Gebrauch mit sich führten. Über einen Kardinal Papst Bonifaz' IX., Minutolo, ist bekannt, dass er auf der Reise zum Konzil von Pisa 1409 ein Triptychon des süditalienischen Malers Paolo di Giovanni Fei zur privaten Andacht im Gepäck hatte (vgl. Kat. Nr. B.5.2.7).

IRMGARD SIEDE

Literatur: Engelsing/Foege 2014, S. 80 – Konrad 1993, S. 73–74, Nr. 2.04 – Studt 2004

I·N·R·I

B.5.2.7

Triptychon mit Kreuzigung, Heiligen und einer Verkündungsszene (in den Spitzen)

Paolo di Giovanni Fei (Siena, dokumentiert 1369–1411), Siena, ca. 1395–1400
Kleines Flügeltriptychon, Tempera und Gold auf Holz; zentrale Mitteltafel: H. 65 cm, B. 29,7 cm, Seitenteile: H. 65,5 cm, B. 15 cm, Originalrahmen; die Rückseite ist mit pflanzlichen und zirkelförmigen Motiven und zwei Papierblättern mit nicht zugehörigen Heiligenbildern verziert, die auf der Außenseite der Flügel angebracht sind; unlesbare Siegel aus Siegellack auf der Rückseite.
Vatikanstadt, Musei Vaticani (Pinacoteca Vaticana), MV 40220

Die Herkunft des kostbaren kleinen Triptychons ist unbekannt. Es war einst Teil der Sammlung der Vatikanischen Bibliothek und ging 1909 in die Bestände der Vatikanischen Pinakothek über. Das Werk, anfänglich Taddeo di Bartolo und dann Paolo di Giovanni Fei (Sirén 1921, S. 25) zugeschrieben, eine im Allgemeinen von der Kritik geteilte Annahme, zeigt auf der Mitteltafel die Hauptprotagonisten der Kreuzigungsszene: die Mutter und Johannes zu Seiten des Kreuzes mit dem bereits toten Christus. Im oberen Bereich fangen die Engel das Blut Jesu auf, das reichlich aus seinen Wunden fließt und den Schaft des Kreuzes hinabrinnt, den Magdalena umklammert. Die Seitenflügel tragen die Bilder von vier Heiligen: zur Linken ein Bischof mit Mitra, reich geschmücktem Goldpluviale und Hirtenstab sowie eine Märtyrin mit Dolch (Lucia oder Agatha?); zur Rechten der Abt Antonius mit Bart, Mantel, Kukulle und einem *tau*-förmigen Stab sowie Katharina von Alexandria mit goldbesticktem Gewand, Purpurmantel, Krone, Palme, zu ihren Füßen das zerbrochene Rad des Martyriums.

Paolo di Giovanni Fei, der ab 1369 in Siena dokumentiert ist, war im Jahr 1389 in den *Breve dell'Arte* eingetragen. Zusammen mit Bartolo di Fredi, Andrea Vanni und Francesco di Vannuccio trat er als Vermittler und Interpret des erneuerten und nostalgischen Interesses für die Werke der großen Meister der ersten Hälfte des Jahrhunderts – Simone Martini, Lippo Memmi, Pietro und Ambrogio Lorenzetti – auf, die als ideale Bezugsmodelle galten. Fei, der »insgesamt modernste und martinianischste sienesische Maler am Ende des Jahrhunderts« (Bellosi 1982, S. 293), ließ sich besonders von den späten Werken Simone Martinis inspirieren. Er war fasziniert von den Aspekten der psychologischen Eigenbeobachtung und der raffinierten Geradlinigkeit des Meisters, die er in einer neuen Umsetzung und in schnelleren Rhythmen wiederaufnahm, in der die Figuren feiner erscheinen und sich mit gemessener Anmut in graziöser Pose präsentieren. Das kleine vatikanische Triptychon wurde wiederholt mit dem Diptychon *dell'Osservanza* desselben Künstlers verglichen, das zwischen 1390 und 1395 (Pinacoteca Nazionale von Siena, Nr. 146 in Giudici 1982, cat.108, S. 295–298) datiert wird. Beide Werke, die sich stilistisch sehr nahestehen, verbinden das kleine Format und die Bestimmung für die private Andacht. Das vatikanische Gemälde scheint jedoch wegen seiner kargeren und luftigeren Komposition kurz nach dem Gemälde aus Siena entstanden zu sein, geht aber dem Minutolo-Triptychon (Dom von Neapel, Siddi 2010, S. 368–369) voraus, das zwischen 1407 und 1408 für Kardinal Enrico Minutolo in Siena angefertigt wurde. In diesem Werk besetzen die monumentaleren Figuren den Raum bereits mit einer für die Renaissance typischen Sicherheit.

ADELE BREDA

Literatur: Bellosi 1982 – Berenson 1936, S. 157–159, Nr. 200 – Campolongo 1996 – Carli 1981 – De Benedictis 1986, Bd. 1, S. 325–363, bes. S. 359–363 – Guiducci 1986 – Jecht 2014 – Leoncini 1986 – Mallory 1976 – Manacorda 1995 – Siddi 2010 – Sirén 1921 – Volbach 1987, Nr. 73, S. 57–58, Abb. 124–125

B.5.2.8

Urkunde des Konstanzer Konzils mit anhängendem Bleisiegel

Konstanz, 3. Juli 1417
Pergament mit Bleibulle an Hanfschnur,
H. 30,1 cm, B. 47,3 cm
Heidelberg, Universitätsbibliothek,
Urk. Lehmann 288

Am 6. April 1415 hatte das Konstanzer Konzil das Dekret *Haec sancta* beschlossen, das die Ziele und das Selbstverständnis der Konzilsversammlung zum Ausdruck brachte. Das Konzil, so hieß es dort, sei zusammengekommen, um das Schisma zu beenden und die Kirche an Haupt und Gliedern zu reformieren (*unione ac reformatione Ecclesiae Dei in capite et membris fienda*). So repräsentiere die Versammlung die streitende Kirche, die ihre Vollmacht direkt von Christus beziehe: *Ecclesiam Catholicam militantem repraesentans, potestatem a Christo immediate habet*. Daraus sei dann allerdings auch zu folgern, dass ein jeder – und sei es der Papst – an die Entscheidungen des Konzils gebunden sei und ihm gehorchen müsse.

Die Versammlung trat demnach als kirchenrechtlich legitimiertes Entscheidungsorgan auf, das ebenso rechtsverbindliche Entscheidungen wie der Papst treffen und Prozesse führen konnte. Entsprechende Beschlüsse oder Anweisungen des Konzils enthielten dann auch eine entsprechende Bulle, die der von den Päpsten benutzen Bleibulle nachempfunden war. Auf der einen Seite befand sich die Aufschrift S(IGILLVM) SACRE SINODI CONSTANCIEN(SIS), während die Rückseite die Köpfe der beiden Apostelfürsten zierte: S PA(ULUS) / S PE(TRVS). Das Selbstbewusstsein der Kirchenversammlung zeigte sich auch in der Art, wie Prozesse behandelt wurden. Kirchliche Institutionen wandten sich in der Zeit zwischen 1414 und Anfang 1418 nämlich um Rechtshilfe nach Konstanz und nicht nach Rom. Die in der Ausstellung gezeigte Urkunde betrifft einen solchen Fall, bei dem es um widerrechtlich erhobene Zölle seitens Ludwigs IV. von Lichtenstein und Johann von Kirrweiler ging. Geklagt hatte das Kloster Schwarzach, das sich durch die unerhörten Neuerungen benachteiligt sah und daher das Konzil angerufen hatte. Als die Beklagten auf die durch den Bischof von Merseburg ausgesprochenen Anweisungen des Konzils, weitere Belästigungen zu unterlassen, nicht reagierten, wurden beide nach Konstanz vorgeladen, wo ihnen der Prozess gemacht werden sollte.

VIOLA SKIBA

Regest: http://www.ub.uni-heidelberg.de/digi-pdf-katalogisate/sammlung30/werk/pdf/lehm288.pdf

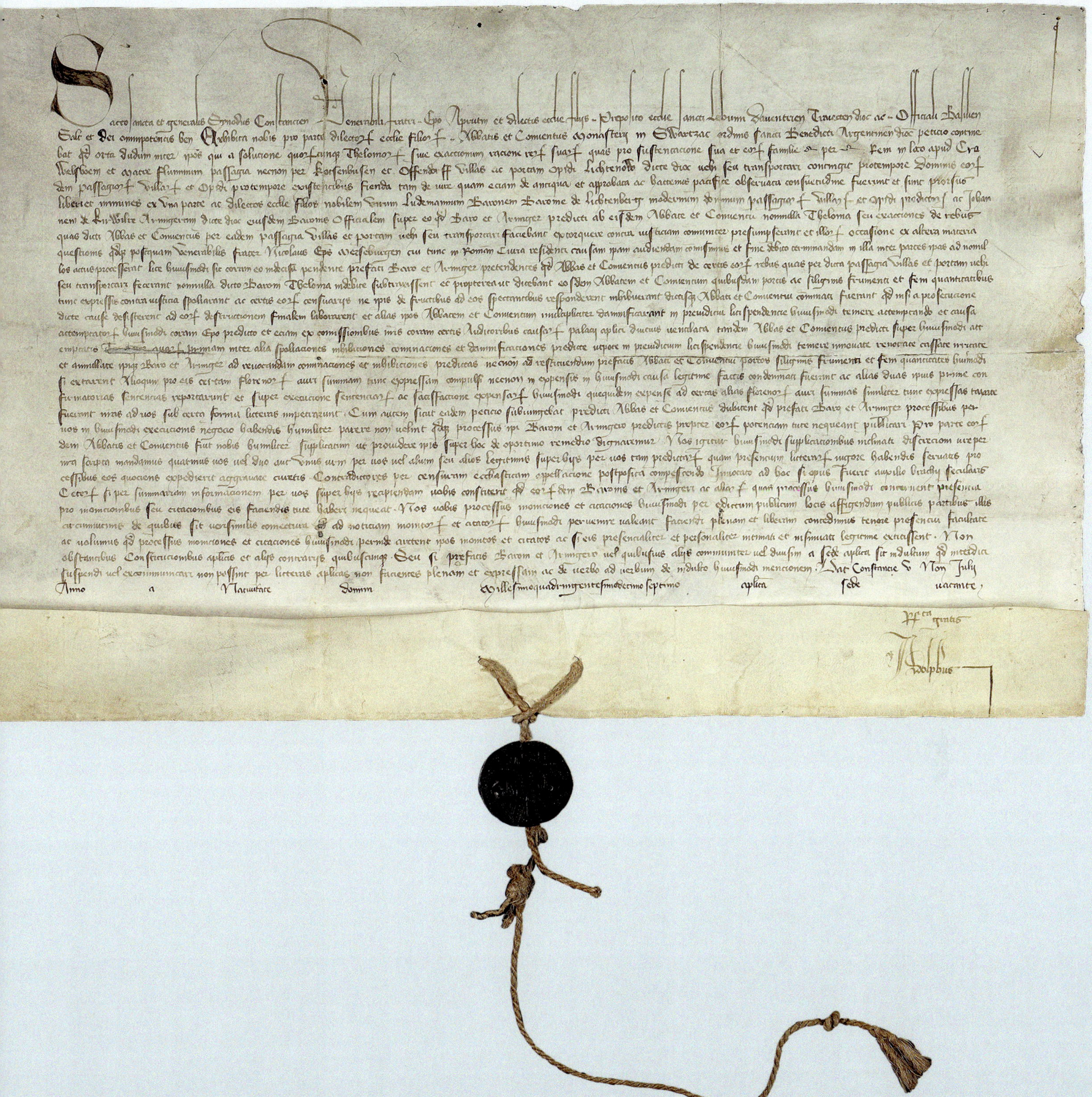

Sacrosancta et generalis Synodus Constanciensis Venerabili fratri Epo Aprutino et dilectis ecclie filiis Preposito ecclie sancti Lebuini Dauentriensis Traiectensis dioc. ac Officiali Basiliensis
Salutem et Dei omnipotentis benedictionem. Exhibita nobis pro parte dilectorum ecclie filiorum Abbatis et Conuentus Monasterii in Swartzac ordinis sancti Benedicti Argentinensis dioc. peticio contine
bat quod orta dudum inter ipsos qui a solucione quorumcumque Theloniorum siue exaccionum racione rerum suarum quas pro sustentacione sua et eorum familie per Renum in loco apud Cra
Welsheim et Matre fluminum passagia necnon per Korsenhusen et Offendorff villas ac portam opidi Lichtenowe dicte dioc. vehi seu transportari contingit protempore dominis eorum
dem passagiorum villarum et opidi protempore existentibus fienda tam de iure quam eciam de antiqua et approbata ac hactenus pacifice obseruata consuetudine fuerunt et sunt prorsus
liberi et immunes ex vna parte ac dilectos ecclie filios nobilem virum Ludemannum Baronem Barone de Lichtenberg modernum dominum passagiorum villarum et opidi predictorum ac Johan
nem de Kunwilre Armigerum dicte dioc. eiusdem Baronis Officialem super eo quod Baro et Armiger predicti ab eisdem Abbate et Conuentu nonnulla Thelonia seu exacciones de rebus
quas dicti Abbas et Conuentus per eadem passagia villas et portam vehi seu transportari faciebant extorquere contra iusticiam committere presumpserunt et illorum occasione ex altera materia
questionis [illegible] postquam venerabilis frater Nicolaus Epus Merseburgensis tunc in Romana Curia residens causam ipsam audiendam commisimus et fine debito terminandam in illa inter partes ipsas ad nonnul
los actus processerit lite huiusmodi sic coram eo indecisa pendente prefati Baro et Armiger pretendentes quod Abbas et Conuentus predicti de certis eorum rebus quas per dicta passagia villas et portam vehi
seu transportari fecerant nonnulla dicto Baroni Thelonia indebite subtraxissent et propterea ut dicebant eosdem Abbatem et Conuentum quibusdam porcis ac siliginis frumenti et feni quantitatibus
tunc expressis contra iusticiam spoliarant ac certis eorum censuariis ne ipsis de fructibus ad eos spectantibus responderent inhibuerant dictisque Abbati et Conuentui comminati fuerant quod nisi a prosecucione
dicte cause desisterent ad eorum destructionem finalem laborarent et alias ipsos Abbatem et Conuentum multipliciter dampnificarant in preiudicium lite pendente huiusmodi temere attemptando et causa
attemptatorum huiusmodi coram Epo predicto et eciam ex commissionibus nris coram certis Auditoribus causarum palacii aplici diuersis ventilata tandem Abbas et Conuentus predicti super huiusmodi att
emptatis [struck] quarum primam inter alia spoliaciones inhibiciones comminaciones et dampnificaciones predicte utpote in preiudicium lite pendente huiusmodi temere innouate reuocare cassare irritare
et annullare ipsique Baro et Armiger ad reuocandum comminaciones et inhibiciones predictas necnon ad restituendum prefatis Abbati et Conuentui porcos siliginis frumenti et feni quantitates huiusmodi
si extarent Alioquin pro eis certam florenorum auri summam tunc expressam compulsi necnon in expensis in huiusmodi causa legitime factis condempnati fuerunt ac alias duas ipsius prime con
firmatorias sentencias reportarunt et super execucione sentenciarum ac satisfactione expensarum huiusmodi quequidem expense ad certas alias florenorum auri summas similiter tunc expressas taxate
fuerunt inter ad nos sub certa forma litteras impetrarunt. Cum autem sicut eadem peticio subiungebat predicti Abbas et Conuentus dubitent quod prefati Baro et Armiger processibus per
nos in huiusmodi execucionis negocio habendis humiliter parere non velint quodque processus ipsi Baroni et Armigero predictis propter eorum potenciam tute nequeant publicari Pro parte eorum
dem Abbatis et Conuentus fuit nobis humiliter supplicatum ut prouidere ipsis super hoc de oportuno remedio dignaremur. Nos igitur huiusmodi supplicacionibus inclinati discrecioni vestre per
nra scripta mandamus quatinus vos vel duo aut vnus vestrum per vos vel alium seu alios legitimos super hiis per vos tam predictarum quam presencium litterarum vigore habendis seruatis pro
cessibus eos quociens expedierit aggrauare curetis Contradictores per censuram ecclesiasticam appellacione postposita compescendo Inuocato ad hoc si opus fuerit auxilio brachii secularis
Ceterum si per summariam informacionem per vos super hiis recipiendam nobis constiterit quod eorumdem Baronis et Armigeri ac aliorum quos processus huiusmodi contingunt presencia
pro monicionibus seu citacionibus eis faciendis tute haberi nequeat. Nos vobis processus moniciones et citaciones huiusmodi per edictum publicum locis affigendum publicis partibus illis
circumuicinis de quibus sit verisimilis coniectura quod ad noticiam monitorum et citatorum huiusmodi peruenire valeant faciendi plenam et liberam concedimus tenore presencium facultatem
ac volumus quod processus moniciones et citaciones huiusmodi perinde arteant ipsos monitos et citatos ac si eis presencialiter et personaliter intimati et insinuati legitime extitissent. Non
obstantibus Constitucionibus aplicis et aliis contrariis quibuscumque. Seu si prefatis Baroni et Armigero vel quibusuis aliis communiter vel diuisim a sede aplica sit indultum quod interdici
suspendi vel excommunicari non possint per litteras aplicas non facientes plenam et expressam ac de verbo ad verbum de indulto huiusmodi mencionem. Dat. Constancie V Non. July
Anno a Natiuitate Domini Millesimoquadringentesimodecimoseptimo aplica sede vacante.

Petrus gratis

Adolphus

B.5.2.9

Papst-Kaiser-Rotulus

Entstanden 1431–1433, vermutlich im Rhein-Main-Gebiet
Pergamentrolle, 15 zusammengeklebte Blätter; H. 18,5 – 20,5 cm, B. 667 cm
Berlin, Staatsbibliothek zu Berlin, Preußischer Kulturbesitz, Hdschr. 143

Die schmale Rolle (18,5 – 20,5 cm) präsentiert Universalgeschichte über mehr als 1.400 Jahre in graphischer Gestalt. Dafür wurden 15 Pergamentblätter zu einer langen Rolle (6,67 m) zusammengeklebt. In zwei übereinanderliegenden Längsreihen stehen oben 232 Papstbilder und unten 133 Bilder von Kaisern und Königen. Die kolorierten Brustbilder oder Dreiviertelfiguren sind mit Beischriften bezeichnet. Eine Nummerierung von 214 geistlichen und 112 weltlichen Amtsträgern in arabischen Ziffern stammt von einer wahrscheinlich etwas späteren Hand. 13 Herrscher sind als Christenverfolger ausgewiesen und tragen statt des Zepters ein erhobenes Schwert. Vermerkt sind die acht Ökumenischen Konzilien bis zum 9. Jahrhundert sowie die Konzilien von Pisa (1409) und Konstanz (1414 – 1418), nicht jedoch das 1431 einberufene Konzil von Basel. Am unteren Rand stehen Hinweise auf Dichter, Gelehrte, Ketzer, Propheten, Verwandlungen des Kaisertums oder politische Ereignisse.

Sprachliche Merkmale lassen eine Entstehung im Rhein-Main-Gebiet vermuten. Die Datierung zwischen 1431 und 1433 ergibt sich aus den Amtsdaten der beiden letzten gezeigten Herrscher. Eugen IV. (1431–1447) wurde 1431 Papst; der römische König Sigmund (1410 – 1437) trägt noch nicht den Kaisertitel, den er 1433 erlangte.

Der Anfang der Rolle ist zerstört. Am Beginn der geistlichen Reihe stehen Jesus Christus (mit dem Kreuzstab der Päpste und Buch), Petrus (mit Hirtenstab und Schlüssel) und Paulus (mit Schwert und Buch). Neben dem Kreuzstab tragen die Päpste bis zu Silvester I. (314 – 335) den Palmzweig als Symbol ihres Martyriums (danach noch vereinzelt), bis zu Innocenz VI. (1352 – 1362) das Buch als Zeichen ihrer Lehrautorität. Ab Urban V. (1362 – 1370) werden die Päpste durch ihr Familienwappen gekennzeichnet. Bis zu Silvester I. tragen sie die bischöfliche Mitra, dann die Tiara mit drei Kronreifen. Negativ erinnerte Päpste erscheinen barhäuptig oder mit stigmatisierenden Attributen (Hund für Johannes XII.; kopfloser Teufel für Silvester II.). Bedeutende Päpste sind frontal gezeichnet (Silvester I., Leo I., Zacharias, Eugen IV.). Zwischen Leo IV.

(847–855) und Benedikt III. (855–858) steht die legendäre Päpstin Johanna als Johannes von mencz, durch Haarlocken und Kopftuch unter der Tiara als Frau kenntlich und von späterer Hand als »fraw hulda« benannt (Nr. 108).

Die Folge der Kaiser und Könige beginnt mit den Ganzfiguren von Caesar und Octavian/Augustus. Die zahlreichen Beischriften spiegeln das universale Geschichtswissen von der *Translatio Imperii*. Die Wappen (seit Kaiser Konstantin dem Großen) und Herrschaftszeichen projizieren ein anachronistisches spätmittelalterliches Zeichensystem in frühere Jahrhunderte zurück. Hervorgehoben ist Kaiser Heinrich II., der als einziger Herrscher – mit doppelköpfigem Adlerschild – frontal präsentiert wird. In der Herrscherreihe steht als einzige Frau die oströmische Kaiserin Irene († 803).

Der 1978 im internationalen Kunsthandel angekaufte Rotulus gehört zu den hoch- und spätmittelalterlichen Rollen und Codices, die Amtsträgerreihen oder Herrschergenealogien in graphischer Gestalt zeigen. Neben dem Berliner Stück hat sich ein verwandter Papst-Kaiser-Rotulus in lateinischer Sprache erhalten (1452/1455, süddeutsch, vielleicht aus Straßburg: Wien, Österreichische Nationalbibliothek, Cod. Ser. nova 2653).

BERND SCHNEIDMÜLLER

Digital: http://digital.staatsbibliothek-berlin.de/werkansicht?PPN=PPN747128251&PHYSID=PHYS_0001&DMDID=DMDLOG_0002&view=overview-info [04.01.2017]
Quellen: Handschriften Berlin 2013, S. 217–218
Literatur: AK Heiliges Römisches Reich, Magdeburg 2006, S. 467 (B. Studt) – AK Ludwig der Bayer, Regensburg 2014, S. 180 (B. Michael) – Brandis 1984 – Melville 1987 – Stöllinger-Löser 2004 – Studt 1992, S. 284–287

B.5.2.10

Martin von Troppau: *Chronicon pontificum et imperatorum*

Hagenau, um 1450/um 1460
Papier/kolorierte Federzeichnung; H. 36, B. 28,3; Papier/kolorierte Federzeichnung; H. 25,9, B. 19,9
Heidelberg, Universitätsbibliothek, Cod. Pal. Germ. 149, fol. 115v./Cod. Pal. Germ 137, fol. 88v

Die Schreiberwerkstatt, die Diebold Lauber im 15. Jahrhundert in Hagenau betrieb, erinnert mehr an einen modernen Verlag denn an ein klassisch mittelalterliches Skriptorium: In Teamarbeit entstanden bebilderte Handschriften in hoher Stückzahl, auf Vorrat, nicht als Auftragsarbeiten. Die fertigen Codices waren im Vergleich erschwinglicher und wurden von Lauber in handgeschrie-

benen Bücheranzeigen beworben. Fast 80 Handschriften werden dieser Werkstatt heute zugeschrieben.

Auch die beiden Heidelberger Handschriften der *Chronik der Päpste und Kaiser* des Martin von Troppau entstanden in dieser Werkstatt. Martin von Troppau gehörte einem Prager Dominikanerkloster an, machte unter Papst Alexander IV. Karriere an der Kurie und sollte schließlich zum Erzbischof von Gnesen geweiht werden, verstarb allerdings 1278 auf der Reise dorthin. Seine zwischen 1268 und 1277 entstandene Chronik zählt zu den einflussreichsten historiographischen Werken des Hochmittelalters. Bis in seine Gegenwart beschrieb er darin die Geschichte der Päpste und Kaiser, die er jeweils auf gegenüberliegenden Seiten nebeneinanderstellte. Die Chronik wurde in nahezu 500 bekannten Handschriften vollständig abgeschrieben, in zahlreiche Sprachen übersetzt und erfuhr unzählige Fortsetzungen.

Der Heidelberger Codex, Cod. Pal. Germ. 149, entstand um 1450. Er enthält die Erzählung *Die sieben weisen Meister* und eine unvollständige Abschrift einer niederalemannischen Übersetzung der Papst-Kaiser-Chronik. Da es Hinweise gibt, dass Ruprecht von Pfalz-Simmern, der Bischof von Straßburg, eine Handschrift der Erzählung aus Laubers Werkstatt besaß, wird er als Besitzer dieses Codex vermutet. Beide Werke in der Handschrift sind mit Illustrationen desselben Stils versehen. Die erste Darstellung zur Chronik Martins von Troppau (fol. 115v.) steht dabei zwischen der Kapitelübersicht zum Werk und dem Prolog des Textes. Sie bildet den Gegenstand der Chronik ab: Mittig thront ein mit Tiara gekrönter Papst mit aufgeschlagenem Buch im Schoß, links von ihm ist ein mit Bügelkrone versehener Kaiser zu sehen, der eine weitere Figur zur Hälfte verdeckt. Rechts neben dem Papst stehen ein Bischof und ein Kardinal.

Die zweite Handschrift, Cod. Pal. Germ 137, wird auf ca. 1460 datiert und enthält die gesamte Chronik des Martin von Troppau in Übersetzung mit 60 großen Illustrationen. Als Erstbesitzer werden Friedrich der Siegreiche oder wiederum Ruprecht von Pfalz-Simmern vermutet. Die aufgeschlagene Darstellung (fol. 188v.) zeigt Papst Gregor V., der den vor ihm knienden Kaiser Otto III. und dessen Gefolge mit Weihwasser besprengt.

MANUEL KAMEZIN

Literatur: Brinken 2010 – Saurma-Jeltsch 2001, S. 54–55 und 58–61

Konzil oder Papst?
Das Basler Konzil (1431–1449)

Der Sieg des monarchischen Prinzips

Auf dem Konzil von Konstanz war beschlossen worden, dass in regelmäßigen Abständen Konzilien stattfinden müssten, deren Beschlüsse die Päpste auszuführen hätten (Dekret *Frequens*). Demzufolge wurde 1431 ein Konzil nach Basel einberufen. Auf dieser Konzilsversammlung sollte sich entscheiden, ob die Leitung der westlichen Kirche künftig beim Konzil als einer Art von Parlament liegen würde oder ob sich die monarchische Verfassung des Papsttums (›Primat‹) wieder durchsetzen könne. Die Konzilsversammlung strebte eine große Reform der Kirche (Disziplin des Klerus) an. Dies führte zu endlosen Debatten in den Versammlungen, die sich über Jahre hinzogen. Papst Eugen IV. (1431–1447) dagegen suchte die Effizienz zu verbessern, indem er eigenständige päpstliche Politik betrieb. 1437 eröffnete er ein eigenes päpstliches Konzil in Ferrara, das zwei Jahre später nach Florenz verlegt wurde. Dies führte auf dem Basler Konzil zu der Forderung, Papst Eugen IV. wegen Ungehorsams und Missachtung der Konzilsversammlung den Prozess zu machen. Führenden Konzilsvätern (Giuliano Cesarini, Nikolaus von Kues, später auch Enea Silvio Piccolomini) ging diese Entwicklung nun jedoch zu weit. Sie verließen Basel und traten auf die Seite des Papstes über. Die verbleibenden Konzilsteilnehmer bestanden umso mehr auf dem Vorrang des Konzils vor dem Papst mit der Begründung, dass die Vertretung der gesamten Kirche ihre Autorität von Christus erhalte und nicht vom Glauben abfallen könne. In diesem Sinne erhoben sie das Dekret *Haec sancta* von Konstanz, wonach der Papst nur noch ein Exekutivorgan des Konzils war, zu einer verbindlichen ›Glaubenswahrheit‹ (*veritas fidei*). Am Ende erklärten sie Papst Eugen IV. für abgesetzt und wählten mit Felix V. (1439–1449, gest. 1451), dem Herzog von Savoyen, den letzten Gegenpapst der Geschichte. Das Konzil erwies sich damit als Urheber einer neuen Kirchenspaltung und verlor stark an Ansehen. Die politischen Umwälzungen der Zeit verlangten zudem nach einer entscheidungsfähigen Leitung der Kirche. So verkümmerte das Basler Konzil zu einer bedeutungslosen Restgruppe, die sich 1449 selbst auflöste. Das monarchische Prinzip mit dem Anspruch auf den Universalprimat des Papstes (Lehr- und Jurisdiktionsprimat) hatte sich behauptet, auch wenn der Gedanke des ›Konziliarismus‹ durchaus weiterwirkte.

STEFAN WEINFURTER

Literatur: Decaluwé/Izbicki/Christianson 2017 – Helmrath 1987 – Müller, Heribert 1990 – Müller, Heribert 2011 – Sudmann 2005

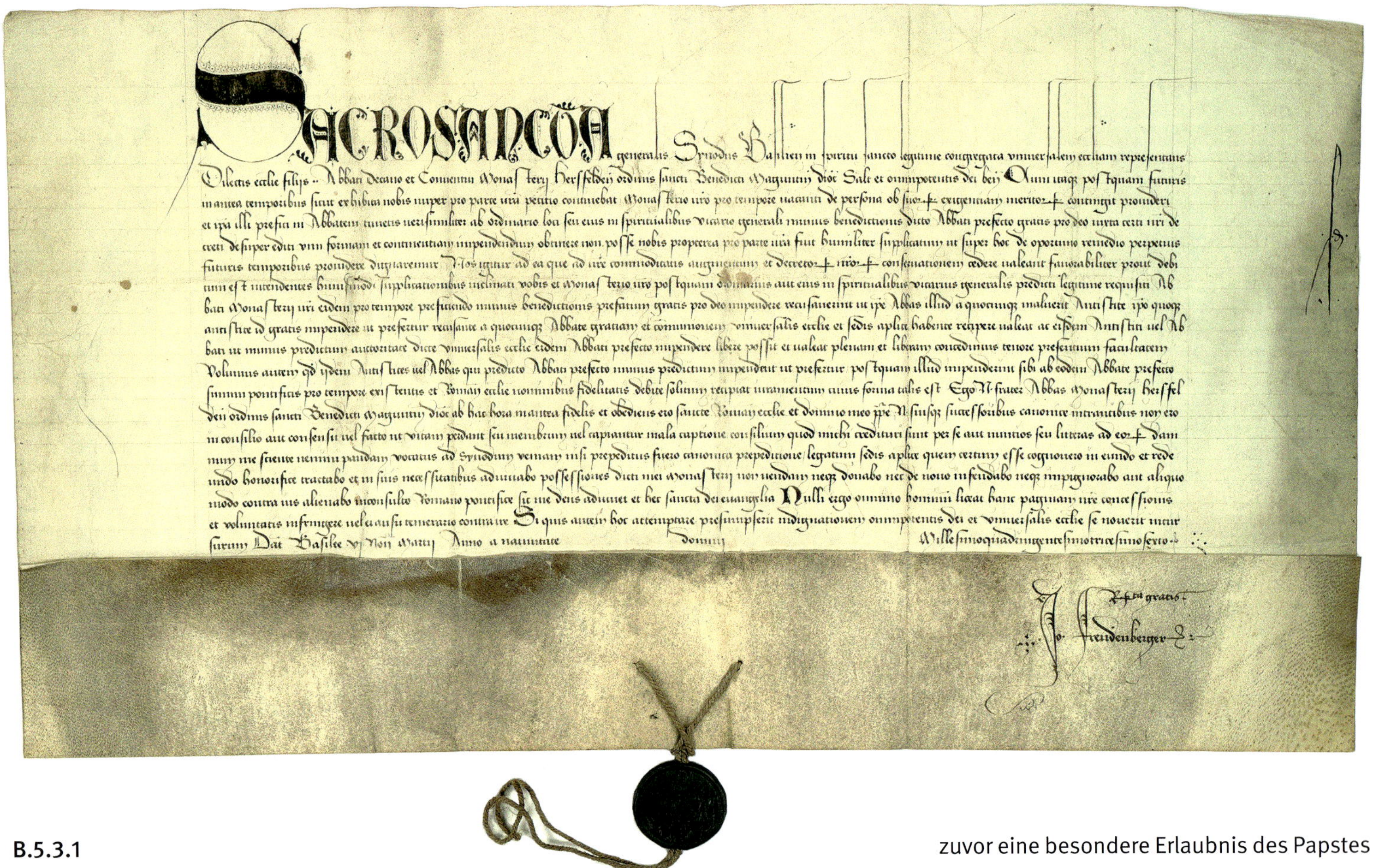

B.5.3.1

Konzilsurkunde mit Bulle

Basel, 2. März 1436
Pergament mit Bleibulle des Konzils;
H. 32 cm, B. 57 cm
Marburg, Hessisches Staatsarchiv, Urk. 56, Nr. 947 (alt: M I Reichsabtei Hersfeld)

Mit der Wahl Papst Martins V. (1417–1431) war 1417 in Konstanz das sogenannte Große Abendländische Schisma zu Ende gegangen, welches die Kirche und mit ihr die gesamte lateinische Christenheit seit 1378 gespalten hatte. Das Konstanzer Konzil (1414–1418) hatte sich zum Ziel gesetzt, diesen unhaltbaren Zustand zu beenden und die Einheit wiederherzustellen. Die reformerischen Ziele waren hingegen nicht erreicht worden. Immerhin verpflichtete sich Martin V., das Konzilsdekret *Frequens* vom 9. Oktober 1417 zu beachten, das vorsah, das begonnene Reformwerk durch die Einberufung allgemeiner Konzilien fortzusetzen, die im Abstand von maximal zehn Jahren zu erfolgen hätte. Mit etwas Verspätung berief Martin V. kurz vor seinem Tod ein Konzil nach Basel ein, das aber erst sein Nachfolger Eugen IV. (1431–1447) im Sommer 1431 eröffnen konnte. Im Unterschied zu der Versammlung in Konstanz sollte das Konzil, das bis 1449 tagte, sich schließlich selbst überholen. Für einige Jahre war es allerdings ein wichtiger Ansprechpartner für Anfragen, die sonst an die Kurie gerichtet wurden. Im Jahr 1436 wandte sich beispielsweise der Abt des Klosters Hersfeld zusammen mit dem Dekan und dem Konvent an das Konzil und erbat das Recht, zukünftig den Bischof für die Weihe des Abtes frei wählen zu dürfen. Die Konzilsversammlung entsprach dieser Bitte und gewährte dieses Privileg, für das zuvor eine besondere Erlaubnis des Papstes nötig gewesen war. Damit negierte das Konzil jedoch – wenn auch in einem Einzelfall – ein Vorrecht, das bisher allein dem Inhaber der *Cathedra Petri* zugestanden hatte und über das er Einfluss auf Besetzungen in der ganzen Christenheit hatte nehmen können. Symptomatisch kam an dieser Stelle der Superioritätsanspruch des Konzils zum Ausdruck, das frei über Rechte und Befugnisse des Papstes verfügte. Die Steigerung dieses Prinzips sollte schließlich jedoch zu einem Schisma, einer Entfremdung des Konzils von der Kirche und seiner Auflösung führen. Die Urkunde verfügt darüber hinaus über ein intaktes Konzilssiegel, dessen Gestaltung ebenso sprechend ist wie der Inhalt des Textes (für das Siegelbild vgl. Kat. Nr. B.5.3.2).

VIOLA SKIBA

Digital: https://arcinsys.hessen.de/arcinsys/detailAction.action?detailid=v4400581

B.5.3.2

Bleibulle des Baseler Konzils

Basel, 1432–1448
Blei, gegossen; Dm. 4,1 cm
Basel, HMB – Historisches Museum Basel, 1905.1557

Im Sommer 1431 eröffnete Papst Eugen IV. (1431–1447) das Baseler Konzil, dessen Abhaltung sein Vorgänger Martin V. (1417–1431) noch im Rahmen des Konstanzer Konzils versprochen hatte.

Trotz der hehren und reformorientierten Ziele der Konzilsteilnehmer sollte die Versammlung die Kirche bald in eine neue Krise stürzen. Nachdem sich das Konzil bereits kurz nach seinem Zusammentreten vom Papst distanzierte und bekräftigte, über dem Pontifex zu stehen, kam es zu einem Zerwürfnis. Eugen IV. beschloss noch im selben Jahr, die Versammlung aufzulösen und ein neues Konzil nach Bologna einzuberufen – allerdings ohne Erfolg. Die Konzilsväter beharrten mehrheitlich auf ihrer Position und setzten die Beratungen fort. Seit dem Frühsommer begann das Konzil dann, wie schon in Konstanz, ein eigenes Siegel zu führen, das für die Beglaubigung von Dokumenten und Briefen verwendet wurde. Getreu des eigenen Selbstverständnisses trug die Bleibulle eine fünfzeilige Inschrift, die die Heiligkeit des Konzils betonte: + SACRO-/-S(an)C(t)A: GENE-/-RALIS : SINO-/-DVS : BASI-/-LIENSIS + (Das heilige allgemeine Konzil von Basel). Die Rückseite des Siegels war deutlich aufwendiger gestaltet als dies noch bei dem Konstanzer Konzilssiegel der Fall gewesen war. Statt der Köpfe der Apostelfürsten war nun ein Abbild der Konzilsversammlung zu sehen, über der ein nimbierter Christus thronte. Der Papst – erkennbar an seiner Tiara – taucht in der Gruppe von Geistlichen, die das Konzil repräsentiert, nur als einer von vielen auf. Selten ist das Verhältnis von Papst und Kirchenversammlung aus der Sicht der Konziliaristen klarer ins Bild gesetzt worden als auf der Bulle des Baseler Konzils.

VIOLA SKIBA

Literatur: Burns 1964 – Dephoff 1930 – Frenz 2000 a, S. 110–112 – Helmrath 1984

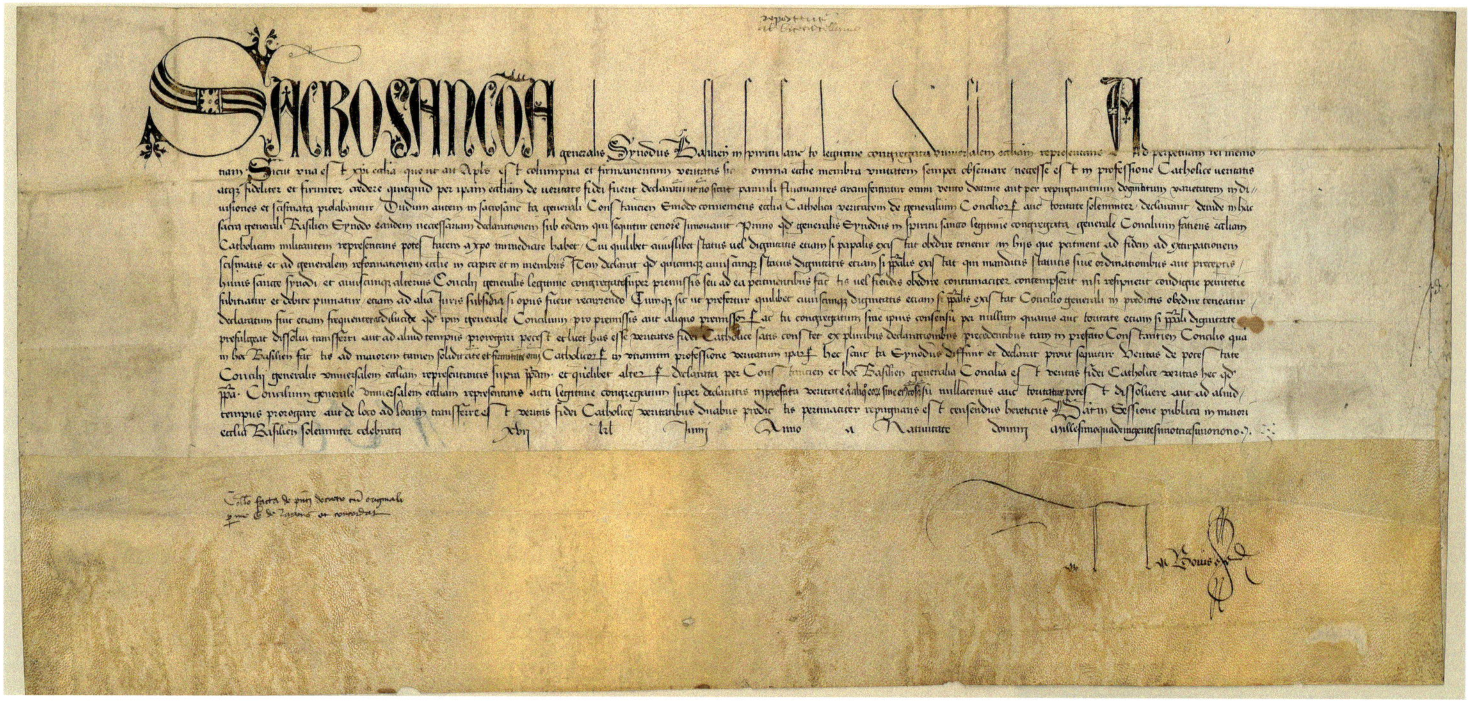

B.5.3.3

Bulle des Baseler Konzils mit der Feststellung der *tres veritates* und der Superiorität des Konzils über den Papst

Basel, 16. Mai 1439
Maße
Genf, Bibliothèque de Genève, Ms. lat. 27, 3. portefeuille, document no 56

Mit der Wahl Papst Martins V. (1417–1431) war 1417 in Konstanz zwar das Große Abendländische Schisma zu Ende gegangen, das die gesamte lateinische Christenheit seit 1378 gespalten hatte, weitere drängende Probleme der Kirchenreform waren allerdings nicht gelöst worden. Trotz lebhafter Diskussionen und radikaler Verlautbarungen wie *Haec sancta* (1415), jener Bulle in der sich das Konzil als Repräsentantin der Kirche über den Papst stellte, wurden die hohen Erwartungen nicht erfüllt. Immerhin verpflichtete sich Martin V., ein weiteres Konzilsdekret zu beachten, das vorsah, das begonnene Reformwerk durch die Einberufung allgemeiner Konzile fortzusetzen, die im Abstand von maximal zehn Jahren zu erfolgen hätte (*Frequens*, vgl. Kat. Nr. B.5.2.2). Mit etwas Verspätung berief Martin V. kurz vor seinem Tod eine Kirchenversammlung nach Basel ein, die aber erst sein Nachfolger im Sommer 1431 eröffnen konnte. Die fundamentalen Gegensätze zwischen Papst und Konzil, die nicht zuletzt die Zuordnung und das Verhältnis dieser beiden Institutionen betrafen, sollten die Kirche aber bald in eine neue Krise stürzen.

Die 1439 in Basel beschlossenen »drei Wahrheiten« (*Tres veritates*) des katholischen Glaubens konnte der Papst nicht anerkennen, beraubten sie ihn doch seiner Autorität zugunsten des Konzils. In diesen Glaubenssätzen wurde nicht nur erneut die absolute Superiorität der Konzilsversammlung betont – und sogar zum Dogma erhoben –, sondern auch das Verbot ausgesprochen, das Konzil ohne seine Zustimmung zu verlegen oder gar aufzulösen. Jeder, der diesen beiden Grundsätzen widersprach, habe zudem als Ketzer zu gelten: *Veritas de potestate conciliis generalis universalem ecclesiam representantis, supra papam et quemlibem alterum [...] est veritas fidei catholice. Veritas hec, quod papa concilium generale [...] sine eius consensu nullatenus auctoritative potest dissolvere aut ad aliud tempus prorogare aut de loco ad locum transferre, est veritas fidei catholice. Veritatibus duabus predictis pertinaciter repugnans est censendus hereticus*. Auf dieser Basis kam es nur wenig später zur Absetzung Eugens IV. und der Wahl eines Gegenpapstes, mit der sich das Konzil allerdings selbst zu demontieren begann. Eine der wenigen Originalüberlieferungen der *veritates fidei catholice* ist die vorliegende Bulle, die zu einer Sammlung von Originaldokumenten des Baseler Konzils gehört, die heute in Genf aufbewahrt wird.

VIOLA SKIBA

Digital: doc/rero.ch/record/31283 [14.12.2016]
Quellen: Handschriften Genf 2016, S. 154–157 – Mansi 1901–1927, Bd. XXIX, Sp; S. 178–179 – Quellen Geschichte Papsttum 1967, S. 487
Literatur: Hefele/Leclercq 1916, Bd. VII, 2, S. 663–1141 – Meijknecht 1970

B.5.3.4

Fragment der Papstglocke des Baseler Münsters

Jörg von Guntheim, Basel 1493
Bronze, gegossen; H. 31,6 cm, B. 16,3 cm, T. 5 cm
Basel, HMB – Historisches Museum Basel, 1873.55

Auch wenn die ersten Jahre des Baseler Konzils nicht ohne Konflikte waren und Eugen IV. (1431–1447) bereits im November versuchte, die Versammlung aufzulösen (Bulle *Quoniam alto* vom 12. November 1431), zahlte sich die Beharrlichkeit der Konzilsteilnehmer zunächst aus. Ende 1433 erklärte sich der Papst schließlich bereit, das Konzil und seine Entscheidungen als rechtmäßig anzuerkennen, doch der Frieden war nicht von Dauer. Insbesondere die grundsätzlich verschiedenen Auffassungen beider Seiten vom Verhältnis und der Zuordnung von Papst, Konzil und Kirche sollten schließlich zum endgültigen Bruch führen.

Nach der Absetzung Eugens (25. Juni 1439) erhob das Konzil schließlich sogar einen Gegenpapst. Amadeus VIII. von Savoyen wurde am 5. November 1439 gewählt und nahm den Namen Felix V. an. Im Sommer 1440 ließ sich Felix schließlich feierlich auf dem Münsterplatz in Basel krönen. Vermutlich anlässlich und in Erinnerung an dieses Ereignis stiftete Felix dem Münster eine Glocke, die am 5. September 1442 von Hans Peyer gegossen und als Papstglocke bekannt wurde. Als sie 1489 während eines Sturmläutens zerbarst, wurde umgehend die Anfertigung einer neuen Glocke beschlossen, die Arbeiten aber erst 1493 ausgeführt. Inschrift und Verzierung der neuen Papstglocke erinnerten dabei an das Ereignis und die Person ihres ursprünglichen Stifters. Bevor sie 1873 umgegossen wurde, rettete man einen Teil der Dekoration durch Ausbohrung. Darauf sind über dem Wappen des Haus Savoyen – einem weißen Kreuz auf rotem Grund – die gekreuzten Schlüssel zu erkennen, die wiederum bekrönt sind von einer päpstlichen Tiara. Zusammen mit dem ebenfalls gezeigten halben Baseler Rappen repräsentiert diese Darstellung das Konzil von Basel und den von ihm gewählten Papst.

Felix V. konnte sich, bis er sein Amt 1449 niederlegte, nie wirklich durchsetzen. Anerkannt war er außer in der Schweiz nur in Aragon, Bayern und Ungarn. Als der deutsche König und spätere Kaiser Friedrich III. seine neutrale Haltung im Schisma schließlich aufgab und sich Eugen IV. zuwandte, verloren das Konzil und sein Papst zunehmend an Boden. Nach der Aufhebung der Schutzgarantien der Stadt Basel für das Konzil mussten die Teilnehmer schließlich sogar die Stadt verlassen. Wenig später, am 25. April 1449, löste sich die Versammlung schließlich gänzlich auf. Kurz zuvor hatte Felix V. seinen Amtsverzicht erklärt und damit das letzte Schisma der lateinischen Kirche beendet. Trotz dieses sang- und klanglosen Endes sollten die Erinnerung und der Einfluss des Baseler Konzils bis in die Neuzeit fortdauern. Gedanken, die in Basel formuliert worden waren, fanden ihren Widerhall in der Reformation, und auch die Erinnerung an den glücklosen Felix V. wurde bewahrt. Nicht umsonst beschloss man, in Erinnerung an die historische Papstwahl von Basel, die zersprungene Papstglocke zu ersetzen.

VIOLA SKIBA

Digital: http://www.hmb.ch/sammlung/object/fragment-der-papstglocke-des-basler-muensters.html 29.11.2016]
Literatur: Gießmann 2014 – Müller, Heribert 2012 a

Renaissance

Die Restauration des Papsttums in Rom

Aufbruch zu neuem Glanz

Am 28. September 1420 konnte Martin V. (1417–1431), der auf dem Konstanzer Konzil gewählte Papst der neuen Einheit, endlich feierlich in Rom einziehen. Doch was er antraf, war ein Bild des Jammers. Die Stadt war verödet, der Lateran und die Peterskirche zeigten sich in einem ruinösen Zustand. Platina, der spätere Chronist der Papstgeschichte, schrieb um 1475: »Die Stadt Rom war so zerstört und öde, dass sie nicht mehr wie eine Stadt aussah. Eingestürzte Häuser sah man, zusammengefallene Kirchen, aufgelassene Gassen, eine sumpfige und verlassene Siedlung« (Dendorfer 2010, S. 105). Der Kirchenstaat befand sich weitgehend in der Hand von Söldnerführern (*Condottieri*), die Stadt Rom selbst war von der Königin von Neapel, Johanna II., besetzt. Das nun folgende Jahrhundert war bestimmt von dem Bemühen der Päpste, die alte Ordnung und die territorialen und materiellen Grundlagen des Kirchenstaats wieder herzustellen. Entscheidend war zu Beginn, dass sich Martin bei seinen Aktionen auf seine mächtige Familie, die Colonna, stützen konnte. Diese Situation erklärt, dass die Päpste fortan in die zahlreichen Konflikte der italienischen Stadtstaaten und auch der spanischen und französischen Interessen hineingezogen wurden. Das Papsttum musste sich arrangieren und anpassen und entwickelte sich zu einer mittelitalienischen Macht. Ein großer Erfolg war dabei die Bildung der italienischen Liga von 1454 (›Liga von Lodi‹). Ihr gehörten neben dem Papsttum auch Florenz, Venedig, Mailand und das Königreich Neapel an. Dies war der Beginn der ›vierzig glücklichen Jahre‹ in Italien, die 1494/1495 mit dem Einfall König Karls VIII. von Frankreich (1483–1498) in das Königreich Neapel endeten und von einer Epoche schlimmster Kriege und Zerstörungen abgelöst wurden.

Typisch für dieses Jahrhundert ist, dass die Päpste dazu übergingen, mit den einzelnen Monarchen und ›Nationen‹ separate Vereinbarungen (›Konkordate‹) zu schließen (›Wiener Konkordat‹ von 1448, ›Konkordat von Bologna‹ von 1516). Dies lässt die Bereitschaft erkennen, die Entwicklung der aufkeimenden ›Nationen‹ (›Heiliges Römisches Reich deutscher Nation‹) anzuerkennen und die päpstliche Politik danach auszurichten. Andererseits eröffnete die Entdeckung neuer Welten dem universalen Anspruch des Papsttums neue Horizonte. Von größter Wirkung war schließlich die Eroberung Konstantinopels 1453 durch die Türken. Die byzantinische Bildungselite, die sich auf die Flucht begab, entfaltete ihre Wirkkraft im Westen und gab der neuen Kulturströmung der Renaissance und des Humanismus starke Impulse. Rom wurde zum Mittelpunkt der neuen Künste und Wissenschaften, intensiv gefördert durch das Papsttum. Der päpstliche Gerichtshof erlangte hohe Autorität und wurde auch von den ›kleinen Leuten‹ in Anspruch genommen, etwa wenn es um Eheprobleme und Ehescheidungen ging. Um die Mitte des 15. Jahrhunderts verlegten die Päpste ihren Hauptsitz vom Lateran zum Vatikan, an dem nun erstmals eine Residenz errichtet wurde. Im 16. Jahrhundert begann der Bau des neuen Petersdoms. Weltberühmte Künstler wie Bramante, Michelangelo und Raffael schufen einzigartige Kunst- und Bauwerke. Dieser Aufschwung verstellte, so scheint es, den Blick auf die Forderungen nach Reformen in der Kirche, die sich mit Luther und anderen Reformatoren Gehör verschafften.

STEFAN WEINFURTER

Literatur: Alazard/La Brasca 2007 – Chiabò et al. 1992 – Dendorfer 2010 b – Esch 2016 – Schmugge 2008 – Schmugge 2010

Päpste als Vertragspartner: Eugen IV. (1431–1447) und Nikolaus V. (1447–1455)

Die letzte Union mit der Ostkirche

Der Venezianer Eugen IV. (1431–1447) musste sich gegen starke Widerstände durchsetzen. Die Familie seines Vorgängers, die mächtigen Colonna, bekämpfte ihn beharrlich. In Rom selbst konnte er sich nicht halten, so dass er sich von 1434 bis 1443 nach Florenz zurückzog. Seinen Hauptgegner hatte er im Konzil von Basel (1431–1449), das ihn während seiner gesamten Amtszeit begleitete. Als Eugen sich weigerte, die Beschlüsse des Konzils zu akzeptieren, setzte dieses ihn am 25. Juni 1439 wegen »beharrlichen Ungehorsams gegen die Kirchenversammlung« als Ketzer förmlich ab. Nach wie vor wirkte das Schisma nach, und im Kardinalskollegium, das sich aus den Kurien der verschiedenen Päpste zusammensetzte, sammelten sich zahlreiche Gegner Eugens. Sein Ansehen konnte er aber durch seine Verhandlungen mit dem Kaiser von Konstantinopel, Johannes VIII. Palaiologos (1425–1448), erheblich verbessern. Am 6. Juli 1439 wurde auf dem päpstlichen Konzil von Florenz der feierliche Abschluss einer Union mit der orthodoxen Kirche gefeiert. Die griechische Kirche sollte sich fortan dem römischen Papst unterordnen und wollte künftig anerkennen, dass »der heilige Apostolische Stuhl und der römische Bischof den Primat über den gesamten Erdkreis innehaben und der Römische Bischof selbst der Nachfolger des seligen Apostelfürsten Petrus und der wahre Stellvertreter Christi, das Haupt der ganzen Kirche und der Vater und Lehrer aller Christen ist« (Denzinger/Hünermann 2010, Nr. 1307–1308). Obwohl Byzanz daraus Hilfe im Kampf gegen den vorandringenden Islam erhoffte, stieß diese Vereinbarung auf erheblichen Widerstand in der östlichen Kirche. 14 Jahre später sollte sie wegen des Falls von Konstantinopel ohnehin hinfällig werden.

Den Verhandlungsweg schlug Eugen IV. auch gegenüber den Königen in Europa ein, um auf diese Weise seine Anerkennung zu sichern. Dem König des Heiligen Römischen Reichs, Friedrich III. (1440–1493), gestand er 1445 die Einrichtung des Bistums Wien und darüber hinaus die Gründung weiterer neuer Bistümer im Osten des Reichs zu – auch dies ein Beispiel für die Sondervereinbarungen, die von den Päpsten mit Monarchen und Fürsten geschlossen wurden.

Kaiserkrönung und Untergang von Konstantinopel

Papst Nikolaus V. (1447–1455) behielt die Strategie des Verhandelns und der Verträge mit einzelnen Partnern bei. 1448 kam es zum Vertrag mit Friedrich III., der in Wien ausgehandelt wurde (›Wiener Konkordat‹). Damit verbunden war die Zusage des Papstes, Friedrich III. zum Kaiser zu krönen. Es war die letzte Kaiserkrönung, die in Rom vollzogen wurde. Ein riesiger Tross von 5.000 Reitern begleitete Friedrich, als er am 9. März 1452 in Rom einzog. Am 19. März fand die Krönung in der Peterskirche statt. Der Aufwand muss gewaltig gewesen sein. Allein der Krönungsmantel soll 200.000 Gulden gekostet haben. Unter Nikolaus V. konnte sich das Papsttum endgültig wieder in Rom festsetzen. Zwar kam es 1453 nochmals zu einem Aufstand der Römer gegen die autokratische Herrschaftsweise des Papstes, aber er wurde rasch niedergeschlagen. Nikolaus stammte aus bürgerlichen Verhältnissen

und konnte daher nicht, wie die anderen Päpste, auf ein Familienwappen zurückgreifen. Daher übernahm er ein älteres, von Papst Bonifaz VIII. (1294–1303) erstmals verwendetes Wappenbild, das zwei gekreuzte Schlüssel zeigt. Sie schmücken bis heute das päpstliche Wappen. Nicht gelungen ist Nikolaus V. allerdings die Bildung einer Koalition zur Unterstützung der Christen von Konstantinopel. Die Stadt Konstantins des Großen, das ›Neue Rom‹, wurde 1453 von den muslimischen Truppen Sultan Mehmets II. erobert und das byzantinische Reich der orthodoxen Christen für immer vernichtet. Dieses Ereignis, das man als epochal einstufen muss, zeigt, wie sehr die Folgebereitschaft der europäischen Könige und Machthaber gegenüber dem Oberhaupt der lateinischen Kirche zurückgegangen war.

STEFAN WEINFURTER

Literatur: Borsi 2009 – Dendorfer 2012 b – Denzinger/Hünermann 2010 – Louth 2016 – Meuthen 1983

Bild: Papst Eugen IV. übergibt die Unionsvereinbarung des Konzils von Florenz an eine Gesandtschaft von Armeniern und Jakobiten.

C.1.1.1

Die Krönung Kaiser Sigismunds durch Papst Eugen IV.

Um 1433
Tempera auf Holz; H. 43,5 cm, B. 31,4 cm
Siena, Archivio di Stato di Siena, Museo delle Biccherne, 24

Papst Eugen IV. (1431–1447) wurde 1431 zum Nachfolger Martins V. gewählt, welcher der erste Papst nach dem Ende des Großen Abendländischen Schismas gewesen war. Er stammte aus Venedig und war der Neffe Gregors XII. (1406–1415), der seine Karriere stark gefördert hatte. Er arbeitete an der Kurie und wurde 1407 schließlich auf den Bischofssitz von Siena berufen. Zu diesem Zeitpunkt war er noch so jung (er war im Jahr 1383 geboren worden), dass vor seiner Bischofsweihe ein Dispens nötig war. Er verblieb allerdings nur zwei Jahre in Siena, bevor er zum Kardinal ernannt wurde und die Stadt daraufhin verließ. Nach der Abdankung seines Onkels wurde er als Kardinal bestätigt und nahm 1417 an der Wahl Martins V. in Konstanz teil. Während dessen Pontifikats übernahm er zahlreiche Ämter und war im Kardinalskollegium hochangesehen.

Als Martin V. nach der Einberufung des Konzils von Basel starb, das allerdings noch nicht eröffnet worden war, schien es nötig, umgehend einen Nachfolger zu bestimmen. Die Kardinäle entschieden sich für Eugen, der ihnen im Gegenzug weitreichende Zugeständnisse machte. Es war der Beginn eines nicht ganz einfachen Pontifikats, der durch die Auseinandersetzungen mit dem Baseler Konzil und der Gegnerschaft vonseiten der römischen Aristokratie, insbesondere der Familie Colonna, geprägt war. Bereits nach wenigen Jahren war Eugen IV. sogar gezwungen, Rom zu verlassen und in Florenz Zuflucht zu suchen.

Zuvor vollzog er am 31. Mai 1433 allerdings noch einen wichtigen Akt und krönte den Luxemburger Sigismund zum Kaiser. Der Herrscher hatte auf dem Weg zur Krönung einige Monate in Siena verweilt und den Friedensschluss zwischen der Kommune und Florenz gefördert. Siena profitierte auch auf andere Weise von der königlichen Anwesenheit und erhielt zahlreiche Privilegien und Konzessionen.

Es mag daher nicht überraschen, dass die Krönung Sigismunds durch Eugen IV. ihren Platz auf einer der Tavolette di Bicherna fand, die 1433 oder wenig später angefertigt wurden. Sie zeigt den Pontifex, begleitet von vier Kardinälen, wie er die Krone auf das Haupt des vor ihm knienden Herrschers setzt. Das Gefolge Sigismunds, das vermutlich einst hinter dem Kaiser zu sehen war, ist heute aufgrund des schlechten Erhaltungszustandes eines Teils der Tafel nicht mehr zu erkennen. Unterhalb der Krönungsszene befindet sich eine Reihe von Wappen, darunter das Stadtwappen von Siena und das der Piccolomini. Es folgt eine Inschrift, die heute nur noch teilweise lesbar ist und welche die Namen der für die Kommunalverwaltung zuständigen Amtsträger enthält (ANNO DOMINI MCCCCXXXII. FINITO NEL MCCCCXXXIII. P(..) KAMARLENGO, (..) DI LORENÇO PI(..)NI, (..)MEO DI (..) FRANCESCO LIN(AI)UOLO, (..) BATISTA DI BARTALOMEO DI (..)GNORE, PIERO DI IACOMO SPETIALE, (..)CO DI NOFRIO BANDINEGLI, NANNI DI NERI DEL GARDA (sic) LIGRITTIERE, MICHELE D'ANTONIO DI SER PETRO MICHELI SCRIP).

Das kleine Gemälde gehört zu einer Serie von bemalten Tafeln, die als Abdeckung für die Akten der Verwaltung der Biccherna und damit der Finanzmagistratur der Kommune von Siena dienten. Seit 1257 wurden die Buchdeckel bei den bedeutendsten sienesischen Künstlern in Auftrag gegeben und als Tafelbilder ausgeführt, deren thematische Gestaltung mit der Geschichte der Stadt und bedeutenden Persönlichkeiten der jeweiligen Zeit in Verbindung stand. Zu diesen gehörten auch immer wieder Päpste.

VIOLA SKIBA

Digital: http://www.archiviodistato.siena.it/museobiccherne/it/54/biccherna-24 [31.01.2017]

Literatur: AK Le biccherne di Siena, Rom 2002 – Borgia 1984, S. 138–139, Nr. 49 – Ceppari Ridolfi 2008 – Hay 2000 – Morandi 1964, S. 78–79 – Santi 2002

Anno domini
Piero di iacomo speciale
Finito nel

C.1.1.2

Bulle Papst Eugens IV.zur Wiedervereinigung von Ost- und Westkirche: *Laetentur coeli*

Florenz, 6. Juli 1439
Pergament mit päpstlichem Siegel;
H. 73 cm, B. 77 cm
Florenz, Biblioteca Medicea Laurenziana,
Cassetta Cesarini, numero 1

Am 6. Juli 1439 fand in Florenz ein Ereignis von weitreichender Bedeutung für die gesamte christliche Welt statt. Im Rahmen des Konzils von Ferrara-Florenz ließ Papst Eugen IV. (1431–1447) die Bulle *Laetentur coeli* (Auf dass die Himmel sich freuen mögen) feierlich verkünden, mit der die Einheit zwischen Ost- und Westkirche wiederhergestellt wurde. Damit sollte das seit 1054 andauernde Morgenländische Schisma ein Ende finden. Zwar hatte es auch vorher schon Versuche einer Wiederannäherung beider Kirchen gegeben, die ideologischen Differenzen waren jedoch zu groß gewesen. Erst die näher rückende Bedrohung durch die Osmanen sollte schließlich bewirken, was vorher nie gelungen war. Der byzantinische Kaiser Johannes VIII. Palaiologos (1425–1448) wandte sich an den Papst und erklärte sein Interesse, eine Kirchenunion herbeizuführen. Auf diesem Weg hoffte er, ein Einheitsgefühl unter den Christen zu wecken und einen Zusammenschluss der Kräfte zu bewirken. Mit dieser Absicht begab er sich persönlich nach Italien, um am Konzil von Ferrara-Florenz teilzunehmen. Er wurde von einem Gefolge von 700 Personen begleitet, unter denen sich prominente Persönlichkeiten wie der Erzbischof von Nicäa, Basilius Bessarion, befanden, der im Folgenden eine wichtige Rolle spielen sollte.

Bei der feierlichen Verkündung von *Laetentur coeli*, die in S. Maria del fiore stattfand und an der der Papst und der Kaiser teilnahmen, wurde der zweisprachige Text von Repräsentanten beider Kirchen verlesen: von Bessarion für die Ostkirche und Kardinal Giulio Cesarini für die Westkirche. Der Inhalt des Dokuments war das Ergebnis langer Verhandlungen, in denen sowohl dogmatische als auch politische Fragen geklärt werden mussten. Die wichtigsten zu lösenden Probleme betrafen die Natur Christi, das gesäuerte Brot, das Fegefeuer, aber auch die päpstliche Autorität und das Prinzip der *plenitudo potestatis*. Die Bulle schloss mit einer Erklärung zum letzten Punkt. Es wurde festgestellt, dass der römische Pontifex als Nachfolger Petri (*pontificem Romanum successorem esse beati Petri principis apostolorum et verum Christi vicarium*) den Primat *in universum orbem* innehabe und die anderen Patriarchen ihm untergeordnet seien, wobei deren Rangfolge erneut festgelegt wurde. Die Bulle wurde vom Papst, dem Kaiser und den wichtigsten Teilnehmern der Verhandlung unterzeichnet und sorgfältig aufbewahrt. Das Original, das in Florenz verblieb, trägt 110 Unterschriften und gehört zu den kostbarsten Dokumenten der Biblioteca Medicea Laurenziana.

VIOLA SKIBA

Digital: http://www.bmlonline.it/?s=Documenti [12.12.2016], Scheda 1, http://w2.vatican.va/content/eugenius-iv/la/documents/bulla-laetentur-caeli-6-iulii-1439.html [12.12.2016]
Quellen: Conciliorum Oecumenicorum 2013 a, S. 523–528
Literatur: AK Documenti sul Concilio di Firenze, Florenz 1989 – AK Lux in Arcana, Rom 2012, S. 110–111 – Alberigo 1991 – Bianca 1994 – Bizzocchi 1994 – Castelli 1992 – Chitarin 2002 – Kolditz 2013–2014 – Natalini/Pagano/Martini 1992, S. 134 – Proch 1988 – Viti 1994 a – Viti 1994 b – Zaccaria 1994

Eugenius
Ευγένιος

C.1.1.3
Medaille Kaiser Johannes' VIII. Palaiologos
Antonio Pisanello, 1438–1442
Bronze; Dm. 10,2 cm
Florenz, Museo Nazionale del Bargello, 5897

Die Medaille zeigt auf der Vorderseite den byzantinischen Kaiser Johannes VIII. Palaiologos (1425–1448). Er war zum Konzil von Ferrara-Florenz, das vom 4. März 1438 bis zum 4. Februar 1442 tagte, angereist. Das gab Pisanello Gelegenheit, den exotisch gekleideten Herrscher zu studieren und zu porträtieren. Der Kaiser ist im Profil mit Bart und Korkenzieherlocken sowie mit einer im damaligen Italien fremd wirkenden, hohen Kopfbedeckung dargestellt. Die außergewöhnliche Kleidung dürfte Pisanello angezogen haben. Die Rückseite der Schaumünze ist einer szenischen Darstellung gewidmet: der Kaiser hoch zu Ross im Gebet vor einem Kruzifix inmitten felsiger Landschaft. Aufgrund der Jagdkleidung und des Bogens sowie seines berittenen Gefolges scheint es sich um die Darstellung einer Jagdpause von Johannes VIII. zu handeln, in der um des Waidmannes Glück gebetet wird. Hier findet sich auch die Signatur Pisanellos OPVS PISANI PICTORIS, die als griechische Übersetzung in der Umschrift am unteren Rand der Medaille wiederholt wird.

Pisanello war Maler und Goldschmied. Er war ein Schüler des umfänglich dekorative Details wiedergebenden Veroneser Malers Stefano da Zevio und steht für die gotische Tendenz in der Malerei Italiens im frühen 15. Jahrhundert. Zugleich war Pisanello der Wegbereiter der Renaissance in Oberitalien, gerade im Bereich der Medaillen: Die Vorderseite zeigt im Allgemeinen eine Person, die Rückseite eine Szene. Pisanello verband hierbei Erzählfreude mit Naturbeobachtung, phantastische Pracht und feinste höfische Eleganz. Durch Zeichnungen nach der Natur bereitete er vor allem die Gestaltung der Rückseiten seiner Medaillen vor. Dies spürt man bei der Bildnismedaille im Bargello: Der betende Kaiser ist im Profil gezeigt, durch das Pferd als Rückenfigur und die Felskulisse gelingen eine tiefenräumliche Erschließung des Bildraums und zugleich eine naturnahe Wiedergabe der Jagdszene.

Wer die Medaille in Auftrag gab, ist unklar: eventuell das Haus Este. Das Loch in der Schmuckmünze könnte darauf hindeuten, dass sie als Teil einer Gemmen- und Medaillensammlung auf einem Untergrund festgesteckt war. Paolo Giovio, der eine bedeutende Sammlung mit den Bildern berühmter Staatsmänner besaß, berichtet 1551 vom Besitz einer Pisanellomedaille mit diesem Sujet.

IRMGARD SIEDE

Literatur: Chiarelli 1972, Nr. 83 – De Lorenzi 1983, S. 9ff., Nr. 2

C.1.1.4

Die Krönung Papst Nikolaus' V. (1447–1455)

1449

Tempera auf Holz; H. 44,3 cm, B. 31,8 cm

Siena, Archivio di Stato di Siena, Museo delle Biccherne, 28

Während des 15. Jahrhunderts war die Administration der Kommune von Siena häufig über persönliche und verwandtschaftliche Beziehungen mit der päpstlichen Kurie verbunden. Die Wahlen eines neuen Pontifex waren demnach von einer gewissen Bedeutung für die großen Familien der Stadt und fanden Eingang in die Gestaltung der Tafeln der Biccherna (vgl. auch Kat. Nr. C.1.1.1). Für das Jahr 1447 findet sich eine Darstellung der Krönung Nikolaus' V. Dieser, geboren als Tommaso Parentucelli und aus einer bürgerlichen Familie stammend, war ein Pontifex mit ungewöhnlichem Hintergrund. Er hatte enge Verbindungen nach Bologna, wo er studiert hatte. Wegen des Mangels an finanziellen Ressourcen war Tommaso gezwungen, sein Auskommen durch Arbeit zu finden. Doch zog er durch sein Talent schon bald die Aufmerksamkeit des Bischofs von Bologna Niccolò Albergato auf sich, der ihn in seine *familia* aufnahm und ihm wichtige Aufgaben übertrug. Es war der Beginn einer beispiellosen Karriere. Durch seinen Protektor, der 1426 zum Kardinal promoviert wurde, kam er in Kontakt mit der römischen Kurie und sammelte diplomatische Erfahrungen.

In dieser Zeit schloss Tommaso Freundschaft mit Äneas Silvius Piccolomini, der von Niccolò Albergato als Sekretär beschäftigt wurde und ihn nach Basel zum Konzil begleitete. Es folgten Jahre, in denen Tommaso sich entwickelte, reiste und an bedeutenden Ereignissen der europäischen Geschichte teilnahm. 1444 wurde er zum Bischof von Bologna ernannt und schon zwei Jahre später zum Kardinal promoviert. Doch auch dies sollte nur von transitorischer Natur sein, denn als Tommaso nach dem Ende einer diplomatischen Mission nördlich der Alpen nach Rom zurückkehrte, lag Eugen IV. im Sterben. Tommaso Parentucelli wurde am 6. März 1447 zu seinem Nachfolger gewählt.

Diese Wahl war auch für Äneas Silvius Piccolomini und seine Familie ein wichtiger Schritt. Denn nur sechs Wochen nach seiner Wahl berief Nikolaus V. Äneas auf den Bischofssitz von Triest. Äneas konnte diese Diözese zwar aufgrund des Widerstandes des dortigen Domkapitels allerdings nie in Besitz nehmen, doch Nikolaus V. gab die Förderung seines persönlichen Freundes nicht auf. Am 23. September 1450 wurde Äneas zum Bischof von Siena ernannt. Ein weiteres wichtiges Ereignis für die Stadtgeschichte erfolgte im selben Jahr: die Kanonisierung Bernhardins von Siena durch Nikolaus V. am 24. Mai 1450.

Diese Verbindungen trugen zu der Entscheidung bei, die Krönung Nikolaus' V. auf der Biccherna-Tafel für das Jahr 1449 festzuhalten, ein Jahr, in dem überdies ein Mitglied der Familie Piccolomini der Magistratur der Biccherna vorstand. Der obere Teil der Tafel zeigt den thronenden Nikolaus, der von zwei rotgekleideten Kardinälen mit der Tiara gekrönt wird. Zu beiden Seiten knien weitere Personen. Unter der Szene befinden sich sechs Wappen sienesischer Familien, darunter weitere vier, zu denen auch das der Piccolomini gehört. Es folgt eine Inschrift, die an das Verwaltungssemester (1448/49) erinnert und die Namen der damaligen Amtsinhaber nennt:

QUESTA SI È L'(E)NTRATA E L'USCITA DE LA GENERALE BICHERNA AL TENPO DE' SAVI HUOMINI GIOVANI DI TOFANO CHAMA(R) LENGHO (E) DI MAGIO DI RANUCCIO SARACINI E DI BARTALOMEIO DI PAVOLO DI GABRIELO E DI (..) PAVOLO D'ANTONIO E DI LONARDO DI MEIO DI NICHOLÒ E DI GHERARDO DI LUCA (a) CHOIAIO E DI MARIANO D'ANDREA PICHUGLIUOMINI E DI NICHOLÒ DI BERNARDO BERNARDEGLI E DI MEIO DI BINDUCCIO LIGRITIERE, QUATRO DI BICHERNA E DI MEIO DI CIONE SCRITTORE DELLA BICHERNA, COMINCIANDO NE' MCCCCXLVIII. E A DÍ PRIMO DI GENNAIO E FINENDO A DÍ ULTIMO DI DICIENBRE MCCCCXLVIIII.

VIOLA SKIBA

Digital: www.archiviodistato.siena.it/museobiccherne/it/58/biccherna-28 [31.01.2017]
Literatur: AK Le biccherne di Siena, Rom 2002 – Borgia 1984, S. 154–155, Nr. 57 – Ceppari Ridolfi 2008 – Miglio 2000 – Morandi 1964, S. 86–87 – Santi 2002

C.1.1.5

Giannozzo Manetti (1396–1459): *De vita ac gestis Nicolai V summi pontificis*

Mittelitalien, Miniaturist: Francesco d'Antonio del Chierico (1433?–1484) (?) / Ser Ricciardo di Nanni (1449–1480) (?), Kopist: Gherardo del Ciriagio, 1455
Pergament; H. 21,2 cm, B. 15,2 cm, I+84+I Blatt, Tempera und Blattgold fols. 1r, 2r, 24r, 62v
Florenz, Biblioteca Medicea Laurenziana, ms. Plut. 66.22, fol. 1r

Der Codex enthält eine Lebensbeschreibung Papst Nikolaus' V. (1447–1455). Er entstammte einer nichtadligen Familie aus Sarzana und hieß ursprünglich Tommaso Parentuccelli. Da er auf kein Familienwappen zurückgreifen konnte, fehlt ein solches auf dem Frontispiz. Der Papst holte sich 1451 mit Giannozzo Manetti einen toskanischen Humanisten als Sekretär an den Hof, der bereits zu seinem Amtsantritt eine glänzende Rede gehalten hatte. Manetti war qua Beruf über vieles am päpstlichen Hof aus erster Hand informiert und daher prädestiniert für das Verfassen einer Vita Nikolaus' V. Am Anfang der Handschrift befindet

sich ein Widmungsblatt mit der Präfatio in Goldschrift und einem Zierrahmen. Darin ist rechts der Autor Manetti als Halbfigur im Profil mit Buch vor blauem Himmel mit Wölkchen gezeigt. Das dargestellte Buch dürfte die Papstvita sein, die Manetti Nikolaus V. widmet. Der Papst ist mit Vortragekreuz, ebenfalls im Profil, gleichsam gegenüber und als Halbfigur in einer V-Initiale gezeigt. Er trägt einen Prunkornat: ein rotes, verziertes Pluviale, die entsprechende Unterkleidung, Pontifikalhandschuhe und eine Tiara mit drei Kronreifen. Er ist segnend dem Autor zugewandt. Die Buchwidmung ist als humanistischer Akt gezeigt.

Die Zierseite wird eingerahmt von belebten weißen Ranken mit Eroten und Vögeln. Teils picken die Vögel Trauben, teils jagen die Putten oder klettern in den Ranken: Dies ist die humanistische Version der auf frühchristliche Mosaiken oder Sarkophage zurückgehenden Motive. Weitere Eroten halten einen Lorbeerkranz mit dem Medici-Wappen. Manetti schickte den Codex an Giovanni de' Medici, der in der Widmungsinschrift als Empfänger benannt wird. Dies steht damit in Zusammenhang, dass Manetti ab 1453 in Neapel im Exil war und gern nach Florenz zurück wollte. Vermittelt durch Vespasiano da Bisticci gelangte die Papstvita an Giovanni de' Medici. Sie ist für die Politik, das Handeln und die Bauprojekte des Papstes eine wichtige Quelle, aber auch für den unter Nikolaus V. an den Papsthof gelangten, christlich geprägten Humanismus. Manetti vertrat das Bild des freien, autonomen, humanistischen Menschen.

IRMGARD SIEDE

Literatur: AK Caritas, Paderborn 2015, S. 507–509 Kat. Nr. 82 (C. Denker Nesselrath) – AK Il parato di Niccolò V, Florenz 2000, S. 69–73 – Hardt 2003, S. 227 ff.

C.1.1.6

Bodenplatte mit dem Wappen Nikolaus' V., Teil eines wiederverwendeten früh- bzw. hochmittelalterlichen, liturgischen Mobiliars

Rom, Gegend des Vatikan (?), 9. Jahrhundert / Apostolischer Palast, Stanza della Segnatura, 1447–1455
Weißer Marmor, mit Intarsien in buntem Marmor in der Phase der Wiederverwendung; H. 108,5 cm, B. 109,5 cm, T. 10 cm
Vatikanstadt, Musei Vaticani (Museo Pio Cristiano), 31424

Die dicke Marmorplatte wurde zur Zeit Papst Nikolaus' V. (1447–1455) auf ein Quadrat reduziert, als man sie anlässlich der Erweiterung des apostolischen Palasts am Vatikan dazu bestimmte, das Wappen des Pontifex im Kosmaten-Fußboden des Zimmers, das später *Stanza della Segnatura* genannt wurde, aufzunehmen. Im Jahr 1909 wurde die Platte bei Renovierungsarbeiten angehoben. Dabei zeigten sich auf der Unterseite die Reste einer älteren Dekoration, die sich einer früh- bzw. hochmittelalterlichen liturgischen Ausstattung zuordnen lassen: Das Werk wurde also ins Museo Pio Cristiano transportiert, *in situ* setzte man eine Kopie des Wappens ein.

Die ursprüngliche Platte wurde für die Wiederverwendung auf drei Seiten beschnitten, an der noch intakten oberen Kante verläuft eine flache Zierleiste. Darunter erkennt man die Reste zweier einander flankierender, schematisch wiedergegebener Ädikulen mit zwei Bögen, die auf zwei an den Enden verdickten, stilisierten Säulen ohne Basis und Kapitell aufliegen. Sowohl die Säulen als auch die Bögen sind vollständig von einem Flechtbandmuster bedeckt, über den Bögen entwickelt sich ein Motiv von rollenden Wellen. Im Zentrum der Ädikulen ist jeweils ein lateinisches Kreuz zu sehen, dessen Balken in Voluten enden. Auch diese Kreuze sind im Inneren mit einem Flechtbandmuster um einen zentralen Knopf versehen. Zu Füßen der Kreuze sind zwei Löwenpaare in heraldischer Symmetrie angeordnet, während die gesamte übrige Fläche mit Vögeln und herzförmigen Blättern ausgefüllt ist.

Die strenge Wiedergabe der Figuren und das instabile Gleichgewicht der Komposition, bestimmt vom *horror vacui*, rücken dieses Werk in die Nähe anderer römischer Beispiele aus dem 9. Jahrhundert. Die Ikonographie ist von der traditionellen Darstellung der Kreuzesverehrung (*adoratio Crucis*) zur Feier des Opfers Christi inspiriert und legt die Möglichkeit nahe, dass die Platte ursprünglich ein Antependium gewesen ist und damit funktionell an die Liturgie gebunden war, mit der des Opfers Christi gedacht und das in der Eucharistie erneuert wurde. Alternativ kann allerdings auch nicht ausgeschlossen werden, dass es sich bei dem Stück um einen einfachen, zu einer liturgischen Schranke gehörigen *pluteus* gehandelt haben könnte.

Auf der anderen Seite der Platte befindet sich in einem glatten Rahmen das aus zwei gekreuzten Schlüsseln gebildete päpstliche Wappen Nikolaus' V. Es steht vor einem Hintergrund aus Dreiecken, die von den vier Seiten des (quadratischen) Feldes her dem Zentrum zustreben. Die Schlüssel sind als Einlegearbeit im Kosmatenstil in verschiedenfarbigem Marmor (weißem, Bardiglio, Pavonazzo und Rosso antico) gestaltet. Der Hintergrund wird aus alternierend angeordneten Stücken aus weißem Marmor und Palombino-Marmor sowie aus Elementen in Porphyr und Serpentin mit vereinzelten Einschlüssen von Giallo antico, Portasanta, Pavonazzetto, Granit und Breccia africana gebildet.

ALESSANDRO VELLA

Literatur: AK Kunstschatten uit Vaticaanstad, 's-Gravenhage 1953, Nr. 20 – Kautzsch 1939, S. 1–73, bes. S. 32, Abb. 54 – Marucchi 1910 b – Marucchi 1910 c – Nesselrath 2001 – Nesselrath 2005

Pluviale

C.1.1.7

Ornat von Papst Nikolaus V. (1447–1455)

Pluviale

Toskanische Werkstatt, um 1450
Seidensamt, farbige Seidenstickerei, Goldfaden; 290 x 140 cm
Florenz, Museo Nazionale del Bargello, 72 V

Dalmatik

Toskanische Werkstatt, um 1450
Seidensamt, farbige Seidenstickerei, Goldfaden; H. 146 cm, B. 117 cm
Florenz, Museo Nazionale del Bargello, 74 V

Stola

Toskanische Werkstatt, um 1450
Seidensamt, farbige Seidenstickerei, Goldfaden; H. 18,5 cm, B. 233 cm
Florenz, Museo Nazionale del Bargello, 76 V

Stola

Toskanische Werkstatt, um 1450
Seidensamt, farbige Seidenstickerei, Goldfaden; H. 20,5 cm, B. 232 cm
Florenz, Museo Nazionale del Bargello, 77 V

Kelchvelum

Toskanische Werkstatt, um 1450
Seidensamt, farbige Seidenstickerei, Goldfaden; H. 59 cm, B. 57 cm
Florenz, Museo Nazionale del Bargello, 81 V

Dalmatik

Im Bargello hat sich mit zwölf Teilen ein fast kompletter Papstornat erhalten, darunter zwei Dalmatiken, das Untergewand, eine Kasel und ein Pluviale, ein Regenmantel, zwei Stolen, drei Manipel und ein Kelchvelum. Kaum ein weiterer textiler Apparat für einen Papst hat so umfassend die Jahrhunderte überdauert. Der Ornat im Bargello ist daher einzigartig, er spiegelt das spätmittelalterliche Repräsentationsbedürfnis am Papsthof.

Aus Quellen wissen wir, dass der textile Apparat, den Kardinäle oder Päpste zu liturgischen, zu nicht-liturgischen und repräsentativen Zwecken besaßen, oft gewaltig war. Hierzu gehörten neben den Kleidungsstücken für jede Witterung und unterschiedliche liturgische Anlässe auch Tapisserien für Wand oder Boden sowie Möbeldekor. Zahlenmäßig übertraf, der Inventarüberlieferung zufolge, der Bestand an Textilien wohl im Allgemeinen sogar den an Büchern oder Silberwaren. Gibt es Wertangaben in den Inventaren, so rangieren verzierte Pluvialia vor Büchern. Papst Innocenz III. (1195–1216) hatte um 1200 die liturgische Kleidung des Papstes als Zeichen seiner päpstlichen Würde gedeutet.

Vor diesem Hintergrund ist der Ornat im Bargello sicher nur eines von zahlreichen weiteren Gewandensembles Papst Nikolaus' V. Der Grundstoff sämtlicher Teile ist ein golddurchwirkter roter Samt, in den durch Musterung große Medaillons mit Granatapfeldekor eingearbeitet sind. Dem fast quadratischen Kelchvelum ist in der Mitte ein goldenes Kreuz aufgenäht. Einzelne Teile sind mit Seiden- und Goldfäden bestickt. Auf der Klappe des Pluviale wurde in einem Medaillon der ungläubige Thomas, der Christus in die Seitenwunde fasst, in Stickerei angebracht. Bei der Wahl gerade dieser Szene mag der eigentliche Name des Papstes, Tommaso Parentucelli, eine Rolle gespielt haben. Auf den Dalmatiken ist mehrere Male in Nadelmalerei dargestellt, wie der Gottessohn auf dem Meer wandelt und Petrus die Hand reicht, um ihn vor dem Ertrinken zu retten. Nach Mt 14,22–33 bekennen daraufhin die anderen Jünger: »Du bist wahrhaftig Gottes Sohn«.

Stola

Die Bilder sind so angeordnet, dass der Papst bei geschlossenem Pluviale in einer Reihe mit acht, in bunter Seide und Gold gestickten Heiligen stand, die in besonderer Weise für die Wahrheit des Glaubens gelebt haben: Petrus und Paulus, Papst Silvester I. und Papst Gregor I., die Heiligen Franziskus und Bernhardin und zuunterst Georg und Michael, die beide gegen den Unglauben kämpften. Sie sind eventuell von einem Künstler aus der Umgebung des Beato Angelico entworfen worden, weshalb an eine Textilwerkstatt im Raum Florenz gedacht wurde. Das ikonographische Programm des Pluviale befestigt zum einen die Stellung seines Trägers, also von Papst Nikolaus, als Apostelnachfolger und Stellvertreter Christi. Zum anderen ist Bernhardin hier bereits in eine Reihe mit heiligen Päpsten und Heiligen gestellt, die gegen Häresien ankämpften. Vielleicht spielt auch eine zeitgeschichtliche Dimension eine Rolle: Nach den Konzilien stand der Papst wieder für die Wahrheit des Glaubens ein.

Nach den Quellen hatte die Stadt Siena diesen Ornat für die Heiligsprechung des Bernhardin von Siena in Auftrag gegeben, die am 24. Mai des Jubeljahres 1450 stattfand, und ihn bei diesem Anlass Papst Nikolaus geschenkt. Dies war auch die erste Gelegenheit, bei der er getragen wurde.

Bernhardin von Siena kam aus der Franziskanerobservanz. Er vertrat in seinen Pre-

Kelchvelum

C.1.1.8

Medaille auf die Wahl Nikolaus' V. zum Papst

Avers: NICHOLAS · PAPA · V ·
Revers: ---
Rom, 1447
Silber; Dm. 41,5 mm, Gewicht 45,57 g
Stuttgart, Landesmuseum Württemberg, MK 22985

digten ein Armutsideal, das ihm mehrfach den Vorwurf der Häresie eingebracht hatte. In Papst Nikolaus V. fand er jedoch einen Befürworter des Armutsgedankens. Das Attribut Bernhardins ist das Christuszeichen in einem Strahlenkranz (IHS = *Jesus Hominum Salvator*), das bei einer seiner Predigten erschienen sein soll und das die Jesuiten sich etwa 100 Jahre später als ihr Wappen erwählten. Auch auf die Bedeutung des IHS nehmen die im Ornat von Papst Nikolaus dargestellten Szenen immer wieder Bezug.

Nach dem Gebrauch bei der Heiligsprechung Bernhardins im Jahr 1450 wurde der Ornat circa hundert Jahre im Vatikan verwahrt. Dann wurde er unter Papst Gregor XIII. (1572–1585) in die Augustinerkirche S. Giovanni Battista in Fivizzano verbracht. Aus Fivizzano stammte die Mutter Papst Nikolaus' V. 1935 kaufte der italienische Staat den Ornat für den Bargello an.

IRMGARD SIEDE

Literatur: AK I papi della memoria, Rom 2012, S. 150 Nr. II.12 – AK Il parato di Niccolò V, Florenz 2000 – Ertl 2007, S. 139–185, bes. S. 149–157

Tommaso Parentucelli wurde im Jahr 1447 zum Papst gewählt und nannte sich seitdem Nikolaus V. Die Medaille, die auf seine Wahl ausgegeben wurde, zeigt auf der Vorderseite das Brustbild des neuen Papstes nach links.

Die Rückseite trägt unter einer Tiara mit flatternden Pendilien einen Schild mit dem päpstlichen Wappen, den zwei gekreuzten und unten zusammen gebundenen Schlüsseln. Nikolaus V. war der Sohn eines Arztes und damit der erste Papst aus einer bürgerlichen Familie seit Coelestin V., dessen Pontifikat von Juli bis Dezember 1294 dauerte. Nikolaus konnte daher kein Familienwappen auf seinen Medaillen präsentieren – ganz

im Gegensatz etwa zu Clemens VII., auf dessen Prägungen sich das Medici-Wappen findet (MK 17795 und MK 17796).

MATTHIAS OHM

Literatur: Modesti 2002, Bd. 1, Nr. 24 – Cimeliarchium 1710, S. 127

C.1.1.9
Medaille Papst Nikolaus' V.

Avers: NICOLAUS PP^ QVINTUS / TOMAS
Revers: SEDI ANNO OCTODI XX OBIT XXV MAR MCCCCLIIII / ANDREAS GUACALOTIS
Andrea Guazzalotti, 1455
Bronze; Dm. 7,54 cm, Gewicht 138,10 g
Vatikanstadt, Biblioteca Apostolica Vaticana, Md.Pont.Nicolaus.V.2

Auf dem Avers dieser Medaille ist Papst Nikolaus V. (1447–1455) im Profil zu erkennen, auf dem Revers sitzt er in einem mit ECLESIA (Kirche) bezeichneten Boot. Er hält ein Ruder und ein Kreuz in der Hand, an dem eine Flagge mit den zwei Schlüsseln des Papstes weht. Während die Darstellung als Steuermann eher stereotyp wirkt, ist das Porträt von Nikolaus V. sehr prägnant. Vermutlich benutzte der Künstler hierfür eine lebensnahe Vorlage. Der Pontifex setzte mit dieser Medaille eine Tradition fort, die sein Vorgänger Eugen IV. (1431–1447) begonnen hatte.

Am 6. März 1447 wurde der aus Sarzana stammende Tommaso Parentuccelli zum Papst gewählt und nahm den Namen Nikolaus V. an. Schon früh erhielt er eine gute Bildung und entwickelte eine große Leidenschaft für Bücher und Baukunst. Mit einer Handschriftensammlung von fast 1.200 Bänden gilt er als der Begründer der Vatikanischen Bibliothek. Unter anderem setzte er sich dafür ein, griechische Quellen ins Lateinische zu übersetzen und humanistische Gelehrte zu unterstützen. Außerdem förderte er Wissenschaft und Kunst. Damit begann das sogenannte Renaissancepapsttum. Mit dem Basler Konzil gelang es Nikolaus V., das Kirchenschisma endgültig zu beenden. Am 17. Februar 1448 schloss er außerdem das Wiener Konkordat ab.

Die vorliegende Medaille wurde wahrscheinlich von dem Bronzegießer und Medailleur Andrea Guazzalotti geschaffen, auch wenn es hierfür keine verlässliche Quelle gibt. Es ist aber sehr wahrscheinlich, dass er im Rahmen der neuen Münzkammern die Medaille entworfen hat. Andrea Guazzalotti wurde um 1435 in Florenz geboren und reiste vermutlich mit den Strömen von Pilgern, die sich im Heiligen Jahr 1450 auf den Weg nach Rom machten, in das Zentrum des Papsttums. Zwischen 1455 und 1460 blieb er im Gefolge des Bischofs von Orte, Monsignor Niccolò Palmieri, in Rom. Hier erhielt er den Auftrag des Curia Scrivener. Vermutlich begann er in seiner Freizeit, Medaillen zu entwerfen. Hauptsächlich stellte er Münzen für die Päpste Nikolaus V., Calixt III. und Pius II. her.

CLARA V. DER OSTEN-SACKEN

Literatur: Börner 1997, S. 78–80 – Herbers 2012, S. 278–280 – Müller, Heribert 2001 – Alteri 2004, S. 18, Nr. 3 – Strnad 1994

C.1.1.10

Ring von Papst Nikolaus V. (1447–1455)

Rom, erste Hälfte 15. Jahrhundert
Bronze, gegossen, ziseliert und vergoldet, Edelstein imitierender Kristall; H. 4,4 cm
Geschenk Papst Pius' XI. an das Museo Cristiano, erworben 1934
Beschriftung: (gotische Minuskel auf körnigem Grund) NIS PP V
Vatikanstadt, Musei Vaticani (Museo Cristiano), 62005

Seit den ersten Jahrhunderten der christlichen Zeit diente die besondere Verwendung eines Ringes durch Vertreter des Klerus und der kirchlichen Hierarchie als Zeichen der besonderen Würde, die ihnen mit der Weihe verliehen wurde. Während es den Priestern und einfachen Presbytern üblicherweise verboten war, Ringe zu tragen, durften Geistliche höheren Ranges dies tun, wenn es ihr ›Amt‹, ihr ›Rang‹ oder ihre ›Würde‹ (*Concilium Lateranense IV, Constitutio XVI: De indumentis clericorum*) erforderten.

Als repräsentatives Zeichen der geistlichen Persönlichkeit ihres Trägers stand der Ring insbesondere den Päpsten, Kardinälen und Bischöfen, aber auch Äbten, Äbtissinnen und Doktoren der Theologie zu. Gemäß dem *Rationale divinorum officiorum* des Bischofs Guillaume Durand (*Guilelmus Durandus*), Palast-Auditor und apostolischer Kaplan unter Clemens IV., ist der Ring der Ausdruck der sakramentalen Verbindung zwischen Christus und der Heiligen Kirche, deren Hüter und Zeugen ihre Bischöfe und Prälaten sind (*anulus est fidei sacramentum quo Christo sponsam suam, sanctam Ecclesiam, subarravit [...] cujus custodes et pedagogi sunt episcopi et praelati, anulum pro signo in testimonium huius rei ferentes*). In gleicher Weise spielt der pontifikale Ring auf die Autorität des Papstes über seine Herde an, redlich im Glauben wie die Kirche, die wachsam bleibt, in Erwartung ihres himmlischen Gemahls (*Anulus ergo pontificis integritatem significat fidei, ut videlicet Ecclesiam Dei sponsam sibi creditam, sicut se diligat, et sobriam et castam, coelesti sponso custodiat*). Die Kostbarkeit des Rings und seine Kreisform bringen anschaulich die Vollkommenheit der Geschenke Gottes und ihre Vereinigung in Christus zum Ausdruck, da »es Gott gefiel, in ihm alle Fülle wohnen zu lassen und durch ihn alles wieder mit sich zu versöhnen« (Kol 19–20: *Anulus autem aureus et rotundum perfectionem donorum ejus significa, quam sine mensura Christu accepit, quoniam in ipso omina plenitudo Divinitatis corporaliter inhabitat*).

Das hier vorgestellte bronzene Exemplar ist das Produkt einer römischen Goldschmiedewerkstatt aus der zweiten Hälfte des 15. Jahrhunderts. Der Ring zeichnet sich durch die raffinierte Gestaltung der reliefierten Buchstaben (die den *nomen pontificale* von Tommaso Parentucelli, 1397–1455,

in Abkürzung wiedergeben) und durch die Brustbilder von Petrus und Paulus an den Seiten der Fassung aus. Die Edelsteinimitation aus Bergkristall, die man heute bewundert, ersetzt den gelblichen Topas, der ihn früher schmückte. Der Ring, wie ein weiterer hier gezeigter (vgl. Kat. Nr. C.2.3.5), wurde vom Papst zu besonders festlichen Anlässen wie der Ernennung von Bischöfen und Kardinälen über den liturgischen Handschuhen getragen.

GUIDO CORNINI

Quellen: Durand 1859, S. 122 – Register Innocenz' III. 1979, Bd. I, S. 295–297, Nr. 206
Literatur: Moroni 1840–1861, Bd. II, S. 64–66 – Negri Arnoldi 2008 – Siefert 2014 – Volbach 1938, S. 30

C.1.1.11

Die *Epistolae* Papst Leos des Großen in einer Prachthandschrift für Papst Nikolaus V.

Mittelitalien (Rom?), 1451
Pergament; H. 47,6 cm, B. 32,8 cm
Vatikanstadt, Biblioteca Apostolica Vaticana, Vat. lat. 541

Obwohl zahlreiche Päpste als Heilige gelten, tragen doch nur zwei von ihnen in der gesamten Papstgeschichte den Beinamen ›der Große‹. Ihrem Pontifikat und ihren Persönlichkeiten wird eine solche Bedeutung zugeschrieben, dass sie ihren Nachfolgern als große Vorbilder galten und ihre Schriften bewahrt, immer neu abgeschrieben und rezipiert wurden. Während Gregor der Große sich als Kirchenlehrer und Verfasser bedeutender Werke, wie den Homilien (vgl. Kat. Nr. B.1.1.4), den *Dialogi* (vgl. Kat. Nr. B.1.1.5) oder der *Regula pastoralis* (vgl. Kat. Nr. B.1.1.3) hervortat, wirkte Leo der Große als Verfechter der petrinischen Tradition, der die bedeutende Rolle der römischen Kirche

hervorhob und beim Anmarsch der Hunnen und Vandalen als Beschützer der Stadt auftrat. Zudem war er der erste, der sich in der Nähe des Petrus in der Peterskirche beisetzen ließ und seinen Nachfolgern auch damit ein Beispiel war, dem es nachzueifern galt. Diese Vorbildfunktion wird auch bei einer Auswertung der Papstnamen deutlich, deren Wahl ja durchaus auch programmatischer Natur war. Immerhin zwölf weitere Päpste wählten den Namen Leo und bezogen sich dabei zumeist auf Leo den Großen.

Der humanistisch geprägte Papst Nikolaus V., der als Gründer der Vatikanischen Bibliothek gilt, hatte – auch wenn er offensichtlich einen anderen Papstnamen wählte –, ebenfalls Bezug zu Leo dem Großen, in dessen Tradition er sich setzte und gesetzt wurde. Sichtbaren Ausdruck erhält dies in einer 1451 entstandenen Prachthandschrift der Briefe und Predigten Leos (*Epistolae* und *Sermones*), die Nikolaus gewidmet wurde und ihren Weg in die päpstliche Bibliothek fand. Die reich ausgestattete Handschrift, die mit farbigen Ranken und aufwendig gestalteten Initialen verziert ist, verfügt über zwei figürliche Initialminiaturen, die zum einen die Briefe, zum anderen die Predigten Leos einleiten. Während die erste Darstellung den an einem Schreibpult sitzenden Papst bei der Niederschrift eines Textes zeigt (fol. 1r), ist der Pontifex in der zweiten Miniatur vor einer Gruppe von Kardinälen zu sehen (fol. 75r). Beide Darstellungen stehen in Zusammenhang mit dem Charakter des folgenden Textes: den Briefen und den Predigten, die zwei Kommunikationsformen repräsentieren. Obwohl die Miniaturen Leo den Großen darstellen sollen, ist dieser, ebenso wie die Kardinäle, in der Tracht des 15. Jahrhunderts dargestellt. Darüber hinaus hat das Profil des Papstes durchaus Ähnlichkeit mit dem Porträt Nikolaus' V. und betont auch auf diesem Weg die päpstliche Tradition.

VIOLA SKIBA

Digital: Digi.vatlib.it/view/MSS_Vat.lat.541
Quellen: Codices Vaticani Latini 1902, S. 406–407 – Codici latini Niccolò V 1994, S. 463, Nr. 743
Literatur: Caldelli 2000 – Maddalo 1994 – Manfredi 2010 a – Pasut 2000, S. 103–155, bes. 145–146

Pius II. (1458–1464) und Sixtus IV. (1471–1484) – Rom auf dem Weg zum kulturellen Mittelpunkt Europas

Das neue Menschenbild im Humanismus

Schon Nikolaus V. war von den Ideen der Renaissance durchdrungen. Bereits von ihm ist die Absicht überliefert, den Vatikan mitsamt der Peterskirche durch gewaltige Bauten im neuen Stil zu ersetzen; der Bau des päpstlichen Renaissancepalastes im Vatikan wurde noch unter ihm begonnen. Seine Initiativen wurden von Papst Pius II. (1458–1464) und Sixtus IV. (1471–1484) fortgesetzt, unter denen die Neugestaltung der päpstlichen Residenz vorangebracht wurde. Die Antikenbegeisterung ging bei Pius II., der vor seiner Papstzeit Enea Silvio Piccolomini hieß und aus einem adligen Geschlecht aus Siena stammte, so weit, dass er sich als Papst mit dem antik-klassischen Beinamen des Aeneas (*Pius Aeneas*) benannte (*Sum Pius Aeneas, fama super aethera notus*). Heute bezeichnet man ihn als den Papst, »mit dem die Renaissance begann« (Volker Reinhardt). Mit der Renaissance verbunden war das Denk- und Bildungsideal des Humanismus, das den Menschen ins Zentrum der Gesellschaftsordnung stellte. Die Beschäftigung mit Sprache, Rhetorik, Poetik, Geschichte und Moralphilosophie trat in den Vordergrund. Die Wurzeln des Humanismus reichen bis in die Zeit vor 1300 zurück. Mit den neuen Methoden der Textkritik (Philologie) wurden die korrekten oder ›originalen‹ Texte erarbeitet, um damit die theologische Wahrhaftigkeit zu festigen. Von diesem Anspruch war auch der spätere Kuriensekretär Lorenzo Valla (1407–1457) geleitet, als er um 1440 die ›Konstantinische Schenkung‹ als Fälschung entlarvte. Er gehörte zu einem Kreis bekannter Humanisten, der sich um Kardinal Giordano Orsini (1360–1438) gebildet hatte und zu dem auch Leonardo Bruni (1369–1444), Poggio Bracciolini (1380–1459) und Leonardo Dati (1408–1472) zählten.

Pius II. war in höchstem Maße erfüllt von dem umfassenden Bildungsprogramm der Humanisten, die er mit größtem Eifer förderte. Er selbst gilt als Gelehrter von höchstem Rang, als Poet, Philosoph und Historiker und hat mit den *Commentarii* eine Autobiographie verfasst, die als literarisches Kunstwerk gilt. Auch politisch trat Pius II. hervor. Die größte Gefahr für die Christenheit sah er in der islamischen Expansion. Die Eroberung Konstantinopels bezeichnete er als die größte Schmach für die Christen seit Jahrhunderten. Immer wieder versuchte er vergebens, eine Art von ›Europa-Heer‹ gegen die Türken aufzustellen. Auch auf diplomatischem Weg scheint er Mittel gesucht zu haben, um die Situation zu retten. Es ist ein Brief von Pius, an Sultan Mehmet II. gerichtet, vom Herbst 1461 überliefert. Darin stellte der Papst diesem in Aussicht, dass der Sultan die ganze Welt beherrschen könne, wenn er nur zum Christentum konvertieren würde. Solange er aber in seinem Irrglauben verharre, werde er diese Machtstellung niemals erreichen. Daher solle der Sultan den guten Rat des Papstes beherzigen: »Empfange die Taufe Christi und Waschung des Heiligen Geistes! Nimm das allerheiligste Evangelium in Dein Herz auf und vertraue Dich ihm vollständig an! So wirst Du Deine Seele gewinnen, so wirst Du gut für das Volk der Türken sorgen, so werden sich Deine Pläne erfüllen können, so wird Dein Name in Ewigkeit gepriesen werden, so wird Dich ganz Griechenland, ganz Italien, ganz Europa bewundern, so werden Dich die lateinischen, die griechischen, die hebräischen, die arabischen und alle barbarischen

Schriftwerke preisen, so wird kein Zeitalter mit Lobpreisungen auf Dich verstummen, so wirst Du Urheber des Friedens und Begründer der Ruhe genannt werden, so werden Dich die Türken den Wiederentdecker ihrer Seelen und die Christen den Retter ihres Lebens nennen« (Kap. 148). Ob der Brief jemals abgesandt wurde, ist allerdings umstritten.

Bemerkenswert ist Pius' radikale Abkehr von der Idee, dass das Konzil die höchste Autorität in der Kirche repräsentiere. Obwohl er vor seiner Amtszeit dem Konziliarismus nahestand, vertrat er nun vehement den päpstlichen Primat. Er war erfüllt von dem Gedanken, dass der Papst der ›Wahrheit‹ zu dienen und sie allein zu vertreten habe. Am 18. Januar 1460 erließ er die Bulle *Execrabilis*, mit der die Appellation an ein allgemeines Konzil gegen den Papst verboten wurde.

Vatikan und päpstliche Palastherrschaft

Unter Sixtus IV. (1471–1484) gelang es den Päpsten, die Stadtherrschaft von Rom wieder weitgehend unter ihre Kontrolle zu bringen und den städtischen Magistrat direkt der Apostolischen Kammer zu unterstellen. Der Vizekämmerer war seither der Regent (*governatore*) der Stadt. Nun wurde der Vatikan zum Zentrum päpstlicher Herrschaft ausgebaut. Künftig erfolgte auch die Papstwahl nicht mehr im Lateran, sondern in der Petersbasilika. Im Vatikan entstand die prächtige Palastkapelle (›Sixtinische Kapelle‹), die später durch Michelangelos einzigartiges Deckenfresko zur berühmtesten Kapelle der Christenheit wurde. Insgesamt ist eine Konzentration der päpstlichen Amtsführung auf eine Palastherrschaft im Vatikan nach dem Vorbild von Avignon zu beobachten. Die unter seinem Vorgänger begonnene Förderung Florentiner Künstler setzte sich unter Sixtus IV. fort; er holte Ghirlandaio und Botticelli nach Rom. Aus anderen Orten kamen Signorelli, Melozzo da Forlì und Pietro Perugino. Bahnbrechend war auch der weitere Aufbau der 1447 gegründeten päpstlichen Bibliothek (*Biblioteca Vaticana*), deren erster Leiter 1475 der Humanist und Papstchronist Bartolomeo Platina wurde. Die starke Hinwendung zum Humanismus zeigt sich nicht zuletzt darin, dass nunmehr die schöne und gut lesbare Minuskel der Humanisten (›lateinische Schrift‹) von der Kurie übernommen wurde.

STEFAN WEINFURTER

Quellen: Epistola ad Mahumetem 2001 – Epistola ad Mahumetem 2016
Literatur: Dendorfer/Märtl 2008 – Gattoni 2010 – Helmrath 2005 – Märtl 2003 – Matheus 2010 – Reinhardt 2002 – Reinhardt 2013

C.1.2.1

Die Krönung Pius' II. mit einer Ansicht von Siena

Lorenzo di Pietro detto il Vecchietta, um 1460
Tempera auf Holz; H. 59 cm, B. 40,5 cm
Siena, Archivio di Stato di Siena, Museo delle Biccherne, 32

Äneas Silvius Piccolomini, der 1458 zum Papst gewählt wurde und den Namen Pius II. (1458–1464) annahm, gehört sicher zu den interessantesten Persönlichkeiten, die im 15. Jahrhundert die *Cathedra Petri* bestiegen. Hochgebildet, humanistisch orientiert und politisch aktiv, wandelte sich Äneas vom überzeugten Konziliaristen zum Verfechter des apostolischen Primats und genoss das Ansehen der politischen und kulturellen Elite Europas.

Seine Wahl war auch ein bedeutendes Ereignis für die Stadt Siena, die nicht nur zu den mächtigsten Kommunen in Italien zählte, sondern auch der Ort war, an dem Äneas Silvius seine Ausbildung begonnen hatte. Tatsächlich war er sogar auf sienesischem Territorium im kleinen Borgo Corsignano geboren worden, einem Städtchen, das später zu Ehren Pius' II. den Namen Pienza annahm, den es noch heute trägt. Im Jahre 1423 wurde Äneas vom Vater nach Siena geschickt, um sich dem Studium des Rechts zu widmen, doch der junge Mann zog die humanistischen Studien der Jurisprudenz vor. Nach einem weiteren Studium in Florenz und seinem Abschluss kehrte er als Dozent nach Siena zurück, verließ die Stadt aber 1431, um Sekretär des Bischofs von Fermo zu werden.

Seine kirchliche Karriere begann während des Pontifikats Nikolaus' V., mit dem ihn eine enge Freundschaft verband. Der Papst promovierte Äneas 1450 zum Bischof von Siena. Diesen Bischofssitz sollte er bis zu seiner Wahl zum Papst innehaben. Es waren allerdings keine harmonischen Jahre. Als Äneas 1456 seine Kardinalspromotion erhielt, verweigerte man ihm bei seiner Rückkehr sogar den Eintritt in die Stadt. Trotz alledem war die Wahl eines Piccolomini für Siena von großer Bedeutung und wurde in den städtischen Annalen – wie auch der gesamte Pontifikat Pius' II. – besonders erfasst und auch anderweitig ins Bild gesetzt.

Die Krönung Pius' II. wurde mit einem eindrucksvollen Bild in die Serie der Biccherna-Tafeln (vgl. Kat. Nr. C.1.1.1 und C.1.1.4) aufgenommen. Die Tafel mit dieser Krönungsszene war jedoch nicht nur als Deckel für ein Rechnungsbuch gedacht, sondern auch als Gemälde, das aufgehängt und von einem größeren Publikum betrachtet werden konnte. Der obere Teil der Tafel zeigt den thronenden Papst, der von zwei Kardinälen mit der Tiara bekrönt wird, während die hinter ihm erscheinende Madonna ihm ihren Segen zuteilwerden lässt. In den beiden oberen Ecken des Bildes sieht man zwei Wappenschilde, den des Reiches und den von Siena. Weitere Wappen befinden sich unterhalb der Krönungsdarstellung neben und unter einer Stadtansicht. Insgesamt sind es zehn Familienwappen, welche die wichtigsten Häuser der Kommune von Siena repräsentieren, darunter auch das Wappen der Piccolomini.

Der untere Teil der Tafel wird von einer Inschrift ausgefüllt, die allerdings als wenig authentisch betrachtet wird. Dort heißt es: QUESTA È L'ENTRATA E L'USCITA DEL VENERABILE ANGNIOLO DI PIETRO DI BALDO, CHAMARLENGO DI BICHERNA AL TENPO DE' SAVI HUOMINI FILIPO DI PIERO UMIDI, SER ANTONIO DA BANGNAIA E PETRO DI BARTOLOMEO DI CHARLO E TOMASSO D'ORBANO GIOVANNELI E TOMASSO DI MISERE GIORGIO TOMASSI E ANTONIO DI GIOVANNI PINI E LOCIO DI CHECO DE' RONDINA E GIORGIO DI FRANCIO D'ACHARIGI TALOMEI E DOMENICO DI VENTURINO VENTURINI MCCCC60.

VIOLA SKIBA

Digital: http://www.archiviodistato.siena.it/museobiccherne/it/63/biccherna-32 [31.01.2017]

Literatur: AK Le biccherne di Siena, Rom 2002 – Borgia 1984, S. 166–167 – Ceppari Ridolfi 2008 – Morandi 1964, S. 94–95 – Pellegrini 2000 – Santi 2002

EVSCITA
QVESTA·E LENTRATA·DELLVENERABILE·ANGNIOLO·DIPIET
DIBICHERNA
RO·DIBALDO·CHAMARLENGO·ALTEPO·DE SAVI·HVOMINI·FILIP
ODIPIERROMIDI·BANTONIO·DABAGNIAIA·EPERO·DIBARTALOME
O·DICHARLO·ETOMASSO·DORBANO·GIOVANNELLI·ETOMASS
O·DIMISERE GIORGIO TOMASSI·EANTONIO·DIGIOVANNI PINI·EL
OCIO·DICHECO·DERONDINA·EGIORGIO·DIFRANCIO·DACHA
RIGI·TALOMEI·E DOMENICO·DIVENTVRINO·VENTVRINI·MCCCC60

C.1.2.2

Porträtbüste Papst Pius' II. (1459–1464)

Umfeld des Paolo di Mariano di Tuccio, genannt Paolo Romano (dokumentiert für 1451–1470); vor 1463; aus dem Palazzo Apostolico Vaticano
Marmor mit Spuren von Polychromie; H. 79 cm, B. 60 cm, T. 28 cm; Basis: H. 21 cm, B. 29,5 cm, T. 29,5 cm
Vatikanstadt, Musei Vaticani (Museo Pio Cristiano), 64407

Die Marmorbüste zeigt Papst Pius II. (1458–1464), ehemals Äneas Silvius Piccolomini (1405–1464), gemäß einem Porträtschema, das gegen Mitte des 15. Jahrhunderts in Florenz entwickelt wurde. Die Darstellung ist geprägt vom humanistischen Kult des Individuums, wie er von Leon Battista Alberti (*De statua*, ca. 1450) theoretisch erarbeitet wurde, und benutzt die ikonographischen Modelle der Schöpfungen von Mino da Fiesole und Antonio Rossellino. Zugleich wurden damit auch die Grundlagen für ein neues Genre geschaffen – das des halbfigürlichen Papstbildnisses, das zwischen Renaissance und Barock große Bedeutung erlangen sollte. Es ist eine verbreitete Ansicht, dass die Büste, die wohl für eine Ansicht von unten gedacht war, mit jener Büste identisch ist, für die es einen Zahlungsbeleg vom 25. Januar 1463 (Müntz 1878, Bd. I, S. 278) an den Bildhauer Paolo di Mariano di Tuccio Taccone gibt, der aus Sezze stammte und Polo Romano genannt wurde (*Magistro Paulo Mariani de Urbe, lapidario et sculptori*). Der Beleg bezieht sich auf den Verkauf eines Bildnisses des regierenden Pontifex (*pro residuo [...] capitis sculpturae pontificis*), das über einer kurz zuvor fertiggestellten Tür im Apostolischen Palast aufgestellt wurde (*positae supra portam noviter factam in palatio apostolico*). Die fragliche Tür hielt man einst für diejenige, die gerade in das Mauerwerk des neuen (verschwundenen) Eingangs an der Nordwestseite des Petersplatzes eingelassen wurde. Doch es war wohl eher eine jener zahlreichen Pforten im Palast zur Zeit Pius' II., über der sich möglicherweise ein Architrav oder eine Nische befand, in der die Büste ihren Platz hätte finden können. Die synthetische Modellierung der Skulptur, deren Betonung der individuellen Züge und realistische Darstellung des Gesichts stets die Aufmerksamkeit auf sich zogen, weist in der Tat große Feinheit in den Details und eine – übrigens bemerkenswerte – Sicherheit in der Ausführung der sichtbaren Partien (Stirnseite und Seite) auf. Spuren von Farbpigmenten in der Iris und auf Teilen der dekorativen Elemente der Figur (wie auch die Abwesenheit charakteristischer Zeichen, die auf einen längeren Aufenthalt unter freiem Himmel verweisen) belegen, dass das Werk den größten Teil seiner Existenz in einem geschlossenen Raum verbracht haben muss.

Wichtige Berührungspunkte der Büste mit dem Marmordorsale von S. Gregorio al Celio (1469) und den Reliefs für das Grab des Pontifex in S. Pietro (1464–1470), die sich heute in der römischen Kirche von Sant'Andrea della Valle befinden, weisen im Übrigen auf die Federführung eines Künstlers von beachtlichem Rang hin. Eines Künstlers, dessen Ausdrucksformen denen des Paolo Romano ähneln, sich aber stilistisch von jenen unterscheiden, und der üblicherweise mit dem Namen ›Meister des Pius II.‹ (*Maestro di Pio II*) bezeichnet wird. Dieser anonyme Meister, der aus der Toskana stammte, aber auch in Neapel aktiv war, wo er Mino da Fiesole und vielleicht sogar Paolo (Reliefs des Triumphbogens für Alfons I. in Castelnuovo, 1453–1458) selbst getroffen haben dürfte, zog dann nach Rom, wo er seine beiden Gefährten wiedertraf und schließlich endgültig in der Werkstatt des Letzteren Aufnahme fand.

GUIDO CORNINI

Literatur: Amati 1866, S. 166–236, bes. S. 214 – Caglioti 1991, S. 19–86, S. 49 u. 82 Anm. 179 – Caglioti 2006 – Corbo 1966, S. 195–226, , S. 200, S. 205 Anm. 31, S. 213, Dok. 74 – De Simone 2011 – Gori 2012 – Kösters 2009 – La Bella 1996 – La Bella 2010 – Lavagnino 1924, S. 247–263, bes. S. 248 – Müntz 1878, Bd. 1, S. 276 – Olitsky Rubinstein 1957, S. IX, S. 116 Anm. 6, S. 146–148, S. 258 Anm. 28, Dok. 65–66 – Olitsky Rubinstein 1967, S. 24 u. Anm. 23 – Olitsky Rubinstein 1968 – Orbicciani 2008 – Parlato 2005 – Piccolomini 1903, S. 192–200, bes. S. 198–199 u. Anm.

PIVS II

C.1.2.3

Äneas Silvius Piccolomini: *De Europa*

Ende des 15. Jahrhunderts
Papier; H. 30 cm, B. 23 cm
Stuttgart, Württembergische Landesbibliothek, Hist 2° 405, fol. 2–85

Äneas Silvius Piccolomini: *De Europa*

Memmingen: Albrecht Kunne [nicht nach März 1491 oder 1485(?)]
Papier; H. 19,4 cm, B. 14,3 cm
Stuttgart, Württembergische Landesbibliothek, Inc. qt. 258
Ohne Abbildung

Äneas Silvius Piccolomini, der spätere Papst Pius II. (1458–1464), zählt sicherlich zu den vielseitigsten Persönlichkeiten, die im 15. Jahrhundert die *Cathedra Petri* bestiegen. Vom Teilnehmer am Baseler Konzil, Kurienkritiker, Konziliaristen und Sekretär des Gegenpapstes Felix V. führte ihn seine Karriere an den Hof Friedrichs III., bevor er schließlich zum Papst gewählt wurde und als entschiedener Verfechter des apostolischen Primats auftrat. Darüber hinaus zählte Äneas Silvius Piccolomini zu den wichtigsten Vertretern des Humanismus seiner Zeit und verfasste zahlreiche bedeutende Schriften. Zu seinem literarischen Hauptwerk zählen zwei kosmographische Schriften unter den Titeln *De Asia* und *De Europa*, mit denen er sein umfangreiches Wissen und seinen breiten Horizont unter Beweis stellte und an denen er noch während seines Pontifikats arbeitete. Es handelte sich um eine ganz neue Form von literarischer Darstellung, die eine Mischung aus geographischen, ethnologischen und historiographischen Beschreibungen umfasste. Äneas wollte jedoch nicht nur einen physischen, sondern auch einen kulturellen Überblick über die behandelten Regionen geben. Interessanterweise gehörte für Piccolomini das byzantinische Reich noch zu Europa, eine Sichtweise, die in der damaligen Zeit verankert war und durch die ›Türkengefahr‹ noch bestärkt wurde. Er begriff ›Europa‹ weniger als eine geographische denn als eine kulturelle Größe, eine Werte- und Verteidigungsgemeinschaft, die aus ganz unterschiedlichen Nationen gebildet war. Äneas war ein Verfechter des gemeinsamen Kampfes aller Christen gegen die osmanische Bedrohung. Entsprechend hart traf ihn die Eroberung Konstantinopels 1453, die er in einem ausführlichen Kapitel detailliert behandelte.

Die Stuttgarter Handschrift des Werkes gehört zu den ältesten und wenigen handschriftlichen Überlieferungen von *De Europa*. Sie beginnt mit dem sehr persönlich gehaltenen Vorwort des Autors, in dem er das Werk Kardinal Antonius von Lerida widmet, der, so Äneas, wie er an der Gicht litte, zwischen den Anfällen aber sein Büchlein sicher zu schätzen wisse. In 65 Büchern und 275 Kapiteln folgt sodann eine Beschreibung dessen, was Äneas unter Europa verstand, und wichtiger Ereignisse, wie der Fall Konstantinopels. Frühe Drucke wie die ausgestellte Inkunabel (Inc. qt. 258) sorgten für eine weitere Verbreitung des Werkes.

VIOLA SKIBA

Digital: http://www.gesamtkatalogderwiegendrucke.de/docs/M33717.htm [15.12.2016]
Quellen: Handschriften Stuttgart 1891, S. 180–181 – Piccolomini, De Europa 2001 – Piccolomini, Europa 2005
Literatur: Helmrath 2007 – Pellegrini 2006 – Reinhardt 2013

Reuendissimi pr̄is d. Enee de picolhominibus Car. t. S. Sabine de his q̄ sub Cesare friderico tertio p̄ Germaniam gesta sūt cum locoꝝ descriptione ad d. Anth. Car. Hilerdēn.

ANTONIO Sacrosancte Romane eccl̄ie p̄bro Cardinali Hilerdensi appellato patri suo colendissimo Aeneas eiusdem ordinis, non eiusdem meriti Cardinalis Senensis. S. P. D. Podagrantem me nuper: & artheticis doloribus (ut soleo) laborantem, librarius quidam theutonicus adijt libellū afferens: In quo Romanoꝝ Caesarꝝ, non tam gesta q̄ nomina & pauca de moribus continebantur usq; ad Venceslaum Caroli Quarti filium. Cumq; illi opusculo quattuor Imperatores deesse viderentur: nam Benuenutus himolensis eius opis auctor sub Venceslao decesserat, Rogauit me librarius ut adijcerem libello, qd̄ deerat, Nolui turbari hominem. Compleui ad aetatem nostram Imperatorum numeꝝ brevitatem illius, qui precesserat imitatus. At cum subiret mentem, multa: & magna inter Christianos gesta esse ab eo tempore quo Federicus Imperium accepit usq; in hanc diem opusculum seorsum edere statui, In quo singularia quędam ei temporis sub compendio ad posteritatis memoriam transmitterem digna memoratu. Edidi igitur breuem historiam. tuoq; nomini dedicaui: Qui cum pari morbo mecum labores, facile inter podagrandū scripta mea & leges: & iudicabis: fuisse& fateor opeprecium ab initio potius ętatis nostrę, in hoc euiusq; rerum gestarum historiam texere, Quemadmodum menti meę sepe insedit. Sed ea nō erat unius podagrationis: & presertim Ieiunio quadragesimali occurrē-tis lucubratio, Amat ędes nostras ipsa podagra. nec tam recedit q̄ reuertitur libens; fortasse & hinc intentioni aliqn̄ subseruię. Tu uale: & si quid acerbius in quenq̄ scriptum offenderis. nō tam meę naturę: q̄ stimulis podagrę urgentis adscribe. Et quicquid inscite: inepte: absurde occurrerit, sumpto calamo dele. Ex Urbe Roma Quarto. KL. Aprilis. 1458.

Osualdi de Egkh:

C.1.2.4

Medaille Pius' II. mit dem ›Pio Pelicano‹

Avers: ENEΛS PIVS SENENSIS PΛPΛ SECVNDVS
Revers: ALES VT HEC CORDIS PΛVI * DE SΛNGVINE NΛTOS
Andrea Guazzalotti, 1464
Bronze; Dm 54 mm, Gewicht 43,01 g
Vatikanstadt, Biblioteca Apostolica Vaticana, Md.Pont.Pius.II.XXVIII.065(09)

Mit Papst Pius II. (1458–1464) folgte dem 1458 verstorbenen Nikolaus V. ein Mann auf den Heiligen Stuhl, der das Renaissancepapsttum nicht nur weiterführte, sondern es auch zu einem ersten Höhepunkt brachte. Pius II., mit Geburtsnamen Enea Silvio (de') Piccolomini, war ein weit gereister und im höchsten Maße humanistisch gebildeter Mann. So wurde er etwa von König Friedrich III. († 1493) zum Dichterkönig gekrönt und machte eine steile Karriere, die ihm ohne sein großes rhetorisches Talent wohl verwehrt gewesen wäre.

Die Medaille zeigt Pius II. mit Tonsur und fein dekoriertem Pluviale mit einer schmalen Schnalle. Die Umschrift ENEΛS PIVS SENENSIS PΛPΛ SECVNDVS trägt die charakteristischen Züge des Künstlers Andrea Guazzalotti: das Fehlen des Querbalkens beim A. Guazzalotti († 1495) gehört zur Florentiner Schule, die ihre Ursprünge in der Erzgießerei hat und für eine breite und kräftige Formgebung bekannt ist. Der Revers zeigt ein Motiv, bei dem der Künstler wohl die 1447 geschaffene Medaille von Pisanello († 1455) zu Ehren von Vittorino da Feltre († 1446) vor Augen hatte. Man erkennt einen Pelikan mit drei Jungen in einem Nest. Hier wird die bekannte Legende vom Pelikan, der seine eigene Brust aufpickt, um seine hungernden Nachkommen mit seinem Blut zu füttern, dargestellt. Schon früh wurde der Pelikan mit Jesus Christus in Verbindung gebracht, da beide sich selbstlos für andere aufopfern und ihr Blut vergießen. Das Bild erinnert an die Eucharistie, was durch die Umschrift ALES VT HEC CORDIS PΛVI * DE SΛNGVINE NΛTOS (Wie dieser Vogel fütterte ich [Pius II.] die Nachkommen vom Blut des Herzens.) noch unterstützt wird. Das Schmuckelement hinter dem Wort »PΛVI« fügte Guazzalotti wohl hinzu, um zu verbergen, dass er ursprünglich »PΛVIT« geschrieben hatte. Das überflüssige T wurde entfernt und an seine Stelle das verdeckende Element gesetzt. Das Bild des Pelikans findet sich in der Folgezeit auf weiteren Medaillen und erlangte unter dem Namen »Pio Pelicano« Berühmtheit.

KATHARINA OLDENHAGE

Literatur: Alteri 2004, S. 19 Nr. 4 – Alteri 2010, S. 9 – Berardelli/Zironda 2007, S. 78 Nr. 279, S. 200 Nr. 279 – Habich 1923, S. 62–63; XXXIII Nr. 3 – Hill 1930, S. 194, Nr. 749; Tafel 126, Nr. 749 – Meuthen 1996 – Portier 1984, bes. S. 89

C.1.2.5

Medaille auf Papst Pius II. mit der Inschrift OPTIMO PRINCIPI

Avers: PIVS · II · · SENEN(sis) ·
Revers: OPTI / MO · PRI / NCIPI
Rom, 1458 –1464
Silber; Dm. 40,5 mm, Gewicht 31,62 g
Stuttgart, Landesmuseum Württemberg, MK 17772

Der bedeutende Humanist Enea Silvio Piccolomini wurde im Jahre 1449 Bischof von Siena und päpstlicher Legat in Deutschland. Als ihn das Konklave neun Jahre später zum Papst wählte, nahm er den Namen Pius II. an.

Die Vorderseite der Medaille zeigt ihn im Profil nach links, sein Kopf ist mit einer Kappe bedeckt. Die Inschrift nennt seinen Namen und seine Herkunft aus Siena, nicht aber die Würde als Papst. Die Rückseite fällt im Vergleich zum Porträt künstlerisch deutlich ab, sie trägt eine dreizeilige Inschrift, deren Buchstaben ungelenk gesetzt und nicht optimal im Rund verteilt wurden.

Der Text lautet: OPTIMO PRINCIPI – dem besten Fürsten. Möglicherweise orientierte sich der historisch hoch gebildete Papst bei der Reversinschrift dieser Medaille an den Münzen der römischen Kaiser. So zeigt ein As von Antoninus Pius (reg. 138 –161) auf der Vorderseite eine Büste des Kaisers, auf der Rückseite steht in einem Eichenkranz die vierzeilige Inschrift S(enatus) P(opulus)Q(ue) R(omanus) OPTIMO PRINCIPI S(enatus) C(onsulto) – Senat und Volk von Rom dem besten Fürsten, auf Beschluss des Senats (geprägt).

MATTHIAS OHM

Literatur: Cimeliarchium 1710, S. 128 – Modesti 2002, Bd. 1, Nr. 63 – Mattingly 1968, Nr. 827 (Münze des Antoninus Pius)

C.1.2.6

Alessandro Strozzi: Sylloge mit Romvedute

Venedig, 1474
Pergament, Federzeichnung; H. 22 cm, B. 26,5 cm, VIII+194+IV Blatt
Einband von 1964, Leder über Holz
Florenz, Biblioteca Medicea Laurenziana, Inv. Redi 77, fol. VIIv/VIIIr

Die Handschrift enthält eine Sylloge antiker Inschriften nach Ciriaco d'Ancona, zahlreiche Informationen über Rom und andere antike Städte, außerdem eine Liste antiker Abkürzungen. In dieses antiquarische Werk ist eine Romkarte eingefügt (fol. VIIv/VIIIr), die mit VENECIIS. DIE. XV. AUG.MCCCCLXXIIII. ALEX. STR. SCRIP. ET PINX. auf der vorangehenden Seite betitelt ist. Daher wird der Plan 1474 datiert und dem aus Florenz stammenden Alessandro Strozzi, einem Enkel Palla Strozzis (1372–1462), zugeschrieben, der damals in Venedig lebte. Die Karte steht in der Tradition der *Roma-rotunda*-Pläne. Die Stadtmauern sind fast als Kreis wiedergegeben, das Kapitol bildet den Nabel der Stadt. Die über 40 Kirchen, meist in Dreiviertelansicht und perspektivisch dargestellt, sind zum überwiegenden Teil von Norden gesehen, allerdings nicht immer der Himmelsrichtung eingepasst. Wie andere Humanisten besuchte auch Alessandro Strozzi die antiken und kirchlichen Denkmäler Roms, was in dieser Karte seinen Niederschlag fand und mit Strozzis antiquarischen Interessen verbunden wurde: Die Bauten sind oft mit einem lateinischen und einem volkssprachlichen Namen beschriftet. Vermutlich hat Strozzi bei der Reinzeichnung in Venedig für die lateinischen Bezeichnungen sein Quellenstudium einfließen lassen. Antike Bauten sind auch im Piktogramm als Ruine gekennzeichnet, während die mittelalterlichen Kirchen erstaunlich genau wiedergegeben sind. Im Gegensatz zum Romplan von Pietro del Massaio (vgl. Kat. Nr. C.1.2.7) ist im Strozzi-Plan kaum Gewicht auf die Geographie Roms wie die Hügel und den Verlauf des Tibers gelegt. Bei Strozzi steht das antiquarische und toponomastische Interesse im Vordergrund.

Die Vedute von 1474 stellt daher eine wichtige topographische und ikonographische Quelle für die von den Päpsten veranlasste Erneuerung Roms dar, die mit Nikolaus V. (1447–1455) einsetzte und unter Sixtus IV. (1471–1484) fortgeführt wurde.

IRMGARD SIEDE

Literatur: AK Il parato di Niccolò V, Florenz 2000, S. 114 – Bogen/Thürlemann 2009, S. 51–55 – Maddalo 1990, S. 19, 26, 123, 132 Abb. 61 – Scaglia 1964

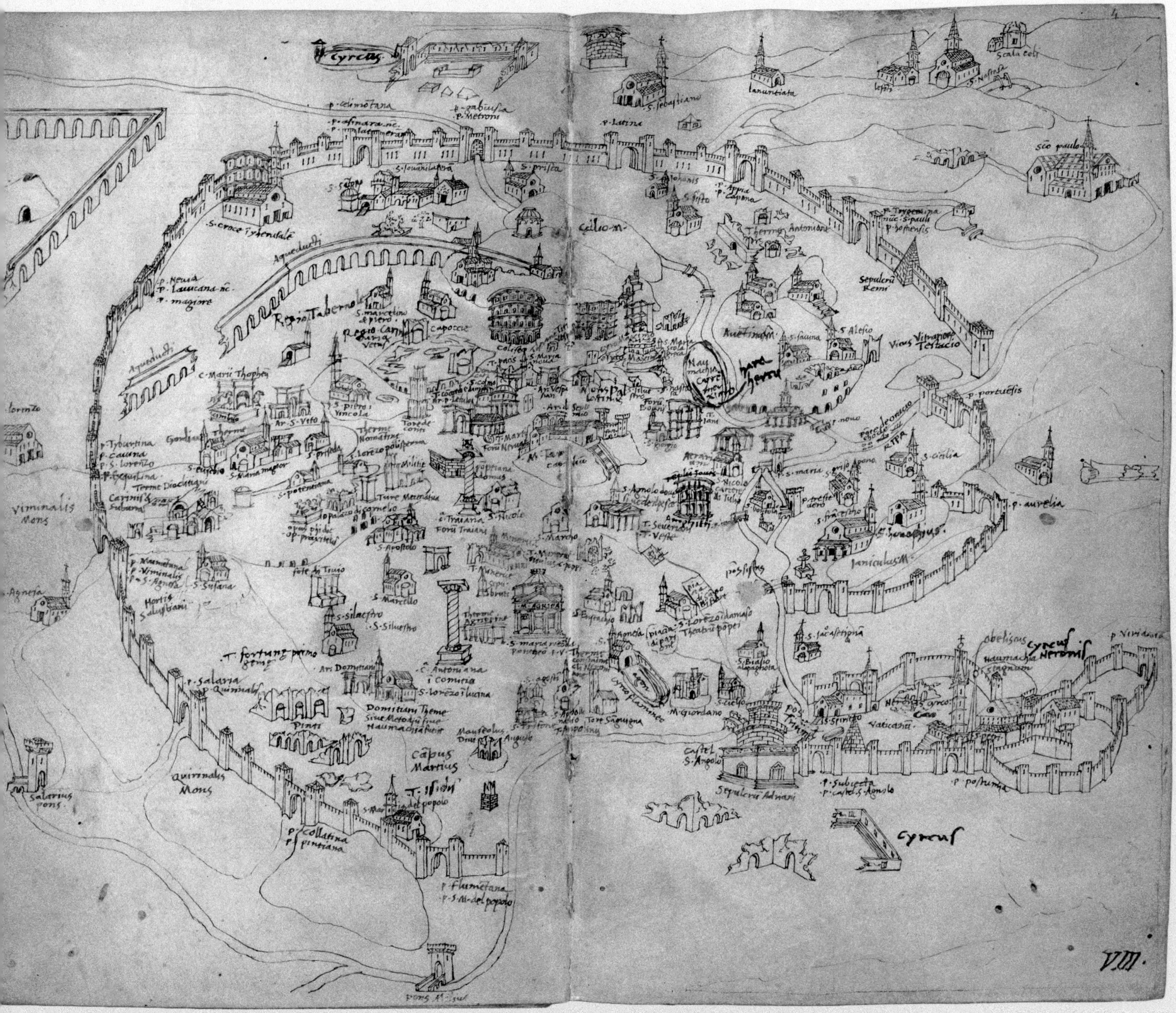

Cyrcus
S. sebastiano
S. Prisca
Celio m.
Aqueducti
Regio Taberno
Coliseo
Viminalis Mons
Aventinum
S. Alesio
Vicus Vitrarius Tertacio
p. portuensis
p. aurelia
Ianiculus M.
S. Spirito
Vaticanu
Castel S. Angolo
Sepulcru Adriani
p. posterula
Cyrcus
Cyrcus Neronis
obeliscus
Capus Martius
T. Isidis
Quirinalis Mons
Salarius pons
Scala celi
Sco paulo
Sepulcru Remi
M. Giordano
Domitiani Theme
Pons Milvius
p. Flumetana
p. salaria
p. collatina
T. Ysidis
VIII.

C.1.2.7

Pietro del Massaio: Romkarte

Tätig in Florenz, um 1472
Pergament, Federzeichnung, laviert;
H. 61,5 cm, B. 46 cm
Vatikanstadt, Biblioteca Apostolica Vaticana, Cod. Urb. Lat. 277

Die Romkarte befindet sich in einem Anhang mit zehn Karten wichtiger Städte in einer Prachthandschrift der lateinischen Übersetzung von Ptolemaios' *Cosmographia*. Diese Kartenserie aus der Werkstatt des Pietro del Massaio ist noch in zwei weiteren Codices überliefert: Vatikanstadt, Biblioteca Apostolica Vaticana, Cod. Vat. Lat. 5699 und Paris, Bibliothèque nationale de France, Ms. lat. 4802. Der Codex Urb. Lat. 277 war für Federico da Montefeltro, den Condottiere und Herzog von Urbino, bestimmt.

Wie viele dieser vor den gedruckten Ansichten entstandenen Stadtveduten spiegelt die Romansicht von Pietro del Massaio Überlegungen des Malers bzw. Auftraggebers. Im Falle von Urb. Lat. 277 fallen die eingefärbten Hügel Roms und der Verlauf des Tibers besonders auf, so als ob der Maler ein geographisch und geologisch korrektes Landschaftsporträt intendiert hätte. Eventuell war dies aber auch ein Wunsch des Feldherrn und Herzogs, der der Auftraggeber und ganz von den humanistischen Gedanken von Papst Pius II. (1458–1464) durchdrungen war. Landschaftsporträts waren ja bereits in Castiglione Olona und Mantua entstanden. Der Miniaturist Pietro del Massaio präsentiert Rom bewusst als Ausschnitt – der goldene Rahmen scheint Mauern, Gebäude und Landschaft willkürlich abzuschneiden. Grundlage für die antiken Bauten und Kirchen muss aber die gleiche Romansicht gewesen sein wie die, die Alessandro Strozzi (vgl. Kat. Nr. C.1.2.6) verwendet hatte: Auffallend ist bei beiden die perspektivische Darstellung der Monumente, die bisweilen auch durch Überschneidungen erzeugt wird. Relativ bald nach den sich nur auf Antikes und Kirchen konzentrierenden Romansichten von Strozzi und Massaio folgt die des Hartmann Schedel (vgl. Kat. Nr. C.1.3.10), die sehr viel realistischer ist.

Die Päpste begannen sich ab der Mitte der 1480er Jahre für Städteansichten zu interessieren: 1485 ließ Papst Innocenz VIII. (1484–1492) in der Villa Belvedere in Rom in der Loggia einen Zyklus der berühmten Städte Italiens anbringen.

IRMGARD SIEDE

Literatur: Bogen/Thürlemann 2009, S. 51–55 – Cantatore 2005 – Maddalo 1990, S. 19, 26, 123, 132 Abb. 61

C.1.2.8

Medaille Sixtus' IV. von Lysipp dem Jüngeren

Vorderseite: SIXTVS IIII PONT MAX SACRI-CVLTOR. Büste des Papstes Sixtus IV. mit Tonsur und Pluviale mit großer Schließe nach links
Rückseite: CVRA / RERVM / PVBLICARVM. Im Eichenkranz dreizeilige Aufschrift, darunter die Sixtusbrücke über den Tiber
Rom, gegossen, 1473
Bronze; Dm. 4,0 cm, Gewicht 32,56 g
Berlin, Staatliche Museen zu Berlin, Münzkabinett, Objektnr. 18217116, Acc. 1892 Dannenberg

Auch wenn schon für die Zeitgenossen der Name Sixtus IV. (1471–1484) untrennbar mit ausuferndem Nepotismus verbunden war, so steht dieser Papst doch auch für eine umfangreiche Erneuerung der Stadt. Während andere zeitgenössische Medaillen ihn als Erneuerer und Wiederaufrichter Roms feiern, wird er hier für seine Uneigennützigkeit zugunsten des Gemeinwohls verherrlicht. Hintergrund ist der unter Sixtus IV. veranlasste Neubau der Brücke oberhalb der Tiberinsel anstelle des bereits am Ende des 8. Jahrhunderts eingestürzten antiken Vorgängerbaus. Die im Heiligen Jahr 1475 zu erwartenden Pilgerströme sollten damit besser durch die Stadt geleitet werden können. Bei der am 29. April 1473 erfolgten Grundsteinlegung der möglicherweise erst sechs Jahre später fertig gestellten Brücke wurden goldene Medaillen mit dem Bildnis des Papstes deponiert. Sehr wahrscheinlich hat es sich dabei um Exemplare dieses Typs gehandelt, die somit das Porträt des Bauherrn mit der Abbildung des Bauwerks im Bau selbst miteinander vereinigt haben.

Hermes Flavius de' Bonis wurde zwischen 1450 und 1455 geboren und ist zuletzt im Jahre 1526 belegt. Er schuf bereits in den frühen 1470er Jahren seine ersten Medaillen, von denen einige mit dem Künstlerpseudonym »Lysipp« bzw. »L. der Jüngere« signiert sind. Viele seiner Arbeiten sind im Umkreis des päpstlichen Hofes entstanden. Bereits zur Thronbesteigung von Papst Sixtus IV. hat Lysipp eine Medaille geschaffen (Hill 1930, Nr. 807), der bald darauf anlässlich der Errichtung des Ponte Sisto diese Arbeit folgte. Beide Medaillen werden aufgrund ihres Stiles Lysipp zugewiesen.

KARSTEN DAHMEN

Literatur: Börner 1997, S. 84 Nr. 304 Taf. 49 (dieses Stück) – Dahmen 2014, S. 168 Nr. II 6 mit Abb. (dieses Stück) – Hill 1930, S. 208 Nr. 806 b (dieses Stück) – Küthmann 1973, S. 106 Nr. 199 – Pfisterer 2008, S. 394–395 Nr. A 4 (datiert Anfang 1473, mit weiterer Lit.) – Pollard, J.G. 1984, S. 334, Nr. 174

C.1.2.9

Medaille Sixtus' IV. anlässlich seiner Papstkrönung

Avers: SIXTVS IIII PONT MAX SACRI CVLT
Revers: +HEC DAMVS IN TERRIS AETERNA DABVNTVR OLIMPO
Lysippus der Jüngere, 1471
Bronze, gegossen; Dm. 4,2 cm;
Gewicht 33,80 g
Vatikanstadt, Biblioteca Apostolica Vaticana, MD. Pont. Sixtus. IV.1

Vom 6. bis 9. August 1471 trat das Konklave zusammen, um den Nachfolger Papst Pauls II. zu wählen. Die Wahl fiel auf Francesco della Rovere, seit 1467 Kardinal mit der Titelkirche S. Pietro in Vincoli. Nach dem altrömischen Märtyrer, an dessen Gedenktag das Konklave begonnen hatte, gab er sich den Namen Sixtus IV. Die Papstkrönung erfolgte wenige Wochen später, am 25. August 1471.

Eine im selben Jahr in Auftrag gegebene Schaumünze erinnert an dieses Ereignis. Der Avers trägt das nach links gewandte Profilbildnis Sixtus' IV. Die Tiara mit der seitlich herabhängenden Infula weist den Dargestellten als Pontifex aus. Sein Pluviale ist mit floralen Ornamenten verziert, die an die Früchte der Traubeneiche und damit an das Familienwappen der della Rovere erinnern. Auf der Brust prangt eine große runde Gewandschließe. Der Revers zeigt eine Darstellung der Krönungszeremonie. Der Papst hat den Platz auf dem Thron eingenommen. Der heilige Franziskus zu seiner Rechten und der heilige Antonius von Padua zu seiner Linken setzen ihm die Papstkrone aufs Haupt.

Beiden Heiligen war Sixtus IV. in besonderer Weise verbunden. Nicht nur trug er als Francesco della Rovere den Namen des heiligen Franziskus und hatte in Padua studiert. Vielmehr war er bereits als Neunjähriger in die Obhut des Minoriten Giovanni da Pinerolo gekommen, hatte bald die Ordenskutte getragen und mit 15 Jahren im Konvent von S. Francesco in Savona die Gelübde abgelegt. 1464 war er zum Generalminister des Franziskanerordens gewählt worden. Während er sich selbst dem Flügel der Konventualen zurechnete, war er auf einen Ausgleich mit den die Ordensregel strenger auslegenden Observanten bedacht, ordnete zu diesem Zweck Visitationen an und leitete Reformen ein. Dem heiligen Franziskus als Gründer und dem heiligen Antonius als bedeutendem Prediger des Franziskanerordens blieb er auch als Papst eng verbunden und stattete ihrem Schutz unterstellte Einrichtungen mit Privilegien aus.

KATHARINA BULL

Literatur: Alteri 1997 – Alteri 2004, S. 25, Nr. 8 – Börner 1997, Nr. 305 – Modesti 2002, S. 339–340 – Pfisterer 2008, S. 389–390 – Pollard, J.G. 1984 – Pollard, J.G. 2007, Nr. 250 – Waldman 2000, S. 97–113, hier S. 98

C.1.2.10

Medaille Sixtus' IV. anlässlich der Befreiung Otrantos

Avers: SIXTVS IIII PON MAX SACRICVLT // CONSTANTIA
Revers: PARCERE SVBIECTIS ET DEBELLARE SVPERBOS // MCCCC LXXXI // SIXTE POTES
Andrea Guazzalotti, 1481
Bronze, gegossen; Dm. 5,7 cm; Gewicht 68,28 g
Vatikanstadt, Biblioteca Apostolica Vaticana, MD. Pont. Sixtus. IV.13

1480 nahmen osmanische Truppen unter der Führung des Sultans Mehmed II. die zum neapolitanischen Königreich gehörende Hafenstadt Otranto ein. Da sich die Einwohnerschaft nicht ergeben wollte, wurden nahezu alle Männer hingerichtet, Frauen und Kinder versklavt. König Ferrante von Neapel ließ ein Heer aufstellen, das unter dem Befehl seines ältesten Sohnes und Thronfolgers Alfonso, Herzog von Kalabrien, zur Rückeroberung Otrantos aufbrach. Angesichts der äußeren Bedrohung sah sich Papst Sixtus IV. veranlasst, sich mit seinen inneritalischen Gegnern, nach der Pazzi-Verschwörung allen voran Florenz, auszusöhnen und ein Verteidigungsbündnis zu schaffen. Militärisch unterstützte er das Unternehmen durch Entsendung einer Flotte unter dem Kommando des Kardinals Paolo Fregoso. An der Tibermündung ließ Sixtus IV. die Schiffe haltmachen, um ihnen den päpstlichen Segen mit auf den Weg zu geben. Ein Jahr nach der Besetzung Otrantos gelang es mit vereinten Kräften und begünstigt durch den Tod Mehmeds II., die Stadt zurückzugewinnen. Ohne größere Kampfhandlungen und gegen freies Geleit kapitulierten die Truppen des Sultans und räumten die Stadt.

Eine im selben Jahr von dem Medailleur Andrea Guazzalotti gestaltete Bronzemedaille Sixtus' IV. erinnert an die Befreiung Otrantos. Der Avers zeigt den Papst im Profil, bekleidet mit einem floral ornamentierten und von einer großen runden Schließe zusammengehaltenen Pluviale und ausgezeichnet durch die Tiara mit seitlich herabhängender Infula. Auf dem Revers ist die allegorische Figur der *Constantia*, der Tugend der Standhaftigkeit, dargestellt. Die nackte, nur mit einem Tuch bedeckte weibliche Figur stützt sich mit dem linken Arm auf eine Säule und hat den rechten um einen langen Stab geschlungen. Rechts zu ihren Füßen liegen Gefangene, links im Hintergrund sind im Hafen liegende Schiffe zu erkennen. Die Umschrift ist Vergils *Aeneis* entnommen und greift das Motto antikrömischer Machtpolitik auf: »Unterworfene schonen und Hochmütige niederschlagen.« Für Alfonso von Kalabrien fertigte Guazzalotti ein Pendant, dessen Revers bis auf wenige Details mit dem der Papstmünze übereinstimmt.

KATHARINA BULL

Literatur: Alteri 2004, S. 25–26, Nr. 9 – Chambers 2006, S. 77–78 – Pfisterer 2008, S. 236–237 – Pollard, J.G. 1967, S. 41, Nr. 209

C.1.2.11

Medaille Sixtus' IV. anlässlich der Grundsteinlegung des Ponte Sisto

Avers: SIXTVS IIII PONT MAX SACRICVLTOR
Revers: CVRA RERVM PVBLICARVM
Lysippus der Jüngere, 1473
Bronze, gegossen; Dm. 40 mm;
Gewicht 34,14 g
Vatikanstadt, Biblioteca Apostolica Vaticana, Md. Pont. Sixtus. IV. 3

Bis in die zweite Hälfte des 15. Jahrhunderts war Rom städtebaulich rückständig geblieben und konnte sich mit den Stadtrepubliken Florenz, Siena oder Venedig längst nicht messen. Dass die Stadt ihrer Bedeutung als Zentrum des Christentums infrastrukturell nicht entsprach, war im Heiligen Jahr 1450 auf dramatische Weise deutlich geworden. Durch starken Pilgerandrang war auf der Engelsbrücke ein derartiges Gedränge entstanden, dass an die zweihundert Menschen zu Tode getrampelt worden oder im Tiber ertrunken waren. Um im anstehenden Heiligen Jahr 1475 den Rompilgern einen würdigen Aufenthalt zu ermöglichen und vor allem ähnlich katastrophale Szenen zu vermeiden, nahm Papst Sixtus IV. im Jahr 1473 diverse Baumaßnahmen in Angriff. Neben Renovierung und Neubau von Kirchen und öffentlichen Gebäuden wurde insbesondere auch mit dem Ausbau der zentralen Verkehrswege begonnen. Straßen wie die via Papalis oder die nach Sixtus IV. benannte via Sistina wurden befestigt und ausgebaut. Eine zusätzliche Brücke über den Tiber sollte die Regulierung der Pilgerströme erleichtern. So entstand auf den Fundamenten einer antiken, nach ihrem ruinösen Zustand Ponte Rotto genannten Brücke ein Neubau, der ebenfalls den Namen des Bauherrn trägt: Ponte Sisto.

Anlässlich der Grundsteinlegung am 29. April 1473 schuf Hermes Flavius de' Bonis, der sich »Lisippo il Giovane« nannte, eine Medaille. Der Avers zeigt das Profilbildnis des Papstes, nach links gewendet, mit Tonsur und Pluviale. Auf dem Revers ist sein Bauwerk, der Ponte Sisto, mit den vier Bögen und der Balustrade detailgetreu abgebildet. Die Brückenpfeiler sind von den Wassern des Tibers umspült. Der die Darstellung umrahmende Kranz aus Eichenlaub verweist auf das Familienwappen der della Rovere. Die Umschrift CVRA RERVM PVBLICARVM dient der Selbstdarstellung des Pontifex als um das allgemeine Wohl besorgter, guter Stadtherr.

KATHARINA BULL

Literatur: Alteri 2004, S. 27–28, Nr. 10 – Börner 1997, Nr. 304 – Pfisterer 2008, S. 394–395

C.1.2.12

Porträtmedaille Sixtus' IV. anlässlich der Grundsteinlegung zur Festung Ostia

Avers: SIXTVS IIII PONT MAX VRB REST
Revers: IUL CARD NEPOS IN OSTIO TIBERINO
1483
Bronze, gegossen; Dm. 4, 1 cm;
Gewicht 36,02 g
Vatikanstadt, Biblioteca Apostolica Vaticana, Md.Pont.Sixtus.IV.6

Der Pontifikat Sixtus' IV. war durch eine intensive Bautätigkeit ebenso geprägt wie durch einen ausgeprägten Nepotismus. Nachdem das Papsttum knapp hundert Jahre zuvor aus dem avignonesischen Exil nach Rom zurückgekehrt war, wollte Sixtus der Stadt wieder zu ihrer antiken Pracht verhelfen. Sie sollte ihrer kulturellen Bedeutung als Zentrum des Christentums auch städtebaulich gerecht werden. Mit der Bulle *Etsi Universis Romanae Ecclesiae* rief der Papst Kardinäle und führende Familien der Stadt zur Unterstützung seines Programms einer *Renovatio Urbis* auf. Kirchen und öffentliche Gebäude wurden erneuert, Straßen und Plätze ausgebaut und die Wasserversorgung verbessert. In die Tradition Sixtus' IV. stellte sich sein Neffe und Günstling Giuliano della Rovere, der spätere Papst Julius II. 1483 erhielt er zusätzlich zu den bereits in seinem Besitz befindlichen Bistümern das Kardinalbistum Ostia und nahm sogleich den Ausbau der dortigen Festungsanlagen in Angriff. Auf dreieckigem Grundriss entstand eine Burg mit drei Wehrtürmen, die der Kontrolle des Flusses dienen sollte. Im November 1483 fand die Grundsteinlegung statt, zu der Papst Sixtus IV. eigens anreiste.

Für diesen Anlass hatte der Bauherr bei einem namentlich nicht fassbaren Medailleur eine Schaumünze in Auftrag gegeben, deren Avers Sixtus IV. in der Umschrift als *urbis restaurator* rühmt. Das Münzporträt zeigt den Pontifex mit tonsuriertem Haupt, die breite Borte seines Gewandes ist mit einem opulenten Blumenmuster geschmückt. Auf dem Revers ist das Abbild der Festung Ostia erkennbar, beherrscht von den drei mächtigen Wehrtürmen. Die Umschrift verweist auf den Bauherrn, den »Kardinalneffen an der Tibermündung«. Ein Exemplar der Medaille dürfte in die Fundamente der Festung eingelegt worden sein.

KATHARINA BULL

Literatur: Alteri 2004, S. 35–36, Nr. 1 – Bonanni 1699, Bd. 1, S. 90, 97 – Hill 1920, S. 35–36 – Martinori 1918, S. 18 – Weiss 1961, S. 23–24 – Weiss 1965, S. 163–182, hier S. 163–164

C.1.2.13

Fiorino di Camera. Papst Sixtus IV. (1471–1484)

Vorderseite: SIXTVS P IIII – AN IVBILEI. In einem Vierpass der Wappenschild Sixtus' IV. (della Rovere = Traubeneiche), darüber zwei gekreuzte Schlüssel unter Tiara
Rückseite: SANCTVS PETRVS ALMA ROMA. Petrus mit Nimbus in einem Boot sitzend und nach links ein Fischernetz einziehend
Münzstätte Rom, geprägt 1475
Gold; Dm. 2,1 cm, Gewicht 3,34 g
Berlin, Staatliche Museen zu Berlin, Münzkabinett, Objektnr. 18205630, Acc. 1861 Friedländer

Die Goldmünze aus der Sammlung des jüdischen Gelehrten Benoni Friedländer wurde im Heiligen Jahr (Jubeljahr) 1475 geprägt. In Rom wurden zweierlei Goldmünzen ausgebracht, der auf den venezianischen Dukat zurückgehende Ducato Papale und der Fiorino di Camera, der seine Wurzeln in den florentinischen Goldgulden hat.

CHRISTIAN STOESS

Literatur: Berman 1991, Nr. 448 – Biaggi 1992, Nr. 2204 – Kluge 2007, Nr. 785 (dieses Stück) – Serafini 1910, S. 138, Nr. 1

C.1.2.14

Bartolomeo Platina: *Liber de vita Christi ac pontificum omnium*

Nürnberg, Anton Koberger, 1481
Papier; H. 27,4 cm, B. 19,8 cm
Heidelberg, Universitätsbibliothek, Q 2280 Quart INC

Bartolomeo Sacchi (1421–1481), besser bekannt unter seinem Beinamen Platina, stammte ursprünglich aus Cremona und diente Francesco Sforza, bevor er in den Dienst der Gonzaga trat. Als sein Schüler Francesco Gonzaga zum Kardinal promoviert wurde, wechselte Platina 1462/1463 ebenfalls nach Rom, wo er unter Pius II. Aufnahme in das Kolleg der Abbreviatoren an der Kurie fand. Der humanistische Geist, der sowohl die Stadt als auch den päpstlichen Hof erfasst hatte, bot Platina die besten Voraussetzungen für die Entfaltung seines eigenen Potentials. Als Pius II. 1464 starb und Paul II. (1464–1471) seine Nachfolge antrat, drehte sich allerdings der Wind. Neben zahlreichen anderen Humanisten wurde Platina unter dem Verdacht des Verrates zweimal gefangen gesetzt und gefoltert, bevor er – beim ersten Mal durch Fürsprache des Kardinals Gonzaga – wieder freikam und unter Sixtus IV. (1471–1484) erneut die Gunst eines Papstes erlangen konnte. Sixtus war es auch, der Platina schließlich zum Präfekten der Vatikanischen Bibliothek ernannte (1475) und die Abfassung einer ganz neuen Form der Papstgeschichte anregte. Zwischen 1472 und 1474 arbeitete Platina an dem *Liber de vita Christi ac omnium pontificum*, der eine vollständige Sammlung aller Papstviten bis Paul II. umfasste und eine ganz neue Form der kirchlichen Historiographie darstellte. 1479 wurde der Sixtus IV. gewidmete *Liber* schließlich veröffentlicht und erfreute sich bald enormer Beliebtheit. Bereits früh entstanden die ersten Druckausgaben des Werkes, das immer wieder neu aufgelegt und in ganz Europa verbreitet wurde.

Die neue Form der Papstgeschichte fügte sich ganz in das Selbstverständnis und die politische Strategie des Papsttums, mit der eine Systematisierung päpstlicher Herrschaft angestrebt wurde. Platina orientierte sich bei seiner Darstellung der Amtsfolge der Päpste an verschiedenen Vorläufern, allen voran dem *Liber pontificalis*, der ebenfalls eine Abfolge von Inhabern der *Cathedra Petri* und ihre Leistungen in den Mittelpunkt gestellt hatte. Der humanistisch geprägte Platina ging allerdings andere Wege als die Autoren früherer Papstviten und versuchte, die Verlässlichkeit der von ihm tradierten Informationen durch analytische Arbeit soweit wie möglich sicherzustellen. Als Vorbild dienten ihm außerdem literarische Biographien wie die Viten Plutarchs oder die *De vita Caesarum libri VIII* Suetons, wobei die Amtstradition der Päpste analog zur antiken römischen Kaiserdynastie dargestellt wurde. Während die Lebensbeschreibungen der frühen Päpste schon aufgrund der schwierigen Quellenlage ihren hagiographischen Charakter behielten, ging Platina für die spätere Zeit deutlich kritischer vor und versuchte, zwischen Wahrheit und Fiktion zu trennen und eine vergleichbar kritische Distanz zu wahren.

VIOLA SKIBA

Quellen: Platynae historici liber de vita Christi 1931
Literatur: Bauer, St. 2006 – Miglio 1986 – Tateo 2013

tes intulere: et oratores suos quos ad Ca-
listum destinauerant ad Pium pontificem
demum misit: quos certe cum admiratōne
tum ob īterualla locorū vnde venerant: tuꝫ
vel ꝓpter habitū nostris oculis insuctū in-
sperimus. Ferūt Vsuncassanū superatis ꝑ
sepe hostibus ad pontificem scripsisse: se q-
dem victoriam ex hoste reportasse ob ꝓces
ab eo ad deum habitas: eiusqꝫ beneficij diuini potiusq̄ humani se aliquādo memorē
futurum. Incohoata hec amicitia a Calisto
est: qua nūc cōstanter christiani cuꝫ ipō pri
cipe retinent: qui thurcum cōtinuis prelijs
verat. In edificijs aūt paruos sūptus fecit
ꝙ ei parū viuere licuit: qꝙ pecunias in vsū
tanti ⁊ tampericulosi belli colligebat. Re
stituit soluꝫ sancte Prisce in auentino templum: et menia vrbis dirupta ac fere solo
equata. Aulea tñ quedam auro intertexta
ab eo empta cernūtur. In victu suo parcꝰ
est habitus: in sermone modestissimus. Fa-
cilis aditu quātum ei ꝑ etatem licebat: iaꝫ
enī octogesimum attigerat annum: nec tamen de studijs suis quicq̄ remiserat. Lege-
bat ipē: aut legentes audiebat. si quid in
tanto rerum fastigio ei temporis supererat
Officium transfiguratōis dn̄i nostri ihesu
christi ipse composuit: iussitqꝫ eo modo atꝫ
cum his indulgentijs celebrari: quibꝰ cele-
britas corporis christi in precio habetur.
Oratores ad se venientes mira beniuolen-
tia complectabatur: quorum precibus aut
postulatis ab honesto discedere nunq̄ voluit. Hanc ob rem cum Alphonso simulta
tes exercuit: ꝙ is peteret episcopatus inter
dum his dari: quibus: vel propter etatem:
vel ignoratōem: tum litterarū: tum rerum
humanarū ꝯmitti nequaq̄ debebant. Mo
riēs aūt Calistus centū et quīdecim milia
nummū aureoꝝ reliquit: quos ī vsus belli-
cos contra thurcos comparauerat. Dū aūt
Calisti funus celebraretur: moritur et Do
minicus sancte crucis cardinalis et sūmꝰ
penitentiarius: vir quidē grauis ac sapien
tissimus: sepeliturqꝫ ī templo Minerue bo
nis oībꝰ pre dolore lacrimantibꝰ.

Pius. ij.

Pius secūdus: Eneas ꝯgnomēto
picolhomineꝰ antea vocatꝰ: na-
natōe ytalus. Senis oriūdus:
Corsiniani ortꝰ: pr̄e Siluio: mr̄e Victoria
patrū oīm cōsensu pōtifex creat̄ terciodecīo
kalēdas septēbris. M. cccc. lviij. Nam pater eius a plebe senensi cum reliqua nobilitate e republica deiectus: vt ad fundum gē-
tilicium Corsinianum vallis Vrcie oppidū
se conferens: infanteꝫ eo loci ex vxore suscepit. Nato puero: Eneas silviꝰ nomē pater
īdidit. Puerpera aūt ꝑ quietē visa ē sibi infā
tem cum mitra parere que (vt prone semꝑ
in peius mentes hominum sunt) verita est
ne somnium illud puero et familie ignomi-
niam protenderet: neqꝫ antea huiuscemodi
suspitione leuari potuit: q̄ postea intelle-
xerit filium tergestinū episcopum designa-
tum fuisse: quo nuncio omni prorsus metu
liberata immortali deo gratias egit: quod
defunctum meliore fato: quam ipsa conie-
ctauerat filiū sibi videre contigisset. Prius
tamen cum iam per etatem discere aliquid
potuisset: Corsiniani singulari memoria: et
summa docilitate grammaticam didicit:
parce adeo ac duriter vitam ducens: vt oīa
ruris officia ob inopiā adire sit coactꝰ. An
num vō decimum et octauū agens Senas
ꝓficiscit̄: vbi a necessarijs et cognatis adiu
tus: poetas primo: mox oratores audiuit:
quibus facultatibꝰ tātū ingenio et diligen-
tia valuit: vt breui preclara poemata latina
et hetrusca lingua ediderit: ludens credo ī
amorem: quo etas illa maxime cōflictatur.
Inde vō ad ius ciuile se contulit: quod pro
fecto non ita multopost deserere coactus est
Orto nanqꝫ inter senēses et florentinos bel
lo: caritatem annone veritus: ⁊ nobilitateꝫ
plebi senensi suspectam cernens: voluntari
um sibi velut exilium adsciuit: secutus am-
plissimum virum dominicum capranicū: q
tum Senis iter faciens ad basiliense conci
lium ꝓficiscebatur: questū īiurias ab Eugenio pōtifice sibi illatas ꝓpt̄ denegatū ga
lerum cardinalatus insigne: q̊ etiam absen
tem Martinus ob eius virtutē et integrita
tem merito donauerat. Huius igitur contu
bernio vsus post longos itineris labores su
peratis alpibus: celo vicinis: ⁊ congelatis
niuibꝰ opertis ꝑ iferni pontē: lucerne lacū
heluetiorum campos Basileam tandē ꝑ-
uenit. Quo in cōuentu et si multa negocia
Enee Dominici secretario obuenerint: sem
per tamē est aliquid ocij suffuratus: quod
litteras traderet. Dominicū deinceps pau-
pertate et inopia circūuentum: quippe cui
beneficioꝝ ⁊ paterne hēditatis ꝓuētū omnem Eugenius denegabat: relinq̄re ñ sine
lacrimis cogit̄ Bartholomeū Nouariēseꝫ
epm̄ secutꝰ: q̄ cū florētiā vbi Eugeniꝰ pon-

C.1.2.15

Bartholomaeus Platina: *De honesta voluptate et valetudine*

Venedig, Laurentius de Aquila und Sibylinus Umber, 13. Juni 1475
Papier; H. 28,5 cm, B. 22 cm, T. 2,6 cm
Stuttgart, Württembergische Landesbibliothek, Inc. fol.13051

Bartholomaeus Platina: *De honesta voluptate et valetudine*

Cividale, Gerardus de Lisa, 24. Oktober 1480
Papier; H. 15 cm, B. 20 cm, T. 2,2 cm
Stuttgart, Württembergische Landesbibliothek, Inc. qt 13052
Ohne Bild

Bartolomeo Sacchi (1421–1481), der unter seinem Beinamen Platina zu den bedeutendsten Vertretern des Humanismus seiner Zeit an der Kurie gehörte, machte sich nicht nur als Papstchronist und erster Präfekt der Vatikanischen Bibliothek einen Namen, sondern auch als Verfasser eines berühmten Buchs über die beste Lebensart. Noch bevor Platina überhaupt seine Papstgeschichte fertigstellte, verfasste er ein anderes bedeutendes, aber heute weit weniger bekanntes Werk, das 1474 erstmals in Venedig erschien und den Titel *De honesta voluptate et valetudine* trug. Es war das erste ›Kochbuch‹, das in gedruckter Form herausgegeben wurde. In zahlreiche Sprachen übersetzt, fand es später in dreißig Auflagen in ganz Europa Verbreitung. In der deutschen Übersetzung erhielt das Werk den Titel *Von der Eehrlichen, zimlichen, auch erlaubten Wollust des leibs*. Den Erfolg verdankte es seiner Neuartigkeit und der Systematik, die neben reinen Anleitungen zur Zubereitung von Speisen auch Informationen zur Ernährungslehre, Empfehlungen für den Haushalt, die Hygiene und zur Steigerung des Lebensgenusses umfasste.

Obwohl die kirchliche Lehre die Völlerei nach wie vor verdammte, gehörten der Genuss und die Tafelfreuden im Europa der Renaissance längst zum herrschaftlichen Repertoire und waren auch an der päpstlichen Kurie angekommen. Einer der bedeutendsten Köche des 15. Jahrhunderts, Martino de Rossi, stand im Dienst des Kämmerers des Heiligen Stuhls und setzte mit seinem um die Jahrhundertmitte verfassten Kochbuch *Libro de arte coquinara* Maßstäbe. Sein nie publiziertes Werk diente Platina als eine seiner wichtigsten Quellen für *De honesta voluptate et valetudine*. Platina ging es allerdings nicht nur um die Verbreitung der Kochkunst, er wandte sich – unter Rückbezug auf antike Traditionen – auch gegen Genussfeindlichkeit, der er einen wissenschaftlichen Diskurs entgegensetzte. Schon im Titel seines Werkes verband er die Gesundheit (*valetudo*) mit dem Vergnügen und dem leiblichen Genuss (*voluptas*), die er nicht als Gegensatz verstanden wissen wollte. Er vertrat vielmehr die Ansicht, dass der wohl dosierte Genuss eine Voraussetzung für die Gesundheit darstellte, Geist und Körper zuträglich und demnach zu fördern sei. Neben den Erklärungen zu Herkunft und Anbau verschiedener Gemüsesorten sowie den Informationen zu verschiedenen Fleisch- und Fischsorten mit entsprechenden Rezepten (insgesamt über 200) ging es daher auch um die Wirkung der Zutaten und Gerichte auf Körper und Seele. Das Werk, das dem Kardinal Rovella gewidmet war, sollte die Wahrnehmung der Kochkunst und des Lebensgenusses nachhaltig verändern und zudem dazu beitragen, dass sich die italienische Lebensart, die vom Renaissancepapsttum in besonderer Weise geschätzt und gefördert wurde, in ganz Europa verbreitete.

VIOLA SKIBA

Quellen: Platina 1998 – Platina 2015
Literatur: Märtl 2001, S. 47–70 – Milhalm 1996 – Pittaluga 1992 – Tateo 2013

Mediolanensis. Castaneæ omnes bene dentibus tritæ a bonoque stomacho sumptæ non incommode alere: obesare: appetentiam facere putantur. Meliores item habentur inter prunas & cineres coctæ q̃ quæ elixe: aut in patella perforata ad flammam tostæ sunt. Ni- mia enim eius turgiditas & styptica uis decoquitur. Sumptæ item cum saccharo aut melle pituita extenu- are putantur. Esus præterea cotoneorum malograna ti acidi præsertim: & omnium quæ astringunt: ut siliquarum & pistachiorum non improbatur. Post pi- sces edédæ aut amygdalæ: aut auellanæ: aut nuces sũt: ꝗ piscium frigidam uim & humidam sua siccitate reprimere putantur.

DE VINO:

QOena & prandium sine potu non solum insuauis: uerum etiam insalubris habetur: quum haustus si- tienti q̃ cibus esurieti sit gratior: & iucũdior. Hume- ctare cibum necesse est: & ad refrigerationem pulmo- nis: & quo melius subigatur: & cõcoquat̃ quod desũ- psimus. Vinũ qđ Androchides ad Alexandrum scri- bens eius intemperãtiã cohibiturus sãguinẽ terræ ap pellauit: haustũ calefaciẽdi & humectãdi: foris ĩfusũ r̃- frigerãdi: & desiccãdi ui habet. Est.n. eius uis calida & humecta: unde Homerus αἴθοπα οἶνον appellauit: ꝗ semĩa caloris habeat. Hinc est quod corporibus fessis nil celerius subuenit: si modeste sumatur: nil itẽ pniti osius si modus absit. Tremuli enim graues: palidi: fecu lẽti: obliuiosi: lippi: steriles: & ad genituram tardi: cani: calui: senes & ãte tẽpus ob æbrietatẽ fiunt homines. Quar̃ modus adsit ex hoĩnũ ætatibus: & ãni tẽporib. necesse ẽ. Ut .n. hyeme plus esse Celsi sẽtẽtia & minus sed meracius biber̃ cõueit: ita æstate potiõe q̃ dilutissia

Die Öffnung der Welt unter Alexander VI. (1492–1503)

Die neue Welt und der päpstliche Universalismus

Im 15. Jahrhundert begann Europas Ausgriff in die Neue Welt. Die muslimischen Eroberungen im Mittelmeerraum drängten die europäische Expansion in den Atlantik ab. In den Küstenbereichen und auf den Inseln um Afrika entstanden Stützpunkte für Seefahrt und Handel. 1492 entdeckte Christoph Kolumbus Amerika. Die Welt wurde unvorstellbar groß, und der um die Mitte des 15. Jahrhunderts erfundene Buchdruck eröffnete neue Möglichkeiten der Kommunikation. Eine starke Aufbruchsstimmung prägte die Epoche. In dieser Situation übernahm Alexander VI. (1492–1503) das päpstliche Amt. Er entstammte der spanischen Familie Borgia (aus dem Ort Borja in Aragón) und galt damals als einer der reichsten Männer Europas. Im Streit zwischen Spanien und Portugal um die Anteile an der Neuen Welt bestätigte er mit päpstlicher Autorität den Vertrag von Tordesillas vom 7. Juni 1494. Auf Grund neuer Weltkarten wurde eine Teilungslinie zwischen einem westlichen (für Spanien) und einem östlichen Einflussbereich (für Portugal) gezogen, und zwar 370 Seemeilen westlich der Kapverdischen Inseln. Das spätere Brasilien, das in den Ostsektor hineinragte, kam auf diese Weise später zu Portugal. Zusätzlich erteilte Alexander VI. Anweisungen für die Mission und die Behandlung der Urbevölkerung (Bullen *Inter Caetera* von 1493 und *Ineffabilis* von 1497). Es entstanden neue Karten der Welt und mit ihnen eine neue Qualität der Welterfassung. Sie eröffnete für den Gedanken des Universalismus des päpstlichen Amtes und einer neuen, weltweiten Einheit der Kirche ganz neue Horizonte und nicht zuletzt neue Quellen des Tributs an den Heiligen Stuhl.

Ein neues Gesicht für die Stadt Rom

Mit seiner Namenswahl spielte Alexander VI. auf Alexander den Großen an, erneut ein Zeichen der damaligen Antikenbegeisterung. Wie schon seine Vorgänger holte er exzellente Künstler nach Rom, unter ihnen den berühmten Maler Pinturicchio aus Perugia († 1513), und ließ die Wohn- und Repräsentationsräume im Vatikan erweitern und verschönern. Prachtvoll sollen auch die Inszenierungen der päpstlichen Feste gewesen sein: Der päpstliche Zeremonienmeister Johannes Burckard († 1506) berichtet in seinem ›Tagebuch‹ (*Liber notarum*) von üppigen Gelagen. Zu diesen seien auch Frauen geladen worden, die wegen ihrer Schönheit und Bildung gepriesen wurden. Die Echtheit des ›Tagebuchs‹ ist allerdings umstritten.

Kennzeichnend für die Zeit um 1500 ist, dass neue Stadtviertel in Rom weiter ausgebaut wurden, etwa das Viertel der Florentiner, das sich an der Engelsbrücke gebildet hatte. Die Genuesen wählten ihren Siedlungsschwerpunkt in Trastevere in der Nähe des großen Hafens. Die Kurialen errichteten ihre Paläste im Umfeld der Piazza Navona. Prachtvolle Bauten der Kardinäle entstanden, darunter der Palazzo della Cancelleria, der erste große Renaissancepalast in Rom, in dem der päpstliche Vizekanzler residierte. Man muss sich diese geistigen und kulturellen Prozesse vor Augen stellen, wenn man den neuartigen Repräsentationsstil der Päpste dieser Zeit verstehen will. Sie mussten im Kreis der Kardinäle und im Wettstreit der Adelsgeschlechter konkurrenzfähig bleiben. Der etwas später entstandene Palazzo Farnese gilt als Höhepunkt dieses Ringens um das prächtigste Bauwerk.

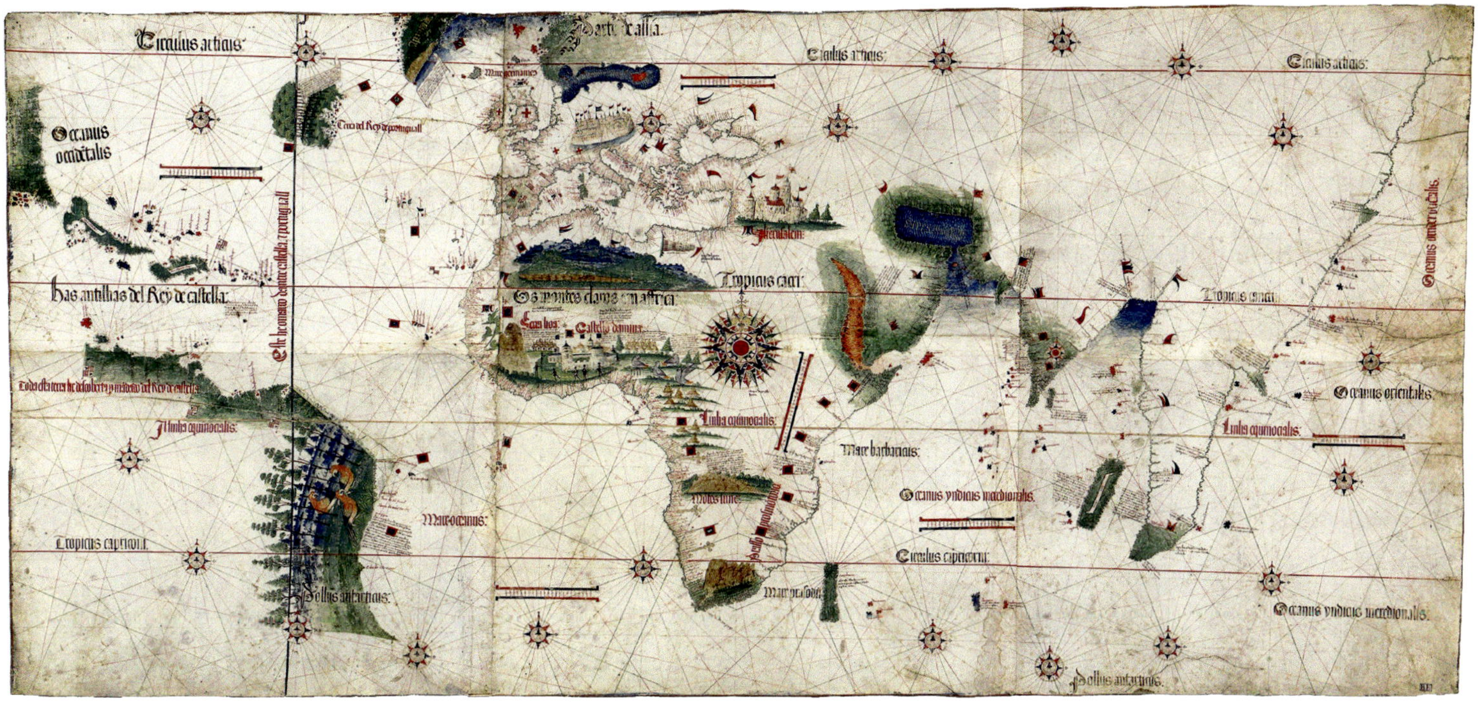

Dieses Wetteifern erklärt auch den Glanz der päpstlichen Hofhaltung und der privaten Lebensführung, der bei Alexander VI. besondere Ausmaße annahm. Bemerkenswert ist auch, dass mit ihm, dem Spanier, der spanisch-maurische Stil in den Papstpalast einzog. Auf der politischen Ebene waren die Amtsgeschäfte Alexanders VI. durch heftige diplomatische und kriegerische Aktionen gekennzeichnet, in welche die großen Stadtrepubliken und Herzöge Italiens sowie die Herrscher Frankreichs und des Heiligen Römischen Reichs verwickelt waren. Die Einbeziehung der eigenen Familie in das päpstliche Herrschaftssystem, schon frühzeitig von den Kritikern mit dem Vorwurf des Nepotismus belegt, war in dieser Situation vor allem ein Element der Amtssicherung und entsprach den Maßstäben der Zeit.

STEFAN WEINFURTER

Quellen: Burckardi, Liber Notarum 1910–1912
Literatur: Dendorfer 2008 – Monaldi/Sorti 2010 – Prodi 2003 – Reinhard 1997 – Reinhardt 2011
Bild: Weltkarte des Alberto Cantino mit Demarkationslinie des Vertrages von Tordesillas, um 1500 (Modena, Biblioteca Estense universitaria)

C.1.3.1

Porträt Alexanders VI. (Rodrigo Borja)

Unbekannter Künstler aus Valencia, ca. 1495
Öl und Gold auf Holz; H. 39,5 cm, B. 28,5 cm
Vatikanstadt, Musei Vaticani (Pinacoteca Vaticana)

Das Porträt Alexanders VI. Borgia (1492–1503) kam als Geschenk der Kongregation zur Verbreitung des Glaubens 1931 in den Besitz der Vatikanischen Pinakothek. Ein Siegel aus rotem Siegellack mit dem Wappen der Borgia-Familie aus Velletri auf der Rückseite des Gemäldes bestätigt die Zugehörigkeit zur Sammlung. Durch Erbschaft gelangte das Porträt in den Besitz des Kardinals Stefano Borgia, der es der Kongregation für die Verbreitung des Glaubens schenkte, in deren Dikasterium er das Amt des Sekretärs und dann des Präfekten innehatte.

Auf dem vatikanischen Gemälde ist Alexander VI. als Brustbild im Profil zu sehen, bekleidet mit Mozzetta und dunkelrotem Camauro, der mit Hermelin besetzt ist und vor dem bräunlich-goldenen Hintergrund hervorsticht. Der Hintergrund, ähnlich den spanischen *corami* (eine Art Ledertapete, Anm. d. Ü.), ist in *pastiglia dorata* (eine Art Goldstuck, Anm. d. Ü.) gearbeitet und mit reliefierten Arabesken geschmückt. Oben in den Ecken zieren die zwei heraldischen Stiere des Borgia-Wappens das Bild, das zudem durch eingesetzte Edelsteinimitate kostbar ausgestattet ist. Alexander VI., Neffe von Papst Calixt III. Borgia, mehr ein Renaissancefürst als ein Nachfolger Petri, erscheint hier im selben Alter und mit denselben physiognomischen Eigenschaften wie in dem vatikanischen Bildnis und dem in der Lünette der *Resurrezione* (Auferstehung), dem Fresko, das Pinturicchio in der *Sala dei Misteri* der Borgia-Gemächer schuf.

Seit den ersten Studien zu dem Werk haben der betonte Realismus und die prunkvolle Ausstattung des Porträts auf einen Künstler spanischer Herkunft und Ausbildung (Biagetti 1932, S. 1056; Redig De Campos 1932, S. 1065), vertraut mit der Bildsprache der Renaissance des Melozzo da Forlì (Porcella 1933, S. 238), schließen lassen. Die Debatte wurde dahingehend erweitert, dass man das Gemälde in die Nähe der Schule von Bartolomé Bermejo rückte (Tormo y Manzò 1942, II, S. 200), während Post (1947, Band 9, S. 160–161) es aufgrund formaler Analogien mit anderen Porträts Pedro Berruguete zuschrieb. Eine weitere Vermutung sieht einen Künstler aus der Umgebung von Valencia am Werk, der der Osona-Familie angehörte (Mancinelli, De Strobel 1992, S. 73), vielleicht Rodrigo (Company 2000, S. 309).

Das Bildnis im Profil, inspiriert von figürlichen Prototypen der italienischen Kunst des ausgehenden 15. Jahrhunderts, hat Pedrocchi (2000, S. 60) dazu veranlasst, für einen Künstler im Umfeld des Melozzo zu plädieren, da er eine Ähnlichkeit mit dem Fresko des Künstlers aus Forlì ›Sixtus IV., der Bartolomeo Platina zum Präfekt der Vatikanischen Bibliothek ernennt‹ (ca. 1477, ehemals in der alten Bibliothek, dann abgenommen und heute in der Vatikanischen Pinakothek) zu erkennen glaubte. Leone de Castris (2004, S. 456) vermutet, dass es sich um einen Künstler gehandelte haben müsse, der Pinturicchio und Melozzo persönlich gekannt habe, der aber wegen der formalen, materiellen und stilistischen Aspekte seines Werkes der spanischen und genauer valencianischen Kultur zuzuweisen sei. Er schlägt vor, dass es sich um Rodrigo de Osona auf einer hypothetischen Romreise in den Neunzigerjahren gehandelt haben könnte, während Company eher an dessen Sohn Francisco denkt (Company 2000, S. 309–310).

ADELE BREDA

Literatur: Biagetti 1932 – Breda 2015 – Company 2000 – De Angelis 2008, S. 148–150, Nr. 9, S. 154 – Gonzáles Fernández 2001 – Leone De Castris 2004 – Mancinelli/De Strobel 1992 – Morte García 2006 – Nocca 2001 – Pedrocchi 2002 – Porcella 1933, S. 238 – Post 1947, S. 160–161 – Redig De Campos 1932, S. 1063–1067, bes. Foto auf S. 1065 – Tormo y Monzò 1942, Bd. II, S. 200

C.1.3.2

Medaille auf die Krönung Alexanders VI. zum Papst

Avers: ALEXANDER · · VI · PONT(ifex) · MAX(imus) ·
Revers: · CORONAT(ur) ·
Rom, 1492
Silber; Dm. 43 mm, Gewicht 48,03 g
Stuttgart, Landesmuseum Württemberg, MK 17776

Nach jahrelanger Vorbereitung gelang es Rodrigo Borgia im Jahre 1492, die Papstwürde zu erlangen. Die Wahl hatte er sich durch Korruption gesichert. Schon durch die Namenswahl machte er seinen Machtanspruch deutlich: In Erinnerung an Alexander den Großen nannte er sich Alexander VI.

Die Medaille, mit der er seine Krönung zum Stellvertreter Christi feierte, zeigt ihn auf der Vorderseite, barhäuptig, im Brustbild nach links. Auf der Rückseite ist die Krönungszeremonie geschildert, wie die Inschrift ausweist: CORONAT(ur) – er wird gekrönt. Der Papst thront vor einer architektonischen Kulisse unter einem Baldachin. Ein Kardinal ist gerade dabei, ihm die Tiara aufs Haupt zu setzen. Die Szene wird von weiteren Geistlichen sowie von Soldaten begleitet. Die Würde des Papstes ist dadurch hervorgehoben, dass sein Thron auf einem Podest mit Stufen steht und dass er als einziger sitzt, während alle anderen Teilnehmer die Zeremonie stehend verfolgen.

MATTHIAS OHM

Literatur: Cimeliarchium 1710, S. 128 – Modesti 2002, Nr. 165

C.1.3.3

Festmissale Alexanders VI. (1492–1503)

Fra Antonio da Monza, 1492–1503
Pergament, Deckfarben- und Goldmalerei; H. 48 cm, B. 34 cm, 69 Blatt
Einband aus goldenem Brokat über Holz
Vatikanstadt, Biblioteca Apostolica Vaticana, Borg. Lat. 425, fol. 8v (Faksimile)

Es wird davon ausgegangen, dass das Festmissale in Rom in päpstlichem Auftrag geschrieben und aufwendig illuminiert wurde. Das in schwarzer italienischer Textura geschriebene Buch für die Messe ist mit floralen Bordüren und historisierten Initialen versehen. Auf fol. 8v wurde die Initiale P der Lesung aus Jesaias 9,5 (*Puer natus est* ...) mit dem Weihnachtsgeschehen bebildert. Die Jesaias-Stelle gehört zu den ersten drei Lesungen der Weihnachtsmatutin. Die folgenden, in der Messe vorgetragenen Responsorien erhellen weitere Seiten des Weihnachtsmysteriums: Erlösung durch die Menschwerdung, Hirten, Ochs und Esel, Engel und jungfräuliche Mutter. Einzelne dieser Gedanken fanden bildlichen Niederschlag: Das Kind liegt auf einem Stück des blauen Mantels der jungen Maria, die ihrerseits vor ihm kniet und es anbetet. Ein Flechtzaun trennt es von Ochs und Esel.

Unterhalb des Textblocks befinden sich zwei Bildfelder mit blauem Hintergrund: Das eine zeigt das persönliche Wappen Papst Alexanders VI., das andere den Borgia-Papst im Profil und im Prunkornat. Bemerkenswert sind das Pluviale mit Goldstickerei und die kostbare edelsteinbesetzte Tiara, die exakt damalige Tiaren wiedergibt. Dies ist eine typische Ikonographie für päpstliche Auftraggeber oder Adressaten in Widmungsbildern in der Renaissance-Buchmalerei (z. B. die Vita Papst Nikolaus' V., vgl. Kat. Nr. C.1.1.5).

Die hohe Qualität des Porträts und stilistische Elemente rücken es in nächste Nähe zu dem auf einem Einzelblatt in der Albertina in Wien, das Fra Antonio da Monza, der in Mailand aktiv war, zugeschrieben wird. Das Wiener Blatt mit dem Brustbild Alexanders ist ein Folio, das ebenfalls aus einem Missale herausgeschnitten worden ist. Da die Geburtsszene in dem Missale der Vaticana sowohl stilistische Elemente lombardischer Künstler wie Bramantes oder Bergognones aufweist als auch Einflüsse Pinturicchios, wurde es wohl in Rom geschrieben und dort von Fra Antonio auch illuminiert.

IRMGARD SIEDE

Literatur: AK Biblioteca Apostolica Vaticana, Köln 1992, S. 400–403 Nr. 85 – Roth 1986

C.1.3.4

Ablass-Urkunde des Kardinals Rodrigo Borgia und anderer Kardinäle für den Sebastiansaltar des Klosters Weingarten

Rom, 9. September 1490
Pergament mit Siegelresten; H. 51 cm, B. 81,5 cm
Stuttgart, Landesarchiv Baden-Württemberg – Hauptstaatsarchiv Stuttgart, H 52 U 27

Alexander VI., geboren als Rodrigo Borgia in Játiva bei Valencia, gehört zu den berühmtesten und skandalumwittertsten Päpsten der Geschichte. Seine außergewöhnliche Karriere verdankte er vor allem seinem Onkel, dem späteren Papst Calixtus III. (1455–1458), der ihn von Anfang an stark förderte. Nach seiner Klerikerausbildung in Valencia kam Rodrigo zu einem unbekannten Zeitpunkt zum Studium nach Italien. In Bologna machte er 1456 einen Studienabschluss im kanonischen Recht. Inzwischen hatte sein Onkel die *Cathedra Petri* bestiegen und begann damit, die eigenen Familienangehörigen zu fördern. Rodrigo wurde Notar des Heiligen Stuhls und zum Kardinaldiakon von S. Nicola in Carcere promoviert. In den folgenden Jahren sammelte er Ämter und Benifizien und avancierte zu einem der reichsten Kardinäle an der Kurie. 1471 wurde er zum Kardinalbischof von Albano ernannt und 1476 auf den Sitz von Porto transferiert. Diesen Titel sollte er zusammen mit dem Amt des Dekans des Kardinalkollegiums bis zu seiner eigenen Wahl zum Papst führen.

Nach dem Tod Sixtus' IV. (1471–1484) versuchte Rodrigo, selbst der Nachfolger des verstorbenen Pontifex zu werden, doch die Opposition war zu stark. So entschied er sich letztendlich dafür, die Wahl Innocenz' VIII. zu unterstützen, der am 19. August 1484 gewählt wurde. Unter dem willensschwachen und wenig durchsetzungsfähigen Innocenz VIII. spielte Rodrigo eine wichtige Rolle und konnte seine Position an der Kurie weiter ausbauen. Als Dekan und damit Vorsitzender des Kardinalkollegiums trat er immer wieder an prominenter Stelle in Erscheinung. Augenfällig kommt dies etwa in einer Prachturkunde für das Kloster Weingarten aus dem Jahr 1490 zum Ausdruck. Mit ihr verlieh Rodrigo zusammen mit 18 weiteren Kardinälen einen hunderttägigen Ablass an alle Besucher des Sebastiansaltars im Kloster Weingarten.

Das kostbare und reich verzierte Dokument beginnt mit einer Aufzählung der Namen und Titel aller beteiligten Kardinäle, deren erster in großen und kunstvoll verzierten Lettern eben RODERICUS, der Bischof von Porto, ist. Alle übrigen Namen folgen in der üblichen kleinformatigen Urkundenschrift. Ähnlich prominent wie der Name Rodrigo Borgias sind nur das Wappen Innocenz' VIII., das sich links vom Text befindet, und die bildlichen Darstellungen im oberen Teil der Pergamenturkunde. Dort ist direkt auf RODERICUS folgend die zentral platzierte Trias von Vater, Sohn und Heiligem Geist zu sehen. Es folgen eine Krippenszene und schließlich eine Darstellung des Martyriums des heiligen Sebastian.

VIOLA SKIBA

Digital: https://www2.landesarchiv-bw.de/ofs21/olf/struktur.php?bestand=5147&sprungId=616359&letztesLimit=suchen [02.12.2016], https://www.deutsche-digitale-bibliothek.de/item/SZSMT4KBCHVF47PJUGF3K5QMQ3J42SXP [02.12.2016]

Literatur: Krimm 1991 – Picotti/Sanfilippo 2000

Rodericus Portuen. Oliverius Sabinen. Marcus Penestrin. Julianus Ostien.
Johannes Albanen. Epi Johannes Michael tt sancte Marcelli Georgius tt sancte Marie in Transtiberim Dominicus tt sancti Clementis Jeronymus tt sancti Grisogoni
Paulus tt sancti Sixti Johannes de Comitibus tt sancti Vitalis Johannes Jacobus tt sancti Stephani in Celiomonte Laurentius
tt sancte Susanne Adrianus tt sancti Johannis et Pauli Antoniotus tt sancte Anastasie pbri Franciscus sancti Eustachii
Raphael sancti Georgii ad velum aureum Johannes sancte Marie in Aquiro et Baptista sancte Marie in Domnica Diaconi miseratione divina sacrosancte Romane ecclesie Cardinales
Universis et singulis Christifidelibus presentes Litteras inspecturis Salutem in domino sempiternam Quanto frequentius fidelium mentes ad opera devotionis inducimus tanto salubrius animarum suarum
saluti providemus Cupientes igitur ut Altare sub invocatione sanctissime Trinitatis ac bte Marie Virginis ac sancti Sebastiani situm in ecclesia Monasterii
Wingarten ordinis sancti Benedicti Constancien. dioc. ad quod sicut accepimus quedam laudabilis Confraternitas in honorem eorundem sanctissime Trinitatis ac gloriose
Virginis Marie ac sancti Sebastiani cum missarum et aliarum divinarum solemnitatum celebratione instituta existit et ad quod sicut etiam accepimus Dilecti nobis in Christo
Confratres singularem gerunt devotionis affectum congruis frequentetur honoribus et a Christifidelibus iugiter veneretur necnon Libris
Calicibus Luminaribus Ornamentis ecclesiasticis ac rebus aliis pro divino cultu necessariis decenter muniatur dictumque Altare in suis structuris et edificiis debite reparetur
conservetur et manuteneatur ac Christifideles ipsi eo Libentius ad dictum Altare causa devotionis confluant et ad munitionem reparationem conservationem et manutentionem huiusmodi
manus promptius porrigant adiutrices quo ex hoc ibidem dono celestis gratie uberius conspexerint se refectos predictorum Confratrum nobis super hoc humiliter supplicantium petitionibus
inclinati Nos Cardinales prefati videlicet quilibet nostrum de omnipotentis dei misericordia ac btorum Petri et Pauli Aplorum eius auctoritate confisi omnibus et singulis Christifidelibus predictis
utriusque sexus vere penitentibus et confessis qui dictum Altare in cuiuslibet prime Dominice singulorum Quatuor temporum cuiuslibet anni immediate sequentis et ipsius Altaris
Dedicationis festivitatum diebus a primis vesperis usque ad secundas vesperas inclusive devote visitaverint annuatim et ad premissa manus porrexerint adiutrices pro singulis diebus festivitatum
predictis quibus id fecerint Centum dies de iniunctis eis penitentiis misericorditer in domino relaxamus presentibus perpetuis futuris temporibus duraturis In quorum omnium et singulorum premissorum fidem et
testimonium Litteras nostras huiusmodi fieri nostrorumque solitorum sigillorum iussimus et fecimus appensione communiri Dat. Rome in domibus nostris Sub Anno a Nativitate dni Millesimoquadringentesimononagesimo
die vero Nona Mensis Septembris Pontificatus Sanctissimi in Christo pris et dni nri dni Innocentii divina providentia pp Octavi Anno Sexto.

C.1.3.5
Planisphäre des Kardinals Stefano Borgia

(*Mappamondo Borgiano* oder *Tavola di Velletri*)
Gegen 1430
Messing (Planisphäre); vergoldetes Holz, Messing und Glas (Rahmen); Dm. 63 cm
1794 von Kardinal Stefano Borgia für das Museo Borgiano in Velletri erworben; danach Propagana Fide und dann in die Sammlung der Geschenke der Biblioteca Apostolica Vaticana
Vatikanstadt, Musei Vaticani (Museo Cristiano), 70163

Die berühmte Borgia-Weltkarte (*Mappamondo Borgiano* oder *Tavola di Velletri*, nach dem Ort, an dem ihr erster Besitzer, der Kardinal Stefano Borgia, das Museum einrichtete, das seinen Namen trug), gehört in die Kategorie der sogenannten kreisförmigen ›Ökumenen‹ – geographische Tafeln »nach außen hin definiert durch einen Kreis, in den Länder und Meere aus der Zeit vor den großen geographischen Entdeckungen eingezeichnet sind« (Baldacci 1965) und in denen »der äußere Kreis des Ozeans«, der die gesamte bekannte Welt umfasst, »sich in der Projektion des Horizonts wiederholt« (Palagio 2001). Zusammengesetzt aus zwei »halbkugelförmigen« Platten gleicher Größe und verbunden durch kleine Nägel, präsentiert sich die Weltkarte als eine komplexe, wenn auch widersprüchliche *summa* des geographischen Wissens der Zeit, in der sie hergestellt wurde. Sie steht in jener ptolemäisch-hellenistischen Tradition, welche die Gesamtheit der Landmassen als eine Abfolge von Projektionen im Innern einer Sphäre umgeben vom Ozean darstellte.

Entsprechend den Gewohnheiten der Zeit ist die Tafel mit figürlichen Darstellungen, die einzelnen Orten zugewiesen sind, übersät. Sie rufen maßgebliche Episoden der antiken Geschichte (der Krieg um Troja, die Invasion Hasdrubals, Hannibal und Scipio) in Erinnerung, sind aber auch Verweise auf legendäre und mythologische Kontexte oder solche des Brauchtums sowie Anspielungen auf rezentere Waffengänge, wie die christliche Niederlage von Nikopolis gegen Bayezid I. (1396) oder jene desselben Bayezid bei Ankara gegen Tamerlan (1402). Eine ähnliche, aber auf Pergament gezeichnete kreisförmige Tafel wurde von Brunetto Latini im Kapitel CXXI seines ›Schatzes‹ (*Li Livres dou Trésor*) beschrieben: »die Erde ist umgeben und begrenzt vom Meer [...] und ihr wisst, dass dies das große Meer ist, welches Ozean genannt wird und aus dem alle anderen die auf der Erde in ihren mannigfaltigen Teilen ihren Ursprung haben und wie seine Arme sind. Jener Arm der durch Spanien nach Italien und nach Griechenland kommt, ist größer als die anderen und wird deshalb das große Mittelmeer genannt.«

Die Betonung der Zentralität des Mittelmeeres, den die Mehrzahl der Karten klassischer Herkunft – wie zum Beispiel die Weltkarte des Fra Mauro (Venedig, Biblioteca Marciana) von etwa 1450, mit der die Borgiakarte häufig verglichen wird – miteinander gemein haben, findet keine genaue Entsprechung im vorliegenden Exemplar, in dem die relative Genauigkeit der nördlichen Geographie keine Entsprechung in einer ebenso präzisen Wiedergabe der südlichen Gefilde findet. Dieser Umstand, zusammen mit dem Charakter der Schrift zur Kommentierung der einzelnen Örtlichkeiten, weist auf eine Entstehung der Tafel im nordeuropäischen Raum hin, wohl um die Mitte des 15. Jahrhunderts.

Die runden Löcher in der Tafel wurden auf verschiedene Weise erklärt: sie hätten der Befestigung kleiner Flachreliefs zur Anzeige der Örtlichkeiten gedient (Palagiano 2001) – oder, um es klarer auszudrücken, »geographischen Figurationen der größten Städte, oder Herrscherbilder oder anderen dekorativen Elementen« (Almagià 1944) – oder der Skizzierung einer Karte der Himmelskonstellationen, die ihre Entsprechung in jener des Himmels hat (Scafi 2006).

Zuletzt hat sich Cosimo Pelagio, der eine Übereinstimmung zwischen der Zahl der Löcher und der der kleinen Rauten auf dem Rahmen bemerkt hat, gefragt, ob der Zentralmeridian, der mit der Verbindungsstelle zwischen den beiden Halbkreisen übereinstimmt, nicht als Ort für die Einsetzung eines Gnomon (*meridies*) gedient haben könnte und ob die fragliche Weltkarte daher (wie viele Karten dieser Zeit mit einer Orientierung, bei der sich der Süden oben befand) nicht die Funktion eines Meridians für die Berechnung der Zeit und vielleicht der geographischen Länge übernommen haben könnte. In Anbetracht der begrenzten Ausmaße des Instruments könnte es sich um einen transportierbaren Meridian gehandelt haben oder einen ›Reisemeridian‹, der mit dem starken Interesse für die asiatischen und nordafrikanischen Länder (d. h. denen, die von Reichen besetzt waren, die als heidnisch galten) im Zuge des Evangelisierungsschubs der Zeit in Verbindung gebracht werden kann.

Ein weiterer Indikator für eine annähernde Bestimmung der Chronologie der Karte ist durch die bei Rom verwendete Beischrift *Sedes apostolica et imperialis per VIIc annos in orbe triumphavit* gegeben, die schon von Almagià bemerkt wurde und die auf das Vergehen einer Zeitspanne von 700 Jahren seit der Gründung und ersten Konstituierung des *Patrimonium Sancti Petri*, dem zukünftigen Kirchenstaat, hinweisen würde: Die Fertigstellung der Planisphäre fiele damit in die Jahre zwischen 1430 und 1480 unserer Zeit.

Eine andere und anspruchsvollere Lesart der Tafel ergibt schließlich die Zeichnung einer christliche ›Weltherrschaft‹ durch die Glorifizierung des europäischen kulturellen Erbes (Plessen 2003) in seiner Beziehung zu den Bevölkerungen unterschiedlicher ethnischer und anthropologischer Herkunft (Schmieder 2012).

GUIDO CORNINI

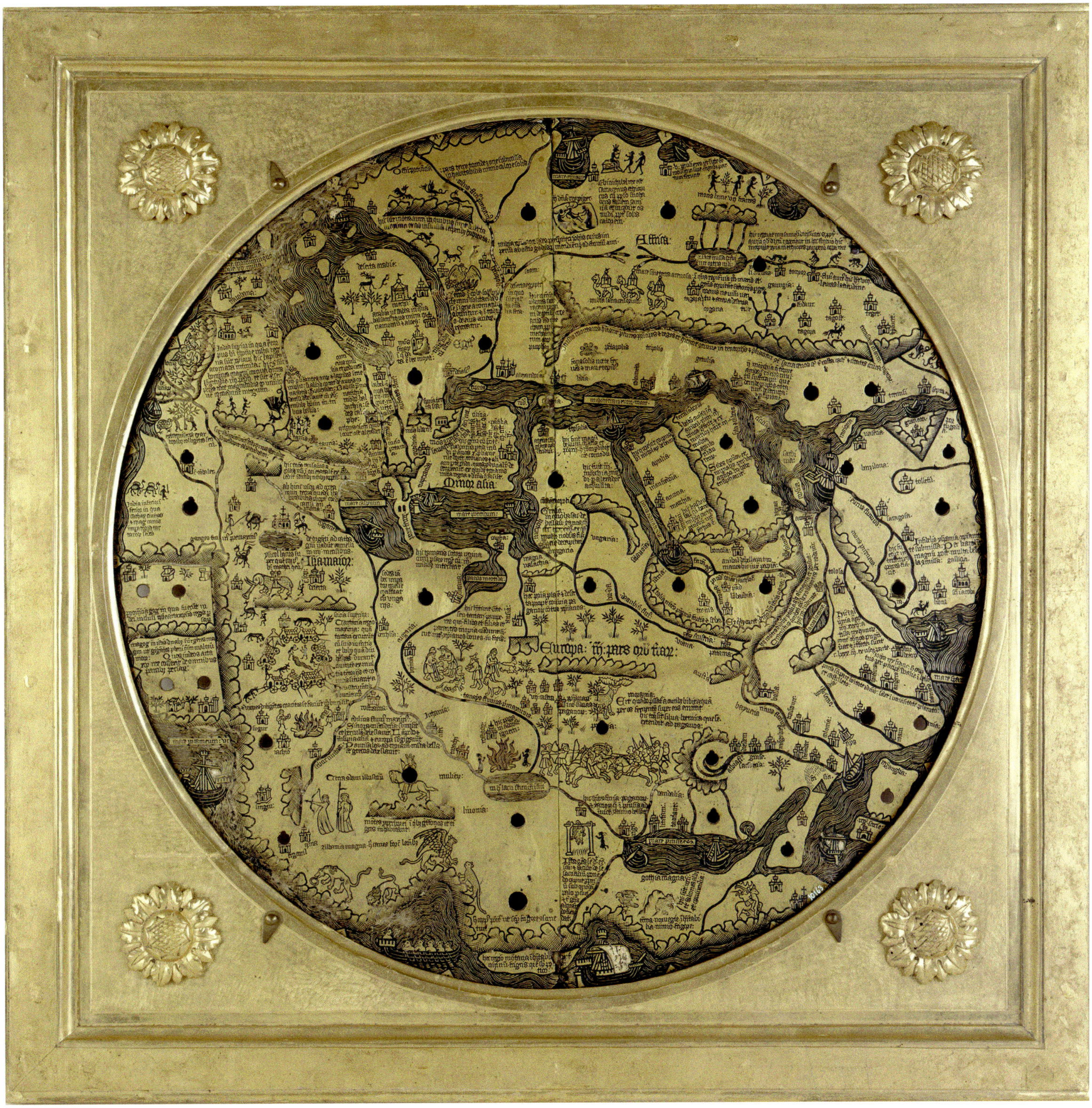

Quellen: Vitae Synopsis Stephani Borgiae 1805, S. 48–49
Literatur: AK Ulmer Geographia, Ulm 1982, S. 107 – Almagià 1944, S. 27–39 – Bagrow/Skelton 1963, S. 99 – Bagrow/Skelton 1994, S. 99–100 – Baldacci 1993 – Caraci 1953 – Conti 2001 – D'Arelli/Callieri 2011 – Destombes 1964, S. 239–241 – Ersch/Gruber 1823, Bd. 11, S. 30–31 – Falchetta 2006 – Hamel 2007 – Oschema 2014 – Palagiano 2001 – Plessen 2003 – Rainero 1982, S. 23–24, Kat. 20 und Taf. II – Scafi 2006, S. 210–211 – Schmieder 2012

C.1.3.6

Ausgabe eines Briefs des Kolumbus: Von den kürzlich im Indischen Meer entdeckten Inseln, mit einer ersten bildlichen Darstellung der ›Neuen Welt‹

Christophorus Columbus: *Epistola de insulis nuper inventis*
Basel: Johannes Bergmann von Olpe, 1494
Papier; H. 19,2 cm, B. 14,6 cm
Mannheim, Universitätsbibliothek, Ink 043a–c

Als Christopher Columbus 1493 von seiner ersten Seereise zurückkehrte und von seinen Erlebnissen und wundersamen Entdeckungen in einem ersten Brief berichtete, stießen seine Neuigkeiten in ganz Europa auf großes Interesse. Binnen kürzester Zeit verbreitete sich das Schreiben und wurde allein im ersten Jahr in elf Auflagen gedruckt. Nach nur wenigen Wochen gelangte die erste Kopie des Briefes auch nach Rom, wo sie von Aliander de Cosco ins Lateinische übersetzt, mit einem Kolophon versehen und gedruckt wurde. Bald folgten weitere Übersetzungen.

Auch in Basel druckte man den Brief 1493 erstmals, wobei diese Ausgabe, ebenso wie die im Jahr darauf gedruckte Neuauflage, mit einer Reihe von Holzschnitten illustriert war. Der mit *De insulis nuper in mari Indico repertis* betitelte Druck verfügt über vier der sechs Holzschnitte der Ausgabe von 1493, darunter die erste – allerdings äußerst phantasievolle und nicht sehr wirklichkeitsgetreue – Darstellung der ›Neuen Welt‹, die Columbus bis an sein Lebensende für einen Teil Indiens hielt. Der Holzschnitt zeigt im Vordergrund die Santa Maria, eines der Schiffe des Seefahrers, deren Segel mit einem charakteristischen Kreuz versehen war, und mehrere Inseln, die Columbus nach ihrer Entdeckung neu benannt hatte. Diese Namen sind jeweils auf den sonst wenig charakteristischen Landmassen verzeichnet: Fernanda, Ysabella (nach dem spanischen Königspaar, in dessen Auftrag Columbus segelte), Hyspana, Conceptionis Marie und Salvatorie.

Columbus berichtete im Brief nicht nur von seinen Entdeckungen und stellte deren Potential heraus, sondern nahm auch mehrfach Bezug auf die Möglichkeit einer Verbreitung des Christentums unter der indigenen Bevölkerung. Seine Bemerkungen sind durchaus als Signale an den Heiligen Stuhl zu verstehen, der seit 1492 mit Alexander VI. von einem Spanier besetzt war, der den Aktivitäten der spanischen Krone positiv gegenüberstand. Zugleich fungierte der Papst allerdings auch als Schiedsrichter zwischen Spanien und Portugal, der die portugiesischen Ansprüche nicht unberücksichtigt lassen durfte. In diesem Kontext wird der Columbusbrief, der mehrfach die Rettung zahlreicher Seelen durch die Christianisierung in Aussicht stellte, ebenfalls eine wichtige Rolle gespielt haben.

VIOLA SKIBA

Digital: http://www.uni-mannheim.de/mateo/desbillons/kolumbus.html

Literatur: Bork 2005 – Hirsch 1976 – Jane 1930 – Wilson 1978 – Zamora 1993

num copia salubritate admixta hominũ : quæ nisi
quis viderit: credulitatem superat . Huius arbores
pascua & fructus / multũ ab illis Iohanę differũt .
Hæc præterea Hispana diuerso aromatis genere /
auro metallisq; abundat. cuius quidem & omnium
aliarum quas ego vidi : & quarum cognitionem
haheo incolę vtriusq; sexus : nudi semp incedunt :

CAVRVS CHORVS VEL IAPIX SIVE ARGESTES
CIRCIVS VEL TRESIAS
SEPTENTRIO VEL APARCTIAS
AQVILO VEL BOREAS
CECIAS APELIOTES
SVBSOLANVS
FAVONIVS ZEPHYRVS
mare glaciale
EVROPA
ASIA
LIBIA INTERIOR
AFRICA
ARABIA FELIX
ETHIOPIA INTERIOR
MARE INDICVM
MARE PRASODVM
MARE
AFRICVS VEL LIBS
LIBONOTVS EVROAVSTER
AVSTER VEL NOTVS
EVRNOTVS
VLTVRNVS EVRVS

C.1.3.7

Karte der bekannten Welt in einer Ausgabe der *Cosmographia* des Ptolemäus

Ulm: Johannes Reger, 1486 (Gesamtkatalog der Wiegendrucke M36374)
Papier; 31,5 x 22 cm, 286 Seiten
St. Gallen, Stiftsbibliothek, Ink. Sang. 1218

Mit seiner *Cosmographia* führte der alexandrinische Mathematiker, Astronom und Philosoph Claudius Ptolemäus (um 100 – um 170 n. Chr.) die antike Geographie zu einem großartigen Höhepunkt, er stellte darin das gesamte geographische Wissen und Verständnis seiner Zeit zusammen. Neben der textlichen Beschreibung der Welt enthält das Ptolemäuswerk auch den einzigen erhaltenen Kartenatlas der Antike. Er umfasst alle damals bekannten und vermuteten Teile der Erde, von den Kanarischen Inseln bis zum Golf von Thailand, von Zentralafrika bis zur sagenhaften Insel Thule im Nordatlantik.

Wissen und Werk von Ptolemäus gerieten im Lauf der Jahrhunderte in Vergessenheit. Die auf einem Gitternetz und Projektionen (Längen- und Breitengraden) beruhende Kartentradition wurde im frühen Mittelalter von weltanschaulich geprägten *mappae mundi* abgelöst und verdrängt. In diesen *mappae* stand Jerusalem, am Schnittpunkt von Asien, Afrika und Europa gelegen, im Zentrum der Welt.

Im 14. Jahrhundert wurde eine prachtvolle Ausgabe der *Cosmographia* des Ptolemäus in Byzanz wiederentdeckt. Mehrfach abgeschrieben, wurde sie später ins Lateinische übersetzt und fand so auch im Westen Verbreitung. Mit der Erfindung des Buchdrucks erschienen in Italien erste gedruckte Ptolemäusatlanten. Den frühesten nördlich der Alpen gedruckten Atlas gab der Ulmer Drucker Lienhart Holl 1482 heraus. 1486 verwendete Johannes Reger in Ulm dieselben Druckstöcke für die weitgehend identische Zweitausgabe. Die künstlerisch bemerkenswerten Kartenblätter wurden vom Kartographen Johannes Schnitzer aus Armsheim geschaffen. Auf der Weltkarte ist sein Name in der obersten Schriftzeile notiert: *Insculptum est per Johannem Schnitzer de Armsheim*. Er ist einer der ersten namentlich bekannten Künstler des frühen Buchdrucks. Neben der Weltkarte enthält der Regeratlas auch 26 Länder- und Spezialkarten von Teilen Europas, Afrikas und Asiens. Hinzu kamen vier sogenannte moderne Karten (Spanien, Frankreich, Italien, Heiliges Land).

Der sorgfältig kolorierte Regeratlas aus der Stiftsbibliothek St. Gallen enthält auch die Widmungsvorrede des deutschen Kosmographen und Astrologen in vatikanischen Diensten, Nicolaus Germanus, an Papst Paul II. (1464–1471). Für ihn hatte er die heute noch in der Vatikanischen Bibliothek erhaltenen ptolemäischen Manuskriptkarten angefertigt. Die Widmung setzt mit einer kolorierten N-Fignreninitiale ein, die den knienden Autor vor dem im pontifikalen Ornat auf einem Thron sitzenden Papst zeigt.

KARL SCHMUKI

Literatur: AK Advent des Buchdrucks, St. Gallen 2015/16, S. 120–121 – Campbell 1987, S. 135–138 – Geldner 1968, S. 203–205 – Kunze 1975, S. 263–270

Links unten: Später hinzugefügte Darstellung der »Neuen Welt« in einer kostbaren Ausgabe der Geographia des Ptolemaios, 1530 (Vatikanstadt, Biblioteca Apostolica Vaticana, Urb. Lat. 274)

C.1.3.8

Die Hinrichtung Girolamo Savonarolas auf der Piazza della Signoria in Florenz

Filippo Dolciati (1443–1519) zugeschrieben
Öl auf Holz; H. 43,2 cm, B. 64 cm, T. 8 cm
Florenz, Museo di San Marco, Inv. San Marco e Cenacoli 1915–1924 n. 479

Nach seiner Ankunft in Florenz im Jahre 1490 sorgte Savonarola schon bald durch seine Predigten für Furore in der Stadt. Als er 1491 zum Prior von S. Marco gewählt wurde, begann er mit der Umsetzung eines Reformprogramms, das an Strenge kaum zu überbieten war und die Gemeinschaft der lombardischen Kongregation zunehmend entfremdete. Zugleich bemühte er sich darum, eine Volksbewegung in Gang zu setzen, die durch allgemeine Bußfertigkeit und einfache Lebensweise gekennzeichnet war. Immer wieder kam es in diesen Jahren zu symbolischen – mitunter auch gewaltsamen – Verbrennungen von Gegenständen, die Luxus und Schönheit repräsentierten (›Fegefeuer der Eitelkeiten‹). Papst Alexander VI. unterstützte die Bestrebungen Savonarolas zunächst, doch es kam zunehmend zu Spannungen, als Savonarola nicht davon ablassen wollte, die Kirche und insbesondere die Kurie aufs Schärfste zu attackieren. Als er ein päpstliches Predigtverbot und eine Ladung nach Rom ignorierte, löste Alexander VI. 1496 die Kongregation von S. Marco auf und exkommunizierte den Prediger im Jahr darauf.

Savonarola kümmerte sich nicht um diese Maßnahmen und begründete ihre Unwirksamkeit mit der Korruption der Kirchenspitze, die ihn von seinem Gehorsam entband. Als Savonarola schließlich die Unterstützung der Stadtspitze verlor, wendete sich das Blatt. Im Frühjahr 1498 wurde er verhaftet, verhört, gefoltert und dann vor Gericht gestellt. Zusammen mit zwei Mitbrüdern wurde er als Häretiker und Schismatiker zum Tode verurteilt. Am 23. Mai 1498 erfolgte die Hinrichtung auf der Piazza della Signoria.

Diese Vorgänge und das Ende Savonarolas stehen im Zentrum der ausgestellten Tafelmalerei. Die Szene wird von einer leicht wiedererkennbaren Darstellung der Stadt Florenz (Piazza della Signoria, Palazzo Vecchio, Dom) dominiert, die als Bühne dient. Der Prozess und sein Ergebnis werden in drei Etappen erzählt. Zunächst sind die drei knienden, ihrer geistlichen Gewandung entledigten Angeklagten vor dem aus weltlichen und kirchlichen Vertretern zusammengesetzten Tribunal dargestellt. Den Hintergrund für diese Szene bildet der Palazzo Vecchio. In der zweiten Szene sind die Verurteilten erneut zu sehen, während sie von je zwei Mitgliedern der *Compagnia dei Neri* aufs Schafott geleitet werden. Die primäre Aufgabe dieser florentinischen Gesellschaft bestand in frommen Werken, wie der Tröstung und spirituellen Unterstützung zum Tode Verurteilter. Die Erzählung endet mit einer Darstellung der drei erhängten Brüder auf dem Schafott, in dessen Mitte ein brennender Scheiterhaufen zu sehen ist, dem die Körper der Hingerichteten schließlich übergeben werden sollen.

Ein wenig seltsam mutet es an, dass auf dem Gemälde kaum Zuschauer zu sehen sind. Nur hier und dort stehen kleine Grüppchen von Menschen auf dem Platz, die aber dem Geschehen nur von Ferne zusehen, als ginge sie der Vorgang nichts an. Es ist vielmehr die Stadt selbst und ihre Institutionen, die als die Hauptprotagonisten im Bild in Erscheinung treten.

VIOLA SKIBA

Literatur: AK Savonarola, Florenz 1998, S. 84–85 – Savonarola 1999 – Seward 2006 – Weinstein 2011

C.1.3.9

Porträt Girolamo Savonarolas

Kopie nach Fra' Bartolomeo (1473–1517)
Öl auf Holz; H. 44 cm, B. 35 cm
Florenz, Museo di San Marco, Inv. San Marco e Cenacoli, 1915 n. 486

In Leben und Wirken Girolamo Savonarolas verbinden sich Religion und radikale Reform mit politischen Aspekten. Er wurde im Jahr 1452 in Ferrara geboren, wo sein Großvater Michele, ein Arzt, eine wichtige Rolle am fürstlichen Hof spielte. Trotz seiner Vertrauensstellung und seiner Teilnahme am höfischen Leben verachtete Michele das Hofleben und zeichnete sich durch moralische Strenge und religiöse Prinzipien aus, die großen Einfluss auf seinen Enkel haben sollten. Statt wie geplant in die Fußstapfen des Großvaters zu treten und Arzt zu werden, entschied sich Girolamo 1475, sein Leben grundlegend zu verändern. Er verließ das väterliche Haus, zog nach Bologna und trat in den Konvent von S. Domenico ein, wo er die Profess ablegte.

Zu diesem Zeitpunkt äußerte er zuerst die Kritik am Zustand von Kirche und Welt, die sich später in verstärkter Form in seinen Predigten wiederfinden sollte. In Dichtungen wie *De ruina mundi* (1472) und *De ruina Ecclesiae* (ca. 1475) beklagte er die vorherrschende moralische und religiöse Dekadenz, die auch vor der Kirche nicht haltmache. 1482 wurde er erstmals nach Florenz geschickt, wo er im Konvent von S. Marco als Lektor fungierte. In der Toskana sollte er schließlich auch seine Berufung als der Prediger finden, dessen Botschaft von brennender Leidenschaft und prophetischen Visionen gekennzeichnet war. Er war überzeugt davon, dass die Kirche und die gesamte Christenheit gereinigt und reformiert werden müsse. Im Folgenden erwarb sich Savonarola einen solchen Ruf, dass Lorenzo de' Medici auf Vorschlag Pico della Mirandolas 1489 entschied, an die Dominikaner zu schreiben und um die Entsendung Savonarolas nach Florenz zu bitten. Dort sollte er bald an Einfluss gewinnen und das gesellschaftliche, politische und religiöse Leben der Stadt verändern.

Savonarolas Eifer und seine Entschiedenheit spiegeln sich auch in dem berühmten Porträt wider, das Fra' Bartolomeo kurz nach dem Tod Girolamos anfertigte und das mehrfach kopiert wurde. Eine dieser – vermutlich zeitgenössischen – Kopien zeigt das unverkennbare Profil Savonarolas vor einem dunkelgrünen Hintergrund, aus dem sein Gesicht mit strenger Miene und entrücktem Blick geradezu hervorzuleuchten scheint. Das Porträt Bartolomeos, das als Vorlage für zahlreiche weitere diente, ist ganz dessen charismatischer Persönlichkeit verpflichtet. Es ist das Bildnis eines für seine Gabe und seine Unbeugsamkeit gestorbenen Märtyrers und Visionärs, nicht das eines Ketzers.

Am unteren Rand ist auf einer Tafel die Inschrift »Bildnis Girolamos von Ferrara, von Gott als Prophet geschickt« (HIERONYMI FERRARIENSIS A DEO / MISSI PROPHETAE EFFIGIES) zu lesen. Die ausgestellte Kopie gibt dagegen nur die Worte HIRONYMS SAVON wieder.

VIOLA SKIBA

Literatur: AK Savonarola, Florenz 1998, S. 70 – Savonarola 1999 – Weinstein 2011

C.1.3.10

Das Rom der Päpste in Hartmann Schedels Weltchronik

Liber chronicarum, hg. von Hartmann Schedel, Hieronymus Münzer u. a., mit Holzschnitten von Wilhelm Pleydenwurff und Michael Wolgemut
Nürnberg: Anton Koberger für Sebald Schreyer und Sebastian Kammermaister, 12. Juli 1493
Druck auf Papier; H. 45,3 cm, B. 32,4 cm
Heidelberg, Universitätsbibliothek, B 1554 A Folio INC, fol. 57v–58r

Das Rom der Päpste in Hartmann Schedels Weltchronik

Das Buch der Croniken und Geschichten, hg. von Hartmann Schedel, Hieronymus Münzer u. a., übers. von Georg Alt, mit Holzschnitten von Wilhelm Pleydenwurff und Michael Wolgemut
Nürnberg: Anton Koberger für Sebald Schreyer und Sebastian Kammermaister, 23. Dezember 1493
Druck auf Papier; H. 45,3 cm, B. 32,4 cm
Heidelberg, Universitätsbibliothek, B 1554 B Folio INC, fol. 57v–58r

»Jede Stadt erscheint hier, die der Erdkreis trägt« – versprach 1493 die lateinische Buchanzeige für den *Liber nouus cronicarum*, das ›neue Buch der Chroniken‹, das frisch auf Latein und Deutsch aus den Pressen des Nürnbergers Anton Koberger gekommen war. Seinem zeitgenössischen Titel gemäß gehört der heute meist als ›Schedelsche Weltchronik‹ bekannte Prachtdruck zu den mittelalterlichen Universalchroniken, die in sieben Zeitaltern die Ereignisse der Menschheitsgeschichte von der Schöpfung über die Gegenwart hinaus bis zum Jüngsten Gericht erzählen. Zur Ergänzung »künftiger ding«, die sich bis zum Weltenende im siebten Buch noch ereignen würden, hatte man den Käufern des Werks ab Blatt 258v daher einige Blätter frei gelassen.

Neu und humanistisch war die Entscheidung des Autorenkreises um den Nürnberger Arzt Hartmann Schedel, diese traditionelle Weltdarstellung um die Geschichte der »namhaftigisten stett« (170v) zu erweitern. Nach ihrem vermuteten Gründungsdatum sortiert, sind die Beschreibungen ihrer Lage und Topographie, von Handel und politischer Bedeutung jeweils im Block in die Weltchronik eingeschoben. Ihre Faszination rührt zweifellos von den Holzschnitten, die ihnen aus der Nürnberger Werkstatt Michael Wohlgemuts – dem Lehrmeister Albrecht Dürers – zur Seite gestellt wurden. Insgesamt schmücken den *Liber chronicarum* 52 Stadtveduten. Viele sind phantastisch, zum Teil wurde derselbe Druckstock für verschiedene Städte verwendet. 32 Holzschnitte zeigen ein authentisches Panorama; außer für ihre Heimatstadt Nürnberg hatten die Reißer aber auch hier oft Vorlagen zur Hand.

Auch in die Stadt der Päpste waren sie nicht selbst gereist: Eine Ansicht von Rom war bereits im *Supplementum chronicarum* des Jacobus Foresti abgedruckt, einer der ältesten Bilderchroniken und insgesamt ein Vorbild für das Nürnberger Druckprojekt. Die doppelseitige Ansicht der Stadt von Norden gesehen zeigt das Panorama, das auch die aus deutschen Landen anreisenden Besucher zuerst sahen. Vorn erstreckt sich die Aurelianische Mauer mit drei Toren. Durch die Porta del Popolo gelangte man zur Kirche S. Maria Rotunda, in der sich mit dem Pantheon das vollständigste Bauwerk der Antike erhalten hat. Es wird flankiert von weiteren Überresten aus Roms großer Vergangenheit, etwa dem nur halb ins Bild gerückten Kolosseum oder der Trajanssäule.

Doch noch mehr Raum als den Bauten der Antike widmeten die Schöpfer des Holzschnitts dem Rom der Päpste in ihrer Gegenwart. Rechts des Tibers, der als breiter Strom diagonal über das Bild fließt, lässt sich zuerst die trutzige Engelsburg erkennen. Hinter ihr liegt erhöht der Papstpalast, links davon in Ufernähe Alt-St. Peter. Zwischen beiden ist die in der Entstehungszeit des *Liber chronicarum* erst wenige Jahre alte Sixtinische Kapelle dargestellt. Am oberen rechten Bildrand ist außerdem die Villa del Belvedere zu sehen, der päpstliche Ruhesitz, der ebenfalls erst kurz zuvor erbaut worden war.

CARLA MEYER-SCHLENKRICH

Digitalisat der lateinischen Ausgabe: http://digi.ub.uni-heidelberg.de/diglit/is00307000 [09.01.2017]
Digitalisat der deutschen Ausgabe: http://digi.ub.uni-heidelberg.de/diglit/is00309000/0132 [09.01.2017]
Quellen: Schedel, Weltchronik 2001
Literatur: Reske 2000

binas habētes ex marmore portas eo in murorum ambitu ecclia sancti Andree de pallara concluditur. Ceteras partes alto circundatas muro vinea implet. Celius mons a celio iubēnio duce (qui Romulo auxilio venit contra latinum) nomē assumpsit. ⁊ fuit vrbi additus quo tpe Tullio hostilio albas euertit. ⁊ postea ibi habitauit: ⁊ curiā fecit que hostilia appellata est. In eo mōte Vespasian⁹ templū diui claudij edificauit fuerūt in eo phauni veneris ⁊ cupidinis. aliorūq deorum edes Are ⁊ templa. Et macellū magnū. Antrū ciclopis lupanaria. cohortes quinq vigilū: castra pegrina ⁊ armentariū. Medio in ei⁹ dorso bine aqueductus supbissimi opis cōspiciunt. Nūc eccijs xpianis mōs est ornat⁹ in ea parte ad palatinū montē vergēs monasteriū est bti Gregorij in paternis edib⁹ ab eo edificatū. Inde sanctor Johānis ⁊ pauli eccia. Estq in eo hospitale saluatoris: ⁊ eccia sancte Marie in dñica. Alteraq eccia scti Steffani rotunda de ipo mōte celio cognomē hñs: Ea in fauni ede pri⁹ fundata fuit. Simplici⁹ papa eam exornauit. Cernit nūc integra ad ei⁹ mōtis sinistrā sctōr quattuor coronator eccia. Sctiq erasmi mōsteriū. Proximū noui opis in mōte celio est xenodochiū lateranēse. In extremo eiusdē mōtis iā est basilica lateranēsis sic cognomiata: qr in lateranēsiū nobilissime gētis edib⁹ extructa fuit. Hec venerabilis eccia capita Apostolor seruat ceteraq sctimonia: ediūq supbissima structura toto orbe celeberrima a Constātino data btō Siluestro cōstātiniana basilica appellata. Ea sic Romanor pōtificū primaria est sedes. sic ab eis plurimū olim habitata fuit. Nūc vero pallacia quib⁹ circūdata fuit basilica maiori ex pte corruerāt. Visit quoq in celio mōte porta maior neuia dicta ⁊ amphiteatrū semidirutū: qd statilij thauri maiores nri appellauere. Et alia basilica sctē crucis i hierusalē ab Helena cōstātini matre cōstructa. Eo loco vbi templa erāt veneris ⁊ cupidinis cōiunctūq est mōsteriū qd Cartusiēsib⁹ nūc incolit. Exquilini mōtis oim maxim⁹ varro longā posuit expositionē ab excubijs regis Tullij dict⁹. Exquilie em mōtes duo habiti. Celebrior pars a foro Trayani ⁊ turrib⁹ quas comitū ⁊ militie appellāt incipiēs p montē cui caballo nūc nomē est: ⁊ ad termas vsq diocletianas ptendit Et in portā exqlinam q iam sci Laurētij noiat desinit. Altera ps collis via intersecat que patricij vic⁹ dicitur. Et sup hac pte eccia est celeberrima sctē Marie maioris dirimit a celio mōte p viā que porta Neuia vsq ad amphiteatrū qd collosseū vocam⁹ reducit. Fuerūt in exquilijs edificia qplurima ⁊ admirāda. Et primo a turri militiarū ascēdendo cernunt ruine termar Constātini: ⁊ ingētes seminudor senū marmoree statue. Abinde pene cōtiguo loco cōspiciunt Caballi marmorei ingētes cū viris seminudis loca tenētib⁹ miro artificio copacti quor vn⁹ opus praxitelis. Alter phidie latinis lris inscribit. Inde nō longe sunt diocleciani terme edificiū pulcherrimū ⁊ admirādum: ⁊ alie terme claror viror. Fuit in eodē colle macellum ⁊ ibi cōspicit eccia sci Viti cui cōtigu⁹ est arc⁹ triūphalis galieni. multeq eccie in eo extant ⁊ alia innumerabilia. Viminalis collis a Joue vimineo cui⁹ ibi are sunt. Etsi plura i eo fuerūt edificia: nil tñ certū repitur q tres speciosissimas i illo toti⁹ vrbis domos fuisse. M. Crassi. Q. Catulli. C. aquilij eqtis romani. Fuerūt in illo scdm aliquos Salustiani horti quor reliquias obstupēdas designāt. a porta viminali in collinam ⁊ ad Sanctā vsq Susannā extēdi putāt. Quirinalis collis a quirini phano edes fortune pmogenie habuit. Varro aūt ob paruitatē colles ⁊ nō mōtes appellat. Hos duos colles scribit liui⁹ Seruiū regē addidisse cū amplificāde vrbi animū adiecisset. inibiq vt loco dignitas fieret habitasse. Aggeris fossa ⁊ muro circūdedisse vrbē. Claudit roma ab oriēte aggere tarquini inter prima opa mirabilia. Nā cū muris equit q maxie patebat aditu plano. estq is tumul⁹ quē nūc sctē marie in pplo supeminētē ad pinciani vsq pallacij fundamta ptendi videm⁹. Camp⁹ marci⁹ sic describit a liuio agger tarquinor q inter vrbē ⁊ tyberi fuit campū marciū dixerūt: cū eo tpe vrbs ad capitoliū aut parū citra finiret. Et virginea aq p qrinalis colli cauernas campum olim marciū q nūc triuij regio dicit illabit. hec sola aqua ex exteris iā romā ingredit. Habuit camp⁹ marci⁹ edificia olim admirāda. quor puule ruine adhuc restāt. Et adhuc eccia cōspicit q sctē Marie in ecuria vocitatur. Erat ⁊ templum Isidis: cōspicit adhuc colūna rerum gestarū elaborata. Juxta hanc qnq Comitia fiebāt. Fuerūt ⁊ in vrbe duodecim terme: ⁊ aqueduct⁹ mirabiles. Hi sunt arc⁹ altissimi sbleuati. Arcus qz triūphales fuisse q plrimos ⁊ legim⁹ ⁊ cōspicim⁹ quosdā tamē dirutos. quosdā ruinis cooptos. qsdam nouis edificiolis ab aspectu hoim semotos. Cernūt q diuersorū edificior spectande insignesq ruine ideo cum his Rome descriptionem relinquimus.

Oblectat me roma tuas spectare ruinas. Ex cuius lapsu glia prisca patet. Sed tu⁹ hic pplus muris defossa vetustis. Calcis in obsequium marmora dura coquit. Impia tercentum si sic gens egerit annos. Nullum hic indicium nobilitatis erit.

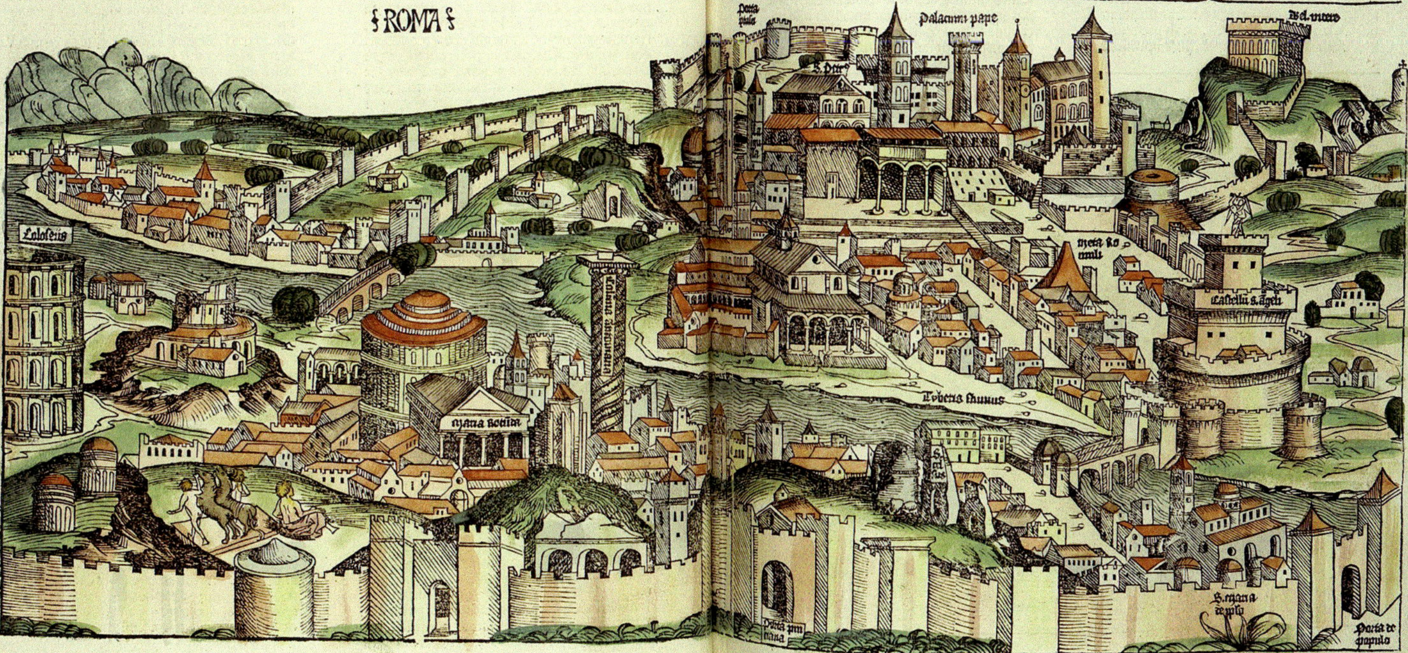

Kriege, Pracht und Petersdom – Höhepunkte unter Julius II. (1503–1513)

Darf der Papst ein Kriegsführer sein?

Mit Julius II. (1503–1513) aus dem Haus der Della Rovere erlangte ein Papst den Thron, der sich schon früher durch erfolgreiche Kriegsführung ausgezeichnet hatte. Von Ferdinand Gregorovius wird er zu den »hervorragendsten Fürsten seiner Zeit« gerechnet. Möglicherweise sollte seine Namenswahl auf den großen antiken Feldherrn Julius Cäsar anspielen. In seinem Werk *Julius vor der Himmelstür* (*Julius exclusus e coelis*) hat der Humanist Erasmus von Rotterdam († 1536) geschildert, wie der Himmelspförtner Petrus dem ›Kriegspapst‹ Julius II. den Zutritt in den Himmel verwehrt. Dieser habe zwar durchaus die Besitzungen des heiligen Petrus gesichert und vermehrt, habe es aber in den Augen von Petrus an der Bereitschaft zur Armut, Bescheidenheit, Demut und Barmherzigkeit fehlen lassen. Auch heute könnte man sich fragen: Was wiegt mehr in der Beurteilung eines Papstes? Die politische Welt Italiens befand sich damals in einem gewaltigen Umbruch, an dem sich die Herrscher Frankreichs und des Heiligen Römischen Reichs deutscher Nation intensiv beteiligt haben. Noch immer suchte sich das Papsttum in der Phase der Restauration neu zu festigen, und mit seinen militärischen Aktionen hat Julius zweifellos entscheidend dazu beigetragen, dass sich der Kirchenstaat behaupten konnte. Erasmus von Rotterdam dürfte die Selbsteinschätzung von Julius II. gut erfasst haben, als er ihn zu Petrus sagen ließ: »Deine einst so hungerleidende und arme Kirche erstrahlt heute in unaussprechlichem Glanz!« Zumindest wurde die von ihm geschaffene päpstliche Monarchie so gefestigt, dass der Fortbestand des Papsttums gesichert und von den Mächten Europas anerkannt war. Auch darunter konnte man eine Art von »Reform« verstehen, die unter Julius II. ihren Höhepunkt erreichte und in einem entsprechenden Zeremoniell und glänzenden Aufführungen zur Schau getragen wurde.

Der neue Petersdom

Im Vatikan selbst ergriff Julius II. Maßnahmen zu seiner eigenen Sicherheit. 1506 gründete er eine neue päpstliche Leibwache, die Schweizer Garde aus dem Kanton Uri – die Schweizer standen damals im Ruf, die besten Krieger in Europa zu sein. Die neuartige Repräsentation des Papsttums führte er mit größtem Einsatz fort. Seine Begeisterung für die Antike brachte er unter anderem durch die Anlage eines ›Hofs der Statuen‹ (*Cortile delle Statue*) zum Ausdruck. Dort wurden die neu entdeckten antiken Skulpturen aufgestellt. Dazu gehörte vor allem die Gruppe des Laokoon, die am 14. Januar 1506 im Weinberg des Felice de' Fredis bei Sette Sale, nicht weit vom Kolosseum entfernt, gefunden worden war. Ein besonderes Anliegen war Julius II. die vollständige Erneuerung der Peterskirche. Sie sollte zum prächtigsten Sakralbau der Welt aufsteigen. Großartige Baumeister und Künstler wurden an den päpstlichen Hof geholt. Unter ihnen befand sich Donato Bramante († 1514), der Begründer der Hochrenaissance, der die Pläne für den neuen Petersdom entwarf. Am 18. April 1506 erfolgte die Grundsteinlegung für das Jahrhundertprojekt. Zum Kreis der Künstlerelite zählte vor allem Michelangelo Buonarroti (1475–1564), der das Deckengewölbe der Sixtinischen

Kapelle in einzigartiger Kunstfertigkeit neu gestaltete. Der berühmte Raffael (Raffaello Sanzio da Urbino, 1483–1520) wurde neben Bramante mit den Bauten des neuen Petersdoms beauftragt und schmückte die päpstlichen Privatgemächer (›Stanzen‹) im Vatikanpalast aus. In Rom entstanden Werke von Weltrang, der päpstliche Hof als kultureller Impulsgeber entwickelte größten Einfluss in ganz Europa. Doch auch die Kritik an dieser Prachtentfaltung nahm erheblich zu, denn für das Neue musste das Alte, das oft bis in die Antike zurückreichte, weichen. So erhielt Bramante den Beinamen ›Meister der Zerstörung‹. Vor allem mussten erhöhte Einkünfte und Abgaben für die Bauvorhaben eingetrieben werden. Ein Mittel hierfür waren die Ablassbriefe, die starke Ressentiments gegen das päpstliche Rom hervorriefen.

STEFAN WEINFURTER

Quellen: Erasmus von Rotterdam 2013
Literatur: Bölling 2006 – Daltrop 1986 – Häuber 2006 – Kempers 1999 – Klodt 1992 – Reinhardt 2010 – Shaw 1993 – Verspohl 2004
Bild: Papst Julius II., Detail seines Grabmals in S. Pietro in Vincoli

C.1.4.1

Bildnis von Papst Julius II. (1503–1513)

Tiziano Vecellio (um1477/1490 –1576),
1545 –1546
Öl auf Holz; H. 99 cm, B. 82 cm
Florenz, Gallerie degli Uffizi, Galleria Palatina, Pal. 79

Papst Julius II. ließ sich zwischen Juli und November 1511 immer wieder von Raffael porträtieren. Damals hatte er bereits den Bart, den er sich nach einer Erkrankung hatte wachsen lassen, wie Chronisten berichten. Die diversen Zeichnungen und Vorstudien, die Raffael damals anfertigte, waren sowohl die Grundlage für die Gemälde in den Stanzen als auch für ein neues Amtsporträt des Papstes im Jahre 1512. Dieses ist in drei Versionen überliefert: in den Uffizien in Florenz, in der National Gallery in London und im Städel in Frankfurt. Im Allgemeinen gilt das Londoner Bild als eigenhändige Originalfassung; bei den Versionen in Florenz und Frankfurt hat Raffael aber wohl zumindest die Gesichtszüge gemalt. Etwas später folgten nochmals vier Kopien, sodass nach der Funktion der Erstfassung zu fragen ist. Julius ließ sie eine Woche in S. Maria del Popolo ausstellen und schenkte sie dann dieser Kirche. Sein Bildnis mit Bart sollte offenbar an mehreren Orten und zu verschiedenen Anlässen öffentlich gezeigt werden – vielleicht als Reaktion auf die Polemik, die damals gegen ihn in Gang war. Erasmus von Rotterdam und Ulrich von Hutten sahen in Schwert und Bart ein Zeichen für den schlechten Charakter des Papstes.

Tizian war von dem greisen Papst fasziniert, der den Betrachter des Bildes nicht nach dem gewöhnlichen Muster anblickt, sondern im Dreiviertelprofil dargestellt ist und den Blick fest nach unten richtet. Der Papst wird in einer *mise-en-page* gezeigt, wie es bisher nur für religiöse Sujets üblich war: Die Gestalt endet unterhalb des Knies. Umso besser sind die Mappa, das weiße Tuch in Julius' rechter Hand, und die Juwelen zu erkennen, die der Rovere-Papst so schätzte. Neu ist auch der sogenannte Camaurotypus des Papstbildnisses. Aus Gründen der Witterung hatten die Päpste in Avignon den Camauro, eine Kappe, und die Mozzetta, einen Schulterumhang, der über dem weißen, plissierten Rochett getragen wird, eingeführt. In Rom bekamen beide im 15. Jahrhundert eine symbolische Bedeutung im päpstlichen Hofzeremoniell: Es war die Kleidung der Audienzen, in denen der Papst auch Recht sprach.

IRMGARD SIEDE

Literatur: AK Hochrenaissance im Vatikan, Bonn 1998–1999, S. 434 Kat.-Nr. [3] + [4] – AK Papi in Posa, Rom 2004–2005, S. 50 – AK Raffael und Porträt Julius II, Frankfurt a.M. 2013–2014, S. 397

C.1.4.2

Medaille Papst Julius' II. anlässlich des Neubaus von St. Peter

Avers: IVLIVS LIGVR PAPA SECVNDVS MCCCCCVI [Trennungszeichen Kreuz]
Revers: TEMPLI PETRI INSTAVRACIO // VATICANVS M[ONS] [Trennungszeichen Kreuz]
Christoforo Foppa, genannt Caradosso, 1506
Bronze; Dm. 56 mm, Gewicht 48,42 g
Vatikanstadt, Biblioteca Apostolica Vaticana, MD. Pont. Iulius II.4

Der aus Ligurien stammende Papst Julius II. (1503–1513), bürgerlich Giuliano della Rovere, hegte eine große Leidenschaft für die Numismatik und die Medaillistik. Unmittelbar nachdem er zum Papst gewählt worden war, begann er mit der Prägung zahlreicher Medaillen. Seine baulichen Aktivitäten in und um Rom wurden darauf verewigt und sind auf diese Weise gut belegt. Das größte Bauprojekt, das Julius II. in der ewigen Stadt in Angriff nahm und das zum Sinnbild der Erneuerung werden sollte, war der Abriss der konstantinischen Petersbasilika und der monumentale Neubau des Petersdoms. Zum Bauleiter wurde Donato Bramante ernannt, einer der größten Architekten seiner Zeit.

Anlässlich der Grundsteinlegung des neuen Petersdoms im Jahre 1506 ließ Julius II. von Cristoforo Foppa (1452–1527), genannt il Caradosso, eine Medaille aus Bronze anfertigen. Auf der Vorderseite sieht man das nach rechts gewandte Brustbild von Papst Julius II. im Pluviale mit der Umschrift: IVLIVS LIGVR PAPA SECVNDVS MCCCCCVI (Papst Julius II. aus Ligurien stammend, 1506) [Trennungszeichen Kreuz]. Die Rückseite zeigt den neuen Petersdom nach dem Entwurf von Bramante mit der Aufschrift: TEMPLI PETRI INSTAVRACIO // VATICANVS M[ONS] (Die Erneuerung des Petersdoms // Vatikanischer Hügel) [Trennungszeichen Kreuz].

Laut Giorgio Vasari fertigte Bramante selbst die Skizze für den Medailleur an: »[...] Als Bramante hörte, dass er [Julius] die Absicht habe, die Peterskirche niederreißen zu lassen, um eine neue zu errichten, fertigte er ihm unendlich viele Zeichnungen an, aber unter all diesen war eine ganz besondere, durch die er sein außergewöhnliches Genie unter Beweis stellte, mit zwei Glockentürmen, die die Fassade einrahmen, wie man auf den Münzen sieht [...], die von Caradosso, dem allerbesten aller Goldschmiede, angefertigt wurden, dem keiner in der Münzfertigung gleichkam. [...].« ([...] [Bramante] sentendo che esso [Giulio] aveva volontà di buttare in terra la chiesa di San Pietro per rifarla di nuovo, gli fece infiniti disegni, ma fra gli altri ne fece uno che fu molto mirabile, dove egli mostrò quella intelligenza che si poteva maggiore, con due campanili che mettono in mezzo la facciata, come si vede nelle monete [...] fatte da Caradosso eccellentissimo orefice, che nel far conj non ebbe pari [...].)

GIULIA WORF

Digital: Foppa, Caradosso, Julius II. Medaille, in: SMB-digital. Online-Datenbank der Sammlungen, URL: [http://www.smb-digital.de/eMuseumPlus?service=ExternalInter face&module=collecti on&objectId=1905406&viewType=detailView] [18.10.2016]

Literatur: Alteri 2004 – Börner 1997, S. 73 – Friedländer 1882, S. 181–182 – Vasari o.J.

C.1.4.3

Medaille Papst Julius' II. auf den Friedensschluss zwischen den Familien Orsini und Colonna

Avers: IVLIVS II LIGUR SAON(ensis) PONT(ifex) MAX(imus)
Revers: RECVPERATOR IVSTITIAE PACIS FIDEIQ(ue)
Rom, 1511
Silber, gegossen; Dm. 46 mm, Gewicht 41,15 g
Stuttgart, Landesmuseum Württemberg, MK 17783

Julius II., bürgerlich Giuliano della Rovere, war von 1503 bis 1513 Papst. Während seines Pontifikats wurde der Grundstein für den Neubau des Petersdoms gelegt. Im Jahr 1511 gelang ihm die Aussöhnung zwischen den Familien Orsini und Colonna. Damit wurde ein rund zwei Jahrhunderte währender Streit zwischen zwei der mächtigsten stadtrömischen Adelsgeschlechter beendet. In Anwesenheit des Papstes schworen die Oberhäupter der beiden Familien, sich nicht weiter zu bekämpfen. Vor einem Altar umarmten sie einander und verziehen sich alle Beleidigungen. Der Wille zu einem nun friedlichen Miteinander wurde durch die Hochzeit von Marcantonio II. Colonna und Felice Orsini unterstrichen.

Papst Julius erinnerte an diesen Friedensschluss mit einer Medaille. Die Vorderseite zeigt den Papst im Brustbild nach rechts, die Umschrift nennt seinen Namen und Titel sowie seine Herkunft aus Albisola Superiore bei Savona in Ligurien. Die Rückseite folgt dem Vorbild von Münzen aus der römischen Kaiserzeit. Zwei Gottheiten stehen sich an einem Altar gegenüber und reichen einander die Hände: links Pax, die Friedensgöttin, mit einem Ölzweig, und rechts Fortuna, die Schicksalsgöttin, mit einem Ruder. Die beiden Figuren symbolisieren das Glück in den nun anbrechenden Friedenszeiten, darüber hinaus repräsentieren sie auch die beiden stadtrömischen Familien, die 1511 unter Führung des Papstes vor einem Altar Frieden schlossen. Mit der Reversinschrift ließ sich Julius II. als derjenige feiern, dem es gelungen war, Gerechtigkeit, Frieden und Treue in Rom wiederherzustellen.

MATTHIAS OHM

Literatur: Modesti 2002, Nr. 197

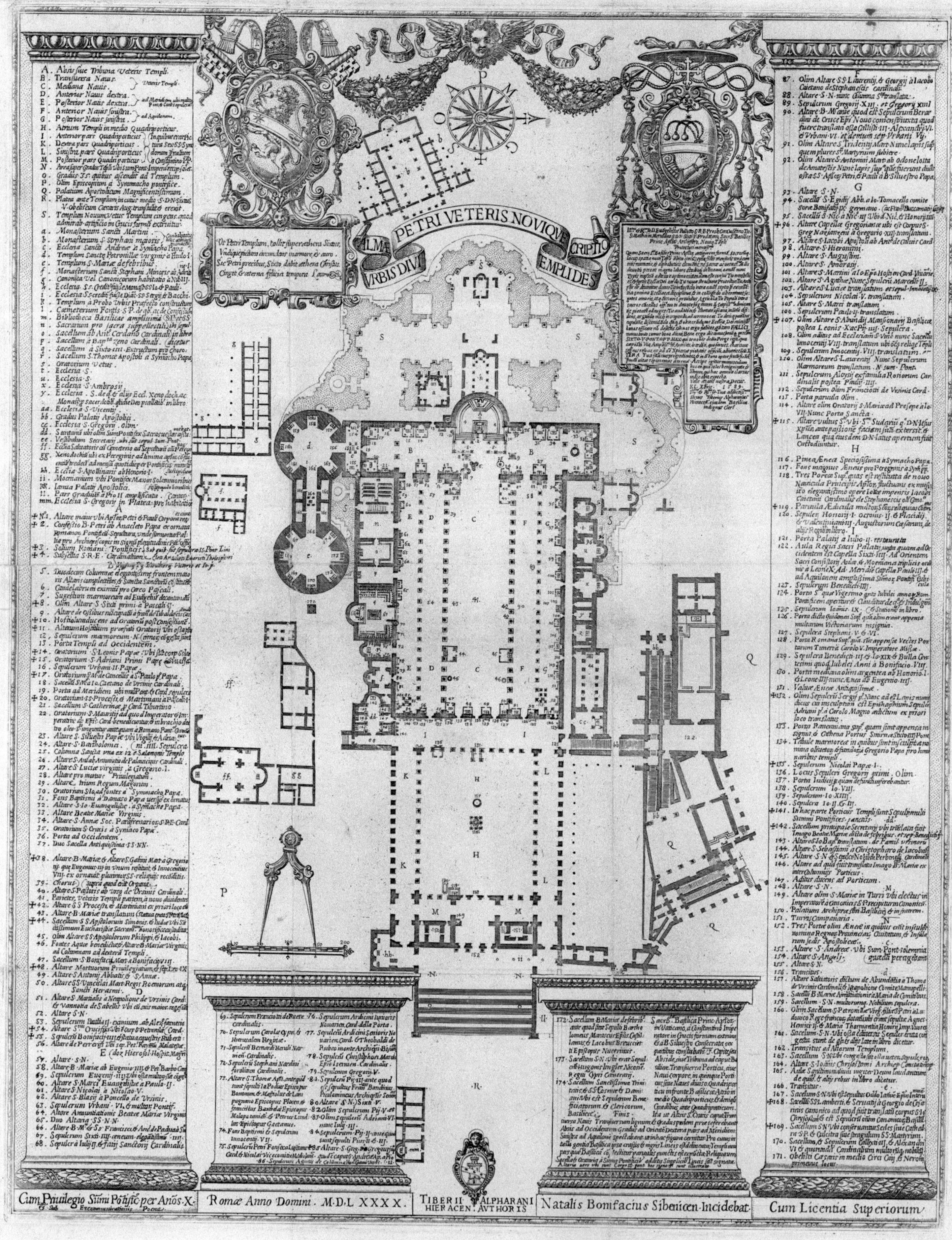
ALMA PETRI VETERIS NOVIQUE
URBIS DIVI EMPLI DES CRIPTIO
Ut Petri Templum, tollit super aethera Sixtus,
Undique picturis circundans marmore, & auro.
Sic Petri precibus, Sixto dabit aethera Christus.
Cinget & aeterna felicia tempora Lauro
Cum Priuilegio Summi Pontifici per Annos X.
Sub Excommunicationis Poena
Romae Anno Domini. M.D.L XXXX.
TIBERII ALPHARANI
HIERACEN. AUTHORIS
Natalis Bonifacius Sibenicen. Incidebat
Cum Licentia Superiorum

C.1.4.4

Tiberio Alfarano (1525–1596): Grundriss von Alt- und Neu-St. Peter

Rom, um 1580/90
Papier, Holzschnitt; H. 19,8 cm, B. 14 cm
Vatikanstadt, Biblioteca Apostolica Vaticana, Vat. Lat. 10350 (ptA), fol. 1

Der Kalabrese Tiberio Alfarano wurde 1567 Kanoniker von S. Pietro in Vaticano. Damals waren die Arbeiten am neuen Petersdom bereits voll im Gange. Von Alt-St. Peter stand nur noch das Langhaus. Der Kanoniker hatte es sich zur Lebensaufgabe gemacht, Alt-St. Peter minutiös zu beschreiben, bevor die Kirche endgültig abgerissen werden sollte. Vom Langhaus konnte er noch eine eigenhändige Bauaufnahme vornehmen.

Schon Papst Nikolaus V. (1447–1455) hatte Ideen zur Vergrößerung und Erneuerung von Alt-St. Peter gehabt. Allerdings wurde erst am 18. April 1506 unter Papst Julius II. (1503–1513) der Grundstein für die Errichtung des neuen Petersdoms gelegt. Chor und Vierung waren zu Alfaranos Zeiten bereits abgerissen und neu errichtet worden, zunächst nach den Plänen Donato Bramantes. Bis zu Bramantes Tod 1514 standen erst die Vierungspfeiler. Raffael, Giuliano da Sangallo, Michelangelo und einige weitere Architekten führten den Bau fort. Informationen zum komplexen Baufortgang des Neubaus musste Alfarano daher ebenso mühsam zusammentragen wie die zu Alt-St. Peter. Auch das Aussehen das alten Chor- und Vierungsbereichs war nur aus Zeichnungen und anderen schriftlichen Quellen kompilierend zu rekonstruieren. Glücklicherweise konnte der Kanoniker dazu seinen Amtsvorgänger, der Alt-St. Peter noch vor den Abbrucharbeiten gesehen hatte, persönlich befragen. Daher ist Alfaranos Beschreibung, zu der es drei Grundrisspläne in unterschiedlichen Recherchestadien gibt, eine der wichtigsten Quellen für die Gestalt des alten Petersdoms.

Etwa zwei Jahrzehnte arbeitete Alfarano an dieser Bauaufnahme. Der hier gezeigte Grundriss ist die dritte Version, die er angefertigt hat und die in den dicken Linien sehr genau den Umriss des alten Petersdomes wiedergibt, während im Bereich von Chor und Vierung die damals bereits errichteten Teile des Neubaus eingetragen sind. Kaum hätten die gewaltigen Dimensionen dieses Neubaus besser deutlich gemacht werden können als durch das Übereinanderlegen der Pläne. Mittelpunkt der Anlage blieb das Petrusgrab. Alfarano war ein Gegner der Zerstörung des Langhauses von Alt-St. Peter und der Umsetzung der Michelangelopläne.

IRMGARD SIEDE

Literatur: AK Hochrenaissance im Vatikan, Bonn 1998–1999, S. 562 Kat.-Nr. [343] – Zander 2004

C.1.4.5

Ablass-Bulle Papst Leos X. (1513–1521) zugunsten des Baus von St. Peter

Rom, St. Peter, 26. Dezember 1515/16
Pergament; H. 65 cm, B. 49,2 cm
Genf, Bibliothèque de Genève, Ms. lat. 69

Als Giuliano della Rovere (1503–1513) im Herbst 1503 zum Papst gewählt wurde, befand sich das Renaissancepapsttum bereits auf seinem Höhepunkt. Durch seine Macht- und Prachtentfaltung geriet es aber immer mehr ins Kreuzfeuer von Kritikern, die den Reformstau beklagten und sich an Auftreten und Habitus der Inhaber der *Cathedra Petri* und ihrem Hof störten. Auch Julius II. begriff sich mehr als Territorialfürst und Machtpolitiker denn als ein auf kirchliche und spirituelle Belange beschränkter Reformer. Dieses Selbstverständnis fand seinen Niederschlag in den Aktivitäten des Pontifex, der als großer Förderer der Künste auftrat. Bereits kurz nach seinem Amtsantritt fasste Julius II. ein ehrgeiziges Projekt ins Auge, das alles bisher Dagewesene in den Schatten stellen sollte: den Neubau der Peterskirche. Die Basilika, die in Teilen noch auf konstantinische Zeit zurückging, war mittlerweile baufällig geworden, genügte aber vor allem nicht mehr den Ansprüchen des Renaissancepapsttums. Julius II. dachte in anderen, größeren Dimensionen. Er plante nichts weniger als den Bau der größten, großartigsten und prächtigsten Kirche der Welt – eine Kirche, die auch den Rahmen für das enorme Grabmal bilden sollte, das er für sich selbst vorgesehen hatte. Am 18. April 1506 erfolgte die Grundsteinlegung. Ein Bauprojekt dieser Größenordnung verschlang allerdings ungeheure Summen, die es aufzubringen galt. Die gesamte Christenheit sollte überdies an dem Unternehmen beteiligt werden. Neben dem Peterspfennig spielte dabei besonders der Verkauf von Ablässen eine Rolle. Diese Praxis stieß allerdings nördlich der Alpen zunehmend auf Ablehnung und wurde von den Reformatoren für ihre Argumentationen aufgegriffen. Da der Neubau von St. Peter ein Langzeitprojekt war, das über Generationen an die Nachfolger Julius' II. auf der *Cathedra Petri* ›weitervererbt‹ wurde, mussten sich diese auch mit der Sicherung der Finanzierung beschäftigen. Daher galt es, immer wieder neue Geldquellen zu erschließen. Im Jahre 1515 oder 1516 wandte sich Leo X. (1513–1521) etwa an die Kirche von Genf, um dort einen Ablasshandel zugunsten des

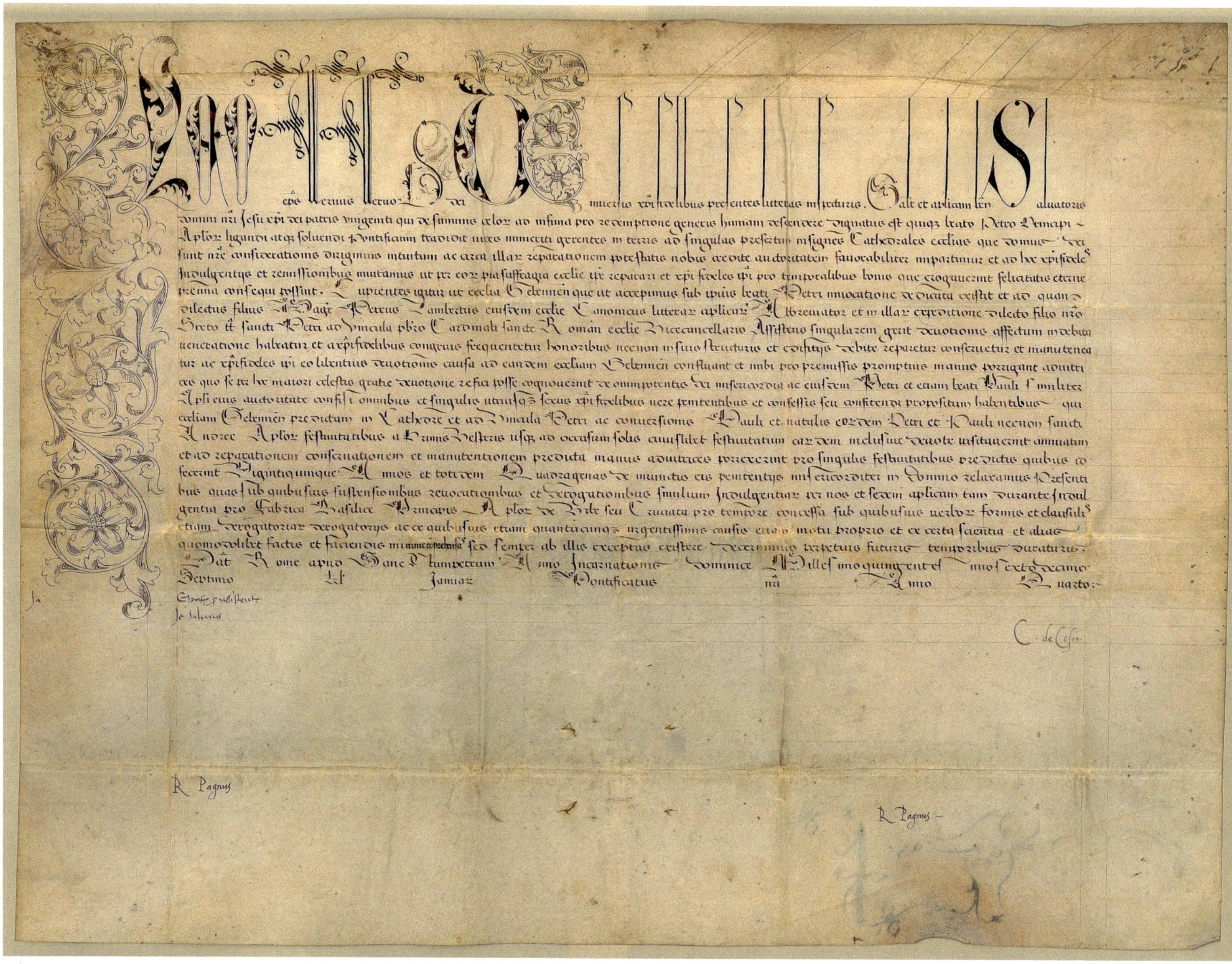

Neubaus der Peterskirche einzurichten. Der Sündenstrafenerlass sollte in diesem Fall 25 Jahre betragen. Mit der vorliegenden Bulle wurde ein Kanoniker aus Genf, der zugleich als päpstlicher Abbreviator tätig war, mit der Abwicklung betraut.

VIOLA SKIBA

Digital: doc/rero.ch/record/31283 [14.12.2016]
Quellen: Handschriften Genf 2016, S. 315–316

C.1.4.6
Erasmus von Rotterdam: *Iulius exclusus e coelis*

Basel, 1516
Papier; H. 38,5 cm, B. 26 cm
Basel, Öffentliche Bibliothek der Universität Basel, A IX 64

Als Julius II. (1503–1513), der dem angesehenen, aber verarmten Adelsgeschlecht der della Rovere entstammte und ein Neffe Sixtus' IV. war, im Herbst 1503 sein Amt antrat, befand sich das Papsttum bereits im Kreuzfeuer der Kritik, die sich immer mehr an Auftreten und Habitus der Inhaber der *Cathedra Petri* und ihrem Hof entzündete. Auch Julius II. war eher Territorialfürst und Machtpolitiker denn ein auf kirchliche und spirituelle Belange beschränkter Reformer. Dies zeigte sich in seiner Politik und seiner Repräsentation, die der eines Renaissancefürsten entsprachen. Seine militärischen

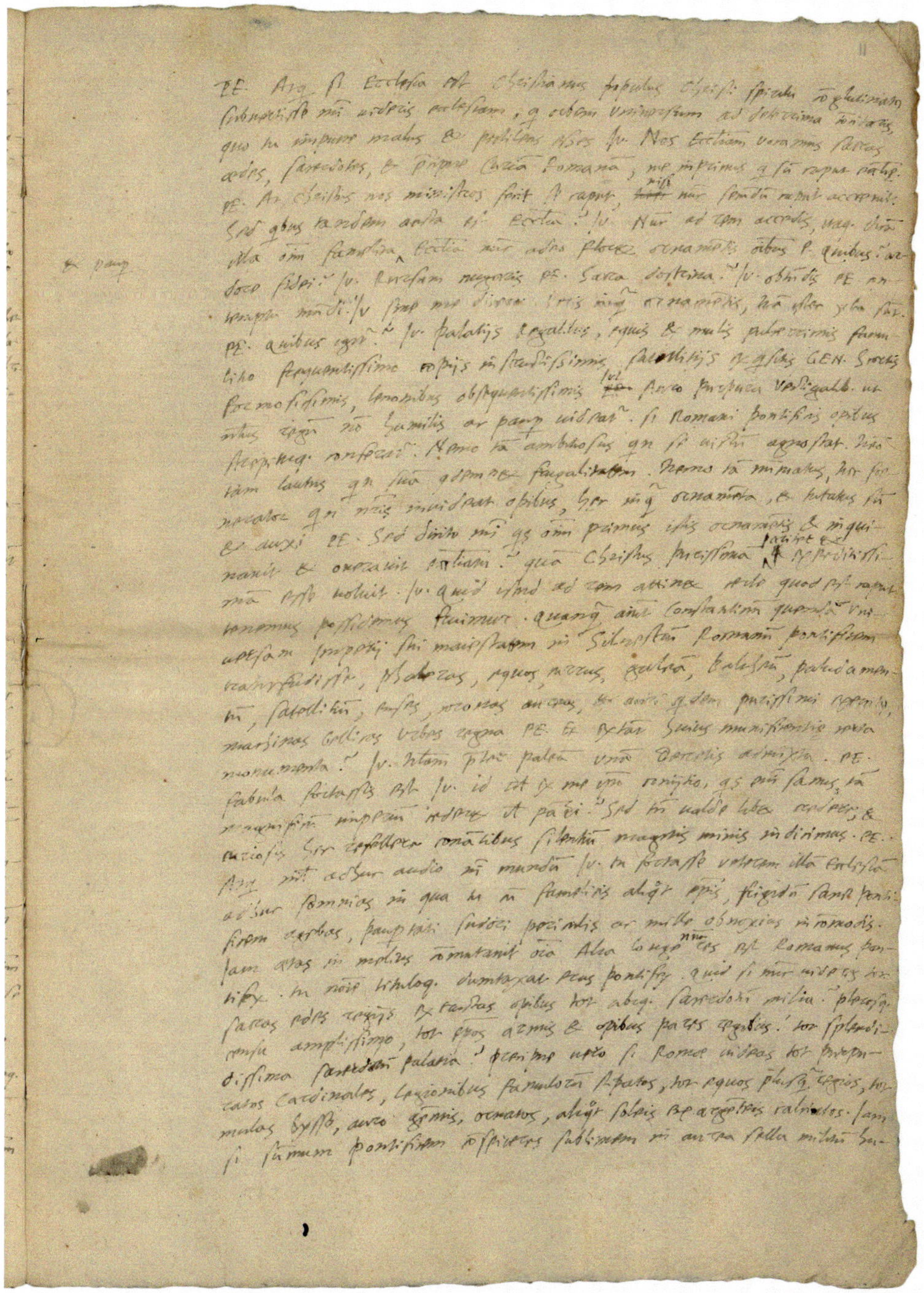

Aktivitäten setzte der Papst, der bereits vor seiner Wahl im Interesse des Heiligen Stuhls in den Krieg gezogen war, auch danach fort, was ihm deutliche Kritik einbrachte.

Überhaupt war Julius II. das Ziel zahlreicher negativer Äußerungen, des Spotts und der verunglimpfenden Pamphlete, die nicht zuletzt dem Kreis der nordalpinen Reformatoren zuzuordnen sind. Die vielleicht beste Satire auf Julius II. entstammt der Feder Erasmus' von Rotterdam, der sie kurz nach dem Tod des Papstes verfasste. *Iulius exclusus e coelis*, so der lateinische Originaltitel, ist dialogisch aufgebaut und thematisiert die Ankunft des Dahingeschiedenen an der Himmelstür. Als Julius II. dort der Einlass verwehrt wird, entspinnt sich zwischen ihm und Petrus ein Gespräch, in das sich auch der *Genius* des Papstes, der ihn begleitet, einmischt. Der Papst wird genötigt, sich für seine vielen, dem Geiste des päpstlichen Amtes eigentlich widersprechenden Taten zu rechtfertigen und sein Anrecht auf einen Platz im Himmel zu begründen, wobei er sich dabei zunehmend selbst entlarvt. Auf die Frage nach seinen Verdiensten führt er etwa seine Verwandtschaft mit Sixtus IV., seinen Ehrgeiz trotz aller Widrigkeiten – wobei er hier etwa die ›Französische Krankheit‹ (Syphilis) nennt, was eigentlich moralische Verfehlungen impliziert – und seinen Erfolg an. Dabei spielen Geld und Ämterverkauf, den Julius ebenso wie die Anhäufung finanzieller Mittel ausdrücklich als Verdienst anführt, eine große Rolle. Wortreich lässt sich der Papst über seine militärischen Verdienste und die zahllosen Gebiete aus, die er für die Kirche (zurück)gewonnen habe.

Erasmus legt Julius damit eine sich selbst entlarvende Zusammenfassung seiner Politik in den Mund, was durch den offensichtlichen Stolz des Papstes sogar noch verstärkt wird. Auf diese Weise entsteht auf durchaus unterhaltsame Weise das Gegenbild des idealen Papstes, das in den Fragen und Bemerkungen des Petrus aufscheint und das deutlich macht, wie wenig das Renaissancepapsttum in den Augen des Verfassers mit der Idee der Kirche und den Wurzeln des Petrusamtes gemein hatte.

VIOLA SKIBA

Quellen: Desiderius Erasmus 2011
Literatur: Branden 2007 – Fabisch 2008 – Margolin 1986

C.1.4.7

Laokoongruppe

Hagesandros, Polydoros und Athanadoros aus Rhodos, augusteisch oder tiberisch
Marmor; H. 242 cm
Vatikanstadt, Musei Vaticani (Cortile Ottagono), 1059 und 1064 (Abguss)

Die Gruppe zeigt den trojanischen Priester Laokoon und seine Zwillingssöhne Antiphas und Thymbraios im tödlichen Kampf mit den Schlangen, die Pallas Athena gesandt hat, um ihn für seine Warnung vor dem trojanischen Pferd zu bestrafen. Die in den Musei Vaticani erhaltene Marmorskulptur gilt als Kopie der wohl um 200 v. Chr. in Pergamon entstandenen Großbronze.

Diese Gruppe, die bis heute Archäologen, Literaten und Kunsthistoriker intensiv beschäftigt, auch im Hinblick auf die Rekonstruktionsgeschichte, wurde am 14. Januar 1506 auf dem Esquilin in einem Weingut von Felice de Fredis entdeckt. Als Papst Julius II. (1503–1513) davon erfuhr, schickte er seinen Architekten Giuliano da Sangallo und seinen Bildhauer Michelangelo Buonarotti an den Fundort. Da Sangallo soll in den Statuen sofort die von Vergil in der *Aeneis* und von Plinius in der *Naturalis Historia* als berühmtestes Kunstwerk der Antike beschriebene Gruppe erkannt haben. Die Begeisterung war gewaltig, der Papst ließ die Marmorfiguren bereits im März in den Vatikan überführen. Die damals entdeckten antiken Skulpturen wurden in einem eigenen Statuenhof im Vatikanischen Palast aufgestellt. Große Künstler wie Raffael begannen mit dem Antikenstudium, sie wurden mit Fragen der Rekonstruktion zerstörter Antiken betraut. Laokoon fehlte der rechte Arm: Bandinelli und Montorsoli fügten einen gestreckten Arm an; erst 1957 wurde der originale abgewinkelte Arm angesetzt, der bereits 1905 gefunden worden war. Anschließend wurden noch weitere kleine Korrekturen vorgenommen.

Sicher kannte man am Papsthof auch die Geschichte um Laokoon: Denn dessen Opfertod steht am Beginn der Geschehnisse, die schließlich zur Gründung Roms führten. Da der Name des della Rovere-Papstes, Julius, in Verbindung zu den Juliern steht, die sich wiederum in einer mythischen Ahnenreihe von dem Trojaner Aeneas ableiteten, hatte diese antike Skulptur für ihn höchste Bedeutung und sollte daher im Statuenhof des Belvedere präsent sein. Julius, ein vorzüglicher Kriegsherr und Staatsmann, arbeitete als ›neuer Julius Caesar‹ daran, verlorene Gebiete für das *Patrimonium Petri* wiederzugewinnen und den Kirchenstaat auszubauen. Eine neue Peterskirche sollte Zeichen dieses neuen Patrimoniums sein. Die Künstler sollten antike Bauteile kopieren und Kapitelle nach antiken Vorbildern am neuen Petersdom anbringen. Auch die Wiederentdeckung berühmter antiker Statuen förderte dieses Programm des Papstes.

IRMGARD SIEDE

Literatur: AK Hochrenaissance im Vatikan, Bonn 1999, S. 509–517 – AK Homer, Basel/Mannheim 2008–2009, S. 397 – Daltrop 1986

C.1.4.8

Agnus-Dei-Ostensorium

Niedersachsen (?), Mitte 15. Jahrhundert
Silber, teilvergoldet, Gravur; H. 17,5 cm, Fuß H. 8,4 cm, Dm 5,8 cm
Lüneburg, Museum Lüneburg, R.328

Das *Agnus-Dei*-Ostensorium stammt aus dem Heilig-Geist-Spital zu Lüneburg. Über einem breiten, sechspassförmigen Standfuß erhebt sich ein Schaft mit Nodus. Im mittleren Bereich befindet sich eine runde Kapsel, die auf der einen Seite mit einer Darstellung der Kreuzigung geschmückt ist, auf der anderen mit dem *Agnus Dei*. Das Ostensorium wird von einer Kreuzigung bekrönt. Das aufwendige Schaugefäß bringt so zum Ausdruck, was es enthält: In der Kapsel wurde eine vom Papst geweihte und verliehene Lamm-Gottes-Plakette verwahrt. Solche Plaketten zu prägen, zu weihen und zu verschenken, kam im späten Mittelalter auf und blieb bis in die zweite Hälfte des 20. Jahrhunderts im Vatikan üblich. *Agnus-Dei*-Medaillons kamen häufiger als päpstliche Geschenke in den Norden. Nach Aachen gelangte solch eine Plakette durch Papst Eugen IV., im Kirchenschatz von Quedlinburg befinden sich gleich zwei solcher geweihten Plaketten, die in Monstranzen, Ostensorien oder andere Goldschmiedearbeiten eingearbeitet wurden. Sie wurden bei Heiltumsweisungen verwendet oder mancherorts auch als Paxtafeln.

Päpstliche Geschenke lassen sich seit dem 11. Jahrhundert belegen. Ab der Zeit Papst Urbans II. kamen Papstrosen auf, ab 1380 sind Schwerter als päpstliche Gaben belegt. Während die Päpste die Rosen und Schwerter jährlich verschenkten, überreichten sie die Plaketten ab der Mitte des 14. Jahrhunderts nur noch alle sieben Jahre. Solche Sakramentalien wurden an besondere, auch weltliche Amtsträger verliehen, um diese auszuzeichnen und bisweilen enger an den Heiligen Stuhl zu binden. Daher wurden die Gaben auch nicht etwa einer weltlichen Bestimmung zugeführt, sondern gelangten in späterer Zeit gern in Kirchenschätze.

Martin Luther erschien die spätmittelalterliche Praxis der Segnungen als teuflische Imitation der wahren Kirche, wenn er meinte: Der Teufel, der »allezeit Gottes Affe ist« nahm »eusserliche ding fur sich, die sollten auch heiligen [...] also hat er durch die Bebste [...] lassen weyhen [...] glocken, bilder, agnus Dei ...«.

IRMGARD SIEDE

Literatur: Cárdenas 2004 – AK Alltag und Frömmigkeit, Mühlhausen 2013, S. 126–127 Kat. Nr. 3.1.1a

Das Ringen um Reform und Einheit

Geld als Maßstab für Leistungen der Kurie

Die Zeit um und nach 1500 zeigt auf vielen Gebieten Prosperität. Handwerk und Textilgewerbe florierten, vor allem bildeten sich – in noch größerem Maßstab als schon zuvor – Formen der Geldwirtschaft von europäischen Ausmaßen aus. Die Macht des Geldes beherrschte die Politik, die gesellschaftliche Rangordnung und die Wertevorstellungen. An der päpstlichen Kurie spiegelte sich diese Entwicklung darin, dass so gut wie alle Leistungen, die von dort erbeten wurden, noch mehr als zuvor schon Geldwert bekamen. Dazu gehörten die Verleihung von Pfründen und Würden, die Entscheidung in Rechtsfragen, die Gewährung von Dispensen und ganz besonders der Verkauf von Ablassbriefen. Gnadenbewilligungen durch die römische Kurie haben sich in den Jahrzehnten um 1500 mehr als verdoppelt. Die Deutschen fühlten sich bei diesen Vorgängen in besonderer Weise ausgebeutet und erhoben heftige Proteste (*Gravamina*). Heute weiß man, dass sich diese angeblich besonderen Repressalien durch kuriale Geldforderungen nicht mit historischen Fakten belegen lassen. Sie waren in der Hauptsache ein Problem der Wahrnehmung durch die Zeitgenossen, weil Deutsche bei der Vergabe von Pfründen in der Tat benachteiligt wurden. Der größte ›Zahlmeister‹ der Kurie war am Ende des Mittelalters dagegen Frankreich geworden.

Sehnsucht nach Seelenheil

Doch das war nur die eine Seite. Auf der anderen Seite wird eine starke Sehnsucht der Menschen nach Sicherung des Seelenheils deutlich. Die Priesterschaft war vielerorts nicht gut ausgebildet, die meisten Pfarreien wurden durch Vikare verwaltet, und das Gebot der Ehelosigkeit für Priester wurde kaum beachtet. Die Unzufriedenheit mit den Zuständen in der Amtskirche ließ den Ruf nach

Reformen laut werden. Schon das Konzil von Konstanz (1414–1418) hatte solche Reformen einleiten wollen, und auch das Konzil von Basel (1431–1449) war darum bemüht gewesen. Immer wieder erkannten auch die Renaissancepäpste die Notwendigkeit, Moral und Disziplin an der Kurie zu verbessern. Doch wurden diese Ansätze durch die Restauration des Papsttums weitgehend zurückgedrängt. Um 1500 und in den Jahren danach wurden die Reformforderungen allerdings immer lauter. Der Gelehrte, Theologe und Augustiner-Chorherr Erasmus von Rotterdam († 1536) verfasste 1503 das Werk *Enchiridion militis christiani* (Anleitung für einen Kämpfer Christi). Das in Frankreich, England und Deutschland weit verbreitete Büchlein betonte die Christusnachfolge auf der Grundlage persönlicher Tugenden (Demut, Milde, Selbstlosigkeit, Barmherzigkeit) und gelebter Frömmigkeit mit den Waffen der Heiligen Schrift und der Gebete. Religiöse Praktiken der Amtskirche mitsamt Fegefeuer und Ablass erschienen als wertlos. Deutlich ist zu erkennen, wie hier frühe Grundlagen der reformatorischen Bewegungen formuliert wurden, die Luther und andere Reformatoren später aufnahmen. Die römische Kurie selbst war kaum in der Lage, auf diese Prozesse zu reagieren, weil der Kampf der europäischen Mächte um Italien aufs heftigste entbrannt war. Es kam zwar im Fünften Laterankonzil von 1512 bis 1517 zu bemerkenswerten Ansätzen für eine Reform der Kirche. Sie versanken jedoch spätestens 1527 im *Sacco di Roma* mit der schrecklichsten Plünderung, von der Rom jemals heimgesucht wurde. So breitete sich die Reformation weithin aus, auch wenn es – wie 1530 mit der *Confessio Augustana* – immer noch Versuche gab, die Einheit der Christenheit zu wahren.

STEFAN WEINFURTER

Literatur: Dendorfer 2012 a – Ganzer 1999 – Märtl 2016 – Matheus 2017 a – Müller, Harald 2005 – Schneidmüller 2017 – Schwarz 2012 – Tewes 2001 – Tewes 2005 – Wolgast 1985

Die politische Situation um 1500

Italien als Spielball der europäischen Mächte

Der Kampf um Italien hatte 1494/1495 durch den Einmarsch Karls VIII. von Frankreich (1483–1498) in das Königreich Neapel seinen Anfang genommen. König Ludwig XII. (1498–1515), der Nachfolger Karls VIII., besetzte 1500 Mailand, auf das Frankreich fortan Anspruch erhob. 1511 bildete sich die ›Heilige Liga zur Befreiung Italiens‹, der neben Spanien, Venedig und der Schweiz auch der Kirchenstaat unter Papst Julius II. angehörte und der auch Kaiser Maximilian (1493–1519) beitrat. Karl V. (1519–1555), seit 1519 der Nachfolger Maximilians, führte den Krieg weiter und schlug 1525 bei Pavia eine Schlacht gegen König Franz I. von Frankreich (1515–1547). So wuchs unaufhaltsam der habsburgisch-französische Konflikt heran, der fortan die europäischen und auch die päpstlichen Geschicke stark bestimmen sollte. Italien geriet dabei zum Spielball der europäischen Mächte und wurde nach den Worten Papst Leos X. (1513–1521) »fast völlig verwüstet«. Daneben waren die habsburgischen Kräfte durch die Expansion des osmanischen Reichs außerordentlich in Anspruch genommen. Zur Finanzierung von militärischen Aktionen sollte der ›Türkenzehnt‹ dienen, der auf dem Fünften Laterankonzil 1517 der gesamten Christenheit für drei Jahre auferlegt und danach immer wieder erneuert wurde.

STEFAN WEINFURTER

Das Flussspiel der Mächtigen, Gotha, Schloss Friedenstein

Die politische Allegorie *Das Flussspiel der Mächtigen* zeigt eine Reihe wichtiger Fürsten und Herrscher, die einen Tisch umstehen, auf dem sich ein Spielplan befindet. Am Tisch sind einige wenige Personen mit dem Spiel selbst beschäftigt, das von den Zeitgenossen ›Flussspiel‹ genannt wurde und wohl dem Pokerspiel ähnelte: Es handelt sich um den Dogen von Venedig, Kaiser Maximilian (1508–1519), den König von Frankreich, Ludwig XII. (1498–1515), und einen Vertreter der Schweizer Eidgenossen. Sie halten Karten in ihren Händen, während die kleinere und im Vordergrund neben dem Tisch kniende Gestalt des Herzogs von Mailand, Massimiliano Sforza (1512–1515), die heruntergefallenen Karten aufhebt und die Umstehenden dem Spiel interessiert zusehen. Auch der Papst, Leo X. (1513–1521), steht im Hintergrund und betrachtet mit einem Zwicker aufmerksam das Spielfeld. Die allegorische Darstellung symbolisiert die politische Situation und die Beteiligten zu Beginn des 16. Jahrhunderts. Sie wirft außerdem ein Licht auf die Wahrnehmung der Akteure und nicht zuletzt auf die Position des Papstes: Er spielt nicht mehr selbst mit, sondern sieht nur noch zu, wie andere handeln, und hofft das Beste für sich und den Kirchenstaat.

VIOLA SKIBA

Literatur: Goez 2010 – Lill 2016

C.2.1.1

Testone König Ludwigs XII. von Frankreich als Herzog von Mailand

Avers: + LVDOVICVS · D(ei) · G(ratia) · FRANCORVM · REX ·
Revers: MEDIOLANI · DVX
Mailand, 1500–1512
Silber; Dm. 29,5 mm, Gewicht 9,53 g
Stuttgart, Landesmuseum Württemberg, MK 17656

Ludwig von Orléans war von 1498 bis 1515 als Ludwig XII. König von Frankreich. Er stammte von Valentina Visconti ab und war so mit der Familie verwandt, die 1450 durch die Sforza aus dem Herzogtum Mailand vertrieben worden war. Ludwig leitete aus seiner Herkunft Ansprüche auf die Lombardei und deren Hauptstadt ab, die er auf militärischem Wege durchsetzen konnte: 1499 vertrieb er Lodovico Sforza aus der Stadt und nahm den Titel eines Herzogs von Mailand an. Bis 1512 konnten sich die Franzosen dort halten, ehe sie von den regierenden Orten der Eidgenossenschaft verdrängt wurden.

Während seiner Amtszeit als Herzog von Mailand gab Ludwig XII. Münzen aus, auf denen er den Patron der Stadt, den heiligen Ambrosius, darstellen ließ. So reitet auf dem Revers dieser Prägung der Kirchenvater nach rechts. Der Avers zeigt den Münzherrn mit Barett im Profil nach rechts.

Die Inschriften auf Vorder- und Rückseite nennen den Namen Ludwigs und seine Titel als König der Franzosen und als Herzog von Mailand. Der französische Anspruch auf die Metropole der Lombardei wird noch dadurch betont, dass auf der Rückseite das Bild des Stadtheiligen und die Inschrift MEDIOLANI DVX von einem bekrönten Schild mit drei Lilien begleitet werden, dem bekanntesten Symbol des französischen Königtums. Der Legende nach soll ein Engel dem Merowingerkönig Chlodwig bei dessen Taufe eine Lilie überreicht haben, deren drei Blätter Glaube, Ritterlichkeit und Weisheit symbolisieren.

Bei der Prägung handelt es sich um einen Testone, ein Nominal, das 1474 in Mailand erstmals von Herzog Galeazzo Maria Sforza ausgegeben wurde. Ihren Namen hat diese Münze wegen der Abbildung des Kopfes (italienisch: testa) des Münzherrn auf der Vorderseite. Der Testone erfreute sich großer Beliebtheit und wurde daher bald von vielen italienischen Prägeherren ausgegeben.

MATTHIAS OHM

Literatur: CNI V, 1914, S. 209–210, Nr. 62var

C.2.1.2

Medaille auf die Aussöhnung zwischen Kaiser Maximilian I. und Franz von Sickingen

Avers: COLE · DEVM · EXIN · PVBLICA · AMA · IVSTVMQVE · TVERE · MDXVIII
Revers: ARMIS · MERCVRIVM · SI · NON PRAEDONAS · MAXIME · CAESAR · SEMPER · ERIS · VICTOR · FAVSTAQVE · REGNA · TENENS ·, neben dem Kopf des Knienden: F(ranz) · V(on) · S(ickingen)
Meister des Triumphwagens Maximilians I., 1518
Silber, gegossen; Dm. 82,5 mm, Gewicht 138,57 g
Stuttgart, Landesmuseum Württemberg, MK 23009

Der Reichsritter Franz von Sickingen war Anführer der rheinischen und schwäbischen Ritterschaft. Weil er im Jahr 1514 eine Fehde gegen die Stadt Worms geführt hatte, wurde über ihn die Reichsacht verhängt. Er trat daraufhin in den Dienst des französischen Königs Franz I. und eroberte die Stadt Metz. Kurz vor dem Tod des Kaisers legten Maximilian I. und Franz ihren Streit bei. Um diese Versöhnung zu dokumentierten, ließ von Sickingen 1518 eine großformatige Medaille herstellen. Sie wurde vermutlich nach einem Entwurf Hans Burgkmairs des Älteren von einem Künstler hergestellt, der den Notnamen ›Meister des Triumphwagens Maximilians I.‹ erhielt.

Die Medaille zeigt auf der Vorderseite den Kaiser mit Zepter und Schwert in den Händen, um den Hals trägt er die prunkvolle Collane des Ordens vom Goldenen Vlies. Die Umschrift lautet: COLE DEVM EXIN PVBLICA AMA IVSTVMQVE TVERE MDXVIII – Ehre Gott, sodann habe Gemeinsinn und schütze das Recht.

Auf der Rückseite ist Maximilian I. thronend mit Zepter und Reichsapfel zu sehen. Vor ihm kniet – deutlich kleiner dargestellt – Franz von Sickingen, kenntlich am Monogramm links neben seinem Kopf und dem Wappenschild mit fünf Kugeln. Er bittet den Kaiser um Vergebung und hält ein Spruchband in Händen, dessen Text sich in der Umschrift fortsetzt. Er lautet: ARMIS MERCVRIVM SI NON PRAEDONAS MAXIME CAESAR SEMPER ERIS VICTOR FAVSTAQVE REGNA TENENS – Wenn Du, großer Kaiser, nicht den Waffen Merkur [d. h. den Handel] vorziehst, wirst Du stets siegreich sein und glückliche Reiche beherrschen.

Wie die Vorderseiteninschrift stammt auch dieser Text aus der Feder des Humanisten Ulrich von Hutten.

MATTHIAS OHM

Literatur: AK Ritter Tod Teufel, Mainz 2015, Nr. 2.16a – Cimeliarchium 1710, S. 83 – Hutten, Schriften 1862, S. 286*–286** (zu den Inschriften) – Winter 2013, S. 83 und Nr. 90

C.2.1.3

Medaille Franz' I. von Frankreich von Giovanni Maria Pomedelli

Vorderseite: FRANCISCVS I CHRISTI[AN] ISIMVS REX FRANCOR. Drapiertes Brustbild Franz I. (François de Valois) mit halblangen Haaren, Klappmütze, Schmuckstück, Gewand mit St. Michaels-Ordenskette nach links

Rückseite: NVTRISCO – EXSTINGO. Salamander auf Flammen in einer Schale mit Fuß. Oben eine Krone. Ganz unten das Zeichen Pomedellis (Apfel mit Monogramm ZVAN)

Verona, gegossen, ca. 1515 – 1518

Bronze; Dm. 5,1 cm, Gewicht 38,14 g, oben gelocht

Berlin, Staatliche Museen zu Berlin, Münzkabinett, Objektnr. 18253151, Acc. 1869 Friedländer

Der 1494 geborene François wurde 1515 zum französischen König gekrönt und regierte bis 1547. Von seinem Vorgänger Ludwig XII. hatte er den Konflikt um das Großherzogtum Mailand geerbt, den er durch den Sieg bei Marignano im September 1515 zu seinen Gunsten entscheiden konnte und damit Frankreich eine Vormachtstellung in Europa verschaffte (die bis zur Niederlage von Pavia 1525 andauerte). Seine weiteren strategischen Interessen suchte der König in einer Koalition mit dem Papsttum durchzusetzen. Franz I. hatte damit nicht nur mit den aus Mailand vertriebenen Sforza und den Schweizer Eidgenossen Kontroversen, sondern auch zunehmend mit dem habsburgischen Kaiser Karl V. (als Karl I. auch König von Spanien).

Da Franz I. hier noch bartlos dargestellt ist, muss diese Medaille vor 1518 entstanden sein. Die Rückseite zitiert in Kurzform den Wahlspruch Franz' I. (»Ich nähre das Gute und zerstöre das Schlechte«) und zeigt das Wappentier des Königs, den Salamander (der angeblich in Flammen leben und diese nach seinem Willen anfachen oder erlöschen lassen konnte).

Der Medailleur, Goldschmied, Maler und Graveur Pomedelli (um 1479 – nach 1537), dessen Signatur, ein Monogramm seines Vornamens im Umriss eines Apfels, diese Arbeit trägt, hat zeitgleich auch eine Medaille auf den Rivalen des Königs, Kaiser Karl V. (Hill Nr. 590), gefertigt.

KARSTEN DAHMEN

Literatur: Börner 1997, S. 67 Nr. 225 (dieses Stück) – Friedländer 1882, S. 213 – Hill 1930, S. 150 Nr. 592

C.2.1.4

Medaille auf Kaiser Karl V.

Avers: CAROVLVS · V · DEI · GRATIA · ROMAN(orum) · IMPERATOR · SEMPER · AVGVSTVS · REX · HIS(paniae) · ANNO · SAL(utis) · M D XXXVII · ÆTATIS · SVAE · XXXVII
Revers: SLVS [sic !] VLTRA, unten: H(ans) R(einhart)
Hans Reinhart, 1537
Silber, gegossen; Dm. 65 mm, Gewicht 95,62 g
Stuttgart, Landesmuseum Württemberg, MK 18071

Wie die Vorderseiteninschrift mitteilt, zeigt diese großformatige Silbermedaille von 1537 Kaiser Karl V. in seinem 37. Lebensjahr. Auf dem Avers wird er im Hüftbild nach rechts dargestellt. Der bärtige Kaiser ist mit einem kleinen Barett und einem reich gemusterten Gewand bekleidet, in seinen Händen hält er Zepter und Reichsapfel, die kaiserlichen Insignien, an einer Schnur trägt er den Orden vom Goldenen Vlies.

Auf der Rückseite findet sich unter einer Krone der nimbierte doppelköpfige Reichsadler, dessen Körper von einem Wappenschild bedeckt ist. Links und rechts des Adlers stehen die Säulen des Herkules, die beiden Felsen an der Straße von Gibraltar. Herkules selbst soll hier die Inschrift »nicht mehr weiter« angebracht und so auf das Ende der Welt am Ausgang des Mittelmeers hingewiesen haben. Karl V. herrschte jedoch nicht nur in Europa, sondern auch in Amerika und auf den Philippinen. Damit besaß er ein Reich, in dem – wie er selbst sagte – »die Sonne niemals unterging«. Daher änderte Karl V. die Devise des spanischen Wappens von *non plus ultra* – nicht mehr weiter – in *plus ultra* – immer weiter. Auf dieser Medaille wurde als Devise irrtümlich SLVS VTRA angegeben.

Diese Gussmedaille des sächsischen Künstlers Hans Reinhart gehört zu den herausragenden Werken der frühen deutschen Medaillenkunst. Reinhart gelang es, das Bild auch in die dritte Dimension zu führen, wie etwa beim unteren Ende des Zepters, das über die Umschrift ragt. Das hohe Relief führt zu einem faszinierenden Spiel von Licht und Schatten auf den Gesichtszügen des Kaisers, wenn die Medaille von den Betrachtern in der Hand bewegt wird.

MATTHIAS OHM

Literatur: Bernhart 1919, Nr. 93 – Habich 1932, Bd. II/1, Nr. 1926

Papstkritik

Der Papst als ›Antichrist‹

Kritik am Papsttum reicht weit in die Geschichte zurück. Der Anspruch des Apostolischen Stuhls, die Einheit der Christenheit und der Kirche zu garantieren, stellte überaus hohe Anforderungen an die Durchsetzungskraft der Päpste. Dazu gehörten auch die Formen der Selbstdarstellung. Vor allem der Grundsatz, dass der Stellvertreter Christi und Erbe Petri über die ›Wahrheit‹ zu wachen habe, war über die Jahrhunderte hin stets – wenn auch aus verschiedenen Gründen – eine Quelle heftiger Konflikte. Zunächst war es das mittelalterliche Kaisertum, das unter Karl dem Großen noch weitgehend unangefochten die Deutungsmacht über die ›Wahrheiten‹ der Kirche beanspruchte. Dies musste dem päpstlichen Selbstverständnis fundamental widersprechen. Nur beim Papst, dem Nachfolger Petri und Stellvertreter Christi, konnten die ›Wahrheit‹ und die Eindeutigkeit der Entscheidung liegen. Vom 11. bis ins 13. Jahrhundert brachte der Kampf zwischen Papst und Kaiser um die Deutungshoheit im Ordnungsgefüge von Welt und Kirche heftige Schmähschriften und schärfste Kritik auf beiden Seiten hervor. Dabei ging es schließlich immer mehr um die Frage, inwieweit dem Papst überhaupt das Recht zustehe, sich in die weltlich-politische Ordnung einzumischen. Für Papst Gregor VII. (1073–1085) war das keine Frage, sondern eine Selbstverständlichkeit. Vor allem kann man bei ihm gut erkennen, dass das Papsttum auf dem Weg war, sich Instrumente zu schaffen, um die ›päpstliche Wahrheit‹ durchzusetzen. Dazu gehörte ein gut funktionierendes Legatenwesen, um die Präsenz im lateinischen Christentum zu steigern. Darüber hinaus war eine weiter ausgearbeitete Rechtsgrundlage erforderlich, die sich mit dem *Decretum Gratiani* 1140 ankündigte. Vor allem aber setzte man auf beiden Seiten – der päpstlichen wie derjenigen der Gegner – seit dem späteren 11. Jahrhundert mit enormer Wucht die moralischen Kategorien ›gut‹ und ›böse‹ als Waffen ein, um den Gegner zu diskreditieren. »Wer mit der römischen Kirche nicht übereinstimmt, ist ein Ketzer«, so stellte Petrus Damiani schon um 1062 fest (Ep. I, 20). Der Kardinal Otto von Ostia, der spätere Papst Urban II. (1088–1099), bestätigte 1085, bereits der heilige Ambrosius von Mailand habe diesen Grundsatz aufgestellt (Briefsammlungen der Zeit Heinrichs IV. 1950, S. 26).

Von dieser pauschalen Argumentation war es nur ein kleiner Schritt zur ›Verteufelung‹ des Gegners. Er wurde zur Figur des Bösen schlechthin, zum Antichristen. Dieses Etikett wurde sowohl dem Kaiser als auch dem Papst in den Jahrhunderten immer wieder angeheftet. Der Dominikaner Arnold (›von Trier‹) schrieb um die Mitte des 13. Jahrhunderts *Das Büchlein über den Antichrist Innocenz IV.* (*Libellus de Innocentio IV antichristo*), um nur ein Beispiel unter vielen herauszugreifen. Papst Gregor IX. (1227–1241) bemerkte 1239, Kaiser Friedrich II. freue sich darüber, mit dem Beinamen Antichrist benannt zu werden.

Die Frage, ob die höchste Entscheidungsgewalt in der Kirche und damit auch das Urteil über das Wahre und das Falsche beim Konzil (›Konziliarismus‹) oder beim Papst liege, wühlte die Geister des 14. und 15. Jahrhunderts auf. Der Vorwurf, die Päpste umgäben sich mit weltlicher Pracht und folgten nicht in Armut dem armen Christus, war schon im 13. Jahrhundert ein großes Thema bei den Franziskanern, wurde im 14. Jahrhundert lauter (›Armutsstreit‹) und steigerte sich in der Zeit um 1500 in besonderem Maße. Daneben gab es durch die Jahrhunderte hindurch immer wieder ›Ketzerbewegungen‹, die das Papsttum als Institution völlig ablehnten, wie die Katharer/Albigenser im 12. und beginnenden 13. Jahrhundert. Um 1500 verschärfte sich die antipäpstliche Stimmung nördlich der Alpen. Man warf der Kurie unersättliche Geldgier und moralische Verfehlungen vor. Es entstanden Karikaturen auf Flugblättern und Gegenständen des täglichen Lebens, die den Papst als Antichristen oder als Esel darstellten. Schon Papst Alexander VI. wurde von Francesco Guicciardini († 1540) in seiner ›Geschichte Italiens‹ (*Storia d'Italia*) als Antichrist bezeichnet. Nicht zuletzt traten, verstärkt noch durch den Humanismus, nationalistische Überzeugungen in den Vordergrund, die den italienischen Charakter des Papsttums geißelten. Der Boden für die Reformation war bereitet, und Martin Luther konnte sich auf einen regen Diskurs stützen, als er 1519 an den Humanisten und Theologen Georg Spalatin († 1545) schrieb: »Ich untersuche jetzt für meine Disputation die päpstlichen Dekrete und flüstere dir in diesem Zusammenhang ins Ohr: Ich bin im Ungewissen, ob nicht der Papst der Antichrist in Person oder dessen Vorläufer ist.«

STEFAN WEINFURTER

Quellen: Briefsammlungen der Zeit Heinrichs IV., 1950 (S. 26: *per os Ambrosii spiritu sancto promulgatum: Haereticum esse constat qui a Romana ecclesia discordat*)
Literatur: DeSilva 2016 – Hermann-Röttgen 2004 – Hirschi 2005 – Klausmann 2004 – Matheus 2017 b – Schaller 1982 – Seidel Menchi 1993 – Tewes 2005

C.2.2.1

Vaticinia Pontificum
Sammlung von Prophetien, welche die päpstliche Sukzession und die Verantwortung der Päpste gegenüber der Kirche betreffen

Rom, Mittelitalien, um 1410–1415
Papier; H. 30,3 cm, B. 25 cm, T. 2,5 cm
Vatikanstadt, Biblioteca Apostolica Vaticana, Vat. lat. 3818, fol. 13r

Rom, Mittelitalien, um 1410–1415
Papier; H. 31 cm, B. 23 cm, T. 2 cm
Vatikanstadt, Biblioteca Apostolica Vaticana, Vat. lat. 3817
Ohne Bild

Die beiden Ausgaben der *Vaticina de summis pontificibus* gehören zu den Abschriften von Papstprophetien, die im 15. Jahrhundert sehr populär waren, deren Entstehung aber bis ins 13. Jahrhundert zurückreicht. Ursprünglich bestand eine erste, um das Ende des 13. Jahrhunderts entstandene Sammlung, *Genus nequam*, die später dem berühmten Abt Joachim von Fiore († 1202) zugeschrieben wurde, aus 15 Papstdarstellungen mit kurzen, enigmatischen Texten. Als Vorbild diente eine im griechischen Sprachraum entstandene Sammlung von Prophetien, die auf die byzantinischen Kaiser bezogen waren und *Oracula Leonis*, nach Kaiser Leo VI. ›dem Weisen‹ (886–912), genannt wurden. Sie verfolgten eine Reihe korrupter Kaiser und den Niedergang der Dynastie bis zur Ankunft eines erlösenden ›Rettungskaisers‹.

Die auf die Päpste umgedeuteten *Vaticinia*-Prophezeiungen stellten einen Versuch dar, die Entwicklung der Kirche – beginnend mit Papst Nikolaus III. (1277–1280) – zu beschreiben und ihr in Zeiten der Krise einen Sinn und die Hoffnung auf eine bessere Zukunft zu geben. Entsprechend stand am Ende einer Reihe korrupter Päpste ein Engelspapst, der zusammen mit seinen Nachfolgern die Erlösung bringen sollte.

In der Zeit des avignonesischen Papsttums und des Großen Abendländischen Schismas, einer tiefen Krise der lateinischen Christenheit, wurde die ursprünglich 15 Bilder umfassende Serie ergänzt und mit einer weiteren Sammlung (*Incipit Ascende calve*) kombiniert, sodass die Sammlungen des späten 14. und 15. Jahrhunderts nunmehr 30 Darstellungen umfassten. Die zweite Serie endete allerdings nicht mehr mit ›Engelspäpsten‹, sondern mit einem apokalyptischen Biest oder dem Antichristen, war von negativerem Tenor und spiegelte die traumatische Stimmung der Zeit wider. Während beide Serien separat ursprünglich parallel verliefen, d. h. beide mit Papst Nikolaus III. (1277–1280) begannen, wurde die kombinierte Sammlung als Fortsetzung betrachtet, in der auch die Päpste des Schismas wie der Gegenpapst Johannes XXIII. ihren Platz fanden. Immer noch standen am Ende allerdings die ›Engelspäpste‹ und damit die Hoffnung auf eine Überwindung der existentiellen Krise. Zahlreiche Exemplare fanden ihren Weg schließlich auch nach Konstanz, wo ein Konzil ab 1414 versuchte, die grundlegenden Probleme der Kirche zu lösen und ihre Einheit wiederherzustellen. Die beiden ausgestellten Exemplare entstanden in diesem Kontext und unter dem Eindruck des bevorstehenden Konzils.

VIOLA SKIBA

Digital: http://digi.vatlib.it/view/MSS_Vat.lat.3817/0001/thumbs?sid=7bdacd8217759c181e3a832ab07fc1ad#current_page, http://digi.vatlib.it/view/MSS_Vat.lat.3818/0001?sid=dfd4a6f2f78dc559ae46e81f9ed7f2aa

Literatur: AK Konstanzer Konzil, Konstanz 2014, S. 354, Nr. 248a–b – Andaloro/Romano 2002, S. 185, Nr. 176, S. 238, Abb. 159 – Fleming 1999 – Grundmann 1928, S. 77–138 – Guerrini 2002 – Holenstein Weidmann 1999 – Reeves 1992

C.2.2.2

Antirömische Spottmedaille mit Darstellung eines Papstes mit Tiara / eines gehörnten Teufels

Deutschland, erste Hälfte 16. Jahrhundert
Silber, gegossen; Dm. 3,4 cm, Gewicht 11,62 g
Eisenach, Wartburg-Stiftung, N0028

Antirömische Spottmedaille mit Darstellung eines Kardinals mit Kardinalshut / eines Narren mit Schellenkappe

Deutschland, erste Hälfte 16. Jahrhundert
Silber, gegossen; Dm. 2,9 cm, Gewicht 11,78 g
Eisenach, Wartburg-Stiftung, N0577

Die Vorderseite der Medaille N0028 zeigt das Vexierbild eines Doppelkopfes, in dem ein Papst mit der Tiara und ein Teufel mit Hörnern miteinander verschmelzen. Je nachdem, wie die Medaille gedreht wird, ist der Papst oder der Teufel deutlicher zu erkennen. Das Münzbild ist gerahmt von der Umschrift ECCLESIA.PERVERSA.TENET. FACIEM.DIABOLI (Die verkehrte (die verdorbene) Kirche hat das Gesicht des Teufels). Die Rückseite dieser sogenannten Wende- oder Kehrmedaille zeigt in gleicher Manier einen Kardinal mit dem charakteristischen Hut und einen Narren mit Schellenkappe. Hier lautet die Umschrift: SAPIENTES. STVLTI. ALIQVANDO.

Auch die Rückseite von N0577 trägt ein Doppelbildnis von Kardinal und Narr. Die begleitende Umschrift lautet: STVLTI.ALIQVANDO.SAPIENTES.PSAL.XCIII. Auf der Vorderseite ist wiederum ein Doppelkopf aus Papst mit Tiara und gehörntem Teufel eingeprägt. Es ist von dem Spruch MALI.CORVI. MALVM.OVVM. (Ein schlechter Vogel legt ein schlechtes Ei) begleitet, einem der berühmten Sprichwörter aus den *Adagia* des Erasmus von Rotterdam.

Möglicherweise wurde die Medaille gelegentlich des Naumburger Bischofsstreits im Jahre 1543 geprägt, als Nikolaus Amsdorf als erster Evangelischer auf einen Bischofsstuhl kam. Luther bezeichnete in seinen Schriften, z. B. dem *Passional Christi und Antichristi* von 1521, den Papst als Antichrist. Darstellung und Umschrift von N0028 bringen dies zum Ausdruck. Beide Medaillen entstanden wohl im protestantischen Ambiente. Ein immer tieferer Graben zwischen Anspruch und Wirklichkeit des päpstlichen Amtes befeuerte die konfessionellen Streitigkeiten. Die Kritik am Papsttum wurde oft zu satirischem Spott und fand über Flugblätter oder eben Medaillen Verbreitung.

An den Knollennasen und karikierenden Gesichtszügen von Kardinal und Papst wird erkennbar, dass beide Spottmedaillen eine eindeutige Persiflage auf die Medaille sind, die 1530 anlässlich des Augsburger Reichstages auf Papst Clemens VII. (1523–1534) und Kaiser Karl V. geprägt wurde, mit den beiden als Doppelbildnis auf der Vorderseite. Das Bild des Kardinals als Narr geht auf das *Narrenschiff* Sebastian Brants zurück; der Narr ist hier eine Metapher für Untugenden und Einfalt.

IRMGARD SIEDE

Literatur: AK Kaiser Karl V., Bonn 2000, S. 254–256, Kat. Nr. 239 und 240

C.2.2.3

Doppelkopfmedaille

Avers: + CONSTITVES * EOS * PRINCIPES * SVPER * OMNEM * TERRAM
Revers: + LETABITVR + IVSTVS + IN + VIRTVTE + TVA
um 1520 (?)
Bronze; Dm. 28,5 mm, Gewicht 10,32 g
Stuttgart, Landesmuseum Württemberg, 22248

Kirchenvätermedaille

Avers: [S](anctus) AVGVSTINVS · S(anctus) · GREVORIVS ·
Revers: [S](anctus) · AMBROSIUS · S(anctus) · IERONMUS
um 1520 (?)
Silber; Dm. 30 mm, Gewicht 7,52 g
Stuttgart, Landesmuseum Württemberg, MK 22249

Die beiden Medaillen weisen eine Besonderheit auf. Sie haben nicht, wie sonst üblich, jeweils zwei Ansichten (je eine auf Vorder- und Rückseite), sondern deren vier. Denn werden Avers und Revers um 180° gedreht, so ergeben sich neue Bilder. Auf der Vorderseite der ersten Medaille wird der Papst zu einem Kaiser oder König, auf der Rückseite verwandelt sich der Kardinal in einen Bischof. Die beiden Transformationen werden von verkürzt wiedergegebenen Texten aus dem Psalter begleitet. Der Vers auf dem Avers lautet vollständig: *patribus tuis nati sunt tibi filii constitues eos principes super omnem terram* (An die Stelle deiner Väter treten einst deine Söhne; du bestellst sie zu Fürsten im ganzen Land. Ps 45,17). Für die Reversinschrift bediente sich der Medailleur eines Verses, der komplett heißt: *Domine, in virtute tua laetabitur rex et super salutare tuum exultabit vehementer* (An deiner Macht, Herr, freut sich der König; über deine Hilfe, wie jubelt er laut! Ps 21,2).

Möglicherweise sind in der Darstellung des Papstes die Gesichtszüge von Leo X., bürgerlich Giovanni de' Medici, zu erkennen. Sollte dies zutreffen, dann könnten diese Medaillen in seiner Amtszeit entstanden sein, also zwischen 1513 und 1521. Sie würden zu den ersten Wendemedaillen überhaupt zählen und wären damit Vorbild für alle weiteren Prägungen und Güsse dieser Art.

Zu den Wende- oder Kehrmedaillen zählt auch das zweite hier präsentierte Stück. Bei ihm verwandelt eine Drehung der Vorderseite um 180° ebenfalls den Papst in einen Kaiser, eine Drehung der Rückseite den Kardinal in einen Bischof. Nach Aussage der Inschriften handelt es sich bei den Dargestellten – trotz des Bildes eines weltlichen Herrschers mit Krone – um die vier lateinischen Kirchenväter, heiliggesprochene Autoren, deren Schriften wichtige Beiträge zur christlichen Lehre leisteten: um Papst Gregor den Großen, den Kardinal Hieronymus sowie die Bischöfe Augustinus von Hippo und Ambrosius von Mailand.

Das Prinzip der Kehrmedaille wurde von den Protestanten übernommen und seit dem 1541 entflammten Naumburger Bischofsstreit im polemischen Sinne umgedeutet: Bei diesen nun in den konfessionellen Auseinandersetzungen als Spottmedaillen verwendeten Prägungen oder Güssen verwandeln sich die katholischen Würdenträger, bei einer Drehung um 180° wird aus dem Papst der Teufel, aus dem Kardinal ein Narr.

MATTHIAS OHM

Literatur (Doppelkopfmedaille): Barnard 1927, Nrn. 6–36, Tafel I, 1–6, 9–10 – Brozatus 2015, Nrn. 643–647
Literatur (Kirchenvätermedaille): Barnard 1927, Nr. 38, Tafel I, 8

AVGVSTINVS
GREGORIVS
AMBROISIVS

GREGORIVS
AVGVSTINVS
AMBROISIVS

FRIDERICH DER DRITTE,
CHVRFVRST VND
HERTZOG ZV SACHSSEN.
1532
FRIDERICH BIN ICH BILLICH GENANDT,
DEN SCHÖN FRID ERHIELT ICH IM LAND.
DVRCH GROS VERNVNFFT GEDVLT VND GLVCK
WIDER MANCHEN ERTZ BÖSEN TVCK.
MEIN LAND ZIRT ICH MIT SCHONN GEBEW,
VND STIFFT EIN HOHE SCHVLAVFS NEW.
ZV WITTENBERG IN SACHSEN LANDT,
DIE IN ALLR WELT IST WOL BEKANDT.
ZVM KEISER AVCH ERKORN WARD ICH
DES MEIN ALTER BESCHWERET SICH.
DAFVR ICH KEISER KARLN ERWELT,
VON DEN MICH NICHT WAND GVNST
NOCH GELD.

C.2.2.4

Friedrich III. der Weise, Kurfürst und Herzog in Sachsen (1463–1525)

Werkstatt Lucas Cranach d. Ä.,
nach dem 1. Januar 1532
Öltempera auf Eiche; H. 20,8 cm,
B. 14,6 cm, T. 0,5 cm
Heidelberg, Kurpfälzisches Museum der Stadt Heidelberg, G 62

1504 berief der sächsische Kurfürst Friedrich der Weise Lukas Cranach aus Kronach zu seinem Hofmaler. Das bedeutete, dass der Maler in Hofnähe residieren und verfügbar sein musste, einen Jahressold, Kleidung, ein Pferd und Hafer für sein Pferd erhielt. Die Arbeiten wurden extra vergütet. Friedrich hatte Cranach 1508 das Schlangensignet als Wappen verliehen, sobald er Hofmaler wurde. In der Cranachwerkstatt entstanden Bildnisse der sächsischen Kurfürsten, einzeln, als Paar oder als Dreiergruppe, zum Teil mit Text versehen. 1532/1533 hatte der Kurfürst Cranach den Auftrag zur Herstellung eines Bildnispaares erteilt. Der Kurfürst in Dreiviertelansicht und als Bruststück im Kurpfälzischen Museum geht auf diesen Auftrag zurück. Im Bild war er auf sein Pendant ausgerichtet, Johann den Beständigen. Dessen Abbild gelangte allerdings nicht ins Kurpfälzische Museum.

Ein Namenstäfelchen rechts neben dem Haupt bezeichnet den Kurfürsten als Friedrich III. Der Hintergrund geht ins Hellblaue und bleibt abstrakt. Links in Höhe des Ohres sind im Bildgrund das Cranachzeichen, die geflügelte Schlange, und die Jahreszahl 1532 zu finden. Der Kurfürst, bärtig und mit bereits grauem Haar gezeigt, trägt ein schwarzes Barett und eine braune Schaube mit Pelzkragen. Ein weißes Hemd mit gesticktem Kragen verdeckt den Brustausschnitt. Beachtenswert sind die psychologische Prägnanz und die Natürlichkeit des Porträts.

Der Text im unteren Bereich der Tafel wurde bei diesem Bildtyp gemalt oder gedruckt. Er folgt dem Typus spätrömischer Grabinschriften und wird dem Verstorbenen in den Mund gelegt. Da dieser Text in Deutsch gehalten ist, sollte er vermutlich die Anerkennung der Kurwürde Friedrichs des Großmütigen nach dem Tod Johanns des Beständigen 1532 mitunterstützen. In der Mächtekonstellation der aufstrebenden europäischen Fürstentümer spielte Friedrich der Weise eine wichtige Rolle. Er war zunächst Kandidat Leos X. Als der Papst allerdings über Luther die Bannandrohung verhängte, wendete sich das Blatt und Friedrich unterstützte die Reformation. Genau das gibt das lange Gedicht unter dem Gemälde wieder. Auf die politische Situation spielen die letzten zwei Verse an, dass nämlich Friedrich selbst fast Kaiser geworden wäre und dass ihn von Kaiser Karl weder Gunst noch Geld trennen würden.

IRMGARD SIEDE

Digital: www.cranach.ub.uni-heidelberg.de/wiki/index.php/CorpusCranach.Verzeichnis_der Gemälde
Literatur: AK Lucas Cranach, Kronach 1994, S. 352–354 – Friedländer/Rosenberg 1932 – Tacke 2007, S. 106–121, hier S. 117–118

C.2.2.5

Albrecht II. von Brandenburg (1490–1545)

Werkstatt Lukas Cranach, 1543
Öl auf Eichenholz; H. 63,5 cm, B. 50 cm, T. 5,4 cm (mit Rahmen)
Mainz, GDKE – Direktion Landesmuseum Mainz, 304

Albrecht von Brandenburg war zunächst Erzbischof von Magdeburg, 1514 wurde er Erzbischof von Mainz und hatte damit zugleich das Amt des Kurfürsten inne. 1518 wurde er zum Kardinal ernannt. Im römisch-deutschen Reich war er damit der ranghöchste geistliche Würdenträger. Albrecht trat zeitweise als führender Repräsentant des antilutherischen Lagers auf. Er stand ganz auf der Seite des Papsttums und förderte durch Ablass den Neubau von St. Peter. Gerade der Ablasshandel war einer der Kritikpunkte der Reformatoren am Papsttum und seinen Vertretern. Neben Friedrich dem Weisen (vgl. Kat. Nr. C.2.2.4), einem Förderer der Reformation, bestimmte Albrecht von Brandenburg daher maßgeblich das historisch-politische Parkett des frühen 16. Jahrhunderts, auf dem die Päpste Position beziehen mussten.

Albrecht von Brandenburg war ein großer Kunstmäzen. Aufträge gingen an Albrecht Dürer und Lucas Cranach. Über den Graben des Glaubensstreits und den politischen Streit hinweg erfüllte Lucas Cranach, der Maler des kursächsischen Hofs, auch für den Kardinal Aufträge. Er sollte für 16 Altäre des Doms in Halle Gemälde anfertigen, was mit 142 Bildern der größte Gemäldeauftrag der deutschen Kunstgeschichte ist. Cranach hat Albrecht von Brandenburg nie zu Gesicht bekommen. Für Porträts stützte er sich, wie auch in manch anderem Kontext, auf Kupferstiche Albrecht Dürers.

Um den 1. Januar 1543 wurde das heute im Landesmuseum Mainz verwahrte Bildnis gefertigt. Es zeigt Albrecht gleichsam intim mit der Schaube bekleidet vor grünem Samt. Unter der Schaube trägt er ein schwarzes Wams und darunter ein weißes Hemd. Nur die zahlreichen Fingerringe und das rote Barett verweisen auf seine Ämter und seinen Rang als Kardinal. Der in Dreiviertelansicht Gezeigte ist nach links gewandt und als Halbfigur gegeben. Möglicherweise hatte er einst ein Pendant, im Sinne des humanistischen Freundschaftsbildes, wie es für Luther und Melanchthon angelegt war (vgl. Kat. Nr. D.1.1). Der ursprüngliche Rahmen ist verloren.

IRMGARD SIEDE

Digital: www.cranach.ub.uni-heidelberg.de/wiki/index.php/CorpusCranach.Verzeichnis_der Gemälde

Literatur: AK Lucas Cranach, Kronach 1994, S. 352–354 – Friedländer/Rosenberg 1932 – Tacke 2007, S. 106–121, hier S. 117–118

C.2.2.6

Martin Luther (1483–1546)

Kopie nach Cranachwerkstatt, nach 1558
Öl auf Buche; H. 33,3 cm, B. 27,2 cm
Konstanz, Rosgartenmuseum, M 6

Der Dargestellte ist auf Anhieb als Martin Luther zu erkennen. Das bewirken die Gesichtszüge, aber auch die große Ähnlichkeit mit den zahlreichen Lutherporträts, die den Reformator mit schwarzem Barett und weitem schwarzen Gewand vor grünem oder blauem Hintergrund zeigen (vgl. Kat. Nr. D.1.1). Luther ist einer der am häufigsten im Bild festgehaltenen Menschen der Kunstgeschichte. Obwohl seine reformatorischen Schriften bereits weit verbreitet waren, gab es bis 1520 kein Bildnis von ihm. Dann verließen zahlreiche Lutherporträts die Cranachwerkstatt. Sein Landesherr, Friedrich der Weise, war sich sicher der hohen politischen Bedeutung einer Verbreitung der Gesichtszüge des Reformators bewusst und beauftragte daher seinen Hofmaler Lucas Cranach. Umgekehrt billigte Friedrich aber auch nicht jedes Lutherporträt, das Cranach als Druck oder Gemälde anfertigte. Nach 1525 und damit nach der Hochzeit Luthers mit der ehemaligen Nonne Katharina von Bora entstanden die Doppelporträts des Ehepaares.

Das Konstanzer Bild geht auf das Cranachporträt von 1528 zurück. Das genaue Urbild konnte allerdings bis heute nicht bestimmt werden. Vermutlich hatten die sächsischen Kurfürsten oder andere der Reformation nahestehende hohe Persönlichkeiten zahlreiche dieser Porträts bei der Cranachwerkstatt in Auftrag gegeben, so dass diese der großen Nachfrage nur unter Zuhilfenahme von Schablonen nachkommen konnte. Pauspunkte waren bei der Konstanzer Tafel allerdings nicht festzustellen. Die Beschriftung auf der Rückseite benennt fälschlicher Weise Holbein als Autor. Die kleinformatigen Tafeln wurden in Pfarrhäusern, Galerien von Fürsten, Patriziern oder Bürgern oder öffentlichen Institutionen aufgehängt. Auch die Universität Wittenberg war solch ein Ort.

Die schon länger gärende Kritik am Papsttum fand in der Zeit der Reformation ihren Höhepunkt. Die theologischen Grundlagen schuf Martin Luther und kritisierte auf das Schärfste Fehlentwicklungen der Kirche, wie den Missbrauch der Predigt zwecks Ablasses für den Neubau der Peterskirche.

IRMGARD SIEDE

Literatur: AK Lucas Cranach, Kronach 1994, S. 352–354 – Konrad 1993, S. 73–74, Nr. I.21

Reformversuche unter Leo X. (1513–1521) und Hadrian VI. (1522–1523)

Kann Gott zur Gnade genötigt werden?

Die Forderungen nach Reformen in der Kirche und an der Kurie nahmen im beginnenden 16. Jahrhundert ständig zu. Doch was sollte man unter Reformen verstehen? Für die Päpste waren es Jahrzehnte lang die Wiederherstellung der päpstlichen Vollgewalt, die Erneuerung der Stadt Rom und des Vatikans sowie der Neuaufbau des Kirchenstaats, die ihr Reformdenken bestimmten. Darin erblickten sie die Voraussetzung für die Einheit der Christen und die Einigung auf eine gemeinsame christliche Wahrheit. In weiten Teilen des Kirchenvolks, vor allem nördlich der Alpen, wurde unter dem Reformbegriff etwas völlig anderes verstanden. Hier ging es – stark gefördert durch den Humanismus – um die moralische und sittliche Lebensweise eines ›Christenmenschen‹ und um den richtigen Weg zu Gott. Eine der zentralen Fragen lautete, ob es genüge, sich für die Erlangung des Seelenheils dem Gnadenangebot der Kirche und seiner Priester anzuvertrauen. Damit verknüpft war die Kernfrage: Kann die Vergebung von Sünden oder von Sündenstrafen durch Menschen, das heißt, durch ihr Verhalten, durch Bußakte oder gute Taten, beziehungsweise durch Priester und ihre Vermittlung erfolgen? Werde damit nicht Gott selbst gleichsam zur Gnade genötigt? Sei es nicht Gott vorbehalten, allein aus seiner Gnade heraus (*sola gratia*) den Mensch anzunehmen und ›zu rechtfertigen‹? Dieser theologische Ansatz, der u.a. von dem Augustinermönch Martin Luther (95 Thesen vom 31. Oktober 1517) Schritt um Schritt entwickelt wurde, war geeignet, die gesamte Institution der Papstkirche in Frage zu stellen und löste heftige Kontroversen aus. Was konnte der Mensch für sein Seelenheil tun? Trug er nicht doch durch sein Verhalten entscheidend zu seiner Seelenrettung bei? Erasmus von Rotterdam gab 1524 zu bedenken: »Warum wird in der Heiligen Schrift so oft das Gericht erwähnt, wenn es überhaupt keine Vergeltung für Verdienst und Schuld gibt?«

Päpstliche Reformen und Kirchenbann

Forderungen nach einer Besserung in der persönlichen Lebensgestaltung blieben nicht ohne Echo. Sie führten bereits bei Alexander VI. zu entsprechenden Reaktionen. Am 19. Juni 1497 stellte er im Konsistorium den Kardinälen sein Reformprogramm vor, das gegen Korruption, Schacher mit Kirchengütern und Konkubinat bei Priestern gerichtet war. Der Anfang sollte beim Haupt, bei ihm selbst, gemacht werden. Um die Einheit der Kirche und die Wahrheit des Glaubens ging es beim Fünften Laterankonzil, das 1512 noch unter Papst Julius II. eröffnet wurde. Dessen Tod im darauf folgenden Jahr beendete die ersten Ansätze jedoch vorzeitig.

Mit seinem Nachfolger, Papst Leo X. (1513–1521) aus dem Haus der mächtigen Medici, verbanden die Römer große Erwartungen. Mit ihm, so hoffte man, würde nun ein neues, goldenes Zeitalter des Friedens (*saeculum aureum*) anbrechen. Der Festzug, mit dem er am 11. April 1513 Besitz vom Bischofspalast am Lateran ergriff, soll »das glänzendste Schauspiel« seit der antiken Kaiserzeit gewesen sein. Leo X. setzte das Konzil fort, »weil häufig über die Beamten der römischen Kurie Klage erhoben wurde« und diese Missstände beendet werden sollten, wie er selbst in einer Reformbulle formulierte. 1517 mündeten die Konzilsverhandlungen in den Beschluss, die Ausbildung der Priester zu bessern und die Kardinäle dazu anzuhalten, »sittenrein, nüchtern und fromm« zu leben. Aber die eigentliche Tragweite der reformatorischen Gnadenlehre wurde an der Kurie noch nicht erkannt. Überdies war Leo X. 1519 bei der Wahl eines Nachfolgers für den Herrscherthron des Heiligen Römischen Reichs deutscher Nation damit beschäftigt, die päpstlichen Interessen zur Geltung zu bringen. In Martin Luther dagegen sah er nur einen ketzerischen Störenfried, dem er am 15. Juni 1520 den Kirchenbann androhte (Bulle *Exsurge Domine*) und den er am 3. Januar 1521 mit der Bulle *Decet Romanum Pontificem* aus der Kirche ausschloss.

Ein großes Anliegen war ihm die Förderung der wissenschaftlichen Kunst und Kultur in Rom, sodass seine Zeit geradezu als »Zenit der Renaissance« (Ferdinand Gregorovius) erscheint. Hervorstechend war bei Leo X. die Liebe zur Musik. Er soll gesungen und selbst komponiert haben. Außerdem war er ein leidenschaftlicher Sammler alter und kostbarer Musikinstrumente. Den Neubau der Peterskirche, dessen Leitung er 1514 Raffael anvertraute, verfolgte er mit großem Interesse. Von erheblicher Bedeutung war die Zusammenlegung der Studienkollegien des Vatikans und der Stadt zu einer neuen Universität, der Sapienza, die rasch aufblühte und die besten Gelehrten Italiens anzog.

Aus Utrecht stammte sein Nachfolger, Papst Hadrian VI. (1522–1523), ein enger Vertrauter König Karls V. und in Rom als Mann ›deutscher Wüterei‹ (*tedesca rabbia*) verspottet. Er wird von Zeitgenossen beschrieben als »ein Mann von mittlerer Größe mit grauen Haaren, einer Adlernase, kleinen, lebhaften Augen, von mehr blasser als roter Gesichtsfarbe, schon etwas gebeugt, aber körperlich noch recht rüstig« (Altringer 1998, S. 49). Er spreche langsam, meist lateinisch, und wünsche sich sehnlichst, die christlichen Fürsten möchten sich zum Kampf gegen die Türken vereinen.

Auch er forderte ein strenges Vorgehen gegen Luther. Im ersten Konsistorium, das er am 1. September 1522 abhielt, stellte er seine Ziele vor: Reform der römischen Kurie, Kampf gegen die Türken und harte Maßnahmen gegen Luther und die Ketzerei in Deutschland. Seinem Nuntius, Francesco Chierigati, erteilte er den Auftrag, auf dem Nürnberger Reichstag am 3. Januar 1523 folgendes Schuldbekenntnis zu verlesen: »dass wir es frei bekennen, dass Gott diese Verfolgung der Kirche geschehen lässt wegen der Sünden der Menschen und insbesondere derjenigen der Priester und Prälaten; denn gewiss ist die Hand des Herrn nicht verkürzt, dass er uns nicht retten könnte, aber die Sünde scheidet uns von ihm, sodass er uns nicht erhört. Die Hl. Schrift verkündet laut, dass die Sünden des Volkes in den Sünden der Geistlichkeit ihren Ursprung haben. Deshalb ging, wie Chrysostomus hervorhebt, unser Heiland, als er die kranke Stadt Jerusalem reinigen wollte, zuerst in den Tempel, um vor allem die Sünden der Priester zu strafen, gleich einem guten Arzt, welcher die Krankheit an der Wurzel heilt. Wir wissen wohl, dass auch bei diesem hl. Stuhl schon seit langen Jahren viel Verabscheuungswürdiges vorgekommen ist, Missbräuche in geistlichen Sachen, Übertretungen der Gebote, ja, dass alles sich zum Argen verkehrt hat. So ist es nicht verwunderlich, dass die Krankheit sich vom Haupt auf die Glieder, von den Päpsten auf die Prälaten verpflanzt hat. Wir alle, Prälaten und Geistliche, sind vom Weg des Rechtes abgewichen, und es gab schon lange keinen einzigen mehr, der Gutes tat. (…) Deshalb sollst Du in unserem Namen versprechen, dass wir allen Fleiß anwenden wollen, damit zuerst die Römische Kurie, von welcher offenbar alles Übel seinen Anfang genommen hat, gebessert werde. Dann wird, wie von hier die Krankheit ausgegangen ist, auch von hier die Gesundung beginnen«.

Hadrian VI. wollte mit gutem Beispiel vorangehen. Er wünschte sich eine bescheidene Wohnstätte, war mit einer kleinen Dienerschaft zufrieden, ließ sich einfache Speisen auftragen und übte strenge Sparsamkeit. Die Kardinäle blickten jedoch mit Verachtung auf ihn. Sein Tod am 14. September 1523, weniger als zwei Jahre nach seinem Amtsantritt, beendete diesen Reformversuch. Sein Ende wurde von vielen Römern bejubelt, rasch ging das Gerücht von Giftmord um, und an dem Haus des päpstlichen Arztes wurde ein Schild angebracht mit den Worten »Retter des Vaterlands«. Heute wird hingegen die Seligsprechung Hadrians VI. vorbereitet.

STEFAN WEINFURTER

Literatur: Altringer 1999 – Graulich 2016 – Gregorovius 1988 – Kemper 1999 – Leppin 2017 a – Leppin 2017 b – McNally 1969 – Minnich 2007 – Perifano 2007

C.2.3.1

Bildnis von Papst Leo X. (1513–1521) mit den Kardinälen Giulio de' Medici und Innocenzo Cibo

Giuliano Bugiardini di Piero di Simone (1475–1554), 1519–1520
Öl auf Leinwand; H. 157 cm, B. 117,5 cm
Provenienz: Schenkung Torlonia 1892
Rom, Gallerie Nazionali di Arte Antica di Roma, Palazzo Barberini, 901

Wenige Jahre nach den Bildnissen von Papst Julius II. (Kat. Nr. C.1.4.1) fertigte Raffael 1518/19 ein Porträt Papst Leos X. aus dem Hause der Medici an. Er malte ihn in Dreiviertelansicht, quasi diagonal in die Bildfläche gesetzt. Die Kugeln an der Lehne des Stuhls spielen auf die *palle* des Medici-Wappens an. Wie Julius ist Leo mit weißem Rochett, Mozzetta und Camauro bekleidet, der zeremoniellen Gewandung, die um 1500 bei Audienzen üblich war. Auch die Sitzhaltung am Tisch erinnert an eine Papstaudienz, wenngleich die Audienz hier sozusagen als ein dynastisches Zwiegespräch innerhalb der Familie Medici dargestellt wird. Leos Blick ist auf Kardinal Giulio de' Medici, den späteren Papst Clemens VII. (1523–1534) gerichtet, dieser wiederum schaut auf Leo. Nur Luigi de Rossi blickt aus dem Bild auf den Betrachter. In Raffaels Gemälde hat Papst Leo eine Hand an einer Lupe, die andere an einem Buch mit kostbaren Miniaturen. Dieses wird mit der um 1350 entstandenen Hamilton-Bibel (Berlin, Kupferstichkabinett, Inv.-Nr. 78 E 3) identifiziert, die über Papst Clemens VI. aus dem Hause Beaufort an den Papsthof kam und dann wohl in Medicibesitz gelangte. Das Medici-Wappen ist in Raffaels gemalter Bibel zu erkennen. Aufgeschlagen ist eine reich illuminierte Seite mit dem Anfang des Johannes-Evangeliums. Da der Papst zu blättern scheint, ist vielleicht auch die Seite zuvor mit Lk. 24,53 deutungsrelevant. Sie könnte eine Anspielung auf den Neubau von St. Peter oder, wenn man das gesamte Kapitel Lk. 24 mit seinem Bezug auf Buße und Sündenvergebung beachtet, ein versteckter Hinweis auf die Reformationszeit sein.

Rund 30 Jahre später war Giorgio Vasari von Raffaels Wiedergabe der Gewänder, Möbel und Gegenstände tiefer beeindruckt als von der der Gesichter. Vielleicht war das auch schon für Innocenzo Cibo der Grund, bei dem Florentiner Maler Giuliano Bugiardini eine Kopie des Gemäldes zu bestellen: Der Auftraggeber ließ sich an Stelle von Luigi de Rossi darstellen. Bugiardini ist bekannt für seine Mediciporträts. Er bekam mehrere Aufträge für Bildnisse der beiden Medicipäpste, nachdem 1530 in Florenz die Mediciherrschaft wieder konsolidiert war.

IRMGARD SIEDE

Literatur: AK I Papi della Memoria, Rom 2012, S. 180 – AK Raffael und das Porträt Julius' II, Frankfurt a. M. 2013–2014, S. 397 – Di Teodoro 1998

C.2.3.2

Medaille mit Bildnis Papst Leos X. und der Göttin Roma

Avers: Umschrift
LEO•X•PONT[IFEX]•MAX[IMUS]
Revers: Buchstaben C und P;
Legende ROMA im Abschnitt
Unbekannter Künstler, möglicherweise
Vittore Gambello
Bronze; Dm. 33,85 mm, Gewicht 15,68 g
Vatikanstadt, Biblioteca Apostolica
Vaticana, Md.Pont.LeoX.XXVIII,074

Papst Leo X. stand in einem durchaus ambivalenten Verhältnis zu seiner Residenzstadt Rom. 1475 als Giovanni de' Medici in Florenz geboren, wurde er 1513 vom Konklave zum Papst gewählt. Als Oberhaupt seiner Familie nutzte er das Papstamt in der Folge durchaus häufiger zur Stabilisierung der Mediciherrschaft in Florenz; prominente Beispiele hierfür sind der von ihm praktizierte Nepotismus sowie ständige Versuche, das Herrschaftsgebiet seiner Familie zu erweitern.

Einerseits erscheint seine Darstellung auf dem Avers der nicht genau zu datierenden Bronzemedaille vor diesem Hintergrund wenig charakteristisch: In seinem nach rechts gewendeten Profil betonen die Tonsur und das Pluviale mit Schnalle eindeutig seine Funktion als römischer Papst, als den ihn auch die Umschrift LEO•X• PONT[IFEX]•MAX[IMUS] kenntlich macht.

Andererseits suchte Leo X. durchaus Anschluss an die Traditionen des Renaissancepapsttums. Nicht nur bei seiner im Gefolge der Papstwahl nachgeholten Bischofsweihe, sondern auch bei der Ausgestaltung der Fresken in den Vatikanischen Stanzen durch Raffael legte Leo X. großen Wert auf eine Ikonographie, die Rom und dessen Vergangenheit Rechnung trug und die Kirche als kulturelle Erbin des römischen Imperiums präsentierte. 1515 forderte er bei Raffael sogar einen archäologischen Plan der antiken Stadt ein, im Zuge von dessen Erstellung konnte der Künstler einen päpstlichen Appell erreichen, die Zerstörung der römischen Monumente aufzuhalten.

Erst in diesem Kontext erscheinen sowohl das auf den ersten Blick fragwürdige Revers als auch die Darstellung Papst Leos X. und der Roma als zwei Seiten derselben Medaille erklärbar: Die antike Göttin, durch die Legende im Abschnitt eindeutig als ROMA ausgewiesen, sitzt auf einer Rüstung und einem Schild. Sie trägt einen Helm und ein amazonenartiges Gewand, das die rechte Brust – zur besseren Handhabung des Bogens – entblößt lässt. Der Thron aus Rüstungsteilen und die kriegerische Kleidung sollen zusammen mit der kleinen Victoria-Statue, die in ihrer ausgestreckten rechten Hand steht und ihr einen Lorbeerkranz entgegenreicht, den römischen Sieg über die antike Welt symbolisieren. Eingerahmt wird die Göttin dabei von den Buchstaben C und P, die wahlweise als *C[harissimo] P[arenti]*, *C[onsensu] P[opuli]* oder *C[oncordia] P[opuli]* interpretiert wurden.

Eine weitere Möglichkeit, die Abkürzung aufzuschlüsseln, hat Jean de Foville mit C[amelius] P[erfecit] präsentiert. Zwar wird die Medaille vielfach dem Venezianer ›Camelius‹, mit vollem Namen Vittore Gambello, zugesprochen, der dokumentarisch belegt vom Juni 1515 bis Juli 1516 an der römischen Münzprägestätte gearbeitet hat. Er benutzte jedoch in keiner seiner anderen Arbeiten jemals ein solches Kürzel. Die wegen stilistischer Eigenheiten gemutmaßte Autorenschaft kann daher nicht in letzter Instanz geklärt werden.

OLIVER PLATE

Literatur: Alteri 2004, S. 39–43 – Armand 1883–1887, Bd. 2, 1883, S. 113, Bd. 3, 1887, S. 201 – Bonanni 1699, S. 170–171 – Foville 1912 – Hill 1930, S. 229 und Bd. 2: Plates, Taf. 141 – Pellegrini 2005 – Pollard, J.G. 1984, S. 270–272 – Schulz 1999 – Supino 1899, S. 218–Venuti 1744, S. 58

C.2.3.3

Gemme mit Bildnis Papst Leos X. (1513–1521)

Italien, 1513–1521
Gold, Achat; H. 4,1 cm, B. 3,3 cm
Florenz, Gallerie degli Uffizi, Tesoro dei Granduchi, inv. Gemme del 1921, no. 121

Das Bildnis zeigt Papst Leo X. im Profil, nach rechts gerichtet und mit Tonsur. Das aufgedunsene Gesicht findet sich auch in seinen gemalten Porträts. Auffallend sind die markanten Augenbrauen und die hervortretenden Augen ohne Iris. Seine Gesichtszüge sind nur summarisch wiedergegeben. Die Arbeit geht wohl auf einen unbedeutenderen römischen Gemmenschneider zurück.

Dennoch steht sie für den Kunstsammler und Mäzen aus dem Hause Medici. Die Medici-Päpste lebten in Rom wie andere Renaissancefürsten, und dazu gehörte auch die Pflege und Vermehrung der Kunstsammlungen, darunter Sammlungen kostbarer Steine. Die schlicht gefasste Gemme könnte solch ein Sammlungsstück gewesen sein.

Im Jahr 1736 wird sie im Inventar von Sebastiano Bianchi in Florenz das erste Mal genannt. Sie war damals mit Hilfe der zwei Ösen in der Goldrandfassung auf ein mit Samt bezogenes Brett gemeinsam mit 45 anderen Gemmen montiert. Sie war also Bestandteil einer Gemmensammlung. Im 18. Jahrhundert galt sie als eine der berühmtesten Gemmen der Uffizien.

Für die Herstellung der Kunstwerke bemühten die Medici-Päpste meist herausragende, bisweilen auch Florentiner Künstler. Manche der Pretiosen kamen bereits aus Medicibesitz, wanderten nach Rom und gelangten nach dem ›Aufenthalt‹ am Papsthof durch Schenkungen der Päpste Leo und Clemens auch wieder zurück nach Florenz in Medicibesitz.

IRMGARD SIEDE

Literatur: AK Trésors des Médicis, Paris 2010, S. 159 Nr. 66 – Gennaioli 2007, S. 255 nr 240

C.2.3.4

Medaille auf die Freigiebigkeit Papst Leos X.

Avers: · LEO · X · PONTIFEX · MAX(imus) ·
Revers: LIBERALITAS · PONTIFICIA
Rom, 1513–1521
Silber; Dm. 32,8 mm, Gewicht 19,28 g
Stuttgart, Landesmuseum Württemberg, MK 17788

Diese Prägung feiert Leo X. als kunstsinnigen und großzügigen Papst. Der Avers zeigt ihn im geistlichen Ornat barhäuptig im Profil nach rechts. Der Revers schildert, wie die Inschrift ausweist, die LIBERALITAS PONTIFICIA – die päpstliche Freigiebigkeit. Eine weibliche Figur steht zwischen Insignien der katholischen Geistlichkeit und Musikinstrumenten. Links sind Kardinalshut, Mitra und Bischofsstab zu sehen, rechts Laute, Geige mit Bogen, Zink und Flöte. Aus einem großen Füllhorn schüttet die Figur den Wohlstand in Form von Münzen aus, zuerst nach links zur Geistlichkeit. Die Münzen verteilen sich und rollen auch nach rechts zu den Musikinstrumenten. Mit dieser Rückseitendarstellung folgte Leo X. dem Vorbild von Münzen römischer Kaiser und stellte sich in die Tradition der antiken Herrscher. Gezeigt ist die *Liberalitas*, die Personifikation von Großzügigkeit und Wohltätigkeit, deren Attribut das Füllhorn (*Cornu copiae*) ist, aus dem sie ihre unerschöpflichen Gaben verteilt. Für die römischen Kaiser zählte die *Liberalitas*, die sich unter anderem in Getreidespenden manifestierte, zu den wichtigsten Herrschertugenden.

MATTHIAS OHM

Literatur: Cimeliarchium 1710, S. 128 – Modesti 2002, Nr. 237

C.2.3.5

Pontifikalring Leos X. (1513–1521)

Inschrift (im Wappen) LEO / X / P.M.
Rom, erstes Viertel des 16. Jahrhunderts
Silber im Schmelzverfahren, ziseliert und graviert; leere Fassung, H. 3,5 cm
Vom Antiquitätenmarkt; Geschenk des Commendatore Cristoforo Astorri, Mitglied des Anwaltskollegiums des Heiligen Konsistoriums, an Pius XII (1940)
Vatikanstadt, Musei Vaticani (Museo Pio Cristiano), 62675

Der hier diskutierte Ring mit dem Wappen der Medici über dem Zeichen der gekreuzten Schlüssel ist in der Forschung als Pontifikalring Leos X. (Giovanni di Lorenzo de' Medici, 1513–1521) bekannt. Giovanni, der Viertgeborene von Lorenzo di Piero de' Medici, Herr von Florenz (Lorenzo il Magnifico), und Clarice di Jacopo Orsini, war ab dem siebten Lebensjahr für eine kirchliche Karriere bestimmt, er wurde mit 14 Jahren Kardinal und mit 17 Legat. Er nahm am Konklave zur Wahl Alexanders VI. (6.–11. August 1492) teil und später an denen von Pius III. (16.–22. September 1503) und Julius II. (31. Oktober–1. November 1503). Als er selbst zum Papst gewählt wurde (9. März 1513), gehörte er als Pontifex zu den gebildetsten und dem Mäzenatentum affinsten Persönlichkeiten seiner Zeit.

Der Ring trägt seinen Namen im Innern des Wappens eingeschrieben, er ist gänzlich zufällig und ohne den Stein, über den man nur Vermutungen anstellen kann, auf uns gekommen. Eine lange Tradition, die bei Beda begann und bis in die Zeit Leos fortdauerte, brachte Edelsteine und/oder ihre jeweilige Farbe mit bestimmten moralischen Qualitäten in Verbindung, ein Konzept, das Eingang in die liturgische Vorstellungswelt fand. Lotario dei Conti di Segni, der unter dem Namen Innocenz III. (1198–1216) Papst wurde, erklärte die Ringsymbolik so: »Der bischöfliche Ring drückt die Perfektion der Gaben des Heiligen Geistes aus, die in der Person des Pontifex in höchsten Maße versammelt sind« (*annulus episcopi perfectionem donorum Spiritus Sancti in Christo significat*), während die »runde Form die Ewigkeit Gottes symbolisiert, nach der jede von ihm inspirierte Tat streben muss« (*rotunditas enim aternitatem significat, quae initio caret et fine*). In einem Brief vom 29. Mai 1198 an Richard I. Plantagenet, der ein Geschenk von vier Ringen begleitete, verwies derselbe Innocenz wieder auf den Unterschied zwischen den jeweiligen Steinen: »Das Grün des Smaragds repräsentiert den Glauben, das Blau des Saphirs die Hoffnung, das Rot des Rubins die Liebe, die Herrlichkeit des Topas die Mildtätigkeit« (*smaragdi viriditas fidem, sapphiri serenitas spem, granati rubicunditas charitatem, topatii claritas operationem significat*). Auf diese Weise weist uns »der Erste auf das hin, an das wir glauben müssen, der Zweite auf das, was wir hoffen dürfen, der Dritte auf das, was wir lieben sollen, und der Vierte auf das, was wir zu tun haben« (*Habes igitur in smaragdo quod credas, in sapphiro quod speres, in granato quod diligas, in topatio quod exerceas*). In Anbetracht der Bedeutung, die ähnliche Interpretationen in den verschiedenen Phasen der kirchlichen Kultur behielten, ist es begründet anzunehmen, dass der vorliegende Ring einst in seinem Inneren einen der genannten Edelsteine trug.

GUIDO CORNINI

Literatur: Carrara 2004 – Kämpf 1993 – Kämpf 1999 – Morello 1984 – Tasca 2012

C.2.3.6

Fliesen mit einem geflochtenen runden Bandmotiv (*a girali*)

Vom Boden der zweiten Loggia im Apostolischen Palast
Luca d'Andrea della Robbia (Florenz, 1475–1548), nach einem Entwurf von Raffael Sanzio oder Santi (Urbino, 1483 – Rom, 1520); 1518
Glasierte Terrakotta; H. 22,8 cm, B. 15 cm, T. 5,1 cm
Vatikanstadt, Musei Vaticani (Museo Sacro), 62338

In den Jahren 1514–1519 nahm Raffael, der Bramante im Amt des päpstlichen Architekten nachgefolgt war, den Bau der neuen Fassade des Apostolischen Palastes in Angriff. Sie war nach Osten gewandt und von dem der vatikanischen Basilika vorgelagerten Platz aus sichtbar. Raffael öffnete die Fassade mit drei Reihen übereinander liegender Loggien und entwarf auch die Pläne für die zugehörigen Treppen, »die von dem Architekten Bramante schon gut begonnen worden waren, jedoch wegen seines Todes unvollendet geblieben waren und die dann mit dem neuen Entwurf und der Architektur Raffaels fortgesetzt wurden« (Vasari 1906, Bd. 4, S. 362). Aus der Biographie Leos X. in Paolo Giovios *Vite di dicenove huomini illustri* (Venedig 1561) erfahren wir außerdem, dass der Papst »in den Loggien und in den Gewölben sehr unbestimmte Anordnungen von Malereien hatte anbringen lassen« (siehe Golzio 1936).

Vasari schreibt den Entwurf der Fliesen selbst dem großen Mann aus Urbino zu: »[...] die Raffael mit so großer Perfektion ausführen ließ, dass er den Fußboden von Luca della Robbia aus Florenz anliefern ließ« (Vasari 1906, Bd. 4, S. 363). Wie aber schon Milanesi in seiner kritischen Edition der *Vite* bemerkt, handelte es sich bei dem hier erwähnten Künstler nicht um den »berühmten Luca di Simone, der bereits seit März 1481 verstorben war, sondern um den anderen Luca d'Andrea, seinen Neffen« (ebd.). Luca erhielt im März 1518 ein erstes bescheidenes Honorar, dem weitere drei Zahlungen im Sommer folgten, wahrscheinlich für die Lieferung und nicht für die Durchführung der ›Fliesenlegerarbeiten‹, die in der ersten Hälfte des folgenden Jahres beendet gewesen sein müssen (Dacos 2008, S. 15, 37). Das erste sichere Zeugnis für den Boden der zweiten Loggia ist eine braune und schwarze Aquarellzeichnung in einem Codex der Vatikanischen Bibliothek (Vat. Lat. 13751) aus dem 18. Jahrhundert, der nach dem Namen des aus Spanien stammenden Autors *Codice di Francisco La Vega* heißt.

Der aus 79 im Chiaroscuro-Stil bemalten Blättern bestehende Codex enthält Skizzen der Fresken der Raffael-Schule, die auf die erste und zweite Loggia verteilt sind, und darüber hinaus eine Auswahl von Bildmotiven aus dem 17. Jahrhundert, die den gregorianischen Flügel des ersten Stockwerkes schmücken. Insbesondere das fol. 59 überliefert das ursprüngliche Erscheinungsbild des Wandelgang-Fußbodens im zweiten Stockwerk, gestaltet nach den von Giovio erwähnten Anweisungen Leos X.

Die hier ausgestellte Fliese, die einzige, die seinerzeit von Tesorone (1891) identifiziert und publiziert wurde, zeigt zwei geflochtene Elemente eines Dekors in stilisierter Astform, die ihr Gegenstück in einem in dem Codex verzeichneten Serienmotiv finden. Die Übereinstimmung zwischen den Fliesen und der Zeichnung liefert darüber hinaus auch einen *terminus post quem* für die Entfernung des Bodens, die üblicherweise auf die Jahre um 1860 datiert wird (Oberhuber 1972, S. 150–153).

GUIDO CORNINI

Quellen: Vasari 1906, Bd. 4, S. 362–363
Literatur: Cammarata 2005, S. 128–131 – Cornini 2015 – Dacos 2008, S. 15, 37 – Golzio 1936, S. 98, 100, 104, 193 – Nesselrath/Morello 1984 – Oberhuber 1972, S. 150–153 – Quinterio 1991, S. 234 – Rinaldi 2011 – Tesorone 1891

C.2.3.7

Porträt Papst Hadrians VI. (1522–1523)

Um 1625, Kopie nach einem verlorenen Original des 16. Jahrhunderts von Jan van Scorel
Öl auf Holz; H. 93 cm, B. 73,6 cm (ohne Rahmen), H. 104,5 cm, B. 81,5 cm (mit Rahmen)
Utrecht, Centraal Museum, 2244

Hadrian VI. wurde 1522 zum Papst gewählt. Er war bis ins 20. Jahrhundert der letzte nicht-italienische Pontifex und einer der wenigen Päpste, die ihren Geburtsnamen nach ihrer Wahl beibehielten. Er wurde in den heutigen Niederlanden geboren, die damals noch zum Heiligen Römischen Reich gehörten, und entwickelte schon früh ein religiöses Interesse, das er während des Studiums der Philosophie, Theologie und des Kirchenrechts in Leuven weiterentwickelte. 1491 erlangte er den Grad eines Doktors der Theologie und wurde zum Dekan von St. Peter in Leuven und Vizekanzker der Universität. In dieser Zeit machte er auch die Bekanntschaft Erasmus' von Rotterdam, der in Leuven studierte und dem er schließlich eine Stelle als Lehrer anbot, was Erasmus jedoch ablehnte.

Zu Beginn des 16. Jahrhunderts knüpfte Hadrian dann eine engere Verbindung zu Kaiser Maximilian I. und arbeitete als Berater der Regentin der habsburgischen Niederlande, Margarete von Österreich. 1507 wurde er schließlich mit dem Unterricht des kaiserlichen Enkels betraut, der dereinst als Karl V. selbst den Thron besteigen sollte. Seine Verpflichtungen erwiesen sich schließlich als so zeitaufwendig, dass er gezwungen war, seine Stelle an der Universität aufzugeben und sich ganz dem höfischen Leben und diplomatischen Missionen zu widmen. Eine dieser Missionen führte ihn 1515 nach Spanien, wo Karl sich den Thron sicherte und dafür sorgte, dass Hadrian zum Bischof von Tortosa und Generalinquisitor von Aragon ernannt wurde. Während Karls Abwesenheit fungierte Hadrian zwischen 1520 und 1522 sogar als Regent des Herrschers in Spanien und sammelte Erfahrungen im Umgang mit schwierigen politischen Situationen. Zu diesem Zeitpunkt war er zudem in den Rängen der Kirche aufgestiegen: Papst Leo X. hatte ihn 1517 zum Kardinalpriester von SS. Giovanni e Paolo ernannt.

Die Kardinäle entschieden sich nach dem Tod Leos für den 63-jährigen Hadrian und damit für einen hochgebildeten und politisch äußerst erfahrenen Kandidaten. Doch Hadrian war auch ein Mann mit einer Mission: eine umfassende Kirchenreform. Während seiner langen Karriere war Hadrian VI. mit einer großen Zahl von Problemen konfrontiert gewesen, hatte Missbräuche beobachtet, Kritiken gehört und Lösungsansätze kennengelernt. Er war überzeugt, dass eine wirksame Reform nur in Rom ansetzen könne und beim Haupt der Kirche, dem Papst und der Kurie, beginnen müsse. Seine Pläne stießen jedoch auf hartnäckigen Widerstand und wurden nicht zuletzt durch die Kardinäle behindert. Als Hadrian VI. im

September 1523 starb, hatte das reformerische Werk kaum begonnen, und auch die Bedeutung der Reformationsbewegung war nicht erkannt worden. Trotz der hochfliegenden Pläne des letzten Papstes aus dem Norden war sein Pontifikat zu kurz, um eine Wende einzuleiten. Die Erinnerung an Hadrian und sein Bild lebten jedoch fort – nicht zuletzt dank zweier herausragender Porträts des Künstlers Jan van Scorel. Jan war der erste niederländische Künstler, der Italien bereiste und sein dort erworbenes Können einsetzte, um in der Heimat als künstlerischer Pionier zu fungieren. Nach einer Reise ins Heilige Land kam Jan van Scorel nach Rom, als sein Landsmann Hadrian gerade zum Papst gewählt worden war. Hadrian ernannte ihn zum Kurator der päpstlichen Sammlung und gab bei ihm mindestens zwei Porträts in Auftrag, die an seine einstmaligen Wirkungsstätten geschickt werden sollten. Das erste ging an die Universität in Leuven, das zweite an die Marienkirche in Utrecht, wo Hadrian Kanoniker gewesen war. Beide Porträts bezeugen die außergewöhnliche Kunstfertigkeit Jan van Scorels, der den Papst vor den Augen des Betrachters lebendig werden lässt. Hadrian VI. sitzt in einem Lehnstuhl, die rechte Hand zum Segen erhoben und trägt die Mozzetta, das vorne geknöpfte rote Cape, das die Schultern bedeckt, und den Camauro, die traditionelle rote, mit Hermelin gefütterte Kappe. Das hier gezeigte Porträt ist eine meisterhafte Kopie des heute verschollenen Porträts aus Leuven.

VIOLA SKIBA

Digital: Centraalmuseum.nl/ontdekken/object/?q=2244#o:802 [20.02.2017]
Literatur: AK The Dutch world of painting, Vancouver 1986 – Altringer 1999 – De Meyere 1981 – Faries 2011 – Helmus 1999 – Hoogewerff 1923 – Rosa 2000

C.2.3.8

Medaille auf Papst Hadrian VI. mit der Inschrift SPIRITVS SAPIENTIÆ

Avers: · ADRIANVS · VI · PONT(ifex) · MAX(imus) ·
Revers: · SPIRITVS · SAPIENTIÆ ·,
im Abschnitt: · ROMA ·
Rom,1522/23
Silber; Dm. 33,5 mm, Gewicht 21,24 g
Stuttgart, Landesmuseum Württemberg, MK 17791

Medaille auf Papst Hadrian VI. mit Darstellung der Heiligen Petrus und Paulus

Avers: ADRIANVS · VI · PONT(ifex) · MAX(imus) ·
Revers: S(anctus) · PETRVS · S(anctus) · PAVLVS
Rom, 1522/23
Silber; Dm. 34 mm, Gewicht 20,12 g
Stuttgart, Landesmuseum Württemberg, MK 17792

Adriaan Florisz Boeyens (Adrian von Utrecht) wurde 1522 zum Papst gewählt, er behielt seinen Taufnamen und nannte sich Hadrian (Adrianus) VI. Knapp zwei Jahre lange hatte er den Pontifikat inne. Er brach mit der Machtpolitik und Verschwendungssucht seiner Vorgänger.

Ausdruck seiner Bescheidenheit mag sein, dass er sich auf den beiden hier vorgestellten Medaillen nicht im päpstlichen Ornat abbilden ließ. Anstelle der Papstkrone trägt er eine Kappe, anstelle aufwendiger liturgischer Gewänder eine Kutte mit Kapuze.

Die ältere Medaille zeigt auf der Rückseite acht Bücher, einige davon geschlossen, andere geöffnet. Darüber sind die von der Tiara bekrönten Schlüssel Petri. Wiederum darüber schwebt in einem Strahlenkranz die Taube des Heiligen Geistes. Die Umschrift lautet: SPIRITVS SAPIENTIÆ (Geist der Weisheit), sie verweist auf einen Vers aus dem Buch des Propheten Jesaja: *et requiescet super eum spiritus Domini: spiritus sapientiae et intellectus, spiritus consilii et fortitudinis* (Der Geist des Herrn lässt sich nieder auf ihm: der Geist der Weisheit und der Einsicht, der Geist des Rates und der Stärke, der Geist der Erkenntnis und der Gottesfurcht. Jes 11,2).

Die zweite Medaille zeigt auf der Rückseite die Apostel Petrus und Paulus. Auf einer Treppe, neben einem Bündelpfeiler und einer Konche stehend, ist groß Petrus dargestellt, der erste Bischof von Rom und damit der Begründer des Papsttums. Er hält die beiden Schlüssel in der rechten Hand. Deutlich kleiner im Hintergrund befindet sich Paulus, nur der nimbierte Kopf mit Bart ist zu sehen. Die Medaille zeigt damit die zwei führenden Apostel, die beide in Rom das Martyrium erlitten.

MATTHIAS OHM

Literatur (Medaille mit der Inschrift SPIRITVS SAPIENTIÆ): Cimeliarchium 1710, S. 128 – Modesti 2002, Nr. 258
Literatur (Medaille mit Darstellung der heiligen Petrus und Paulus): Cimeliarchium 1710, S. 128 – Modesti 2002, Nr. 261

ADRIANVS·VI·PONT·MAX·

SPIRITVS·SAPIENTIAE·
ROMA

ADRIANVS·VI·PONT·MAX·

S·PETRVS·S·PAVLVS

Der Papst in der Engelsburg: Clemens VII. (1523–1534)

Überlebensstrategien und Plünderung Roms

Auf Papst Clemens VII. (1523–1534) aus dem Haus der Medici setzten die Römer und die Kardinäle wieder große Hoffnungen. Sein Reichtum und seine Erfahrungen, so war man überzeugt, würden dem Papsttum, Italien und der ganzen Welt neue Impulse verschaffen. Doch das Gegenteil war der Fall. Der Medici-Papst wurde geradezu zerrieben in den heftigen Konflikten und Kriegen, die zwischen König Franz I. von Frankreich (1515–1547) und dem Habsburger Karl V. (1519–1555) um Italien und um Gebiete des Kirchenstaats ausgetragen wurden. Gewöhnlich wirft man Clemens VII. Wankelmütigkeit und einen politischen Zickzackkurs vor, weil er zuerst auf der Seite des Habsburgers stand, dann auf die französische Seite wechselte (›Heilige Liga von Cognac‹ von 1526), um schließlich im ›Frieden von Barcelona‹ 1529 wieder zu Karl V. zurückzukehren. Aber man wird auch einräumen müssen, dass die politischen Verhältnisse die Kräfte dieses Papstes überstiegen haben. Seine Entscheidungen wirken eher wie Überlebensmaßnahmen. Im Mai 1527 musste er von der Engelsburg aus, die seit langem zur Schutzfestung der Päpste in Rom geworden war, mitansehen, wie seine Stadt Rom in schrecklichstem Ausmaß von der spanischen, deutschen und italienischen Soldateska Karls V. geplündert wurde (*Sacco di Roma*). Die Schweizer Gardisten, die den Papst zu schützen suchten, wurden zum größten Teil getötet. Diese Ereignisse haben sich bis heute als Trauma in das Gedächtnis Roms eingegraben.

Erst der Friedensschluss von 1529 mit Karl V. brachte Clemens VII. die Herrschaft in Rom und im Kirchenstaat zurück. Eine Bedingung war die Krönung Karls V. mit der Kaiserkrone, die am 24. Februar 1530 mit großem Pomp in Bologna vollzogen wurde: die letzte Kaiserkrönung durch einen Papst! Ohne gütliche Einigung blieb dagegen der Konflikt mit dem König von England, Heinrich VIII. (1509–1547). Als ihm der Papst die Ehescheidung verweigerte, sagte sich Heinrich VIII. mit seinen Bischöfen 1532 von der römischen Kirche los und erklärte sich selbst zum Oberhaupt (*Supreme head*) der Kirche von England (*Church of England*). Mit dieser rasch vollzogenen Kirchenspaltung trennte sich die Kirche Englands, die einstige Vorkämpferin der Petrus- und Romverehrung, vom Papsttum – gewissermaßen ein erster ›Brexit‹.

Das Jüngste Gericht

Diese Vorgänge, zu denen noch die vehementen osmanischen Angriffe auf das christliche Europa hinzukamen (1529 erste Belagerung Wiens durch ein gewaltiges türkisches Heer), machen verständlich, weshalb Clemens VII. den Vorgängen der Reformation nördlich der Alpen kaum Beachtung schenken konnte. Es ging in dieser Phase vielmehr um Strategien des politischen Überlebens, was Clemens VII. am Ende einigermaßen gelun-

gen ist. Immerhin war es ihm darüber hinaus möglich, die weitere Ausschmückung des Vatikans zu fördern, als er 1533/1534 Michelangelo den Auftrag für die Darstellung des Jüngsten Gerichts an der Altarwand der Sixtinischen Kapelle erteilte. Dies wirkt wie eine künstlerische Verarbeitung der schrecklichen Jahre dieses Papstes, die mit der Hoffnung auf eine gerechtere und glücklichere Zukunft verbunden wurde. Irdische Welt und himmlische Welt, so die Botschaft aus der päpstlichen Kapelle im Vatikan, werden miteinander verschmelzen, und im letzten Gericht wird Petrus als Türwächter vor der goldenen Himmelstür für Gerechtigkeit sorgen.

STEFAN WEINFURTER

Literatur: Appel 2016 – Fillitz 2005 – Pfisterer 2016 – Reinhardt 2009 – Reiss 1999
Bild: Die Engelsburg von dem Ponte Sant'Angelo aus gesehen

C.2.4.1

Koloriertes Prachtalbum der Triumphe Karls V.

Maarten van Heemskerck (1498–1574)
Italien oder die Niederlande, 1556–1575
Pergament; H. 20 cm, B. 29 cm
London, The British Library,
Add. MS 33733, fol. 8

1529/30 war die Stadt Bologna Bühne für ein großes Ereignis. Papst Clemens VII. aus dem Hause Medici traf auf Karl V. von Habsburg, schloss Frieden mit ihm und krönte ihn zum Kaiser des Heiligen Römischen Reiches. Dieser Akt beendete einen militärischen Konflikt, der große Teile Italiens verwüstet und zum berühmten *Sacco di Roma* (1527) geführt hatte. Die Belagerung und Plünderung der ewigen Stadt hatten die Römer zutiefst traumatisiert und dem kulturellen Erbe Roms ernsten Schaden zugefügt. Dem Papst war es nicht gelungen, den Gräueln und der Gewalt durch die deutschen Truppen und die Söldner Einhalt zu gebieten. Eingeschlossen und belagert in der Engelsburg, hatte er dem brutalen Treiben der Landsknechte machtlos zusehen müssen. Die Söldner hatten zuvor ihren Kommandeur, den Herzog von Bourbon, gezwungen, sie nach Rom zu führen, wo ungezählte Reichtümer lockten. Nach dem Tod des Herzogs bei einer Attacke auf den Gianicolo und den Vatikan wurde jede Zurückhaltung fallen gelassen. Die zahlenmäßig weit unterlegenen Verteidiger hatten den Angreifern nichts entgegenzusetzen. Fast die gesamte Schweizergarde starb auf den Stufen von St. Peter, um den Papst zu verteidigen und ihm die Flucht in die stark befestigte Engelsburg zu ermöglichen. Die kaiserlichen Truppen wüteten mehrere Tage in der Stadt. Nichts, nicht einmal geistliche Häuser und Kirchen, blieben von Plünderungen verschont. Am 6. Juni musste Clemens VII. sich ergeben. Erst nach der Zahlung eines enormen Lösegelds erhielt er die Freiheit wieder. Ein weiterer Feind Karls V. war besiegt worden.

In der Rolle als unterlegener Gegner trat der Papst auch in der Propaganda Karls V. in Erscheinung, für die das Prachtalbum der *Triumphe* ein hervorragendes Beispiel ist.

Um die Mitte des 16. Jahrhunderts schuf der Künstler Maarten van Heemskerck (1498–1574) eine Serie von Miniaturen, die die Erfolge des Herrschers feiern sollte und die 1556 von Hieronymus Cock in Antwerpen veröffentlicht wurde. Diese Serie wurde später von einem der Schüler Giulio Clovios (1498–1578) benutzt, um ein zwölfseitiges, farbiges und mit Gold verziertes Album anzufertigen, das die wichtigsten Ereignisse der Herrschaft Karls V. ins Bild setzt. Darin findet sich Clemens VII. gleich mehrmals wieder. Auf fol. 5 steht er zusammen mit anderen bedeutenden Feinden des Habsburgers neben dessen Thron. Zwei andere Darstellungen nehmen sogar direkt auf den Konflikt mit dem Papst Bezug. Eine zeigt den Tod des Herzogs von Bourbon während des *Sacco* 1527 (fol. 7), eine weitere den eingeschlossenen und belagerten Clemens VII. in der Engelsburg (fol. 8). Flankiert von zwei Kardinälen blickt der Papst von einer Loggia auf die Angreifer hinab.

Das lebhaft kolorierte Album aus der British Library ist das schönste Beispiel der oft kopierten Stiche Heemskercks. Es ist außerdem die einzige bekannte Ausgabe auf Pergament, die zudem reich verziert ist. Wahrscheinlich gehörte das Album einst zur königlich-spanischen Bibliothek im Escorial (Madrid) und wurde dort von einem französischen Offizier entwendet. Dies würde die prachtvolle Machart und Ausstattung des Bandes erklären, der in diesem Fall als ›Familienalbum‹ geschaffen worden wäre, mit dem eines großen Vorfahren und der Höhepunkte seiner Herrschaft gedacht werden sollte.

VIOLA SKIBA

Digital: http://www.bl.uk/manuscripts/FullDisplay.aspx?ref=Add_MS_33733 [zuletzt abgerufen am 09.12.2016], http://www.bl.uk/catalogues/illuminatedmanuscripts/record.asp?MSID=7530 [09.12.2016]
Literatur: Backhouse 1997, S. 234, Nr. 211 – Backhouse 1979, S. 78, Nr. 68 – Barker et al. 2005, S. 108 – De Laurentiis 2014 – De Laurentiis 2015 – Kren 1983, S. 136–141, Nr. 18

C.2.4.2

Ducato Papst Clemens' VII., geprägt während der Belagerung der Engelsburg

Avers: · CLEMENS · VII · PONTIF(ex) · MAX(imus) ·
Revers: RS: · S(anctus) PA(ulus) + S(anctus) · P(etrus), · ALMA · ROMA ·
Rom, 1527
Silber; 44,5 x 39 mm, Gewicht 36,54 g
Stuttgart, Landesmuseum Württemberg, MK 17795

Die Konflikte unter den europäischen Mächten kulminierten während des ersten Viertels des 16. Jahrhunderts in den Auseinandersetzungen um Mailand. Zwischen 1500 und 1524 wechselte die Herrschaft über die Metropole in der Lombardei sieben Mal. Karl V., römisch-deutscher Kaiser und spanischer König, Papst Clemens VII., der französische König Franz I., die regierenden Orte der Eidgenossenschaft sowie die Familien der Sforza und Visconti – sie alle waren militärisch oder diplomatisch in den Kampf um Mailand involviert.

Im Spätherbst 1526 sandte Karl V. neue Truppen nach Süden, ohne dass deren Bezahlung auch nur im Entferntesten gesichert war. Mitte März 1527 beschlossen die Soldaten, die seit Monaten kein Geld mehr erhalten hatten, nach Rom zu ziehen. Clemens VII., den sie für ihre missliche Situation verantwortlich machten, sollte ihnen den ausstehenden Sold zahlen. Als sich der Papst weigerte, entschieden sich die kaiserlichen Landsknechte zum Sturm. Am 6. Mai konnten sie die Mauern der heiligen Stadt übersteigen. Es kam zum *Sacco di Roma*, zu einer vier Wochen dauernden Plünderung Roms, bei der rund ein Viertel der Bevölkerung ums Leben kam.

Papst Clemens VII. gelang es, zusammen mit einigen Kardinälen und den wenigen überlebenden Soldaten der Schweizergarde, über einen geheimen Fluchtweg vom Petersdom in die Engelsburg zu fliehen. Nach einmonatiger Belagerung musste sich der Papst jedoch ergeben und eine Zahlung von 400.000 Dukaten zugestehen, von denen ein Viertel sofort fällig war.

Die vorliegende Münze wurde entweder unmittelbar vor dem Ende der Belagerung geprägt, um diese Summe aufbringen zu können, oder sie entstand noch während des Einschlusses der Engelsburg, als dem Papst das reguläre Geld ausgegangen war. Das silberne Stück macht schon auf den ersten Blick klar, dass es keine Prägung unter normalen Bedingungen ist, sondern eine Notmünze. Wie anderenorts auch in vergleichbaren Situationen, nutzte man die verbliebenen Edelmetallvorräte, liturgisches Gerät oder Tafelgeschirr, das zu vier- oder mehreckigen Rohlingen zerschnitten wurde, um Münzen herzustellen.

Die Notprägung Clemens' VII. zeigt auf dem Avers sein Familienwappen, das von den päpstlichen Insignien bekrönt wird: Über einem Schild mit dem Medici-Wappen, den sechs Kugeln, sind die gekreuzten Schlüssel Petri und eine Tiara dargestellt. Die Umschrift nennt Namen und Titel von Papst Clemens VII.

Auf dem Revers finden sich die Büsten von Petrus und Paulus, die einander zugewandt sind. Die Inschrift nennt die Namen der beiden Apostel und bezeichnet Rom als Nährmutter – eine Aussage, die Juni 1527 wenn nicht realitätsfern, so doch zumindest sehr eigensinnig war.

MATTHIAS OHM

Literatur: Davenport 1985, Nr. 8326

C.2.4.3

Harnisch des Kaspar von Frundsberg

Süddeutsch (?), 1527 datiert (am Rücken)
Blankes Eisen, Vergoldung, Leder;
H. 105 cm, B. 53 cm, T. 43 cm
Wien, Kunsthistorisches Museum, Hofjagd- und Rüstkammer, A 377

Der Harnisch besteht aus Helm, Kragen, Brust, Rücken, Armzeug, Hentzen und Beinzeugen. Lederriemen verbinden die einzelnen Teile und ermöglichen die Anpassung des Harnischs an den Träger. Auffallend sind die Verzierungen des vergleichsweise leichten Küriß mit Gravur und vergoldetem Ätzdekor: Die offene Sturmhaube hat einen beweglichen Schirm und eine gerippte Glocke, an den übrigen Rüstungsteilen ist Dekor durch Ätzung angebracht. Auf dem Rücken sind der den Stier bändigende Herkules und in einem Täfelchen am Oberrand die Jahreszahl 1527 zu sehen. Die Brust zeigt Motive des Kriegsglücks: Arme mit einem Schwert und mit einer Kugel. Bestimmendes Motiv der Brust ist der Löwenkopf mit Ring im Maul. Um den Hals ist in Ätzdekor eine Kette mit Kreuz nachgebildet. Ein Löwenkopf ist auch in jedes der Beinzeuge in Höhe des Knies eingearbeitet.

Es handelt sich um einen Harnisch des kaiserlichen Feldherrn Kaspar von Frundsberg (1501–1536), des Sohnes von Georg von Frundsberg (1475–1528). Georg, der deutsche ›Hannibal‹, gilt als Begründer des deutschen Landsknechtheeres. Von ihm ausgebildet und unter seinem Kommando entschied dieses treu ergebene Söldnerheer bereits für Kaiser Maximilian I. zahlreiche Schlachten und gelangte zu größtem Ansehen. Kaspar von Frundsberg war 1526 an den Auseinandersetzungen in Mailand auf Seiten Karls V. beteiligt. Dann kam großer Unmut unter den Landsknechten auf, u. a. wegen fehlender Bezahlung und den religiösen Konflikten nördlich der Alpen. Georg erlitt beim Versuch, seine Söldner zu beruhigen, einen Schlaganfall. Möglicherweise ließ Georgs Sohn Kaspar sich nun für den Ansturm auf Rom einen neuen Harnisch fertigen, jedenfalls war er in Rom dabei. Die Truppen marschierten gen Florenz, dessen Tore verschlossen blieben. Die Nahrungsmittelknappheit in der Toskana im Frühjahr 1527 führte dazu, dass die Söldner ungeordnet auf Rom zustürmten. Die Landsknechte sahen im Papst den Schuldigen und wollten sich an ihm rächen. Es kam zum *Sacco di Roma*.

Das Bildprogramm der Rüstung mit Löwenköpfen, Symbolen des Kriegsglücks und Herkules auf dem Rücken entspricht dem Denken der Landsknechte.

IRMGARD SIEDE

Digital: http://bilddatenbank.khm.at/viewArtefact?id=372776 (14.12.2016)
Literatur: Thomas/Gamber 1976, S. 233 Nr. A 377

C.2.4.4

Toiletten-Service von Papst Clemens VII. (1523–1534)

Spanien, erste Hälfte 16. Jahrhundert (Mäppchen); Rom, erste Hälfte 16. Jahrhundert (Utensilien)
vor 1527 (?)

1. Etui
Holz, Pergament und getriebenes Leder, bemalt, lackiert und teilweise vergoldet; Seide und Goldfaden; L. 17,3 cm, B. 6,3 cm, T. 4,5 cm

2. Schaber
Geschmiedetes Metall, geritzt und goldtauschiert; L. 15,1 cm

3. Kleines Messer
Geschmiedetes Metall, geritzt und goldtauschiert; L. 14,9 cm

4. Kleines Messer
Geschmiedetes Metall, geritzt und goldtauschiert; L. 14,6 cm

5. Schere
Geschmiedetes Metall, geritzt und feuervergoldet; L.14 cm

Herkunft unbekannt; in der Sammlung seit vor 1894 (De Rossi [1878–1894], cc. 140v–141 n. 495)
Beschriftung: (auf dem unteren Rand des Deckels, fast komplett abgerieben): CLEMENS VII / PONT MAX
Vatikanstadt, Musei Vaticani (Museo Cristiano), 62141.5/1–5

Die wertvolle Garnitur besteht aus zwei Klingen, einer Feile und einer winzigen Schere, die in einem beinahe zylindrischen Futteral enthalten sind, das mit Kordeln aus Seide und gedrehtem und geflochtenen Goldfaden verziert ist, die in zwei Quasten enden. Das Wappen der Medici auf der Vorderseite des Futterals, bekrönt von den Insignien der päpstlichen Würde, verweist auf die Person Clemens' VII. (geboren Giulio Zanobi di Giuliano de' Medici, 1478–1524), dessen Name – heute fast komplett verschwunden – einst am unteren Rand des Deckels eingeschrieben war.

Clemens VII. war ein Papst, den Regierungsgeschäfte zwangen, häufig zu reisen und von der vatikanischen Residenz aus große Distanzen zurückzulegen. Das vorliegende Necessaire könnte vom Papst selbst in Auftrag gegeben oder ihm von einem Botschafter oder einer Person von Rang geschenkt worden sein, um ihm das Reisen angenehmer zu machen. Nach dem Zeugnis von Giovanni Battista De Rossi, der von 1878 bis zu seinem Tod am 20. September 1894 Präfekt der Museen der Bibliothek war, wies das Etui noch am Ende des 19. Jahrhunderts auf der Unterseite eine fragmentarische Inschrift (ANN...) auf, die auf das Pontifikatsjahr Bezug nahm, in dem das Service angefertigt wurde (De Rossi [1878–1894], cc. 140v–141, n. 495). Das Etui selbst wurde von dem Gelehrten als »aus sehr dünnem Holz in halbzylindriger Form, lederbezogen mit reliefierten, vergoldeten Einprägungen und sehr feinen goldenen und roten Zeichnungen« beschrieben; im Inneren »fünf wunderschöne Toilettenutensilien aus goldtauschiertem Stahl mit äußerst eleganten Arabeskenornamenten«, die den Archäologen dazu veranlassten, die Datierung »auf die ersten Jahrzehnte des 16. Jahrhunderts« vorzuverlegen und, wenn auch zweifelnd, den Namen von Benvenuto Cellini vorzuschlagen. Im Übrigen bestätigen die Wiederholung der pontifikalen Insignien im Wechsel mit der Devise SEMPER auf den Tauschierungen der Toilettenutensilien und der Einsatz des ›brennenden Herzens durchbohrt von einem Pfeil‹ oder die Verwendung der ›im Strahlenkranz brennenden Sonne‹ über einem Geflecht aus Linien, bei dem nicht klar ist, ob es sich um Ziffern oder Buchstaben (der *candor illesus* der Tradition der Medici) handelt, dass eine enge Beziehung des Service zur Person des Papstes besteht und indirekt, dass die Herstellung auf die ersten Jahre seines Pontifikats, wahrscheinlich die Zeit vor dem *Sacco di Roma* im Jahr 1527, zu datieren ist.

GUIDO CORNINI

Literatur: Carrara 2004 – Cornini 2011 b – De Vita/Morello 1984 – Kämpf 1999

C.2.4.5

Medaille für Papst Clemens VII.

Avers: CLEMENS VII PONT MAX AN XI MDXXXIIII
Revers: CLAVDVNTVR BELLI PORTAE // BENVENV/F
Benvenuto Cellini, 1534
Silber, geprägt; Dm. 3,8 cm;
Gewicht 23,25 g
Vatikanstadt, Biblioteca Apostolica Vaticana, MD. Pont. Clemens VII.XXVIII

Unter Clemens VII. (1523–1534), mit weltlichem Namen Giulio de' Medici, erhielt der Florentiner Bildhauer und Goldschmied Benvenuto Cellini das Amt eines Stempelschneiders an der päpstlichen Münze. 1534 musste er aufgrund von Streitigkeiten, bei denen er einen seiner Gegner verletzt hatte, Rom verlassen. Nach seiner Rückkehr nahm er ohne päpstlichen Auftrag die Gestaltung einer Medaille für Clemens VII. in Angriff.

Der Avers zeigt das nach links gewendete Profil des Pontifex. Er trägt Tonsur und ist in ein mit figürlichen und floralen Elementen reich verziertes Pluviale gekleidet, das auf der Brust mit einer runden Spange geschlossen ist. Die Umschrift nennt außer dem Namen, der Amtsbezeichnung und dem Prägejahr auch das Amtsjahr Clemens' VII. Den Revers ziert eine allegorische Darstellung des Friedens. Die römische Friedensgöttin Pax, von einem leichten antikischen Gewand umhüllt, präsentiert in der linken Hand ihr Attribut, das Füllhorn. Mit der Fackel in ihrer Rechten setzt sie eine Ansammlung von Waffen und Schilden in Brand. Rechts daneben ist eine nackte muskulöse Männergestalt, den kriegerischen Furor darstellend, mit schweren Ketten an einem Bauwerk festgebunden. Die Architektur stellt, wie Cellini in seinen Memoiren selbst beschreibt, den Tempel des Janus dar, des Gottes des Anfangs und des Endes und der Dualität aller Erscheinungen, wie beispielsweise Krieg und Frieden. Bildliche Darstellung und Umschrift, die übersetzt bedeutet »Die Tore des Krieges wurden geschlossen«, verweisen auf das Ende einer kriegerischen Auseinandersetzung.

In dem seit 1521 zwischen Kaiser Karl V. und dem französischen König Franz I. ausgetragenen Konflikt um die Herrschaft in Oberitalien hatte sich Clemens VII. 1524 auf die Seite Frankreichs geschlagen. Vor dem Hintergrund der Kämpfe zwischen den beiden Parteien waren am 6. Mai 1527 marodierende Banden von Söldnern und Landsknechten in Rom eingefallen. Der Papst hatte sich während der Gewaltexzesse des *Sacco di Roma* in die Engelsburg zurückgezogen. Cellini hatte dort ebenfalls Zuflucht gefunden und war, wie er sich in seinen Memoiren rühmt, selbst an den Geschützen gestanden. Erst zwei Jahre später hatten der Frieden von Barcelona und der Frieden von Cambrai die Gegensätze zwischen Kaiser Karl V. auf der einen und Franz I. von Frankreich sowie Papst Clemens VII. auf der anderen Seite beigelegt. Die Medaille, die Cellini 1534 in Bronze, Silber und Gold ausführte, mag als Gedenkmedaille zum fünfjährigen Jubiläum dieses Friedensschlusses gedacht gewesen sein.

KATHARINA BULL

Quellen: Cellini, Traktate 2005, S. 115
Literatur: Alteri 2004, S. 51, Nr. 14

C.2.4.6 + C.2.4.7

Medaille auf Papst Clemens VII. und das Heilige Jahr 1525

Avers: · HODIE · SALVS · FACT(a) · EST · MVNDO ·, im Abschnitt: · CLEMENS · VII · ANNO · IVBILAEI ·
Revers: · ET · PORTAE · CAELI · APER(tae) · · SVNT ·
Rom, 1525
Silber, vergoldet; Dm. 34,5 mm, Gewicht 10,30 g
Stuttgart, Landesmuseum Württemberg, MK 17798

Medaille auf Papst Clemens VII. und die Wiedereinsetzung der Medici in Florenz

Avers: · CLEM(ens) · VII · PONT(ifex) · MAX(imus) ·
Revers: EGO · SVM · IOSEPH(us) · FRATER · VESTER
Giovanni Bernardi da Castel Bolognese (Entwurf)
Rom, 1531
Silber; Dm. 34 mm, Gewicht 19,06 g
Stuttgart, Landesmuseum Württemberg, MK 17796

Die beiden Medaillen schildern zwei bedeutende Ereignisse während des Pontifkats von Papst Clemens VII., ein geistliches und ein politisches. Die erste Medaille feiert das Heilige Jahr 1525. Seit 1475 war jedes 25. Jahr ein *annus iubilaeus* oder *annus sanctus*, in dem der Papst Pilgern einen vollständigen Ablass ihrer Sünden gewähren konnte. Beginn und Abschluss eines solchen Jahres wurden symbolisch durch Öffnen und Schließen der Heiligen Pforte markiert, eines Portals im Petersdom.

Die Öffnung des Jahres 1525 schildert der Revers. Mit einem Hammer in der rechten Faust reißt der Papst die Mauer vor der Heiligen Pforte nieder, hinter ihm knien bereits die ersten Wallfahrer, mit Pilgerstöcken und Rosenkränzen in ihren Händen. Das Aufbrechen der Heiligen Pforte in Rom wird mit der Öffnung des Himmelstors in Verbindung gebracht: Über der Szene mit Papst Clemens VII. schwebt Petrus in den Wolken und schließt die Pforte zum Paradies auf. Die Darstellung wird durch die Inschrift ET PORTAE CAELI APER(*tae*) SVNT (Und die Pforten des Himmels sind geöffnet) erläutert.

Auf der Vorderseite ist die Geburt Christi dargestellt, begleitet von der Umschrift HODIE SALVS FACT(a) EST MVNDO (Heut ist der Welt Segen widerfahren). Das Weihnachtsfest bildete den Beginn des Jahres und war daher 1525 auch der Auftakt des *annus iubilaeus*.

Die zweite hier präsentierte Medaille von Papst Clemens VII., bürgerlich Giulio de' Medici, thematisiert die Wiedereinsetzung seiner Familie in Florenz. Die Medici waren 1527 aus Florenz vertrieben worden, drei Jahre später konnten sie mit Hilfe von Kaiser und Papst zurückkehren. Dieser Rückgewinn der Herrschaft ist in Form der biblischen Geschichte von Joseph und seinen Brüdern geschildert.

Joseph, der Lieblingssohn des Erzvaters Jakob, wird von seinen Brüdern verraten und als Sklave nach Ägypten verkauft. Da er die Träume des Pharaos deuten kann, steigt er zu einem einflussreichen Mann am Hof auf. Durch seine kluge Vorratshaltung in den sieben fetten Jahren gelingt es ihm, eine Hungersnot in den folgenden sieben mageren Jahren zu verhindern. In dieser Zeit kommen Josephs Brüder nach Ägypten, um Getreide

zu kaufen. Joseph gibt sich schließlich zu erkennen und verzeiht ihnen den Verrat (Gen 37–50).

Genau dieser Moment ist auf der Rückseite geschildert: Als Kanzler des Pharaos sitzt Joseph neben einer Säule, die mit dem Wappen der Medici geschmückt ist. Vor ihm knien seine Brüder. So wie diese um Verzeihung für die begangenen Untaten bitten, so müssen es nun jene tun, die sich gegen die Medici gestellt hatten. Auf der Vorderseite findet sich das Brustbild Clemens' VII. nach rechts; er trägt keine Kopfbedeckung, aber ein aufwendiges Pluviale, dessen Schließe mit dem Haupt Christi geschmückt ist.

MATTHIAS OHM

Literatur (Medaille auf das Heilige Jahr 1525): Modesti 2003, Nr. 264
Literatur (Medaille auf die Wiedereinsetzung der Medici in Florenz): Modesti 2003, Nr. 273

C.2.4.8

Gemme mit Bildnis Papst Clemens' VII. (1523–1534)

Rom, nach 1534
Gold, Onyx; H. 3,7 cm, B. 3 cm
Florenz, Gallerie degli Uffizi, Tesoro dei Granduchi, inv. Gemme del 1921, no. 123

Das Porträt auf der Gemme aus dem Tesoro dei Granduchi zeigt das bärtige Gesicht von Papst Clemens VII., dem zweiten Papst aus dem Hause der Medici. Während der Papst auf frühen Porträts bartlos dargestellt ist, wie z. B. auf Sebastiano del Piombos Amtsporträt im Museo di Capodimonte in Neapel, wurde er nach dem *Sacco di Roma* 1527 meist mit Bart wiedergegeben. Obwohl Clemens VII. diplomatisch-taktisch das Mächtespiel im Europa des frühen 16. Jahrhunderts durchaus durchschaute, war er den aufstrebenden europäischen Mächten kaum gewachsen. Zeitgenossen nannten ihn »timido«, so stellte ihn Benvenuto Cellini auch auf Medaillen dar. Den *Sacco di Roma* musste er schließlich hilflos im Exil auf der Engelsburg mitansehen. Aus Resignation ließ er sich einen Bart wachsen.

Als Vorbild für diese Gemme gilt eine Münze von 1534, die der berühmte Florentiner Goldschmied Benvenuto Cellini für den Papst gestochen hatte. Auch hier zeigt das strenge Profil nach links, die Brauen sind ebenso markant hervorgehoben. Bei der Gemme ist der Festtagsornat mit floralem Dekor, gestickten Besätzen und runder Schließe vor der Brust – das Bildnis auf der Schließe ist nicht identifiziert – sorgfältig ausgearbeitet. Der Hintergrund wirkt kristallin bzw. ins Hellblaue gehend. Die schlichte Fassung in Gold hat zwei Ösen, mit denen die Gemme auf einem Untergrund befestigt werden konnte. Vielleicht war sie als Kommemorationsgemme oder als ein Sammlerstück gedacht. Alessandro de' Medici und Cosimo I. hatten Sinn für Familienporträts und legten entsprechende Sammlungen an. Im Inventar Luigi Strozzis von 1676 ist das Stück bereits beschrieben, später, im Jahr 1799, wird es als bedeutender Bestandteil der Gemmensammlung der Uffizien festgehalten.

IRMGARD SIEDE

Literatur: AK Trésors des Médicis, Paris 2010, S. 167 Nr. 75 – Gennaioli 2007, S. 258 nr 243

C.2.4.9
Deckelbecher

Frankreich / Burgund, erste Hälfte 15. Jahrhundert
Diasper, violett und grau mit Flecken in Ocker, Gold, Perlen; H. 17,8 cm, Dm. 8,6 cm (Dm. Deckel 10,7 cm)
Florenz, Gallerie degli Uffizi, Tesoro dei Granduchi, inv. Gemme del 1921, no. 553

Da sich auf dem Gefäß die Initialen des Lorenzo de' Medici LAV. R. MED finden, war es in dessen Schatz und dort aufgrund von Materialien und Fertigung sicher eines der kostbarsten Stücke. Nach Detlev Heikamp ist das Deckelgefäß im Inventar des Schatzes von 1492 bereits erwähnt als »uno bicchiere di diaspro macchiato di giallo et di chalcedonio chol coperchio ed orlo et pie fornito d'ariento dorato et perla in cima del coperchio«. Der eigentliche Becher ist ein Gefäß aus violett-grauem Diasper mit ockerfarbenen Flecken, wie es ja auch im Inventar beschrieben wird. Erst mit der Fassung des Bechers durch einen burgundischen Goldschmied im 15. Jahrhundert wurde aus ihm ein kunstvolles Reliquiar: Er ruht jetzt auf einem Fuß, der aus drei von Vogelkrallen umfassten Kugeln besteht, und einer Halterung. In diese Halterung waren zwei heute verlorene, wohl figürliche Applikationen eingefügt. Der Griff des Deckels besteht aus einer mit Löchern versehenen Perle. Welche Reliquien in dem Behältnis geborgen wurden, lässt sich nicht rekonstruieren. Vielleicht gelangte es aus Familienbesitz mit Papst Leo X. (1513–1521) nach Rom und diente dort vielleicht auch als Reliquiar. Über ihn oder Papst Clemens VII. (1523–1534) kam es wieder zurück nach Florenz. Es ist in der Gruppe der 27 im Inventar genannten Gefäße aufgeführt, die Clemens VII. 1532 an San Lorenzo in Florenz schenkte. Ab 1532 und bis 1785 ist das Becherreliquiar in der *Tribuna delle reliquie* von S. Lorenzo in Florenz belegbar. Von dort kam es in die Uffizien ins Gabinetto delle Gemme. 1921 wurde der Becher an das Museo degli Argenti, den heutigen Tesoro dei Granduchi, übergeben.

IRMGARD SIEDE

Literatur: Bezzini 2010 – Venturelli 2009, S. 46, Kat. Nr. 17

Ausblick

Einheit und Vielheit der Christenheit

Unter Papst Clemens VII. (1523–1534) war, wie es Ferdinand Gregorovius einmal formuliert hat, »die große Zeit des weltgebietenden Papsttums für immer abgelaufen«. Zwar hatte sich der universale Anspruch des päpstlichen Primats sogar noch auf die Länder der neuentdeckten Kontinente ausgedehnt, aber die letzten Jahre dieses Papstes vermitteln eine schockartige Lähmung päpstlicher Handlungsmacht. Die Reformation begann mit seinem Siegeszug in der Schweiz und in Deutschland. Eigentlich war nun mehr denn je ein Reformkonzil erforderlich und es wurde von Kaiser Karl V. dringend angemahnt, aber der Papst fand immer wieder Wege, dies zu verhindern.

Am Ende setzte Clemens VII. nochmals auf ein Bündnis mit dem König von Frankreich, aber es war zu spät. 1534 verfiel er in ein Monate dauerndes Siechtum, das ihn in seiner Entscheidungskraft vollends erstickte. Zwei Tage vor seinem Tod, am 23. September 1534, ließ er für Kaiser Karl V. einen Abschiedsbrief verfassen. Darin gab er seiner großen Sorge um den Frieden in der Christenheit und den Fortbestand des Apostolischen Stuhls Ausdruck: »Welche Zeiten werden auf mich folgen?« In seiner Todesstunde setzte er seine ganze Hoffnung nun wieder auf den Kaiser – in einer Zeit, in der Europa in größte Unruhe geriet, in der die alten Ordnungen zu zerbrechen drohten und der Kaiser selbst sich kaum der vielen Feinde und Probleme zu erwehren wusste. Clemens VII.: ein Opfer des Zeitenwandels? Er sah, um nochmals Ferdinand Gregorovius zu zitieren, »die weltgeschichtliche Größe des Papsttums fallen, die Einheit der katholischen Kirche zertrümmern und die Freiheit Italiens in der Fremdherrschaft untergehen« (Geschichte der Stadt Rom, Buch 14).

An die Stelle der Einheit ist in der Tat die Vielheit in der Kirche getreten. Doch der Anspruch auf den Primat ist geblieben, und immer wieder wurde er von päpstlicher Seite bekräftigt, insbesondere auf dem Ersten Vatikanischen Konzil 1870. Daraus sind bis heute ungeklärte Fragen zum Verhältnis zwischen der Vielheit der Orts- und Teilkirchen und der Gesamtheit der Bischöfe einerseits und der personalen Verantwortung des Petrusamtes auf der anderen Seite entstanden. Es gibt, wie die Geschichte der ersten eineinhalb Jahrtausende zeigt, in der Tat Kernelemente im Papstamt, die nur schwer zu ändern sind, ohne das Wesen des Papsttums zu demontieren. Und dennoch bietet die christliche Botschaft Auswege, denn sie enthält, wie eingangs dargelegt, die soziale Komponente der Nächstenliebe, der Fürsorge für den Nächsten und der Barmherzigkeit. Diese gehört von Beginn an zum Fundament des Petrusamtes und wäre, so scheint es, auch geeignet, die Vielheit der Kirchen in diesem Sinne wieder enger miteinander zu vereinen.

STEFAN WEINFURTER

Literatur: Gregorovius Bd. III, 1978 – Delgado 2017 – Wolf 2017

Ökumenische Sehnsucht

Die Jahre um 1530 haben die Bedingungen für die Einheit der Christen verändert. Die Einheit der lateinischen Welt wurde durch die Vielheit der nationalen Reichsbildungen und regionalen Fürstentümer gesprengt. Die Wucht der machtpolitischen Interessen, der veränderten Herrschaftsmechanismen und der neuen religiös-intellektuellen Argumentationsmuster war gewaltig. Zu Recht wird man an diesem Punkt eine tiefe Zäsur in der Entwicklung des Papsttums ansetzen, das sich auf die veränderte Welt erst einstellen musste. Wichtig wurde die Rückbesinnung auf die Anfänge, auf die Wurzeln des Christentums und auf die Frage, wie die Kernelemente der christlichen Botschaft in Zukunft bewahrt, vermittelt und geschützt werden. Dieses Anliegen hat bereits die führenden Köpfe der religiösen Bewegungen um 1530 bewegt. Martin Luther strebte anfangs keineswegs eine Kirchenspaltung an. Ein anderer Reformer, Philipp Melanchthon (1497–1560), der aus Bretten im Kraichgau stammte, verfasste – unter Mitarbeit von Johannes Brenz (1499–1570), dem Reformator in Schwäbisch Hall – die *Confessio Augustana*, die auf dem Reichstag von Augsburg von 1530 vorgelegt wurde. Mit ihr sollte noch einmal die Übereinstimmung des evangelischen Glaubens mit der katholischen Kirche betont und die Einheit der lateinisch-christlichen Welt in den Vordergrund gestellt werden. Auch die Religionsgespräche von 1541 in Hagenau, Worms und Regensburg sowie andere ›Toleranzdebatten‹ waren auf Ausgleich ausgerichtet. Doch die politischen Entwicklungen boten solchen Bemühungen in dieser Zeit im Grunde keine Chancen mehr. Die ›Fürstenreformation‹ war bereits in vollem Gange. Der Versuch Karls V., mit der *Formula religionis* 1548 ein Reformprogramm durch den Kaiser selbst aufzustellen, scheiterte. Vor allem musste das Papsttum zuerst für sich selbst und ›seine Kirche‹ eine neue, feste Grundlage schaffen – ein gewaltiges Unterfangen, das mit dem Konzil von Trient von 1545 bis 1563 auf den Weg gebracht wurde. Mit dem *Tridentinum* beginnt eine neue Epoche des Papsttums, die bis zum heutigen Tag vom Ringen der beiden Konfessionen um Abgrenzung, aber auch um Annäherung geprägt ist. Die ökumenische Sehnsucht ist heute stärker denn je.

Von Papst Johannes XXIII. (1958–1963) wurde am 5. Juni 1960 in diesem Sinne der ›Päpstliche Rat zur Förderung der Einheit der Christen‹ am Vatikan eingerichtet, der ausschließlich ökumenische Fragen behandeln soll und der heute von Kurt Kardinal Koch geleitet wird. Der Blick auf die gemeinsamen Wurzeln der Christenheit bezieht die katholische und evangelische Konfession ebenso ein wie die orthodoxe Kirche und die vielen anderen christlichen Kirchen. Die Beschäftigung mit der gemeinsamen Geschichte über 1.500 Jahre hin und mit den gemeinsamen Grundelementen der christlichen Botschaft ermutigt dazu, den ökumenischen Gedanken der Gesamtkirche in einem Klima allseitiger Verständigungsbereitschaft mit Zuversicht fortzuführen.

STEFAN WEINFURTER

Literatur: Delgado 2017 – Grane 1996 – Richter/Kohnle 2016 – Salatowsky/Schröder 2016 – Wolgast 2016
Bild: Das Kasendorfer Konfessionsbild mit einer Darstellung der Übergabe der »Confessio Augustana« (Kasendorf, Johannes-Kirche)

D.1.1

Martin Luther (1483–1546)

Werkstatt Lucas Cranach d. Ä., 1543 (?)
Öltempera auf Papier auf Eiche; H. 35 cm, B. 22,7 cm, T. 0,5 cm
Heidelberg, Kurpfälzisches Museum der Stadt Heidelberg, G 67

Martin Luther steht als Halbfigur in Dreiviertelansicht auf blau-grauem, ungegenständlichem Grund. Er trägt die schwarze Kleidung und das Barett eines Gelehrten. Das wohlgenährte Gesicht und die Handhaltung – ein Stück Gewand wird umfasst – zeigen, dass das Bildnis auf das Porträt von 1532 zurückgeht. Dafür spricht auch die Wendung nach rechts auf ein Gegenüber zu. Der Wahlspruch, wie ihn andere Cranachtafeln am oberen Bildrand tragen, fehlt. Das Werkstattzeichen Cranachs in Form des geflügelten Drachens mit der Jahreszahl 1543 befindet sich in Ellenbogenhöhe am rechten Bildrand.

Philipp Melanchthon (1497–1560)

Werkstatt Lucas Cranach d. Ä., 1543
Öl auf Papier auf Eiche; H. 35 cm, B. 22,7 cm, T. 0,5 cm
Heidelberg, Kurpfälzisches Museum der Stadt Heidelberg, G 66

Der hagere Mann mit Spitzbart in Dreiviertelansicht trägt die Gesichtszüge Philipp Melanchthons und hebt sich in seiner schwarzen Gelehrtentracht gut vor dem blau-grauen Hintergrund ab. Er ist nach links zu Luther hin gewandt und wie dieser als Halbfigur dargestellt. Die Hände sind gefaltet. Der geflügelte Drache der Cranachwerkstatt und die Jahreszahl 1543 sind in Nackenhöhe in den Grund gemalt. Auf die Zeile mit dem Motto am oberen Bildrand, das sich bei anderen Cranachtafeln findet, ist auch hier verzichtet.

Von Martin Luther, Philipp Melanchthon und Friedrich dem Weisen gibt es mehrere ganz ähnliche Bildnisse aus der Cranachwerkstatt, sie sind ähnlich groß und differieren nur in Kleinigkeiten. Die Porträthintergründe sind lavierend blau-grau untermalt und die Figuren allgemein angelegt. Die Werkstatt muss daher eine Möglichkeit besessen haben, Bildnistypen zu reproduzieren. Die Methode dafür ist noch nicht geklärt, eventuell gab es Durchzeichnungspausen. Möglicherweise waren an diesen Serien nur wenige Mitarbeiter beteiligt, sonst wären sie nicht so gleichförmig. Doch über deren Anzahl ist nichts Sicheres bekannt. Trotz der Untersuchungen von Unterzeichnung und darüber liegender malerischer Ausführung wird der höchst persönliche Anteil von Lucas Cranach an diesen Bildern kontrovers diskutiert. Hans, der Sohn von Lucas Cranach, soll das Lutherbildnis sogar in 1.000 Exemplaren gemalt haben. Damit hätten die Bildnisserien aus der Cranachwerkstatt die Auflagenhöhe der bis dahin für solche Zwecke eingesetzten Kupferstiche bei weitem überholt. Die hohen Auflagen dieser Porträts hatten eine gewaltige bildliche Präsenz der beiden Reformatoren zur Folge.

Das Luther-Melanchthon-Paar geht auf eine Version Cranachs von 1532 zurück, die Werkstatt konnte es über zehn Jahre lang anbieten. Das Doppelporträt repräsentiert den humanistischen Typus des Freundschaftsbildes, wobei in den frühen Versionen Melanchthon noch barhäuptig war. Auch die Handpartien konnten variieren. Die Reformatoren verband eine innige Freundschaft. Luther hatte nach den Thesen eifrig an der Situation mitgearbeitet, die um 1530 entstanden war. Melanchthon verfasste 1530 die *Confessio Augustana*, einen Versuch, eine Einheit der Christenheit unter dem Vorzeichen der Oekumene zu formulieren (vgl. Kat. Nr. D.1.3). Melanchthon wie Luther sahen während des Augsburger Reichstags in Albrecht von Brandenburg einen möglichen Vermittler.

IRMGARD SIEDE

Digital: www.cranach.ub.uni-heidelberg.de/wiki/index.php/CorpusCranach.Verzeichnis_der Gemälde
Literatur: AK Lucas Cranach, Kronach 1994, S. 352–354 – Friedländer/Rosenberg 1932 – Tacke 2007, S. 106–121, hier S. 117–118

D.1.2

Biblia. Das ist: Die gantze heilige Schrifft: Deutsch

Holzschnitte von Lucas Cranach u. a.,
Druck: Wittenberg, Hans Lufft, 1551
Papier, Ledereinband; ca. 724 SS,
H. 36 cm, B. 25 cm
Privatbesitz

Die umfangreich bebilderte Bibel beginnt mit einem komplexen Titelbild: Die eigentliche Titelseite scheint verkleinert wie ein Plakat vor einen Baum gehängt, wobei der Baum Szenen aus dem Alten Testament in der linken von Szenen aus dem Neuen Testament in der rechten Bildhälfte trennt. Unter einer Andeutung des Weltgerichts sind links Sündenfall und Vertreibung aus dem Paradies zu sehen, wobei Moses dem Sünder das Gesetz entgegenhält. Durch den Baum der Erkenntnis getrennt sind in der rechten Hälfte dargestellt: Johannes der Täufer verweist den sündigen Menschen auf die Gnade Gottes, der den Tod durch die Auferstehung überwunden hat. Ein Blutstrom als Gnadenstrahl fließt dem Sünder entgegen. Die Auferstehung Christi ist unmittelbar über der Kreuzigung gezeigt. Darüber befindet sich die Darstellung von Mariae Empfängnis. Das Szenenrepertoire erinnert sehr an die Bilderfindung *Gesetz und Evangelium*, die Lukas Cranach gemeinsam mit Martin Luther 1529 entwickelte und die dann unermüdlich abgewandelt wurde und in der Cranach-Werkstatt als *Gesetz und Gnade* weiterlebte. Dieses Lehrbild sollte die Botschaft der Rechtfertigung des Sünders allein durch den Glauben sehr anschaulich zum Ausdruck bringen.

Die erste vollständige Bibelübersetzung ins Frühneuhochdeutsche durch Martin Luther war 1534 fertig. An der Übersetzung arbeiteten auch andere Theologen wie Melanchthon mit. Luther hat sich von der lateinischen *Vulgata*-Übersetzung abgewandt und mit dem griechischen Urtext befasst.

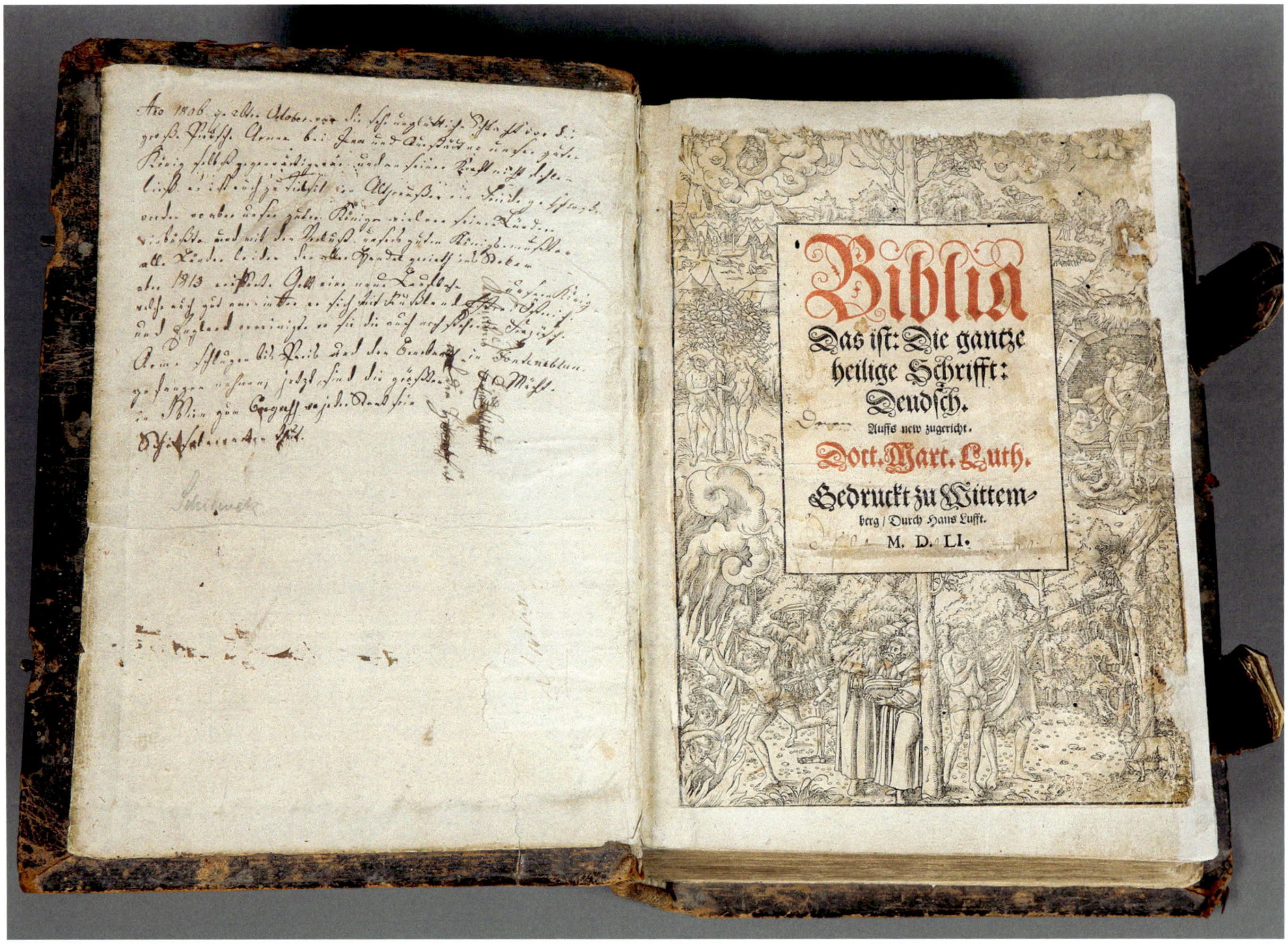

Die Übersetzung wurde bei Hans Lufft in Wittenberg gedruckt. Die Exemplare dieser Lutherbibel sind extrem reich bebildert. Dadurch erfuhr die Bibelillustration einen enormen Aufschwung. Im vorliegenden Exemplar finden sich die Signaturen ›LC‹ für Lucas Cranach, ›HB‹ für Hans Burgkmair d. Ä. und leer gebliebene Signatur-Schilder. Die Bildvorlagen stammten also von verschiedenen Künstlern. Seit 1534 verließen nahezu 100.000 Lutherbibeln bei Hans Lufft die Druckerpresse.

IRMGARD SIEDE

D.1.3

Die früheste deutschsprachige Fassung der *Confessio Augustana* von 1530

Augsburg, 31. Mai bis 15. Juni 1530
Papier
Weimar, Thüringisches Hauptstaatsarchiv Weimar, Ernestinisches Gesamtarchiv, Reg. E 129

Trotz zahlreicher Versuche zur Lösung der *causa reformationis* war es in der Kirche des 15. Jahrhunderts zu einem regelrechten Reformstau gekommen. Man erkannte in Rom zwar die Dringlichkeit einer Reform von Klerus und Kurie, zumal die Kritik, die sich an theologischen Fragen wie an dem Lebensstil der Renaissancepäpste gleichermaßen entzündete, zunehmend lauter wurde. Doch das Problem der Durchsetzungskraft der Kirche angesichts der neuen Fürstenherrschaften (Signorien) und der französischen Ansprüche in Italien setzte Ende des 15. Jahrhunderts andere Prioritäten. Politische und militärische Engagements waren die Folge, was kritisch kommentiert wurde. Leo X. (1513–1521) versuchte, mit dem Fünften Laterankonzil (1512–1517) an die Tradition des Vierten Lateranum anzuknüpfen und Lösungen herbeizuführen. Doch letztendlich sollte die Kirchenversammlung ohne längerfristige Folgen bleiben. Zu stark hatten sich Teile der Christenheit bereits voneinander entfremdet. Zu laut war der Ruf nach grundsätzlichen Reformen ›im Haus des Herrn‹ geworden, die das Amtsverständnis des Papstes nicht unberührt ließen. Trotz aller Differenzen gab es langanhaltende Versuche, die Gegensätze zu überbrücken und die Einheit der lateinischen Christenheit zu wahren. Noch 1530 gab es positive Signale und den Versuch, durch einen theologischen Diskurs zu einer Lösung zu gelangen.

Kaiser Karl V., der neben dem religiösen Frieden um die Einheit des Reiches fürchtete, das sich über konfessionellen Fragen zu spalten drohte, hatte für den Frühsommer 1530 zu einem Reichstag nach Augsburg geladen, auf dem er die Glaubenseinheit wiederherzustellen hoffte. Auf beiden Seiten gab es große Hoffnungen und die Bereitschaft zur Konfliktlösung. In Vorbereitung auf den Reichstag erstellte die protestantische Seite eine Bekenntnisschrift, die *Confessio Augustana*, mit der sie ihre Positionen klarstellte und verteidigte. Philipp Melanchton, der bei dieser ›Urfassung‹ federführend als Verfasser tätig gewesen war, sollte die Schrift schließlich noch mehrmals überarbeiten. Obwohl es sich um eine Sammlung von 28 Artikeln handelte, die den Charakter einer Rechtfertigung hatten, war das Dokument nicht auf eine Konfrontation ausgerichtet, sondern sollte dem Dialog und dem Erkenntnisgewinn dienen. Neben zentralen theologischen Punkten wurden auch die Missstände in der Kirche thematisiert. Vor allem ging es jedoch darum, Übereinstimmungen und Gemeinsamkeiten zwischen den Überzeugungen der Protestanten und der katholischen Kirche zu betonen. Am 25. Juni 1530 wurde das Ergebnis auf dem Reichstag verlesen. Bereits vor der Übergabe des lateinischen Dokuments an den Kaiser wurde durch den Altenburger Superintendenten und kursächsischen Berater Georg Spalatin (1484–1545) eine erste deutschsprachige Version des Textes angefertigt, die an manchen Stellen allerdings von der späteren offiziellen Fassung abwich. Die Vorrede, der Schluss und der letzte Artikel (›Von der Vollmacht der Bischöfe‹) fehlten sogar noch gänzlich, weshalb angenommen werden kann, dass es sich um eine Art Arbeitspapier beziehungsweise Zwischenstand handelte, der heute einen Blick auf die Entstehungsgeschichte des »Augsburger Bekenntnisses« ermöglicht.

VIOLA SKIBA

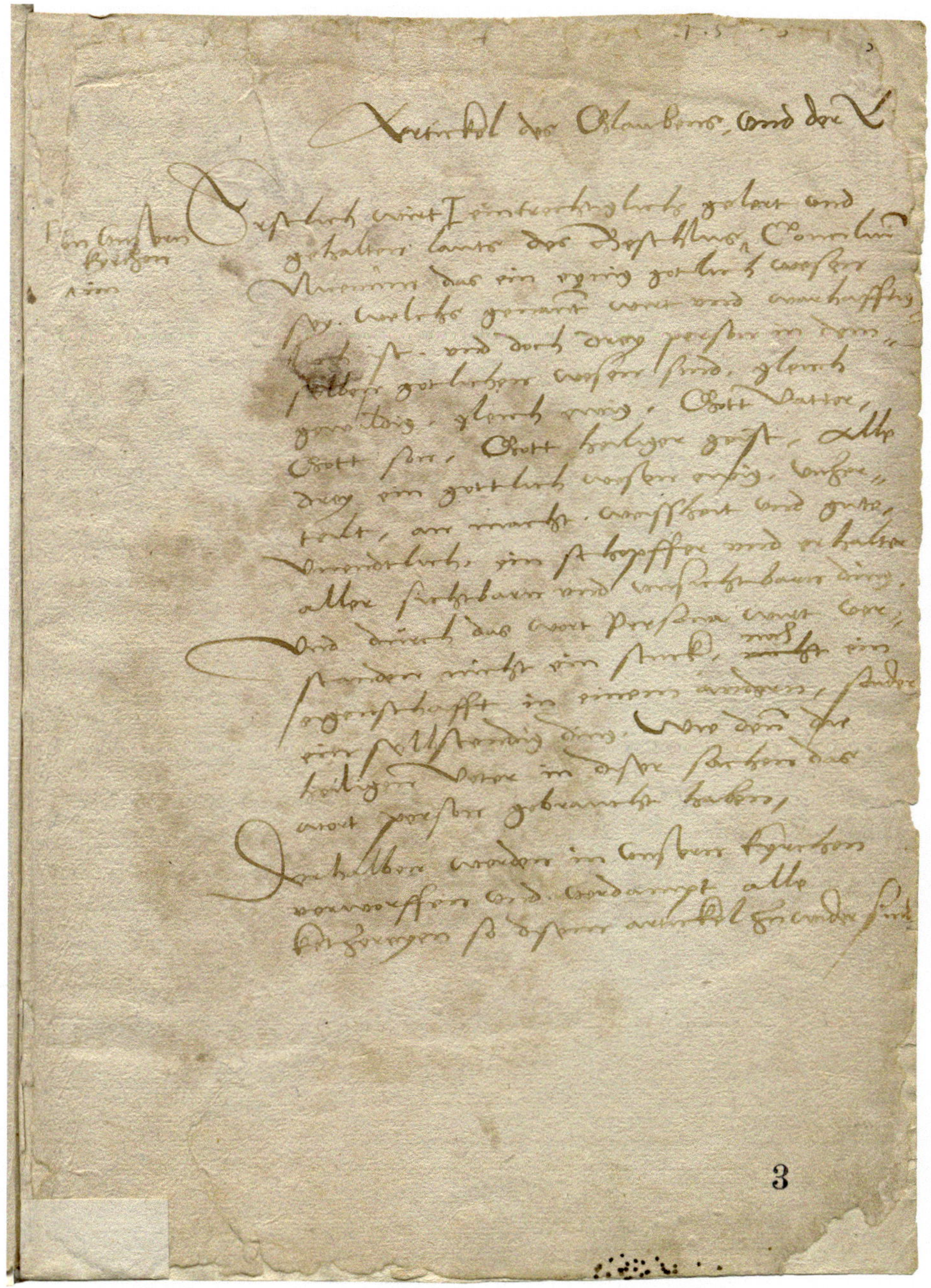

Digital: Friedhelm Gleiß: Augsburger Bekenntnis (früheste deutschsprachige Version der Confessio Augustana von der Hand Spalatins), in: Digitales Archiv der Reformation, abrufbar unter: http://www.reformationsportal.de/visitationsakten/detailviews-und-pdf-export/detail/stat_showcase_00000061.html [12.12.2016]
Quellen: Bekenntnisschriften 2014, S. 75–78
Literatur: AK Georg Spalatin, Altenburg 2014 – Koch 1983 – Maurer 1976–1978 – Schmalz 2014

Der bedrohte Papst

Und welche Rolle ist dem Papst zugedacht? Er darf bis heute die Aufmerksamkeit der gesamten Welt für sich und seine Verlautbarungen in Anspruch nehmen. Von ihm erwartet man moralisch wegweisende Ermahnungen. Die Wahl eines neuen Papstes gilt als ein Ereignis von weltweiter Bedeutung. Und doch: Die Herausforderungen, mit denen jeder Papst konfrontiert wurde und wird, sind nicht geringer geworden und lasten schwer auf den Schultern eines jeden Amtsträgers. Bereits Papst Hadrian IV. (1154–1159), so berichtet der Theologe Johannes von Salisbury († 1180) in seinem Werk *Policraticus* (VIII. 23), habe dieses Schicksal auf den Punkt gebracht: »Niemand lebt erbarmenswerter, niemand elender als der römische Papst. Selbst wenn er keine anderen Mühen hätte, die Last seines Amtes allein ermüdet ihn in kürzester Zeit [...] Die Last des römischen Bischofs ist voller Dornen, das Bischofsgewand voll der schärfsten Stacheln und so schwer, dass es die stärksten Schultern wundreibt und niederdrückt.« Er habe, so soll der Papst hinzugefügt haben, auf dem Papstthron so viel Elend erlebt, dass verglichen damit alle Bitterkeit der Vergangenheit ein Leben der Freude und des Glücks gewesen sei. Ganz ähnliche Klagen stimmten die Päpste Leo IX., Honorius III. oder Julius II. an. Eine lange Amtszeit war unter diesen Umständen bei Päpsten nicht zu erwarten, wie schon der Kirchenreformer Petrus Damiani 1064 feststellte, zumal der baldige Tod auch eine Erinnerung an die Vergänglichkeit des irdischen Ruhms bewirken sollte.

Das ist in den folgenden Jahrhunderten der Neuzeit nicht grundlegend anders geworden. Im 19. Jahrhundert kam es schließlich zur völligen ›Entmachtung‹ des Papsttums, das seine gesamte weltliche Herrschaft, den Kirchenstaat, an den neuen Nationalstaat Italien abtreten musste. Erst 1929, im Zuge der Lateranverträge mit Benito Mussolini, gelang es Papst Pius XI. (1922–1939), das mit einer Mauer umgebene Gebiet des Vatikans in Rom in der Rechtsgestalt eines souveränen Staats als Refugium zurückzuerhalten. Auch der Kulturkampf in der Zeit des Reichskanzlers Bismarck zeigte in deutlicher Weise die politische Ohnmacht des Papstes. Dieser suchte dafür seine Autorität auf kirchlich-geistlichem Gebiet zu erhöhen. Auf dem Ersten Vatikanischen Konzil wurde am 18. Juli 1870 durch Papst Pius IX. (1846–1878) die Unfehlbarkeit des Papstes in Glaubens- und Sittenlehren als Dogma verkündet. Aber die ›Moderne‹ ließ das kirchliche Oberhaupt nicht zur Ruhe kommen. Sie verlangte von den Päpsten auch weiterhin, sich mit den sich rasch verändernden gesellschaftlichen Ordnungen und Lebensentwürfen auseinanderzusetzen. Wie sollte das Wesen des Papsttums angesichts dieses rasanten Wertewandels und der Tendenzen zur Säkularisierung bewahrt werden? Wann war eine vernehmbare politische Stellungnahme erforderlich, ohne die kirchlichen Grenzen des Amtes zu überschreiten? War das päpstliche Verhalten in faschistischer und nationalsozialistischer Zeit angemessen? Noch wichtiger: Was erwarten wir von den Päpsten in heutiger Zeit? Etwa zur Frage der Rolle der Frau in Kirche und Gesellschaft oder zur Sexualmoral? Inwieweit können sie hier Weichen stellen? Oder sind Päpste in viel höherem Maße, als wir vermuten, selbst gefangen in Traditionen und Institutionen und fühlen sich der Last ihres Amtes am Ende nicht mehr gewachsen? Ist hier der Rücktritt von Papst Benedikt XVI. (2005–2013) einzuordnen?

Solche Überlegungen führen dazu, dass erneut das Bild des von Mühsal beladenen und geradezu niedergedrückten Papstes vor uns aufsteigt – heute nicht anders als in den Epochen unserer Ausstellung. Den ›Typus‹ des in höchstem Maße bedrohten Papstes hat der in Irland geborene, britische Maler Francis Bacon (1909–1992) aufgenommen und in ausdrucksvollen Bildern umgesetzt. Besonders eindringlich erscheint dieser Gedanke in seinem Gemälde *Papst II* von 1951: Der bedrohte Papst ist zu sehen, der seine ganze menschliche Existenz in den Dienst seines Amtes stellt und der dennoch seine Einsamkeit, ja seine Ausweglosigkeit zutiefst empfindet. Das Leid der ganzen Welt scheint sich in seiner Person zu vereinigen. Die unendliche Gewalt der Verantwortung und die Hoffnung auf Erlösung bringt er durch seinen Schrei zum Ausdruck. Dieses Bild erinnert an den Brief, den einst (1084) Papst Gregor VII. an die gesamte Christenheit gerichtet hat. Als er mit allen seinen Bemühungen zu scheitern drohte, brach es aus ihm heraus: »Es ist, wie wir glauben, zu Eurer Kenntnis gelangt, dass in unserer Zeit erneut eingetreten ist, was in den Psalmen als Frage formuliert wurde: ›Was toben die Heiden und ersinnen die Völker Torheiten? Die Könige der Erde stehen zusammen, und die Fürsten ratschlagen gemeinsam gegen den Herrn und seinen Gesalbten.‹ [Ps 2,1 f.] Die Fürsten der Völker und die Fürsten der Priester schmieden in großer Zahl gemeinsam Pläne gegen Christus, den Sohn des allmächtigen Gottes, und seinen Apostel Petrus, um die christliche Religion auszulöschen und üble Irrlehren zu verbreiten. [...] Aber Gott sagt uns durch den Propheten, obwohl wir unwürdig und sündig sind: ›Auf hochragendem Berg‹ usw. [Jes 57,5], und erneut: ›Schrei, hör nicht auf!‹ [Jes 58,1] Deshalb – ob ich will oder nicht – verkündige ich ohne Bescheidenheit, auch ohne Furcht oder irgendeine irdische Vorliebe für jemanden, ja schreie ich, schreie und schreie und tue Euch kund, dass die christliche Religion und der wahre Glaube, den der Sohn Gottes, der vom Himmel kam, uns durch unsere Väter lehrte, verdreht ist zu einer üblen weltlichen Gewohnheit. Er wurde – oh Schmerz – fast völlig vernichtet, so dass seine alte Schönheit ins Gegenteil verwandelt wurde und niedersank zum Gelächter nicht nur für den Teufel, sondern auch für die Juden, Sarazenen und Heiden. Diese nämlich achten genau auf die Gesetze ihres Glaubens, auch wenn diese in dieser Zeit nicht dem Heil der Seele nützen und durch keinerlei Wunder – so wie unser Gesetz durch häufiges Zeugnis des ewigen Königs – verherrlicht und bekräftigt werden. Wir hingegen, trunken von der Liebe nach dem Irdischen und getäuscht von eitlem Streben, setzen alle Religion und Ehrenhaftigkeit der Begehrlichkeit und Hoffart hintan und geben uns den Anschein, als seien wir an kein Gesetz gebunden und gleichsam alberne Narren.« (Quellen zum Investiturstreit 1, 1978, Nr. 143).

Der schreiende Papst des Francis Bacon sitzt auf einem goldenen Thron und ist von einem transparenten Gehäuse umgeben. Was ist damit gemeint: Schutz, Unantastbarkeit oder Einzigartigkeit, Abgrenzung und Separation von der Umwelt oder die unendliche Mühe, nach außen zu den Menschen zu dringen? Das ›Bild des Papstes‹ als ›Typus des Papstes‹ führt uns wie in einem Brennspiegel noch einmal das Wesen des Papsttums vor Augen und vereinigt in einer einzigen Darstellung die vielen Stufen seiner Entstehung und seines Wirkens in der Geschichte.

STEFAN WEINFURTER

Quellen: Quellen zum Investiturstreit 1, 1978
Literatur: AK Francis Bacon, Stuttgart 2016–2017 – Weinfurter 2017 – Wolf 2017 – Zweite 2006

D.2.1

Papst II

Francis Bacon, 1951
Öl auf Leinwand; H. 199,3 cm, B. 137,5 cm, T. 3,65 cm
Mannheim, Kunsthalle, LM 20 (Leihgabe des Landes Baden-Württemberg seit 1965)

Francis Bacon (1909–1992), der zu den ganz bedeutenden Meistern der abstrakten, aber auch figurativen Malerei – neben Pablo Picasso der zweite große Menschenmaler des 20. Jahrhunderts – gehört, hat sich in über 40 Versionen mit dem Motiv des Papstes auseinandergesetzt. Eines dieser Werke ist in der Mannheimer Kunsthalle ausgestellt. Es zeigt die Beschäftigung Bacons mit dem Porträt Papst Innocenz' X. (1644–1655) von Diego Velázquez aus dem Jahr 1650, das Bacon über ein Foto zugänglich wurde. Bacon war zunächst vor allem von den Farben und der formal-ästhetischen Gestalt des Papstporträts angezogen. Auch ein weiteres Papstbildnis bot ihm Anregungen: Papst Pius II. auf seiner Sänfte – dieses Gemälde wurde Bacon ebenfalls über ein Foto zugänglich.

Deutlich ist die Tradition des Amtsporträts zu erkennen, wie es Raffael für Jahrhunderte bahnbrechend mit seinem Konterfei von Papst Julius II. (1503–1513) eingeführt hatte (vgl. Kat. Nr. C.1.4.1): Der Lehnstuhl mit Aufsätzen und Armlehnen, die DreivierteIansicht der nach rechts gewandten Figur, der Papst mit Albe, roter Mozzetta und rotem Pileolus – diese Elemente erinnern an das Raffaelporträt. Allerdings wurde bei Bacon aus dem imperialen Rot ein Lila-Purpur, das heute als Friedensfarbe gilt. Der Papst auf seinem Thron ist in eine Art Käfig eingesperrt, losgelöst vom realen Raum und ohne Halt. Das Vor-Bild wird mit der Textur, der Farbe auf der Fläche, verwoben und verstrickt. Das Gesicht des Papstes wirkt wie von einem Schmerz verzerrt, der sich in einem Schrei zu entladen scheint. Auf Wunsch des Malers ist das Gemälde hinter einer nicht entspiegelten Glasscheibe präsentiert, sodass sich der Betrachter auch selbst im Bild sehen muss.

Die Geste des expressiven Schreis wurde als Verlangen nach Erlösung, aber auch als deren Ausbleiben gedeutet, die ambivalente Raumkonstruktion als Verlust der Macht und als Zusammenbruch etablierter Werte. Das Bild gibt keinen mit Namen benennbaren Papst wieder, sondern regt zum Nachdenken über das weltliche Dasein und die geistliche Macht der Kirchenoberhäupter an. Es zeigt eine gewisse Offenheit in der Interpretation.

IRMGARD SIEDE

Literatur: Herold/Lorenz/Patruno 2013, S. 290–291

Gesamtbibliographie

Quellenverzeichnis

Acta Pauli 1936 Acta Pauli. nach dem Papyrus der Hamburger Staats- und Universitätsbibliothek (Veröffentlichungen aus der Hamburger Staats- und Universitätsbibliothek; 2), hg. von Carl Schmidt und Wilhelm Schubart, Hamburg 1936

Admonitio generalis 2012 Die Admonitio generalis Karls des Großen, hg. von Hubert Mordek (†), Klaus Zechiel-Eckes (†) und Michael Glatthaar (Monumenta Germaniae Historica. Fontes iuris Germanici antiqui 16), Hannover 2012; digitalisiert unter http://www.cesg.unifr.ch

Ambrosius, De fide 2003–2005 Ambrosius von Mailand, De fide [ad Gratianum]. Über den Glauben [an Gratian], übers. und eingel. von Christoph Markschies, Turnhout 2003–2005

Bamberg Regesten 1932 Erich von Guttenberg: Die Regesten der Bischöfe und des Domkapitels von Bamberg (Veröffentlichungen der Gesellschaft für fränkische Geschichte VI), Würzburg 1932

Bamberg Urbare 1969–1986 Erich von Guttenberg: Urbare und Wirtschaftsordnungen des Domstifts zu Bamberg I. Teil, bearb. von Alfred Wendehorst, Würzburg 1969; II. Teil, bearb. von Stefan Nöth, Neustadt a. d. Aisch 1986

Bekenntnisschriften 2014 Die Bekenntnisschriften der Evangelisch-Lutherischen Kirche. Quellen und Materialien. Band 1: Von den altkirchlichen Symbolen bis zu den Katechismen Martin Luthers, hg. von Irene Dingel et al., Göttingen 2014

Bischoff 2004 Bernhard Bischoff: Katalog der festländischen Handschriften des neunten Jahrhunderts. Band 2: Laon-Paderborn (Veröffentlichungen der Kommission für die Herausgabe der mittelalterlichen Bibliothekskataloge Deutschlands und der Schweiz), Wiesbaden 2004

Briefsammlungen der Zeit Heinrichs IV. 1950 Briefsammlungen der Zeit Heinrichs IV. (MGH. Briefe der deutschen Kaiserzeit V), hg. von Carl Erdmann und Norbert Fickermann, Weimar 1950

Burckardi, Liber Notarum 1910–1912 Johannis Burckardi Liber Notarum ab anno 1483 usque ad annum 1506 (Rerum Italicarum Scriptores 32), hg. von Enrico Celani, Città di Castello/Bologna 1910–1912

Cellini, Traktate 2005 Benvenuto Cellini: Traktate über die Goldschmiedekunst und die Bildhauerei, hg. von Erhard Brepohl, Köln/Weimar 2005

Chroniken Vierter Kreuzzug 1998 Chroniken des Vierten Kreuzzugs. Die Augenzeugenberichte von Geoffroy de Villehardouin und Robert de Clari (Bibliothek der historischen Forschung 9), hg. von Gerhard E. Sollbach, Pfaffenweiler 1998

Codex Carolinus 1882 Codex Carolinus, in: Monumenta Germaniae Historica, Epistolae 3, hg. von Wilhelm Gundlach, Berlin 1882

Codex diplomaticus Fuldensis 1850 Codex diplomaticus Fuldensis, hg. von Ernst Friedrich Johann Dronke, Kassel 1850

Codices Vaticani latini 1902 Codices Vaticani Latini, Bd. I: Codices 1–678, hg. von Marco Vattasso, Rom 1902

Codices Vaticani latini 1912 Codices Vaticani latini, Bd. III: Codd. 1461–2059, recensuit Bartholomeus Nogara, Rom 1912

Codici latini Niccolò V 1994 Antonio Manfredi: I codici latini di Niccolò V. Edizione degli inventari e identificazione dei manoscritti. Studi e documenti sulla formazione della Biblioteca apostolica vaticana I (Studi e testi 359), Vatikanstadt 1994

Conciliorum oecumenicorum 1973 Conciliorum oecumenicorum Decreta, hg. von Giuseppe Alberigo und Hubert Jedin, Bologna ³1973

Conciliorum oecumenicorum 2006 Conciliorum oecumenicorum generaliumque decreta: editio critica. 1: The oecumenical councils: from Nicaea I to Nicaea II (325–787), (Corpus Christianorum), hg. von Giuseppe Alberigo, Turnhout 2006

Conciliorum oecumenicorum 2013 a Conciliorum oecumenicorum generaliumque decreta. From Constantinople IV to Pavia Siena (869–1424), hg. von Giuseppe Alberigo und Antonio Garcia y Garcia, Turnhout 2013 http://w2.vatican.va/content/eugenius-iv/la/documents/bulla-laetentur-caeli-6-iulii-1439.html [zuletzt abgerufen am 12.12.2016]

Conciliorum oecumenicorum 2013 b Conciliorum oecumenicorum generaliumque decreta. Bd. II/2. The General Councils of Latin Christendom. From Basel to Lateran V (1431–1517), hg. von Nelson H. Minnich, Turnhout 2013

Constitutum Constantini 1968 Das Constitutum Constantini (Konstantinische Schenkung) (MGH. Fontes iuris Germanici antiqui in usum scholarum 10), hg. von Horst Fuhrmann, Hannover 1968

Dekrete ökumenische Konzilien 2000 Dekrete der ökumenischen Konzilien / Conciliorum oecumenicorum decreta, Bd. 2: Konzilien des Mittelalters. Vom ersten Laterankonzil (1123) bis zum fünften Laterankonzil (1512–1517), hg. und übers. von Josef Wohlmuth unter Mitarbeit von Gabriel Sunnus, Paderborn [u. a.] 2000

Desiderius Erasmus 2011 Desiderius Erasmus, Papst Julius vor der Himmelstür – Julius exclusus e coelis. Übers. mit Anm. und einem Nachwort von Werner von Koppenfels (Excerpta classica 26), Mainz 2011

Determinatio compendiosa de iurisdictione imperii 1909 Determinatio compendiosa de iurisdictione imperii (MGH. Fontes iuris Germanici antiqui), hg. von Marius Kramer, Hannover/Leipzig 1909

Durand 1859 Guillaume Durand: Rationale divinorum officiorum, a Rev.mo Domino Gulielmo Durando Episcopo Mimatensi J. U. D. Clarissimo, concinnatum, Neapoli, apud Iosephum Dura Bibliopolam, MDCCCLIX [1286]

Earliest life of Gregory the Great 1985 The earliest life of Gregory the Great by an anonymous monk of Whitby, hg. von Bertram Colgrave, Cambridge 1985

Enikel 1900 Jansen Enikels Werke (Monumenta Germaniae Historica. Deutsche Chroniken 3), hg. von Philipp Strauch, Hannover/Leipzig 1900 (digital: www.dmgh.de)

Epigrammata Damasiana 1942 Epigrammata Damasiana, hg. von Antonio Ferrua, Vatikanstadt 1942

Epistola ad Mahumetem 2001 Pius II. papa: Epistola ad Mahumetem. Einleitung, kritische Edition, Übersetzung (Bochumer Altertumswissenschaftliches Colloquium 50), hg. von Reinhold F. Glei und Markus Köhler, Trier 2001

Epistola ad Mahumetem 2016 Papst Pius II. an Sultan Mehmet II. Die Übersetzung der ›Epistola ad Mahumetem‹ durch Michael Christan (Veröffentlichungen des Grabmann-Institutes zur Erforschung der mittelalterlichen Theologie und Philosophie 59), hg. von Klaus Wolf und Jonas Göhler, Berlin/Boston 2016

Erasmus von Rotterdam 2013 Erasmus von Rotterdam. Papst Julius vor der Himmelstür. Julius exclusus e coelis. Lateinisch – Deutsch (excerpta classica 26), übers., mit Anm. und einem Nachwort von Werner von Koppenfels, Mainz ³2013

Erster Clemensbrief 1908 Der erste Clemensbrief in altkoptischer Übersetzung (Texte und Untersuchungen, 32.1), hg. von Carl Schmidt, Leipzig 1908

Erster Clemensbrief 1998 Der Erste Clemensbrief (Kommentar zu den Apostolischen Vätern, 2), übers. u. erklärt von Horacio E. Lona, Göttingen 1998

Exultetrolle 1988 Die Exultetrolle [Faksimileausgabe des Codex Barbaerini Latinus 592], Einführung von Guglielmo Cavallo, wiss. Resümee von Lucinia Speciale (Codices e Vaticanis selecti; 76), Zürich 1988

Firmicus Maternus, De errore 1953 Firmicus Maternus: De errore profanarum religionum = Vom Irrtum der heidnischen Religionen, hg. von Konrad Ziegler, München 1953

Frey 1936 Jean-Baptiste Frey: Corpus Inscriptionum Iudaicarum, Bd. 1, Vatikanstadt 1936

Germania Pontificia IV/IV 1978 Germania Pontificia, vol. IV Provincia Maguntinensis, pars IV S. Bonifatius, Archidioecesis Maguntinensis, Abbatia Fuldensis, hg. von Theodor Schieffer, Göttingen 1978

Geschichte Eichstätter Bischöfe 1987 Stefan Weinfurter: Die Geschichte der Eichstätter Bischöfe des Anonymus Haserensis. Edition – Übersetzung – Kommentar (Eichstätter Studien NF. 24), Regensburg 1987

Goldenes Buch von Prüm 1997 Das »Goldene Buch« von Prüm (*Liber aureus Prumiensis*). Faksimile, Übersetzung der Urkunden, Einband, hg. von Reiner Nolden, Prüm 1997

Goldenes Buch von Prüm 2013 Reiner Nolden: »Das Goldene Buch von Prüm – Liber aureus Prumiensis (StB Trier, Hs 1709)«. Ein Kopiar mit Urkundenabschriften des 8. bis 12. Jahrhunderts (Kostbarkeiten der Stadtbibliothek Trier 4), Trier 2013

Grabler 1958 Die Kreuzfahrer erobern Konstantinopel. Die Regierungszeit der Kaiser Alexios Angelos, Isaak Angelos und Alexios Dukas, die Schicksale der Stadt nach der Einnahme (Byzantinische Geschichtsschreiber 9), hg. von Franz Grabler, Köln 1958

Grégoire, Règle pastorale 1992 Grégoire le Grand: Règle pastorale (Sources chrétiennes; 381–382), hg. Von Bruno Judic, Floribert Rommel und Charles Morel, Paris 1992

Hamburger Papyrus Bil. 1, 1989 Hamburger Papyrus Bil. 1. Die alttestamentlichen Texte des Papyrus Bilinguis 1 der Staats- und Universitätsbibliothek Hamburg: Canticum Canticorum (coptice), Lamentationes Ieremiae (coptice), Ecclesiastes (graece et coptice) (Cahiers d'orientalisme; 18), hg. von Bernd-Jörg Diebner und Rodolphe Kasser, Genf 1989

Handschriften Bamberg 1966 Friedrich Leitschuh und Hans Fischer: Katalog der Handschriften der königlichen Bibliothek zu Bamberg, Bd. 1, Abt. 1: Bibelhandschriften, Bamberg 1966

Handschriften Bamberg 1995 Hartmut Hoffmann: Bamberger Handschriften des 10. und des 11. Jahrhunderts (Monumenta Germaniae Historica. Schriften 39), Hannover 1995

Handschriften Berlin 2013 Die Handschriften der Signaturenreihe Hdschr. der Staatsbibliothek zu Berlin Preußischer Kulturbesitz, Teil 1: Hdschr. 1–150, beschrieben von Kurt Heydeck, Wiesbaden 2013

Handschriften Genf 2016 Isabelle Jeger: Bibliothèque de Genève. Catalogue des manuscrits latins 1–376, Genf 2016, digital unter: doc/rero.ch/record/31283 [zuletzt abgerufen am 14.12.2016]

Handschriften Jena 2009 Die mittelalterlichen lateinischen Handschriften der Signaturenreihen außerhalb der Electoralis-

Gruppe (Die Handschriften der Thüringer Universitäts- und Landesbibliothek Jena; 2), bearb. von Bettina Klein-Ilbeck und Joachim Ott, Wiesbaden 2009

Handschriften Karlsruhe V, 1970 Die Handschriften der Landesbibliothek Karlsruhe, V. Die Reichenauer Handschriften. Erster Band: Die Pergamenthandschriften, hg. von Alfred Holder, Wiesbaden 1970 [Nachdruck der Ausgabe von 1906]

Handschriften Karlsruhe 6, 1914 Die Reichenauer Handschriften, beschrieben u. erläutert von Alfred Holder, Zweiter Band: Die Papierhandschriften, Fragmenta, Nachträge (Die Handschriften der Badischen Landesbibliothek in Karlsruhe 6), Leipzig/Berlin 1914

Handschriften Lucca 2015 Gabriella Pomaro: I manoscritti medievali della Biblioteca Capitolare Feliniana di Lucca (Manoscritti medievali della Toscana 6. Biblioteche e archivi 28), Florenz 2015

Handschriften München 1980 Elisabeth Klemm: Die romanischen Handschriften der Bayerischen Staatsbibliothek, Teil 1: Die Bistümer Regensburg, Passau und Salzburg, Wiesbaden 1980

Handschriften München 1994 Günter Glauche: Katalog der lateinischen Handschriften der Bayerischen Staatsbibliothek München. Die Pergamenthandschriften aus Benediktbeuern. Clm 4501–4663, Wiesbaden 1994

Handschriften München 1988 Elisabeth Klemm: Die romanischen Handschriften der Bayerischen Staatsbibliothek. Teil 2: Die Bistümer Freising und Augsburg. Verschiedene deutsche Provenienzen. Textband (Katalog der illuminierten Handschriften der Bayerischen Staatsbibliothek in München 3), Wiesbaden 1988

Handschriften München 2000 Katalog der lateinischen Handschriften der Bayerischen Staatsbibliothek. Die Pergamenthandschriften aus dem Domkapitel Freising, Bd. 1: Clm 6201–6316, neu beschr. von Günter Glauche, Wiesbaden 2000

Handschriften München 2011 Ulrike Bauer-Eberhardt: Die Illuminierten Handschriften italienischer Herkunft in der Bayerischen Staatsbibliothek, Teil 1: Vom 10. bis zur Mitte des 14. Jahrhunderts, Wiesbaden 2011

Handschriften München, UB 1968 Gisela Kornrumpf und Paul-Gerhard Völker: Die deutschen mittelalterlichen Handschriften der Universitätsbibliothek München (Die Handschriften der Universitätsbibliothek München 1), Wiesbaden 1968

Handschriften München, UB 1989 Natalia Daniel: Die lateinischen mittelalterlichen Handschriften der Universitätsbibliothek München: Die Handschriften aus der Oktavreihe, Wiesbaden 1989

Handschriften München, UB 2011 Wolfgang Müller: Die datierten Handschriften der Universitätsbibliothek München, Text- und Tafelband (Datierte Handschriften in Bibliotheken der Bundesrepublik Deutschland VI), Stuttgart 2011

Handschriften Österreich 1999ff Martina Pippal: Online-Datenbank, Illuminierte Handschriften aus Österreich ca. 780-ca.1280, ab 1999

Handschriften Stuttgart 1891 Wilhelm Heyd: Die historischen Handschriften der Königlich Öffentlichen Bibliothek zu Stuttgart. Erster Band: Die Handschriften in Folio, Stuttgart 1891

Handschriften Trier 1914 Max Keuffer und Gottfried Kentenich: Beschreibendes Verzeichnis der Handschriften der Stadtbibliothek zu Trier. Achtes Heft. Handschriften des Historischen Archivs, Trier 1914 (ND Wiesbaden 1973)

Handschriften Trier 1919 Gottfried Kentenich: Die juristischen Handschriften der Stadtbibliothek zu Trier (Beschreibendes Verzeichnis der Handschriften der Stadtbibliothek zu Trier, 9), Trier 1919

Handschriften Troyes o.J. Catalogue général des manuscrits des bibliothèques publiques de France. Departments. Série in-quarto – Tome II. Troyes. Fonds géneral, in: http://ccfr.bnf.fr/portailccfr/ jsp/index_view_direct_anonymous.jsp?record=eadcgm:EADC:D02A11816 [zuletzt abgerufen am 07.11.2016]

Hieronymus, De viris illustribus 2011 Hieronymus: De viris illustribus. Berühmte Männer, hg. von Claudia Barthold, Mühlheim ²2011

Historia Hierosolymitana 1972 Historia Hierosolymitana von Robertus Monachus in deutscher Übersetzung, hg. von Barbara Haupt, Wiesbaden 1972

Historia Iherosolimitana 2013 Damien Kempf und Marcus G. Bull: The Historia Iherosolimitana of Robert the Monk, Woodbridge 2013

Humbert von Silva Candida 1891 Humbert von Silva Candida: Libri tres adversus simoniacos, in: Libelli de lite imperatorum et pontificum saeculis XI. et XII. conscripti, hg. von Friedrich Thaner (Monumenta Germaniae Historica, Libelli de lite 1), Hannover 1891, S. 95–253

Hutten, Schriften 1862 Ulrich von Hutten: Schriften, hg. von Eduard Böcking, Bd. 3: Poetische Schriften, Aalen 1963 [ND von Leipzig 1862], S. 286*-286** (zu den Inschriften)

ICUR I, 1922 Inscriptiones Christianæ Urbis Romæ septimo sæculo antiquiores, Nova series, Bd. I Inscriptiones incertae originis, hg. von Angelo Silvagni et al., Rom 1922

ICUR II, 1935 Inscriptiones Christianæ Urbis Romæ septimo sæculo antiquiores, Nova series, Bd. II Coemeteria in viis Cornelia, Aurelia, Portuensi et Ostiensi, hg. von Angelo Silvagni et al., Rom/Vatikanstadt 1935

ICUR VII, 1983 Inscriptiones Christianæ Urbis Romæ septimo sæculo antiquiores, Bd. VII Coemeteria viarum Nomentanae et Salariae, hg. von Angelo Silvagni et al., Rom/Vatikanstadt 1983

ICUR V, 1971 Inscriptiones Christianae urbis Romae septimo saeculo antiquiores. Nova series, Bd. V Coemeteria reliqua viae Appiae, hg. von Antonio Ferrua, Vatikanstadt 1971

ILCV 1925 Inscriptiones Latinae Christianae Veteres, hg. von Ernst Diehl, Berlin 1925

Inschriften Trier 2006 Rüdiger Fuchs: Die Inschriften der Stadt Trier I (Die Deutschen Inschriften 70), Wiesbaden 2006

Inventory Western Manuscripts 1986 Inventory of Western Manuscripts in the Biblioteca Ambrosiana. From The Medieval Institute of the University of Notre Dame, The Frank M. Folson Microfilm Collection (Publications in mediaeval studies; 22, 1–3), hg. von Louis Jordan und Susan Wool, Notre Dame 1984–1989, Bd. 2, 1986, S. 163–166

Itineraria et alia Geographica 1965 Itineraria et alia Geographica, in: Corpus Christianorum. Series Latina 175, hg. von Paulus Geyer, Turnhout 1965

Liber Censuum 1910–1952 Le Liber Censuum de l'église romaine. Publié avec une introduction et un commentaire, hg. von Paul Fabre und Louis Duchesne, Paris 1910–1952

Liber Pontificalis 1886 Liber Pontificalis, Texte, introduction et commentaire (Bibliothèque des Ecoles Françaises d'Athènes et Rome), hg. von Louis Duchesne, Bd. 1, Paris 1886

Liber Pontificalis 1898 Liber pontificalis (MGH. Gesta pontificum Romanorum 1), hg. von Theodor Mommsen, Berlin 1898

Mansi 1901–1927 [Giovan Domenico] Mansi: Sacrorum conciliorum nova et amplissima collectio, hg. von Jean Baptiste Martin und Louis Petit, 31 Bände, Paris ²1901–1927

MGH Constitutiones I Constitutiones et acta publica imperatorum et regum, Bd. I Constitutiones et acta publica imperatorum et regum inde ab a. DCCCCXI usque ad a. MCXCVII (911–1197), hg. von Ludwig Weiland, Hannover 1893 (ND 2003)

MGH DO I Diplomata regum et imperatorum Germaniae (Die Urkunden der Deutschen Könige und Kaiser), Bd. I Die Urkunden Konrad I., Heinrich I. und Otto I., hg. von Theodor Sickel, Hannover 1879–1884

MGH. Poetae latini aevi Carolini I Poetae latini aevi Carolini, Bd. I (MGH. Poetae latini, 1), hg. von Ernst Dümmler, Berlin 1881

MGH. Poetae latini medii aevi 5,1 Registrum Gregorii, Monumenta Germaniae Historica, Poetae Latini 5,1, hg. von Karl Strecker, Berlin 1937

MGH. Poetae latini medii aevi 5,2 Registrum Gregorii, Monumenta Germaniae Historica, Poetae Latini 5,2, hg. von Karl Strecker, Berlin 1939

Migne, PL Patrologiae cursus completus, omnium ss. patrum, doctorum scriptorumquae ecclesiasticorum sive Latinorum, sive Graecorum. Series latina, hg. von Jacques-Paul Migne, Bd. 1–221, Paris 1844–1864

Mirabilia Urbis Romae 2014 Gerlinde Huber-Rebenich et al.: Mirabilia Urbis Romae – Wunderwerke der Stadt Rom. Einleitung, lateinischer Text, deutsche Übersetzung und Kommentar von Gerlinde Huber-Rebenich et al., Freiburg im Breisgau 2014

Monumenta Coelestiniana 1921 Monumenta Coelestiniana. Quellen zur Geschichte des Papstes Coelestin V. (Quellen und Forschungen aus dem Gebiet der Geschichte 19), hg. von Franz Xaver Seppelt, Paderborn 1921

Monumenta Diplomatica S. Dominici 1966 Monumenta Diplomatica S. Dominici (Monumenta Ordinis Fratrum Praedicatorum Historica 25), hg von Vladimir Koudelka, Rom 1966

Narducci 1887 Enrico Narducci: Catalogus Codicum Manuscriptorum praeter Orientales qui in Bibliotheca Alexandrina Romae adservantur (Catalogi Codicum Manuscriptorum praeter Grecos et Orientales qui in Bibliothecis publicis Romae adservantur. 1 Bibliotheca Alessandrina), Romae 1887

Noy 1995 David Noy: Jewish Inscriptions of Western Europe, II: The City of Rome, Cambridge 1995

Otto von Freising, Chronica 1912 Otto von Freising: Chronica sive Historia de duabus civitatibus (MGH SS rer. Germ. 4), hg. von Adolf Hofmeister, Hannover 1912

Oxyrhynchus Papyri 1927 The Oxyrhynchus Papyri. Part XVII (Graeco-Roman Memoirs, 20), hg. mit Übersetzungen und Anmerkungen von Arthur S. Hunt, London 1927

Papsturkunden 1984 Harald Zimmermann: Papsturkunden 896–1046. Erster Band: 896–996 (Österreichische Akademie der Wissenschaften. Phil.-hist. Klasse, Denkschriften, 174. Band), Wien 1984

Pax Wormatiensis 1893 Pax Wormatiensis cum Calixto II., in: MGH. Constitutiones et acta publica imperatorum et regum, Bd. 1: 911–1197, hg. von Ludwig Weiland, Hannover 1893

Perikopenbuch Heinrichs II. 1994 Das Perikopenbuch Heinrichs II. Clm 4452 der Bayerischen Staatsbibliothek München (Faksimile-Ausgabe), hg. von Florentine Mütherich und Peter Bloch, Frankfurt am Main 1994

Piccolomini, De Europa 2001 Enee Silvii Piccolominei postea Pii PP II, De Europa, hg. von Adrian van Heck (Studi e Testi; 398), Vatikanstadt 2001

Piccolomini, Europa 2005 Enea Silvio Piccolomini, Europa, hg. von Günther Frank und Paul Metzger, Übersetzung von Albrecht Hartmann, Heidelberg [u. a.] 2005

Platina 1998 Platina: On Right Pleasure and Good Health. A critical edition and translation of De Honesta Voluptate e Valetudine (Medieval and Rennaissance Text and Studies 168), hg. von Mary Ella Milham, Tempe, Arizona 1998

Platina 2015 Bartolomeo Platina: De honesta voluptate et valitudine: un trattato sui piaceri della tavola e la buona salute (Biblioteca dell'Archivum Romanicum 1; 440), hg. von Enrico Carnevale Schianca, Florenz 2015

Platynae historici liber de vita Christi 1931 Platynae historici liber de vita Christi ac omnium pontificum (aa. 1–1474) (Rerum Italicarum Scriptores. Nuova Edizione/3,1), hg. von Giacinto Gaida, Città di Castello 1931

Pontifikale Gundekarianum 1990 Das »Pontifikale Gundekarianum«. Faksimile-Ausgabe des Codex B 4 im Diözesanarchiv Eichstätt. Faksimileband und Kommentarband, hg. von Andreas Bauch und Ernst Reiter, Wiesbaden 1990

Quellen Geschichte Heinrich IV 2000 Quellen zur Geschichte Kaiser Heinrichs IV. Die Briefe Heinrichs IV – Das Lied vom Sachsenkrieg – Brunos Sachsenkrieg, neu übersetzt von Franz-Josef Schmale; Das Leben Kaiser Heinrichs IV. neu übersetzt von Irene Schmale-Ott; mit einem Nachtrag von Fabian Schwarzbauer (Ausgewählte Quellen zur deutschen Geschichte des Mittelalters 12), Darmstadt 2000 (4. Aufl.)

Quellen zur Geschichte des Papsttums 1967 Quellen zur Geschichte des Papsttums und des römischen Katholizismus, Bd. 1: Von den Anfängen bis zum Tridentinum, hg. von Carl Mirbt und Kurt Aland, Tübingen 1967 (6. völlig neu bearb. Aufl.)

Quellen zum Investiturstreit 1, 1978 Quellen zum Investiturstreit (Fontes litem de investitura illustrantes), Bd. 1: Ausgewählte Briefe Papst Gregors VII. (Ausgewählte Quellen zur deutschen Geschichte des Mittelalters 12a), hg. von Irene Schmale-Ott und Franz-Josef Schmale, Darmstadt 1978

Regesta Imperii II,5, 1998 Regesta Imperii. II Sächsisches Haus 919–1024, Teil 5 Papstregesten 911–1024, bearb. von Harald Zimmermann, Wien [u. a.] 1998

Regesta Imperii III,5,2, 2011 Regesta Imperii. III Salisches Haus (1024–1125), Teil 3, 5. Abt. Papstregesten 1024–1058, 2. Lieferung 1046–1058, bearb. von Karl Augustin Frech, Köln [u. a.] 2011

Regesta pontificum Romanorum, I 2016 Regesta Pontificum Romanorum, Bd. 1: A s. Petro usque ad a. DCIV, hg. von Philipp Jaffé, Nikolaus Herbers und Markus Schütz, Göttingen 2016 (3. verb. u. verm. Aufl.)

Regesta pontificum Romanorum II, 1875 Regesta pontificum Romanorum, Bd. 2: 1243–1304, bearb. von August Potthast, Berlin 1875

Register Gregors VII 1920–1922 Das Register Gregors VII., hg. von Erich Caspar (Monumenta Germaniae Historica, Epistolae selectae II, 1–2), Berlin 1920–22

Register Innocenz' III 1979 Die Register Innocenz' III. (Publikationen des Österreichischen Kulturinstituts in Rom, II. Abteilung: Quellen, I. Reihe, Die Register Innocenz' III, 1), hg. von Othmar Hageneder, Werner Maleczek und Alfred Strnad, Rom/Wien 1979

Registres de Boniface VIII 1884 Les registres de Boniface VIII – recueil des bulles de ce pape, hg. von Georges Digard, Maurice Faucon und Antoine Thomas, Bd. I, Paris 1884

Registres de Boniface VIII 1906 Les registres de Boniface VIII – recueil des bulles de ce pape (Bibliothèque des Ecoles françaises d'Athènes et de Rome, 2e série, fasc. 9), hg. von Georges Digard, Rom 1906

Registrum epistolarum Gregorii 1891–1899 Registrum epistolarum Gregorii papae, Monumenta Germaniae Historica, Epp. 1–2, Berlin 1891–1899

Regula Benedicti 1983 Regula Benedicti de codice Sangallensi, Faksimile mit Kommentar, hg. von P. Benedikt Probst OSB, St. Ottilien 1983

Repertorium griech. christl. Papyri 1995 Repertorium der griechischen christlichen Papyri. II: Kirchenväter-Papyri. Teil 1: Beschreibungen (Patristische Texte und Studien; 42), hg. von Kurt Aland und Hans-Udo Rosenbaum, Berlin [u. a.] 1995

Richental-Chronik 2010 Chronik des Konstanzer Konzils 1414–1418 von Ulrich Richental, eingel. und hg. von Thomas Martin Buck (Konstanzer Geschichts- und Rechtsquellen 41), Ostfildern 2010

Roth 1986 Adalbert Roth: Missale Pontificis in Nativitate Domini, Das Weihnachtsmissale Papst Alexanders VI., Cod. Borg. Lat. 425, Zürich 1986

Sachsenspiegel 2009–2010 Eike von Repgow, Sachsenspiegel. Die Heidelberger Bilderhandschrift Cod. Pal. Germ. 164. Vollständige Faksimileausgabe im Originalformat der Handschrift aus der Universitätsbibliothek Heidelberg. Textband u. Kommentarband (Codices Selecti 115), hg. von Gernot Kocher und Dietlinde Munzel-Everling (mit einem Beitrag von Karin Zimmermann), Graz 2009–2010

Sanudo, Vite dei Dogi 1900 Marin Sanudo, Le vite dei Dogi (Rerum Italicarum scriptores 22,4), hg. von Giovanni Monticolo, Città di Castello 1900

Schedel, Weltchronik 2001 Hartmann Schedel: Weltchronik. Kolorierte Gesamtausgabe von 1493 [Faksimile der deutschen Version], hg. von Stephan Füssel, Köln [u. a.] 2001

Schneider 1933 Fedor Schneider: Die Epitaphien der Päpste und andere stadtrömische Inschriften des Mittelalters (IV. bis XII. Jahrhundert) (Texte zur Kulturgeschichte des Mittelalters, 6), aus dem Nachlass hg. von Walter Holtzmann, Rom 1933

Sercambi, Croniche 1892 Le Croniche di Giovanni Sercambi. Pubblicate sui manoscritti originali (Fonti per la storia d'Italia 19–21), hg. von Salvatore Bongi, Lucca 1892

Sercambi, Croniche 2015 Le croniche di Giovanni Sercambi, lucchese, hg. von Giorgio Tori, Lucca 2015

Silvagni 1943 Angelo Silvagni: Monumenta Epigraphica Christiana saeculo XIII antiquiora quae in Italiae finibus adhuc exstant, 1. Roma, in Civitate Vaticana 1943

Steiger 2012 Uli Steiger: Vollregest zur Urkunde Urk. Lehmann 232, Heidelberg 2012. Online unter http://www.ub.uni-heidelberg.de/digi-pdf-katalogisate/sammlung30/werk/pdf/lehm232.pdf

Vasari 1906 Giorgio Vasari: Le Vite de' più eccellenti pittori scultori ed architettori, Firenze 1568 (Edition hg. von Gaetano Milanesi, Bd. I-IX), Florenz 1878–1885 [Nachdruck 1906]

Vasari o.J. Giorgio Vasari, Le vite, in: Giorgio Vasari. Le vite – Edizioni Giuntina e Torrentiana, URL: http://vasari.sns.it/vasari/consultazione/Vasari/indice.html [zuletzt abgerufen am 18. Oktober 2016]

Vigilii Tapsensis contra Arianos 1863 Vigilii Tapsensis contra Arianos, etc., Dialogus, in: Patrologia Latina 62, Paris 1863, Sp. 179–238

Vigilio di Tapso 2005 Vigilio di Tapso: Contro gli Ariani. Introduzione, traduzione e note (Collana di testi patristici, 184), hg. von Patrizia Guidi, Rom 2005

Vigilius von Thapsus 1999 Vigilius von Thapsus, <Die Disputation zwischen Arius und Athanasius>. Luthers erste Klosterlektüre, hg. von Theodor Beer und Alma von Stockhausen, Weilheim-Bierbronnen 1999

Vitae Synopsis Stephani Borgiae 1805 Vitae Synopsis Stephani Borgiae S. R. E. Cardinalis Amplisssimi S. Congregatione de Propaganda Fide Praefecti, curante P. Paulino a S. Bartholomaeo carmelita diascalceato, Romae 1805

Literaturverzeichnis

AK 799, Paderborn 1999 799 Kunst und Kultur der Karolingerzeit. Karl der Große und Papst Leo III. in Paderborn (Ausstellung Paderborn, Museum Kaiserpfalz, Diözesanmuseum, Städt. Galerie, 23.7.-1.11.1999), Bd. 1–2 Katalog der Ausstellung, Bd. 3 Beiträge zum Katalog, hg. von Christoph Stiegemann und Matthias Wemhoff, Mainz 1999

AK Advent des Buchdrucks, St. Gallen 2015–2016 Advent des Buchdrucks. Die Wiegendrucke der Stiftsbibliothek St. Gallen (Ausstellung St. Gallen, Stiftsbibliothek 28.11.2015–6.2.2016), hg. von Cornel Dora et al., St. Gallen 2015

AK Alltag und Frömmigkeit, Mühlhausen 2013 Alltag und Frömmigkeit am Vorabend der Reformation in Mitteldeutschland (Kat. zur Ausstellung »Umsonst ist der Tod«, Mühlhausen, Museum am Lindenbühl, 28.9.2013–13.4.2014), hg. von Hartmut Kühne, Enno Bünz und Thomas T. Müller, Petersberg 2013

AK Aus 1200 Jahren, München 1979 Aus 1200 Jahren. Das Bayerische Hauptstaatsarchiv zeigt seine Schätze (Ausstellung München, Bayerisches Hauptstaatsarchiv, 16.10.-16.12.1979), Neustadt a.d. Aisch 1979 [²1985]

AK Bayerns Kirche im Mittelalter, München 1960 Bayerns Kirche im Mittelalter. Handschriften und Urkunden aus Bayerischem Staatsbesitz (Ausstellung München, Juni-Oktober 1960), München 1960

AK Bernward von Hildesheim, Hildesheim 1993 Bernward von Hildesheim und die Zeit der Ottonen (Ausstellung Hildesheim, Dom- und Diözesanmuseum, 15.8.–28.11.1993), hg. von Michael Brandt und Arne Eggebrecht, Mainz 1993

AK Biblioteca Apostolica Vaticana, Köln 1992 Biblioteca Apostolica Vaticana. Liturgie und Andacht im Mittelalter (Ausstellung Köln, Erzbischöfliches Diözesanmuseum, 9.10.1992–10.1.1993), hg. von Joachim M. Plotzek, Katharina Winnekes und Stefan Kraus, Stuttgart 1992

AK Le biccherne di Siena, Rom 2002 Le biccherne di Siena: arte e finanza all'alba dell'economia moderna (Ausstellung Rom, Palazzo del Quirinale, 1.3.-13.4.2002), hg. von Alessandro Tomei, Rom 2002

AK Bonifatius, Fulda 2004 Bonifatius. Vom angelsächsischen Missionar zum Apostel der Deutschen; zum 1250. Todestag des heiligen Bonifatius (Ausstellung Fulda, Dommuseum und Vonderau-Museum 3.4.-4.7.2004), hg. von Gregor K. Stasch, Petersberg 2004

AK Bonifacio VIII, Rom 2000 Bonifacio VIII e il suo tempo. Anno 1300 il primo giubileo (Ausstellung Rom, Palazzo Venezia 12.4.–16.7.2000), hg. von Marina Righetti Tosti-Croce, Mailand 2000

AK Canossa 1077, Paderborn 2006 Canossa 1077 – Erschütterung der Welt. Geschichte, Kunst und Kultur am Aufgang der Romanik (Ausstellung Paderborn, Diözesanmuseum, 21.7.–5.11.2006), hg. von Christoph Stiegemann und Matthias Wemhoff, München 2006

AK Caritas, Paderborn 2015 Caritas. Nächstenliebe von den frühen Christen bis zur Gegenwart (Ausstellung Paderborn, Diözesanmuseum, 23.7.–13.12.2015), hg. von Christoph Stiegemann, Petersberg 2015

AK Carlo Magno a Roma, Rom 2001 Carlo Magno a Roma (Ausstellung Vatikanstadt, Musei Vaticani, 16.12.2000–31.3.2001), hg. von Giancarlo Alteri u. a., Rom 2001

AK Credo, Paderborn 2013 Credo. Christianisierung Europas im Mittelalter, Bd. 2 (Ausstellung Paderborn, Diözesanmuseum, 26.7.-3.11.2013), hg. von Christoph Stiegemann et al., Petersberg 2013

AK Documenti sul Concilio di Firenze, Florenz 1989 Documenti sul Concilio di Firenze (Ausstellung Florenz, Biblioteca Medicea Laurenziana, 18.-21.4.1990), hg. von Paolo Viti, Florenz 1989

AK Duecento, Bologna 2000 Duecento. Forme e colori del Medievo a Bologna (Ausstellung Bologna, Museo Civico Archeologico, 15.4.–16.7.2000), hg. von Massimo Medica und Stefano Tumidei, Venedig 2000

AK The Dutch world of painting, Vancouver 1986 Gary Schwartz: The Dutch world of painting (Ausstellung Vancouver, Vancouver Art Gallery, 6.4.–29.6.1986), Vancouver 1986

AK Europas Mitte um 1000, Mannheim 2001 Europas Mitte um 1000 (Ausstellung Mannheim, Reiß-Museum, 7.10.2001–

27.1.2002), hg. von Alfried Wieczorek und Hans-Martin Hinz, Katalogband, Stuttgart 2000

AK Exultet, Montecassino 1994 Exultet. Rotoli liturgici del medioevo meridionale (Ausstellung Montecassino, Abbazia di Montecassino, 20.5.–31.8.1994), hg. von Guglielmo Cavallo, Giulia Orofino und Oronzo Pecere, Rom 1994

AK Francis Bacon, Stuttgart 2016–2017 Francis Bacon: Unsichtbare Räume. Invisible Rooms (Ausstellung Stuttgart, Staatsgalerie, 7.10.2016–8.1.2017), hg. von Ina Conzen, München/London/New York 2016

AK Frühchristliche Kunst aus Rom, Essen 1962 Frühchristliche Kunst aus Rom (Ausstellung Essen, Villa Hügel, 3.9.–15.11.1962), Essen 1962

AK Georg Spalatin, Altenburg 2014 Georg Spalatin: Steuermann der Reformation (Ausstellung Altenburg, Residenzschloss und Stadtkirche St. Bartholomäi, 18.5.–2.11.2014), hg. von Armin Kohnle, Halle 2014

AK Giovanni Sercambi, Lucca 1991 Giovanni Sercambi e il suo tempo (Ausstellung Lucca, Archivio di Stato, 30.11.1991), Lucca 1991

AK Gregorio Magno, Florenz 2006 Gregorio Magno e l'invenzione del Medioevo (Ausstellung Florenz, Biblioteca Medicea Laurenziana, 7.4.–25.6.2006), hg. von Luigi Giovanni Giuseppe Ricci, Florenz 2006

AK Grenzenlos, Asbach 2004 Grenzenlos. Geschichte der Menschen am Inn (1. Bayerisch-Oberösterreichische Landesausstellung Kloster Asbach u.a., 23.4.–2.11.2004), hg. von Egon Boshof, Max Brunner und Elisabeth Vavra, Regensburg 2004

AK Habemus Papam, Rom 2006 Habemus Papam. Le elezioni pontificie da San Pietro a Benedetto XVI. Quinto centenario dei Musei Vaticani, 1506–2006 (Ausstellung Rom, Palazzo Apostolico Lateranense, 9.12.2006–7.4.2007), hg. von Francesco Buranelli, Rom 2006

AK Der heilige Leib, Frankfurt 2007 Der heilige Leib und die Leiber der Heiligen (Ausstellung Frankfurt, Haus am Dom, 23.3.-27.5.2007), hg. von Stephanie Hartmann, August Heuser und Matthias Theodor Kloft, Limburg 2007

AK Heiliges Römisches Reich, Magdeburg 2006 Heiliges Römisches Reich Deutscher Nation 962 bis 1806. Von Otto dem Großen bis zum Ausgang des Mittelalters (Ausstellung Magdeburg, Kulturhistorisches Museum, 28.8.-10.12.2006), Bd. 1: Katalog, hg. von Matthias Puhle und Claus-Peter Hasse, Dresden 2006

AK Hochrenaissance im Vatikan, Bonn 1998–1999 Hochrenaissance im Vatikan. Kunst und Kultur im Rom der Päpste 1503–1534 (Austellung Bonn, Kunst- und Ausstellungshalle der Bundesrepublik Deutschland, 11.12.1998–11.4.1999), hg. von Petra Kruse, Ostfildern 1999

AK Homer, Basel/Mannheim 2008–2009 Homer: Der Mythos von Troia in Dichtung und Kunst (Ausstellung Basel, Antikenmuseum und Sammlung Ludwig, 16.3.–17.8.2008/ Mannheim, rem 13.9.2008–18.1.2009), hg. von Joachim Latacz et al., München 2008

AK Il parato di Niccolò V, Florenz 2000 Il parato di Niccolò V per il giubileo del 1450 (Ausstellung Florenz, Museo Nazionale del Bargello, 23.6.-6.11.2000) (Mostre del Museo Nazionale del Bargello, 32), hg. von Beatrice Paolozzi Strozzi, Florenz 2000

AK Im Anfang war das Wort, St. Gallen 2012 Im Anfang war das Wort. Die Bibel im Kloster St. Gallen (Jahresausstellung St. Gallen, Stiftsbibliothek 2.12.2012–10.11.2013), hg. von Karl Schmuki u.a., St. Gallen 2012

AK Imperium der Götter, Karlsruhe 2013–2014 Imperium der Götter. Isis – Mithras – Christus. Kulte und Religionen im Römischen Reich (Ausstellung Karlsruhe, Badisches Landesmuseum, 16.11.2013–18.5.2014), Stuttgart 2013

AK Irische Buchkunst, St. Gallen 1990 Irische Buchkunst. Die irischen Handschriften der Stiftsbibliothek St. Gallen und das Faksimile des Book of Kells (Ausstellung St. Gallen, Stiftsbibliothek, 28.11.1989–3.11.1990), hg. von Peter Ochsenbein, Karl Schmuki und Anton von Euw: St. Gallen 1990

AK Jan Hus, Tabor 2015 Jan Hus 1415–2015 (Ausstellung Tabor, Husitské Muzeum / The Hussite Museum, (6.6.–31.10.2015), Tabor 2015

AK Jewish Presence in Ancient Rome, Jerusalem 1995 Joan Goodnick Westenholz: The Jewish Presence in Ancient Rome (Ausstellung Jerusalem, Bible Lands Museum 1994), Jerusalem 1995

AK Kaiser Heinrich II, Bamberg 2002 Kaiser Heinrich II. (Ausstellung Bamberg, 9.7.–20.10.2002), hg. von Josef Kirmeier et al., Augsburg 2002

AK Kaiser Karl V., Bonn 2000 Kaiser Karl V. (1500–1558). Macht und Ohnmacht Europas (Ausstellung Bonn, Kunst und Ausstellungshalle der Bundesrepublik Deutschland, 16.6.–10.9.2000), Mailand 2000

AK Karl der Große, St. Gallen 2003–2004 Karl der Große und seine Gelehrten. Zum 1200. Todesjahr Alkuins († 804) (Jahresausstellung St. Gallen; Stiftsbibliothek, 22.12.2003–14.11.2004), hg. von Ernst Tremp, Karl Schmuki und Theres Flury, St. Gallen 2004

AK Karl der Große, Orte der Macht, Aachen 2014 Karl der Grosse / charlemagne. Orte der Macht (Ausstellung Aachen, Krönungssaal u.a., 20.6.–21.9.2014), hg. von Frank Pohle, Dresden 2014

AK Karten und Atlanten, St. Gallen 2007 Karten und Atlanten. Handschriften und Drucke vom 8. Bis zum 18. Jahrhundert (Sommerausstellung St. Gallen, Stiftsbibliothek 2007), St. Gallen 2007

AK Konstantin d. Gr., Trier 2007 Konstantin der Große. Imperator Caesar Flavius Constantinus (Ausstellung Trier, Rheinisches Landesmuseum, Bischöfliches Dom- und Diözesanmuseum, Städt. Museum Simeonstift, 2.6.–4.11.2007), hg. von Alexander Demandt und Josef Engemann, Mainz 2007

AK Konstanzer Konzil, Konstanz 2014 Das Konstanzer Konzil 1414–1418, Weltereignis des Mittelalters (Ausstellung Konstanz, Konzilsgebäude, 27.4.-21.9.2014), Darmstadt 2014

AK Die Kreuzzüge, Mainz 2004 Die Kreuzzüge. Kein Krieg ist heilig (Ausstellung Mainz, Diözesanmuseum, 2.4.–30.7.2004), hg. von Hans-Jürgen Kotzur, Mainz 2004

AK Krone und Schleier, Bonn 2005 Krone und Schleier. Kunst aus mittelalterlichen Frauenklöstern, hg. von Kunst- und Ausstellungshalle der BR Deutschland, Bonn und Ruhrlandmuseum Essen, München 2005

AK Kunstschatten, 's-Gravenhage 1953 Kunstschatten uit Vaticaanstad, Italiaanse kerken en Musea (Ausstellung 's-Gravenhage, Gemeetemuseum), 's-Gravenhage 1953

AK Lucas Cranach, Kronach 1994 Lucas Cranach. Ein Maler-Unternehmer in Franken (Ausstellung Kronach, Festung Rosenberg, 17.5.–21.8.1994) (Veröffentlichungen zur Bayerischen Geschichte und Kultur, 26), hg. von Claus Grimm, Johannes Erichsen und Evamaria Brockhoff, Regensburg 1994

AK Ludwig der Bayer, Regensburg 2014 Ludwig der Bayer. Wir sind Kaiser (Bayerische Landesausstellung, Regensburg 16.5.–2.11.2014) (Veröffentlichungen zur Bayerischen Geschichte und Kultur 63), hg. von Peter Wolf et al., Augsburg 2014

AK Lux in arcana, Rom 2012 Lux in arcana: l'Archivio segreto vaticano si rivela (Ausstellung Rom, Musei Capitolini 29.2.–9.9.2012), hg. von Alessandra Gonzato et al., Rom 2012

AK Monument de l'Histoire, Avignon 2002 Monument de l'Histoire. Construire, reconstruire le Palais des Papes, XIVe-Xxe siècle (Ausstellung Avignon, Palais de Papes, 29.6.–29.9.2002), hg. von Dominique Vingtain, Avignon 2002

AK Otev i zahradu rajskou, Prag 2014 Otev i zahradu rajskou. Benediktini v s dci Evropy 800–1300 (Ausstellung Prag, Nationalgalerie, 7.11.2014–15.3.2015), Prag 2014 (englische Version: Open the Gates of Paradise, 2015)

AK Otto der Große, Magdeburg 2001 Otto der Große. Magdeburg und Europa (Ausstellung Magdeburg, Kulturhistorisches Museum, 27.8.–2.12.2001), hg. von Matthias Puhle, Mainz 2001

AK Otto der Große, Magdeburg 2012 Otto der Große und das römische Reich (Ausstellung Magdeburg, Kulturhistorisches Museum, 27.8.–9.12.2012), hg. von Matthias Puhle und Gabriele Köster, Regensburg 2012

AK I Papi della Memoria, Rom 2012 I Papi della Memoria. La storia di alcuni grandi Pontefici che hanno segnato il cammino della Chiesa e dell'Umanità… (Ausstellung Rom, Museo Nazionale di Castel Sant'Angelo, 28.6.–8.12.2012), hg. von Giulia Silvia Ghia und Federica Kappler, Rom 2012

AK Papi in Posa, Rom 2004–2005 Papi in Posa. Dal rinascimento a Giovanni Paolo II (Ausstellung Rom, Museo di Roma – Palazzo Braschi, 30.11.2004–13.2.2005), hg. von Francesco Petrucci, Rom 2004

AK Pracht auf Pergament, München 2012 Pracht auf Pergament. Schätze der Buchmalerei von 780 bis 1180 (Ausstellung München, Kunsthalle der Hypo-Kulturstiftung, 19.10.2012–13.1.2013; Bayerische Staatsbibliothek, Ausstellungskatalog Nr. 86), hg. von Claudia Fabian und Christiane Lange, München 2012

AK Raffael und Porträt Julius II, Frankfurt a.M. 2013–2014 Raffael und das Porträt Julius' II. Das Bild eines Renaissance-Papstes (Ausstellung Frankfurt a.M., Städel Museum, 8.11.2013–2.2.2014), hg. von Jochen Sander, Petersberg 2013

AK Ritter! Tod! Teufel?, Mainz 2015 Ritter! Tod! Teufel? Franz von Sickingen und die Reformation (Ausstellung Landesmuseum Mainz, 21.5.–25.10.2015), hg. von Wolfgang Breul, Regensburg 2015

AK Die Salier, Speyer 2011 AK Die Salier. Macht im Wandel (Ausstellung Speyer, Historisches Museum der Pfalz, 10.4.–30.10.2011), Speyer/München 2011

AK Savonarola, Florenz 1998 Savonarola e le sue ›reliquie‹ a San Marco (Ausstellung Florenz, Museo di San Marco, 15.12.1998–28.2.1999), Itinerario per un percorso savonaroliano nel Museo, hg. von Magnolia Scudieri und Giovanna Rasario, Florenz 1998

AK Schafe für die Ewigkeit, St. Gallen 2013 Schafe für die Ewigkeit. Handschriften und ihre Herstellung, (Ausstellung St. Gallen, Stiftsbibliothek 1.12.2013–9.11.2014), St. Gallen 2013

AK Schatzkunst Trier, Trier 1984 Schatzkunst Trier (Ausstellung Trier 1984) (Treviris sacra 3), hg. von Bischöfl. Generalvikariat Trier, bearb. von Franz J. Ronig, Trier 1984

AK Trésors des Médicis, Paris Trésors des Médicis (Ausstellung Paris, Musée Maillol, 29.9.2010–31.1.2011), hg. von Maria Sframeli, Paris 2010

AK Tu es Petrus, Regensburg 2006 AK Tu es Petrus. Bilder aus zwei Jahrtausenden (Ausstellung Regensburg, Kapitelhaus am Domkreuzgang, 29.6.-3.10.2006) (Museumsschriften des Bistums Regensburg, 2; Kataloge und Schriften. Kunstsammlungen des Bistums Regensburg, Diözesanmuseum Regensburg, 29), hg. von Hermann Reidel, Maria Baumann und Friedrich Fuchs, Regensburg 2006

AK Ulmer Geographia, Ulm 1982 Die Ulmer Geographia des Ptolemäus von 1482. Zur 500. Wiederkehr der ersten Atlasdrucklegung nördlich der Alpen (Ausstellung Ulm, Schwörhaus, 11.10.–30.11.1982; Veröffentlichungen der Stadtbibliothek Ulm, 2), bearb. von Karl-Heinz Meine, Weißenhorn 1982

AK Verbündet Verfeindet Verschwägert, Burghausen 2012 Verbündet Verfeindet Verschwägert. Bayern und Österreich (Bayerisch-Oberösterreichische Landesausstellung Burghausen u.a., 27.4.–4.11.2012), Bd. 1, hg. von Wolfgang Jahn und Evamaria Brockhoff, Augsburg 2012

AK Zeitzer Ostertafel, Zeitz 2005 Die Zeitzer Ostertafel aus dem Jahre 447 (Ausstellung Zeitz, Torhaus Moritzburg, 4.–6.11.2005) (Kleine Schriften der Vereinigten Domstifter zu Merseburg und Naumburg und des Kollegiatstifts Zeitz; Bd. 2), hg. von Eef Overgaauw und Frank-Joachim Stewing, Petersberg 2005

AK Zierde für ewige Zeit, München 1994 Hermann Fillitz, Rainer Kahsnitz und Ulrich Kuder: Zierde für ewige Zeit. Das Perikopenbuch Heinrichs II. (Ausstellung München, Bayerisches Nationalmuseum, 20.10.1994–15.1.1995; Bayerische Staatsbibliothek, Ausstellungskataloge 63), Frankfurt a.M. 1994

Acampora 2009 Laura Acampora: in: San Paolo in Vaticano. La figura e la parola dell'Apostolo delle Genti nelle raccolte pontificie (Ausstellung Vatikanstadt, 26.6.-27.9.2009), hg. von Umberto Utro, Todi 2009, S. 195, Nr. 66

Acconci/Milella 2002 Alessandra Acconci und Alessandra Milella: I calchi di mosaico di S. Maria Maggiore, in: Aurea Roma. Dalla città pagana alla città cristiana (Ausstellung Rom, Palazzo delle Esposizioni, 22.12.2000–29.4.2001), hg. von S. Ensoli und E. La Rocca, Rom 2002, S. 633–641

Accorsi 2002 Maria Letizia Accorsi: Il complesso dei SS. Silvestro e Martino ai Monti dal III al IX secolo, in: Ecclesiae Urbis. Atti del Congresso Internazionale di studi sulle chiese di Roma, Roma, 4.-10.9. 2000, hg. von Federico Guidobaldi und Alessandra Guilia Guidobaldi, Vatikanstadt 2002, S. 533–564

Alazard/La Brasca 2007 La papauté à la Rencaissance (Centre d'études superieures de la Renaissance 12), hg. von Florence Alazard und Frank La Brasca, Paris 2007

Alberigo 1991 Christian Unity: The Council of Ferrara-Florence 1438/39–1989 (Ephemerides theologicae Lovanienses. Bibliotheca 97), hg. von Giuseppe Alberigo, Leuven 1991

Almagià 1944 Roberto Almagià: Planisferi, carte nautiche e affini, dal sec. XIV al XVII esistenti nella Biblioteca Apostolica Vaticana (Monumenta Cartographica Vaticana, 1), Vatikanstadt 1944

Alteri 1997 Giancarlo Alteri: Monete e medaglie di Sisto IV dal medagliere della Biblioteca Apostolica Vaticana, Rom 1997

Alteri 2004 Giancarlo Alteri: Summorum Romanorum Pontificium Historia Nomismatibus Recensitis Illustrata, ab saeculum XV ad saeculum XX. Testo inglese a fronte, Vatikanstadt 2004

Alteri 2010 Giancarlo Alteri: L'Arte del »Picciol Cerchio«. Medaglie e monete papali della Fondazione Roma, Bd. 1, Rom 2010

Althoff 2013 Gerd Althoff: »Selig sind, die Verfolgung ausüben«. Päpste und Gewalt im Hochmittelalter, Darmstadt 2013

Altringer 1999 Lothar Altringer: Hadrian VI., in: Hochrenaissance im Vatikan. Kunst und Kultur im Rom der Päpste 1503–1534 (Austellung Bonn, Kunst- und Ausstellungshalle der Bundesrepublik Deutschland, 11.12.1998–11.4.1999), hg. von Petra Kruse, Ostfildern 1999, S. 48–54

Amati 1866 Girolamo Amati: Notizie di alcuni manoscritti dell'Archivio Segreto Vaticano, in: Archivio Storico Italiano III, 1866, S. 166–236

Andaloro 1991 Maria Andaloro: Pittura romana e pittura a Roma da Leone Magno a Giovanni VII, in: Settimane di studio del Centro Italiano di Studi sull'alto Medioevo, 39, 2, Spoleto 1991, S. 569–616

Andaloro/Romano 2000 Arte e iconografia a Roma. Da Costantino a Cola di Rienzo (Storia dell'arte 15, Di fronte e attraverso 537), hg. von Maria Andaloro und Serena Romano, Mailand 2000

Andaloro/Romano 2006 a Maria Andaloro und Serena Romano: La pittura medievale a Roma 312–1431. I Corpus. L'orizonte tardoantico e le nuove immagini 312–468, Mailand 2006

Andaloro/Romano 2006 b Maria Andaloro und Serena Romano: La pittura medievale a Roma 312–1431, II. Atlante. Percorsi visivi. Band 1: Suburbio, Vaticano, Rione Monti, Mailand 2006

Andaloro 2008 Maria Andaloro: Die Kirchen Roms. Ein Rundgang in Bildern, Mainz 2008

Andreoni 1994 Daniela Andreoni, in: Manoscritti e opere a stampa della Biblioteca Statale di Lucca (Ausstellung Lucca, Biblioteca Statale, 21.12.1994–25.1.1995), Lucca 1994

Angenendt 1997 Arnold Angenendt: Heilige und Reliquien. Die Geschichte ihres Kultes vom frühen Christentum bis zur Gegenwart, München 1997 (2., überarb. Aufl.)

Apollonj Ghetti et al. 1951 Bruno Maria Apollonj Ghetti et al.: Esplorazioni sotto la confessione di San Pietro in Vaticano eseguite negli anni 1940–1949, Vatikanstadt 1951

Appel 2016 Sabine Appel: König Heinz und Junker Jörg. Heinrich VIII. gegen Luther gegen Rom, Darmstadt 2016

Arbeiter 1988 Achim Arbeiter: Alt-St. Peter in Geschichte und Wissenschaft, Berlin 1988

Armand 1883–1887 Alfred Armand: Les médailleurs italiens des quinzième et seizième siècles, Bd. 2, Paris [2]1883, Bd. 3, Paris 1887

Árnason 1938 Hjarvardur Harvard Árnason: Early Christian Silver of North Italy and Gaul, in: The Art Bulletin, 20, 1938, S. 193–226

Arnold 1981 Klaus Arnold: Das »finstere Mittelalter«. Zur Genese und Phänomenologie eines Fehlurteils, in: Saeculum 32, 1981, S. 28–300

Aus'm Weerth 1864 Ernst Aus'm Weerth: Krone und Kronbehälter – wahrscheinlich der beiden ersten Lateinischen Kaiser flandrischen Hauses im Dome zu Namur, in: Jahrbücher des Vereins von Althertumsfreunden im Rheinlande 37, 1864, S. 169–196

Aus'm Weerth 1866 Ernst Aus'm Weerth: Das Siegeskreuz der byzantinischen Kaiser Constantinus VII. Porphyrogenitus und Romanos II. und der Hirtenstab des Apostels Petrus, Bonn 1866

Ayres 2014 Lewis Ayres: Nicaea and its legacy. An approach to fourth-century Trinitarian theology, Oxford 2014

Baaken 1985 Karin Baaken: Zur Wahl, Weihe und Krönung Papst Cölestins III., in: Deutsches Archiv zur Erforschung des Mittelalters 41, 1985, S. 203–211

Backhouse 1979 Janet Backhouse: The Illuminated Manuscript, Oxford 1979

Backhouse 1997 Janet Backhouse: The Illuminated Page. Ten Centuries of Manuscript Painting in the British Library, Toronto 1997

Bagrow/Skelton 1963 Leo Bagrow und Raleigh Ashlin Skelton: Meister der Kartographie (Wiedergabe alter Karten auf 22 Farbtafeln und 118 Tafeln in Kunstdruck, 79 Karten im Text und biographische Angaben zu 1291 Kartographen), erläuternde Texte zu den Abb. von Heinrich Winter, Berlin 1963

Bagrow/Skelton 1994 Meister der Kartographie, bearb. von Raleigh Ashlin Skelton, Berlin 1994

Baldacci 1993 Osvaldo Baldacci: La ecumene circolare borgiana. Illustrazione e commento antologico, Mailand 1993

Baldass 1954 Peter Baldass: Die Miniaturen zweier Exultet-Rollen. London Add. 30337; Vat. Barb. Lat. 592, in: Scriptorium 8,1, 1954, S. 75–88

Ballardini 2008 Antonella Ballardini: Scultura per l'arredo liturgico della Roma di Pasquale I: tra modelli paleocristiani e Flechtwerk, in: Medioevo: arte e storia, Atti del Convegno internazionale di studi, (Parma 18.-22.9.2007), hg. von Arturo Carlo Quintevalle, Parma 2008, S. 225–246 (S. 236–237, Abb. 31)

Banti/Cristiani Testi 1978 Giovanni Sercambi: Le illustrazioni delle croniche nel codice Lucchese (Studi e testi 10), hg. von Ottavio Banti und Maria Laura Cristiani Testi, Genua 1978

Barbera/Petriaggi 1993 Mariarosaria Barbera und Roberto Petriaggi: Le lucerne tardo-antiche di produzione africana (Cataloghi dei musei e gallerie d'Italia; N.S. 5), Rom 1993

Bardenhewer 1923 Otto Bardenhewer: Geschichte der altkirchlichen Literatur, Bd. 3: Das vierte Jahrhundert, Freiburg i. Br. [2]1923, S. 498–549

Barker et al. 2005 Treasures of the British Library, hg. von Nicolas Barker et al., London 2005

Barnard 1927 Francis Pierrepont Barnard: Satirical and controversial medals of the Reformation. The biceps or double-headed series, Oxford 1927

Basse 2008 Michael Basse: Von den Reformkonzilien bis zum Vorabend der Reformation (Kirchengeschichte in Einzeldarstellungen II/2), Leipzig 2008

Basse 2011 Michael Basse: Entmachtung und Selbstzerstörung des Papsttums (1302–1414) (Kirchengeschichte in Einzeldarstellungen II/1), Leipzig 2011

Battelli 1954 Giulio Battelli: I transunti di Lione del 1245, in: Mitteilungen des Instituts für Österreichische Geschichtsforschung 62, 1954, S. 336–364

Bauer, F.A. 1997 Franz Alto Bauer: Das Bild der Stadt Rom in karolingischer Zeit: Der Anonymus Einsidlensis, in: Römische Quartalschrift für christliche Altertumskunde und Kirchengeschichte 92, 1997, S. 190–228

Bauer, F.A. 1999 Franz Alto Bauer: Objekttext, in: 799 Kunst und Kultur der Karolingerzeit. Karl der Große und Papst Leo III. in Paderborn (Ausstellung Paderborn, Museum Kaiserpfalz, Diözesanmuseum, Städt. Galerie, 23.7.-1.11.1999), Bd. 1–2 Katalog der Ausstellung, hg. von Christoph Stiegemann und Matthias Wemhoff, Mainz 1999, Bd. 1, S. 607–609, Nr. IX.1

Bauer, F.A. 2004 Das Bild der Stadt Rom im Frühmittelalter. Papststiftungen im Spiegel des Liber Pontificalis von Gregor dem Dritten bis zu Leo dem Dritten, Wiesbaden 2004

Bauer, F.A. 2006 Franz Alto Bauer: Sankt Peter – Erinnerungsort in Spätantike und Mittelalter, in: Erinnerungsorte der Antike. Die römische Welt, hg. von Elke Stein-Hölkeskamp und Karl-Joachim Hölkeskamp, München 2006

Bauer, St. 2006 Stefan Bauer: The censorship and fortuna of Platina's Lives of the popes in the sixteenth century (Late medieval and early modern studies, 9), Turnhout 2006

Baumgärtel-Fleischmann 1997 Renate Baumgärtel-Fleischmann: Das Papstgrab im Bamberger Dom, in: Clemens II. Der Papst aus Bamberg (Ausstellung Bamberg, Domkapitelhaus, 9.10.-23.11.1997) (Veröffentlichungen des Erzbischöflichen Ordinariats 2), Bamberg 1997, S. 33–44

Becher 2012 Matthias Becher: Otto der Große. Kaiser und Reich. Eine Biographie, München 2012

Becker 1996 Petrus Becker: Das Erzbistum Trier. Band 8: Die Benediktinerabtei St. Eustachius/St. Matthias von Trier (Germania Sacra N.F. 34), Berlin 1996

Becker/Pilhofer 2005 Biographie und Persönlichkeit des Paulus. Studienausgabe (Wissenschaftliche Untersuchungen zum Neuen Testament 187), hg. von Eve-Marie Becker und Peter Pilhofer, Tübingen 2005

Beinhauer/Chantraine 1983 Karl W. Beinhauer und Heinrich Chantraine: Aus der Frühzeit Italiens, Archäologische Erwerbungen 1977–1983, Führungsheft (Ausstellung Mannheim, Reiß-Museum, 2.10.-31.12.1983), Mannheim 1983

Bellosi 1982 Luciano Bellosi: La ripresa tardogotica in Toscana e a Siena, in: Il gotico a Siena: miniature, pitture, oreficerie, oggetti d'arte (Ausstellung Siena, Palazzo Pubblico, 24.7.-30.10.1982), hg. von Giulietta Chelazzi Dini, Florenz 1982, S. 291–294

Berardelli/Zironda 2007 Amando Berardelli und Renato Zironda: Il medagliere die Musei Civici di Vincenza. Le medaglie papalie, Vincenza 2007

Berenson 1936 Bernard Berenson: Pitture Italiane del Rinascimento. Catalogo dei principali artisti e delle loro opere con un indice dei luoghi, Mailand 1936

Berger 1893 Samuel Berger: Histoire de la Vulgate pendant les premiers siècles du Moyen Âge, Paris 1893, S. 113–151

Berger 1994 Thomas Berger: Die Bettelorden in der Erzdiözese Mainz und in den Diözesen Speyer und Worms im 13. Jahrhundert (Quellen und Abhandlungen zur mittelrheinischen Kirchengeschichte 69), Mainz 1994

Bergmann 1998 Robert Paul Bergmann: Diptych with the portraits of Peter and Paul, in: Vatican Treasures. Early Christian, Renaissance and Baroque Art from the Papal Collections (Ausstellung Cleveland, The Cleveland Museum of Art, 8.2.-12.4.1998), hg. von Robert Bergmann und Diane De Grazia, Cleveland 1998, S. 28–29, Kat.Nr. 2

Berman 1991 Allan G. Berman: Papal Coins, New York 1991

Bernett 2007 Monika Bernett: Der Kaiserkult in Judäa unter den Herodiern und Römern. Untersuchungen zur politischen und religiösen Geschichte Judäas von 30 v. bis 66 n. Chr. (Wissenschaftliche Untersuchungen zum Neuen Testament 203), Tübingen 2007

Bernhart 1919 Max Bernhart: Die Bildnismedaillen Karls des Fünften, München 1919

Bertelli/Montevecchi 2011 Tamo. Tutta l'avventura del mosaico, hg. von Carlo Bertelli und Giovanna Montevecchi, Mailand 2011

Bertram 2008 Martin Bertram: Dekorierte Handschriften der Dekretalen Gregors IX. (Liber Extra) aus der Sicht der Text- und Handschriftenforschung, in: Marburger Jahrbuch für Kunstwissenschaften 35, 2008, S. 31–65

Berschin 1986 Walter Berschin: Biographie und Epochenstil im lateinischen Mittelalter, Bd. 1, Stuttgart 1986, S. 151–156

Bevilacqua 1997 Gabriella Bevilacqua: Le iscrizioni della catacomba di Monteverde nei Musei Vaticani, in: Le iscrizioni dei cristiani in Vaticano, hg. von Ivan Di Stefano Manzella, Vatikanstadt 1997, S. 37–43

Bezzini 2010 Marta Bezzini: Léon X et Clément VII. Le Mécénat Médicéen au service de l'église, in: Trésors des Médicis (Ausstellung Paris, Musée Maillol, 29.9.2010–31.1.2011), hg. von Maria Sframeli, Paris 2010, S. 57–59

Biagetti 1932 Biago Biagetti: L'Ordinamento delle sale, in: L'Illustrazione Vaticana, Vatikanstadt 1932, Bd. 3, S. 1045–1056

Biaggi 1992 Elio Biaggi: Monete e zecche medievali Italiane dal sec. VIII al sec. XV, Turin 1992

Bianca 1994 Concetta Bianca: I cardinali al Concilio di Firenze, in: Firenze e il Concilio del 1439, Convegno di Studi, Florenz 29.11.-2.12.1989 (Biblioteca storica toscana, Ser. 1,29), hg. von Paolo Viti, Florenz 1994, Bd. 1, S. 147–73

Bianchini 1723 Francesco Bianchini: Anastasii Bibliothecarii. De vitis romanorum pontificum ab Petro Apostolo ad S. Silvestrum cum notis variorum sub auspiciis Sanctissimi Domini Nostri Innocentii XIII Pontificis Opt. Max., vol. II, parte II, Notae et observationes ad Anastasium, Romae 1723

Bilotta 2012 Maria Alessandra Bilotta: I libri dei papi. La Curia, il Laterano e la produzione manoscritta ad uso del papato nel medioevo (sec. VI-XIII) (Studi e Testi, 465), Vatikanstadt 2012

Binsfeld 2006 Andrea Binsfeld: Vivas in deo. Die Graffiti der frühchristlichen Kirchenanlage in Trier, Trier 2006

Bischoff 1941 Bernhard Bischoff: Zur Rekonstruktion des Sangallensis ( ) und der Vorlage seiner Marginalien, in: Biblica 22, 1941, S. 147–158

Bischoff 1980 Bernhard Bischoff: Die südostdeutschen Schreibschulen und Bibliotheken in der Karolingerzeit, Teil II, Wiesbaden 1980

Bischoff/Teck 2006 Léon IX et son temps. Actes du colloque international organisé par l'Institut d'Histoire Médiévale de L'Université Marc-Bloch, Strasbourg-Eguisheim, 20.-22.6.2002 (Artem. Atelier de Recherches sur les Textes Médiévaux 8), hg. von Georges Bischoff und Benoît-Michel Teck, Turnhout 2006

Bisconti 2009 Fabrizio Bisconti: La Capsella di Samagher: Il quadro delle interpretazioni, in: Il Cristianesimo in Istria fra tarda antichità e alto medioevo. Novità e riflessioni. Atti della giornata tematica dei Seminari di Archeologia Cristiana (Rom, 8.3.2007) (Sussidi allo Studio delle Antichità Cristiane; 20), hg. von Emilio Marin und Danilo Mazzoleni, Vatikanstadt 2009, S. 217–231

Bisconti 2011 Fabrizio Bisconti: L'arcosolio di Celerina in Pretestato. Fasi e significati della decorazione pittorica, in: ders., Le pitture delle catacombe romane. Restauri e interpretazioni, Todi 2011, S. 271–286

Bizzocchi 1994 Roberto Bizzocchi: Concilio, Papato e Firenze in: Firenze e il Concilio del 1439, Convegno di Studi, Florenz 29.11.-2.12.1989 (Biblioteca storica toscana, Ser. 1,29), hg. von Paolo Viti, Florenz 1994, Bd. 1, S. 109–19

Blaauw 1994 Sible de Blaauw: Cultus et decor. Liturgia e architettura nella Roma tardoantica e medievale, Vatikanstadt 1994

Blaauw 2016 Sible de Blaauw: Die Gräber der frühen Päpste, in: Die Päpste. Amt und Herrschaft in Antike, Mittelalter und Renaissance (Die Päpste 1), hg. von Bernd Schneidmüller et al., Regensburg 2016, S. 77–99

Blänsdorf 2009 Siste viator et lege: die lateinischen Inschriften der Stadt Mainz von der Antike bis zur Neuzeit, hg. von Jürgen Blänsdorf, Mainz [2]2009

Blöcher 2012 Heidi Blöcher: Die Mitren des hohen Mittelalters, Riggisberg 2012

Blumenthal 1986 Uta-Renate Blumenthal: Humbert von Silva Candida, in: Theologische Realenzyklopädie 15, Berlin/New York 1986, S. 682–685

Bölling 2006 Jörg Bölling: Das Papstzeremoniell der Renaissance. Texte – Musik – Performanz (Tradition – Reform – Innovation 12), Frankfurt am Main 2006

Börner 1997 Die italienischen Medaillen der Renaissance und des Barock (1450 bis 1750) (Berliner Numismatische Forschungen, N.F. 5), hg. von Lore Börner, Berlin 1997

Boesch Gajano 2000 Sofia Boesch Gajano: Gregorio I, santo, in: Enciclopedia dei papi, Rom 2000, S. 546–574

Bogen/Thürlemann 2009 Steffen Bogen und Felix Thürlemann: Rom – eine Stadt in Karten von der Antike bis heute, Darmstadt 2009

Bojcov 2007 Michail A. Bojcov: Warum pflegten deutsche Könige auf Altären zu sitzen?, in: Bilder der Macht in Mittelalter und Neuzeit. Byzanz – Okzident – Russland, hg. von Gerhard Otto Oexle, Göttingen 2007, S. 243–314

Boldetti 1720 Marcantonio Boldetti: Osservazioni sopra i Cimiteri de' Santi martiri ed antichi cristiani di Roma, Roma 1720

Bolton 1991 Brenda Bolton: A show with a meaning. Innocent III's approach to the Fourth Lateran Council, 1215, in: Medieval history 1,1, 1991, S. 53–67

Bonanni 1699 Philippus Bonanni: Numismata Pontificum Romanorum Quae A Tempore Martini V. usque Ad Annum MDCXCIX vel authoritate publica, vel privato genio in lucem prodiere, Bd. 1: Continens Numismata a Martino V. usque ad Clementem VIII., Rom 1699

Bonansea 2013 Nicoletta Bonansea: Simbolo e Narrazione. Linee di sviluppo formali e ideologiche dell'iconografia di Giona tra III e VI secolo, Spoleto 2013

Borgia 1984 Le Biccherne. Tavole dipinte delle magistrature senesi (secoli XIII-XVIII), hg. von Luigi Borgia, Rom 1984

Borgolte 1995 Michael Borgolte: Petrusnachfolge und Kaiserimitation. Die Grablegen der Päpste, ihre Genese und Traditionsbildung, Göttingen [2]1995

Bork 2005 Mary L. Dudy Bork: Translating Marvels: The Spanish and Latin Versions of Columbus' First Letter Home, 1493, in: Mediterranean Studies 14, 2005, S. 44–56

Borsi 2009 Stefano Borsi: Nicolò V e Roma. Alberti, Angelico, Manetti e un grande piano urbano (Biblioteca della nuova antologia 31), Florenz 2009

Bovini 1971 Giuseppe Bovini: I mosaici di San Venanzio a Roma, in: Corsi di Cultura sull'arte ravennate e bizantina 18, 1971, S. 141–154

Branden 2007 Jean Pierre van den Branden: Un Pamphlet d'Érasme contre Jules II: Julius exclusus a coelis, in: La papauté à la Renaissance (La savoir de Mantice 12), hg. von Florence Alazard und Frank La Brasca, Paris 2007, S. 455–464

Brandenburg 1967 Hugo Brandenburg: Repertorium der christlich-antiken Sarkophage I, Wiesbaden 1967

Brandenburg 1984 Hugo Brandenburg: Überlegungen zu Ursprung und Entstehung der Katakomben Roms, in: Vivarium. Festschrift Theodor Klauser zum 90. Geburtstag (Jahrbuch für Antike und Christentum. Ergänzungsband 11), hg. von Ernst Dassmann und Klaus Thraede, Münster 1984, S. 11–49

Brandenburg 2002 Hugo Brandenburg: Die Basilika S. Paolo fuori le mura, der Apostelhymnus des Prudentius und die architektonische Ausstattung des Baues, in: Ecclesiae urbis. Atti del Congresso Internazionale di studi sulle chiese di Roma, Roma, 4.-10.9. 2000, hg. von Federico Guidobaldi und Alessandra Guilia Guidobaldi, Vatikanstadt 2002, S. 1525–1604

Brandenburg 2005–2006 Hugo Brandenburg: Die Architektur der Basilika von S. Paolo fuori le mura. Das Apostelgrab als Zentrum der Liturgie und des Märtyrerkultes, in: Mitteilungen des Deutschen Archäologischen Instituts Rom 112, 2005–2006, S. 237–275

Brandenburg 2009 Hugo Brandenburg: Die Architektur und Bauskulptur von San Paolo fuori le mura, in: Mitteilungen des Deutschen Archäologischen Instituts Rom 115, 2009, S. 143–201

Brandenburg 2013 Hugo Brandenburg: Die frühchristlichen Kirchen im Rom vom 4. bis zum 7. Jahrhundert. Der Beginn der abendländischen Kirchenbaukunst, Darmstadt 2013

Brandenburg 2016 Hugo Brandenburg: Die literarischen Quellen und die archäologischen Zeugnisse für den Aufenthalt, den Märtyrertod und die Bestattung des Apostels Petrus in Rom, in: Die Päpste. Amt und Herrschaft in Antike, Mittelalter und Renaissance (Die Päpste 1), hg. von Bernd Schneidmüller et al., Regensburg 2016, S. 39–76

Brandenburg [2017] Hugo Brandenburg: Bermerkungen zu Architektur und Ausstattung der konstantinischen Petersbasilika in Rom, in: Mitteilungen des Deutschen Archäologischen Instituts in Rom [im Druck]

Brandenburg/Ballardini/Thoenes 2015 Hugo Brandenburg, Antonella Ballardini und Christof Thoenes: Der Petersdom in Rom. Die Baugeschichte von der Antike bis heute (Petersberg 2015)

Brandis 1984 Tilo Brandis: Ein mittelhochdeutscher Papst-Kaiser-Rotulus des 15. Jahrhunderts, in: Festschrift für Albi Rosenthal, hg. von Rudolf Elvers, Tutzing 1984, S. 67–80

Brandmüller 1990 Walter Brandmüller: Das Konzil, demokratisches Kontrollorgan über den Papst? Zum Verständnis des Konstanzer Dekrets Frequens vom 9. Oktober 1417, in: Annuarium Historiae Conciliorum 16 (1984), S. 328–347; wieder abgedruckt in: Walter Brandmüller, Papst und Konzil im Großen Schisma (1378–1431). Studien und Quellen, Paderborn [u.a.] 1990, S. 243–263

Brandmüller 1997 Walter Brandmüller: Das Konzil von Konstanz 1414–1418, Bd. 1: Bis zur Abreise Sigismunds nach Narbonne, Paderborn 1991; Bd. 2: Bis zum Konzilsende, Paderborn 1997

Brandt 2006 Hartwin Brandt: Constantin und die Schlacht an der Milvischen Brücke – im Zeichen des Kreuzes, in: Erinnerungsorte der Antike. Die römische Welt, hg. von Elke Stein-Hölkeskamp und Karl-Joachim Hölkeskamp, München 2006, S. 277–288

Braun, J. 1907 Joseph Braun: Die liturgische Gewandung im Occident und Orient nach Ursprung und Entwicklung, Verwendung und Symbolik, Freiburg i. Br. 1907

Braun, K.-H. 2013 Karl-Heinz Braun: Die Konstanzer Dekrete Haec sancta und Frequens, in: Das Konstanzer Konzil 1414–1418. Weltereignis des Mittelalters (Ausstellung Konstanz, Konzilsgebäude, 27.04.-21.09.2014), Essays, hg. von Karl-Heinz Braun et al., Darmstadt 2013, S. 82–86

Braun, K.-H. et al. 2013 Das Konstanzer Konzil 1414–1418. Weltereignis des Mittelalters (Ausstellung Konstanz, Konzilsgebäude, 27.04.-21.09.2014), Essays, hg. von Karl-Heinz Braun et al., Darmstadt 2013

Breda 2015 Adele Breda: Objekttext »Retrato de Alessandro VI (1431–1503)«, in: Fernando II de Aragón. El rey que imaginó España y la abrió a Europa (Ausstellung Zaragoza, Palacio de la Aljafería, 10.3.-7.6.2015), Zaragoza 2015, S. 238–239

Brenk 1999 Beat Brenk: La cristianizzazione della domus die Valerii sul Celio a Roma, in: The Transformations of Urbs Roma in Late Antiquity (Journal of Roman Archaeology, Suppl. 33), hg. von William V. Harris, Portsmouth 1999, S. 69–84

Brenk 2005 Beat Brenk: Architettura e immagini del sacro nella tarda antichità (Studi e Ricerche di Archeologia e Storia dell'Arte, 6), Spoleto 2005

Brennecke 1992 Hans Christof Brennecke: Ecclesia in re publica, id est in imperio Romano (Optatus III 3). Das Christentum in der Gesellschaft an der Wende zum »konstantinischen Zeitalter«, in: Jahrbuch für Biblische Theologie 7, 1992, S. 209–239

Brinken 2010 Anna-Dorothee von den Brinken: Martin of Opava, in: The Encyclopedia of the Medieval Chronicle. Bd. 1: J-Z, hg. von Raymond Graeme Dunphy, Leiden 2010, S. 1085–1088

Brogi 2012 Marina Brogi: Objekttext, in: I Papi della Memoria. La storia di alcuni grandi Pontefici che hanno segnato il cammino della Chiesa e dell'Umanità... (Ausstellung Rom, Museo Nazionale di Castel Sant'Angelo, 28.6.-8.12.2012), hg. von Giulia Silvia Ghia und Federica Kappler, Rom 2012, S. 141, Nr. I,6

Brozatus 2015 Reformatio in Nummis. Annotierter Bestandskatalog der reformationsgeschichtlichen Münz- und Medaillensammlung der Stiftung Luthergedenkstätten in Sachsen-Anhalt, bearb. von Klaus-Peter Brozatus, Osnabrück 2015

Brühl 1977 Carlrichard Brühl: Purpururkunden, in: Festschrift für Helmut Beumann zum 65. Geburtstag, hg. von Kurt Ulrich Jäschke und Reinhard Wenskus, Sigmaringen 1977, S. 3–21

Bruun 1966 Patrick M. Bruun: The Roman Imperial Coinage, Vol. VII, Constantine and Licinius A.D. 313–337, London 1966

Buck 1997 Thomas Martin Buck: Admonitio und Praedicatio. Zur religiös-pastoralen Dimension von Kapitularien und kapitulariennahen Texten (507–814) (Freiburger Beiträge zur mittelalterlichen Geschichte 9), Frankfurt am Main 1997

Buonarroti 1716 Filippo Buonarroti: Osservazioni sopra alcuni frammenti di vasi antichi di vetro ornati di figure trovati ne' cimiteri di Roma, Firenze 1716

Burkhardt 2014 Stefan Burkhardt: Mediterranes Kaisertum und imperiale Ordnungen. Das lateinische Kaiserreich von Konstantinopel (Europa im Mittelalter 25), Berlin/Boston 2014

Burns 1964 Charles Burns: New light on the »Bulla« of the Council of Basle, in: The Innes Review 15, 1964, S. 92–95

Caglioti 1991 Francesco Caglioti: Mino da Fiesole, Mino del Reame, Mino da Montemignaio. Un caso chiarito di sdoppiamento di identità artistica, in: Bollettino d'arte LXVII, 1991, S. 19–86

Caglioti 2006 Francesco Caglioti: Objekttext, in: Andrea Mantegna e i Gonzaga. Rinascimento nel Castello di San Giorgio (Ausstellung Mantua, Castel San Giorgio, 16.9.2006–14.1.2007), hg. von Filippo Trevisani, Mailand/Verona 2006, S. 128–129, Kat.Nr. 1.2

Calcagnini 2006 Daniela Calcagnini: Minima Biblica. Immagini scritturistiche nell'epigrafia funeraria di Roma, Vatikanstadt 2006

Caldelli 2000 Elisabetta Caldelli: Copisti alla corte di Niccolò V, in: Niccolò V nel Sesto centenario della nascita. Atti del convegno internazionale di studi, Sarzana 8.-10.10.1998 (Studi e Testi 397), hg. von Franco Bonatti und Antonio Manfredi, Vatikanstadt 2000, S. 71–102

Cammarata 2005 Paola Cammarata: Mattonelle smaltate in architettura. Dall'argilla ai pavimenti maiolicati del Rinascimento italiano, Pesaro/Mailand 2005

Campbell 1987 Tony Campbell: The Earliest Printed Maps, London 1987

Campolongo 1996 Elisabetta Campolongo: Fei, Paolo di Giovanni, in: Dizionario Biografico degli Italiani 46, Rom 1996, S. 14–18

Cantatore 2005 Flavia Cantatore: Piante e vedute di Roma, in: La Roma di Leon Battista Alberti. Umanisti, architetti, artisti alla scoperta dell'Antico nella città del Quattrocento (Ausstellung Rom, Musei Capitolini, 24.6.-16.10.2005), hg. von Francesco Paolo Fiore, Mailand 2005, S. 166–169

Capitanio/Collareta 1987 Oreficeria sacra italiana. Museo Nazionale del Bargello (Lo Specchio del Bargello, 2), hg. von Antonella Capitanio und Marco Collareta, Florenz 1987

Caraci 1953 Giuseppe Caraci: The Italian Cartographers of the Benincasa and Peducci Families and the so-called Borgiana Map of the Vatican Library, in: Imago Mundi – International Journal for the History of Cartography 10, 1953, S. 23–45

Cárdenas 2004 Livia Cárdenas: Albrecht von Brandenburg – Herrschaft und Heilige, in: »Ich armer sundiger mensch«. Heiligen- und Reliquienkult am Übergang zum konfessionellen Zeitalter, hg. von Andreas Tacke, Göttingen 2004, S. 239–270

Carli 1981 Enzo Carli: La pittura senese del Trecento, Mailand 1981

Carrara 2004 Eliana Carrara: Objekttext, in: Masters of Florence. Glory and Genius at the Court of the Medici (Ausstellung Memphis, Tenn., The Pyramid, 23.4.-3.10.2004), hg. von Anna Maria Giusti und Cristina Acidini Luchinat, Memphis, Tenn. 2004, S. 111

Cartotti Oddasso 1963 Adriana Cartotti Oddasso: Caterina Benincasa da Siena, in: Bibliotheca Sanctorum, Istituto Giovanni XXIII della Pontificia Università Lateranense, Rom 1963, vol. III, Sp. 996–1044

Castelli 1992 Ferrara e il concilio 1438–1439. Atti del convegno di studi nel 550° anniversario del concilio dell'unione delle due chiese d'oriente e d'occidente, Ferrara 23.-24.11.1989, hg. von Patrizia Castelli, Ferrara 1992

Cecchelli 1951–52 Carlo Cecchelli: La vita di Roma nel Medio Evo, I, Le arti minori e il costume, Rom 1951–1952

Cecchi 1971 Enrichetta Cecchi: Miniature e disegni nei codici donizionani, in: Studi matildici. Atti e memorie del II convegno di studi matildici, Modena 1971, S. 43–57

Cecchini 2015 Silvia Cecchini: Biagio Biagetti e la costituzione del laboratorio di restauro delle pitture in Vaticano (1921), in: Il restauro archeologico in Italia dal 1860 al 1970. Atti della giornata di studi (Roma, Archivio di Stato, 21.3.2013), hg. von Mario Micheli, Rom 2015, S. 529–542

Cempanari 2003 Mario Cempanari: Sancta Sanctorum Lateranense. Il santuario della Scala Santa dalle origini ai nostri giorni, Rom 2003

Ceppari Ridolfi 2008 Maria A. Ceppari Ridolfi: Archivio di Stato di Siena. Museo delle Biccherne, Viterbo 2008

Chadwick 2003 Henry Chadwick: East and West. The Making of a Rift in the Church. From Apostolic Times until the Council of Florence (Oxford History of the Christian Church), Oxford 2003

Chambers 2006 David S. Chambers: Popes, Cardinals and War. The Military Church in Renaissance and Early Modern Europe, London/New York 2006

Chiabò et al. 1992 Alle origini della nuova Roma. Martino V (1417–1431). Atti del convegno Roma, 2.-5.3.1992 (Istituto storico Italiano per il medio evo. Nuovi studi storici 20), hg. von Maria Chiabò et al., Rom 1992

Chiarelli 1972 Renzo Chiarelli: Pisanello: l'opera completa del Pisanello, apparato critico, Mailand 1972

Chiesi 2015 a Benedetta Chiesi: Il ritorno del crociato (Hugo I di Vaudémont), in: Il Medioevo in viaggio (Ausstellung Florenz, Museo nazionale del Bargello, 20.3.-21.6.2015), hg. von Benedetta Chiesi, Ilaria Ciresi und Beatrice Paolozzi Strozzi, Florenz 2015, S. 174, Nr. 47

Chiesi 2015 b Benedetta Chiesi: Giovanni Sercambi (Lucca 1348–1424), Croniche, in: Il medioevo in viaggio (Ausstellung Florenz, Museo nazionale del Bargello, 20.3.-21.6.2015), hg. von Benedetta Chiesi, Ilaria Ciresi und Beatrice Paolozzi Strozzi, Florenz 2015, S. 148, Kat.Nr. 27

Chiodo 2003 Sonia Chiodo: in: Dipinti. Volume primo: Dal Duecento a Giovanni da Milano (Cataloghi della Galleria dell'Accademia di Firenze), hg. von Miklós Boskovits und Angelo Tartuferi, Florenz 2003, S. 251–284, Nr. 48 (mit weiterführender Bibliographie)

Chitarin 2002 Luigi Chitarin: Greci e Latini al Concilio di Ferrara-Firenze (1438–39), Bologna 2002

Chrambach 1987 Eva Chrambach: Die Traditionen des Klosters Formbach. Diss. Phil. München 1983, Altendorf 1987, S. 174–265 (Edition ausgewählter Stücke)

Christern-Briesenick 2003 Brigitte Christern-Briesenick: Repertorium der christlich-antiken Sarkophage, III. Frankreich, Algerien, Tunesien, Mainz 2003

Cimelia Sangallensia 2000 Cimelia Sangallensia: Hundert Kostbarkeiten aus der Stiftsbibliothek St. Gallen, St. Gallen [2]2000

Cimeliarchium 1710 Cimeliarchium seu thesaurus nummorum tam antiquissimorum quam modernorum serenissimi principis Friderici Augusti ducis Wurtembergiae, Stuttgart 1710

Clarke/Duggan 2012 Pope Alexander III (1159–1181): The Art of Survival (Church, Faith and Culture in the Medieval West), hg. von Peter D. Clarke und Anne J. Duggan, Farnham 2012

Classen 1973 Peter Classen: Das Wormser Konkordat in der deutschen Verfassungsgeschichte, in: Investiturstreit und Reichsverfassung (Vorträge und Forschungen 17), hg. von Josef Fleckenstein, Sigmaringen 1973, S. 411–460

Clauss 2001 Manfred Clauss: Kaiser und Gott. Herrscherkult im römischen Reich, München ²2001

Clauss 2007 Manfred Clauss: Konstantin der Große und seine Zeit, München 2005 (5. Aufl.)

Clauss 2008 Manfred Clauss: Christen – Bürger einer anderen Welt, Trier 2008

Clauss 2010 Manfred Clauss: Der Weg zur Wahrheit kostet Leben. Zum frühchristlichen Selbstverständnis, in: Religiöser Fundamentalismus in der römischen Kaiserzeit, hg. von Pedro Barcélo, Stuttgart 2010, S. 135–144

Clauss 2015 Manfred Clauss: Ein neuer Gott für die alte Welt. Die Geschichte des frühen Christentums, Berlin 2015

Claussen 1994 Peter Cornelius Claussen: Der Marmorbrunnen von S. Bartolomeo all'Isola in Roma oder: Immer wenn der Tiber kam, in: Georges-Bloch-Jahrbuch des Kunstgeschichtlichen Seminars der Universität Zürich 1, 1994, S. 71–91

Claussen 2006 Peter Cornelius Claussen: Antiker Marmorsessel, »Papstthron«, in: Canossa 1077 – Erschütterung der Welt. Geschichte, Kunst und Kultur am Aufgang der Romanik (Ausstellung Paderborn, Diözesanmuseum, 21.7.-5.11.2006), Bd. II Katalog, hg. von Christoph Stiegemann und Matthias Wemhoff, München 2006, S. 42 Nr. 31

Claussen 2008 Peter Cornelius Claussen: Die Kirchen der Stadt Rom im Mittelalter. 1050–1300, Bd. 2 S. Giovanni in Laterano (Corpus Cosmatorum II,2), Stuttgart 2008

CNI V, 1914 Corpus Nummorum Italicorum, Bd. 5: Lombardia (Milano), Bologna 1970 [ND von Rom 1914]

CNI XV, 1934 Corpus Nummorum Italicorum, Bd. XV, Roma, Parte I (dalla caduta dell'Impero d'Occidente al 1572), Rom 1934

Coccia, E. 1963 Edmondo Coccia: Il »titolo« equizio e la basilica dei SS. Silvestro e Martino ai Monti, in: Rivista di Archeologia Cristiana 39, 1963, S. 235–245

Coccia, St. 1993 Stefano Coccia: Il »Portus Romae« fra tarda antichità ed alto medioevo, in: La Storia economica di Roma nell'alto Medioevo alla luce dei recenti scavi archeologici, Atti del Seminario Roma 2.-3.4.1992, hg. von Lidia Paroli und Paolo Delogu, Florenz 1993, S. 177–200, S. 181–182

Collezione 1845 Collezione degli articoli pubblicati nel Diario di Roma e nelle Notizie del giorno relativi alla nuova fabbrica della basilica di S. Paolo sulla Via Ostiense dal giorno dell'infausto suo incendio nel dì 15 luglio 1823 al dì 31 dicembre 1845, con qualche nota e aggiunte, Rom 1845

Comanducci 1962 Agostino Mario Comanducci: Dizionario illustrato dei pittori, scultori, disegnatori e incisori italiani moderni e contemporanei, Mailand 1962, S. 1433–1434

Company 2000 Ximo Company: Objekttext Kat.Nr. 45, in: El Hogar de Los Borja (Ausstellung Xàtiva, Museu de l'Almodi, Antic Hospital Major, 16.12.2000–28.2.2001), hg. von Mariano González Valdovi und Vicent Pons Alòs, Valencia 2000, S. 309–310

Condello 1987 Emma Condello: I codici stefaneschi. Uno scriptorium cardinalizio del Trecento tra Roma e Avignone, in: Archivio della Società Romana di Storia Patria 110, 1987, S. 21–61

Conti 2001 Simonetta Conti: Objekttext, in: La collezione Borgia: curiosità e tesori da ogni parte del mondo (Ausstellung Velletri, Biblioteca Comunale, 31.3.-3.6.2001), hg. von Anna Germano und Marco Nocca, Neapel 2001, S. 296–298, Kat. ST.77

Corbo 1966 Anna Maria Corbo: L'attività di Paolo di Romano a Roma, in: Commentarii XVII, 1966, S. 195–226

Cordez 2015 Philippe Cordez: Schatz – Gedächtnis – Wunder. Die Objekte der Kirchen im Mittelalter (Quellen zur Geschichte und Kunst im Bistum Hildesheim 10), Regensburg 2015

Cornini 2009 Guido Cornini: Objekttext, in: San Paolo in Vaticano. La figura e la parola dell'Apostolo delle genti nelle raccolte pontificie (Ausstellung Vatikanstadt, Musei Vaticani, 26.6.-27.9.2009), hg. von Umberto Utro, Todi 2009, S. 205–206, Kat.Nr. 76

Cornini 2011 a Guido Cornini: Objekttext, in: Rome, de ses origines à la capitale d'Italie (Ausstellung Quebec, Musée de la civilisation, 11.5.2011–29.1.2012), hg. von Giovanni Gentili, Cinisello Balsamo 2011, S. 240 Kat. Nr. 94 [Englische Ausgabe: Rome. From the Origins to Italy's Capital, hg. von Giovanni Gentili, Mailand 2011]

Cornini 2011 b Guido Cornini: Objekttext, in: Rome. De ses origines à la capitale d'Italie (Ausstellung Québec, Musée de la civilisation, 11.5.2011–29.1.2012), hg. von Giovanni Gentili, Cinisello Balsamo 2011, S. 248 Kat.Nr. 156 [Englische Ausgabe: Rome. From the Origins to Italy's Capital, hg. von Giovanni Gentili, Mailand 2011]

Cornini 2015 Guido Cornini: Objekttext, in: Raffaello. Il sole delle arti (Ausstellung Venaria Reale, Reggia di Venaria Reale, Sala delle Arti, 26.9.2015–24.1.2016), hg. von Gabriele Barucca und Sylvia Ferino-Pagden, Turin 2015, S. 260–261, Kat.Nr. 70

Crivello 2005 Fabrizio Crivello: Le »Omelie sui Vangeli« di Gregorio Magno a Vercelli, Florenz 2005

Crivello 2006 Fabrizio Crivello: Objekttext, in: Canossa 1077 – Erschütterung der Welt. Geschichte, Kunst und Kultur am Aufgang der Romanik (Ausstellung Paderborn, Diözesanmuseum, 21.7.-5.11.2006), hg. von Christoph Stiegemann und Matthias Wemhoff, München 2006, S. 54, Nr. 41

Curzi 1998 Gaetano Curzi: I mosaici dell'oratorio di S. Venanzio nel Battistero Lateranense: problemi storici e vicende conservative, in: Atti del V colloquio dell'Associazione Italiana per lo Studio e la Conservazione del Mosaico, hg. von Federico Guidobaldi und Andrea Paribeni, Ravenna 1998, S. 267–282

Cuscito 2006 Giuseppe Cuscito: Bassorilievo con i busti di Pietro e Paolo, in: Petros eni. Pietro è qui (Ausstellung Vatikanstadt, Braccio di Carlo Magno, 11.10.2006–8.3.2007), hg. von Maria Cristina Carlo-Stella, Paolo Liverani und Maria Luisa Polichetti, Rom 2006, S. 211–212

D'Achille 2000 Anna Maria D'Achille: Statue di Bonifacio VIII, in: Bonifacio VIII e il suo tempo. Anno 1300 il primo giubileo (Ausstellung Rom, Palazzo Venezia 12.4.-16.7.2000), hg. von Marina Righetti Tosti-Croce, Mailand 2000, S. 133, Nr. 70–72

D'Agostino 2008 Michele Giuseppe D'Agostino: Il primato della sede di Roma, in: Leone IX (1049–54). Studio dei testi latini nella controversia greco romana nel periodo pregregoriano (Storia della Chiesa. Saggi 24), Mailand 2008

D'Arelli/Callieri 2011 Francesco D'Arelli und Pierfrancesco Callieri: Objekttext, in: A Oriente. Città, uomini e dei sulla via della Seta (Ausstellung Rom, Museo Nazionale Romano, Terme di Diocleziano, 21.10.2011–26.2.2012), hg. von Francesco D'Arelli und Pierfrancesco Callieri, Mailand/Verona 2011, S. 134, n. 72

Dabbene 2003 Laura Dabbene: in: La sapienza degli angeli. Nonantola e gli Scriptoria padani nell'Medioevo (Ausstellung Nonantola, Museo Benedettino d'arte sacra 5.4.-20.6.2003), hg. von Giuseppa Z. Zancchelli und Mariapia Branchi, Modena 2003, S. 165

DACL 1914 Dictionnaire d'archéologie chrétienne et de liturgie, hg. von Fernand Cabrol und Henri Leclercq, Bd. III.2, Paris 1914

Dacos 2008 Nicole Dacos: Le Logge di Raffaello. L'antico, la Bibbia, la bottega, la fortuna, Mailand/Vatikanstadt 2008

Dahlhaus 1996 Joachim Dahlhaus: Aufkommen und Bedeutung der Rota in der Papsturkunde, in: Graphische Symbole in mittelalterlichen Urkunden. Beiträge zur diplomatischen Semiotik (Historische Hilfswissenschaften 3), hg. von Peter Rück, Sigmaringen 1996, S. 407–423

Dahmen 2014 Karsten Dahmen: Objekttext, in: Thilo von Trotha. Merseburgs legendärer Kirchenfürst (Ausstellung Merseburg, Dom und Kulturhistorisches Museum, 10.8.-2.11.2014) (Schriftenreihe der Vereinigten Domstifter zu Merseburg und Naumburg und des Kollegiatstiftes Zeitz, 7), hg. von Markus Cottin, Claudia Kunde und Holger Kunde, Petersberg 2014, S. 168 Nr. II 6 mit Abb.

Daltrop 1986 Georg Daltrop: Die Laokoongruppe im Vatikan. Ein Kapitel aus der römischen Museumsgeschichte und der Antiken-Erkundung, Konstanz ²1986

Davenport 1985 John S. Davenport: European Crowns 1484–1600, Frankfurt ²1985

De Angelis 2008 Maria Antonietta De Angelis: Sala IX, in: La Pinacoteca Vaticana. Catalogo dell'Esposizione, Vatikanstadt 2008, S. 148–150, Nr. 9 S. 154

De Benedictis 1986 Cristina De Benedictis: Pittura e miniatura del Duecento e del Trecento in terra di Siena, in: La Pittura in Italia. Il Duecento e il Trecento, hg. von Enrico Castelnuovo, Mailand 1986, Bd. I, S. 325–363

De Laurentiis 2014 Elena De Laurentiis: La collezione di ›Italian illuminated cuttings‹ della British Library: nuove miniature di Simonzio Lupi da Bergamo, Giovanni Battista Castello il Genovese e Sante Avanzini, in: Il codice miniato in Europa. Libri per la chiesa, per la città, per la corte, hg. von Giordana Mariani Canova und Alessandra Perricciolì Saggese, Padova 2014, S. 673–695

De Laurentiis 2015 Elena De Laurentiis: Magnifiche gesta. I Trionfi di Carlo V, in: Alumina: pagine miniate 49, 2015, S. 6–19

De Lorenzi 1983 Medaglie di Pisanello e della sua cerchia (Mostre del Museo Nazionale del Bargello, 1), hg. von Giovanna de Lorenzi, Florenz 1983

De Meyere 1981 Jan van Scorel 1495–1562: schilder voor prinsen en prelaten, hg. von J.A.L. de Meyere, Utrecht 1981

De Paepe 2014 Pantxika De Paepe, Angebliche Reliquie vom Mantel des Jan Hus, in: Das Konstanzer Konzil 1414–1418, Weltereignis des Mittelalters (Ausstellung Konstanz, Konzilsgebäude, 27.4.-21.9.2014), Darmstadt 2014, S. 302, Nr. 201

De Rossi 1868 a Giovanni Battista de Rossi: Utensili cristiani scoperti a Porto, in: Bullettino di Archeologia Cristiana, VI, 1868, S. 33–44

De Rossi 1868 b Giovanni Battista de Rossi: Insigne lucerna di bronzo trovata negli scavi di Porto, in: Bullettino di Archeologia Cristiana, VI, 1868, S. 77–79

De Rossi [1878–1894] Giovanni Battista de Rossi: Catalogo del Museo Sacro Vaticano [Rom, zwischen 1878 und 1894] (= Biblioteca Apostolica Vaticana, ms., Arch. Bibl. 66A)

De Rossi 1887 Giovanni Battista de Rossi: Lamina di bronzo con i busti degli apostoli Pietro e Paolo, in: Bullettino di Archeologia Cristiana, V, 1887, S. 130–133, Taf. X, 2

De Rossi 1899 Giovanni Batista De Rossi: Musaici cristiani e saggi dei pavimenti delle chiese di Roma anteriori al secolo XV: Tavole cromo-litografiche con cenni storici, Rom 1899

DeSilva 2016 Jennifer Mara DeSilva: Articulating Work and Family: Lay Papal Relatives in the Papal States, 1420–1549, in: Renaissance Quarterly 69, 2016, S. 1–39

De Simone 2011 Gerardo De Simone: Objekttext, in: Melozzo da Forlì. L'umana bellezza tra Piero della Francesca e Raffaello (Ausstellung Forlì, Musei di S. Domenico, 19.1.-12.6.2011), hg. von Daniele Benati, Mauro Natale und Antonio Paolucci, Cinisello Balsamo 2011, S. 230–231, Kat.Nr. 51

De Vita/Morello 1984 Carmen De Vita und Giovanni Morello: Objekttext, in: Raffaello in Vaticano (Ausstellung Vatikanstadt, Braccio di Carlo Magno, 16.10.1984–16.1.1985), hg. von Fabrizio Mancinelli, Anna Maria De Strobel und Giovanni Morello, Mailand 1984, S. 50–51, Kat.Nr. 32

Decaluwé/Izbicki/Christianson 2017 A Companion to the Council of Basel (Brill's Companions to the Christian Tradition 74), hg. von Michiel Decaluwé, Thomas M. Izbicki und Gerald Christianson, Leiden/Boston 2017

Decretales pictae 2012 Decretales pictae. Le miniature nei manoscritti delle Decretali di Gregorio IX (2012), Onlinepublikation unter: http://dhi-roma.it/fileadmin/user_upload/pdf-dateien/Online-Publikationen/Decretales_pictae/Bertram-DiPaolo_Decretales-pictae.pdf

Delbrueck 1929 Richard Delbrueck: Die Consulardiptychen und verwandte Denkmäler, Berlin/Leipzig 1929

Delgado 2017 Mariano Delgado: Petrusdienst an der Einheit der Christen und Hüter der Menschheitsfamilie. Auf dem Weg zu einem Papsttum für das 3. Jahrtausend, in: Die Päpste und ihr Amt zwischen Einheit und Vielheit der Kirche (Die Päpste 4), hg. von Stefan Weinfurter et al., Regensburg 2017, S. 245–274

Deliyannis 2014 Deborah Deliyannis: The Roman Liber Pontificalis, Papal Primacy, and the Acacian Schism, in: Viator 45,2, 2014, S. 1–16

Dellermann 2005 Rudolf Dellermann: Die Fresken zum Frieden von Venedig (1177) in der mittelalterlichen Nikolauskapelle des Dogenpalastes und der Kodex Correr I 383, in: Der unbestechliche Blick. Lo sguardo incorruttibile. Festschrift zu Ehren von Wolfgang Wolters. Zu seinem siebzigsten Geburtstag, hg. von Martin Gaier et al., Trier 2005, S. 271–281

Dendorfer 2008 Jürgen Dendorfer: »Habita [...] plenissima informatione«. Zur Kurienreform Papst Alexanders VI. (1497), in: Information in der Frühen Neuzeit. Status, Bestände, Strategien (Pluralisierung und Autorität 16), hg. von Arndt Brendecke, Markus Friedrich und Susanne Friedrich, Münster 2008, S. 84–108

Dendorfer 2010 a Jürgen Dendorfer: Das Wormser Konkordat – ein Schritt auf dem Weg zur Feudalisierung der Reichsverfassung?, in: Das Lehnswesen im Hochmittelalter. Forschungskonstrukte – Quellenbefunde – Deutungsrelevanz (Mittelalter-Forschungen 34), hg. von Jürgen Dendorfer und Roman Deutinger, Ostfildern 2010, S. 299–328

Dendorfer 2010 b Jürgen Dendorfer: Die Kurie kehrt zurück – das erneuerte Rom der Päpste und Kardinäle im Quattrocento, in: Rom – Nabel der Welt. Macht, Glaube, Kultur von der Antike bis heute, hg. von Jochen Johrendt und Romedio Schmitz-Esser, Darmstadt 2010, S. 103–115

Dendorfer 2012 a Jürgen Dendorfer: Die »Reformatio generalis« des Nikolaus von Kues zwischen den konziliaren Traditionen zur Reform »in capite« und den Neuansätzen unter Papst Pius II. (1458–1464), in: Renovatio et unitas. Nikolaus von Kues als Reformer (Berliner Mittelalter- und Frühneuzeitforschung 13), hg. von Thomas Frenz und Norbert Winkler, Göttingen 2012, S. 137–155

Dendorfer 2012 b Jürgen Dendorfer: Veränderungen durch das Konzil? Spuren der Wirkungen des konziliaren Zeitalters auf die Kurie unter Papst Eugen IV., in: Das Ende des konziliaren Zeitalters (1440–1450). Versuch einer Bilanz (Schriften des Historischen Kollegs 86), hg. von Heribert Müller unter Mitarbeit von Elisabeth Müller-Luckner, München 2012, S. 105–132

Dendorfer/Lützelschwab 2013 Die Kardinäle des Mittelalters und der Renaissance. Integration, Kommunikation, Habitus. I cardinali del medioevo e del primo Rinascimento. Integrazione, comunicazione, habitus (Millenio medievale 95), hg. von Jürgen Dendorfer und Ralf Lützelschwab, Florenz 2013

Dendorfer/Märtl 2008 Nach dem Basler Konzil. Die Neuordnung der Kirche zwischen Konziliarismus und monarchischem Papat (ca. 1450–1475) (Pluralisierung und Autorität 13), hg. von Jürgen Dendorfer und Claudia Märtl, Münster 2008

Denzinger/Hünermann 2010 Heinrich Denzinger: Kompendium der Glaubensbekenntnisse und kirchlichen Lehrentscheidungen. Verbessert, erweitert, ins Deutsche übertragen und unter Mitarbeit von Helmut Holping hg. von Peter Hünermann, Freiburg 2010 (43. Aufl.)

Dephoff 1930 Joseph Dephoff: Zum Urkunden- und Kanzleiwesen des Konzils von Basel (Geschichtliche Darstellungen und Quellen 12), Hildesheim 1930

Dercks 2009 Ute Dercks: »Inter duos pontes«: das Adler-Schlangen Kapitell in der Krypta von San Bartolomeo all'Isola in Rom, in: Mitteilungen des Kunsthistorischen Institutes in Florenz 53, 2009 (2011), 2/3, S. 355–363

Depeyrot 1998 Georges Depeyrot: Le numeraire carolingien (Collection Moneta 77), Wetteren 1998

Descemet 1880 Charles Descemet: Inventario descrittivo delle Pitture Medievali e cristiane contenute nelle XX vetrine della Vaticana, Rom 1880

Destombes 1964 Mappemondes A.D. 1200 – 1500 (Imago Mundi, suppl. 4), hg. von Marcel Destombes, Amsterdam 1964

Detoni 2006 Sereno Detoni: Giovanni IV papa dalmata, Vatikanstadt 2006

Devreux/Felice 2009 Guy Devreux und Andrea Felice: Il Laboratorio di Restauro Marmi e Calchi: cenni storici, in: I Musei Vaticani nell'80° anniversario della firma dei Patti Lateranensi 1929–2009, hg. von Antonio Paolucci und Cristina Pantanella, Florenz 2009, S. 345–351

Didier 2003 Robert Didier: Œuvres de l'atelier d'Oignies et d'autres ateliers, in: Autour de Hugo d'Oignies (Ausstellung Namur, Musée des arts anciens du Namurois, 29.5.-30.11.2003), hg. von Robert Didier und Jacques Toussaint, Namur 2003, S. 319–384

Diefenbach 2007 Steffen Diefenbach: Römische Erinnerungsräume. Heiligenmemoria und kollektive Identitäten im Rom des 3. bis 5. Jahrhunderts n. Chr., Berlin/New York 2007

Di Teodoro 1998 Francesco P. Di Teodoro: Ritratto di Leone X di Raffaello Sanzio, Mailand 1998

Döllinger 1991 Ignaz von Döllinger: Papstfabeln des Mittelalters. Neuausgabe von Georg Landmann auf der Grundlage der Erstausgabe 1863, Kettwig 1991

Dold 1941 Alban Dold: Neue Teile der ältesten Vulgata-Evangelienhandschrift aus dem 5. Jahrhundert, in: Biblica 22, 1941, S. 105–146

Donner 2002 Herbert Donner: Pilgerfahrt ins Heilige Land. Die ältesten Berichte christlicher Palästinapilger (4.-7. Jh.), Stuttgart [2]2002

Dora 2000 Cornel Dora: Die Vita Gregorii des Anonymus von Whitby, in: Cimelia Sangallensia. Hundert Kostbarkeiten aus der Stiftsbibliothek St. Gallen, St. Gallen [2]2000, S. 42–43

Drabek 1976 Anna M. Drabek: Die Verträge der fränkischen und deutschen Herrscher mit dem Papsttum von 754 bis 1020 (Veröffentlichungen des Instituts für Österreichische Geschichtsforschung 22), Wien/Köln/Graz 1976, S. 67–72

Dresken-Weiland 1998 Jutta Dresken-Weiland: Repertorium der Christlich-Antiken Sarkophage, II, Italien mit einem Nachtrag Rom und Ostia, Dalmatien, Museen der Welt, Mainz 1998

Dresken-Weiland 2010 Jutta Dresken-Weiland: Bild, Grab und Wort. Untersuchungen zu Jenseitsvorstellungen von Christen des 3.-6. Jahrhunderts, Regensburg 2010

Dresken-Weiland 2011 a Jutta Dresken-Weiland: Petrusdarstellungen und ihre Bedeutung in der frühchristlichen Kunst, in: Petrus in Rom. Akten der IV. Tagung zur frühen Kirchengeschichte im Campo Santo Teutonico 2010, hg. von Stefan Heid, Freiburg 2011, S. 147–149 Abb. 10

Dresken-Weiland 2011 b Jutta Dresken-Weiland: Petrusdarstellungen und ihre Bedeutung in der frühchristlichen Kunst, in: Petrus in Rom. Akten der IV. Tagung zur frühen Kirchengeschichte im Campo Santo Teutonico 2010, hg. von Stefan Heid, Freiburg 2011, S. 130–136

Dresken-Weiland 2012 Jutta Dresken-Weiland: Tod und Jenseits in antiken christlichen Grabinschriften, in: Himmel – Paradies – Schalom. Tod und Jenseits in christlichen und jüdischen Grabinschriften der Antike (Handbuch zur Geschichte des Todes im frühen Christentum und seiner Umwelt 1), hg. von Jutta Dresken-Weiland, Andreas Angerstorfer und Andreas Merkt, Regensburg 2012, S. 71–275

Dresken-Weiland 2014 Jutta Dresken-Weiland: Laien, Kleriker, Märtyrer und die unterirdischen Friedhöfe Roms im 3. Jh., in: Antiquité tardive – Late Antiquity – Spätantike – Tarda Antichità. Revue Internationale d'Histoire et d'Archéologie (Ive-VIIIe siècle) 22, 2014, S. 287–296

Duft/Meyer 1953 Johannes Duft und Peter Meyer: Die irischen Miniaturen der Stiftsbibliothek St. Gallen, Olten 1953

Duprè Theseider 2000 Eugenio Duprè Theseider: Bonifacio VIII, in: Enciclopedia dei papi, Bd. 2, Rom 2000, S. 472–493

Dyggve 1951 Ejnar Dyggve: History of Salonitan Christianity, Oslo 1951

Dykmans 1961 Marc Dykmans, Le Cérémonial papal de la fin du Moyen Âge à la Renaissance. Tome II: De Rome en Avignon ou le Cérémonial de Jacques Stefaneschi, Rome 1961

EAA, Atlante forme ceramiche 1981 Enciclopedia dell'Arte Antica. Atlante delle forme ceramiche, Bd. I ceramica fine romana nel bacino Mediterraneo (medio e tardo impero), Rom 1981

Eck 2007 Werner Eck: Rom und Judaea. Fünf Vorträge zur römischen Herrschaft in Palästina, *Tübingen 2007*

Egger 2013 Franz Egger: Holznagel, angeblich vom Gefängnis des Jan Hus in Gottlieben, in: Historisches Museum Basel. Jahresbericht 2013, S. 81. Online unter http://www.hmb.ch/fileadmin/user_upload/Inhalte/PDF/Jahresberichte/HMB_JB_2013.pdf [zuletzt abgerufen am 10.01.2017]

Egger 2014 Franz Egger: Objekttext Nr. 202. »Holznagel«, in: Das Konstanzer Konzil 1414–1418. Weltereignis des Mittelalters (Ausstellung Konstanz, Konzilsgebäude, 27.4.-21.9.2014), Darmstadt 2014, S. 302

Ehler 2012 Elisabeth Ehler: Figürliche Loculusplatten aus dem frühchristlichen Rom, Marburg 2012 (Elektronische Publikation)

Ehlers 2009 Joachim Ehlers: Geschichte Frankreichs im Mittelalter, Stuttgart 1987, Darmstadt 2009 (überarb. Neuaufl.)

Ehrle 1890 Franz Ehrle: Historia Bibliothecae Romanorum pontificum tum Bonifatianae tum Avenionensis, Bd. 1, Roma 1890

Eich 2016 Peter Eich: Gregor der Große. Bischof von Rom zwischen Antike und Mittelalter, Paderborn 2016

Eichmann 1951 Eduard Eichmann: Weihe und Krönung des Papstes im Mittelalter. Aus dem Nachlass hg. von Klaus Mörsdorf, München 1951

Eilenstein 2011 Harry Eilenstein: Isis. Die Geschichte der Göttin von der Steinzeit bis heute, Norderstedt 2011

Elze 1952 Reinhard Elze: Das Sacrum Palatium Lateranense im 10. Und 11. Jahrhundert, in: Studi Gregoriani 4, 1952, S. 27–54

Elze 1956–1957 Reinhard Elze: Der Liber Censuum des Cencius (Cod. Vat. Lat. 8486) von 1192 bis 1228: Zur Überlieferung des Kaiserkrönungsordo Cencius II., in: Archivio paleografico italiano, N.S. 2/3, 1956/57, S. 251–270

Embach 2012 Michael Embach: Klageverse auf den verstorbenen Kaiser Otto II. aus dem Registrum Gregorii, in: Otto der Große und das römische Reich (Ausstellung Magdeburg, Kulturhistorisches Museum, 27.8.-9.12.2012), hg. von Matthias

Puhle und Gabriele Köster, Regensburg 2012, S. 656–658, V.56

Embach 2013 Michael Embach: Hundert Highlights. Kostbare Handschriften und Drucke der Stadtbibliothek Trier, Regensburg 2013

Engels 1997 Odilo Engels: Tiara, in: Lexikon des Mittelalters 8, 1997, Sp. 759–760

Engelsing/Foege 2014 Tobias Engelsing und Lisa Foege: Konstanz um 1414 – städtischer Alltag zur Zeit des Konzils: Führer zur gleichnamigen Ausstellung im Rosgartenmuseum Konstanz, Konstanz 2014

Erhart/Zettler 2015 Peter Erhart und Alfons Zettler: Das Itinerarium Einsidlense oder der Falz als Weg, in: Vedi Napoli e poi muori – Grand Tour der Mönche (Ausstellung St. Gallen, Stiftsbezirk, 4.9.-30.11.2014), hg. von Peter Erhart und Jakob Kuratli Hüeblin, St. Gallen 2014, S. 38–59

Ersch/Gruber 1823 Allgemeine Enzyklopädie der Wissenschaften und Künste, hg. von Johann Samuel Ersch und Johann Gottfried Gruber, Bd. 11, Leipzig 1823, S. 30–31

Ertl 2007 Thomas Ertl: Stoffspektakel. Zur Funktion von Kleidern und Textilien am spätmittelalterlichen Papsthof, in: Quellen und Forschungen aus italienischen Archiven und Bibliotheken 87, 2007, S. 139–185

Erwin 2009 Holger Erwin: Machtansprüche. Das herrscherliche Gestaltungsrecht »ex plenitudine potestatis« in der Frühen Neuzeit, Köln/Weimar/Wien 2009

Esch 2016 Arnold Esch: Rom. Vom Mittelalter zur Renaissance 1378–1484, München 2016

Esders/Mierau 2000 Stefan Esders und Heike Mierau: Der althochdeutsche Klerikereid. Bischöfliche Diözesangewalt, kirchliches Benefizialwesen und volkssprachliche Rechtspraxis im frühmittelalterlichen Baiern (Monumenta Germaniae Historica, Studien und Texte Bd. 28), Hannover 2000, S. 33–34 u. S. 187

Euw 1985 Anton von Euw: Das Titelbild der Klementinen in Codex 86 der Stiftsbibliothek St. Gallen, in: Studien zur mittelalterlichen Kunst 800–1250. Festschrift für Florentine Mütherich zum 70. Geburtstag, hg. von Katharina Bierbrauer et al., München 1985, S. 81–86

Euw 2008 Anton von Euw: Die St. Galler Buchkunst vom 8. Bis zum Ende des 11. Jahrhunderts (= Monasterium Sancti Galli 3), St. Gallen 2008, Bd. 1, S. 262–270 und 534–537

Euw/Schreiner 1991 Kaiserin Theophanu. Begegnungen des Ostens und Westens. Gedenkschrift des Kölner Schnütgen-Museums zum 1000. Todesjahr der Kaiserin, hg. von Anton von Euw und Peter Schreiner, Köln 1991

Fabisch 2008 Peter Fabisch: Iulius exclusus e coelis. Motive und Tendenzen gallikanischer und bibelhumanistischer Papstkritik im Umfeld des Erasmus (Reformationsgeschichtliche Studien und Texte 152), Münster 2008

Fabre 1883 Paul Fabre: Étude sur un manuscrit du Liber Censuum de Cencius Camerarius, in: École française de Rome. Mélanges d'archéologie et d'histoire 3, 1883, S. 328–372

Fabre 1892 Paul Fabre: Étude sur le Liber Censuum de l'église romaine (Bibliothèque des Écoles Françaises d'Athènes et de Rome; 62), Paris 1892

Faedo 1978 Lucia Faedo: Per una classificazione preliminare dei vetri dorati tardoromani, in: Annali della Scuola Normale Superiore di Pisa, Classe di Lettere e Filosofia 8, 1978, S. 1025–1070

Falchetta 2006 Piero Falchetta: Fra Mauro's World Map, with a Commentary and Translation of the Inscriptions, Turnhout 2006

Faries 2011 Molly Faries: Catalogue of paintings 1363–1600. Centraal Museum Utrecht, Utrecht 2011

Fees 2016 Irmgard Fees: Rota und Siegel der Päpste in der zweiten Hälfte des 11. Jahrhunderts, in: Zwischen Rom und Santiago. Festschrift für Klaus Herbers zum 65. Geburtstag. Beiträge seiner Freunde und Weggefährten, dargereicht von seinen Schülerinnen und Schülern, hg. von Claudia Alraum et al., Bochum 2016, S. 285–298

Felten 2002 Franz Felten: Päpstliche Personalpolitik? Über Handlungsspielräume des Papstes in der ersten Hälfte des 14. Jahrhunderts, in: Historisches Jahrbuch 122, 2002, S. 43–86

Felten 2011 Franz Felten: Gregor IX. als Reformer von Orden und Klöstern, in: Gregorio IX e gli ordini mendicanti. Atti del XXXVIII Convegno internazionale, Assisi, 7.-9.10.2010, Spoleto 2011, S. 3–71

Felten/Jarnut/Padberg 2007 Bonifatius – Leben und Nachwirken. Die Gestaltung des christlichen Europa im Frühmittelalter (Quellen und Abhandlungen zur mittelrheinischen Kirchengeschichte; 121), hg. von Franz Felten, Jörg Jarnut und Lutz E. von Padberg, Mainz 2007

Ferraris 1995 Giuseppe Ferraris: Le chiese »stazionali« delle rogazioni minori a Vercelli dal sec. X al sec. XIV, hg. von Giorgio Tibaldeschi, Vercelli 1995, S. 89 und 245

Ferrua 1962 Antonio Ferrua: Paralipomeni di Giona, in: Rivista di archeologia cristiana XXXVIII, 1962, S. 7–69

Ferrua 1981 Antonio Ferrua: Nuove correzioni alla silloge del Diehl, Rom 1981

Ficker 1890 Johannes Ficker: Altchristliche Bildwerke im Christlichen Museum des Lateran, Leipzig 1890

Filippi 2000 Giorgio Filippi: Epitaffio in greco di Aster, in: Pietro e Paolo. La storia, il culto, la memoria nei primi secoli (Ausstellung Rom, Palazzo della Cancelleria, 30.6.-10.12.2000), hg. von Angela Donati et al., Rom 2000, S. 193–194, Nr. 12

Filippi 2001 Giorgio Filippi: Lastra di ciborio da Porto, con la menzione del pontificato di Leone III (795–816), in: Carlo Magno a Roma (Ausstellung Vatikanstadt, Musei Vaticani, 16.12.2000–31.3.2001), Rom 2001, S. 158–160

Filippi 2005–2006 Giorgio Filippi: Die Ergebnisse der neuen Grabungen am Grab des Apostels Paulus, in: Mitteilungen des Deutschen Archäologischen Instituts Rom 112, 2005–2006, S. 277–292

Filippi/Docci 2012 [2014] Giorgio Filippi und Marina Docci: La basilica di San Paolo dalle origini all'età moderna, in: Roma moderna e contemporanea XX, 2012,2 [2014], S. 599–680

Fillitz 2005 Hermann Fillitz: Papst Clemens VII. und Michelango. Das Jüngste Gericht in der Sixtinischen Kapelle, Wien 2005

Fiorentini Roncuzzi 1971 Isotta Fiorentini Roncuzzi: Arte e tecnologia del mosaico, Ravenna 1971

Fleming 1999 The Late Medieval Pope Prophecies: The Genus nequam Group (Medieval and Renaissance Texts and Studies 204), hg. von Martha H. Fleming, Tempe 1999

Floryszczak 2005 Silke Floryszczak: Die Regula pastoralis Gregors des Großen. Studien zu Text, kirchenpolitischer Bedeutung und Rezeption in der Karolingerzeit (Studien und Texte zu Antike und Christentum; 26), Tübingen 2005

Fourlas 2006 Benjamin Fourlas: Eine Statuette des thronenden Petrus: Nachbildung einer Monumentalstatue des Apostelfürsten im spätantiken Rom?, in: AK Tu es Petrus. Bilder aus zwei Jahrtausenden (Ausstellung Regensburg, Kapitelhaus am Domkreuzgang, 29.6.-3.10.2006) (Museumsschriften des Bistums Regensburg, 2; Kataloge und Schriften. Kunstsammlungen des Bistums Regensburg, Diözesanmuseum Regensburg, 29), hg. von Hermann Reidel, Maria Baumann und Friedrich Fuchs, Regensburg 2006, S. 79–85

Foville 1912 Jean de Foville: Médailleurs de la Renaissance. Camelio, in: Revue de l'art ancien et moderne 22, 1912, S. 273–288

Franchi 1992 Elisabetta Franchi: Le matrici in gesso per lucerne del Museo Archeologico di Milano: aspetti di una produzione nell'Africa Proconsolare cristiana, in: Notizie dal Chiostro del Monastero Maggiore, 49–50, 1992, S. 103–140

Frech 2006 Karl Augustin Frech: Die Urkunden Leos IX.: einige Beobachtungen, in: Léon IX et son temps. Actes du colloque international organisé par l'Istitut d'Histoire Médiévale de l'Université Marc Bloch, Strasbourg-Eguisheim, 20–22.6.2002 (Atelier de recherches sur les textes médiévaux 8), hg. von Georges Bischoff und Benoît-Michel Tock, Turnhout 2006, S. 161–186

Frenz 2000 a Thomas Frenz: Papsturkunden des Mittelalters und der Neuzeit, Stuttgart 2000 (2., aktualisierte Aufl.)

Frenz 2000 b Papst Innozenz III. Weichensteller der Geschichte Europas, hg. von Thomas Frenz, Stuttgart 2000

Frenz 2009 Thomas Frenz: Das Papsttum als der lachende Dritte? Die Konsolidierung der weltlichen Herrschaft der Päpste unter Innocenz III., in: Staufer und Welfen. Zwei rivalisierende Dynastien im Hochmittelalter, hg. von Werner Hechberger und Florian Schuller, Regensburg 2009, S. 190–201

Fried 1990 Johannes Fried: Die Rezeption Bologneser Wissenschaft in Deutschland während des 12. Jahrhunderts, in: Viator 21, 1990, S. 103–145

Fried 2007 Johannes Fried: Donation of Constantine and Constitutum Constantini. The Misinterpretation of a Fiction and its Original Meaning. With a contribution by Wolfram Brandes: »The Satraps of Constantine« (Millennium-Studien 3), Berlin/New York 2007

Fried 2013 Johannes Fried: Karl der Große. Gewalt und Glaube. Eine Biographie, München 2013

Friedländer 1882 Julius Friedländer: Die italienischen Schaumünzen des fünfzehnten Jahrhunderts (1430–1530). Ein Beitrag zur Kunstgeschichte, Berlin 1882

Friedländer/Rosenberg 1932 Max J. Friedländer und Jakob Rosenberg: Lukas Cranach d. Ä., Band III: Die Gemälde von Lukas Cranach, Berlin 1932

Friedrichs 2015 Kristina Friedrichs: Episcopus plebe Die. Die Repräsentation der frühchistlichen Päpste (Eikoniká. Kunstwissenschaftliche Beiträge 6), Regensburg 2015

Frugoni 2003 Chiara Frugoni: Per la gloria di Matilde: il contributo delle immagini. Le miniature medievali, in: I mille volti di Matilde. Immagine di un mito nei secoli, hg. von Paolo Golinelli, Mailand 2003, S. 41–62, S. 59, Nr. I,2

Fuchs 1990 Stephan Fuchs: Die St. Galler Übersetzung der »Historia Hierosolymitana» des Robertus Monachus, ungedruckte Magisterarbeit Johann Wolfgang Goethe-Universität Frankfurt am Main, 1990

Fudge 2013 Thomas A. Fudge: The trial of Jan Hus. Medieval Heresy and Criminal Procedure, Oxford 2013

Fuhrmann 1966 Horst Fuhrmann: Konstantinische Schenkung und abendländisches Kaisertum. Ein Beitrag zur Überlieferungsgeschichte des Constitutum Constantini, in: Deutsches Archiv 22, 1966, S. 63–178

Fuhrmann 1972–1974 Horst Fuhrmann: Einfluss und Verbreitung der pseudoisidorischen Fälschungen. Von ihrem Auftauchen bis in die neuere Zeit (Schriften der Monumenta Germaniae Historica 24), Stuttgart 1972–1974

Fuhrmann 1977 Horst Fuhrmann: »Quod catholicus non habeatur, qui non concordat Romanae ecclesiae«. Randnotizen zum Dictatus Papae, in: Festschrift für Helmut Beumann zum 65. Geburtstag, hg. von Kurt-Ulrich Jäschke und Reinhard Wenskus, Sigmaringen 1977, S. 263–287

Fuhrmann 1978 Horst Fuhrmann: Die Wahl des Papstes. Ein mittelalterliches Verfahren, in: Geschichte in Wissenschaft und Unterricht 9, 1958, S. 762–780

Fuhrmann 1985 Horst Fuhrmann: »Der wahre Kaiser ist der Papst«. Von der irdischen Gewalt im Mittelalter, in: Das antike Rom in Europa. Die Kaiserzeit und ihre Nachwirkungen (Schriftenreihe der Universität Regensburg 12), hg. von Hans Bungert, Regensburg 1985, S. 99–121

Fuhrmann 1989 Horst Fuhrmann: Papst Gregor VII. und das Kirchenrecht. Zum Problem des Dictatus Papae, in: La Riforma gregoriana e l'Europa. Congresso Internazionale Salerno, 20.-25.5.1985, Bd. I: Relazioni (Studi Gregoriani 13), Rom 1989, S. 123–149

Fuhrmann 1991 Horst Fuhrmann: Widerstand gegen den päpstlichen Primat im Abendland, in: Il primato del vescovo di Roma nel primo millenio. Ricerche e testimonianze. Atti del Symposium storico-teologico Roma, 9.-13.10.1989 (Pontificio Comitato di Scienze Storiche. Atti e documenti 4), hg. von Michele Maccarrone, Vatikanstadt 1991, S. 707–736

Gamberale 2013 Leopoldo Gamberale: San Gerolamo intellettuale e filologo (Storia e letteratura, 282), Rom 2013

Gandolfo 1989 Francesco Gandolfo: Il ritratto di Gregorio IX dal mosaico di facciata di San Pietro in Vaticano, in: Fragmenta picta. Affreschi e mosaici staccati del Medioevo romano (Ausstellung Rom, Castel Sant'Angelo, 15.12.1989–18.2.1990), hg von Maria Andaloro et al., Rom 1989, S. 131–134

Gandolfo 1999 Francesco Gandolfo: Bonifacio VIII, il Giubileo del 1300 e la Loggia delle Benedizioni al Laterano, in: Romei e Giubilei. Il pellegrinaggio medievale a San Pietro (350–1350) (Ausstellung Rom, Palazzo Venezia, 29.10.1999–26.2.2000), hg. von Mario D'Onofrio, Mailand 1999, S. 218–228

Ganzer 1999 Klaus Ganzer: Die Struktur der römischen Kurie in den ersten Jahrzehnten des 16. Jahrhunderts, in: Hochrenaissance im Vatikan. Kunst und Kultur im Rom der Päpste 1503–1534 (Ausstellung Bonn, Kunst- und Ausstellungshalle der Bundesrepublik Deutschland, 11.12.1998–11.4.1999), Ostfildern 1999, S. 160–161

Garcia y Garcia/Kuttner 1964 Antonio Garcia y Garcia und Stephan Kuttner: A new eyewitness account of the Fourth Lateran Council, in: Traditio 20, 1964, S. 115–178

Gardner 1987 Julian Gardner: An Introduction to the Iconography of the Mediaeval Italian City Gates, in: Studies on Art and Archaeology in Honor of Ernst Kitzinger on His Seventy-Fifth Birthday, hg. von William Tronzo und Iring Lavin, Washington 1987, S. 199–214

Gargiulo 1999 Marina Gargiulo: Giovanni Sercambi, Croniche, in: Romei e Giubilei. Il pellegrinaggio medievale a San Pietro (350–1350) (Ausstellung Rom, Palazzo Venezia, 29.10.1999–26.2.2000), hg. von Mario D'Onofrio, Mailand 1999, S. 280, Nr. 1

Garrucci 1858 Raffaele Garrucci: Vetri ornati di figure in oro trovati nei cimiteri cristiani di Roma, Rom 1858

Garrucci 1864 Raffaele Garrucci: Vetri ornati di figure in oro trovati nei cimiteri cristiani di Roma, Rom ²1864

Garrucci 1876 Raffaele Garrucci: Storia dell'Arte Cristiana nei primi otto secoli della chiesa, Bd. III, Prato 1876

Garrucci 1879 Raffaele Garrucci: Storia dell'Arte Cristiana nei primi otto secoli della chiesa, Bd. V, Prato 1879

Gattoni 2010 Maurizio Gattoni: Sisto IV, Innocenzo VIII e la geopolitica dello Stato Pontificio (1471–1492) (Religione e Società. Bd. 52), Rom 2010

Gavinelli 2007 a Simona Gavinelli: Testi agiografici e collezioni canoniche in età carolingia attraverso codici dell'Ambrosiana, in: Nuove ricerche su codici in scrittura latina dell'Ambrosiana (Atti del Convegno Milano, 6.–7.10.2005), hg. von Mirella Ferrari und Marco Navoni, Mailand 2007, S. 53–78

Gavinelli 2007 b Simona Gavinelli: Objekttext III.5.6, in: Konstantin der Große (Ausstellung Trier, Rheinisches Landesmuseum, Bischöfliches Dom- und Diözesanmuseum, Städt. Museum Simeonstift, 2.6.-4.11.2007), hg. von Alexander Demandt und Josef Engemann, Mainz 2007 [cd-rom]

Geertman/Blaauw 2004 Hic fecit basilicam: Studi sul Liber pontificalis e gli edifici ecclesiastici di Roma da Silvestro a Silverio, hg. von Herman Geertman und Sible de Blaauw, Leuven 2004

Geldner 1968 Ferdinand Geldner: Die deutschen Inkunabeldrucker, Bd. 1, Stuttgart 1968

Gennaccari 1996 Cristina Gennaccari: Museo Pio Cristiano. Documenti inediti di rilavorazioni e restauri settecenteschi sui sarcofagi paleocristiani, in: Bollettino dei Monumenti, Musei e Gallerie Pontificie 16, 1996, S. 261–262

Gennaccari 1997 Cristina Gennaccari: Museo Pio Cristiano in Vaticano. Inediti e additamenta, in: Mélanges de l'école Française de Rome. Antiquité 109, 1997, S. 833–854

Gennaioli 2007 Riccardo Gennaioli: Le gemme dei Medici al Museo degli Argenti, Florenz 2007

Ghidoli 1990 a Alessandra Ghidoli: La testa di S. Luca del mosaico di facciata di san Pietro in Vaticano in: Fragmenta picta. Affreschi e mosaici staccati del Medioevo romano (Ausstellung Rom, Castel Sant'Angelo, 15.12.1989–18.2.1990), hg. von Maria Andaloro et al., Rom 1990, S. 135–138

Ghidoli 1990 b Alessandra Ghidoli: Objekttext in: Splendori di Bisanzio, testimonianze e riflessi d'arte e cultura bizantina nelle chiese d'Italia (Ausstellung Ravenna, Convento di San Vitale, 27.7.-4.11.1990), hg. von Maria Andaloro, Mailand 1990, S. 284–285, Nr. 115

Giesser 2014 Valentine Giesser: De la côte est de l'Adriatique à Rome ou quand l'image accompagne la relique. Réflexions autour de la mosaïque de la chapelle San Venanzio au baptistère du Latran, in: Convivium 1, 1, 2014, S. 116–125

Gießmann 2014 Ursula Gießmann: Der letzte Gegenpapst: Felix V. Studien zur Herrschaftspraxis und Legitimationsstrategien (1434–1451) (Papsttum im mittelalterlichen Europa, 3), Köln 2014

Gillen 1942 Otto Gillen: Braut – Bräutigam (*Sponsa – Sponsus*), in: Reallexikon zur Deutschen Kunstgeschichte, Bd. 2: Bauer-Buchmalerei, München 1942, Sp. 1110–1124; online abrufbar unter: http://www.rdklabor.de/w/?oldid=92399 [zuletzt abgerufen am 22.12.2016]

Girardet 1994 Klaus M. Girardet: Gericht über den Bischof von Rom. Ein Problem der kirchlichen und der staatlichen Justiz in der Spätantike (4.-6. Jahrhundert), in: Historische Zeitschrift 259, 1994, S. 1–38

Girardet 2009 Klaus Martin Girardet: Kaisertum, Religionspolitik und das Recht von Staat und Kirche in der Spätantike (Antiquitas. Reihe 1: Abhandlungen zur Alten Geschichte 56), Bonn 2009

Gnilka/Heid/Riesner 2010 Christian Gnilka, Stefan Heid und Rainer Riesner: Blutzeuge. Tod und Grab des Petrus in Rom, Regensburg 2010 [verb. italien. Ausgabe: La morte e il sepolcro di Pietro, Vatikanstadt 2014]

Godthardt 2011 Frank Godthardt: Marsilius von Padua und der Romzug Ludwigs des Bayern. Politische Theorie und politisches Handeln (Nova Mediaevalia 6), Göttingen 2011

Görich 1995 Knut Görich: Otto III. Romanus Saxonicus et Italicus. Kaiserliche Rompolitik und sächsische Historiographie (Historische Forschungen 18), Sigmaringen ²1995

Görich 2005 Knut Görich: Venedig 1177. Kaiser Friedrich Barbarossa und Papst Alexander III. schließen Frieden, in: Und keine Schlacht bei Marathon. Große Ereignisse und Mythen der europäischen Geschichte, hg. von Wolfgang Krieger, Stuttgart 2005, S. 70–91 u. 337–343

Görich 2010 Knut Görich: Aurea Roma: Kaiser, Papst und Rom um das Jahr 1000, in: Rom – Nabel der Welt. Macht, Glaube, Kultur von der Antike bis heute, hg. von Jochen Johrendt und Romedio Schmitz-Esser, Darmstadt 2010, S. 49–66

Görich 2011 Knut Görich: Friedrich Barbarossa. Eine Biographie, München 2011

Gössmann 2000 Elisabeth Gössmann: Die Päpstin Johanna. Der Skandal eines weiblichen Papstes. Eine Rezeptionsgeschichte, Berlin 2000 (4. Aufl.)

Goez 2010 Elke Goez: Geschichte Italiens im Mittelalter, Darmstadt 2010

Golzio 1936 Vincenzo Golzio: Raffaello nei documenti, nelle testimonianze dei contemporanei e nella letteratura del suo secolo (Pontificia Insigne Accademia dei Virtuosi al Pantheon), Vatikanstadt 1936

Gonzáles Fernández 2001 Fidel Gonzáles Fernández: Stefano Borgia e Propaganda Fide, in: La Collezione Borgia. Curiosità e tesori da ogni parte del mondo (Ausstellung Velletri, Biblioteca Comunale, 31.3.-3.6.2001), hg. von Anna Germano und Marco Nocca, Neapel 2001, S. 31–36

Goodenough 1953–1958 Erwin R. Goodenough: Jewish Symbols in the Greco-Roman Period, Bd. 2 – The Archaeological Evidence from the Diaspora, New York 1953; Bd. 3 – Illustrations, New York 1953; Bd. 8 – Pagan Symbols in Judaism, Toronto 1958

Gori 2012 Lucia Gori: Objekttext, in: Leonardo, Michelangelo, Raphael and the Glory of the Renaissance. Italian Art 1300 – 1600 (Ausstellung Seoul, Seoul Arts Centre / Hangaram Art Museum, 8.12.2012–31.3.2013), hg. von Guido Cornini, Seoul 2012, S. 124–125

Grabar 1928 André Grabar: La décoration bizantine, Paris-Brüssel 1928

Grane 1996 Leif Grane: Die Confessio Augustana. Einführung in die Hauptgedanken der lutherischen Reformation, Göttingen 1996

Grant 1980 Robert M. Grant: Eusebius as Church Historian, Oxford 1980

Grauert 1912 Hermann Grauert: Magister Heinrich der Poet in Würzburg und die römische Kurie (Bayerische Akademie der Wissenschaften München. Abhandlungen der Philosophisch-philologischen und historischen Klasse 27/1–2), München 1912

Graulich 2016 Markus Graulich: Hadrian VI. Ein deutscher Papst am Vorabend der Reformation, Paderborn 2016

Gray 1948 Nicolette Gray: The Palography of Latin Inscriptions in the Eighth, Ninth and Tenth Centuries in Italy, in: Papers of the British School at Rome 16, 1948, S. 38–162

Gregori 2003 Il Museo del Duomo. Museo Diocesano di Fidenza, hg. von Gianpaolo Gregori, Parma 2003

Gregori 2007 Gianpaolo Gregori: Fonte Battesimale (?), in: Vivere il Medioevo. Parma al tempo della Cattedrale (Ausstellung Parma, Palazzo della Pilotta, Voltoni del Guazzatoio, 7.10.2006–14.1.2007), Cinisello Balsamo 2006, S. 177–179, Nr. 41

Gregori 2008 Gianpaolo Gregori: Fonte Battesimale (?), in: Matilde di Canossa, il Papato, l'Impero. Storia, arte, cultura alle origini del romanico (Ausstellung Mantua, Casa del Mantegna, 31.8.2008–11.1.2009), hg. von Renata Salvarni und Liana Castelfranchi, Mailand 2008, S. 297–300

Gregorio IX e gli ordini mendicanti 2011 Gregorio IX e gli ordini mendicanti. Atti del XXXVIII Convegno internazionale, Assisi, 7.-9.10.2010 (Atti dei Convegni della Società internazionale di studi francescani e del Centro interuniversitario di studi francescani, NS 21), Spoleto 2011

Gregorovius 1988 Ferdinand Gregorovius: Geschichte der Stadt Rom im Mittelalter vom V. bis zum XVI. Jahrhundert, Band III: Dreizehntes und vierzehntes Buch, vollständige und überarbeitete Ausgabe in vier Bänden nach der erstmals 1953–1957 erschienen Ausgabe, München ²1988

Gresser 2007 Georg Gresser: Clemens II. Der erste deutsche Reformpapst, Paderborn 2007

Grierson/Blackburn 1986 Philip Grierson und Mark Blackburn: Medieval European Coinage I: The Early Middle Ages, Cambridge [u. a.] 1986

Grig 2004 Lucy Grig: Portraits, Pontiffs and the Christianization of fourth-century Rome, in: Papers of the British School at Rome 72, 2004, S. 203–230

Grisar 1899 Hartmann Grisar: Il musaico dell'oratorio lateranense di San Venanzio e gli antichi abiti liturgici e profani ivi rappresentati, in: Analecta Romana, Dissertazioni, testi e monumenti d'arte 1, 1899, S. 507–553

Grisar 1907 Hartmann Grisar: Il ›Sancta Sanctorum‹ ed il suo Tesoro Sacro. Scoperte e studi dell'autore nella Cappella Palatina Lateranense del Medio Evo, Rom 1907

Grisar 1908 Hartmann Grisar: Die Römische Kapelle ›Sancta Sanctorum‹ und ihr Schatz, Freiburg i. B. 1908

Grossi-Gondi 1918 Felice Grossi-Gondi: Excursus sulla paleografia medievale epigrafica del secolo IX, in: Dissertazioni della Pontificia Accademia Romana di Archeologia 13, 1918, S. 149–179

Gruber 1995 Joachim Gruber: Prudentius (Aurelius P. Clemens), christlicher Dichter (4. Jh.), in: Lexikon des Mittelalters 7, 1995, Sp. 289–290

Grünewald 2016 Mathilde Grünewald: Ein Hauch von Rom (Publikationen der Reiss-Engelhorn-Museen, Bd. 69), Rom 2016, S. 130–131

Grundmann 1929 Herbert Grundmann: Die Papstprophetien des Mittelalters, Archiv für Kulturgeschichte 19, 1929, S. 77–138

Guarducci 1978 Margherita Guarducci: La capsella eburnea di Samagher. Un cimelio di arte paleocristiana nella storia del tardo impero (Atti e memorie della Società istriana di archeologia e storia patria), Triest 1978

Gügel 2014 Dominik Gügel: Schloss Gottlieben – Festung, Palast, Kerker, in: Rom am Bodensee: Die Zeit des Konstanzer Konzils (Der Thurgau im späten Mittelalter 1), hg. von Silvia Volkart, Zürich 2014, S. 131–134

Guerrini 2002 Paola Guerrini: La propaganda politica nei manoscritti illustrati, in: La propaganda politica nel Basso Medioevo. Atti del XXXVIII Convegno storico internazionale, Todi 14.-17.10.2001, Spoleto 2002, S. 561–582

Guiducci 1968 A. Margherita Guiducci: Paolo di Giovanni Fei, in: Il gotico a Siena: miniature, pitture, oreficerie, oggetti d'arte (Ausstellung Siena, Palazzo Pubblico, 24.7.-30.10.1982), hg. von Giulietta Chelazzi Dini, Florenz 1982, S. 295–298 Kat.-Nr. 108

Gunther 1973 Gottlieb Gunther: Ambrosius von Mailand und Kaiser Gratian (Hypomnemata. Untersuchungen zur Antike und ihrem Nachleben, 40), Göttingen 1973

Gussone 1978 Nikolaus Gussone: Thron und Inthronisation des Papstes von den Anfängen bis zum 12. Jahrhundert. Zur Beziehung zwischen Herrschaftszeichen und bildhaften Begriffen, Recht und Liturgie im christlichen Verständnis von Wort und Wirklichkeit (Bonner Historische Forschungen, 41), Bonn 1978

Habich 1923 Georg Habich: Die Medaillen der italienischen Renaissance, Stuttgart/Berlin 1923

Habich 1932 Georg Habich: Die deutschen Schaumünzen des XVI. Jahrhunderts, Bd. II/1, München 1932

Hack 2012 Achim Thomas Hack: Gregor der Große und die Krankheit (Päpste und Papsttum 41), Stuttgart 2012

Hahn 1975 Adelheid Hahn: Das Hludowicianum. Die Urkunde Friedrichs des Frommen für die römische Kirche von 817, in: Archiv für Diplomatik 21, 1975, S. 15–135

Häuber 2006 Chrystina Häuber: Il luogo del ritrovamento del gruppo del Laocoonte e la domus Titi imperatoris (Plin. Nat. Hist. 36,37–38), in: Laocoonte. Alle origini dei Musei Vaticani, quinto centenario dei Musei Vaticani 1506–2006, hg. von Francesco Buranelli, Paolo Liverani und Arnold Nesselrath, Rom 2006, S. 41–47 u. 201–217

Hamel 2007 Jacques Hamel: Objekttext, in: Novos Mundos / Neue Welten. Portugal und das Zeitalter der Entdeckungen (Ausstellung Berlin, Deutsches Historisches Museum, 24.10.2007–10.2.2008), hg. von Michael Kraus und Hans Ottomeyer, Dresden 2007, S. 327–328, Kat.Nr. III.5

Harder 2014 Clara Harder: Pseudoisidor und das Papsttum. Funktion und Bedeutung des apostolischen Stuhls in den pseudoisidorischen Fälschungen (Papsttum im mittelalterlichen Europa 2), Köln/Weimar/Wien 2014

Hardt 2003 Manfred Hardt: Geschichte der italienischen Literatur, Frankfurt am Main 2003

Hartmann 2008 Florian Hartmann: Hadrian I. (772–795). Frühmittelalterliches Papsttum und die Lösung Roms vom byzantinischen Kaiser (Päpste und Papsttum 34), Stuttgart 2008

Hartmann 2016 Brief und Kommunikation im Wandel. Medien, Autoren und Kontexte in den Debatten des Investiturstreits (Papsttum im mittelalterlichen Europa 5), hg. von Florian Hartmann, Köln/Weimar/Wien 2016

Hausberger 1985 Karl Hausberger: Die Päpste von Avignon, in: Das Papsttum, Bd. 1: Von den Anfängen bis zu den Päpsten in Avignon (Gestalten der Kirchengeschichte Bd. 11), hg. von Martin Greschat, Stuttgart [u. a.] 1985, S. 258–274

Hay 2000 Denys Hay: Eugenio IV, in: Enciclopedia dei Papi, Bd. 2, Rom 2000, S. 634–640

Hayes 1980 John William Hayes: Ancient Lamps in the Royal Ontario Museum, I, Greek and Roman Clay Lamps, Toronto 1980

Hefele/Leclercq 1916 Charles-Joseph Hefele und Dom Henri Leclercq : Histoire des conciles d'après les documents originaux, Bd. VII, 2, Paris 1916, S. 663–1141

Hehl 1991 a Ernst Dieter Hehl: 798 – ein erstes Zitat aus der Konstantinischen Schenkung, in: Deutsches Archiv für Erforschung des Mittelalters 47, 1991, S. 1–17

Hehl 1991 b Ernst Dieter Hehl: Der wohlberatene Papst. Die römische Synode Johannes' XII. vom Februar 964, in: Ex ipsis rerum documentis. Beiträge zur Mediävistik. Festschrift für Harald Zimmermann, hg. von Klaus Herbers, Hans Henning Kortüm und Carlo Servatius, Sigmaringen 1991, S. 257–275

Hehl 1994 Ernst Dieter Hehl: Was ist eigentlich ein Kreuzzug?, in: Historische Zeitschrift 259, 1994, S. 297–336

Hehl 2004 Ernst Dieter Hehl: Die Kreuzzüge. Feindbild – Erfahrung – Reflexion, in: Kein Krieg ist heilig – Die Kreuzzüge, hg. von Hans-Jürgen Kotzur, bearb. von Brigitte Klein und Winfried Wilhelmy, Mainz 2004, S. 237–247

Hehl 2008 Ernst Dieter Hehl: Zwischen Ansehen und Bedrängnis. Das Papsttum im zehnten Jahrhundert, in: Die Faszination der Papstgeschichte. Neue Zugänge zum frühen und hohen Mittelalter (Forschungen zur Kaiser- und Papstgeschichte des Mittelalters. Beihefte zu J. F. Böhmer, Regesta Imperii 28), hg. von Wilfried Hartmann und Klaus Herbers, Köln 2008, S. 81–95

Heid 2011 Petrus und Paulus in Rom. Eine interdisziplinäre Debatte, hg. von Stefan Heid, Freiburg/Basel/Wien 2011

Heid/Dennert 2012 Personenlexikon zur Christlichen Archäologie, Bd. 1, hg. von Stefan Heid und Martin Dennert, Rom 2012

Helmrath 1984 Johannes Helmrath: Selbstverständnis und Interpretation des Basler Konzils, in: Archiv für Kulturgeschichte 66, 1984, S. 215–229

Helmrath 1987 Johannes Helmrath: Das Basler Konzil (1431–1449). Forschungsstand und Probleme (Kölner Historische Abhandlungen 32), Köln 1987

Helmrath 2005 Johannes Helmrath: Enea Silvio Piccolomini – Vater des Europagedankens?, in: Europa und die Europäer. Quellen und Essays zur modernen europäischen Geschichte. Festschrift für Hartmut Kaelble zum 65. Geburtstag, hg. von Rüdiger Hohls, Iris Schröder und Hannes Siegrist, Stuttgart 2005, S. 361–369

Helmrath 2007 Johannes Helmrath: Enea Silvio Piccolomini (Pius II.) – Ein Humanist als Vater des Europagedankens?, in: Themenportal Europäische Geschichte (2007) <www.europa.clio-online.de/essay/id/artikel-3176> [zuletzt abgerufen am 16.12.2016]

Helmus 1999 Liesbeth M. Helmus: De verzameling van het Centraal Museum Utrecht, Bd. 5 Schilderkunst tot 1850, Utrecht 1999

Henig 2008 Martin Henig: Rezension von Jeffrey Spier, Late Antique and Early Christian Gems, Wiesbaden 2007, in: Journal of Roman Archaeology 21, 2008, S. 742

Herbers 1988 Klaus Herbers: Die Päpstin Johanna, in: Historisches Jahrbuch 108, 1988, S. 174–194

Herbers 1996 Klaus Herbers: Leo IV. und das Papsttum in der Mitte des 9. Jahrhunderts. Möglichkeiten und Grenzen päpstlicher Herrschaft in der späten Karolingerzeit (Päpste und Papsttum 27), Stuttgart 1996

Herbers 2003 Klaus Herbers: Zu frühmittelalterlichen Personenbeschreibungen im Liber Pontificalis und in römischen hagiographischen Texten, in: Von Fakten und Fiktionen. Mittelalterliche Geschichtsdarstellungen und ihre kritische Aufarbeitung, hg. von Johannes Laudage, Köln/Weimar/Wien 2003, S. 165–191

Herbers 2011 Klaus Herbers: Rom im Frankenreich – Rombeziehungen durch Heilige in der Mitte des 9. Jahrhunderts, in: Klaus Herbers: Pilger, Päpste, Heilige. Ausgewählte Aufsätze zur europäischen Geschichte des Mittelalters, hg. von Gordon Blennemann et al., Tübingen 2011, S. 111–147

Herbers 2012 Klaus Herbers: Geschichte des Papsttums im Mittelalter, hg. von Gerhard Krause und Gerhard Müller, Darmstadt 2012

Herde 1981 a Peter Herde: Die Entwicklung der Papstwahl im dreizehnten Jahrhundert, in: Österreichisches Archiv für Kirchenrecht 32, 1981, S. 11–41

Herde 1981 b Peter Herde: Cölestin V. (1294), Peter von Morrone. Der Engelspapst. Mit einem Urkundenanhang und Edition zweier Viten (Päpste und Papsttum 16), Stuttgart 1981

Herklotz 2002 Ingo Herklotz: Bildpropaganda und monumentale Selbstdarstellung des Papsttums, in: Das Papsttum in der Welt des 12. Jahrhunderts (Mittelalter-Forschungen 6), hg. von Ernst-Dieter Hehl, Ingrid Heike Ringel und Hubertus Seibert, Stuttgart 2002, S. 273–291

Hermann, E. 1980 Elisabeth Herrmann: Ecclesia in re publica. Die Entwicklung der Kirche von pseudostaatlicher zu staatlich inkorporierter Existenz, Frankfurt am Main 1980, S. 42–52

Hermann, K.J. 1973 Klaus J. Hermann: Das Tuskulanerpapsttum (1012–1046). Benedikt VIII., Johannes XIX., Benedikt IX. (Päpste und Papsttum 4), Stuttgart 1973

Hermann-Otto 2007 Elisabeth Herrmann-Otto: Konstantin der Große (Gestalten der Antike), Darmstadt 2007

Hermann-Röttgen 2004 Marion Hermann-Röttgen: Alessandro VI Borgia e l'umanesimo: crisi, conflitti e conseguenze, in: Roma nella svolta tra Quattro e Cinquecento. Atti del convegno internazionale di studi, hg. von Stefano Colonna, Rom 2004, S. 261–268

Herold/Lorenz/Patruno 2013 Meisterwerke. Malerei und Skulptur. Kunsthalle Mannheim, hg. von Inge Herold, Ulrike Lorenz und Stefanie Patruno, Köln 2013

Hill 1920 George Francis Hill: The Roman Medallists of the Renaissance to the time of Leo X. (Papers of the British School at Rome, 9), London 1920

Hill 1930 George Francis Hill: A corpus of Italian medals of the Renaissance before Cellini, Bd. 1, London 1930

Hirsch 1976 Rudolf Hirsch: Printed Reports on the Early Discoveries and their Reception, in: First Images of America: The Impact of the New World on the Old, hg. von Fredi Chiappelli, Michael J. B. Allen und Robert L. Benson, Berkeley [u. a.] 1976

Hirschi 2005 Caspar Hirschi: Wettkampf der Nationen. Konstruktionen einer deutschen Ehrgemeinschaft an der Wende vom Mittelalter zur Neuzeit, Göttingen 2005

Hoffmann 1986 Hartmut Hoffmann: Buchkunst und Königtum im ottonischen und frühsalischen Reich (Schriften der MGH 30, 1–2), Stuttgart 1986

Hoffmann 2001 a Hartmut Hoffmann: Objekttext, in: Otto der Große. Magdeburg und Europa (Ausstellung Magdeburg, Kulturhistorisches Museum, 27.8.-2.12.2001), Bd. II: Katalog, hg. von Matthias Puhle, Mainz 2001, S. 429–431

Hoffmann 2001 b Hartmut Hoffmann: Sog. Ottonianum (Urkunde Kaiser Ottos des Großen für die römische Kirche), in: Otto der Große. Magdeburg und Europa (Ausstellung Magdeburg, Kulturhistorisches Museum, 27.8.-2.12.2001), Bd. II: Katalog, hg. von Matthias Puhle, Mainz 2001, S. 431–432

Holenstein Weidmann 1999 Pia Holenstein Weidmann: Die Vaticinia pontificum. Tradition einer Bildprophetie, in: Nova acta paracelsica. N.F. 13, Bern 1999, S. 153–184

Hoogewerff 1923 Godefridus Joannes Hoogewerff: Jan van Scorel, peintre de la rainassance hollandaise, Den Haag 1923

Huppertz-Wild 2016 Stefan Huppertz-Wild: Heinrich II. (1002–1024) als Stifter herausragender Werke der Goldschmiedekunst, in: 152. Bericht des Historischen Vereins Bamberg 2016, S. 33–74

Huskinson 1982 Janet M. Huskinson: Concordia apostolorum. Christian propaganda in Rome in the Fourth and Fifth centuries. A Study in Early Christian Iconography and Iconology, Oxford 1982

Iacobini 1989 Antonio Iacobini: Il mosaico absidale di San Pietro in Vaticano, in: Fragmenta picta. Affreschi e mosaici staccati del Medioevo romano (Ausstellung Rom, Castel Sant'Angelo 15.12.1989–18.2.1990), hg von Maria Andaloro et al., Rom 1989, S. 189–196

Iacobini 1991 Antonio Iacobini: La pittura e le arti suntuarie: da Innocenzo III a Innocenzo IV (1198–1254) in: Roma nel Duecento. L'arte nella città dei papi da Innocenzio III a Bonifacio VIII, hg. von Angiola Maria Romanini, Turin 1991, S. 237–319

Iacobini 1997 Antonio Iacobini: »Est haec Sacra Principis Aedes«. La Basilica Vaticana da Innocenza III a Gregorio IX, in: Atti del Convegno internazionale di studi Roma, Castel S. Angelo, 7.-10.11.1995 (Quaderni dell'Istituto di Storia dell'Architettura 25/30, 1997), hg.von Gianfranco Spagnesi, Rom 1997, S. 91–100

Imhoff 2011 Michael Imhoff: Die Päpstin Johanna. Wahrheit und Mythos, Petersberg 2011

Izbicki 1989 Thomas M. Izbicki: Clericis laicos and the canonists, in: Popes, teachers, and canon law in the Middle Ages, hg. von James Ross Sweeney und Stanley A. Chodorow, Ithaca, NY [u. a.] 1989, S. 179–190

Jäggi 2016 Carola Jäggi: Ein Fischer wird Papst. Zur Genese des Petrus-Bildes in der frühchristlichen Kunst, in: Die Päpste. Amt und Herrschaft in Antike, Mittelalter und Renaissance (Die Päpste 1), hg. von Bernd Schneidmüller et al., Regensburg 2016, S. 101–119

Jamme 2015 Armand Jamme: Le pape et les princes. Deux cas d'espèces: Clericis laicos – Guînes, in: Gouverner par les lettres, de l'antiquité à l'époque contemporaine. Actes du colloque de Metz, 10.-12.10.2013 (Centre de recherche universitaire lorrain d'histoire 54), hg. von Agnès Bérenger und Olivier Dard, Metz 2015, S. 117–146

Jane 1930 Cecil Jane: The Letter of Columbus Announcing the Success of His First Voyage, in: The Hispanic American historical Review 10, 1930, S. 33–50

Janssens 1981 Jos Janssens: Vita e morte del cristiano negli epitaffi di Roma anteriori al sec. VII, Rom 1981

Jeanmart 2010 Jacques Jeanmart: Art.16. Couronne-reliquaire des Saintes Épines' und 17. Écrin de la couronne-reliquaire des Saintes Épines, in: Dialogue avec l'Invisible l'Art aux Sources de l'Europe. Œuvres d'Exception issues de la Communauté Française de Belgique (VIIIe-XVIIe Siècle) (Ausstellung Namur, Musée des arts anciens du Namurois, 16.10.2010–16.1.2011), hg. von Jacques Toussaint, Namur 2010, S. 203–204

Jecht 2014 Heidrun Jecht: Objekttext, in: Das Konstanzer Konzil 1414–1418, Weltereignis des Mittelalters (Ausstellung Konstanz, Konzilsgebäude, 27.4.-21.9.2014), Darmstadt 2014, Nr. 142a, S. 202–203

Jenal 1988 Georg Jenal: Gregor der Große und die Stadt Rom (590–604), in: Herrschaft und Kirche. Beiträge zur Entstehung und Wirkungsweise episkopaler und monastischer Organisationsformen (Monographien zur Geschichte des Mittelalters 33), hg. von Friedrich Prinz, Stuttgart 1988, S. 109–145

Jenal 1995 Georg Jenal: Italia ascetica atque monastica. Das Asketen- und Mönchtum in Italien von den Anfängen bis zur Zeit der Langobarden (ca. 150/250–604), Stuttgart 1995

Just 2013 Ji i Just: Jan Hus, in: Religiöse Erinnerungsorte in Ostmitteleuropa. Konstitutionen und Konkurrenz im nationen- und epochenübergreifendem Zugriff, hg. von Joachim Bahlcke, Stefan Rohdewald und Thomas Wünsch, Berlin 2013, S. 637–648

Johnson 2014 Aaron P. Johnson: Eusebius (Understanding classics), London [u. a.] 2014

Johrendt 2001 Jochen Johrendt: Die Reisen der frühen Reformpäpste. Ihre Ursachen und Funktionen, in: Römische Quartalschrift für christliche Altertumskunde und Kirchengeschichte 96, 2001, S. 57–94

Johrendt 2004 Jochen Johrendt: Papsttum und Landeskirchen im Spiegel der päpstlichen Urkunden (896–1046) (MGH. Studien und Texte 33), Hannover 2004

Johrendt 2010 Jochen Johrendt: Alle Wege führen nach Rom. Zur Erfindung des ersten Heiligen Jahrs (1300), in: Rom – Nabel der Welt. Macht, Glaube, Kultur von der Antike bis heute, hg. von Jochen Johrendt und Romedio Schmitz-Esser, Darmstadt 2010, S. 87–101

Johrendt/Müller, Harald 2008 Römisches Zentrum und kirchliche Peripherie. Das universale Papsttum als Bezugspunkt der Kirchen von den Reformpäpsten bis zu Innocenz III. (Neue Abhandlungen der Akademie der Wissenschaften zu Göttingen. Philologisch-Historische Klasse. Neue Folge 2), hg. von Jochen Johrendt und Harald Müller, Göttingen 2008

Johrendt/Müller, Harald 2012 Rom und die Regionen. Studien zu Homogenisierung der lateinischen Kirche im Hochmittelalter (Neue Abhandlungen der Akademie der Wissenschaften zu Göttingen. Philologisch-Historische Klasse. Neue Folge 19), hg. von Jochen Johrendt und Harald Müller, Göttingen 2012

Jopek 1984 Norbert Jopek: Das Petrusstabreliquiar aus dem Domschatz zu Prag, in: Paulinus – Trierer Bistumsblatt Nr. 22 (27.5.1984), S. 19

Jordan 1957 Karl Jordan: Die Entstehung der römischen Kurie, Sonderausgabe Darmstadt 1957

Kalinowski 2011 Anja Kalinowski: Frühchristliche Reliquiare im Kontext von Kultstrategien, Heilserwartung und sozialer Selbstdarstellung (Spätantike – Frühes Christentum – Byzanz: Reihe B, Studien und Perspektiven; 32), Wiesbaden 2011

Kämpf 1993 Tobias Kämpf: Objekttext, in: High Renaissance in the Vatican (Ausstellung Tokio, The National Museum of Western Art, 21.9.-28.11.1993), hg. von Michiaki Koshikava und Martha J. McClintock, Tokio 1993 (English text Supplement: Tokio 1994, S. 33, Kat. 14)

Kämpf 1999 Tobias Kämpf: Objekttext, in: Hochrenaissance im Vatikan. Kunst und Kultur im Rom der Päpste 1503–1534 (Austellung Bonn, Kunst- und Ausstellungshalle der Bundesrepublik Deutschland, 11.12.1998–11.4.1999), hg. von Petra Kruse, Ostfildern 1999, S. 453, Kat. 70

Kandler 1971 Karl-Hermann Kandler: Die Abendmahlslehre des Kardinals Humbert und ihre Bedeutung für das gegenwärtige Abendmahlsgespräch (Arbeiten zur Geschichte und Theologie des Luthertums 24), Berlin/Hamburg 1971

Kautzsch 1939 Rudolf Kautzsch: Die römische Schmuckkunst in Stein von 6. Bis zum 10. Jahrhundert, in: Römisches Jahrbuch für Kunstgeschichte 3, 1939, S. 1–73

Keefe 2012 Susan A. Keefe: A Catalogue of Works Pertaining to the Explanation of the Creed in Carolingian Manuscripts (Instrumenta patristica et mediaevalia. Research on the Inheritance of Early and Medieval Christianity 63), Turnhout 2012, S. 260–262

Kelly 1996 Thomas Forrest Kelly: The Exultet in Southern Italy, New York/Oxford 1996

Kemper 1999 Max-Eugen Kemper: Leo X. – Giovanni de' Medici (1513–1521), in: Hochrenaissance im Vatikan. Kunst und Kultur im Rom der Päpste 1503–1534 (Austellung Bonn, Kunst- und Ausstellungshalle der Bundesrepublik Deutschland, 11.12.1998–11.4.1999), hg. von Petra Kruse, Ostfildern 1999, S. 30–47

Kempf 1975 Friedrich Kempf: Ein zweiter Dictatus papae?, in: Archivum Historiae pontificiae 13, 1975, S. 119–139

Kempers 1999 Bram Kempers: Julius inter laudem et vituperationem. Ein Papst unter gegensätzlichen Gesichtspunkten betrachtet, in: Hochrenaissance im Vatikan. Kunst und Kultur im Rom der Päpste 1503–1534 (Austellung Bonn, Kunst- und Ausstellungshalle der Bundesrepublik Deutschland, 11.12.1998–11.4.1999), hg. von Petra Kruse, Ostfildern 1999, S. 15–29

Kempkens 2015 Holger Kempkens: Grabkelch aus dem Grab von Papst Clemens II., in: Matthias Exner et al.: Stadt Bamberg – Domberg 1. Das Domstift, Teil 2: Ausstattung, Kapitelsbauten, Domschatz (Die Kunstdenkmäler von Bayern, Oberfranken IV/1,2), Bamberg/Berlin/München 2015, S. 1781

Kent 1981 John P.C. Kent: The Roman Imperial Coinage, Vol. VIII, The Family of Constantine I A.D. 337–364, London 1981

Kent 1994 John P. C. Kent: The Roman Imperial Coinage, Vol. X, The Divided Empire and the Fall of the Western Parts A.D. 395–491, London 1994

Kerner 1998 Max Kerner: Die sogenannte Päpstin Johanna. Von einer wundersamen und rohen Fabel, in: Licet preter solitum. Ludwig Falkenstein zum 65. Geburtstag, hg. von Lotte Kéry, Dietrich Lohrmann und Harald Müller, Aachen 1998, S. 143–163

Kerner/Herbers 2010 Max Kerner und Klaus Herbers: Die Päpstin Johanna, Biographie einer Legende, Köln/Weimar/Wien 2010

Kerscher 1988 Gottfried Kerscher: Quadriga temporum. Zur Sol-Ikonographie in mittelalterlichen Handschriften und der Architekturdekoration (mit einem Exkurs zum Codex 146 der Stiftsbibliothek in Göttweig), in: Mitteilungen des Kunsthistorischen Institutes in Florenz 32, 1988, S. 1–76

Killermann 2009 Stefan Killermann: Die Rota Romana. Wesen und Wirken des päpstlichen Gerichtshofes im Wandel der Zeit (Adnotationes in Ius Canonicum 46), Frankfurt am Main 2009

Kindschi Garský 2016 Zbyn k Kindschi Garský: Schloss Gottlieben TG. Gefängnis des Reformators Jan Hus, in: Konstruktiv. Theologisches aus Bern 40, 2016, S. 15. Online unter http://www.theos.unibe.ch/orte/gottlieben_schloss_kindschi_garsky.html [zuletzt abgerufen am 10.01.2017]

Kirschbaum 1974 Engelbert Kirschbaum: Die Gräber der Apostelfürsten. St. Peter und St. Paul in Rom, Freiburg i. Br. [3]1974

Kitzinger 1992 Ernst Kitzinger: Il culto delle immagini: l'arte bizantina dal cristianesimo delle origini all'Iconoclastia, Florenz 1992

Klauser 1974 Theodor Klauser: Christlicher Märtyrerkult, heidnischer Heroenkult und spätjüdische Heiligenverehrung. Neue Einsichten und neue Probleme, in: Theodor Klauser, Gesammelte Arbeiten zur Liturgiegeschichte, Kirchengeschichte und christlicher Archäologie (Jahrbuch für Antike und Christententum 3), Münster 1974, S. 221–229

Klausmann 2004 Theo Klausmann: Tyrannei des Teufels. Das Bild des Papsttums in dramatischen Texten der Reformationszeit, in: Rom und das Reich vor der Reformation (Tradition – Reform – Innovation 7), hg. von Nikolaus Staubach, Frankfurt am Main 2004, S. 305–328

Klinkenberg 1952 Hans M. Klinkenberg: Papsttum und Reichskirche bei Leo dem Großen, in: Zeitschrift für Rechtsgeschichte, kanonistische Abteilung 38, 1952, S. 37–112

Klodt 1992 Olaf Klodt: Templi Petri instauracio. Die Neubauentwürfe für St. Peter in Rom unter Papst Julius II. und Bramante (1505–1513), Ammersbek 1992

Kloft 2016 Matthias Theodor Kloft: Dom und Domschatz in Limburg an der Lahn (Die Blauen Bücher), Königstein 2016

Kluge 2007 Bernd Kluge: Numismatik des Mittelalters (Veröffentlichungen der Numismatischen Kommission 45; Sitzungsberichte. Akademie der Wissenschaften in Wien, Philosophisch-Historische Klasse 769), Berlin 2007

Kluge 2014 Bernd Kluge: Am Beginn des Mittelalters. Die Münzen des karolingischen Reiches 751–814 (Das Kabinett 15), Berlin 2014

Knabe 1936 Lotte Knabe: Die gelasianische Zweigewaltenlehre bis zum Ende des Investiturstreits (Historische Studien 292), Berlin 1936

Koch 1983 Ernst Koch: Die kursächsischen Vorarbeiten zur Confessio Augustana, in: Ernst Koch, Aufbruch und Weg. Studien zur lutherischen Bekenntnisbildung im 16. Jahrhundert, Berlin 1983, S. 7–19

Kösters 2009 Klaus Kösters: Objekttext, in: 2000 Jahre Varusschlacht. Ausstellungskooperation IMPERIUM KONFLIKT MYTHOS. Bd. Mythos (Austellung Detmold, Lippisches Landesmuseum,15.5.-28.10.2009), Stuttgart 2009, S. 321, Kat. Nr. 154

Koethe 1937 Harald Koethe: Die Trierer Basilika, in: Trierer Zeitschrift 12, 1937, S. 174–175 Abb. 12,1

Kolditz 2013–2014 Sebastian Kolditz: Johannes VIII. Palaiologos und das Konzil von Ferrara-Florenz (1438/39), Stuttgart 2013–2014

Kolmer 1982 Lothar Kolmer: Ad capiendas vulpes. Die Ketzerbekämpfung in Südfrankreich in der ersten Hälfte des 13. Jahrhunderts und die Ausbildung des Inquisitionsverfahrens (Pariser Historische Studien 19), Bonn 1982

Konrad 1993 Bernd Konrad: Rosgartenmuseum Konstanz. Die Kunstwerke des Mittelalters. Bestandskatalog (Konstanzer Museumskataloge, 3), Konstanz 1993

Korteweg 1985 Anne S. Korteweg: Das Evangelistar Clm 23338 und seine Stellung innerhalb der Reichenauer Schulhandschriften, in: Studien zur mittelalterlichen Kunst 800–1250, Festschrift für Florentine Mütherich, hg. von Katharina Bierbrauer et al., München 1985, S. 125–144

Kotzur/König 2008 Dommuseum Mainz. Führer durch die Sammlung, hg. von Hans-Jürgen Kotzur und Alexandra König, Mainz 2008

Kratzsch 2001 Irmgard Kratzsch: Schätze der Buchmalerei. Aus der Handschriftensammlung der Thüringer Universitäts- und Landesbibliothek, hg. von Sabine Wefers, Jena 2001, S. 24–31

Krautheimer 1977 Richard Krautheimer: Corpus Basilicarum Romae, V. San Pietro, Vatikanstadt 1977

Kren 1983 Renaissance Painting in Manuscripts. Treasures from the British Library, hg. von Thomas Kren, New York 1983

Krimm 1991 Konrad Krimm: Das Gold der Souveräne. Gold an Kaiser-, Königs- und Papsturkunden, in: Das Goldene Zeitalter. Die Geschichte des Goldes; vom Mittelalter zur Gegenwart (Ausstellung Stuttgart, Württembergischer Kunstverein, 23.11.1991–9.2.1992), hg. von Tilman Osterwold, Stuttgart 1991, S. 366–369, Abb. S. 360–361

Krohm/Müller 2002 Hartmut Krohm und Christine Müller: Art. Reliquienkrone aus dem Stift Saint-Aubain in Namur, in: Goldene Pracht. Mittelalterliche Schatzkunst in Westfalen (Ausstellung Münster, LWL-Landesmuseum für Kunst und Kulturgeschichte und Domkammer der Kathedralkirche St. Paulus, 26.2.-28.5.2012), München 2012, S. 118–119

Krusch 1933 Bruno Krusch: Neue Bruchstücke der Zeitzer Ostertafel vom Jahre 447, in: Sitzungsberichte der preußischen Akademie der Wissenschaften, 24. Sitzung der phil.-hist. Klasse, Berlin 1933, S. 982–997

Kuhlmann 2012 Peter Kuhlmann: Christliche Märtyrer als Träger römischer Identität. Das Peristephanon des Prudentius und sein kultureller Kontext, in: Christian Martyrdom in Late antiquity (300–450 AD. History and Discourse, Tradition and Religious Identity (Arbeiten zur Kirchengeschichte. 116), hg. von Peter Gemeinhardt und Johan Leemans, Berlin/Boston 2012, S. 135–154

Küthmann 1973 Harald Küthmann: Bauten Roms auf Münzen und Medaillen, München 1973

Kunze 1975 Horst Kunze: Geschichte der Buchillustration in Deutschland, Bd. 1: Das 15. Jahrhundert, Leipzig 1975

Kurz 2013 Eva Kurz: Statuette der Göttin Isis-Thermuthis, in: Imperium der Götter. Isis – Mithras – Christus. Kulte und Religionen im Römischen Reich (Ausstellung Karlsruhe, Badisches Landesmuseum, 16.11.2013–18.5.2014), Stuttgart 2013, S. 174, Nr. 92

La Bella 1996 Carlo La Bella: Considerazioni sulla scultura a Roma durante il pontificato di Paolo II, in: Studi Romani XLIV, 1996, S. 10–20

La Bella 2010 Carlo La Bella, Objekttext, in: La forma del Rinascimento. Donatello, Andrea Bregno, Michelangelo e la scultura a Roma nel Quattrocento, (Ausstellung Rom, Museo Nazionale di Palazzo Venezia, 16.6.-5.9.2010), hg. von Claudio Crescentini und Claudio Strinati, Soveria Mannelli 2010, S. 312–313

Labrola 1998 Ada Labrola: Taddeo Gadi, in: Dizionario Biografico degli Italiani 51, 1998, S. 168–173, online unter: www.treccani.it/enciclopedia/taddeo-gaddi_(Dizionario-Biografico)/ [zuletzt aufgerufen am 16.01.2017]

Ladner 1970 a Gerhard B. Ladner: Die Papstbildnisse des Altertums und des Mittelalters (Monumenti di antichità cristiana. Serie 2/4), Bd. 2, Rom 1970, S. 56–68

Ladner 1970 b Gerhart B. Ladner: Die Papstbildnisse des Altertums und des Mittelalters (Monumenti di antichità cristiana 2/4), Bd. 2, Rom 1970, S. 285–287

Ladner 1970 c Gerhart B. Ladner: Die Papstbildnisse des Altertums und des Mittelalters (Monumenti di antichità cristiana 2/4), Bd. 2, Rom 1970, S. 313–317

Ladner 1983 Gerhart B. Ladner: The Commemoration Pictures of the Exultet Roll Barberinus Latinus 592, in: Images and Ideas in the Middle Ages. Selected Studies in History and Art (Storia e Letteratura, 155), Rom 1983, Bd. 1, S. 337–346

Ladner 1984 Gerhart Burian Ladner: Die Papstbildnisse des Altertums und des Mittelalters, Bd. 3: Addenda et Corrigenda, Anhänge und Exkurse, Vatikanstadt 1984

Lammers 1963 Walther Lammers: Ein universales Geschichtsbild der Stauferzeit in Miniaturen. Der Bilderkreis zur Chronik Ottos von Freising im Jeneser Codex Bose q. 6, in: Alteuropa und die moderne Gesellschaft. Festschrift für Otto Brunner, Göttingen 1963, S. 170–214

Lanciani 1866 Rodolfo Lanciani: Rapporto sulle recenti scoperte nell'edificio riputato lo Xenodochio di Pammachio in Porto, in: Bullettino di Archeologia Cristiana 4, 1866, S. 100–103

Landau 1992 Peter Landau: Die Durchsetzung neuen Rechts im Zeitalter des klassischen kanonischen Rechts, in: Institutionen und Geschichte. Theoretische Aspekte und mittelalterliche Befunde, hg. von Gert Melville, Köln/Weimar/Wien 1992, S. 137–155

Landau 1995 Peter Landau: Kanonessammlungen in Bayern in der Zeit Tassilos III. und Karls des Großen, in: Regensburg, Bayern und Europa. Festschrift für Kurt Reindel zum 70. Geburtstag, hg. von Lothar Kolmer und Peter Segl, Regensburg 1995, S. 137–160

Landau 2008 Peter Landau: Gratian and the *Decretum Gratiani*, in: The History of Medieval Canon Law in the Classical Period, 1140–1234. From Gratian to the Decretals of Pope Gregory IX, hg. von Wilfried Hartmann und Kenneth Pennington, Washington D.C. 2008, S. 22–54

Lange 2012 Christian Lange: Einführung in die allgemeinen Konzilien, Darmstadt 2012

Larson 2016 Atria A. Larson: Popes and Canon Law, in: A Companion to the Medieval Papacy. Growth of an Ideology and Institution (Brill's Companions to the Christian Tradition 70), hg. von Keith Sisson und Atria A. Larson, Leiden/Boston 2016, S. 135–157

Larson/Sisson 2016 Atria A. Larson und Keith Sisson: Papal Decretals, in: A Companion to the Medieval Papacy. Growth of an Ideology and Institution (Brill's Companions to the Christian Tradition 70), hg. von Keith Sisson und Atria A. Larson, Leiden/Boston 2016, S. 158–173

Laudage 1984 Johannes Laudage: Priesterbild und Reformpapsttum im 11. Jahrhundert (Beihefte zum Archiv für Kulturgeschichte 22), Köln/Wien 1984

Laudage 1997 Johannes Laudage: Alexander III. und Friedrich Barbarossa (Forschungen zur Kaiser- und Papstgeschichte des Mittelalters 16), Köln 1997

Laudage 1999 Johannes Laudage: Heinrich III. (1017–1056). Ein Lebensbild, in: Das salische Kaiser-Evangeliar. Kommentarband 1, hg. von Johannes Rathofer, Madrid 1999, S. 87–145

Laudage 2001 Johannes Laudage: Otto der Große. Eine Biographie, Regensburg 2001

Laudage 2006 a Johannes Laudage: Gregorianische Reform und Investiturstreit (Erträge der Forschung 282), Darmstadt [2]2006

Laudage 2006 b Johannes Laudage: Nochmals: Wie kam es zum Investiturstreit?, in: Vom Umbruch zur Erneuerung? Das 11. Und beginnende 12. Jahrhundert – Positionen der Forschung, hg. von Jörg Jarnut und Matthias Wemhoff, München 2006, S. 133–150

Laudage 2009 Johannes Laudage: Friedrich Barbarossa (1152–1190). Eine Biographie, hg. von Lars Hageneier und Matthias Schrör, Regensburg 2009

Laudage 2012 a Johannes Laudage: Die papstgeschichtliche Wende, in: Päpstliche Herrschaft im Mittelalter. Funktionsweisen – Strategien – Darstellungsformen (Mittelalter-Forschungen 38), hg. von Stefan Weinfurter, Ostfildern 2012, S. 51–68

Laudage 2012 b Johannes Laudage: Otto der Große (912–973). Eine Biographie, Regensburg 2012

Lauer 1906 Philippe Lauer: Le Trésor du Sancta Sanctorum, in: Monuments et Mémoirs, publ. Par l'Académie des Inscr. Et Belles-Lettres (Fondation E. Piot) XV, 1906, S. 20

Laurenzi 2013 Elsa Laurenzi: La catacomba ebraica di Vigna Randanini, Rom 2013

Lauster 2014 Jörg Lauster: Verzauberung der Welt. Eine Kulturgeschichte des Christentums, München 2014

Lavagnino 1924 Emilio Lavagnino: Andrea Bregno e la sua bottega, in: L'Arte XXVII, 1924, S. 247–263

Lazarev 1967 Victor Lazarev: Storia della pittura bizantina, Turin 1967

Lazzari 2006 Tiziana Lazzari: Miniature e versi: mimesi della regalità in Donizone, in: Forme di potere nel pieno medioevo (secc. VIII-XII), Dinamiche e rappresentazioni, hg. von Giovanni Isabella, Bologna 2006 (DPM quaderni. Dottorato 6), S. 57–92

Leclercq 1923 Henri Leclercq: Fonds de coupes, in: Fernand Cabrol und Henri Leclercq Dictionnaire d'Archéologie Chrétienne et de Liturgie, V, 2, Paris 1923, Sp. 1819–1859

Lega 2003 a Claudia Lega: Objekttext, in: St. Peter and the Vatican. The Legacy of the Popes (Ausstellung Alexandria, Virginia 2003), hg. von Allen Duston und Roberto Zagnoli, Alexandria 2003, S. 194 Nr. 29

Lega 2003 b Claudia Lega: Il cd. Tesoro di argenterie della domus dei Valerii al Museo Sacro Vaticano. Alcune osservazioni critiche, in: Bollettino dei Monumenti, Musei e Gallerie Pontificie XXXIII, 2003, S. 77–105

Lega 2006 Claudia Lega: Lucerna con busto dell'Apostolo Pietro, in: Petros eni – Pietro è qui (Ausstellung Vatikanstadt, Braccio di Carlo Magno, 11.10.2006–8.3.2007), hg. von Maria Cristina Carlo-Stella, Paolo Liverani und Maria Luisa Polichetti, Rom 2006, S. 216–217 Nr. V.9

Lega 2007 Claudia Lega: Goldglas mit Petrus, Paulus und Christus, in: Konstantin der Grosse (Ausstellung Trier, Rheinisches Landesmuseum, Bischöfliches Dom- und Diözesanmuseum, Städt. Museum Simeonstift, 2.6.-4.11.2007), hg. von Alexander Demandt und Josef Engemann, Mainz 2007, Katalog der Ausstellungsobjekte n. II.1.133

Lega 2008 Claudia Lega: Vetro dorato con Pietro e Paolo coronati da Cristo, in: Cromazio di Aquileia 388–408 al crocevia di genti e religioni (Ausstellung Udine, Museo Diocesano und Gallerie del Tiepolo 6.11.2008–8.3.2009), hg. von Sandro Piussi, Cinisello Balsamo 2008, S. 248–249, n. VI.8

Lega 2009 a Claudia Lega: Placchetta con Pietro e Paolo in concordia, in: San Paolo in Vaticano. La figura e la parola dell'Apostolo delle Genti nelle raccolte pontificie (Ausstellung Vatikanstadt, Musei Vaticani, 26.6.-27.9.2009), hg. von Umberto Utro, Todi 2009, S. 199 n. 70

Lega 2009 b Claudia Lega: Brocca argentea con medaglioni di Cristo fra Apostoli, in: San Paolo in Vaticano. La figura e la parola dell'Apostolo delle Genti nelle raccolte pontificie (Ausstellung Vatikanstadt, Musei Vaticani, 26.6.-27.9.2009), hg. von Umberto Utro, Todi 2009, S. 203–204, Nr. 74

Lega 2011 Claudia Lega: Vetro dorato con Simon e Damas, Petrus e Florus, in: L'uomo il volto, il mistero. Capolavori dai Musei Vaticani (Ausstellung Repubblica di San Marino, Museo di Stato, 20.8.-6.11.2011), hg. von Giovanni Gentili und Antonio Paolucci, Cinisello Balsamo 2011, S. 104 n. 31, Abb. Auf S. 74

Lega/Mazzeloni 1997 Claudia Lega und Danilo Mazzeloni, in: Le iscrizioni dei Cristiani in Vaticano. Materiali e contributi per una mostra epigrafica (Inscriptiones Sanctæ Sedis; 2), hg. von Ivan Di Stefano Manzello, Vatikanstadt 1997, S. 304, Nr. 3.8.5

Lehmann 1841 Johann G. Lehmann: Urkundliche Geschichte der Klöster in und bei Worms, in: Archiv für hessische Geschichte und Altertumskunde 2, 1841, S. 297–350

Leoncini 1986 Mauro Leoncini: Fei, Paolo di Giovanni, in: La Pittura in Italia. Il Duecento e il Trecento, Mailand 1986, Bd. II, S. 570

Leone De Castris 2004 Pierluigi Leone De Castris: Objekttext Nr. 137, in: Los Reyes Católicos y la Monarquia di España (Ausstellung Valencia, Museo del Siglo XIX, Sept.-Nov.2004), hg. von Alberto Bartolomé Arraiza, Madrid 2004, S. 456

Leppin 1996 Hartmut Leppin: Von Constantin dem Großen zu Theodosius II. Das christliche Kaisertum bei den Kirchenhistorikern Socrates, Sozomenus und Theodoret (Hypomnemata. Untersuchungen zur Antike und zu ihrem Nachleben 110), Göttingen 1996

Leppin 2000 Hartmut Leppin: Die Kirchenväter und ihre Zeit. Von Athanasius bis Gregor dem Großen, München 2000

Leppin 2017 a Volker Leppin: Die Reformation, Darmstadt [2]2017

Leppin 2017 b Volker Leppin: Martin Luther, Darmstadt [3]2017

Ligalo 2008 Giuseppe Ligalo: Nave crociata, in: Matilde di Canossa, il Papato, l'Impero. Storia, arte, cultura alle origini del romanico (Ausstellung Mantua, Casa del Mantegna, 31.8.2008–11.1.2009), hg. von Renata Salvarni und Liana Castelfranchi, Mailand 2008, S. 299, Nr. II. 29

Lilie 2004 Ralph-Johannes Lilie: Christen gegen Christen. Die Eroberung Konstantinopels 1203/04, in: Die Kreuzzüge. Kein Krieg ist heilig (Ausstellung Mainz, Diözesanmuseum, 2.4.-30.7.2004), hg. von Hans-Jürgen Kotzur, Mainz 2004, S. 155–165

Lill 2016 Rudolf Lill: Das Italien der Hoch- und Spätrenaissance. Vom Frieden von Lodi bis zum Frieden von Cateau-Cambrésis (1454–1559), in: Kleine italienische Geschichte, hg. von Wolfgang Altgeld und Rudolf Lill, Stuttgart [3]2016, S. 133–174

Lindemann 1992 Andreas Lindemann: Die Clemensbriefe (Die Apostolischen Väter, 1; Handbuch zum Neuen Testament, 17), Tübingen 1992

Liverani 2005 Paolo Liverani: La Capsella di Samagher, in: Costantino il Grande. La civiltà antica al bivio tra Occidente e Oriente (Ausstellung Rimini, Castel Sismondo, 13.3.-4.9.2005), hg. von Angela Donati, Mailand 2005, S. 255–257, Nr. 86

Liverani 2012 Paolo Liverani: La cronologia della seconda basilica di S. Paolo fuori le mura, in: Scavi e ricerche nelle chiese di Roma, hg. von Hugo Brandenburg und Francesco Guidobaldi, Vatikanstadt 2012, S. 107–123

Löhr 2007 Wolfgang Löhr: Konstantin und Sol Invictus in Rom, in: Jahrbuch für Antike und Christentum 50, 2007 (2009), S. 102–110

Löwenfeld 1891 Samuel Löwenfeld: Der Dictatus Papae Gregors VII. und eine Überarbeitung desselben im XII. Jahrhundert, in: Neues Archiv der Gesellschaft für ältere deutsche Geschichtskunde 16, 1891, S. 193–202; S. 198–202 (Edition des Dictatus von Avranches)

Longhi 2006 Davide Longhi: La capsella eburnea di Samagher. Iconografia e committenza (Biblioteca di Felix Ravenna; 11), Ravenna 2006

Louth 2004 Andrew Louth: Eusebius and the birth of church history, in: The Cambridge History of Early Christian Literature, hg. von Frances Young, Lewis Ayres und Andrew Louth, Cambridge 2004, S. 266–274

Louth 2016 Andrew Louth: Relations with Constantinople, in: A Companion to the Medieval Papacy. Growth of an Ideology and Institution (Brill's Companions to the Christian Tradition 70), hg. von Keith Sisson und Atria A. Larson, Leiden/Boston 2016, S. 291–308

Lübeck 1947 Konrad Lübeck: Das Kloster Fulda und die Päpste in den Jahren 1046–1075, in: Studi gregoriani per la storia di Gregorio VII e della riforma gregoriana 1, 1947, S. 459–489

Luz 1990 Ulrich Luz: Das Evangelium nach Matthäus, 2. Teilbd. (Evangelisch-Katholischer Kommentar zum Neuen Testament I/2), Zürich/Neukirchen-Vluyn 1990, S. 450–466

Maassen 1956 Friedrich Maassen: Geschichte der Quellen und der Literatur des canonischen Rechts im Abendlande. 1. Band: Die Rechtssammlungen bis zur Mitte des 9. Jahrhunderts, Graz 1956 [ND von Graz 1870]

Maccarrone 1960 Michele Maccarrone: La Dottrina del Primato Papale, in: Le Chiese nei regni dell'Europa occidentale e i loro rapporti con Roma fino all'800, Bd. 2 (Settimane di studio del Centro italiano di studi sull'alto medioevo 7), Spoleto 1960, S. 633–742

Maccarrone 1981 Michele Maccarrone: Die Cathedra Sancti Petri im Hochmittelalter. Vom Symbol des päpstlichen Amtes zum Kultobjekt, in: Römische Quartalschrift für christliche Altertumskunde und Kirchengeschichte 76, 1981, S. 137–172

Maccarrone 1983 Michele Maccarrone: Ubi est papa, ibi est Roma, in: Aus Kirche und Reich. Studien zu Theologie, Politik und Recht im Mittelalter. Festschrift für Wilhelm Kempf, hg. von Hubert Mordek, Sigmaringen 1983, S. 371–382

Maccarrone 1991 Michele Maccarrone: »Sedes apostolica – Vicarius Petri«. La perpetuità del primate di Pietro nella sede e nel vescovo di Roma (secoli III-VIII), in: Il primato del vescovo di Roma nel primo millennio. Ricerche e testimonianze. Atti del Symposium storico-teologico, Roma 9.-13.10.1989, hg. von Michele Maccarrone, Vatikanstadt 1991, S. 275–362

Mackie 2003 Gillian Mackie: Early Christian chapels in the West: Decoration, Function, and Patronage, Toronto 2003

Maddalo 1983 Silvia Maddalo: Bonifacio VIII e Jacopo Stefaneschi: ipotesi di lettura dell'affresco della Loggia lateranense, in: Studi Romani 31, 1983, S. 129–151

Maddalo 1990 Silvia Maddalo: In figura Roma. Immagini di Roma nel libro medioevale, Rom 1990

Maddalo 1994 Silvia Maddalo: Momenti dell'iconografia di Bernardo, in: Arte medievale Ser. 2, Bd. 8,2, 1994, S. 123–135

Maddalo 1998–1999 Silvia Maddalo: Ancora sulla Loggia di Bonifacio VIII al Laterano. Una proposta di ricostruzione e un'ipotesi attributiva, in: Arte Medievale 2. Ser. 12–13, 1998–1999, S. 211–230

Maddalo 2000 Silvia Maddalo: Bonifacio VIII si mostra alla folla dalla loggia delle Benedizioni del Laterano, in: Bonifacio VIII e il suo tempo. Anno 1300 il primo giubileo (Ausstellung Rom, Palazzo Venezia, 12.4.-16.7.2000), hg. von Marina Righetti Tosti-Croce, Mailand 2000, S. 170, Nr. 116

Maddalo 2006 Silvia Maddalo: Oblio della memoria, Il destino delle immagini di Bonifacio, in: Bonifacio VIII. Ideologia e azione politica. Atti del Convegno organizzato nell'ambito delle Celebrazioni per il VII Centenario della morte, Vatikanstadt-Rom, 26.-28.4.2004, Rom 2006, S. 117–137

Märtl 2001 Claudia Märtl: Humanistische Kochkunst und kuriale Ernährungsgewohnheiten um die Mitte des 15. Jahrhunderts, in: Herrschaft und Kirche im Mittelalter. Gedenksymposium zum ersten Todestag von Norbert Kamp, *24.8.1927 † 12.10.1999, am 13.10.2000 in Braunschweig, Braunschweig 2001, S. 47–70

Märtl 2003 Claudia Märtl: Alltag an der Kurie. Papst Pius II. (1458–1464) im Spiegel zeitgenössischer Berichte, in: Pius II. »El più expeditivo pontefice«. Selected studies on Aeneas Silvius Piccolomini (1405–1464) (Brill's studies in intellectual history 117), hg. von Zweder R.W.M. von Martels und Arie Johan Vanderjagt, Leiden/Boston 2003, S. 107–146

Märtl 1986 Die falschen Investiturprivilegien, hg. von Claudia Märtl (Monumenta Germaniae Historiae, Fontes iuris Germanici antiqui in usum scholarum 13), Hannover 1986, S. 96–103

Märtl 2016 Claudia Märtl: Zwischen Reformdiskussion und Finanzbedarf. Zur Organisation der römischen Kurie des 15. Jahrhunderts, in: Die Päpste. Amt und Herrschaft in Antike, Mittelalter und Renaissance (Die Päpste 1), hg. von Bernd Schneidmüller et al., Regensburg 2016, S. 403–430

Maier 1967 Anneliese Maier: Handschriftliches zum »Opus Metricum« Stefaneschis, in: Italia medioevale e umanistica 10, 1967, S. 111–141

Maleczek 1996 Werner Maleczek: Das Frieden stiftende Papsttum im 12. und 13. Jahrhundert, in: Träger und Instrumentarien des Friedens im hohen und späten Mittelalter (Vorträge und Forschungen 43), hg. von Johannes Fried, Sigmaringen 1996, S. 249–332

Mallory 1976 Michael Mallory: The Sienese Painter Paolo di Giovanni Fei (c. 1345–1411), New York/London 1976

Maltese 1945 Corrado Maltese: Un frammento musivo romanico nel Palazzo Altemps, in: Arti figurative, I, 1945, S. 206–207, Taf. LXXX

Manacorda 1995 Simona Manacorda: Fei, Paolo di Giovanni, in: Enciclopedia dell'Arte Medievale, Bd. VI, 1995, S. 132–134

Mancinelli 1989 Fabrizio Mancinelli: Reparto Arte Bizantina Medievale e Moderna, Restauri – Mosaici, 1981, in: Bollettino Monumenti Musei e Gallerie Pontificie IX, 2, 1989, S. 355

Mancinelli/De Strobel 1992 Fabrizio Mancinelli und Anna Maria De Strobel: Objekttext Nr. 40, in: La Iglesia en América: evangelización y cultura (Ausstellung Sevilla, Weltausstellung, Pavillon des Heiligen Stuhls, 1992), Madrid 1992, S. 72–73

Manfredi 2010 a Le origini della Biblioteca Vaticana tra Umanesimo e Rinascimento (1447–1534) (Storia della Biblioteca Apostolica Vaticana I), hg. von Antonio Manfredi, Vatikanstadt 2010

Manfredi 2010 b La biblioteca dei pontefici, in: Storia della Biblioteca Apostolica Vaticana I. Le origini della Biblioteca Vaticana tra Unamesimo e Rinascimento (1447–1534), hg. von Antonio Manfredi, Vatikanstadt 2010, S. 49

Mangano 2013 C. Mangano: Objekttext, in: A Herança do Sagrado: Obras-primas do Vaticano e de Museus Italianos (Ausstellung Rio de Janeiro, Museu de Belas Artes, 10.7.-13.10.2013), hg. von Giovanni Morello, São Paulo 2013, S. 122–125

Margiotta 1988 Anita Margiotta: L'antica decorazione absidale della basilica si S. Pietro in alcuni frammenti al Museo di Roma, in: Bolletino dei Musei Communiali di Roma N.S. 2, 1988, S. 21–33

Margolin 1986 Jean-Claude Margolin: L'art du dialogue et de la mise en scène dans le Julius exclusus (c. 1513), in: Jean-Claude Margolin, Erasme. Le prix des mots et de l'homme (Variorum collected studies series 241), London 1986, VI, S. 131–235

Marguerat 2013 Daniel Marguerat: Paul in Acts and Paul in His Letters (Wissenschaftliche Untersuchungen zum Neuen Testament 310), Tübingen 2013

Marin 2009 Emilio Marin: Il mosaico della cappella di S. Venanzio al battistero lateranense. Status quaestionis, in: Il cristianesimo in Istria fra tarda antichità e alto medioevo. Novità e riflessioni. Atti della giornata tematica dei Seminari di Archeologia Cristiana (Rom, 8.3.2007), hg. von Emilio Marin und Danilo Mazzoleni, Vatikanstadt 2009, S. 210–215

Martinori 1918 Edoardo Martinori: Annali della Zecca di Roma. Sisto IV. Innocenzo VIII., Rom 1918

Marucchi 1898 Orazio Marucchi: Guida al Museo Cristiano Lateranense, Rom 1898

Marucchi 1910 a Orazio Marucchi: I monumenti del Museo Cristiano Pio Lateranense, Mailand 1910

Marucchi 1910 b Orazio Marucchi: Resoconto delle adunanze tenute dalla Società per le Conferenze di Archeologia Cristiana, 6 febbraio 1910, in: Nuovo Bullettino di Archeologia Cristiana 16, 1910, S. 136–138

Marucchi 1910 c Orazio Marucchi: Scoperta di un frammento di antico pluteo in Vaticano, in: Nuovo Bullettino di Archeologia Cristiana 16, 1910, S. 159–160, Taf. VI

Marucchi 1922 Orazio Marucchi: Guida del Museo Lateranense profano e cristiano, Rom 1922

Maurer 1976–1978 Wilhelm Maurer: Historischer Kommentar zur Confessio Augustana, Gütersloh 1976–1978

Matheus 2010 Michael Matheus: Roma docta. Rom als Studienort in der Renaissance, in: Rom – Nabel der Welt. Macht, Glaube, Kultur von der Antike bis heute, hg. von Jochen Johrendt und Romedio Schmitz-Esser, Darmstadt 2010, S. 117–133

Matheus 2017 a Michael Matheus: Das Renaissancepapsttum im Kontext struktureller Entwicklungen, in: Die Päpste und ihr Amt zwischen Einheit und Vielheit der Kirche. Theologische Fragen in historischer Perspektive (Die Päpste 4), hg. von Stefan Weinfurter et al., Regensburg 2017, S. 73–101

Matheus et al. 2017 b Michael Matheus: Kritische Papst- und Romwahrnehmung in der Renaissance, in: Die Päpste der Renaissance. Politik, Kunst und Musik (Die Päpste 2), hg. von Michael Matheus et al., Regensburg 2017, S. 301–352

Matthiae 1967 Guglielmo Matthiae: Mosaici medievali delle chiese di Roma, Rom 1967

Matthiae 1987 Guglielmo Matthiae: Pittura romana del Medioevo. Secoli IV–X, Rom 1987

Mattingly 1968 Harold Mattingly: The Roman imperial coinage, Bd. 3: Antonius Pius to Commodus, London 1968

Mazzoleni 1995 Danilo Mazzoleni: Iscrizioni nei luoghi di pellegrinaggio, in: Akten des XII. Internationalen Kongresses für Christliche Archäologie, Bonn 22.-28.9.1991 (Studi di antichità cristiana 52), Vatikanstadt 1995, S. 301–309

Mazzoleni 2013 Danilo Mazzoleni: Il repertorio figurativo delle lapidi iscritte delle catacombe ebraiche romane, in: Incisioni Figurate della Tarda Antichità. Atti del Convegno di Studi (Roma, Palazzo Massimo, 22.-23.3.2012), hg. von Fabrizio Bisconti und Matteo Braconi, Vatikanstadt 2013, S. 437 Anm. 37

McCarthy 1982 William McCarthy: Prudentius, Perisephanon 2: Vapor and the martyrdom of Lawrence, in: Vigiliae Christianae 36, 1982, S. 282–286

McNally 1969 Robert E. McNally: Pope Adrian VI. (1522–23) and Church Reform, in: Archivum Historiae Pontificiae 7, 1969, S. 253–285

Meier 2005 Claudia Annette Meier: Chronicon pictum. Von den Anfängen der Chronikenillustration zu den narrativen Bilderzyklen in den Weltchroniken des Hohen Mittelalters, Mainz 2005, S. 71–109

Meijer 2015 Fik Meijer: Paulus. Der letzte Apostel, Darmstadt 2015

Meijknecht 1970 Antonius P. J. Meijknecht: Le concile de Bâle. Aperçu général de ses sources, in: Revue d'histoire ecclésiastique 65, 1970, S. 463–473

Melloni 2002 Alberto Melloni: Das Konklave. Die Papstwahl in Geschichte und Gegenwart, Freiburg 2002

Melville 1987 Gert Melville: Geschichte in graphischer Gestalt. Beobachtungen zu einer spätmittelalterlichen Darstellungsweise, in: Geschichtsschreibung und Geschichtsbewußtsein im späten Mittelalter (Vorträge und Forschungen 31), hg. von Hans Patze, Sigmaringen 1987

Menna 2006 Maria Raffaela Menna: I mosaici della basilica di Santa Maria Maggiore, in: L'orizzonte tardoantico e le nuove immagini, 312–468, hg. von Maria Andaloro, Mailand 2006, S. 307–346

Meuthen 1983 Erich Meuthen: Der Fall von Konstantinopel und der lateinische Westen, in: Historische Zeitschrift 237, 1983, S. 1–35

Meuthen 1996 Erich Meuthen: Pius II., Papst (1458–1464), in: Theologische Realenzyklopädie, Bd. 26, Berlin/New York 1996, S. 649–652

Meyer 1986 Andreas Meyer: Das Wiener Konkordat – eine erfolgreiche Reform des Spätmittelalters, in: Quellen udn Forschungen aus italienischen Archiven und Bibliotheken 66, 1986, S. 108–152

Meyer 2016 Andreas Meyer: The Curia: The Apostolic Chancery, in: A Companion to the Medieval Papacy. Growth of an Ideology and Institution (Brill's Companions to the Christian Tradition 70), hg. von Keith Sisson und Atria A. Larson, Leiden/Boston 2016, S. 239–258

Michel 1924–1930 Anton Michel: Humbert und Kerullarios. Quellen und Studien zum Schisma des 11. Jahrhunderts (Quellen und Forschungen aus dem Gebiet der Geschichte (Görresgesellschaft) 21/23), Paderborn 1924–1930

Miedema 1996 Nine R. Miedema: Die »Mirabilia Romae«. Untersuchungen zu ihrer Überlieferung mit Edition der deutschen und niederländischen Texte, Tübingen 1996

Miedema 2001 Nine R. Miedema: Die römischen Kirchen im Spätmittelalter nach den »Indulgentiae ecclesiarum urbis Romae« (Bibliothek des Deutschen Historischen Instituts in Rom 97), Tübingen 2001

Miedema 2003 Nine R. Miedema: Rompilgerführer in Spätmittelalter und früher Neuzeit. Die »Indulgentiae ecclesiarum urbis Romae» (deutsch/niederländisch). Edition und Kommentar, Tübingen 2003

Miedema 2014 Nine Miedema: Rom in der Rolle. Der Codex 1093 der Stiftsbibliothek St. Gallen, in: Vedi Napoli e poi muori – Grand Tour der Mönche, (Ausstellung St. Gallen, Stiftsbezirk, 4.9.-30.11.2014), hg. von Peter Erhart und Jakob Kuratli Hüeblin, St. Gallen 2014, S. 92–111 (mit vollständiger deutscher Übersetzung des lateinischen Textes durch Clemens Müller)

Mierau 2010 Heike Johanna Mierau: Kaiser und Papst im Mittelalter, Köln 2010

Miethke 1996 Jürgen Miethke: Konziliarismus – die neue Doktrin einer neuen Kirchenverfassung, in: Die Reform von Kirche und Reich zur Zeit der Konzilien von Konstanz (1414–1418) und Basel (1431–1449), hg. von Ivan Hlavácek und Alexander Patschovsky, Konstanz 1996, S. 29–61

Miethke 2000 Jürgen Miethke: De potestate papae. Die päpstliche Amtskompetenz im Widerstreit der politischen Theorie von Thomas von Aquin bis Wilhelm von Ockham (Spätmittelalter und Reformation. Neue Reihe 16), Tübingen 2000

Miethke 2001 Jürgen Miethke: Unam sanctam, in: Lexikon für Theologie und Kirche, Bd. 10, Freiburg ³2001, S. 375

Miethke 2007 a Jürgen Miethke: Rezension zu: Johannes Fried, Donation of Constantine and Constitutum Constantini. The Misinterpretation of a Fiction and its Original Meaning, Berlin 2007, in: H-Soz-Kult, 30.08.2007 (www.hsozkult.de/publicationreview/id/rezbuecher-7580 [zuletzt abgerufen am 31.01.2017])

Miethke 2007 b Jürgen Miethke: Die Konstantinische Schenkung im Verständnis des Mittelalters. Umrisse einer Wirkungsgeschichte, in: Konstantin der Große. Geschichte – Archäologie – Rezeption (Schriftenreihe des Rheinischen Landesmuseums Trier 32), hg. von Alexander Demandt und Josef Engemann, Trier 2007, S. 259–272

Miethke 2008 Jürgen Miethke: Politiktheorie im Mittelalter. Von Thomas von Aquin bis Wilhelm von Ockham (UTB 3059 Theologie), Tübingen 2008

Miethke 2014 Jürgen Miethke: Marsilius von Padua, Wilhelm von Ockham und der Konziliarismus, in: Recht – Geschichte – Geschichtsschreibung. Rechts- und Verfassungsgeschichte im deutsch-italienischen Diskurs (Abhandlungen zur rechtswissenschaftlichen Grundlagenforschung 95), hg. von Susanne Lepsius, Reiner Schulze und Bernd Kannowski, Berlin 2014, S. 169–192

Miethke/Bühler 1988 Jürgen Miethke und Arnold Bühler: Kaiser und Papst im Konflikt. Zum Verhältnis von Staat und Kirche im späten Mittelalter (Historisches Seminar 8), Düsseldorf 1988

Miglio 1986 Massimo Miglio: Tradizione storiografica e cultura umanistica nel »Liber de vita Christi ac omnium pontificum«, in: Bartolomeo Sacchi il Platina (Piadena 1421-Roma 1481). Atti del Convegno Internazionale di Studi per il V Centenario (Cremona, 14.-15.11.1981) (Medioevo e Umanesimo; 62), hg. von Augusto Campana und Paola Medioli Masotti, Padova 1986, S. 63–89

Miglio 2000 Massimo Miglio: Niccolò V, in: Enciclopedia dei Papi, Bd. 2, Rom 2000, S. 644–658

Milana 2007 Simona Milana: Restauro del mosaico in Vaticano nella prima metà del Novecento: i Mattia, spunti per una ricerca, in: Gli uomini e le cose, figure di restauratori e casi di restauro in Italia tra XVIII e XX secolo, hg. von Paola D'Alconzo, Neapel 2007, S. 365–379

Milani 1977 Celestina Milani: Itinerarium Antonini Placentini. Un viaggio in Terra Santa del 560–570 d.C. (Scienze filologiche e letteratura 7), Mailand 1977

Milham 1986 Mary Ella Milham: New aspects of De honesta voluptate ac valitudine, in: Bartolomeo Sacchi il Platina (Piadena 1421-Roma 1481). Atti del Convegno Internazionale di Studi per il V Centenario (Cremona, 14.-15.11.1981) (Medioevo e Umanesimo; 62), hg. von Augusto Campana und Paola Medioli Masotti, Padova 1986, S. 91–96

Minnich 2007 Nelson H. Minnich: Julius II and Leo X as Presidents of the Fifth Lateran Council (1512–1517), in: La papauté à la Rencaissance (Centre d'études superieures de la Renaissance 12), hg. von Florence Alazard und Frank La Brasca, Paris 2007, S. 153–166

Minninger 1978 Monika Minninger: Von Clermont zum Wormser Konkordat. Die Auseinandersetzungen um den Lehnsnexus zwischen König und Episkopat (Forschungen zur Kaiser- und Papstgeschichte des Mittelalters. Beihefte zu J. F. Böhmer, Regesta Imperii 2), Köln/Wien 1978

Modesti 2002 Adolfo Modesti: Corpvs nvmismatvm omnivm Romanorvm Pontificvm, Bd. 1: Da San Pietro (42–67) a Adriano VI (1522–1523), Rom 2002

Modesti 2003 Adolfo Modesti: Corpvs nvmismatvm omnivm Romanorvm Pontificvm, Bd. 2: Da Clemente VII (1523–1534) a Paolo IV (1555–1559), Rom 2003

Monaldi/Sorti 2010 Rita Monaldi und Francesco Sorti: Die Zweifel des Salai. Historischer Roman, Reinbek bei Hamburg 2010

Monciatti 2000 Alessio Monciatti: »Pro musaico opere … faciendo«. Osservazioni sul comporre in tessera fra Roma e Firenze, dall'inizio a poco oltre la metà del XIII secolo in: Annali della Scuola Normale Superiore di Pisa, II, 1997, 2, 2000, S. 509–530

Montecchi Palazzi 1984 Thérèse Montecchi Palazzi: Cencius camerarius et la formation du »Liber censuum« de 1192, in: Mélanges de l'Ecole française de Rome. Moyen-Age, Temps modernes 96,1, 1984, S. 49–93

Montini 1957 Renzo Umberto Montini: Le tombe dei papi, Rom 1957

Moorhead 2015 John Moorhead: The Popes and the Church of Rome in Late Antiquity (Routledge Studies in Ancient History 8), London 2015

Morandi 1964 Ubaldo Morandi: Le Biccherne senesi. Le tavolette della Biccherna della gabella e di altre magistrature dell'antico stato senese conservate presso l'Archivio di Stato di Siena, Siena 1964

Mordek 1972 Hubert Mordek: Proprie auctoritates apostolice sedis. Ein zweiter Dictatus papae Gregors VII.?, in: Deutsches Archiv 28, 1972, S. 105–132

Mordek 1974 Hubert Mordek: Dictatus papae e proprie auctoritates apostolice sedis. Intorno all'idea del primato pontificio di Gregorio VII, in: Rivista di storia della Chiesa in Italia 28, 1974, S. 1–22

Mordek 1975 Hubert Mordek: Kirchenrecht und Reform im Frankenreich. Die Collectio Vetus Gallica, die älteste systematische Kanonessammlung des fränkischen Gallien. Studien und Edition (Beiträge zur Geschichte und Quellenkunde des Mittelalters Bd. 1), Berlin/New York 1975 (Edition der Collectio Frisingensis II)

Mordek 1991 Hubert Mordek: Der römische Primat in den Kirchenrechtssammlungen des Westens vom IV. bis VIII. Jahrhundert, in: Il primato del vescovo di Roma nel primo millenio. Ricerche e testimonianze. Atti del Symposium storico-teologico Roma, 9.-13.10.1989 (Pontificio Comitato di Scienze Storiche. Atti e documenti 4), hg. von Michele Maccarrone, Vatikanstadt 1991, S. 523–566

Mordek 1995 Hubert Mordek: Bibliotheca capitularium regum Francorum manuscripta. Überlieferung und Traditionszusammenhang der fränkischen Herrschererlasse (Monumenta Germaniae Historica. Hilfsmittel 15), München 1995, S. 676–680

Morello 1984 Giovanni Morello: Objekttext, in: Raffaello in Vaticano (Ausstellung Vatikanstadt, Braccio di Carlo Magno, 16.10.1984–16.1.1985), hg. von Fabrizio Mancinelli, Anna Maria De Strobel und Giovanni Morello, Mailand 1984, S. 49–50, Kat.Nr. 31

Morello 1991 Giovanni Morello: Il Tesoro del Sancta Sanctorum, in: Il Palazzo Apostolico Lateranense, hg. von Carlo Pietrangeli, Florenz 1991, S. 90–105

Morello 1996 Giovanni Morello: Dittico di Pietro e Paolo, in: Dalla terra alle genti. La diffusione del Cristianesimo nei primi secoli (Ausstellung Rimini, Palazzo dell'Arengo e del Podestà, 31.3.-1.9.1996), hg. von Isabella Nobile De Agostini, Mailand 1996, S. 209, Kat.Nr. 54

Morello 1997 Giovanni Morello: Diptyque de Pierre et Paul, in: Pierre et Rome. Vingt siècles d'elain createur (Ausstellung Paris, Hotel de Ville, 10.7.-9.11.1997), hg. von Giovanni Morello, Cinisello Balsamo 1997, S. 96, Kat.Nr. 17

Moreno-Riaño/Nederman 2012 A Companion to Marsilius of Padua (Brill's Companions to the Christian Tradition 31), hg. von Gerson Moreno-Riaño und Cary J. Nederman, Leiden/Boston 2012

Morey/Ferrari 1959 Charles Rufus Morey und Guy Ferrari: The gold glass Collection of the Vatican Library, Vatikanstadt 1959

Moroni 1840–1861 Giovanni Moroni: Dizionario d'erudizione storico-ecclesiastica, Venedig 1840–1861

Morte García 2006 Carmen Morte García: Objekttext, in: La Corona de Aragón. El poder y la imagen de la edad media a la edad moderna (siglos XII-XVIII) (Ausstellung Valencia, Museu de Belles Arts, 16.1.-17.4.2006), hg. von Carmen Morte García, Ernest Belenguer und Felipe V. Garín Llombart, Lunwerg 2006, S. 187, S. 210–211

Motschmann 2002 Cornelius Motschmann: Die Religionspolitik Marc Aurels (Hermes. Einzelschriften 88), Stuttgart 2002

Müller, Harald 2005 Harald Müller: Päpste und Prozeßkosten im späten Mittelalter, in: Stagnation oder Fortbildung? Aspekte des allgemeinen Kirchenrechts im 14. Und 15. Jahrhunderts (Bibliothek des Deutschen Historischen Instituts in Rom 108), hg. von Martin Bertram, Tübingen 2005, S. 249–270

Müller, Harald 2006 Harald Müller: Objekttext, in: Heiliges Römisches Reich Deutscher Nation 962 bis 1806. Von Otto dem Großen bis zum Ausgang des Mittelalters (Ausstellung Magdeburg, Kulturhistorisches Museum, 28.8.-10.12.2006), Bd. 1: Katalog, hg. von Matthias Puhle und Claus-Peter Hasse, Dresden, S. 51

Müller, Harald 2012 Harald Müller: Sammelhandschrift mit den Decretales Pseudo-Isidorianae, darin eingeheftet Text der Konstantinischen Schenkung, in: Otto der Große und das römische Reich (Ausstellung Magdeburg, Kulturhistorisches Museum, 27.8.-9.12.2012), hg. von Matthias Puhle und Gabriele Köster, Regensburg 2012, S. 568–569

Müller, Harald 2016 Harald Müller: The Omnipotent Pope: Legates and Judges Delegate, in: A Companion to the Medieval Papacy. Growth of an Ideology and Institution (Brill's Companions to the Christian Tradition 70), hg. von Keith Sisson und Atria A. Larson, Leiden/Boston 2016, S. 199–219

Müller, Heribert 2001 Heribert Müller: Nikolaus V., in: Herders Lexikon der Päpste, hg. von Bruno Steimer, Freiburg im Breisgau 2001, S. 135–136

Müller, Heribert 1990 Heribert Müller: Die Franzosen, Frankreich und das Basler Konzil (1431–1449), Paderborn [u. a.] 1990

Müller, Heribert 2011 Heribert Müller: Das Basler Konzil (1431–1449) und die europäischen Mächte. Universaler Anspruch und nationale Wirklichkeiten, in: Historische Zeitschrift 293, 2011, S. 608–614

Müller, Heribert 2012 a Das Ende des konziliaren Zeitalters (1440–1459). Versuch einer Bilanz (Schriften des Historischen Kollegs. Kolloquien 86), hg. von Heribert Müller, München 2012

Müller, Heribert 2012 b Heribert Müller: Die kirchliche Krise des Spätmittelalters. Schisma, Konziliarismus und Konzilien (Enzyklopädie deutscher Geschichte 90), München 2012

Müller, Heribert 2012 c Heribert Müller: Kirche in der Krise. I. Das große abendländische Schisma (1378–1417), in: Europa im 15. Jahrhundert. Herbst des Mittelalters – Frühling der Neuzeit?, hg. von Klaus Herbers und Florian Schuller, Regensburg 2012, S. 10–21

Müller, J. 2015 Jörg Müller: Diakon und kirchliche Ämterverfassung, in: Derecho, cultura y sociedad en la Antigüedad tardía, hg. von Esperanza Osaba García, Bilbao 2015, S. 141–166

Müller, W. 1974 Wolfgang Müller: Bruchstücke untergegangener griechischer Literatur, in: Festschrift zum 150jährigen Bestehen des Berliner Ägyptischen Museums (Mitteilungen aus der Ägyptischen Sammlung; 8), Berlin 1974

Müller-Christensen 1960 Sigrid Müller-Christensen: Das Grab des Papstes Clemens II. im Dom zu Bamberg, München 1960

Müller-Dietrich 1968 Norbert Müller-Dietrich: Die Romanische Skulptur in Lothringen, München/Berlin 1968, S. 114–119

Müntz 1878 Eugène Müntz: Les arts à la cour des Papes pendant le XVe et le XVIe siècle. Récueil de documents inédits tirés des archives et des bibliothèques romaines, Bd. I, Paris 1878

Nagel 2005 Franz Nagel: Otto von Freisings Chronica sive historia de duabus civitatibus. Das Jenaer Manuskript, in: WeltZeit. Christliche Weltchronistik aus zwei Jahrtausenden in Beständen der Thüringer Universitäts- und Landesbibliothek Jena, hg. von Martin Wallraff, Berlin 2005, S. 32–58

Nagel 2012 Franz Nagel: Die Weltchronik des Otto von Freising und die Bildkultur des Hochmittelalters, Marburg 2012

Naß 1986 Klaus Naß: Die Wappen in den Bilderhandschriften des Sachsenspiegels. Zu Herkunft und Alter der Codices picturati, in: Text – Bild – Interpretation. Untersuchungen zu den Bilderhandschriften des Sachsenspiegels (Münstersche

Mittelalter-Schriften 55/I+II), hg. von Ruth Schmidt-Wiegand, München 1986, S. 229–270 und Tafel CLVI-CLVIII

Natalini/Pagano/Martini 1992 Das Geheimarchiv des Vatikan. Tausend Jahre Weltgeschichte, hg. von Terzo Natalini, Sergio Pagano und Aldo Martini, Stuttgart 1992

Negri Arnoldi 2008 Fausto Negri Arnoldi: Objekttext, in: Il '400 a Roma. La rinascita delle arti da Donatello a Perugino (Ausstellung Rom, Museo del Corso, Fondazione Cassa di Risparmio, 21.4.–27.7.2008), hg. von Maria Grazia Bernadini und Marco Bussagali, Mailand 2008, Bd. II, S. 199–200, Kat. Nr. 89–92

Negri/Mattei 2011 Le pietre »parlanti« della Cattedrale di Fidenza, hg. von Fausto Negri und Enrico Mattei, Parma 2011

Negroni 2013 Alessandra Negroni: Le iscrizioni, in: La catacomba ebraica di Monteverde: vecchi dati e nuove scoperte, hg. von Daniela Rossi und Marzia Di Mento, Rom 2013, S. 155–319

Nestori 1993 Aldo Nestori: Repertorio topografico delle pitture delle catacombe romane, Vatikanstadt 1993

Nesselrath 2001 Arnold Nesselrath: Frammento di una lastra di recinzione presbiteriale o di un antependio, ornata da croci circondate da animali e sovrastate da arcate (sul retro della lastra: lo stemma di papa Niccolò V), in: Carlo Magno a Roma (Ausstellung Vatikanstadt, Musei Vaticani, 16.12.2000–31.3.2001), Rom 2001, S. 161–162

Nesselrath 2005 Arnold Nesselrath: Lastra pavimentale con lo stemma di papa Niccolò V, in: La Roma di Leon Battista Alberti. Umanisti, architetti, artisti alla scoperta dell'Antico nella città del Quattrocento (Ausstellung Rom, Musei Capitolini, 24.6.–16.10.2005), hg. von Francesco Paolo Fiore und Arnold Nesselrath, Mailand 2005, S. 360, S. 365

Nesselrath/Morello 1984 Arnold Nesselrath und Giovanni Morello: Objekttext, in: Raffaello in Vaticano (Ausstellung Vatikanstadt, Braccio di Carlo Magno, 16.10.1984–16.1.1985), Mailand 1984, S. 208–209, Kat. 82

Nichtweiß/Haarländer 2005 Bonifatius in Mainz (Neues Jahrbuch für das Bistum Mainz. Sonderband), hg. von Barbara Nichtweiß und Stephanie Haarländer, Mainz 2005

Nicol 1962 Donald MacGillivray Nicol: Byzantium and the Papacy in the Eleventh Century, in: The Journal of Ecclesiastical History 13, 1962, S. 1–20

Nicolai 1815 Nicola Maria Nicolai: Dalla basilica di S. Paolo, Rom 1815

Niggl 1971 Reto Niggl: Giacomo Grimaldi 1568–1623. Leben und Werk des römischen Archäologen und Historikers, München 1971

Nilgen 1994 Ursula Nilgen: Die Illustrationen der Weltchronik Ottos von Freising, in: Freising, 1250 Jahre geistliche Stadt, Bd. 2: Beiträge zur Geschichte und Kunstgeschichte der altbayerischen Bischofsstadt (Kataloge und Schriften des Diözesanmuseums für christliche Kunst des Erzbistums München und Freising, 12), hg. von Sigmund Benker, München/Dillingen 1994, S. 79–123

Noble 1984 Thomas F. X. Noble: The Republic of St. Peter. The Birth of the Papal State, 680–825, Philadelphia 1984

Nocca 2001 Marco Nocca: Sezione introduttiva: I Borgia di Velletri. Il primo nucleo della collezione. La Quadreria. La dispersione, in: La Collezione Borgia. Curiosità e tesori da ogni parte del mondo (Ausstellung Velletri, Biblioteca Comunale, 31.3.–3.6.2001), hg. von Anna Germano und Marco Nocca, Neapel 2001, S. 71

Nocentini 2013 Silvia Nocentini: La Legenda Maior di Raimondo da Capua: una eredità condivisa, in: Virgo digna coelo. Caterina e la sua eredità. Raccolta di studi in occasione della canonizzazione di santa Caterina da Siena (1461–2011) (Atti e documenti Pontificio Comitato di Scienze Storiche 35), hg. von Alessandra Bartolomei Romagnoli, Luciano Cinelli und Pierantonio Piatti, Vatikanstadt 2013, S. 103–115

Nordfalk 1985 Carl Nordfalk: Archbishop Egbert's ›Registrum Grerorii‹, in: Studien zur mittelalterlichen Kunst 800–1250. Festschrift für Florentine Mütherich zum 70. Geburtstag, hg. von Katharina Bierbrauer et al., München 1985, S. 87–100

Nota Santi/Cimino 1999 Museo Barracco Roma, hg. von Maresita Nota Santi und Maria Gabriella Cimino, Rom 1999

Nüsse 2008 Hans-Jörg Nüsse: Römische Goldgläser. Alte und neue Ansätze zu Werkstattfragen, in: Praehistorische Zeitschrift 83, 2008, S. 222–256

Nuzzo 2013 Donatella Nuzzo: Le iscrizioni, in: La Basilica Portuense. Scavi 1991–2007, hg. von Mauro Maiorano und Lidia Paroli, Florenz 2013, S. 493–520

Oberhuber 1972 Konrad Oberhuber: Raffaels Zeichnungen Abteilung IX: Entwürfe zu Werken Raffaels und seiner Schule im Vatikan, 1511/12 bis 1520, Berlin 1972

Oberste 2007 Jörg Oberste: Ketzerei und Inquisition im Mittelalter, Darmstadt 2007

O'Callaghan 1975 José O'Callaghan: Eusebio: Historia eclesiástica VI 43, 7–8. 11–12 en Pberl. Inv. 17076, in: Studia Papyrologica. Revista española de papirología 14, 1975, S. 103–108

Ochsenbein 1997 Peter Ochsenbein: Gregor der Grosse (um 540–604), in: Peter Ochsenbein, Karl Schmuki und Cornel Dora, Kirchenväter in St. Gallen. Quellen zur lateinischen Patristik in der Stiftsbibliothek, St. Gallen 1997, S. 61–71

Oldoni 2008 Massimo Oldoni, in: Matilde di Canossa, il Papato, l'Impero. Storia, arte, cultura alle origini del romanico (Ausstellung Mantua, Casa del Mantegna, 31.8.2008–11.1.2009), hg. von Renata Salvarni und Liana Castelfranchi, Mailand 2008, S. 345–346, VI.2

Olitsky Rubinstein 1957 Ruth Olitsky Rubinstein: Pius II as a patron of art, with special reference to the history of the Vatican, Ph. D. Diss., Courtauld Institute, I-II, London 1957

Olitsky Rubinstein 1967 Ruth Olitsky Rubinstein: Pius II's Piazza S. Pietro and St. Andrew's Head, in: Essays presented to Rudolf Wittkower on His Sixty-fifth Birthday, hg. von Douglas Fraser und Howard Hibbard, London 1967, S. 22–33

Olitsky Rubinstein 1968 Ruth Olitsky Rubinstein: Pius II's Piazza S. Pietro and St. Andrew's Head, in: Enea Silvio Piccolomini papa Pio II. Atti del convegno per il V centenario della morte e altri scritti (Accademia Senese degli Intronati), hg. von Domenico Maffei, Siena 1968, S. 221–243

Orbicciani 2008 Laura Orbicciani: Objekttext, in: Il '400 a Roma. La rinascita delle arti da Donatello a Perugino (Ausstellung Roma, Museo del Corso, Fondazione Cassa di Risparmio, 21.4.–27.7.2008), hg. von Maria Grazia Bernardini und Marco Bussagli, Mailand 2008, Bd. 2, S. 200, Kat.Nr. 94

Oschema 2014 Klaus Oschema: Objekttext, in: Das Konstanzer Konzil 1414–1418, Weltereignis des Mittelalters (Ausstellung Konstanz, Konzilsgebäude, 27.4.–21.9.2014), Darmstadt 2014, S. 3 Abb.3, 347, Kat.Nr. 234

Osheim 2007 Duane J. Osheim: Chronicles and Civic Life in Giovanni Sercambi's Lucca, in: Chronicling History. Chroniclers and historians in medieval and renaissance Italy, hg. von Sharon Dale, University Park 2007, S. 145–170

Otavský/Wardwell 2011 Karel Otavský und Anne E. Wardwell: Mittelalterliche Textilien II. Zwischen Europa und China. Textilsammlung der Abegg-Stiftung Bd. 5, Riggisberg 2011

Overgaauw 2009 Eef Overgaauw: Auseinandersetzung um den Ostertermin. Die Berliner und Zeitzer Fragmente der Zeitzer Ostertafel (447), in: Handschriften und frühe Drucke aus der Zeitzer Stiftsbibliothek, hg. von Frank-Joachim Stewing, Petersberg 2009, S. 14–18

Overgaauw/Stewing 2005 Die Zeitzer Ostertafel aus dem Jahr 447, Petersberg 2005

Overgaauw/Stewing 2012 Eef Overgaauw und Frank-Joachim Stewing: Zeitzer Ostertafel, in: Otto der Große und das römische Reich (Ausstellung Magdeburg, Kulturhistorisches Museum, 27.8.–9.12.2012), hg. von Matthias Puhle und Gabriele Köster, Regensburg 2012, S. 264–267, II.31a

Palagiano 2001 Cosimo Palagiano: Il mondo del Mappamondo Borgiano tra iconografia e scienza, in: Le quattro voci del mondo: arte, culture e saperi nella collezione di Stefano Borgia 1731–1804. Atti delle giornate internazionali di studi (Velletri, Palazzo Comunale, Sala Tersicore, 13.–14.5.2000), hg. von Marco Nocca, Neapel 2001, S. 323–325

Paleani 1993 Maria Teresa Paleani: Objekttext, in: Vatican Treasures. 2000 Years of Art and Culture in the Vatican and Italy (Ausstellung Denver, Colorado History Museum, 3.7.–31.8.1993), hg. von Giovanni Morello, Mailand 1993, S. 146 Nr. 11

Pani Ermini 1969 Letiza Pani Ermini: L'ipogeo detto dei Flavi in Domitilla. Osservazioni sulla sua origine e sul carattere della decorazione, in: Rivista di archeologia cristiana 45, 1969, S. 119–173

Pani Ermini 1974 Letizia Pani Ermini: Note sulla decorazione dei cibori a Roma nell'alto medioevo, in: Bollettino d'Arte 59, 1974, S. 115–126

Pani Ermini 1976 Letizia Pani Ermini: Il ciborio della basilica di S. Ippolito all'Isola Sacra, in: Roma e l'età carolingia. Atti delle giornate di studio, 3.–8.5.1976, Rom 1976, S. 337–344

Pape 2006 Matthias Pape: »Canossa« – eine Obsession? Mythos und Realität, in: Zeitschrift für Geschichtswissenschaft 54, 2006, S. 550–572

Paravicini Bagliani 1994 a Agostino Paravicini Bagliani: Die römische Kirche von Innocenz III. bis Gregor X., in: Machtfülle des Papsttums (1054–1274) (Die Geschichte des Christentums. Religion, Politik, Kultur 5), hg. von André Vauchez et al., Freiburg/Basel/Wien 1994, S. 555–614

Paravicini Bagliani 1994 b Agostino Paravicini Bagliani: Die päpstliche Vormachtstellung (1198–1274), in: Machtfülle des Papsttums (1054–1274) (Die Geschichte des Christentums. Religion, Politik, Kultur 5), hg. von André Vauchez et al., Freiburg/Basel/Wien 1994, S. 615–654

Paravicini Bagliani 1997 Agostino Paravicini Bagliani: Der Leib des Papstes. Eine Theologie der Hinfälligkeit, München 1997

Paravicini Bagliani 2000 Agostino Paravicini Bagliani: Bonifacio VIII, l'affresco di Giotto e i processi contro i nemici della Chiesa. Postilla al Giubileo del 1300, in: Mélanges de l'Ecole française de Rome. Moyen-Age 112,1, 2000, S. 459–483

Paravicini Bagliani 2003 a Agostino Paravicini Bagliani: Boniface VIII. Un pape hérétique? Paris 2003

Paravicini Bagliani 2003 b Agostino Paravicini Bagliani: Bonifacio VIII, Turin 2003

Paravicini Bagliani 2005 Agostino Paravicini Bagliani: Le Chiavi e la Tiara. Immagini e simboli del papato medievale (La corte dei papi 3), Rom ²2005

Paravicini Bagliani 2009 a Agostino Paravicini Bagliani: Il busto di Bonifacio VIII. Nuove testimonianze e una rilettura, in: Agostino Paravicini Bagliani, Il potere del papa. Corporeità, autorappresentazione, simboli [Millennio Medievale, 78. Strumenti e studi, 21], Florenz 2009, S. 132–152

Paravicini Bagliani 2009 b Agostino Paravicini Bagliani: Les portraits de Boniface VIII. Une tentative de synthèse, in: Le portrait. La représentation de l'individu (Micrologus' Library, 17), Florenz 2007, S. 117–139 [wieder abgedruckt in: Paravicini Bagliani 2009, S. 116–136]

Parlato 2005 Enrico Parlato: Objekttext, in: La Roma di Leon Battista Alberti. Umanisti, architetti e artisti alla scoperta dell'antico nella città del Quattrocento (Ausstellung Rom, Musei Capitolini, 24.6.–16.10.2005), hg. von Francesco Paolo

Fiore und Arnold Nesselrath, Mailand 2005, S. 366–367, Kat. Nr. IV.4.4

Paroli 2005 Lidia Paroli: The Basilica Portuense, in: S. Keay et al., Portus. An Archaeological Survey of the Port of Imperial Rome (Archaeological Monographs of the British School at Rome, 15), Oxford 2005, S. 258–268

Paroli/Violante 2013 Lidia Paroli und Sabrina Violante: Materiale lapideo architettonico, di arredo minore e di uso vario, in: La Basilica Portuense. Scavi 1991–2007, hg. von Mauro Maiorano und Lidia Paroli, Florenz 2013, S. 377–476

Pasut 2000 Francesca Pasut: Per la miniatura a Roma alla metà del Quattrocento: il »Miniatore di Niccolò V«, in: Niccolò V nel Sesto centenario della nascita. Atti del convegno internazionale di studi, Sarzana 8–10 ottobre 1998 (Studi e Testi 397), hg. von Franco Bonatti und Antonio Manfredi, Vatikanstadt 2000, S. 103–155

Patitucci Uggeri 2010 Stella Patitucci Uggeri: San Paolo nell'arte paleocristiana, Vatikanstadt 2010

Payan 2009 Paul Payan: Entre Rome et Avignon. Une histoire du Grand Schisme (1378–1417), Paris 2009

Pearce 1951 John W. E. Pearce: The Roman Imperial Coinage, Vol. IX, Valentinian I – Theodosius I, London 1951

Pedrocchi 2003 Anna Maria Pedrocchi: Objekttext zu Kat. I.1, in: I Borgia (Ausstellung Rom, Fondazione Memmo, 3.10.2002–23.2.2003), hg. von Carla Alfano und Felipe V. Garín Llombart, Mailand 2002, S. 60

Pellegrini 2005 Marco Pellegrini: Leone X, in: Dizionario Biografico degli Italiani 64, 2005, S. 513–523

Pellegrini 2006 Marco Pellegrini: Pio II, in: Enciclopedia dei Papi, Bd. II, Rom 2006, S. 665–685

Pergola 2006 Philippe Pergola: Gli ipogei all'origine della catacomba di Domitilla, in: Origine delle catacombe romane. Atti della giornata tematica dei Seminari di Archeologia Cristiana, Roma, 21.3.2005, hg. von Vincenzo Fiocchi Nicolai und Jean Guyon, Vatikanstadt 2006, S. 179–184

Perifano 2007 Alfredo Perifano: Léon X, le concile et le livre, in: La papauté à la Rencaissance (Centre d'études superieures de la Renaissance 12), hg. von Florence Alazard und Frank La Brasca, Paris 2007, S. 109–131

Perret 1851–1855 Louis Perret: Catacombes de Rom, I-VI, Paris 1851–1855

Pertusi 1965 Agostino Pertusi: Quedam regalia insigna. Ricerche sulle insegne del potere ducale a Venezia durante il medioevo, in: Studi veneziani 7, 1965, S. 3–123

Pesch 1980 Rudolf Pesch: Simon-Petrus. Geschichte und geschichtliche Bedeutung des ersten Jüngers Jesu-Christi (Päpste und Papsttum 15), Stuttgart 1980

Pfaff 1957 Volkert Pfaff: Der Liber Censuum von 1192 (Die im Jahre 1192/93 der Kurie Zinspflichtigen), in: Vierteljahrschrift für Sozial- und Wirtschaftsgeschichte 44, 1957, S. 78–96, 105–120, 220–242, 325–351

Pfisterer 2008 Ulrich Pfisterer: Lysippus und seine Freunde. Liebesgaben und Gedächtnis im Rom der Renaissance oder: Das erste Jahrhundert der Medaille, Berlin 2008

Pfisterer 2016 Ulrich Pfisterer: Paradiese in Rom: Der »Assoziationsraum« der Sixtinischen Kapelle, in: Die Päpste. Amt und Herrschaft in Antike, Mittelalter und Renaissance (Die Päpste 1), hg. von Bernd Schneidmüller et al., Regensburg 2016, S. 447–465

Picasso 1992 Giorgio Picasso: Montecassino e il Papato nell'età di Desiderio, in: L'età dell'abate Desiderio III,1. Storia, Arte e Cultura. Atti del IV Convegno di Studi sul Medioevo Meridionale (Montecassino-Cassino, 4.-8.10.1987), hg. von Faustino Avagliano und Oronzo Pecere, Montecassino 1992, S. 59–68

Piccolomini 1903 Paolo Piccolomini: Il ritratto di Pio II, in: L'Arte VI, 1903, S. 192–200

Picotti/Sanfilippo 2000 Giovanni Battista Picotti und Matteo Sanfilippo: Alessandro VI, in: Enciclopedia dei papi, Bd. 3, Rom 2000, S. 13–22

Pietri 1961 Charles Pietri: Concordia apostolorum et renovatio urbis. Culte des martyrs et propagande pontificale, in: Mélanges d'archéologie et d'histoire 73, 1961, S. 275–322

Pinggéra 2017 Karl Pinggéra: Altes und Neues Rom. Der päpstliche Primat aus östlich-orthodoxer Sicht, in: Die Päpste und ihr Amt zwischen Einheit und Vielheit der Kirche. Theologische Fragen in historischer Perspektive (Die Päpste 4), hg. von Stefan Weinfurter et al., Regensburg 2017, S. 185–198

Pittaluga 1992 Stefano Pittaluga: Bartolomeo Platina e il piacere onesto, in: Res publica litterarum 15, 1992, S. 131–137

Piussi 2000 Sandro Piussi: Giona, il grande pesce e colomba, in: Patriarchi. Quindici secoli di civiltà fra l'Adriatico e l'Europa Centrale (Ausstellung Aquileia-Cividale del Friuli, 3.7.-10.12.2000), hg. von Sergio Tavano und Giuseppe Bergamini, Mailand 2000, S. 79

Plessen 2003 Marie Luise von Plessen, in: Idee Europa. Entwürfe zum Ewigen Frieden. Ordnungen und Utopien für die Gestaltung Europas von der ›pax romana‹ zur Europäischen Union (Eine Ausstellung als historische Topographie) (Ausstellung Berlin, Deutsches Historisches Museum, 25.5.-25.8.2003), hg. von Marie Luise von Plessen, Berlin 2003, S. 56 kat. II/1

Pollard, J.G. 1967 Renaissance medals from the Samuel H. Kress Collection at the National Gallery of Art (Complete catalogue of the Samuel H. Kress Collection), bearb. von George Francis Hill, erw. von John Graham Pollard, London 1967

Pollard, J.G. 1984 John Graham Pollard: Medaglie italiane del Rinascimento nel Museo Nazionale del Bargello, Bd. 1: 1400–1530, Florenz 1984

Pollard, J.G. 2007 John Graham Pollard: Renaissance medals, Bd. 1: Italy (The collections of the National Gallery of Art – Systematic catalogue, 18), Washington [u. a.] 2007

Pollard, T. E. 1960 T. Evan Pollard: The Creeds of A.D. 325. Antioch, Caesarea, Nicaea, in: The Scottish Journal of Theology 13, 1960, S. 278–300

Porcella 1933 Amadore Porcella: Guida della Pinacoteca Vaticana, Vatikanstadt 1933

Portier 1984 Lucienne Portier: Le pélican. Histoire d'un symbole, Latour-Maubourg 1984

Post 1947 Chandler Rathfon Post: A History of Spanish Painting, Bd. 9, Cambridge, Mass. 1947, S. 160–161

Prandi 1963 Adriano Prandi: La tomba di San Pietro nei pellegrinaggi dell'età medievale. Pellegrinaggi e culto dei santi in Europa fino alla crociata, Convegno Centro studi sulla spiritualità medievale IV, Todi 1963, S. 283–447

Prisco 2008 Gaetano Prisco: Fascismo di gesso. Dietro le quinte della mostra augustea della romanità, in: Snodi di critica. Musei, mostre, restauro e diagnostica in Italia (1930–1940), hg. von Maria Ida Catalano, Rom 2008, S. 225–259

Proch 1988 Umberto Proch: Ambrogio Traversari e il Decreto di Unione de Firenze. Una rilettura della »Laetantur coeli« (6 luglio 1439) in: Ambrogio Traversari nel VI Centenario della nascita. Convegno Internazionale di Studi (Camaldoli-Firenze, 15.-18.9.1986), hg. von Gian Carlo Garfagnini, Florenz 1988, S. 147–163

Prodi 2003 Paolo Prodi: Alessandro VI e la sovranità pontificia, in: Alessandro VI e lo stato della Chiesa. Atti del Convegno Perugia, 13.-15.3.2000 (Pubblicazioni degli Archivi di Stato. Saggi 79), hg. von Carla Frova und Maria Grazia Nico Ottaviani, Rom 2003, S. 311–338

Prügl 2017 Thomas Prügl: Kontrolliertes Papsttum. Zur Rollenverteilung von Papst und Konzil in den konziliaristischen Debatten des 15. Jahrhunderts, in: Die Päpste und ihr Amt zwischen Einheit und Vielheit der Kirche. Theologische Fragen in historischer Perspektive (Die Päpste 4), hg. von Stefan Weinfurter et al., Regensburg 2017, S. 137–164

Queijo 2012 Karina Queijo: Objekttext Nr. 19, Il mosaico della facciata di san Pietro in Vaticano, in: Il Duecento e la cultura gotica, 1198–1287 ca, Corpus, vol. V, hg. von Serena Romano, Mailand 2012, S. 113–116

Quinterio 1991 Francesco Quinterio: Maiolica nell'architettura del Rinascimento italiano, 1440–1520, Firenze 1991

Radnoti-Alföldi 1978 Maria Radnoti-Alföldi: Antike Numismatik, Teil I Theorie und Praxis (Kulturgeschichte der antiken Welt, 2), Mainz 1978

Ragghianti 1968 Carlo Ludovico Ragghianti: Dal secolo V al secolo XI (da Roma ai Comuni), in: L'arte in Italia, Band. 2: L'arte bizantina e romanica, Rom 1968, Sp. 512

Raimondo da Capua 1608 Raimondo da Capua: Legenda Maior. Vita miracolosa della serafica Caterina da Siena, Venezia MDCIIX (1608)

Rainero 1981 Romain H. Rainero: Monumenti cartografici e strumenti scientifici nella Biblioteca Vaticana, secc. XIV-XVII (Ausstellung anlässlich der IX Conferenza internazionale di storia della cartografia; Vatikanstadt, Biblioteca Vaticana, Salone Sistino, Juni-Dezember 1981), Vatikanstadt 1981

Rash 1987 Nancy Rash: Boniface VIII and Honorific Portraiture. Observations on the Half-Length Image in the Vatican, in: Gesta 26, 1, 1987, S. 47–58

Redig de Campos 1932 Deoclecio Redig De Campos: Quadri nuovi nella Pinacoteca Vaticana, in: L'Illustrazione Vaticana, Vatikanstadt 1932, Bd. 3, S. 1063–1067

Redig de Campos 1950 Deoclecio Redig de Campos: Monumenti, musei e gallerie pontificie nel triennio accademico 1945–46, 1946–47, 1947–48, II, Relazione, in: Atti della Pontificia Accademia Romana di Archeologia. Rendiconti, 23–24, 1950, S. 380–405

Redzich 2010 Carola Redzich: Apocalypsis Joannis tot habet sacramenta quot verba. Studien zu Sprache, Überlieferung und Rezeption hochdeutscher Apokalypseübersetzungen des späten Mittelalters (Münchener Texte und Untersuchungen zur deutschen Literatur des Mittelalters 137), München 2010

Reeves 1992 Majoriee Reeves: The Vaticinia de summis pontificibus. A question of Authority, in: Intellectual Life in the Middle Ages. Essays Presented to Margaret Gibson, hg. von Lesley Smith und Benedicta Ward, London 1992, S. 145–156

Rehberg/Modigliani 2004 Andreas Rehberg und Anna Modigliani: Cola di Rienzo e il comune di Roma (Roma nel Rinascimento inedita 33/1 und 2), Rom 2004

Reinhard 1997 Wolfgang Reinhard: Papa Pius. Prolegomena zu einer Sozialgeschichte des Papsttums, in: Von Konstanz bis zum Tridentinum. Festgabe für August Franzen, hg. von Remigius Bäumer, Paderborn 1972, S. 261–299 (Neudruck in: Wolfgang Reinhard, Ausgewählte Abhandlungen [Historische Forschungen 60], Berlin 1997, S. 13–36)

Reinhardt 2002 Volker Reinhardt: Die Renaissance in Italien. Geschichte und Kultur, München 2002

Reinhardt 2009 Volker Reinhardt: Blutiger Karneval. Der Sacco di Roma 1527 – eine politische Katastrophe, Darmstadt 2009

Reinhardt 2010 Volker Reinhardt: Der Göttliche. Leben des Michelangelo. Biographie, München 2010

Reinhardt 2011 Volker Reinhardt: Der unheimliche Papst. Alexander VI. Borgia 1431–1503, München ^{2}2011

Reinhardt 2013 Volker Reinhardt: Pius II. Piccolomini. Der Papst, mit dem die Renaissance begann. Eine Biographie, München 2013

Reiss 1999 Sheryl E. Reiss: Clemens VII., in: Hochrenaissance im Vatikan. Kunst und Kultur im Rom der Päpste 1503–1534

(Austellung Bonn, Kunst- und Ausstellungshalle der Bundesrepublik Deutschland, 11.12.1998–11.4.1999), hg. von Petra Kruse, Ostfildern 1999, S. 55–69

Remy 2005 Bernhard Remy: Antonin le Pieux, 138–161. Le siècle d'or de Rome, Paris 2005

Remy 2012 Bernhard Remy: Antonin le Pieux vu par les textes antiques (138–161) (Collection Bibliotheca), Paris 2012

Renan 1882 Ernest Renan: Marc Aurèle ou la fin du monde antique, Paris 1882

Reske 2000 Christoph Reske: Die Produktion der Schedelschen Weltchronik in Nürnberg (Mainzer Studien zur Buchwissenschaft 10), Wiesbaden 2000

Reutter 2009 Ursula Reutter: Damasus, Bischof von Rom (366–384) (Studien und Texte zu Antike und Christentum 55), Tübingen 2009

Riccetti 2005 Lucio Riccetti: Statue di Bonifacio VIII, in: Arnolfo di Cambio. Una rinascita nell'Umbria medievale (Ausstellung Perugia, Galleria Nazionale dell'Umbria, 7.7.2005–8.1.2006), hg. von Vittoria Garibaldi und Bruno Toscano, Mailand 2005, S. 270–271, Nr. 57–58

Riché 1996 Pierre Riché: Gregor der Große. Leben und Werk, München 1996

Richter/Kohnle 2016 Herrschaft und Glaubenswechsel. Die Fürstenreformation im Reich und in Europa in 28 Biographien (Heidelberger Abhandlungen zur mittleren und neueren Geschichte 24), hg. von Susan Richter/Armin Kohnle, Heidelberg 2016

Rinaldi 2011 Federica Rinaldi: Objekttext, in: Rinascimento a Roma (Ausstellung Rom, Fondazione Roma Museo, Palazzo Sciarra, 25.10.2011–18.3.2012), hg. von Maria Grazia Bernardini und Marco Bussagli, Mailand 2011, S. 333, Kat. 179–180

Rist 2016 Rebecca Rist: The Medieval Papacy, Crusading, and Heresy, 1095–1291, in: A Companion to the Medieval Papacy. Growth of an Ideology and Institution (Brill's Companions to the Christian Tradition 70), hg. von Keith Sisson und Atria A. Larson, Leiden/Boston 2016, S. 309–332

Rizzi 2013 Marco Rizzi: Eusebius on Constantine and Nicaea: Intentions and Omissions, in: Annali di Scienze Religiose 6, 2013, S. 209–223

Rizzotto 2009 Mirko Rizzotto: Michele Cerulario: l'uomo, il religioso, il politico, in: Porphyra 13, 2009, S. 5–17

Roberts 1993 Michael Roberts: Poetry and the cult of the martyrs. The *Liber Peristephanon* of Prudentius (Recentiores: Later Latin texts and contexts), Ann Arbor 1993

Rocha Roque 1998 Maria Isabel Rocha Roque: Fecho de lóculo Jonas e a Baleia, in: Fons Vitae (Ausstellung Lissabon, Weltausstellung, Pavillon des Heiligen Stuhls 1998), hg. von Maria Natália Correia Guedes, Lissabon 1998, S. 41, Nr. 3

Röckelein 2002 Hedwig Röckelein: Reliquientranslationen nach Sachsen im 9. Jahrhundert. Über Kommunikation, Mobilität und Öffentlichkeit im Frühmittelalter (Beihefte der Francia 48), Stuttgart 2002

Röhrkasten 2008 Jens Röhrkasten: Die Päpste und das englische Königreich im frühen 14. Jahrhundert, in: Zentrum und Netzwerk. Kirchliche Kommunikation und Raumstrukturen im Mittelalter (Scrinium Friburgense 22), hg. von Gisela Drossbach und Hans-Joachim Schmidt, Berlin 2008, S. 128–181

Rohault de Fleury 1883 Charles Rohault de Fleury: La messe. Études archéologiques sur ses monuments, 2, Paris 1883

Rollo-Koster/Izbicki 2009 A Companion to the Great Western Schisma (1378–1417) (Brill's Companion to the Christian Tradition 17), hg. von Joëlle Rollo-Koster und Thomas M. Izbicki, Leiden/Boston 2009

Romanini 1983 Roma Anno 1300. Atti della IV settimana di studi di Storia dell'Arte medievale dell'Università di Roma »la Sapienza« (Maediaevalia), hg. von Angiola Maria Romanini, Rom 1983

Romanini 1991 Roma nel Duecento. L'arte nella città dei papi da Innocenzo III a Bonifacio VIII, hg. von Angiola Maria Romanini, Turin 1991

Romano 2006 Serena Romano: Visione e visibilità nella Roma papale: Niccolò III e Bonifacio VIII, in: Bonifacio VIII. Ideologia e azione politica. Atti del Convegno organizzato nell'ambito delle celebrazioni per il VII centenario della morte (Bonifaciana, 2), Vatikanstadt/Rom, 26–28.4.2004, Rom 2006, S. 61–76

Ronig 1993 Egbert Erzbischof von Trier 977–993. Gedenkschrift der Diözese Trier zum 1000. Todestag (Trierer Zeitschrift für Geschichte und Kunst des Trierer Landes und seiner Nachbargebiete. Beiheft 18/1–2), hg. von Franz J. Ronig, Trier 1993

Ronig 1994 Franz J. Ronig: Erzbischof Egbert von Trier (977–993), in: Trierer Theologische Zeitschrift 103, 1994, S. 81–91

Ronning 2007 Christian Ronning: Herrscherpanegyrik unter Trajan und Konstantin (Studien und Texte zu Antike und Christentum 42), Tübingen 2007

Rosa 2000 Mario Rosa: Adriano VI, in: Enciclopedia dei Papi, Bd. 3, Rom 2000, S. 64–70

Roth-Rubi/Sennhauser 2015 Katrin Roth-Rubi und Hans Rudolf Sennhauser: Die frühe Marmorskulptur aus dem Kloster St. Johann in Müstair, Ostfildern 2015

Rothschild/Schröter 2013 The Rise and Expansion of Christianity in the First Three Centuries of the Common Era (Wissenschaftliche Untersuchungen zum Neuen Testament 301), hg. von Clare K. Rothschild und Jens Schröter, Tübingen 2013

Ruck 2007 Brigitte Ruck: Die Großen dieser Welt. Kolossalporträts im antiken Rom, Heidelberg 2007

Rüpke 2001 Jörg Rüpke: Die Religion der Römer. Eine Einführung, München ²2006

Rüpke 2007 Jörg Rüpke: Gruppenreligionen im römischen Reich (Studien und Texte zu Antike und Christentum 43), Tübingen 2007

Ruß 2015 Sibylle Ruß: Ornat aus dem Grab Bischof Suidgers (1040–1047), gestorben als Papst Clemens II. (1046/47), in: Matthias Exner et al.: Stadt Bamberg – Domberg 1. Das Domstift, Teil 2: Ausstattung, Kapitelsbauten, Domschatz (Die Kunstdenkmäler von Bayern, Oberfranken IV/1,2), Bamberg/Berlin/München 2015, S. 1350–1855, mit weiterer Literatur

Russo 1985 Eugenio Russo: La recinzione del presbiterio di S. Pietro in Vaticano dal VI all'VIII secolo, in: Rendiconti della Pontificia Accademia Romana di Archeologia 45/46, 1985, S. 3–33

Russo 1996 Daniel Russo: Les représentations mariales dans l'art d'Occident. Essai sur la formation d'une tradition iconographique, in: Marie. Le culte de la Vierge dans la société médiévale, hg. von Dominique Iogna-Prat, Eric Palazzo und Daniel Russo, Paris 1996, S. 173–291, S. 247–248

Salatowsky/Schröder 2016 Duldung religiöser Vielfalt – Sorge um die wahre Religion. Toleranzdebatten in der Frühen Neuzeit (Friedenstein-Forschungen 10), hg. von Sascha Salatowsky und Winfried Schröder, Stuttgart 2016

Salonen 2016 a Kirsi Salonen: The Curia: The Apostolic Penitentiary, in: A Companion to the Medieval Papacy. Growth of an Ideology and Institution (Brill's Companions to the Christian Tradition 70), hg. von Keith Sisson und Atria A. Larson, Leiden/Boston 2016, S. 259–275

Salonen 2016 b Kirsi Salonen: The Curia: The Sacra Romana Rota, in: A Companion to the Medieval Papacy. Growth of an Ideology and Institution (Brill's Companions to the Christian Tradition 70), hg. von Keith Sisson und Atria A. Larson, Leiden/Boston 2016, S. 276–308

Santangeli Valenziani 1999 Riccardo Santangeli Valenzani: Le prime guide e l'Itinerario di Einsiedeln, in: Romei e Giubilei. Il pellegrinaggio medievale a San Pietro (350–1350) (Ausstellung Rom, Palazzo Venezia, 29.10.1999–26.2.2000), hg. von Mario D'Onofrio, Mailand 1999, S. 195–198

Santangeli Valenziani 2001 Riccardo Santangeli Valenzani: L'itinerario di Einsiedeln, in: Roma dall'antichità al medioevo. Archeologia e storia nel Museo Nazionale Romano Crypta Balbi, hg. von Maria Stella Arena et al., Mailand 2001, S. 34–39

Santangeli Valenziani 2014 Riccardo Santangeli Valenzani: Itinerarium Einsidlense. Probleme und neue Ansätze der Forschung, in: Vedi Napoli e poi muori – Grand Tour der Mönche (Ausstellung St. Gallen, Stiftsbezirk, 4.9.-30.11.2014), hg. von Peter Erhart und Jakob Kuratli Hüeblin, St. Gallen 2014, S. 33–37

Santi 2002 Bruno Santi: Le tavole di biccherna tra funzione e memoria, in: Le biccherne di Siena: arte e finanza all'alba dell'economia moderna (Ausstellung Rom, Palazzo del Quirinale, 1.3.-13.4.2002), hg. von Alessandro Tomei, Rom 2002, S. 35–38

Santifaller 1967 Leo Santifaller: Zur Original-Überlieferung der Bulle Papst Bonifaz' VIII. »Clericis laicos« von 1296 25, in: Studia Gratiana 11, 1967, S. 69–90

Santifaller 1973 Leo Santifaller: Über die Neugestaltung der äußeren Form der Papstprivilegien unter Leo IX., in:, Festschrift Hermann Wiesflecker zum sechzigsten Geburtstag,hg. von Alexander Novotny und Othmar Pickl, Graz 1973, S. 29–38

Sauer 1993 Christine Sauer: Fundatio und Memoria. Stifter und Klostergründer im Bild 1100 bis 1350 (Veröffentlichungen des Max-Planck-Instituts für Geschichte 109), Göttingen 1993

Saurma-Jeltsch 2001 Lieselotte E. Saurma-Jeltsch: Spätformen mittelalterlicher Buchherstellung. Bilderhandschriften aus der Werkstatt Diebold Laubers in Hagenau, Wiesbaden 2001, Bd. 2, S. 54–55, 58–61

Savonarola 1999 Girolamo Savonarola: l'uomo e il frate. Atti del XXXV convegno storico internazionale, Todi, 11.-14.10.1998 (Atti dei Convegni del Centro italiano di Studi sul basso Medioevo, Accademia Tudertina e il Centro di Studi sulla Spiritualità medievale. Nuova serie 12), Spoleto 1999

Scafi 2006 Alessandro Scafi: Mapping Paradise. A History of Heaven on Earth, Chicago, London 2006

Scaglia 1964 Gustina Scaglia: The Origin of an Archaeological Plan of Rome by Alessandro Strozzi, in: Journal of the Warburg and Courtauld Institutes XXVII, 1964, S. 137–163

Scarborough 2009 Jason M. Scarborough: Primitive, unique, and true: Eusebius and the legacy of his Ecclesiastical History, in: St. Vladimirs Theological Quarterly 53,1, 2009, S. 67–97

Schäfer 2000 Philipp Schäfer: Innozenz III. und das 4. Laterankonzil 1215, in: Papst Innozenz III. Weichensteller der Geschichte Europas. Interdisziplinäre Ringvorlesung an der Universität Passau, 15.11.1997–26.5.1998, hg. von Thomas Frenz, Stuttgart 2000, S. 103–116

Schaller 1982 Hans Martin Schaller: Endzeit-Erwartungen und Antichrist-Vorstellungen in der Politik des 13. Jahrhunderts, in: Ideologie und Herrschaft im Mittelalter, hg. von Max Kerner, Darmstadt 1982, S. 303–331

Schatz 2008 Klaus Schatz: Allgemeine Konzilien – Brennpunkte der Kirchengeschichte, Paderborn ²2008

Schenk 2000 Gerrit Jasper Schenk: Sehen und gesehen werden. Der Einzug König Sigismunds zum Konstanzer Konzil 1414 im Wandel von Wahrnehmung und Überlieferung. Am Beispiel von Handschriften und frühen Augsburger Drucken der Richental-Chronik, in: Medien und Weltbilder im Wandel der frühen Neuzeit (Documenta Augustana 5), hg. von Theresia Hörmann, Franz Mauelshagen und Benedikt Mauer, Augsburg 2000, S. 71–106

Schenke 1991 Hans-Martin Schenke: Bemerkungen zum P. Hamb. Bil. 1 und zum altfayumischen Dialekt der koptischen Sprache, in: Enchoria. Zeitschrift für Koptologie 18, 1991, S. 69–93

Schieffer, R. 1978 Rudolf Schieffer: Gregor VII. – ein Versuch über historische Größe, in: Historisches Jahrbuch 97/98, 1978, S. 87–107

Schieffer, R. 1981 Rudolf Schieffer: Die Entstehung des päpstlichen Investiturverbots für den deutschen König (MGH. Schriften 28), Stuttgart 1981

Schieffer, R. 1986 Rudolf Schieffer: Rechtstexte des Reformpapsttums und ihre zeitgenössische Resonanz, in: Überlieferung und Geltung normativer Texte des frühen und hohen Mittelalters. Vier Vorträge, gehalten auf dem 35. Deutschen Historikertag 1984 in Berlin (Quellen und Forschungen zum Recht im Mittelalter, 4), hg. von Hubert Mordek, Sigmaringen 1986, S. 51–69

Schieffer, R. 1991 Rudolf Schieffer: Humbert von Silva Candida, in: Lexikon des Mittelalters Bd. 5, München/Zürich 1991, Sp. 207–208

Schieffer, R. 1998 Rudolf Schieffer: Zweigewaltenlehre, Gelasianische, in: Lexikon des Mittelalters Bd. 9, München 1998, Sp. 720

Schieffer, R. 2001 Rudolf Schieffer: Das Attentat auf Papst Leo III., in: Am Vorabend der Kaiserkrönung. Das Epos »Karolus magnus et Leo papa« und der Papstbesuch in Paderborn 799, hg. von Peter Godman, Jörg Jarnut und Peter Johanek, Berlin 2001, S. 75–85

Schieffer, R. 2002 Rudolf Schieffer: Motu proprio. Über die papstgeschichtliche Wende im 11. Jahrhundert, in: Historisches Jahrbuch 122, 2002, S. 27–41

Schieffer, R. 2004 Rudolf Schiefer: Neues von der Kaiserkrönung Karls des Großen (Bayerische Akademie der Wissenschaften, phil.-hist. Klasse, Sitzungsberichte Jahrgang 2004, Heft 2), München 2004

Schieffer, R. 2006 Rudolf Schieffer: Rundschreiben Heinrichs IV. mit Entwurf der Zwei-Schwerter-Lehre, in: Canossa 1077 – Erschütterung der Welt. Geschichte, Kunst und Kultur am Aufgang der Romanik (Ausstellung Paderborn, Diözesanmuseum, 21.7.-5.11.2006), hg. von Christoph Stiegemann und Matthias Wemhoff, München 2006, Bd. 2, S. 13

Schieffer, R. 2007 a Rudolf Schieffer: Das Papsttum als Autorität für die europäische Ordnung des Hochmittelalters, in: Salisches Kaisertum und neues Europa. Die Zeit Heinrichs IV. und Heinrichs V., hg. von Bernd Schneidmüller und Stefan Weinfurter, Darmstadt 2007, S. 47–64

Schieffer, R. 2007 b Rudolf Schieffer: Neue Bonifatius-Literatur, in: Deutsches Archiv für Erforschung des Mittelalters 63, 2007, S. 111–123

Schieffer, R. 2010 Rudolf Schieffer: Papst Gregor VII. Kirchenreform und Investiturstreit, München 2010

Schieffer, Th. 1972 Theodor Schieffer: Winfrid-Bonifatius und die christliche Grundlegung Europas, Darmstadt 1972 [ND von Freiburg 1954]

Schilling 1998 Beate Schilling: Guido von Vienne – Papst Calixt II. (MGH. Schriften 45), Hannover 1998

Schilling 2002 Beate Schilling: Ist das Wormser Konkordat überhaupt nicht geschlossen worden? Ein Beitrag zur hochmittelalterlichen Vertragstechnik, in: Deutsches Archiv für Erforschung des Mittelalters 58, 2002, S. 123–191

Schilling 2002 Beate Schilling: Ist das Wormser Konkordat überhaupt nicht geschlossen worden? Ein Beitrag zur hochmittelalterlichen Vertragstechnik, in: Deutsches Archiv 58, 2002, S. 123–191

Schimmelpfennig 1970 Bernhard Schimmelpfennig: Ein Fragment zur Wahl, Konsekration und Krönung des Papstes im 12. Jahrhundert, in: Archivum Historiae Pontificiae 8, 1970, S. 323–331

Schimmelpfennig 1973 a Bernhard Schimmelpfennig: Die in St. Peter verehrte Cathedra Petri, in: Quellen und Forschungen aus italienischen Archiven und Bibliotheken 53, 1973, S. 385–394

Schimmelpfennig 1973 b Bernhard Schimmelpfennig: Die Zeremonienbücher der römischen Kirche im Mittelalter (Bibliothek des Deutschen Historischen Instituts in Rom, 40), Tübingen 1973

Schimmelpfennig 1990 Bernhard Schimmelpfennig: Papst- und Bischofswahl seit dem 12. Jahrhundert, in: Wahlen und Wählen im Mittelalter (Vorträge und Forschungen 37), hg. von Reinhard Schneider und Harald Zimmermann, Sigmaringen 1990, S. 173–195

Schimmelpfennig 2004 Bernhard Schimmelpfennig: Die Päpstin Johanna – Realität oder Legende?, in: Mythen und Legenden in der Geschichte, hg. von Volker Dotterweich (Schriften der Philosophischen Fakultät der Universität Augsburg 64), München 2004, S. 39–46

Schludi 2014 Ulrich Schludi: Die Entstehung des Kardinalkollegiums. Funktion – Selbstverständnis – Entwicklungsstufen (Mittelalter-Forschungen 45), Ostfildern 2014

Schmale 1979 Franz-Josef Schmale: Die Absetzung Gregors VI. in Sutri und die synodale Tradition, in: Annuarium Historiae Conciliorum 11, 1979, S. 55–103

Schmalz 2014 Björn Schmalz: Georg Spalatin am kursächsischen Hof, in: Kurfürst Friedrich der Weise von Sachsen (1463–1525). Beiträge zur wissenschaftlichen Tagung vom 4.-6.7.2014 auf Schloss Hartenfels in Torgau, hg. von Dirk Syndram, Yvonne Fritz und Doreen Zerbe, Dresden 2014, S. 92–103

Schmid 1907 Joseph Schmid: Die Osterfestberechnung in der abendländischen Kirche vom 1. Allgemeinen Konzil von Nicäa bis zum Ende des VIII. Jahrhunderts (Straßburger theologische Studien; 9,1), Freiburg 1907

Schmidt, Chr. 2003 Christiane Schmidt: Der *Liber Peristephanon* des Prudentius als Kommentar authentischer Märtyrerberichte der lateinischen Tradition, Diss. Univ. Bochum 2003 [online unter: http://www-brs.ub.ruhr-uni-bochum.de/netahtml/HSS/Diss/SchmidtChristiane/diss.pdf]

Schmidt, R. 1986 Roderich Schmidt: Das Verhältnis von Kaiser und Papst im Sachsenspiegel und seine bildliche Darstellung, in: Text – Bild – Interpretation. Untersuchungen zu den Bilderhandschriften des Sachsenspiegels (Münstersche Mittelalter-Schriften 55/I+II), hg. von Ruth Schmidt-Wiegand, München 1986, S. 95–115 und Tafel LXV-LXXXV

Schmidt, T. 1980 Tilmann Schmidt: Die älteste Überlieferung von Cencius' Ordo Romanus, in: Quellen und Forschungen aus italienischen Archiven und Bibliotheken 60, 1980, S. 511–522

Schmieder 2005 Felicitas Schmieder: Peripherie und Zentrum Europas. Der nordalpine Raum in der Politik Papst Leos IX. (1049–1054), in: Kurie und Region. Festschrift für Brigide Schwarz zum 65. Geburtstag (Geschichtliche Landeskunde Mainz 59), hg. von Brigitte Flug, Michael Matheus und Andreas Rehberg, Stuttgart 2005, S. 359–369

Schmieder 2012 Felicitas Schmieder: Anspruch auf christliche Weltherrschaft. Die Velletri / Borgia-Karte (15. Jahrhundert) in ihrem ideengeschichtlichen und politischen Kontext, in: Herrschaft verorten. Politische Kartographie im Mittelalter und in der frühen Neuzeit (Medienwandel – Medienwechsel – Medienwissen, 19), hg. von Ingrid Baumgärtner und M. Stercken, Zürich 2012, S. 253–271

Schmitt 2000 Stefan Schmitt: Die Bildlichen Darstellungen Papst Innozenz' III., in: Papst Innozenz III. Weichensteller der Geschichte Europas, hg. von Thomas Frenz, Stuttgart 2000, S. 21–50

Schmitz-Esser 2004 Romedio Schmitz-Esser: In Urbe, quae caput mundi est. Die Entstehung der römischen Kommune (1143–1155). Über den Einfluss Arnolds von Brescia auf die Politik des römischen Senats, in: Innsbrucker Historische Studien 23/24, 2004, S. 1–42

Schmitz-Esser 2010 Romedio Schmitz-Esser: Erneuerung aus eigener Kraft? Die Entstehung der Römischen Kommune im 12. Jahrhundert, in: Rom – Nabel der Welt. Macht, Glaube, Kultur von der Antike bis heute, hg. von Jochen Johrendt und Romedio Schmitz-Esser, Darmstadt 2010, S. 67–85

Schmugge 2008 Ludwig Schmugge: Ehen vor Gericht. Paare der Renaissance vor dem Papst, Berlin 2008

Schmugge 2010 Ludwig Schmugge: Warum wenden sich 6387 deutsche Paare an den Papst und welche Gnaden erbitten sie? In: Kirchlicher und religiöser Alltag im Spätmittelalter, hg. von Andreas Meyer, Ostfildern 2010, S. 190–208

Schmuki 2000 Karl Schmuki: Das textgeschichtlich wichtigste Exemplar der Benediktinerregel, in: Cimelia Sangallensia. Hundert Kostbarkeiten aus der Stiftsbibliothek St. Gallen, St. Gallen ²2000, S. 52–53

Schneidmüller 2017 Bernd Schneidmüller: Die Päpste und die Herrscher dieser Welt im Spätmittelalter, in: Die Päpste und ihr Amt zwischen Einheit und Vielheit der Kirche. Theologische Fragen in historischer Perspektive (Die Päpste 4), hg. von Stefan Weinfurter et al., Regensburg 2017, S. 47–71

Scholz 1992 Sebastian Scholz: Transmigration und Translation. Studien zum Bistumswechsel der Bischöfe von der Spätantike bis zum hohen Mittelalter (Kölner Historischer Abhandlungen 37), Köln/Weimar/Wien 1992

Scholz 1997 Sebastian Scholz: Karl der Große und das ›Epitaphium Hadriani‹. Ein Beitrag zum Gebetsgedenken der Karolinger, in: Das Frankfurter Konzil von 794. Kristallisationspunkt karolingischer Kultur. Akten zweier Symposien (23.-27.2. und 13.-15.10.1994) anlässlich der 1200-Jahrfeier der Stadt Frankfurt a.M., Bd. 1 Politik und Kirche (Quellen und Abhandlungen zur mittelrheinischen Kirchengeschichte, 80), hg. von Rainer Berndt, Mainz 1997, S. 373–394

Scholz 2006 Sebastian Scholz: Politik – Selbstverständnis – Selbstdarstellung. Die Päpste in karolingischer und ottonischer Zeit (Historische Forschungen 26), Stuttgart 2006

Scholz 2012 Sebastian Scholz: Das Papsttum, Roms wirtschaftliche Lage und die Enteignung der päpstlichen Patrimonien in der Mitte des 8. Jahrhunderts, in: Päpstliche Herrschaft im Mittelalter. Funktionsweisen – Strategien – Darstellungsformen (Mittelalter-Forschungen 38), hg. von Stefan Weinfurter, Ostfildern 2012, S. 11–25

Schorta 1998 Regula Schorta: Dalmatik, Kasel, Pluviale udn Pontifikalstrümpfe aus dem Grab des Papstes Clemens II., in: Rom und Byzanz. Schatzkammerstücke aus bayerischen Sammlungen (Ausstellung München, Bayerisches Nationalmuseum, 20.10.1998–14.2.1999), hg. von Reinhold Baumstark, München 1998, S. 220–225, Nr. 70

Schorta 2001 Regula Schorta: Monochrome Seidengewebe des hohen Mittelalters, Berlin 2001

Schramm 1983 Percy Ernst Schramm: Die deutschen Kaiser und Könige in Bildern ihrer Zeit 751–1190, hg. von Florentine Mütherich, München 1983

Schramm/Mütherich 1981 Percy Ernst Schramm und Florentine Mütherich: Denkmale der deutschen Könige und Kaiser, Bd. 1: Ein Beitrag zur Herrschergeschichte von Karl dem Großen bis Friedrich II., 768–1250 (Veröffentlichungen des Zentralinstituts für Kunstgeschichte in München 2), München ²1981

Schreiner 2005 Peter Schreiner: Feindliche Schwestern? Grundlinien der politischen und kulturellen Auseinanderentwicklung von Rom und Byzanz zwischen 330 und 1500, in: Orthodoxes Forum 19, 2005, S. 17–24

Schulz 1999 Anne Markham Schulz: Gambello, Vittore, detto Camelio, in: Dizionario Biografico degli Italiani 52, 1999, S. 90–93

Schulze-Dörrlamm 2004 Mechthild Schulze-Dörrlamm: Das steinerne Monument des Hrabanus Maurus auf dem Reliquiengrab des hl. Bonifatius († 754) in Mainz, in: Jahrbuch des Römisch-Germanischen Zentralmuseums Mainz 51, 2004, S. 281–347

Schulze-Dörrlamm 2005 Mechthild Schulze-Dörrlamm: Das Bonifatius-Grabmal des Hrabanus Maurus in der Marienkirche, in: Bonifatius in Mainz (Neues Jahrbuch für das Bistum Mainz. Sonderband), hg. von Barbara Nichtweiß und Stephanie Haarländer, Mainz 2005, S. 319–342

Schwarz 2012 Brigide Schwarz: Die Erforschung der mittelalterlichen römischen Kurie von Ludwig Quidde bis heute, in: Friedensnobelpreis und historische Grundlagenforschung. Ludwig Quidde und die Erschließung der kurialen Registerüberlieferung (Bibliothek des Deutschen Historischen Instituts in Rom 124), hg. von Michael Matheus, Berlin/New York 2012, S. 415–439

Schwinden 2012 Lothar Schwinden: Trier – die spätantike Kaiserresidenz, in: Otto der Große und das römische Reich (Ausstellung Magdeburg, Kulturhistorisches Museum, 27.8.-9.12.2012), hg. von Matthias Puhle und Gabriele Köster, Regensburg 2012, S. 237–238

Scorza Barcellona 2000 Francesco Scorza Barcellona: Silvestro I, in: Enciclopedia dei Papi, Bd. 1, Rom 2000, S. 321–333

Sediari 2012 Michela Sediari: Capsella di Samagher, in: Costantino 313 d.C. l'editto di Costantino e il tempo della tolleranza (Ausstellung Mailand, Palazzo Reale, 25.10.2012–17.3.2013), hg. von Gemma Sena Chiesa, Mailand 2012, S. 269–270, Nr. 198

Segl 1993 Die Anfänge der Inquisition im Mittelalter, hg. von Peter Segl, Köln/Weimar/Wien 1993

Seidel Menchi 1993 Silvana Seidel Menchi: Erasmus als Ketzer. Reformation und Inquisition im Italien des 16. Jahrhunderts, Leiden 1993

Serafini 1910 Camillo Serafini: Le monete e le bolle plumbee Pontificie del medagliere Vaticano I, Mailand 1910

Seward 2006 Desmond Seward: The burning of the vanities. Savonarola and the Borgia Pope, Stroud 2006

Shaw 1993 Christine Shaw: Julius II: The Warrior Pope, Oxford 1993

Sickel 1883 Theodor Sickel: Das Privilegium Otto I. für die römische Kirche vom Jahre 962, Innsbruck 1883

Siddi 2010 Federica Siddi: Objekttext, in: Da Jacopo della Quercia a Donatello. Le arti a Siena nel primo Rinascimento (Ausstellung Siena, Complesso Museale di Santa Maria della Scala, 26.3.-11.7.2010), hg. von Max Seidel et al., Mailand 2010, Nr. E. 4, S. 368–369

Sieber-Lehmann 2015 Claudius Sieber-Lehmann: Papst und Kaiser als Zwillinge? Ein anderer Blick auf die Universalgewalten im Investiturstreit (Papsttum im mittelalterlichen Europa 4), Köln/Weimar/Wien 2015

Siefert 2014 Katharina Siefert: Objekttext, in: Das Konstanzer Konzil 1414–1418, Weltereignis des Mittelalters (Ausstellung Konstanz, Konzilsgebäude, 27.4.-21.9.2014), Darmstadt 2014, S. 188, Kat.Nr. 119a, Abb. 119a

Signori/Studt 2014 Das Konstanzer Konzil als europäisches Ereignis. Begegnungen, Medien, Rituale (Vorträge und Forschungen 79), hg. von Gabriela Signori und Birgit Studt, Ostfildern 2014

Simader 2007 Friedrich Simader: Österreich, in: Andreas Fingernagel: Romanik. Geschichte der Buchkultur 4/2, Graz 2007, S. 327–377

Sirén 1921 Oswald Sirén: Alcune note aggiuntive a quadri primitivi nella Galleria Vaticana, in: L'Arte XXIV, 1921, S. 24–28

Skiba 2016 a Viola Skiba: Honorius III. (1216–1227). Seelsorger und Pragmatiker (Päpste und Papsttum 45), Stuttgart 2016

Skiba 2016 b Viola Skiba: Papsttum, Reform und Predigt zu Beginn des 13. Jahrhunderts, in: Die Päpste. Amt und Herrschaft in Antike, Mittelalter und Renaissance (Die Päpste 1), hg. von Bernd Schneidmüller et al., Regensburg 2016, S. 317–340

Solin 2012 Heikki Solin: Sur la présence de noms puniques et berbères en Afrique, in: Visions de l'Occident romain. Hommages à Yann Le Bohec, hg. von Bernadette Cabouret, Agnès Groslambert und Catherine Wolff, Bd. 1, Paris 2012, S. 327–343

Sotomayor 1962 Manuel Sotomayor: S. Pedro en la iconografia paleocristiana (Biblioteca teologica Granadina, 5), Granada 1962

Southern 1992 Richard W. Southern: Robert Grosseteste. The Growth of an English Mind in Medieval Europe, Oxford ²1992

Spain 1983 Suzanne Spain: The restoration of the Sta Maria Maggiore Mosaics, in: Art Bullettin 65, 2, 1983, S. 325–328

Speciale 1991 Lucinia Speciale: Montecassino e la Riforma Gregoriana. L'Exultet Vat. Barb. Lat. 592 (Studi di arte medievali; 3), Rom 1991

Spier 2007 Jeffrey Spier: Late Antique and Early Christian Gems, Wiesbaden 2007

Spinola 2000 a Giandomenico Spinola: Frammento di alzata di sarcofago con Traditio Legis, in: Pietro e Paolo. La storia, il culto, la memoria nei primi secoli, (Ausstellung Rom, Palazzo della Cancelleria, 30.6.-10.12.2000), hg. von Angela Donati et al., Mailand 2000, S. 132, 210

Spinola 2000 b Giandomenico Spinola: Objekttext, in: Pietro e Paolo. La storia, il culto, la memoria nei primi secoli, (Ausstellung Rom, Palazzo della Cancelleria, 30.6.-10.12.2000), hg. von Angela Donati et al., Mailand 2000, S. 233–234, Nr. 112

Spinola 2001 a Giandomenico Spinola: Epitafio griego de Aster, in: Aliments sagrats. Pa, vi i oli a la Mediterrània antiga (Ausstellung Barcelona, Museu d'Història de la Ciutat, 30.6.-30.9.2001) (Mediterraneum, 2), hg. von Antoni Nicolau und Simone Zimmermann, Barcelona 2001, S. 261, Nr. 188

Spinola 2001 b Giandomenico Spinola: Lastra di chiusura di loculo con Giona ed il mostro marino, in: Animals in Western Art from the Vatican Museums (Ausstellung Toyota, Municipal Museum of Art, 2.10.-25.12.2001), Toyota 2001, S. 333, Nr. 56

Stasch 1995 Gregor Stasch: Der Fuldaer Dom zwischen Tradition und ›neuem Bauen‹, in: Fulda in seiner Geschichte. Landschaft, Reichsabtei, Stadt, Parzeller, hg. von Walter Heinemeyer, und Berthold Jäger, Fulda 1995, S. 227–257

Staubach 1993 Nikolaus Staubach: Rex christianus. Hofkultur und Herrschaftspropaganda im Reich Karls des Kahlen, Teil II Die Grundlegung der »religion royale«, Köln/Weimar/Wien 1993

Stelzer 1982 Winfried Stelzer: Gelehrtes Recht in Österreich. Von den Anfängen bis zum frühen 14. Jahrhundert (Mitteilungen des Instituts für Österreichische Geschichtsforschung Ergänzungsband XXVI), Wien [u. a.] 1982

Stengel 1960 Edmund E. Stengel: Abhandlungen und Untersuchungen zur mittelalterlichen Geschichte, Köln [u. a.] 1960, S. 218–248

Stöllinger-Löser 2004 Christine Stöllinger-Löser: Papst-Kaiser-Rotulus, in: Die deutsche Literatur des Mittelalters. Verfasserlexikon, Bd. 11, Berlin/New York ²2004, Sp. 1161–1163

Stork 2013 Hans-Walter Stork: Acta Pauli, in: Imperium der Götter. Isis – Mithras – Christus. Kulte und Religionen im Römischen Reich (Ausstellung Karlsruhe, Badisches Landesmuseum, 16.11.2013–18.5.2014), Stuttgart 2013, S. 381 Nr. 216

Stricker 2004 Stefanie Stricker: Prudentius, in: Verfasserlexikon 11, 2004, Sp. 1270–1279

Strinati 1999 a Tommaso Strinati: Busto di Innocenzo III, in: Romei e Giubilei. Il pellegrinaggio medievale a San Pietro (350–1350) (Ausstellung Rom, Palazzo Venezia, 29.10.1999–26.2.2000), hg. von Mario D'Onofrio, Mailand 1999, S. 445, Nr. 267

Strinati 1999 b Tommaso Strinati: Ecclesia Romana, in: Romei e Giubilei. Il pellegrinaggio medievale a San Pietro (350–1350) (Ausstellung Rom, Palazzo Venezia, 29.10.1999–26.2.2000), hg. von Mario D'Onofrio, Mailand 1999, S. 446, Nr. 268

Strinati 1999 c Tommaso Strinati: Busto di Gregorio IX, in: Romei e Giubilei. Il pellegrinaggio medievale a San Pietro (350–1350) (Ausstellung Rom, Palazzo Venezia, 29.10.1999–26.2.2000), hg. von Mario D'Onofrio, Mailand 1999, S. 447, Nr. 270

Strnad 1994 Alfred A. Strnad: Art. Nikolaus V., Papst (1447–1455), in: Theologische Realenzyklopädie Tl. 24, Berlin/New York 1994, Sp. 543–545

Strobel 1977 August Strobel: Ursprung und Geschichte des frühchristlichen Osterkalenders (Texte und Untersuchungen zur Geschichte altchristlicher Literatur; 121), Berlin 1977

Strobel 1984 August Strobel: Texte zur Geschichte des frühchristlichen Osterkalenders (Liturgiewissenschaftliche Quellen und Forschungen, 64), Münster 1984

Stroll 2004 Mary Stroll: Calixtus II, 1119–1124. A pope born to rule, Leiden 2004

Struve 1989 Tilman Struve: Gregor VII., in: Lexikon des Mittelalters, Bd. 4, München 1989, Sp. 1669–1671

Studt 1992 Birgit Studt: Fürstenhof und Geschichte. Legitimation durch Überlieferung (Norm und Struktur 2), Köln/Weimar/Wien 1992, S. 284–287

Studt 2004 Birgit Studt: Papst Martin V. (1417–1431) und die Kirchenreform in Deutschland (Forschungen zur Kaiser- und Papstgeschichte des Mittelalters, 23), Köln/Weimar/Wien 2004

Stump 1990 Phillip H. Stump: The official acta of the Council of Constance in the edition of Mansi, in: The two laws. Studies in medieval legal history dedicated to Stephan Kuttner (Studies in medieval and early modern canon law 1), hg. von Laurent Mayali, Washington 1990, S. 221–239

Stupperich 2009 Reinhard Stupperich: Objekttext, in: Idole. Annäherung an einen vagen Begriff (Ausstellung Speyer, Historisches Museum der Pfalz, 16.5.2009–17.1.2010), Stuttgart 2009, S. 92–93

Suckale 1993 Robert Suckale: Die Hofkunst Kaiser Ludwigs des Bayern, München 1993

Sudmann 2005 Stefan Sudmann: Das Basler Konzil. Synodale Praxis zwischen Routine und Revolution (Tradition – Reform – Innovation 8), Frankfurt am Main 2005

Summerlin 2016 Danica Summerlin: Papal Councils in the High Middle Ages, in: A Companion to the Medieval Papacy. Growth of an Ideology and Institution (Brill's Companions to the Christian Tradition 70), hg. von Keith Sisson und Atria A. Larson, Leiden/Boston 2016, S. 174–198

Supino 1899 Igino Benvenuto Supino: Il medagliere mediceo nel R. Museo Nazionale di Firenze (secoli XV-XVI), Florenz 1899

Synodica 1997 Synodica di Adriano I alla corte di Costantinopoli, in: Vedere l'invisibile. Nicea e lo statuto dell'immagine, hg. von Luigi Russo, Übersetzung von Claudio Gerbino, Anmerkungen von Claudio Gerbino und Mario Re, Anhänge von Maria Andaloro, Mario Re und Crispino Valenziano, Palermo 1997, S. 15–23

Tacke 2007 Andreas Tacke: Cranach im Dienste der Papstkirche, in: Cranach im Exil. Aschaffenburg um 1540, Regensburg 2007, S. 106–121

Taddi 2006 Carlotta Taddi: Frammenti di mosaico da San Giovanni Evangelista, Ravenna, in: Vivere il Medioevo. Parma al tempo della Cattedrale (Ausstellung Parma, Palazzo della Pilotta, Voltoni del Guazzatoio, 8.10.2006–14.1.2007), Cinisello Balsamo 2006, S. 208–210, Nr. 90

Tasca 2012 Francesca Tasca: Innocenzo III e il dono dei quattro anelli. Per un contributo alla storia simbolica medievale, in: Revue d'histoire ecclésiastique CVII, 2012, S. 98–130, Nr. 1

Tateo 2013 Francesco Tateo: Bartolomeo Sacchi, detto il Platina, in: Il Contributo italiano alla storia del Pensiero – Storia e Politica (2013), online unter: www.treccani.it/enciclopedia/bartolomeo-detto-il-platina-sacchi_(altro)/ [zuletzt abgerufen am 22.11.2016]

Tesorone 1891 Giovanni Tesorone: L'antico pavimento delle Logge di Raffaello in Vaticano, con due tavole di cromolitografia, Neapel 1891

Testini 1969 Pasquale Testini: L'iconografia degli apostoli Pietro e Paolo nelle cosiddette »arti minori», in: Saecularia Petri et Pauli (Studi di antichità cristiana, 28), Vatikanstadt 1969

Testini 1971–1972 Pasquale Testini: Nuovi sondaggi nell'area di S. Ippolito all'Isola Sacra, in: Atti della Pontificia Accademia Romana di Archeologia. Rendiconti 44, 1971–72, S. 219–236

Testini 1975 Pasquale Testini: La basilica di S. Ippolito, in: Maria Luisa Veloccia Rinaldi und Pasquale Testini, Ricerche archeologiche nell'Isola Sacra, Rom 1975, S. 43–132

Tewes 2001 Götz Rüdiger Tewes: Die römische Kurie und die europäischen Länder am Vorabend der Reformation (Bibliothek des Deutschen Historischen Instituts in Rom 95), Tübingen 2001

Tewes 2005 Götz-Rüdiger Tewes: Deutsches Geld und römische Kurie. Zur Problematik eines gefühlten Leides, in: Kurie und Region. Festschrift für Brigide Schwarz zum 65. Geburtstag (Geschichtliche Landeskunde Mainz 59), hg. von Brigitte Flug, Michael Matheus und Andreas Rehberg, Stuttgart 2005, S. 209–239

Theißen 1997 Gerd Theißen: Soziologie der Jesusbewegung. Ein Beitrag zur Entstehungsgeschichte des Urchristentums, Gütersloh 1997 (7. Aufl.)

Themelly 1999 Alessandra Themelly: Il mosaico di San Venanzio in Laterano (640–649). Arte romana e influssi dall'oriente bizantino negli anni della crisi monotelita, in: Romanobarbarica 16, 1999, S. 317–345

Thomas/Gambler 1976 Bruno Thomas und Ortwin Gamber: Katalog der Leibrüstkammer, 1. Der Zeitraum von 500 bis 1530, Wien 1976

Thraede 1973 Klaus Thraede: Rom und der Märtyrer in Prudentius, Peristephanon 2,1–20, in: Romanitas et Christianitas. Studia Iano Henrico Waszink A.D. VI Kal. Nov. A. MCMLXXIII XIII lustra compleni oblata, hg. von Willem den Boer et al., Amsterdam/London 1973, S. 317–327

Thümmel 1999 Hans Georg Thümmel: Die Memorien für Petrus und Paulus in Rom, Berlin 1999

Tietzel 1984 Brigitte Tietzel: Italienische Seidengewebe des 13., 14. Und 15. Jahrhunderts. Kataloge des Deutschen Textilmuseums Krefeld I, Köln 1984

Toussaint 1996 Jacques Toussaint: Art. 10. Ecrin de la couronne-reliquaire des saintes épines, in: Èmaux de Limoges XIIe-XIXe siècle (Ausstellung Namur, Musée des arts anciens du Namurois, 22.6.-8.9.1996), hg. von Jacques Toussaint, Namur 1996, S. 61–62

Tormo y Monzò 1942 Elias Tormo Y Monzò: Monumentos de Españoles en Roma, y de Portugueses e Hispano-Americanos, Madrid 1942, Bd. II, S. 200

Träger 1970 Jörg Träger: Der reitende Papst: ein Beitrag zur Ikonographie des Papsttums, München 1970

Traube 1898 Ludwig Traube: Textgeschichte der Regula Benedicti, München 1898

Trivellone 1999 Alessia Trivellone: Giacomo Grimaldi, Instrumenta Translationis, in: Romei e Giubilei. Il pellegrinaggio medievale a San Pietro (350–1350) (Ausstellung Rom, Palazzo Venezia, 29.10.1999–26.2.2000), hg. von Mario D'Onofrio, Mailand 1999, S. 409, Nr. 214

Tronzo 2001 William Tronzo: The Shape of Narrative. A problem in the Mural Decoration of Early Medieval Rome, in: Roma nell'alto medioevo (Settimane di Studio, Centro Italiano di Studi sull'Alto Medioevo, 48), Spoleto 2001, S. 457–492

Turner 1931 Cuthbert Hamilton Turner: The Oldest Manuscripts of the Vulgate Gospels, Oxford 1931

Ubl 2004 Karl Ubl: Die Genese der Bulle *Unam Sanctam*. Anlass, Vorlagen, Intention, in: Politische Reflexion in der Welt des späten Mittelalters. Political Thought in the Age of Scholasticism. Essays in honour of Jürgen Miethke (Studies in medieval and Reformation traditions, 103), hg. von Martin Kaufhold, Leiden/Boston 2004, S. 129–149

Ubl 2007 Karl Ubl: Der Mehrwert der päpstlichen Schlüsselgewalt und die Tradition des heiligen Clemens, in: Die Bibel als politisches Argument. Voraussetzungen und Folgen biblischer Herrschaftslegitimation in der Vormoderne (Historische Zeitschrift, Beiheft 43), hg. von Andreas Pecar und Kai Trampedach, München 2007, S. 189–218

Ullmann 1974 Walter Ullmann: Die Bulle Unam sanctam. Rückblick und Ausblick, in: Römische Historische Mitteilungen 16, 1974, S. 45–77

Ullmann 1981 Walter Ullmann: Gelasius I. (492–496): Das Papsttum an der Wende der Spätantike zum Mittelalter (Päpste und Papsttum 18), Stuttgart 1981

Urbani de Gheltof 1877 Domenico Urbani de Gheltof: Leggenda veneziana di Alessandro III, in: Archivio veneto 7, 1877, S. 361–369

Utro 2000 Umberto Utro: Dittico con i ritratti di Pietro e Paolo, in: Pietro e Paolo. La storia, il culto, la memoria nei primi secoli (Ausstellung Rom, Palazzo della Cancelleria, 30.6.-10.12.2000), hg. von Angela Donati et al., Mailand 2000, S. 216, Kat.Nr. 69

Utro 2001 Umberto Utro: Objekttext, in: Wokół Quo Vadis. Sztuka i kultura Rzymu csasów Nerona (Ausstellung Warszawa, Muzeum Narodowe 2001), Warschau 2001

Utro 2001–2002 Umberto Utro: Raffigurazioni agiografiche sui vetri dorati paleocristiani, in: Rendiconti della Pontificia Accademia Romana di Archeologia 74, 2001–2002, S. 195–219

Utro 2003 Umberto Utro: Vetro dorato con Simon e Damas, Petrus e Florus, in: 387 d. C. Ambrogio e Agostino le sorgenti dell'Europa (Ausstellung Mailand, Museo Diocesano, 8.12.2003–2.5.2004), hg. von Paolo Pasini, Mailand 2003, S. 392–393

Utro 2005 Umberto Utro: Objekttext, in: Journey of Faith. Art & History from the Vatican Collections (Ausstellung Singapur, Asian Civilisation Museum, 18.6.-9.10.2005), Singapur 2005, S. 86

Utro 2006 Umberto Utro: Vetro con Pietro e Paolo coronati da Cristo, in: Habemus Papam. Le elezioni pontificie da San Pietro a Benedetto XVI (Ausstellung Rom, Palazzo Apostolico Lateranense, 7.12.2006–9.4.2007), hg. von Francesco Buranelli, Rom 2006, S. 27–28, Kat.Nr. 11

Utro 2007 Umberto Utro: Frammento di sarcofago con Cristo docente fra Pietro e Paolo, in: La rivoluzione dell'immagine. Arte palecoristiana tra Roma e Bisanzio (Ausstellung Vicenza, Palazzo Leoni Montanari, 8.9.-18.11.2007), hg. von Fabrizio Bisconti und Giovanni Gentili, Mailand 2007, S. 212–213

Utro 2009 Umberto Utro: Frammento di sarcofago con Cristo docente fra Pietro e Paolo, in: San Paolo in Vaticano. La figura e la parola dell'Apostolo delle Genti nelle raccolte pontificie (Ausstellung Vatikanstadt, Musei Vaticani, 26.6.-27.9.2009), hg. von Umberto Utro, Todi 2009, S. 186–187

Utro 2010 Umberto Utro, in: Treasures of Heaven. Relics, Saints and Devotion in Medieval Europe (Ausstellung Cleveland, Cleveland Museum of Art, 17.10.2010–16.1.2011), hg. von M. Bagnoli et al., Cleveland 2010, S. 32–33, Nr. 5

Utro 2012 Umberto Utro: Epitaffio di Siddi, »bimbo innocente«, con croce monogrammatica, in: Costantino 313 d.C. L'editto di Milano e il tempo della tolleranza (Ausstellung Mailand, Palazzo Reale, 25.10.2012–17.3.2013), hg. von Gemma Sena Chiesa, Mailand 2012, S. 212, Nr. 79

Utro 2013 Umberto Utro: Marmorfragment mit lehrendem Christus zwischen Petrus und Paulus, in: Credo. Christianisierung Europas im Mittelalter, Bd. 2 (Ausstellung Paderborn, Diözesanmuseum, 26.7.-3.11.2013), hg. von Christoph Stiegemann et al., Petersberg 2013, S. 88–89

Vacca 1993 Salvatore Vacca: Prima sedes a nemine iudicatur. Genesi e sviluppo storico dell'assioma fino al Decreto di Graziano (Miscellanea Historiae Pontificiae 61), Rom 1993

Vattuone 2000 Lucina Vattuone: Vetro dorato con Pietro e Paolo coronati da Cristo, in: Pietro e Paolo. La storia, il culto, la memoria nei primi secoli (Ausstellung Rom, Palazzo della Cancelleria, 30.6.-10.12.2000), hg. von Angela Donati, Mailand 2000, S. 221–222, nr. 86

Vauchez 2002 André Vauchez: Les songes d'Innocent III, in: Studi sulle società e le culture del Medioevo per Girolamo Arnaldi, hg. von Ludovico Gatti und Paola Supino Martini, Florenz 2002, Bd. 2, S. 695–706

Vauchez 2004 André Vauchez: Il sogno di Innocenzo III. Riflessioni su un tema iconografico ed agiografico, in: Studi romani 52, 2004, S. 3–17

Venturelli 2009 Paola Venturelli: Il Tesoro dei Medici al Museo degli Argenti, Florenz 2009

Venuti 1744 Ridolfino Venuti: Numismata Romanorum Pontificum praestantiora a Martino V. ad Benedictum XIV., Rom 1744

Verdoner 2010 Marie Verdoner: Überlegungen zum Adressaten von Eusebs Historia ecclesiastica, in: Zeitschrift für Antikes Christentum 14, 2, 2010, S. 362–378

Verspohl 2004 Franz-Joachim Verspohl: Michelangelo Buonarroti und Papst Julius II., Göttingen 2004

Vicaire 1952 Marie-Humbert Vicaire: La bulle de confirmation des Precheurs, in: Revue d'histoire ecclesiastique 47, 1952, S. 176–192

Vielberg 2011 Meinolf Vielberg: Philologisches zum 1. Klemensbrief. Bemerkungen zum Gebrauch der Pronomina »Wir« und »Ihr«, in: Petrus und Paulus in Rom. Eine interdisziplinäre Debatte, hg. von Stefan Heid, Freiburg/Basel/Wien 2011, S. 492–496

Viti 1994 a Firenze e il concilio del 1439. Convegno di studi. Florenz, 29.11.–2.12.1989 (Biblioteca storica toscana; 29, 1–2), hg. von Paolo Viti, Florenz 1994

Viti 1994 b Paolo Viti: Documenti sul Concilio di Firenze, in: Firenze e il concilio del 1439. Convegno di studi. Florenz, 29.11.–2.12.1989 (Biblioteca storica toscana; 29, 1–2), hg. von Paolo Viti, Bd. 2, S. 933–947

Vittinghoff 1984 Friedrich Vittinghoff: »Christianus sum«. Das »Verbrechen« von Außenseitern der römischen Gesellschaft, in: Historia 33, 1984, S. 331–357

Vivaldi 2015 Alessia Vivaldi: L'area archeologica del campo P nella necropoli di S. Pietro in Vaticano. Analisi tecnica del monumento, in: Rivista di Archeologia Cristiana 91,2015, S. 311–357

Volbach 1938 Wolfgang Fritz Volbach: Museo Sacro. Itinerario (Biblioteca Apostolica Vaticana – Museo Sacro: Guida, 3), Vatikanstadt 1938

Volbach 1941 Wolfgang Fritz Volbach: Il tesoro della Cappella ›Sancta Sanctorum‹ (Biblioteca Apostolica Vaticana, Museo Sacro, Guida IV), Vatikanstadt 1941

Volbach/Hirmer 1958 Wolfgang Fritz Volbach und Max Hirmer: Arte paleocristiana, Florenz 1958

Volbach 1987 Wolfgang Fritz Volbach: Catalogo della Pinacoteca Vaticana. Bd. 2 Il Trecento Firenze e Siena, Vatikanstadt 1987

Vones 1998 Ludwig Vones: Urban V (1362–1370). Kirchenreform zwischen Kardinalskollegium, Kurie und Klientel (Päpste und Papsttum 28), Stuttgart 1998

Vopel 1899 Hermann Vopel: Die altchristlichen Goldgläser (Archaeologische Studien zum christlichen Altertum und Mittelalter, Heft V), Freiburg 1899

Wacker 2002 Gisela Wacker: Ulrich Richentals Chronik des Konstanzer Konzils und ihre Funktionalisierung im 15. und 16. Jahrhundert. Aspekte zur Rekonstruktion der Urschrift und zu den Wirkungsabsichten der überlieferten Handschriften und Drucke, Diss. Tübingen 2002

Waldman 2000 Louis A. Waldman: ›The Modern Lysippus‹: A Roman Quattrocento Medalist in Context. In: Perspectives on the Renaissance Medal (Numismatic Studies, 23), hg. von Stephen K. Scher, New York 2000, S. 97–113

Waley 2013 Daniel Waley: Mediaeval Orvieto. The political history of an Italian city state, 1157–1334, Cambridge [u.a.] 2013

Walser 1987 Die Einsiedler Inschriftensammlung und der Pilgerführer durch Rom (Codex Einsidlensis 326) (Historia. Einzelschriften, 52), hg. von Gerold Walser, Stuttgart 1987

Walter 2017 Peter Walter: Theologische Grundlagen des Papsttums, in: Die Päpste und ihr Amt zwischen Einheit und Vielheit der Kirche. Theologische Fragen in historischer Perspektive (Die Päpste 4), hg. von Stefan Weinfurter et al., Regensburg 2017, S. 11–30

Watt 1964 John A. Watt: The Theory of Papal Monarchy in the Thirteenth Century, in: Traditio 20, 1964, S. 179–317

Wegner 1939 Max Wegner: Die Herrscherbildnisse in antoninischer Zeit (Das römische Herrscherbild 2,4), Berlin 1939

Weinfurter 2002 a Stefan Weinfurter: Papsttum, Reich und kaiserliche Autorität. Von Rom 1111 bis Venedig 1177, in: Das Papsttum in der Welt des 12. Jahrhunderts (Mittelalter-Forschungen 6), hg. von Ernst-Dieter Hehl, Ingrid Heike Ringel und Hubertus Seibert, Stuttgart 2002, S. 77–99

Weinfurter 2002 b Stefan Weinfurter: Venedig 1177 – Wende der Barbarossazeit? Zur Einführung, in: Stauferreich im Wandel. Ordnungsvorstellungen und Politik in der Zeit Friedrich Barbarossas (Mittelalter-Forschungen 9), hg. von Stefan Weinfurter, Stuttgart 2002, S. 9–25

Weinfurter 2002 c Stefan Weinfurter: Heinrich II. Herrscher am Ende der Zeiten, Regensburg ³2002

Weinfurter 2006 Stefan Weinfurter: Canossa. Die Entzauberung der Welt, München 2006

Weinfurter 2010 a Stefan Weinfurter: Eichstätt im Mittelalter. Kloster – Bistum – Fürstentum, Regensburg 2010

Weinfurter 2010 b Stefan Weinfurter: Der Papst weint. Argument und rituelle Emotion von Innocenz III. bis Innocenz IV., in: Spielregeln der Mächtigen. Mittelalterliche Politik zwischen Gewohnheit und Konvention, hg. von Claudia Garnier und Hermann Kamp, Darmstadt 2010, S. 121–132

Weinfurter 2012 a Stefan Weinfurter: Canossa als Chiffre. Von den Möglichkeiten historischen Deutens, in: Canossa. Aspekte einer Wende, hg. von Wolfgang Hasberg und Hermann-Josef Scheidgen, Regensburg 2012, S. 124–140

Weinfurter 2012 b Stefan Weinfurter: Privilegium Ottonianum, in: Otto der Große und das römische Reich (Ausstellung Magdeburg, Kulturhistorisches Museum, 27.8.-9.12.2012), hg. von Matthias Puhle und Gabriele Köster, Regensburg 2012, S. 563–568, Nr. V.10*

Weinfurter 2013 Stefan Weinfurter: Karl der Große. Der heilige Barbar, München 2013

Weinfurter 2014 Stefan Weinfurter: ›Eindeutigkeit‹ als Merkmal der Kirchenreform im 11. Jahrhundert, in: Eichstätter Diözesanblätter 1 (Jahrgang 2012/2013), 2014, S. 104–133

Weinfurter 2017 Stefan Weinfurter: »Ich schreie, schreie und schreie!« Zur Problematik päpstlicher Reformen, in: Die Päpste und ihr Amt zwischen Einheit und Vielheit der Kirche (Die Päpste 4), hg. von Stefan Weinfurter et al., Regensburg 2017, S. 276–285

Weinstein 2011 Donald Weinstein: Savonarola. The rise and fall of a Renaissance prophet, New Haven [u.a.] 2011

Weiss 1961 Roberto Weiss: The Medals of Pope Sixtus IV. (1471–1484), Rom 1961

Weiss 1965 Roberto Weiss: The Medals of Pope Julius II (1503–1513), in: Journal of the Warburg and Courtauld Institutes 28, 1965, S. 163–182

Weiß 2008 Stefan Weiß: Onkel und Neffe. Die Beziehungen zwischen Deutschland und Frankreich unter Kaiser Karl IV. und König Karl V. und der Ausbruch des Großen Abendländischen Schismas. Eine Studie über mittelalterliche Außenpolitik, in: Regnum et Imperium. Die französisch-deutschen Beziehungen im 14. und 15. Jahrhundert. Les relations franco-allemandes au XIVe et au XVe siècle, hg. von Stefan Weiß, München 2008, S. 101–164

Weiß 2016 Stefan Weiß: The Curia: Camera, in: A Companion to the Medieval Papacy. Growth of an Ideology and Institution, hg. von Keith Sisson/Atria A. Larson (Brill's Companions to the Christian Tradition 70), Leiden/Boston 2016, S. 220–238

Wentzel 1953–1956 Hans Wentzel: Mittelalterliche Gemmen in den Sammlungen Italiens, in: Mitteilungen des Kunsthistorischen Instituts in Florenz 7, I-IV, 1953–1956, S. 239–278

Westermann-Angerhausen 1973 Hiltrud Westermann-Angerhausen: Die Goldschmiedearbeiten der Trierer Egbertwerkstatt, Trier 1973

Whalen 2007 Brett Edward Whalen: Rethinking the Schism of 1054: Authority, Heresy and the Latin Rite, in: Traditio 62, 2007, S. 1–24

Wieruszowski 1933 Helene Wieruszowski: Vom Imperium zum nationalen Königtum. Vergleichende Studien über die publizistischen Kämpfe Friedrichs II. und König Philipps des Schönen mit der Kurie (Beiheft der Historischen Zeitschrift 30), München/Berlin 1933

Wilckens 1994 Leonie von Wilckens: Die mittelalterlichen Textilien. Herzog Anton Ulrich-Museum Braunschweig. Katalog der Sammlung, Braunschweig 1994

Wilhelmy 1999 Winfried Wilhelmy: Sog. Priesterstein, in: 799 Kunst und Kultur der Karolingerzeit. Karl der Große und Papst Leo III. in Paderborn (Ausstellung Paderborn, Museum Kaiserpfalz, Diözesanmuseum, Städt. Galerie, 23.7.-1.11.1999), Bd. 1–2 Katalog der Ausstellung, hg. von Christoph Stiegemann und Matthias Wemhoff, Mainz 1999, Bd. II, S. 444–446, Nr. VII.12

Wilhelmy 2004 Winfried Wilhelmy: Art. 49. Krone eines Kaisers des lateinischen Kaiserreichs (Heinrich von Flandern?), in: Die Kreuzzüge. Kein Krieg ist heilig (Ausstellung Mainz, Diözesanmuseum, 2.4.-30.7.2004), hg. von Hans-Jürgen Kotzur, Mainz 2004, S. 381–384

Willershausen 2014 Andreas Willershausen: Die Päpste von Avignon und der Hundertjährige Krieg. Spätmittelalterliche Diplomatie und kuriale Verhandlungsnormen (1337–1378), Berlin 2014

Wilpert 1903 Josef Wilpert: Die Malereien der Katakomben Roms, Freiburg 1903

Wilpert 1916 Die römischen Mosaiken der kirchlichen Bauten vom IV.-XIII. Jahrhundert, hg. von Joseph Wilpert, Freiburg i. Br. 1916

Wilpert 1929 Giuseppe Wilpert: I sarcofagi cristiani antichi, I, Rom 1929

Wilson 1978 S. R. Wilson: The form of discovery: the Columbus Letter Announcing the Finding of America in: Revista Canadiense de Estudios Hispánicos 2, 1978, S. 154–168

Winter 2013 Heinz Winter: Die Medaillen und Schaumünzen der Kaiser und Könige aus dem Haus Habsburg im Münzkabinett des Kunsthistorischen Museums Wien, Bd. I: Friedrich III. und Maximilian I., Wien 2013

Wirulski 2010 Thomas Wirulski: Kaiserkult in Kleinasien. Die Entwicklung der kultisch-religiösen Kaiserverehrung in der römischen Provinz Asia von Augustus bis Antoninus Pius (Studien zur Umwelt des Neuen Testaments 63), Göttingen ²2010

Wojtowytsch 1981 Myron Wojtowytsch: Papsttum und Konzile von den Anfängen bis zu Leo I. (440–461) (Päpste und Papsttum 17), Stuttgart 1981

Wolf 2017 Hubert Wolf: Das Papsttum vor den Herausforderungen der Moderne, in: Die Päpste und ihr Amt zwischen Einheit und Vielheit der Kirche. Theologische Fragen in historischer Perspektive (Die Päpste 4), hg. von Stefan Weinfurter et al., Regensburg 2017, S. 229–244

Wolgast 1985 Eike Wolgast: Gravamina nationis Germanicae, in: Theologische Realenzyklopädie 14, Berlin/New York 1985, S. 131–134

Wolgast 2016 Eike Wolgast: Die Formula reformationis, in: Eike Wolgast, Aufsätze zur Reformations- und Reichsgeschichte (Jus ecclesiasticum 113), Tübingen 2016, S. 101–124

Zaccaria 1994 Raffaella Maria Zaccaria: Documenti e testimonianze inedite sul Concilio: linee per una ricerca, in: Firenze e il Concilio del 1439, Convegno di Studi, Florenz 29.11.–2.12.1989 (Biblioteca storica toscana, Ser. 1,29), hg. von Paolo Viti, Florenz 1994, Bd. 1, S. 95–108

Zamora 1993 Margarita M. Zamora: Christopher Columbus's ›Letter to the Sovereigns‹: Announcing the Discovery, in: New world encounters (Representation Books; 6), hg. von Stephen Greenblatt, Berkeley 1993, S. 1–11

Zanchi Roppo 1969 Franca Zanchi Roppo: Vetri paleocristiani a figure d'oro conservati in Italia (Studi di Antichità Cristiane, 5), Bologna 1969

Zander 2004 Pietro Zander: Creating St. Peter's. Architectural Treasures of the Vatican (Ausstellung New Haven, Conn., Knights of Columbus Museum, 10.12.2003–31.8.2004), New Haven, Conn. 2004

Zanichelli 1991 Giuseppa Z. Zanichelli, in: Wiligelmo e Matilde. L'officina romanica (Ausstellung Mantua, Fruttiere del Palazzo Te, 15.6.-10.11.1991), hg. von Arturo Carlo Quintavalle, Mailand 1991, S. 664

Zechiel-Eckes 2001 Klaus Zechiel-Eckes: Ein Blick in Pseudoisidors Werkstatt. Studien zum Entstehungsprozess der falschen Dekretalen. Mit einem exemplarischen editorischen Anhang (Pseudo-Julius an die orientalischen Bischöfe, JK † 196), in: Francia 28, 2001, S. 37–90

Zechiel-Eckes 2002 Klaus Zechiel-Eckes: Auf Pseudoisidors Spur. Oder: Versuch einen dichten Schleier zu lüften, in: Fortschritt durch Fälschungen? Ursprung, Gestalt und Wirkungen der pseudoisidorischen Fälschungen. Beiträge zum gleichnamigen Symposium an der Universität Tübingen vom 27. und 28. Juli 2001 (MGH. Studien und Texte 31), hg. von Wilfried Hartmann und Gerhard Schmitz, Hannover 2002, S. 1–27

Zechiel-Eckes 2013 Klaus Zechiel-Eckes: Die erste Dekretale. Der Brief Papst Siricius' an Bischof Himerius von Tarragona vom Jahr 385 (JK 255). Aus dem Nachlass mit Ergänzungen hg. von Detlev Jasper (MGH. Studien und Texte 55), Hannover 2013

Zey 2000 Claudia Zey: Der Romzugsplan Heinrichs V. 1122/23. Neue Überlegungen zum Abschluß des Wormser Konkordats, in: Deutsches Archiv 56, 2000, S. 447–504

Zey 2011 Claudia Zey: Das Wormser Konkordat, in: Die Salier. Macht im Wandel. Bd. 1: Essays, München 2011, S. 69–73

Zey 2012 Claudia Zey: Stand und Perspektiven der Erforschung des päpstlichen Legatenwesens im Hochmittelalter, in: Rom und die Regionen. Studien zur Homogenisierung der lateinischen Kirche im Hochmittelalter (Abhandlungen der Akademie der Wissenschaften zu Göttingen N. F. 19), hg. von Jochen Johrendt und Harald Müller, Göttingen 2012, S. 157–166

Zey 2016 Claudia Zey: Vervielfältigungen päpstlicher Präsenz und Autorität: Boten und Legaten, in: Die Päpste. Amt und Herrschaft in Antike, Mittelalter und Renaissance (Die Päpste 1), hg. von Bernd Schneidmüller et al., Regensburg 2016, S. 257–274

Zey 2017 Claudia Zey: Der Investiturstreit, München 2017

Zimmermann, G. 1997 Gerd Zimmermann: Bischof Suidger von Bamberg – Papst Clemens II., in: Clemens II. Der Papst aus Bamberg (Veröffentlichungen des Erzbischöflichen Ordinariats 2), Bamberg 1997, S. 9–32

Zimmermann, H. 1962–1963 Harald Zimmermann: Ottonische Studien II: Das Privilegium Ottonianum von 962 und seine Problemgeschichte, in: Festschrift zur Jahrtausendfeier der Kaiserkrönung Ottos des Großen (Mitteilungen des Instituts für Österreichische Geschichtsforschung. Ergänzungsband 20), Graz/Köln 1962/63, S. 147–190

Zimmermann, H. 1984 Harald Zimmermann: Privilegium Ottonianum, in: Handwörterbuch zur deutschen Rechtsgeschichte 3, 1984, Sp. 2025–2027; S. 147–190

Zimmermann, H. 1991 Harald Zimmermann: Der Bischof von Rom im saeculum obscurum, in: Il primato del vescovo di Roma nel primo millenio. Ricerche e testimonianze. Atti del Symposium storico-teologico Roma, 9.–13.10.1989 (Pontificio Comitato di Scienze Storiche. Atti e documenti 4), hg. von Michele Maccarrone, Vatikanstadt 1991, S. 643–660

Zimmermann, K. 2003 Karin Zimmermann: COD. PAL. GERM. 167, in: Die Codices Palatini germanici in der Universitätsbibliothek Heidelberg (Cod. Pal. Germ. 1–181) (Kataloge der Universitätsbibliothek Heidelberg; 6), hg. von Karin Zimmermann, Wiesbaden 2003, S. 386–388

Zimmermann, N. 2010 Norbert Zimmermann: Artikel »Mahl VI (Räume und Bilder)«, in: Reallexikon für Antike und Christentum Bd. 23, Stuttgart 2010, S. 1122–1134

Zoepffel 1871 Richard Zoepffel, Die Papstwahlen und die mit ihnen im nächsten Zusammenhang stehenden Ceremonien in ihrer Entwicklung vom 11. bis zum 14. Jahrhundert, Göttingen 1871

Zupelli 2008 Francesca Zupelli: Exultet, in: Matilde di Canossa, il Papato, l'Impero. Storia, arte, cultura alle origini del romanico (Ausstellung Mantua, Casa del Mantegna, 31.8.2008–11.1.2009), hg. von Renata Salvarni und Liana Castelfranchi, Mailand 2008, S. 325, V.4.

Zutshi 2004 Patrick Zutshi: Letters of Pope Honorius III concerning the Order of preachers, in: Pope, Church and City. Essays in honour of Brenda M. Bolton (The medieval Mediterranean 56), hg. von Frances Andrews, Christopher Egger und Constance M. Rousseau, Leiden [u. a.] 2004, S. 269–286

Zweite 2006 Armin Zweite: Bacons Schrei. Beobachtungen zu einigen Gemälden des Künstlers, in: Francis Bacon – Die Gewalt des Faktischen, hg. von Armin Zweite, München 2006, S. 69–104

Zwierlein 2010 Otto Zwierlein: Petrus in Rom: Die literarischen Zeugnisse. Mit einer kritischen Edition der Martyrien des Petrus und Paulus auf neuer handschriftlicher Grundlage (Untersuchungen zur Antiken Literatur und Geschichte; 96), Berlin/New York ²2010

Zwierlein 2013 Otto Zwierlein: Petrus und Paulus in Jerusalem und Rom. Vom neuen Testament zu den apokryphen Apostelakten (Untersuchungen zur Antiken Literatur und Geschichte; 109), Berlin/New York 2013

Bildnachweis

Rückseite einer Münze Nikolaus' V.: Stuttgart, Landesmuseum Württemberg, Foto: Adolar Wiedemann

Vorwort

Papstkrönung: © akg-images/Erich Lessing

Auftakt

Ansichten über das Papsttum. Eine Einführung
Schlüsselübergabe: © Musei Vaticani, Governatorato dello Stato della Città del Vaticano, tutti i diritti riservati. Divieto di copia e di ulteriore riproduzione, se non su esplicita autorizzazione scritta della Direzione dei Musei

Christus, das Wort und die Wahrheit

Siegreicher Christus: Fotos Studio BAMSphoto-Rodella, in: J. Dresken-Weiland, Die frühchristlichen Mosaiken von Ravenna, Mailand/Regensburg 2016, S. 287.

Papstliste

Petrus-Tondo: © Musei Vaticani, Governatorato dello Stato della Città del Vaticano, tutti i diritti riservati. Divieto di copia e di ulteriore riproduzione, se non su esplicita autorizzazione scritta della Direzione dei Musei

ANTIKE

A.1 Petrus und Paulus im römischen Weltreich: Karte: Grafik hgb, Hannover • **A.1.1** Du bist Petrus der Fels: Schlüsselübergabe aus dem Heidelberger Sachsenspiegel: Universitätsbibliothek Heidelberg, Cod. Pal. Germ. 164, fol. 19v • **Das Grabmal des Apostels Petrus:** Abb. 0: Rekonstruktion der Petrusmemorie: K. Brandenburg, A. Morales; Abb. 1: Foto: Lehmann; Abb. 2, 4–6, 8, 10: per gentile concessione della Reverenda Fabbrica di San Pietro in Vaticano; Abb. 3a, 9b: K. Brandenburg, A. Morales; Abb. 7a u. b: Curt-Engelhorn-Stiftung, K. Brandenburg, A. Morales, H. Brandenburg; Abb. 9a: K. Brandenburg • **A.1.1.1** Münzfunde aus Umfeld des Petrusgrabes: © [2017] per concessione della Biblioteca Apostolica Vaticana, ogni diritto riservato • **A.1.1.2** Capsella di Samagher: su concessione del Ministero dei beni e delle attività culturali e del turismo – polo museale del Veneto • **A.1.1.3** Petrusfigur: © bpk/Skulpturensammlung und Museum für Byzantinische Kunst, Staatliche Museen zu Berlin/Foto: H. Weber, Berlin • **A.1.1.4** Sarkophagfragment mit Schlüsselübergabe: © Erzbruderschaft zur Schmerzhaften Mutter Gottes beim Campo Santo der Deutschen und Flamen • **A.1.1.5** Sarkophagfragment mit Gefangennahme Petri: © Erzbruderschaft zur Schmerzhaften Mutter Gottes beim Campo Santo der Deutschen und Flamen • **A.1.1.6** Deckelfragment eines Sarkophages mit Heilung des Gelähmten u. Brotvermehrung: © Erzbruderschaft zur Schmerzhaften Mutter Gottes beim Campo Santo der Deutschen und Flamen • **A.1.2** Rom und seine Kulte um 100 n.Chr.: Relief mit Opferszene: © Bildarchiv Foto Marburg • **Filmische Rekonstruktionen der Stadt Rom:** Abb. 1–6: FaberCourtial studio for digital reproductions • **A.1.2.1** Büste des Antoninus Pius: Historisches Museum der Pfalz, Foto: Carolin Breckle • **A.1.2.2** Isis-Thermutis: Badisches Landesmuseum Karlsruhe, Foto: Thomas Goldschmidt • **A.1.2.3** Muttergöttin: © Rheinisches Landesmuseum Trier – GDKE Rheinland-Pfalz, Foto: Th. Zühmer • **A.1.2.4** Grabstein für Aster: Foto Musei Vaticani, per concessione dei Musei Vaticani • **A.1.2.5** Sol invictus: Landesmuseum Württemberg Stuttgart, Foto: Peter Frankenstein und Hendrik Zwietasch • **A.1.2.6** Mithras-Relief: Reiss-Engelhorn-Museen, Foto: Maria Schumann und Lina Kaluza • **A.1.3** Frühes Christentum und Christenverfolgung: Fisch, Calixtuskatakombe, aus: V. F. Nicolai, F. Bisconti, D. Mazzoleni, Roms christliche Katakomben, Regensburg 2000 (mit freundl. Genehmigung des Verlags Schnell & Steiner) • **A.1.3.1** Erster Clemensbrief: Berlin; Staatsbibliothek zu Berlin – Preußischer Kulturbesitz • **A.1.3.2** Fragment der Historia Ecclesiastica von Eusebius von Caesarea: © bpk/ Berlin; Staatliche Museen zu Berlin – Ägyptisches Museum und Papyrussammlung • **A.1.3.3** Loculusplatte mit Jonas und Taube: Foto Musei Vaticani, per concessione dei Musei Vaticani • **A.1.3.4** Epitaph des Siddi: Foto Musei Vaticani, per concessione dei Musei Vaticani • **A.1.3.5** Wilpert-Aquarell: Katakombenmalerei (Eucharistisches Mahl): Pontificio Istituto di Archeologia Cristiana • **A.1.3.6** Wilpert-Aquarell: Katakombenmalerei (geflügelter Erot): Pontificio Istituto di Archeologia Cristiana • **A.1.4** Paulus der Theologe: Inschrift mit erster Papst-Nennung: © Pontificia Commissione di Archeologia Sacra • **A.1.4.1** Acta Pauli, Papyrus: Hamburg; Staats- und Universitätsbibliothek Hamburg Carl von Ossietzky • **A.1.4.2** Sarkophagfragment mit Paulus: Avignon, Musée Calvet • **A.1.4.3** Aquarell einer Katakombenmalerei mit Papst Liberius: Pontificio Istituto di Archeologia Cristiana • **A.1.4** Quelle: Der früheste Beleg für die Bezeichnung ›Papst‹: Pontificio Istituto di Archeologia Cristiana • **A.2** Die Entstehung des Papsttums: Konstantinskopf: © GDKE Rheinland-Pfalz – Rheinisches Landesmuseum Trier, Foto: Th. Zühmer • **A.2.1** Die Petersbasilika am Vatikan: Abb. 0: NOCH NICHT FESTGELEGT; Abb. 1, 3–6: K. Brandenburg, A. Morales; Abb. 2: K. Brandenburg • **A.2.1.1** Kopf von Kaiser Konstantin d. Gr. oder einem seiner Söhne: © akg-images/ Rom, Musei Capitolini • **A.2.1.2** Münzen des Konstantin, Magnentius, Valentinian I. und Honorius: Reiss-Engelhorn-Museen Mannheim, Fotos Daniel Franz • **A.2.1.3** Fragment einer Wellenranke aus Trierer Basilika: Rheinisches Landesmuseum Trier – GDKE Rheinland-Pfalz • **A.2.1.4** Votivlampe mit Widmungsinschrift für Papst Sylvester: Foto © Arnaldo Vescovo – Rom • **A.2.2.1** Goldglas mit Simon, Damasus, Petrus, Florus: Foto Musei Vaticani, per concessione dei Musei Vaticani • **A.2.2.2** Bruchstücke der Vulgata-Übersetzung der Evangelien: St. Gallen, Stiftsbibliothek • **A.2.2.3** De viris illustribus: Karlsruhe, Badische Landesbibliothek, Cod. Aug. perg. 183, fol. 1r • **A.2.2.4** De viris illustribus: Staatsbibliothek Bamberg, Msc. Patr. 87, fol. 1v/2r, Foto: Gerald Raab • **A.2.2.5** Paulus Orosius, Historiae Adversus Paganos: Firenze, Biblioteca Medicea Laurenziana, Ms. Plut. 65.1, fol. 13v/14r, su concessione del MiBACT. E' vietata ogni ulteriore riproduzione con qualsiasi mezzo • **A.2.2.6** Ambrosius, De fide ad Gratianum contra perfidiam Arrianorum: St. Gallen, Stiftsbibliothek • **A.2.2.7** Vigilius von Thapsus, Altercatio contra Arrium: St.

Gallen, Stiftsbibliothek • **A.2.3** Petrus, Paulus und die Heiligen: Goldglas mit *concordia apostolorum*: © Musei Vaticani, Governatorato dello Stato della Città del Vaticano, tutti i diritti riservati. Divieto di copia e di ulteriore riproduzione, se non su esplicita autorizzazione scritta della Direzione dei Musei • **A.2.3.1** Putzfragment mit Inschrift (Petrus u. Paulus): © Erzbruderschaft zur Schmerzhaften Mutter Gottes beim Campo Santo der Deutschen und Flamen • **A.2.3.2** Epitaph des kleinen Asellus: Foto Musei Vaticani, per concessione dei Musei Vaticani • **A.2.3.3** Goldglas mit Krönung Petri und Pauli: Foto Musei Vaticani, per concessione dei Musei Vaticani • **A.2.3.4** Marmorfragment mit Christus zwischen Petrus und Paulus: Foto Musei Vaticani, per concessione dei Musei Vaticani • **A.2.3.5** Relief mit Concordia Apostolorum: Su concessione del MiBACT, Polo Museale Regionale del Friuli Venezia Giulia • **A.2.3.6** Plakette mit Concordia Apostolorum: Foto Musei Vaticani, per concessione dei Musei Vaticani • **A.2.3.7** Aurelius Prudentius: Peristephanon: Veneranda Biblioteca Ambrosiana – Milano • **A.2.3.8** Öllampe mit Darstellung Petri: Foto Musei Vaticani, per concessione dei Musei Vaticani • **A.2.3.9** Zwei Tonlampen mit Schafträger: © Erzbruderschaft zur Schmerzhaften Mutter Gottes beim Campo Santo der Deutschen und Flamen • **A.2.4.1** Fragment des Glaubensbekenntnisses von Nicaea (325), Teil der Oxyrhynchus-Papyri: Courtesy of the Egypt Exploration Society and Imaging Papyri Project, London • **A.2.4.2** Konstantin und Konzil von Nicaca in Sammelhandschrift kanonischen Rechts: Biblioteca Capitolare di Vercelli (Foto Davide Casazza) • **A.2.4.3** Fragment mit Canones Apostolorum; conciliorum Ancyrani (314) et Nicaeni (325) et Ancyritani (314): Karlsruhe, Badische Landesbibliothek, Cod. Aug. frag. 146, fol. 4v • **A.2.4.4** Freisinger Canones: Bayrische Staatsbibliothek München, Clm. 6243, fol. 11r • **A.2.5** Leo I. der Große (440–461) und die »Fülle der Macht«: Fresko mit Leo I.: Su concessione del Ministero dei beni e delle attività culturali e del turismo – Soprintendenza Speciale per il Colosseo, il Museo Nazionale Romano e l'area archeologica di Roma • **A.2.5** Die Paulsbasilika an der Via Ostiense: Abb. 1-2: Foto: H. Brandenburg; Abb. 3-4, 6a u. b: Zeichnung: K. Brandenburg; Abb. 5, 7-8: K. Brandenburg, A. Morales • **A.2.5.1** Abdruck der Widmungsinschrift des Paulus-Grabes/-Altars: Foto Musei Vaticani, per concessione dei Musei Vaticani • **A.2.5.2** Weiheinschrift Papst Siricius aus S. Paolo f. l. m.: Foto Musei Vaticani, per concessione dei Musei Vaticani • **A.2.5.3** Henkelkrug mit Clipei: Foto Musei Vaticani, per concessione dei Musei Vaticani • **A.2.5.4** Zeitzer Ostertafel a: Berlin; Staatsbibliothek zu Berlin – Preußischer Kulturbesitz • **A.2.5.5** Zeitzer Ostertafel b: Vereinigte Domstifter zu Merseburg und Naumburg und des Kollegiatstifts Zeitz, Bildarchiv Zeitz • **A.2.6** Gelasius I. (492–496) und die Zweigewalten-Lehre: Die Zwei-Schwerter-Lehre: Universitätsbibliothek Heidelberg, Cod. Pal. Germ. 167, fol. 18r / Die Zwei-Schwerter-Lehre: Foto Wilkin Spitta • **A.2.6.1** Liber pontificalis: © Stadtbibliothek/Stadtarchiv Trier; Foto: Anja Runkel; © Hs 1342a-85 4° f.24r

MITTELALTER

B.1.1.1 Diptychon des Boethius: Archivio fotografico Musei di Brescia-Fotostudio Rapuzzi • **B.1.1.2** Anonymous von Whitby: Liber Beati Gregorii: St. Gallen, Stiftsbibliothek • **B.1.1.3** Gregor d. Gr.: Regula pastoralis: Médiathèque de Troyes Champagne Métropole • **B.1.1.4** Papst Gregor d.Gr., Homilien in Evangelia: Firenze, Biblioteca Medicea Laurenziana, Ms. Plut. 19 dext.7,fol. 94v/95r, su concessione del MiBACT. E' vietata ogni ulteriore riproduzione con qualsiasi mezzo • **B.1.1.5** Fragmente von Dialogi Gregors d. Gr.: St. Gallen, Stiftsbibliothek • **B.1.1.6** Messantiphonar, Gregorcodex: St. Gallen, Stiftsbibliothek • **B.1.1.7** Benedikt von Nursia, Regula Sancti Benedicti: St. Gallen, Stiftsbibliothek • **B.1.1.8** Peccavimus-Fragment: St. Gallen, Stiftsbibliothek • **B.1.2.1** Priesterstein mit Hl. Bonifatius: Bischöfliches Dom- und Diözesanmuseum Mainz • **B.1.2.2** Kapitell aus Kloster Fulda: Vonderau Museum, Stadt Fulda • **B.1.3.1** Denar Hadrians I.: © Foto: Münzkabinett der Staatlichen Museen zu Berlin – Preußischer Kulturbesitz • **B.1.3.2** Mosaik im Baptisterium des Lateran (betende Madonna): Foto Musei Vaticani, per concessione dei Musei Vaticani • **B.1.4.1** A. Ciacconio, Kopie der rechten Stirnseite des Trikliniummosaiks im Lateran: © [2017] per concessione della Biblioteca Apostolica Vaticana, ogni diritto riservato • **B.1.4** Die Grabplatte für Papst Hadrian I. (772–795), gestiftet von Karl dem Großen: per gentile concessione del Capitolo di San Pietro in Vaticano • **B.1.4.2** Cathedra Petri (Thron Karls des Kahlen): Römisch-Germanisches Zentralmuseum, Mainz – per gentile concessione della Fabbrica di San Pietro in Vaticano • **B.1.4.3** Denar Karls des Großen und Leos III.: © Foto: Münzkabinett der Staatlichen Museen zu Berlin – Preußischer Kulturbesitz • **B.1.4.4** Die Admonitio generalis Karls des Großen: St. Gallen, Stiftsbibliothek • **B.1.4.5** Platte eines Ziboriums: Foto Musei Vaticani, per concessione dei Musei Vaticani • **B.1.4.6** Schrankenplatte: © bpk/Skulpturensammlung und Museum für Byzantinische Kunst, Staatliche Museen zu Berlin • **B.1.4.7** Einsiedler Itinerar: Einsiedeln, Stiftsbibliothek, Cod. 326 (1076), 79v/80r • **B.1.4.8** Petruslied: Bayrische Staatsbibliothek München, Clm. 6260, fol. 158v • **B.1.4.9** Diptychon mit 'Porträts' von Petrus und Paulus: Foto Musei Vaticani, per concessione dei Musei Vaticani • **B.1.4.10** Pseudo-Klementinen: St. Gallen, Stiftsbibliothek • **B.1.4.11** Papst Nikolaus I. und Kaiser Karl der Kahle im Chartularum Prumiense Trier: © Stadtbibliothek/Stadtarchiv Trier; Foto: Anja Runkel; © Hs 1709, fol. 74v • **B.1.4.12** Pseudo-Isidor mit Konstantinischer Schenkung: Per concessione dell'Archivio Storico Diocesano di Lucca • **B.1.5.1** Jans Enikel: Weltchronik (Päpstin Johanna): Universitätsbibliothek Heidelberg, Cod. Pal. Germ. 336, fol. 203r • **B.2.1** Päpste und ottonische Kaiser: Thronender Herrscher: Bayerische Staatsbibliothek München, Clm 4453, fol. 24r • **B.2.1.1** Konstantinische Schenkung: Staatsbibliothek Bamberg, Msc. Can. 4, fol. 6v-7r • **B.2.1.2** Registrum Gregorii mit Klageversen auf Kaiser Otto II.: © Stadtbibliothek/Stadtarchiv Trier; Foto: Anja Runkel; © Hs 171a Textseite 1 • **B.2.1.3** Abguss: Adalbertsbrunnen: Reiss-Engelhorn-Museen Mannheim, Foto: Maria Schumann und Lina Kaluza • **B.2.1.4** Abguss: Grabinschrift Gregors V.: Reiss-Engelhorn-Museen Mannheim, Foto: Maria Schumann und Lina Kaluza • **B.2.1.5** Lobgedicht Leos von Vercelli auf Gregor V. und Otto III.: Staatsbibliothek Bamberg, Msc. Can. 1, fol. 13v • **B.2.1.6** Petrusstab: Limburg, Diözesanmuseum, Foto: Michael Benecke, Nentershausen/Ww. • **B.2.1.6a** Goldhülle für Teil des Petrusstabes: Prag, Arcibiskupství Pražské, Domschatz • **B.2.1.7** Johannes Diaconus, Vita Gregors des Großen: Reproduced by permission of the Provost and fellows of Eton College • **B.2.1.8** Urkunde Papst Benedikts VIII. für Kaiser Heinrich II.: © Bayerisches Hauptstaatsarchiv München • **B.2.1.9** Perikopenbuch (Faksimile): Reiss-Engelhorn-Museen Mannheim, Foto: Maria Schumann und Lina Kaluza • **B.2.2** 3-D Scan-Rekonstruktion des Grabes Clemens' II.: Abb. 1,2,4, Abb. 3: Thorsen Melnicky – Special Moments Medienagentur • **B.2.2.1a-e,g** Textilien aus dem Grab Clemens' II.: Diözesanmuseum Bamberg, Fotografin: Dr. Ludmila Kvapilová; **B.2.2.1f** (Kelch): Bayerisches Landesamt für Denkmalpflege, Foto: Eberhard Lantz 2013 • **B.2.2.2** Urkunde von Papst Clemens II. für die Kirche von Bamberg: Staatsarchiv Bamberg • **B.2.2.3** Urkunde Papst Clemens' II. für Kloster Fulda: Hess. Staatsarchiv Marburg, Urk. 75, Nr. 98 • **B.3.1.1** Urkunde Papst Leos IX. mit Bestätigung der Privilegien des Bistums Bamberg: Staatsarchiv Bamberg • **B.3.1.2** Urkunde Leos IX. bestätigt Kloster Fulda gesamten Besitz: Hess. Staatsarchiv Marburg, Urk. 75, Nr. 100 • **B.3.1.3** Humbert von Silva Candida, Libri tres adversus simoniacos: Firenze, Biblioteca Medicea Laurenziana, Ms. Plut. 19.34, su concessione del MiBACT. E' vietata ogni ulteriore riproduzione con qualsiasi mezzo • **B.3.1.4** Sammelhandschrift mit Texten Humberts von Silva Candida und Papst Leos IX.: Rom, Biblioteca Universitaria Alessandrina • **B.3.1.5** Pontifikale Gundekarianum: Diözesanarchiv Eichstätt • **B.3.1.6** Taufbecken mit Alexander II. (1061-1073): Fidenza, Museo del Duomo di Fidenza • **B.3.2** Gregor VII. (1073-1085) und der römische Erdkreis: Gregor VII.: Heiligenkreuz, Stiftsbibliothek • **B.3.2.1** (Faksimile) Exultet: © akg-images/British Library, London • **B.3.2.2** Honorius Augustodunensis, Opera exegetica: Bayerische Staatsbibliothek München, Clm 4550, fol. 1v • **B.3.2.3** Traditionsbuch des Klosters Vornbach: © Bayerisches Hauptstaatsarchiv München • **B.3.2.4** Magnum Legendarium Austriacum: Heiligenkreuz, Stiftsbibliothek • **B.3.2.5** Registrum litterarum Gregors VII. mit Dictatus papae: Médiathèque de Troyes Champagne Métropole • **B.3.2.6** Rundschreiben Heinrichs IV. mit Entwurf der Zwei-Schwerter-Lehre: Bayerische Staatsbibliothek München, Clm 4594, fol. 45r • **B.3.2.7** Donizo, Vita Matildis: su concessione del MBACT – Biblioteca Statale di Lucca • **B.3.2.8** Chronik des Otto von Freising: Thüringer Universitäts- und Landesbibliothek (ThULB) Jena, Ms. Bos. q. 6, fol. 79r • **B.3.3.1** Das 'Wormser Konkordat' 1122: © [2017] per concessione della Biblioteca Apostolica Vaticana, ogni diritto riservato • **B.3.4.1** Sachsenspiegel: Universitätsbibliothek Heidelberg, Cod. Pal. Germ. 164 fol. 22r • **B.3.4.2** Miniatur der Schwerterübergabe in Sachsen- und Schwabenspiegel: Universitätsbibliothek Heidelberg, Cod. Pal. Germ. 167 fol. 18r • **B.3.4.3** Bonincontro Bovi, Die geheime Reise Alexanders III. nach Venedig: Venedig, Fondazione Musei Civici di Venezia – Biblioteca del Museo Correr • **B.3.5** Der Lateran – päpstlicher Mittelpunkt in Rom: Fresko aus Silvesterkapelle: © akg-images/De Agostini Picture Library • **B.3.5** Der Lateran: Inneres der Lateransbasilika (Rekonstruktion). Wandbild von Filippo Gagliardi (um 1650), S. Martino ai Monti, aus: H. Brandenburg, Die frühchristlichen Kirchen in Rom vom 4. bis zum 7. Jahrhundert, Regensburg 2013 (mit freundl. Genehmigung des Verlags Schnell & Steiner) • **B.3.5.1** Inschrift-Fragment DOGMATE PA\ und ARVM MAT\: Foto Darko Senekovic • **B.3.5.2** Gemme mit reitendem Papst: Firenze, Gabinetto Fotografico del Polo Museale Regionale della Toscana • **B.3.5** Quelle: Ablauf einer Papstkrönung; Sedes stercoraria: Foto Viola Skiba • **B.3.6** Sektionstext: Papst und Kreuzzug: Evangeliar Ottos III.: Bayerische Staatsbibliothek München, Clm 4453, fol. 188v • **B.3.6.1** Berichte verschiedener Pilgerreisen ins Heilige Land: St. Gallen, Stiftsbibliothek • **B.3.6.2** Robert von Reims, Historia Hierosolymitana: St. Gallen, Stiftsbibliothek • **B.3.6.3** Die Rückkehr vom Kreuzzug: © Musée Lorrain, Nancy / photo Michel Bourguet • **B.3.6.4** Krone von Namur: Musée diocésain et Trésor de la cathédrale Saint Aubain, Namur, Foto: Guy Focant – B5020 Vedrin • **B.3.6.5** Fragmente vom Fußbodenmosaik der Kirche mit Szenen des 4. Kreuzzuges: © Parrocchia di San Giovanni Evangelista in Ravenna • **B.4.1.1** Innozenz III. auf Fragment des Apsismosaiks von S. Pietro: © Comune di Roma- Sovrintendenza Capitolina ai Beni Culturali-Museo di Roma / Roma, Museo di Roma, Archivio Iconografico; Personifikation der Ecclesia Romana: Viola Skiba • **B.4.1.2** Augenzeugenbericht des 4. Laterankonzils: Gießen, Universitätsbibliothek, Hs 1105, fol. 59r • **B.4.1.3** Mosaik-Fragment von Fassade von S. Pietro (Gregor IX.): © Comune di Roma- Sovrintendenza Capitolina ai Beni Culturali-Museo di Roma / Roma, Museo di Roma, Archivio Iconografico • **B.4.1.4:** Kopf des Evangelisten Lukas, Mosaik-Fragment von Fassade von S. Pietro: Foto Musei Vaticani, per concessione dei Musei Vaticani • **B.4.2.1** Religiosam vitam, Bestätigungsbulle Papst Honorius III. für Dominikaner: Archives départementales de Haute-Garonne, cote: 112 H 1 • **B.4.2.2** Regula bullata und Testament des Hl. Franziskus: Universitätsbibliothek der LMU München, 8° Cod. Ms. 142, fol. 2r-10r • **B.4.2.3** Taddeo Gaddi, Traum von Innozenz III.: Firenze, Galleria dell' Accademia • **B.4.2.4** Schreiben Gregors IX. an Bischof von Worms: Universitätsbibliothek Heidelberg, Urk. Lehmann 232 • **B.4.3.1** Liber Censuum: © [2017] per concessione della Biblioteca Apostolica Vaticana, ogni diritto riservato • **B.4.3.2** Decretum Gratiani: Bayerische Staatsbibliothek München, Clm 13004; Bayerische Staatsbibliothek München, Clm 23552 • **B.4.3.3** Liber Extra Papst Gregors IX.: Firenze, Biblioteca Medicea Laurenziana, Ms. Plut. III sin. 9, su concessione del MiBACT. E' vietata ogni ulteriore riproduzione con qualsiasi mezzo • **B.4.3.4** Bonifaz VIII., Liber Sextus decretalium: © Stadtbibliothek/Stadtarchiv Trier; Foto: Anja Runkel; © Hs 880-2362 2° fol. 1r • **Der Thronverzicht Coelestins V.:** Bibliothèque municipale d'Avignon, Ms. 727, fol. 1; © akg-images/De Agostini Picture Library • **B.4.4.1** Büste Papst Bonifaz VIII.: Per gentile concessione della Fabbrica di San Pietro in Vaticano • **B.4.4.2** Iacopo Stefaneschi, De electione et coronatione: © [2017] per concessione della Biblioteca Apostolica Vaticana, ogni diritto riservato • **B.4.4.3** Skulptur Papst Bonifaz' VIII. von Porta Maggiore, Orvieto: Comune di Orvieto • **B.4.4.4** Giacomo Grimaldi, Papst Bonifaz VIII. zeigt sich auf Loggia des Lateran: Veneranda Biblioteca

Ambrosiana – Milano • **B.4.4.5** Diasper – Fragment einer Kasel: Deutsches Textilmuseum Krefeld • **B.4.4.6** Bulle Clericis laicos: Österreichisches Staatsarchiv, Haus-, Hof- und Staatsarchiv, AUR 1296 II 25. • **nach B.4.4.6** Die Bulle Unam Sanctam; Abb.: Giovanni Villani, Nuova Cronica: Das Attentat von Anagni: © akg-images/De Agostini Picture Library, Abb.: Allegorische Darstellung Roms als trauernde Witwe im Dittamondo des Fazio degli Uberti: Paris; Bibliothèque Nationale de France • **B.5.1** Digitale Rekonstruktion des Papstpalastes in Avignon: Faber Courtial studio for digital productions • **B.5.1.1** Schlussstein: Foto Fabrice Lepeltier • **B.5.1.2** Liegefigur Urbans V.: © bpk / RMN – Grand Palais / René-Gabriel Ojéda • **B.5.1.3** Pontifikale: Bibliothèque municipale d'Avignon, Ms. 203, fol. 149r • **B.5.1.4** päpstliches Zeremoniale: Bibliothèque municipale d'Avignon, Ms. 100, fol. 9v • **B.5.1.5** Chormantelschließe: Firenze, Gabinetto Fotografico del Polo Museale Regionale della Toscana • **B.5.1.6** Ludwig IV. im Höllenschlund: © akg-images / British Library, London • **B.5.1.7** Fragment des Defensor Pacis von Marsilius von Padua: Universitätsbibliothek Heidelberg, Cod. Sal. XIV, 26 • **B.5.1.8** Aurelius Augustinus, Confessiones: Firenze, Biblioteca Medicea Laurenziana, Ms. Plut. 12.23, fol. 1v, su concessione del MiBACT. E' vietata ogni ulteriore riproduzione con qualsiasi mezzo • **B.5.1.9** Katharina von Siena befreit Lorenza vom Teufel: Foto Musei Vaticani, per concessione dei Musei Vaticani • **B.5.1.10** (Faksimile) Sog. Pontifikale Bonifaz IX.: © [2017] per concessione della Biblioteca Apostolica Vaticana, ogni diritto riservato • **B.5.1.11** Giovanni Sercambi, Le Croniche di parte de' facti di Lucha: © scala archives/Archivio Storico Diocesano di Lucca • **B.5.1.12** Rotulus mit den Mirabilia Romae: St. Gallen, Stiftsbibliothek • **B.5.2.1** Chronik des Ulrich Richental: Rosgartenmuseum, Konstanz und Universitätsbibliothek Heidelberg, Q 2060 qt. INC • **B.5.2.2** Frequens: © [2017] per concessione della Biblioteca Apostolica Vaticana, ogni diritto riservato • **B.5.2.3** Konrad von Witzenhausen, Konstanzer Konzilsakten: © [2017] per concessione della Biblioteca Apostolica Vaticana, ogni diritto riservato • **B.5.2.4** angebl. Mantelfragment des Jan Hus: © bpk / RMN – Grand Palais / Droits réservés • **B.5.2.5** Holznagel: Historisches Museum Basel, Foto: P. Portner • **B.5.2.6** Sog. Messbuch für Papst Martin V.: Rosgartenmuseum, Konstanz • **B.5.2.7** Triptychon von Paolo di Giovanni Fei: Foto Musei Vaticani, per concessione dei Musei Vaticani • **B.5.2.8** Urkunde des Konstanzer Konzils mit Bleibulle: Universitätsbibliothek Heidelberg, Urk. Lehmann 288 • **B.5.2.9** Papst-Kaiser-Rotulus: Berlin; Staatsbibliothek zu Berlin – Preußischer Kulturbesitz • **B.5.2.9** Martin von Troppau, Chronicon pontificum et imperatorum: Universitätsbibliothek Heidelberg, Cod. Pal. Germ. 149, fol. 115v • **B.5.3.1** Konzilsurkunde mit Bulle: Hess. Staatsarchiv Marburg, Urk. 56, Nr. 947 • **B.5.3.2** Bleibulle vom Basler Konzil: Historisches Museum Basel, Foto: Ph. Emmel • **B.5.3.3** Bulle des Konzils von Basel: Bibliothèque de Genève • **B.5.3.4** Fragment der Baseler »Papstglocke«: Historisches Museum Basel, Foto: P. Portner

RENAISSANCE

C.1.1 Sektionstext: Päpste als Vertragspartner – Eugen IV. (1431-1447) und Nikolaus V. (1447-1455): Detail Filarete-Tür: per gentile concessione del Capitolo di San Pietro in Vaticano • **C.1.1.1** Die Krönung Kaiser Sigismunds durch Papst Eugen IV.: Foto LENSINI FOTO • **C.1.1.2** Bulle Papst Eugens IV. (Laetentur coeli): Firenze, Biblioteca Medicea Laurenziana, Cassetta Cesarini, numero 1, su concessione del MiBACT. E' vietata ogni ulteriore riproduzione con qualsiasi mezzo • **C.1.1.3** Medaille Kaiser Johannes VIII. Palaiologos: Firenze, Gabinetto Fotografico del Polo Museale Regionale della Toscana • **C.1.1.4** Die Krönung Papst Nikolaus' V.: Siena, Archivio di Stato di Siena • **C.1.1.5** Giannozzo Manetti, De Vita ac Gestis Nicolai V: Firenze, Biblioteca Medicea Laurenziana, Ms. Plut. 66.22, fol. 1r, su concessione del MiBACT. E' vietata ogni ulteriore riproduzione con qualsiasi mezzo • **C.1.1.6** Bodenplatte mit Wappen Nikolaus V.: Foto Musei Vaticani, per concessione dei Musei Vaticani • **C.1.1.7** Ornat von Papst Nikolaus' V: Firenze, Gabinetto Fotografico del Polo Museale Regionale della Toscana • **C.1.1.8** Medaille auf Wahl Nikolaus' V.: Landesmuseum Württemberg Stuttgart, Foto: Adolar Wiedemann • **C.1.1.9** Medaille Nikolaus' V.: © [2017] per concessione della Biblioteca Apostolica Vaticana, ogni diritto riservato • **C.1.1.10** Papstring Nikolaus' V.: Foto Musei Vaticani, per concessione dei Musei Vaticani • **C.1.1.11** Epistolae Leos d. Gr. in Prachthandschrift für Nikolaus V.: © [2017] per concessione della Biblioteca Apostolica Vaticana, ogni diritto riservato • **C.1.2.1** Die Krönung Pius' II. mit Ansicht von Siena: Siena, Archivio di Stato di Siena • **C.1.2.2** Paolo di Taccone/Romano: Porträtbüste Papst Pius II.: Foto Musei Vaticani, per concessione dei Musei Vaticani • **C.1.2.3** Eneas Silvius Piccolomini, De Europa: Stuttgart, Württembergische Landesbibliothek, Hist 2° 405, fol.2 • **C.1.2.4** Medaille von Pius II. mit Pio Pelicano: © [2017] per concessione della Biblioteca Apostolica Vaticana, ogni diritto riservato • **C.1.2.5** Medaille auf Papst Pius' II.: Landesmuseum Württemberg Stuttgart, Foto: Adolar Wiedemann • **C.1.2.6** Alessandro Strozzi: Sylloge mit Romvedute: Firenze, Biblioteca Medicea Laurenziana, Inv. Redi 77, fol. VIIv/VIIIr, su concessione del MiBACT. E' vietata ogni ulteriore riproduzione con qualsiasi mezzo • **C.1.2.7** (Faksimile) Pietro del Massaio, Romkarte: © [2017] per concessione della Biblioteca Apostolica Vaticana, ogni diritto riservato • **C.1.2.8** Medaille mit Sixtus IV.: © bpk / Münzkabinett, SMB • **C.1.2.9** Medaille Sixtus' IV. anlässlich seiner Papstkrönung: © [2017] per concessione della Biblioteca Apostolica Vaticana, ogni diritto riservato • **C.1.2.10** Medaille Sixtus' IV. anlässlich der Befreiung Otrantos: © [2017] per concessione della Biblioteca Apostolica Vaticana, ogni diritto riservato • **C.1.2.11** Medaille Sixtus' IV. anlässlich der Grundsteinlegung des Ponte Sisto: © [2017] per concessione della Biblioteca Apostolica Vaticana, ogni diritto riservato • **C.1.2.12** Porträtmedaille Sixtus IV. anlässlich der Grundsteinlegung zur Festung Ostia: © [2017] per concessione della Biblioteca Apostolica Vaticana, ogni diritto riservato • **C.1.2.13** Fiorino di Camera. Papst Sixtus IV: © bpk / Münzkabinett, SMB • **C.1.2.14** Bartolomeo Platina, Liber de vita Christi a pontificum omnium: Universitätsbibliothek Heidelberg, Q 2280 Quart INC • **C.1.2.15** Bartholomaeus Platina, De honesta voluptate, et valitudine: Stuttgart, Württembergische Landesbibliothek, Inc. fol. 13051 • **C.1.3** Die Öffnung der Welt unter Alexander VI. (1492-1503): Cantino-Karte: © akg-images/Pictures from history • **C.1.3.1** Anonym, Porträt Alexanders VI.: Foto Musei Vaticani, per concessione dei Musei Vaticani • **C.1.3.2** Medaille auf Krönung Alexanders VI. zum Papst: Landesmuseum Württemberg Stuttgart, Foto: Adolar Wiedemann • **C.1.3.3** (Faksimile) Festmissale Alexanders VI.: © [2017] per concessione della Biblioteca Apostolica Vaticana, ogni diritto riservato • **C.1.3.4** Ablass-Urkunde Kardinal Rodrigo Borgias für Sebastiansaltar des Klosters Weingarten: Vorlage: Hauptstaatsarchiv Stuttgart, H 52 U 27 • **C.1.3.5** Planisphäre des Kardinals Stefano Borgia: Foto Musei Vaticani, per concessione dei Musei Vaticani • **C.1.3.6** Columbus, De insulis: Universitätsbibliothek Mannheim, Inc 043 a-c • **C.1.3.7** Weltkarte aus der Cosmographia des Ptolemaios: St. Gallen, Stiftsbibliothek • **C.1.3.7b** Weltkarte aus der Cosmographia des Ptolemaios: © [2017] per concessione della Biblioteca Apostolica Vaticana, ogni diritto riservato • **C.1.3.8** Filippo Dolciati (?), Hinrichtung Girolamo Savonarolas: Museo di San Marco – Firenze – Polo Museale della Toscana • **C.1.3.9** Porträt Girolamo Savonarola: Museo di San Marco – Firenze – Polo Museale della Toscana • **C.1.3.10** Hartmann Schedel, Liber chronicarum: Universitätsbibliothek Heidelberg, B 1554 A Folio INC, fol. 57v/58r • **C.1.4** Kriege, Pracht und Petersdom – Höhepunkte unter Julius II. (1503-1513): Grabmal Julius' II.: © akg-images/Andrea Jemolo • **C.1.4.1** Tizian, Bildnis von Papst Julius II: © bpk / Florenz, Gallerie degli Uffizi • **C.1.4.2** Cristoforo Foppa gen. Caradosso, Medaille mit Julius II.: © [2017] per concessione della Biblioteca Apostolica Vaticana, ogni diritto riservato • **C.1.4.3** Medaille Papst Julius' II. auf Friedensschluss zwischen Familien Orsini und Colonna: Landesmuseum Württemberg Stuttgart; Bildarchiv • **C.1.4.4** Tiberio Alferano, Grundriss von Alt- und Neu-St. Peter: © [2017] per concessione della Biblioteca Apostolica Vaticana, ogni diritto riservato • **C.1.4.5** Ablass-Bulle Papst Leos X. zugunsten des Baus von St. Peter: Genf; Bibliothèque de Genève • **C.1.4.6** Erasmus von Rotterdam, Julius exclusus: Öffentliche Bibliothek der Universität Basel • **C.1.4.7** Kopie der Laokoon-Gruppe: Reiss-Engelhorn-Museen Mannheim, Foto: Maria Schumann und Lina Kaluza • **C.1.4.8** Agnus Dei-Ostensorium: Museum Lüneburg • **C.2.1** Politische Situation um 1500: Flussspiel der Mächtigen: © Gotha, Stiftung Schloss Friedenstein • **C.2.1.1** Testone König Ludwigs XII. von Frankreich als Herzog von Mailand: Landesmuseum Württemberg Stuttgart; Bildarchiv • **C.2.1.2** Medaille auf Aussöhnung zwischen Kaiser Maximilian I. und Franz von Sickingen: Landesmuseum Württemberg Stuttgart; Foto: Adolar Wiedemann • **C.2.1.3** Medaille mit Franz I. von Frankreich: © bpk / Münzkabinett, SMB • **C.2.1.4** Medaille auf Kaiser Karl V.: Landesmuseum Württemberg Stuttgart; Bildarchiv • **C.2.2.1** Papstprophetien: © [2017] per concessione della Biblioteca Apostolica Vaticana, ogni diritto riservato • **C.2.2.2** Spottmedaillen: Wartburg-Stiftung Eisenach • **C.2.2.3** Kirchenvätermedaille und Doppelkopfmedaille: Landesmuseum Württemberg Stuttgart; Bildarchiv • **C.2.2.4** Werkstatt Cranach d. Ä., Friedrich der Weise, Kurfürst und Herzog in Sachsen: © Kurpfälzisches Museum der Stadt Heidelberg • **C.2.2.5** Werkstatt Lucas Cranach d. Ä., Albrecht II. von Brandenburg: Landesmuseum Mainz, GDKE Rheinland-Pfalz • **C.2.2.6** Bildnis Martin Luthers: Rosgartenmuseum, Konstanz • **C.2.3.1** Giuliano Bugiardini, Bildnis Papst Leo X mit Kardinälen Giulio de' Medici und Innocenzo Cibo: Gallerie Nazionali di Arte Antica di Roma, Palazzo Barberini • **C.2.3.2** Medaille mit Bildnis Papst Leos X. und Göttin Roma: © [2017] per concessione della Biblioteca Apostolica Vaticana, ogni diritto riservato • **C.2.3.3** Gemme mit Bildnis Papst Leos X.: Gallerie degli Uffizi, Firenze, Gabinetto Fotografico • **C.2.3.4** Medaille auf die Freigiebigkeit Papst Leos X.: Landesmuseum Württemberg Stuttgart; Foto: Adolar Wiedemann • **C.2.3.5** Pontifikalring Leos X.: Foto Musei Vaticani, per concessione dei Musei Vaticani • **C.2.3.6** Luca d'Andrea della Robbia, Fliese aus Raphael-Loggia: Foto Musei Vaticani, per concessione dei Musei Vaticani • **C.2.3.7** Porträt Papst Hadrians VI. nach Jan van Scorel: Centraal Museum, Utrecht / Ernst Moritz 2010 • **C.2.3.8** Medaille auf Papst Hadrian VI. und Medaille auf Papst Hadrian VI. mit Heiligen Petrus und Paulus: Landesmuseum Württemberg Stuttgart; Fotos: Adolar Wiedemann • **C.2.4** Sektionstext: Der Papst in der Engelsburg – Clemens VII. (1523-1534): Engelsburg: Foto Viola Skiba • **C.2.4.1** Coloriertes Prachtalbum der Triumphe Karls V.: © Akg-images / British Library • **C.2.4.2** Ducato Clemens' VII.: Landesmuseum Württemberg Stuttgart; Bildarchiv • **C.2.4.3** Harnisch von Caspar von Frundsberg: Wien, KHM-Museumsverband • **C.2.4.4** Toiletten-Service von Papst Clemens VII.: Foto Musei Vaticani, per concessione dei Musei Vaticani • **C.2.4.5** Medaille für Papst Clemens VII.: © [2017] per concessione della Biblioteca Apostolica Vaticana, ogni diritto riservato • **C.2.4.6** Medaille auf Papst Clemens VII. und Wiedereinsetzung der Medici in Florenz: Landesmuseum Württemberg Stuttgart; Bildarchiv • **C.2.4.7** Medaille auf Papst Clemens VII. und das Heilige Jahr: Landesmuseum Württemberg Stuttgart; Foto: Adolar Wiedemann • **C.2.4.8** Gemme mit Bildnis Papst Clemens' VII.: Gallerie degli Uffizi, Firenze, Gabinetto Fotografico • **C.2.4.9** Deckelbecher: Gallerie degli Uffizi, Firenze, Gabinetto Fotografico

AUSBLICK

D.1.1 Ökumenische Sehnsucht: Kasendorfer Konfessionsgemälde: Reiss-Engelhorn-Museen Mannheim, Foto Maria Schumann • **D.1.1** Werkstatt Cranach d. Ä., Martin Luther; Philipp Melanchthon: © Kurpfälzisches Museum der Stadt Heidelberg • **D.1.2** Bibelübersetzung Luthers: Reiss-Engelhorn-Museen Mannheim, Foto: Maria Schumann und Lina Kaluza • **D.1.3** Augsburger Bekenntnis: Landesarchiv Thüringen – Hauptstaatsarchiv Weimar • **D.2.1** Francis Bacon, Papst II: © The Estate of Francis Bacon / All rights reserved / VG Bild-Kunst, Bonn 2016: Herstellungsprozess der roten Papstschuhe: Fotos: Fa. Schuh-Bertl München